CONSTRUIRE L'ARCHITECTURE

ANDREA DEPLAZES (DIR.)
CONSTRUIRE L'ARCHITECTURE
DU MATÉRIAU BRUT À L'ÉDIFICE
UN MANUEL

Birkhäuser
Basel · Boston · Berlin

École polytechnique fédérale de Zurich
Département d'architecture
Chaire d'architecture et construction III/IV
Pr Andrea Deplazes
www.deplazes.arch.ethz.ch

Rédaction, conception et maquette
Pr Andrea Deplazes, Christoph Elsener, Sascha Roesler, Cordula Seger, Tobias Siegrist
Documentalistes
Julia Buse, Janet Schacke
Conception graphique de la couverture
Muriel Comby
Illustration de la couverture
Ruckstuhl AG Fabrique de tapis
St. Urbanstrasse 21
CH - 4901 Langenthal
www.ruckstuhl.com
Mise en page
Typink Srl., Bukarest

Collaborateurs depuis 1997
Felix Ackerknecht, Patric Allemann, Oya Atalay Franck, Özlem Ayan, Stefan Baumberger, Marcel Baumgartner, Dawit Benti, Ivana Bertolo-Kordic, Nik Biedermann, Matthias Blass, Tamara Bonzi, Sian Brehler, Gisela Brüllmann Roth, Kamenko Bucher, Ramun Capaul, Maud Châtelet, Zegeye Cherenet, Franca Comalini, Katja Dambacher, Nicole Deiss, Natalina Di Iorio, Alois Diethelm, Christoph Elsener, Christine Enzmann, Serge Fayet Hemmi, Lukas Felder, Eva Geering, Lorenzo Giuliani, Jasmin Grego, Daniel Gut, Kornelia Gysel, Martina Hauser, Dominik Herzog, Christian Hönger, Simone Hübscher, Marius Hug, Pascal Hunkeler, Tibor Joanelly, Dimitri Kaden, Roger Kästle, Sergej Klammer, Andreas Kohne, Rafael Kräutler, Zwi Kutner, David Leuthold, Robert Lüder, Michele Mambourg, Thomas Melliger, Urs Meister, Maria Mohl Rodriguez, Peter Moor, Susanne Müller, Claudia Nussbaumer, Mauro Pausa, Thea Rauch, Sascha Roesler, Martin Saarinen, Thomas Schwendener, Cordula Seger, Tobias Siegrist, Patrik Seiler, Roman Singer, Susanne Stacher, Katharina Stehrenberger, Mark van Kleef, Christoph Wieser, Barbara Wiskemann, Raphael Zuber

Assistants depuis 1997
Thomas Allemann, Hanna Åkerström, Christof Ansorge, Stefan Bischof, Tamara Bonzi, Bettina Baumberger, Michael Bösch, Martin Bucher, Andreas Buschmann, Julia Buse, Corina Cadisch, Ursina Caprez, Bori Csicsely, Johannes Dachsel, Ueli Degen, Christoph Heinrich Deiters, Angela Deuber, Martin-Ken Dubach, Christiane Felber, Adrienne Fonyo, Simon Frommenwiler, Silvan Furger, Jean Lucien Gay, Jörg Grabfelder, Pedja Hadzimanovic, Valerie Heider, Ulrike Horn, Nadja Hutter, Harris Iliadis, Steffen Jürgensen, Ariane Komeda, Phillipp Lehmann, Matthias Lehner, Mikael Ljunggren, Carmelia Maissen, David Mathyl, Sebastian Müller, Lisa Nestler, Anastasia Paschou, Ana Prikic, Jonas Ringli, Gian Salis, Janet Schacke, Florian Schätz, Sara Schibler, Julian Schramek, Cindy Schwenke, Eckart Schwerdtfeger, Christa Vogt, Claudia Vosti, Karen Wassung, Thomas Wirz, Helen Wyss

Traduction de l'allemand
Léo Biétry, Hélène Cheminal avec la coopération d'Emmanuelle Daburger-Riffault, Yves Rosset
Révision
Thomas de Kayser, Maud Châtelet

Remarque à propos des normes
Dans la traduction française de *Architektur konstruieren*, nous avons repris les normes SIA (Société suisse des ingénieurs et des architectes) et DIN (Deutsches Institut für Normung e.V.) car elles pouvaient, à notre sens, être utiles aux architectes francophones. En ce qui concerne les normes applicables en France, vous trouverez des informations utiles sous www.afnor.fr et www.eurocode1.com

Ce livre est aussi paru en version allemande *(Architektur konstruieren)* :
ISBN 978-3-7643-8629-0 (broché)
ISBN 978-3-7643-8628-3 (relié)
et anglaise *(Constructing Architecture)* :
ISBN 978-3-7643-8631-3 (broché)
ISBN 978-3-7643-8630-6 (relié)

Information bibliographique de la Deutsche Nationalbibliothek
La Deutsche Nationalbibliothek a répertorié cette publication dans la Deutsche Nationalbibliografie; les données bibliographiques détaillées peuvent être consultées sur Internet à l'adresse http://dnb.d-nb.de.
Les droits d'auteur de cet ouvrage sont protégés. Ces droits concernent la protection du texte, de l'illustration et de la traduction. Ils impliquent aussi l'interdiction de réédition, de conférences, de reproduction d'illustrations et de tableaux, de diffusion radiodiffusée, de copie par microfilm ou tout autre moyen de reproduction, ainsi que l'interdiction de divulgation, même partielle, par procédé informatisé. La reproduction de la totalité ou d'extraits de cet ouvrage, même pour un usage isolé, est soumise aux dispositions de la loi fédérale sur le droit d'auteur. Elle est par principe payante. Toute contravention est soumise aux dispositions pénales de la législation sur le droit d'auteur.

Imprimé sur papier sans acide, composé de tissus cellulaires blanchis sans chlore. TCF ∞

Imprimé en Allemagne
ISBN : 978-3-7643-8651-1

2010 : deuxième réimpression corrigée de l'édition originale
Cet ouvrage est la traduction de la troisième édition allemande augmentée en 2008

© 2008 Birkhäuser Verlag AG
Basel · Boston · Berlin
Case postale 133, CH-4010 Bâle, Suisse
Membre du groupe d'éditeurs spécialisés Springer Science+Business Media

Sommaire

	Comment utiliser cet ouvrage	
	Avant-propos	**10**
Introduction	Construction massive et construction filigrane	13
MATÉRIAUX – MODULES	**Matières**	
Introduction	L'importance du matériel	**19**
Propriétés	La perception de l'espace architectural	20
	Durée de vie des matériaux	21
	Maçonnerie	
Introduction	Le pathos de la maçonnerie	**22**
Propriétés	Le matériau	31
Systèmes	Définitions	32
	Conception, mise en œuvre	33
	Appareils de maçonnerie	35
	Dispositifs d'ancrage et d'armature pour murs à double paroi	39
Systèmes mis en œuvre	L'art de la maçonnerie en brique	40
	Méthodes de construction	47
	Préfabrication	50
	Béton	
Introduction	À propos de la métaphysique du béton apparent	**57**
Propriétés	Le matériau	61
	Procédé	64
	10 règles pour la fabrication du béton	67
	Surface des bétons de parement	68
Systèmes	Appuis de dalles dans les ouvrages en béton de parement avec isolation intérieure	70
	Ancrage des éléments de revêtement lourds (béton)	71
	Ancrage des éléments de revêtement lourds (pierre naturelle)	72
	Prédimensionnement des dalles en béton armé	73
Systèmes mis en œuvre	Éléments de structure linéaires	74
	Structures à éléments linéaires	75
	Éléments de structure plans	76
	Structures surfaces	77
	Bois	
Introduction	Bois : isotrope, synthétique, abstrait – artificiel	**78**
Propriétés	Le matériau	83
	Matériaux dérivés du bois : Aperçu	85
	Matériaux dérivés du bois : Produits multiplis	86
	Matériaux dérivés du bois : Panneaux de particules	88
	Matériaux dérivés du bois : Panneaux de fibres	89
	Principaux systèmes de construction en panneaux ou préfabriquée : Aperçu	90
	Systèmes de construction en panneaux : Développements actuels	95
Systèmes	Systèmes de construction bois : Aperçu	97
	Construction à ossature bois : Principe	100
	Prédimensionnement des poutres en bois	104
Exemples	Découpe d'une grume selon la tradition de la construction en bois japonaise	105
	Les mailles du filet	107
	Acier	
Introduction	Pourquoi construire en acier ?	**114**
Propriétés	Profilés – Formes et applications	122
	Protection anti-incendie	124

Sommaire

Systèmes	Assemblages : Sélection	126
	Structures – Portiques à traverses en saillie	128
	Structures – Portiques à montants continus	130
	Structures – Ossature non orientée	132
	Prédimensionnement des poutres en acier	134
Systèmes mis en œuvre	Pliage et cintrage	135
	Ossatures	136
	Treillis et façade	137
	Treillis tridimensionnels	138
	Losange et diagonale	139
	Champignons	140

Isolation

Introduction	Le matériau « invisible »	**141**
Propriétés	Isolation thermique transparente (ITT)	145
	Les isolants et leur utilisation	146
Systèmes	Systèmes d'isolation thermique : Aperçu	148

Verre ou plastique

Introduction	Verre, cristallin amorphe	**149**
	Le plastique	153
Propriétés	Le verre, un matériau opaque	154
	Le plastique au seuil de l'architecture	162

ÉLÉMENTS DE CONSTRUCTION

Fondations – Soubassement

Introduction	Construire sous terre	**173**
Processus	Préparation du chantier : Travaux de géomètre	181
	Préparation du chantier : Travaux de terrassement	182
	Fondations	183
Systèmes	Types de fondations : Couche porteuse à l'intérieur	184
	Types de fondations : Couche porteuse à l'extérieur	185
Systèmes mis en œuvre	Les origines du soubassement	186
Problèmes de physique du bâtiment	Murs extérieurs souterrains : Actions exercées sur l'enveloppe du bâtiment	189

Façade

Introduction	La paroi	**190**
Systèmes mis en œuvre	La construction de la façade	195

Ouverture

Introduction	Pour ou contre la fenêtre en bande : La controverse Perret – Le Corbusier	**204**
Systèmes	Complexe baie – fenêtre	214
	Position de la fenêtre dans l'épaisseur du mur	215
	Fenêtres – Châssis	216
	Fenêtres – Vitrage	217
	Fenêtre – Coupe horizontale éch. 1:1	218
	Fenêtre – Coupe verticale éch. 1:1	220
Systèmes mis en œuvre	L'ouverture perforée	222
	L'ouverture en bande	223
	L'ouverture comme joint	224
	L'ouverture paroi transparente	225
Introduction	La porte	**226**
Systèmes	Portes – Modes d'ouverture	227
	Portes – Position dans le mur	228
	Portes – Quincaillerie	229

Problèmes de physique du bâtiment	Murs – Baies : Actions exercées sur l'enveloppe du bâtiment	230
	Protection solaire et contre l'éblouissement	231

Plancher

Introduction	Le deuxième ciel	**235**

Toiture

Introduction	Le toit	**241**
Systèmes	Toitures inclinées : Couches de construction	244
	Toitures plates : Couches de construction	245
	Toitures plates : Toitures chaudes – systèmes traditionnels	246
	Toitures plates : Toitures chaudes – systèmes particuliers	247
	Toitures plates : Toitures inversées	248
	Toitures plates : Toitures froides	249
Systèmes mis en œuvre	Toitures inclinées	250
	Toitures plates	251
	La toiture comme structure plissée	252
	Toitures voûtées et coques	253
Problèmes de physique du bâtiment	Critères et interdépendances	254
	Toitures plates – Toitures inclinées : Actions exercées sur l'enveloppe du bâtiment	255

Escaliers et Ascenseurs

Introduction	Les degrés de la pensée	**256**
Systèmes	Extrait des *Éléments des projets de construction* d'Ernst Neufert	261
	Géométrie des transitions	263
	Garde-corps (Extrait de la norme SIA 358)	264
	Ascenseurs	265
Systèmes mis en œuvre	L'escalier, simple poutre composée	267
	L'escalier, forme organique monolithique	268
	L'escalier, grille spatiale	269
	L'escalier, construction massive en bois	270

STRUCTURES

Modes de construction

Introduction	Essai d'une systématique du développement horizontal et vertical de l'espace	**273**
Concepts	Structures porteuses verticales dans la construction massive : Les concepts de coupe	284
	Structures porteuses verticales dans la construction massive : Concepts de plans	285
	Structures porteuses voûtées dans la construction massive : Constructions sous compression	286
Exemples	Masse lourde et lourdeur apparente	288
	Ksar el-Ferch : Un grenier fortifié en Tunisie du Sud	291
	Architecture plastique : La maison-tour écossaise	296
Processus	Phases de prestations dans le déroulement de la planification	304
	Déroulement de la construction	305
Systèmes	Compartimentation	306
	Construction à refends parallèles	307
	Construction à ossature	308
	Systèmes de poteaux-dalles	309
	Constructions de halles	310
Systèmes mis en œuvre	Préfabrication : Construire avec des systèmes – construction modulaire	311

Sommaire

Physique du bâtiment, énergie

Introduction
- Durabilité : Principes fondamentaux de l'architecture — **315**

Concepts
- Le problème des flux thermiques et de la diffusion de vapeur — 320
- Concepts d'isolation : Schéma de principe des couches — 321
- Concepts d'isolation : Systèmes complémentaires – couche portante intérieure — 322
- Concepts d'isolation : Systèmes complémentaires – couche portante extérieure — 323
- Sept règles pour la construction d'une maison basse énergie — 324

Exemple
- Low Tech – High Tectonic — 325

BÂTIMENTS

Sélection d'ouvrages

Introduction
- Questions structurelles : Rapport entre la structure de l'espace, de la construction et les équipements — **329**

Exemples
- Immeubles collectifs de la Martinsbergstrasse, Baden : Burkard Meyer Architekten — 337
- Galerie d'art contemporain, Marktoberdorf : Bearth + Deplazes — 347
- Maison individuelle à Grabs : Peter Märkli — 356
- École de Paspels : Valerio Olgiati — 366
- École Volta, Bâle : Miller + Maranta — 375
- Hochschule Sihlhof, Zurich : Giuliani Hönger — 384
- École Im Birch, Zurich : Peter Märkli — 395
- Centre de formation professionnelle, Baden : Burkard Meyer Architekten — 408
- Lehrerseminar de Coire, aile des sciences naturelles : Bearth + Deplazes — 416
- École technique du bois, Bienne : Meili + Peter — 425
- Maison Willimann, Sevgein : Bearth + Deplazes — 436
- Établissement scolaire Leutschenbach, Zurich : Christian Kerez — 441

ÉLÉMENTS

Dessin des plans

- Élaboration des plans dans le domaine du bâtiment (Extrait de la norme SIA 400:2000) — **453**
- Dessin des plans : Exemple d'une construction à ossature bois — 459
- Symboles : Légende des planches — 461

Fondations – Soubassement

- Soubassement, maçonnerie monolithique — **462**
- Soubassement, mur double, enduit — 463
- Soubassement, maçonnerie apparente — 464
- Soubassement, béton de parement avec isolation intérieure — 465
- Soubassement, isolation extérieure enduite — 466
- Soubassement, revêtement extérieur léger — 467
- Soubassement, revêtement extérieur lourd — 468
- Soubassement, construction à ossature bois — 469
- Construction en panneaux Blockholz : Soubassement – Toiture — 470

Mur – Plancher

- Maçonnerie monolithique, enduite — **472**
- Mur à double paroi, enduit — 473
- Maçonnerie apparente — 474
- Béton de parement avec isolation intérieure — 475
- Isolation extérieure, enduite — 476
- Revêtement extérieur, léger — 477
- Revêtement extérieur, lourd — 478
- Paroi extérieure non porteuse — 479
- Construction à ossature bois — 480
- Construction en panneaux Blockholz — 481

Ouverture

Fenêtres

	Baie, maçonnerie monolithique	**482**
	Baie, mur double, enduit	484
	Baie, maçonnerie apparente	486
	Baie, béton de parement avec isolation intérieure	488
	Baie, revêtement extérieur, léger	490
	Baie, revêtement extérieur, lourd	492
	Baie, isolation extérieure, enduite	494
	Baie, paroi extérieure non porteuse	496
	Baie, construction à ossature bois	498
	Baie, construction en panneaux Blockholz	500

Portes

Porte battante extérieure, bois	502
Porte battante extérieure, bois-verre	503
Porte coulissante extérieure, métal-verre	504
Porte battante intérieure, bois	505
Porte coulissante intérieure, bois	506

Plancher

Plancher à éléments préfabriqués en terre cuite	**507**
Plancher à entrevous (hourdis) en terre cuite	508
Plancher-dalle en béton	509
Dalle nervurée en béton	510
Dalle à caissons en béton	511
Dalle alvéolaire en béton	512
Plancher mixte bac acier-béton	513
Plancher en bois massif	514
Plancher à solivage en bois	515
Plancher à poutres-caissons en bois	516
Plancher à dalles en béton préfabriquées sur poutraison acier	517

Toiture – Attique

Toiture inclinée – chaude : Fibrociment – revêtement extérieur léger	**518**
Toiture inclinée – chaude, à un versant : Fibrociment – maçonnerie apparente	519
Toiture inclinée – froide : Tuiles – maçonnerie monolithique	520
Toiture inclinée – froide : Couverture métallique – maçonnerie monolithique	521
Toiture plate – chaude : Bitume – mur double, enduit	522
Toiture plate – chaude : Bitume – béton de parement avec isolation intérieure	523
Toiture plate – chaude : Matière synthétique – revêtement extérieur lourd	524
Toiture plate – chaude, compacte : Bitume – paroi extérieure non porteuse	525
Toiture plate – inversée : Bitume – isolation extérieure enduite	526
Toiture plate – froide, nue : Bitume – construction à ossature bois	527
Toiture plate – chaude : Praticable, non praticable	528
Toiture plate – froide	530
Toiture plate – inversée : Végétalisée	532

ANNEXES

Bibliographie (sélection)	**537**
Crédits iconographiques et bibliographiques	538
Index	552

Avant-propos

Andrea Deplazes, Christoph Elsener

« Construire l'architecture » : cette expression désigne pour nous la compétence qui permet à l'homme de l'art de passer de la conception d'un projet à sa réalisation, et de créer un ouvrage cohérent en termes de contenu et de sujet. Au cours de l'élaboration du projet, cette compétence se reflète tour à tour dans l'explicitation, la formulation précise de l'objectif poursuivi, puis dans sa mise en œuvre physique, de plus en plus concrète, dans un édifice.

Quand on traduit une œuvre littéraire dans une langue étrangère, l'utilisation d'une grammaire et d'une syntaxe correctes sont en fait une condition technique sine qua non. L'essentiel consiste toutefois à rendre le sens et l'atmosphère du texte original de façon cohérente, ce qui, dans certaines situations, peut influencer en retour la grammaire et la syntaxe. Il en va de même dans l'architecture : elle n'est certes pas un langage composé de sons, de mots ou de textes, mais elle dispose d'un vocabulaire matériel (modules), d'une grammaire constructive (éléments) et d'une syntaxe structurelle (structures) qui – un peu comme une « mécanique » – en constituent les conditions préalables. Il faut leur ajouter les bases techniques et constructives qui, indépendamment de toute conception ou projet de construction concrets, forment un ensemble de savoir-faire, de règles et de principes de construction que l'on peut apprendre. Même si ces outils possèdent leur logique propre, ils restent détachés les uns des autres, fragmentaires et donc « inutiles » aussi longtemps qu'ils ne sont pas associés à un projet.

Seul un concept peut donc initier le développement d'un processus de conception dynamique, dans lequel les fragments techniques et constructifs isolés au départ sont tout à coup ordonnés et arrangés dans un corps architectural d'ensemble. Parties et tout se complètent, se conditionnent et s'influencent réciproquement. C'est ce qui mène de l'ouvrage à l'architecture, de la construction à la tectonique.

Les facteurs influençant la forme architecturale

Tout matériau a une forme, qu'une volonté de lui en donner une soit perceptible ou non. Le cas de l'artefact pose la question de savoir comment il a trouvé sa forme. Pour répondre à cette interrogation, nous devons nous demander quelles influences extérieures agissent sur la forme et quels critères la déterminent. Ces influences renvoient à une multitude de facteurs géographiques, culturels ou liés à l'évolution des mentalités, qui affectent la forme au-delà de toute intention, tandis que les critères renvoient eux à l'intention de la personne créatrice et à ses choix. Au bout du compte, la forme est donc le résultat d'une interaction complexe de ces facteurs, qui, seule, assure une composition pertinente. En parlant de composition, nous voulons indiquer à dessein qu'il ne s'agit pas d'un résultat inévitable. On peut toujours choisir entre différentes solutions logiques.

Kenneth Frampton définit trois principaux facteurs : « Le construit semble invariablement résulter de l'interaction permanente de trois vecteurs convergents, le *topos*, le *typos* et la tectonique. » Le terme « tectonique » recouvre à lui seul un domaine très vaste, qui englobe tout le processus de construction, depuis les matériaux jusqu'à l'édifice achevé. Cependant, l'histoire des civilisations, telle qu'elle nous est retracée dans les différents articles du présent volume, nous rappelle que ces trois facteurs se fondent l'un dans l'autre.

Structure de l'ouvrage

L'organisation des chapitres en trois parties, « Matériaux – Modules », « Éléments » et « Structures » suit l'évolution de l'architecture, depuis l'extraction des matières premières jusqu'à l'achèvement de l'ouvrage en passant par l'assemblage des éléments. Cette organisation répond à l'un des principaux objectifs de ce manuel, qui veut montrer combien l'expression architecturale d'un édifice dépend de la façon dont on le construit. À la différence des ouvrages spécialisés, consacrés à la seule technique, nous accordons une attention particulière aux aspects constructifs générateurs de sens. Pour cela, nous questionnons systématiquement l'effet architectural des aspects techniques indispensables à l'utilisation des matières premières et des éléments de construction.

Ill. 1 : Processus de création ou de développement de la forme

Comment utiliser cet ouvrage

Cette approche est illustrée par la structure des chapitres, dans lesquels se côtoient plans de détail et considérations générales, concepts de base et descriptions concrètes de processus de construction, réflexions théoriques et pratiques. Nous avons cependant organisé cette approche « globale » de la construction de façon thématique, afin de préserver une vue d'ensemble de l'ouvrage et de permettre une recherche rapide des informations. Après un essai introductif, les chapitres comportent des thèmes récurrents, qui facilitent l'orientation et permettent de comparer différents matériaux et éléments de construction.

Les chapitres intitulés « Propriétés des matériaux » présentent les modes de production, la composition et l'éventail des produits disponibles pour les principaux matériaux de construction actuels – brique, béton, bois, acier, verre et isolant. La distinction entre les termes « concept », « processus » et « système » renvoie à l'interaction entre la conception intellectuelle, le déroulement de la construction et la structure du bâtiment, interaction qui joue un rôle déterminant dans la mise au point d'une solution constructive. Les « concepts » décrivent des procédés d'analyse et d'interprétation qui se sont avérés particulièrement utiles dans le développement de systèmes constructifs. Les « processus » présentent les mesures préparatoires précédant la construction ainsi que le déroulement concret de la mise en œuvre sur le chantier. Les « systèmes » décrivent les types d'assemblage possibles des modules et des éléments de construction permettant de former un ensemble cohérent du point de vue statique. Les « systèmes mis en œuvre » tissent un lien étroit entre l'expression architecturale et les systèmes présentés dans cet ouvrage. Les « Exemples » présentent des édifices particuliers ou des formes de construction spécifiques, qui illustrent la manière dont une pensée constructive se traduit en architecture.

Enfin, les « Problèmes de physique du bâtiment » étudient le rapport entre la construction et le comportement énergétique de l'enveloppe du bâtiment.

L'annexe contient une série de plans d'éléments de construction à l'échelle 1:20, qui présente la structure en couches des enveloppes contemporaines. Le soubassement, les jonctions entre la paroi et le plancher, les jours (fenêtres et portes) et les parties de la toiture continuent à former les points essentiels de la construction architecturale. Les ouvrages présentés sont liés à un concept architectural particulier et ne sauraient être automatiquement généralisés.

Pour les autodidactes

Nous n'avons pas traité les différents thèmes de façon uniforme. Ce choix n'a rien à voir avec un quelconque jugement de valeur, mais reflète une méthode de travail centrée sur l'enseignement. Notre manuel ne remplace pas non plus les cours. Cette publication ne prétend en aucun cas à l'exhaustivité ! Elle réunit différents principes de base traités dans le cadre de la chaire « Architecture + Construction » de l'EPFZ. Une partie des contributions a été généreusement mise à notre disposition par des auteurs externes, une part plus réduite provient de recueils de normes ou de standards. Leur utilisation à bon escient est l'affaire des utilisateurs et non pas des auteurs. Toute responsabilité et toute réclamation, de quelque type qu'elles soient, sont tout à fait exclues.

Le meilleur résultat qu'une École supérieure puisse atteindre, c'est de promouvoir l'autodidaxie des étudiants. Celle-ci comprend l'assimilation indépendante des principes de base, le questionnement critique et la recherche intensive, la formulation d'hypothèses et l'élaboration de synthèses. De nombreux thèmes des cours de base constituent des thèses dont la vérité ne tient pas au seul fait qu'elles apparaissent noir sur blanc dans ce manuel. On doit plutôt considérer ce dernier comme un recueil provisoire de questions architecturales et techniques reflétant l'état actuel de la connaissance et de la pratique – comme une plateforme de réflexion sur la profession complexe d'architecte.

L'édification d'une construction, chaîne d'additions du plus petit au plus grand

Ill. 2 : terre
Mélange d'argile et de sable

Ill. 3 : brique
Briques séchées au soleil, Pakistan

Ill. 4 : mur
Vestiges de maisons découverts au Liban

Ill. 5 : gros œuvre
Bâtiment en maçonnerie, chantier

Ill. 6 : édifice
Immeuble d'habitation achevé, Amsterdam

1. Matières premières

Selon Gottfried Semper, les matières premières pouvant servir de matériaux de construction avant une première phase d'élaboration peuvent être classées en fonction de leurs propriétés dans les quatre catégories suivantes :

1. flexible, résistant, difficile à rompre, d'une solidité absolue
2. souple, plastique, durcissable, se laissant modeler sans difficulté et gardant la forme reçue après durcissement
3. de forme linéaire, élastique, d'une solidité surtout *relative*, c'est-à-dire résistant à une force agissant perpendiculairement à sa longueur
4. solide, dense, résistant à la compression et au flambement, pouvant être travaillé et assemblé en systèmes solides

Selon Semper, chacune de ces quatre catégories de matière appartient, en raison de ses propriétés, à un art ou à une technique : l'art textile, la céramique, la tectonique (charpenterie) ou la stéréotomie (taille des pierres, maçonnerie).

L'idée sous-jacente est que « chaque technique aurait une matière qui serait pour ainsi dire sa "protomatière" et constituerait le moyen le plus agréable pour elle de fabriquer des formes relevant de son domaine d'origine ».

Du point de vue architectural, ce matériau brut demeure toutefois « sans signification » aussi longtemps qu'il reste « non pensé », c'est-à-dire tant que son potentiel n'est pas perceptible.

Le « choix » (p. ex. de pierres brutes), la collection de modules, ainsi que la préparation du travail avant la construction constituent déjà une étape de travail planifiée et font partie du 1er niveau de production (« Préparatifs »).

2. Modules

Les « blocs » ou les « pièces » forment les plus petits éléments constitutifs de base destinés à la construction. Ils sont le résultat d'un processus de production plus ou moins long :

- pierres travaillées (blocs, plaques, dalles, pierres taillées, bossées) obtenues à partir de pierres informes
- terres moulées et « formées » (briques, carreaux de céramique, séchées à l'air, cuites) ou terres raffinées (ciment, béton) obtenues à partir de terres, de sables et de graviers (p. ex. glaise, argile)
- billes de bois (rondins, bois avivés, madriers, poutres, planches, baguettes) obtenus à partir de modules linéaires de forme stable ou élastiques en fibres organiques (p. ex. grumes, branches, rameaux)

Tous ces modules ont une « tectonique interne » et des principes d'assemblage « inhérents », qu'ils conservent dans la 2e phase : empilement, imbrication, entrelacement, mise en forme plastique (« modelage »), moulage, etc.

3. Éléments

Les « éléments de construction » constitués de modules représentent, si l'on veut, les produits semi-finis du 2e niveau de production (murs et voiles en maçonnerie ; parois ; voûtes et coques ; planchers et toits).

On résoudra les problèmes de stabilité qui apparaissent lors de la réalisation et de l'assemblage progressif des éléments grâce aux dispositifs suivants :

- développements horizontaux tels que plis, ondulations, bordures et nervures
- échelonnements verticaux en fonction de l'augmentation de la hauteur
- formation d'ossatures au moyen de renforts (raidisseurs diagonaux, étais, étrésillons, équerres, etc.)

4. Structures

Le 3e niveau de production forme un « assemblage d'éléments de construction », dont on peut décrire les composants de la façon suivante :

A. Structure porteuse :
Condition préalable de la structure du bâtiment. Seuls les éléments nécessaires à la structure porteuse (porter, stabiliser) sont pris en compte.
B. Structure du bâtiment :
Concerne l'interaction entre tous les éléments nécessaires au bâtiment (porter, séparer pour définir les espaces). On parle aussi de « gros œuvre ».
C. Structure de l'espace intérieur :
Contient l'idée d'un ensemble d'espaces plus ou moins complexe. La relation entre la structure porteuse, la structure du bâtiment et la structure de l'espace intérieur nous permet de déduire un « modèle tectonique ». « Tectonique » signifie ici la partie physique visible de cette « liaison supérieure », l'assemblage du construit architectonique dans le but de créer des espaces.
D. Équipements :
Toutes les installations du bâtiment nécessaires à l'approvisionnement en fluides et à leur évacuation. Elles entrent souvent en conflit avec la structure du bâtiment.
E. Distribution :
Circulations verticales et horizontales. En font partie les escaliers, les rampes, les entrées et les couloirs.

5. Édifice

L'édifice est généré par :
Structure et processus

Édifice – structure spatiale – structure porteuse
- tectonique
- gros œuvre
- aménagement / second œuvre
- équipements

Plan
- conception (« idée »)
- projet
- interprétation (signification)
- notice de construction
- échange d'informations
- planning des travaux

et

Production
- planning de production
- logistique
- déroulement des opérations
- principes d'assemblage

Références bibliographiques

- Fritz Neumeyer, *Nachdenken über Architektur, Quellentexte zur Architekturtheorie*, Munich 2002.
- Gottfried Semper, *Der Stil in den technischen und tektonischen Künsten oder praktische Ästhetik*, t. I/1860 t. II, Munich 1863.
  En français :
- Gottfried Semper, *Du Style et de l'architecture – Écrits, 1834-1869*, Marseille 2007.

Construction massive et construction filigrane

Christoph Wieser, Andrea Deplazes

Lors d'une conférence sur la « morphologie en architecture » donnée à l'EPFZ, Kenneth Frampton, reprenant les idées de deux grands théoriciens de l'architecture, Eugène Viollet-le-Duc et Gottfried Semper, distinguait une double origine à l'évolution des formes architectoniques : les « ouvrages en terre » *(earthwork)* et les « ouvrages de toiture » *(roofwork)* ou, pour utiliser leurs équivalents théoriques, la stéréotomie (construction massive) et la tectonique (construction filigrane). Tandis que les « ouvrages en terre » comprennent toutes les techniques de construction de murs massifs – en pisé et en adobe, maçonnerie en brique et en pierre, etc., et leurs formes stéréotomiques telles que le voile, l'arc, la voûte et la coupole –, les « ouvrages de toiture » filigranes englobent toutes les structures en branches ou en perches – entrelacs « tissés » qui ferment verticalement l'espace en servant de « couverture », donc de « plafond » et de « toit ». La construction en bois, avec ses assemblages par couches et par empilement, ainsi que, depuis 1800, la construction industrielle en acier, relèvent aussi de la construction filigrane. Les principes structuraux utilisés n'étaient pas nouveaux. On les tenait de la construction en bois traditionnelle et anonyme : les coupoles coniques et hémisphériques en éléments linéaires droits et courbés, les constructions verticales en bois empilés, les bâtis bi ou tridimensionnels (construction à colombages, à pans de bois, à ossature continue), les poutres pour planchers et charpentes (à pannes et à chevrons, fermes à contre-fiches) faisaient partie des ouvrages quotidiens du charpentier. On utilisait surtout ces techniques utilisées là où le bois était disponible et où l'on avait besoin d'un matériau léger, résistant à des portées moyennes. En échange, on acceptait que le bois, à la différence de la construction massive, soit une matière organique et donc éphémère (champignons, pourriture, incendie). C'est pour toutes ces raisons que la construction en bois n'a jamais supplanté, ni même sérieusement concurrencé, la construction massive, stéréotomique.

Il fallut attendre la percée victorieuse de la technologie de l'acier pour que soient remis en question les principes tectoniques, jusque-là indiscutés, de l'architecture occidentale : alors que dans la construction massive, massivité et pesanteur du matériau terre trouvent leur expression architecturale dans l'archaïque, voire même dans le monumental de la stéréotomie, dans la construction filigrane, au contraire, la dissolution presque complète de la masse et de la massivité (ce que l'on appelle la sublimation) dessine dans le ciel l'ossature ou le treillis encore tout juste saisissable d'un volume fantôme, telle une trame cartésienne abstraite[1].

Révolution de la culture et révolution de la construction

Dans son ouvrage intitulé *La Naissance de l'architecture. L'éternel présent,* paru en allemand en 1964 et traduit en français en 1966, Sigfried Giedion considère encore que la question de l'origine de l'architecture est « très compliquée », raison pour laquelle – malgré le titre séduisant de son ouvrage – il n'entend pas la traiter en détail[2]. Il se contente plutôt de présenter son évolution générale, dont les grandes lignes seront étayées par des recherches ultérieures : résumée rapidement, cette évolution va des simples huttes rondes ou ovales à la construction d'abris rectangulaires. Selon Giedion, « la maison rectangulaire, avec son plan rectangulaire et ses parois verticales […] est le résultat d'essais variés ». Dans ce constat, la nuance admirative n'est pas à négliger[3]. Si l'on a peu à peu abandonné la construction circulaire, c'est avant tout pour des raisons pragmatiques. Il est plus aisé de diviser ou d'agrandir des maisons de forme rectangulaire. Il est aussi plus facile (c'est-à-dire plus économique) de les regrouper. Le triomphe de la maison rectangulaire coïncide avec le début de la sédentarité puisque, pour les peuples nomades, la possibilité de former un village compact joue tout au plus un rôle secondaire. Au début de l'évolution, la question de la forme ronde ou rectangulaire n'est pas juste fonctionnelle, mais aussi spirituelle. Comme l'écrit Norberg-Schulz, dans les premières civilisations, il n'est pas possible « de faire une différence entre le pratique et le religieux (magique)[4] ». À ce stade, formes et éléments architecturaux ont des significations non seulement pratiques mais aussi symboliques – une conception qui perdure dans les tipis et les yourtes des peuples nomades d'Amérique du Nord et d'Asie. Pour leurs habitants, ces abris d'une pièce symbolisent l'ensemble du cosmos, et leur division intérieure suit des règles ancestrales qui attribuent une place spécifique à chaque objet et à chaque habitant.

Archétypes de la construction

Notre propos n'est toutefois pas de décrire l'évolution de l'habitat humain mais de caractériser les deux systèmes de construction archétypaux, la construction filigrane[5] et la construction massive. Le passage du nomadisme à la sédentarité joue ici aussi un rôle déterminant : si l'on peut supposer que les premiers habitats éphémères étaient des constructions filigranes, donc des ouvrages à structure légère, la maison construite autour d'un patio, apparue en Mésopotamie vers 2500 av. J.-C., représente le premier type de logis en construction massive. Cette évolution historique se reflète dans l'histoire de la langue, puisque le terme « architecture » existe seulement depuis la sédentarisation de l'être humain[6]. Le terme grec *arkhitektôn* vient de *tektôn,* qui signifie « charpentier », à savoir celui qui « incarne » la construction filigrane[7]. Il ne faut cependant pas considérer la construction filigrane comme une phase préliminaire de la construction massive, qui aurait perdu sa légitimité au cours de l'évolution. Les systèmes de construction dépendent en premier lieu des ressources disponibles et de l'importance accordée à la durabilité d'un ouvrage. La construction filigrane et la construction massive incarnent donc de manière différente, mais égale, les deux systèmes de construction archétypaux.

Construction filigrane
Les premières constructions filigranes étaient des variantes d'abris légers, d'abord sans paroi, qui, du point de vue constructif, étaient constitués d'une ossature en branches, en perches ou en os, et recouverts d'un toit protecteur en feuilles, en peaux de bêtes ou en nattes tressées. Selon Hans Soeder, on peut distinguer trois abris de ce type : « Les constructions rondes à coupole (comme chez les peuples chasseurs eurafricains), les huttes rondes au toit fortement conique ou les tentes coniques des zones arctiques et antarctiques, ainsi que dans les zones chaudes ou tempérées, les brise-vent rectangulaires disposés de façon inclinée[8]. » Conçus en fonction des conditions climatiques, les premiers abris portaient la marque des matériaux organiques ou animaux à disposition – c'est du moins ce que l'on suppose, puisque leur nature exclut que l'on puisse en découvrir des vestiges. On améliora peu à peu la construction des refuges grâce à des matières inorganiques résistant mieux aux intempéries et durant plus longtemps, mais supposant un stade de développement culturel plus avancé. Une telle optimisation consistait par exemple à revêtir de glaise un treillis en perches.

Le concept de « construction filigrane » renvoie directement à ce mode de construction : depuis le XVIIe siècle, le substantif « filigrane » désigne un ouvrage fait de fils de métal précieux entrelacés. Le mot vient de l'italien *filigrana* (« fil à grains »), en référence à la rugosité de la surface du métal. En allemand *Filigran* signifie aussi « structure de surface constituée de fils[9] ». Dans une tentative de transposer le terme allemand *Filigranbau*, tout au long de cet ouvrage, nous avons donné à l'expression « construction filigrane » le sens de structure fine, ossature composée d'éléments linéaires (barres ou perches) assemblés en un treillis plan ou tridimensionnel. Dans ce treillis spatial, les fonctions porteuses et séparatives sont assurées par des éléments différents. La structure porteuse étant « à claire-voie », il faut la remplir, ou – pour employer la terminologie de Semper – la « revêtir » afin de créer un espace délimité. La relation entre l'intérieur et l'extérieur du bâtiment provient d'éléments secondaires et non de la structure porteuse elle-même. Dans ce système, les jours sont des ouvertures de la structure, dont la taille dépend de la manière dont on peut diviser cette dernière. La référence à Semper est intéressante puisque, dans son ouvrage sur le style, il désigne l'art textile comme l'« art originaire », la plus ancienne des quatre « prototechniques » à partir desquelles il fait dériver les quatre éléments de l'architecture. Ainsi décrit-il les principes tectoniques de la construction filigrane, à savoir le tissage, le nouage et le tressage, comme les toutes premières techniques humaines[10].

Construction massive
Comme son nom l'indique, une caractéristique majeure de la construction massive est sa pesanteur et sa compacité, ce qui la différencie nettement de la construction filigrane. Son élément primaire est le mur massif tridimensionnel ; on le dresse en empilant des pierres ou des matériaux modulaires préfabriqués, ou en coulant un matériau qui se solidifie en séchant dans un coffrage. On peut donc réduire le principe d'assemblage de la construction massive à deux techniques, le coulage et l'empilement. L'équivalent théorique de la construction massive, la stéréotomie, désigne l'art de découper avec précision les pierres de façon que, dans l'idéal, leur seul empilement, grâce à la pesanteur, garantisse la stabilité du bâtiment, sans qu'il soit nécessaire de recourir à un liant supplémentaire (p. ex. du mortier). Les constructions massives ne résistent donc qu'à la compression, et non – à la différence des constructions filigranes – à la traction. Avec leurs voûtes en encorbellement, les cabanes en pierres plates du « village des bories », près de Gordes, en France, fournissent un bon exemple d'un empilement sans liant, uniquement sollicité en compression[11]. Dans la construction massive, l'édification des murs crée d'emblée des espaces, puisque structure porteuse et structure séparatrice sont identiques. La configuration spatiale du gros œuvre correspond donc dans une très large mesure à celle du second œuvre et, en principe, aucun élément secondaire n'est nécessaire. La taille des ouvertures, qui constituent des trous dans les murs, est limitée, car elles en affaiblissent le comportement statique. Ce mode de construction part de la simple cellule et crée des agglomérats par ajout de pièces extérieures (extension par addition) ou par division intérieure. Puisque, dans le cas le plus simple, tous les murs portent et séparent, il n'y a en principe pas de hiérarchie structurelle. Tous les éléments tendent à être équivalents.

Construction mixte
Les concepts de construction massive (stéréotomie) et de construction filigrane (tectonique) désignent les deux systèmes de construction archétypaux, dont découlent tous les modes de construction ultérieurs, même si leurs origines sont presque entièrement effacées. L'éventail des modes de construction utilisés aujourd'hui en architecture est plus embrouillé que jamais. Tout est faisable, tout est disponible. Les limites techniques semblent avoir été abolies. L'utilisation souvent innovante et surprenante des matériaux high-tech et des composants de systèmes complexes efface toujours davantage les frontières d'origine entre les différents systèmes. Une construction

purement massive ou filigrane ne permet plus de répondre aux nouvelles exigences et possibilités actuelles ; les formes mixtes l'emportent.

La distinction entre les formes de construction « purement » filigrane ou massive nous intéresse en ce qu'elle permet d'expliquer leurs modes d'action. Elle nous fournit un instrument d'analyse qui permet non seulement de comparer les systèmes contemporains mais aussi de lire leur évolution historique. Grâce à elle, notre regard peut mieux en reconnaître les spécificités tout en en identifiant les limites.

Notes

[1] Que l'on songe ici aux constructions de l'Exposition universelle de Londres comme le Crystal Palace ou à la tour Eiffel à Paris. Sur cette dernière, voir l'ouvrage de Roland Barthes, *La Tour Eiffel*, Paris 1964.
[2] Sigfried Giedion, *La Naissance de l'architecture. L'éternel présent*, Bruxelles 1966.
[3] Ibid.
[4] Christian Norberg-Schulz, « Logik der Baukunst », in *Bauwelt Fundamente* 15, Gütersloh, Berlin, Munich 1968, p. 109.
[5] Parmi tous les concepts connus en allemand, celui de « construction filigrane » *(Filigranbau)* semble être celui qui correspond le plus précisément et le plus largement au principe tectonique et constructif sous-jacent. En effet, le concept de « construction à ossature » *(Skelettbau)*, souvent employé comme synonyme, suscite inévitablement des associations avec des structures végétales ou animales qui renvoient à une conception « organique » de l'architecture n'ayant rien à voir avec le mode de construction concerné. Le concept de « construction légère » est trop limitatif, non seulement parce qu'il réduit à tort la construction filigrane à des constructions « légères », mais aussi parce qu'il favorise d'emblée certains matériaux et en exclut d'autres.
[6] Markus Dröge, Raimund Holubek, « Der rechte Winkel. Das Einsetzen des rektangulären Bauprinzips », in Andreas Brandt, *Elementare Bauten. Zur Theorie des Archetypus, Urformen weltweiten, elementaren Bauens in einer Zusammenschau*, Darmstadt 1997, p. 449-508.
[7] Kenneth Frampton, *Studies in Tectonic Culture*, Cambridge, 1995, p. 3.
[8] Hans Soeder, *Urformen der abendländischen Baukunst in Italien und dem Alpenraum*, (DuMont Dokumente), Cologne 1964, p. 19.
[9] Friedrich Kluge, *Etymologisches Wörterbuch der deutschen Sprache* (23e édition, revue par Elmar Seebold), Berlin 1995, p. 265.
[10] Cf. Gottfried Semper, *Der Stil in den technischen und tektonischen Künsten oder praktische Ästhetik*, vol. 1, Die textile Kunst, Francfort-sur-le-Main, 1860, p. 13.
[11] Werner Blaser, *Elementare Bauformen*, Düsseldorf 1982, p. 31-43.

Sur le rapport entre structure et espace
Construction massive – Construction filigrane

Construction massive	Construction filigrane
Volume en *murs* (vertical) – plein, homogène – plastique, corps massif	**Treillis** en *éléments linéaires* (horizontaux et verticaux) – ossature aérienne, extrêmement réduite (2D, 3D)
↓	↓
Primauté de la pièce – *intérieur* directement clos – *nette séparation* entre intérieur et extérieur – *plan d'aménagement*	**Primauté de la structure** – pas de délimitation immédiate des espaces architecturaux – pas de séparation entre intérieur et extérieur – l'ossature domine : les éléments linéaires constituent le treillis, types des structures à remplir
↓	↓
Principe de la définition des espaces a) *Compartimentage* – par addition, à partir de la plus petite unité spatiale – par division, par répartition d'un vaste volume initial (séparation interne) b) *Refends parallèles* – structure hiérarchique en refends parallèles, clairement orientée (façades frontales libres) – désagrégation des refends : alignements de colonnes parallèles (rapprochement avec la construction filigrane, cf. les mosquées à colonnes)	**Principe de la définition des espaces** *Fluidité* graduelle des espaces, de « très ouvert » à « très fermé », selon la proportion de fermeture des espaces intermédiaires par remplissage c) *construction à ossature* – fermeture partielle des lacunes horizontales et verticales du treillis : plancher ou paroi comme structure à remplir d) *système poteaux-dalles* – dalles massives en béton armé comme plancher (plancher-dalle) – les parois servent de remplissage entre les poteaux ou sont librement disposées (non porteuses)
↓	↓
Principe de la structure porteuse – horizontal : arcs, coques (voûte, coupole) ; structures porteuses à « forme active » (structures plissées) – pour les grandes portées : nervures de renforcement supplémentaires (p. ex. gothique) et sommiers (poutre en T) – systèmes orientés (fermes) ou systèmes non orientés (caissons)	**Principe de la structure porteuse** – solivages horizontaux (primaire), le cas échéant étrésillonnage (secondaire) – points nodaux excentrés ; disposés hiérarchiquement ; superposés ; surtout en construction bois – nœuds axiaux ; orientés et non orientés ; surtout en construction métallique – pour les grandes portées : augmentation des hauteurs statiques des éléments primaires – fermes, treillis 2D et 3D
↓	↓
Ouvertures sous la forme de perforations dans le mur – perturbation structurelle du mur – connexion entre l'intérieur et l'extérieur – ouverture comme trou : dépend du rapport entre le mur et la réservation	**« Espace intermédiaire » comme principe d'ouverture inhérent à la structure** – le jour structurel comme variante du quadrillage – remplissages : fermé ; horizontal ; vertical – façade-rideau non porteuse *(curtain wall)*, fenêtre en bande

MATÉRIAUX – MODULES

	Matières	Maçonnerie	Béton	Bois	Acier	Isolation	Verre ou plastique
Introduction	L'importance du matériel	Le pathos de la maçonnerie	À propos de la métaphysique du béton apparent	Bois : isotrope, synthétique, abstrait – artificiel	Pourquoi construire en acier ?	Le matériau « invisible »	Verre, cristallin amorphe Le plastique
Propriétés	La perception de l'espace architectural Durée de vie des matériaux	Le matériau	Le matériau Procédé 10 règles pour la fabrication du béton Surface des bétons de parement	Le matériau Matériaux dérivés du bois : Aperçu Matériaux dérivés du bois : Produits multiplis Matériaux dérivés du bois : Panneaux de particules Matériaux dérivés du bois : Panneaux de fibres Principaux systèmes de construction en panneaux ou préfabriquée : Aperçu Systèmes de construction en panneaux : Développements actuels	Profilés – Formes et applications Protection anti-incendie	Isolation thermique transparente (ITT) Les isolants et leur utilisation	Le verre, un matériau opaque Le plastique au seuil de l'architecture
Systèmes		Définitions Conception, mise en œuvre Appareils de maçonnerie Dispositifs d'ancrage et d'armature pour murs à double paroi	Appuis de dalles dans les ouvrages en béton de parement avec isolation intérieure Ancrage des éléments de revêtement lourds (béton) Ancrage des éléments de revêtement lourds (pierre naturelle) Prédimensionnement des dalles en béton armé	Systèmes de construction bois : Aperçu Construction à ossature bois : Principe Prédimensionnement des poutres en bois	Assemblages : Sélection Structures – Portiques à traverses en saillie Structures – Portiques à montants continus Structures – Ossature non orientée Prédimensionnement des poutres en acier	Systèmes d'isolation thermique : Aperçu	
Systèmes mis en œuvre		L'art de la maçonnerie en brique Méthodes de construction Préfabrication	Éléments de structure linéaires Structures à éléments linéaires Éléments de structure plans Structures surfaces		Pliage et cintrage Ossatures Treillis et façade Treillis tridimensionnels Losange et diagonale Champignons		
Exemples				Découpe d'une grume selon la tradition de la construction en bois japonaise Les mailles du filet			

L'importance du matériel

Andrea Deplazes

Concevoir et construire sont pour moi une seule et même chose. J'aime l'idée que la forme soit le résultat de la construction et du matériau, donc quelque chose de concret. Me limiter à cette formule équivaudrait toutefois à opérer une réduction mécaniste, puisque, au-delà de ses composants matériels ou constructifs, la configuration de la forme porte en soi, à dessein ou non, une information, une intention. Oui, même l'absence d'intention est significative (comme l'a bien montré le fonctionnalisme). Ainsi, lorsque l'enseignement sépare conception et construction, il applique une stratégie didactique qui lui sert à définir des priorités thématiques. Cette stratégie peut être illustrée par l'allégorie du potier : pour modeler un récipient, l'artisan transforme la masse d'argile en une forme creuse à l'aide de ses deux mains, l'une exerçant une force depuis l'extérieur, l'autre exerçant une force – opposée – depuis l'intérieur. Il produit ainsi un contenant spatial. Dans le meilleur des cas, ces forces se complètent ou, pour le moins, se conditionnent l'une l'autre, et la didactique devient parfois méthode de travail et, au-delà, processus de conception par excellence. Ce processus progresse dans deux directions : à partir de l'extérieur, par le chemin classique menant du projet urbain au projet architectural, et à partir de l'intérieur, par l'assemblage spatial et constructif (la tectonique), les deux mouvements allant de l'abstrait au concret.

La matière de l'architecture se trouve entre les deux : elle forme une zone frontière de transition entre l'intérieur et l'extérieur, et réunit en elle toutes les qualités constructives, culturelles et spécifiques au milieu qui influencent l'espace. C'est là le paradoxe de l'architecture : alors que l'« espace » est son objectif principal, elle s'occupe aussitôt du « non-espace », de la matière qui délimite l'espace et l'influence en retour, aussi bien vers l'extérieur que vers l'intérieur. C'est de cette matière que l'architecture tire sa *memoria,* sa force spatiale et son caractère. Martin Heidegger écrit à ce propos : « La frontière n'est pas ce par quoi quelque chose cesse mais, comme les Grecs l'avaient vu, ce à partir de quoi quelque chose commence à être. » Dans une telle perspective, les architectes sont des métaphysiciens qui ne seraient rien sans les physiciens (techniciens, ingénieurs, constructeurs), ou encore, tel Janus, des êtres à double visage : les présences respectives de l'espace (antimatière) et de la matière sont réciproquement liées et interagissent en permanence l'une par rapport à l'autre.

On ne peut penser et concevoir un espace ou un complexe d'espaces, ou le reconstruire ultérieurement, que si l'on connaît et maîtrise le mieux possible les conditions de sa concrétisation, de sa réalisation.

L'architecte est donc un « dilettante professionnel », une sorte d'alchimiste qui essaie d'obtenir une synthèse, un tout complexe à partir des conditions initiales les plus diverses et d'exigences d'urgences inégales devant être évaluées et jugées au cas par cas.

Le caractère de l'espace architectural dépend par conséquent *de la manière* dont les choses sont faites ; il est défini par la réalisation technique et les propriétés structurelles des matières et des matériaux de construction utilisés. La constatation de Manfred Sack est à ce propos très instructive : « Face à une matière, les sens réagissent au matériau, à son toucher, à son aspect, à son odeur, au fait qu'il scintille ou brille, qu'il soit terne, dur, mou, élastique, froid ou chaud, lisse ou rugueux, à ses couleurs et aux structures révélées par sa surface. »

Sack constate que l'espace architectural est d'abord physiquement et sensoriellement perceptible. En le traversant, j'écoute l'écho de mes pas et anticipe ses dimensions, confirmées par la durée de ma progression. Grâce à la tonalité de la réverbération sonore, je perçois la nature tactile de ses limites, que je déchiffrerai en touchant les surfaces de ses parois et peut-être aussi grâce à l'odeur émanant de ses divers composants. Ce que je crois donc saisir plus tard d'un seul regard, j'en prends d'abord conscience par diverses expériences sensorielles. Le sens de la « vue » semble être quelque chose comme la mémoire optique des sensations physiques antérieures, occasionnées par des surfaces. J'aime aussi l'idée des « structures révélées par la surface ». Celle-ci dissimule un secret, ce qui signifie qu'elle dépend d'une structure cachée qui la précède et la produit, et dont elle est, d'une certaine manière, l'empreinte plane. En architecture, la ligne et la surface n'existent pas, ce sont des abstractions mathématiques. L'architecture est toujours tridimensionnelle (y compris la couche de peinture microscopique) et, par là, plastique et matérielle. La distinction entre la « couleur » comme matériau et comme teinte en fournit un exemple, cette dernière pouvant être bien sûr utilisée afin de donner l'impression d'une surface bidimensionnelle. Cette manière de voir m'aide à comprendre la construction non seulement comme une affaire de technique ou de technologie, mais comme une *tekhnê* (en grec « art, métier »), un élan créateur, issu de l'expression d'une volonté humaine primaire, artistique ou inventive, ou d'une intention dont naît tout artefact. « Comprendre » la construction, c'est la pénétrer intellectuellement après l'avoir matériellement saisie par tous les sens.

Extrait de la conférence inaugurale donnée à l'EPFZ le 15 janvier 1999.

MATÉRIAUX – MODULES | **Matières**
| Propriétés

La perception de l'espace architectural

Tectonique —————— Forme —————— Espace

Physique de l'espace	Physiologie de la perception

Matériau
- masse
- massivité
- pesanteur
- légèreté
- dureté
- souplesse
- caractère filigrane
- compacité
- transparence

Limite
- opaque
- transparente
- translucide
- surface
  - plane
  - tridimensionnelle

Structure
- tectonique, structurée
- atectonique, homogène
  - amorphe, « informe »
  - monolithique – en couches
  - hiérarchique – chaotique
  - non orientée – orientée

Représentation
- euclidienne
- mathématique – rationnelle
- géométrique
  - abstraite
  - concrète
- organique
  - biomorphique
  - intuitive

Dimension
- mesure
  - largeur
  - étroitesse
  - hauteur
  - profondeur

Vue
- lumière
- couleur
- matérialité
  - abstraite
  - concrétisée

Toucher
- texture
  - rugueuse
  - fine, lisse
  - fibreuse

Sensation dermique
- humide
- sec
- chaud
- froid

Odorat
- senteur
- puanteur
- « neutre »

Sens du temps
- mouvement
- durée
- proportions ressenties
  - « largeur »
  - « étroitesse »
  - « profondeur »

Audition
- bruit
- résonance, réverbération
- écho
- étouffé
- strident

↓

| penser interpréter synthétiser |

MATÉRIAUX – MODULES — Matières
Propriétés

Durée de vie des matériaux

Installations	Durée de vie en années
1. Revêtements de sol	
1.1 Revêtements de sol en textile (feutre + tapis tendus)	
Classe de prix 1, qualité moyenne	10
Classe de prix 2, résistant à l'usure	12
Fibres naturelles (sisal-coco)	10
1.2 Revêtements de sol en céramique	
Carreaux d'argile	30
Carreaux de céramique	30
Klinker, non vitrifié	50
Carreaux de pierre artificielle	40
Carreaux de pierre naturelle, ardoise	30
Carreaux de pierre naturelle, granit	40
1.3 Autres revêtements de sol	
Novilon	20
Revêtements synthétiques (Inlaid PVC)	20
Linoléum	20
Liège	15
Parquet	40
2. Plâtrerie-peinture et tapisserie	
Enduit synthétique / crépi rustique	10
Dispersion / vernissage mat	8
Blanc fixe	8
Menuiserie (fenêtres, portes) peinte avec peinture à l'huile ou synthétique	20
Radiateurs / parois chauffantes, peints avec peinture synthétique	20
Tapisseries, résistantes à l'usure, de très bonne qualité	15
3. Bois et matériaux synthétiques	
Lambris en bois, lasure	20
Lambris en bois, naturel	30
Plinthes, synthétique	15
Plinthes, hêtre/chêne	25
4. Carreaux de céramique et de grès	
Carreaux de céramique dans les lieux humides	30
Carreaux de grès dans les lieux humides	40
5. Équipements de cuisine	
Plaque électrique conventionnelle de cuisinière	12
Surface de cuisinière en matière vitrocéramique	15
Cuisinière, réchaud et four, y. c. accessoires	20
Appareil à micro-ondes	15
Réfrigérateur	12
Bac / armoire congélateur	15
Lave-vaisselle	15
Hotte de ventilation / ventilateur	15
6. Équipements sanitaires	
Baignoire / tub de douche, en fonte/acier	35
Baignoire / tub de douche, émaillage	20
Baignoire / tub de douche, acryl	25
Tub de douche, céramique	35
Lavabo, cuvette WC (sans caisson), bidet	35
Closomat (WC avec douche)	20
Armoire de toilette, mat synthétique	10
Armoire de toilette, aluminium	10
Batterie de robinets dans la cuisine, bain, douche, WC	20
Machine à laver ou séchoir, dans l'appartement du locataire	15
Chauffe-eau, dans l'appartement du locataire	15
7. Chauffage, cheminée, récupérateur de chaleur	
Radiateurs, vannes thermostatiques	20
Vannes de radiateurs normales	20
Compteurs électroniques de température et de débit	15
Accessoires pour cheminées à air chaud / récupérateur de chaleur	20
Ventilateur pour canal de fumée	20
Fourneaux-cheminées	25
8. Protection contre le soleil	
Stores-bannes, toile de rechange	12
Stores vénitiens (lamelles), synthétique	15
Stores vénitiens (lamelles), métal	25
Volet roulant en synthétique	20
Volet roulant en bois	25
Volet roulant en métal	30
Sangles pour stores-bannes et volets roulants	8
9. Installations de fermeture	
Installation de fermeture automatique de portes	20
Serrures de portes d'appartements	30
Serrures de portes de chambres	30
10. Diminution de la durée de vie en cas d'utilisation professionnelle	
Artisanat / fabrication	25 %
Magasins	25 %
Restaurants	50 %
Bureaux	20 %

Source
Union suisse des experts cantonaux en matière d'évaluation des immeubles (USECE) + SEK/SVIT, *Manuel d'estimateur – Évaluation des immeubles*, 1999, p. 248 seq. Durées de vie des matériaux mises à jour d'après : FRI + ASLOCA – Fédération romande, *Tabelle d'amortissement commune aux associations de bailleurs et de locataires*, 2007.

Le pathos de la maçonnerie

Ákos Moravánszky

Ill. 1 : l'enchevêtrement de la nature et de l'ouvrage humain dans le motif de la maçonnerie en ruine
Mario Ricci, *Capriccio* avec ruines antiques, pyramides et accessoires

Stratifications

Le pathos a bonne conjoncture – et ce malgré le soupçon de vacuité qui, telle une ombre, accompagne tout pathétique. Région, identité, espace : ces notions, autrefois utilisées avec une certaine mesure, reçoivent une force démesurée, sans doute pour servir de points de repère dans une situation dénuée d'intérêt ou simplement pour faire sensation. Et qu'y a-t-il de plus pathétique dans l'architecture que la maçonnerie ? Lorsqu'il s'agit d'un ouvrage en maçonnerie, nous pensons toujours aux caractéristiques qui l'attachent à un lieu, comme le matériau, la couleur, la pesanteur ou la permanence. *Wand*, *Mauer* et *Mauerwerk* – que l'on peut traduire en français par paroi, mur et maçonnerie – sont des distinctions qui n'existent presque pas dans d'autres langues. C'est surtout l'aspect ouvragé (*Werk* = œuvre, ouvrage) qui confère à la maçonné ses nombreuses résonances éthiques et esthétiques et qui légitime bien des choses. Un mur crépi, si parfaitement construit ou enduit soit-il, n'est pas pour autant de la maçonnerie. Par maçonnerie, on entend uniquement un « assemblage d'éléments dont la surface est durablement visible et agissant à travers celle-ci[1] », qu'il s'agisse de pierre naturelle, de brique ou d'autres blocs.

À la fin de la Renaissance, le genre artistique du *capriccio* recourait au motif de la maçonnerie en ruine pour représenter l'enchevêtrement de la nature et de l'ouvrage humain afin d'illustrer la vanité des efforts de construction face aux forces érosives de la mort. La nature attend la fin de l'histoire pour se venger du viol qu'elle a subi, « comme si l'élaboration des formes artistiques n'avait été qu'un acte de violence de l'esprit[2] ».

Le rapport entre maçonnerie et nature peut cependant être envisagé d'une façon moins mélancolique. Dans son ouvrage *Von der Bebauung der Erde* (De la construction de la terre), paru en 1949, Rudolf Schwarz comparait la structure matérielle de la terre à une maçonnerie, construite couche après couche à partir de la veine des « très minces membranes de la substance terrestre », des précipitations et des sédimentations[3].

Pour un observateur dénué d'idées préconçues, la maçonnerie en soi doit sembler un produit banal par rapport aux réalisations industrielles complexes issues de la haute technologie. Son pathos est toutefois clairement perceptible lorsqu'elle symbolise par exemple la formation terrestre, la création – ou un chez-soi douillet, opposé à la froideur moderne. Les imitations de mur en brique qui décorent les salles en sous-sol montrent l'attente de signification sentimentale liée à la maçonnerie.

Il existe au moins deux discours à propos de la maçonnerie : l'un se réfère à sa surface en tant que signifiant et clôture, l'autre traite de sa masse en tant que résultat d'un travail artisanal. Bien que ces discours interfèrent en permanence, nous commencerons par les traiter séparément.

De la légèreté : la paroi, l'art

Aucune étude théorique n'a autant renouvelé (et inspiré) la réflexion sur la double identité de la maçonnerie que les deux volumes de Gottfried Semper, *Der Stil in der technischen und tektonischen Künsten oder praktische Ästhetik* (Le style dans les arts techniques et tectoniques ou une esthétique pratique). Le système de Semper est basé sur une typologie des formes de production humaine : le tissage, la poterie, la tectonique (construction en bois) et la stéréotomie (construction en pierre). À ces quatre types de fabrication correspondent les quatre « protoéléments » de l'architecture : la paroi, le foyer, le toit et l'infrastructure (remblai, terrasse). La dimension ontologique de cette répartition est ici importante : ces quatre éléments ne sont pas formellement définis, mais témoignent plutôt des aspects de l'existence humaine. Et ce qui est remarquable, c'est la flexibilité que ce partage, en apparence rigide, des techniques architecturales, permet lorsqu'on les met en rapport avec la destination de leurs éléments constitutifs. Faire une présentation, même succincte, de cette flexibilité dépasserait le cadre de cet article ; retenons seulement que les murs en maçonnerie peuvent être le produit des deux « prototechniques » constituées par le tissage et la stéréotomie. La tectonique, « l'art d'assembler des éléments linéaires rigides[4] » (dont l'exemple est la charpente) n'a rien à voir avec la maçonnerie.

Les observations de Semper furent influencées par son étude au Louvre, en 1849, des restes de murs provenant des fouilles effectuées à Ninive, l'ancienne capitale

Ill. 2 : le mur en tant que clôture spatiale est l'élément primaire, le mur en tant qu'élément porteur est secondaire.
Ninive, fouilles du mur de la ville entre 1899 et 1917

Ill. 4 : maçonnerie stéréotomique et maçonnerie revêtue de marbre
Otto Wagner, église Steinhof, Vienne (A) 1939

Ill. 3 : façades légères en crépi au-dessus d'une maçonnerie massive
Jože Plečnik, église du Sacré-Cœur-de-Jésus, Prague (CZ) 1939

assyrienne, et dans lesquels il vit la confirmation de sa théorie du revêtement : la paroi en tant que clôture spatiale est l'élément primaire, le mur en tant qu'élément porteur est secondaire. Les pierres formant la surface des vestiges muraux assyriens ont été d'abord assemblées horizontalement sur le sol, puis peintes, émaillées et cuites avant d'être montées : « On le voit, l'utilisation des briques, bien que très ancienne chez les Assyriens, ne répondait pas à un motif constructif. L'ornementation ne provenait pas de la construction, mais empruntait à d'autres matériaux[5] » écrivait Semper dans le manuscrit de son essai « Vergleichende Baulehre » (Théorie comparative des méthodes de construction). Cette théorie provoque – et inspire – encore de nos jours, puisqu'elle semble inverser la cause et l'effet. C'est l'aspect de la maçonnerie, les entrelacs de sa surface, qui déterminaient la technique et non le contraire. Semper voyait dans le nœud « le plus ancien symbole technique et [...] l'expression des toutes premières idées cosmogoniques[6] » ; il est le motif fondamental de la *tekhnê* humaine, puisqu'une nécessité structurelle (la liaison de deux éléments) devient une image esthétique et signifiante. Le tapis oriental déploie tout son effet par la répétition rythmique de ses nœuds ; l'ensemble de sa surface est traité de façon homogène. L'art est toujours un entrelacs : un peintre, qu'il s'agisse d'un paysagiste du XIXe siècle ou d'un *action painter* travaillant dans les années 1950 comme Jackson Pollock, ne répartit pas des détails colorés sur une surface blanche, mais traite toujours toute la surface de la toile de façon homogène. C'est cette calligraphie qui rend la maçonnerie visible. « Le réseau des joints recouvrant tout [...] ne fait pas que d'animer et colorer la surface, il lui imprime une échelle fortement prononcée qui la met directement "en relation avec l'imagination humaine" », écrivait Fritz Schumacher en 1920[7].

La théorie de Semper sur l'origine textile de la paroi a beau être enracinée dans l'historicisme et avoir été plus tard mal comprise et critiquée par de nombreux représentants de la théorie moderne de la vérité du matériau, elle a néanmoins de façon durable influencé l'esthétique des ouvrages en maçonnerie au XXe siècle, même si toutes ses manifestations ne sauraient être expliquées par une influence directe de la théorie sempérienne. Dans l'architecture viennoise, l'empreinte de sa pensée est cependant patente, et des architectes comme Boris Podrecca se réclament encore aujourd'hui de cette tradition. C'est en particulier le cercle autour d'Otto Wagner qui, très tôt, mit en œuvre de manière innovante les thèses de Semper. Les façades de l'église de Steinhof (1905-1907) ou de la Caisse d'épargne de la Poste (1904-1910) à Vienne suivent la distinction sempérienne entre les parties inférieures, stéréotomiques, et les parties supérieures, textiles, de la façade.

Ill. 5 : tissage de pierre naturelle et de brique
Jože Plečnik, bibliothèque universitaire à Ljubljana (Slovénie) 1941

MATÉRIAUX – MODULES **Maçonnerie**

Introduction

Un élève de Wagner, le Slovène Jože Plečnik, a renouvelé l'interprétation de ces thèmes dans ses édifices à Vienne, Prague et Ljubljana. Par « renouvelé », nous voulons signifier la manière dont cet architecte a intégré, avec un art consommé, ses connaissances des anciennes formes de construction dans des mises en œuvre où s'équilibrent distorsions, distanciations, emprunts et inventions. La façade de l'église du Sacré-Cœur-de-Jésus construite par Plečnik à Prague (1932-1939) est très clairement structurée en une zone inférieure revêtue de briques sombres d'où dépassent des blocs de granit et une zone supérieure parée d'un crépi blanc. La façade de la bibliothèque universitaire de Ljubljana (1936-1941)

Ill. 6 : ornementation en brique
Louis Henry Sullivan, National Farmer's Bank, Owatonna (USA) 1908

est aussi un tissage de pierres et de briques ; leur combinaison symbolise le double attachement de la Slovénie aux cultures architecturales germanique et méditerranéenne.

Louis Henry Sullivan comparait l'effet des façades en brique à gros grains aux reflets tamisés des tapis anatoliens : « Une texture offrant d'innombrables rehauts et ombres, et une apparence de mousse[8]. »

Le nom donné à la construction en « blocs textiles » par son inventeur, Frank Lloyd Wright, indique qu'il cherchait à utiliser l'effet de tissage des agglomérés de béton léger. Dans un texte de 1932 consacré à ses réalisations californiennes telles que la Miniatura ou la Storer

Ill. 7 : deuxième villa en « blocs textiles » construite par Wright à Los Angeles
Frank Lloyd Wright, Storer Residence, Hollywood (USA) 1923

Residence (1923), Wright se désigne lui-même comme un « tisserand », par opposition aux architectes « sculpteurs » : « Les blocs commencèrent à atteindre la lumière du soleil et à s'élever entre les eucalyptus. Le "tisserand" rêvait de leur effet. Ces rêves se transformèrent en visions d'une architecture nouvelle pour une vie nouvelle [...]. La normalisation était réellement l'âme de la machine et l'architecte l'utilisait ici comme principe et "tricotait" avec. Oui, il crochetait un tissu mural libre, capable d'une grande variété de beauté architecturale [...] Palladio ! Bramante ! Sansovino – tous des sculpteurs ! Moi, j'étais le "tisserand"[9]. »

Dans les maçonneries antique et byzantine ou dans l'architecture sacrée des Balkans, on trouve de nombreux exemples de surface murale qui, au lieu d'être structurées par des pilastres ou des colonnes, servent de revêtement et sont enrichies, par exemple avec des céramiques émaillées ou de petites pierres placées dans le mortier. Ces bâtiments renoncent à une façade rythmée par des baies et des éléments sculptés au profit de l'effet homogène du tissu mural. Dans la seconde moitié des années 1950, l'architecte grec Dimitris Pikionis a conçu l'environnement d'une petite église byzantine située sur la colline Philopappos, près de l'Acropole d'Athènes, avec

Ill. 8 : tisser ensemble le paysage et le construit
Dimitris Pikionis, aménagement du chemin et rénovation de l'église Saint Dimitri Lumbardiaris, colline de Philopappos, Athènes (GR) 1957

un sentier, une porte d'entrée et d'autres petits bâtiments. Davantage que Wright, Pikionis a œuvré ici à la manière d'un « tisserand », ourdissant un récit varié avec le paysage, l'existant et le nouveau.

Carlo Scarpa a procédé de façon similaire avec des fragments de murs historiques et des ajouts de couches au musée Castelvecchio de Vérone. Dominikus Böhm, Rudolf Schwarz ou Heinz Bienefeld ont aussi eu recours à des habillages muraux décoratifs, par exemple à des assises obliques ou sur chant et à des linteaux, pour montrer l'indépendance de l'enveloppe par rapport à l'intérieur maçonné du mur. Les façades de l'église Saint-Marc construite par Sigurd Lewerentz à Björkhagen (1956-1960) présentent une autre stratégie : les joints d'assise horizontaux ont la même hauteur que les briques. Ce

Ill. 9 : fragments historiques de mur, nouvelles strates
Carlo Scarpa, reconstruction du Castelvecchio de Vérone (I) 1958-1974

Ill. 10 : les largeurs des joints ont l'épaisseur des briques.
Sigurd Lewerentz, église Saint-Marc, Björkhagen près de Stockholm (S) 1960

Ill. 11 : la plus haute façade de brique autoporteuse du monde
Burnham & Root, Monadnock Building, Chicago (USA) 1884-1891, agrandissement : Holabird and Roche 1893

procédé donne à la brique un air « détendu », comme s'il s'agissait d'un tout autre matériau que celui utilisé par exemple pour l'immeuble Monadnock à Chicago, un gratte-ciel archaïque bâti en brique selon le vœu du maître d'ouvrage à l'époque des immeubles à ossature et dont l'aspect réussit à exprimer visuellement l'énorme charge.

La peau textile correspondait à l'idée du « hangar décoré » propagée par l'architecte américain Robert Venturi. Le bureau de ce dernier, un atelier foisonnant d'idées postmodernistes, visait une séparation rationnelle (correspondant à la culture américaine du panneau publicitaire) entre le corps du bâtiment et ses éléments sémantiques plutôt qu'une conception ornementale de son volume. Les façades de plusieurs édifices conçus par ce cabinet sont constituées de grands panneaux recouverts d'un motif de fleurs produisant un effet à la fois naïf et ironique. Les façades décoratives en brique du bureau d'architecture texan de Cesar Pelli soulignent aussi que la peau extérieure n'est qu'une enveloppe – comme presque toutes les parois en maçonnerie depuis la crise du pétrole, puisque les murs massifs ne sont plus rentables en raison des nouvelles prescriptions d'isolation thermique.

Dans les œuvres du groupe SITE, des artistes réunis autour de James Wine, la maçonnerie en tant qu'enveloppe devient l'emblème de la société de consommation, et son caractère de couche décorative, collée et fausse, se détachant de la structure, est mis en œuvre dans plusieurs projets de supermarchés. Ces réalisations furent sans doute nécessaires pour libérer le revêtement (une illusion !) et la maçonnerie (un masque !) de tout commentaire moralisant. Dans l'architecture contemporaine, la vérité du matériau est souvent comprise comme un mythe – tout à fait dans le sens du groupe SITE, mais de façon moins ostentatoire. Avec leur bâtiment administratif à Winterthour (1999), Urs Burkard et Adrian Meyer posent la question de savoir si, malgré la technologie industrielle, un système de façade constitué de panneaux préfabriqués de brique a encore besoin du pathos de la maçonnerie, ou si – peut-être dans un deuxième temps, du fait de l'inhabituelle précision et des joints entre les panneaux – il ne se rapproche pas plutôt de l'idéal moderne d'une brique devenue un matériau de construction libéré des contraintes de la manufacture (comme l'entend Ernst Neufert). Dans la maison d'habitation plurifamiliale dessinée par Urs Burkard et Adrian Meyer à Baden (2000), la structure porteuse est constituée par la maçonnerie des façades, un noyau de distribution en béton et les dalles de béton coulé en place. Les nez de dalle marquants autorisent la superposition des panneaux de chaque étage, éléments maçonnés aveugles et larges baies pouvant être décalés d'un étage à l'autre.

De la pesanteur : le mur, l'artisanat

Dans le système des « prototechniques » de Semper, la stéréotomie est un élément archaïque. Les imposants remblais et terrasses n'ont pas les caractères anthropomorphiques, organiques des autres composants du bâtiment, mais plutôt une qualité inanimée et minérale pouvant être tout au plus rythmée par des divisions. La stéréotomie travaille avec des matériaux « qui, en raison de leur état d'agrégat dense, solide et homogène, opposent une forte résistance à l'écrasement et au flambement et possèdent donc une résistance à la compression importante ; ces matériaux peuvent être formés à volonté par enlèvement de matière et permettent de réaliser des systèmes solides par assemblage de pièces régulières, la résistance à la compression étant le principe essentiel de la construction[10] ». La fonction archaïque de la stéréotomie est de représenter la « construction solide en pierre de taille de la terre », une surélévation artificielle qui sert de lieu de consécration et où l'on peut ériger un autel. Le symbole de la maçonnerie stéréotomique est la « construction primitive la plus simple » : la « colline de terre recouverte de gazon et ainsi plus ou moins consolidée[11] ». Il s'agit donc ici de corps creux, de « structures cellulaires » – Semper souligne que la racine du mot construire, « *struere* » (disposer, ranger), signifiait le remplissage d'espaces creux[12]. Piranèse a consacré les quatre tomes de ses *Antiquités romaines* à l'effet imposant des murs colossaux de ses « *Carceri d'invenzione* » (Prisons imaginaires). Depuis, l'architecture en maçonnerie est associée à l'ambiance souterraine des prisons. Cela correspondait aussi à la méthode de construction des forteresses, comme le prouve l'étymologie du mot allemand « *Mauer* » (mur), dont la racine « *mei- / moi* » signifie « consolider, fortifier ». La construction des murs était donc à l'origine le remplissage des fortifications ; à la différence du clayonnage des parois, il s'agissait d'un travail corporel pénible, attribué à l'homme, contrairement à l'art du tissage et de la vannerie.

Dans son ouvrage *Das Wesen des neuzeitlichen Backsteinbaues* (La construction en brique de terre cuite aux temps modernes), Fritz Schumacher parle même de deux « mondes de la brique », de deux modèles de maçonnerie, l'un occidental et l'autre oriental : « La principale différence réside dans le fait que, contrairement à notre méthode de création structurelle, c'est l'ornement des surfaces qui forme le cœur de la brillante culture islamique de la brique. On ne saurait s'en étonner au vu de la fantaisie des tapis réalisés par les artistes orientaux[13]. »

Le joint, l'élément « faible » de la maçonnerie, est par conséquent autrement interprété dans la maçonnerie « structurelle » et massive. Dans le concept de Semper, le réseau des joints reflète la disposition rythmique des nœuds du tapis ou de l'entrelacs. Dans l'ouvrage cité plus haut, Rudolf Schwarz associe les joints au processus de formation cosmologique du corps terrestre : « La terre est formée de strates et de joints horizontaux et de fibres verticales. Sa structure en couches entraîne des joints. Le

Ill. 12 : la paroi de brique comme une peau détachable
SITE, projet Peelin (magasin Best), Richmond, Virginie (USA) 1971-1972

Ill. 13 : panneaux de brique préfabriqués
Burkard Meyer Architekten, centre administratif, Winterthour (CH) 1999

Ill. 14 : murs colossaux en pierre taillée
Piranèse, mur de fondation du Théâtre Marcellus à Rome

Ill. 15 : mur cyclopéen
Sanctuaire antique d'Apollon, Delphes

MATÉRIAUX – MODULES Maçonnerie
Introduction

joint est le lieu sans espace où une strate prend naissance contre l'autre, un lieu autre[14]. »

Le pathos de la maçonnerie comme résultat d'un honnête travail d'artisan au service d'une idéologie nationale habite chaque ligne du livre intitulé *Mauerwerk* (Maçonnerie), publié par Werner Lindner et Friedrich Tamms. « Nous avons appris à maîtriser les forces de la nature, mais nous en avons perdu le respect », affirment les auteurs, afin de pouvoir formuler clairement leurs buts : « Le développement des techniques de la maçonnerie artisanale indique le chemin que suivra la culture dans son ensemble[15]. » Il ne s'agit pas ici de prôner une esthétique, mais de soigner une attitude jugée indispensable : « Si l'on éveille et conforte une telle attitude dans le cœur du plus modeste artisan, il retrouvera une véritable joie créatrice ; alors l'ouvrier et l'ouvrage ne feront plus qu'un : et c'est ce dont nous avons le plus grand besoin[16] ! » Lindner et Tamms commencent leur récit avec les murs de soutènement des vignobles en terrasse au bord du Rhin, pour montrer les débuts d'une « force de maintien atteignant la plus haute perfection », avant de se briser au XIXe siècle. La « nécessité de revenir aux bases essentielles d'une création de qualité » exige de comparer les bons et les mauvais exemples, comme l'a fait Paul Schultze-Naumburg dans ses études culturelles sur la protection du patrimoine.

Nous pouvons remonter l'historique de ces arguments jusqu'à l'idée de la vérité du matériau. Dans ses divers écrits, John Ruskin donnait une mission morale à l'expression esthétique. Les murs massifs en granit et en brique qui apparurent dans l'architecture américaine de la fin du XIXe siècle peuvent s'interpréter comme les premiers résultats de la recherche d'un style de construction national, susceptible d'exprimer les qualités « américaines » telles que l'originalité, la force brute ou le lien avec la nature. Les premiers exemples d'une telle orientation à avoir eu de l'influence sont les bâtiments d'Henry Hobson Richardson, comme Ames Gates House, à North Easton (1880-1881) ou le tribunal de district d'Allegheny County, à Pittsburgh (1883-1888).

L'idée moderne selon laquelle c'est la véritable identité du matériau qui doit définir le caractère d'une maçonnerie, a peu à peu supplanté l'esthétique du revêtement d'inspiration sempérienne. Si l'on omet de se demander pourquoi un parement en brique était célébré comme une vérité du matériau tandis qu'on rejetait une couche de crépi considérée comme une illusion, on ne tarda toutefois pas à admettre qu'il y avait un problème : avec la fabrication industrielle de la brique disparaissaient les irrégularités de la maçonnerie qui avaient toujours été prisées comme un signe d'« honnêteté » artisanale. Comme Ruskin en son temps, les architectes considéraient « la recherche de l'exactitude » comme « la source du mal » à l'origine de la monotonie et de l'ennui de l'architecture en brique

Ill. 16 : maçonnerie Berlin (1937)
Comparaison de constructions en maçonnerie, tiré de Werner Lindner et Friedrich Tamms

Ill. 17 : la recherche du lien avec la nature comme l'expression d'un style national de construction aux États-Unis
Henry Hobson Richardson, Ames Gates House, North Heaston (USA) 1881

Ill. 18 : la force de la maçonnerie en pierre de forme brute comme expression du pouvoir de l'État
Henry Hobson Richardson, tribunal et prison du district d'Allegheny, Pittsburgh (USA) 1888

au tournant du siècle. Rendre justice au matériau, être honnête à son égard n'étaient plus que des expressions servant à masquer la nostalgie.

Au tournant du siècle donc, on admit qu'en raison de la perfection technique et de la recherche de pureté, la brique en terre cuite « ennuyait ». Plusieurs architectes proposèrent de traiter manuellement les surfaces murales une fois bâties. Selon Walter Curt Behrendt, cette méthode a l'avantage de préserver l'aspect « original, artisanal », lequel garantit une certaine fraîcheur au bâtiment achevé. Pour Behrendt, la maçonnerie gagne en expressivité artistique lorsque sa surface est travaillée après coup. Sculpter des reliefs sur les briques durant le chantier – une proposition que renforce la présence du sculpteur sur l'échafaudage, taillant les ornements au ciseau – signifie que le processus de construction ne doit

Ill. 19 : maçonnerie de brique traitée ultérieurement
Theodor Fischer, foyer pour célibataires à Munich (D) 1927

pas être rationalisé et industrialisé mais rester un acte de création singulier. C'est ainsi que les façades en brique du foyer pour célibataires de Theodor Fischer à Munich (1925-1927) ont été « personnalisées » avec des représentations figuratives.

Frizt Schumacher, pour sa part, attendait la solution du matériau lui-même : il considérait la brique comme un individu, un éducateur, qui – à la différence du crépi, complaisant et docile vis-à-vis de « tous les instincts lubriques de l'incapacité et de l'arrogance » – refuse de donner forme à un caprice immature : « Il n'est pas si facile de la soumettre à n'importe quel petit désir arbitraire ; son aspect sérieux résiste à la prostitution et elle possède une protection naturelle contre le débordement des fantaisies incomprises ou inconséquentes des entrepreneurs.[17] »

Aujourd'hui, les bâtiments de Schumacher sont principalement étudiés dans la perspective du mouvement réformiste du tournant du siècle, raison pour laquelle on reproduit surtout ses premières façades décoratives en brique, alors que ses écoles bâties entre 1928 et 1930 constituent de remarquables exemples de maçonnerie moderne (école primaire Wendenstrasse, Hambourg-Hammerbrook 1928-1929). La maçonnerie de pierre ou de brique était le parent pauvre du mouvement moderne, trop de couches contaminant la pureté du « style international » et risquant de lier la surface – pure – au pays, à la région, au temps ou au travail. Par temps, nous n'entendons ici pas seulement le style d'une époque, mais aussi les dépôts et les salissures qui enrichissent la surface d'une maçonnerie traditionnelle mais nuiraient au purisme du moderne classique.

Certains architectes du mouvement moderne classique tels que Hugo Häring, Mies van der Rohe ou Alvar Aalto ont néanmoins construit des bâtiments en brique ou en pierre. Les murs en brique de Mies van der Rohe, tels qu'on les découvre par exemple dans les célèbres ouvrages de Werner Blaser, transmettent la précision comme une qualité sublime, même par l'intermédiaire d'illustrations. Aalto s'attache à une autre question. Poursuivant l'idée d'une « standardisation flexible » permettant, à l'instar des cellules vivantes, une diversité de formes, il trouve dans la brique en terre cuite un dénominateur commun englobant aussi bien les valeurs de la production industrielle et de la mécanisation que celles de la chaleur et de la localisation possible, signes d'un « nouvel humanisme ».

Louis Kahn et Eero Saarinen ont aussi cherché ce nouvel humanisme de l'après-guerre. La bibliothèque de la Philips Academy réalisée par Kahn à Exeter, dans le New Hampshire (1965-1972) est un compromis : alors qu'il avait à l'origine prévu des murs massifs de brique avec des baies voûtées, cet architecte a fini par construire un noyau en béton avec un revêtement de brique. Avec les bâtiments gouvernementaux de Dâkâ (anciennement

Ill. 20 : exemple de bâtiment moderne en maçonnerie apparente
Fritz Schumacher, école publique Wendenstrasse, Hambourg-Hammerbrook (D) 1929

Dacca), qui forment aujourd'hui le complexe de Sher-e-Bangla Nagar (1973-1976), Kahn cherche sciemment à renouer avec un langage formel inspiré de Piranèse et de l'art des ingénieurs de l'Antiquité. Dans une interview, il mettait l'accent sur le contraste recherché entre l'architecture brute des viaducs et la finesse de tulle des bâtiments abritant les institutions humaines[18].

Cette préoccupation à la fois esthétique et sociale fut aussi le thème de nombreuses résidences universitaires américaines de l'après-guerre. Sur le campus de l'Université de Yale, Eero Saarinen voulut recréer l'ambiance d'une ville fortifiée : les bâtiments de l'Ezra Stiles College et du Morse College (1960) sont constitués de murs en béton banché avec des moellons de pierre naturelle « flottant » dans l'agrégat. Selon Saarinen, l'une des raisons pour laquelle l'architecture moderne n'utilisait pas la maçonnerie résidait dans l'anachronisme de sa réalisation artisanale : « Nous avons pourtant trouvé une nouvelle technologie pour fabriquer ces murs [...]. Ce sont des maçonneries sans maçon, des maçonneries "modernes"[19]. »

Par rapport au béton ou même à la pierre, la brique ne convient pas comme matériau de couverture. Son petit format nécessite la construction de voûtes ou l'utilisation de renforts supplémentaires comme une armature métallique ou une ossature en béton. Conformément à sa

Ill. 21 : la plus grande ouverture possible…
Louis J. Kahn, bibliothèque de la Philips Academy, Exeter (USA) 1972

Ill. 22 : … contre le caractère fermé d'une fortification
Louis J. Kahn, bâtiments gouvernementaux à Dacca, aujourd'hui Sher-e-Bangla Nagar (Bangladesh) 1976

conviction selon laquelle ce sont justement les faiblesses qui suscitent les performances, Schumacher considérait que, d'un point de vue esthétique, l'art de concevoir la paroi de revêtement est la « meilleure possibilité » que possède la construction en brique[20]. Les œuvres de l'architecte uruguayen Eladio Dieste, qui continua à développer la pensée constructive d'Antonio Gaudí, comptent sans aucun doute parmi les plus belles réalisations dans ce domaine. Pour son église à Atlántida (1960), Dieste a

Ill. 23 : appareil non assisé
Eero Saarinen, Ezra Stiles College et Morse College, université de Yale (USA) 1960

Ill. 24 : des parois en brique ondulées
Eladio Dieste, église, Atlántida (Uruguay) 1960

utilisé des murs de brique isolés à façades conoïdes et à double courbure. Il a mis au point un vocabulaire permettant de former des structures en maçonnerie à la fois rationnelles et expressives, comme les constructions de Gaudí. Il s'opposait par là au mode de pensée dominant des grandes entreprises, dans lequel rationalisation et efficacité sont synonymes de routine, de bureaucratie et d'utilisation rigide de solutions prévisibles. Selon Dieste, c'est l'accumulation du capital, et non l'efficacité, qui détermine la manière de penser de ces organisations. Pour cette raison, il suit une autre voie, mettant une haute intelligence constructive au service d'un matériau archaïque au lieu de « plaquer » sur les bâtiments, telle une facette dentaire, une mince enveloppe issue des dernières innovations de la recherche.

La résistance de la maçonnerie

Il est toujours aisé de faire référence à l'histoire pour défendre l'utilisation purement décorative de la maçonnerie en brique. Pour un artiste comme Per Kirkeby, qui construit des objets d'art en maçonnerie en tant qu'œuvres d'art, c'est plus difficile, puisque l'œuvre doit exister en elle-même, convaincre et être indépendante même en tant que fragment. La double nature de la maçonnerie, à savoir sa pureté structurelle et sa contamination artisanale, ouvre de vastes perspectives historiques. C'est justement dans celles-ci qu'un artiste comme Per Kirkeby trouve son identité : « La brique et ses règles, à savoir l'appareil et ce qui appartient encore à cet artisanat millénaire, formaient une structure pure qui correspondait tout à fait à ce que l'on appelait une vision conceptuelle. D'un autre côté, la brique en terre cuite permettait de multiples associations et références à la grande architecture historique, avec ses ruines et ses autres accessoires, les nappes de brouillard et le clair de lune. Et, pour moi, elle éveillait de nombreuses

Ill. 25 : forme organique résultant de l'utilisation récurrente de la même petite « cellule »
Alvar Aalto, Baker House, Massachusetts Institute of Technology, Cambridge (USA) 1954

associations avec des expériences d'enfant à l'ombre des énormes blocs des ouvrages gothiques en brique[21]. »

La Baker House, la résidence universitaire réalisée par Alvar Aalto sur le campus du Massachusetts Institute of Technology (1946-1949), représente une tentative déjà ancienne de lier l'idée de la standardisation à une présence renforcée du matériau. Aalto faisait remarquer que, dans la nature, on trouve la standardisation « dans les plus petites unités, à savoir les cellules ». « Cette situation engendre des millions de liaisons élastiques dépourvues de tout formalisme. C'est de là que proviennent aussi l'énorme richesse et le changement perpétuel des formes à croissance organique. La standardisation architecturale doit suivre la même voie[22]. »

Mais comment une brique pourrait-elle avoir la même « âme élastique » qu'une amibe ? La décision d'Aalto d'utiliser des briques brûlées et déformées constitue davantage une représentation métaphorique du problème que sa solution. Il renvoie ainsi aux formes archaïques de l'architecture en brique, aux murs massifs construits avec des morceaux de brique informes séchés à l'air. Les blocs de la Baker House, selon Aalto les « briques les plus misérables du monde », sont les éléments de ce processus alchimique dans lequel le vulgaire et le sans valeur jouent un rôle essentiel dans l'harmonie visée. Aalto a évité de prendre parti soit en faveur de la toute dernière nouveauté soit en faveur du plus archaïque ; l'architecture lie les deux sans être ni l'une ni l'autre. Il est important que son œuvre ne soit pas restée une protestation individuelle : dans son histoire du moderne, Siegfried Giedion a tout de suite réagi en introduisant le terme d'« irrationalisme[23] » dans son vocabulaire. La matérialité de la façade résiste à la menace de dissolution de l'architecture dans les trames spatiales englobant tout proposées par Ernst Neufert. Grâce à cette résistance du matériau, Aalto peut concevoir son idée de standardisation comme une opposition à la mise à disposition totale de l'architecture aux exigences technicistes.

De prime abord, le puissant effet matériel des façades de la Baker House semble s'apparenter aux efforts contemporains de mise en scène de la matérialité. D'un autre côté, nous sentons qu'aucune aura de sacralité (aujourd'hui souvent le résultat de tentatives d'arrangements sémantiques) n'entoure la résidence universitaire d'Aalto. Les « briques les plus misérables du monde » mélangent l'appareil du mur avec tellement de terre locale que tout rêve de retraite dans un état de pureté est condamné à rester illusion.

Une autre alternative à prendre au sérieux est l'actuelle révision de la situation engendrée par l'introduction des nouvelles prescriptions d'isolation thermique après la crise du pétrole. L'utilisation de maçonneries pleines à forte capacité d'accumulation thermique, combinée avec des systèmes de chauffage appropriés utilisant précisément cette propriété, peut redonner leur utilité aux murs massifs. La galerie d'art de Marktoberdorf, en Bavière, conçue par le bureau Bearth & Deplazes (2001), est constituée d'espaces halles et d'espaces enveloppes, comme dans les donjons et les enceintes de villes au Moyen Âge. Les espaces placés à la périphérie du volume sont des escaliers et des espaces intermédiaires, qui permettent de réaliser la séparation entre espaces « servant » et « servis » à laquelle aspirait Louis Kahn.

Le pathos de la maçonnerie ne doit donc pas obligatoirement insuffler une nouvelle vie aux qualités métaphoriques telles qu'artisanat, régionalisme ou lourdeur – comprise comme réponse à la médiatisation croissante de l'architecture. Les questions précises et correctement posées concernent l'utilisation et la fabrication, et cela dans une perspective rationnelle et non pas romantique. Si notre réflexion ne s'arrête pas aux conventions confortables, alors, à partir d'une représentation métaphorique des questions, la maçonnerie devient une réponse exacte.

Notes
[1] Werner Lindner, Friedrich Tamms, *Mauerwerk*, Berlin 1937, p. 8.
[2] Georg Simmel, « Die Ruine », in *Philosophische Kultur*, Berlin 1998, p. 119.
[3] Rudolf Schwarz, *Von der Bebauung der Erde*, Heidelberg 1949, p. 22-23.
[4] Gottfried Semper, *Der Stil in der technischen und tektonischen Künsten oder praktische Ästhetik [...]*, t. 2, p. 209.
[5] Gottfried Semper, « Vergleichende Baulehre » in Wolfgang Herrmann, *Gottfried Semper – Theoretischer Nachlass an der ETH Zürich, Katalog, und Kommentare*, Bâle 1981, p. 199 note.
[6] Gottfried Semper, *Der Stil*, t. 1, p. 180.
[7] Fritz Schumacher, *Das Wesen des neuzeitlichen Backsteinbaues*, Munich s. d. (1920), p. 19.
[8] Louis Henry Sullivan, « Artistic Brick » in Robert Twombly (éd.), *Louis Sullivan, The Public Papers*, Chicago, Londres 1988, p. 202.
[9] Frank Lloyd Wright, « La Miniatura », in *Schriften und Bauten*, Munich, Vienne, 1963, p. 164.
[10] Semper, *Der Stil*, t. 2, p. 351.
[11] Ibid., p. 378.
[12] Ibid., p. 381, note.
[13] Schumacher, op. cit., p. 46.
[14] Schwarz, op. cit., p. 24.
[15] Lindner/Tamms, op. cit. p. 8.
[16] Lindner/Tamms, op. cit. p. 8.
[17] Schumacher, op. cit., p. 46.
[18] « [...] contrast of the toughness of the viaduct architecture and the gossamer delicacy of the buildings of the institutions of man », in John Peter, *The Oral History of Modern Architecture*, New York, Abrams 1994, p. 220.
[19] *Eero Saarinen on his Work*, New Haven, Londres 1962, p. 84.
[20] Schumacher, op. cit., p. 105.
[21] Per Kirkeby, « Backsteinskulpturen », in *Kristallgesicht*, Berne, Berlin 1990, p. 180.
[22] Alvar Aalto, « Die Entwicklung von Konstruktion und Material... », in *Synopsis : Painting, Architecture, Sculpture*, Bâle, Boston, Stuttgart 1980, p. 29.
[23] Sigfried Giedion, *Raum, Zeit, Architektur. Die Entstehung einer neuen Tradition*, 4ᵉ édition, Zurich, Munich 1989, p. 376 sq.

Ill. 26 : présence matérielle renforcée par l'utilisation de briques déformées et « ratées »
Alvar Aalto, Baker House, Massachusetts Institute of Technology, Cambridge (USA) 1954

Le matériau

Ill. 27 : production des briques de terre cuite
Extrudeuse

Ill. 28 : production des briques de terre cuite
Débiteuse

Ill. 29 : production des briques de terre cuite
Briques crues sur pont roulant, avant le séchage et la cuisson

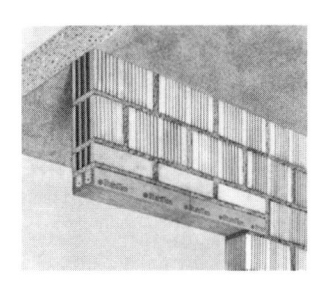

Ill. 30 : linteau plein de l'entreprise Stahlton
Linteau précontraint, surmonté de briques d'arase reprenant la hauteur de l'assise de maçonnerie

Les éléments de maçonnerie
Les principaux éléments de maçonnerie sont :
- les moellons de pierre naturelle
- les briques de terre cuite
- les briques silico-calcaires
- les agglomérés à base de ciment
- les briques de terre cuite à propriétés particulières.

Moellons de pierre naturelle
Les moellons de pierre naturelle peuvent présenter les textures et qualités les plus diverses. Leur résistance aux intempéries et à la décoloration dépend non seulement du type de pierre utilisé et de son lieu d'extraction, mais aussi de sa position dans la carrière.

Briques de terre cuite
Le terme générique de brique désigne l'ensemble des éléments de maçonnerie en argile cuite (briques de terre cuite ordinaires, briques de parement, briques recuites, etc.). La matière première utilisée pour la fabrication des produits de briqueterie sont les glaises que l'on trouve dans la nature. Leurs propriétés, qui varient selon leur teneur en minéraux argileux, en chaux et en oxyde de fer, influent sur la couleur et la structure du produit fini.

Une fois extraite, la glaise est mélangée, broyée et entreposée en vue du séchage. Elle est ensuite transformée, par adjonction d'eau et de vapeur, en une masse malléable, extrudée sous la forme d'un boudin de section appropriée (dimensions, vides), débitée en briques et enfin cuite à une température d'environ 1000 °C. Cette température, juste inférieure au point de fusion des principaux composants de la pâte, entraîne le frittage des grains et, partant, une consolidation du matériau. Selon la composition de l'argile utilisée, la couleur des briques va du jaune (lié à la teneur en chaux) au rouge foncé (lié à la teneur en oxyde de fer).

La température de cuisson exerce, avec la taille des vides, une influence déterminante sur les propriétés des briques. Plus cette température est élevée, plus le frittage, lors duquel les pores des briques se referment, est important, ce qui réduit l'inertie thermique des briques, mais en augmente la résistance à l'humidité, au gel et à la compression.

Briques de parement
Les briques de parement sont des briques spécialement fabriquées pour la maçonnerie apparente, dont la couleur et la texture superficielle varient selon les fournisseurs. Leur surface peut être grenée, sablée (écrue) ou dotée d'une pellicule de moulage (lisse).

Les briques de parement peuvent être livrées avec trois ou quatre faces destinées à rester apparentes (un chant et deux bouts ou deux chants et deux bouts). Ce sont ces faces de parement qui rendent la brique résistante au gel et aux intempéries, raison pour laquelle les briques de terre cuite ordinaires ne se prêtent à une mise en œuvre apparente que dans des conditions bien particulières.

Briques silico-calcaires
Les briques silico-calcaires se composent d'un mélange de chaux et de sable siliceux durci sous pression. À la différence des briques de terre cuite, elles se caractérisent par une grande stabilité dimensionnelle. Elles se prêtent donc bien à une mise en œuvre en maçonnerie de parement, auquel cas il s'agit de veiller à la qualité de leurs arêtes. D'ordinaire grises, les briques silico-calcaires peuvent aussi être fabriquées dans une large gamme de couleurs.

Agglomérés à base de ciment
Les agglomérés à base de ciment, composés de ciment et de sable, présentent une résistance mécanique légèrement accrue. Beaucoup plus résistants que les briques silico-calcaires à l'action corrosive de l'eau, ils sont surtout utilisés dans les travaux d'infrastructure (p. ex. conduits pour câbles).

Briques de terre cuite à propriétés particulières
Il existe, en plus des éléments de maçonnerie courants, des briques dotées de propriétés particulières, résultant de procédés de fabrication et/ou de formes spécifiques. Il convient de mentionner à cet égard :
- les briques à hautes performances d'isolation thermique
- les briques à hautes performances d'isolation phonique
- les briques à résistance mécanique accrue
- les briques pour maçonnerie de parement.

Éléments de construction complémentaires
Selon les performances statiques ou isolantes requises, les maçonneries en brique de terre cuite peuvent être complétées par quantité de produits ad hoc, tels que linteaux creux ou pleins destinés au franchissement des baies, éléments isolants à poser en pied de mur, carreaux isolants en terre cuite, etc.

Briques de terre cuite SwissModul
SwissModul est une gamme de produits normalisés proposée par l'industrie suisse de la brique. Ces briques, destinées à la maçonnerie enduite, présentent des dimensions modulaires ou sous-modulaires. Leurs faces sont striées pour permettre à l'enduit d'y bien adhérer. Pour la maçonnerie de parement, les fabricants produisent des briques dont la surface est grenée ou sablée.

Chaque briqueterie optimise ses produits en fonction de la matière première et des procédés de fabrication utilisés, la gamme des produits offerts étant susceptible de changer très rapidement.

Définitions

Ill. 31: appareil sauvage

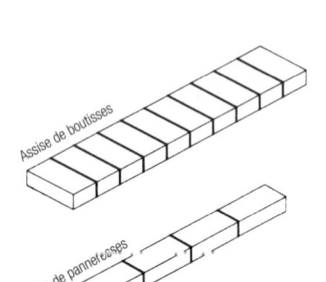

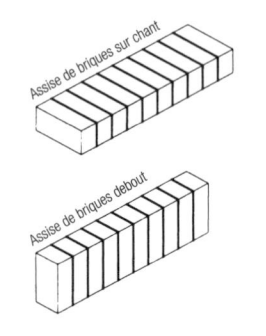

Définitions
D'après *Wasmuths Lexikon der Baukunst,* Berlin 1931

Brique : élément de construction de formes et dimensions diverses, fabriqué artificiellement à base de glaise ou d'argile. Si les briques sont simplement séchées à l'air, on parle de briques crues. Si elles sont cuites, on parle de briques de terre cuite. La forme des briques est en général parallélépipédique, leurs dimensions variant selon l'époque et le lieu.

Brique recuite (dite aussi brique hollandaise ou klinker) : brique cuite jusqu'au frittage, dont la surface est déjà légèrement vitrifiée. On emploie les briques recuites ou briques de parement dans la maçonnerie apparente. Un chant et un bout de chaque module sont cuits de manière à présenter la qualité « parement » (production industrielle).

Joint d'assise : joint horizontal d'un appareil de maçonnerie, par opposition aux joints verticaux, aussi appelés joints montants. Dans les arcs et les voûtes, les joints d'assise sont ceux compris entre les différentes rangées de briques.

Joint montant (dit aussi joint vertical) : dans un appareil de maçonnerie, joint compris entre les bouts de deux briques adjacentes. Les joints montants ont en moyenne 1 cm d'épaisseur. Dans les arcs et les voûtes, les joints montants sont ceux compris entre les briques d'une même rangée ; ils se situent dans des plans perpendiculaires à l'axe de l'arc ou de la voûte.

Boutisse : dans un appareil de maçonnerie, moellon ou brique dont le bout est parallèle à l'alignement du mur.

Panneresse : dans un appareil de maçonnerie, moellon ou brique dont le chant est parallèle à l'alignement du mur.

Assise : rangée horizontale de briques de même hauteur. Les assises de maçonnerie peuvent se composer de briques posées à plat (en panneresse ou en boutisse), sur chant, debout ou en position inclinée. On appelle assise de pignon la rangée de briques longeant la rive de toiture au niveau d'un pignon.

Chevauchement : ampleur du recouvrement des briques d'une assise par rapport à celles de l'assise inférieure.

Appareil de maçonnerie : assemblage, dans les règles de l'art, d'éléments de maçonnerie artificiels ou naturels. Un appareil dans les règles de l'art présuppose que la longueur des éléments de maçonnerie corresponde au double de leur largeur, augmentée d'une largeur de joint.

Maçonnerie : tout ouvrage de clôture ou de délimitation spatiale constitué d'éléments de maçonnerie naturels ou artificiels.

Mur : du latin *murus,* qui désignait à l'origine les parois en pierre des Romains. En allemand, *Mauer* s'oppose à *Wand* (du gotique *wandus* = baguette, lacet), qui désignait à l'origine le treillis ou entrelacs germanique. De manière générale, on entend par mur un ouvrage fait de pierre naturelle, d'un matériau damé ou coulé ou de panneaux, avec ou sans liant. Les murs dans lesquels sont mis en œuvre non pas du mortier, mais de la mousse, du feutre, du plomb ou autres, sont appelés murs secs.

Selon la fonction du mur et la hauteur à laquelle il se trouve, on fait la distinction entre mur d'assise ou de fondation, mur de soubassement, mur d'étage et mur de jambette. On distingue par ailleurs entre murs extérieurs ou de façade, murs mitoyens et murs intérieurs ou de refend. Lorsque les murs sont destinés à reprendre les charges exercées par des solives ou autre, on parle de murs porteurs. Les murs soumis à une poussée latérale sont appelés murs de soutènement ou de culée.

Ill. 32 : divers types d'assises

Références bibliographiques
- *Wasmuths Lexikon der Baukunst,* Berlin 1931.
- Günter Pfeifer, Rolf Ramcke et al.: *Mauerwerk Atlas,* Bâle 2001.
- Fritz Schumacher: *Das Wesen des neuzeitlichen Backsteinbaues,* Munich 1985.
- Fleischinger/Becker: *Die Mauer-Verbände,* Hanovre 1993.
- Ludwig Debo: *Lehrbuch der Mauerwerks-Konstruktionen,* Hanovre 1901.
- Heinz Ronner: *Wand + Mauer,* Bâle 1991.
- Plumridge/Meulenkamp: *Ziegel in der Architektur,* Stuttgart 1996.

Conception, mise en œuvre

La maçonnerie
En tant qu'ouvrage composé de briques liées entre elles par des joints de mortier, la maçonnerie présente certaines propriétés spécifiques, décrites ci-après.

Types d'appareils
Maçonnerie simple
L'épaisseur du mur correspond ici à la largeur ou à la longueur d'une brique. Selon la disposition des briques, on distingue entre :
- les maçonneries simples à assises de panneresses, où les briques sont posées parallèlement à la direction du mur ;
- les maçonneries simples à assises de boutisses, où les briques sont posées perpendiculairement à la direction du mur ;
- les maçonneries simples à assises de briques sur chant, où les boutisses sont posées sur la tranche (en guise de couronnement).

Maçonnerie de panneresses et de boutisses
L'épaisseur du mur se compose ici de plusieurs briques. En combinant panneresses et boutisses, il est possible d'obtenir une multitude d'appareils, dont la trame dimensionnelle découle des dimensions modulaires des briques et de l'épaisseur des joints.

Construire en maçonnerie, c'est mettre en œuvre un matériau d'assez petit format, fabriqué industriellement – la brique –, pour en faire, en recourant à du mortier, un ouvrage appareillé. L'appareil choisi – c'est-à-dire la disposition des briques dans la maçonnerie – est déterminant pour la résistance de l'ouvrage. Pour que la cohésion des angles, des croisements de murs et des raccords entre murs soit assurée, il est impératif que l'appareil n'y subisse pas d'interruption. Pour ce faire, les briques étaient à l'origine conçues de telle sorte que le rapport entre leur longueur et leur largeur donne un nombre pair. Aussi la brique de format standard est-elle deux fois plus longue que large.

Exception faite des murs décoratifs sans fonction porteuse, les assises successives présentent toujours un décalage les unes par rapport aux autres, de sorte que les briques se chevauchent. En principe, le recouvrement des joints verticaux devrait se monter à environ un tiers de la hauteur des briques. Il est recommandé d'observer les chevauchements suivants :

Maçonnerie simple : chevauchement longitudinal d'au moins un cinquième de longueur de brique (= 6 cm).

Maçonnerie de panneresses et de boutisses : chevauchement longitudinal d'au moins 6 cm, et chevauchement transversal théorique d'au moins 4 cm.

Joints
Les couches de mortier qui assurent la liaison entre les briques dans le sens vertical et horizontal sont appelées respectivement joints verticaux (ou montants) et joints d'assise. La maçonnerie peut être considérée comme un matériau composite constitué de briques et de mortier. Les joints verticaux assument une fonction statique bien moins importante que les joints d'assise, car ils ne participent pas à la reprise des contraintes de traction et de cisaillement. Le mortier se comporte, tant en termes de résistance que de dilatation, un peu différemment des briques, ce qui génère des contraintes de cisaillement entre briques et mortier. Les joints devraient en principe être les plus minces, la proportion de mortier la plus faible possible. Une certaine épaisseur de joint étant cependant nécessaire pour compenser les inégalités entre les briques (tolérances), les joints d'assise garnis de mortier de maçonnerie ordinaire présentent en général une épaisseur de 8 à 12 mm.

Lors de la pose des briques, le mortier déborde des deux côtés des joints (surtout au niveau des joints d'assise). L'excédent de matériau est en principe enlevé à la truelle. Cela n'étant cependant pas toujours possible, dans le cas d'un mur double, du côté du vide intermédiaire, une lame d'air trop mince risquera d'être partiellement ou totalement obstruée. Aussi convient-il, par précaution, de compter avec un débordement de 2 à 3 cm.

En fonction de l'expression architecturale recherchée, les joints pourront être exécutés différemment : affleurants, en creux, etc. Si la maçonnerie doit répondre à des exigences accrues, par exemple en termes d'isolation phonique, de résistance antisismique ou de résistance aux intempéries, il est impératif de garnir les joints verticaux de mortier. Si la maçonnerie n'est en revanche soumise à aucune sollicitation particulière, les briques pourront être posées à joints vifs, c'est-à-dire sans mortier dans les joints montants.

Coordination dimensionnelle
Pour rationaliser la conception et l'exécution des ouvrages, tout bâtiment – a fortiori s'il est en maçonnerie de parement – devrait reposer sur un système de coordination dimensionnelle, c'est-à-dire sur un système de dimensions modulaires, à partir desquelles s'obtiennent les dimensions des différents éléments de construction (murs, portes, fenêtres, etc.). L'adoption d'un tel système permet d'harmoniser les dimensions de ces éléments

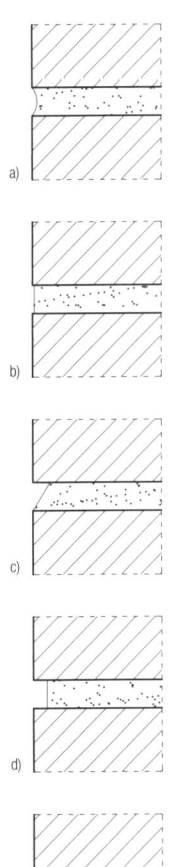

Ill. 33 : exemples d'exécution des joints
a) Joint lissé au fer rond
b) Joint plat ou plein
c) Joint biais (face horizontale inférieure des briques partiellement exposée aux intempéries)
d) Joint plat en retrait (faces horizontales des briques partiellement exposées aux intempéries))
e) Joint saillant (mortier fortement exposé aux intempéries)

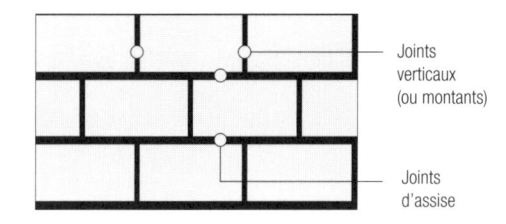

Ill. 34 : catégories de joints

de manière à pouvoir les assembler sans devoir couper de briques. En maçonnerie, les dimensions modulaires, c'est-à-dire les dimensions de coordination déterminantes pour la conception, sont des multiples entiers du module. Les dimensions nominales des éléments s'obtiennent en retranchant des dimensions modulaires une épaisseur de joint.

Le concepteur devra, dans chaque cas, préciser s'il s'agit d'une maçonnerie ordinaire destinée à rester nue (p. ex. dans un sous-sol), d'une maçonnerie de parement extérieure ou d'une maçonnerie destinée à rester apparente du côté intérieur. Les exigences auxquelles devront répondre la surface des briques, l'aspect des joints et la qualité de la mise en œuvre augmenteront en conséquence.

Épaisseur des murs
L'épaisseur brute d'un mur en maçonnerie simple est déterminée par la largeur ou la longueur des briques, celle d'un mur en maçonnerie de panneresses et de boutisses par les dimensions des briques et l'appareil choisi.

Longueur des murs
Les murs en maçonnerie peuvent présenter n'importe quelle longueur. Des briques coupées ou sciées permettent de réaliser les ajustements nécessaires et d'assurer un harpement suffisant. Il est recommandé de dimensionner les piliers et les pans de mur de faible longueur de manière à pouvoir n'utiliser que des briques entières. Lorsque la maçonnerie est destinée à rester apparente, il s'agit de déterminer les dimensions des briques en fonction de l'aspect que l'on souhaite conférer à l'appareil choisi.

Des briques de complément de longueur réduite (quarts de brique, demi-briques, trois quarts de brique) ne sont fabriquées industriellement que pour la maçonnerie de parement. Lorsque la maçonnerie est destinée à être enduite, les briques sont en général coupées au ciseau ou à la meuleuse d'angle sur le chantier, ce qui permet d'obtenir des dimensions dérogeant au module de base.

Hauteur des murs
Les briques de terre cuite ne pouvant pas être coupées horizontalement, la hauteur des murs doit en principe correspondre à un nombre entier d'assises. Il existe cependant différentes briques d'arase, permettant de réaliser des murs de n'importe quelle hauteur. On aura toutefois avantage à faire en sorte que les murs ne requièrent qu'un minimum de briques d'arase, et si possible d'un seul type. On ne devrait en principe jouer sur l'épaisseur des joints d'assise que pour compenser des inégalités et des tolérances dimensionnelles.

Dimensions indicatives
Les murs porteurs en maçonnerie simple devraient présenter une épaisseur d'au moins 12 cm, d'au moins 15 cm s'ils se composent de blocs en béton cellulaire. Dans un mur double, la paroi intérieure, porteuse, devrait présenter une épaisseur de 12 à 15 cm, la paroi extérieure, protégeant des intempéries, une épaisseur d'au moins 12 cm, pour de simples raisons de stabilité. Les murs minces ne pouvant reprendre les contraintes de traction transversales que s'ils sont soumis à une importante charge en compression, c'est en général le risque de flambage qui en limite la capacité porteuse.

MATÉRIAUX – MODULES | **Maçonnerie**
Systèmes

Appareils de maçonnerie

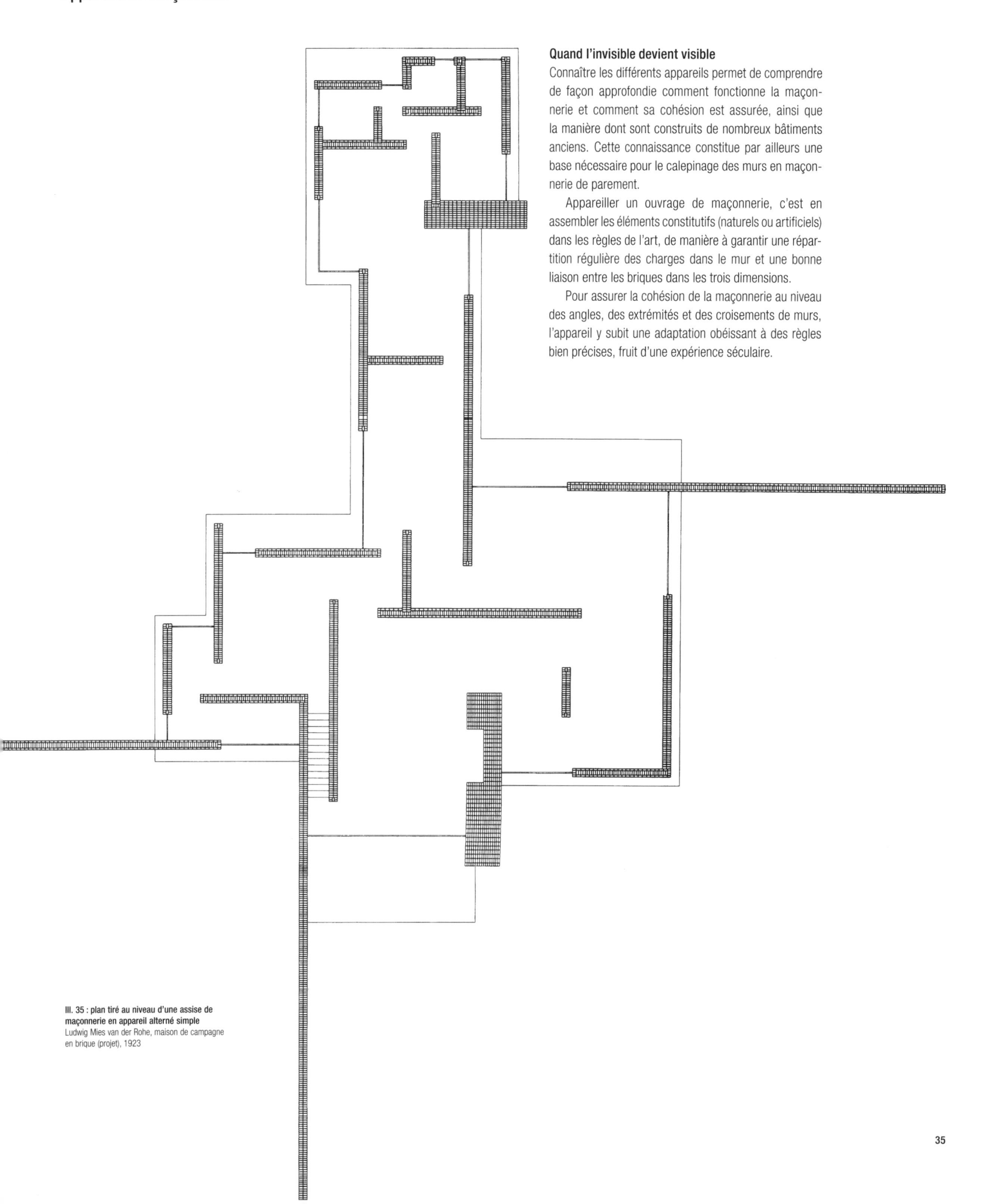

Quand l'invisible devient visible

Connaître les différents appareils permet de comprendre de façon approfondie comment fonctionne la maçonnerie et comment sa cohésion est assurée, ainsi que la manière dont sont construits de nombreux bâtiments anciens. Cette connaissance constitue par ailleurs une base nécessaire pour le calepinage des murs en maçonnerie de parement.

Appareiller un ouvrage de maçonnerie, c'est en assembler les éléments constitutifs (naturels ou artificiels) dans les règles de l'art, de manière à garantir une répartition régulière des charges dans le mur et une bonne liaison entre les briques dans les trois dimensions.

Pour assurer la cohésion de la maçonnerie au niveau des angles, des extrémités et des croisements de murs, l'appareil y subit une adaptation obéissant à des règles bien précises, fruit d'une expérience séculaire.

Ill. 35 : plan tiré au niveau d'une assise de maçonnerie en appareil alterné simple
Ludwig Mies van der Rohe, maison de campagne en brique (projet), 1923

MATÉRIAUX – MODULES **Maçonnerie** Systèmes

Règles d'appareillage
Illustrées par l'exemple de l'appareil alterné simple

Les règles suivantes ne s'appliquent qu'aux appareils composés de briques artificielles (briques de terre cuite, briques silico-calcaires, blocs en béton).

1. Toutes les assises doivent être parfaitement horizontales.
2. En élévation, assises de panneresses et de boutisses doivent alterner régulièrement.
3. À l'intérieur de chaque assise, il convient d'utiliser le plus grand nombre possible de boutisses.
4. Il convient d'utiliser le plus grand nombre possible de briques entières, le nombre de briques de complément devant se limiter au minimum requis (formats de trois quarts de brique au niveau des angles et des extrémités de murs, pour garantir le chevauchement des briques).
5. À l'intérieur d'une même assise, les joints verticaux doivent, autant que possible, traverser sans interruption toute l'épaisseur du mur.
6. Les joints verticaux de deux assises successives doivent toujours être décalés d'un quart de brique à une demi-brique, c'est-à-dire ne jamais se superposer.
7. Au niveau des angles, des croisements de murs et des raccordements de murs de refend, les rangées de panneresses se poursuivent sans interruption, tandis que les rangées de boutisses viennent buter contre.
8. D'un angle rentrant ne peut partir qu'un seul joint vertical par assise, les joints verticaux de deux assises superposées devant toujours être décalés.

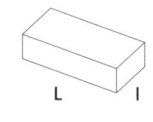

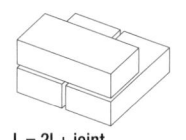

Les règles d'appareillage permettent de réaliser une multitude de variantes, en déclinant sur un mode ludique un même principe de base, à savoir que la longueur d'une brique correspond au double de sa largeur, augmenté d'une épaisseur de joint (p. ex. 29 = 14 + 14 + 1).

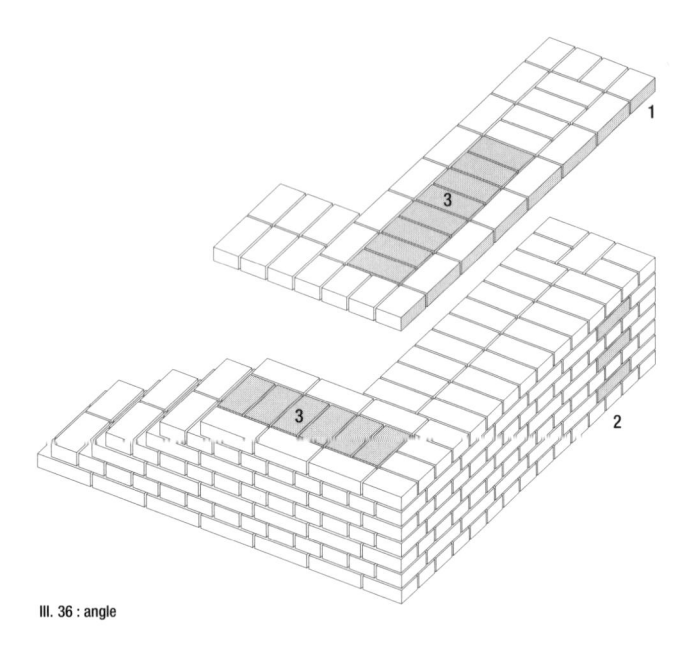

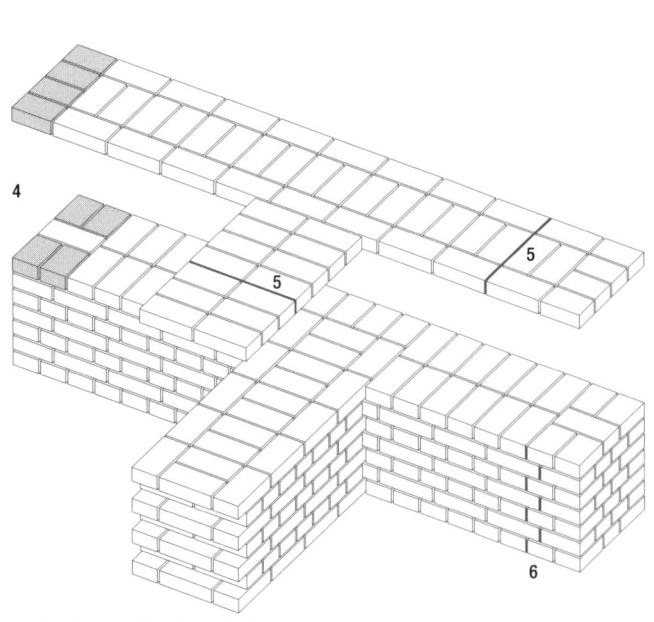

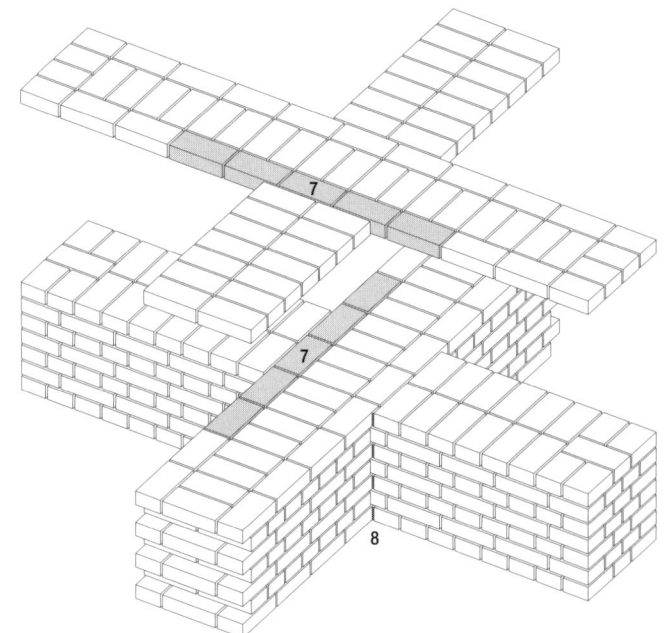

Ill. 36 : angle

Ill. 37 : raccordement d'un mur de refend

Ill. 38 : croisement de deux murs

MATÉRIAUX – MODULES | Systèmes | **Maçonnerie**

Ill. 39 : appareil en panneresse

Ill. 40 : appareil en boutisse

Ill. 41 : appareil alterné simple

Ill. 42 : appareil alterné en croix

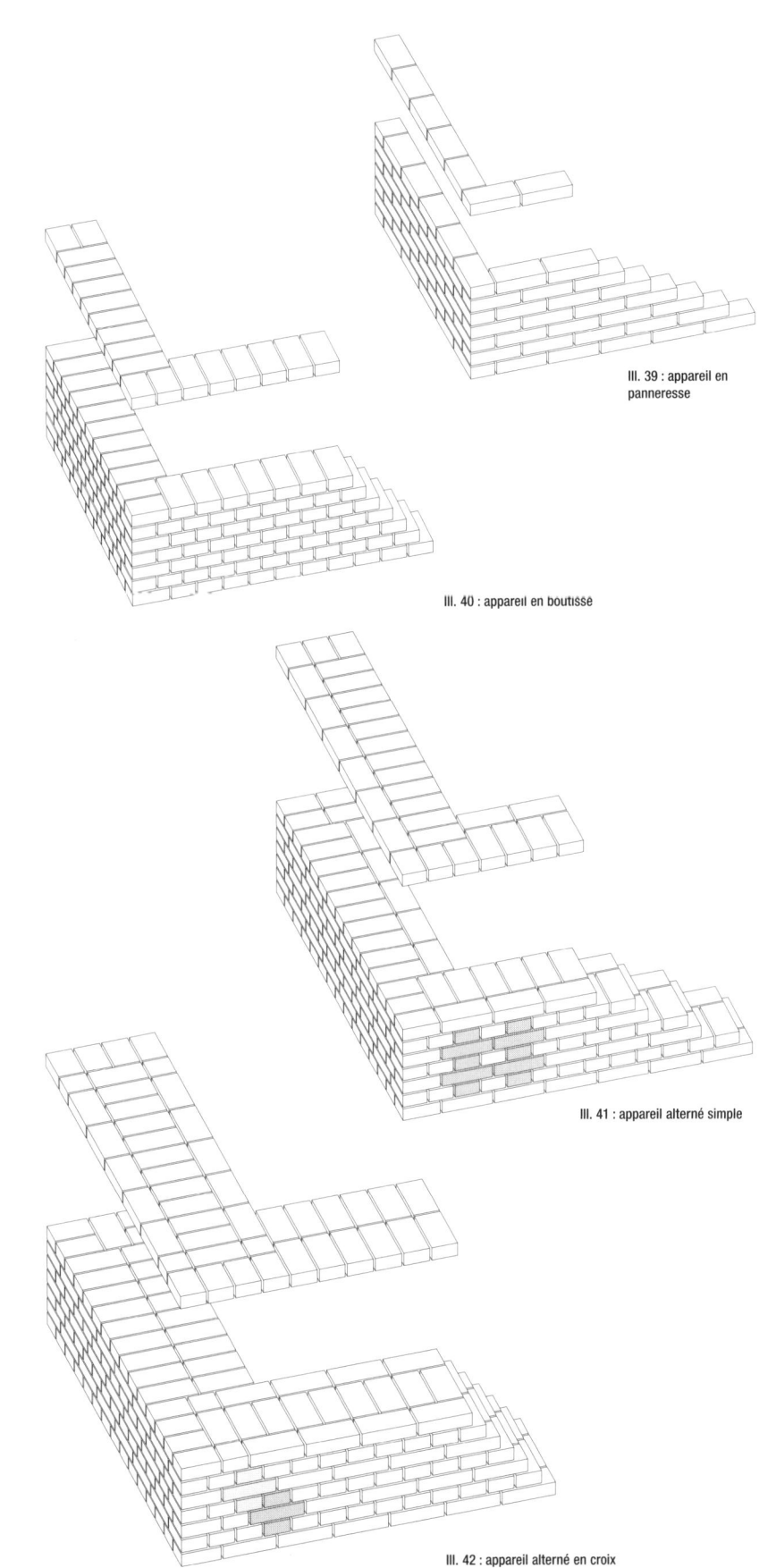

Les principaux appareils de maçonnerie

On fait la distinction entre maçonnerie simple, où l'épaisseur du mur correspond à la largeur ou à la longueur d'une brique, et maçonnerie de panneresses et de boutisses, où l'épaisseur du mur est formée par deux ou plusieurs briques.

Maçonnerie simple

L'appareil en panneresse (ou à assises réglées)
Toutes les assises ne se composent ici que de panneresses. Le chevauchement des briques, en général d'une demi-brique, confère à la maçonnerie une grande résistance à la traction et à la compression. L'appareil en panneresse ne se prêtant qu'à la réalisation de murs en maçonnerie simple, on l'adopte pour les murs intérieurs, les cloisons de doublage et les murs monolithiques en briques isolantes (p. ex. Optitherm). L'ampleur du chevauchement peut varier, mais ne devra jamais être inférieur à un quart de brique.

L'appareil en boutisse
Toutes les assises ne se composant ici que de boutisses, cet appareil ne se prête lui aussi qu'à la réalisation de murs en maçonnerie simple. Les assises successives sont décalées d'un quart de brique. Cet appareil présentant une grande résistance à la compression, on l'utilisait aussi, autrefois, pour les fondations. Compte tenu toutefois du faible chevauchement qu'il permet, il subit facilement des fissures diagonales passant par les joints.

Ill. 43 : appareil en panneresse   Ill. 44 : appareil en boutisse

Maçonnerie de panneresses et de boutisses

L'appareil alterné simple (ou appareil français)
Cet appareil, très répandu, se compose d'une alternance régulière d'assises de panneresses et de boutisses. Les joints verticaux de toutes les assises de même type se superposent.

L'appareil alterné en croix
Ici, les assises de panneresses sont décalées d'une demi-brique les unes par rapport aux autres, ce qui produit, en élévation, le motif de croix s'imbriquant les unes dans les

Ill. 45 : appareil alterné simple   Ill. 46 : appareil alterné en croix

MATÉRIAUX – MODULES   **Maçonnerie**

Systèmes

Ill. 47 : appareil flamand

Ill. 48 : appareil en chaîne

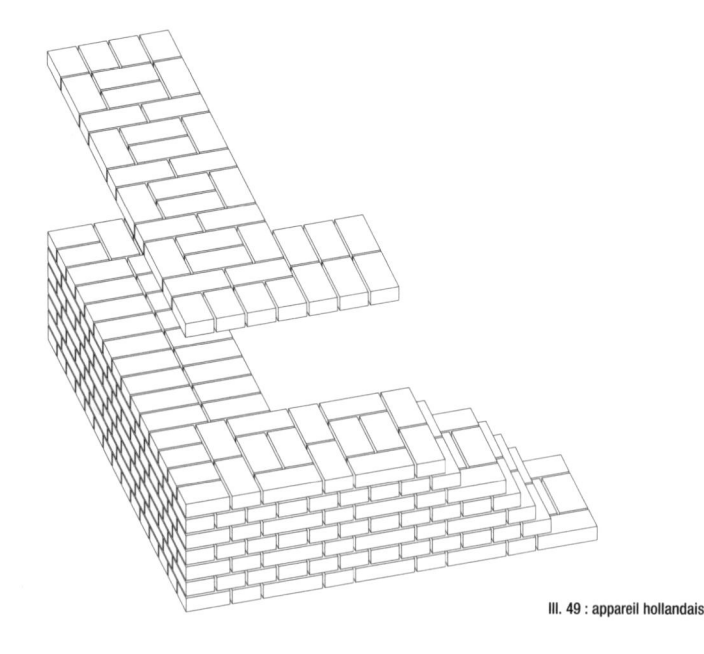

Ill. 49 : appareil hollandais

autres. Il en résulte un échelonnement régulier des joints verticaux, qui assure une meilleure liaison entre les briques et, partant, une résistance mécanique légèrement supérieure à celle de l'appareil alterné simple.

Variantes de l'appareil alterné simple

L'appareil flamand

Dans le cas de l'appareil flamand, chaque assise se compose en alternance de panneresses et de boutisses, chaque boutisse étant centrée sur la panneresse sousjacente. Lorsque l'épaisseur de la maçonnerie se limite à une largeur de brique, il est possible d'adopter cet appareil en renonçant aux boutisses, de manière à obtenir un mur ajouré. L'appareil flamand fut souvent utilisé pour réaliser des murs de parement dont on comblait l'intérieur de pierres et de mortier – un remplissage avec lequel les boutisses faisant saillie vers l'intérieur assuraient une liaison solidaire.

Ill. 50 : appareil flamand    Ill. 51 : appareil flamand, avec remplissage

L'appareil en chaîne

Cet appareil est constitué selon le même principe que l'appareil flamand, à la différence que les boutisses sont chaque fois séparées par deux panneresses. Il en résulte que les boutisses sont, d'une assise à l'autre, décalées d'une longueur de brique.

Variante de l'appareil alterné en croix

L'appareil hollandais

Cet appareil se distingue de l'appareil alterné simple par le fait qu'à chaque assise de boutisses succède une assise composée en alternance de panneresses et de boutisses. Les panneresses restent cependant centrées les unes sur les autres, comme dans l'appareil alterné simple.

Ill. 52 : appareil en chaîne    Ill. 53 : appareil hollandais

MATÉRIAUX – MODULES | Maçonnerie
Systèmes

Dispositifs d'ancrage et d'armature pour murs à double paroi

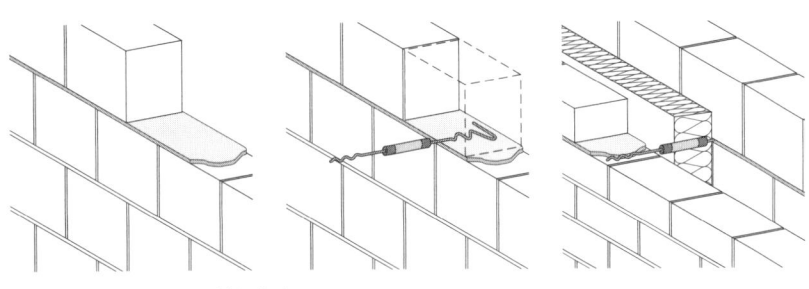

Ill. 54 : pose des agrafes dans les joints d'assise
– Étaler le mortier.
– Poser l'agrafe articulée dans le mortier et poser les briques de l'assise supérieure.
– Poser l'isolation et sceller l'agrafe dans le joint d'assise de la paroi extérieure, maçonnée dans un deuxième temps.

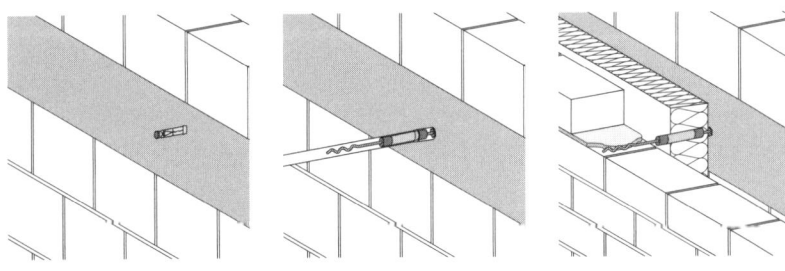

Ill. 55 : pose des agrafes dans un mur ou une dalle en béton
– Forer un trou dans le béton et y insérer une cheville métallique.
– Y visser l'agrafe articulée.
– Poser l'isolation et sceller l'agrafe dans le joint d'assise de la paroi extérieure.

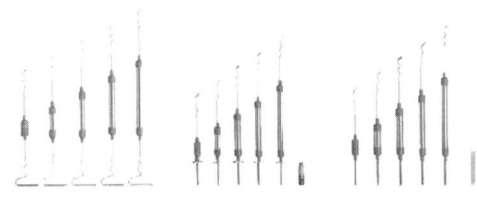

Ill. 56 : différents types d'agrafes
Pour joints d'assise, béton ou maçonnerie

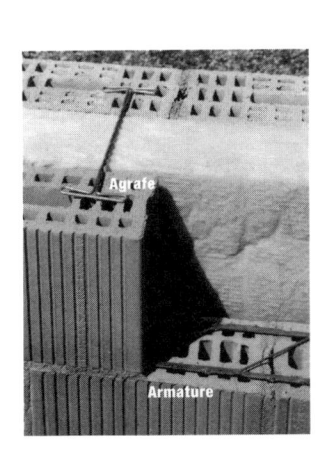

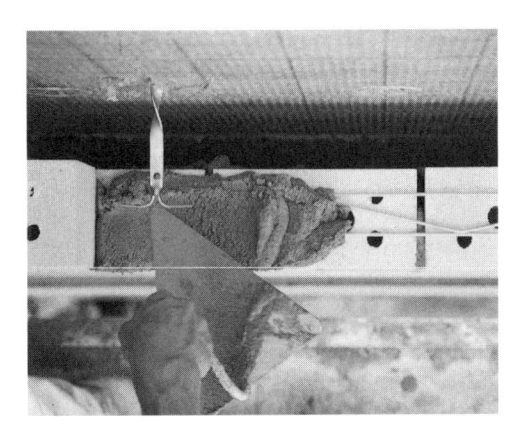

Ill. 57 : montage de la paroi extérieure
Vue latérale (à gauche) et de dessus

Ancrage et armature

Les agrafes en acier inoxydable ou en CFK (plastique renforcé de fibres de carbone), destinées à ancrer la paroi extérieure d'un mur double à la paroi intérieure, doivent pouvoir reprendre les efforts de traction et de compression exercés perpendiculairement au plan du mur. Les deux parois se comportent différemment. Alors que la paroi extérieure est principalement soumise à des mouvements de dilatation s'exerçant dans son propre plan sous l'effet des changements de température, la paroi intérieure et les planchers se déforment sous l'effet des charges qu'ils supportent, ainsi que des phénomènes de retrait et de fluage. Aussi les agrafes doivent-elles se révéler assez élastiques pour reprendre ces mouvements différentiels. Pour des raisons pratiques, les agrafes sont disposées en rangées horizontales, avec un espacement de 80 à 100 cm. On prévoit en général deux ou trois rangées d'agrafes par étage, ce qui représente environ une agrafe par mètre carré.

Les rangées d'agrafes formant, du point de vue statique, une sorte de bande porteuse horizontale, il est recommandé d'insérer une armature dans le joint d'assise situé sur ou sous la rangée d'agrafe, ou dans les deux.

Armature destinée à prévenir les fissures

Lorsque des fissures surviennent, c'est la plupart du temps parce que des déformations indépendantes de la charge supportée, dues par exemple au retrait ou/et aux différences de température, sont entravées. Une armature judicieusement placée permet d'éviter de telles fissures, ou du moins de les réduire à un minimum. Le nombre de pièces ou de lits d'armature nécessaires devra être défini en accord avec le fournisseur de briques ou l'ingénieur structure, en fonction des sollicitations et de la complexité du mur.

On veillera en outre à doter la paroi extérieure de joints de dilatation (ou joints de mouvement) au niveau des angles, des joints intermédiaires devant être prévus si la longueur du mur dépasse 12 mètres.

Autres mesures à prendre

Pour éviter les fissures dues aux contraintes exercées dans la maçonnerie, les rives de toiture, linteaux de fenêtres, dispositifs de reprise de maçonnerie et autres devront, le cas échéant, faire l'objet de mesures complémentaires (rails d'ancrage, consoles, joints de dilatation, etc.).

L'art de la maçonnerie en brique

Katja Dambacher, Christoph Elsener, David Leuthold

Ill. 58 : briques

Ill. 59 : mur

Morphologie

« La maçonnerie est un élément de construction en pierres ou en blocs liés par du mortier et formant un ensemble stable[1]. » C'est ainsi que la SIA définit, avec une imbattable concision, un objet dont les conditions préliminaires relativement restreintes ont donné lieu à de nombreuses applications.

Le terme de « mur » vient du latin *murus*. Par « maçonnerie », on entend toujours un corps constitué par l'assemblage de blocs naturels ou artificiels, donc un mur composé d'une ou plusieurs assises de pierre ou de brique jointoyées au mortier, faisant fonction d'adhésif ou de masse de remplissage.

Les maçonneries peuvent être constituées de pierres de carrière ou de galets, de pierres taillées, de blocs artificiels, cuits ou non, comme les briques, de pierres mélangées (par exemple dans un mur de parement), de masses banchées ou damées comme la terre, le béton ou le béton armé.

Enfin, selon le mode d'exécution, on distingue les murs pleins et les murs creux.

Aspects historiques et culturels

D'un point de vue culturel, la maçonnerie est une valeur constante, et ni ses fonctions ni son importance n'ont profondément changé au cours de son évolution. Connue en tant qu'art de construire artisanal dans toutes les civilisations répertoriées, il s'agit toujours d'un seul et même principe et ce malgré le nombre très élevé de formes d'expression différentes. Et, du fait de sa résistance, de sa compacité et de sa stabilité, la maçonnerie représente sans doute toujours et partout des valeurs telles que la sécurité, la durabilité et la continuité – donc la tradition – ainsi que la discipline et la simplicité. Le choix de la pierre et du traitement de la surface traduit l'importance de l'ouvrage. Ainsi, les constructions en pierre naturelle taillée ont un caractère monumental et stable (p. ex. les pyramides égyptiennes), alors que la brique est un matériau de construction économique et moins prestigieux, surtout utilisé pour les maisons privées et les ouvrages fonctionnels (p. ex. pour les aqueducs romains ou comme matériau industriel bon marché au XIXe siècle).

La maçonnerie s'est sans cesse modifiée sous l'influence des progrès techniques, et l'apparition des produits fabriqués industriellement a suscité différentes stratégies architecturales. Pendant que dans les constructions expressionnistes allemandes, la brique recuite soulignait la filiation avec la tradition nordique de la maçonnerie apparente, le modernisme « blanc » crépissait la plupart du temps les briques, les fondant ainsi en une masse peu différenciée.

Maçonnerie apparente

La maçonnerie apparente permet de voir le matériau et la technique constructive utilisée (appareil, qualité du jointoiement et des assises). Différents éléments contribuent à définir l'expression architecturale d'un mur en brique apparente : « Ce sont la surface, les couleurs qu'elle a prises durant la cuisson, l'éclat, les traces de scories, les bulles, les fissures, les rayures. Il y a encore le joint, sa largeur, sa couleur, sa surface, son relief, et enfin l'appareil, sa disposition et ses croisements horizontaux, verticaux et diagonaux, les signes visibles de ses actions invisibles[2]. » Dans la littérature spécialisée, les briques apparentes sont aussi appelées briques de parement.

Lorsqu'on parle de maçonnerie apparente massive, il est utile de distinguer l'enveloppe et le noyau : dans les murs à plusieurs parois, le noyau non visible peut être rempli avec des pierres ou des briques moins élaborées et meilleur marché, tout en veillant à ce qu'il soit solidement liaisonné à la paroi apparente. La relation et le lien avec le corps du mur se trouvent dans la nature de sa coque apparente, de sa surface, dans ses qualités structurelles, plastiques, matérielles, chromatiques et tactiles.

Module

« Une brique [...] est un élément convivial de notre existence, au même titre que de simples outils[3]. »

La forme et les proportions de chaque brique font partie d'un système dimensionnel supérieur ; la petite partie, souvent désignée comme le premier élément de construction normalisé, est un élément essentiel du tout. La brique définit la régularité de la « pose », c'est-à-dire l'appareillage, qui, lui, détermine la disposition régulière des joints. Pour chaque projet, le choix d'une brique de longueur, de largeur et de hauteur déterminées définit un ordre dimensionnel incontournable, qui régira toutes les relations entre les parties. L'épaisseur, la longueur et la hauteur des murs ainsi que la position et la dimension de leurs ouvertures seront donc des multiples du module de base.

Format

Les briques sont généralement des parallélépipèdes rectangles dont les dimensions varient selon le lieu et l'époque. Leur fabrication a été de tout temps à peu près identique. Au cours de l'histoire, la longueur et la largeur des briques cuites n'ont presque jamais dépassé 35 cm et leur hauteur n'a jamais excédé 11 cm, afin de garantir une cuisson appropriée et d'éviter une déformation au cours de celle-ci. Pour pouvoir réaliser un appareil complexe (voir chap. « Appareils de maçonnerie »), la longueur de la brique est en général égale à deux fois sa largeur plus un joint. De nos jours, les dimensions varient davantage (voir chap. « Le matériau »), puisque nombre de murs sont construits en panneresse en raison des prescriptions énergétiques et que les lois statiques (p. ex. dans la maçonnerie dite « simple » ou « monolithique ») dictent d'autres dimensions.

La maniabilité des briques est aussi déterminante, le maçon devant pouvoir soulever et poser chacune d'elles d'une seule main. À quelques exceptions près, ces règles sont encore valables de nos jours. La fabrication industrielle a imposé une taille standard d'environ 25 x 12 x 6,5 cm pour les briques apparentes ; cependant, les différentes exigences requises pour la brique et la diversité régionale des matières premières et des expériences de fabrication assurent une offre importante de briques de formes, de dimensions, de couleurs, de structures et de surfaces variées. Les formats plus grands ou plus petits permettent une mise en œuvre individualisée et raffinée, adaptée à la structure ou au caractère du bâtiment. L'utilisation de différents formats de brique répond à une nécessité esthétique aussi bien que pratique. Les petits formats offrent davantage de liberté pour concevoir des surfaces plutôt restreintes et permettent de compenser facilement la forme immuable de la brique. Le choix de son format et des propriétés de ses surfaces est donc une décision fondamentale.

Couleurs et surfaces

Les couleurs de la brique sont influencées par la composition chimique de l'argile, ainsi que par la température et le type de cuisson. Ces conditions initiales engendrent une palette de couleurs variée et leur confère vie et qualité intrinsèques. Pour reprendre les mots de Fritz Schumacher, on peut dire que chacune possède une grande individualité en raison de sa couleur « corporelle » par rapport à sa teinte « incorporelle ». « Car dans le véritable matériau, la couleur n'est pas seulement un ton, une terre, mais ce ton-terre possède sa propre vie. Nous sentons qu'il provient de l'intérieur de la matière et qu'il n'est pas collé sur elle comme une peau, ce qui lui donne une force supplémentaire[4]. » La notion de « couleur » varie donc selon qu'il s'agisse d'un matériau ou d'une teinte.

Aucune brique n'est donc semblable à l'autre, elle n'est jamais parfaitement lisse, à bords vifs, d'équerre, aux dimensions nominales exactes et de même teinte que les autres ; elle ne répond jamais avec précision aux normes de taille, de forme ou de qualité, et c'est justement cette absence de perfection qui exerce une grande fascination. Le caractère objectif du module qu'est chaque brique est confronté à la subjectivité de la réalisation maçonnée.

L'émaillage constitue l'une des méthodes classiques de traitement et de raffinement de la surface des briques. Il peut être réalisé en même temps que la cuisson ou lors d'une cuisson ultérieure.

Appareil

L'édification d'un mur se fait sur la base d'un modèle appelé « appareil ». L'appareil est un système de règles servant à créer une « composition lisible, mais en grande partie invisible[5] ». Le cœur de ce processus consiste à « rendre visible l'invisible[6] ».

L'art de la maçonnerie apparente consiste à combiner et à décaler des unités relativement petites, de manière à obtenir un assemblage solide et massif en évitant la continuité verticale des joints montants des rangs adjacents. Chaque unité doit « s'imbriquer » ou « s'encastrer » dans celles qui l'entourent directement, afin de donner au mur le plus de stabilité et de consistance possible. Cela vaut aussi surtout pour le « noyau du mur » appelé à échapper au regard. Les briques s'assemblent les unes aux autres, l'une portant l'autre.

La disposition des panneresses et des boutisses forme des dessins sur plusieurs rangs, dont la répétition constitue un facteur esthétique essentiel de la surface du mur. Selon la disposition des briques de chaque assise, cette répétition régulière apparaît après deux ou trois rangs (quatre au maximum), et peut donner, par exemple, un appareil en panneresses, en boutisses, alterné simple, alterné en croix, flamand, etc. (voir chap. « Appareils de maçonnerie »).

Résistance grâce à l'appareil

La maçonnerie en brique est un matériau mixte (brique et mortier) qui possède une forte résistance à la compression et une faible résistance à la traction. La capacité porteuse est assurée par l'appareil, qui croise les éléments du mur dans les trois dimensions. Lorsqu'une maçonnerie tenue en haut et en bas est soumise à une

III. 60 : différents formats, couleurs et surfaces
Alvar Aalto, maison expérimentale, Muuratsalo (FIN) 1954

charge compressive, c'est l'appareil qui, en conjonction avec les joints de mortiers réguliers, assure une répartition homogène des forces compressives. Le mortier ne peut reprendre aucun effort de traction, ce qui limite la capacité portante de la maçonnerie et la hauteur des constructions massives. Le plus haut bâtiment massif en brique, le Monadnock Building, à Chicago, compte seize étages et s'élève à 60 m de hauteur ; les bâtiments en brique les plus élevés construits avant lui comptaient dix étages. Les murs du rez-de-chaussée de ce « gratte-ciel archaïque » (Á. Moravánszky) font deux mètres d'épaisseur.

Ornement

Les appareils produisent différents effets. Le choix de l'appareil, le caractère du matériau et la qualité de la surface se complètent mutuellement et définissent l'expression de la maçonnerie apparente, et ce à des degrés variables en fonction de la distance de l'observateur.

La brique elle-même donne l'échelle dimensionnelle de l'ornement, le motif pouvant être élaboré à partir du module lui-même. L'ornementation dessinée par les briques est ainsi à la fois le résultat et l'expression du processus de fabrication et d'assemblage ; elle est inhérente au principe du mur.

Dans ses bâtiments, Fritz Schumacher fait par exemple exclusivement confiance à l'effet produit par la belle brique recuite dans une « paroi » bien maçonnée. Ses ornements résultent de l'alternance de la position et de l'assemblage des briques et restent dans le plan de la façade. On peut toutefois aussi créer un ornement en faisant ressortir avec soin de la paroi des briques isolées ou des rangs de briques, ou en recourant à des formes constructives particulières comme des assises de briques en délit sur chant pour terminer la partie supérieure d'un ouvrage.

Fritz Höger, l'architecte de la célèbre maison du Chili à Hambourg, considère que la brique est un excellent matériau pour réaliser des grands motifs, certaines pouvant ressortir sur l'ensemble de la surface, créant un extraordinaire jeu d'ombre et de lumière. Ses façades sont formées de reliefs voire modelées.

Joint

On sous-estime souvent l'importance des joints dans la maçonnerie apparente. Ce sont pourtant les joints qui rendent la liaison visible, qui traduisent « l'appareil » comme idée du mur proprement dit. D'ailleurs en allemand, « appareil » se dit *Verband*, terme possédant la même racine que *binden*, « attacher, lier ». Le mortier et la brique sont les matériaux du mur, mais le joint et l'appareil en déterminent la nature. Les joints recouvrent la surface du mur comme un tissu serré et lui donnent son échelle. Selon la théorie du revêtement de Gottfried Semper, c'est l'aspect de la maçonnerie qui détermine la technique mise en œuvre et non l'inverse (voir chap. « Le pathos de la maçonnerie »).

Une maçonnerie sans joint est inimaginable. Le joint et la brique se conditionnent l'un l'autre et sont liés par un rapport fondamental, quoique variable. Il est possible d'en choisir la dimension, la couleur et le type. Leur proportion détermine en outre l'expression architecturale et la résistance d'une maçonnerie, cette dernière dépendant en grande partie de l'épaisseur des joints. La brique étant en général statiquement plus performante que le mortier, des joints larges diminueront la résistance d'ensemble de la maçonnerie.

Le degré de leur mise en valeur permet d'harmoniser l'effet créé au coloris et à la vie de la façade. L'aspect d'un mur en brique différera du tout au tout selon leur couleur. D'autre part, leur position par rapport à la surface des briques peut varier (les joints peuvent être affleurants, creux ou bombés), et ils jouent un rôle fondamental sur l'effet optique d'un mur. Avec des briques aux arêtes irrégulières, par exemple, des joints affleurants feront disparaître les inégalités, mettant d'autant plus en évidence leur réseau. On peut aussi les mettre en valeur en les creusant par rapport au plan de la façade pour obtenir une légère ligne d'ombre.

En résumé, le dessin des joints représente un élément important de la surface du mur et de sa qualité plastique, puisque leur maillage peut, soit souligner la

Ill. 61 : ornementation grâce à l'appareil
D'après Fritz Schumacher

Ill. 62 : ornementation grâce à la disposition de briques en saillie
Hild und K, villa Wolf, Aggstall (D) 2000

Ill. 63 : façade modelée de façon expressive
Fritz Höger, siège du journal *Hannover'scher Anzeiger*, Hanovre (D) 1928

structure de l'appareil, soit lui donner un effet homogène en l'aplanissant.

L'ouverture

La paroi protectrice et massive d'un mur en brique forme d'abord une limite rigide, qui sépare l'espace intérieur de l'espace extérieur. La fonction de médiation est assurée par les ouvertures placées dans le tissu de la maçonnerie. Leur forme, leurs dimensions et leur position dépendent directement du module de base, ce qui les lie à la géométrie strictement modulaire de l'ensemble. Chaque ouverture devant s'adapter à l'échelle déterminée par les briques de la paroi, il faut accorder une grande attention aux surfaces de leur encadrement (linteau, embrasure, allège). En d'autres termes, l'ouverture doit être « ourlée », comme un trou dans les mailles d'un tissu. Le mur et l'ouverture forment une paire indissociable et interdépendante, puisque le premier doit justement exprimer sa consistance interne et massive par un « vide », tandis que les dimensions de l'ouverture, en particulier sa hauteur et sa profondeur, mais aussi sa largeur, sont toujours liées à la modularité de l'appareil. Par ailleurs, l'ouverture est une perturbation de la maçonnerie qui est d'autant plus manifeste qu'elle est plus large. Même si l'ouverture ne

Ill. 64 : utilisation variée de l'appareil et des joints pour un résultat original
Sigurd Lewerentz, église Saint-Pierre, Klippan (S) 1966

possède pas de masse, elle est soumise aux lois de la pesanteur, puisqu'elle doit être franchie par une structure porteuse appropriée à sa largeur.

On couvre les ouvertures destinées aux fenêtres et aux portes et les réservations de plus grandes dimensions avec des linteaux ou des arcs.

Les portées limitées à environ 1,50 m peuvent être franchies sans moyen supplémentaire par le calage des plus petites unités contre une butée oblique placée au haut du piédroit ; on obtient de cette manière un linteau à arc droit, qui exige toutefois une courbure minimale pour pouvoir se comporter comme un arc.

Les linteaux droits sont des poutres en terre cuite ou en béton à armature lâche ou précontrainte. Les linteaux en terre cuite exigent peu de travail supplémentaire et permettent de couvrir les ouvertures avec le même matériau que celui utilisé pour le reste du mur.

Quant à l'arc, il est tout simplement *le* procédé de construction type utilisé dans la construction massive et l'édification de murs pour couvrir les ouvertures et les vides de plus grande dimension. Pour cela, on combine le phénomène de la masse et du poids du matériau de construction et le principe physique de la gravitation, de façon à obtenir une résistance et une stabilité à un niveau macroscopique (élément de construction « arc ») ; l'arc est une pure structure de compression. À un niveau microscopique, la résistance interne est, comme nous l'avons déjà mentionné, obtenue par le calage et la résistance de frottement entre la brique et le mortier (« effet colle »).

Pour couvrir horizontalement de grandes ouvertures, on utilise des poutres en acier ou en béton. Dans ses maisons en brique, réalisées dans les années 1920, Mies van der Rohe avait déjà recours à des poutres d'acier « invisibles » habillées de briques semblant suspendues, afin d'obtenir les plus grandes baies possible et de garder la structure horizontale des assises de briques.

La position de la fenêtre dans la profondeur de l'embrasure représente un autre élément important agissant sur l'effet d'ensemble d'une construction en brique. Le problème de la perception de la paroi ou du mur dépend avant tout des positions extrêmes de la fenêtre (au nu intérieur ou extérieur) ou, plus largement, de toutes les possibilités et nuances intermédiaires dans l'embrasure ; ne pas prendre position sur ce thème est tout à fait exclu.

Couches
« Maçonnerie monolithique »

« Lorsque les murs n'ont pas de poids propre, qu'on ne peut pas voir leur masse et que celle-ci ne fait que suggérer la stabilité, ce ne sont pour moi pas des murs. On ne peut pas se soustraire au puissant effet de la force porteuse[7] », a déclaré un jour l'architecte allemand Heinz Bienefeld.

Les murs de brique massifs ne fascinent pas seulement en tant qu'éléments de construction homogènes, dans lesquels les briques sont combinées entre elles dans trois dimensions, mais aussi parce qu'ils peuvent assurer en même temps les fonctions de séparation, de support, d'isolation, de protection et même d'accumulation d'énergie thermique. Les puissants murs de brique régulent le taux d'humidité des locaux et contribuent à un climat intérieur équilibré. En regard de la division croissante des façades en composants hautement spécialisés mais monofonctionnels, cette multifonctionnalité s'avère on ne peut plus actuelle et adaptée à notre époque, de sorte qu'il est possible de développer de nouvelles stratégies

MATÉRIAUX – MODULES   **Maçonnerie**

Systèmes mis en œuvre

de conception allant au-delà des aspects techniques et constructifs des ouvrages massifs et de leurs performances physiques.

Les murs en brique homogènes et imposants assurent une séparation marquée entre les espaces intérieurs et extérieurs. Les puissantes embrasures des fenêtres placées en profondeur révèlent le matériau massif, qui offre des possibilités de modulation plastique, ou l'inclusion d'espaces.

Les valeurs d'isolation requises pour l'enveloppe du bâtiment depuis les années 1970 ont rendu quasi impossible la maçonnerie apparente massive qui a, de ce fait, presque disparu. Le problème de l'isolation thermique est résolu par des systèmes pragmatiques comme la « maçonnerie simple » qui, formée d'une couche synthétique plurifonctionnelle de briques poreuses, vise exclusivement une haute performance isolante. Cette propriété est cependant atteinte aux dépens de la qualité visuelle de l'appareil, puisque la diffusion de vapeur et les intempéries exigent un crépi extérieur et intérieur et n'autorisent des baies que d'une taille limitée.

Mur double
Les exigences de la physique du bâtiment ont littéralement sonné le glas de la façade telle que nous la connaissions, et divisé la maçonnerie monolithique en plusieurs couches. Conçu à l'origine pour protéger des intempéries, le mur double (appelé aussi mur à double paroi) a connu un renouveau lorsqu'on dut améliorer les performances d'isolation thermique des façades suite à la crise du pétrole des années 1970 en Europe. Le mur double est constitué de plusieurs couches, séparées de façon logique selon leurs fonctions, afin d'optimiser l'action de chaque élément (amélioration de l'isolation et de l'étanchéité, construction de parois plus minces, rentabilité accrue). Les parois extérieure et intérieure ont en principe l'épaisseur d'une brique. Le mur extérieur, à l'origine homogène, généré par les règles intrinsèques aux propriétés du matériau et aux méthodes de construction, est décomposé. La paroi extérieure apparente est libérée de sa fonction porteuse et ne sert plus qu'à protéger les couches isolante et porteuse. Le système à double paroi est donc structuré en couches complémentaires, chacune assurant l'une des fonctions de base (supporter, isoler, protéger).

Cette situation ouvre des nouvelles possibilités architecturales, tant sur le plan du matériau que de la construction. Il est en particulier possible de mettre architecturalement en scène les minces parois de brique extérieure qui n'exercent qu'une fonction d'enveloppe. Les joints de dilatation structurent les murs en segments, tandis que l'absence de linteaux indique d'emblée que la paroi extérieure est libérée de la lourde charge du bâtiment. Le tissage d'origine a disparu.

Ill. 65 : arcs et linteaux

Ill. 66 : maçonnerie revêtue d'un enduit fin
Heinz Bienefeld, villa Schütte, Cologne (D) 1980

Les constructions à double paroi peuvent devenir des plus intéressantes lorsque le développement indépendant des minces parois de brique permet la création de nouveaux espaces dotés de qualités architecturales spécifiques. Sur le plan du climat, ces espaces rajoutés forment une zone intermédiaire pouvant naturellement assurer une fonction de tampon thermique.

Les optimisations pratiques ont conduit à l'« isolation extérieure ». La paroi murale extérieure disparaît, remplacée par une couche de crépi.

L'appareil du mur double
La division en deux parois minces exclut pour des raisons économiques de nombreux appareils. En effet, la manière la plus simple et efficace de construire un mur apparent est d'utiliser un appareil d'une demi-brique. Cela signifie que, de nos jours, un bâtiment de plusieurs niveaux avec une maçonnerie apparente ne possède plus de mur extérieur massif, porteur et continu. Dans les immeubles d'un seul niveau, il est par contre possible d'utiliser une maçonnerie de boutisses et panneresses et de l'isoler à l'intérieur (voir p. 42, l'illustration de la villa Wolf de Hild und K à Aggstall). On peut toutefois réaliser la paroi extérieure sans appareil véritable – celui-ci étant toujours tridimensionnel – mais en en donnant l'illusion, pour montrer comment un mur massif est conçu, comme dans le jardin d'enfants de Hans Kollhoff et Helga Timmermann à Francfort.

Ill. 67 : maçonnerie massive sans couche isolante supplémentaire
Bearth & Deplazes, galerie d'art contemporain, Marktoberdorf (D) 2001

Maçonnerie apparente et standards énergétiques modernes

Dans une enveloppe de plusieurs couches, on ne peut que tirer partiellement profit des qualités de la maçonnerie massive. Les joints de dilatation divisent la paroi extérieure non porteuse en segments, et la simulation d'un mur extérieur massif (alors qu'il n'est pas porteur) est la plupart du temps insatisfaisante. C'est pourquoi on a développé depuis peu de nouvelles stratégies pour réaliser des maçonneries apparentes massives.

On essaie par exemple d'allier les qualités de la maçonnerie de boutisses et panneresses à surface apparente et les avantages d'une maçonnerie simple, optimisée sur le plan thermique (voir chap. « Sélection d'ouvrages, Immeubles collectifs de la Martinsbergstrasse, Baden : Burkard Meyer Architekten »). À l'heure actuelle, cette méthode demande encore beaucoup de travail, puisque l'on doit maçonner et adapter deux formats de briques dans l'appareil.

Une autre stratégie consiste à utiliser le mur massif comme accumulateur thermique et à intégrer directement les tuyaux de chauffage dans le soubassement des murs. On parvient ainsi à réaliser une maçonnerie apparente non isolée (voir chap. « Sélection d'ouvrages, Galerie d'art contemporain, Marktoberdorf : Bearth + Deplazes »).

Potentiel architectural et stratégie de projet

La maçonnerie apparente exige une grande discipline, tant de la part des personnes chargées de la conception que de celles assurant l'exécution. Chaque fantaisie, chaque irrégularité apparaît impitoyablement sans pouvoir être recouverte. Concevoir et construire en brique apparente exige donc un concept architectural précis, dans lequel les possibilités constructives et formelles du matériau ainsi que sa mise en œuvre dans les règles de l'art constituent dès le début un élément essentiel de l'élaboration du projet.

Les moyens à disposition semblent d'abord limités, mais le grand potentiel plastique réside dans la clarification patiente des relations entre les parties au sein d'un ensemble structuré et indissociable. Le module de la brique, qui régule l'ensemble, implique une logique contraignante et l'interaction des dimensions de toutes les parties entre elles.

Le travail ne part pas de la masse, mais la constitue (dans le sens d'un « processus constructif additif ») à partir des petites unités formées par les modules disposés les uns à côté et au-dessus des autres. Sur la base d'une géométrie précise, il est ainsi possible de développer une grande richesse, dont la qualité sensorielle est étroitement liée à l'exécution et aux traces du travail artisanal. Pour Fritz Schumacher, « la brique ne tolère aucune existence abstraite et oblige en permanence à réfléchir et agir en fonction de l'ouvrage. Une personne qui travaille avec la brique aura toujours le sentiment d'être en contact immédiat avec le chantier[8]. »

L'effet des surfaces du matériau recèle de grandes possibilités. Des surfaces et des masses calmes et continues maximisent l'effet du relief de la maçonnerie et donnent à celle-ci une expression de pesanteur, de stabilité et de massivité, mais aussi de permanence et de durabilité. Le réseau des joints, en revanche, donne l'image d'un ornement finement structuré, d'un tissu donnant à la maçonnerie des « qualités textiles ».

Ill. 68 : faux appareil alterné en croix dans un mur double
Hans Kollhoff et Helga Timmermann, jardin d'enfants, Francfort Ostend (D) 1994

La partie dans le tout

La brique s'inscrit dans une longue tradition constructive qui se réclame des vertus d'autodiscipline et d'économie – une architecture de la matérialité et de la durabilité. La maçonnerie apparente présente dans l'ordonnancement de sa structure un système de règles claires et rationnelles, basé sur des connaissances et des expériences solides.

L'image révélée par les murs en brique est celle de leur mise en œuvre et de leur lien direct avec les proportions entre brique et joint. Plutôt petite, la brique affirme l'universalité des fonctions qu'elle assure, puisqu'elle peut non seulement séparer, porter ou protéger, mais aussi rythmer, structurer et orner. Les façades vivent de l'ancienneté et de la résistance au vieillissement de ce matériau, de sa mise en œuvre artisanale et de ses rapports intrinsèques avec le mur et les jours.

Un mur en maçonnerie apparente est un ouvrage qui indique la structure, l'assemblage et le jointoiement. La surface de l'architecture « parle » presque de sa propre voix, et permet de déchiffrer la logique et le jeu vivant, mais aussi complexe, de l'appareillage. Ce sont justement les limites du matériau qui constituent son potentiel et fondent le succès millénaire de la brique.

On conclura volontiers en citant un aveu de Mies van der Rohe lors de son discours inaugural en tant que directeur du département d'architecture à l'IIT de Chicago : « La brique est un autre maître d'apprentissage. Quel esprit profond réside dans ce petit format maniable et adapté à tout usage. Quelle logique exprime son appareil. Quelle vivacité dans le jeu de ses joints. Quelle richesse dans la surface du mur le plus simple, mais quelle discipline exige ce matériau. »

Ill. 69 : modelage de la surface
Alejandro de la Sota, casa Calle Doctor Arce, Madrid (E) 1955

Notes
[1] SIA Norme V177 : *Construction en maçonnerie*, édition 1995. Remplacée par les normes SIA 266, 2003, et SIA 266/1, 2003. Voir aussi : DIN V105-1, -2, éditions 2002 et DIN 105-3, -4, -5, éditions 1984.
[2] Rolf Ramcke, « Mauerwerk in der Architektur », in *Mauerwerk Atlas*, Bâle 2001.
[3] Rolf Ramcke, ibid.
[4] Fritz Schumacher, *Zeitfragen der Architektur*, Iéna 1929.
[5] Rolf Ramcke, op. cit.
[6] Rolf Ramcke, op. cit.
[7] Wolfgang Voigt, *Heinz Bienefeld 1926-1995*, Tübingen 1999.
[8] Fritz Schumacher, *Das Wesen des neuzeitlichen Backsteinbaues*, Munich 1985.

Méthodes de construction

Compartimentage

La construction par « compartiment », par « chambre » (du latin *camera* : pièce voutée) est une évolution caractéristique de la maçonnerie. Par ce terme, on entend un système d'espaces fermés sur tous les côtés, reliés entre eux et vers l'extérieur uniquement par des ouvertures limitées (fenêtres, portes). Pour toutes sortes de raisons, ce système ressemble le plus souvent à une « boîte ». Ce type de construction a cependant au moins la forme d'une maison fermée sur l'extérieur, présentant les contours simples d'un cube. Le compartimentage exploite de façon optimale les possibilités de la maçonnerie : toutes les parois peuvent aussi se raidir mutuellement, leur épaisseur (dans la mesure où elle découle de la fonction porteuse) pouvant ainsi être minimisée. Les possibilités de varier le plan sont toutefois limitées.

Ill. 70 : le compartiment comme principe : vue (ci-dessus) et plan du premier étage (ci-contre)
Adolf Loos, villa Moller, Vienne (A) 1928

La méthode de construction par compartiments est la plus ancienne parmi celles présentées dans ce chapitre. Au cours des siècles, les contraintes inhérentes aux matériaux disponibles – jusqu'au XIXe siècle, on ne connaissait, outre le colombage, que le principe de la maçonnerie appareillée et, pour les planchers et les toits, les solives et les chevrons – ont déterminé le développement et la consolidation de cette méthode de construction dans les différents contextes architecturaux. Toutefois, certaines des possibilités du compartimentage n'ont, jusque là, pas pu être exploitées du fait des systèmes de plancher (solivage en bois) portant dans une seule direction. Aujourd'hui, la dalle en béton armé, qui peut normalement transmettre ses charges dans toutes les directions, permet une utilisation optimale de cette méthode.

Les critères suivants influencent beaucoup l'ordre et la discipline d'un projet architectural en maçonnerie :
- la nécessité de limiter la profondeur et l'orientation du plan et, en conjonction,
- la dépendance à l'égard des systèmes porteurs horizontaux dans au moins une direction (une solive en bois a une portée d'env. 4,5 m) et, en conjonction,
- le choix fondamentalement limité de la disposition et des connexions des espaces recouverts d'une autre construction,
- la taille et la disposition des ouvertures dans les parois porteuses sont limitées et doivent tenir compte de la structure porteuse.

Même si les contraintes inhérentes au matériau ont presque disparu de nos jours en raison du nombre quasi illimité de possibilités constructives dont nous disposons, il est fréquent que l'on doive tenir compte des critères énumérés ci-dessus pour des raisons de coût.

Dans le domaine de la construction proprement dit, les maisons édifiées avec ce système se caractérisent par une organisation intérieure et un aspect extérieur d'une remarquable clarté. Si, dans une perspective positiviste, on choisit de situer la fin provisoire de la construction compacte par compartiments dans les années 1930 (sans tenir compte des développements depuis 1945), on peut en trouver de bons exemples dans les maisons et les immeubles résidentiels de cette époque. Après la guerre, ce thème a connu des variations. Le principe du compartiment disparaît au profit d'une combinaison de petites et très petites formes adaptées à la maçonnerie ; il a toutefois fait l'objet de modifications expérimentales allant jusqu'à des formes hybrides mêlant d'autres modes de construction.

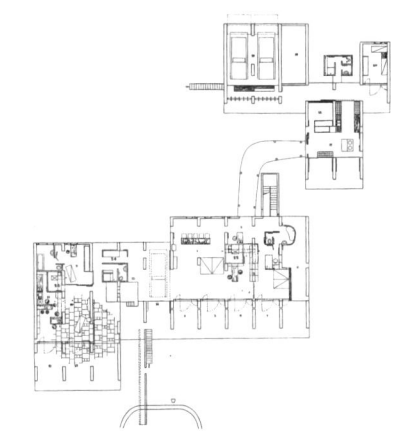

Ill. 71 : refends parallèles comme principe d'aménagement
Le Corbusier, villa Sarabhai, Ahmedabad (Inde) 1955

Refends parallèles

Cette méthode de construction consiste à additionner en parallèle plusieurs parois porteuses pour créer un grand nombre d'espaces bénéficiant de conditions identiques. On peut aligner régulièrement des pièces ou des bâtiments pour plusieurs raisons, par exemple l'ensoleillement, la vue, ou le besoin croissant de bâtiments, mais aussi pour obtenir une forme de base simple sur le plan économique, esthétique et technique. La méthode de construction par refends parallèles génère une image uniforme, mais, après tout, la répétition est un principe esthétique reconnu (ill. 71).

Cette méthode constructive consiste en un système de refends perpendiculaires à l'axe longitudinal de l'édifice, reliés par des dalles aux parois longitudinales pour assurer le contreventement de l'ensemble. Du fait de la nécessité de cette disposition, il est rare qu'un édifice soit bâti exclusivement avec des porteurs parallèles. Le plus souvent, cette méthode est utilisée en association avec d'autres (compartiments et voiles). Les critères suivants prédestinent la construction par refends parallèles pour certains projets de construction et limitent ses possibilités :

- limitation de la largeur des pièces et de l'immeuble par des portées imposées à l'avance pour des raisons de coût ou de matériau (p. ex. planchers portants dans une seule direction),
- lourdes parois intérieures en raison de leur fonction statique, avec de bonnes propriétés isolantes (isolation d'avec les voisins),
- murs extérieurs sans limitations constructives, avec un apport de lumière maximal, possibilité de bâtiments profonds et d'un rapport façade/surface avantageux.

Les premiers exemples d'utilisation rationnelle de cette méthode de construction sont le fait d'architectes qui voulaient justement se distancer d'une approche si superficielle : les grands lotissements des années 1920 des Taut, Wagner, May, influencés par les méthodes de fabrication industrielle.

Ill. 72 : continuum spatial
Marcel Breuer, villa Robinson, Williamstown (USA) 1948

Ill. 73 : les ouvertures sont structurelles, elles découlent de la disposition des voiles.
Marcel Breuer, Gane's Pavillon, Bristol (GB) 1936

Voiles

Dans la méthode de construction par voiles, nous partons d'une libre disposition des parois sous une structure porteuse horizontale – plancher ou toiture.

Sans que ces voiles forment des espaces entièrement fermés (compartiments), on obtient ainsi des espaces limités en partie par des parois porteuses – les voiles – et en partie par des éléments non porteurs – par exemple des parois vitrées. Ce système de construction nécessite des structures porteuses horizontales aptes à reprendre les charges et à transmettre les efforts horizontaux engendrés par ces différentes conditions.

Cette méthode de construction se caractérise donc par deux critères essentiels :

- un type de liaison et d'ouverture spatiale (fluides) irréalisable avec les systèmes rigides des refends parallèles et, plus encore, des compartiments ;
- une limite technique en ce qui concerne l'aptitude de cet assemblage pour le matériau de la maçonnerie. La disposition non déterminée des parois engendre forcément des problèmes de compression sur les bords des parois ou dans les zones où se concentrent et se transmettent les charges de la structure porteuse horizontale.

Un tel système ne pourra donc être exécuté avec une maçonnerie homogène que dans des cas particuliers (avec la possibilité de varier l'épaisseur des parois et des poteaux).

Nous souhaitons toutefois pouvoir considérer les maisons non pas comme des entités closes mais comme des séquences d'espaces et de liaisons allant de l'intérieur à l'extérieur. En remontant aux débuts de la construction moderne, on peut étudier les différentes formes engendrées par la flexibilité de la paroi vis-à-vis des conditions fonctionnelles et des intentions architecturales.

Le catalyseur de ce développement est sans aucun doute Frank Lloyd Wright, qui, avec ses « maisons de la prairie » (comme il nomma son premier exemple), a établi un certain nombre de standards : vastes espaces de faible hauteur s'interpénétrant, terrasses et jardins se fondant les uns dans les autres.

Le projet de maison de campagne en brique de Mies van der Rohe datant de 1923 (voir chap. « Appareils de maçonnerie ») en est un bel exemple, associant des règles de composition plastique à la construction organique, integrée au paysage, des bâtiments de Frank Lloyd Wright.

Le plan découle entièrement des fonctions. Les espaces sont formés par des parois pleines, droites et orthogonales, élevées au rang d'éléments de composition architecturale et reliant la maison à son environnement en se prolongeant loin dans le terrain. À la place des fenêtres « découpées » dans la paroi, typiques des constructions en compartiment, des parties entières de façades deviennent des baies.

On trouve d'autres exemples caractéristiques chez les représentants du style International que sont Richard Neutra et Marcel Breuer. La réduction du mur à un élément plan porteur remplissant la fonction d'enveloppe spatiale est à la fois archaïque et moderne.

Nous devons constater que les formes pures, telles qu'on les rencontre souvent chez les protagonistes de la construction moderne, se font moins nombreuses. La combinaison des systèmes reste normale et valable. Une cellule, dans le sens d'une boîte, d'un compartiment, peut avoir un effet stabilisant (sur le plan fonctionnel et même psychique).

On peut utiliser les refends parallèles pour former des espaces identiques. Enfin, le voile droit ou l'angle peuvent servir d'éléments libres allant jusqu'à intervenir dans l'espace extérieur.

Ill. 74 : structure porteuse réduite
Karl Friedrich Schinkel, Bauakademie (détruite), Berlin (D) 1836

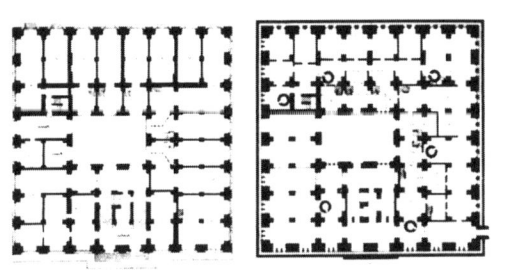

La *Bauakademie* de Schinkel : un exemple de plan tramé

L'étude détaillée des plans de la *Bauakademie* de Berlin (aujourd'hui disparue) montre combien Schinkel était tenu d'utiliser la trame des piliers pour répondre aux exigences spatiales réelles. Pour des raisons économiques, Schinkel ne put pas construire des espaces sans piliers, comme ceux qu'il avait vus et admirés lors de son voyage en Angleterre en 1826. Les fabriques prussiennes n'étaient pas encore en mesure de fournir des systèmes constructifs qui auraient permis une superposition des niveaux avec des dalles de grande portée. Schinkel fut donc obligé de se satisfaire d'un système de piliers maçonnés et de voûtes plates.

La *Bauakademie* s'articule sur une trame de 5,50 m x 5,50 m. Aux points d'intersection s'élèvent des piliers en maçonnerie qui, conformément à la méthode de construction de l'époque, s'amincissent à chaque étage et servent de supports aux planchers. Certains piliers ne s'élèvent que jusqu'à la hauteur des voussures en maçonnerie sur doubleaux surbaissés, prévues pour protéger contre les incendies. La continuité du système des piliers n'était visible que dans les murs extérieurs. Nous avons affaire à un édifice sans murs porteurs. Il serait extrêmement instructif de pouvoir remonter dans le temps pour se transporter dans le gros œuvre, qui doit avoir eu un aspect fantastique.

Le raidissement est assuré par des tirants en fer forgé et des doubleaux maçonnés reliant dans toutes les directions les piliers entre eux. La construction à ossature est déjà en germe, mais pas encore vraiment réalisée. Dans la *Bauakademie*, Schinkel use de la brique jusqu'à l'extrême, car ses possibilités constructives sont extrêmement limitées par rapport à la construction à ossature moderne, qui peut travailler avec des matériaux malléables, synthétiques et résistants à la traction et à la flexion (béton armé, acier, bois et dérivés du bois). Par sa volonté de tirer le maximum de ce matériau traditionnel, Schinkel parvient à une clarté et une unité jamais atteintes au niveau de la forme, de l'espace et de la technique constructive.

En raison de l'instabilité du sous-sol, la construction choisie entraîne d'importants problèmes de tassement, car les piliers sont soumis à des contraintes de compression variables. Flaminius (le chef des travaux) décrit ainsi les problèmes rencontrés : « La charge totale de l'édifice ne repose plus sur de longs murs continus avec de petites ouvertures ou même sans ouvertures, dans lesquels la cohésion de la maçonnerie joue un rôle déterminant pour reprendre la légère poussée engendrée par ces petites ouvertures ; la charge totale est ici répartie sur un système de piliers reposant sur une surface relativement restreinte, et soumis à de nombreuses contraintes importantes venant de différentes directions et agissant en plusieurs points de leur hauteur [...]. Ce n'est que lorsque les piliers eurent reçu toute la charge verticale qu'ils devaient porter et eurent atteint un haut degré de stabilité en même temps que leur hauteur maximale, que l'on put progressivement installer les fenêtres avec leurs arcs, leurs linteaux et leurs allèges, et poser les éléments de parement plus fins des corniches et des ornements. C'est seulement ainsi que l'on parvint non pas à éviter complètement le tassement de l'édifice ou de certaines de ses parties, mais à le détourner des parties qui auraient le plus eu à souffrir d'une pression inégale et sur lesquelles ses effets auraient été les plus visibles. »

MATÉRIAUX – MODULES   Maçonnerie

Systèmes mis en œuvre

Préfabrication

Kornelia Gysel,
Barbara Wiskemann

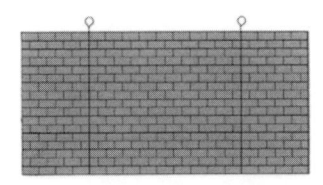

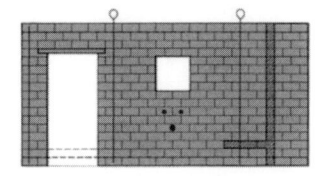

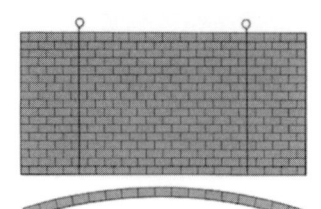

Ill. 75 : différents éléments de maçonnerie préfabriqués
Exemple d'un fournisseur suisse : catalogue d'éléments « Preton »

Rationalisation de la tradition artisanale

Si l'industrie de la brique a poussé plus avant la préfabrication en usine au cours des dernières années, c'est surtout pour maintenir la compétitivité de la maçonnerie traditionnelle – requérant par nature un important travail manuel sur le chantier et, partant, beaucoup de temps – par rapport à d'autres méthodes de construction. La qualité des ouvrages de maçonnerie a par ailleurs toujours été très dépendante des conditions météorologiques et du soin apporté à la mise en œuvre. Certaines entreprises offrent des pans de murs préfabriqués industriellement, mais conçus sur mesure. Dotés d'armatures permettant de les transporter sur le chantier et de les manutentionner par grue, ces éléments (p. ex. « Preton ») sont livrés déjà munis des ouvertures et gaines techniques requises.

Les éléments de maçonnerie préfabriqués peuvent être réalisés de différentes manières : soit ils sont montés verticalement, à partir de briques et de mortier (c'est-à-dire selon la méthode ordinaire), soit ils sont insérés dans un coffrage, où ils sont ensuite armés et enrobés de béton (les briques étant alors dotées des réservations nécessaires à l'insertion de l'armature). Il est aussi possible de combiner pans de murs maçonnés sur le chantier et éléments de maçonnerie préfabriqués (produits semi-finis), par exemple en intégrant dans un mur monté de façon traditionnelle un encadrement de baie rond ou un linteau cintré préfabriqués.

De manière générale, on observe qu'en raison du coût élevé de la main-d'œuvre, l'assemblage artisanal de briques en un appareil de maçonnerie est en partie supplanté par le montage d'éléments préfabriqués lourds de grand format. À ce titre, on vise bien entendu à limiter les variations et à produire le plus grand nombre possible d'éléments identiques, avec un haut degré de normalisation. Se pose dès lors un problème nouveau : l'exécution des joints horizontaux et verticaux entre les différents éléments de maçonnerie.

Deux exemples contemporains

Burkard, Meyer, tour Swisscom, Winterthour
Les façades de ce bâtiment, achevé en 1999, se composent de trois éléments types, tous adaptés à la trame de 5,60 m sur laquelle est basé le projet. Il s'agit de fenêtres en bande avec allège, de pans de murs pleins et de fenêtres à caisson. À l'exception des nez de dalles filant sur tout le pourtour du bâtiment, toutes les parties pleines des façades sont en maçonnerie. Les éléments de murs en brique recuite, armés, présentent sur leurs tranches

Ill. 76 : montage d'une façade en éléments préfabriqués « Preton »
Burkard Meyer Partner, tour Swisscom, Winterthour (CH) 1999

MATÉRIAUX – MODULES **Maçonnerie**

Systèmes mis en œuvre

Ill. 77 : façade composée de trois types d'éléments préfabriqués
Burkard Meyer Partner, tour Swisscom, Winterthour (CH) 1999

latérales des rainures verticales continues (voir la coupe horizontale figurant sur le plan d'exécution ci-dessous). Les différents éléments sont assemblés au moyen de profilés en caoutchouc à élasticité durable insérés dans ces rainures, ce qui permet d'éviter les joints de silicone extérieurs, exposés aux intempéries. Les éléments sont ancrés à la paroi intérieure en partie haute et, en partie basse, fixés aux nez de dalle en béton par des broches. Tous les joints ont 2 cm d'épaisseur, les joints d'assise restant partiellement ouverts pour assurer la bonne ventilation des éléments.

Ces derniers se composent de briques de terre cuite de 24,4/11,5/5,2 cm, produites spécialement pour ce bâtiment (dimensions optimales pour les détails d'angles, etc.). Les éléments ont été maçonnés manuellement en usine, dans des gabarits. Cette manière de procéder a permis non seulement d'affranchir une partie des travaux des conditions météorologiques (il a fallu un an pour produire les éléments de maçonnerie en atelier), mais aussi de réaliser un élément modèle présentant toutes les propriétés voulues, de sorte que c'est au fournisseur, et non au directeur des travaux, qu'il incombait de garantir la qualité de l'exécution.

Dès le début, les architectes se sont efforcés de concevoir la majeure partie du bâtiment sous forme d'éléments préfabriqués, y compris au niveau de la structure porteuse, composée – hormis un noyau en béton banché – de poteaux, poutres et dalles mixtes acier-béton (décrits plus en détail au chap. « Acier, Ossatures »). Il ne s'agit pas ici de préfabrication lourde – comme dans le cas de la construction en panneaux de façade intégralement préfabriqués, comprenant paroi porteuse, isolation thermique et revêtement intérieur –, mais de l'assemblage, sur le chantier, d'éléments préfabriqués complémentaires. Au niveau de la façade, l'option de se limiter à trois éléments de base et de rationaliser le processus de réalisation en préfabriquant ces éléments en usine, s'est révélée avantageuse non seulement sur les plans logistique et technique, mais aussi économique.

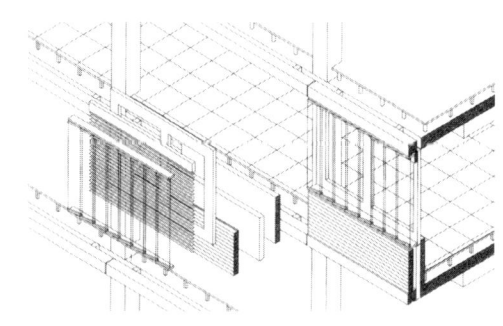

Ill. 79 : à gauche, la superposition des différents éléments de façade ; à droite, les éléments en place
Burkard Meyer Partner, tour Swisscom, axonométrie de la façade

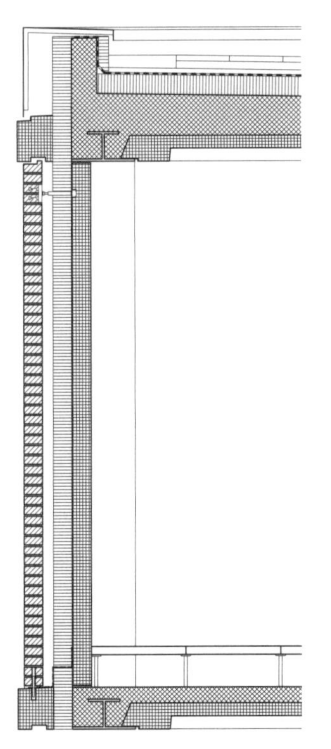

Ill. 78 : coupe d'un élément de façade préfabriqué
Burkard Meyer Partner, tour Swisscom, Winterthour (CH) 1999

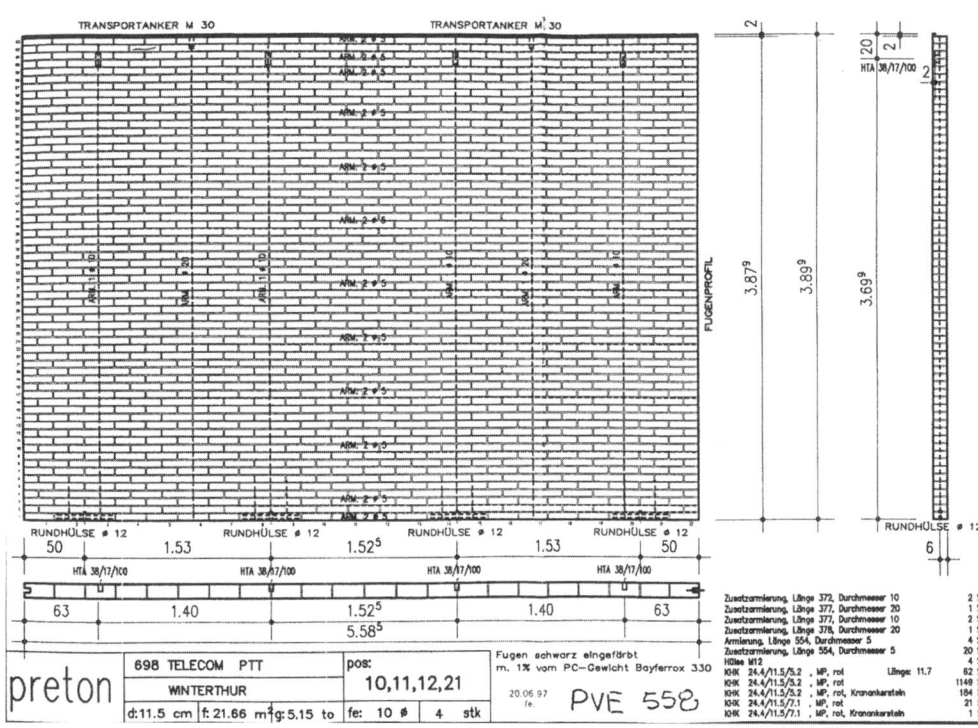

Ill. 80 : plan d'exécution (établi par le fournisseur) d'un élément préfabriqué
Burkard Meyer Partner, tour Swisscom, Winterthour (CH) 1999

MATÉRIAUX – MODULES   **Maçonnerie**

Systèmes mis en œuvre

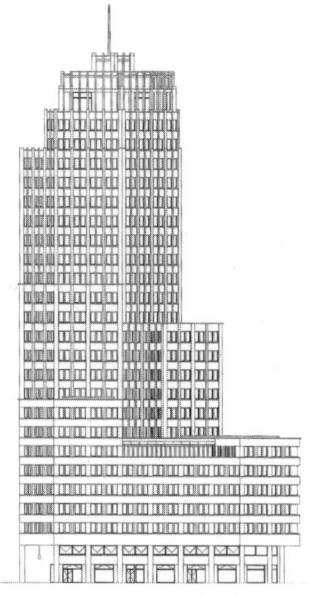

Ill. 81 : façade ouest, subdivisée verticalement en cinq parties : soubassement, corps d'îlot, partie médiane, tour, couronnement
Hans Kollhoff, tour donnant sur Potsdamer Platz, Berlin (D) 1999

Hans Kollhoff, tour donnant sur Potsdamer Platz, Berlin
Il était initialement prévu de monter la façade de 100 mètres de haut sur place, en appareil flamand. Pour ce faire, chaque maçon aurait dû avoir à portée de main, sur l'échafaudage, plusieurs tas de briques de différentes couleurs, ainsi que des briques de forme spéciale. Du fait du poids des briques, des engins de manutention nécessaires et des exigences en matière de sécurité, l'échafaudage se serait révélé très sophistiqué et onéreux, et aurait dû rester en place durant toute la durée des travaux. Compte tenu des dimensions colossales du bâtiment et de la complexité de la logistique du grand chantier de Potsdamer Platz, les architectes ont décidé d'utiliser pour l'enveloppe extérieure des éléments préfabriqués. Sur le gros œuvre – une ossature béton ordinaire réalisée sur place – fut appliquée la couche isolante, suite à quoi furent montés les éléments de façade préfabriqués en usine. Ce n'est qu'en dernier lieu que les fenêtres furent posées dans des précadres.

La façade est conçue comme un assemblage tectonique d'éléments tels qu'allèges, parements de poteaux, trumeaux avec lésène et meneaux, dont la profondeur et le profilage partiel produisent une impression de masse et de modelé, semblable à celle que dégagerait un édifice entièrement maçonné. Le relief de la façade est élégamment exploité pour dissimuler les joints à élasticité durable sous des éléments qui les recouvrent. Comme le plan du bâtiment n'est pas orthogonal et que la façade est subdivisée en cinq parties traitées différemment – soubassement, corps d'îlot, partie médiane, tour et couronnement –, il a fallu recourir à un grand nombre d'éléments différents.

La fabrication de ces derniers s'est révélée complexe : pour minimiser les tolérances, on a utilisé des coffrages en acier, dans lesquels on a posé, selon un calepinage tridimensionnel très précis, des matrices en caoutchouc, qui ont permis de placer avec précision dans le coffrage les briques recuites coupées en deux dans le sens de la longueur (mulots) dont se compose le parement des éléments. Suite à cela, on a rempli les joints d'un béton teinté dans la masse dans une couleur sombre, posé l'armature sur cette « croûte » extérieure des éléments, encore non rigide, et rempli le coffrage de béton ordinaire. La surface poreuse de la brique recuite a permis d'obtenir une liaison indissociable entre « croûte » protectrice en brique et « noyau » stabilisateur en béton. Pour donner l'impression d'une maçonnerie massive, on a utilisé, aux extrémités de tous les éléments d'angle, non pas des mulots, mais des briques en forme de L.

Les briques recuites ne constituent donc que le parement d'éléments en béton, sans remplir aucune fonction statique. L'idée – présomptueuse – qui sous-tend l'édifice est pourtant bien d'ériger un gratte-ciel à partir de milliers de briques, minuscules au point de disparaître. De plus, ce sont elles qui, paradoxalement, expriment les notions de poids et de reprise des charges ; du fait du relief de la façade, elles ne font nullement l'effet d'une « tapisserie ».

La maçonnerie ne se prêtant pas, en raison de sa résistance limitée à la compression, à la réalisation de structures porteuses de très grande hauteur (le plus haut bâtiment en maçonnerie de briques autoporteuse est le Monadnock Building à Chicago, qui, avec ses 18 étages, présente au rez-de-chaussée des murs extérieurs de deux mètres d'épaisseur), le recours à des éléments de façade préfabriqués représente pour les tours une solution adéquate.

Ill. 82 : détails du revêtement de façade au niveau du corps d'îlot : coupe horizontale à hauteur de fenêtre et élévation montrant les différents éléments préfabriqués et leurs joints. 1 allège, 2 parement de poteau, 3 trumeau avec lésène, 4 meneau
Hans Kollhoff, tour donnant sur Potsdamer Platz, Berlin (D) 1999

Production informatisée

Dans le domaine de la construction en maçonnerie, la mécanisation intégrale du processus de réalisation est à la fois le développement logique et le degré ultime de la préfabrication.

À l'EPFZ, les collaborateurs de la chaire d'architecture et de fabrication informatisée de Fabio Gramazio et Matthias Kohler mènent, depuis 2005, des expériences dans le domaine de la production mécanisée d'éléments de maçonnerie. Dans le cadre de ces travaux scientifiques ont été réalisés, dans les ateliers de l'EPFZ, des essais et prototypes novateurs d'éléments fabriqués selon des processus entièrement informatisés. Ici, les murs sont dressés, conformément à un programme défini, par un robot capable de poser les briques dans la position voulue. En faisant varier l'angle des briques par rapport à l'alignement du mur, on peut modeler la surface de la maçonnerie et lui conférer une précision, une densité et un aspect dépassant de loin les possibilités offertes par les techniques d'appareillage traditionnelles.

Ainsi est-il possible d'obtenir un effet maximal avec un minimum de travail humain. Le fait que les briques soient posées mécaniquement dans un espace abrité modifie radicalement les conditions de réalisation des ouvrages de maçonnerie. Il est tout à fait concevable que le recours à des robots se répande dans l'industrie de la brique. Cette nouvelle technologie modifiant en fin de compte le lien entre artisan et ouvrage, il se pourrait qu'elle entraîne aussi, dans la foulée, de profondes mutations dans l'industrie des matériaux de construction.

Le but de ces développements est d'allier qualités artisanales traditionnelles et technologies ultramodernes. La plus-value potentielle d'une telle combinaison va bien au-delà du seul critère de l'efficacité. En effet, la production informatisée ne vise pas seulement à économiser temps et force de travail, mais aussi à parvenir à un degré de précision et de complexité inatteignable par des méthodes artisanales, et donc susceptible d'ouvrir à l'immémoriale technique de la construction en maçonnerie de nouvelles perspectives.

Les capacités du robot étant cependant elles aussi limitées (il ne parvient pas mettre en œuvre du mortier), les briques sont empilées et assemblées, au niveau de leurs faces horizontales, au moyen d'une colle spéciale. Du point de vue technique, il en résulte une résistance accrue aux efforts tranchants. Sur le plan esthétique, le résultat est sobre et précis. Le joint continue bien entendu de représenter la base tectonique du mur, dans la mesure où il est déterminé par l'assemblage des briques. Comme ces dernières présentent cependant une orientation variable et que les joints montants sont dépourvus de mortier, on a affaire à des murs ajourés d'un genre particulier, répondant, en termes de physique de la construction, à d'autres conditions que des murs ordinaires. Affranchi du mortier, le joint apparaît ici comme un élément complémentaire, revêtant une importance fonctionnelle nouvelle, et produisant un effet visuel rafraîchissant, léger, différent. Les joints ne se présentant plus que sous la forme « pleine » (joints d'assise) ou « vide » (joints montants), les images qui en résultent semblent constituer une traduction directe du mode de travail d'un ordinateur, reposant uniquement sur le binôme 0 et 1.

Ill. 83 : préfabrication informatisée à l'EPFZ
Pans de murs destinés au chai Gantenbein de Bearth & Deplazes à Fläsch

Ill. 84 : études de murs réalisées par des étudiants de la chaire d'architecture et de fabrication informatisée de l'EPFZ
La position et l'orientation de chaque brique sont définies par un programme spécifique.

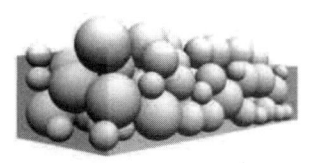

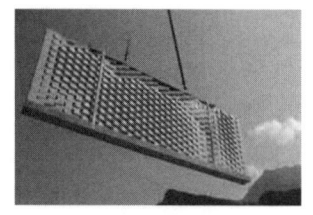

Exemple d'application
Bearth & Deplazes, chai Gantenbein, Fläsch

Les conditions fondamentales que doit remplir un local de production viticole sont une lumière tamisée et une température constante. Aussi les architectes Bearth & Deplazes ont-ils opté pour une construction en maçonnerie ajourée.

En soi, le mur perforé n'est pas une nouveauté : on en trouve des exemples aussi bien dans des bâtiments contemporains que dans des ouvrages traditionnels, les motivations d'un tel choix étant aussi nombreuses que les techniques utilisées. En 1826, Karl Friedrich Schinkel décrivait et esquissait, dans son journal de voyage, des manufactures de draps anglaises dont les murs étaient ajourés à des fins d'aération – comme souvent dans les régions nordiques. Dans la tradition architecturale arabe s'ajoute aux raisons climatiques l'enjeu culturel de permettre aux femmes de voir à l'extérieur sans être vues. Pour ce faire, divers éléments de forme spéciale sont intégrés à l'appareil de maçonnerie et arrangés en de virtuoses arabesques, qui trouvent leur origine dans l'art du nouage et du tissage.

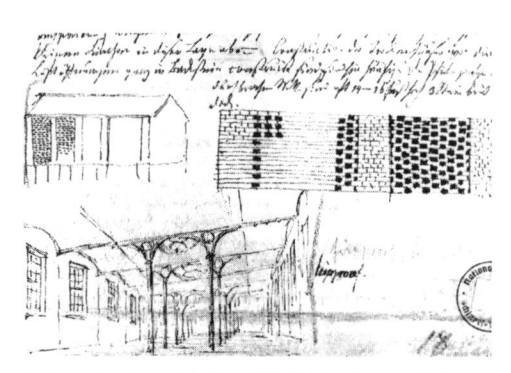

Pour le chai de Fläsch, les architectes ont recouru, après avoir testé diverses techniques issues du répertoire de la maçonnerie de parement classique, à la technologie de la préfabrication informatisée, décrite au chapitre précédent. En collaboration avec le bureau Gramazio & Kohler, ils ont développé un prototype dans un environnement réel.

La construction primaire du nouveau bâtiment de production se compose d'une ossature en béton, dans laquelle ont été insérés, par couches, les éléments de maçonnerie préfabriqués en atelier. Les poutres en béton – préfabriquées elles aussi – sur lesquelles ces éléments reposent, structurent horizontalement la façade. L'ossature dispense la maçonnerie de reprendre les charges, ce qui ouvre de nouvelles possibilités de traitement architectural des éléments en brique.

III. 85: de l'esquisse au mur – étapes marquantes du processus de conception et de réalisation
Bearth & Deplazes, chai Gantenbein, Fläsch (CH) 2006

III. 86 : extrait du journal de Karl Friedrich Schinkel en Angleterre, 1826
« Les séchoirs [pour draperies] où les ouvertures d'aération sont entièrement construites en brique sont ici très fréquents. Les piliers compris entre les murs ajourés ont souvent entre 14 et 16 pieds de hauteur, trois briques de largeur et deux briques de profondeur. feierproof [sic]. »

III. 87 : vue d'une façade, où chaque brique évoque un pixel dans une image raster
Bearth & Deplazes, chai Gantenbein, Fläsch (CH) 2006

Avec l'aide d'un robot maçon habilement programmé, les architectes ont atteint leurs objectifs esthétiques et constructifs (lumière, aération, stabilisation de la structure) en une seule opération. Pour répondre aux multiples exigences posées à la construction, ils ont fait réaliser chaque élément avec des briques orientées différemment, si bien que ces dernières présentent souvent deux faces apparentes. Outre la ventilation déjà mentionnée, il en résulte une surface animée par des jeux d'ombres, qui renforcent l'effet plastique de la façade.

De fait, l'image que permet de produire cette technique est tout aussi importante que les avantages fonctionnels qu'elle offre. Renforcée par l'absence de mortier, la structure, qui résulte de la mise en œuvre aisée de formes complexes, paraît presque dématérialisée à l'intérieur, tout en présentant, à l'extérieur, une massivité quasi aveugle. Ainsi a-t-on progressivement développé une image du chai, le produit final pouvant être considéré comme une façade « médiatique », au sens premier du terme.

III. 88 : la lumière pénétrant à travers le mur ajouré se reflète sur le sol brillant et produit, dans le local, des images variant selon l'angle de vue.
Bearth & Deplazes, chai Gantenbein, Fläsch (CH) 2006

Ill. 89 : vue intérieure
Rafael Moneo, Museo de Arte Romano, Mérida
(E) 1986

Ill. 90 : vue du chantier avec les « tuyaux de terre cuite »
Rafael Moneo, Museo de Arte Romano, Mérida
(E) 1986

Constructions mixtes et utilisations

Comme dans tous les domaines de la construction, on observe aussi dans la maçonnerie une tendance croissante à utiliser des systèmes hybrides, appelés constructions mixtes. De nos jours, il est rare qu'on utilise une seule technique à la fois. On combine et développe au contraire les matériaux et les modes de travail, et on adapte les technologies. Cette évolution est particulièrement visible dans le domaine de la maçonnerie, où la préfabrication ouvre de nouvelles voies alors que la technologie se réfère à une tradition millénaire. L'utilisation dans un contexte contemporain d'une maçonnerie s'inspirant d'un savoir-faire transmis de longue date est d'autant plus intéressante.

1. Préfabrication et *opus caementitium*

Rafael Moneo, Museo de Arte Romano, Mérida

Construit sur les vestiges de la plus grande ville romaine d'Espagne, Augusta Emerita, l'impressionnant complexe du Museo de Arte Romano de Mérida est constitué de murs massifs et d'une série de voûtes et de contreforts imposants.

Au début des années 1980, alors que le musée était encore en construction, l'architecte Rafael Moneo avait expliqué, lors d'une conférence donnée à l'EPFZ, comment cet édifice liait la technique moderne de la préfabrication et la technique romaine de construction : les énormes voûtes, piliers et murs sont préfabriqués au moyen d'une méthode ingénieuse inspirée de l'*opus caementitium* des Romains (voir chap. « Béton, À propos de la métaphysique du béton apparent »). Il s'agit donc d'un essai réussi visant à utiliser de manière appropriée une ancienne technique.

Coulé entre deux fines parois en briques recuites très plates, le béton sert à la fois de noyau mural et de liaisonnement entre ces parois. L'épaisseur du mur achevé est définie par la largeur des briques et l'espace intermédiaire creux entre les parois. Celles-ci forment les « belles » faces du mur et servent de coffrage perdu. Leur stabilité est en effet nécessaire pour résister à la pression du béton liquide au moment du coulage des murs et des piliers. Sans le noyau en béton, les parois ne pourraient pas agir comme porteurs. À Mérida, la partie visible de la structure porteuse est donc constituée à l'intérieur comme à l'extérieur par les briques, dont le format très aplati rappelle l'Antiquité romaine. Le béton, utilisé comme matériau de remplissage, n'est donc pas ferraillé et forme, conjointement avec les briques, un élément résistant à la compression. La structure du bâtiment est conçue de telle sorte que la reprise des efforts puisse se faire sans armature. Les baies sont couvertes d'arcs en maçonnerie armée ou de linteaux en béton apparent.

Les éléments préfabriqués, par exemple pour les parois et les piliers, se présentaient sous la forme de « tuyaux de terre cuite », qui furent assemblés un à un à l'aide d'une grue et peu à peu remplis de béton jusqu'à ce qu'ils forment un mur de la hauteur des salles.

Les murs extérieurs n'étant pas isolés, les joints verticaux entre les différents éléments préfabriqués disparaissent dans le dessin des joints de la maçonnerie. Pour ces joints, deux scénarios étaient envisageables : soit les éléments sont liaisonnés par harpement en attente (ce qui signifierait toutefois un important risque de cassure), soit les éléments préfabriqués sont assemblés de manière à pouvoir ensuite maçonner les joints à la main selon le principe de la fermeture Éclair avant le coulage du béton.

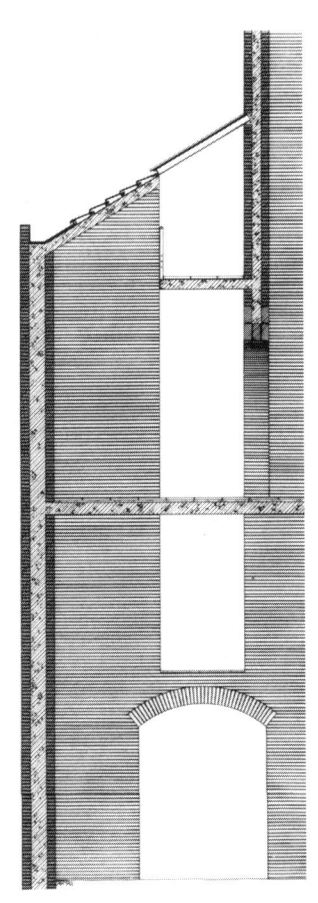

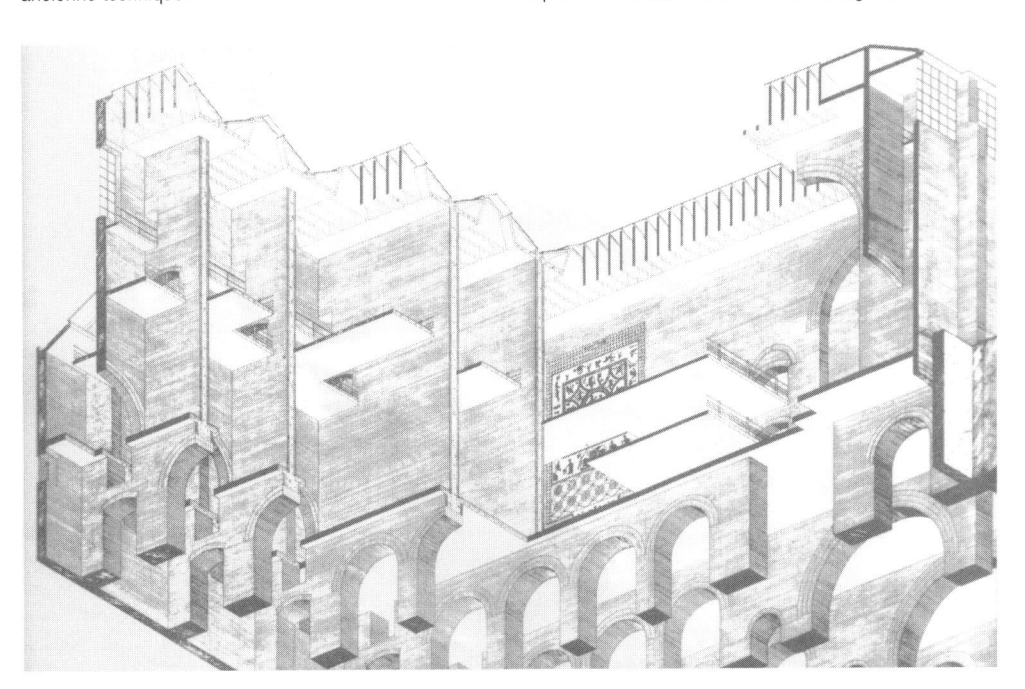

Ill. 91 : ci-dessus : coupe à travers le mur en *opus caementitium* ; ci-contre : axonométrie de la structure
Rafael Moneo, Museo de Arte Romano, Mérida
(E) 1986

Ill. 92 : Bamiyan, Afghanistan
Habitations en briques d'argile séchées à l'air

**Ill. 93 : processus de réalisation :
photos du chantier**
Rossbauer, Brnic, Graf, ETH House of Science,
Bamiyan (Afghanistan) 2003-2006

Low-tech – high-tech
Rossbauer, Brnic, Graf, ETH House of Science, Bamiyan
L'ETH House of Science est issue d'un projet de concours et du travail de diplôme consécutif des étudiants Ivica Brnic, Florian Graf et Wolfgang Rossbauer. Il s'agit d'un modèle de transfert de connaissances pour le XXIe siècle, étant entendu qu'un tel transfert se fait toujours dans plusieurs directions.

Après avoir étudié de façon approfondie les conditions et technologies locales, les auteurs ont développé une construction tenant compte des connaissances disponibles sur place, tout en apportant certaines améliorations. En effet, technologie moderne et conception architecturale ambitieuse ne sont pas des produits finis que l'on peut exporter tels quels à l'autre bout du monde. Pour pouvoir les mettre en œuvre dans d'autres cultures, en adéquation avec les besoins locaux, il faut d'abord se familiariser, en adoptant une attitude attentive et respectueuse, avec les conditions culturelles et techniques prévalant sur place. Le programme des locaux et la typologie du complexe – organisé autour d'une cour – ont été développés en accord avec la culture architecturale locale, et adaptés aux infrastructures existantes. À l'exception des fenêtres, l'ensemble est entièrement construit en matériaux indigènes.

Pour répondre à un risque sismique important, ainsi qu'à des conditions climatiques extrêmes, marquées par des variations de température continentales, de forts vents et un rayonnement solaire très intense en raison de l'altitude, le complexe présente une organisation introvertie, limitée à deux niveaux, et repose sur un système constructif mixte, constitué de différents types de maçonnerie. Tous les murs se composent de plusieurs couches, la sécurité antisismique étant assurée par un noyau constitué de voiles et de poteaux en béton armé. Ce noyau est entouré d'une épaisse couche isolante et accumulatrice en adobes (briques crues d'argile et de paille), elle-même protégée par une couche de briques cuites.

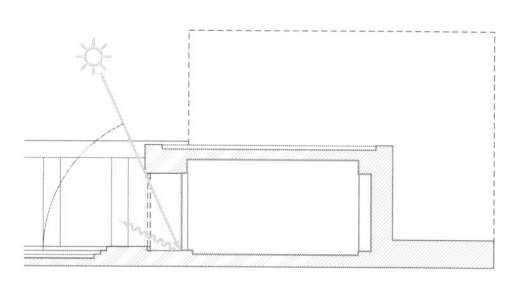

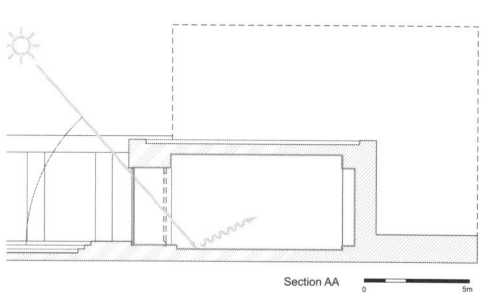

Ill. 94 : régulation du climat au moyen d'une double façade
Rossbauer, Brnic, Graf, ETH House of Science, Bamiyan (Afghanistan) 2003-2006

Ces murs très épais garantissent un bilan thermique largement équilibré sur toute l'année. Car si les briques restituent lentement, la nuit, la chaleur qu'elles ont accumulée durant la journée, la construction tient aussi compte des variations saisonnières. Ainsi la façade se compose-t-elle de deux couches de fenêtres, l'une pour l'été et l'autre pour l'hiver. La première étant placée très loin dans l'épaisseur du mur, elle est idéalement protégée du rayonnement solaire direct, ce qui évite les surchauffes estivales, tandis que la seconde, posée au nu extérieur du mur, absorbe le rayonnement solaire hivernal et le transmet sous forme de chaleur à l'intérieur du bâtiment.

Ill. 95 : composition complexe des murs, avec protection antisismique
Rossbauer, Brnic, Graf, ETH House of Science, Bamiyan (Afghanistan) 2003-2006

Ill. 96 : image de synthèse réalisée par les architectes : vue dans la cour
Rossbauer, Brnic, Graf, ETH House of Science, Bamiyan (Afghanistan) 2003-2006

À propos de la métaphysique du béton apparent

Andrea Deplazes

Ill. 1 : empreinte du coffrage
Planches brutes de sciage

Les gros œuvres en béton armé marquent de leur empreinte le quotidien de nos villes. L'industrie de la construction utilise ce matériau aussi souvent que possible. Comparé à d'autres méthodes, il est assez économique, car il garantit un rapide avancement des travaux et ne nécessite (du moins en apparence) pas de spécialistes. Le béton armé est tout simplement devenu le matériau de construction du XXe siècle – et, par conséquent, le symbole de la démesure de l'activité constructive : le « bétonnage de l'environnement » a pris valeur d'injure proverbiale dès qu'il s'agit de dénoncer la destruction du paysage, de la nature et du milieu ambiant.

Or moins le béton armé est perceptible – à savoir lorsqu'il n'est utilisé que comme un « moyen de construction dans un certain but », par exemple pour des ouvrages d'art ou de gros œuvres qui seront par la suite garnis de crépi –, plus il semble accepté (soit par résignation soit par désintérêt, pour la simple raison qu'il n'existe souvent pas d'autre solution susceptible de le concurrencer). Il en va tout autrement du béton armé destiné à être vu, appelé « béton apparent[1] ». Pour en saisir la particularité, nous devons prendre du recul par rapport à l'approche pragmatique contemporaine. Considérons d'abord le terme même de « béton apparent » : le béton invisible n'existant pas, qu'est-ce donc qui nous apparaît dans le béton apparent[2] ? Et comment le béton armé influence-t-il le développement et la conception de la « forme » lorsqu'il n'est pas visible, mais utilisé comme un « moyen constructif » ?

Surface

Ce qui apparaît, dans le béton apparent, c'est sa surface. Ce constat, semble-t-il évident, devient intéressant en comparaison avec la maçonnerie apparente, où l'ordre et la logique de la juxtaposition des pierres, le jointoiement ainsi que la précision et les étapes du travail sont visibles. L'appareil est, par conséquent, plus que la somme de ses parties, sa structure est perçue comme un ornement esthétique représentant ou fixant une « vérité de faits ». Louis Kahn soutenait que l'ornement s'est toujours développé à partir des jonctions tectoniques avant de devenir autonome (par transformation des matériaux et émancipation vis-à-vis des fonctions constructives originelles), contrairement à la décoration, qui est une application, un rajout « étranger ». Dans une telle conception culturelle, l'esthétique signifie que « la beauté est la splendeur du vrai » (une interprétation de saint Augustin par Mies van der Rohe, qu'il applique à la culture architecturale moderne).

Le béton apparent – ou mieux, les deux ou trois millimètres de sa « peau de ciment » – cache au contraire le caractère d'agglomérat de sa nature interne. Il ne dévoile pas sa vie intérieure, mais dissimule sa structure profonde sous une surface des plus minces, qui lui confère un caractère abstrait et empêche les sens de comprendre comment le béton est mélangé et « comment il fonctionne ». Pour cette raison, le béton n'est pas perçu comme le matériau de construction naturel qu'il est en réalité, mais comme un « agrégat artificiel et contaminé ».

Coffrage

Même si aucune des « forces formatrices » venant de l'intérieur de l'aggloméré de béton n'affleure visiblement à travers la fine couche superficielle, celle-ci possède néanmoins une texture, constituée par les traces d'un ouvrage disparu : le coffrage. Tout ce que l'on peut encore constater dans le béton apparent, ce sont des « empreintes digitales ». Le terme de « texture » possède la même racine étymologique que « texte » ou « textile » (du latin *texere* : tisser) et renvoie par là à ce que nous avons désigné plus haut par « construction filigrane ». Le coffrage en bois ou en acier appartient à cette catégorie de la tectonique. Aux premiers temps de la technologie du béton armé, le coffrage constituait justement une œuvre de charpentier en soi, éphémère et souvent réalisée avec grand art (comme les cintres pour ponts de Richard Coray). Coffrage et béton forment en apparence un ensemble indissociable.

Comme il est nécessaire de couler le béton dans un coffrage pour lui donner une forme, trois questions se posent. Tout béton n'est-il pas en définitive du béton apparent ? (Ou comment classons-nous la qualité de la surface du béton ?) D'après quels critères le coffrage se conçoit-il ? (Ou comment le matériau et la technique de construction du coffrage influencent-ils le moule du béton ?) N'est-il pas singulier de construire un ouvrage éphémère (construction filigrane) pour en générer un autre (construction massive) ? (Ou quelles caractéristiques lient le béton à son coffrage ?)

Incrustation

Les constructeurs romains essayèrent de contrebalancer ce mystère métamorphique en « exposant » la nature du béton et en cachant ses composants pratiques, constitués d'un banal mélange de gravillons, de sable et de ciment. L'*opus caementitium* est un ouvrage mixte constitué de murs-coffrage « perdus » en pierre ou en brique et d'un noyau de béton déversé en vrac. Le béton n'est en effet rien d'autre que le matériau des murs de coffrage réduit en granulats de différentes tailles et mélangé avec de l'eau et des liants adéquats tels que la chaux éteinte ou le ciment pour former une pâte.

Comme pour les ouvrages en pisé, on a affaire à une des plus anciennes créations d'ouvrage en dur, la pâte informe démontrant sa valeur constructive dans la maçonnerie en pierres superposées. Cette forme de construction en béton apparent s'est pratiquée jusqu'à nos jours, comme l'illustrent les viaducs des chemins de fer rhétiques. La technique d'incrustation permet d'« interpréter » le sédiment de béton en donnant une structure et une expression lisibles à un mélange de matériau dépourvu de qualité formelle propre, le mur en pierre naturelle ou en brique constituant une espèce de « coffrage perdu » tout en formant une croûte caractéristique sur sa surface visible.

Ill. 2 : Tadao Ando
Maison Koshino, Ashiya (J) 1980

Transformation

L'autre « stratégie de construction par coffrage » dépend de la construction en bois et de l'art du charpentier, donc d'une tectonique possédant ses propres lois constructives, et influence d'emblée l'élaboration de la forme où sera coulé le béton. Le bois possède en outre un caractère éphémère, provisoire, qui paraît le prédestiner à servir pour le coffrage. Il semble que, dans notre vision du monde et notre compréhension éthique et religieuse de la nature et de la vie, la durabilité ne puisse être atteinte que par l'éphémère, par une optimisation constante d'états transitoires.

Cela déclenche – consciemment ou non – un processus de transformation, car le passage de la construction en bois à la construction en pierre est un autre thème fondamental de l'évolution morphologique dans l'architecture occidentale. Même si, comme dans les temples antiques, on applique les principes de la construction en pierre, les formes originales de la technique de construction en bois restent visibles dans les éléments de style ornementaux. En d'autres termes, l'immanence technologique, en développement constant, doit faire face à une permanence culturelle opiniâtre.

Il en va de même pour l'empreinte du coffrage en bois visible sur le béton apparent à la suite du coulage, alors que le béton durci et solidifié dans son moule n'a rien à voir avec le bois et n'a rien d'éphémère.

Ne s'agit-il pas là d'une contradiction manifeste avec la forme tridimensionnelle et enveloppante de l'objet spatial, qui, de surcroît, semble être coulé en pierre ?

Monolithe

L'effet monolithique du béton apparent donne à un ouvrage l'aspect d'un élément brut ou d'une sculpture, d'une pièce obtenue par soustraction de matière à partir d'un bloc. C'est notamment le cas lorsque les traces des étapes du bétonnage sont supprimées ou qu'elles disparaissent dans la texture compacte de l'empreinte du coffrage. En vérité, ce caractère est le résultat de plusieurs phases de travail !

La qualité ou la nature du coffrage influencent de manière déterminante le caractère d'ensemble de l'ouvrage. Le coffrage peut être grossier, non raboté, avec des joints non étanches et des nids de gravier dans le béton, rendant parfois sensible l'agglomérat de la roche sédimentaire et la métaphore du bloc erratique archaïque, comme dans la villa Allemann de Rudolf Olgiati, située dans un site accidenté. Le coffrage peut aussi être lisse comme de la peau et ses joints faire penser aux coutures d'une tente, enlevant par là au béton apparent sa « pesanteur ». C'est le cas de la maison Koshino de Tadao Ando, dans laquelle les irrégularités à peine visibles du coffrage et les « désaffleurements » du béton donnent à la surface du mur éclairée en lumière rasante une matérialité textile, voire la « fragilité d'une céramique ».

Ill. 3 : Rudolf Olgiati
Villa Alleman, Wildhaus (CH) 1968

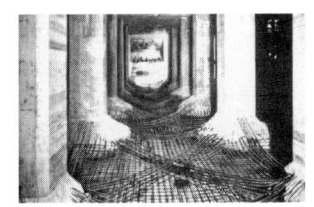

Hybride

Nous pensions avoir affaire à une technique de travail pragmatique et nous nous trouvons face à un résultat d'une complexité inattendue : par ses qualités monolithiques, l'ouvrage représente l'un des pôles dialectiques de notre réflexion, puisqu'il possède les principales caractéristiques des composants du béton apparent propres à ce que nous avons appelé la « construction massive » : masse, pesanteur, plasticité, corps, compacité, pression. Par conséquent, l'autre pôle devrait dériver de « l'ouvrage filigrane », ce qui nous permettrait de déduire de nouveaux critères de conception de la forme. Au fond, la combinaison du béton et de l'acier aboutit à un matériau hybride unique en son genre, dans lequel le béton assure la résistance à la compression, tandis que l'acier garantit la résistance à la traction sous la forme d'un réseau d'armature, d'un treillis élastique nécessitant un minimum de matériau. Le béton armé est le seul matériau à posséder cette idéale bipolarité matérielle. Il convient toutefois de préciser ce que nous entendons par « hybride » : les deux composants morphologiques existent et se complètent mutuellement sur des « niveaux de conscience » différents, dans une interaction ou transposition constante d'un système dans l'autre, allant de ce qui est consciemment perceptible vers l'inconscient et vice versa. (À la différence de ce qui se passe par exemple dans la construction en acier, où un même élément porteur assure à la fois la résistance à la compression et à la traction.) La forme extérieure du béton solidifié est physiquement perceptible (vue, toucher, audition, etc.) et a perdu toute la lourdeur métaphysique qui caractérisait le béton dans son état embryonnaire de pâte informe. Le réseau cartésien de son armature sommeille pourtant en lui, tout à fait invisible à l'œil. À l'extérieur, sa présence ne se manifeste qu'indirectement, et on peut juste le deviner et le « sentir » lorsque les structures porteuses en béton apparent extrêmement fines semblent annuler les lois de la physique. L'ancien monolithe massif perd sa nature foncièrement liée au sol et se transforme en son parfait contraire, par exemple un réseau spatial d'éléments linéaires, une enveloppe fine comme une feuille, un empilement vertical de dalles minces et de poteaux porteurs, etc.

Dans sa théorie de l'architecture, Carl Bötticher définissait ces deux « niveaux de conscience » comme une « forme artistique » (extérieure, possédant une connotation culturelle, tectonique) et une « forme noyau » (intérieure, fonction, physique newtonienne). La règle de conception formelle issue de ces définitions exigeait que ces deux formes correspondent le plus harmonieusement et le plus logiquement possible, le « noyau » – « véritable état des faits » se reflétant de l'intérieur vers l'extérieur – se fondant dans son enveloppe ou sa surface artistiquement travaillée pour s'y transformer et prendre ainsi une forme visible (iconographie).

Ill. 4 : forme extérieure et vie intérieure

Cette théorie, et le fait que le béton dépend des possibilités rationnelles du coffrage, correspondent à l'approche scientifique des ingénieurs sur le flux des forces dans la profondeur du matériau. Il s'agit donc ici – pour des raisons techniques ! – de l'intériorisation de critères tectoniques formels autrefois visibles (par exemple la visualisation de la charge et de la colonne dans le canon formel présidant à la construction du temple antique), d'une inversion de la forme et du noyau, « lissant » et formalisant la forme extérieure (exemple : la morphologie de la colonne). Autrefois extérieurement visible dans la forme, l'équilibre tectonique des forces est retourné vers l'intérieur comme un gant, et rationalisé selon le modèle en 3D du cheminement des forces, un modèle que la disposition et l'assemblage des fers essaient de suivre pour lui correspondre le plus exactement possible.

Constructions à ossature

C'est ici que se trouve la source d'un consensus auquel les ingénieurs font volontiers référence lorsqu'il s'agit de concevoir la forme extérieure des structures porteuses, par exemple des ponts ou des voûtes de tunnel, et qu'ils présentent la logique complexe du flux des forces comme « moteur de la forme ». Cependant, le plus souvent, la forme se développe en fonction de la section critique déterminante de l'élément de construction statique et du matériau de coffrage le plus économique à disposition. Désormais « réutilisable », ce matériau impose un déroulement précis au processus de construction (étapes de coffrage) et laisse sur l'ouvrage les traces de la modularité des panneaux de coffrage et des grandes banches métalliques. L'accumulation et la répartition des fers de l'armature reproduit cependant dans la profondeur du béton le cheminement des forces, mais ce n'est que très rarement visible dans la forme extérieure.

Les structures filigranes ainsi réalisées semblent émaner de la science pure, portées par l'esprit du rationalisme opérant avec calcul, géométrie, ordre et abstraction. Il est donc logique que l'on essaie de débarrasser le béton de toute trace « terrestre », de transcender son passé primitif d'ouvrage en dur pour en faire un artefact lisse et continu, épuré de toute tache laborieuse.

L'expression « construction à ossature », utilisée par plusieurs ingénieurs pour caractériser leurs ponts, est elle aussi révélatrice. Alors que, pour les uns, elle signifiait une objectivation élémentaire et complète « de l'intérieur vers l'extérieur », ne se manifestant que par une extrême abstraction de la forme et une réduction à la pure structure porteuse sous la forme d'éléments géométriques simples, pour les autres, il s'agissait d'une analogie biomorphique avec le squelette. La construction de l'ossature naturelle se développe cependant d'une manière auto-organisée le long du réseau formé par les trajectoires des contraintes. Sa forme résulte directement de ce processus et tient

Ill. 5 : le système de l'ossature

compte de la position de ses éléments dans le système statique et dynamique d'ensemble formé par le squelette. Pour les raisons susmentionnées, de telles concordances entre cause et effet, force et forme sont inapplicables et rarement utiles dans la construction en béton apparent.

Béton « libéré »

Une autre particularité doit être discutée : en tant que mélange (amalgame), le béton n'a pas de forme implicite et peut donc prendre toutes les formes imaginables. De même, le treillis métallique de l'armature n'a pas de limite fixée à l'avance, pas de « bord ». Le béton armé peut donc prendre n'importe quelle forme, comme lorsque l'on modèle un morceau de glaise à la main. Or, en réalité, dans le cas du béton armé, il faut pour cela dépasser « l'obstacle » du coffrage et ses lois, propres à un assemblage tectonique rigide. Cela est certes possible grâce à la technologie du collage utilisée de nos jours dans la construction en bois (contreplaqué moulé) ou grâce à la technique des fibres synthétiques, mais demeure difficile en raison du primat de l'économie. (Citons à titre d'exemple l'observatoire de la tour Einstein d'Erich Mendelsohn, qui fut d'abord projeté en béton armé, mais en fin de compte maçonné en brique et crépi.)

Il ne resterait donc plus qu'une seule solution : le béton devrait être libéré de son coffrage – ce corset tectonique, technologique et iconographique ! Le treillis d'armature flexible et assez stable et le béton projeté (gunite) nous en donnent les moyens. Cette technique n'a cependant pas laissé de traces notables dans l'architecture – hormis la décoration intérieure déplorable de quelques discothèques de campagne, dans lesquelles le béton apparent libéré est ramené à son domaine d'origine primitif – comme métaphore de l'obscure caverne platonicienne.

Conclusion

1. La création et le développement des formes du béton apparent ont beau se baser sur des principes rationnels et techniques, on ne cesse de rencontrer des processus de construction qui semblent irrationnels.

2. Le béton apparent est l'état final d'une série de métamorphoses et de processus divers qui ont laissé des traces (une sorte de « mémoire » des états précédents).

3. Il existe une coïncidence précaire entre la forme extérieure et la « vie intérieure ». La mince surface du béton apparent joue rarement le rôle de médiatrice iconographique.

4. La qualité de la surface du béton caractérise l'ensemble de l'ouvrage dans le cadre de sa thématique architecturale. Elle tend soit à l'archaïque soit à l'abstraction.

5. La forme est par définition la synthèse déjà réalisée de l'influence de différents paramètres, l'immanence technologique correspondant rarement à la permanence culturelle.

6. La forme du béton est relative par rapport au flux intérieur des forces : celui-ci est soit interprété comme un système d'équilibre constructif idéal, soit lu comme un modèle de contraintes réelles relevant des sciences physiques et naturelles.

7. Chaque béton présente un certain aspect.

Ill. 6 : Erich Mendelsohn
Tour Einstein, Potsdam (D) 1914

Notes

1. Suivant la manière dont la surface du béton apparent est ensuite travaillée ou non, on parle aussi de béton de parement et de béton brut de décoffrage. (NDT)
2. « Béton apparent » se dit en allemand *Sichtbeton*, littéralement « béton visible » et l'auteur joue donc ici sur les mots *sichtbar* (visible) et *unsichtbar* (invisible). (NDT)

Références bibliographiques

- Carl Bötticher, *Die Tektonik der Hellenen*, Potsdam 1852.
- Louis I. Kahn, *Die Architektur und die Stille. Gespräche und Feststellungen*, Bâle 1993.
- Fritz Neumeyer, *Ludwig Mies van der Rohe. Das Kunstlose Wort. Gedanken zur Baukunst*, Berlin 1986.
- Werner Oechslin, *Stilhülse und Kern : Otto Wagner, Adolf Loos und der evolutionäre Weg zur modernen Architektur*, Zurich 1994.
- Gottfried Semper, *Der Stil in den technischen und tektonischen Künsten*, vol. 1, Francfort-sur-le-Main 1860, vol. 2, Munich 1863.
- Eugène Viollet-le-Duc, *Dictionnaire raisonné de l'architecture française du XIe au XVIe siècle*, Paris 1867.
- Urs Widmer, *5 Schweizer Brückenbauer : Otthmar H. Amman, Richard Coray, Guillaume-Henri Dufour, Hans Ullrich Grubermann, Robert Maillard*, Zurich 1985.
- Roland Barthes, *La Tour Eiffel*, Paris 1964.

Le matériau

En général, on produit le béton normal (masse volumique 2400-2550 kg/m^3) en mélangeant ciment, eau et granulats (sable, gravier) dans les proportions suivantes :
- Sable, gravier 0-32 mm 2000 kg/m^3
- Ciment Portland 250-400 kg/m^3
- Eau 150 kg/m^3.

Ces proportions peuvent varier en fonction des propriétés dont on souhaite que le béton soit doté lors de la mise en œuvre et après durcissement.

Le béton frais devrait présenter les propriétés suivantes :
- Bonne ouvrabilité – bonne aptitude au compactage
- Consistance malléable – bonne aptitude à la mise en forme
- Bonne cohésion – faible tendance à la ségrégation
- Bonne capacité de rétention d'eau – pas de tendance au ressuage (rejet d'une certaine quantité d'eau par le béton encore frais).

Les exigences auxquelles doit répondre le béton durci sont les suivantes :
- Bonne résistance
- Structure homogène, compacte et régulière
- Texture superficielle homogène et non poreuse
- Bonne résistance aux intempéries et autres influences extérieures.

Les propriétés du béton frais sont étroitement liées aux proportions de granulats, fines, ciment, eau et pâte de ciment qu'il comporte. En modifiant le dosage de ces différents composants, on modifiera aussi les propriétés du béton frais et du béton durci.

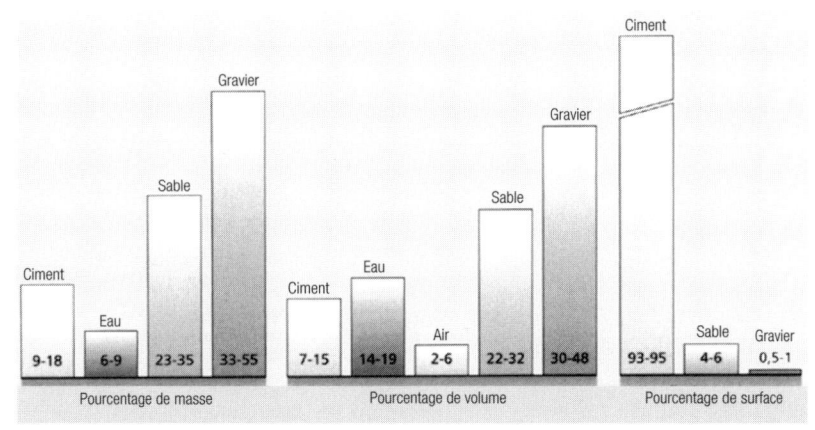

Composition du béton
Les granulats constituent l'élément prédominant du béton, tant au point de vue du volume qu'au point de vue de la masse. Si l'on considère cependant les constituants du béton sous l'angle de leur surface développée, le ciment est de loin l'élément dominant. C'est aussi le seul composant qui génère une résistance mécanique en se combinant avec l'eau.

Formulation du béton
En déterminant la composition d'un béton donné – c'est-à-dire en formulant sa recette – le praticien doit avant tout veiller à optimiser les points suivants :
- L'ouvrabilité
- La résistance mécanique
- La durabilité
- Le coût.

Ciment
Le ciment est un liant hydraulique. On entend par là une substance qui, mélangée à l'eau dite de gâchage, est capable de durcir aussi bien à l'air que sous l'eau.

Fabrication
La fabrication du ciment Portland consiste à préparer un mélange des matières premières de granulométrie définie, à le cuire jusqu'au seuil de fusion et à broyer le produit de cette cuisson en une poudre fine et réactive : le ciment. Globalement, on peut distinguer quatre étapes dans la fabrication du ciment.

1. Extraction et concassage des matières premières
Pour produire une tonne de ciment, il faut compter une tonne et demie de matières premières – calcaire et marne ou argile – qui libéreront à la cuisson de l'eau et du gaz carbonique. Dans la carrière même, la matière première est déjà concassée en morceaux de la grosseur du poing.

2. Mélange et réduction en farine de la matière première
Lors de l'étape suivante, les différentes matières premières sont mélangées dans des proportions correspondant à la composition chimique optimale. Dans un broyeur à boulets ou à meules, la matière est simultanément réduite en poudre fine et séchée. À la sortie, on obtient la farine crue, qui va être mélangée dans des silos d'homogénéisation pour garantir une composition uniforme.

3. Transformation par cuisson de la farine en clinker
Le processus de cuisson – à une température d'environ 1450 °C – est l'opération principale de la fabrication du ciment. Avant de pénétrer dans le four rotatif, la farine passe dans les cyclones des échangeurs de chaleur où elle est préchauffée à 1000 °C environ. À la sortie du four, la matière se présente sous forme de clinker incandescent avant d'être rapidement refroidie à l'air. On utilise comme combustible du charbon, de l'huile lourde ou du gaz naturel et, de manière de plus en plus importante, des combustibles de substitution tels que les pneus usagés ou les boues d'épuration séchées.

Ill. 7 : composition du béton

4. Mouture du clinker avec le gypse et d'autres additions
Pour obtenir un matériau réactif approprié, le clinker est moulu dans une unité de broyage avec une petite quantité de gypse qui fera office de régulateur de prise. Suivant le type de ciment à produire, on incorpore des additions minérales – calcaire, fumée de silice, laitier de haut-fourneau, cendres volantes – au clinker lors de la mouture. On obtient ainsi des ciments Portland composés et des ciments de haut-fourneau.

Eau de gâchage

On entend par « eau totale » ou « eau efficace », la quantité d'eau contenue dans le béton frais. C'est cette valeur qui est utilisée pour le calcul du rapport eau sur ciment (E/C). L'eau totale comprend :
- l'eau de gâchage,
- l'humidité superficielle des granulats et, dans certains cas, l'eau apportée par les adjuvants et les additions.

L'eau joue deux rôles dans la technologie du béton. D'une part, elle permet l'hydratation du ciment et, d'autre part, elle est indispensable pour assurer l'ouvrabilité et un bon compactage du béton.

Granulats

On désigne en général par granulats un mélange de sable et de gravier ou gravillon de dimensions variables. Ce mélange, qui se compose de diverses classes granulaires, constitue le squelette granulaire du béton et doit comporter le moins de vides possible. Par rapport à la pâte de ciment qui les enrobe, des granulats de bonne qualité offrent les avantages suivants :
- Résistance en général plus élevée
- Meilleure durabilité
- Stabilité volumique en présence d'humidité, d'où un effet favorable sur le retrait du béton (réduction)
- Absorption d'une partie de la chaleur d'hydratation, d'où un effet régulateur sur le processus de prise.

Les caractéristiques principales des granulats sont les suivantes :
- Granularité ou composition granulaire
- Pétrographie, forme et état de surface des grains
- Propreté
- Masse volumique
- Densité apparente en vrac (c'est-à-dire compte tenu des vides)
- Taux d'humidité.

Granulométrie (courbe de tamisage), fractionnement

Un matériau poreux et trop tendre compromet la qualité du béton. La forme des grains, en premier lieu, mais aussi leur état de surface et leur distribution dimensionnelle influencent considérablement la demande en eau et l'ouvrabilité du béton.

L'expérience a montré qu'un mélange constitué exclusivement de granulats concassés pouvait très bien être utilisé. Ce genre de mélange améliore la résistance mécanique du béton (traction, compression, abrasion), mais en influence défavorablement l'ouvrabilité. En Suisse, du fait de la diminution progressive des gisements de sable et de gravier (limitation des zones exploitables), le recours aux granulats concassés sera de plus en plus fréquent à l'avenir.

La répartition granulométrique, l'état de la surface, la forme des grains et leur surface spécifique sont les facteurs essentiels qui déterminent la quantité d'eau de gâchage. La répartition granulométrique doit garantir

Ill. 8 : granulats arrondis sphériques

Ill. 9 : granulats anguleux cubiques

Ill. 10 : granulats arrondis aplatis/allongés

Ill. 11 : granulats anguleux aplatis/allongés

un mélange présentant une ouvrabilité optimale pour un minimum de vides (densité élevée = performances élevées).

La granulométrie d'un mélange se définit par les quantités relatives des différentes fractions. Par tamisage du mélange au moyen de tamis normalisés à mailles carrées, on obtient sur chaque tamis un certain refus. Chaque refus est pesé, et son pourcentage pondéral par rapport au poids total du mélange est reporté cumulativement sur un graphique, en fonction de la grandeur des mailles. On obtient ainsi la courbe granulométrique du mélange (voir ill. 12).

Les valeurs limites absolues selon SN EN 12 620 sont indiquées en gris alors que le fuseau conseillé est marqué en gris foncé.

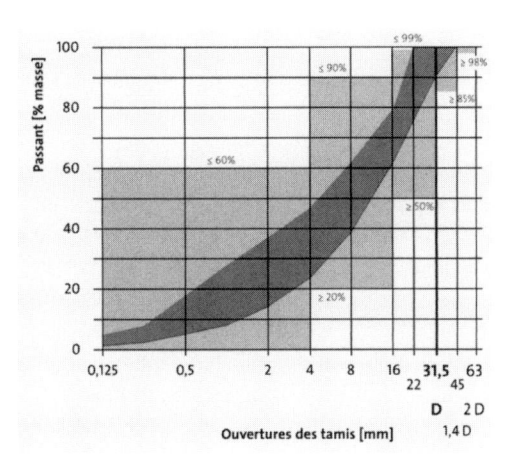

III. 12 : courbe granulométrique

Adjuvants

Les adjuvants pour bétons sont des substances diluées ou dispersées dans l'eau (suspension) que l'on ajoute au mélange lors du malaxage. Par leur action chimique et/ou physique, les adjuvants permettent d'influencer certaines propriétés du béton frais ou durci comme l'ouvrabilité, la prise, le durcissement ou la résistance au gel.

La chimie moderne a développé toute une série d'adjuvants permettant d'influer sur les propriétés du béton :
- Plastifiants, fluidifiants : pour un rapport E/C constant, ces adjuvants améliorent l'ouvrabilité du béton. Ils permettent donc de réduire le rapport E/C, ce qui entraîne un accroissement de la résistance et de la compacité du béton.
- Stabilisateurs : ces adjuvants empêchent une ségrégation trop rapide et confèrent au béton une homogénéité accrue. Ils sont particulièrement utiles lorsque le béton est destiné à rester apparent.
- Retardateurs de prise : ces adjuvants ont pour effet de prolonger le délai de mise en place du béton, et permettent ainsi d'éviter les joints de reprise. On les utilise surtout pour la réalisation d'éléments étanches de grandes dimensions.
- Accélérateurs de prise : ces adjuvants provoquent une hydratation et donc une prise plus rapides. On les utilise pour accélérer les travaux, ou dans des cas bien particuliers (béton projeté, etc.).
- Entraîneurs d'air : ces adjuvants entraînent la formation de millions de petites bulles d'air (~0,3 mm), qui absorbent une partie de l'eau mise en mouvement dans les capillaires et accroissent ainsi la résistance du béton au gel.

Le dosage des adjuvants doit être effectué selon les recommandations du fabricant. Les sous-dosages diminuent souvent de manière importante l'effet recherché, alors que les surdosages peuvent avoir des effets secondaires indésirables tels que retardement du début de prise, perte de résistance à la compression ou ségrégation.

L'emploi d'adjuvants répond à des considérations techniques et économiques. Les adjuvants peuvent contribuer à diminuer le coût de la main-d'œuvre et des matériaux. Ils permettent des économies sur l'énergie de malaxage et facilitent la mise en place du béton. Certaines performances du béton frais et du béton durci ne peuvent être réalisées qu'avec l'aide d'adjuvants.

Additions

Les additions sont généralement des ajouts minéraux sous forme de poudre fine, qui peuvent améliorer certaines propriétés du béton, en particulier l'ouvrabilité du béton frais et la densité du béton durci. Contrairement aux adjuvants, les additions sont incorporées au béton en quantités suffisamment importantes pour être prises en considération dans le calcul volumique.

En Suisse, les types d'additions les plus courants sont les suivants :
- Additions inertes (ne réagissant ni avec le ciment, ni avec l'eau) : pigments minéraux, employés pour teinter dans la masse béton et mortier. Parmi les matériaux fibreux, les plus utilisés sont les fibres d'acier, les fibres de verre et les fibres synthétiques.
- Additions pouzzolaniques (réagissant avec les substances résultant de l'hydratation du ciment) qui contribuent à la résistance du béton et augmentent l'étanchéité de la pâte de ciment durcie.

D'après Holcim (Suisse) SA, *Guide pratique – Concevoir et mettre en œuvre des bétons durables*, 2001/2004.

Procédé

Armature

Le béton armé est un matériau mixte composé de béton et d'acier. L'interaction de ces deux matériaux – c'est-à-dire la reprise des efforts de traction par l'armature et la reprise des efforts de compression par le béton – n'est pas additive, mais engendre une nouvelle qualité statique. Les dimensions de l'armature sont calculées sur la base

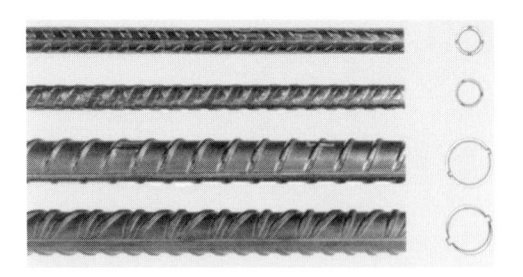

Ill. 13 : profils de barres d'armature

d'une analyse structurelle prenant en compte les forces internes. Pour simplifier, on place l'armature principale aux points les plus importants de manière à répondre aux plus grands moments de flexion. Outre les considérations statiques, il faut disposer et espacer les barres et les treillis d'armature de façon à permettre un compactage optimal du béton. L'aiguille vibrante doit en effet pouvoir être déplacée entre les éléments de l'armature.

L'enrobage de l'armature par le béton doit être exécuté avec le plus grand soin. Presque tous les dommages survenant dans les ouvrages en béton armé sont dus à un enrobage insuffisant, et non pas à des erreurs de dimensionnement ou de disposition de l'armature. Lorsque l'enrobage est insuffisant, l'étanchéité n'est plus assurée, ce qui entraîne la corrosion des barres métalliques. Les cristaux oxydés ayant besoin de davantage de volume que l'acier, la rouille provoque des fissures dans l'enrobage, qui favorisent la pénétration des agents corrosifs (humidité, air), ce qui peut entraîner une diminution de la capacité portante de l'élément de construction. La valeur de l'enrobage, c'est-à-dire l'espacement entre le fer supérieur et la surface du coffrage, dépend de différents facteurs, mais ne devrait pas être inférieure à 3 cm.

Ill. 14 : élément de coffrage en bois avec écarteurs

Ill. 15 : ferrailleurs au travail

Coffrage

Le béton a besoin d'un coffrage pour recevoir sa forme définitive.

Lorsque le béton est coulé dans un coffrage construit sur le chantier, on parle de *béton coulé sur place*. Les éléments de béton fabriqués en usine sont appelés *éléments préfabriqués*.

La construction d'un coffrage peut parfois représenter un travail de charpentier très exigeant. Le matériau du coffrage doit être suffisamment résistant. Le coffrage doit être stable et étayé de façon à ne subir aucune déformation au moment du coulage et de la prise du béton (bombements et distorsions).

Les joints verticaux et les joints de construction doivent être étanchéifiés avec les moyens appropriés. Les deux faces du coffrage doivent être le plus étanches possible afin d'empêcher une fuite de pâte de ciment lors du compactage.

Les coffrages pour le béton apparent sont en général exécutés avec des planches de bois, des panneaux en dérivé du bois ou des plaques métalliques. On utilise aussi du Fibrociment (Eternit), de la tôle ondulée, du verre, du caoutchouc ou des matières plastiques.

Coffrage en bois

Coffrage en planches

Pour les coffrages en planches, on utilise surtout du bois indigène comme l'épicéa ou le pin sylvestre. La sélection et l'assemblage des banches exigent des connaissances et de l'expérience. Des planches de même âge possédant une densité du bois et un taux de résine identiques auront un même comportement en matière d'absorption des liquides (absorptivité) ; les planches riches et pauvres en résine se comportent déjà différemment lors de l'application des agents de démoulage (huile, cire et pâte de décoffrage). Des surfaces apparentes coffrées avec des planches neuves hautement absorbantes auront un degré de clarté différent de celles coffrées avec des vieilles planches ou des planches déjà plusieurs fois utilisées.

Format : Les dimensions dépendent des possibilités du bois massif. Les planches ne doivent pas gauchir sous l'effet de l'humidité. Largeur maximale environ 30 cm, longueur maximale environ 500 à 600 cm, largeur courante environ 10-15 cm, longueur courante jusqu'à environ 300 cm.

Coffrage en panneaux

Les panneaux en matériau dérivé du bois présentent des avantages considérables par rapport aux planches en bois. Ils sont plus légers et plus rapides à mettre en place (leur utilisation permet d'économiser 50 à 70 % des coûts de montage par rapport à un coffrage constitué uniquement de planches). Ils ont de surcroît une durée de vie plus longue, puisqu'ils sont le plus souvent recouverts d'un vernis à base de résine artificielle et qu'ils sont plus faciles à décoller de la surface du béton. Format : Les panneaux ont des formats variables, les dimensions maximales dépendent des possibilités de mise en œuvre sur le chantier. En Suisse, on utilise par exemple couramment des panneaux de 50 x 200 cm ou de 50 x 250 cm.

Coffrage modulaire, coffrage de grande surface
De nos jours, l'industrie offre différents systèmes de coffrage permettant de coffrer et décoffrer rapidement de grandes surfaces : trame d'éléments modulaires pour les coffrages de dalles et de parois porteuses, coffrages de dalles avec étaiement approprié, coffrages autoportants glissants, grimpants, etc.

Pour combiner les avantages économiques des coffrages modulaires avec les propriétés esthétiques des autres types de coffrage, on utilise aujourd'hui souvent les coffrages modulaires comme support pour des planches ou des panneaux.

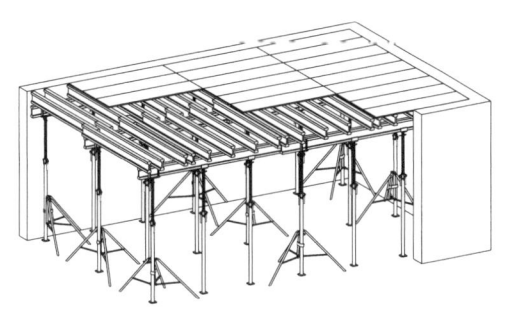

Ill. 16 : coffrage de plancher avec banches

Coffrage métallique
Les coffrages en tôle métallique sont utilisés pour le béton coulé sur place et la production d'éléments de béton préfabriqués. Leur utilisation répétée lors de fabrications en série permet la plupart du temps de compenser leur coût d'acquisition élevé.

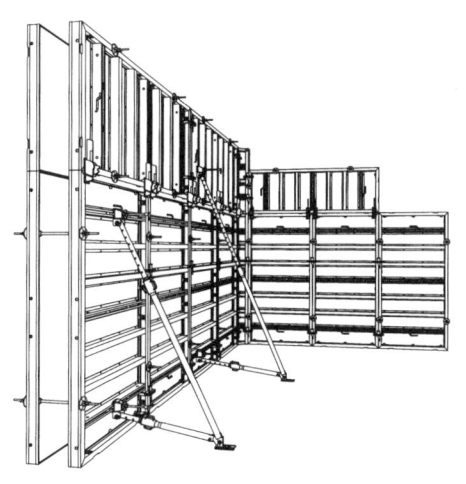

Ill. 17 : coffrage métallique : système de coffrage-cadre

Surfaces du coffrage
La texture du béton apparent est déterminée par le matériau de la banche (bois, panneau de bois, contreplaqué, fibre dure, Fibrociment, acier, plastique) et par sa surface (brossée, rabotée, poncée, recouverte d'un film plastique).

Le degré du traitement du coffrage (qui peut être plus ou moins lissé ou brut) peut influencer la clarté souhaitée de la surface du béton apparent. Une banche parfaitement lisse donnera un béton apparent plus clair qu'une laissée brute.

Agents de démoulage
Les agents de démoulage (ou décoffrants) sont des produits comme l'huile de décoffrage, la cire, la pâte ou des émulsions, que l'on applique sur la surface de contact entre la banche et le béton afin de faciliter le décoffrage sans endommager ni la surface du béton ni la banche. Ils contribuent aussi à donner une consistance homogène à la surface du béton, protègent le matériel de coffrage et en facilitent la réutilisation.

L'utilité d'un agent de démoulage dépend aussi du matériau de la banche (bois, contreplaqué, fibre dure, Fibrociment, acier, plastique, béton).

Coulage et compactage du béton
Pour obtenir des surfaces apparentes de bonne qualité, le béton doit posséder une structure compacte et tout à fait homogène. Lorsqu'il est coulé dans le coffrage, le béton frais doit rester homogène (c'est-à-dire sans ségrégation ni ressuage) puis être uniformément compacté.

Compactage
Le compactage n'a pas pour seul but de remplir parfaitement le coffrage. Il s'agit aussi d'évacuer l'air occlus lors de la mise en place, de répartir uniformément la pâte de ciment et de créer une masse contenant le moins de pores possible grâce à une texture compacte des granulats. Le compactage assure par ailleurs que le béton est bien plaqué contre la surface de la banche et enrobe suffisamment l'armature.

Méthodes de compactage
Par piquetage : avec des lattes ou des tiges
Par coups sur
le coffrage : pour les coffrages de faible hauteur
Par vibration : méthode standard sur les chantiers
    Les *vibrateurs internes* sont introduits dans la masse de béton frais
    Les *vibrateurs externes* agissent sur le coffrage depuis l'extérieur
Par damage : méthode de compactage couramment utilisée dans le passé

Vibration

Le pervibrateur à aiguille doit être introduit rapidement jusqu'à la profondeur nécessaire, puis retiré assez lentement pour que le vide se referme derrière l'aiguille.

Les vibrateurs ne doivent pas être utilisés pour répartir le béton, car cela peut entraîner un risque de ségrégation. Si les grains se séparent sous l'influence du compactage, cela provoque des différences de structure bien reconnaissables pouvant prendre la forme de nids de gravier à la surface.

La mise en place du béton frais doit se faire par couches pas trop épaisses, car le poids d'une couche trop épaisse peut empêcher l'évacuation des bulles d'air.

Ill. 18 : compactage du béton

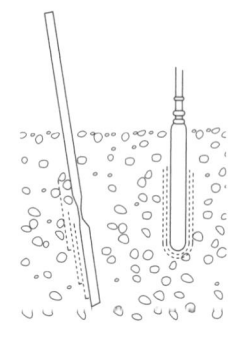

Ill. 19 et 20 : compactage avec une latte (à gauche) et avec un pervibrateur à aiguille (à droite)

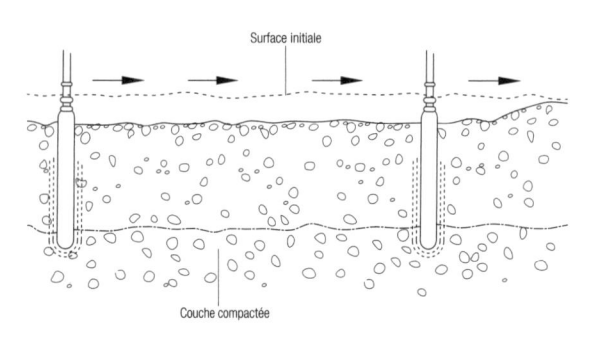

Processus du compactage

Joints de reprise

Lorsque le béton est coulé sur place, les joints entre le béton durci et le béton frais sont inévitables. De plus, la résistance du coffrage à la poussée dynamique lors de l'opération de coulage limite la quantité de béton pouvant être mis en place en une seule couche. Le bétonnage doit donc être entrepris par étapes, les différentes couches étant séparées par des joints.

La position et la forme de ces joints de reprise doivent être déterminées conjointement par l'architecte et l'ingénieur. Puisqu'il est impossible de les dissimuler, il est recommandé de les prévoir avec soin.

Lorsqu'on effectue un bétonnage sur une surface de béton existante (joint de travail ou joint de reprise), les surfaces de contact doivent être brossées, nettoyées, et arrosées avant la mise en place du béton frais. Lorsque le joint de reprise doit être étanche, il est utile de mettre en place une couche de béton de mélange plus gras ou d'appliquer d'abord une couche de mortier de ciment. On peut aussi ajouter un retardateur de prise au béton de la dernière couche avant le joint de reprise, afin de pouvoir ensuite poursuivre le bétonnage avec une couche de béton frais sur une couche de béton encore frais.

La cure du béton

Le durcissement du béton ne provient pas de sa dessiccation : si on laisse un béton sécher trop rapidement, des fissures dues au retrait peuvent apparaître, car la résistance à la traction est encore insuffisante. Si l'on arrose le béton avec de l'eau, il faut s'attendre à des efflorescences (évaporation de l'eau chargée de sels à la surface du béton). Le béton devant conserver son humidité le plus longtemps possible, on le couvre d'un film de plastique étanche. Celui-ci doit être placé aussi près que possible du béton, tout en évitant le contact, qui risquerait de provoquer des taches.

Ce procédé demande beaucoup de travail, mais il est indispensable pour le béton apparent.

10 règles pour la fabrication du béton

Ill. 21 : coulage du béton

1 Le béton est le résultat d'un mélange de ciment et d'un *granulat* composé de sable et de gravier, avec addition d'eau. Normalement, 1 m³ de béton comporte de 300 à 350 kg de ciment, 2000 kg de granulat et de 130 à 200 litres d'eau, plus, suivant l'utilisation prévue, de petites quantités d'autres produits (adjuvants : environ 0,5-10,0 kg/m³ ; ajouts : environ 5-50 kg m³).
Après le gâchage, le béton doit être mis en place et compacté en peu de temps.

2 Le *ciment* et l'eau forment une pâte qui durcit et tient ensemble les éléments du granulat. Étant une poudre, le ciment est dosé en poids pour être ajouté au mélange.
Au sec, le ciment peut être conservé pendant des mois. En présence d'humidité, il s'y forme des grumeaux et il devient inutilisable.

3 Le granulat doit être lavé soigneusement. Il n'est pas utilisable s'il est sale, gras ou encroûté. Les éléments schisteux, argileux ou micassés diminuent la qualité du béton.
Le granulat doit avoir une *composition granulométrique* appropriée et aussi constante que possible. Le diamètre maximum des grains est en général de 32 mm.

4 La quantité d'eau a une influence déterminante sur la qualité du béton : moins il y a d'eau, moins il y a de pores et meilleures sont les résistances, la compacité et la durabilité du béton durci.
La teneur en eau est exprimée par le *coefficient eau/ciment* (e/c), rapport entre le poids total d'eau (humidité du granulat plus addition d'eau) et le poids du ciment.
Un bon béton a un e/c situé entre 0.45 et 0.55. Il faut éviter d'avoir un e/c supérieur à 0.60. Les bétons riches en sable nécessitent davantage d'eau que s'ils sont riches en gravier. Par conséquent, un bon béton comporte plus de gravier que de sable.

5 L'utilisation d'adjuvants et d'ajouts permet de modifier les propriétés du béton frais et du béton durci. Les plus importants sont :
- Les fluidifiants (plastifiants) : Ils augmentent la maniabilité du béton, permettent donc une réduction de la quantité d'eau et par conséquent améliorent la qualité du béton.
- Accélérateurs et ralentisseurs de prise : Ils ont une influence sur le début et la durée du phénomène de prise.
- Entraîneur d'air : Ils améliorent la résistance au gel. En cas de sollicitation du béton aux sels de déverglaçage, ils sont indispensables. Dans un béton peu maniable, la présence de microbulles de plastique est parfois plus efficace.
- Ajouts : Les filler et les cendres volantes compensent un manque de particules fines, mais pas de ciment, et améliorent la maniabilité. La chaux hydraulique peut aussi être utilisée à cet effet. Les pigments sont utilisés pour teinter dans la masse.

6 Avant le bétonnage, le *coffrage* doit être nettoyé à fond. Des flaques d'eau, un excès d'huile de coffrage, des restes de bois et autres saletés de toute nature détériorent l'aspect du béton. Le coffrage doit être étanche. La distance entre le coffrage et l'armature doit être suffisante et maintenue par des dispositifs appropriés.

7 La qualité du béton et sa maniabilité dépendent beaucoup du *malaxage*. Sa durée optimale est de plus de 1 minute. Une prolongation de cette durée favorise la maniabilité du béton et a une influence favorable sur l'aspect des surfaces apparentes. Une durée trop courte du malaxage a des effets négatifs sur les propriétés du béton frais ou durci.

8 S'agissant de béton prêt à l'emploi, il faut limiter le plus possible les pertes d'eau pendant le transport. Si le béton est chargé sur un camion ordinaire, il doit être bâché. Les conditions atmosphériques estivales font que le temps disponible pour la mise en œuvre sur le *chantier* peut être fortement réduit. On nuit à la qualité du béton en y ajoutant de l'eau pour le ramollir sur le chantier.
La commande de béton prêt à l'emploi doit se faire assez tôt et être accompagnée de toutes les informations nécessaires.

9 La mise en place du béton doit se faire par couches horizontales régulières. Le béton ne doit pas être déchargé en tas puis réparti au moyen de l'aiguille vibrante, cela favorise la ségrégation et la formation de nids de gravier.
Le béton de chaque couche doit être vibré sans délai jusqu'à ce que l'air qu'elle contient ait été évacué. Suivant leur diamètre, les aiguilles vibrantes doivent être enfoncées tous les 25 à 70 cm.
Une vibration de trop grande durée provoque une ségrégation : les gros éléments descendent vers le fond alors que la pâte de ciment et l'eau montent vers la surface. S'il s'agit de béton apparent, cette ségrégation est la cause de taches durables. Dans un béton faiblement plastique, le danger de ségrégation est moins grand.
La mise en œuvre de béton fluidifié exige des précautions spéciales.

10 Le *traitement de cure* est une opération importante qui évite un dessèchement prématuré du béton. Pendant 4 jours au moins, les surfaces à l'air libre doivent être recouvertes d'une protection ou arrosées continuellement, surtout s'il y a du vent ou une forte insolation.
Par temps froid, le béton doit être couvert et maintenu à une température suffisante pour qu'il ne gèle pas.

Source : Technische Forschung und Beratung für Zement und Beton (TFB) (dir.) : *Bulletin du ciment*, avril 1987.

MATÉRIAUX – MODULES   **Béton**
                                                                                        Propriétés

Surface des bétons de parement

Ill. 22 : coffrage en planches et nids de gravier produisent une surface rugueuse.
Rudolf Olgiati, maison du Dr G. Olgiati, Flims-Waldhaus (CH) 1964-1965

Texture superficielle des bétons coffrés

L'expression du béton décoffré dépend non seulement de la structure superficielle des éléments de coffrage, mais aussi de leurs joints et des écarteurs utilisés. Aussi devra-t-on soit définir avec précision la disposition et la forme des joints et des trous laissés par les écarteurs, puis contrôler rigoureusement les travaux sur le chantier, soit faire preuve de tolérance quant à la qualité finale des surfaces de béton.

Ill. 23 : murs de cour en béton banché, réalisés au moyen de panneaux de coffrage de la taille d'un tatami (91 x 182 cm).
Sol en dalles préfabriquées
Tadao Ando, pavillon de conférences Vitra, Weil am Rhein (D) 1993

Bétons de parement

De manière générale, on distingue entre deux catégories de bétons de parement, selon que la fine pellicule de ciment qui se trouve en contact direct avec le coffrage est conservée ou enlevée.

Conservation de la pellicule de ciment superficielle
L'expression du béton est déterminée par la texture, les dimensions et la disposition des éléments de coffrage, ainsi que par les trous laissés par les écarteurs. Les joints de coffrage peuvent être exécutés de diverses manières, allant du joint vif au joint ouvert, en passant par l'utilisation de divers couvre-joints.

Après décoffrage, les trous laissés par les écarteurs sont soit remplis de béton, soit laissés ouverts, soit encore fermés par des bouchons ou des couvercles.

Élimination de la pellicule de ciment superficielle
Divers traitements artisanaux – similaires à ceux appliqués à la pierre de taille – ou procédés techniques permettent d'altérer ou d'éliminer complètement la pellicule de ciment superficielle, de manière à faire apparaître les granulats.

Traitements artisanaux
– Bosselage
– Piquage
– Bouchardage
– Taille au ciseau

Traitements techniques (mise au jour des granulats)
– Sablage (sable, billes d'acier, corindon, mélange de sable et d'eau)
– Flammage
– Lavage (béton lavé)
– Traitement à l'acide

Traitements mécaniques (de la surface uniquement)
– Ponçage
– Polissage

Texture superficielle des bétons non coffrés

À l'état durci, les surfaces de béton non coffrées (sols et couronnements de murs) peuvent être traitées de la même manière que le béton coffré.

À l'état non durci, elles sont traitées au moyen de divers outils.

Couleur

La couleur du béton est déterminée par la qualité du mélange dont il se compose (gravier et ciment, pigments ajoutés), ainsi que par le coffrage utilisé (état d'usure des éléments de coffrage, qualité et quantité des agents de démoulage).

MATÉRIAUX – MODULES Béton
Propriétés

Types de coffrages

Type 1 : Béton d'aspect ordinaire
Surface sans exigence particulière :
- Aspect quelconque
- Sans ébarbage, ni reprise des bavures et des redents

Type 2 : Béton d'aspect soigné
Surface satisfaisant aux exigences suivantes :
- Aspect uniforme, sans exigences au sujet de la grandeur des lames ou des panneaux
- Ébarbage avec reprise des bavures et des redents

Type 3 : Béton de parement conservant l'empreinte des lames de coffrage
Surface apparente satisfaisant aux exigences suivantes :
- Aspect uniforme sans redents, bavures et nids de gravier
- Nombre restreint de bulles provoquées par des inclusions d'air
- Teinte la plus uniforme possible
- Largeur constante des lames, sans exigences au sujet des abouts
- Direction des lames uniforme et parallèle au grand côté de la surface à coffrer
- Lames rabotées

Indication d'exigences plus élevées :
1. Joints étanches
2. Abouts décalés
3. Direction des lames uniforme et perpendiculaire au grand côté de la surface à coffrer
4. Texture selon plan détaillé
5. Utilisation de lames non rabotées

Type 4 : Béton de parement conservant l'empreinte des panneaux de coffrage
Surface apparente satisfaisant aux exigences suivantes :
- Aspect uniforme sans redents, bavures et nids de gravier
- Nombre restreint de bulles provoquées par des inclusions d'air
- Teinte la plus uniforme possible
- Largeur constante des panneaux, sans exigences au sujet des abouts
- Direction des panneaux uniforme et parallèle au grand côté de la surface à coffrer

Indication d'exigences plus élevées :
1. Joints étanches
2. Abouts décalés
3. Direction des panneaux uniforme et perpendiculaire au grand côté de la surface à coffrer
4. Texture selon plan détaillé

Qualité de la surface non coffrée du béton

Surface de béton traitée à l'état frais :

1	Brute	Tirée à la règle
2	Rendue rugueuse	Surface rendue rugueuse à l'aide d'un balai ou d'un râteau
3	Talochée	Sans adjonction de mortier
4	Talochée	Avec adjonction de mortier
5	Glacée	Surface plane, lisse et sans pores
6	Striée	Sillons parallèles, de largeur et de profondeur égales
7	Brossée	Surface rugueuse avec texture verticale, horizontale ou en arêtes de poisson
8	Traitée par aspiration	Réduction du rapport E/C du béton mis en place par l'extraction de l'eau par aspiration

Surface de béton traitée après durcissement du béton :

1	Lavée	Érosion des grains fins de la couche superficielle pour faire apparaître les grains de plus gros diamètre
2	Sablée	Traitement mécanique augmentant la rugosité, rend la surface mate et fait apparaître la couleur des granulats
3	Traitée au jet	Giclage au jet d'eau sous haute pression
4	Lavée à l'acide	Traitement chimique qui augmente la rugosité en éliminant les fragments calcaires, ce qui fait apparaître la couleur des granulats
5	Bouchardée	Traitement de la surface du béton à la bouchardé, à la main ou à la machine, pour obtenir une surface rugueuse dont le profil peut atteindre 5 mm de profondeur
6	Poncée	Surface poncée si possible sans aucun pore, à la main ou à la machine, y compris traitement complémentaire au fluate et arrosage
7	Polie	Surface polie brillante, pores obturés et reponcés
8	Vitrifiée	Surface rendue étanche à l'eau (incolore)

Qualités de coffrage selon la norme SIA 118/262:2004
Voir aussi DIN 18217, édition 1981 ; DIN 18331, édition 2002 ; DIN 68791, édition 1979

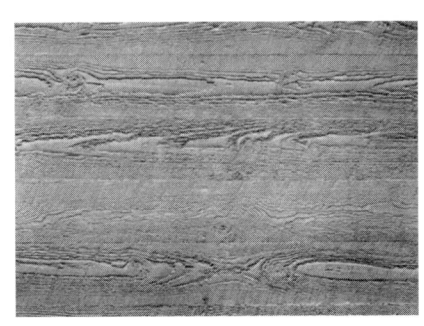

Ill. 24 : coffrage à planches horizontales
Coffrage composé de planches en sapin douglas de 3 cm d'épaisseur, à tranches droites, posées à joint vif

Ill. 25 : coffrage à planches horizontales
Coffrage composé de planches en sapin douglas de 3 cm d'épaisseur et de 18 cm de largeur, chanfreinées, posées à joint vif. Ce type de coffrage produit des arêtes saillantes.

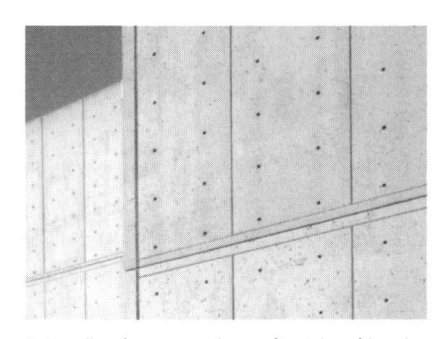

Ill. 26 : coffrage à panneaux verticaux revêtus de laque à base de résine synthétique
Louis Kahn, Salk Institute, La Jolla (Cal./USA) 1959-1965

Ill. 27 : béton lavé
Granulats mis au jour par giclage

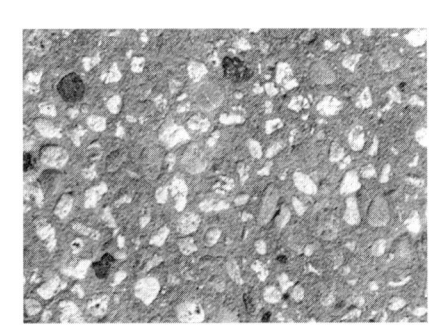

Ill. 28 : béton sablé
Granulats mis au jour par sablage

Ill. 29 : béton piqué
Piquage moyen grossier

MATÉRIAUX – MODULES   **Béton**

Systèmes

Appuis de dalles dans les ouvrages en béton de parement avec isolation intérieure

Causes de ponts thermiques

Dans le cas d'un ouvrage en béton de parement avec isolation intérieure, la liaison monolithique entre mur et dalle ou l'appui de dalle entraînent des déperditions de chaleur par pont thermique. Le problème ne peut, en fait, être résolu de façon pleinement satisfaisante que dans le cas de « compartiments » isolés, à un niveau, où aucun plancher intermédiaire n'interrompt la couche isolante. Dans tous les autres cas, il est en principe possible de choisir entre deux solutions, en fonction du concept statique adopté.

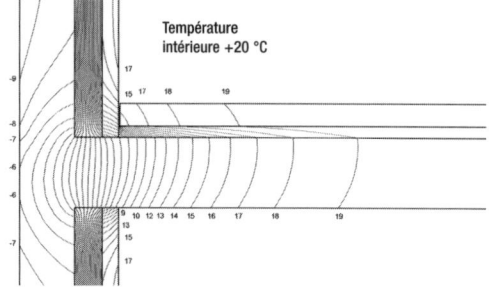

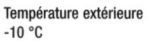

Ill. 30 : courbes isothermes

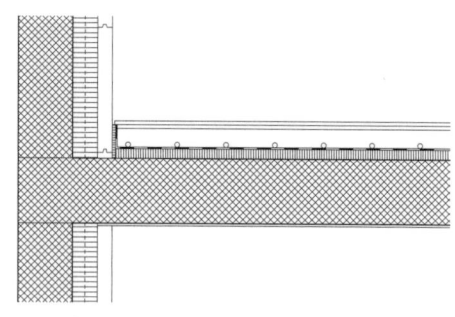

Ill. 31 : détail de la construction

Solution 1 : retour d'isolation en sous-face de dalle

La pose de panneaux isolants le long des rives de dalle en contact avec les murs extérieurs permet de conserver une liaison monolithique entre murs et dalle, mais ne résout pas complètement le problème des déperditions de chaleur et des refroidissements à la surface du béton. C'est surtout au niveau du soubassement que la température superficielle du béton se révèle critique. Par ailleurs, les panneaux isolants interrompent visuellement la sous-face des dalles en béton apparent. Si la sous-face de dalle est enduite, il s'agit de prendre garde aux fissures susceptibles de se produire au niveau du passage entre béton et isolation.

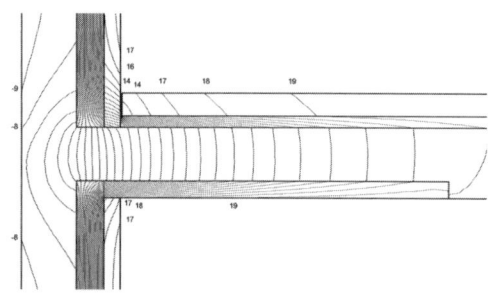

Ill. 32 : le retour d'isolation en sous-face de dalle est revêtu d'une planche.
Bünzli & Courvoisier, école Linde, Niederhasli (CH) 2003

Ill. 33 : courbes isothermes

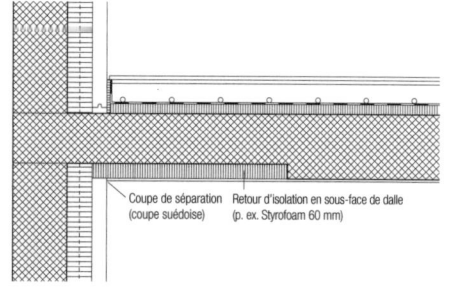

Ill. 34 : détail de la construction

Solution 2 : séparation entre mur et dalle

Grâce au développement de dispositifs tels que rupteurs de pont thermique, goujons de cisaillement et autres, il est aujourd'hui possible de séparer partiellement mur et dalle, ce qui rend cependant la liaison entre les deux moins forte. Il s'agit en outre de prévoir, dans ce cas, des dilatations plus importantes (surtout au niveau des angles rentrants et saillants). La température superficielle au niveau du soubassement est en revanche plus élevée que dans la solution 1.

Rupteurs de pont thermique et goujons de cisaillement
Il s'agit là des deux principaux dispositifs d'ancrage de dalles que l'on trouve sur le marché. Si les goujons de cisaillement ne peuvent transmettre que des efforts tranchants, les rupteurs de pont thermique peuvent aussi reprendre des efforts de flexion. L'avantage des premiers sur les seconds réside dans le fait qu'ils peuvent absorber certaines dilatations (fourreau cylindrique).

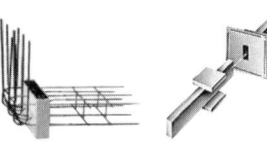

Ill. 35 : pose de rupteurs de pont thermique

Ill. 36 : rupteur de pont thermique   Goujon de cisaillement

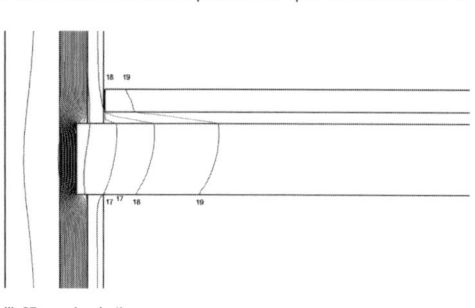

Ill. 37 : courbes isothermes

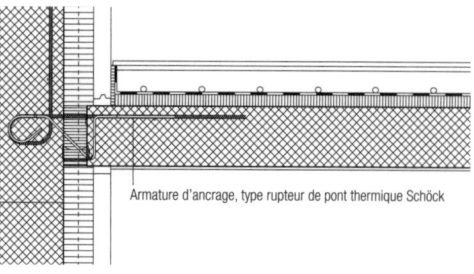

Ill. 38 : détail de la construction

MATÉRIAUX – MODULES | Systèmes | **Béton**

Ancrage des éléments de revêtement lourds (béton)

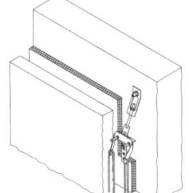

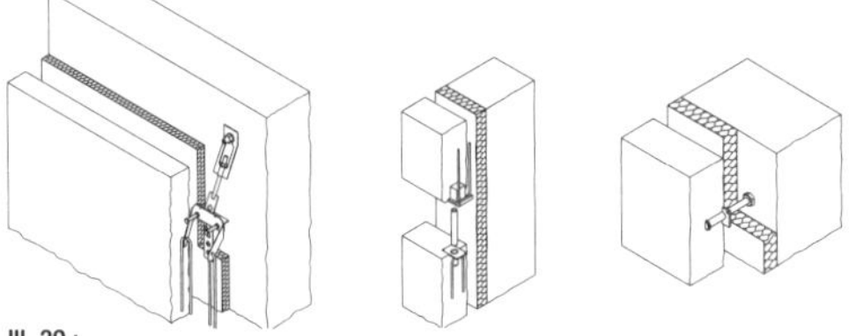

Ill. 39 :
Pièce supérieure
Suspente principale en partie haute du panneau

Goujonnage des panneaux entre eux

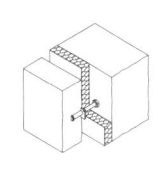

Vérin de pression (écarteur)

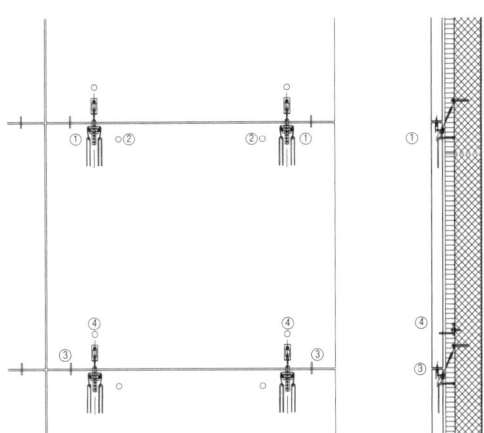

Ill. 40 : système d'ancrage de façade, élévation et coupe (à droite)

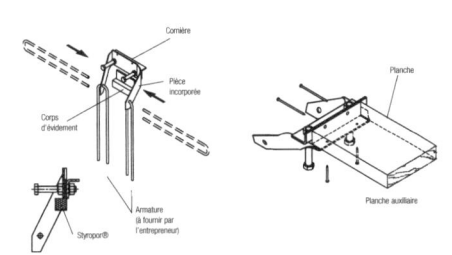

Ill. 41 : A montage en atelier, incorporation de la pièce dans le coffrage

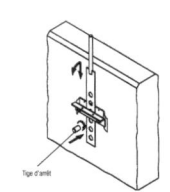

Ill. 43 : revêtement extérieur lourd

Ill. 42 : B montage sur le chantier

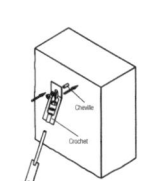

Ancrage des panneaux de façade préfabriqués

Les grands éléments de façade préfabriqués doivent être fixés au moyen de dispositifs adaptés à leur poids. Les pièces de fixation étant soumises à de très fortes sollicitations, les panneaux dont la hauteur s'étend sur un étage doivent en général être fixés en partie haute et basse. Seuls des dispositifs réglables dans les trois dimensions permettent de compenser les tolérances d'exécution et de poser les panneaux parfaitement d'aplomb et de niveau. Il faut accepter que les pièces de fixation, qui devront être en acier inoxydable, génèrent des ponts thermiques ponctuels. L'espace compris entre mur en béton banché et éléments de façade varie en général entre 0 et 14 cm, un espace plus large étant possible dans certains cas particuliers. On tiendra compte de la pression et de la succion dues au vent.

Les systèmes d'ancrage de façade se composent des éléments suivants :

1. Pièce supérieure (suspente porteuse) avec tige filetée réglable en hauteur
2. Vis écarteuse permettant d'ajuster la position des panneaux par rapport au mur porteur
3. Goujon permettant de fixer les panneaux entre eux
4. Éventuellement vérin de pression, en fonction de la sollicitation (pression ou succion due au vent)

Les différentes pièces de fixation sont placées à équidistance de l'axe passant par le centre de gravité du panneau, de manière à ce que chacune en reprenne la moitié du poids propre. Pour éviter toute surcharge (due par exemple à la dilatation des éléments), il convient de prévoir entre les panneaux des joints horizontaux assez larges (15 mm).

Montage

A En usine, la pièce de fixation supérieure (suspente) est incorporée dans le coffrage du panneau et reliée avec l'armature. Un corps d'évidement en Styropor est posé entre la pièce incorporée et la cornière (il sera retiré sur le chantier, voir plus bas). La planche représentée ci-contre ne sert qu'à aider à fixer la suspente au coffrage.

B Positionnement et fixation des crochets sur le mur porteur :
- Enlever le corps d'évidement en Styropor
- Introduire la bande perforée entre la pièce incorporée et la cornière
- Bloquer la bande perforée au moyen de la tige d'arrêt
- Appliquer la laque (Molykote) destinée à fixer les écrous et monter l'élément préfabriqué au crochet

MATÉRIAUX – MODULES | Béton

Systèmes

Ancrage des éléments de revêtement lourds (pierre naturelle)

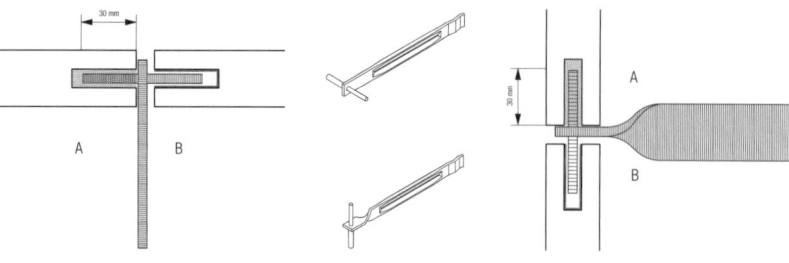

Ill. 44 : attache à sceller pour joint vertical
A ergot scellé
B ergot inséré dans un tube plastique (reprise de dilatation)

Ill. 45 : attache à sceller pour joint horizontal

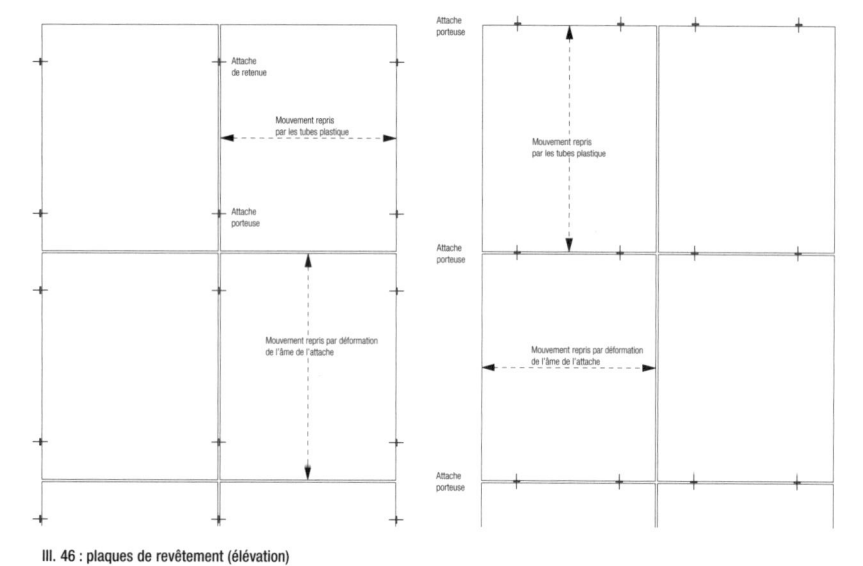

Ill. 46 : plaques de revêtement (élévation)

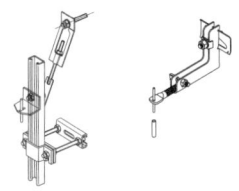

Ill. 47 : rail et console d'ancrage

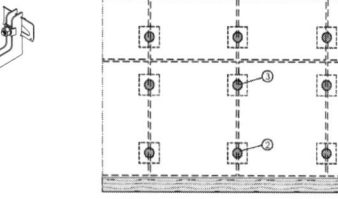

Ill. 48 : fixation des plaques de revêtement au moyen d'attaches à sceller
1. Installer le gabarit de montage pour le réglage à niveau de la première rangée de plaques.
2. Découper l'isolation thermique là où seront forés les trous d'ancrage.
3. Forer les trous, sans entamer les fers d'armature. Dépoussiérer les trous.
4. Poser les plaques à la bonne hauteur.
5. Ajuster le bord supérieur des plaques et en maintenir l'écartement par rapport au mur au moyen de cales.
6. Humidifier les trous d'ancrage, les remplir de mortier de ciment et compacter le mortier.
7. Placer et ajuster les attaches. Insérer les ergots dans les trous ménagés à cet effet sur la tranche des plaques.
8. Compacter et lisser le mortier. Remettre en place les morceaux d'isolation découpés.
9. Faire glisser latéralement la plaque suivante et recommencer l'opération.

Ancrage des plaques en pierre naturelle

Les plaques de pierre naturelle sont fixées à la structure porteuse par des attaches ménageant l'espace requis par l'isolation thermique et le vide de ventilation. Chaque plaque est fixée au moyen d'attaches porteuses et de retenue placées dans les joints horizontaux ou verticaux (quatre points de fixation nécessaires par plaque). Les attaches doivent pouvoir reprendre non seulement le poids propre des plaques, mais aussi la pression et la succion dues au vent. On trouve sur le marché une multitude de produits. Lorsqu'il n'est pas possible de fixer les plaques au mur porteur, celles-ci peuvent être montées sur une sous-construction métallique (système de rails). On distingue entre les dispositifs de fixation suivants :
– Attaches à sceller
– Vis ou consoles d'ancrage
– Rails d'ancrage

Les attaches à sceller représentent le moyen de fixation le plus fréquemment utilisé, décrit ici plus en détail.

Attaches à sceller

Les attaches à sceller et leurs ergots doivent être en acier inoxydable. Les ergots pénètrent d'environ 30 mm dans les trous forés à cet effet sur la tranche des plaques de pierre. Le diamètre des trous excède d'environ 3 mm celui des ergots. En général, la distance entre coin de la plaque et milieu du trou correspond à 2,5 fois l'épaisseur de la plaque, cette dernière devant se monter à 30 mm au minimum.

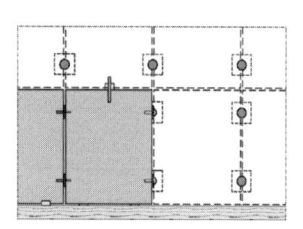

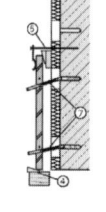

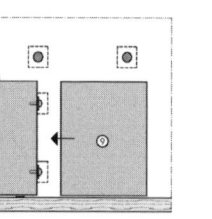

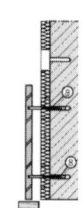

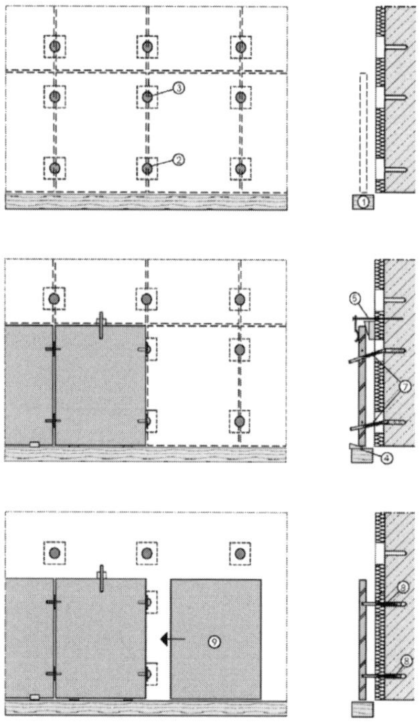

Ill. 49 : façade en pierre naturelle
Fixation des plaques au moyen d'attaches à sceller

Montage des attaches à sceller

Les attaches doivent être scellées à une profondeur suffisante dans le mur porteur (béton ou maçonnerie), sans toutefois en affaiblir excessivement la section. Avant de forer le trou destiné à accueillir l'attache, il s'agit de découper l'isolation thermique, et de recoller le morceau découpé après scellement. Les attaches sont ajustées lorsque le mortier est en phase de prise.

MATÉRIAUX – MODULES | Béton
Systèmes

Prédimensionnement des dalles en béton armé
Estimation des dimensions des éléments lors de la conception

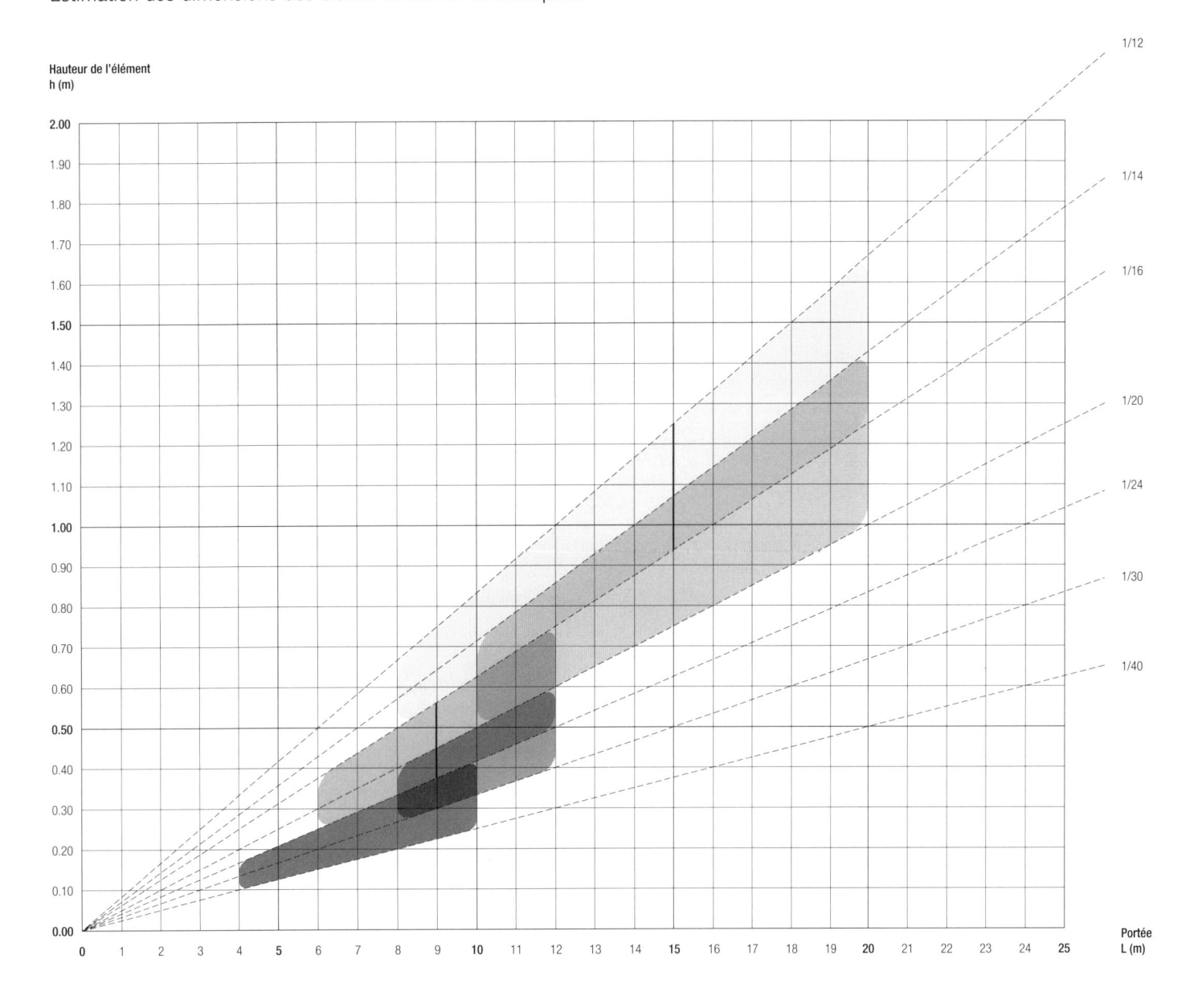

Hauteur de l'élément h (m)

Portée L (m)

Élément de structure	Portée L (m)	h*/L
Dalle sur murs	– 10 m	1/24 – 1/40
Plancher-dalle sur poteaux, avec armature lâche	6 – 12 m	1/16 – 1/24
Dalle-champignon	8 – 12 m	1/20 – 1/30
Dalle sur sommiers, avec armature lâche	8 – 20 m	1/12 – 1/16
Dalle à caissons	10 – 20 m	1/14 – 1/20

Ill. 50 : remarques concernant l'utilisation du tableau

Lorsque l'élément en question est soumis à une charge élevée (poids propre et charge utile), il s'agit d'utiliser, pour en définir la hauteur, les valeurs maximales proposées dans le tableau – vice versa dans le cas de faibles charges.

Les dimensions et relations indiquées ne peuvent être établies scientifiquement. Les trapèzes grisés devraient en fait présenter des contours flous. Dans l'intérêt d'une utilisation rationnelle des éléments de structure, il convient d'éviter les « marges » du graphique.

Source : M. Dietrich, École d'ingénieurs de Berthoud, 1990.

* Si la dalle est précontrainte, l'épaisseur de la construction peut être réduite (d'environ 30 % au maximum).

Éléments de structure linéaires

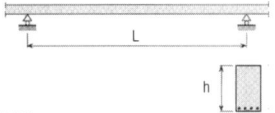

Ill. 51 :
Dimensions de la section des poutres pour des écartements et charges ordinaires (approximation) :

Hauteur h
Poutre simple	h/L = 1/11 à 1/13
Poutre-dalle simple	h/L = 1/13 à 1/15
Poutre continue (travée de rive)	h/L = 1/12 à 1/15
Poutre continue (travée intérieure)	h/L = 1/15 à 1/18

Largeur l
Largeur min. l	180 mm
Largeur min. l pour L = 5 à 8 m	200 mm
Largeur min. l pour L = 8 à 12 m	300 mm
Largeur min. l pour L = 12 à 15 m	400 mm

Longueur des poteaux L
Longueur critique de flambage L_{cr}

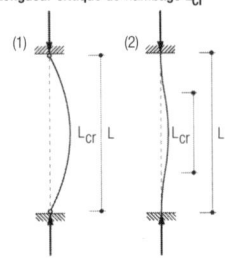

(1) Articulation aux deux extrémités (poteau pendulaire) $L_{cr} = L$
(2) Encastrement aux deux extrémités $L_{cr} = L/2$
(3) Articulation en haut, encastrement en bas $L_{cr} = L \times 0{,}7$ 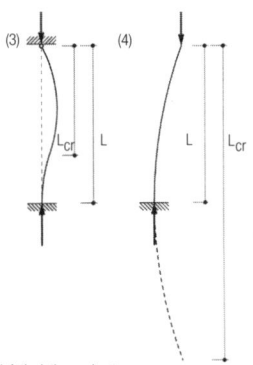
(4) Extrémité libre en haut, encastrement en bas $L_{cr} = L \times 2$

Largeur des poteaux l
l = plus petite dimension de la section

Section rectangulaire $l = L_{cr}/14$
(à titre d'approximation, lorsque le flambage n'est pas déterminant)

Dimension min. si le béton est coulé sur place $l \geq 200$ mm
Dimension min. en cas de préfabrication $l \geq 150$ mm

Largeur des poteaux s'étendant sur plusieurs étages
Trame 7,5 x 7,5 m, hauteur d'étage 3,60 m (charge normale, p. ex. bureaux)
1 étage au-dessus des poteaux :	l = 250 mm
2 étages au-dessus des poteaux :	l = 350 mm
3 étages au-dessus des poteaux :	l = 400 mm
4 étages au-dessus des poteaux :	l = 450 mm

Poutres

Les poutres sont des éléments de structure principalement sollicités en flexion. L'ampleur du moment de flexion influe sur les dimensions (hauteur, élancement, forme de la section) et le type d'armature (lâche ou précontrainte) à adopter. Dans une structure, les poutres peuvent se présenter sous la forme de poutres encastrées, de poutres simples ou de poutres continues.

Dans la construction en béton coulé sur place, les poutres de section strictement rectangulaire sont assez rares, car elles sont la plupart du temps associées de façon monolithique à une dalle, et fonctionnent dès lors comme des « poutres-dalles ». Si les efforts de compression sont entièrement repris par la dalle, il est possible de réduire la hauteur de la poutre.

Ill. 52 : ossature avec poutres préfabriquées
Angelo Mangiarotti, immeuble industriel, Bussolengo Barese (I) 1982

Compte tenu du travail requis par le coffrage, il n'est rationnel d'adapter les dimensions des poutres aux sollicitations que si elles sont préfabriquées, auquel cas les coffrages peuvent être réutilisés. Il est par exemple possible de faire varier la hauteur des poutres en fonction du diagramme des moments de flexion, leur largeur en fonction du diagramme des efforts tranchants. Lorsque les portées à franchir sont importantes, les sections sont dimensionnées de manière à minimiser le poids de l'élément et la quantité de matériau nécessaire, les poutres prenant alors la forme de treillis ou de poutres sous-tendues ou haubanées.

Poteaux

Les poteaux ont pour fonction de transmettre les charges verticales aux fondations. Ils ne peuvent reprendre de charges horizontales (efforts tranchants dus au vent, aux séismes) que si leur section est dimensionnée en conséquence.

Si la malléabilité du béton permet de réaliser des sections de n'importe quelle forme ou presque, des limites sont toutefois imposées par la complexité des travaux de coffrage et d'armature. La section « idéale » est circulaire, sa rigidité flexionnelle étant la même dans toutes les directions. Pour des raisons techniques liées au coffrage, toutefois, les poteaux en béton coulé sur place sont souvent carrés ou rectangulaires. Leur largeur doit se monter à 200 mm au minimum, à 150 mm s'ils sont préfabriqués. Le procédé du béton centrifugé permet de préfabriquer des poteaux ronds et carrés. Ici, le coffrage est rempli de béton, fermé et soumis à un mouvement rotatif, ayant pour effet de compacter le béton et d'en rendre la surface absolument lisse et régulière.

En tant qu'éléments élancés sollicités en compression, les poteaux sont susceptibles de rompre par flambage. Autrement dit, plus un poteau est élancé, plus la charge admissible est faible (charge critique de flambage). Les conditions d'appui du poteau en déterminent la longueur critique de flambage, qui peut être inférieure (= charge critique de flambage élevée) ou supérieure (= charge critique de flambage peu élevée) à sa longueur effective. Dans le bâtiment, les poteaux sont d'ordinaire articulés à leurs deux extrémités (poteaux pendulaires).

Ill. 53 : poutres sous-tendues
Halle industrielle, Lustenau (A)

Ill. 54 : poteaux en béton centrifugé, reliés à la dalle en béton armé par des chapiteaux métalliques. Axel Schultes, Kunstmuseum, Bonn (D) 1992

MATÉRIAUX – MODULES | Béton
Systèmes mis en œuvre

Structures à éléments linéaires

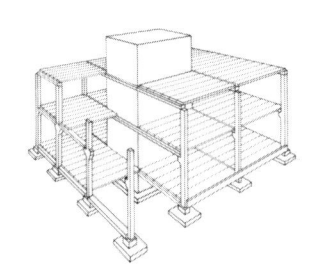

Ill. 55 : bâtiment à plusieurs niveaux présentant une ossature constituée de poteaux, poutres et éléments de planchers préfabriqués. Le noyau en béton coulé sur place sert à la reprise des forces horizontales (contreventement).

Arcs

Un arc est une poutre cintrée, en principe sollicitée en compression axiale et en flexion. Il est cependant possible de donner à l'arc une forme telle qu'il ne soit plus sollicité, sous l'effet d'une charge uniforme, qu'en compression axiale (sans moments de flexion). La forme « idéale » d'un arc correspond à celle, inversée, d'un câble tendu se déformant sous l'effet de son propre poids (chaînette).

Dans la construction en béton armé, l'arc est souvent utilisé dans les ponts de grande portée. Alors qu'autrefois, le coût de la main-d'œuvre et celui des matériaux permettaient encore de recourir à des arcs en béton coulé sur place pour couvrir des halles de grande portée, les arcs ne sont plus que rarement utilisés aujourd'hui, et toujours sous la forme d'éléments préfabriqués.

Ill. 56 : construction à arcs encastrés
Service des constructions de la Ville de Stuttgart (F. Fischle, F. Cloos), piscine, Heslach (D) 1929

Portiques

Si l'on assemble des éléments linéaires horizontaux et verticaux de façon rigide, on obtient des portiques. Les poteaux sont alors appelés « montants », les poutres « traverses ». Les angles des portiques étant soumis à des moments de flexion, il s'agit de donner à la section des montants des dimensions supérieures à celles d'un poteau ordinaire, uniquement soumis à une charge centrée.

Un portique est un système rigide dans son propre plan, à même de reprendre des charges aussi bien verticales qu'horizontales et, partant, de contreventer la structure (palée de stabilité). En tant qu'éléments stabilisateurs, les portiques sont surtout économiques dans le cas de bâtiments à un ou deux niveaux. Dans les bâtiments plus hauts, on privilégiera les voiles raidisseurs.

Ill. 57 : construction à portiques encastrés
Auguste + Gustave Perret, garage Ponthieu, Paris (F) 1906

Ossatures

Les ossatures se composent d'éléments porteurs préfabriqués tels que poteaux, sommiers et dalles. Lorsque les poteaux sont encastrés à leur sommet, l'ossature constitue un système de portiques rigides.

La transmission des forces horizontales au sol de fondation est assurée par des poteaux encastrés à leur base dans les bâtiments à un ou deux niveaux, par des voiles verticaux dans les bâtiments plus hauts.

La construction en ossature permet une flexibilité d'utilisation maximale, la structure porteuse étant ici dans une large mesure dissociée des autres éléments composant le bâtiment.

Ill. 58 : bâtiment en éléments préfabriqués et verre
Hermann Hertzberger, agrandissement de l'usine LinMij, Amsterdam (NL) 1964

MATÉRIAUX – MODULES Béton

Systèmes mis en œuvre

Éléments de structure plans

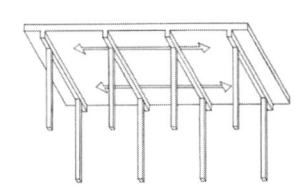

Ill. 59 : dalle continue travaillant dans une direction

Épaisseur des dalles travaillant dans une direction
Dalle en porte-à-faux ép./L = 1/12
Dalle à une travée ép./L = 1/25

Dalle continue (travée de rive) ép./L = 1/30
Dalle continue (travée intérieure) ép./L = 1/35

Épaisseur des dalles travaillant dans plusieurs directions
Dalle à une travée ép./L = 1/30
Dalle continue (travée d'angle) ép./L = 1/40
Dalle continue (travée intérieure) ép./L = 1/45

Épaisseur minimale h 180 à 200 mm
(protection contre le feu et le bruit)

Portées économiques
Dalle travaillant dans une direction L < 6 à 7 m
Dalle travaillant dans plusieurs
directions L < 8 m

Ill. 60 : dalle nervurée

Hauteur de construction des dalles nervurées
Hauteur totale (h) h = L/20 à L/35
Vide entre nervures (s) s ≤ 2 x h
Épaisseur de la dalle (ép.) ép. ≥ 50-80 mm
 ou 0,1 x entraxe
 des nervures

Portées économiques
Dalle nervurée L = 7-12 m
Dalle nervurée préfabriquée,
précontrainte L ≤ 18 m

Ill. 61 : plancher-dalle

Épaisseur des planchers-dalles
Dalle rectangulaire
(travaillant dans une direction) ép./L = 1/30
Dalle carrée
(travaillant dans deux directions) ép./L = 1/35

Épaisseur minimale (ép.)
(protection contre le feu et le bruit) 200 mm

Portées économiques
Plancher-dalle L ≤ 8 m

Dalles

Les dalles en béton sont des éléments de structure sollicités perpendiculairement à leur plan, principalement en flexion. On fait la distinction entre les dalles travaillant dans une seule direction et celles travaillant dans deux. Font partie de la première catégorie les dalles en porte-à-faux et les dalles prenant appui sur deux murs opposés. Quant à la seconde catégorie, l'illustration « idéale » en est la dalle carrée dont les quatre côtés reposent sur un mur. Les charges étant ici transmises dans plusieurs directions, il est possible de conférer à la dalle une épaisseur moindre. Le rapport entre épaisseur et portée de la dalle dépend des conditions d'appui (dalle en porte-à-faux, dalle à une travée, dalle continue).

Lorsque les portées à franchir sont importantes, les dalles pleines, trop lourdes, cèdent le pas à des systèmes de planchers profilés plus légers. Dans le bâtiment, on fait la distinction entre les dalles reposant sur des appuis linéaires, telles que dalles pleines (travaillant dans une ou deux directions), dalles nervurées (travaillant dans une direction) ou dalles à caissons (travaillant dans deux directions), et celles reposant sur des appuis ponctuels, telles que planchers-dalles ou dalles-champignons.

Les dalles nervurées et à caissons reposant sur des murs ou des sommiers ont sur les dalles pleines l'avantage d'un moindre poids (économie de matériau au niveau de la zone travaillant en traction), mais requièrent des travaux de coffrage plus importants (nécessité de recourir à des éléments de coffrage préfabriqués).

Ill. 62 : parking souterrain, vers 1960
Dalle nervurée

Dans le cas des dalles reposant sur des poteaux, la forte sollicitation à laquelle la dalle est soumise au niveau des points d'appui requiert un renforcement local de l'armature (plancher-dalle) ou la réalisation d'un chapiteau (dalle-champignon). Les planchers-dalles présentent par rapport aux systèmes de planchers profilés une hauteur de construction relativement faible. Les moments de flexion et efforts tranchants maximaux entraînent cependant un risque de poinçonnement de la dalle au niveau des points d'appui. En augmentant ponctuellement la surface d'appui

Ill. 63 : les champignons transmettent les charges issues des étages supérieurs de façon continue aux poteaux.
Robert Maillard, entrepôt sur la Giesshübelstrasse, Zurich (CH) 1910

et l'épaisseur de la dalle et en prévoyant une armature antipoinçonnement ou des chapiteaux en acier, il est possible de garantir la sécurité structurale de la dalle même au niveau des poteaux. Aujourd'hui, les poteaux et chapiteaux des dalles-champignons sont la plupart du temps préfabriqués, afin d'optimiser le déroulement des travaux.

Voiles

Dans le bâtiment, on appelle voile un mur porteur et/ou stabilisateur. À la différence des dalles, principalement sollicitées en flexion, les voiles sont sollicités dans leur propre plan et doivent de ce fait pouvoir reprendre des efforts normaux.

On fait la distinction entre les voiles reposant sur des appuis linéaires, qui transmettent directement les charges verticales à l'élément sous-jacent, et les voiles reposant sur des appuis ponctuels, qui transmettent les charges à leurs appuis, et sont en cela comparables à des poutres.

Du fait de leur grande rigidité, on utilise les voiles comme éléments de contreventement (transmission des charges horizontales) ou de reprise.

Ill. 64 : maquette d'une structure à voiles décalés ou perpendiculaires
Morger & Degelo, centre communal de Reinach, Bâle (CH) 1997-2000

Structures surfaces

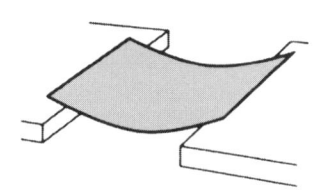

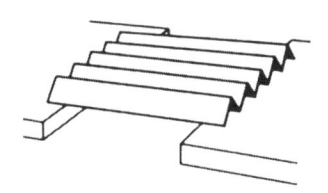

Structures plissées

Si l'on pose deux feuilles de papier sur deux appuis, l'une pliée en accordéon, l'autre pas, on constate que la seconde se déforme sous l'effet de son propre poids. C'est sur ce principe que reposent les structures plissées.

Ces dernières se composent de plans inclinés, reliés de façon résistante au cisaillement au niveau de leurs arêtes (plis), et fonctionnant à la fois comme des dalles (sollicitées perpendiculairement à leur plan, principalement en flexion) et comme des voiles (capables, du fait de leur rigidité et résistance sensiblement supérieures, de reprendre des efforts dans leur propre plan et de les transmettre aux appuis).

De ce fait, les structures plissées permettent de couvrir des surfaces considérables sans appuis intermédiaires, raison pour laquelle on les utilise surtout pour réaliser des toitures de grande portée.

Ill. 65 : rigidification d'une feuille de papier par pliage – le principe des structures plissées

Ill. 68 : toiture plissée portée par des poteaux en Y
Hans Hofmann, centrale hydroélectrique, Birsfelden près de Bâle (CH) 1953-1954

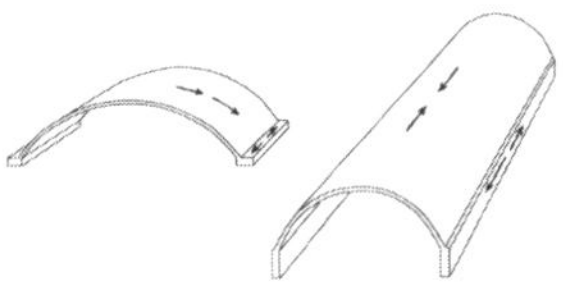

Coques

Les coques sont des structures tridimensionnelles à paroi mince. Elles sont la plupart du temps construites en béton armé ou en béton précontraint, matériau qu'il est possible de « modeler » presque à volonté.

La forme des coques est déterminante non seulement pour leur expression architecturale, mais aussi pour leur comportement statique. Il existe pour les coques comme pour les arcs une forme « idéale ». Celle-ci est atteinte lorsque la structure soumise à son poids propre travaille en membrane, c'est-à-dire lorsque chaque parcelle de la coque n'est sollicitée que par des efforts normaux et de cisaillement agissant dans son propre plan. Une telle coque pourra ainsi présenter une portée de plus de 500 fois son épaisseur.

Ill. 66 : formes à courbure simple

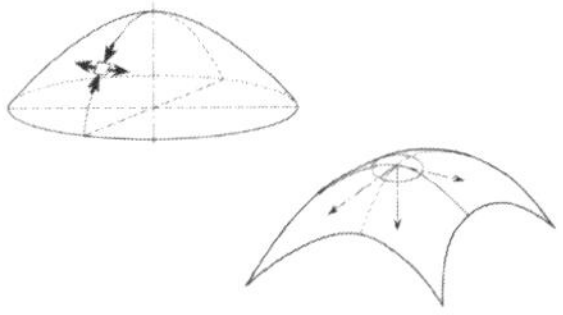

Ill. 67 : formes à double courbure

Ill. 70 : coque conçue selon le principe de la mousse durcie
Heinz Isler (avec P. Wirz, architecte), usine Kilcher, Recherswil (CH) 1965

Sur la base de diverses expériences, l'ingénieur Heinz Isler a développé trois principes de génération de la forme des coques :
– La forme est obtenue en mettant une membrane sous pression de l'intérieur.
– La forme est obtenue en laissant pendre un tissu sous l'effet de son propre poids (formes libres).
– La forme est obtenue en laissant s'écouler et durcir de la mousse.

Une coque requiert des travaux de coffrage assez importants. Il est possible d'en construire en béton armé selon trois méthodes :
– Coffrage sur cintre
– Assemblage d'éléments préfabriqués
– Utilisation d'un coffrage pneumatique

La méthode la plus répandue consiste à réaliser le coffrage de la coque sur un cintre.

Ill. 69 : coque de forme idéale (parabole), d'environ 6 cm d'épaisseur
Robert Maillard, Zementhalle, Exposition nationale suisse de 1939

Ill. 71 : coque conçue selon le principe de la membrane, construite sur cintre fixe
Heinz Isler (avec VSK et Frei Architekten), entrepôt Coop, Olten (CH) 1960

Bois : isotrope, synthétique, abstrait – artificiel
À propos de la technologie de la préfabrication dans la construction en bois

Andrea Deplazes

Au cours de la décennie écoulée, les systèmes et les produits semi-finis ont connu des développements qui rendent caducs tous les principes tectoniques fondamentaux utilisés et enseignés jusqu'ici dans la construction en bois. De fait, la « construction à ossature cadre classique des années 1990 », qui avait annoncé l'émergence de la construction en bois préfabriquée dans le domaine « libre » et non modulaire, semble aujourd'hui déjà anachronique.

Ce n'est sans doute pas un hasard si les nouveaux systèmes constructifs sont apparus en Europe centrale et en Scandinavie, donc dans des pays qui doivent miser sur la promotion commerciale de la filière bois. Pour échapper à la stagnation de la construction en bois traditionnelle, ils sont en effet contraints d'innover afin de conquérir des parts de marché dans le domaine de la construction massive. La situation est de surcroît aggravée par les grandes quantités de « bois de tempête » inutilisé provenant des forêts détruites par les ouragans, ce qui provoque une concurrence acharnée dans laquelle, pour la première fois, la construction en bois se rapproche de la construction massive.

Principes artisanaux
La « construction à ossature cadre classique des années 1990 » a encore recours à toute une série d'anciens procédés de charpenterie : assemblage de lattes de bois en une « ossature cadre » plane avec lisse haute et basse, ou encore le revêtement de cette ossature avec des planches ou des panneaux pour conférer stabilité et rigidité à un élément de construction (paroi ou plancher) fonctionnant alors comme contreventement. Dans un élément de ce type, une ouverture est toujours une perturbation exigeant une « enchevêtrure » précise.

Structure complémentaire dans la construction à ossature cadre en bois
Dans la construction à ossature cadre, l'objectif de la tectonique semble directement s'accorder avec celui de la physique du bâtiment : l'ossature en bois équarri porte la charge, le revêtement intérieur sert de raidisseur (contreventement), le revêtement extérieur ceint l'ossature, dans l'épaisseur de laquelle est placée l'isolation thermique, et maintient ensemble tout le « sandwich ». Pour finir, on applique à l'extérieur un bardage ventilé de protection contre les intempéries et, à l'intérieur, une couche de la qualité souhaitée pour la surface apparente des murs, qui dissimulera en même temps les conduites des installations techniques. La structure en couches d'un tel élément de façade est donc complémentaire, c'est-à-dire conçue de manière que les couches se complètent entre elles, chacune étant destinée à remplir une seule fonction principale. La composition et la qualité matérielle des composants du système constructif à ossature cadre sont en grande partie définies par le fabricant. L'architecte ou l'auteur du projet n'a plus à réfléchir à ce qui se passe à l'intérieur du sandwich ni à en préciser les détails constructifs. Il décide de la seule qualité esthétique des surfaces extérieures visibles.

Déficit de forme des nouvelles technologies
L'intérêt grandissant pour les nouvelles technologies de construction en bois semble accréditer la thèse selon laquelle, pour la première fois dans l'histoire de l'architecture, on assiste à une évolution allant de la construction massive vers la construction en bois, qui appartient à la catégorie de la construction filigrane (tectonique). Citons à titre d'exemple la théorie dite « du changement de matériau *(Stoffwechsel)* » de Gottfried Semper, qui traite moins de la technique constructive elle-même que de ses conséquences sur l'expression des formes architecturales au moment du passage de la tectonique à la stéréotomie, lors duquel on a assisté à une sorte de transfert de la construction en bois vers la construction massive (j'appelle ce conflit l'« opposition entre l'immanence technologique et la permanence culturelle »). On peut encore mentionner les premières structures en béton armé de Hennebique, qui, avec leurs poteaux rangés hiérarchiquement, leurs sommiers et leurs solives doivent encore beaucoup aux assemblages tectoniques des édifices en bois. Ce n'est qu'après une période d'accoutumance que les principes inhérents aux structures en béton armé furent mis au point par Robert Maillard : des poteaux se terminant en champignon et se fondant dans le plancher-dalle et créant une sorte de nœud plastique hybride à leur sommet, dans lequel est placée l'armature qui restera invisible.

On assiste ici à une inversion de la « forme artistique *(Kunstform)* » dans la « forme noyau *(Kernform)* » (pour reprendre deux notions de Carl Bötticher), qui ne laisse voir les lignes de force que dans le coffrage avant le coulage, sous la forme d'un faisceau dense de fers en acier. Ces considérations permettent de tirer la conclusion suivante : les critères de mise en forme inhérents aux nouvelles technologies ne se constituent que par le dépassement de la permanence culturelle des images (stéréotypes).

Recherche d'une forme et d'une structure adéquates
Si la construction classique à ossature préfabriquée, avec montants intérieurs et parement sur les deux faces, représente une forme de développement intermédiaire, encore clairement inspirée par la charpenterie artisanale traditionnelle et les règles tectoniques strictes de la construction en bois, à quoi ressemblent la structure et la forme inhérentes à la technologie de la construction en bois actuelle ?

Ill. 1 : montage d'une construction à ossature cadre
Bearth & Deplazes, maison Hirsbrunner, Scharans (CH) 1995

Pour répondre à cette question, il nous faut brièvement rappeler les étapes du travail du bois d'usage aujourd'hui. La fabrication des produits semi-finis se caractérise par une suite descendante : la première étape est le sciage de bois de haute ou moyenne qualité en madriers, bastaings, chevrons et planches destinés à un usage traditionnel. Le bois lamellé-collé (BLC) est le principal produit semi-fini de cette première étape. Les chutes frontales et latérales sont broyées. Dans une deuxième phase, on produit des baguettes, des lattes et des lames utilisées dans la fabrication des panneaux multiplis, des panneaux en bois massif reconstitué, etc. Les « déchets » restants sont à nouveau broyés.

Avec les rebuts des feuilles coupées ou déroulées, on fait par exemple des panneaux de particules ou des poutres Parallam. Lors de la dernière étape, les déchets fins (p. ex. la sciure de bois) sont cuits jusqu'à l'obtention d'une pâte fibreuse, le bois étant séparé en fibres et en lignine, puis pressé en panneaux (de fibres durs, moyens et tendres) qui viennent compléter l'éventail des produits.

À chaque niveau de réduction correspond un processus d'assemblage et de re-formation inverse, principalement sous la forme de panneaux destinés à être sollicités parallèlement ou perpendiculairement à leur plan. Et à chaque fois, c'est le collage qui donne sa résistance au matériau. C'est ce qui explique que, lors de la mise en œuvre ultérieure des produits semi-finis, leur « affinage » et leur préparation en vue de la préfabrication d'un élément, ceux-ci possèdent une malléabilité surprenante, se prêtant presque sans difficulté à tous les types de façonnage (fraisage CNC ou usinage robotisé). Le terme de « modelage » convient ici, puisqu'on ne réalise pas seulement des patrons complexes mais aussi des volumes, comme des reliefs ou des pièces tridimensionnelles, dont on peut définir numériquement le développement des surfaces et donc les façonner.

CAO – FAO – *roboting*

Ce procédé de fabrication confère à la substance bois le caractère d'un matériau isotrope aisément façonnable. Il est facile d'imaginer les possibilités offertes par une telle évolution : grâce à la ligne de production allant de la CAO de l'architecte à la FAO et à l'usinage robotisé CNC du fabricant, il serait tout à fait réaliste de se commander, pour un prix relativement modéré, une copie unique d'un ouvrage de charpenterie complexe, par exemple celle d'un sanctuaire shinto japonais. Ce serait le début d'une production en série limitée de raretés architectoniques destinées à une clientèle choisie et distinguée (comme c'est le cas dans la mode ou l'industrie automobile).

Ces visions nous ramènent au point de départ d'un projet, celui de sa conception :

La conception assistée par ordinateur est aujourd'hui une pratique courante dans les bureaux d'architecture. La chaîne de données s'y raccordant directement, la manière de dessiner le plan à l'écran doit avoir un effet en retour sur la production et la tectonique de l'ouvrage, indépendamment de la technique constructive classique, par exemple la construction en bois. On fabrique des éléments de construction non modulaires, spécifiques à l'objet. Autrement dit : le projet architectural concret est scindé en éléments manipulables (voiles, panneaux ou coques), transmis au site de production via la chaîne de données et à nouveau assemblé sur le chantier pour constituer un édifice. Dans la construction massive, on utilise depuis longtemps ce type de tectonique du panneau et d'assemblage par superposition d'étages ou empilement d'éléments. Dans le domaine de la construction en bois, il génère de nouveaux procédés de conception et de construction. De plus, grâce au progrès technique, la résistance des matériaux augmente et les éléments de construction deviennent de plus en plus fins.

Une maquette en carton grandeur nature

Aujourd'hui, l'« élément de base » de la construction en bois contemporaine n'est plus le poteau mais le panneau. Il est fabriqué par collage à fil croisé de trois couches ou plus de bois scié (lamelles ou lattes) provenant de bois d'assez mauvaise qualité (autrefois, bois de rebut). Ce « tissage croisé » lui confère une résistance et une rigidité élevées permettant de l'utiliser comme élément de

MATÉRIAUX – MODULES   **Bois**
Introduction

contreventement. À l'instar d'un tissu, le panneau homogène, sans hiérarchie interne reconnaissable, peut être fabriqué dans des longueurs et largeurs variables (les seules limites sont celles de la dimension de la presse utilisée et des possibilités de transport par semi-remorque) et son épaisseur peut être augmentée en fonction des charges et des contraintes. Il est même possible d'optimiser la qualité des « fils du tissage » (lattes de bois tendre ou dur et mélanges de la consistance) selon l'utilisation

Ill. 2 : montage des panneaux en bois massif reconstitué
Bearth & Deplazes, maison Bearth-Candinas, Sumvitg (CH) 1998

prévue. Le panneau est statiquement isotrope ; il est « indifférent » à la direction dans laquelle il est sollicité.

Deux conditions se trouvent dans la construction en bois contemporaine : la tectonique du panneau et les voiles minces (p. ex. les panneaux en bois massif reconstitué) se comportent comme du cartonnage à l'échelle 1:1, comme si une maquette en carton avait été agrandie aux dimensions d'un bâtiment. Cette similarité ne concerne pas seulement la perception physique. Elle se manifeste plus encore au niveau des baies, qui semblent percées ou découpées à volonté dans les plaques, comme si on avait taillé du carton au cutter, et fait prendre conscience de la résistance surprenante de la tectonique du panneau de l'édifice. On sait que l'ossature continue, le *balloon frame* américain, assemblée au pistolet à clous, se comporte

de façon identique et qu'on peut y découper tout un coin du bâtiment sans que la construction s'effondre, puisque la structure porteuse est surdimensionnée. (Un tel geste serait tout à fait inimaginable dans la construction à ossature cadre bois européenne !) Pourtant, si on la compare à l'assemblage de panneaux aujourd'hui pratiqué en Europe, la technique américaine du *balloon frame* paraît tout simplement démodée, sans parler des travaux d'isolation et de revêtement qu'elle nécessite ensuite sur place.

Prévision : des systèmes compacts

La situation de la tectonique du panneau européenne permet de prévoir les développements suivants : les seuls systèmes intéressants seront ceux qui fourniront une solution compacte au problème du complexe « structure porteuse – physique du bâtiment – protection contre les intempéries » (éléments sandwich, appelés « systèmes compacts ») et qui simplifieront la pose des différentes couches ou plutôt en réduiront le nombre. Nous les nommerons systèmes synthétiques complexes de composants multifonctionnels. Le morcellement total de la façade en d'innombrables couches date des années 1970, lorsque la physique du bâtiment prit une importance accrue suite à la crise du pétrole. La construction fut alors divisée en fonctions individuelles, ramenées aujourd'hui à un petit nombre de composants grâce à d'ingénieux procédés de synthèse. Cela correspond à une tendance dans la construction massive, où l'on cherche à utiliser un seul matériau, à la fois isolant et porteur, en réaction à la mise en œuvre compliquée à planifier et complexe à garantir à long terme des systèmes complémentaires à plusieurs couches monofonctionnelles (mur à double paroi, etc.).

Un élément de façade synthétique pourrait alors se présenter ainsi : l'élément de base est constitué d'un panneau nervuré mince, par exemple un panneau en bois massif reconstitué de 3,5 cm d'épaisseur, avec des nervures transversales collées de 20 centimètres de profondeur dans le même matériau, pour résister au flambage et dont les intervalles sont remplis d'isolant thermique. Cet élément de base a son côté plan à l'intérieur et fait office de voile porteur (support, contreventement), de châssis pour l'isolation thermique et de pare-vapeur (la colle que le panneau contient lui conférant cette propriété). La face intérieure homogène peut être directement et facilement traitée (p. ex. peinte ou tapissée). Lorsqu'il n'est pas nécessaire de placer des installations électriques dans l'épaisseur du panneau, on peut se passer d'un second revêtement posé du côté intérieur. Un simple lambrissage extérieur en bois, fixé sur les nervures, ferme le sandwich de la façade et sert de support à la vêture. Dans la maison Bearth, présentée ci-dessous, les bardeaux de mélèze sont directement cloués sur le lambrissage sans vide d'air.

Les panneaux minces à nervures représentent un mode de construction apparenté à celui utilisé dans la construction automobile et aéronautique, dans laquelle de minces membranes portantes en métal léger ou en plastique, raidies par des nervures, sont soumises à des contraintes extrêmement fortes : un maximum de résistance et de rigidité pour un minimum de matière. Alors que, dans la construction aéronautique, le poids joue un rôle déterminant, dans la tectonique du panneau de la construction en bois actuelle, c'est surtout la compacité et la multifonctionnalité des éléments synthétiques qui importent.

Une comparaison avec la construction à ossature cadre évoquée plus haut éclaire aussitôt la subtile « inversion » : alors que, dans une construction à ossature, le revêtement intérieur sert uniquement de contreventement et que les montants sont clairement porteurs, dans le cas du panneau à nervures, apparemment identique sur le plan formel et constructif, les rôles s'inversent : c'est le panneau mince (3,5 cm), raidi par des fines nervures transversales, qui est porteur. Cette approche analytique doit cependant être aussitôt corrigée : les deux composants (panneau et nervures) forment un ensemble indissociable, synthétique et compact (grâce à la cohésion conférée par le collage), un tout dans lequel structure porteuse (porter, raidir) et physique du bâtiment (diffusion de la vapeur), fonction constructive interne et surfaces apparentes se fondent les unes dans les autres et où chaque composant assure plusieurs fonctions en conjonction avec les autres. C'est pourquoi, dans la construction en bois contemporaine, on parle de « systèmes compacts ».

Quand les éléments de la façade sont assemblés les uns aux autres, les couches isolantes et porteuses sont continues puisque les dalles sont simplement posées sur les panneaux de bois massif reconstitué de 3,5 cm d'épaisseur. Il en va autrement dans la construction à ossature cadre avec lisses haute et basse, où les solives du plancher interrompent complètement la construction de la façade, ce que seules des cornières métalliques en saillie (profilés en Z) permettraient d'éviter. Voyons un cas concret :

Un pull-over en stretch sur une tectonique du panneau

La maison Bearth-Candinas est une maison-tour élancée de quatre niveaux, située à la sortie du village de Sumvitg. Son plan est un simple rectangle divisé longitudinalement en son milieu par un mur de refend. Chaque niveau abrite ainsi deux longues pièces fonctionnellement neutres, divisibles selon les besoins. La maison ne possède pas de cave, car une quantité d'eau importante coule dans le versant de la montagne. Au rez-de-chaussée, on arrive dans un hall vitré ouvert (jardin d'hiver servant de salle de jeux pour les enfants de la famille) où se trouve l'entrée proprement dite de la maison ; de là, on accède aux étages. Comme tous les systèmes constructifs en bois n'offrent qu'une faible masse d'inertie thermique et tendent donc vers un concept d'isolation afin d'atteindre un bilan thermique bas, les fenêtres des pièces sont placées sur toutes les façades et dans toutes les directions afin d'éviter une surchauffe en été. En hiver, la chaleur solaire du hall d'entrée monte à tous les étages, chauffant les chambres à coucher et les pièces de séjour.

Mais revenons à notre thème : d'apparence grossière à l'état brut, les faces intérieures des panneaux en bois massif reconstitué sont peintes en blanc et en jaune citron, ce qui permet de couvrir les joints des murs porteurs tout en donnant aux pièces un aspect homogène. L'impression de « maison en bois » disparaît au profit de l'aspect fragile d'un édifice en papier dont les pièces semblent tapissées. (De près, on constate que les parois sont constellées de milliers de fines fentes régulières entre les fibres : une véritable « culture de la fissure » qui évite une fois pour toutes les réclamations pour défauts du maître d'ouvrage !) Comme le seul fabricant de bardeaux des Grisons exerce dans le village, il a semblé opportun d'habiller la façade de bardeaux. Ce revêtement recouvre le bâtiment à la façon d'un pull-over en stretch, lui conférant un aspect homogène qui fait oublier la tectonique du panneau. Ce bâtiment associe ainsi intimement production industrielle high-tech et savoir-faire artisanal éprouvé.

Abandonner les modèles rigides

Si l'on poursuit l'examen de la tectonique du panneau et la technique de revêtement sans lame d'air, on se rend compte sans peine que la construction en bois actuelle s'éloigne de ses « modèles rigides » et cela pour deux raisons :

La première est qu'il existe aujourd'hui de nombreux revêtements de façades autres que le bois, comme les plaques de métal, les panneaux de verre, les panneaux ou même les films de plastique, les panneaux supports d'enduit, les panneaux en fibrociment, ainsi que les plaques de tôle ondulée. Ces dernières caractérisent par exemple de façon extraordinaire l'architecture de la capitale islandaise Reykjavik. Une conséquence du programme d'aide économique américano-islandais « sheep for sheets » (des moutons contre de la tôle ondulée : l'Islande est une île sans arbre) est que la modénature linéaire des façades peintes en différentes couleurs n'est justement pas constituée de couvre-joints en bois – ce qui correspond exactement aux idées formulées par Semper. Ou, de manière plus générale : la construction en bois actuelle se dissimule derrière d'autres matériaux qui ont l'avantage d'être plus légers, extrêmement minces et de grandes surfaces imperméables avec moins de joints. On a naturellement aussi pensé à la possibilité de remplacer

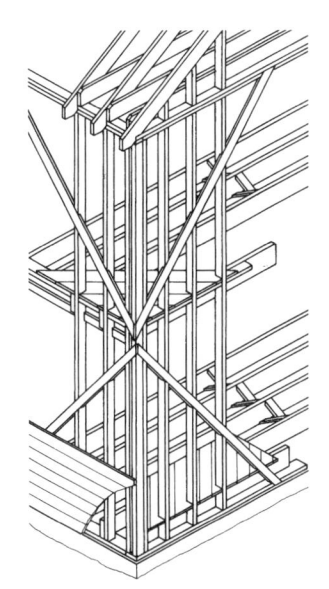

Ill. 3 : technique du *balloon-frame* :
Construction de montants continus sur plusieurs niveaux

le lambrissage portant le revêtement protecteur par ce revêtement lui-même pour obtenir un élément de façade aussi compact que possible. Dans ce cas, cependant, le problème des joints entre les éléments devient d'autant plus aigu, ce que nous ont suffisamment appris les expériences de construction massive en panneaux de béton préfabriqués *(Plattenbau)* de l'économie planifiée des anciens pays du Pacte de Varsovie.

La deuxième tendance est, selon nous, encore plus intéressante : la tectonique du panneau de la construction en bois actuelle est lue d'un point de vue structurel et non plus matériel, comme c'est le cas pour la construction bois traditionnelle. Ce que nous avons auparavant décrit comme cartonnage, comme procédé de mise en œuvre déterminé par la technologie des panneaux minces à nervures de grandes dimensions, mais aussi celle des panneaux épais, s'exprimera architecturalement dans l'abstraction. Les panneaux en bois – particulièrement lorsqu'ils sont neutralisés par une couche de peinture extérieure et intérieure – prendront, en tant que « matière synthétique », une place analogue à celle qu'occupe le béton homogène dans la construction massive, où il peut servir pour tous les éléments tectoniques d'un édifice sans jamais être matériellement perceptible. (On ne fait que deviner que certains porte-à-faux, certaines dispositions et portées ont seulement pu être réalisées grâce au « béton invisible ».) De fait, le concept du cartonnage vient enrichir le thème architectural de l'abstraction du phénomène des « objets spatiaux » *(Räumlinge)* blancs qui (de manière comparable aux travaux d'Absalon dans le domaine artistique) créeront la plus grande plasticité possible au moyen d'éléments minces. D'un autre côté, la simplicité de la technique de découpe des panneaux, avec des ouvertures (presque) à volonté, et le montage des parois et des planchers comme s'il s'agissait d'une maquette, encouragent une autoconstruction semblable à celle qui caractérise justement l'architecture américaine contemporaine en *balloon frame* et que l'on retrouve, par ailleurs, dans les instructions constructives de l'artiste néerlandais Joep van Lieshout, sous la forme d'un noble bricolage.

Professionnalisme en architecture
En raison de l'intérêt grandissant pour les questions énergétiques et écologiques ainsi que pour celles liées à la construction écobiologique (architecture durable), la construction en bois va prendre une importance croissante. Certes, seules des solutions compactes et multifonctionnelles seront concurrentielles, mais la capacité de synthétiser les exigences les plus diverses ne se limitera pas au développement et à la maîtrise d'un savoir-faire technologique ; elle se montrera en première ligne dans les stratégies intelligentes et appropriées du projet architectural, seul garant d'une architecture professionnelle et « durable ». Ce ne sont donc pas les spécialistes et les technologues du bois, les « écobiologistes de la construction » et les spécialistes de l'énergie qui sont ici d'abord concernés, mais avant tout les architectes.

Texte publié dans : *werk, bauen + wohnen*, 1/2 2001, p. 10-17.

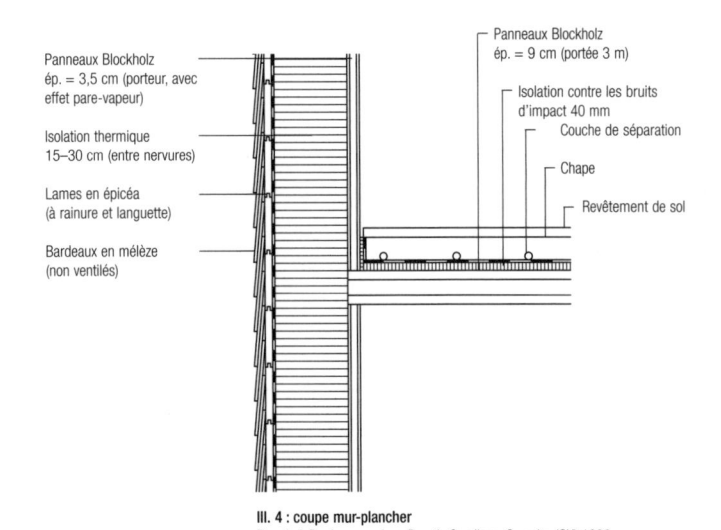

Ill. 4 : coupe mur-plancher
Bearth & Deplazes, maison Bearth-Candinas, Sumvitg (CH) 1998

Ill. 5 : coupe horizontale d'un mur
Bearth & Deplazes, maison Bearth-Candinas, Sumvitg (CH) 1998

Le matériau

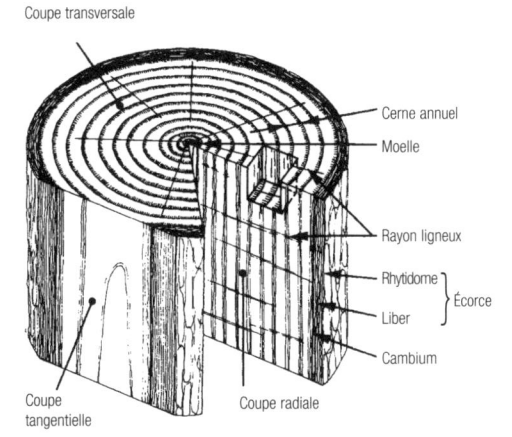

Ill. 6 : structure d'un tronc

La structure du bois

Le bois doit sa structure poreuse aux cellules et vaisseaux qui alimentent l'arbre en eau et en substances nutritives. Les feuillus, les plus récents dans l'histoire de l'évolution, présentent trois types de cellules : les cellules conductrices, de soutien et de réserve. Les résineux, plus anciens, ne présentent eux qu'un seul type de cellules assumant à la fois les fonctions de conduction, de soutien et de stockage, ce qui accroît sensiblement l'élasticité de ces essences.

Le centre du tronc est occupé par le canal médullaire, la partie la plus ancienne du tronc, autour de laquelle s'effectue la croissance des cellules. Dans la plupart des cas, le canal médullaire s'est desséché et n'assume plus de fonction conductrice. Sur la section transversale d'un tronc, on peut observer les rayons médullaires, qui, avec la couleur, les cernes annuels et, dans certaines essences, les poches de résine, déterminent l'aspect caractéristique du bois et renseignent sur son âge et ses maladies éventuelles.

La structure des cernes annuels est liée aux diverses phases de croissance du bois, dépendant elles-mêmes du climat. Dans nos régions tempérées, les phases de croissance commencent en avril-mai et se terminent en août-septembre. Au printemps se forme le bois initial, une couche poreuse de cellules à parois minces destinées à l'alimentation rapide de l'arbre, et en automne le bois final, composé de cellules à parois épaisses ayant pour fonction d'accroître la résistance du tronc. Sous l'écorce se trouve le cambium, où s'opère la division cellulaire dont résultent le liber, se développant vers l'extérieur, et les cellules ligneuses, se développant vers l'intérieur du tronc.

Aubier et duramen

Dans certaines essences, le tronc présente en coupe transversale une coloration homogène. Dans d'autres, en revanche, on observe une différence de teinte entre les cernes foncés du duramen et l'aubier plus clair qui les entoure. L'aubier se compose de cellules vivantes, actives, le duramen de cellules en grande partie mortes.

La duraminisation du tronc commence lorsque l'arbre a entre 20 et 40 ans et que l'aubier est assez épais pour assurer le transport des liquides. La partie intérieure du tronc n'ayant dès lors plus à assumer cette fonction, ses canaux s'obstruent sous l'effet d'un processus chimique. Le dépôt de tanins, de colorants, de résines et de graisses rend l'intérieur du tronc plus foncé, tout en augmentant sa résistance mécanique et aux parasites.

Arbres à aubier distinct
Dans ces essences, aubier et duramen se distinguent par leur couleur.
Exemples : pin, mélèze, chêne, cerisier, robinier, frêne

Arbres à aubier non distinct
Il convient ici de faire la distinction entre deux catégories d'essences :
– Celles dans lesquelles le duramen présente une teneur en eau moins importante que l'aubier
  Exemples : sapin, épicéa, hêtre rouge
– Celles dans lesquelles la duraminisation intervient tardivement
  Exemples : bouleau, aulne, érable, peuplier, charme.

Propriétés du matériau

Les principales propriétés physiques du bois dépendent de sa masse volumique. Celle-ci se situe, selon les essences, dans une fourchette allant de 0,1 g/cm^3 à 1,2 g/cm^3, et varie considérablement, du fait de la structure anisotrope du bois, à l'intérieur d'un même tronc. En outre, la masse volumique du bois dépend de son humidité, raison pour laquelle on n'indique jamais la première sans préciser la seconde.

Du fait de sa structure à pores fins, le bois est un assez bon isolant. Le coefficient de conductivité thermique des bois de résineux est d'environ 0,13 W/mK, celui des bois de feuillus d'environ 0,20 W/mK. À titre de comparaison, celui de la brique de terre cuite est de 0,44 W/mK, celui du béton de 1,8 W/mK. À la différence de l'acier et du béton, le bois présente un coefficient de dilatation thermique si faible qu'il est négligeable dans la construction.

Dans le sens des fibres (fil), le bois présente une excellente résistance à la traction et une bonne résistance à la compression. Perpendiculairement aux fibres, par contre, le bois résiste mal à la compression. Le bois se compose de 40 à 50 % de cellulose, laquelle confère au matériau sa résistance à la traction. Quant à sa résistance à la compression, le bois la doit à l'hémicellulose, substance liante et de remplissage dont il se compose à 20-30 %. Le bois contient la même proportion de lignine, qui contribue également à sa résistance à la compression. Les autres composants du bois sont des résines, des graisses, des cires, des tanins, des colorants, des protéines, des hydrates de carbone et des

MATÉRIAUX – MODULES **Bois**

Propriétés

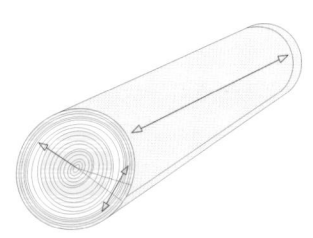

Ill. 7 : retrait et gonflement d'un tronc

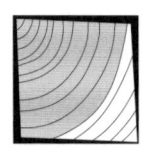

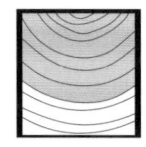

Ill. 8 : déformation des bois équarris lors du séchage

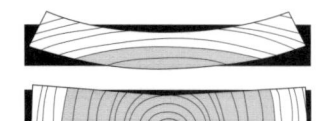

Ill. 9 : déformation des planches lors du séchage

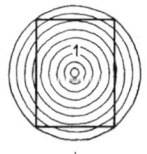

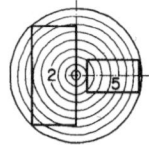

1 Pièce avec moelle
2 Pièce à moelle fendue (il n'est pas impératif que la moelle soit fendue sur toute la longueur)
3 Pièce à moelle refendue
4 Pièce hors moelle
5 Pièce sur quartier

Ill. 10 : modes de débit pour les bois équarris et les lattes
(Selon norme SIA 265/1, point 5.3.6.1 : Construction en bois – Spécifications complémentaires)

Planche avec moelle

Planche sur quartier (sur maille)

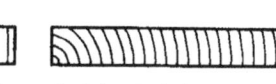

Planche sur faux-quartier

Planche à moelle fendue sur le grand côté

Planche à moelle fendue sur le petit côté

Planche à moelle refendue

Planche de côté ou sur dosse

Planches hors moelle

Dosse

Ill. 11 : modes de débit des planches
(Selon norme SIA 265/1, point 5.3.6.2 : Construction en bois – Spécifications complémentaires)

sels minéraux, responsables de la couleur, de l'odeur et de la résistance du bois. Le bois tendre provient des arbres à croissance rapide, le bois dur des essences à croissance lente.

À la différence de l'acier ou du béton, le bois ne subit pas d'attaques dans un large spectre de pH. Le façonnage du bois requiert peu d'énergie, d'autant plus qu'il s'agit d'un matériau recyclable. Il existe près de 40 000 essences de bois, dont 600 sont commercialisées.

Humidité du bois

Le bois possédant des propriétés hygroscopiques, sa teneur en eau varie en fonction de l'humidité ambiante. Lorsque le bois absorbe de l'humidité, il gonfle, lorsqu'il en rejette (désorption), il se rétracte. On dit à cet égard que le bois travaille. Le bois qui vient d'être abattu présente une humidité d'environ 60 %. Le point de saturation des fibres se situe à environ 30 %, seuil au-dessous duquel le bois commence à se rétracter.

Une forte humidité amoindrissant la résistance mécanique et influant sur les dimensions et la résistance à la déformation du matériau, le bois devrait en principe être mis en œuvre à l'état sec. Un bois trop humide risque en outre de subir des attaques biologiques (parasites ou champignons). Pour éviter que le bois ne pourrisse, il s'agit de veiller à ce que les éléments de construction en bois soient ventilés. Le bois séché à l'air devrait encore présenter une humidité d'environ 15 à 18 % lorsqu'il est mis en œuvre en extérieur, de 9 à 12 % lorsqu'il est mis en œuvre dans des locaux chauffés. Un bois plus sec subira des fissures susceptibles de le rendre inutilisable. Aubier et duramen présentant des degrés d'humidité différents, les bois débités dans le tronc peuvent se déformer en séchant. Les bois ronds et les bois de sciage présentent souvent des fissures. Bien que ces dernières ne nuisent pas aux propriétés statiques du bois, il s'agit néanmoins de tenir compte des déformations qu'elles peuvent entraîner, surtout au niveau des assemblages et autres éléments requérant une grande précision dimensionnelle.

Bois rond

Les bois ronds sont des grumes ébranchées et écorcées, souvent utilisées sans autre traitement, par exemple dans la construction d'échafaudages et de ponts, ou comme pieux de fondation, mâts ou étais. L'orientation naturelle des fibres étant ici largement préservée, les sections de bois rond possèdent une grande résistance mécanique.

Bois de sciage

Si la manière dont une pièce de bois est débitée dans le tronc n'a en général qu'une influence négligeable sur sa résistance mécanique, elle revêt néanmoins une grande importance sous les aspects suivants :

Retrait et gonflement : la déformation des sections sous l'effet des changements d'humidité dépend de la position des cernes.

Fissuration du bois lors du séchage : ce phénomène peut nuire à la résistance au cisaillement du bois, notamment des pièces avec moelle.

Sollicitation en compression transversale : la résistance du bois à la compression transversale dépend de la position des cernes. Cet aspect n'est en général pas pris en considération.

Résistance biologique : les sections ne comprenant pas de bois d'aubier sont en principe plus résistantes aux attaques biologiques.

Bois équarri

Dimensions courantes en cm, par augmentations graduelles de 2 cm, au moment du débit :
6 x 14... 6 x 20, 8 x 12... 8 x 24, 10 x 10... 10 x 28, 12 x 12... 12 x 28, 14 x 14... 14 x 28, 16 x 16... 16 x 28, 18 x 18... 18 x 28

Lattes

Dimensions courantes en mm, brutes de sciage, séchées à l'air :
24 x 30, 24 x 48, 27 x 35*, 27 x 40*, 27 x 50*, 27 x 60*, 30 x 48, 30 x 60, 50 x 50, 60 x 60, 60 x 80, 60 x 100, 60 x 120, 80 x 80, 80 x 100
* Suisse romande

Planches

Épaisseurs courantes en mm, brutes de sciage, séchées à l'air :
12, 15, 18, 21, 24, 27, 30, 33, 36, 40 ,42*, 45, 50, 55, 60, 65, 70, 80
* Suisse romande

(Selon normes SIA 265:2003 et 265/1:2003)

Matériaux dérivés du bois
Aperçu

On peut se demander comment il sera à l'avenir possible de répondre à une demande en bois allant croissant, alors même que l'offre de matière première tend à diminuer et sa qualité à se détériorer (bois à croissance rapide). Dans un tel contexte, les matériaux dérivés du bois revêtent une grande importance. La nécessité d'exploiter au maximum le bois et les résidus issus de son façonnage a conduit au développement d'un grand nombre de nouveaux matériaux dérivés du bois.

Ces derniers sont obtenus par collage sous pression d'éléments de diverses dimensions – tels que planches, lattes, placages en feuilles ou en bandes, copeaux et fibres – à l'aide de colles à base de résine synthétique ou de liants minéraux. Dans certains cas, on recourt à des liants tirés du bois lui-même (lignine). Il est possible d'utiliser non seulement des pièces de bois d'une certaine taille, mais aussi les déchets produits lors de la transformation du bois – un matériau de départ dont la qualité initiale est considérablement améliorée au cours du processus de fabrication, du fait de l'homogénéisation des propriétés irrégulières du bois. Les défauts qui réduisent inévitablement la résistance mécanique du bois naturel, tels que nœuds, gerces ou fil tors, n'ont dans les matériaux dérivés du bois qu'une importance négligeable ou nulle, car ils sont neutralisés par les éléments contigus. Aussi les propriétés statiques d'un produit en dérivé du bois ne présentent-elles, en termes de distribution statistique, que des écarts relativement faibles, les contraintes admissibles correspondant au fractile 5 % de ladite distribution.

Il est possible d'accroître la résistance du matériau dans une direction déterminée en en disposant les éléments constitutifs en conséquence. Les matériaux dérivés du bois subissent en général un gonflement et un retrait bien moindres que le bois massif. En outre, ils permettent de fabriquer des panneaux ou des poutres de dimensions théoriquement infinies, les seules limites étant à cet égard imposées par les machines utilisées et la transportabilité des pièces. Tous les types de produits sont fabriqués et commercialisés dans des dimensions normalisées, ce qui en facilite la production et le stockage.

La palette des produits existants – pour la plupart faciles à travailler – couvre les domaines d'application les plus divers. La famille des matériaux dérivés du bois s'étant considérablement agrandie au fil du temps, et continuant de s'élargir en permanence, la liste qui suit ne prétend pas à l'exhaustivité, mais se limite à décrire les produits les plus couramment utilisés aujourd'hui.

Produits multiplis
- Lamellé-collé
- Contreplaqué
- Panneaux contreplaqués lattés (panneaux forts)
- Panneaux multiplex
- Panneaux à trois et cinq couches
- Lamibois
- Panneaux Blockholz

Panneaux de particules
- Panneaux de particules
- Panneaux OSB (Oriented Strand Board)
- Panneaux Intrallam

Panneaux de fibres
- Panneaux de fibres tendres bitumés
- Panneaux de fibres de moyenne densité (MDF)

Matériaux dérivés du bois à liants inorganiques
Les liants utilisés dans la fabrication des matériaux dérivés du bois à liants inorganiques ou minéraux sont soit le plâtre, soit le ciment. Les fibres de bois noyées dans la pâte de plâtre ou de ciment servent d'armature. Les divers types de panneaux ainsi produits sont utilisés à des fins d'isolation thermique et phonique et de protection anti-incendie, ou sous forme de voiles travaillants. Ces produits ne seront pas présentés ici plus en détail.

Ill. 12 : fabrication des panneaux de fibres
1 Bois de scierie
2 Transport des copeaux déchiquetés
3 Laminage de la pâte de fibres
4 Traitement de finition

Matériaux dérivés du bois
Produits multiplis

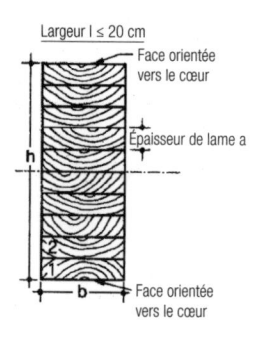

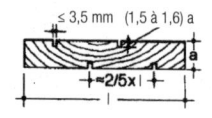

Lamellé-collé

Structure et fabrication

Le bois lamellé-collé se compose de plus de deux lames superposées et collées à plat, dont l'épaisseur ne doit en principe pas dépasser 30 mm. Dans le cas d'éléments rectilignes, cette épaisseur peut s'élever à 40 mm, pour autant que le bois soit séché et sélectionné avec un soin particulier, et que les éléments en question ne soient pas soumis à des variations climatiques extrêmes. En général, on colle les unes sur les autres des lames rabotées d'une largeur allant jusqu'à 20 cm, en veillant à ce que leur orientation varie de l'une à l'autre, sauf exception éventuelle au niveau des faces extérieures de l'élément, qui doivent toujours être orientées vers le cœur (voir ill. 13). Une telle disposition permet de minimiser les sollicitations en traction transversale s'exerçant dans les joints de colle et dans le bois lorsque les conditions climatiques changent. Si la largeur de l'élément excède 20 cm, chaque couche devra se composer d'au moins deux lames juxtaposées, les joints devant être décalés d'au moins deux épaisseurs de lame par rapport à ceux de la couche précédente. Les lames isolées de plus de 20 cm de largeur devront être dotées, sur toute leur longueur et sur chaque face, de deux rainures.

Les éléments en lamellé-collé peuvent présenter quasiment n'importe quelle longueur et hauteur. Leur longueur est limitée par celle de l'atelier et du banc de collage ainsi que par les possibilités de transport, leur hauteur par la largeur de passe de la raboteuse utilisée (environ 2,00 à 2,30 m). On a cependant déjà fabriqué des éléments dont la hauteur excédait cette dimension, en collant deux sections l'une sur l'autre. En général, il est possible de réaliser des pièces d'une longueur de 30 à 35 m et d'une hauteur allant jusqu'à 2,20 m.

Le lamellé-collé ne peut être produit que par des entreprises disposant non seulement des équipements nécessaires, mais aussi de locaux où soient garanties, durant toute la durée des travaux, une humidité constante et une température favorable au collage.

En fonction des sollicitations climatiques auxquelles doit pouvoir résister l'élément fini, on utilise des colles en résine synthétique à base d'urée ou de résorcine, appliquées au moyen d'un dispositif ad hoc sur les deux faces des lames rabotées et bouvetées en dents de scie. Les lames, qui doivent présenter une humidité bien définie, sont assemblées dans le lit de colle en sections rectangulaires, et maintenues sous pression pendant une durée déterminée, conformément aux instructions du fabricant de colle. Une fois celle-ci suffisamment durcie, les éléments bruts sont rabotés sur deux ou quatre faces et, le cas échéant, soumis à d'autres opérations (percement de trous pour chevilles, etc.). La teneur en humidité du bois au moment du collage revêt pour la résistance de l'élément et son absence de fissures une importance déterminante.

Sections et formes

Lorsqu'ils sont destinés à former poteaux, poutres ou portiques, les éléments en lamellé-collé présentent en général une section rectangulaire. Le rapport entre la hauteur et la largeur des poutres sollicitées en flexion, la plupart du temps compris entre 3 et 8, ne devrait pas dépasser 10. Dans certains cas, il est envisageable de recourir à des poutres en I et à des poutres-caissons, dont la fabrication requiert certes davantage de travail, mais qui permettent d'économiser du matériau et présentent un moindre risque de flambage et de déversement.

Le bois étant facile à façonner, il est possible de conférer aux poutres dont la section présente des arêtes droites des formes très diverses. Cependant, s'il est aisé de faire varier la hauteur des sections en augmentant ou diminuant le nombre de couches dont elles se composent, les surfaces de coupe doivent présenter une inclinaison relativement faible, en raison des contraintes transversales et de cisaillement s'exerçant au niveau des bords de l'élément. Il est possible de produire des poutres incurvées (cambrure) en cintrant légèrement les lames avant le collage.

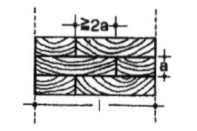

Ill. 13 : structure du bois lamellé-collé

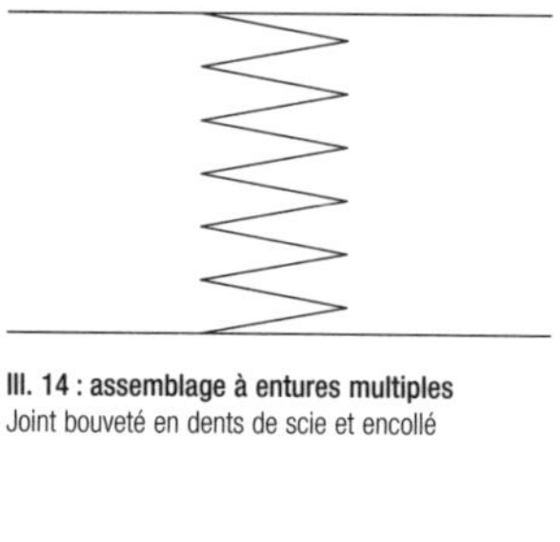

Ill. 14 : assemblage à entures multiples
Joint bouveté en dents de scie et encollé

Ill. 15 : sections en lamellé-collé
a Section rectangulaire
b Section en I, collée
c Section en caisson, chevillée ou collée

Ill. 16 : face (déroulée) d'un panneau en contreplaqué
Pour obtenir des placages déroulés, on serre le tronc à ses extrémités et on le fait tourner sur son axe. Il en résulte une surface relativement homogène, au dessin irrégulier mais peu contrasté (veinures). Pour obtenir des placages tranchés, le tronc est débité en minces feuilles.

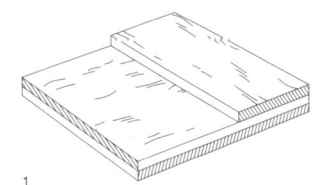

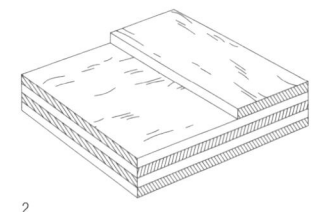

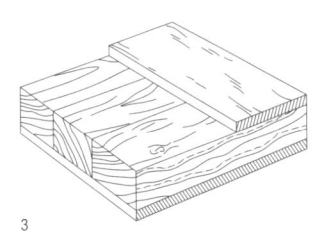

1
2
3

Ill. 17 : structure de différents panneaux contreplaqués
1 : Contreplaqué à trois plis
2 : Contreplaqué à cinq plis
3 : Contreplaqué latté à trois plis (panneau fort)

Contreplaqué

Les panneaux en contreplaqué se composent d'au moins trois feuilles de bois (plis) collées à fil croisé, à chaud et sous pression, avec de la colle hydrofuge à base de résine phénolique. Une fois le pressage effectué, les panneaux sont rognés et leurs faces traitées. Chauffé et humidifié, le contreplaqué peut en outre être moulé sous pression (contreplaqué moulé).

Le contreplaqué trouve de nombreuses applications. On l'utilise par exemple comme revêtement de façade raidisseur (voile travaillant), comme support de couverture ou en aménagement intérieur.

Le contreplaqué absorbe l'humidité et gonfle tant dans son propre plan qu'en épaisseur. Si le matériau n'est pas traité, le rayonnement UV et la pluie battante provoquent un grisaillement qui peut se révéler très irrégulier, en particulier sur les façades les plus exposées aux intempéries. On pourra protéger les façades en panneaux de contreplaqué en les dotant d'un enduit hydrofuge, mais perméable à la diffusion de vapeur, un soin particulier devant alors être accordé à la vitrification des tranches des panneaux.

Panneaux contreplaqués lattés (panneaux forts)

Si l'âme d'un panneau contreplaqué se compose non d'une feuille, mais de lattes de bois, on parle de panneau contreplaqué latté ou encore de panneau fort.

Panneaux multiplex

Les panneaux contreplaqués composés d'au moins cinq plis d'une épaisseur comprise entre 0,8 et 2,5 mm sont commercialisés sous le nom de panneaux multiplex. Les plis sont, ici encore, collés à fil croisé. Les panneaux multiplex sont utilisables sous forme de revêtements intérieurs et extérieurs, même en cas de forte exposition aux intempéries. Du fait de leur grande résistance mécanique, on les utilise souvent comme voile travaillant.

Panneaux à trois et cinq couches

Les panneaux à trois et cinq couches se composent de lames collées à fil croisé, dont l'épaisseur est comprise entre 4 et 50 mm. Les couches médianes peuvent aussi se composer de lattes. Ces panneaux sont principalement utilisés sous forme de voile travaillant et de panneaux de coffrage.

Ill. 18 : tranches de panneaux multiplex

Lamibois

Composé de minces plis de résineux collés à fil parallèle, le lamibois (en anglais Laminated Veneer Lumber LVL) est découpé pour former divers éléments de structure, tels que panneaux, poutres, planches, etc.

Panneaux Blockholz

Les panneaux en bois massif reconstitué Blockholz se composent de trois ou plusieurs couches de lattes collées à fil croisé, sans placages extérieurs. Ils sont utilisables sous forme de voiles porteurs, à condition cependant d'être à l'abri des intempéries.

Ill. 19 : face et tranches de panneaux à trois et cinq couches

Matériaux dérivés du bois
Panneaux de particules

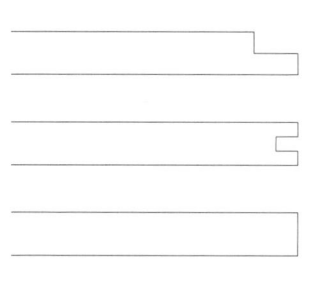

Ill. 20 : panneaux de particules aux tranches différemment profilées

Panneaux de particules
Les panneaux de particules sont fabriqués à partir des sous-produits de l'économie forestière et de l'industrie du bois. Les forêts fournissent du bois d'industrie de feuillus et de résineux dont le diamètre se monte à 8 cm et plus, et dont la longueur va de un à six mètres. Les scieries se défont des dosses et délignures (ce qu'on appelle les produits connexes de la production de bois de sciage), l'industrie du bois, des chutes et des copeaux de sciage et de rabotage. Les panneaux de particules tirent littéralement parti jusqu'au dernier copeau de la précieuse matière première qu'est le bois. Ils sont fabriqués par pressage à chaud des particules de bois, préalablement mélangées avec des liants organiques. On fait la distinction entre panneaux pressés à plat et panneaux extrudés. Dans le premier cas, les particules sont majoritairement parallèles à la longueur du panneau. Les panneaux pressés à plat peuvent compter une, trois ou plusieurs couches présentant chacune une structure homogène, ou se composer de particules dont les dimensions varient de façon continue. Leurs faces sont d'ordinaire poncées. Dans le cas des panneaux extrudés, les particules sont majoritairement perpendiculaires à la longueur du panneau.

Les panneaux de particules sont utilisés sous forme de voile travaillant, de revêtement de planchers et de murs, ainsi que de cloisons de séparation. Ils peuvent aussi servir de support à des placages ou à d'autres revêtements minces.

En général, les panneaux de particules présentent une résistance mécanique moyenne. Leur résistance à l'humidité, moindre que celle des produits multiplis, dépend du liant utilisé. Certains panneaux de particules liés au ciment peuvent toutefois supporter une forte humidité et répondre à des exigences accrues en matière de sécurité anti-incendie.

Panneaux Intrallam
Les panneaux Intrallam se composent de copeaux de peuplier allant jusqu'à 0,8 mm x 25 mm x 300 mm, encollés et pressés à chaud, dont la grande taille a pour effet d'accroître la résistance mécanique des panneaux.

Panneaux OSB pressés à plat
Les panneaux OSB (Oriented Strand Board) se composent de plaquettes collées d'environ 0,6 mm d'épaisseur, 75 mm de longueur et 35 mm de largeur, orientées parallèlement à la surface du panneau. Dans les panneaux à trois couches, les copeaux des parements sont orientés longitudinalement, ceux de l'âme transversalement. Les panneaux OSB sont surtout utilisés comme voile travaillant. Du fait de la faible quantité de colle nécessaire à leur fabrication, ils suivent un processus de dégradation biologique pratiquement identique à celui du bois massif.

Ill. 21 : face et tranche d'un panneau Intrallam

Ill. 22 : face et tranche d'un panneau OSB pressé à plat

Matériaux dérivés du bois
Panneaux de fibres

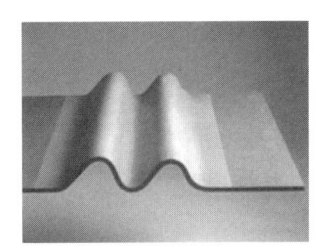

Ill. 23 : MDF moulé
Sous l'effet de la chaleur et de l'humidité, le MDF peut être moulé à l'aide de gabarits.

Panneaux de fibres

Les panneaux de fibres se composent d'un mélange de longues fibres de bois préparées (sous-produits tels que déchets de scierie non traités et bois d'éclaircie, la plupart du temps du bois de résineux déchiqueté) et de matières de charge, qui sont agglomérées à chaud et sous pression par procédé humide, sans autres liants. La structure du bois n'est plus reconnaissable. La résistance mécanique des panneaux de fibres varie de faible à élevée, en fonction de leur densité.

Les produits disponibles vont des panneaux tendres isolants aux panneaux de fibres durs, en passant par les panneaux mi-durs. Les panneaux de fibres durs présentent une grande résistance à la pénétration et à l'abrasion, les panneaux isolants, plus légers, possédant quant à eux une bonne capacité de sorption et d'accumulation thermique. Les panneaux de fibres peuvent être utilisés en aménagement intérieur, mais aussi comme isolant thermique et phonique, comme support de couverture ou comme matériau d'emballage ou de remplissage.

Les panneaux de fibres tendres, mi-durs ou durs se distinguent surtout des panneaux de fibres de moyenne densité (MDF) par leur procédé de fabrication. Le procédé humide utilisé pour les premiers exploite les forces de liaison propres au bois, lequel est ici défibré par un procédé thermomécanique, après quoi la pâte de fibres acquiert la cohésion voulue sous l'effet de la pression et de la chaleur, sans qu'aucun liant chimique soit nécessaire.

Panneaux de fibres tendres bitumés

Il est possible de rendre les panneaux hydrofuges en leur ajoutant, lors du processus de fabrication, une émulsion de bitume. Ces panneaux, dits panneaux de fibres tendres bitumés, peuvent servir d'isolant thermique extérieur sous une couverture ou un revêtement de façade ventilés, ou d'isolant contre les bruits d'impact dans une construction de plancher.

Panneaux MDF

C'est aux États-Unis que furent développés voici plus de trente ans les premiers panneaux de fibres de moyenne densité MDF (Medium Density Fibreboard). Lors du procédé à sec utilisé pour leur fabrication, les fibres sont séchées, encollées au spray et moulées sous forme de panneaux dans des presses en continu. Les panneaux MDF peuvent être travaillés comme du bois massif, les panneaux épais pouvant même être profilés dans les trois dimensions.

Le MDF est surtout utilisé dans la fabrication de meubles et en aménagement intérieur, ainsi que comme support à des opérations de laquage, placage et revêtement. Le MDF ne résistant pas à une forte humidité, il ne devrait pas être mis en œuvre en extérieur.

Ill. 24 : panneaux de fibres isolants

Ill. 25 : panneau de fibres de moyenne densité

Principaux systèmes de construction en panneaux ou préfabriquée
Aperçu

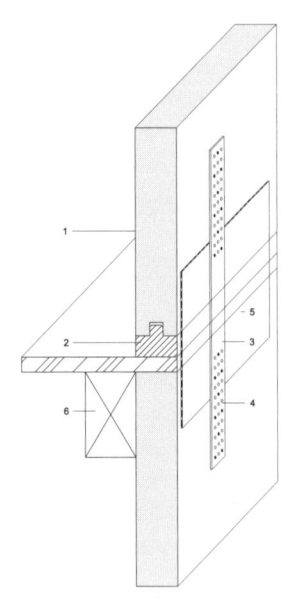

Homogen80

Composition

L'Homogen80 est un panneau de particules en bois de résineux de 80 mm d'épaisseur, composé de plusieurs couches lui conférant une résistance mécanique propre. Les couches de parement se prêtent en outre à un traitement de surface direct. Les panneaux, produits dans des dimensions maximales de 537 x 203 cm, peuvent être assemblés à rainure et languette pour former des éléments plus grands.

Processus de conception

Le projet ne doit obéir à aucune trame dictée par de quelconques contraintes de production. Il peut être développé librement, puis décomposé en éléments en collaboration avec l'entrepreneur. La stabilité et l'homogénéité du produit de départ permettent de découper des éléments et d'y ménager des ouvertures de presque n'importe quelle taille et forme.

Le système se rapproche beaucoup de la construction massive traditionnelle ou de la préfabrication lourde, tant du point de vue de la structure et des propriétés physiques du produit que des possibilités de conception qu'il offre. Du fait de leur capacité d'accumulation thermique, les panneaux permettent d'obtenir des conditions climatiques semblables à celles d'une construction massive.

Ill. 26 : Homogen80, détail mur-plancher
1) Système de murs Homogen80
2) Lisse d'appui
3) Plaque connectrice
4) Clous striés
5) Étanchéification des joints entre éléments
6) Solive de rive

Comportement statique : les panneaux sont isotropes.

Aptitude au modelage : le matériau peut en principe être modelé lors du processus de production.

Applications : au niveau des planchers et de la toiture, l'Homogen80 doit être combiné avec d'autres systèmes. La résistance des panneaux ne permet pas, pour des portées courantes, de les utiliser comme éléments de plancher horizontaux.

Façade : il est possible de réaliser une façade compacte sans frein-vapeur supplémentaire.

Couche isolante : l'isolation thermique est posée à l'extérieur.

Finition : la texture superficielle des panneaux permet d'y appliquer directement enduits, papiers peints ou carrelages. La précision dimensionnelle du système permet d'exécuter les travaux de menuiserie sur la base même des plans.

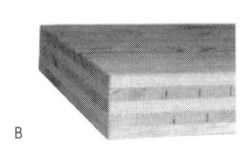

Système de construction en bois massif Leno

Composition

Le LenoTec est un panneau contrecollé-croisé composé de lames massives en épicéa collées à fil croisé. Ce produit homogène, possédant une rigidité et une stabilité dimensionnelle élevées, est fabriqué dans des dimensions allant jusqu'à 4,8 m x 20 m. Les panneaux, pouvant se composer de trois à onze couches, présentent des épaisseurs allant de 50 à 300 mm.

Processus de conception

Le système de construction en bois massif Leno permet de concevoir un projet sans devoir se plier à une trame déterminée. Les éléments produits en atelier sont prêts à être montés. Le procédé d'assemblage utilisé permet de découper des panneaux de forme et de format individualisés, et d'y pratiquer librement les ouvertures, rainures et percements nécessaires (baies, raccords entre éléments, installations électriques, etc.). Il est possible de réaliser des éléments incurvés d'un rayon minimal de 7 m.

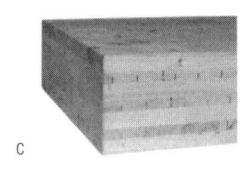

Ill. 27 : Leno-Tech
A) 3 couches, 81 mm
B) 5 couches, 135 mm
C) 7 couches, 216 mm

Comportement statique : les panneaux sont isotropes.

Aptitude au modelage : il est possible de produire des panneaux cintrés dans une direction.

Applications : murs, planchers, toitures

Façade : il est possible de réaliser une façade compacte sans frein-vapeur supplémentaire.

Couche isolante : l'isolation thermique est posée à l'extérieur.

Finition : les panneaux sont disponibles avec des faces de qualité « industrie » ou « apparent ». Il est possible de doter les panneaux de placages de parement ou de finitions particulières.

Panneaux Blockholz de Schuler

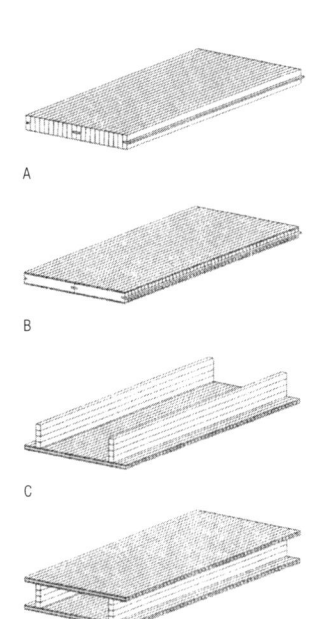

Composition

Les panneaux en bois massif reconstitué Blockholz de Schuler se composent de courtes lamelles d'épicéa et de sapin débitées sur dosse, d'une largeur de 20 ou 26 mm. Les panneaux, pouvant compter entre une et cinq couches collées à fil croisé, sont produits dans des dimensions allant jusqu'à 3,00 m x 9,00 m, leur épaisseur variant en fonction du nombre de leurs couches. Ces panneaux sont raidis par des nervures collées constituées du même matériau, et peuvent ainsi être assemblés en de grands éléments résistants au flambage. En collant des panneaux de part et d'autre des nervures, on obtient des caissons porteurs.

Processus de conception

Le projet ne doit obéir à aucune trame dictée par de quelconques contraintes de production. Il peut être développé librement, puis décomposé en éléments en collaboration avec l'entrepreneur. Les ouvertures peuvent être découpées dans les panneaux avec une liberté quasi totale. Les nervures raidisseuses peuvent servir de support à un bardage ou aux lames ou panneaux destinées à la fixation de ce dernier.

Ill. 28 : Blockholz de Schuler
A) Panneau monocouche
B) Panneau à trois ou cinq couches
C) Panneau à nervures
D) Caisson porteur

Comportement statique : les panneaux sont isotropes.

Aptitude au modelage : les éléments ne peuvent être modelés.

Applications : murs, planchers, toitures

Couche isolante : il est opportun de placer l'isolation thermique entre les nervures.

Façade : il est possible de réaliser une façade compacte sans frein-vapeur supplémentaire.

Finition : les panneaux sont disponibles avec des faces de qualité « brut de sciage », « industrie » ou « apparent ». Il est aussi possible de doter les panneaux de lames de parement ou d'un revêtement en lamibois.

Éléments en bois lamellé Bresta

Composition

Les éléments en bois lamellé Bresta se composent de lames sur dosse de 30 mm d'épaisseur, comme toute scierie en produit en grandes quantités à des prix avantageux. Les lames, posées sur chant, sont assemblées par chevillage continu dans une installation de production entièrement automatisée. Les tourillons en bois dur assurent la cohésion des éléments par frottement, aucune colle ou organe d'assemblage métallique n'étant requis. Ce procédé permet de produire des éléments porteurs de n'importe quelle largeur, dont l'épaisseur varie entre 8 et 12 cm pour les murs et entre 18 et 26 cm pour les planchers, en fonction de la portée. Les tourillons étant disposés perpendiculairement au fil du bois, ils assurent que les mouvements de gonflement et de retrait restent négligeables même dans cette direction.

Processus de conception

Le projet ne doit obéir à aucune trame dictée par de quelconques contraintes de production. Il peut être développé librement, puis décomposé en éléments en collaboration avec l'entrepreneur. Les ouvertures peuvent être découpées dans les panneaux avec une liberté quasi totale.

Du fait de leur masse, les éléments en bois lamellé présentent une capacité d'accumulation thermique supérieure à celle d'une construction légère. Les éléments de plancher en bois lamellé se prêtent bien à la réalisation de planchers mixtes bois-béton. Lorsqu'il s'agit de transformer des locaux exigus, il est possible de faire livrer sur le chantier des éléments de faible largeur (27 cm) et de les assembler sur place.

Comportement statique : les éléments sont orientés.

Aptitude au modelage : les éléments peuvent être cintrés transversalement (il est possible de réaliser des toits en berceau).

Applications : murs, planchers, toitures

Façade : la réalisation d'une façade compacte requiert un frein-vapeur supplémentaire, pouvant être placé, lorsque la face intérieure du mur ou du plancher est apparente, entre l'élément en bois lamellé et l'isolation thermique.

Couche isolante : l'isolation thermique est placée à l'extérieur.

Finition : lorsque les éléments sont destinés à être revêtus, les lames sont assemblées brutes de sciage. Lorsque les éléments sont destinés à rester apparents, elles sont rabotées sur quatre faces. En cas d'exigences esthétiques ou acoustiques particulières, il est possible de profiler la surface des éléments de diverses manières, en façonnant la section des lames.

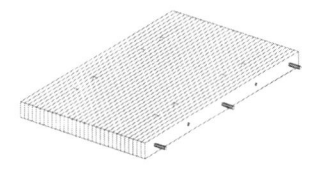

Ill. 29 : éléments en bois lamellé Bresta

- Standard
- Chanfreiné
- Rainuré
- Acoustique
- Alterné

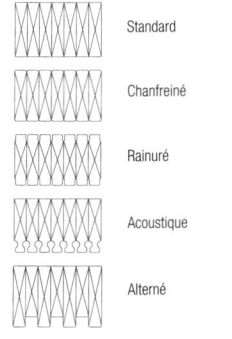

Ill. 30 : éléments en bois lamellé Bresta
Divers profilages

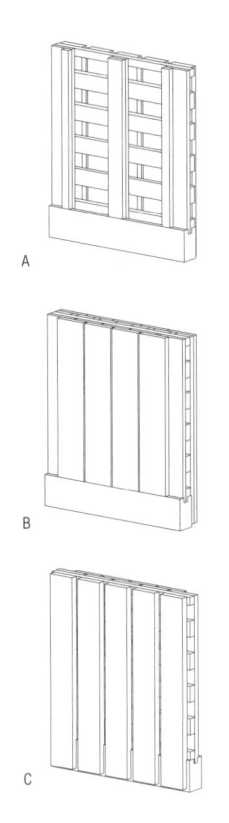

Lignotrend

Composition

Les éléments Lignotrend se composent de trois à sept couches de pièces de bois de résineux collées à fil croisé, les couches médianes présentant des vides de plusieurs centimètres. Ne sont utilisés que des planches sur dosse ou du petit bois. Les éléments de murs sont produits industriellement dans des largeurs allant jusqu'à 62,5 cm, après quoi des entreprises de construction bois les assemblent, au moyen de lisses et de cadres, en panneaux allant de plancher à plafond. Les différents éléments sont assemblés entre eux et, selon les cas, avec les lisses ou les planchers au moyen d'organes mécaniques. Du fait de la structure à fil croisé des éléments, les déformations dues au gonflement et au retrait sont minimes, les mouvements étant compensés au niveau des joints.

Processus de conception

La trame de production de 12,5 cm n'est pas contraignante pour la conception. Le projet peut être développé de façon relativement libre, puis décomposé en éléments en collaboration avec l'entrepreneur. Les ouvertures peuvent être découpées dans les éléments avec une liberté quasi totale. Les éléments de plancher et de toiture présentent une structure similaire. Les installations électriques peuvent prendre place dans les vides, sans que des saignées soient nécessaires.

Ill. 31 : éléments de murs Lignotrend
A) Ouvert des deux côtés
B) Fermé des deux côtés
C) Fermé d'un côté

Comportement statique : les panneaux sont isotropes.

Aptitude au modelage : les éléments ne peuvent être modelés.

Applications : murs, planchers, toitures

Façade : certains types d'éléments permettent de réaliser une façade compacte sans frein-vapeur supplémentaire.

Couche isolante : les vides compris entre les couches peuvent être remplis d'isolant. L'opération étant cependant fastidieuse, des essais ont été entrepris pour la simplifier.

Finition : certains types d'éléments peuvent être fournis avec des faces de qualité « apparent ».

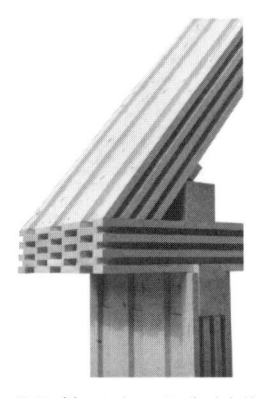

Éléments de construction bois Ligu

Composition

Les éléments Ligu se composent de plusieurs couches de lames en bois massif – des planches sur dosse provenant de différents résineux – décalées les unes par rapport aux autres, collées et assurées par des tourillons en bois dur au niveau des chevauchements. Il en résulte une structure porteuse collée présentant, comme les éléments à caissons, des compartiments remplis d'air. À l'instar des poutres en lamellé-collé, les éléments Ligu peuvent franchir de grandes portées. Ils sont produits avec des épaisseurs allant de 140 mm (sept couches) à 240 mm (douze couches), et des largeurs modulaires de 62,5, 41,6 et 20,8 cm. Les éléments sont assemblés en éléments plus grands au moyen de fausses languettes. Un montant doit être ajouté dans les angles.

Processus de conception

Il est judicieux d'adapter la trame de projet à l'élément le plus petit. La largeur modulaire maximale étant de 62,5 cm, les ouvertures ne sont pas pratiquées dans les éléments, mais comprises entre ceux-ci. Les joints entre éléments ne pouvant cependant pas reprendre d'efforts de cisaillement, il est indispensable de doter les baies d'un linteau.

Ill. 32 : éléments de construction bois Ligu
Mur – plancher – toiture

Comportement statique : les éléments sont orientés.

Aptitude au modelage : les éléments ne peuvent être modelés.

Applications : murs, planchers, toitures

Façade : il est possible de réaliser une façade compacte sans frein-vapeur supplémentaire.

Couche isolante : si les éléments sont assez épais et en l'absence d'exigences particulières, les vides (57 % de bois, 43 % d'air) confèrent déjà aux éléments une résistance thermique suffisante.

Finition : les éléments sont dotés d'un revêtement.

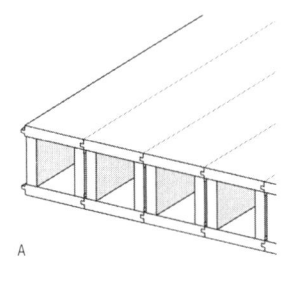

Caissons madriers, caissons multiples et coques Lignatur

Composition

Conçus comme éléments de plancher et de toiture porteurs, les éléments à structure cellulaire Lignatur sont fabriqués industriellement. Dotés de doubles rainures et languettes, les caissons madriers peuvent être assemblés, en atelier, en éléments dont la largeur n'est limitée que par les contraintes de transport. Les caissons madriers présentent une largeur de 200 mm (languette non comprise) pour une longueur maximale de 12 m, des longueurs supérieures pouvant cependant être obtenues sur demande. La hauteur des éléments peut être librement choisie, en fonction des contraintes statiques et de physique de la construction.

Les caissons multiples Lignatur sont produits avec une largeur standard de 514 ou 1000 mm, et une longueur maximale de 16 m. Quant aux coques Lignatur, elles sont principalement destinées à un emploi en toiture.

Processus de conception

Les éléments Lignatur sont déjà assemblés, en atelier, en panneaux de grand format. Il est recommandé de s'en tenir, lors de la conception, à la trame donnée par la largeur des éléments. Lorsque ceux-ci sont disposés verticalement, comme murs, il s'agit de prendre garde au fait que les joints entre éléments ne peuvent reprendre d'efforts de cisaillement, et qu'il est par conséquent indispensable de doter les baies d'un linteau.

Comportement statique : les éléments sont orientés.

Aptitude au modelage : les différents éléments Lignatur peuvent être assemblés de manière à former des toits cintrés.

Applications : planchers et toitures

Couche isolante : les vides des éléments peuvent être remplis, en atelier, avec divers isolants.

Finition : trois types de finition sont disponibles pour les planchers apparents : « industrie », « normal » et « premier choix ».

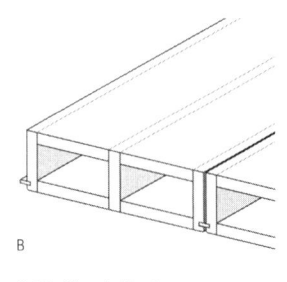

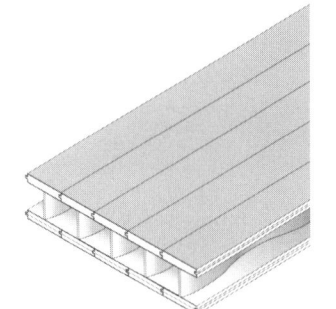

III. 33 : éléments Lignatur
A) Caissons madriers
B) Caissons multiples

Caisson Wellsteg WKL

Composition

L'élément de base du caisson Wellsteg est la poutre en I Wellsteg, d'une largeur de 16,6 cm et d'une hauteur comprise entre 19 et 51 cm. Celle-ci se compose de deux membrures massives en épicéa/sapin, dotées de rainures et languettes, et d'une âme ondulée en contreplaqué de bouleau. Dans un atelier spécial, on fraise dans les membrures des rainures coniques de forme sinusoïdale. L'âme en contreplaqué, composée d'éléments dont les extrémités sont coupées en biais et collées, est ajustée à la rainure et encollée, après quoi la poutre est comprimée. Les caissons sont assemblés en éléments plus grands au moyen de traverses insérées entre les membrures.

Processus de conception

Il est recommandé de s'en tenir, lors de la conception, à la trame donnée par la largeur des poutres. Les caissons Wellsteg sont préfabriqués dans n'importe quelles dimensions, jusqu'à une longueur de 15 m. Les installations sanitaires, électriques et de chauffage sont mises en place en atelier. Il est aisé de percer l'âme des poutres pour y faire passer des conduites transversales.
Le caisson Wellsteg possédant un faible poids propre, il se prête particulièrement bien à la surélévation de bâtiments existants. À charge, hauteur et portée égales, son poids n'atteint que 7 % de celui d'une dalle en béton armé.

III. 34 : caisson Wellsteg

Comportement statique : le caisson Wellsteg est en principe orienté. Toutefois, le débord des membrures par rapport à l'âme permet d'insérer des pièces intermédiaires permettant au caisson de porter dans plusieurs directions. C'est suivant le même principe que l'on réalise, en atelier, les trémies dans les planchers.

Aptitude au modelage : les poutres en I peuvent être assemblées de manière à former des éléments cintrés.

Applications : murs, planchers et toitures

Façade : actuellement, la réalisation d'une façade compacte requiert encore un frein-vapeur supplémentaire.

Couche isolante : les vides entre les âmes des poutres peuvent être remplis de divers isolants en atelier.

Finition : trois types de finition sont disponibles : « industrie », « visible » et « premier choix ».

MATÉRIAUX – MODULES   **Bois**

Propriétés

Système mural Steko

Composition

Steko est un système de construction modulaire composé d'éléments standardisés en bois massif, fabriqués industriellement. Les différents modules s'emboîtent selon un mode d'assemblage spécial, garantissant une liaison optimale au niveau des angles et des raccordements de murs de refend. Des éléments d'encadrement adaptés aux différents types d'ouvertures complètent le système. Les modules, très maniables, se composent de cinq couches de bois massif collées à fil croisé. Du fait de l'emboîtement des modules, les murs Steko constituent une unité statique indéformable.

Processus de conception

Le système repose, en plan, sur une trame de 16 cm. Les dimensions des modules de base – 64 cm de longueur, 32 cm de hauteur et 16 cm d'épaisseur – sont définies de manière à permettre la réalisation de formats d'un quart, d'un demi et de trois quarts de module. La trame verticale est de 8 cm, ce qui permet de combiner des éléments de 24 et 32 cm de hauteur. Les lisses hautes et basses et les linteaux obéissent à la trame de base. Il est possible de faire passer des gaines techniques à l'intérieur des modules. Le système mural Steko peut être combiné avec les fenêtres et portes usuelles, ainsi qu'avec les systèmes de planchers et de toitures les plus courants.

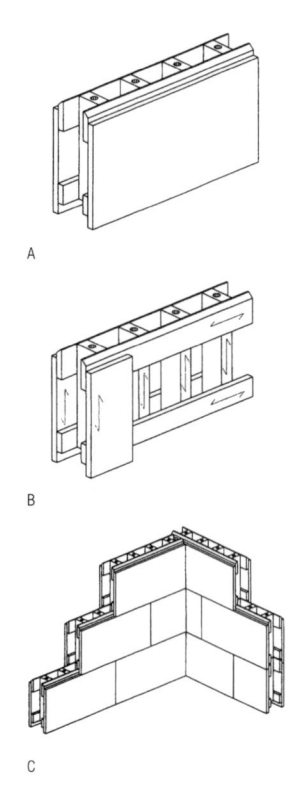

Ill. 35 : système mural Steko
A) Module de base Steko
B) Composition d'un module et sens du fil
C) Composition d'un mur

Comportement statique : les éléments sont orientés.

Aptitude au modelage : les modules ne sont pas modelables.

Applications : murs

Façade : il est possible de réaliser une façade compacte sans frein-vapeur supplémentaire.

Couche isolante : une fois les modules en place, les vides peuvent être remplis d'isolant en vrac. Selon la composition du mur et la valeur isolante souhaitée, on pourra appliquer sur la face extérieure une couche d'isolation supplémentaire.

Finition : les modules sont disponibles avec une couche de parement de qualité « apparent », consistant soit en un panneau monocouche orienté verticalement, soit, sur demande, en un panneau à trois plis orienté horizontalement.

Systèmes de construction en panneaux
Développements actuels

Ill. 36 : montage d'un élément de construction en panneaux
Panneau contrecollé-croisé LenoTec

L'industrie de la construction est, depuis peu, marquée par un changement affectant aussi bien les processus de conception que de réalisation et, partant, le rôle même de l'architecte. Du fait de la diversité des systèmes et matériaux disponibles, ce dernier est toujours plus dépendant des savoir-faire spécifiques de l'industrie. Celle-ci offre des solutions toujours plus complètes, si bien que compétences techniques et prestations de garantie relèvent de façon toujours plus exclusive des entreprises de construction.

Dans la construction bois, les développements et innovations actuels sont de nature structurelle, ce secteur occupant dès lors au sein de l'industrie du bâtiment une position particulière. Ici aussi, toutefois, ce sont les spécialistes des entreprises qui détiennent le savoir technologique requis. Pour l'architecte, cela constitue un soulagement, dans la mesure où il n'a plus à se préoccuper en détail du fonctionnement interne de la construction. À long terme, cependant, cette séparation des compétences représentera une perte pour le métier d'architecte et les connaissances techniques qui en relèvent.

Produits semi-finis et matériaux dérivés du bois

En Europe centrale et en Scandinavie, cette dynamique fut déclenchée par la crise que traversait l'industrie de la construction bois. Pour regagner des parts de marché face à la construction massive et résoudre le problème du bois de tempête abattu en grandes quantités en très peu de temps (ouragans « Viviane » en 1990 et « Lothar » en 1999), il était urgent d'innover. Cela se fit d'abord dans le domaine de la fabrication de produits semi-finis et de matériaux dérivés du bois. Les modes traditionnels de façonnement du bois requérant des sections de qualité plus ou moins constante, les madriers, bois équarris et planches ne peuvent être débités que dans des troncs sains et droits, ce dont résultent chutes et dosses de moindre qualité. Or on utilise aujourd'hui ces dernières pour fabriquer baguettes, lattes et lamelles, le dernier stade de ce processus de transformation du bois consistant à le déchiqueter pour produire copeaux et sciure.

À ce processus de réduction progressive succède cependant un processus inverse de recomposition. Plus les composants des produits reconstitués sont petits, plus leurs propriétés physiques sont homogènes, et plus celles-ci peuvent être influencées par les procédés de recomposition et les moyens de liaison chimiques ou mécaniques employés. Lorsqu'on utilise copeaux ou sciure, on les lie, en fonction du domaine d'application visé, avec des produits synthétiques tels que colle ou ciment. Les produits semi-finis composés de baguettes ou de lamelles sont la plupart du temps collés, ce qui en accroît la résistance statique et ouvre de nouvelles possibilités constructives.

La recherche de liants appropriés et de leur bon dosage par rapport à la proportion de bois utilisée, conduit au développement de produits semi-finis aux propriétés toujours plus favorables, dans lesquels la frontière entre les matériaux dérivés du bois et d'autres matériaux comme les plastiques est toujours plus floue. C'est dans cette direction que tendent les essais actuellement entrepris pour mettre au point de nouveaux moyens d'assemblage, comme le procédé dit du « woodwelding » (« soudage du bois »), consistant à faire entrer des matériaux thermoplastiques en vibration sous l'effet d'ultrasons, de sorte qu'ils pénètrent dans la structure poreuse du bois. Ce procédé permet de réaliser des liaisons stables, immédiatement sollicitables.

Les produits dont les propriétés physiques étaient sensiblement plus homogènes que celles du bois naturel, et dont certains atteignaient de ce fait des dimensions jusqu'alors inédites, trouvèrent dans la construction bois de nouvelles applications. Aussi ne fallut-il pas attendre longtemps pour qu'apparaissent sur le marché de premiers systèmes de construction bois présentant de toutes nouvelles propriétés statiques et physiques.

Préfabrication individualisée

En déplaçant le processus de fabrication du chantier à l'atelier, où la maîtrise des conditions ambiantes et des opérations permet d'atteindre une plus grande précision, les constructeurs bois s'assurent le contrôle d'une grande partie du processus de production. Presque tous les systèmes de construction bois actuels étant assez flexibles pour s'adapter aux spécificités d'un projet, la contrainte d'obéir à une trame prédéfinie est abolie. Tout au plus l'agencement des plans est-il encore soumis aux limites imposées par les portées franchissables. Le processus de conception propre à la construction bois traditionnelle s'en trouve par conséquent inversé : le projet peut être développé de façon relativement libre, pour être ensuite décomposé en éléments appropriés (préfabrication individualisée). Seules les contraintes liées au transport imposent encore certaines limites aux dimensions des éléments.

Systèmes « blackbox » ou « sandwich »

On peut aujourd'hui demander des offres aux entreprises proposant des systèmes de construction bois sur la base de plans à l'échelle 1:200. Les temps sont révolus où l'architecte dessinait jusque dans les moindres détails l'ensemble de la structure. Ce travail incombe désormais à l'entreprise de construction bois chargée de la réalisation, laquelle est également responsable du dimensionnement de la structure et de la performance du système en matière de physique de la construction. Les détails spécifiques au projet sont résolus en collaboration avec l'architecte, les solutions adoptées pouvant avoir d'éventuelles répercussions sur la conception du système porteur. Sur le chantier sont livrés et montés des éléments fermés (« blackbox ») répondant à toutes les exigences, qu'il s'agit encore, dans le cas de certains systèmes, de doter d'un revêtement extérieur et/ou intérieur.

Ill. 37 : assemblage par « soudage »
Soumis à des ultrasons, le plastique se lie au bois à l'échelle des macropores (technologie du « woodwelding »).

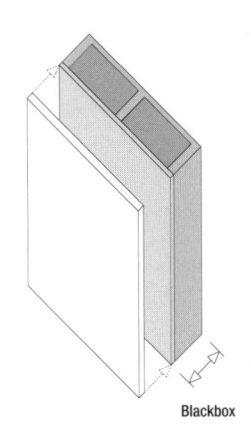

Panneaux isotropes

Dans la construction en panneaux, l'un des aspects déterminants pour le projet est de savoir si les panneaux sont isotropes ou anisotropes. Les panneaux isotropes sont des produits dérivés du bois pouvant être, dans leur propre plan, sollicités dans n'importe quelle direction. Le bois étant par nature un matériau anisotrope, une telle propriété ne put être obtenue que grâce aux progrès accomplis dans le domaine des produits semi-finis et des matériaux dérivés du bois, consistant par exemple en plis ou en lattes collés à fil croisé. De tels panneaux présentant une grande résistance et rigidité, ils peuvent faire office de voile travaillant. On peut par ailleurs les découper et les assembler presque comme si l'on construisait une maquette, et y pratiquer des baies sans réaliser d'enchevêtrure (linteau), pour autant qu'il reste assez de matériau au-dessus de l'ouverture.

Que faire avec les panneaux ?

Les panneaux en bois massif reconstitué sont des « plaques » plus ou moins plates. S'ils étaient des coques, ils seraient cintrés dans une ou deux directions et de ce fait indépendants, en plan, de tout élément porteur intermédiaire.

Ce qui, sur le plan constructif, rend les panneaux vraiment intéressants, c'est qu'ils peuvent présenter une épaisseur variable, de très faible à très importante – théoriquement même illimitée. Cela est dû au processus même de fabrication des panneaux, composés de minces feuilles ou couches de lattes assemblées à fil parallèle, diagonal ou croisé, soit mécaniquement, soit par collage et pressage.

Panneaux d'épaisseur normale

La mise en œuvre de panneaux d'épaisseur normale relève des mêmes principes constructifs que la construction massive. L'épaisseur des panneaux est déterminée en fonction des sollicitations statiques prévisibles. On peut ici parler d'une véritable tectonique du panneau au niveau du gros œuvre.

La composition des façades relève d'un système complémentaire où couche porteuse (les panneaux, justement), couche isolante et couche de protection extérieure sont strictement séparées, même si cette dernière doit être fixée à la couche porteuse au moyen d'une sous-construction adéquate (support). On peut donc bel et bien parler de la « composition » des façades, l'exécution du revêtement extérieur apparent étant relativement indépendante de celle des panneaux constituant le gros œuvre.

Il en va de même des planchers intermédiaires, où les panneaux (couche porteuse) doivent cependant être dimensionnés en flexion, en fonction de la portée. Sur les panneaux reposent la couche isolante (isolation contre les bruits d'impact, solidiens et aériens) et la couche de protection (revêtement de sol) et son support.

Panneaux minces

Les panneaux minces n'étant pas capables d'assumer seuls la fonction porteuse, on les dote, à intervalles réguliers, de nervures transversales composées du même matériau, qui rendent la structure résistante au flambage. Si cette dernière est fermée par une seconde couche de panneaux et remplie d'isolant, on est en présence d'un système de façade synthétique, où couches porteuse, isolante et de protection ne sont certes pas entièrement fondues en une seule, mais du moins étroitement imbriquées. Aussi parle-t-on souvent, à propos de tels éléments à caissons, de « construction en sandwich ».

L'avantage de ce système réside dans le fait que les éléments peuvent être dans une large mesure préfabriqués, le problème majeur consistant dès lors dans l'exécution de leurs joints. De tels éléments sont à la fois très légers et résistants, en particulier aux charges de vent. Exécutés sous forme de caissons, ils constituent aussi – en particulier dans le cas de grandes portées – des éléments de planchers performants, dans lesquels peuvent être intégrées certaines installations techniques. Leurs propriétés acoustiques restant toutefois limitées, il est indispensable de les doter des couches de construction supplémentaires appropriées.

On pourrait par ailleurs imaginer que les caissons mis en œuvre en tant qu'éléments de murs porteurs soient remplis de sable une fois les installations techniques en place, ce qui leur conférerait non seulement de meilleures propriétés d'isolation phonique, mais aussi une inertie thermique accrue, susceptible d'améliorer l'efficacité énergétique du bâtiment. Comme on le voit, les caissons offrent encore un vaste champ d'expérimentation tectonico-constructif, même si celui-ci reste apparenté à la construction bois classique.

Panneaux très épais

Il est en outre possible d'empiler les panneaux les uns sur les autres et, grâce à des logiciels de création de patrons analogues à ceux utilisés dans l'industrie textile, d'y opérer des découpes exploitant le matériau de façon optimale. Le fraisage à commande numérique permet de modifier constamment l'angle de coupe, si bien que les panneaux empilés présentent, au final, une surface tridimensionnelle continue, possédant d'emblée certaines qualités spatiales. Il en résulte des « objets spatiaux » massifs, dotés d'une vie intérieure organique. La construction bois s'écarte ici de tous les systèmes constructifs connus : le procédé en question relève en effet davantage d'un mode de construction sculptural que tectonique, la notion de construction bois massive revêtant dès lors une toute nouvelle signification.

Ill. 38 : système « blackbox » : exemple d'un panneau à nervures Blockholz
Les éléments sandwich sont livrés sur le chantier déjà dotés de leur revêtement, si bien que leur composition interne n'est pas visible.

Ill. 39 : panneaux minces
Montage d'une construction en panneaux minces

Ill. 40 : panneaux empilés
« Objet spatial » en carton, travail d'étudiants de première année à l'EPFZ

Systèmes de construction bois
Aperçu

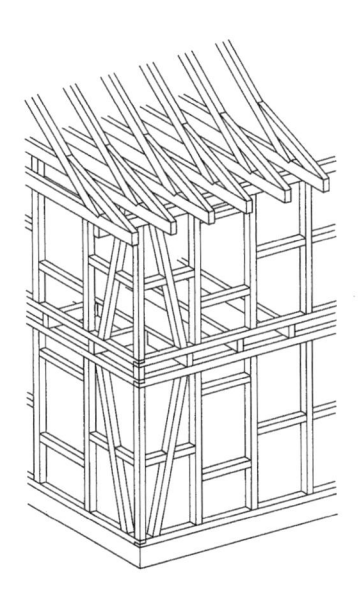

Ill. 41 : construction à colombages ou pans de bois

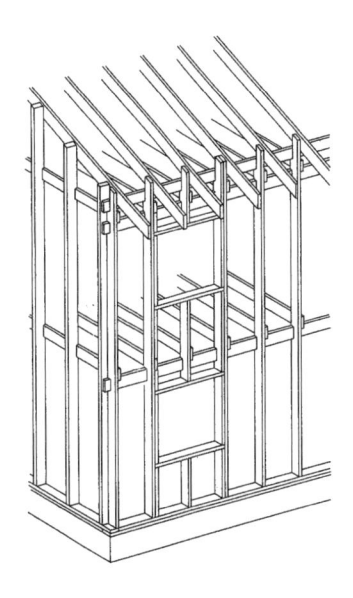

Ill. 42 : *balloon frame*, construction à ossature continue

Construction à colombages ou pans de bois

Ce système de construction bois traditionnel, rarement employé de nos jours, obéit à une trame relativement serrée. Les pans de bois, composés de sablières et de poteaux (ou colombes) et contreventés par des écharpes obliques, peuvent être considérés comme de premières tentatives de préfabrication. Les éléments porteurs et de séparation se trouvent ici dans un même plan. Les pans de bois sont préassemblés sur le chantier, puis montés étage par étage. L'écartement des poteaux découle de la capacité porteuse des sections de bois, qui, avant l'ère industrielle, étaient taillées selon des méthodes rudimentaires (sciage, taille à la hachette). Les assemblages n'étant soumis qu'à de faibles sollicitations, ils peuvent être réalisés selon des techniques artisanales : à tenon et mortaise, à embrèvement ou à mi-bois. Les charges verticales sont transmises par contact direct entre les bois.

N'ayant en principe fait l'objet d'aucun calcul statique, les sections des anciennes constructions à colombages sont souvent surdimensionnées et donc peu économiques, quoique nécessaires pour compenser l'affaiblissement en général considérable dû aux assemblages traditionnels. Pour pouvoir dimensionner les sections de façon économique, on recourt aujourd'hui souvent à des assemblages métalliques.

Dans la construction à pans de bois traditionnelle, le remplissage se composait de glaise, de torchis, d'adobe ou, plus tard, de maçonnerie enduite. Aujourd'hui, les pans de bois sont la plupart du temps remplis d'isolation, et protégés des intempéries par un revêtement extérieur.

Balloon frame, construction à ossature continue

Le système du *balloon frame*, développé aux États-Unis, où il est très répandu, consiste en une trame serrée de pièces de bois équarri présentant des sections normalisées, basées sur des dimensions de « two by eight inches » (soit à peu près cinq sur vingt centimètres). Lorsque des sections plus robustes sont requises, celles-ci sont obtenues par juxtaposition de pièces identiques, assemblées sur place par simple clouage. Les montants s'étendent la plupart du temps sur deux ou plusieurs étages, le contreventement de la structure étant assuré par des lames diagonales en bois massif ou des panneaux en dérivés du bois (voile travaillant).

La simplicité du système, où des pièces supplémentaires ad hoc sont souvent clouées entre les éléments d'ossature, permet un montage rapide par des ouvriers non qualifiés, ce malgré un très faible degré de préfabrication. En outre, le *balloon frame* offre une grande liberté de conception, tant au niveau du plan et de la volumétrie des bâtiments que de l'agencement de leurs baies. La structure étant surdimensionnée, il est même possible d'y pratiquer des ouvertures après coup. Le revers de la médaille réside à cet égard dans une consommation de bois plus importante que dans le cas de systèmes plus récents.

La version européenne du *balloon frame* américain est la construction à ossature continue, qui doit son nom au fait que les montants, également normalisés et très rapprochés, s'étendent ici aussi sur deux ou plusieurs étages. Ce système présente cependant un degré de normalisation moindre, et recourt non seulement au clouage, mais aussi à des assemblages à tenon et mortaise et à mi-bois. L'un des objectifs est aussi de limiter la consommation de matériau.

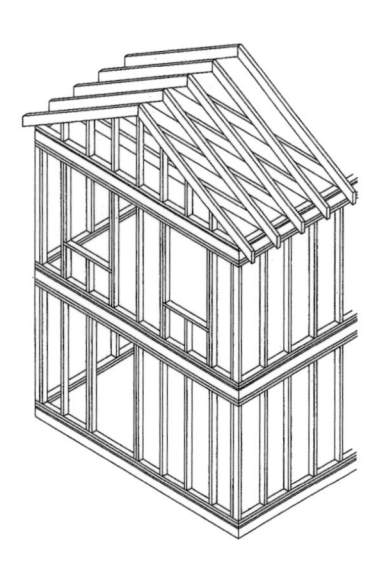

Ill. 43 : construction à ossature bois

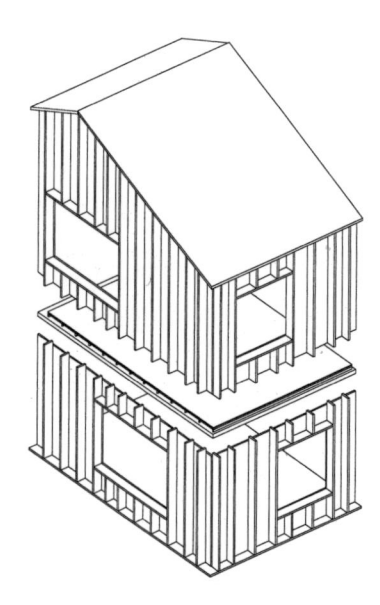

Ill. 44 : construction en panneaux

Construction à ossature bois

Avatar de la construction à ossature continue, la construction à ossature bois présente un haut degré de préfabrication, raison pour laquelle elle est aujourd'hui très répandue. La structure porteuse se compose ici de pièces de bois équarri assemblées, étage par étage, en ossatures contreventées par des lames diagonales ou un voile travaillant. Le système repose sur une trame très serrée, l'écartement des montants pouvant toutefois varier selon les besoins, par exemple en fonction de l'isolant thermique utilisé (panneaux ou isolant en vrac). Les ossatures, assemblées en atelier, sont livrées sur le chantier sous forme d'éléments fermés, qu'il ne reste alors plus qu'à monter et, le cas échéant, à doter d'un revêtement. La structure tectonique de la construction à ossature bois repose sur le principe de l'empilement par étage.

L'avantage du système réside dans la flexibilité et les nombreuses possibilités d'application qu'il offre. Le recours à un grand nombre de pièces de bois identiques, faciles et peu onéreuses à produire en raison de leurs dimensions modestes, ainsi qu'à des assemblages élémentaires, par clouage ou vissage, fait de la construction à ossature bois un système aussi simple qu'économique.

Construction en panneaux

Les tout derniers développements intervenus dans le domaine de la construction en panneaux conduisent à une véritable inversion du principe qui sous-tend la construction à ossature bois. Ici, en effet, l'élément structurel de base n'est plus un assemblage de pièces de bois linéaires, mais un panneau plein qui, pour être en mesure de fonctionner comme un voile porteur et raidisseur, doit présenter une résistance et une rigidité élevées. C'est par exemple le cas des panneaux Blockholz, composés de lamelles de bois collées à fil croisé. Pour prévenir le flambage des panneaux, ceux-ci sont dotés de nervures transversales faites du même matériau, entre lesquelles est posée l'isolation thermique. La planéité et l'isotropie de tels panneaux porteurs ouvrent de toutes nouvelles possibilités statiques et projectuelles. La trame caractéristique de la construction bois traditionnelle n'a plus de raison d'être, les ouvertures pouvant être découpées avec une liberté quasi totale dans les « plaques » constituant les murs.

Ce principe permet une rationalisation des couches dont se compose la construction. Les différents composants peuvent en effet assumer plusieurs fonctions, ce qui permet de réduire le nombre de couches nécessaires au profit d'une construction plus compacte. Ainsi les panneaux Blockholz peuvent-ils eux-mêmes servir de support à un éventuel enduit intérieur, voire être laissés apparents côté locaux. Si la construction est par ailleurs revêtue d'un bardage ayant pour effet d'homogénéiser les façades, celui-ci pourra, selon le matériau dont il est fait, être posé directement contre les lames ou panneaux fermant les éléments de façade.

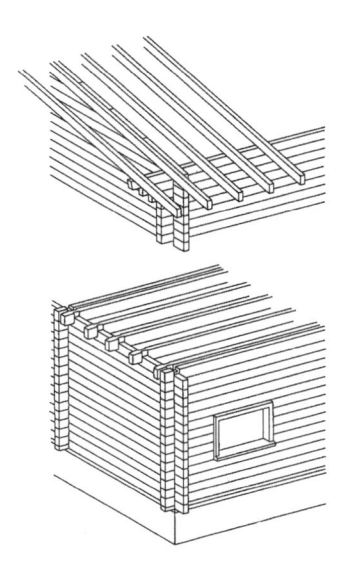

Ill. 45 : construction en bois empilés

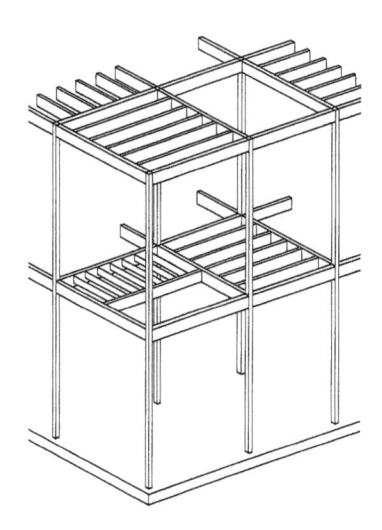

Ill. 46 : construction à poteaux-poutres

Construction en bois empilés

La construction traditionnelle en madriers et celle qui l'a précédée, la construction en rondins, sont les seuls systèmes de construction bois que l'on puisse vraiment qualifier de « construction massive ». L'enveloppe du bâtiment se compose ici d'une seule et unique couche de bois horizontaux empilés et assemblés à quart de bois, faisant office à la fois de structure porteuse, de délimitation spatiale et de revêtement. Le contreventement de la structure est assuré par l'imbrication des bois au niveau des intersections entre murs, ainsi que par le frottement des bois au niveau des joints horizontaux, grâce auquel le mur massif fonctionne comme un voile. Les portées envisageables dépendent de la longueur des billes disponibles, qui dépasse rarement 4,5 m.

Le bois étant ici chargé perpendiculairement au sens des fibres, la construction en bois empilés se caractérise par des mouvements de retrait et de tassement considérables, qu'il s'agit de prendre en compte lors de la conception des détails, en particulier au niveau des baies. La valeur isolante d'une construction en bois empilés traditionnelle ne répondant plus aux exigences actuelles, les bâtiments réalisés selon ce système doivent aujourd'hui être dotés d'une couche d'isolation supplémentaire. Cette méthode de construction n'est économique que si elle peut s'appuyer sur des infrastructures (scierie) et un savoir-faire (charpenterie) spécialisés.

Construction à poteaux-poutres

La construction à poteaux-poutres est le plus filigrane des systèmes de construction bois. La structure porteuse se compose ici de poteaux et de poutres souvent moisés, ainsi que de solivages ou de planchers rigides (selon le principe de la construction massive à poteaux-dalles). Le matériau dont sont faites les pièces verticales et horizontales (bois de sciage ou lamellé-collé) et la conception des nœuds d'assemblage déterminent les portées franchissables et l'expression tectonique de la structure. Si le bois massif continue d'être utilisé, on recourt surtout aujourd'hui au lamellé-collé et à d'autres éléments de structure produits par collage. Quant aux assemblages, ils se font la plupart du temps au moyen d'organes mécaniques inspirés de la construction en acier, tels que goussets, étriers ou chevilles. Les assemblages artisanaux ne sont pratiquement jamais utilisés.

Le contreventement de la construction peut être assuré par des diagonales travaillant en traction ou en compression, par des voiles raidisseurs reliés de façon solidaire à la structure, ou par des noyaux massifs traversant tous les étages.

La construction à poteaux-poutres se distingue des autres systèmes de construction bois par le fait que la structure porteuse est totalement indépendante des cloisons de séparation et des façades, qui peuvent dès lors être entièrement vitrées. Si cette spécialisation des éléments n'est pas très économique en termes de consommation de matériau, elle offre cependant davantage de flexibilité dans la conception des plans et des façades, tout en permettant de franchir des portées plus importantes.

MATÉRIAUX – MODULES **Bois**

Systèmes

Construction à ossature bois
Principe

Ill. 47 : ossatures avant montage
Bearth & Deplazes, maison Willimann, Sevgein (CH) 1998

Ill. 49 : éléments « blackbox » lors du montage
Bearth & Deplazes, maison Willimann, Sevgein (CH) 1998

En Suisse, la construction à ossature bois est aujourd'hui très répandue, ce qui s'explique par l'offensive menée dans les années 1980 par l'industrie de la construction bois, tant sur le plan technique que sur celui du marketing. L'objectif poursuivi était alors de moderniser la construction à ossature continue – qui s'était établie dès les années 1930 et s'inspirait elle-même du *balloon-frame* américain – en augmentant le degré de préfabrication et de normalisation des éléments de construction utilisés.

Ainsi la construction à ossature bois s'inscrit-elle dans une longue tradition d'amélioration et de perfectionnement de la construction bois artisanale. De fait, les charges sont toujours reprises par une ossature composée de pièces de bois linéaires, le système ayant cependant été optimisé de manière à ce qu'une grande partie de la fabrication puisse se faire en atelier. Le degré de préfabrication s'est progressivement accru, jusqu'à atteindre les limites inhérentes au système.

Ce haut degré de préfabrication et la grande flexibilité du système ont permis à la construction à ossature bois de s'imposer, même si elle est aujourd'hui concurrencée par des technologies reposant sur de nouveaux matériaux dérivés du bois, où l'ossature à éléments linéaires est supplantée par des panneaux porteurs (voir chap. « Systèmes de construction en panneaux : Développements actuels »).

Le système se base sur une trame serrée de montants porteurs, dont l'écartement peut varier en fonction de la géométrie de l'élément, du format des éventuels panneaux isolants insérés entre les montants, ainsi que des charges à reprendre. Montants, lisses hautes et lisses basses sont constitués de pièces de même section qui, du fait de leur disposition sérielle, remplissent presque toutes les exigences statiques. Seul le contreventement est assuré par les panneaux fermant l'ossature (voile travaillant). Tous les assemblages peuvent se faire par clouage, même s'il arrive aussi que l'on recoure à des vis, résistant mieux à la traction.

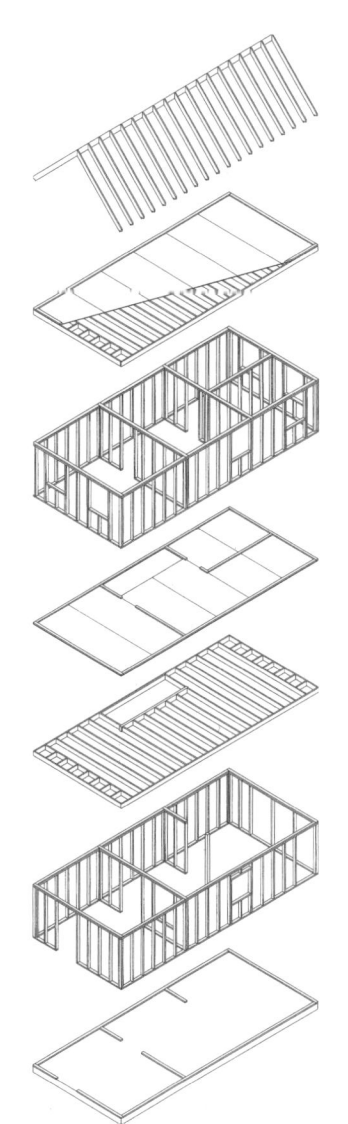

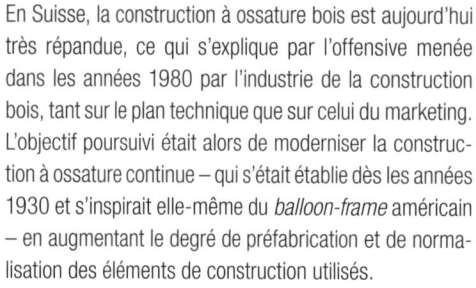

Ill. 48 : empilement des éléments étage par étage

L'utilisation de produits standardisés constitue l'un des grands avantages de la construction à ossature bois. Dans la plupart des cas, on met en œuvre des bois dont la section varie entre 60/120 et 60/200 mm. Ces dimensions assez modestes permettent de réduire la quantité de déchets produits lors du débitage des pièces, tout en facilitant le stockage, le séchage et le triage mécanique.

Une fois les pièces assemblées en ossatures fermées (« blackbox »), il est recommandé d'en doter les deux faces d'un revêtement, posé chaque fois sur un lattage lui-même doublé, si nécessaire, d'un contre-lattage. Les vides ainsi ménagés à l'intérieur du « sandwich » permettent, à l'extérieur, de ventiler la construction, et à l'intérieur, de faire passer les installations techniques nécessaires. Le matériau des revêtements apparents peut être choisi assez librement, le système n'imposant que peu de contraintes à cet égard.

Préfabrication individualisée

À la différence des systèmes de préfabrication en série, basés sur l'utilisation d'éléments normalisés (systèmes dits modulaires) ou sur une trame fixe, la construction à ossature bois permet une préfabrication individualisée.

Cela signifie qu'un projet développé sans autre contrainte que celles imposées par les conditions cadres habituelles peut être décomposé, en collaboration avec l'entreprise de construction bois, en une sorte de jeu de construction.

Ce « jeu » se compose d'éléments fermés fabriqués en atelier et livrés sur le chantier sous forme de pans de murs stables et rigides, constitués d'ossatures remplies d'isolation et dotées de panneaux sur les deux faces (« blackbox »). Les montants d'ossature sont disposés en fonction des charges à reprendre, de la géométrie des éléments et des baies éventuelles.

L'isolant choisi (format et épaisseur des panneaux) influe lui aussi sur l'écartement et le dimensionnement des montants. Les sections usuelles varient entre 60/120 et 60/200 mm, l'épaisseur des isolants étant en effet comprise, selon les exigences, entre 15 et 20 cm.

L'édification de l'ouvrage sur le chantier consiste à monter ces pans de murs préfabriqués. Les assemblages se font à joints vifs et, selon les cas, par clouage ou vissage. D'ordinaire, les éléments sont montés étage par étage, les planchers intermédiaires étant soit appuyés sur les ossatures sous-jacentes, soit suspendus entre les murs.

Une fois assemblé, le « jeu de construction » forme une enveloppe stable et thermiquement isolée. Pour protéger la construction des intempéries, il faut la doter d'un revêtement extérieur. Celui-ci peut être librement choisi, pour autant qu'il permette à la construction de respirer (ventilation). La plupart du temps, les ossatures bois sont aussi dotées d'un revêtement intérieur, ayant

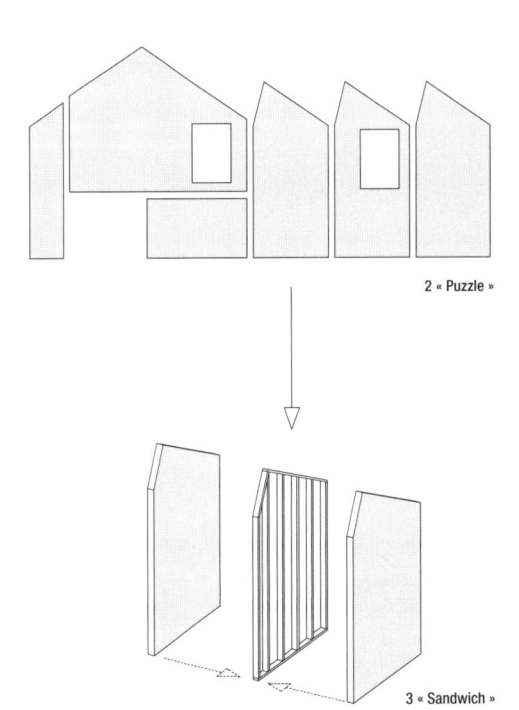

Ill. 51 : la construction à ossature bois comme « jeu de construction »
1 Projet
2 Décomposition en un « jeu de construction » rationnel
3 Éléments fermés (« blackbox ») constituant des pans de murs stables

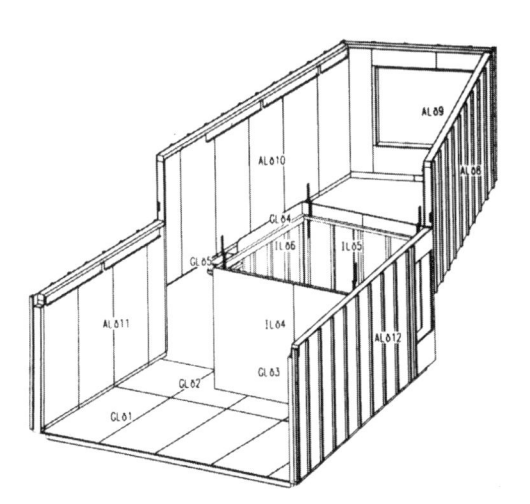

pour fonction de protéger des dommages mécaniques ou des perforations les panneaux qui, en fonction de l'isolant choisi, doivent faire office de pare-vapeur ou de frein-vapeur. Le revêtement intérieur permet en outre de choisir librement la finition des murs (enduit, placage, carrelage, etc.), tout en cachant les installations électriques, qui ne doivent pas traverser le plan de l'isolation.

Ill. 50 : axonométrie des éléments de murs décalés d'un demi-niveau
Bearth & Deplazes, maison Willimann, Sevgein (CH) 1998

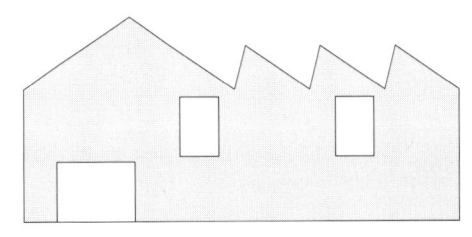

MATÉRIAUX – MODULES   **Bois**
                                                    Systèmes

Ill. 52 : préfabrication individualisée :   Schémas en plan 1-4   Schémas en coupe 1-4
déroulement des études et de la réalisation
dans le cas de la construction à ossature bois

Décomposition rationnelle du projet en éléments de murs et de planchers

Collaboration entre l'architecte, l'entreprise de construction bois et, éventuellement, l'ingénieur

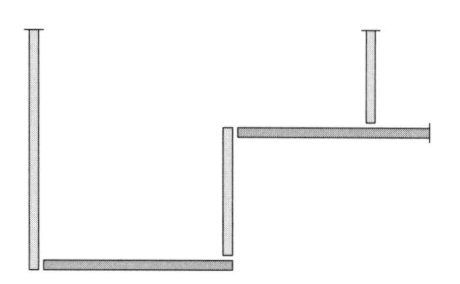

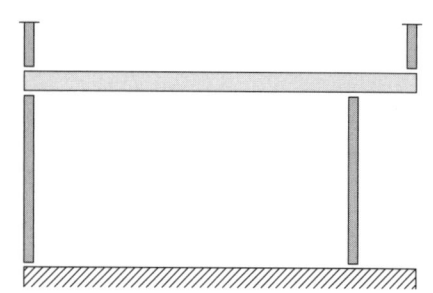

Fabrication des éléments fermés en atelier (« blackbox »)

Disposition des montants en fonction des charges effectives et du format des panneaux isolants (50/100 cm, 60/120 cm)

Dimensionnement de la section des montants en fonction de l'isolation thermique intégrée (150 à 200 mm)

Veiller à la bonne exécution des joints entre éléments (joints vifs avec profilés d'étanchéité ou assemblages à recouvrement, comme représenté ci-contre)

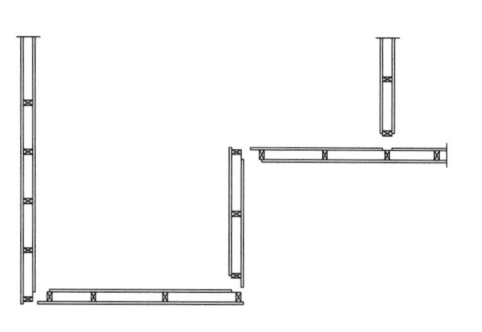

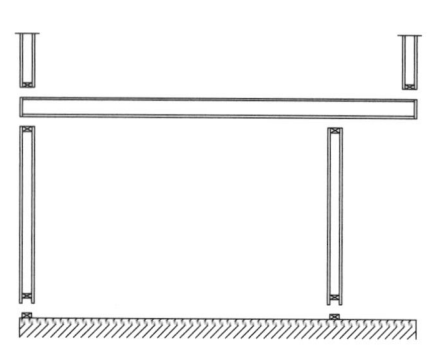

Livraison et montage des éléments sur le chantier

Plan : éléments assemblés à joints vifs, par clouage (si assemblage sollicité en compression seulement) ou vissage (si assemblage aussi sollicité en traction)

Coupe : empilement des éléments

Les joints verticaux et horizontaux doivent être étanchéifiés de manière à garantir la continuité du pare-vapeur.

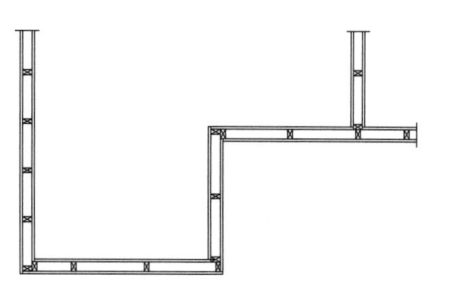

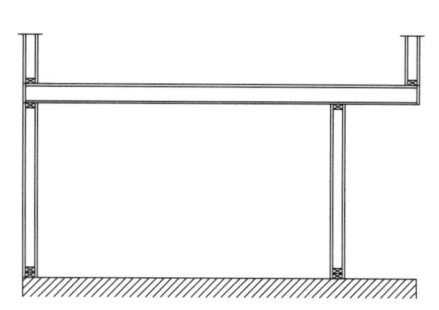

Pose du revêtement extérieur (et intérieur)

Le revêtement extérieur doit permettre à la construction de respirer.

Le revêtement intérieur, qui permet de choisir librement la qualité des surfaces intérieures, constitue un doublage cachant les conduites électriques posées dans le vide intermédiaire. Comme elles devraient traverser le pare-vapeur à un endroit ou à un autre, les installations (électricité, sanitaires, eau, gaz, etc.) ne peuvent être placées à l'intérieur des ossatures.

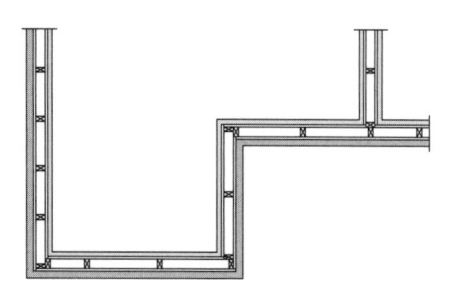

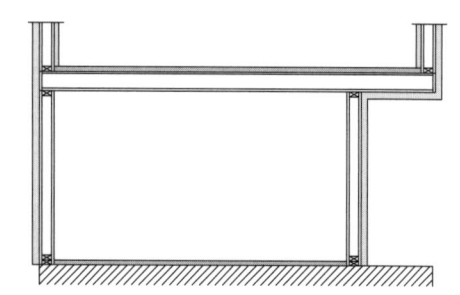

MATÉRIAUX – MODULES Bois
Systèmes

Ill. 53 : composition et revêtement des ossatures bois
1. Revêtement intérieur, 12 mm
2. Lattage vertical, installations, 50 mm
3. Panneaux en matériau dérivé du bois (pare-vapeur), 12 mm
4. Ossature, lisse haute, 60/150 à 60/300 mm
5. Ossature, montants, 60/150 à 60/300 mm
6. Ossature, lisse basse, 60/150 à 60/300 mm
7. Isolation thermique (p. ex. ISOFLOC), 150 à 300 mm
8. Panneaux de fibres tendres bitumés, 18 mm (pare-vent)
9. Lattage vertical, vide de ventilation, 40 mm
10. Bardage à clins (horizontal), 24 mm
11. Panneaux triplis à rainure et languette, isolation contre les bruits d'impact
12. Caissons madriers LIGNATUR
13. Pare-vent recouvrant les joints entre éléments
14. Contre-lattage, 40 mm (nécessaire pour garantir la ventilation verticale)
15. Lattage horizontal, 40 mm
16. Bardage à frises (vertical), 24 mm

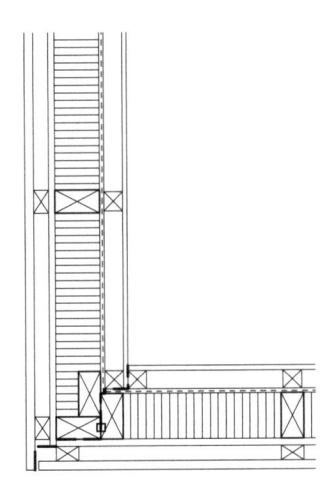

Plan : raccord d'angle
Bardage à clins

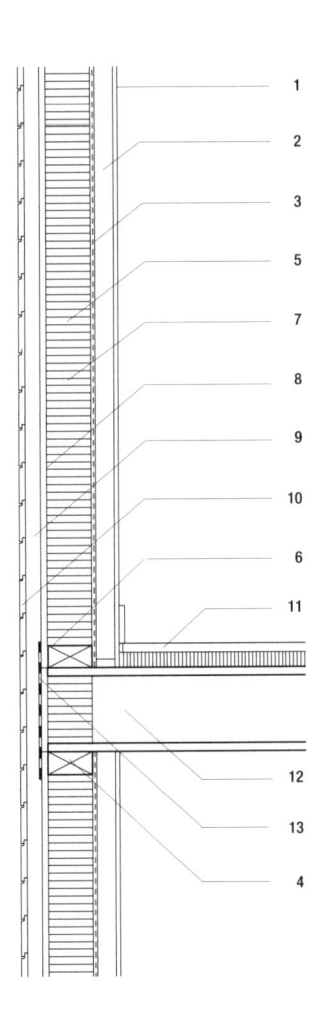

Coupe : appui de dalle
Bardage à clins

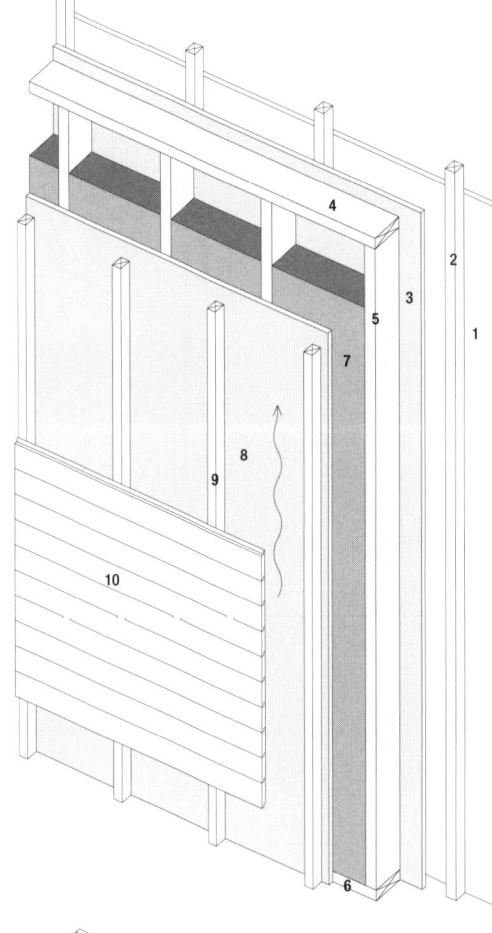

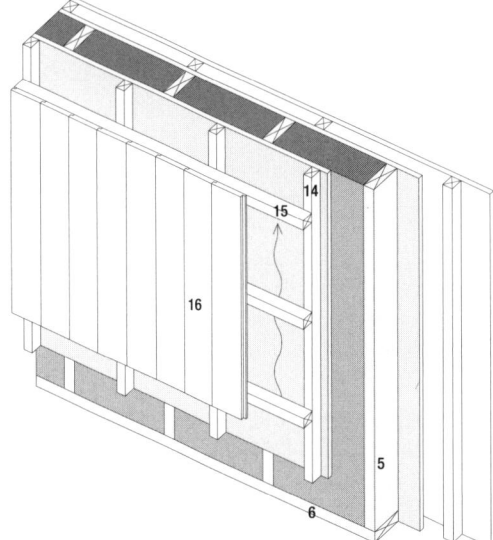

Axonométrie : couches de construction
Bardage à clins (en haut) ou à frises (en bas)

MATÉRIAUX – MODULES   **Bois**

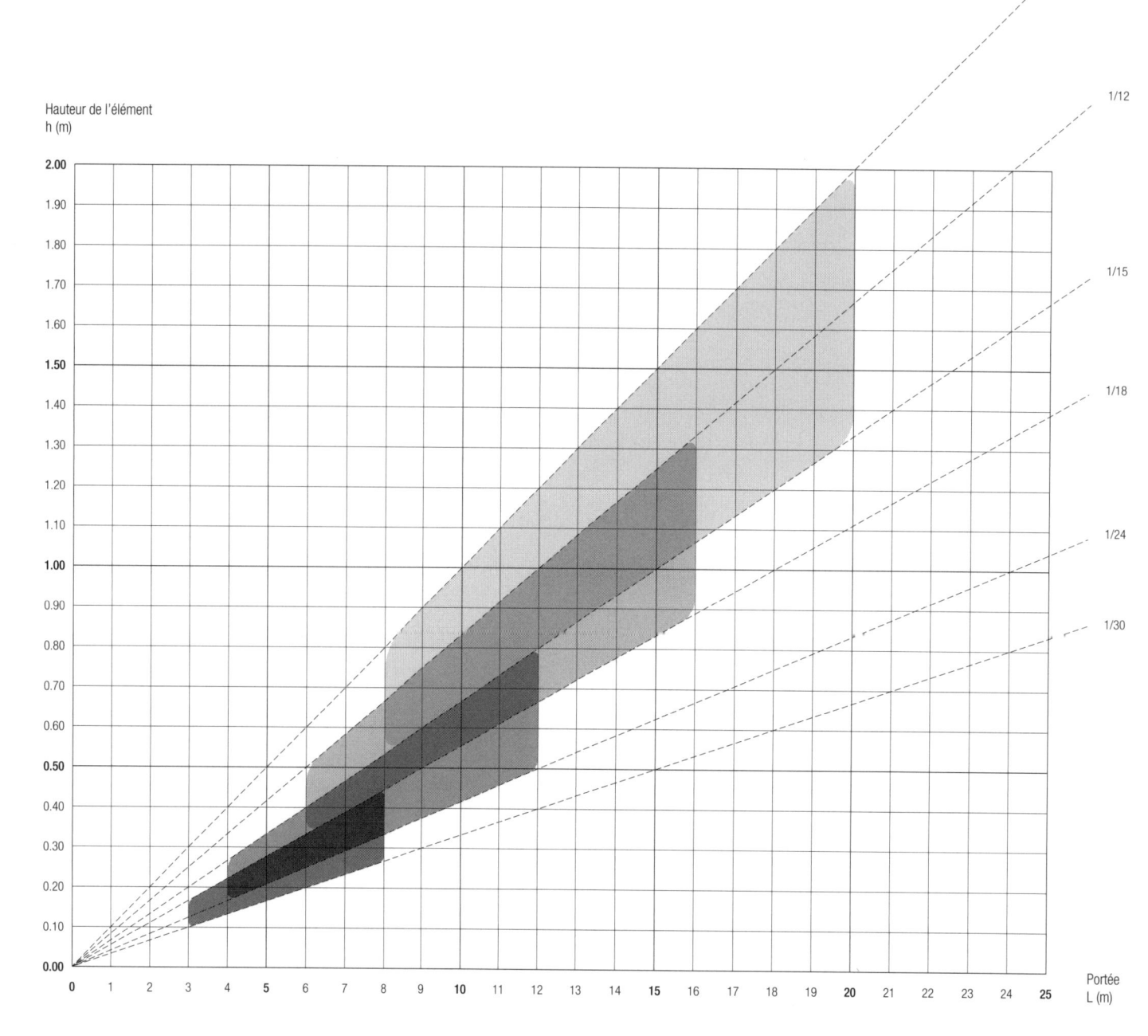

Systèmes

Prédimensionnement des poutres en bois
Estimation des dimensions des éléments lors de la conception

Hauteur de l'élément
h (m)

1/10
1/12
1/15
1/18
1/24
1/30

Portée
L (m)

Élément de structure	Portée L (m)	h*/L
Chevrons	– 8 m	1/18 – 1/30
Pannes, solives	4 – 12 m	1/15 – 1/24
Poutres à âme pleine	6 – 16 m	1/12 – 1/18
Poutres à treillis	8 – 20 m	1/10 – 1/15

III. 54 : remarques concernant l'utilisation du tableau
Lorsque l'élément en question est soumis à une charge élevée (poids propre et charge utile), il s'agit d'utiliser, pour en définir la hauteur, les valeurs maximales proposées dans le tableau – vice versa dans le cas de faibles charges.
Les dimensions et relations indiquées ne peuvent être établies scientifiquement. Les trapèzes grisés devraient en fait présenter des contours flous. Dans l'intérêt d'une utilisation rationnelle des éléments de structure, il convient d'éviter les « marges » du graphique.

Source : M. Dietrich, École d'ingénieurs de Berthoud, 1990.

*Pour un premier prédimensionnement, on peut admettre que la poutre présente une section de proportion h/l = 2/1. Les poutres en bois lamellé-collé sont en général plus élancées (jusqu'à environ 5/1).

Découpe d'une grume selon la tradition de la construction en bois japonaise
Les ateliers du grand sanctuaire d'Ise

Christoph Henrichsen

Dans les ateliers du grand sanctuaire d'Ise, une tradition séculaire de découpe du bois s'est perpétuée jusqu'à nos jours grâce à l'usage consistant à réédifier entièrement les sanctuaires tous les vingt ans. Cette tradition témoigne d'une profonde connaissance du bois, et le procédé illustre les règles suivies pour fabriquer du bois scié de haute qualité tout en respectant les propriétés individuelles de chaque tronc. Ise est sans doute le seul lieu du Japon où, de la sylviculture à la construction en passant par l'abattage et la coupe, toutes les étapes sont entre les mains d'un maître charpentier.

Ill. 56 : traçage par le maître charpentier
Traçage du cœur au fil à plomb

Ill. 55 : sanctuaire secondaire d'Ise
Contraste entre le nouveau et l'ancien sanctuaire

Abattage et entreposage des troncs

Les arbres destinés au sanctuaire – il s'agit aujourd'hui essentiellement d'hibas, provenant du nord du Japon, qui ont remplacé les cyprès pour des raisons économiques – sont abattus durant les mois d'hiver, entre octobre et février. À l'arrivée, un numéro d'identification est fixé à l'extrémité du fût. Avant la découpe, les grumes sont immergées jusqu'à trois ans dans des étangs. Ce traitement permet non seulement d'éviter les fentes de sécheresse, mais il sert aussi, paraît-il, à retirer au bois certaines substances, et lui permet de sécher plus vite après le sciage. Les troncs sont retirés de l'eau à l'aide d'un treuil, puis amenés à la scierie sur des wagonnets. Lorsque c'est nécessaire, ils sont d'abord tronçonnés à longueur, après quoi le maître charpentier les inspecte sur tout leur pourtour pour détecter d'éventuels défauts de croissance ou altérations. Les extrémités des troncs sont ensuite dressées au rabot électrique ou manuel, car une surface lisse permet un meilleur traçage. Le traçage des grumes (en japonais : *kidori* = diviser le bois) commence toujours avec un traçage du cœur *(shinzumi)* à la petite extrémité du fût *(sue-koguchi)*, pour lequel le maître se sert d'un fil à plomb et d'une équerre de charpentier. Le tracé médian est ensuite reporté au cordeau *(mizuito)* sur le pied de la grume *(moto-koguchi)*, dont le diamètre est en général supérieur de 10 cm. Il peut arriver qu'il faille légèrement excentrer le traçage pour éviter une partie endommagée. Avant de marquer les quartiers, le maître charpentier tend par précaution d'autres cordeaux pour s'assurer qu'en cas de légère courbure, il sera quand même possible de découper les billes souhaitées. Il inscrit encore sur l'extrémité du fût toutes les informations qui seront par la suite nécessaires telles que le nom du bâtiment, la désignation de l'élément de construction, son numéro ainsi que le numéro de la grume.

Ill. 57 : trois troncs tracés à la scierie
On distingue les quartiers ainsi que les informations supplémentaires telles que le nom du bâtiment, la désignation et le numéro de l'élément de construction ainsi que le numéro du tronc.

Traçage

Pour le traçage, le maître charpentier utilise une baguette de bambou *(sumi-sashi)*, dont une des extrémités comporte de petites dents de deux centimètres, qu'il trempe dans la ouate de coton imbibée d'encre de son cordeau marqueur. Le traçage commence la plupart du temps par les plus grandes sections, les restes du tronc servant à fabriquer des éléments secondaires. C'est toujours le maître d'atelier qui se charge du traçage. Lui seul connaît en effet tous les bâtiments et sait mieux que quiconque les contraintes auxquelles chaque pièce sera soumise. Il doit non seulement tirer le meilleur parti des grumes, mais aussi veiller à ce que chaque élément de construction provienne de la bille appropriée. Les grumes légèrement courbées servent de préférence à fabriquer des solives, dont le flache s'oriente en tête. Les troncs riches en résine servent à fabriquer des poutres et des pannes. La liste des bois précise la qualité requise pour chaque élément de construction. Le bois de haute qualité *(shioake)*, destiné à la fabrication des récipients pour les objets sacrés et d'un petit nombre d'éléments de construction, ne doit présenter aucun défaut sur ses quatre côtés. Viennent ensuite les éléments qui ne doivent pas avoir de nœuds sur deux côtés *(nihoake)*. Dans la dernière catégorie, les éléments secondaires non visibles *(jokobushi)* peuvent présenter des nœuds pouvant avoir jusqu'à 2 cm de diamètre. Les listes des bois indiquent aussi si la bille débitée est destinée à être tronçonnée en plusieurs morceaux ou si les éléments seront assemblés pour former une pièce plus épaisse.

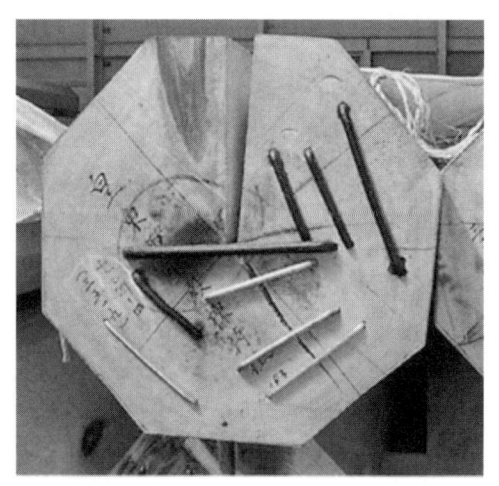

Ill. 58 : planches exposées aux intempéries

quelques semaines. Lorsqu'il s'agit d'éléments visibles ou situés près des effigies, cette entaille est ensuite remplie avec une latte de profil cunéiforme, collée sur un côté *(sewari wo umeru)* puis travaillée de manière à être affleurante. Ce traitement, qui exige un travail minutieux, permet d'éviter dans une large mesure les fentes de sécheresse incontrôlées.

Ill. 60 : poutres avec entaille à profondeur de cœur assujettie avec un coin

Ill. 59 : extrémité d'un poteau octogonal
Le bois de bout est recouvert d'une émulsion de cire. Des clameaux empêchent les fentes de sécheresse incontrôlées. On distingue bien l'entaille à profondeur de cœur.

Découpe et stockage

Les troncs sont sciés sur une grande scie à ruban, opération durant laquelle ils sont plusieurs fois retournés. On débite entre cinq et quinze troncs par jour. Les bois coupés sont ensuite chargés sur un wagonnet et amenés dans un des nombreux hangars de stockage. Le bois de bout est enduit d'une émulsion de cire et on fixe des clameaux aux extrémités pour éviter les fentes. Les éléments sont ensuite répartis en fonction des bâtiments et empilés pour le séchage.

Préparation des bois de cœur

Les bois de cœur *(shinmochi)*, utilisés par exemple pour les montants, les poutres et les pannes, font l'objet d'une préparation particulière : après le débitage, on découpe une entaille jusqu'au cœur *(sowari)*, dans laquelle on cale un coin qui sera enfoncé une nouvelle fois au bout de

Ce texte est une version abrégée de l'article de Christoph Heinrichsen paru dans la revue *Detail* (10/2002) sous le titre « Die Werkstätten am Grossschrein von Ise » (Les ateliers du grand sanctuaire d'Ise).

Les mailles du filet

Urs Meister

Ill. 61 : vue depuis le chemin d'accès
Shin Takasuga, « maison en traverses de chemin de fer », ancienne maison d'habitation de l'école Seitogakushi, Miyake-jima (J) 1980

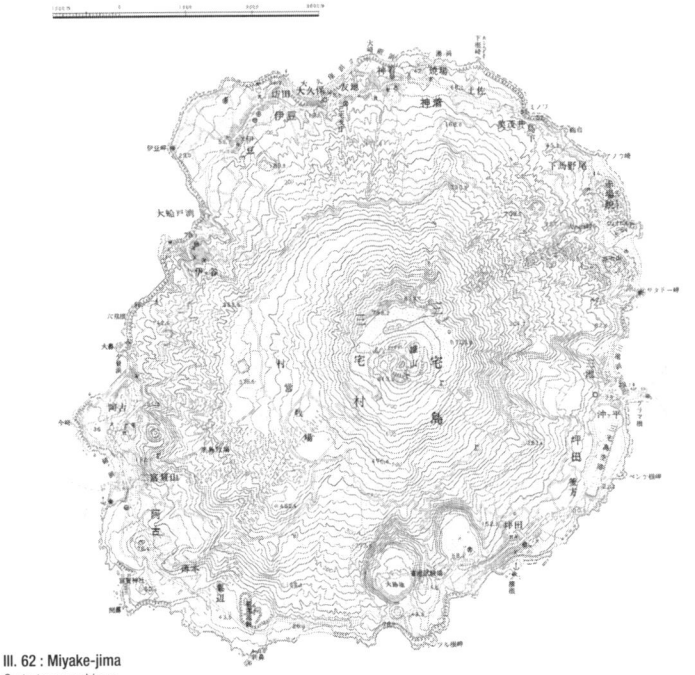

Ill. 62 : Miyake-jima
Carte topographique

La lutte des architectes nippons des années 1970 pour une création indépendante, entre tradition séculaire et modernité rigide et effrénée, est illustrée de façon exemplaire par la « maison en traverses de chemin de fer » de Shin Takasuga, qui, bien que d'apparence contemporaine, renoue sous de nombreux aspects avec l'héritage culturel japonais.

Située au milieu d'une forêt sur la petite île de Miyake-jima, dans le Pacifique, cette maison avait été conçue comme lieu de retraite et d'habitat communautaire par des étudiants de la nouvelle gauche et des militants pacifistes des années 1970. Pour des raisons économiques, elle devait être construite par les occupants eux-mêmes. Shin Takasuga ayant décidé d'employer d'anciennes traverses de chemin de fer en bois, la construction dura cinq ans. La nouveauté ne résidait pas dans l'utilisation des traverses, mais dans l'emploi d'un seul élément pour tout l'édifice, des murs à la charpente en passant par les planchers, les poteaux et le mobilier intégré.

Édifiée à flanc de coteau, la maison est construite sur une structure de piliers de béton, et comporte trois niveaux. Les plans compacts sont caractérisés par une disposition ingénieuse des espaces. Le rez-de-chaussée accueille tous les espaces communs, à savoir la cuisine, les salles de bains, une pièce de réunion et une grande salle à manger ouverte sur les étages et constituant la pièce principale. De là, on accède par des échelles aux chambres à coucher, aux pièces attenantes et au comble ouvert sous la toiture à deux pans. La décision de renoncer à des éléments de distribution classiques comme les escaliers augmente le caractère abstrait de la configuration spatiale et donne l'impression d'une véritable superposition d'espaces.

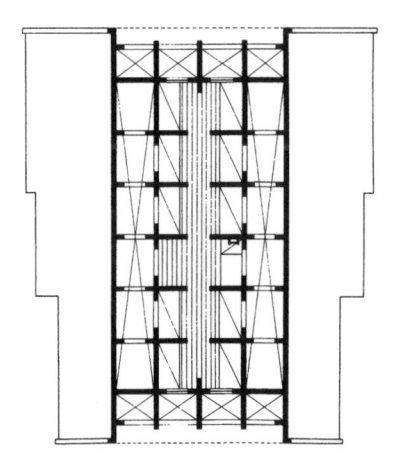

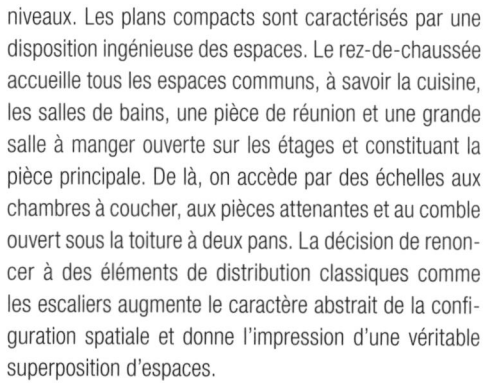

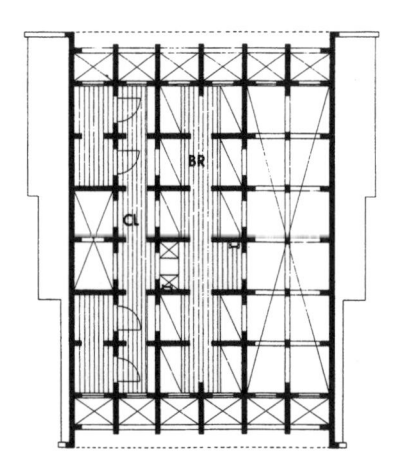

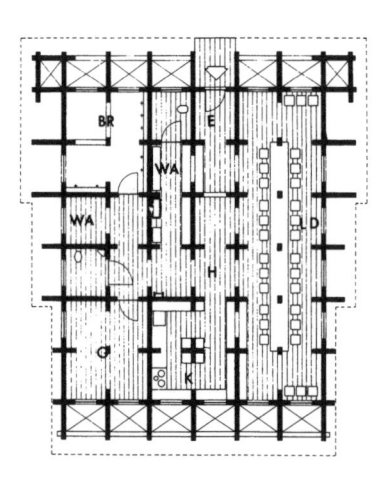

Si l'on tente de remonter aux racines de la maison d'habitation japonaise traditionnelle et de son principe de construction spécifique, on trouve comme possible origine une habitation primitive appelée *tateana*. Quatre poteaux en bois enfoncés dans le sol portent quatre solives qui, soutenant une structure de perches formant un cercle, décrivent un espace de la forme d'une tente, recouvert d'un toit de feuilles, d'herbe ou de chaume. Dans cette « forme archaïque », nous pouvons déjà reconnaître deux thèmes architecturaux fondamentaux, qui ont influencé la construction des maisons et l'architecture des temples jusqu'au siècle dernier, et eurent une importance décisive sur l'édifice de Takasuga : la maison comme toit et la maison comme structure.

Ill. 63 : plans des combles, du niveau supérieur et du niveau d'entrée
Shin Takasuga, « maison en traverses de chemin de fer », Miyake-jima (J) 1980

Ill. 64 : *tateana*, la hutte primitive japonaise
Structure et enveloppe

Le toit comme abri

Alors que l'architecture occidentale s'est essentiellement développée à partir du mur et de la façade, c'est le toit qui a joué ce rôle dans le Japon classique[1]. La maison est d'abord un toit, construit juste après la structure porteuse et avant les parois intérieures. De généreux avant-toits protègent des fortes intempéries et relèguent la façade au second plan. L'importance du toit comme protection et de « l'obscurité compacte régnant sous celui-ci » ont inspiré à l'écrivain Junichirô Tanizaki une esthétique de l'ombre[2]. Dans la maison d'habitation japonaise traditionnelle, les femmes respectaient jusqu'au siècle dernier la tradition consistant à se laquer les dents en noir, prouvant par là leur maîtrise du clair-obscur. Dans son ouvrage sur la maison japonaise[3], Bruno Taut a brillamment décrit, à côté d'observations basées sur les conditions techniques et constructives, comment le toit, en tant que configuration sculpturale autonome, constitue un phénomène fondamental de la culture japonaise.

En s'approchant de l'édifice de Shin Takasuga, aujourd'hui entouré d'une abondante végétation, on aperçoit d'abord le reflet clair du toit, semblable à une surface abstraite, et dont la ligne des versants semble avoir été tracée avec un crayon épais dans la verdure. Ce qui se trouve en dessous demeure longtemps invisible, et ce n'est que de près que l'on découvre la construction en bois massive, très structurée. Couvert de bardeaux, le toit est d'une grande légèreté, seules les lignes du faîtage et des rives étant renforcées par des traverses simplement posées, comme s'il fallait protéger les minces surfaces de la toiture contre le vent. La couverture, finement structurée, semble réduite au minimum comme pour compenser la lourdeur du corps du bâtiment lui-même, construit en traverses de chemin de fer.

Ill. 65 : couverture en bardeaux
Shin Takasuga, « maison en traverses de chemin de fer », Miyake-jima (J) 1980

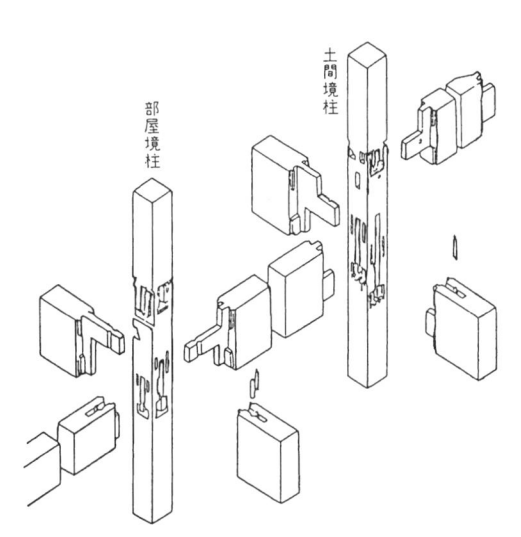

Ill. 66 : maison d'habitation traditionnelle
Assemblage des poteaux et des poutres en charpenterie

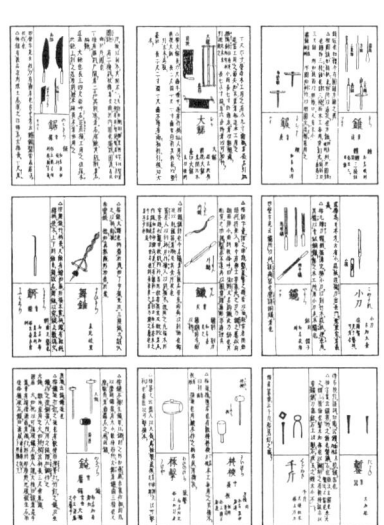

Ill. 67 : outils manuels traditionnels du charpentier nippon
Planche tirée d'une encyclopédie datant de 1712

MATÉRIAUX – MODULES   Bois

Exemples

Masse et élasticité

Or, dans les maisons traditionnelles japonaises, la situation est souvent exactement inverse : les couches de chaume de la toiture sont en général épaisses, contrastant de façon singulière avec la finesse de la construction porteuse. La charge pondérale reposant sur une fragile structure d'éléments linéaires garantit paradoxalement une souplesse maximale à l'ensemble, à la manière d'un lourd plateau de table posé sur des pieds fins. Cette élasticité est on ne peut plus importante en raison du risque de séisme. Le contreventement diagonal, traditionnellement utilisé dans la construction en bois occidentale, est connu des charpentiers japonais, mais il ne correspond pas à leurs principes esthétiques et donnerait au système une rigidité qui augmenterait le risque de rupture. L'extrême précision de la technique d'assemblage donne aux nœuds une résistance qui garantit aussi bien la stabilité de l'ensemble du bâtiment que la liberté de mouvement nécessaire à la structure.

Le rôle du charpentier japonais est donc plus diversifié que chez nous, puisqu'il embrasse d'un côté certaines activités de l'architecte, et de l'autre celles du menuisier en meubles. Équipé d'une extraordinaire collection d'outils, le charpentier travaille avec une finesse et une précision exceptionnelles, qu'illustrent les vues explosées des assemblages de pièces en bois. Cherchant à parvenir à un résultat d'apparence aussi simple que possible, la technique raffinée consistant à emboîter plusieurs barres de bois en un seul point conduit à des coupes qui semblent souvent frôler l'absurdité. Pourtant, malgré l'évidement maximal des bois de la jonction et la forte sollicitation auquel celle-ci est soumise, l'extrême précision de l'emboîtement donne un assemblage stable, auquel l'élimination de tous les détails confère son élégance caractéristique.

Ill. 68 : détail d'assemblage des empilements de traverses saillantes dans la façade d'entrée
Shin Takasuga, « La maison en traverses de chemin de fer », Miyake-jima (J) 1980

Ill. 69 : maison du trésor du temple de Tōdai-ji à Nara
Vue d'angle

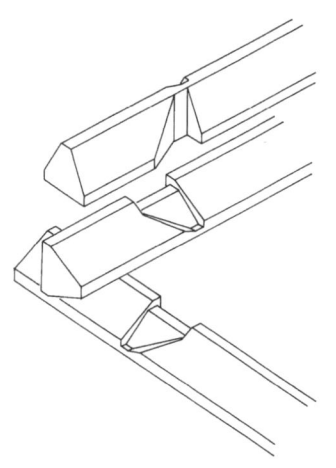

Ill. 70 : maison du trésor du temple de Tōdai-ji à Nara
Détail de l'assemblage de la construction en bois empilés

MATÉRIAUX – MODULES | Bois
Exemples

Ill. 71 : salle à manger avec combles apparents
Shin Takasuga, « maison en traverses de chemin de fer », Miyake-jima (J) 1980

Ill. 72 : combinaisons classiques de tatamis
On évite le plus souvent le croisement de quatre lignes. La combinaison de huit matelas avec des lignes en croix (en haut à gauche) est réservée à des usages représentatifs, celle de quatre matelas et demi (en haut à droite) est utilisée pour les pièces servant à la cérémonie du thé.

La construction en bois empilés japonaise, réservée d'habitude aux magasins des temples et aux édifices accueillant les trésors, vient contredire cette image de constructions en bois à structure linéaire fortement réduite. La maison du trésor du Tôdai-ji, à Nara, avec sa massivité, son caractère clos et son assemblage élémentaire, nous en fournit un exemple impressionnant. Les poutres, de forme triangulaire en soi atypique, y sont superposées de chant, ce qui donne un aspect fortement structuré à la façade extérieure et des parois intérieures absolument lisses. Et si, d'un point de vue technique, la disposition des poutres en « angle sur angle » ne semble pas pertinente, elle procède d'une intention précise : par temps sec, le retrait du bois crée des interstices permettant la ventilation du local, tandis que son gonflement par temps humide rend les parois hermétiques et empêche l'humidité d'y pénétrer.

La maison comme structure

La construction en bois empilés se caractérise par la superposition de madriers couchés, se croisant aux angles du bâtiment en formant un léger porte-à-faux dans deux directions. En multipliant cette solution d'angle, Takasuga étend d'une certaine manière le caractère plan de ce principe constructif jusqu'à obtenir une spatialité inattendue et il parvient à créer une composition sculpturale abstraite en laissant la tête des traverses dépasser de la façade en pignon. La stabilité de l'empilement des traverses en saillie est assurée par des traverses encastrées horizontalement, qui contribuent à donner à la disposition de la façade d'entrée un équilibre raffiné entre ses éléments horizontaux et verticaux. À l'intérieur, dans la grande salle à manger-séjour, le même principe atteint une dimension presque monumentale, le fragile équilibre des charges et des contraintes exercées par les puissantes poutres engendrant une impressionnante sculpture tridimensionnelle.

La structure ouverte du toit à l'intérieur de la maison japonaise se caractérise par la pureté de ses éléments horizontaux et verticaux, et le jeu des lourdes solives

Ill. 73 : maison à Takayama
Espace intérieur avec combles apparents

MATÉRIAUX – MODULES | **Bois**

Exemples

Ill. 74 : la structure en béton portant la construction en bois empilé
Shin Takasuga, « maison en traverses de chemin de fer », Miyake-jima (J) 1980

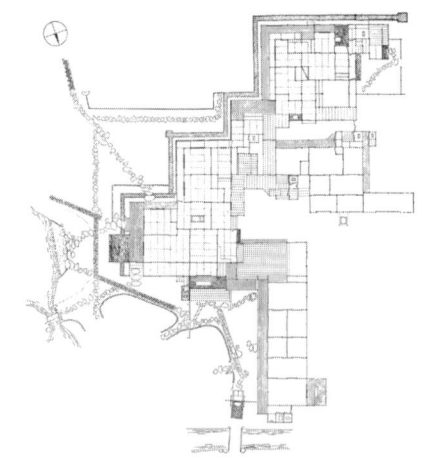

Ill. 75 : principe d'assemblage par addition des espaces
Villa impériale de Katsura

Ill. 76 : Carl Andre
« Shiloh », 1980, 91 x 563 x 563 cm

portant des montants minces fait penser aux pièces d'un mikado en suspension. La prédilection pour l'esthétique des constructions en bois ouvertes et visibles ne fait pas moins partie de la tradition japonaise que le traitement spécifique de la surface du bois. Le ton sombre et chaud des traverses de la maison de Takasuga renvoie à la teinte classique qu'avait le bois dans le passé qui était due, à l'intérieur, à la fumée du feu de charbon de bois, et, à l'extérieur, au traitement de la façade avec de la fumée ou de la suie. Les traces d'utilisation (entailles, fentes, arêtes brisées) confèrent au bois des traverses un aspect brut et grossier, en même temps qu'une patine donnant l'impression que chacune d'entre elles a été également usée et polie.

La maison japonaise est définie par un système dimensionnel rigide, basé sur le tatami (matelas à même le sol) et le shôji (cloison mobile de papier translucide montée sur un châssis en bois), qui règle les relations complexes entre les éléments. Ce principe modulaire, appliqué aussi bien en plan qu'en coupe, a abouti à une « grammaire structurelle », qui a atteint son summum architectural avec la construction de la villa impériale de Katsura au XVIIe siècle. Les dimensions et la proportion de chaque pièce ainsi que leur relation et les transitions qui les lient y sont sévèrement réglées, et leur disposition additive dans le plan donne à celui-ci un caractère ouvert, qui anticipe le plan flexible du mouvement moderne occidental.

Si la maison japonaise peut donc être lue comme un assemblage additif et ouvert d'espaces individuels, l'ouvrage de Takasuga peut être vu, au contraire, comme la mise en œuvre d'un processus de soustraction, les espaces semblant grossièrement découpés dans un empilement croisé et fermé, d'apparence rigide. Dans ce contexte, la déclaration paradoxale de Takasuga, selon laquelle la maison n'avait pas besoin de concepteur, puisque l'utilisation des traverses de chemin de fer générait elle-même l'architecture, fait écho aux concepts du minimal art des années 1960. La puissance visuelle produite par l'alignement sériel d'un même élément de base, et la fascination suscitée par l'aspect rudimentaire et brut de poutres posées les unes sur les autres comme dans un jeu d'enfant rappellent les tendances disciplinées des plasticiens minimalistes.

Loin de la technique très élaborée de la charpenterie japonaise, Takasuga est parvenu à créer un ouvrage raffiné qui, par toute la concentration des moyens, renoue à plusieurs niveaux avec des traditions spécifiquement japonaises, que ce soit au niveau fondamentalement figuratif – la maison comme toit – ou au niveau de la complexité architecturale (définition des espaces, construction, matérialité) – la maison comme structure. Dans ce projet unique en son genre, les « mailles du filet[4] » se tissent de diverses manières avec la culture de la construction japonaise. La radicalité architecturale de son projet permettait cependant à Takasuga de se distancier du traditionalisme conservateur naissant dans le Japon des années 1970.

Paru dans *tec21*, n° 21, 25 mai 2001.

Notes
[1] Arthur Drexler, *The Architecture of Japan*, New York 1955, p. 44.
[2] Junichirô Tanizaki, *Éloge de l'ombre*, Paris 1977.
[3] Bruno Taut, *Das japanische Haus und sein Leben*, Berlin 1998 (1937).
[4] C'est ainsi que s'intitule un chapitre de l'ouvrage de Taut susmentionné.

Ill. 77 : vue de la façade pignon donnant sur l'aval
Shin Takasuga, « maison en traverses de chemin de fer », Miyake-jima (J) 1980

Ill. 78 : les empilements croisés sont stabilisés par des traverses encastrées horizontalement.
Shin Takasuga, « maison en traverses de chemin de fer », Miyake-jima (J) 1980

MATÉRIAUX – MODULES **Acier**

Introduction

Pourquoi construire en acier ?

Alois Diethelm

L'acier est aujourd'hui confronté à un problème : alors que, jadis, le produit du minerai de fer a ouvert la voie à des architectures jusqu'alors inimaginables, et qu'il se plaçait jusque dans les années 1920 au rang des matériaux de prédilection de l'avant-garde, dans la création architecturale contemporaine, l'utilisation de l'acier suscite des sentiments mitigés. D'un côté, la construction moderne serait difficilement envisageable sans lui, mais

III. 1 : Ateliers Jean Nouvel. La moitié des pavillons étaient des constructions métalliques.
Exposition nationale suisse Expo.02, Morat (CH) 2002

d'un autre, les arguments en faveur de son utilisation – surtout comme base du projet – ne sont pas forcément évidents. Cela peut s'expliquer par deux raisons : d'une part, les règles de sécurité incendie prévoyaient, il y a quelques années encore, que la protection contre le feu des structures métalliques de plusieurs niveaux soit réalisée sous la forme exclusive d'un habillage ; d'autre part, les exigences thermiques, qui compliquent l'utilisation d'éléments métalliques traversant la barrière climatique (façade) du fait de leur grande conductivité thermique. De plus, l'acier ne peut se targuer d'être « naturel », « écologique » ou « confortable », autant de qualités qui valent au bois, par exemple, d'être très bien perçu par de larges couches de la population. Or, on ignore dans une large mesure que 90 % de l'acier utilisé dans le bâtiment provient du recyclage des déchets métalliques produits par notre civilisation (voitures, réfrigérateurs, etc.).

On a pu toutefois constater qu'une bonne moitié des pavillons d'Expo.02 ont été réalisés en acier – du Monolithe de Jean Nouvel à Morat au Nuage de Diller & Scofidio à Yverdon en passant par la Klangturm de Coop Himmelb(l)au à Bienne. Et du monde entier ne cessent de nous parvenir des images nous montrant de nouveaux aéroports, pourvus de toitures de grande portée constituées de poutres en treillis métalliques et de poteaux d'acier faisant penser à des arbres. Pourtant, la part du lion revenant à l'acier n'est le plus souvent visible que pendant la durée du chantier – et nous ne parlons pas ici seulement de l'armature du béton armé.

Transformations d'un matériau

Il est intéressant de noter que l'acier, fils de la révolution industrielle, fut utilisé à la fois dans la construction des machines, des véhicules et des bateaux, mais que le « défrichement » interdisciplinaire de ce nouveau matériau engendra très peu de transferts technologiques d'une discipline à l'autre. Hormis les ouvrages de génie civil, dont on ne saurait assez reconnaître l'influence, les meilleurs exemples renvoient à ce qu'on appelle l'esthétique de la machine, qui s'exprime cependant moins dans une matérialisation particulière que par un processus de conception orienté sur l'idéal d'une logique ingénierique du strict nécessaire (c'est par exemple le cas dans le contexte du mouvement du *Neues Bauen*). C'est ainsi que Le Corbusier écrivait dans *Vers une architecture* (1923) : « Les ingénieurs font de l'architecture, car ils emploient le calcul issu de la nature, et leurs œuvres nous font sentir l'harmonie. » Plusieurs raisons expliquent ce faible échange interdisciplinaire : la construction des maisons est rarement conçue comme une production en série – même si leur production industrielle avait été prophétisée par les tenants du *Neues Bauen* –, l'aspect du montage et du démontage est secondaire (ce n'est qu'aujourd'hui qu'il est devenu un important critère écologique), et les bâtiments ne sont pas associés à des enjeux dynamiques. L'utilisation d'un matériau unique, caractéristique de la production des machines et des véhicules (partout où la forme n'était pas tributaire du nouveau matériau, le métal remplaça le bois avec une rapidité étonnante), est

III. 2 : construction métallique cachée derrière un mur de parement
Diener & Diener, Vogesenschulhaus, Bâle (CH) 1994

Ill. 3 : parenté de la construction métallique avec la construction en bois
Jules Saulnier, chocolaterie Menier, Noisiel-sur-Marne (F) 1872

étrangère à l'univers de la construction. Selon les régions et les cultures, la construction massive et la construction filigrane ont constitué les deux formes primitives d'habitation humaine (caverne et yourte), et sont encore de nos jours les deux pôles entre lesquels évolue le bâtiment. Cette dualité historique explique pourquoi les nouveaux matériaux ne provoquent jamais un bouleversement en profondeur, mais entraînent des transformations matérielles et des formes hybrides. Ainsi, avant l'apparition du plancher-dalle, le béton armé a d'abord appliqué les principes (poteaux – poutres) de la construction en bois (cf. les étriers de Hennebique). Il en va de même dans le cas de l'acier : les pans métalliques de la chocolaterie Menier (1871-1872) de Jules Saulnier ne diffèrent de colombages que par leur section plus réduite, et les nervures des coupoles de la Bibliothèque nationale à Paris (1875) d'Henri Labrouste rappellent l'architecture gothique en pierre. Dans le champ dialectique entre construction massive et

Ill. 4 : transposition d'une structure en pierre en une structure en fonte
Henri Labrouste, Bibliothèque nationale, Paris (F) 1875

construction filigrane, l'acier a fini par donner naissance à une forme hybride, où l'autre matériau ne doit plus « seulement » remplir sans exercer de fonction statique, comme c'est le cas de la maçonnerie dans les constructions à colombages, mais devient un composant intégral de la structure porteuse, les deux étant interdépendants. Nous parlons ici de la combinaison acier-béton, dans laquelle l'acier continue à former une ossature de poteaux et de poutres, mais où c'est l'association statique avec le béton qui confère à l'ouvrage la stabilité nécessaire. Les deux matériaux se complètent, les poutres en acier remplacent, par exemple, les sommiers en béton, et les tôles profilées servent de coffrage perdu et d'armature dans le cas des planchers collaborants. Des arguments statiques et physiques plaident en faveur de ces constructions dites mixtes acier-béton. Outre une répartition plus uniforme des charges, la masse de béton des dalles fournit une bonne isolation aux bruits aériens et améliore surtout la résistance au feu. En effet, cette dernière étant fonction du rapport entre la surface non protégée des fers et leur section, les parties où le béton et l'acier sont en contact diminuent d'autant la surface exposée au feu.

Grâce à ses avantages et à sa mise en œuvre rationnelle, la construction mixte acier-béton s'est imposée, en particulier pour les immeubles commerciaux et de bureaux à plusieurs étages, et a contribué à l'importante diffusion des constructions « hybrides ». Si l'on considère cette hybridité comme une collaboration, on se trouve face à une des caractéristiques essentielles de l'utilisation de l'acier en architecture : l'« auxiliaire caché ». On trouve en outre des bâtiments qui n'ont pas à répondre à des exigences de physique du bâtiment (en général des objets éphémères ou des petites structures) et les ouvrages de génie civil avec de grandes portées.

Grandes portées – matériau de remplacement

Avant même l'apparition du béton armé, les excellentes propriétés mécaniques de l'acier permirent l'édification de bâtiments plus élevés. Comparés à des immeubles en pierre ou en bois, ceux à structure métallique, avec un nombre identique voire inférieur d'éléments porteurs, virent leur hauteur d'abord augmenter de quelques étages puis se multiplier. L'acier a constitué la condition préalable à la construction d'un type de bâtiment entièrement nouveau : l'immeuble-tour, dont le plan est marqué par des cages d'escaliers et d'ascenseurs, nécessaires au transport rapide du nombre désormais accru d'utilisateurs vers leur destination. En ce qui concerne les façades, la construction métallique, grâce à des portées plus importantes, a autorisé des baies plus grandes, comme on le démontra de façon impressionnante dans la deuxième moitié du XIXe siècle à Chicago. Que l'ossature métallique ait été laissée apparente ou qu'elle ait été dissimulée derrière un habillage, les fenêtres allant du sol au plafond ou de poteau à poteau révélaient sans équivoque la présence d'une structure en acier. Par ailleurs, d'autres édifices virent le jour, dont seules les dimensions trahissaient le recours à de nouvelles technologies. Enveloppées d'un revêtement en pierre percé de fenêtres, les façades de ces bâtiments à ossature métallique pouvaient à peine se distinguer de celles des édifices massifs. Nourri de l'esprit pratique propre à la construction industrielle, on en vint rapidement à considérer l'acier, en particulier dans le cas des bâtiments de grande hauteur, comme un matériau permettant de remplacer la pierre et le bois, dont la capacité portante ne permettait pas de dépasser une certaine hauteur. Par la suite, l'acier remplaça aussi des éléments de structure porteuse en béton, dont les étapes d'exécution (coffrer, armer et bétonner) auraient exigé trop de matériau et de travail. L'acier continue aujourd'hui à jouer un rôle important comme matériau de remplacement là où construction métallique et construction en bois se rejoignent (à nouveau). On en

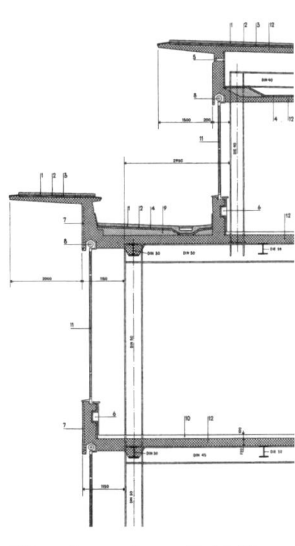

Ill. 5 : ossature en acier associée à du béton coulé en place
Roland Rohn, usine BBC, Baden (CH) 1952

veut pour preuve le fait que le transfert des principes de la construction à ossature en bois (poteaux fins et voiles travaillants) vers la construction métallique s'est répandu davantage dans les régions pauvres en bois. Les systèmes utilisant de fines tôles profilées présentent des avantages évidents par rapport aux structures

Ill. 6 : la forme des ouvertures révèle une construction en ossature.
Louis Henry Sullivan, Schlesinger & Meyer Department Store, Chicago (USA) 1904

en bois : ils ne se déforment pas et pèsent moins. Ces qualités les prédestinent à la surélévation des bâtiments, où leur poids réduit joue un grand rôle, mais elles sont aussi précieuses pour les bâtiments neufs. Partageant la même logique structurelle et tectonique que la construction à ossature bois, le *platform frame* en acier ne possède pas de critères architecturaux qui lui seraient exclusifs. On doit donc le considérer comme un système supplémentaire, partiellement synthétique, constitué de voiles travaillants, qui portent et isolent en même temps.

On pourrait presque croire que le transfert technologique ne se déroule que de la construction en bois vers la construction en métal. Un coup d'œil sur la construction en bois contemporaine montre toutefois que les assemblages axiaux d'éléments linéaires et les liaisons boulonnées, couramment utilisés, dérivent en droite ligne de la construction métallique.

Dans le cas des grandes portées, la construction métallique occupe toujours une position dominante, un quasi-monopole. Les toitures de grande portée pour les aéroports et les halles d'exposition, par exemple, sont presque exclusivement réalisées en acier. La finesse de leurs structures dessine un motif spatial spécifique et crée un langage formel réservé à la seule construction métallique. Comme il s'agit de bâtiments d'un seul niveau, il n'est pas nécessaire d'utiliser des revêtements de protection contre le feu, qui, d'ordinaire, font obstacle au choix de l'acier comme matériau de construction et nuisent à l'apparence de l'ouvrage.

Ill. 7 : pose d'un *platform frame* en acier
Analogie avec la construction en bois : profilés en tôle au lieu de madriers

Section mince – vers la maison en verre

Alors que dans les immeubles-tours, les dimensions des poteaux et poutres métalliques étaient importantes, puisque, par rapport à la pierre ou au bois, une même section pouvait porter davantage et permettait des *portées plus importantes,* les représentants du *Neues Bauen* trouvèrent dans l'acier un moyen de réaliser des constructions plus élancées. Pour économiser le matériau et réduire le poids, des plaques légères non porteuses étaient souvent placées entre – et sur – les poteaux minces avant d'être enduites des deux côtés. Avec leurs fenêtres au nu des façades, les bâtiments, souvent décollés du sol, donnaient l'impression de corps abstraits, délivrés de la pesanteur. L'ossature en acier ne transparaissait que ponctuellement de ces bâtiments « légers », légers tant dans le sens physique relatif à l'optimisation de l'usage du matériau que dans le sens visuel. L'acier, tout en se mettant au service de la rationalisation de la construction, conduisait ainsi à une architecture puriste et, dans une large mesure, dématérialisée. Puisqu'un revêtement extérieur et intérieur dissimulait le relief caractéristique des profilés métalliques (composés d'une âme et de deux ailes), l'emploi de l'acier ne se manifestait que par la silhouette élancée de la construction. La Lovell House (1927-1929) de Neutra doit sa finesse à des poteaux se détachant à peine du châssis des fenêtres, ce qui permet une indépendance des jours (vitrage de grande dimension, fenêtre-bandeau) vis-à-vis de la structure porteuse.

Le Crystal Palace (1851) de Paxton avait déjà démontré que la combinaison avec le verre pouvait devenir un des traits marquants de la construction en fer puis en acier. Prolongeant les connaissances acquises dans la construction des serres et des palmariums, les poutres en treillis et les vitres enchâssées entre de

Ill. 8 : les poteaux en acier se détachent à peine des profils des fenêtres.
Richard Neutra, Lovell House, Los Angeles (USA) 1927-1929

minces baguettes de métal permirent un éclairement qui aurait été impensable avec une structure en bois. Cent cinquante ans plus tard, l'association des termes « acier-verre » et les espaces intérieurs noyés de lumière qu'elle suggère incarnent toujours la construction moderne, et cela pas uniquement aux yeux du profane. Il est vrai que la maison en verre, plus que tout autre type de construction lié à un matériau spécifique, n'a jamais cessé de représenter un défi pour les maîtres d'œuvre du XXe siècle. Si l'on regarde de plus près les projets les plus récents des architectes de tendances les plus diverses, il semble qu'en ce début de XXIe siècle, le verre s'est libéré des guerres de tranchées idéologiques des années 1990 (dont le mot d'ordre était *Steinernes Berlin*) et n'est plus l'expression d'une seule conception architecturale. Si le projet d'immeuble-tour de Mies van der Rohe pour la Friedrichstrasse (1922) n'était encore qu'une vision, l'industrie du verre a vite mis sur le marché des vitra-

Ill. 11 : la maison en verre est un thème récurrent du XXe siècle.
Ludwig Mies van der Rohe, Farnsworth House, Plano (USA) 1945-1950

Ill. 9 : la structure porteuse en acier disparaît derrière l'enduit.
Wassili et Hans Luckhardt, Haus am Rupenhorn, Berlin (D) 1928

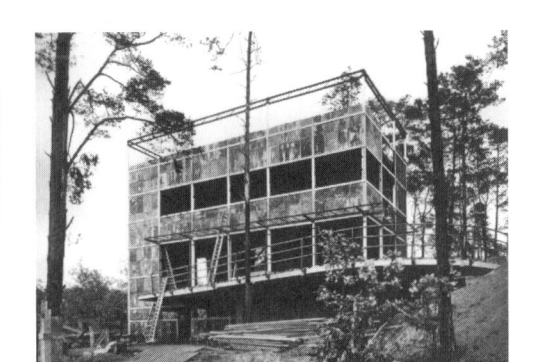

Ill. 10 : ossature d'acier pendant le chantier
Wassili et Hans Luckhardt, Haus am Rupenhorn, Berlin (D) 1928

ges de grandes dimensions sans croisillons, répondant au désir de parois quasiment dématérialisées. Comme la plupart des maisons de ce type n'étaient habitables qu'à la condition de les doter de coûteuses installations de chauffage et de climatisation, dans les années 1980, suite à la crise du pétrole et à la prise de conscience écologique, le bâtiment en verre semblait ne plus avoir d'avenir. Il en va tout autrement aujourd'hui : l'existence de concepts énergétiques alternatifs utilisant le verre comme collecteur récupérant la chaleur du rayonnement solaire, les pare-soleil extérieurs que les architectes ont consenti à installer, et les nouvelles vitres dont le coefficient d'isolation U peut atteindre une valeur de 0,4 W/m²K, ont conféré aux maisons en verre une actualité qu'elles n'avaient jamais connue. Le verre hautement isolant rouvre un champ qui paraissait abandonné, celui de l'ossature métallique visible de l'intérieur comme de l'extérieur. La couche isolante recouvre alors le bâtiment comme un voile transparent et nous rapproche de ce que Mies van der Rohe appelait une architecture de peau et d'os, mais que lui-même, pour des raisons techniques,

n'a pu réaliser de façon aussi aboutie, c'est-à-dire sous la forme d'une membrane lisse.

La technique consistant à insérer des panneaux ou des fenêtres entre les poteaux apparents pour gagner de l'espace (cf. immeuble Clarté de Le Corbusier à Genève et nombre de bâtiments industriels de la première moitié du XXe siècle) n'est aujourd'hui plus viable en raison des exigences d'isolation thermique. En effet, à la différence du bois, bon isolant thermique, l'acier est conducteur de la chaleur. Notons cependant que les profilés visibles sur les façades des vieux bâtiments industriels ne sont souvent qu'une structure secondaire, laquelle ne supporte que le revêtement, par exemple une paroi en brique. En conséquence, la division de la façade n'indique souvent qu'indirectement la véritable structure porteuse, située derrière elle. Il est aussi difficile de faire la différence entre remplissage et revêtement lorsque la dimension

Ill. 12 : les fenêtres sont posées à la façon de panneaux dans l'ossature en acier.
Le Corbusier et Pierre Jeanneret, immeuble Clarté, Genève (CH) 1932

MATÉRIAUX – MODULES   **Acier**

Introduction

Ill. 13 : les poteaux apparents en acier ne supportent que la maçonnerie.
Ludwig Mies van der Rohe, Illinois Institute of Technology, Chicago (USA) 1940-1950

des éléments en verre coïncide avec la trame de l'ossature et que les poteaux et les poutres sont recouverts par l'encadrement du vitrage. Quand l'aspect de ce châssis est identique à celui des éléments d'ossature, l'image du bâtiment exprime le mode de construction choisi (ici, un fin treillis).

Préfabrication – tout devient possible

Plus encore que la construction en bois, la construction métallique porte la marque de la préfabrication. Comme le chantier n'offre pas les conditions optimales pour le soudage et que les ajustements durant le montage pourraient endommager la protection contre la corrosion (obtenue par badigeonnage à la poussière de zinc avec application ultérieure de couches polymères ou galvanisation à chaud), on préfère un assemblage boulonné, dans la mesure du possible. Ce procédé permet aussi un démontage facile, ce qui explique le recours fréquent à la construction métallique pour des expositions, comme ce fut le cas lors d'Expo.02, dont nous avons parlé ci-dessus. La préfabrication ne concerne pas seulement la structure porteuse, elle est quasi indispensable pour l'enveloppe lorsque celle-ci se compose d'éléments métalliques. En effet, le potentiel des tôles minces est directement lié à la possibilité d'obtenir par pliage et courbage une stabilité que d'autres matériaux ne peuvent atteindre qu'avec des raidisseurs ou des supports ajoutés. Que les panneaux visibles de la façade soient des éléments livrés sur le chantier comme des unités fonctionnelles toutes prêtes (sandwich) ou qu'ils y soient assemblés après une préfabrication partielle (préfabrication de chaque couche) est ici de moindre importance. Le fait que la préfabrication simplifie le transport, raccourcisse la durée des travaux et permette la production de grandes séries est aussi secondaire. Le pliage des tôles est une opération effectuée en usine par des machines et peut (comme dans le cas de la fabrication

Ill. 14 : fabrication industrielle d'éléments de façade
Jean Prouvé, CIMT, Paris (F) vers 1955

Ill. 15 : fabrication industrielle d'éléments de façade : pièces détachées
Jean Prouvé, CIMT, Paris (F) vers 1955

Ill. 16 : système de construction « MAXI » de Fritz Haller, en quatre étapes
Fritz Haller, hall d'usine USM, Münsingen (CH) 1963-1984

des caissons) exiger des opérations ultérieures, comme le soudage, et des traitements complémentaires comme le laquage à chaud ou l'anodisation.

En matière de construction en acier – ou plutôt, métallique – on peut donc parler d'exclusivité de la fabrication en usine. C'est aussi ce qui explique la recherche précoce de normalisation, que ce soit pour un ouvrage particulier ou en vue de développer tout un système (p. ex. USM Haller). Dans le premier cas, la fabrication en série permet seulement un prix de revient avantageux ; dans le second cas, les éléments sont interchangeables et permettent des extensions ne nécessitant pas de joints. En outre, le système de construction n'est pas lié à un type de bâtiment spécifique.

La construction métallique utilise d'habitude une structure orthogonale et fabriquée en série, mais elle

Ill. 17 : derrière les formes sculpturales se trouve une ossature en acier.
Frank O. Gehry, Museo Guggenheim, Bilbao (E) 1997

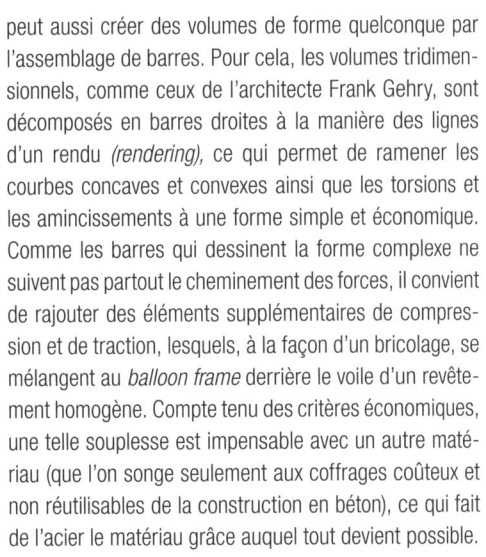

Ill. 18 : les formes mouvementées sont transposées en une structure à treillis linéaire.
Frank O. Gehry, Museo Guggenheim, Bilbao (E) 1997

peut aussi créer des volumes de forme quelconque par l'assemblage de barres. Pour cela, les volumes tridimensionnels, comme ceux de l'architecte Frank Gehry, sont décomposés en barres droites à la manière des lignes d'un rendu *(rendering)*, ce qui permet de ramener les courbes concaves et convexes ainsi que les torsions et les amincissements à une forme simple et économique. Comme les barres qui dessinent la forme complexe ne suivent pas partout le cheminement des forces, il convient de rajouter des éléments supplémentaires de compression et de traction, lesquels, à la façon d'un bricolage, se mélangent au *balloon frame* derrière le voile d'un revêtement homogène. Compte tenu des critères économiques, une telle souplesse est impensable avec un autre matériau (que l'on songe seulement aux coffrages coûteux et non réutilisables de la construction en béton), ce qui fait de l'acier le matériau grâce auquel tout devient possible.

La nuance négative d'une telle affirmation devrait-elle céder la place à l'enthousiasme, puisque, grâce à la conception et à la fabrication informatisées, l'acier autorise des architectures qui rendent caduques ou pour le moins élargissent nos idées à propos de la sculpturalité et de la gravitation ?

Grâce à l'informatique, les formes orthogonales ne sont plus la condition par excellence d'une structure porteuse économique, et ces « nouveaux volumes » sont désormais réalisables à des coûts abordables. Mais trouveront-ils un nouvel usage, au-delà des musées ou des salles de concert ?

Ornement constructif

Si l'on considère les constructions récentes ou encore en voie d'édification, on constate l'apparition d'une troisième forme à côté de la souplesse ludique et de l'ordre cartésien : la diagonale ou poteau oblique. Cette redécouverte de la diagonale ne doit rien au hasard. Après le minimalisme réductionniste des années 1990 et l'opulence, marquée par une tendance à valider n'importe quelle forme, qui lui a succédé, les structures porteuses non orthogonales parviennent à combiner sobriété et enthousiasme retrouvé pour l'ornement. Alors que jadis, les assemblages rivetés donnaient un aspect décoratif aux structures métalliques (une nécessité technique que même les puristes acceptèrent), en ce début de XXIe siècle, construction métallique et ornementation constructive se rapprochent de nouveau. À la différence, toutefois, que ce ne sont plus les assemblages mais les structures qui sont en jeu, affranchies de l'angle droit et la plupart du temps réalisées en acier pour des raisons statiques, économiques et/ou architecturales (construction élancée). Ces structures ne sont pas obligées d'arborer un caractère ornemental dès l'état de gros œuvre, mais peuvent inspirer le traitement des éléments de finition. En d'autres termes, on se sert d'une forme structurellement conditionnée qui, changeant d'échelle et plusieurs fois répétée, sera perçue comme un ornement. C'est sans doute à notre connaissance du vocabulaire formel des motifs décoratifs artistiques ou des pierres précieuses facettées que nous devons le fait d'accorder inévitablement une qualité ornementale à la répétition de

Ill. 19 : structure porteuse et division du vitrage sont identiques.
Herzog et de Meuron, Epicenter Store Prada, Tokyo (J) 2003

Ill. 20 : les losanges sont coupés aux angles du bâtiment.
Herzog et de Meuron, Epicenter Store Prada, Tokyo (J) 2003

surfaces non rectangulaires (triangles, hexagones, trapèzes ou losanges), alors que, dans le cas des surfaces rectangulaires, nous avons besoin de couleurs, de textures ou de matériaux différents pour penser à un ornement.

À titre d'exemple, nous mentionnerons deux édifices récents, dont les façades présentent des ouvertures en losange et dont la structure porteuse est constituée d'appuis inclinés. À première vue, les deux se ressemblent, mais dans l'Epicenter Store Prada à Tokyo (2003), conçu par Herzog et de Meuron, la fine articulation de la façade correspond exactement à la trame de la structure porteuse derrière elle, tandis que dans la Swiss Re Tower (2004) de Norman Foster, à Londres, elle en est une reproduction à échelle réduite. Dans l'Epicenter Store, un niveau s'étend en hauteur sur deux losanges, alors que dans la Swiss Re Tower, chaque losange de la structure se déploie sur quatre niveaux. S'il existe encore d'autres différences, les deux ouvrages partagent deux caractéristiques communes : le treillis de la façade constitue un corset rigide qui dispense les noyaux de la fonction de raidisseur, et l'on perçoit des losanges alors qu'il s'agit de triangles. Pour parvenir à cet effet, Norman Foster a utilisé la couleur noire pour reléguer les éléments horizontaux à l'arrière-plan au profit des diagonales blanches, tandis que Herzog et de Meuron ont placé les tirants horizontaux dans le plan des dalles. Dans les deux cas, les architectes ont visé à « épurer » la structure, ici par la couleur, là par la disposition.

Losange et forme du bâtiment

À côté du comportement statique des structures diagonales, il faut envisager leur importance pour la volumétrie du bâtiment. Si l'on s'en tient à nos deux exemples, seule la Swiss Re Tower semble présenter un rapport entre structure et forme. Dans le cas du treillis en losanges étendu sur toute la surface de l'Epicenter Store Prada, les architectes ont opté pour une structure assurant une continuité aussi bien tectonique que formelle entre les surfaces bombées du prisme. Si une arête du bâtiment n'est pas parallèle à la trame de la façade, l'écart est à peine perceptible en raison de l'enveloppe dominée par les diagonales.

Du point de vue des mathématiques, le losange appartient à la famille des quadrilatères et son potentiel réside dans sa déformabilité. Si l'on écrase et étire un carré posé sur l'un de ses sommets, ses proportions varient presque imperceptiblement ; d'autres déformations conduisent à des parallélogrammes ou à des trapèzes. Dans cette catégorie, l'angle droit représente l'exception, et l'angle aigu la règle : un vocabulaire formel dans lequel les triangles s'insèrent sans peine, triangles qui remplissent une fonction statique ou ont des causes stéréotomiques.

À la différence des divisions orthogonales, qui amènent l'observateur à relier les champs sur les seuls plans horizontaux et verticaux, les losanges, même alignés verticalement et horizontalement, forment des bandes

Ill. 21 : la taille des losanges s'adapte à la forme du bâtiment.
Foster & Partners, Swiss Re Tower, Londres (GB) 2000-2004

obliques dont il est difficile de déterminer la direction. La structure en grille de l'Epicenter Store Prada de Tokyo étant dénuée de hiérarchie, elle n'entre donc jamais en conflit avec le volume du bâtiment.

On peut donc obtenir des formes irrégulières autrement qu'au moyen de structures taillées sur mesure, dont le squelette nécessite un habillage.

Références bibliographiques
- Siegfried Giedion, *Construire en France, en fer, en béton*, Paris 2000.
- Documentation du Centre suisse de la construction métallique (dir.), *Construire en acier 02/04*, Zurich 2004.
- Kunstverein Solothurn (dir.), *Fritz Haller – bauen und forschen*, Soleure 1988.
- Helmut C. Schulitz, Werner Sobek, Karl J. Habermann, *Construire en acier*, Lausanne 2003.
- Laurence Allégret, Valérie Vaudou (dir.), *Jean Prouvé et Paris*, Paris 2001.
- Friedrich Grimm, *Konstruieren mit Walzprofilen*, Berlin 2003.

MATÉRIAUX – MODULES   **Acier**

Propriétés

Profilés – Formes et applications

Ill. 22 : divers types de profilés

Désignation	Dimensions minimales (h x l)			Dimensions maximales (h x l)		
Profilés à ailes larges						
HEA série légère	HEA 100	(96 mm x 100 mm)	16,7 kg/m	HEA 1000	(990 mm x 300 mm)	272,0 kg/m
HEB série ordinaire	HEB 100	(100 mm x 100 mm)	20,4 kg/m	HEB 1000	(1000 mm x 300 mm)	314,0 kg/m
HEM série renforcée	HEM 100	(120 mm x 106 mm)	41,8 kg/m	HEM 1000	(1008 mm x 302 mm)	349,0 kg/m
Profilés normaux						
IPN	IPN 80	(80 mm x 42 mm)	5,9 kg/m	IPN 550	(500 mm x 200 mm)	166,0 kg/m
UPN	UPN 65	(65 mm x 42 mm)	7,1 kg/m	UPN 400	(400 mm x 110 mm)	71,8 kg/m
Profilés à ailes parallèles						
IPE	IPE 80	(80 mm x 46 mm)	6,0 kg/m	IPE 600	(600 mm x 220 mm)	122,0 kg/m
IPET	IPET 80	(40 mm x 46 mm)	3,0 kg/m	IPET 600	(300 mm x 220 mm)	61,2 kg/m
UPE	UPE 80	(80 mm x 50 mm)	7,9 kg/m	UPE 400	(400 mm x 115 mm)	72,2 kg/m
Profilés creux (tubes)						
RRW / RRK section carrée	RRW 40 x 40	(40 mm x 40 mm)	3,4 kg/m	RRW 400 x 400	(400 mm x 400 mm)	191,0 kg/m
RRW / RRK section rectangulaire	RRW 50 x 30	(50 mm x 30 mm)	3,6 kg/m	RRW 400 x 200	(400 mm x 200 mm)	141,0 kg/m
ROR section ronde	ROR 21,3	(Ø 21,3 mm)	0,9 kg/m	ROR 813	(Ø 813 mm)	159,0 kg/m
Profilés pleins						
RND section ronde	RND 10	(Ø 10 mm)	0,6 kg/m	RND 500	(Ø 400 mm)	1540,0 kg/m
VKT section carrée	VKT 10	(6 mm x 6 mm)	0,3 kg/m	VKT 200	(200 mm x 200 mm)	314,0 kg/m

On trouvera les coordonnées des associations nationales de construction métallique ainsi que d'autres séries de profilés sous www.steelconstruct.com.

MATÉRIAUX – MODULES | Propriétés | **Acier**

Types de profilés

Ill. 23 : poutres à ailes larges
HEA, HEB et HEM

Ill. 24 : profilés normaux
IPN et UPN

Ill. 25 : profilés à ailes parallèles
IPE, UPE et IPET

Ill. 26 : profilés creux (tubes)
À section carrée, rectangulaire et ronde

Ill. 27 : profilés pleins
À section ronde (RND) et carrée (VKT)

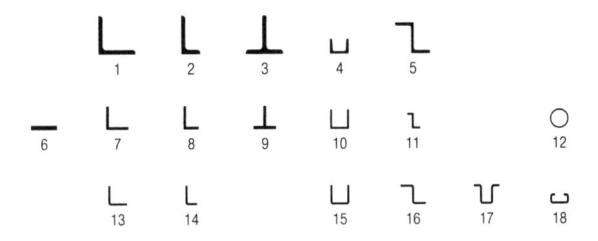

Ill. 28 : cornières et profilés de petites dimensions
Profilés courants pour travaux de serrurerie (garde-corps, avant-toits, portes et fenêtres simples, etc.)

Applications, remarques

Pour charges élevées (poteaux et poutres)
Du fait de leurs larges ailes, ces profilés peuvent aussi être sollicités en flexion oblique.
Attention : la désignation des profilés ne correspond à leur hauteur effective que dans le cas de la série HEB (p. ex HEB 200).

Les profilés normaux, meilleur marché que les profilés à ailes parallèles, sont adaptés aux constructions soudées. La surface intérieure de leurs ailes étant inclinée, ils sont assez rarement boulonnés.

Les profilés IPE, de section élancée, sont principalement utilisés comme poutres travaillant en flexion (la faible largeur de leurs ailes les rend moins aptes à reprendre des efforts de compression).
Les profilés UPE sont souvent jumelés, car leur asymétrie ne leur permet de reprendre que de faibles sollicitations.
Les profilés IPET (IPE coupés en deux par l'entreprise de construction métallique), sont souvent utilisés comme barres de treillis et comme profilés de subdivision des toitures vitrées.

Se prêtant idéalement à la reprise des charges centrées, les profilés creux sont principalement utilisés comme poteaux ou comme barres de treillis. Ils présentent un développement de surfaces moins important que les profilés HEA, ce qui réduit les travaux de peinture.
Les dimensions extérieures des profilés restent les mêmes, quelle que soit l'épaisseur de leurs parois (gradation invisible).
On distingue entre les profilés usinés à froid (RRK, légers et bon marché) et ceux usinés à chaud (RRW, plus résistants au flambage du fait du renforcement de leurs angles).

Principalement utilisés comme barres de suspente ou tirants
Les profilés pleins de grande section peuvent aussi être utilisés comme éléments travaillant en compression, p. ex. dans les poteaux mixtes acier-béton (voir « Protection anti-incendie »).

1 Cornière – à arêtes arrondies et ailes égales
2 Cornière – à arêtes arrondies et ailes inégales
3 Profilé en T – à arêtes arrondies et âme élancée
4 Profilé en U
5 Profilé en Z – profilé normal
6 Acier plat
7 Cornière – à arêtes vives et ailes égales
8 Cornière – à arêtes vives et ailes inégales
9 Profilé en T – à arêtes vives
10 Coulisse en U
11 Profilé en Z – à arêtes vives
12 Tube pour garde-corps
13 Cornière – laminée à froid, à ailes égales
14 Cornière – laminée à froid, à ailes inégales
15 Profilé en U – laminé à froid
16 Profilé en Z – laminé à froid
17 Profilé en « chapeau » – laminé à froid
18 Profilé en C – laminé à froid

MATÉRIAUX – MODULES   Acier

Propriétés

Protection anti-incendie

Dans la construction métallique comme dans la construction bois, la protection anti-incendie revêt une importance primordiale, car bien que l'acier soit incombustible, sa structure et, partant, sa résistance, s'altèrent sous l'effet de la chaleur. Aussi un élément de structure en acier censé résister au feu durant 60 minutes (F 60) devra-t-il être doté d'un revêtement ignifuge, ce qui n'est pas le cas d'un élément en béton ou en brique de terre cuite. Lorsque l'on construit en acier, la question des mesures susceptibles de réduire les exigences posées à la structure en matière de sécurité incendie se pose avec une acuité particulière. Il s'agit dès lors de développer, pour chaque projet, un concept de protection anti-incendie spécifique, prenant en compte la destination des locaux et les risques d'incendie y relatifs, le nombre d'occupants et leur répartition dans le bâtiment, le type de relations qu'entretiennent entre eux les différents locaux (locaux ouverts ou fermés), ainsi que le nombre d'étages que compte le bâtiment. Comme un immeuble industriel à un niveau offre de nombreux accès directs vers l'extérieur, que les occupants en connaissent bien l'organisation spatiale et qu'ils sont en général informés du comportement à adopter en cas d'incendie, un tel bâtiment devra répondre à des exigences relativement peu élevées. Il en va tout autrement des grands bâtiments publics, que la plupart des usagers connaissent mal. Les bâtiments à un niveau et l'étage supérieur des immeubles à plusieurs niveaux sont soumis à des exigences moins sévères, le feu ne risquant pas ici de se propager plus haut.

Les issues de secours visent à assurer la *sécurité des personnes,* qui représente avec la *sécurité des biens* (le bâtiment et son contenu) l'objectif majeur de tout concept de sécurité incendie. S'agissant des mesures à prendre pour garantir une bonne protection des personnes, il est intéressant de savoir que la principale cause de décès en cas d'incendie est l'asphyxie par les gaz, et non, comme on pourrait le croire, l'effondrement des éléments de construction. Aussi devra-t-on veiller à ce que chaleur et fumée soient rapidement évacués, en renonçant par ailleurs aux matériaux dégageant beaucoup de fumée sous l'action du feu. Les mesures préventives et la mise en place de dispositifs de détection et d'extinction rapide des incendies (alarmes incendie, gicleurs) permettent non seulement de protéger les personnes et le contenu – souvent précieux – du bâtiment, mais aussi de renoncer à revêtir la structure, mise à l'abri d'un embrasement généralisé. On peut citer ici l'exemple d'un hangar abritant un avion beaucoup plus cher que le bâtiment lui-même.

Si les *mesures actives de protection anti-incendie* – c'est-à-dire les dispositifs techniques tels que détecteurs d'incendie et autres – ne suffisent pas ou se révèlent trop onéreuses, il s'agit de prendre des *mesures de protection passives*, garantissant que la structure conserve la résistance voulue durant 30, 60 ou 90 minutes, même en cas d'embrasement généralisé (soit à des températures pouvant atteindre 1000 °C). Dans la construction métallique, de telles mesures peuvent consister à surdimensionner les profilés ou à leur appliquer une couche de peinture intumescente (ce qui n'en modifie pas la forme), à doter les éléments en acier d'un revêtement, en ménageant ou non de l'espace pour les installations techniques, ou encore à opter pour des constructions mixtes, où poteaux et poutres en acier sont remplis ou enrobés de béton. Dans ce dernier cas, le béton a aussi pour effet d'accroître la résistance mécanique de la structure, les poteaux mixtes étant par ailleurs souvent enveloppés d'un manteau d'acier servant de coffrage lors du bétonnage (voir la tour Swisscom de Burkard, Meyer & Partner, 1999). Le béton d'enrobage protège le profilé acier des températures excessives, tout en pouvant lui-même assumer une fonction porteuse. Si un tube acier est, à l'inverse, rempli de béton, il se produit sous l'effet du feu un report de charge : c'est le noyau de béton qui joue alors le rôle d'élément porteur.

Ill. 29 : poteaux mixtes acier-béton
a) Tube acier rempli de béton : en cas d'incendie, c'est le noyau en béton qui assume la reprise des charges.
b) Profilé plein enrobé de béton, avec manteau d'acier : le béton protège le noyau des hautes températures.
c) Profilé acier enrobé de béton, sans manteau d'acier

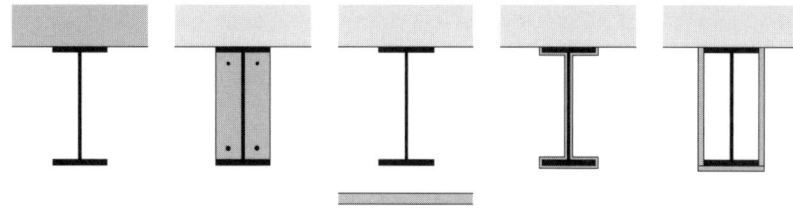

Ill. 30 : mesures passives de protection anti-incendie
a) Profilé sans revêtement, en liaison avec la dalle (classe de résistance au feu F30)
b) Profilé rempli de béton entre les ailes
c) Faux-plafond résistant au feu
d) Peinture intumescente ou enduit ignifuge
e) Revêtement

Références bibliographiques
- Eurofer Steel Promotion Committee (dir.), *L'acier et la sécurité incendie – Une approche globale*, Bruxelles 1993.
- Centre suisse de la construction métallique (dir.), *La construction mixte acier-béton résistant au feu*, Zurich 1997.

MATÉRIAUX – MODULES Acier
Propriétés

Application des mesures de protection

Acier apparent

Acier apparent	Résistance au feu R30	Résistance au feu R60	Résistance au feu R90
Poteaux (1/2)	SZS/CECM n° 89 ($U/A < 50$ m^{-1}) (3) min. RND/VKT 80 min. 60x120 min. 150x150 min. HHD 320x300	SZS/CECM n° 89 ($U/A < 14$ m^{-1}) (3) min. RND/VKT 280 min. 200x500 min. 400x400 min. 320x320	Néant
Poutres supportant une dalle (2)	SZS/CECM n° 89 min. HEM 300	SZS/CECM n° 89 Section pleine min. FLB 150/300	Néant
Structures avec peinture intumescente (4)	Tous les profilés http://bsronline.vkf.ch	Tous les profilés http://bsronline.vkf.ch	Non autorisé

Structures mixtes acier-béton (5)

	R30	R60	R90
Poteaux	SZS C2.3, SZS C2.4, ECCS n° 55 min. HEA 160, RRK 140, ROR 139,7	SZS C2.3, SZS C2.4, ECCS n° 55 min. HEA 200, RRK 160, ROR 159	SZS C2.3, SZS C2.4, ECCS n° 55 min. HEA 240, RRK 180, ROR 177,8
Poutres remplies de béton entre les ailes, avec dalle	SZS C2.4 min. HEA 100, IPE 120	SZS C2.4 min. HEA 100, IPE 200	SZS C2.4 min. HEA 180, IPE 300
Planchers mixtes à bac acier — Épaisseur moyenne de la dalle h_{eff}	SZS C2.4, CECM n° 32 $h_{eff} \geq 60$ mm	SZS C2.4, CECM n° 32 $h_{eff} \geq 80$ mm	SZS C2.4, CECM n° 32 $h_{eff} \geq 100$ mm

Acier doté d'un revêtement (6)

	R30	R60	R90
Plaques formant caisson (p. ex. poteau)	SZS/CECM n° 89 http://bsronline.vkf.ch Tous les profilés Épaisseur standard d'env. 15 mm	SZS/CECM n° 89 http://bsronline.vkf.ch Tous les profilés Épaisseur standard d'env. 25 mm	SZS/CECM n° 89 http://bsronline.vkf.ch Tous les profilés Épaisseur standard d'env. 35 mm
Enduit projeté épousant la forme du profilé (p. ex. poutre)	SZS/CECM n° 89 http://bsronline.vkf.ch Tous les profilés Épaisseur standard d'env. 20 mm	SZS/CECM n° 89 http://bsronline.vkf.ch Tous les profilés Épaisseur standard d'env. 30 mm	SZS/CECM n° 89 http://bsronline.vkf.ch Tous les profilés Épaisseur standard d'env. 40 mm

(1) Dimensions valables pour des poteaux continus, dans le cas d'une hauteur d'étage de 3 m (selon Euronomogramme CECM n° 89).
(2) Des dimensions inférieures sont possibles si la résistance statique des profilés n'est pas entièrement exploitée (voir Euronomogramme CECM n° 89).
(3) Facteur de massiveté U/A (ou A_m/V selon Euronomogramme).
(4) Autorisation requise de la part de l'autorité compétente en matière de sécurité incendie (voir note explicative de l'AEAI).
(5) Béton toujours armé, sauf pour les profilés creux R30.
(6) Produits de protection selon le Répertoire de la protection incendie de l'AEAI, mise en œuvre et données constructives conformes aux dispositions des essais et selon agrément de l'AEAI (garantie de la qualité assumée par la direction des travaux).

Ill. 31 : application des mesures de protection
Source : Centre suisse de la construction métallique (dir.), steeldoc 01/06.

MATÉRIAUX – MODULES   **Acier**
　　　　　　　　　　　　　　　　　　　　　　Systèmes

Assemblages
Sélection

Poteaux continus　　　　　　　　　　　　　　　　　　　　　　　　　　　　**Poutres continues**

Liaisons articulées　　　Liaisons rigides　　　Nœuds préfabriqués　　　Liaisons rigides

2-D (x, z)

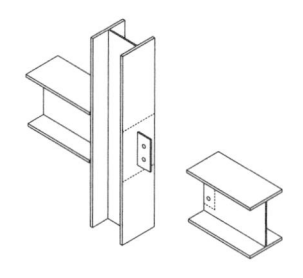

Assemblage boulonné, avec goussets soudés au poteau 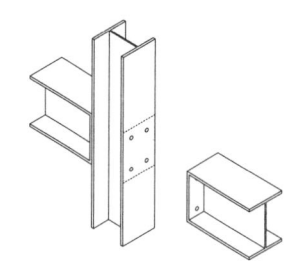 | Assemblage boulonné, avec plaques de fixation soudées aux poutres | Assemblage boulonné, avec plaques de fixation soudées au poteau et aux poutres | Assemblage boulonné, avec raidisseurs soudés à la poutre dans le prolongement des ailes du poteau

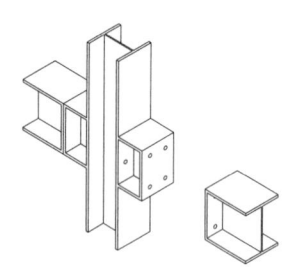

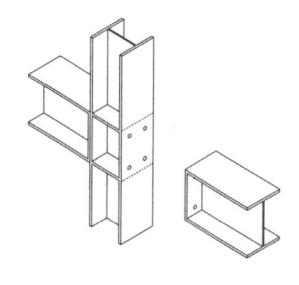

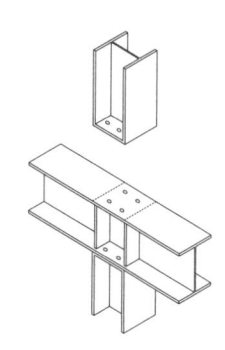

Assemblage boulonné, avec raidisseurs soudés au poteau dans le prolongement des ailes des poutres | Assemblage boulonné, avec plaques de fixation en débord et raidisseurs soudés au poteau dans le prolongement des ailes des poutres | Assemblage boulonné, avec raidisseur soudé à la poutre dans le prolongement de l'âme du poteau

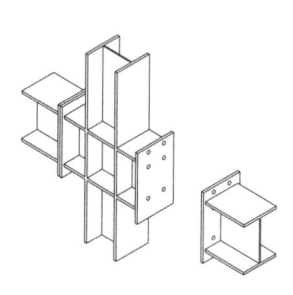

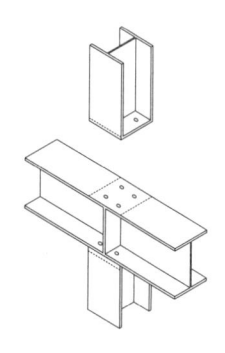

3-D (x, y, z)

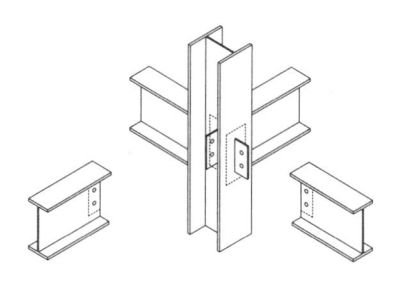

Assemblage boulonné, avec goussets soudés au poteau

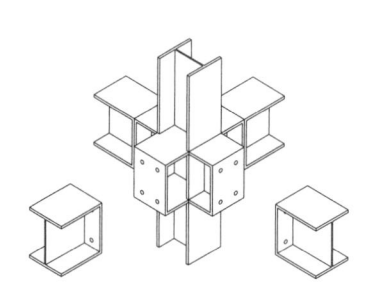

Assemblage boulonné, avec plaques de fixation soudées au poteau et aux poutres

Ill. 32 : assemblages poteaux/poutres, sélection

MATÉRIAUX – MODULES　　　　　　　　　　　　　　　　　　　　　**Acier**
Systèmes

Ill. 33 : montage d'un poteau en acier

Pieds de poteaux articulés
1-2 sans sollicitation en traction
3 pour faible sollicitation en traction ; avec plaque de base posée au préalable
4 sans sollicitation en traction ; avec articulation
5 avec tiges filetées préalablement noyées dans le béton
6 avec plaque de base posée au préalable ; poteau soudé sur place

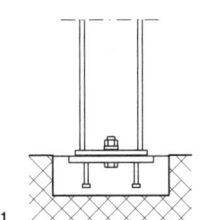

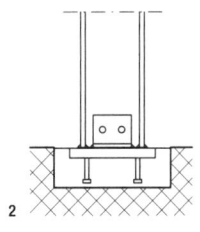

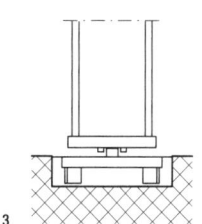

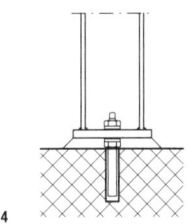

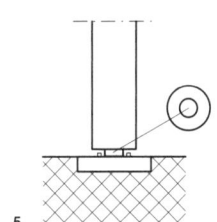

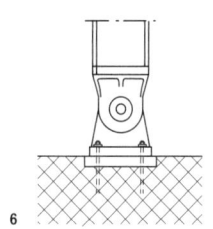

Pieds de poteaux encastrés
7-10 poteau avec fondation de type carquois pour la reprise des grands moments de flexion

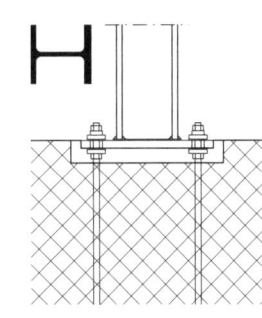

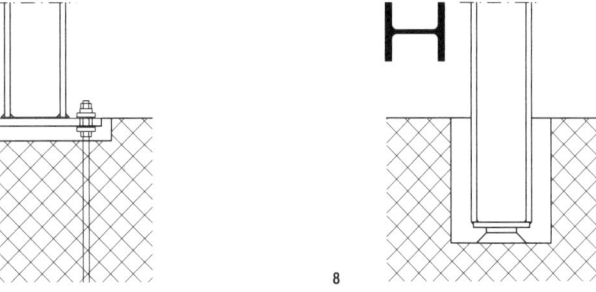

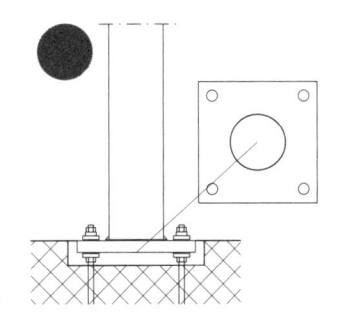

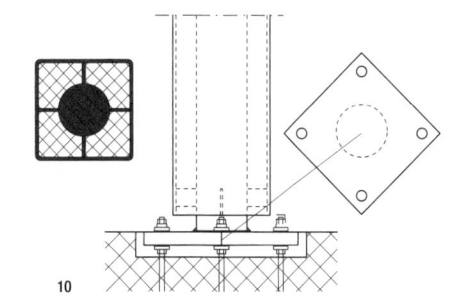

Ill. 34 : pieds de poteaux articulés et encastrés
Source : Centre suisse de la construction métallique (dir.), *steeldoc 01/06*, Zurich 2006.

MATÉRIAUX – MODULES   **Acier**
                              Systèmes

Structures – Portiques à traverses en saillie

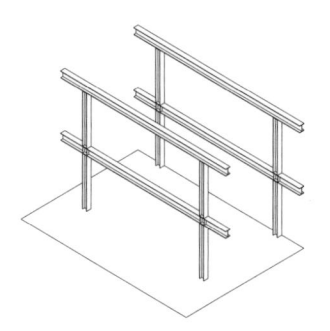

Ill. 35 : portiques à traverses en saillie

La structure porteuse se compose d'une série de portiques dont les montants sont en retrait. Les montants étant interrompus par les traverses, ces dernières doivent être renforcées par des raidisseurs assurant la transmission des charges verticales. L'axonométrie ci-dessous présente trois constructions de plancher, reposant dans chaque cas sur les traverses des portiques.

Dans la variante P1, un solivage constitue un second niveau de poutres. La superposition des poutres primaires et secondaires permet de faire passer des conduites techniques perpendiculairement aux portiques, ce qui n'est pas possible lorsque les solives sont placées entre les poutres principales. Si le plancher ne doit répondre à aucune exigence particulière, le revêtement praticable peut consister en un simple planchéiage. Dans les variantes P2 et P3, la structure porteuse secondaire ne se compose plus de solives, mais de tôles à ondes trapézoïdales (bac acier). Dans la variante P3, celles-ci sont recouvertes d'une couche de béton armé (plancher mixte), dans la variante P2, de panneaux de pose servant de support au revêtement de sol (construction sèche).

Construction de plancher P1
Planchéiage	27 mm
Poutres acier IPE 160	160 mm
Total	*187 mm*

Construction de plancher P2
Panneaux de pose	27 mm
Couche de séparation en caoutchouc	20 mm
Bac acier à ondes trapézoïdales	160 mm
Total	*207 mm*

Construction de plancher P3
Béton armé	120 mm
Bac acier Holorib	50 mm
Total	*170 mm*

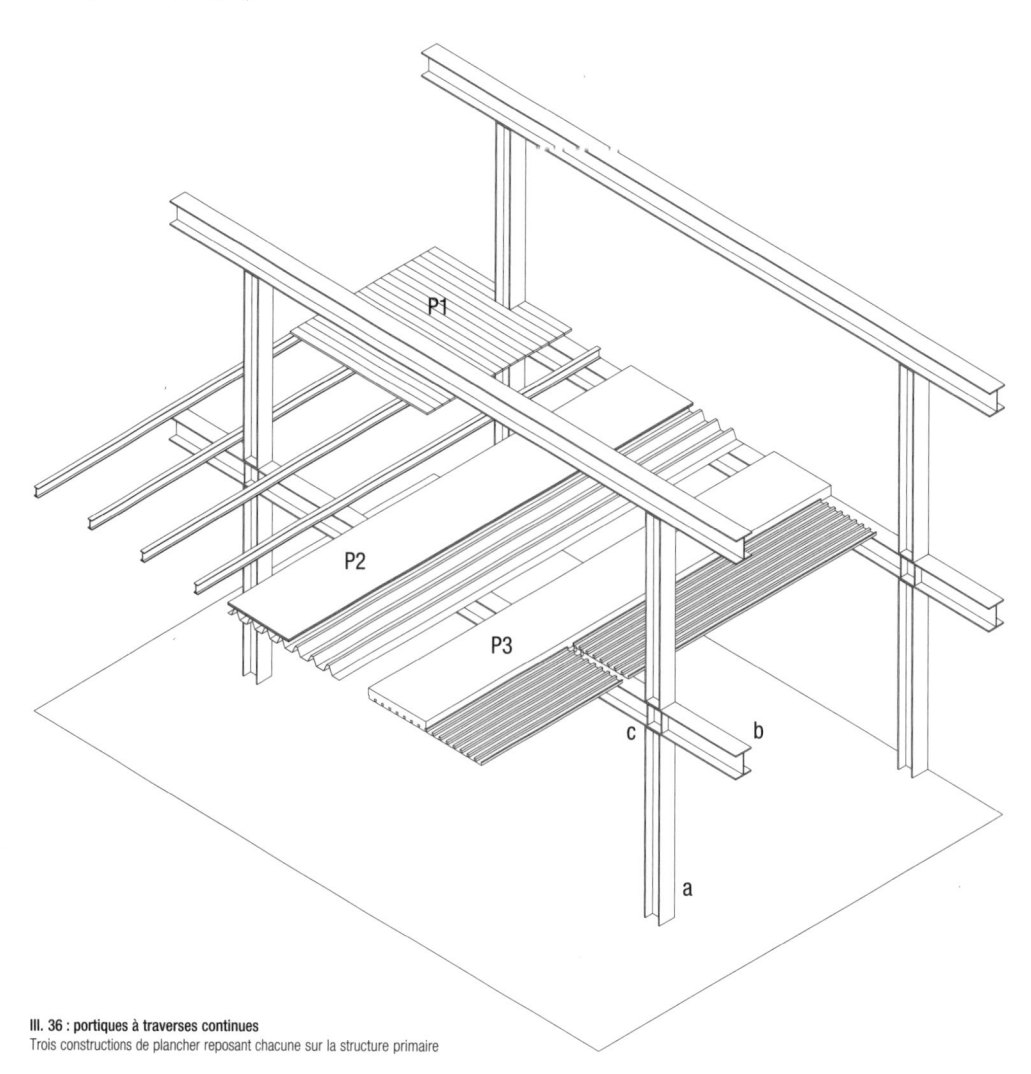

Légende
a) HEA 400, interrompu à chaque étage
b) HEA 400, traverse continue
c) Raidisseurs assurant la transmission des charges verticales

Ill. 36 : portiques à traverses continues
Trois constructions de plancher reposant chacune sur la structure primaire

MATÉRIAUX – MODULES | Acier
Systèmes

Planchers à bac acier

Les planchers à bac acier se composent de tôles profilées d'une épaisseur de 0,80 à 1,75 mm, recouvertes de béton. Les bacs présentent la plupart du temps une section à ondes trapézoïdales, obtenue par laminage. Ils sont parfois dotés de nervures supplémentaires, qui en accroissent la rigidité. Les bacs sont commercialisés sous forme de bandes de 0,30 à 0,90 m de largeur. Les planchers à bac acier peuvent être exécutés sous forme de planchers cellulaires.
Les bacs sont mis en œuvre galvanisés (25 à 30 µ) ou non. Dans ce dernier cas, leur face inférieure doit être dotée d'un revêtement anticorrosion.

Profils
1 Aperçu des profils courants
1.1 et 1.2 profils individuels
1.3 à 1.7 plaques profilées
1.8 et 1.9 planchers cellulaires

Avantages des planchers à bac acier
· Faible poids
· Mise en œuvre rapide
· La dalle de béton ne requiert aucun coffrage.
· Les planchers sont accessibles dès que le bac acier est posé.
· Les étages inférieurs sont à l'abri des chutes d'objets.

Inconvénients des planchers à bac acier
· Soit la tôle d'acier ne constitue qu'un coffrage perdu,
· soit elle est porteuse, et sa face inférieure doit alors être dotée d'un revêtement ignifuge.
· Il ne s'agit pas d'une construction entièrement sèche, le coulage du béton impliquant un apport d'humidité dans l'ouvrage.

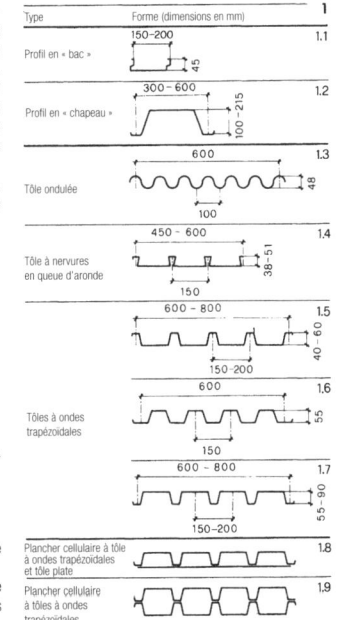

Pose des planchers à bac acier
Les plaques de tôle sont découpées aux bonnes dimensions, bien empaquetées et livrées sur le chantier conformément au plan de pose, de sorte que le montage puisse se faire rapidement, dès que les poutres sont en place. La découpe des plaques s'effectue la plupart du temps au moyen de ciseaux à tôle adaptés au profil en question. Les coupes biaises sont réalisées au moyen d'outils manuels.

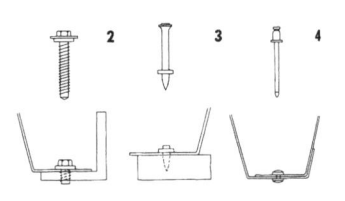

Assemblages
Les bacs acier peuvent être fixés aux poutres :
· par soudage, conformément aux instructions du fabricant,
· au moyen de vis autotaraudeuses (dessin 2),
· au moyen d'agrafes-pitons (dessin 3).
Les plaques de tôle peuvent être assemblées entre elles :
· au moyen de rivets Pop (dessin 4) enfoncés mécaniquement d'un côté, sans devoir être retenus de l'autre,
· par emboutissage et emboîtement des bords, conformément aux instructions du fabricant.

Planchers acier-béton

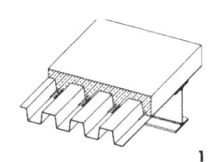

1 Dalle en béton sur bac acier. Le bac acier sert uniquement de coffrage (perdu). Il permet de couvrir immédiatement la poutraison et d'exécuter rapidement les travaux. L'armature du béton se compose de fers ronds. Si l'enrobage est assez épais, le plancher sera résistant au feu. Le fonctionnement statique du plancher est celui d'une dalle nervurée en béton, la dalle faisant aussi office de contreventement horizontal.

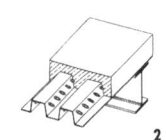

2 Plancher mixte. Le bac acier constitue l'armature de la dalle en béton, avec laquelle il forme une section mixte. Les efforts de cisaillement sont transmis de la dalle au bac acier par des bossages. La face inférieure de la construction doit être dotée d'un revêtement ignifuge.

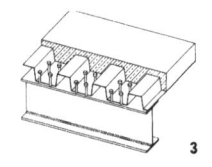

3 Plancher collaborant. Des goujons connecteurs sont soudés, à travers la tôle, sur l'aile supérieure de la poutre, de sorte que cette dernière forme avec la dalle de béton une section mixte. Seule la couche de béton située au-dessus des nervures est statiquement efficace. Il s'agit d'un système très économique. Le soudage des goujons se fait sur le chantier, selon des instructions particulières.

4 Les planchers Holorib se composent de bacs à nervures en queue d'aronde, servant uniquement de coffrage. La dalle de béton étant autoporteuse, elle doit être armée en conséquence. Des essais ont montré que dans ce type de planchers, l'adhérence entre tôle et béton suffisait pour produire une liaison solidaire. Dans le dessin ci-contre, des goujons connecteurs assurent la liaison entre dalle de béton et poutres en acier (plancher collaborant). Les nervures en queue d'aronde pouvant servir à la fixation de faux plafonds et d'installations diverses, cette construction est particulièrement adaptée aux bâtiments comportant de nombreuses conduites techniques.

Ill. 37 : plancher mixte
Tôles profilées en partie posées avant le bétonnage de la dalle

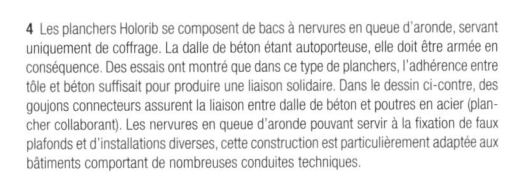

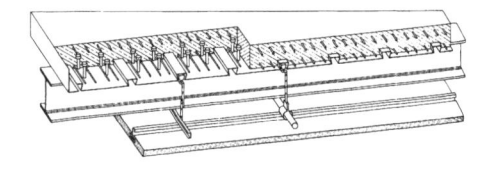

Ill. 38
Tiré de Franz Hart, Walter Henn, Hansjürgen Sontag, *Stahlbau Atlas, Geschossbauten*, Munich 1982.

MATÉRIAUX – MODULES   **Acier**

Systèmes

Structures – Portiques à montants continus

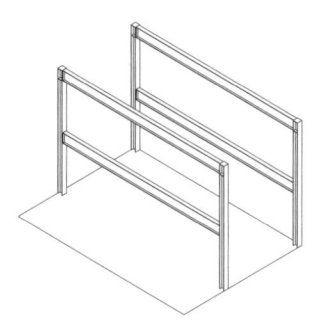

La structure porteuse se compose d'une série de portiques à montants continus. Ces derniers se trouvant dans le plan de la façade ou tout contre cette dernière, ils n'empiètent pratiquement pas sur l'espace intérieur. Les poutres franchissant cependant, à surface de plancher égale, une portée plus importante que dans l'exemple précédent, elles doivent être dimensionnées en conséquence.

On pourra en partie compenser la nécessaire augmentation de la hauteur des poutres en plaçant les planchers entre ces dernières. À l'instar de la variante P1, la construction de plancher P4 repose sur un solivage, dont la face supérieure se trouve cependant ici au même niveau que celle des poutres primaires. Pour pouvoir faire passer des installations perpendiculairement aux portiques, il est nécessaire de pratiquer des réservations dans l'âme des traverses, sur tout ou partie de leur longueur. L'avantage d'une telle perforation est qu'elle permet de réduire le poids des poutres de près de 30 %.

La construction *P5* consiste en une dalle nervurée en béton, coulée sur un bac acier à ondes trapézoïdales suspendu entre les poutres. Grâce aux goujons connecteurs préalablement soudés sur les poutres, la construction fonctionne comme un plancher collaborant. Les bacs acier sont suspendus entre les poutres au moyen de barrettes en acier plein de 25 x 35 mm, soudées sur les poutres en atelier.

Construction de plancher P4

Panneaux en dérivé du bois, p. ex. bakélisé	27 mm
Poutres acier IPE 160	160 mm
Total	*187 mm*

Construction de plancher P5

Béton armé	120 mm
Bac acier à ondes trapézoïdales	200 mm
Total	*320 mm*

III. 39 : portiques à montants continus

Profilés
a) HEA 200
b) IPE 600, à âme partiellement perforée

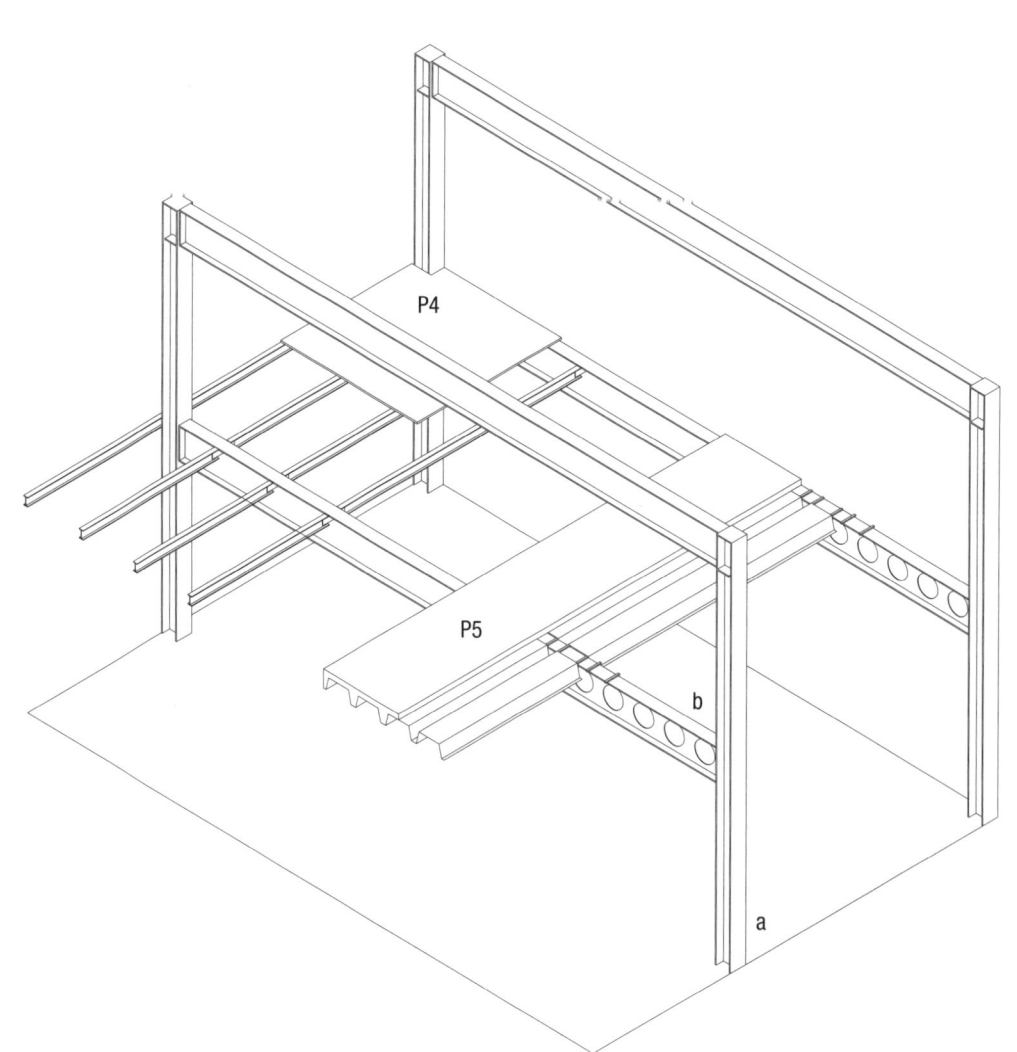

III. 40 : portiques à montants continus
Deux planchers dont la hauteur de construction est inférieure à celle des poutres

MATÉRIAUX – MODULES   **Acier**
Systèmes

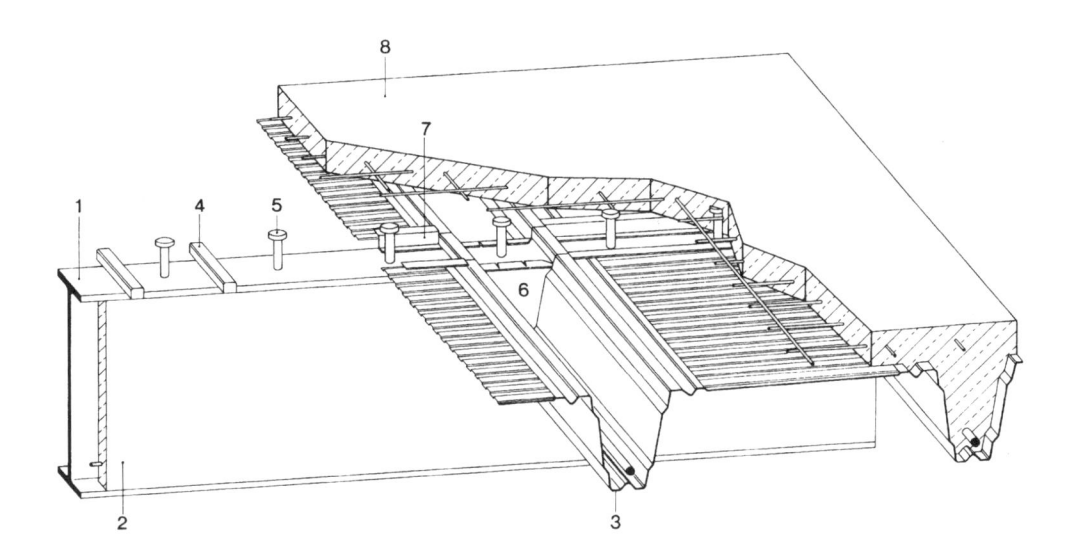

Ill. 41 : plancher collaborant à bac acier à ondes trapézoïdales profondes

1   Poutre mixte acier-béton
2   Béton de remplissage
3   Bac acier à ondes trapézoïdales
4   Barrette en acier (25 x 35 mm)
5   Goujon connecteur
6   Garniture d'étanchéité en matière synthétique
7   Profilé d'étanchéité en Z
8   Dalle nervurée en béton armé

Ill. 42 : poutres à âme perforée
Perforations destinées au passage des conduites

Ill. 43 : poutres alvéolaires

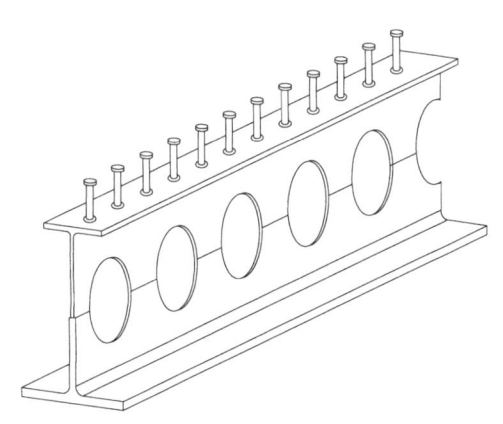

Ill. 44 : poutre à âme perforée
Poutre composée de deux membrures différentes afin d'en réduire le poids

MATÉRIAUX – MODULES   **Acier**

Systèmes

Structures – Ossature non orientée

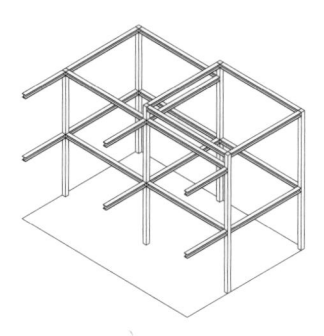

Ill. 45 : ossature non orientée

La structure est une ossature poteaux-poutres sans orientation dominante. Les poteaux étant constitués de profilés RRW, les poutres s'y raccordent de tous les côtés de la même manière (ce qui ne serait pas le cas avec des poteaux en I). Les poteaux étant continus, les poutres peuvent y être fixées à n'importe quelle hauteur, ce qui permet de conférer aux différentes travées des hauteurs de plafond variables. Pour que toutes les poutres soient soumises à une même charge, il s'agit de faire alterner, d'une travée à l'autre, la direction dans laquelle portent les planchers.

Dans les exemples présentés ici, la hauteur de construction des planchers est égale à celle des poutres (planchers de type Slim Floor, Integrated Floor Beam, etc.). Dans les deux cas sont soudées aux ailes inférieures des poutres des semelles plus larges servant d'appui. La construction *P6* se compose de dalles alvéolaires en béton précontraint, pouvant franchir des portées de 12 m. Les alvéoles ont pour seule fonction de réduire le poids des dalles, les installations devant être placées sous le plancher. Le grand avantage de cette solution réside dans le fait qu'il s'agit d'une construction sèche. À l'instar de la variante *P5,* la construction *P7* consiste en une dalle nervurée, coulée sur un bac acier à ondes trapézoïdales posé entre les poutres. Il est ici possible de poser diverses installations entre les nervures. La construction fonctionnant comme plancher collaborant, elle assure le contreventement horizontal de la structure.

Construction de plancher P6

Chape en ciment	80 mm
Isolation contre les bruits d'impact	20 mm
Dalle alvéolaire en béton précontraint	220 mm
Total	*320 mm*

Construction de plancher P7

Béton armé	120 mm
Bac acier à ondes trapézoïdales	200 mm
Total	*320 mm*

Profilés
a) Poteaux en profilés creux RRW 200, continus (ROR possibles aussi)
b) Poutres HEB 200 avec semelles de renforcement (type SFB), liaison articulée

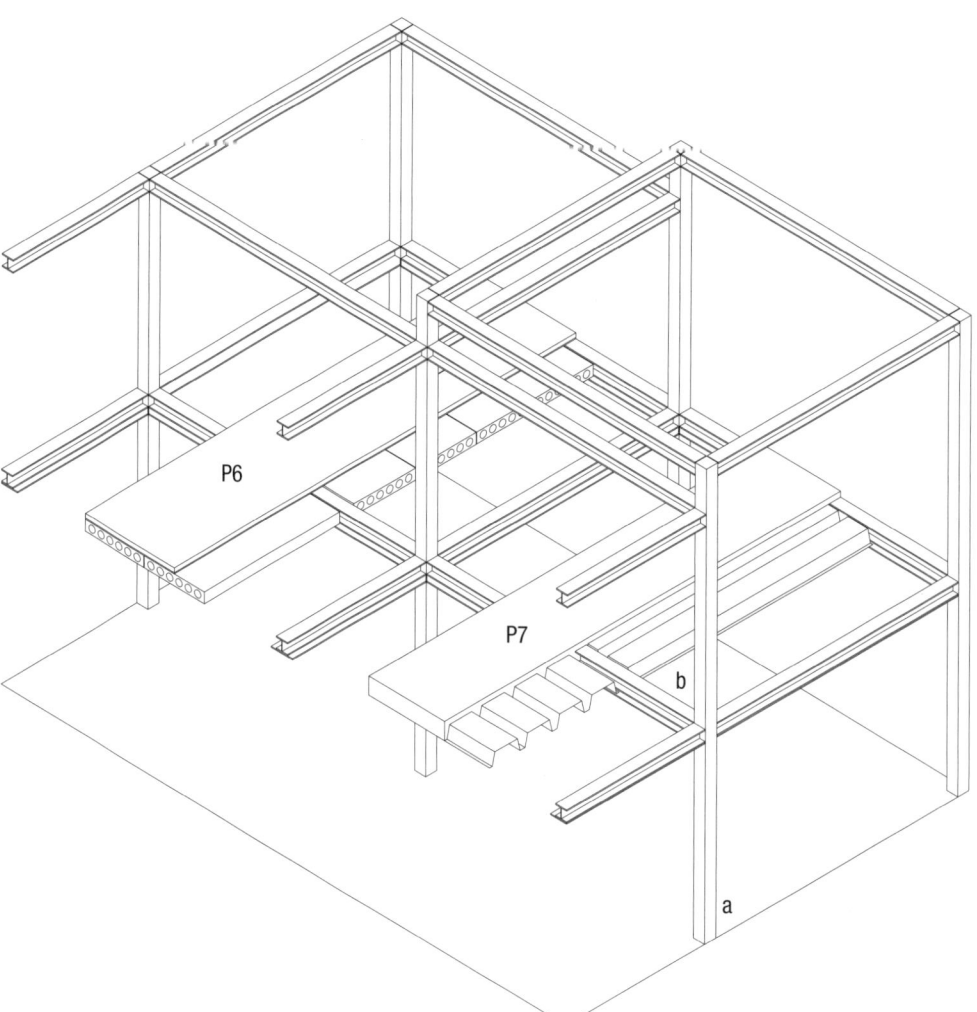

Ill. 46 : ossature à poteaux continus
Deux planchers dont la hauteur de construction est égale à celle des poutres (Slim Floor)

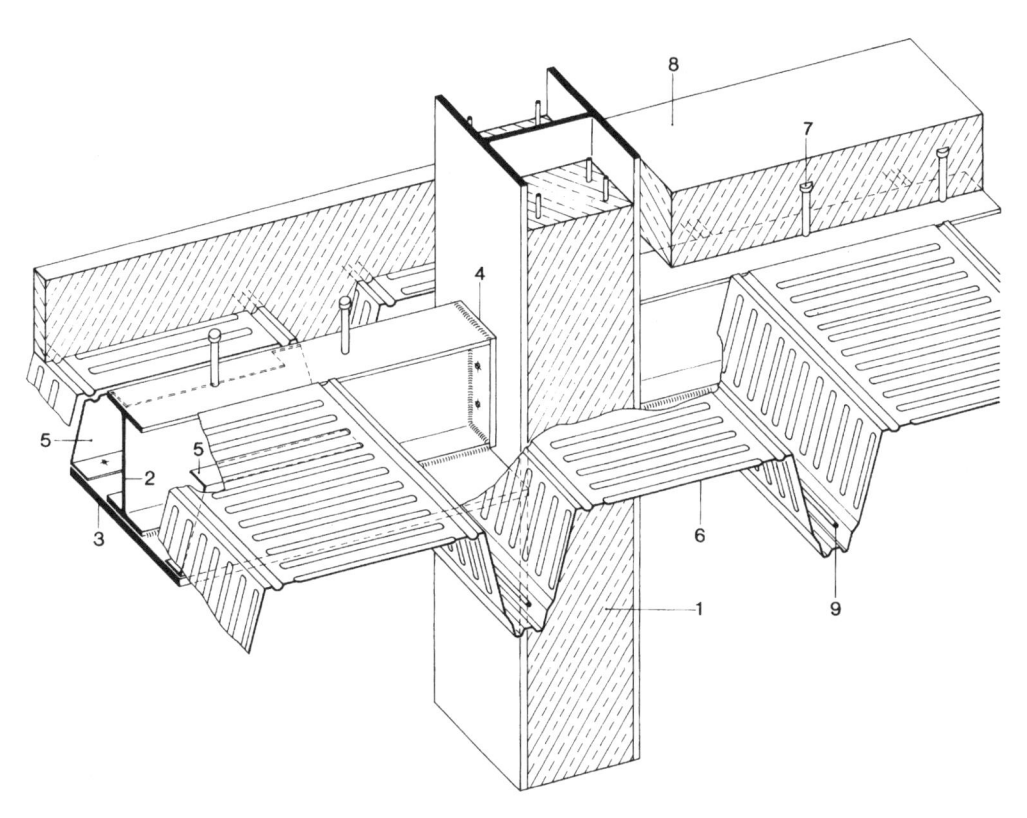

MATÉRIAUX – MODULES | Systèmes | **Acier**

Ill. 47 : plancher collaborant à bac acier à ondes trapézoïdales profondes

1. Poteau mixte acier-béton
2. Poutre
3. Semelle formant appui
4. Plaque de fixation
5. Tôle de fermeture
6. Bac acier
7. Goujon connecteur
8. Béton coulé sur place
9. Armature longitudinale des nervures

Ill. 48 : pose d'un élément de dalle alvéolaire

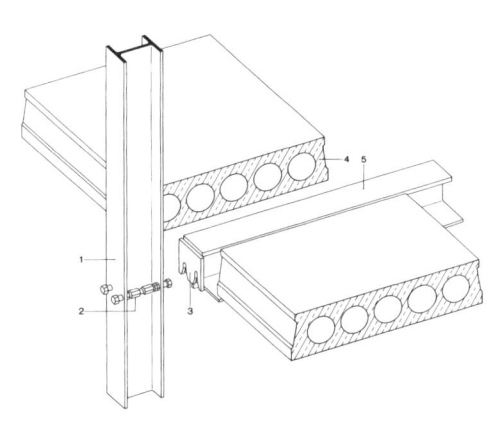

Ill. 50 : dalle alvéolaire en béton précontraint
Poutre à semelle inférieure élargie, servant d'appui aux éléments de dalle

Ill. 49 : montage d'une dalle alvéolaire

MATÉRIAUX – MODULES   **Acier**
Systèmes

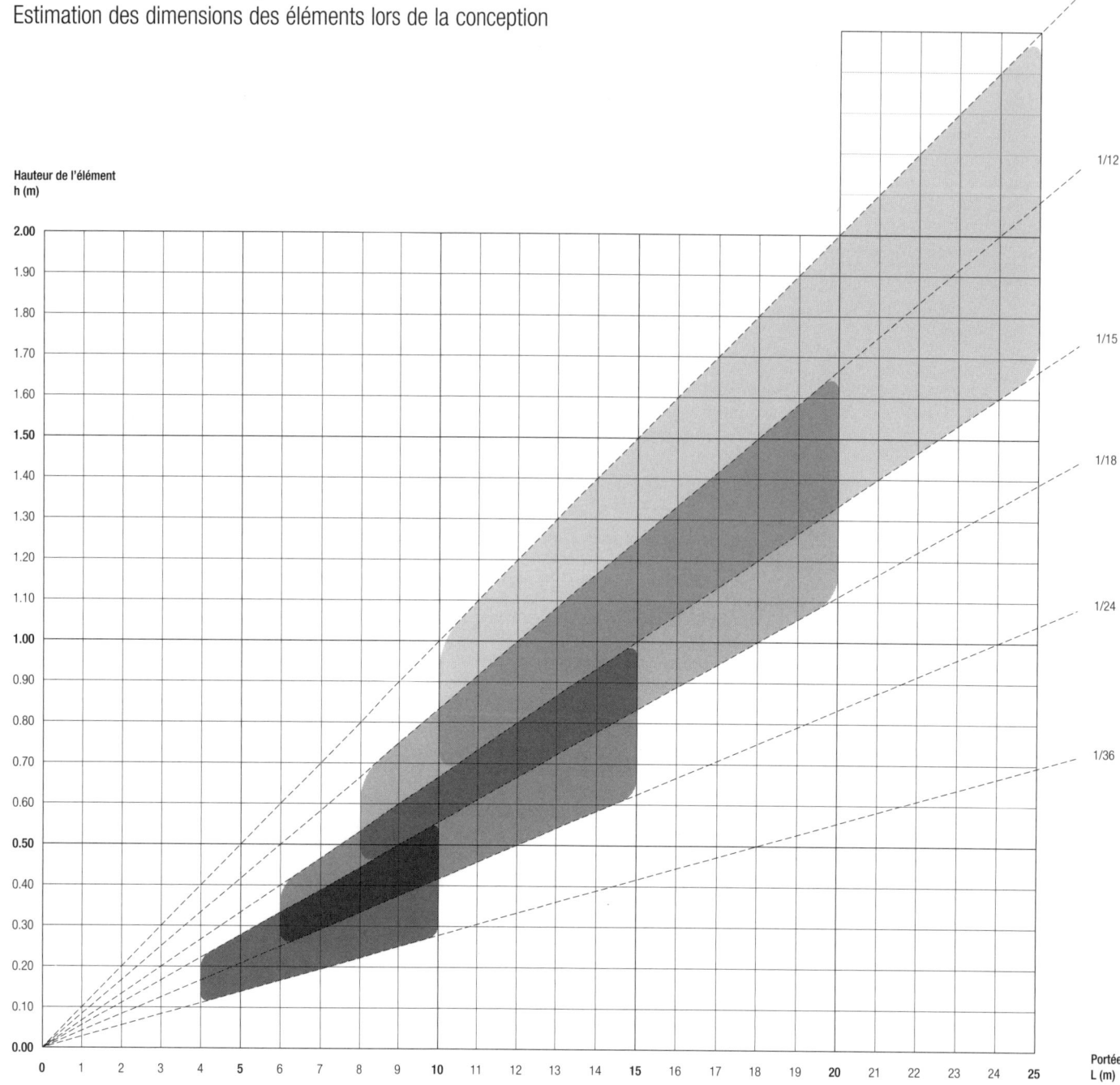

Prédimensionnement des poutres en acier
Estimation des dimensions des éléments lors de la conception

Hauteur de l'élément
h (m)

Portée
L (m)

Élément de structure	Portée L (m)	h*/L
Pannes de toiture (I)	– 10 m	1/18 – 1/36
Poutres de plancher (I)	6 – 15 m	1/15 – 1/24
Poutres alvéolaires (I)	8 – 20 m	1/12 – 1/18
Poutres à treillis	10 – 25 m	1/10 – 1/15

Ill. 51 : remarques concernant l'utilisation du tableau

Lorsque l'élément en question est soumis à une charge élevée (poids propre et charge utile), il s'agit d'utiliser, pour en définir la hauteur, les valeurs maximales proposées dans le tableau – vice versa dans le cas de faibles charges.
Les dimensions et relations indiquées ne peuvent être établies scientifiquement. Les trapèzes grisés devraient en fait présenter des contours flous. Dans l'intérêt d'une utilisation rationnelle des éléments de structure, il convient d'éviter les « marges » du graphique.

Source : M. Dietrich, École d'ingénieurs de Berthoud, 1990

* Pour un premier prédimensionnement, il est possible d'opter pour un profilé HEA (h/l = 1/1 à 2/1) ou IPE (h/l = 2/1 à 3/1).

Pliage et cintrage

Ill. 52 : structure en tôle d'acier pliée (ép. = 12 mm) ; à gauche : plan, échelle env. 1:140
Hild und K, abri, Landshut (D) 1999

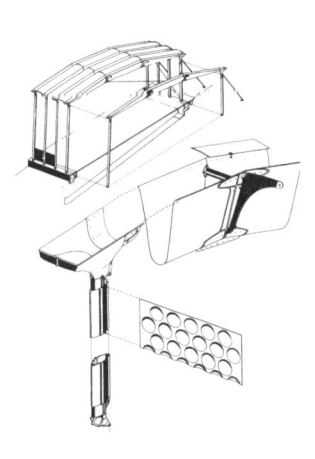

Ill. 53 : détail de la structure porteuse
Jean Prouvé, pavillon du Centenaire de l'aluminium, Paris (F) 1954

Ill. 54 : éléments sandwich cintrés constituant à la fois la structure porteuse et l'enveloppe du bâtiment, ici presque achevé
Jean Prouvé, pavillon de la Méridienne de l'Observatoire, Paris (F) 1951

Ill. 55 : montage des éléments sandwich
Jean Prouvé, pavillon de la Méridienne de l'Observatoire, Paris (F) 1951

Le pliage, l'une des principales techniques de façonnement du métal, caractérise le travail de tout un corps de métier : la tôlerie-ferblanterie. Hormis le papier et le carton, le métal est le seul matériau qui tolère ce genre de déformations. En dotant les minces feuilles de tôle de nervures, on leur confère une stabilité accrue, permettant de les appliquer directement sur la structure porteuse sous forme de plaques d'assez grandes dimensions, sans support intermédiaire. Ainsi la tôle ondulée – et plus tard la tôle à ondes trapézoïdales – s'est-elle largement répandue dès son invention en 1829, aussi bien comme matériau de couverture que comme bardage pour les bâtiments industriels.

Le constructeur français Jean Prouvé (1901-1984), lui, ne s'est pas contenté de perfectionner les revêtements en tôle. Avec son matériau de prédilection, l'aluminium, il a en effet développé des structures porteuses entières, basées sur le pliage des tôles. En fournit une illustration exemplaire le pavillon qu'il construisit à Paris, en 1954, à l'occasion du centenaire de la fabrication industrielle de l'aluminium, où il s'agissait de montrer que l'aluminium était en mesure de remplacer le bois et l'acier, traditionnellement utilisés pour la réalisation de bâtiments d'exposition. Long de 152 m, ce pavillon présentait des poutres de 15 m de longueur, espacées de 1,34 m, dont les sections concaves, non recouvertes par les tôles suspendues entre elles, faisaient office de chéneaux. Chaque poutre se composait de trois pièces assemblées sur place au moyen de sabots moulés – un procédé qui se rapprochait de la construction de machines et de véhicules.

Si la structure du pavillon de l'aluminium se composait de « poutres » et de « poteaux » linéaires et obéissait ainsi aux principes de la construction filigrane, ces divers

Ill. 56 : en coupe transversale, les poutres en aluminium ont la forme d'un chéneau.
Jean Prouvé, pavillon du Centenaire de l'aluminium, Paris (F) 1954

éléments sont, dans le pavillon de l'Observatoire de 1951, synthétisés en un seul et même élément autoporteur. Le bâtiment présente une section transversale parabolique, composée de deux demi-coques appuyées l'une contre l'autre, dont la forme cintrée résulte de la liaison rigide des tôles intérieure et extérieure.

N'étant soumis à aucune contrainte en matière de physique de la construction, les architectes Hild und K sont parvenus à réaliser les parois de leurs abris de Landshut à partir d'une seule épaisseur de tôle, sans autre élément de structure. Chaque abri se compose de deux plaques en acier Corten de 12 mm d'épaisseur, pliées à 90°, dans lesquelles sont découpés aussi bien les pieds – visibles – de la construction que les motifs dont elle est ornée.

MATÉRIAUX – MODULES   Acier

Systèmes mis en œuvre

Ossatures

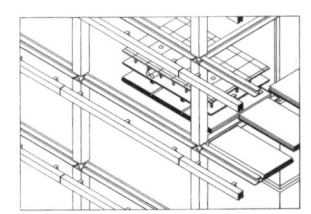

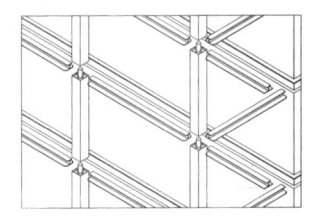

Ill. 57 : ossature acier avec éléments de planchers préfabriqués recouverts de béton
Burkard, Meyer Architekten, tour Swisscom, Winterthour (CH) 1999

Ill. 58 : les planchers sont les seuls éléments de structure visibles en façade.
Burkard, Meyer Architekten, tour Swisscom, Winterthour (CH) 1999

Abstraction faite des fers d'armature, c'est sans doute sous forme d'ossatures que l'acier est le plus utilisé dans le bâtiment. Ici, poteaux et poutres forment une charpente à l'intérieur de laquelle planchers et parois non porteuses s'insèrent comme autant d'éléments de remplissage. Ces derniers peuvent être réalisés soit selon les principes de la construction sèche, soit selon ceux de la construction mixte acier-béton, où la complémentarité des deux matériaux est exploitée de façon optimale. La construction d'ossatures métalliques se caractérise par un haut degré de rationalisation.

La tour Swisscom de Burkard, Meyer & Partner à Winterthour (1999) fournit une illustration exemplaire de cette méthode de construction appliquée à des bâtiments de cette taille. Autour d'un noyau stabilisateur massif abritant escaliers, ascenseurs et installations, sont disposés, selon une trame de 5,6 x 5,6 m, des poteaux composés d'un profilé métallique plein enrobé de béton et d'un manteau de tôle servant de coffrage. Les larges semelles inférieures des poutres servent d'appui aux éléments de plancher préfabriqués en béton, lesquels sont eux-mêmes recouverts d'une couche de béton supplémentaire, et liés de façon solidaire à la charpente métallique. Les éléments de façade qui enveloppent la structure n'en laissent apparaître que les planchers.

Lorsque l'on considère la maison de thé de Georg Marterer à Neustift am Walde (1998), on a d'abord l'impression que les profilés qui structurent la façade constituent

Ill. 60 : ossature acier visible à l'intérieur, avec plancher à bacs profilés
Lacaton & Vassal, maison de vacances, Lège-Cap-Ferret (F) 1998

l'ossature porteuse du bâtiment. Or, ils ne font en réalité que recouvrir les joints entre éléments de façade (vitrages fixes, fenêtres coulissantes et éléments de remplissage pleins). La trame visible correspond néanmoins exactement à celle de la structure porteuse, laquelle repose, en plan, sur un quadrillage de 2,46 m de côté, et sert de support aux éléments de façade susmentionnés. Ainsi l'ossature fait-elle saillie vers l'intérieur, comme c'est aussi le cas dans la maison de vacances de Lacaton & Vassal à Lège-Cap-Ferret (1998).

À l'instar de cette dernière, et à la différence de la tour Swisscom, la maison de thé de Neustift am Walde relève de la construction sèche, seule la dalle de fondation ayant ici été réalisée en béton. Le bâtiment est contreventé par des barres en croix de saint André, situées derrière les éléments de façade. La couche porteuse des planchers se compose de bacs à ondes trapézoïdales.

Ill. 59 : les profilés qui structurent la façade ne servent qu'à couvrir les joints entre éléments.
Georg Marterer, maison de thé à Neustift am Walde, Vienne (A) 1998

D'autres exemples d'ossatures sont présentés au chapitre « Structures : Construction à ossature ».

Treillis et façade

Au-delà d'une certaine portée, les profilés laminés usuels ne suffisent plus. Pour réduire la quantité de matériau utilisée et le poids des poutres, on donne alors à ces dernières la forme de poutres sous-tendues, alvéolaires ou à treillis. Jusqu'à la première moitié du XXe siècle, on réalisait les structures métalliques à partir de minces profilés – ce qui représentait d'ailleurs souvent la seule possibilité de franchir de grandes portées. Le soudage des diverses pièces d'un treillis (membrures inférieures et supérieures, montants, diagonales) requérant cependant un travail considérable, on recourt aujourd'hui souvent – malgré une consommation de matériau sensiblement plus importante – à des poutres à âme(s) pleine(s) composées de plaques de tôle.

Or, si les structures en treillis impliquent un surcroît de travail, elles ont par ailleurs l'avantage non seulement d'être plus légères, comme nous l'avons vu, mais aussi de faciliter la mise en place des installations et d'accroître la transparence de la construction. Ce dernier aspect, les architectes Herzog & de Meuron en ont par exemple tiré parti dans le dépôt de locomotives « Auf dem Wolf » (1995), où les poutres à treillis, groupées par paires à intervalles de 13 m, forment des lanterneaux de 3 m de haut, revêtus de verre Profilit. Reposant sur des refends parallèles en béton, ces « caissons à treillis », auxquels sont fixées les poutres secondaires de la toiture plate, franchissent des portées allant jusqu'à 40 m.

Si Herzog & de Meuron n'ont, dans leur dépôt, utilisé les poutres à treillis qu'en toiture, Craig Ellwood en a fait, dans sa maison de week-end de San Luis Obispo (1967-1968), la structure même des façades longitudinales du bâtiment parallélépipédique, qui franchit tel un pont un canyon de 18 m de large. Les membrures supérieures et inférieures des poutres se composent de profilés UPN jumelés, moisant les tubes d'acier carrés des montants et des diagonales. Plancher et toiture se composent de poutres métalliques transversales, fixées aux poutres à treillis au droit des montants.

Dans les exemples précédents, la construction métallique détermine dans une large mesure l'aspect du bâtiment – chez Ellwood plus encore que chez Herzog & de Meuron, où la structure est recouverte d'un voile semi-transparent. Dans l'immeuble de logements pour personnes âgées de MVRDV à Amsterdam (1997), en revanche, seul l'immense porte-à-faux des volumes à deux niveaux ponctuant la façade permet de déduire que la structure est, pour des raisons de poids, réalisée en acier. D'autres indices en sont néanmoins fournis par les baies, dont l'agencement et les dimensions maximales sont déterminés par la position des montants et des diagonales des treillis.

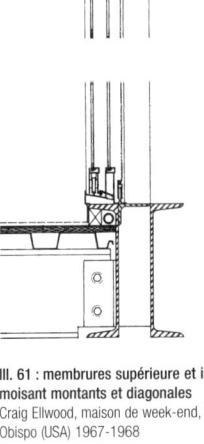

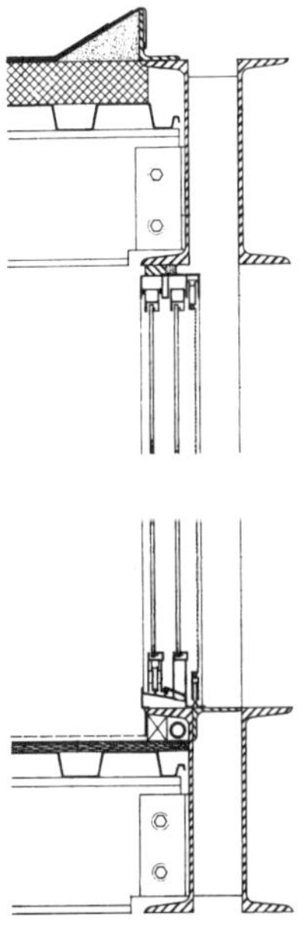

Ill. 61 : membrures supérieure et inférieure moisant montants et diagonales
Craig Ellwood, maison de week-end, San Luis Obispo (USA) 1967-1968

Ill. 62 : les lanterneaux s'étendent de refend à refend. Revêtement : verre Profilit
Herzog & de Meuron, dépôt de locomotives « Auf dem Wolf », Bâle (CH) 1995

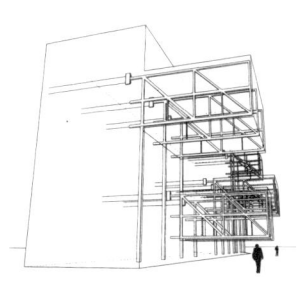

Ill. 63 : les fenêtres sont placées entre les montants et les diagonales des treillis.
MVRDV, logements pour personnes âgées, Amsterdam (NL) 1997

Ill. 64 : la maison conçue comme un pont
Craig Ellwood, maison de week-end, San Luis Obispo (USA) 1967-1968

Ill. 65 : vue aérienne du chantier. La halle la plus longue n'est pas encore entièrement couverte.
Herzog & de Meuron, dépôt de locomotives « Auf dem Wolf », Bâle (CH) 1995

Ill. 66 : le revêtement de bois dissimule une charpente métallique.
MVRDV, logements pour personnes âgées, Amsterdam (NL) 1997

MATÉRIAUX – MODULES   Acier

Systèmes mis en œuvre

Treillis tridimensionnels

Les treillis tridimensionnels se composent de minces barres, la plupart du temps reliées entre elles par des nœuds sphériques pouvant compter jusqu'à 18 valences. Outre Konrad Wachsmann et Buckminster Fuller, qui mirent beaucoup d'ardeur à développer ce genre de structures légères pour des toits de grande portée, il convient de mentionner Max Mengeringhausen, dont les nœuds Mero (1942), dans lesquels les barres se vissent, sont encore utilisés aujourd'hui. Les treillis tridimensionnels se composent de deux nappes de membrures, reliées par des diagonales. Selon que le treillis est une combinaison de tétraèdres, d'octaèdres et/ou de cuboctaèdres, les membrures des nappes supérieure et inférieure sont parallèles ou diagonales.

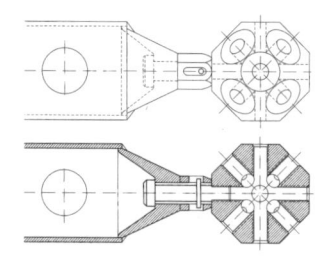

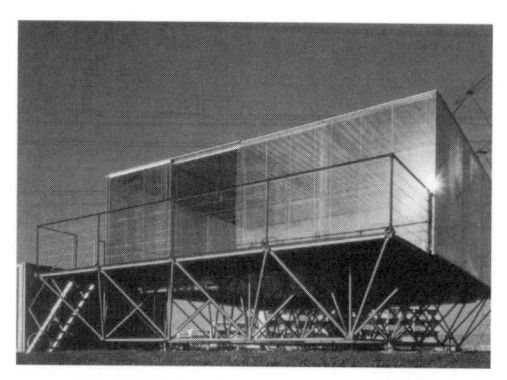

Ill. 67 : nœud Mero et barre vissée
Vue et coupe

Ill. 70 : le treillis tridimensionnel transmet la charge de la maison à quatre fondations ponctuelles.
Benthem Crouwel, maison d'habitation, Almere (NL) 1984

Ill. 68 : angle à découvert
Norman Foster, Sainsbury Centre for Visual Arts, Norwich (GB) 1978

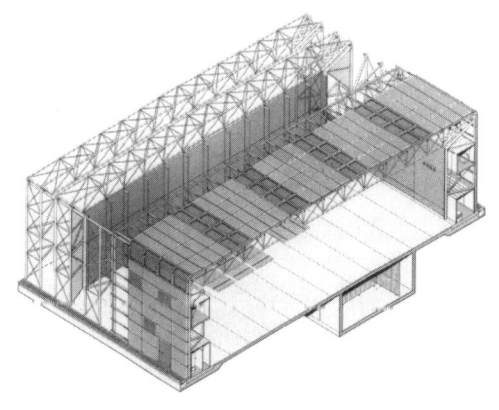

Ill. 69 : structure et enveloppe sont identiques pour la toiture et les murs.
Axonométrie de la structure avec et sans revêtement
Norman Foster, Sainsbury Centre for Visual Arts, Norwich (GB) 1978

Dans le Sainsbury Centre for Visual Arts de Norman Foster (1978), la structure se compose de fermes à trois membrures, elles-mêmes constituées de deux poutres à treillis planes, partageant une membrure inférieure commune. Il est intéressant de noter que la structure et l'enveloppe sont les mêmes au niveau de la toiture et des murs. Dans ces derniers, Foster a tiré parti de l'épaisseur de la structure, d'environ trois mètres, pour y loger installations techniques et couloirs. Les nœuds des fermes sont soudés, seules les diagonales les reliant ayant été boulonnées au fur et à mesure du montage.

Dans le pavillon américain construit par Buckminster Fuller pour l'Exposition universelle de 1967 à Montréal, toute distinction entre murs et toiture est abolie. La construction est une sphère dont le quart inférieur est tronqué, et dont le diamètre mesure 110 m au niveau du sol et pas moins de 167 m au niveau de l'équateur – le tout entièrement constitué de tubes d'acier de 9 cm d'épaisseur au maximum ! L'enveloppe elle-même, composée de plaques hexagonales en verre acrylique, se trouve non pas à l'extérieur du treillis, comme dans le bâtiment de Foster, mais à l'intérieur. La géométrie des plaques correspond au maillage hexagonal de la nappe intérieure, les membrures extérieures formant pour leur part une nappe triangulée.

Les treillis tridimensionnels sont en général utilisés pour couvrir des espaces de grandes dimensions, des structures d'une hauteur de 4 m permettant de réaliser des toitures plates de quelque 120 m de portée. Dans cette perspective, la maison d'habitation de Benthem Crouwel à Almere (1984) est à considérer comme un élargissement du champ d'application de ce genre de structures, sans que les principes en aient été abandonnés pour autant. C'est la mauvaise qualité du sol et le

Ill. 71 : la sphère tronquée présente à sa base un diamètre de 110 m.
Buckminster Fuller, pavillon américain EXPO'67, Montréal (CAN) 1967

fait qu'il devait s'agir d'un bâtiment temporaire (en fait, la maison existe toujours, elle a même été agrandie en 1991) qui ont incité l'architecte à opter pour un treillis tridimensionnel facile à démonter, transmettant la charge surfacique du niveau d'habitation à quatre fondations ponctuelles, assimilables à de courts piliers. Le fait que le rez-de-chaussée soit surélevé le protège en même temps de l'humidité du sol.

MATÉRIAUX – MODULES | Acier
Systèmes mis en œuvre

Losange et diagonale

La diagonale de contreventement constitue souvent un expédient auquel on recourt en l'absence d'éléments raidisseurs tels que noyaux et voiles. Nombre de réalisations récentes montrent cependant que la diagonale jouit d'une grande popularité en tant qu'élément de structure primaire, que ce soit sous la forme de faisceaux de poteaux inclinés, disposés de façon apparemment arbitraire, ou de treillis réguliers. Cette fascination pour la diagonale tient sans doute au fait qu'elle permet de reprendre les charges horizontales et verticales au moyen d'une structure non hiérarchisée, composée d'un seul et même élément linéaire, ainsi qu'à la qualité ornementale de l'entrelacs qui en résulte.

Ill. 74 : la structure du toit vitré présente un maillage triangulé.
Norman Foster, faculté de droit, Cambridge (GB) 1995

Alors que chez Choukhov et Ito, les éléments porteurs sont hiérarchisés, les profilés horizontaux et diagonaux qui forment la structure du toit voûté de la faculté de droit de Norman Foster à Cambridge (1995) revêtent visuellement la même importance. La construction, d'une portée de près de 40 m, se compose de tubes de 160 mm de diamètre, dont un sur deux est sous-tendu. Il est intéressant de noter que le vitrage est détaché de quelques centimètres de la structure porteuse, ce qui soulève la question de savoir si Foster entendait ici traiter le thème de la membrane, ou si ce parti était dicté par le fait que les profilés ronds ne se prêtaient pas à la fixation des vitrages.

Point de dissociation de ce genre dans le magasin Prada construit par Herzog & de Meuron à Tokyo (2003). Ici, les vitrages sont posés directement contre la structure réticulée, qui partage la reprise des charges verticales avec les trois noyaux situés à l'intérieur du bâtiment. Les losanges étant ici couchés, ils sont soumis à des sollicitations bien plus importantes que s'ils étaient verticaux, ce qui requiert une exécution très rigide des points d'intersection, et témoigne par là même de façon saisissante du potentiel statique des assemblages soudés.

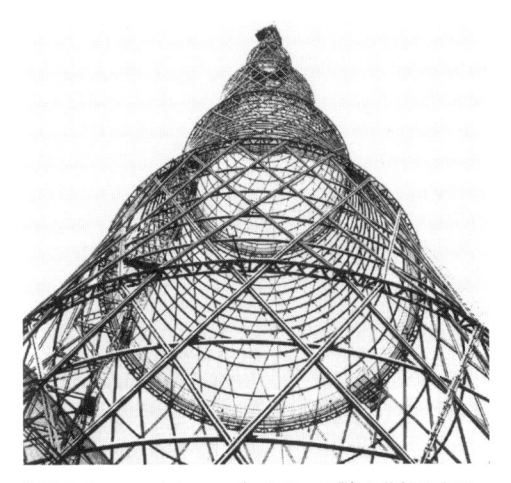

Ill. 72a : les quatre piliers d'angle fonctionnent de la même manière que les tours de Choukhov.
Toyo Ito, médiathèque, Sendai (J) 2001

Ill. 72b : les piliers abritent les escaliers.
Toyo Ito, médiathèque, Sendai (J) 2001

Ill. 73 : structure de façade rhomboïde
Herzog & de Meuron, magasin Prada, Tokyo (J) 2003

Comptent parmi les premiers exemples de structures réticulaires non orthogonales les tours en treillis de Vladimir G. Choukhov, qui cherchait à développer, pour la réalisation de châteaux d'eau, un système de construction consommant peu de matériau. Pour se faire une idée du formidable potentiel d'économie de matériau offert par ces tours uniquement composées de cornières et de profilés en U, il suffit de comparer la tour de transmission radio construite par Choukhov à Moscou (1919-1922), d'un poids de 2200 tonnes pour une hauteur de 350 m, et la tour Eiffel à Paris (1889), d'un poids de 8850 tonnes pour une hauteur de 305 m.

Le maillage en forme de losange de cette tour hyperboloïde résulte de la torsion, en sens opposé, de deux cylindres composés de barres initialement rectilignes. Les diagonales, rivetées à leurs points d'intersection, sont raidies par des anneaux horizontaux placés du côté intérieur, qui subdivisent les losanges en triangles.

Les quatre tours d'angle de la médiathèque de Toyo Ito à Sendai (2001) – un exemple actuel inspiré des découvertes de Choukhov – sont construites selon un principe similaire.

Ill. 75 : les barres en spirale, composées de deux profilés en U, forment une hyperboloïde.
Vladimir G. Choukhov, tour de transmission radio de Chabolovka, Moscou (RUS) 1919-1922

MATÉRIAUX – MODULES | Acier

Systèmes mis en œuvre

Champignons

La plupart des structures porteuses sont constituées d'éléments qui n'ont d'effet de délimitation spatiale que lorsqu'ils sont répétés. Ainsi faut-il par exemple au moins deux portiques (éléments composés de deux montants et d'une traverse) pour définir un espace. Dans le cas des constructions en champignon, en revanche, l'élément de base constitue un ouvrage autonome – station-service ou abri, par exemple.

être suspendus entre eux des éléments de toiture de 18 m de côté. Aucune distinction n'est par ailleurs faite, en termes de matérialisation, entre toiture et poteaux. Ces derniers se composant de quatre tubes ronds d'un diamètre de 45 cm, ils délimitent un volume d'une certaine ampleur, propre à accueillir divers équipements. L'effet de ces barres obliques est que toiture et poteaux se fondent en une vaste structure spatiale.

Ill. 76a : champignons en construction
Pier Luigi Nervi, Palazzo del Lavoro, Turin (I) 1961

Ill. 76b : champignons en béton et acier. Dimensions d'une travée : 38 x 38 m
Pier Luigi Nervi, Palazzo del Lavoro, Turin (I) 1961

Ill. 79 : toiture modulaire. Entre les champignons sont suspendus d'autres éléments.
Norman Foster, aéroport de Stansted, Londres (GB) 1991

Du fait de cette autonomie, les champignons peuvent être détachés les uns des autres, l'espace les séparant pouvant prendre la forme d'étroites fentes laissant juste passer la lumière, ou présenter les mêmes dimensions que les modules de base, de sorte que des champignons sans pilier puissent être insérés entre ceux-ci. Fait partie de la première catégorie le Palazzo del Lavoro de Pier Luigi Nervi (1961), dans lequel 16 champignons disposés suivant une trame de 40 m décrivent un vaste espace carré, flanqué sur tout son pourtour de locaux annexes répartis sur deux niveaux. Les champignons, hauts de 20 m, présentent un « pied » dont la section passe progressivement de la croix (à la base) au cercle (au sommet). Quant au « chapeau », il est constitué d'un tambour en acier à partir duquel rayonnent 20 poutres dont les extrémités sont réunies par des profilés. La forme du tambour et des poutres, dont la partie inférieure est inclinée, correspond aux diagrammes des efforts intérieurs. Le plan de la façade coïncidant avec le bord extérieur des champignons périphériques, la structure n'est visible qu'à l'intérieur.

La gare d'Atocha à Madrid (1984-1992), conçue par Rafael Moneo, est tout à fait comparable à la construction de Nervi. Cependant, si les champignons reposent ici aussi sur des poteaux en béton, les poutres de leurs « chapeaux » sont hiérarchisées, quatre poutres principales formant en effet, en projection verticale, quatre triangles dont la surface est subdivisée par des solives perpendiculaires aux bords du chapeau. Les intervalles séparant les différents champignons sont couverts par des lanterneaux à deux pans, qui articulent la surface de la toiture.

La structure du terminal de l'aéroport de Stansted, de Norman Foster (1991), est conçue tout différemment. Ici, les champignons sont assez espacés pour que puissent

Ill. 77 : « arbres » à 48 branches
Von Gerkan, Marg & Partner, aéroport de Stuttgart (D) 1990

Si l'on est ici tenté de parler d'arbres, cette image s'impose avec encore plus d'évidence dans l'aéroport de Stuttgart, de von Gerkan, Marg & Partner (1990), où des « troncs » composés de quatre tubes d'acier de 40 cm de diamètre se ramifient en 48 branches, dont les plus fines présentent une section de 16 cm.

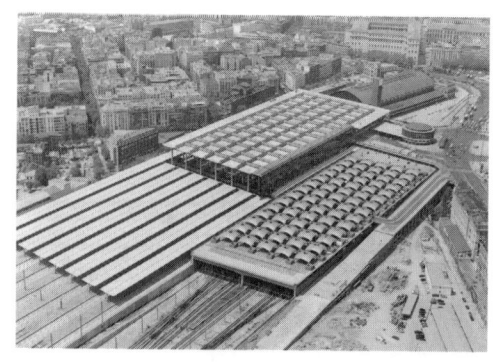

Ill. 78 : la construction en « plateaux » structure le toit supérieur de la halle.
Rafael Moneo, gare d'Atocha, Madrid (E) 1984-1992

Ill. 80 : la structure est visible aussi bien à l'extérieur qu'à l'intérieur.
Rafael Moneo, gare d'Atocha, Madrid (E) 1984-1992

Le matériau « invisible »

Eva Geering, Andrea Deplazes

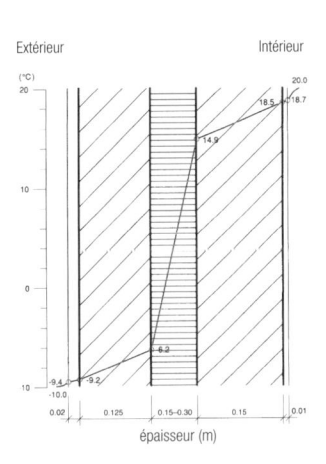

Dissimuler et montrer

Le principe de la « façade multicouche », conçu pour répondre aux exigences de la physique du bâtiment, a été développé à la suite de la crise énergétique des années 1970 et de la prise de conscience de la nécessité de réduire la consommation d'énergie. Le mur est divisé en couches, et la couche extérieure sert à protéger des intempéries l'isolant, généralement fragile. Cette isolation est fixée à la structure porteuse intérieure, qu'elle enveloppe comme un manteau de laine. Évident du point de vue technique, ce procédé pose une nouvelle question à l'architecte : quel aspect doit avoir une façade isolée ? Peut-elle ou doit-elle donner l'impression d'être un mur monolithique ? Une solution simple consiste à élever une paroi autoportante en brique ou en béton servant de couche de protection extérieure. Dans ce cas, la façade multicouche prend l'aspect d'un mur massif, un peu comme s'il n'y avait jamais eu de crise énergétique. Même lorsque l'isolation est seulement recouverte d'une mince couche d'enduit, ce qui simplifie le travail, on a l'impression trompeuse d'avoir affaire à un ouvrage massif – aussi longtemps, toutefois, que l'on ne touche pas le mur de la main. Les systèmes avec vide de ventilation renoncent à cette illusion et utilisent comme couche de protection un revêtement léger, en bois, en tôle ou en bardeaux de fibrociment. Cette forme de construction dissimule aussi la couche d'isolation nécessaire et sert indirectement à renouveler l'aspect de la façade. Il n'est pas étonnant que, dans les années 1970, à l'encontre des dogmes du mouvement moderne, l'architecture ait pu redevenir un support sémantique, et que la théorie du revêtement de Gottfried Semper ait bénéficié d'un regain d'actualité.

Dans le bâtiment de la SUVA, à Bâle, Herzog & de Meuron suivent une stratégie inverse, opposée au principe de la dissimulation. La peau de verre transparente qui protège l'isolation laisse voir ce qui devait rester caché. Mais si le mouvement moderne proscrit toute ornementation et proclame la « vérité de la construction », ce choix de laisser visible le matériau isolant ne procède pas d'une intention didactique soucieuse de montrer les détails constructifs. Nous avons plutôt affaire à la transgression d'un tabou et à une fascination pour les matériaux « laids ». L'utilisation de matières inhabituelles remet en question les conventions culturelles et révèle la beauté inhérente à la pauvreté de leur aspect. La tension entre signification et effet donne ici naissance à une poétique du matériau : « Mais comment la poéticité se manifeste-t-elle ? En ceci que le mot est ressenti comme mot et non comme simple substitut de l'objet nommé, ni comme explosion d'émotion. » (Roman Jakobson, *Questions de poétique*[1]).

Déperdition contre gain de chaleur

L'isolation protège de la déperdition de chaleur depuis l'intérieur, mais aussi d'un surplus provenant de l'extérieur. L'importance de l'action isolante dans l'un ou l'autre sens dépend du climat. Dans une zone continentale tempérée telle que l'Europe, il serait souhaitable d'avoir, selon les saisons, une conservation et un apport de chaleur. Le développement de l'isolation thermique transparente (ITT) essaie de répondre à ce paradoxe inhérent aux matériaux. Cette isolation, constituée de plusieurs composants, n'empêche pas le passage de la lumière et, avec elle, de la chaleur ; elle la laisse pénétrer et chauffer un mur capable d'accumuler la chaleur. L'ITT ne se contente pas d'être perméable à la lumière et à la chaleur : elle est aussi transparente. Ceci est particulièrement manifeste dans le cas des systèmes à gain d'énergie direct, où l'isolation thermique transparente est employée comme enveloppe, sans paroi derrière. Dans ce type d'utilisation, l'ITT ressemble à une fenêtre pas tout à fait transparente. Ici, ce n'est pas seulement la couche de protection qui est transparente, comme dans le bâtiment de la SUVA, mais l'isolant lui-même qui est presque invisible. Il est pour ainsi dire inexistant, et laisse croire que la physique du bâtiment n'a pas d'importance (voir chap. « Isolation thermique transparente (ITT) »).

Matériaux de construction synthétiques

Visibles ou invisibles, les formes d'isolation décrites ci-dessus font partie d'un système de couches complémentaires et interdépendantes qui requiert beaucoup de travail.

Ill. 1 : façade à structure multicouche
Évolution des températures à l'intérieur des couches

Ill. 2 : une façade en verre isolant relie l'ancien et le nouveau bâtiment. En haut : façade sur rue. En bas : angle sur cour
Herzog & de Meuron, immeuble locatif et commercial SUVA, Bâle (CH) 1988-1993

Les matériaux de construction synthétiques comme la maçonnerie isolante ou le béton isolant permettent de simplifier l'exécution de l'ouvrage. Aujourd'hui, l'industrie offre une gamme étendue de matériaux à la fois isolants et porteurs. C'est dans cette dualité que se posent les questions clés relatives à la physique et à la statique du bâtiment. En effet, le matériau isolant contient tellement de pores remplis d'air qu'il est encore juste assez résistant, alors que c'est justement l'air occlus (et sa faible conductibilité thermique) qui a un effet isolant. La fonction d'isolation affaiblit donc toujours le matériau porteur et le rapport entre résistance mécanique et propriété isolante doit être défini au cas par cas. La caractéristique de ces matériaux réside dans la difficulté de déterminer s'il s'agit d'un matériau de construction porteur contenant des éléments isolants ou d'une isolation porteuse. Les matériaux de construction synthétiques, en particulier les éléments de maçonnerie cassants et poreux, doivent être mis en œuvre avec précaution et constamment protégés de l'humidité. Pour les défendre contre les intempéries, il faut les enduire ou les rendre hydrophobes.

Le polyuréthane comme coffrage porteur

Les deux exemples suivants illustrent une autre stratégie : l'isolation n'est plus appliquée sur la couche porteuse ni intégrée à celle-ci, mais elle est la couche porteuse.

Pour créer sa Gate House, à New Canaan (Massachusetts, USA), Philip Johnson a utilisé des matériaux isolants résistants aux efforts de pression mis au point pour isoler les éléments de construction fortement sollicités en compression comme les toitures plates ou les dalles des parkings pour poids lourds.

Il y utilise un procédé complémentaire incluant des matériaux courants (isolant, béton, armature), dont la combinaison est cependant complexe. Dans le bâtiment achevé, les matériaux ne font pas que se compléter, sans toutefois aller jusqu'à fusionner les uns avec les autres. La couche d'isolation armée sert de coffrage « perdu » à une mince couche de béton stabilisatrice et protectrice. La méthode mise ici en œuvre repose sur un système breveté en Italie, que Johnson avait découvert par l'intermédiaire de son ingénieur structure Ysrael A. Seinuk. Utilisée d'ordinaire pour construire des logements bon marché, cette méthode consiste à dresser deux couches parallèles de treillis métallique entourant une couche de mousse dure de polyuréthane, et de les recouvrir d'une mince couche de béton projeté. Contrairement au bétonnage courant, cette méthode ne requiert pas de coffrage. Pour réaliser les formes complexes de la Gate House, on a commencé par construire un gabarit en bois, reproduisant le plan du bâtiment, maintenu par un échafaudage. Cette construction servant de guide, à la manière des « lignes de construction » sur un plan, les panneaux de mousse dure préfabriqués, certains plats et d'autres arrondis ou bombés, furent ensuite assemblés comme les pièces d'un puzzle. Il était alors encore possible de modifier la forme du bâtiment, ce dont Johnson ne se priva pas. L'ouverture de la porte fut redécoupée, et l'on donna aux surfaces et aux arêtes la forme souhaitée. La première couche de béton projeté stabilisa l'assemblage des panneaux, à la suite de quoi la plus grande partie du gabarit et de l'échafaudage fut démontée. La deuxième couche de béton projeté donna aux parois l'épaisseur souhaitée et assura un enrobage suffisant des armatures. Le résultat de ce processus « inversé », dans lequel le matériel de coffrage se trouve soudain à l'intérieur, est une mince coque de béton apparemment monolithique. Cette méthode de construction, qui autorise des modifications de la forme pendant l'édification, permet de réaliser le rêve d'un béton isolant et malléable.

Des « murs » en paille

La paille est un parfait isolant. En la comprimant, on peut aussi en faire un matériau porteur. Là encore, c'est l'air occlus et non le matériau, en l'occurrence le chaume, qui agit comme isolant. Aux USA, le développement des presses à balles de paille a commencé autour de 1800. Dans les régions fortement céréalières, on songea vite à utiliser comme abris provisoires les énormes briques parsemant les champs moissonnés. Or, ces constructions éphémères durèrent non seulement plus longtemps que prévu, mais elles s'avérèrent capables de supporter l'extrême rudesse des mois d'été et d'hiver du Nebraska, tout en offrant une agréable température intérieure tout au long de l'année.

Aujourd'hui, on redécouvre cette ancienne stratégie pour des bâtiments durables. C'est entre autres le cas de Werner Schmidt, qui l'utilise dans sa maison Tscheppa à Disentis, dans le canton des Grisons (CH). Une fondation en béton permet de prévenir les problèmes d'humidité

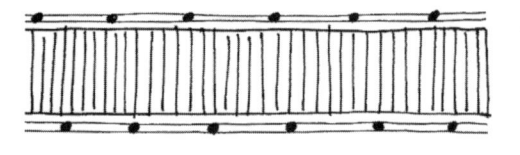

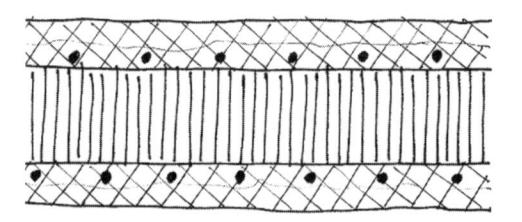

Ill. 3 : croquis du plan de la structure de la façade
En haut : l'isolation en mousse dure de polyuréthane entre deux grilles d'armature sert de coffrage perdu.
En bas : panneau en mousse dure de polyuréthane recouvert de deux couches de béton projeté
Philip Johnson, Gate House, New Canaan (USA) 1995

MATÉRIAUX – MODULES | Isolation
Introduction

1 Gabarits horizontaux en bois soutenus par un échafaudage.

2 Sur la gauche, panneaux en mousse dure déjà dressés.

3 L'assemblage des panneaux est achevé.

4 Découpe de la grande ouverture de l'entrée (notez la différence avec l'étape 3). Les arêtes sont renforcées par une armature.

5 Bâtiment recouvert de la première couche de béton.

6 Bâtiment nettoyé et prêt à être peint.

Ill. 4 : étapes de la construction
Philip Johnson, Gate House, New Canaan (USA) 1995

MATÉRIAUX – MODULES   **Isolation**
Introduction

1 Pose des cadres des embrasures sur la fondation en béton. Pose des premières balles.

2 « Maçonnage » de l'appareil des balles.

3 Pose des couches de bois intermédiaires servant d'appui au plancher et aux embrasures du premier étage. Les sangles verticales sont bien visibles.

4 Gros œuvre achevé. Il ne manque plus que la couche d'enduit protectrice.

Ill. 5 : étapes de la construction
Werner Schmidt, maison Tscheppa, Disentis (CH) 2002

Ill. 6 : construction en balles de paille
Maison Simonton à Purdum, Nebraska 1908

et sert d'appui pour les balles de foin et les cadres en bois délimitant l'embrasure des ouvertures. Les balles sont « maçonnées » en appareil, comme des briques. La paille est compressée au moyen de sangles verticales plusieurs fois resserrées au cours de la construction, ce qui lui donne une compacité et une solidité autorisant la construction d'un deuxième niveau. Des couches intermédiaires en bois servent d'appui aux planchers et aux cadres des embrasures du premier étage. Lorsque les murs de paille se sont suffisamment tassés, on les recouvre d'un enduit de protection contre les intempéries. En raison des contraintes statiques, on obtient ainsi une maison avec des murs d'une plasticité très marquée, de plus d'un mètre d'épaisseur. La paille semble fournir une solution facile au dilemme provoqué par la crise énergétique. Ce qui était ici envisagé comme une expérience écologique pourrait bien déboucher sur une nouvelle « plasticité baroque » en architecture. Les jeux sont ouverts.

Note
[1] Paris 1973, p. 124, traduit du tchèque par Marguerite Derrida.

Références bibliographiques
- Gottfried Semper, *Der Stil in den technischen und tektonischen Künsten*, Francfort-sur-le Main 1860-1863. (Gottfried Semper, *Du Style et de l'architecture – Écrits, 1834-1869*, Marseille 2007.)
- Martin Steinmann, « Les dessous de Madonna », conférence, 1996, dans Martin Steinmann, *Forme forte, Écrits / Schriften*, Bâle 2003, p. 209-225.
- Roman Jakobson, *Questions de poétique*, Paris 1973.
- Jeffrey Kipnis, Philip Johnson, *Architectur Monographs* n° 44, Londres 1996.
- Herbert Gruber et Astrid Gruber, *Bauen mit Stroh*, Staufen 2000.
- *Die Südostschweiz*, « Im Stroh schlafen », 27.11.2002, p. 19.

Isolation thermique transparente (ITT)

III. 7 : enveloppe scintillante
Dietrich Schwarz, maison, Domat/Ems (CH) 1996

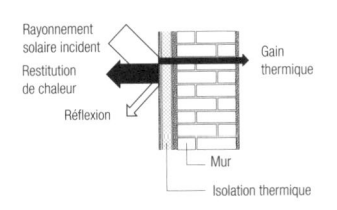

Isolation ordinaire

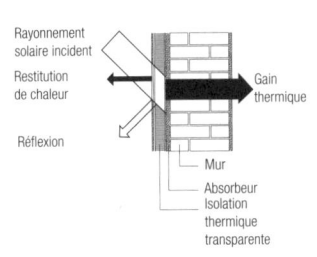

III. 8 : ITT

III. 9 : composition d'un mur avec ITT

Définition

L'isolation thermique transparente (ITT) n'est utilisable qu'associée au verre, dont la fonction consiste à protéger des intempéries, tout en laissant filtrer la lumière du jour, en particulier la lumière solaire. À l'intérieur, cette dernière est transformée en chaleur et contribue ainsi à chauffer les locaux. L'ITT réduit en outre les déperditions de chaleur se produisant de l'intérieur vers l'extérieur. À la différence de la plupart des isolants courants, ce matériau reste en général visible de l'extérieur, à travers les plaques de verre qui le recouvrent. Les panneaux ITT sont aussi perméables aux longueurs d'onde invisibles du spectre solaire.

Composition d'une façade avec ITT (de l'extérieur vers l'intérieur) :
– Couche de protection en verre
– Couche isolante en panneaux ITT (matière synthétique transparente présentant une structure tubulaire dense)
– Couche de protection en verre, couche porteuse massive ou absorbeur

Principes de fonctionnement

À mesure que se diversifiaient les applications de l'ITT, se sont développés trois grands types de systèmes, se distinguant par la manière dont ils exploitent l'énergie solaire :

Systèmes à gain solaire direct
Ici, les panneaux ITT constituent à eux seuls l'enveloppe extérieure du bâtiment, à la manière d'une façade vitrée translucide. La lumière solaire pénètre directement dans les locaux à travers l'ITT, tout en étant transformée en chaleur au niveau de la face intérieure des panneaux. La température ambiante varie presque en même temps que celle des surfaces délimitant le local. Aussi s'agit-il, pour prévenir les surchauffes estivales, de prévoir un dispositif pare-soleil fixe ou mobile.

Murs solaires
Dans le cas des systèmes de type mur solaire, c'est au niveau de la face extérieure du mur massif que le rayonnement solaire se transforme en chaleur. Compte tenu de l'effet isolant de l'ITT, cette énergie calorifique traverse le mur jusqu'à en atteindre la face intérieure, où elle est transmise au local sous forme de rayonnement calorifique. La température intérieure varie avec un certain décalage par rapport au rayonnement incident – un déphasage sur lequel il est possible d'influer par le choix du matériau et de l'épaisseur du mur accumulateur.

Systèmes à coupure thermique
Dans le cas des systèmes à coupure thermique, le rayonnement solaire se transforme en chaleur au niveau d'une surface absorbante séparée du local par une couche isolante. La chaleur solaire est alors transmise, via un système de canaux, soit directement au local, soit à un accumulateur de chaleur, pouvant lui-même faire partie soit de la structure du bâtiment (p. ex. plancher alvéolaire ou mur à double paroi), soit des installations techniques (p. ex. accumulateur à galets ou réservoir d'eau). Si l'accumulateur est thermiquement isolé, il est possible de réguler la restitution de la chaleur au local indépendamment de la température de l'absorbeur ou de l'accumulateur.

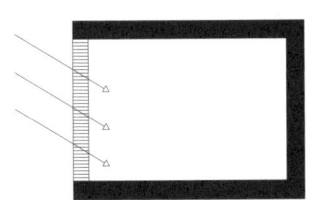

III. 10 : système à gain solaire direct

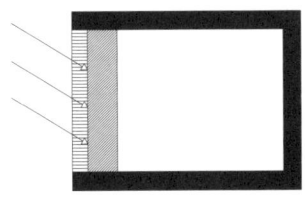

III. 11 : mur solaire

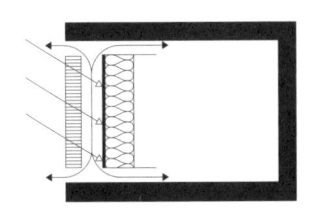

III. 12 : système à coupure thermique

MATÉRIAUX – MODULES | **Isolation** | Propriétés

Les isolants...

Ill. 13 : laine de verre

Ill. 14 : verre cellulaire

Ill. 15 : polystyrène extrudé (XPS)

Ill. 16 : fibres de bois

Ill. 17 : laine de roche

Ill. 18 : polystyrène expansé (PSE)

Ill. 19 : mousse rigide

Ill. 20 : fibres de cellulose

	Isolant	Noms de produits courants	Description	Coefficient de résistance à la diffusion de vapeur [–] (* joints à coller)	Coefficient de conductivité thermique [W/mK] 0.06 0.09 0.12
Matières premières anorganiques, synthétiques	Laine de verre	Isover	Panneaux jaunes	Ouvert à la diffusion de vapeur ($\mu = 1$)	
	Laine de roche	Flumroc, Rockwool	Panneaux gris-vert	Ouvert à la diffusion de vapeur ($\mu = 1–2$)	
	Verre cellulaire	Foamglas	Panneaux rigides, noirs	Étanche à la vapeur d'eau* ($\mu = \infty$)	
Matières premières anorganiques, naturelles	Argile expansée	Leca	Granulats bruns		
Matières premières organiques, synthétiques	Polystyrène expansé (PSE)	Styropor (BASF)	Panneaux granuleux, blancs	Étanche à la vapeur d'eau* ($\mu = 40–100$)	
	Polystyrène extrudé (XPS)	Styrofoam	Panneaux bleu clair	Étanche à la vapeur d'eau* ($\mu = 80–250$)	
	Mousse rigide de polyuréthane	Swisspor	Panneaux jaune-blanc	Étanche à la vapeur d'eau* ($\mu = 60–80$)	
	Mousse de polyuréthane formée en place		Mousse jaune		
Matières premières organiques, naturelles	Fibres de bois	Pavatex	Panneaux fibreux, brun moyen	Ouvert à la diffusion de vapeur ($\mu = 5$)	
	Laine de bois liée au ciment	Heraklith, Schichtex	« Panneaux spaghetti »	Ouvert à la diffusion de vapeur ($\mu = 2–7$)	
	Fibres de cellulose	Isofloc	En général flocons de papier journal	Ouvert à la diffusion de vapeur ($\mu = 1–2$)	
	Laine de mouton	doscha, isolena	Nattes, non-tissés, feutres, en vrac	Ouvert à la diffusion de vapeur ($\mu = 1–2$)	
	Lin, chanvre	Flachshaus	Panneaux, nattes, en vrac	Ouvert à la diffusion de vapeur ($\mu = 1$)	
	Liège		Panneaux à grain grossier, bruns	Ouvert à la diffusion de vapeur ($\mu = 2–8$)	

Ill. 21 : Tableau synoptique des isolants

MATÉRIAUX – MODULES | Isolation
Propriétés

… et leur utilisation

Catégorie de prix	Remarques	Isolant non résistant à la compression, p. ex. pour murs, planchers et toitures ventilées	Isolant non résistant à la compression, p. ex. pour isolation entre chevrons ou solives	Isolant résistant à la compression, p. ex. pour toitures et planchers, éventuellement comme coffrage perdu	Isolant très résistant à la compression, sous des sols répartissant les charges p. ex. sols industriels	Isolant avec résistance accrue à la compression, sous des sols répartissant les charges p. ex. aires de stationnement pour poids lourds	Isolant pouvant être sollicité en flexion p. ex. pour revêtement d'ossatures bois continues exposées au vent	Isolant résistant à l'arrachement p. ex. pour façades avec enduit minéral	Isolant contre les bruits d'impact	Isolant contre les bruits d'impact, aussi approprié si faible compressibilité requise
Bon marché	Les plus petites fibres sont inhalables	■	■	■				■	■	
Bon marché	Les plus petites fibres sont inhalables	■	■	■				■	■	
Cher	Réutilisable sous forme de ballast routier ; matière première : verre recyclé	■		■	■	■				■
	Incombustible	En vrac								
Bon marché	Imputrescible ; devient cassant sous l'effet des rayons UV ; façonnage mécanique possible	■		■			■	■	■	■
Moyen à cher	Imputrescible ; devient cassant sous l'effet des rayons UV ; façonnage mécanique possible	■		■						
Moyen à cher	Ne pas inhaler la poussière produite lors du façonnage ; non résistant aux rayons UV	■		■	■				■	■
				■					■	■
Moyen	Poussière fine produite lors du sciage ; panneaux réutilisables	■	■	■				■	■	■
Moyen	Fixation au moyen de clous, chevilles, mortier-colle ; adapté comme support pour enduit, carreaux en céramique ou panneaux de placoplâtre	■		■			■	■		
Bon marché	Pose en vrac ou par soufflage	■	■							
Moyen à cher	Catalyseur de formaldéhyde, donc recommandable pour la qualité de l'air ; réutilisable sans problème	■	■						■	
Bon marché à cher	Réutilisable sans problème (sauf panneaux de façade) ; panneaux de façade disponibles dans le commerce	■	■						■	
Bon marché à cher	Odeur à prendre en compte en cas de mise en œuvre en intérieur	■		■	■				■	

Source: Reyer, Schild, Völkner, *Kompendium der Dämmstoffe*, Fraunhofer IRB Verlag, 2000.

MATÉRIAUX – MODULES   Isolation
Systèmes

Systèmes d'isolation thermique
Aperçu

Systèmes complémentaires

Les systèmes complémentaires se caractérisent par une succession hiérarchisée d'éléments monofonctionnels. L'enveloppe du bâtiment se compose de couches assumant chacune une fonction spécifique – porter, isoler, protéger –, et ne souffrant en principe aucune interruption. La représentation schématique de ces couches en coupe est utile pour analyser la construction d'un ouvrage ou développer les détails clés d'un projet (points critiques).

On peut faire la distinction entre deux catégories de systèmes complémentaires, en fonction de la position des éléments de structure par à rapport à la couche isolante :

Systèmes synthétiques

Les systèmes synthétiques ne sont pas hiérarchisés, les différents éléments dont ils se composent assumant plusieurs fonctions en même temps, comme porter et isoler, ou isoler et protéger. Soit l'enveloppe du bâtiment est dans une large mesure homogène (comme dans le cas de la maçonnerie monolithique), soit elle se compose d'éléments « sandwich » ou « blackbox » formant un ensemble indissociable (comme dans la construction en panneaux de bois). Les systèmes synthétiques sont souvent combinés avec des systèmes complémentaires, car certains points de la construction ne pourraient pas être résolus autrement (p. ex. soubassement et raccords entre murs et toiture dans le cas de la maçonnerie monolithique). De fait, l'outil conceptuel du schéma des couches de construction n'est ici d'aucune utilité.

Les systèmes synthétiques peuvent être, eux aussi, subdivisés en deux catégories :

Couche porteuse à l'intérieur
– Mur double en maçonnerie et/ou béton (1)
– Construction ventilée avec revêtement de façade léger ou lourd (2)
– Isolation extérieure enduite (3)

Systèmes compacts
– Maçonnerie monolithique avec ou sans enduit isolant (5)
– Béton isolant

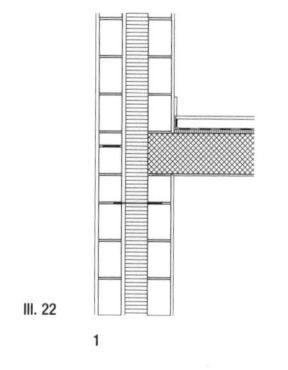

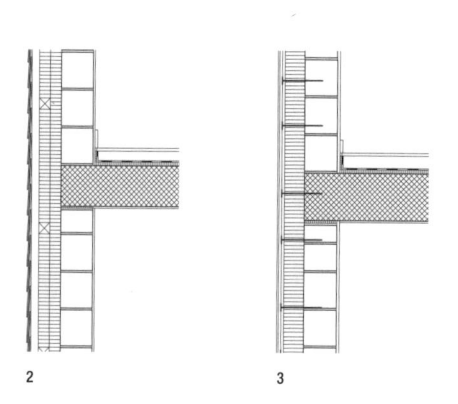

Ill. 22

1 2 3 5

Couche porteuse à l'extérieur
– Béton de parement avec liaison monolithique ou coupure thermique entre mur et dalle (4)
– Maçonnerie de parement
– Construction en bois empilés avec isolation intérieure

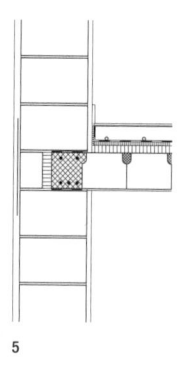

Systèmes « sandwich » ou « blackbox »
– Construction à ossature bois (6)
– Construction en panneaux de bois (7)

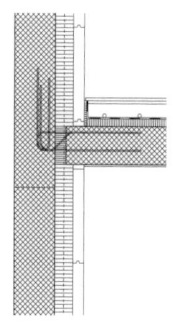

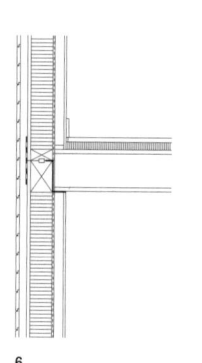

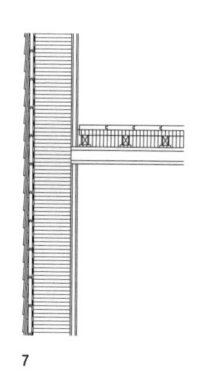

Ill. 23

4 6 7

MATÉRIAUX – MODULES | Verre ou plastique
Introduction

Verre, cristallin amorphe

Tibor Joanelly

Le verre est transparent, dur et précieux. Ces propriétés faussent notre manière de voir un matériau qui, considéré de plus près, échappe à toute description physique ou phénoménologique claire, et c'est précisément la révélation de cette imprécision qui le rend si fascinant.

Le fait que nous puissions voir à travers le verre le distingue des autres matériaux et lui confère à la fois sa valeur et son caractère insolite. Lorsque nous parlons du verre, nous songeons en général au verre de fabrication industrielle servant à la production de récipients ou de vitrages. C'est oublier qu'au cours du processus de production, le verre cellulaire perd sa transparence et par là son « caractère de verre », mais qu'il reste cependant du verre fabriqué – ou mieux, recyclé – en grandes quantités. Il en va de même des fibres de verre : ce fil, mis au point, entre autres, pour la transmission de la lumière et de l'information, ne correspond pas à notre image habituelle du verre.

Les exigences techniques particulières ont donné naissance à une grande diversité de produits en verre. Le terme de « verre » décrit donc plutôt un état physique qu'un matériau clairement défini sur le plan moléculaire. Dans ce chapitre, nous traiterons du verre tel que nous l'entendons généralement, et de l'intérêt qu'il présente pour l'architecture.

Au regard de l'histoire de la construction, vieille de 5000 ans, l'utilisation du verre comme matériau à son service est plutôt récente. Il a fallu attendre l'invention de la canne de souffleur, à l'époque romaine, pour disposer d'une technologie permettant d'utiliser le verre pour fermer les pièces, sous la forme de petites vitres assemblées les unes aux autres. Depuis cette époque, il existe deux méthodes fondamentales de fabrication du verre. De nos jours, celle du verre plat, ultramoderne, se base sur le principe de l'étirement d'une masse de verre en fusion. La gravité joue un rôle essentiel dans sa mise en forme, que ce soit avec l'ancienne technique de la canne de souffleur, ou dans la fabrication des plaques de verre sur un bain d'étain en fusion, qui est la technique la plus courante aujourd'hui. Le verre est étiré comme une pâte et mis en forme.

Ces technologies contrastent avec son ancienne fabrication, puisque, durant des millénaires, la pâte de verre était pressée en petites quantités dans des moules. Pour obtenir un récipient creux, on y plaçait un objet de sable argileux qui était ensuite gratté, une fois la pâte refroidie. Aujourd'hui encore, le verre est mis en forme par pressage ou par moulage ; c'est ainsi que l'on fabrique la plupart des récipients en verre, de même que les « verres à prisme » et les briques de verre, qui jouèrent un rôle important dans le développement de l'architecture moderne.

Curieusement, cette diversité des méthodes de fabrication semble découler de la structure de la matière elle-même ; d'un point de vue physique, le verre se trouve dans un état d'agrégation solide, mais sa structure est amorphe, non cristalline. On parle de *liquide figé (ou liquide sous-refroidi)*. Les groupes de molécules cristallines et non cristallines se succèdent sans former pour autant un réseau cristallin. Rien ne peut mieux définir la nature même du verre que son ambiguïté. Et il en va de même de sa forme double dans notre environnement construit.

De la terre, dans le feu

C'est dans son état amorphe que le verre nous montre le mieux son origine. Ses principaux composants sont le sable siliceux, la chaux, la potasse et la soude. L'abondance du sable siliceux dans la nature rendait la découverte du verre par l'être humain presque inévitable ; une fois les composants de base rassemblés dans un âtre, le hasard *devait* provoquer cette précieuse apparition. Le verre est né de la terre sous l'action du feu.

Avec la chapelle de pèlerinage de Locherboden, Helmut Federle et Gerold Wiederin ont créé une œuvre qui, au-delà de sa signification religieuse, symbolise aussi l'origine du verre. Dans la monographie qui lui est consacrée, Jacques Herzog et Pierre de Meuron décrivent les blocs d'aspect brut disposés dans le fond comme du verre à *l'état primitif* : « Les fragments de verre luisent de toutes les couleurs : orange, vert, violet, blanc et bleu. Chaque morceau fait l'effet d'un corps lumineux. Ici, ce sont des blocs lourds posés les uns sur les autres, et non pas de fines lamelles en filigrane comme dans les vitraux diaphanes, immatériels, du gothique. La lumière, ici, est lourde et sombre ; c'est, pour ainsi dire, une lumière qui vient de l'intérieur de la terre, d'une caverne ou d'une galerie souterraine. Une lumière qui s'élève, mais qui semble retenue par une énergie colossale… »

Le nouveau matériau de construction fut fêté avec euphorie par les expressionnistes du début du XXe siècle,

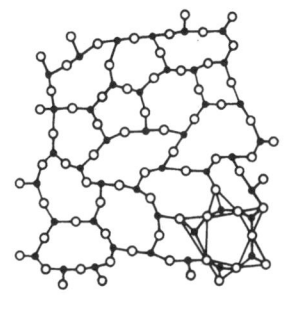

Ill. 2 : cristallin, amorphe – structure microscopique du verre

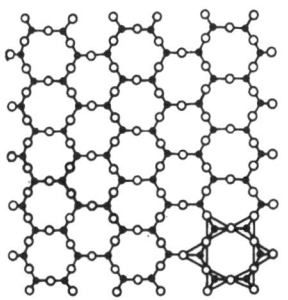

Ill. 1 : le verre, un liquide à l'état solide
Représentation plane des tétraèdres [SiO$_4$]^4 dans la silice vitreuse transparente (en haut) et le cristal de roche (en bas)

Ill. 3 : morceaux de verre multicolores, un matériau dans son « état primitif »
Gerold Wiederin, Helmut Federle, chapelle de pèlerinage, Locherboden (A) 1996

Ill. 5 : emploi architectonique du verre
Attribuée à Pierre de Montreuil, Sainte-Chapelle, Paris (F) consacrée en 1248

qui promirent une architecture globale, à l'image du cristal de roche, issue de la cathédrale gothique. En tant que matière première archaïque, le verre permettait de matérialiser la lumière des temps nouveaux qui s'annonçaient.

Les cathédrales gothiques, symboles du mouvement d'élévation de la terre vers Dieu, mettent bien en évidence l'utilisation *architecturale* du verre. Les structures verticales en grès sont réduites au minimum, et les vitraux semblent être le reflet cristallisé et raffiné de la masse dans laquelle ils s'insèrent. Multicolores, ils donnent à la lumière qui les traverse une substance qui semble palpable, tandis que les ogives de pierre se dissolvent presque dans le contre-jour.

Grilles de verre, réflexions

L'utilisation du verre dans les églises gothiques signifiait aussi un immense progrès technique. Grâce aux résilles en plomb, les fragments de verre pouvaient être montés en vitraux et la fabrication du verre connut un essor fulgurant. Jusque-là surtout utilisée pour la fabrication de bijoux, la précieuse matière s'imposait pour la première fois comme un véritable matériau de construction. Dans les grands vitraux des églises, le verre fonctionne comme un *matériau complémentaire* qui contrebalance l'aspect massif des murs ou de la façade. Cela permet de supposer que le verre, comme les autres matériaux de construction, est soumis à des lois tectoniques. Pourtant, le rapport tectonique typique reliant le flux intérieur des forces et la forme extérieure, tel qu'il existe dans la plupart des matériaux, ne peut être mis en évidence dans le cas du verre. En effet, celui-ci dévoile a priori sa vie intérieure, ou, pour parler comme Carl Bötticher : la forme artistique *(Kunstform)* est la forme noyau *(Kernform)*. On peut donc en principe donner n'importe quelle forme au verre sans que cela soit en contradiction avec sa nature. Dès lors, chaque tentative d'appréhender le verre avec des concepts tectoniques reste métaphorique.

Les entailles microscopiques à la surface du verre en font un matériau très cassant, qui peut à peine supporter des efforts de traction, ce qui explique pourquoi, jusqu'à l'invention du verre précontraint (Securit) après la Première Guerre mondiale, il n'était utilisé que pour obturer des ouvertures. Les serres du XIXe siècle constituent une exception, puisque le verre, associé à une structure métallique, y exerce une fonction de contreventement de manière *synthétique*. Au XXe siècle, on fut en mesure de produire des surfaces de verre de plus en plus grandes (d'abord sous la forme de panneaux de verre fabriqués mécaniquement puis, à partir des années 1950, avec le procédé du *verre flotté),* ce qui entraîna un accroissement de la demande de grands formats. Le verre fut mis en œuvre de façon *quasi structurelle*, avant tout pour de vastes façades. Son emploi accru entraîna

Ill. 4 : expressionnisme
Bruno Taut, maison de verre, pavillon d'exposition du Deutscher Werkbund, Cologne (D) 1914

Ill. 6 : enveloppe, synthétique
Palmarium de Bicton Gardens, Budleigh Salterton, vers 1843

Ill. 7 : bâtiment, jeu de surfaces
Ludwig Mies van der Rohe, projet d'immeuble-tour sur la Friedrichstrasse, Berlin (D) 1919

une dissolution progressive de l'objet architectonique massif, dont le noyau fut de plus en plus entouré d'une mince peau transparente. Désormais, l'architecture se présentait sous un jour nouveau dans le jeu chatoyant des surfaces.

Pour raidir la façade en verre, on utilisa bientôt des éléments dans le même matériau. C'est surtout en Italie que les grandes surfaces vitrées devinrent un moyen d'expression apprécié de l'architecture moderne. Cette évolution donna naissance (comme par accident) à un langage architectural utilisant des métaphores tectoniques. Avec son projet pour le Danteum à Rome, Giuseppe Terragni conçut l'idéal – non réalisé à ce jour – d'une architecture sublimée : les colonnes de verre de la salle du Paradis portent un treillis de sommiers eux aussi en verre, où seul le ciel se reflète…

On discerne ici clairement une propriété qui distingue le verre de tous les autres matériaux de construction : outre le fait que l'on peut voir à travers, le monde se réfléchit à sa surface. Ou alors c'est la surface qui s'efface derrière l'objet, et la matière suscite – malgré sa transparence – l'impression d'une profondeur mystérieuse. Ces deux phénomènes font apparaître le verre comme un matériau sans qualités intrinsèques.

Science-fiction

L'idéal de Terragni, une maison de verre, est aujourd'hui techniquement envisageable ; le verre n'est plus seulement destiné aux fenêtres, mais peut être fabriqué et modifié en fonction des performances requises. Il est probable que dans un avenir proche, son renforcement au moyen de films ou de technologies telles que la céramisation lui conférera une capacité portante permettant de l'utiliser pour d'importants éléments de structure ; cela a d'ailleurs déjà été formulé et exécuté à l'échelle d'un pavillon dans les années 1950. Si l'on songe que la technologie des façades s'est donné les mêmes objectifs, plus rien ne devrait s'opposer à une maison « tout en verre ». La sublimation de l'enveloppe du bâtiment devrait alors être presque totale : dans ce scénario d'avenir, chaque fonction imaginable d'une façade pourra être assurée grâce à l'application de plusieurs films. Comme le verre peut aussi diriger la lumière, il serait possible de faire de l'ensemble du bâtiment un support médiatique, ce qui aboutirait à l'effacement complet des frontières entre le monde virtuel ou médiatisé et notre environnement physique.

Un bâtiment en verre entièrement médiatisé pourrait fournir des ambiances *ad libitum* par l'intermédiaire du nerf optique. Le problème se dissimule derrière la surface : comme dans le film *Matrix* (1999), nous existerions dans un espace virtuel semblant satisfaire tous nos besoins, tandis que notre environnement physique pourrait être dans un état lamentable. À supposer qu'un bâtiment en verre puisse être rendu habitable, par exemple au moyen de tapis (ce qui serait pour nous, architectes,

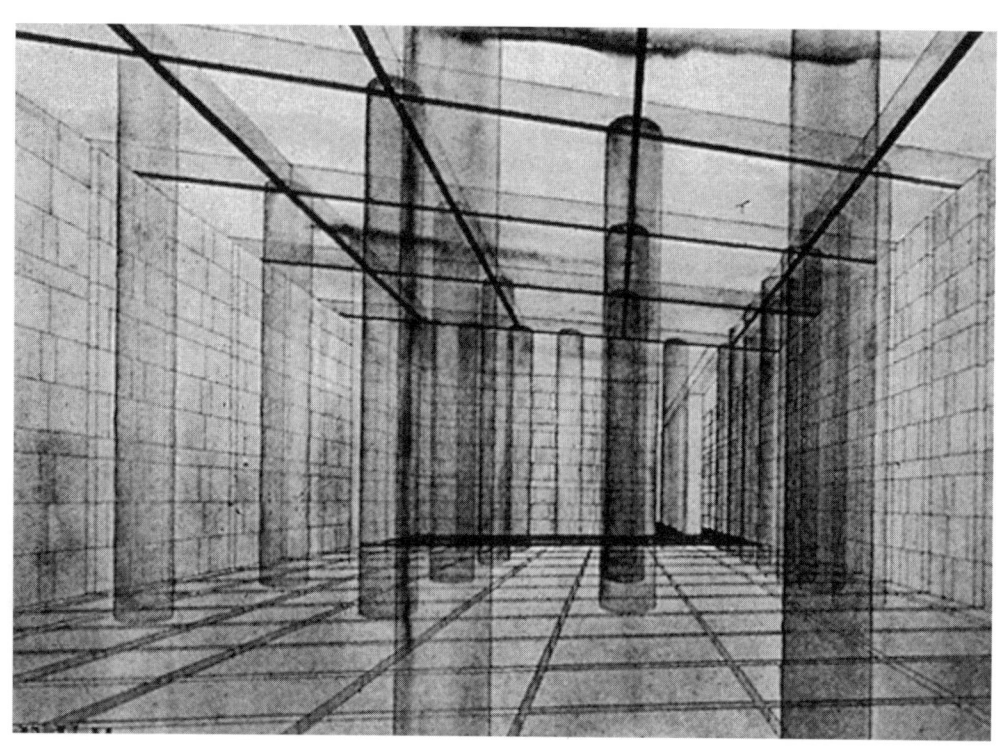

Ill. 8 : grille dématérialisée
Giuseppe Terragni, projet Danteum, Rome (I) 1938-1940

Ill. 9 : seulement un pavillon
Glasbau Hahn, Francfort (D) 1951

un véritable défi), une architecture complètement médiatisée se pervertirait elle-même, puisqu'il n'y aurait plus d'architecture, mais juste un design d'ambiances, les films (en tant qu'éléments des parois) servant de supports médiatiques. On pourrait imaginer une couche de matière synthétique « autopolymérisante » dotée de propriétés « optoélectroniques », que l'on pourrait appliquer au spray sur n'importe quel support.

L'avenir proche

Peut-être donnera-t-on à la brique de verre une nouvelle chance. Aujourd'hui, le verre est utilisé en grande quantité comme isolant, sous forme de laine de verre ou de verre cellulaire *(foamglas)*. Les procédés de fabrication modernes permettent de produire à prix modéré des éléments de construction complexes, nécessitant plusieurs opérations (à condition, toutefois, qu'une plus-value architecturale puisse se commercialiser). Pourquoi une brique composite de forme spécifique, isolante et utilisable en structure, ne serait-elle pas techniquement réalisable ?

Références bibliographiques
- *Archithese* 6/96 « In Glas », Zurich 1996.
- Sophia Behling (dir.), *Glas, Konstruktion und Technologie in der Architektur*, Munich 2000.
- Jan Hamm (thèse), *Tragverhalten von Holz und Holzwerkstoffen im statischen Verbund mit Glas*, Lausanne 2000.
- Ulrich Knaack, *Konstruktiver Glasbau*, Cologne 1998.
- Thomas Kretschmer, Jürgen Kohlhoff (dir.), *Neue Werkstoffe*, Berlin 1995.
- Elena Re, *Transparenza al limite*, Florence 1997.
- Sigmar Spauszus, Dieter Schnapp, *Glas allgemeinverständlich*, Leipzig 1977.
- Nicola Stattmann, Dieter Kretschmann (dir.), *Handbuch Material-Technologie*, Ludwigsbourg 2000.
- Otto Völckers, *Bauen mit Glas*, Stuttgart 1948.
- Gerold Wiederin, Helmut Federle, Kunsthaus Bregenz (dir.), *Nachtswallfahrtkapelle Locherboden*, Stuttgart 1997.
- Michael Wigginton, *Glass in Architecture*, Londres 1996.

Le Plastique

Roland Barthes

Malgré ses noms de berger grec (Polystyrène, Phénoplaste, Polyvinyle, Polyéthylène), le plastique, dont on vient de concentrer les produits dans une exposition, est essentiellement une substance alchimique. À l'entrée du stand, le public fait longuement la queue pour voir s'accomplir l'opération magique par excellence : la conversion de la matière ; une machine idéale, tubulée, et oblongue (forme propre à manifester le secret d'un itinéraire) tire sans effort d'un tas de cristaux verdâtres, des vide-poches brillants et cannelés. D'un côté la matière brute, tellurique, et de l'autre, l'objet parfait, humain ; et entre ces deux extrêmes, rien : rien qu'un trajet, à peine surveillé par un employé en casquette, mi-dieu, mi-robot.

Ainsi, plus qu'une substance, le plastique est l'idée même de sa transformation infinie, il est, comme son nom vulgaire l'indique, l'ubiquité rendue visible ; et c'est d'ailleurs en cela qu'il est une matière miraculeuse : le miracle est toujours une conversion brusque de la nature. Le plastique reste tout imprégné de cet étonnement : il est moins objet que trace d'un mouvement.

Et comme ce mouvement est ici à peu près infini, transformant les cristaux originels en une multitude d'objets de plus en plus surprenants, le plastique est en somme un spectacle à déchiffrer : celui-là même de ses aboutissements. Devant chaque forme terminale (valise, brosse, carrosserie d'auto, jouet, étoffe, tuyau, cuvette ou papier), l'esprit ne cesse de poser la matière primitive comme un rébus. C'est que le frégolisme du plastique est total : il peut former aussi bien des seaux que des bijoux. D'où un étonnement perpétuel, le songe de l'homme devant les proliférations de la matière, devant les liaisons qu'il surprend entre le singulier de l'origine et le pluriel des effets. Cet étonnement est d'ailleurs heureux, puisqu'à l'étendue des transformations, l'homme mesure sa puissance, et que l'itinéraire même du plastique lui donne l'euphorie d'un glissement prestigieux le long de la Nature.

Mais la rançon de cette réussite, c'est que le plastique, sublimé comme mouvement, n'existe presque pas comme substance. Sa constitution est négative : ni dur ni profond, il doit se contenter d'une qualité substantielle neutre en dépit de ses avantages utilitaires : la *résistance,* état qui suppose le simple suspens d'un abandon. Dans l'ordre poétique des grandes substances, c'est un matériau disgracié, perdu entre l'effusion des caoutchoucs et la dureté plate du métal : il n'accomplit aucun des produits véritables de l'ordre minéral, mousse, fibres, strates. C'est une substance *tournée* : en quelque état qu'il se conduise, le plastique garde une apparence floconneuse, quelque chose de trouble, de crémeux et de figé, une impuissance à atteindre jamais au lisse triomphant de la Nature. Mais ce qui le trahit le plus, c'est le son qu'il rend, creux et plat à la fois ; son bruit le défait, comme aussi les couleurs, car il semble ne pouvoir en fixer que les plus chimiques : du jaune, du rouge et du vert, il ne retient que l'état agressif, n'usant d'eux que comme d'un nom, capable d'afficher seulement des concepts de couleur.

La mode du plastique accuse une évolution dans le mythe du *simili*. On sait que le *simili* est un usage historiquement bourgeois (les premiers postiches vestimentaires datent de l'avènement du capitalisme) ; mais jusqu'à présent, le *simili* a toujours marqué de la prétention, il faisait partie d'un monde du paraître, non de l'usage ; il visait à reproduire à moindres frais les substances les plus rares, le diamant, la soie, la plume, la fourrure, l'argent, toute la brillance luxueuse du monde. Le plastique en rabat, c'est une substance ménagère. C'est la première substance magique qui consent au prosaïsme ; mais c'est précisément parce que ce prosaïsme lui est une raison triomphante d'exister : pour la première fois, l'artifice vise au commun, non au rare. Et du même coup, la fonction ancestrale de la nature est modifiée : elle n'est plus l'Idée, la pure Substance à retrouver ou à imiter ; une matière artificielle, plus féconde que tous les gisements du monde, va la remplacer, commander l'invention même des formes. Un objet luxueux tient toujours à la terre, rappelle toujours d'une façon précieuse son origine minérale ou animale, le thème naturel dont il n'est qu'une actualité. Le plastique est tout entier englouti dans son usage : à la limite, on inventera des objets pour le plaisir d'en user. La hiérarchie des substances est abolie, une seule les remplace toutes : le monde entier *peut* être plastifié, et la vie elle-même, puisque, paraît-il, on commence à fabriquer des aortes en plastique.

« Le plastique »
Extrait de Roland Barthes, *Mythologies,* Paris 1957.

MATÉRIAUX – MODULES   Verre ou plastique
Propriétés

Le verre, un matériau opaque
À propos des contradictions du verre

Christoph Elsener

De tous les matériaux utilisés dans la construction, le verre est celui qui présente le plus de contradictions. Solide et durable d'une part, il peut aussi se révéler extrêmement fragile et cassant : en effet, s'il peut parfois être aussi impénétrable qu'un blindage, il suffit dans d'autres cas d'une boule de neige pour le briser. Il est aujourd'hui quasiment impossible de se faire une idée d'ensemble de toutes ses qualités et de la vaste palette de produits en verre disponibles sur le marché. Mais, au fond, qu'est-ce que le verre ? Que perçoit-on quand on contemple du verre ou quand on regarde à travers lui ? Est-il *vraiment* ce matériau sans propriétés, qui n'acquiert un caractère que complété par d'autres matériaux ?

Le mythe de la transparence
Le verre est la promesse de la société moderne. Clair et pur, il représente la propreté et la transparence et symbolise la disparition des murs massifs et sombres du monde préindustriel. Associées au verre, la lumière et la transparence représentent les aspects d'une société en bonne santé, dans laquelle les processus politiques sont visibles et accessibles à tous, et dont les concitoyens peuvent se voir vivre à travers les vitrines des grands magasins et les écrans des téléviseurs. Le verre est devenu le symbole d'une civilisation ouverte et transparente et, par là, synonyme de démocratie. Pourtant, il est tout sauf transparent et, considérée de plus près, la symbolique cristalline qu'on lui associe un peu (trop) vite est même une illusion, une erreur fondamentale, lourde de conséquences.

Ill. 10 : fenêtres sombres

Le verre n'est pas transparent
Dans la majorité des cas, le verre utilisé en architecture n'est pas juste transparent, mais constitue une surface brillante, réfléchissante et, de surcroît, le plus souvent sombre. Ceintes de murs, les vitres des fenêtres de la ville sont des surfaces aveugles, reflétant le ciel de manière plus claire ou plus sombre ; les façades en verre du mouvement moderne de l'après-guerre sont des miroirs étincelants renvoyant l'image multipliée de leur environnement ; elles n'ont rien à voir avec ces enveloppes invisibles, toutes de transparence, dont on vantait les mérites et que l'on avait sans doute vraiment imaginées ainsi. Dans certaines conditions, le verre se révèle pourtant transparent.

Percevoir le verre
Quand on regarde du verre, on perçoit ce qui se passe devant ou derrière lui, tandis que – oh, surprise –, lui-même ne joue en règle générale aucun rôle. Le verre est donc ce que réflchit sa surface ou ce qui apparaît derrière celle-ci. Réflexion et profondeur forment donc les deux pôles de notre perception du verre. Sa transparence est exactement proportionnelle à la clarté de l'espace qui se trouve derrière lui. Transparent à contre-jour, le verre semble de plus en plus opaque à mesure que l'espace situé derrière lui s'obscurcit et, telle un miroir, la surface lisse et opaque de la vitre réfléchit la lumière qui se trouve devant elle.

Ill. 11 : deux images se superposent à la surface du verre.
Richard Estes, *Teleflorist*, 1974, huile sur toile, 91 x 132 cm

Réflexions

Le verre est donc réfléchissant avant d'être transparent. Deux images se superposent à sa surface : celle de l'espace derrière lui, et celle du reflet de l'espace devant lui. Ces deux images, « adhérant » respectivement à sa face intérieure et extérieure, se fondent en une seule, dans laquelle l'une ou l'autre dominera suivant l'intensité de la lumière à l'intérieur et à l'extérieur. Certes, la focalisation du regard et notre expérience visuelle nous permettent de distinguer les deux, mais cette superposition efface les espaces situés devant et derrière la vitre pour ne laisser subsister que l'unique impression d'un espace fuyant en permanence. Mais revenons un instant sur le mouvement moderne : ce verre impénétrable, qui déforme son environnement et « dissout » l'espace, ne correspondrait-il pas à l'image d'une modernité complexe plutôt qu'à l'idéal d'une société pure et transparente, et par là, démocratique ? Ne serait-ce pas la réflexion, plutôt que la transparence, qui symbolise le mouvement moderne ? L'espace disparaissant dans le reflet et sa dissolution ne sont-ils pas son véritable emblème ?

Études sur la réflexion

Ludwig Mies van der Rohe a étudié les formes d'expression du verre sur les maquettes de son projet de tour en verre, et les a documentées au moyen de photographies : si l'angle de vue est à peu près horizontal, le regard traverse et on peut voir les façades claires des bâtiments voisins sur la maquette car, dans ce cas, le verre des façades est transparent et clair. Mais si l'observateur se déplace vers le bas, son regard est arrêté par les plafonds qui restent dans l'ombre : la maison de verre s'assombrit, et l'enveloppe n'est plus transparente que là où l'on peut apercevoir le ciel entre les nez des dalles. Or, sur la magnifique élévation et les célèbres perspectives du projet de tour sur la Friedrichstrasse, les contours des éléments en verre – matériau « transparent » – sont dessinés au fusain et au crayon noir, ce qui ne manque pas d'ironie.

Le verre apparaît donc opaque et sombre lorsqu'on l'utilise comme matériau de façade pour des bâtiments profonds. Dans les maisons d'une seule pièce telles que la Glass House de Philip Johnson, ou la Farnsworth House de Mies, le verre reste transparent, car la profondeur du bâtiment et l'absence de cloisons permettent de voir à travers, même de biais ou en contre-plongée. On n'en conclura cependant pas que des petits espaces sont automatiquement transparents s'ils sont vitrés, puisque d'autres facteurs tels que la qualité du verre, le mode de construction de la façade ou d'éventuels pare-soleil influencent largement l'aspect des maisons en verre.

Des maisons de verre opaques

Ayant constaté que les maisons de verre ne sont pas forcément transparentes, nous pouvons découvrir les autres propriétés « esthétiques » fascinantes du verre. Entre les années 1950 et 1970, l'architecture des immeubles de bureaux recourt si systématiquement à la couleur du verre et à son pouvoir réfléchissant qu'on pourrait croire qu'il s'agit alors de compenser la déception provoquée par l'opacité des bâtiments en verre d'avant-guerre. Le Lever Building, du cabinet d'architecture Skidmore, Owings and Merrils, constitue l'exemple le plus connu de la construction moderne en verre de l'après-guerre, qui se répandit dans le monde entier. Dans ce parallélépipède aux reflets verdâtres sur lequel les bâtiments environnants se réfléchissent sous forme de silhouettes sombres, les parties

Ill. 12 : transparent sous certaines conditions
Ludwig Mies van der Rohe, tour en verre, projet, site inconnu, photo de maquette, 1922

Ill. 13 : un objet sombre avec des angles transparents
Ludwig Mies van der Rohe, études de réflexion sur la tour en verre, vers 1922

Ill. 14 : la tour en verre transparente dessinée au fusain opaque
Ludwig Mies van der Rohe, élévation pour la tour en verre, fusain, crayon Conté et mine de plomb sur papier, monté sur carton, 138,5 x 83,2 cm

Ill. 15 : espace transparent
Philip Johnson, maison en verre, New Canaan, Connecticut (USA) 1949 (Ezra Stoller © Esto)

MATÉRIAUX – MODULES | Verre ou plastique | Propriétés

Ill. 16 : le verre est d'abord réfléchissant et ensuite parfois transparent.
Walter Gropius, Bauhaus, Dessau (D) 1925-1926

Ill. 17 : quadrillage de verre
Skidmore Owings & Merril, Lever House, New York (USA) 1952

inférieures des baies, sous les appuis, sont en verre coloré opaque. Cet immeuble, qui devint l'emblème d'une architecture de façades quadrillées dotées de baies vitrées n'a pas grand-chose en commun avec la maquette de tour transparente de Mies van der Rohe.

Brillance et valeur

Le caractère très lisse de la surface du verre – ses cavités intermoléculaires sont plus petites que les longueurs d'onde de la lumière visible – donne son éclat au verre. La fascination exercée par les matériaux réfléchissants s'exprime dans un grand nombre d'objets, du scintillement des bijoux classiques aux reflets profonds des pierres polies en passant par le brillant des carrosseries des automobiles d'aujourd'hui. Nous nous laissons cependant volontiers aveugler, voire abuser par tout ce qui brille : le verre n'est pas le produit naturel de haut prix qu'il semble être ; il s'agit d'un substitut industriel, un ersatz relativement bon marché, à la façon des perles de verre des conquistadors et des cristaux industriels dans les vitrines des bijouteries. L'éclat est vrai, mais l'aura de l'illusion habite les reflets du verre, comme elle habite tout mirage.

Les façades en verre n'en restent pas moins des éléments de construction comparativement chers, voire très chers, puisque le vitrage industriel n'est qu'une petite partie du système complexe de leur construction. Dans l'architecture des promoteurs immobiliers, on désigne l'effet escompté du verre par le terme *shining* : un rayonnement d'élégance et de noblesse qui ne s'éteint jamais.

Vue de jour et de nuit

Alors que, de jour, les immeubles en verre ne sont le plus souvent pas transparents, leur intérieur devient entièrement visible dans l'obscurité, dès lors que leur éclairage est allumé. Les vues nocturnes, devenues extrêmement fréquentes au cours de ces dernières années, sans doute en réaction à l'effet miroir des surfaces vitrées pendant la journée, exposent presque sans pudeur leur intérieur. Ainsi, le mythe de la maison transparente « fonctionne » malgré tout, bien que sous une forme inversée. En effet, le verre n'est transparent que lorsque l'espace situé derrière lui est clair et il est réfléchissant quand cet espace est sombre. Ce principe vaut aussi pour les locaux éclairés pendant la nuit, dont les vitrages se transforment en miroir et empêchent leurs occupants de voir l'extérieur plongé dans l'obscurité. Ce n'est que lorsque l'éclairage artificiel s'éteint qu'il redevient possible de voir l'environnement nocturne.

Vivre sous une cloche de verre

Pour éviter que l'occupant ne se sente « exposé » derrière une façade en verre, il convient de prévoir une protection contre les regards. Celle-ci permet en même temps de supprimer le réfléchissement nocturne, qui marque d'autant plus l'ambiance de la pièce que la taille des fenêtres est plus grande. Ce réfléchissement provoque la

Ill. 18 : vue de jour d'une façade en verre
Norman Foster Associates, siège social de Willis Faber & Dumas, Ipswich (GB) 1971-1975

Ill. 19 : façade en verre vue de nuit
Norman Foster Associates, siège social de Willis Faber & Dumas, Ipswich (GB) 1971-1975

Ill. 20 : reflet nocturne d'un intérieur, scène de film
Sophia Coppola, Lost in Translation, 2003

sensation désagréable de ne voir que son propre reflet et de ne pas savoir si et comment quelqu'un nous observe de l'extérieur ; on se retrouve ainsi dans la même situation qu'une personne interrogée dans une cellule munie d'une glace sans tain. Les rideaux et les stores servent donc non seulement à se protéger des regards extérieurs, ils permettent aussi d'éviter le reflet nocturne et, dans une moindre mesure, d'isoler du soleil ou du froid ; ils sont d'ailleurs, de ce point de vue, peu efficaces, car placés côté intérieur.

La radicalité d'une maison totalement transparente heurte le besoin humain de se retirer, que ce soit pour travailler ou se détendre, même s'il semble que notre époque d'exhibitionnisme télévisuel et de maison tout en verre ait quelque peu modifié la donne. Même le projet de Mies van der Rohe pour la maison de week-end d'Edith Farnsworth ne renonce pas à des rideaux intérieurs et à des agencements en bois pour créer des espaces plus ou moins fermés pour la cuisine et les toilettes.

Protéger le verre contre les propriétés du verre

L'utilisation du verre en architecture n'est donc possible que si on l'accompagne de mesures appropriées. Or, le fait que celles-ci remettent en question le motif même du recours au verre constitue une autre contradiction fondamentale : on doit protéger le verre contre ses propriétés intrinsèques. Outre les phénomènes de transparence difficiles à contrôler, son utilisation a des conséquences énergétiques qui, sans dispositifs adéquats, rendrait impossible la vie dans des maisons en verre. Ces dispositifs concernent la qualité du verre (isolant, antisolaire et protection visuelle), le reste de l'enveloppe (pare-soleil fixes et amovibles) et, bien sûr, les installations techniques (ventilation et climatisation). Parfois très coûteuses, elles compensent les déperditions énergétiques inhérentes à ce matériau et déterminent dans une large mesure l'architecture des édifices en verre.

Un autre désavantage, pour ainsi dire naturel, du verre est sa fragilité. Il peut se briser sous l'effet des conditions extérieures, mais aussi sous l'effet de tensions intérieures invisibles. Pour le rendre résistant à la rupture et réduire le risque d'éclats, il faut le soumettre à différents traitements, puis à des tests. Durci, trempé et/ou recouvert d'un film, il devient verre feuilleté, ce qui peut influencer ses propriétés esthétiques. Des traitements du même genre permettent même de le rendre résistant au feu. Ces mesures l'améliorent et, dans de nombreux cas, elles sont indispensables lorsqu'on l'utilise pour le BTP. Chacune a cependant un coût, c'est pourquoi une façade en verre (traité plusieurs fois pour répondre aux exigences particulières à l'édifice) représente le type de construction le plus coûteux qui soit.

Enfin, on sous-estime le coût de son nettoyage, qui constitue un autre de ses inconvénients. En effet, il faut le laver régulièrement afin de préserver son effet optique et esthétique. Même si, à long terme, un verre correctement nettoyé est un matériau bon marché puisqu'il est presque éternel, à court terme les coûts des nacelles d'entretien et de la maintenance du bâtiment sont souvent décisifs. Mis au point à l'origine pour améliorer la sécurité des pare-brise de voiture, les verres autonettoyants promettent ici un confort agréable.

Les différents traitements appliqués au verre en limitent cependant parfois sensiblement la durabilité. En effet, plus le verre, durable à l'origine, est complété par des substances tierces, plus sa longévité en pâtit. Les couches intermédiaires peuvent se ternir ou devenir mates, et il arrive que les gaz de remplissage utilisés dans

Ill. 21 : utiliser les avantages, éviter les inconvénients
Toit en verre avec pare-soleil en lattes de bois

Ill. 22 : quelle est la couleur du verre ?
Bordures noires sur des vitres de voiture

les doubles vitrages constitués de deux ou plusieurs verres s'échappent, les joints périphériques perdant de leur étanchéité au fil des années.

La couleur du verre

Pour satisfaire au mythe de la transparence invisible, il faudrait que le verre soit clair et incolore. La fabrication d'un tel verre est toutefois coûteuse, aussi celui utilisé de nos jours a-t-il des reflets verts, bleus ou gris. On a expérimenté durant une certaine période les teintes rougeâtres, jaunâtres ou bronze, mais leur perméabilité lumineuse étant plus faible, on les a abandonnées, l'industrie du verre se limitant, pour des raisons de coût, à un petit nombre de teintes plus efficaces. En effet, avec l'adoption du verre flotté, la fabrication de ce matériau était devenue beaucoup plus chère par rapport aux procédés existant auparavant (coulage, étirement et laminage).

Contribuant à la visibilité du verre, la couleur est donc un facteur supplémentaire qui vient s'ajouter à l'effet réfléchissant. La teinte permet de percevoir ce matériau prétendument transparent et en détermine largement l'utilisation. On peut influencer la coloration en appliquant des revêtements et des films qui augmentent la réflexion et élargissent le spectre des couleurs, et en posant des doubles ou triples vitrages, qui intensifient et assombrissent sa tonalité chromatique.

Quelle est donc la couleur du verre ? Est-il vert, comme la majorité du verre ? Est-il incolore, ou plutôt blanc, comme le voudrait le mythe? Est-il bariolé, puisqu'il reflète les différentes couleurs du jour et les atmosphères bigarrées des saisons ? Le noir n'est-il pas la somme de toutes les couleurs, la moyenne de toutes les teintes apparaissant dans le verre ? En tout cas, le noir est la couleur la plus utilisée lorsqu'il s'agit de le représenter ou de lui substituer un autre matériau : on utilise des profilés discrets en caoutchouc noir pour les joints entre le bord du verre et le châssis, et on applique par sérigraphie la couleur noire pour cacher et protéger les zones de fixation des vitrages décalés et des vitres d'automobiles, et suggérer par un effet d'optique discret que la proportion de verre est plus grande que ce qu'on voit de l'intérieur.

Revêtements, le verre brillant comme un miroir

Dans un souci d'amélioration constante du verre (dureté, résistance et perméabilité au rayonnement lumineux et calorifique), on a d'abord perfectionné le processus de fabrication et, ainsi, le verre lui-même, avant de se consacrer aux procédés de traitement et d'affinage, qui ont élargi la gamme des aspects du verre. À la coloration sont venus s'ajouter les revêtements appliqués sur sa surface afin de pouvoir mieux régler le rapport entre facteur de transmission et de réflexion. Aujourd'hui, la gamme des revêtements permettant à un verre ou à un vitrage composite d'atteindre les performances désirées va de la couche unique, très fine et presque invisible appliquée par évaporation, jusqu'aux pellicules spéciales, en passant par les combinaisons de plusieurs couches. Selon leur qualité et leur épaisseur, ces revêtements modifient la transparence et l'indice de réfraction des surfaces intérieure et extérieure du verre, permettant d'obtenir aussi bien un matériau perméable à la lumière et à la chaleur dans les deux directions qu'un verre brillant réfléchissant dans une seule direction.

Comme l'augmentation de l'indice de réfraction réduit la visibilité depuis l'extérieur d'un immeuble, les espaces intérieurs deviennent de moins en moins visibles, tout comme ce qu'on voit de la façade. La complexité de l'expression de cette dernière est ainsi « réduite » (tout au moins pendant la journée) à une couche unique, sans profondeur, ce qui la fait paraître plus fine, et donne un aspect plus dur, plus fermé, et peut-être plus massif au volume qu'elle englobe.

Appliquer des revêtements réfléchissants sur des verres qui le sont de toute façon peut sembler redondant. En réalité, ce traitement renforce l'effet réfléchissant non pas en le multipliant pour donner une sorte de « superréflexion », mais en éliminant tous les effets de transparence susceptibles de le contrebalancer. Ce réfléchissement est à son comble lorsque l'architecture disparaît tout à fait dans le reflet de son environnement : une architecture sans spécificité utilisant un matériau sans propriété.

À l'heure actuelle, les revêtements et les films ou pellicules sont si déterminants pour les propriétés d'un vitrage que le verre originel semble être devenu le simple support de son traitement. Sans cela, on ne l'utiliserait pas dans la construction comme on le fait aujourd'hui.

Ill. 23 : réflexion, verre, quadrillage : l'architecture du XXe siècle ?
Arne Jacobsen, immeuble de bureaux Jespersen & Son, Copenhague (DK) 1953-1955 et bâtiments voisins

Ill. 24 : architecture disparaissant dans le reflet du voisinage
Johnson Burgee, Garden Grove Community Church, Los Angeles (USA) 1978-1980

Jusqu'à quel point, cependant, peut-on encore parler de verre, alors que l'essentiel des propriétés qui en motivent le choix ne sont pas les siennes ? De ce fait, combien de temps encore utilisera-t-on le verre comme matériau de construction ?

Le système du verre

Pendant sa fabrication, le verre est un matériau liquide, mais on ne peut le couler dans un moule sur le chantier pour lui donner la forme désirée. Sous sa forme actuelle, il requiert en effet un processus industriel coûteux. Il est le résultat d'un vaste système interdépendant incluant production, traitement, transport et montage ; tout à fait dépendant de ce système, il est un produit typique de la préfabrication. Jusqu'à l'arrivée des machines contrôlées par ordinateur, la série et l'angle droit en régissaient l'utilisation, et c'est pourquoi on retrouvait dans le monde entier la façade quadrillée des immeubles de bureaux en style international. Le système du verre dépend en outre d'autres systèmes. En effet, la technologie des châssis et de la construction métallique progresse au même rythme que celle du verre, grâce à quoi on trouve sur le marché les composants et les éléments permettant de mettre ce matériau en œuvre dans le BTP.

De nos jours, le verre simple, non traité, est à la rigueur encore utilisé pour remplacer des vitres cassées dans les anciens immeubles ou dans l'aménagement intérieur. L'essentiel du vitrage est en fait constitué de verres composites collés ou de doubles ou triples vitrages, traités ou enduits et remplis de gaz. La plupart du temps, ces derniers sont maintenus par des intercalaires aux reflets argentés, et étanchéifiés avec du mastic ou du caoutchouc noir. Tous ces composants ont été conçus pour s'adapter les uns aux autres. Si cela permet au système d'être efficace, cela montre aussi que les concepteurs sont partie prenante du système et non prisonniers. Entre-temps, le système des façades de verre est devenu si complexe qu'aujourd'hui des spécialistes des façades servent d'intermédiaires entre les architectes responsables du projet et les entreprises de travaux publics.

Un choix de verre limité malgré les progrès techniques

Le développement technique du verre a produit une gamme de qualités de verre, semble-t-il, illimitée. Cependant ce choix est des plus restreint sitôt que l'on se demande lequel utiliser concrètement pour une façade. Alors que certains produits, datant de la fin du XXe siècle, sont déjà obsolètes, les prescriptions en matière de sécurité et d'énergie réduisent parfois le choix à un très petit nombre de possibilités, se différenciant en outre peu les unes des autres. Ce choix déjà limité doit ensuite être combiné avec les formats disponibles, la forme des profilés métalliques ou des châssis en bois, toujours nécessaires, ainsi qu'avec l'« individualisation » grâce à différentes sérigraphies, ou avec l'éclairage ou encore avec l'irruption de la troisième dimension de la façade jusque là en deux dimensions.

Sur la façade du Trutec Building à Séoul, Barkow et Leibinger obtiennent un chatoyant effet kaléidoscopique en disposant les deux qualités différentes du verre selon un principe simple constitué de deux modules. La variation et la rotation de 180° de deux éléments, l'un plan en verre transparent, et l'autre saillant de 20 cm en verre translucide, produisent un jeu complexe de réflexions déconcertantes.

Un matériau trompeur

Mis au point pour l'industrie automobile, le verre « commutable », qui sera un jour disponible pour la construction, semble pouvoir répondre au désir constant de maîtriser le potentiel technique et les formes d'expression du verre au-delà du processus de production. Un interrupteur ou un système préprogrammé permet de régler la transparence du verre en en modifiant la couleur et influence par là sa perméabilité lumineuse et énergétique. Une fois tout à fait au point, cette technique pourrait rendre superflue l'installation de protections solaires encore nécessaires aujourd'hui. On peut aussi faire varier le degré de limpidité de certains verres, du transparent à l'opaque. Pour ce faire, on place entre deux films de PET (polyéthylène terephtalate) conducteurs et deux vitres un film de cristaux liquides translucides ; ces derniers deviennent transparents lorsqu'ils sont soumis à une tension électrique. Le verre semble se doter de qualités de plus en plus étendues ; cependant, plus on joue avec ses différentes propriétés, plus il se dérobe au contrôle déjà difficile de la part du concepteur.

Ill. 25 : un chatoyant kaléidoscope
Barkow Leibinger, Trutec Building, Séoul (Corée du Sud) 2006

Ill. 26 : verre plat posé en biais
Barkow Leibinger, Trutec Building, Séoul (Corée du Sud) 2006

MATÉRIAUX – MODULES   Verre ou plastique
Propriétés

Ill. 27 : déjà courant au cinéma : verre « commutable », transparent ou opaque
Atteint du sida, Andrew Beckett (Tom Hanks) devant le conseil d'administration, scène tirée de *Philadelphia*, 1993

Le verre léger pèse des tonnes

Le verre est certes plus léger que l'aluminium, mais comme il est fragile, il doit être assez épais, ce qui représente un poids considérable pour les grandes surfaces ou les doubles ou triples vitrages. Même des verres de petit format peuvent avoir un poids entraînant des coûts inattendus, par exemple parce que des fenêtres courantes à double battant nécessitent des châssis plus épais, équipés de ferrures plus fortes. Le montage d'éléments de façade en verre exige une logistique considérable puisque, en raison de leur poids et de leur format, on doit les transporter par grue jusqu'à leur emplacement entre l'échafaudage et le gros œuvre, puis les ajuster à plusieurs personnes en même temps, avant de les fixer et les étanchéifier.

On appelle « façades suspendues » ou « façades-rideaux » (de l'anglais *curtain wall*) ces vitrages non porteurs placés à la tête des dalles ; ce terme fait songer à la légèreté d'étoffes enveloppantes plutôt qu'à un matériau encombrant, lourd et cassant. Cette nouvelle contradiction, liée à l'utilisation du verre, représente un défi permanent pour les architectes et les oblige à trouver une solution conciliant structure du bâtiment et habillage de verre. Dans son projet pour la Banco de Bilbao à Madrid, Francisco Javier Sáenz de Oiza tente de donner à la façade l'aspect textile, souple, mobile d'un tissu suspendu. Il enveloppe l'imposante structure en béton du bâtiment d'une peau de verre arrondie aux angles et ceintes de passerelles d'entretien, et ferme ce rideau par une « couture » légèrement asymétrique sur toute la hauteur de la tour. Fermée par une sorte de fermeture Éclair, la partie inférieure, en suspens, de cette vêture surplombe l'entrée en retrait et se termine par un profilé métallique rainuré. Pour augmenter l'effet d'« ourlet », la vêture de la façade descend si bas que les visiteurs de haute taille baissent instinctivement la tête pour éviter de s'y cogner. Mais peut-être ne font-ils que ressentir inconsciemment le poids suspendu au-dessus de leur tête.

Le verre disparaît

Par nature « invisible », le verre lui-même est frappé par la tendance à l'effacement. Jusqu'où la réduction physique des murs en fines parois de verre peut-elle aller ? Quelle est l'épaisseur minimale d'une enveloppe ? Jusqu'à quel point peut-on amincir le verre et réduire son indice de réfraction avant qu'il ne disparaisse ? Les films plastique semblent sur le point de détrôner le verre, et de nous mener à cet état (presque) dématérialisé dont nous rêvons, semble-t-il, depuis toujours. On utilise déjà largement des films plastique et des coussins en membranes dans les serres, où l'on autorise (et souhaite) un rapport entre pénétration lumineuse et calorifique moins exigeant que dans les immeubles d'habitation et de bureaux. Les produits fabriqués avec des films remplis de gaz spéciaux prendront sans doute bientôt en charge certaines fonctions assumées aujourd'hui par des produits en verre. Après avoir effacé les parois, le verre va lui-même s'effacer.

Le verre porteur : la somme de toutes les contradictions ?

Donner à une chose l'air d'être plus légère qu'elle ne l'est en réalité peut représenter un fantastique défi pour un architecte. La négation du poids est en effet l'un des moteurs de l'évolution de l'architecture. Qu'est-ce qui permet de mieux répondre à cette aspiration que le verre « transparent » ? Les éléments portants en bois et en métal ne pouvant être réduits que jusqu'à un certain point, il est compréhensible que l'on veuille parvenir à une disparition « optique » complète en recourant à du verre porteur. On assiste à un essor constant dans ce domaine en plein boom depuis les années 1980, même si les applications pratiques n'ont pas réussi à s'imposer entièrement jusqu'ici. La technique du vitrage extérieur collé (*Structural Glazing*) a remplacé les châssis et les profilés

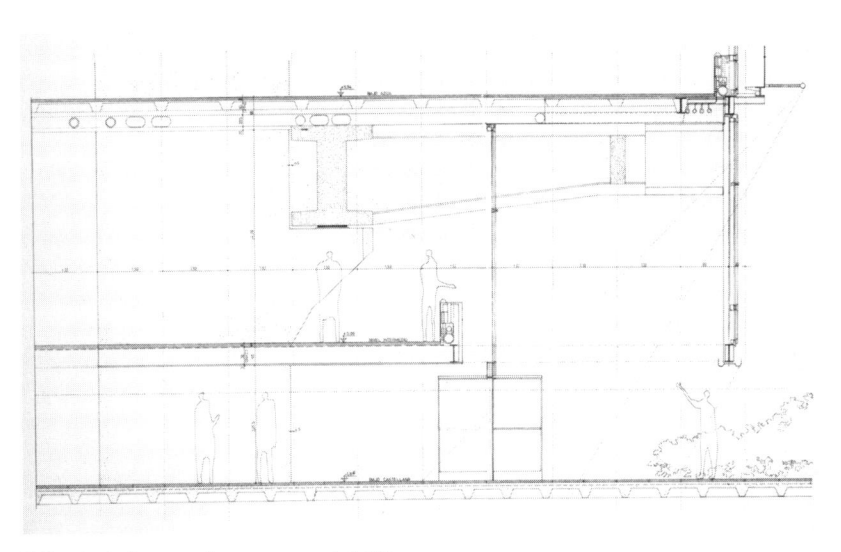

Ill. 28 : mégastructure suspendue en verre : coupe de l'entrée
Francisco Javier Sáenz de Oiza, Banco de Bilbao, Madrid (E) 1971-1978

Ill. 29 : des tonnes suspendues : la « bordure » de la vêture de la façade donne une apparence de légèreté
Francisco Javier Sáenz de Oiza, Banco de Bilbao, Madrid (E) 1971-1978

Ill. 30 : façade en métal et en verre – une « vêture » rayée avec une couture asymétrique
Francisco Javier Sáenz de Oiza, Banco de Bilbao, Madrid (E) 1971-1978

de fenêtre, et des raidisseurs en verre placés perpendiculairement à la surface assurent le contreventement tout en laissant l'espace ouvert. Les piliers et les murs porteurs en verre abolissent toutes les limites horizontales, tandis que les escaliers, les sols et les toits en verre ouvrent l'espace vertical.

On ne libère cependant pas le verre de ses contradictions, même si celles-ci ne se renforcent pas. Le bâtiment tout en verre n'en reflète pas moins la somme de toutes ses oppositions. Pour conclure avec une expression propre au rêve d'une architecture cristalline, nous dirons que l'immeuble en verre demeure une « fantaisie naturelle ».

Références bibliographiques
- Klaus Neundlinger, *Einübung ins Aufbegehren. Ein Beitrag zur Materialgeschichte des Glases*, Vienne 2005.
- Ulrich Pfammatter, *In die Zukunft gebaut*, Munich 2005.
- Josep Quetglas, *El horror cristalizado, imágenes del Pabellón de Alemania de Mies van der Rohe*, Barcelone 2001.
- Michael Wigginton, *Glass in Architecture*, Londres 1996.

MATÉRIAUX – MODULES Verre ou plastique

Propriétés

Le plastique au seuil de l'architecture

Katharina Stehrenberger

Tant l'architecte Gottfried Semper[1] que le philosophe Roland Barthes[2] décrivent le plastique comme toujours en mouvement, et de surcroît informe. Surprenante description pour un matériau de construction ! On perçoit dans ce jugement à la fois fascination et méfiance. Cette ambivalence semble d'ailleurs accompagner l'évolution et la mise en œuvre de ce matériau de ses débuts jusqu'à nos jours.

L'intérêt grandissant pour les recherches liées au plastique, à partir de 1950 environ, s'explique par l'état de la recherche, mais aussi par la situation politique et sociale. Après la stagnation de la Seconde Guerre mondiale, il était enfin possible de regarder à nouveau vers l'avenir. Cette atmosphère optimiste entraîna une euphorie sociale accompagnée d'une profonde croyance dans le progrès technique. À une époque où s'annonçait l'avènement de l'exploration spatiale et de l'apesanteur, les caractéristiques de ce nouveau matériau semblaient pouvoir contribuer au façonnage de la civilisation.

Portée par une attitude positive et ouverte à son égard, la recherche avait pour objectif de créer un monde nouveau entièrement en plastique, devant permettre une homogénéité de matériau tant à l'extérieur qu'à l'intérieur des bâtiments. En 1960, l'atelier de Richard Buckminster Fuller élabora un projet utopique intitulé « Hypothetical geodesic dome for New York City ». Le Space Ship Earth (le vaisseau spatial Terre), comme l'appelait Fuller, répond à toutes les promesses associées au nouveau matériau : futuriste, ce projet ressemble à une immense cloche à fromage transparente posée sur Manhattan dont la structure paraît continue et sans jointure. Les pionniers n'étaient pas seulement fascinés par la transparence du plastique, mais aussi par sa façonnabilité et les possibilités illimitées de créer des espaces. En 1957, la société de chimie Monsanto Ltd. fit réaliser la Monsanto House of the Future, un logement préfabriqué qui concrétisait les rêves d'espaces aux formes organiques. Cette habitation en forme de trèfle à quatre feuilles, tout comme la maison Futuro en forme d'ovni de Matti Suuronen, en exploite habilement la plasticité.

Malgré deux décennies d'expérimentation intensive, nombre de produits en plastique renforcé de fibres ne dépassèrent pas le stade du prototype. La possibilité d'en faire un élément à la fois porteur et d'habillage s'avéra bientôt purement théorique. L'enthousiasme retomba et la crise pétrolière de 1973 mit un terme provisoire à ces développements. La soudaine pénurie de matière première, la fragilité de ce matériau, son jaunissement dû au rayonnement solaire, son inflammabilité, mais aussi les incertitudes liées à sa biodégradabilité, mirent fin aux recherches qui lui étaient consacrées. Cette prise de conscience des limites de ce qui était techniquement réalisable alla de pair avec des réserves de caractère plus « idéologique ».

Ce n'est qu'au cours de ces dernières années que l'image écornée du plastique retrouva une partie de son lustre. Cela est dû au renouveau du langage formel des années 1960 et 1970, ainsi qu'aux progrès techniques, qui l'ont aidé à se défaire de sa réputation de matériau « sale ». Or, même si de nettes améliorations ont pu être faites concernant son apparence, il demeure insatisfaisant du point de vue écologique : obtenu à partir du pétrole (une matière première non renouvelable) et difficile

Ill. 31 : incendie lors de l'Exposition universelle de Montréal en 1967 : les panneaux acryliques ont fondu en 15 minutes seulement.
Richard Buckminster Fuller (1895-1983) en collaboration avec des architectes inconnus, US Pavillon, Montréal (CDN) 1967

Ill. 33 : le plastique est associé à l'artificiel, à la transparence et au futur
Richard Buckminster Fuller, Hypothetical geodesic dome for New York City (USA) 1960

Ill. 34 : la première maison en plastique du monde construite en série
Matti Suuronen, maison Futuro, Finlande 1968

Ill. 32 : le trèfle à quatre feuilles en plastique comme exemple d'habitat du futur
Monsanto Ltd., House of the Future, prototype à Disneyland 1957

à recycler, il reste une substance problématique pour la construction durable.

En outre, au cours de son histoire, ce matériau n'a encore jamais permis d'établir de nouveaux principes en termes d'espace ou de mode de construction, alors que ceux-ci jouent un rôle déterminant pour la diffusion d'un matériau en architecture. En revanche, si l'on abandonne l'idée de l'utiliser pour les structures et les séparations, c'est tout un monde d'enveloppes et de revêtements qui s'ouvre à nous.

Considérations phénoménologiques

Selon le processus de fabrication adopté et sa composition, le plastique peut aussi bien présenter une surface terne et rugueuse que brillante et lisse, ce qui a des conséquences visuelles et tactiles. Renforcé de fibres ou non, il se caractérise par des degrés de translucidité variables, une fragilité liée à sa finesse et une façonnabilité quasi illimitée. On peut d'ailleurs faire varier librement presque tous ces facteurs en fonction du produit fini souhaité. La perméabilité à la lumière du plastique s'étend sur un spectre allant de l'opacité absolue à la transparence, ce qui permet, selon les teintes, de créer différentes ambiances. Ainsi, les caissons ambrés de la toiture du préau de l'école de Geisling conçue par l'ingénieur Heinz Isler lui confèrent une atmosphère quasi sacrée. La translucidité de cette matière dépend principalement de la perméabilité à la lumière de ses molécules et non des fibres utilisées, car celles-ci se fondent entièrement avec les polymères lorsque la fabrication est exécutée dans les règles de l'art. On peut arriver avec le verre acrylique sans fibres à une transparence presque totale, tandis que les plastiques renforcés permettent, dans le meilleur des cas, une translucidité terne.

Toutes ces propriétés donnent au plastique une certaine affinité avec le verre, plus qu'avec les matériaux composites en bois ou en ciment dont la structure est pourtant voisine. Malgré les différences existant en matière de technique de fabrication, de températures de surface et de degré de dureté, le plastique et le verre présentent des similitudes surprenantes : les deux permettent de réaliser toute une gamme de formes souples ainsi que d'exploiter et de contrôler simplement la transmission lumineuse. Ces caractéristiques en font aussi des matériaux de projection idéaux. Vittorio Magnano Lampugnani résume une tendance possible de l'architecture contemporaine de la manière suivante : « [...] Tout devient léger, tout vole, tout devient transparent et lumineux. » Désignant de manière implicite les propriétés du plastique et du verre, il constate encore que, « lorsqu'il ne s'agit pas de machines urbaines recouvertes de dômes en verre ou de bâtiments de forme aérodynamique, il faut doter les grands ensembles de façades écrans ou de "façades médiatiques" scintillant de toutes les couleurs et parfois même capables de parler ou de chanter[3] ».

Origine et potentiel

Dans les premières expériences effectuées il y a près d'un siècle et demi avec le matériau « plastique », on utilisait des matières premières purement végétales ou animales comme le goudron, la résine ou l'huile de lin. C'est à cette époque que furent mis au point les premiers produits artificiels comme l'asphalte et le linoléum, encore utilisés de nos jours comme revêtements. Ces précurseurs naturels permirent la découverte des premiers matériaux synthétiques environ un siècle plus tard. La bakélite solide, par exemple, inaugura l'ère des plastiques résistants à la chaleur et fut employée dans de nouveaux domaines de la construction. La découverte des polymères extraits du pétrole a littéralement fait

MATÉRIAUX – MODULES   Verre ou plastique

Propriétés

exploser leur évolution. Aujourd'hui, un environnement sans plastiques est inimaginable, et il est pour ainsi dire impossible de dresser un inventaire des domaines variés dans lesquels ils sont mis en œuvre, renforcés ou non. Non renforcé, il est par exemple utilisé comme matériau informe pour lier ou isoler, et un très grand nombre de revêtements intérieurs et extérieurs permettent de répondre aux exigences esthétiques. Cependant, du point de vue quantité, la part la plus importante des plastiques non renforcés est constituée par les tuyaux et les gaines des installations techniques, pour leur durabilité.

Le plastique renforcé de fibres est souvent utilisé dans les ouvrages de génie civil. Les ingénieurs ont en effet vite découvert que ce matériau résistant à la corrosion pouvait servir d'enveloppe porteuse pour les bâtiments industriels ou pour les ouvrages en forme de tour tels que les silos ou les cheminées, où sa grande solidité alliée à un poids réduit joue un rôle capital. Si le fait de pouvoir servir d'éléments porteurs donne un potentiel particulier aux plastiques renforcés, leur utilisation entraîne hélas un problème insurmontable : on ne peut en effet combiner translucidité et capacité portante dans l'enveloppe du bâtiment que pour les éléments non isolés, puisque l'isolant leur enlève toute perméabilité lumineuse ou, du moins, la réduit de beaucoup. Il est tout aussi difficile de conserver la transparence du plastique lorsqu'il est utilisé comme seule structure porteuse puisque les prescriptions relatives à la résistance à la rupture et à la sécurité incendie requièrent l'utilisation de matériaux plus résistants et opaques. Établir des plans mettant en œuvre des plastiques renforcés de fibres implique en outre de développer et d'utiliser des éléments préfabriqués. La difficulté de leur adaptation individuelle lors de la construction rend le processus de conception et d'exécution coûteux et exige une grande précision de la part de tous les acteurs impliqués.

Si l'on prend au sérieux la déclaration de l'ingénieur suisse Heinz Hossdorf, selon laquelle « un litre de polyester est aussi cher que la bouteille d'un grand cru[4] », seule l'utilisation de l'ensemble des caractéristiques importantes de ce matériau coûteux (capacité portante, translucidité, légèreté) légitime son utilisation. Pour toutes ces raisons, il n'est donc pas surprenant que les développements dans le domaine des plastiques renforcés de fibres aient stagné. Renonçant à la mise en œuvre d'un seul matériau surdéterminé, on tend par conséquent vers des systèmes complémentaires dans lesquels le plastique non renforcé n'est utilisé que comme peau. Alors que ses aspects structurels et spatiaux seraient les plus intéressants pour les architectes, ils se voient relégués au second plan par les aspects visuels et phénoménologiques, comme nous allons le montrer dans les exemples ci-dessous.

Ill. 39 : travail manuel malgré le matériau innovant
Heinz Isler, toiture de station-service, Thoune (CH) 1962

Stratégies constructives

On distingue les constructions à forme stable de celles à forme instable. Tandis que les premières conservent durablement leur forme, les secondes reprennent leur forme antérieure lorsque la force extérieure agissante cesse de s'exercer. On trouve aussi bien des constructions à une paroi qu'à double paroi dans les deux systèmes. Depuis les travaux des pionniers du plastique, son utilisation s'est fort diversifiée, et s'étend des films tendus sur des structures aux éléments sandwich rigides, en passant par les constructions flexibles en coussins. Naguère surtout utilisés pour les structures, les plastiques sont de plus en plus employés pour les enveloppes non soumises à des sollicitations statiques. Si l'on réalise encore parfois aujourd'hui des structures en plastique, c'est le plus souvent dans le cadre de projets de recherche. L'intérêt phénoménologique pour l'aspect semi-transparent du plastique domine désormais sa mise en œuvre dans le bâtiment. Les nouvelles enveloppes en plastique réalisées à des fins scéniques continuent à utiliser la façonnabilité

Ill. 38 : ouvrage plissé en plastique renforcé de fibres de verre : une des premières constructions de Renzo Piano
Renzo Piano, entrepôt de sel, Pomezia, près de Rome (I) 1966

de ce matériau, mais on s'en sert comme d'une couche spécifique plutôt que comme d'un matériau universel.

Exemples de constructions de forme stable

Le toit de la station-service réalisé à Thoune (CH) par Heinz Isler combine avec brio architecture et ingénierie ; la structure porteuse définit et enveloppe l'espace. S'inscrivant tout à fait dans la tradition de l'« architecture d'ingénieur », la construction translucide du toit dénote une tendance à effacer le poids et obéit à la très vieille obsession consistant à vouloir donner à un objet l'air d'être plus léger qu'il ne l'est en réalité. Construit en 1962, ce toit en plastique renforcé de fibres de verre (GFK) franchit des portées maximales de 9 m. Il est constitué d'une double couche de caissons préfabriqués collés bout à bout et formant une couverture plane creuse de 14 x 22 m. Un pelliculage effectué sur les deux faces assure le liaisonnement durable des caissons. Soutenu par huit poteaux en acier, ce toit existe encore aujourd'hui, mais une couche de peinture

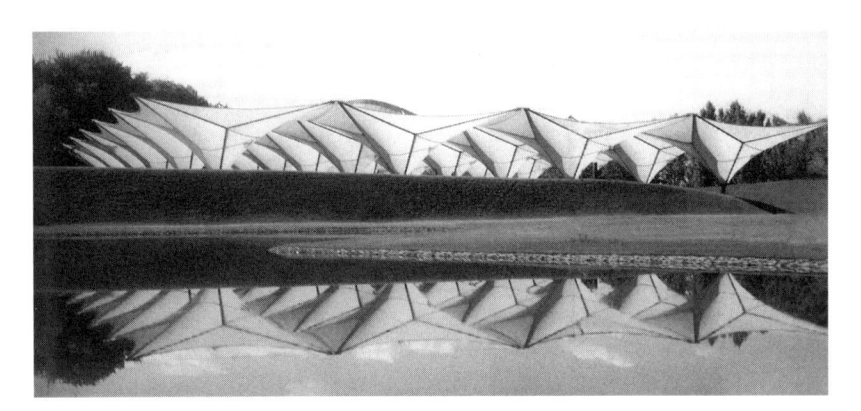

Ill. 40 : les « entonnoirs » en fibres de verre forment une sculpture translucide
Heinz Hossdorf, toit pour l'Expo 64, Lausanne (CH) 1964

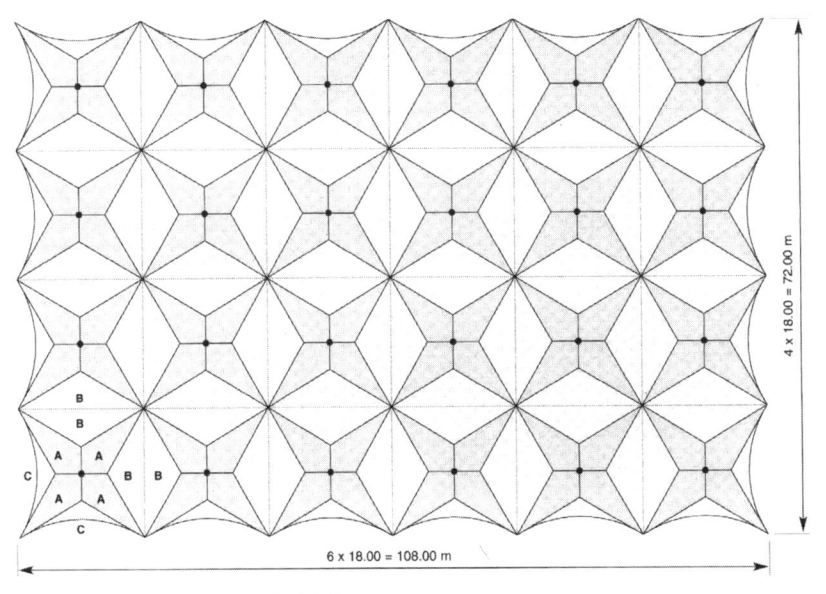

Ill. 41 : plan des 24 tulipes en plastique renforcé de fibres
Heinz Hossdorf, toit pour l'Expo 64, Lausanne (CH) 1964

Ill. 42 : une légèreté due à la transparence
Heinz Isler, toiture de station-service, Thoune (CH) 1962

appliquée entre-temps lui a fait perdre beaucoup de son apparence dématérialisée.

L'ingénieur Heinz Hossdorf a créé un toit de grande envergure au moyen d'une élégante construction en coques pour l'Exposition nationale de 1964 à Lausanne. L'idée qui a inspiré la forme de ce pavillon d'exposition est un champ de tulipes dans un paysage ouvert. Descendant presque jusqu'au sol, le polyester armé de fibres de verre donne au toit bidimensionnel l'aspect d'une sculpture faisant songer à une tente instable. Mis au point à la suite d'essais statiques effectués sur maquette, le principe du parasol fut en fin de compte réalisé en juxtaposant des coques paraboloïdes hyperboliques précontraintes en GFK de 18 x 18 m. Montées sur une ossature en acier, ces coques translucides et, de nuit, lumineuses, furent détruites le dernier jour de l'exposition.

Construit en 1978 sur une aire de repos d'autoroute à Pratteln (CH), l'édifice d'Angelo et Dante Casoni est devenu une icône de l'architecture moderne. Formant une « poutre » au-dessus des voies de circulation, et possédant un caractère à la fois anthropomorphe et abstrait, il reflète mieux qu'aucun autre ouvrage de Suisse l'esprit techno-futuriste des années 1970. Une enveloppe isolante en panneaux sandwich très minces constitue la façade en GFK. Percés d'ouvertures de forme organique,

MATÉRIAUX – MODULES   Verre ou plastique

Propriétés

Ill. 43 : élément de façade préfabriqué en plastique renforcé de fibres
Angelo & Dante Casoni, aire de repos d'autoroute, Pratteln (CH) 1978

Ill. 44 : une architecture emblématique pour la consommation rapide
Angelo & Dante Casoni, aire de repos d'autoroute, Pratteln (CH) 1978

n'auraient pu être réalisés sans l'étroite collaboration avec le bureau d'ingénierie Ove Arup. Une enveloppe en Plexiglas bleuâtre dissimule la structure porteuse en acier, constituée d'une construction en coque « réduite » à une structure d'éléments linéaires qui, avec un isolant en verre cellulaire, constitue l'âme de la façade épaisse de 90 cm. Seize lucarnes de forme très originale, surnommées « nozzles » (buses), assurent, en fonction des besoins, un éclairage naturel des salles par ailleurs sans fenêtres. L'expressivité formelle donne à cette institution culturelle autrichienne un aspect provocateur au milieu des toits baroques du chef-lieu de la région. Son caractère inhabituel est encore renforcé par les écrans urbains de la « façade médiatique » que l'on peut programmer à volonté.

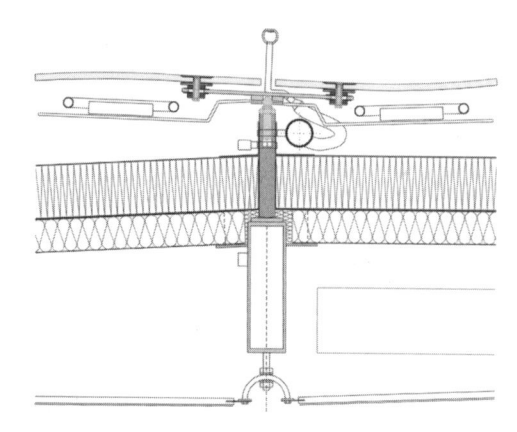

ces panneaux rigides autoporteurs sont directement accrochés à la structure porteuse principale en acier, sans support de contreventement. La polychromie d'origine de l'objet a été remplacée par une couleur homogène lors d'une récente réhabilitation.

Intitulé à la base « Pin and Skin » (épingle et peau), le projet pour le concours de la Kunsthaus de Graz conçu par les architectes Peter Cook et Colin Fournier attirait déjà l'attention sur ses deux thèmes principaux, à savoir l'emplacement de l'objet et la particularité de son enveloppe. Avec ses 40 x 60 m, la bulle du « Friendly Alien » (gentil extraterrestre) fait l'effet d'un être vivant blotti contre l'ossature en fonte voisine. Les parois de ce volume « suspendu » achevé en 2003 sont en panneaux sandwich translucides, éléments autoporteurs qui

Ill. 45 : la peau de la façade a une épaisseur totale de 90 à 100 cm.
Peter Cook & Colin Fournier, Kunsthaus, Graz (A) 2003

Ill. 46 : une forme organique dans un environnement historique
Peter Cook & Colin Fournier, Kunsthaus, Graz (A) 2003

Exemples de constructions de forme instable

« Au commencement, il y avait le pneu. » C'est sur la base de cette thèse que l'ingénieur civil allemand Frei Otto se lance dans différents projets de construction en membrane. En collaboration avec d'autres pionniers de ce domaine, il a développé des structures porteuses légères à surfaces tissées et à multiples courbures, parfois renforcées par du plastique.

Réalisée entre 1967 et 1972 par les architectes Behnisch & Partner en collaboration avec les ingénieurs Frei Otto et Heinz Isler, la couverture en membrane hybride du stade olympique de Munich compte parmi les premières et les plus intéressantes constructions en forme de tente de cette époque-là. Ce toit, qui s'étend comme une immense voile au-dessus du parc olympique, constitue une part essentielle de son aménagement et entretient un dialogue étroit avec les ondulations des collines. Apparentés au principe de construction en parasol de Heinz Hossdorf, ces toits en forme de tente s'en distinguent nettement dans leur transposition architectonique. En raison de la forme et de la complexité de la structure, le calcul de la membrane de la toiture a exigé des essais sur maquette et des tests dans le laboratoire du Suisse Heinz Isler, ainsi qu'à l'Institut des structures légères de Frei Otto à Stuttgart. Ces expériences ont permis de mettre au point une structure porteuse composée d'imposants mâts métalliques, de barres comprimées et d'un système de câbles précontraints, ces derniers formant l'ossature labile sur laquelle est tendu un réseau de ressorts en acier doté de nœuds mobiles. La peau transparente du toit, qui protège des intempéries, est formée de panneaux rigides en verre acrylique en forme de losange.

Ill. 48 : les membranes en plastique dessinent un paysage de toits : maquette de l'ensemble des installations
Behnisch & Partner avec Frei Otto et Heinz Isler, Olympiastadion, Munich (D) 1967-1972

Ill. 49 : structure en membrane pour une halle sans pilier
Walter Bird, Sam Brody, Serge Cherayeff, Lewis Davis, David Geiger, Air Inflated Dom, Expo '70 à Osaka (J) 1970

Ill. 47 : tente avec peau en verre acrylique
Behnisch & Partner avec Frei Otto et Heinz Isler, Olympiastadion, Munich (D) 1967-1972

Les constructions pneumatiques *(air inflated domes)* constituent le principal groupe de constructions en membrane de forme instable. Tendues par pression d'air à l'intérieur, les toitures en membrane bicouche ou multicouche permettent de couvrir sans pilier de vastes espaces. À l'Exposition universelle d'Osaka en 1970, le pavillon des USA mesurait près de 10 000 m² et présentait l'apparence bombée et aplatie typique d'une construction en membrane en toile de fibres de verre revêtue de polytétrafluoroéthylène (PTFE) et remplie d'air comprimé. Une structure extérieure, formée d'un réseau de câbles et d'un anneau de compression, stabilisait et maintenait la forme de l'ouvrage en coussins d'air. Tel un gigantesque matelas pneumatique, ce pavillon a non seulement posé de nouveaux jalons en termes de dimension, mais a aussi

MATÉRIAUX – MODULES Verre ou plastique
Propriétés

joué sur la fascination suscitée par ce qui semble éphémère. On a ensuite utilisé ce type de construction pour des entrepôts et des halles de sport ou des courts de tennis. Elles ont cependant disparu au bout de quelques années en raison des coûts d'exploitation élevés dus au maintien constant de la pression d'air.

Le stade de football Allianz Arena à Munich, conçu en 2002 par Herzog & de Meuron, doit aussi son apparence singulière à son enveloppe de coussins d'air. Ici, l'air comprimé ne sert pas à remplir et à tendre le volume d'une halle mais seulement l'espace entre les deux couches de la membrane. Les coussins en forme de losange sont constitués d'une feuille en éthylène tetrafluoroéthylène (ETFE) de 0,2 mm d'épaisseur, très stable et très résistante, difficilement inflammable et presque totalement transparente (perméabilité à la lumière de 90 %). Une ossature en profilés d'acier galvanisés fixés dans une construction en béton sert de support aux coussins de 8 m de côté. L'éclairage artificiel, fixé entre la structure porteuse massive et la façade, assure la mise en scène de la lumière et permet de transformer le stade en objet lumineux.

Pour le centre des sports nautiques des Jeux olympiques de Pékin en 2008, les architectes du cabinet PTW

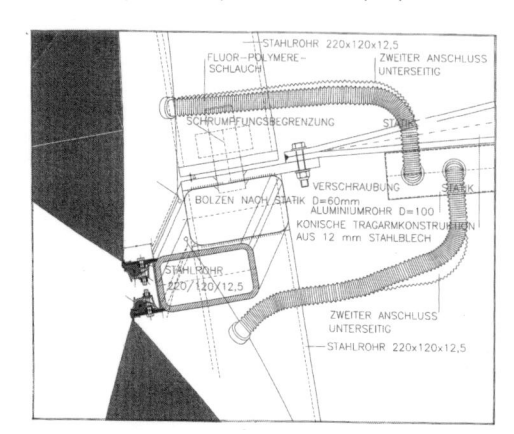

Ill. 50 : alimentation en air et éclairage des coussins blancs en ETFE
Herzog & de Meuron, Allianz Arena, Munich (D) 2002

Ill. 51 : des coussins souples en membrane forment l'enveloppe translucide du stade de football
Herzog & de Meuron, Allianz Arena, Munich (D) 2002

Ill. 52 : coussins d'air en membrane plastique sur le toit du stade
Herzog & de Meuron, Allianz Arena, Munich (D) 2002

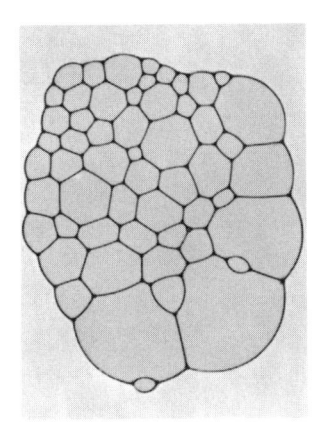

Ill. 53 : la mousse comme modèle pour l'architecture : structure de bulles de savon

se sont inspirés de la structure d'une bulle de savon. Constituée de membranes tendues en éthylène tetrafluoroéthylène (ETFE), l'enveloppe renvoie de façon métaphorique aux reflets, aux jeux de lumière et aux bulles d'air dans l'eau. Les coussins remplis d'air reflètent leur environnement et servent d'écran pour l'éclairage et des projections nocturnes. Épaisse de 3,7 m, la façade du « Watercube » est constituée d'une structure porteuse en métal d'apparence irrégulière et de coussins en ETFE montés dans des châssis en aluminium. Le chaos apparent de la structure recèle cependant une géométrie rigoureuse, semblable à celle des structures des systèmes naturels tels que cristaux, cellules ou molécules. Son poids ne représentant qu'une fraction de celui d'une construction semblable en verre et acier, une telle enveloppe est efficace et économique.

Résumé

Les matériaux artificiels se sont imposés dans l'architecture contemporaine grâce à la diversité de leurs possibilités de mise en œuvre. Selon la manière dont on les utilise, ils peuvent jouer un grand rôle sur l'apparence d'un ouvrage. Il n'est cependant pas encore certain que ce matériau léger permette l'émergence d'une nouvelle architecture qui – comme le remarque le philosophe Peter Sloterdijk dans son ouvrage *Écumes* paru en 2004 – serait capable de se libérer des éléments statiques traditionnels. Même si les projets des pionniers du plastique allaient dans cette direction, force est de constater que la dynamique des exemples architecturaux les plus récents est d'abord liée à l'aspect de l'enveloppe extérieure plutôt qu'à une nouvelle approche des prémisses constructives et spatiales. Les plastiques semblent donc répondre aux besoins pressants de mise en scène de l'architecture contemporaine. Une « surmédiatisation » de notre environnement construit risque cependant de provoquer une saturation semblable à celle qui avait entraîné la critique du prétendu « bétonnage » des villes dans les années 1970. Grâce à sa souplesse et à sa flexibilité, le plastique incarne toutefois, mieux qu'aucun autre matériau, l'idée d'une architecture à la fois dynamique et éphémère.

Du point de vue technique, le plastique présente un important potentiel. D'ici quelques années, l'intégration de cellules solaires, de microcapteurs et de métaux conducteurs pourrait permettre de réaliser le rêve d'une enveloppe intelligente. Il convient cependant d'émettre d'importantes réserves vis-à-vis de la mise en œuvre des plastiques. En effet, les diverses influences de l'environnement sur ces matériaux, leur isolation thermique et acoustique, leur comportement en cas d'incendie, leur vieillissement et leur recyclage constituent autant de problèmes pour lesquels on n'a pas encore trouvé de solution satisfaisante.

Notes
[1] Gottfried Semper, « Textile Kunst, Stoffe, Kautschuk », in *Der Stil*, t. I, 1860, p. 112-119.
[2] Roland Barthes, « Le plastique », in *Mythologies*, Paris 1957, p. 171-173.
[3] Vittorio Magnano Lampugnani, « 2. Telematik im Urbanen : von A wie Arbeiten bis W wie Wohnen », in *Verhaltene Geschwindigkeit, die Zukunft der telematischen Stadt*, Berlin 2000, p. 21 et 23.
[4] Elke Genzel, Pamela Voigt, « Einführung », in *Kunststoffbauten Teil 1, Die Pioniere*, Weimar 2005, p. 8.

Ill. 54 : les coussins en membrane de plastique permettent de donner une forme libre à la façade
PTW Architects, piscine pour les Jeux olympiques, Pékin (Chine) 2008

ÉLÉMENTS DE CONSTRUCTION

	Fondations – Soubassement	Façade	Ouverture	Plancher	Toiture	Escaliers et ascenseurs
Introduction	Construire sous terre	La paroi	Pour ou contre la fenêtre en bande : La controverse Perret – Le Corbusier La porte	Le deuxième ciel	Le toit	Les degrés de la pensée
Processus	Préparation du chantier : Travaux de géomètre Préparation du chantier : Travaux de terrassement Fondations					
Systèmes	Types de fondations : Couche porteuse à l'intérieur Types de fondations : Couche porteuse à l'extérieur		Complexe baie – fenêtre Position de la fenêtre dans l'épaisseur du mur Fenêtres – Châssis Fenêtres – Vitrage Fenêtre – Coupe horizontale éch. 1:1 Fenêtre – Coupe verticale éch. 1:1 Portes – Modes d'ouverture Portes – Position dans le mur Portes – Quincaillerie		Toitures inclinées : Couches de construction Toitures plates : Couches de construction Toitures plates : Toitures chaudes – systèmes traditionnels Toitures plates : Toitures chaudes – systèmes particuliers Toitures plates : Toitures inversées Toitures plates : Toitures froides	Extrait des *Éléments des projets de construction* d'Ernst Neufert Géométrie des transitions Garde corps Ascenseurs
Systèmes mis en œuvre	Les origines du soubassement	La construction de la façade	L'ouverture perforée L'ouverture en bande L'ouverture comme joint L'ouverture paroi transparente		Toitures inclinées Toitures plates La toiture comme structure plissée Toitures voûtées et coques	L'escalier, simple poutre composée L'escalier, forme organique monolithique L'escalier, grille spatiale L'escalier, construction massive en bois
Problèmes de physique du bâtiment	Murs extérieurs souterrains : Actions exercées sur l'enveloppe du bâtiment		Murs – Baies : Actions exercées sur l'enveloppe du bâtiment Protection solaire et contre l'éblouissement		Critères et interdépendances Toitures plates – Toitures inclines : Actions exercées sur l'enveloppe du bâtiment	

ÉLÉMENTS DE CONSTRUCTION — Fondations – Soubassement
Introduction

Construire sous terre

Alois Diethelm

Ill. 1 : le sous-sol comme monde secret
Décor d'*On ne vit que deux fois*, 1967

Bien qu'omniprésentes, les constructions souterraines sont à peine visibles. Cette particularité peut, selon les cas, fasciner, paraître évidente ou susciter notre désapprobation. Ce qui est totalement ou partiellement inconnu parce qu'invisible nous pousse à faire des suppositions sur sa nature réelle. Nous imaginons une ville sous la ville, tel un organisme vivant doté de toutes sortes d'infrastructures, ou sous la forme de vestiges d'époques passées (p. ex. Rome, qui résulte de destructions et de reconstructions successives) et, derrière des portes et des trappes à l'air insignifiantes, nous espérons trouver des constructions « secrètes » comme des casemates ou des bunkers. En même temps, la construction souterraine en Europe, et en particulier en Suisse, témoigne aujourd'hui d'une expansion spatiale soucieuse de ne plus modifier la physionomie familière des villes. « Invisibles », les interventions souterraines permettent d'ajouter des espaces supplémentaires aux constructions existantes, dont la valeur architecturale réside surtout dans l'interaction du bâtiment avec son environnement. Les bâtiments considérés comme une concession désagréable, mais inévitable, au mode de vie moderne, tels que les parkings connaissent un destin semblable.

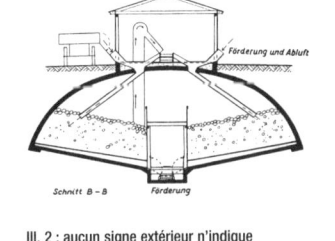

Ce chapitre tente de classer les caractéristiques des ouvrages souterrains dans différentes catégories – d'une part en fonction de leur relation avec la topographie, et d'autre part en fonction des principes mis en œuvre lors de la création des espaces. Il s'agit d'étudier les conditions, les possibilités et les limites spécifiques à la construction souterraine. Pour cela, il nous faut nous poser les questions suivantes : Quelle perception avons-nous du monde souterrain ? Quels concepts y sont « automatiquement »

Ill. 2 : aucun signe extérieur n'indique l'existence d'un espace souterrain ; la voûte comme forme statique idéale.
Silo à pommes de terre utilisé par les paysans suédois

associés ? Où des « mesures supplémentaires » sont-elles nécessaires ?

La partie souterraine d'un ouvrage en surface

Aujourd'hui, sous nos latitudes, toute construction, même « purement » de surface, commence par une excavation. Cela permet de répondre à la nécessité de fonder le bâtiment sur un matériau capable de supporter son poids et de résister au gel. La solution la plus simple consiste à réaliser un sous-sol, le volume supplémentaire ainsi obtenu augmentant la valeur d'ensemble de l'ouvrage. On creuse une fouille en forme de cuvette, ce qui permet de réaliser, dans un premier temps, un espace souterrain en fonction des principes constructifs du BTP. Pour le projet, il est important de savoir si le bâtiment remplira toute la fouille, ce qui nécessite un blindage adéquat (p. ex. une

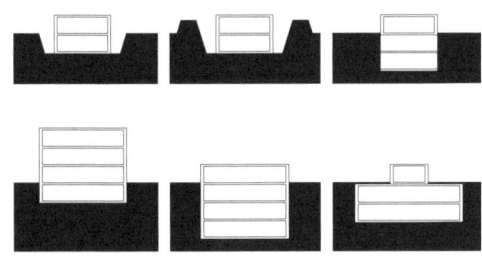

Ill. 4 : construction souterraine
En haut (de gauche à droite) : fouille en forme de cuvette laissée ouverte, entourée d'un remblai ou entièrement comblée par le bâtiment
En bas : proportions possibles entre la partie en surface et la partie souterraine

paroi berlinoise) pour que le bâtiment ne soit soumis à aucune poussée des terres ceinturant l'excavation, ou si l'ouvrage – même après achèvement des travaux – formera un corps autonome détaché des « parois » de la fouille. Cette dernière possibilité permet de construire les niveaux souterrains et de surface de façon identique et facilite aussi l'éclairage et la ventilation naturelles. La présence d'éléments souterrains dans un bâtiment conduit à s'interroger sur le rapport entre ceux-ci et la partie en surface. Et il faut ici envisager non seulement une extension verticale, qui se traduit par le nombre des niveaux de surface ou souterrains, mais aussi une expansion horizontale. En d'autres termes, nous avons d'une part un ouvrage avec un nombre plus ou moins grand de niveaux souterrains en fonction de la « profondeur de la pénétration » et, de l'autre, un sous-sol dont la superficie est supérieure à celle des niveaux de surface. Ce que

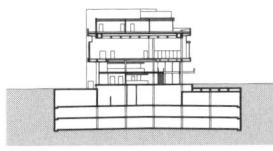

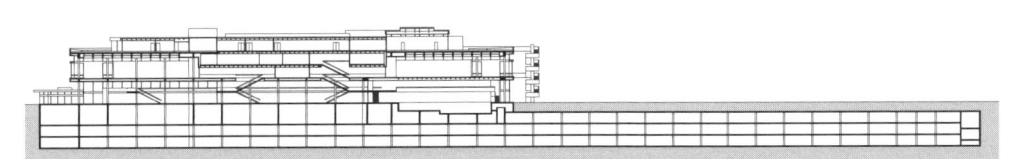

Ill. 3 : la partie en surface et la partie souterraine se développent indépendamment l'une de l'autre, mais présentent une structure continue de poteaux.
Roland Rohn, Hoffmann-La Roche, maison du personnel, Bâle 1971

ÉLÉMENTS DE CONSTRUCTION — Fondations – Soubassement

Introduction

Ill. 5 : extension de l'espace à l'extérieur, les arbres comme indices de la situation souterraine
Tadao Ando, Vitra Seminar House, Weil (D) 1993

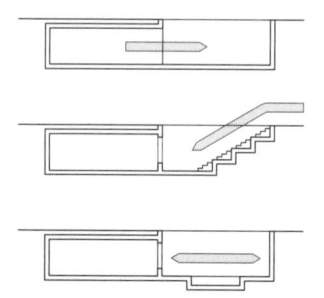

Ill. 6 : extension horizontale de l'espace
Relations (de haut en bas) : intérieur-extérieur, extérieur-intérieur et centrée

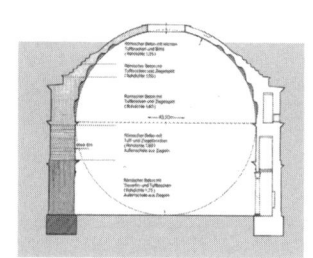

Ill. 7 : comblement fictif du terrain par Pierre Zoelly
Panthéon, Rome (I) 118-128 apr. J.-C.

l'on voit à la surface du sol n'est donc souvent qu'une partie de l'ouvrage, comme la tourelle d'un sous-marin émergeant hors de l'eau. Nous pouvons par conséquent supposer que la plupart des toits plats ne couvrent pas des maisons mais que, prenant l'aspect de rues, de places ou de jardins reposant sur une terre apparemment ferme, ils demeurent « invisibles ».

La relation avec le « monde de la surface »

On associe volontiers l'espace souterrain à une grotte humide et mal éclairée. Mais cette image correspond-elle encore aux méthodes constructives contemporaines et aux programmes actuels ? Seul un petit nombre d'activités doivent absolument avoir lieu sous terre en raison de leur nature. Les raisons pour lesquelles on crée des espaces souterrains ont été énoncées plus haut ; le plus souvent, elles reflètent le désir de préserver l'extérieur (site/paysage). Dans ces cas-là, la construction souterraine n'augmente pas la valeur des volumes intérieurs, au contraire, puisque la limitation de l'éclairage naturel des pièces est perçue comme un inconvénient. Le type d'éclairage et le degré de relation avec l'extérieur ou le « monde en surface » sont donc des critères déterminants pour la construction souterraine contemporaine.

L'éclairage zénithal par des ouvertures dans le plafond s'oppose à l'éclairage latéral à travers des parois perforées. Ces perforations – simples trous ou absence pure et simple de paroi – peuvent être précédées de prolongements de différentes tailles, allant du puits de lumière aux dimensions minimales jusqu'à des espaces extérieurs plus vastes, souvent praticables. La relation entre ces espaces extérieurs et le « monde en surface » va du simple contact visuel au continuum physique permettant de se déplacer du sous-sol vers la surface. Des points de référence à l'intérieur du champ visuel (maisons, arbres, personnes) renforcent la perception de l'espace extérieur souterrain en tant que tel, tandis que la liaison physique permettant de circuler entre le « monde en surface » et le monde souterrain génère une interpénétration des espaces, soit parce que l'on veut amener l'environnement vers le sous-sol, soit parce que l'on souhaite au contraire amener le sous-sol vers la ville ou le paysage. À la différence des puits de lumière qui, comme leur nom l'indique, ne servent qu'à l'éclairage, les espaces extérieurs souterrains, du type patios, laissent la perception du climat, du temps qu'il fait, et contribuent par là à diminuer la sensation d'enfermement souvent associée au monde souterrain. Cela remet en question un autre aspect de l'image des espaces souterrains, à savoir leur confinement, leur indifférence aux conditions extérieures, temps, heure, saison ou autres. C'est notamment le cas des bunkers, dont l'autarcie est encore renforcée par une alimentation électrique autonome, ainsi que des studios d'enregistrement et des salles de répétition, qui doivent être isolés acoustiquement de leur environnement, ou encore des caves à vin, dont la température doit rester stable. La coupure d'avec le monde extérieur exige donc non seulement une ventilation artificielle, mais aussi un éclairage artificiel, que nous pouvons – tout comme l'éclairage zénithal – considérer comme une autre caractéristique des espaces souterrains. Cela vaut toutefois aussi pour les espaces intérieurs clos et, de façon générale, pour tous les espaces « introvertis », comme l'a démontré Pierre Zoelly avec sa coupe du Panthéon, où le sol monte jusqu'au niveau de l'oculus. Faut-il donc vraiment des traces d'infiltration d'eau sur les parois pour que l'espace enterré soit perçu comme souterrain ?

Concepts topographiques

Détachée des aspects esthétiques voire idéologiques, la construction souterraine – comme toute autre construc-

Ill. 8 : un plan incliné relie l'entrée souterraine au niveau de la rue.
Renzo Piano, Richard Rogers, centre Pompidou, Paris (F) 1977

tion – a son origine dans le besoin de l'être humain de se protéger des conditions climatiques (soleil, pluie, vent, etc.) ou des autres êtres humains et des animaux. Suivant l'importance réelle de ces dangers et les conditions topographiques et géologiques existantes, l'éventail des habitats souterrains va des cavernes (naturelles, aménagées ou entièrement creusées) à l'élévation recouverte de terre en passant par la dépression.

Caverne – la hutte primitive massive

Les cavernes naturelles et les abris rocheux ne nécessitent pas de savoir-faire particulier pour servir d'habitations. La cognition d'un espace clos massif était donc liée au besoin de se loger et de se protéger depuis les temps préhistoriques, bien avant que les êtres humains ne fabriquent des outils leur permettant de tailler la pierre. Les éléments de fermeture, constitués de fourrures d'animaux et d'ouvrages en branches entrelacées, étaient utilisés comme toiture ou paroi ; chez les peuples nomades, ils étaient souvent conçus de manière à pouvoir être réutilisés, et l'évolution de leurs techniques de fabrication (p. ex. le travail du bois) a beaucoup contribué à l'apparition des premières constructions simples. Lorsqu'il fallait commencer par creuser les cavernes, on choisissait des

Ill. 9 : utilisation de la topographie existante
Amphithéâtre antique de Stratos (GR) vers 500 av. J.-C.

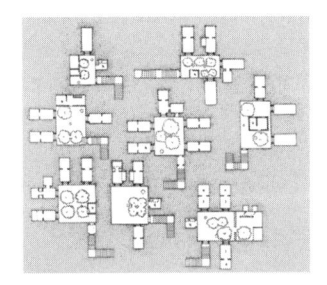

Ill. 10 : cours excavées et escaliers d'accès (1er sous-sol)
Village typique, région de Xi'an, Chine

conditions géologiques où forer était facile, mais où la résistance à la charge était faible. C'est pourquoi, dans la construction des galeries et, dans une certaine mesure, dans celle des cavernes, on utilise aujourd'hui encore des systèmes de soutènement en bois ou en métal installés ou glissés au fur et à mesure de l'avancement de l'excavation (« garnissage »). Dans le cas le plus simple, il s'agit de renforcements de la surface d'excavation devant empêcher la chute de fragments rocheux ou les éboulements. Lorsque le terrain est meuble ou mou, ces renforcements peuvent se transformer en structure porteuse provisoire ou permanente, qui, suivant les besoins, sera remplacée ou recouverte par un revêtement porteur en béton. Selon l'épaisseur de la couche de terrain qui sépare les souterrains de la surface, on n'est alors plus très éloigné d'un procédé de construction à ciel ouvert, dans lequel la structure porteuse, une fois achevée, est recouverte de terre.

De manière générale, la caverne représente une forme de construction souterraine où la topographie n'entre en compte que pour l'accès et un éventuel éclairage naturel. La grotte est souvent le résultat secondaire d'une activité souterraine comme l'exploitation de richesses minières, mais elle peut aussi être choisie en raison de conditions climatiques ou acoustiques qu'on ne trouve qu'à une certaine profondeur.

Dépression – un concept d'éclairage naturel
Les dépressions peuvent être reliées à d'autres espaces ou former un site propre, par exemple un creux du terrain, utilisé pour dormir à l'air libre tout en étant protégé du vent (une des formes les plus primitives d'habitat humain). Les amphithéâtres comme celui de Stratos exploitent la dépression naturelle du terrain pour placer (avec une intervention constructive minimale) les spectateurs sur les versants et utiliser le fond de la « fosse » comme scène ou arène. Une autre solution consiste à creuser une excavation servant à éclairer, aérer et parfois accéder à des espaces souterrains adjacents. Dans les villages chinois de la région de Xi'an, les cours intérieures creusées dans le sol illustrent de façon exemplaire les différentes utilisations possibles des dépressions, puisqu'elles permettent d'accéder aux pièces contiguës, assurent leur éclairage naturel et servent de salle commune ou de séjour. Les vastes dépressions sont le plus souvent carrées et servent, à l'instar de galeries, de point de départ à une extension horizontale de l'espace, qui permet de toujours rajouter des espaces supplémentaires en excavant une nouvelle partie du terrain. Il peut ainsi n'y avoir d'abord que des pièces sur deux côtés, le creusement des deux autres ne se faisant que lorsque de nouvelles chambres sont nécessaires, par exemple lorsque la famille s'agrandit.

Vue du ciel, l'extension du siège de l'Unesco à Paris réalisée par Bernard Zehrfuss ne diffère pas beaucoup

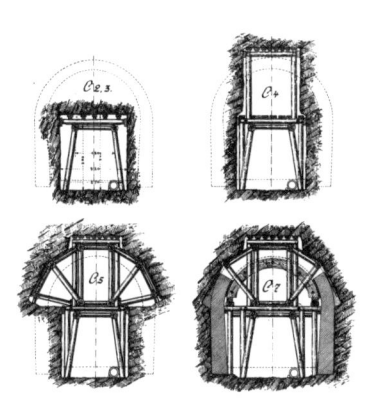

Ill. 11 : soutènement de la roche avec des étais en bois ; on les enlève au moment de la pose du revêtement du tunnel.
Coupe du tunnel d'Albula (CH)

des villages chinois dont nous venons de parler. En la considérant de plus près, on constate toutefois que les principes fonctionnels, structurels et urbanistiques mis en œuvre sont tout autres. Alors qu'en Chine, les dépressions marquent le début du processus de construction, chez Zehrfuss, elles sont ce qui « reste », ce qui n'est pas construit. Ce complexe de bâtiments fut en effet édifié « à ciel ouvert » comme un édifice normal avant d'être recouvert. Dans un cas, la construction souterraine est une réponse aux conditions climatiques alors que, dans l'autre, l'extension « invisible » est une réponse à l'environnement construit.

Le bâtiment principal, édifié par Zehrfuss, Breuer et Nervi en 1958, occupe en effet une position particulière dans le tissu urbain : au nord, il délimite la place de Fontenay, alors qu'à l'est et à l'ouest – fidèle aux principes

Ill. 12 : en haut : siège de l'Unesco, état original avec place ; en bas : agrandissement souterrain avec patios
Marcel Breuer, Bernard Zehrfuss, Pier Luigi Nervi, Unesco, Paris (F) 1958

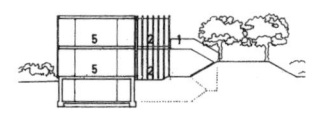

ÉLÉMENTS DE CONSTRUCTION — Fondations – Soubassement

Introduction

Ill. 13 : déblais utilisés comme remblai : protection acoustique et accès au niveau supérieur
Fritz Haller, école de Bellach, Soleure (CH) 1959

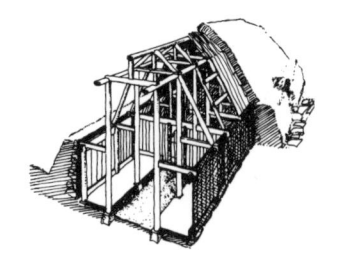

Ill. 14 : structure à pans de bois recouverte de tourbe
Longue maison *(skali)*, Islande

Ill. 15 : le bâtiment devient topographie.
Bearth & Deplazes, télésiège Carmenna, Arosa (CH) 2000

des modernes – il laisse de vastes espaces libres pour des bâtiments épars plus petits. Or, si l'extension souterraine a permis de préserver les rapports volumétriques, le caractère de l'espace extérieur s'en est trouvé extrêmement transformé. Il est donc illusoire de croire que des interventions souterraines laissent le paysage urbain intact.

Exhaussement – la topographie construite

Dans les exemples présentés ci-dessus, l'espace souterrain résultait directement (cavernes) ou indirectement (ouvrages construits dans une fouille ouverte) de l'extraction de terre. Les exhaussements, en revanche, sont le résultat de l'addition de matériau – dans l'idéal, celui de l'excavation, qui n'est alors pas enlevé du site mais utilisé pour remodeler le terrain. Sans être une construction souterraine à proprement parler, l'école de Bellach (1959-1960), près de Soleure, de Fritz Haller illustre le potentiel de ce type d'aménagement. Entre le bâtiment scolaire et la place publique s'élève un remblai qui protège du bruit et sert à accéder à l'étage supérieur du bâtiment, à l'intérieur duquel il n'y a pas d'escalier.

Souvent, c'est la configuration du terrain qui suggère la création d'espaces enterrés en surface : on peut ajouter une butte à un paysage de collines ou surélever un tertre existant. C'est ainsi que fonctionnent les hôpitaux militaires et les réservoirs. Ces derniers profitent de la situation élevée (pression), la masse de terre les protège des variations de température et ils « nuisent » moins sur le plan esthétique par rapport au village, à la ville ou au paysage. Dans les deux cas (réservoir et hôpital militaire), le faible exhaussement de la prairie atténue la géométrie de l'ouvrage qu'elle recouvre.

Outre la stratégie de camouflage classique consistant à abolir la distinction entre intérieur et extérieur, on peut, dans d'autres situations, chercher à les faire interagir. La station aval du télésiège de Carmenna, à Arosa, conçue par Bearth & Deplazes, en fournit un très bon exemple. La douce ondulation caractérisant le site est transposée dans la ligne brisée du toit, dont l'arête côté entrée rappelle la silhouette du massif montagneux se détachant sur l'horizon. Plus on va vers l'arrière de la toiture, plus il est difficile de faire la différence entre

Ill. 16 : silhouette du toit brisé avec les montagnes en arrière-plan
Bearth & Deplazes, télésiège Carmenna, Arosa (CH) 2000

topographie artificielle et topographie naturelle. La couche de terre transforme les plis en bombements et les surfaces du toit se fondent sur trois côtés dans les vallonnements du terrain. Seule l'ouverture en amont, par laquelle les sièges pénètrent à l'intérieur de la « colline », en trahit le caractère factice.

Alors qu'à Arosa, le mimétisme avec le paysage est un aspect central du projet, il est presque « naturel » en Islande, dans les maisons en tourbe recouvertes d'herbe. Le manque d'argile ne permettant pas la fabrication des tuiles, les toits furent recouverts de tourbe depuis la colonisation de l'île au IXe siècle. L'herbe qui pousse sur ceux-ci possède un réseau de racines très

Ill. 17 : matériau et forme du bâtiment s'adaptent au paysage.
Musée en plein air de Tordorf Skogar, Islande

dense, qui forme une couche assez imperméable dans ces régions à faible taux de précipitation (environ 500 mm/an). La durée de l'imperméabilité est cependant fonction de l'inclinaison de la toiture : si elle est trop raide, l'eau s'écoule trop vite, ce qui, en l'absence de précipitations, entraîne un assèchement et un craquèlement de la tourbe ; si la pente est trop faible, l'eau s'infiltre. Par ailleurs, la tourbe régule l'humidité et assure différentes fonctions d'accumulation. Une simple construction en bois (construction filigrane ; cf. l'ossature métallique de la station aval du télésiège d'Arosa) lui sert de support, tandis que des murs extérieurs massifs l'empêchent de glisser. Au milieu du paysage accidenté, les doux contours des toits verts ressemblent à des sommets de colline arrondis, tandis que le brun moussu des murs en tourbe fait penser à des creux du terrain. L'intégration ne provient donc pas de la pelouse ou du pré formant sur l'ouvrage comme un tapis, mais de l'adaptation aux thèmes préexistants tels que le « grain », la texture et le rythme du paysage. Dans les vallées de l'Engadine ou du Tessin, les maisons en pierre illustrent à merveille ce phénomène, puisqu'elles s'inscrivent dans un décor luimême constitué d'énormes blocs ou de morceaux épars de cette même pierre, ce qui en assure la continuité. C'est aussi le cas de la Baiao House d'Eduardo Souto de Moura, dont le toit se prolonge insensiblement dans le terrain et où les ailes de la façade en pierre brute se muent en murs de soutènement du terrain.

Si l'on peut parler ici d'un artifice d'aspect naturel, alors dans le cas d'ouvrages comme le temple d'Abou Simbel, à l'entrée duquel quatre statues de 20 mètres de hauteur ont été sculptées dans le flanc de la montagne, on parlera d'un naturel d'aspect artificiel.

Ill. 18 : le bâtiment et le terrain sont liés par les murs de soutènement
Eduardo Souto de Moura, Baiao House, Baiao (P) 1991-1993

Concepts d'aménagement de l'espace

Nous avons jusqu'ici peu parlé de la construction des ouvrages souterrains. Dans les pages qui suivent, nous présenterons les principes de conception des espaces, principes découlant des conditions et des possibilités spécifiques à la construction souterraine ; cela nous amènera à traiter aussi bien de chaque pièce que de l'extension tridimensionnelle de suites d'espaces.

Concepts géologiques

Les conditions géologiques influencent à différents niveaux la conception des espaces. En présence de couches rocheuses superposées ou adjacentes, discordantes ou non, on peut choisir de creuser dans la couche la plus aisée à travailler (p. ex. du grès tendre plutôt que du calcaire). L'emplacement concret d'un espace ou d'une suite d'espaces est dès lors déterminé par les aspects économiques de la géologie. Dans ce cas, l'expansion de l'espace souterrain est limitée par une discontinuité des roches ; la structure de la roche adjacente, sa capacité portante et les portées qu'elle permet peuvent aussi limiter la taille de l'espace. Dans le cas le plus simple, on creuse la pierre « tendre » de manière à ne conserver que des murs ou des piliers résistants à la compression, capables de porter la couche rocheuse plus ou moins horizontale sans mesure constructive supplémentaire. Lorsque l'écart vertical entre les strates dures est réduit et que l'on souhaite réaliser des grandes portées, il faut renforcer les propriétés mécaniques du plafond en lui donnant une forme de coupole ou de voûte (en arc, en trapèze ou en ellipse). Lorsque les strates rocheuses sont suffisamment épaisses, l'extension ne dépend que des conditions d'une seule. Dans une géologie homogène, il est bien sûr aussi possible d'augmenter les portées grâce à des surélévations.

La forme peut donc, d'un côté, refléter les possibilités statiques et, d'un autre, témoigner des opérations de forage, qu'il s'agisse de trous pour la barre à mine ou d'angles arrondis provenant du creusement à la pioche.

À l'époque préindustrielle, la diffusion des « concepts géologiques » dépendait des propriétés de la roche, notamment de sa grande solidité et de la facilité avec laquelle elle se laisse creuser. Le lœss, un sable marneux, réunit ces propriétés de manière idéale. Dans la vallée du Henan, en Chine, il permit à une tradition de construction

Ill. 19 : la roche est transformée en bloc d'aspect artificiel.
Temple d'Abou Simbel, Égypte

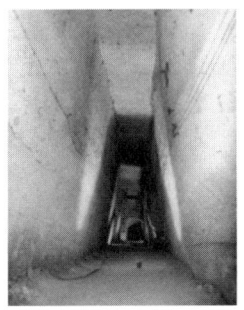

Ill. 20 : voûte en tuf à Naples
Sections trapézoïdale (g.) et elliptique (d.) comme formes idéales du point de vue statique

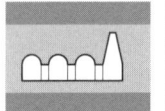

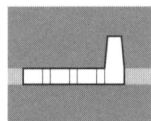

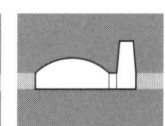

Ill. 21 : formes creusées dans la roche
Gauche : roche tendre ; courtes portées avec arc
Milieu : roche dure ; courtes portées sans arc
Droite : roche dure ; grande portée avec arc

souterraine remontant à l'époque préhistorique de s'établir et de se perpétuer jusqu'à aujourd'hui. On en trouve d'autres exemples dans la région de Matmata (Tunisie) et dans celle de Guadix, près de Grenade (Espagne) (ill. 25).

Pour pouvoir creuser des espaces dans des roches plus dures à des coûts raisonnables, il fallut attendre l'invention de la dynamite en 1867 et les méthodes de percement à la machine. N'oublions pas, cependant, que les Égyptiens creusèrent déjà de vastes tombeaux dans la vallée des Rois vers 1500 av. J.-C., et qu'au Moyen Âge, plusieurs églises furent entièrement taillées dans la roche en Éthiopie. Dans ces dernières, la palette des procédés mis en œuvre va de l'évidement au dégagement de murs monolithiques soutenant le massif rocheux formant le plafond. Véritables « espaces dans l'espace », ces églises, protégées par la masse qui les entoure, sont difficiles à trouver, mais possèdent néanmoins des façades semblables à celles des églises en plein air.

Aujourd'hui, le creusement des masses rocheuses continues sert surtout à exploiter la roche pour elle-même, à accéder aux richesses du sous-sol (p. ex. extraction du charbon, du sel, etc.) ou à éliminer des

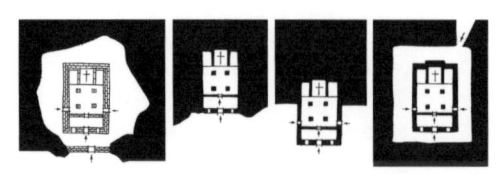

Ill. 22 : types d'églises rupestres en Éthiopie
De gauche à droite : au sein d'une caverne, creusée dans la roche, monolithique

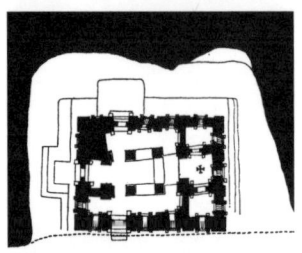

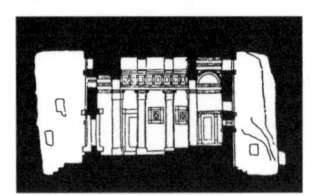

obstacles (construction de tunnels ou fouilles classiques destinées à la construction). De nos jours, les exemples d'utilisation directe des propriétés spécifiques de la roche sont plus rares. Parmi ces propriétés, retenons la grande inertie thermique qui, combinée à une implantation retirée, offre des températures stables avec un minimum de technique, le sous-sol restant à l'abri des variations climatiques journalières ou saisonnières. Tirant parti de ces avantages, le Great Midwest Underground (Kansas City, Missouri) offre, par exemple, des espaces de production, de stockage et de chambres froides sur une surface de près de 300 000 m². Au-delà de son intérêt comme entrepôt, cet ouvrage a su tirer profit des bonnes capacités portantes de la roche, puisque, comme dans le cas des églises éthiopiennes, l'excavation a permis de réaliser une structure monolithique (avec un quadrillage régulier de piliers) ne nécessitant aucune mesure constructive supplémentaire.

Concepts constructifs
La poussée permanente de la terre sur plusieurs côtés du bâtiment est un facteur déterminant (qui constitue une différence essentielle par rapport à un immeuble en surface). Dans ce contexte, on peut distinguer deux types de constructions : les systèmes autonomes, qui résistent simplement à la pression, et les systèmes complémentaires, qui ne fonctionnent que grâce à des forces extérieures. C'est notamment le cas des tombes de Monte Albán, au sud-est du Mexique, où les pierres plates du plafond, appuyées les unes contre les autres, sont stabilisées par le poids et la résistance du terrain (ill. 27).

Ill. 23 : église Libanos, Éthiopie, vers 1400
La roche est évidée de tous les côtés pour obtenir des murs et des poteaux monolithiques.

Parmi les systèmes autonomes, il convient de distinguer entre les éléments porteurs à « section active » et ceux à « forme active ». On parle d'éléments porteurs à « section active » lorsque la dimension d'un élément de construction est fixée de manière qu'il soit stable par lui-même (du fait des lois de la pesanteur) et que les forces de poussée horizontale soient déviées à l'intérieur de sa section. À l'inverse, plus la forme de l'élément de construction sollicité épouse le cheminement des forces intérieures (élément de structure à « forme active »), plus la construction pourra être mince. Dans cette optique, les voûtes (cf. tunnels) sont des éléments porteurs idéaux : placées verticalement, elles forment ce qu'on appelle des murs de soutènement cintrés (ou murs-voûtes). Utilisés pour protéger les réservoirs de l'usine d'aluminium de Chippis, en Suisse (ill. 28), ces murs sont constitués d'une série de coques dont la forme révèle les forces agissant sur elles. Toutefois, une faible courbure assure uniquement la résistance au flambage des éléments cintrés, et non leur stabilité. Pour garantir cette dernière, il faut recourir à des

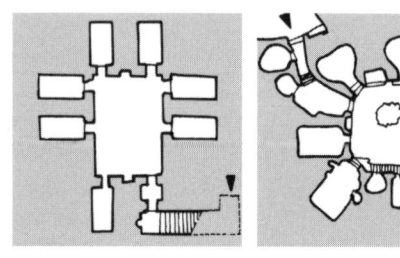

Ill. 25 : la cour, organe central avec sa couronne d'espaces
Gauche : Luoyang, vallée du Henan (Chine). Droite : Matmata (Tunisie)

nervures supplémentaires, augmenter la hauteur sous clé ou placer les coques en cercle (ill. 29). Les structures porteuses à « forme active » demandent en général plus de travail, mais nécessitent moins de matériel et indiquent les rapports de force ; les structures porteuses à « section active » exigent plus de matériel et « nient » le flux des forces, mais demandent souvent moins de travail.

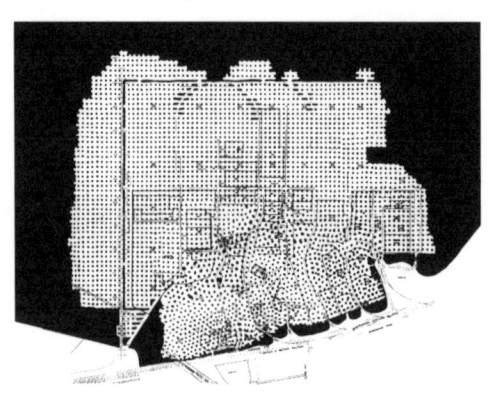

Ill. 24 : piliers monolithiques de 7,50 x 7,50 m ; entraxe 19,5 m
Great Midwest Underground, depuis 1940, Kansas City (Missouri)

Ill. 26 : massif creusé utilisé comme entrepôt et chambre froide
Great Midwest Underground, depuis 1940, Kansas City (Missouri)

Les structures porteuses à « section active » servent aussi à étayer la fouille, ce qui est toujours nécessaire à partir d'une certaine profondeur. Pour les fouilles de petite surface, le soutènement est réalisé avec un chaînage en forme d'anneau (soudé). Quand la distance d'un angle à l'autre est trop grande, les appuis verticaux doivent être raidis par des tirants d'ancrage, à condition qu'aucune conduite ou construction n'empêche les forages nécessaires. L'utilisation d'un plus grand nombre de tirants permet de se passer de liernes. À l'inverse, il est possible de renoncer aux tirants quand l'ouvrage lui-même sert de raidisseur. Le projet de concours de Christian Kerez pour l'agrandissement de l'école cantonale Freudenberg à Zurich-Enge fournit un bon exemple d'un tel procédé, qui s'applique aussi à la construction souterraine de manière plus générale. Le dessin libre du plan n'est pas arbitraire (comme on pourrait le penser au premier abord), mais représente la surface bâtissable maximale entre les bâtiments et les arbres existants, ce qui explique les ruptures et les segments courbes de son développement. La paroi

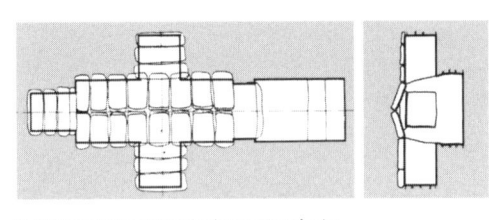

Ill. 27 : les grandes plaques de pierre sont posées les unes contre les autres et imbriquées dans le terrain.
Tombes (plan et coupe) à Monte Albán, Mexique

de pieux circulaires fait que la forme de l'ouvrage est sans incidence : le jointoiement de ces derniers reste en effet le même en cas de changement de direction. En d'autres termes, il importe peu pour la mise en œuvre que la paroi soit droite ou courbe. De plus, comme les parois de pieux forés peuvent reprendre des charges verticales (contrairement aux rideaux de palplanches), elles peuvent servir tout à la fois d'enceinte de fouille et de murs porteurs extérieurs. Kerez exploite cette propriété et utilise la dalle principale reposant sur les pieux pour stabiliser ces derniers et, avec eux, la fouille, ce qui permet de se passer de tirants d'ancrage.

Concepts informels

Ne possédant pas d'élément extérieur visible, la construction souterraine permet d'additionner les espaces de façon « incontrôlée ». On peut donc réaliser un programme sans avoir à tenir compte des habituelles « contraintes » extérieures. Il n'y a pas de contexte urbain pour limiter (intégrer) la volumétrie du bâtiment, et l'aspect plastique du projet, développé de l'intérieur vers l'extérieur ne doit se conformer à aucun paramètre esthétique. Aucune forme extérieure ne nécessite d'être « belle ». Or, malgré cette grande marge de manœuvre, la majorité des constructions

Ill. 28 : murs de soutènement cintrés pour reprendre la poussée du terrain
Réservoirs, usine d'aluminium, Chippis (CH)

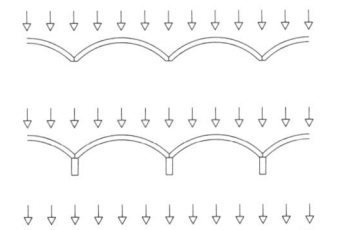

Ill. 29 : murs de soutènement cintrés
Schéma du plan (de haut en bas) :
- coque simples
- résistance renforcée par des nervures
- optimisation par une plus grande hauteur sous clé

souterraines contemporaines sont, pour des raisons économiques, des cubes, à moins que des conduites, des limites parcellaires ou des sondages géologiques n'obligent à opter pour une autre forme. Les décrochements augmentent l'enveloppe du bâtiment en contact avec le sol, ce qui complique et rend l'opération plus onéreuse à cause des angles. Les décrochements ne sont rentables que dans une fouille où la différence de niveau entre chaque tranche horizontale est d'une hauteur d'étage et permet une excavation ne nécessitant pas d'ancrage (p. ex. paroi berlinoise ou paroi cloutée).

Le terme de « concepts informels » englobe tous les ouvrages dont la forme découle avant tout de leur invisibilité, et non des conditions techniques ou constructives. Il désigne donc aussi bien les cubes compacts que les agglomérats résultant de l'addition d'espaces (contraintes internes) et le volume dont la forme est en partie « perturbée » (contraintes externes). Souvent, la seule règle est l'absence de règles – tout au moins de celles qui pourraient être déduites de la construction souterraine.

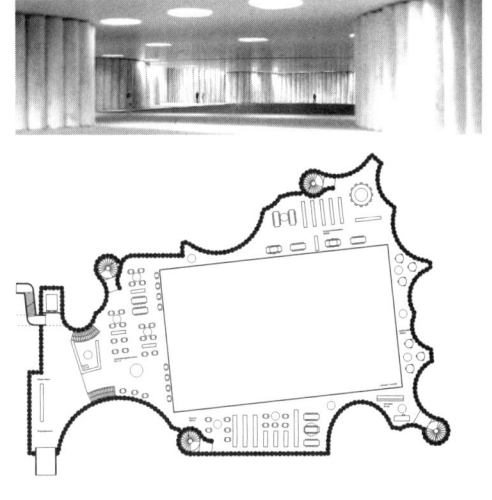

Ill. 30 : forme apparemment arbitraire, image des arbres et des bâtiments de surface voisins
Christian Kerez, projet pour l'école cantonale de Freudenberg, Zurich (CH) 2002

L'agglomérat sans plan défini peut avoir diverses origines. Il peut constituer la réalisation idéale d'un programme ou évoluer par la force des choses, au fil des années, le besoin croissant d'espaces étant satisfait par un aménagement du sous-sol (p. ex. sur les sites industriels situés en milieu urbain qui ne disposent pas de terrain de réserve). Enfin, il arrive que le manque d'espace se manifeste déjà au moment du dessin des plans, mais qu'un niveau supplémentaire en sous-sol apparaisse disproportionné. Les locaux supplémentaires sont construits aux dimensions requises là où on en a besoin, ou là où, pour d'autres raisons, « la possibilité se présente ». L'agglomérat construit sans plan précis peut donc exprimer une attitude pragmatique (« tout est possible ») de même qu'il peut être le

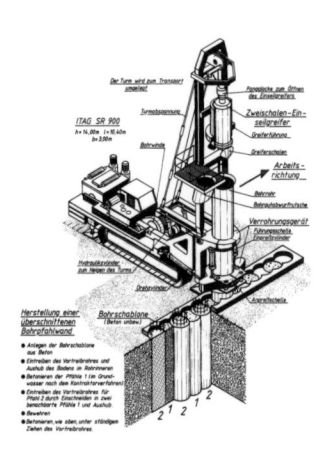

ÉLÉMENTS DE CONSTRUCTION — **Fondations – Soubassement** — Introduction

III. 31 : paroi de pieux forés
On fore et bétonne d'abord un pieu sur deux, le terrain servant de coffrage.

résultat d'une suite d'espaces prévue dans le détail. Le caractère informel, dénué de règle, signifie aussi que l'on réagit de façon ad hoc aux modifications de contraintes en fonction de la situation (conduites ou discordances ponctuelles de la géologie).

Conclusion

Le projet de Jørn Utzon pour le musée de Silkeborg (1963) réunit plusieurs thèmes présentés dans ce chapitre. On a ici affaire à une structure spatiale constituée de « volumes » souterrains plus ou moins étendus, placés les uns à la suite des autres, ou imbriqués les uns dans les autres. Les parois en forme de bulbe s'étayent mutuellement et constituent une structure porteuse à « forme active », dans laquelle l'épaisseur et la courbure des parois – en plan et en coupe – reflètent les forces en jeu. Ces modifications de section sont perceptibles dans les coursives. S'il avait été réalisé, avec son éclairage zénithal et l'expérience physique de l'immersion (concept de la circulation intérieure) qui, comme nous l'avons dit, ne sont pas forcément liés aux constructions souterraines, le musée de Silkeborg aurait incarné clairement et sans embellissement romantique les aspects conceptuels et spatiaux de la construction sous terre.

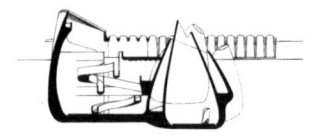

III. 32 : parois cintrées (comme structure porteuse à « forme active ») contre la poussée des terres
Jørn Utzon, projet pour le Kunstmuseum de Silkeborg (DK) 1963

Références bibliographiques
- Pierre Zoelly, *Terrarektur*, Bâle 1989.
- Henri Stierlin, Pierre Zoelly, « L'Architecture souterraine », in *Werk*, 10, 1975.
- Gerhard Auer (dir.), « Sous Terrain », in *Dadailos*, 48, 1993.
- Georg Gerster, *Kirchen im Fels*, Zurich 1972.
- Wincenzo Albertini, Antonio Baldi, Clemente Esposito, *Naples, the Rediscovered City*, Naples 2000.
- Bernard Rudolfsky, *Architecture without Architects*, New York 1964.
- Pierre von Meiss et Florinel Radu, *Vingt mille lieues sous les terres*, Lausanne 2004.

ÉLÉMENTS DE CONSTRUCTION | Fondations – Soubassement
Processus

Préparation du chantier
Travaux de géomètre

Ill. 33 : gabarits

Données de base
En Suisse, les données numériques de la mensuration officielle (MO) couvrent la quasi-totalité du territoire (système de coordonnées Y/X, dont l'origine correspond à l'ancien observatoire astronomique de Berne : 600 000 000 m / 200 000 000 m). La mensuration nationale suisse repose sur une triangulation du territoire, c'est-à-dire sur un maillage tridimensionnel de surfaces triangulaires. Le principal niveau d'information de la mensuration officielle est celui du bien-fonds. Il décrit donc le parcellaire. Les limites de parcelle sont définies par ce qu'on appelle des « points limites ». Chaque élément (point fixe, borne, point de polygone, cheville, angle de bâtiment, couverture du sol, objet isolé, etc.) est saisi sous forme numérique, c'est-à-dire qu'on lui attribue des coordonnées Y/X et, dans le cas des points fixes, une altitude Z. Les données de la mensuration officielle constituent la base du registre foncier fédéral.

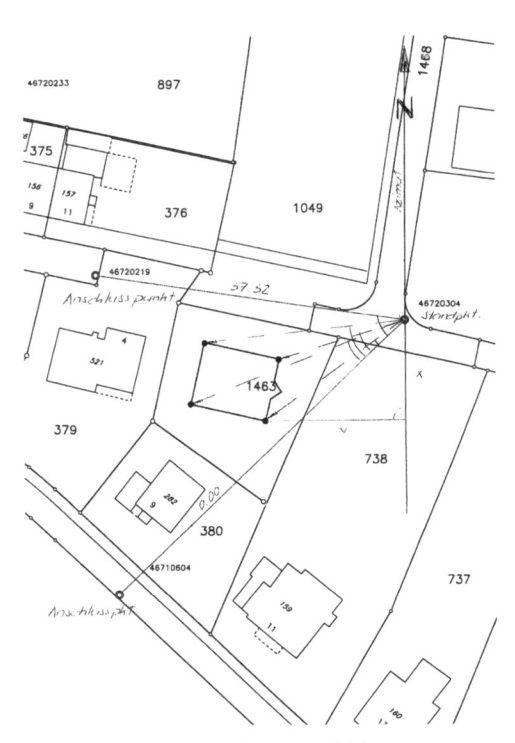

Ill. 34 : plan cadastral (plan de situation avec parcellaire)
Schéma d'un piquetage avec quatre points

Piquetage et pose des gabarits
Au moment du dépôt de la demande de permis de construire, il s'agit de poser, sur le terrain, des gabarits permettant à tout un chacun de se faire une idée claire de la forme du futur bâtiment en plan (angles rentrants et saillants), de la forme de sa toiture (arêtes) et, le cas échéant, de la forme du terrain remanié.

Le piquetage se fait sur la base des points fixes fournis par la mensuration officielle (points limites), ainsi que des distances aux limites projetées. En zone urbaine, on fait la plupart du temps appel à un géomètre, dont le travail consiste à calculer les coordonnées du bâtiment projeté et à les marquer, sur le terrain, au moyen de piquets.

Les données préparées au bureau sont transférées dans un appareil de mesure appelé tachéomètre. Sur le terrain, on prend comme référence des points de rattachement ou la pointe d'éventuelles flèches d'église. On appelle les coordonnées entrées dans le tachéomètre et on les convertit en angles et en distances. Le tachéomètre doit être posé à un endroit adéquat. Il faut au minimum deux points de rattachement pour pouvoir effectuer le piquetage. Le géomètre guide son assistant, muni d'une mire graduée réfléchissante, jusqu'à ce qu'il se trouve à quelques centimètres du point à marquer, à l'emplacement duquel il enfonce alors un piquet.

Pour autant que l'horizon soit assez dégagé (arbres, bâtiments), le piquetage peut aussi se faire par GPS (Global Positioning System). Pour calculer la longueur exacte des gabarits, le géomètre doit encore procéder à un relevé altimétrique du terrain, ce qui ne nécessite en général pas un travail très important. Il est par ailleurs judicieux de relever l'altitude du terrain à proximité du futur bâtiment, de sorte que l'entreprise de terrassement puisse, par la suite, déterminer facilement le niveau du fond de terrassement.

Sur la base du piquetage, du niveau de fond de terrassement et de l'angle d'inclinaison du talus, on détermine le tracé du bord supérieur du talus et on le marque au spray ou à l'aide d'un matériau granuleux. L'entreprise de terrassement peut alors commencer son travail.

Ill. 35 :
Point fixe dans un regard

Ill. 36 :
Point fixe altimétrique contre une façade

Ill. 37 :
Borne avant la pose

Ill. 38 :
Borne en place

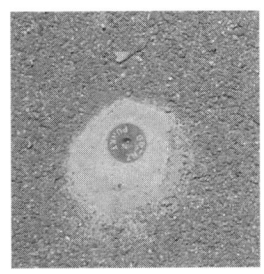

Ill. 39 :
Point limite à fleur de sol

ÉLÉMENTS DE CONSTRUCTION | **Fondations – Soubassement**

Préparation du chantier
Travaux de terrassement

Travaux de terrassement et d'excavation

Le déplacement de masses de terre est un processus difficilement prévisible, que planifient en général en détail ingénieurs civils et géologues. Une expertise géologique (sondages) permet de déterminer la nature du matériau à déblayer et la portance du sol de fondation, base sur laquelle peut ensuite être déterminé le type de fondations à adopter.

Dans un premier temps, l'entreprise de terrassement déblaie, à l'aide d'une pelleteuse-chargeuse, la couche végétale supérieure (humus, env. 30 cm) et en dépose une partie à côté de la fouille. Commence ensuite l'excavation proprement dite, qui s'effectue par étapes. Le transport des déblais étant onéreux, l'humus et les terres nécessaires au remblayage ultérieur sont, si possible, déposés sur la parcelle même, ou à proximité immédiate.

La manipulation des engins de terrassement (pelles mécaniques, pelleteuses-chargeuses, etc.) exige une grande habileté de la part des machinistes, qui doivent être capables de réaliser des fouilles avec un degré de précision de l'ordre du centimètre.

Une fois le fond de fouille atteint, on y coule une couche de propreté en béton maigre (PC 150, env. 5 cm), offrant un plan de travail sur lequel il est par exemple possible de reporter le tracé des canalisations ou le contour de la dalle de fondation. En présence d'un sol rocheux, il est possible de renoncer à une telle couche.

La fouille doit en général présenter sur tout son pourtour un débord de 60 cm par rapport à l'emprise du bâtiment, le dégagement ainsi ménagé servant d'espace de travail aux ouvriers. L'angle d'inclinaison du talus (et son éventuel étayage ou stabilisation) dépend de la qualité du sol, les ouvriers devant être à l'abri des glissements de terre. Les prescriptions légales imposent d'évacuer l'eau affectant le chantier si l'intensité des précipitations et la poussée exercée par les eaux de pente ou souterraines l'exigent.

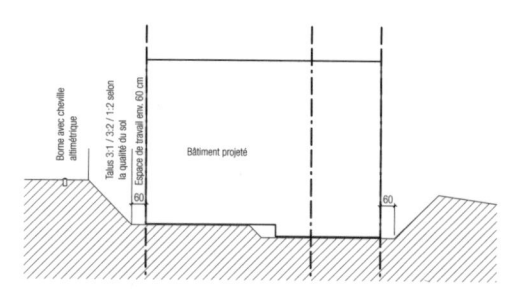

Ill. 41 : coupe schématique de terrassement

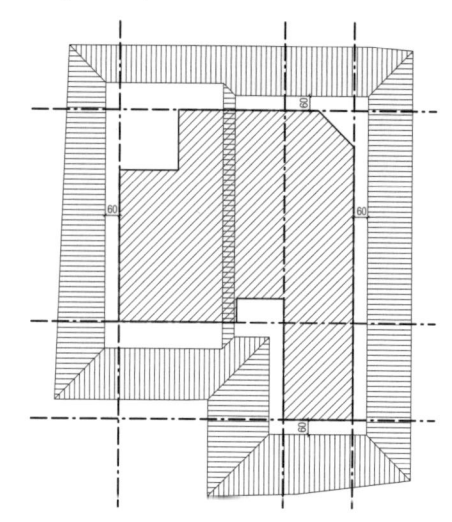

Ill. 42 : plan schématique de terrassement (représentation des talus)

Implantation de l'ouvrage

Une fois la couche de propreté mise en place, on dresse les chaises d'implantation et on tend sur ces dernières des cordeaux lestés par des briques. Ces cordeaux, qui matérialisent les axes principaux de l'ouvrage et l'alignement des murs extérieurs, sont placés par l'entreprise de construction et contrôlés par le géomètre. Pour ce faire, ce dernier se réfère aux points de rattachement disponibles, selon le même procédé que pour le piquetage (tolérance ± 5 mm). Le plan du bâtiment est ensuite projeté sur la couche de propreté au moyen de fils à plomb. L'ouvrage est ainsi implanté, tout est prêt pour la pose des canalisations et le coulage de la dalle de fondation.

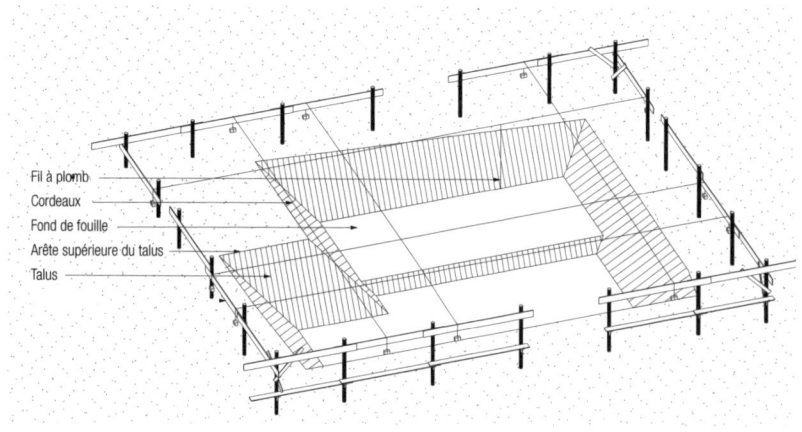

Ill. 40 : fouille talutée

Ill. 43 : stabilisation d'un talus au moyen d'un film plastique

ÉLÉMENTS DE CONSTRUCTION | Fondations – Soubassement

Processus

Fondations

Problématique

« Le contact du bâtiment avec le sol conditionne aussi bien la transmission des charges à la couche d'assise que la rencontre avec la topographie. [...] Dans le plus simple des cas, la fondation d'un bâtiment est la conséquence directe des décisions prises pour les parties d'ouvrage en surface. Dès que le terrain présente cependant des difficultés au niveau du sous-sol, que ce soit du fait de sa topographie ou de sa géologie, il s'agit de réagir à ces facteurs. »

Tiré de Heinz Ronner, *Baukonstruktion im Kontext des architektonischen Entwerfens, Haus-Sockel*, Bâle 1991.

Influences

Sollicitations mécaniques, biologiques et chimiques :

Charges	poids propre et charges utiles
Tassements	compression du sol pendant et après les travaux
Poussée des terres	forces agissant surtout horizontalement sur les murs
Humidité	dans l'atmosphère (précipitations)
	en surface (rejaillissement)
	dans le sol (humidité du sol, gel, nappe phréatique)
	dans le bâtiment (diffusion de la vapeur d'eau)

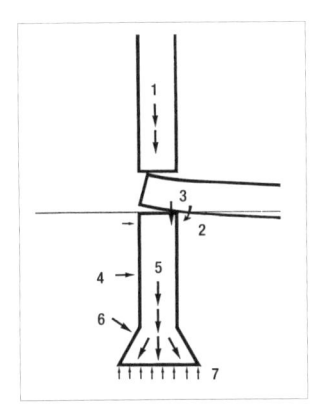

Ill. 44 : transmission des charges
1. Poids propre et charges utiles
2. Moment de flexion au niveau de l'appui de dalle
3. Compression au niveau de l'appui de dalle
4. Poussée des terres et pression hydrostatique
5. Charge des fondations
6. Répartition des charges de compression
7. Pression de contact (semelle de fondation)

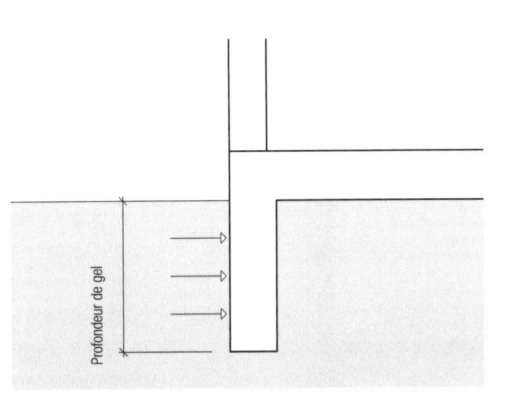

Ill. 45 : barrière antigel
Sans fonction statique directe. Empêche que de l'eau ne pénètre sous la dalle de fondation au-dessus de la profondeur de gel. Jusqu'à 800 m d'altitude, la profondeur de gel est de 80 cm. Au-delà, elle se monte à 1/1000 de l'altitude (p. ex. 1,2 m pour 1200 m d'alt.).

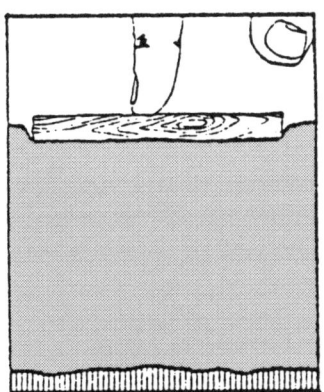

Ill. 46 : fondation superficielle
En présence d'un sol de portance homogène ; Profondeur de fondation = profondeur de gel (alternative : barrière antigel)

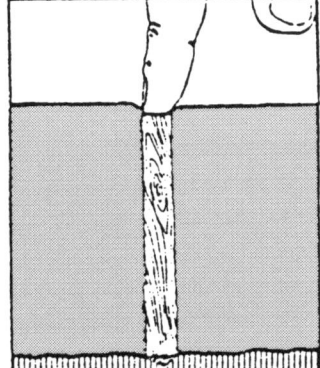

Ill. 47 : fondation profonde
En présence d'un sol de portance inégale et insuffisante ; Profondeur de fondation = profondeur du bon sol (couche d'assise)

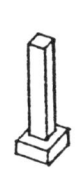

Fondation isolée ponctuelle

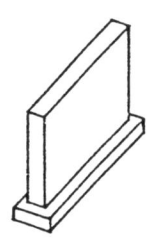

Fondation filante linéaire

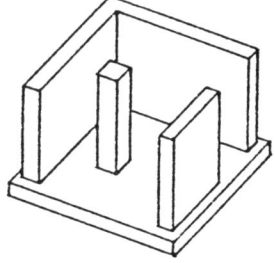

Fondation par dalle surface

Ill. 48 : les fondations font saillie par rapport aux éléments reposant sur elles :
a) pour mieux répartir les charges
b) pour offrir un appui au coffrage (pratiquement tous les éléments en contact avec le sol sont aujourd'hui réalisés en béton)

ÉLÉMENTS DE CONSTRUCTION | **Fondations – Soubassement**

Systèmes

Types de fondations
Couche porteuse à l'intérieur

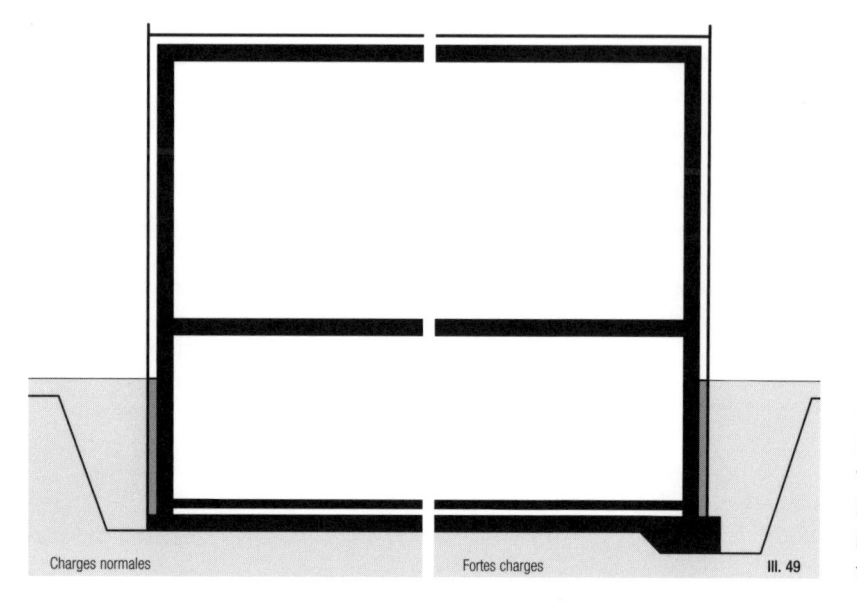

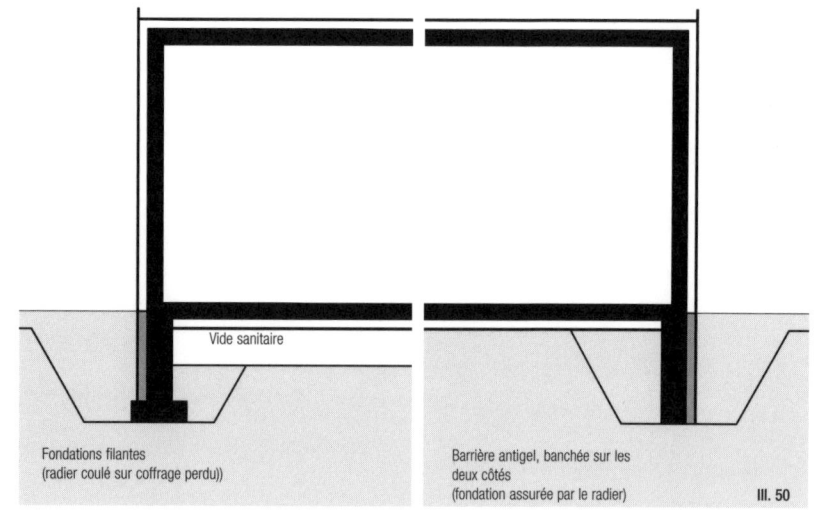

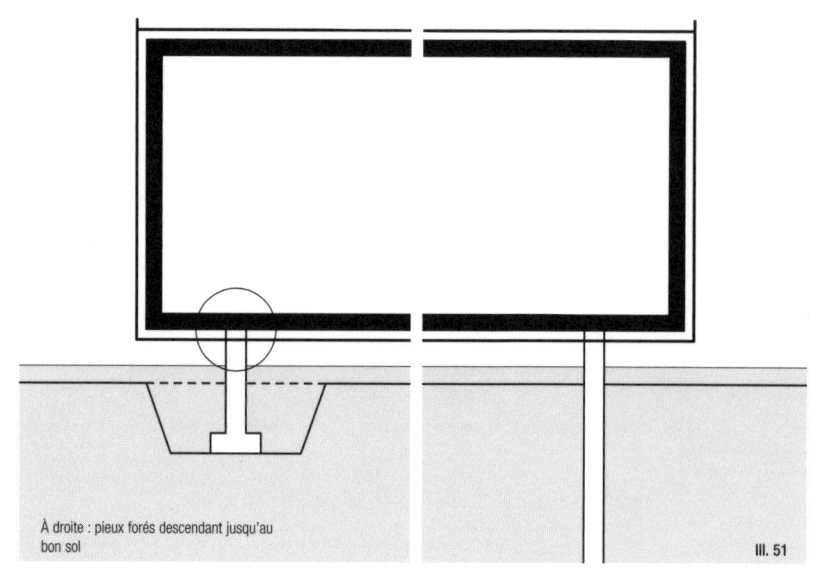

Charges normales | Fortes charges | Ill. 49

Isolation extérieure, couche intérieure porteuse (cas normal)
Aujourd'hui, tous les éléments de construction souterrains sont en général réalisés en béton armé.

Cuvelage
Bâtiment enfoncé dans le sol

Le bâtiment repose sur une dalle de fondation (radier). En cas de fortes charges, des semelles filantes sont prévues sous les murs.
Passage de l'isolation ordinaire à l'isolation périmétrique
Problème au pied des murs : interruption de l'isolation thermique si le sous-sol est chauffé

Vide sanitaire

Fondations filantes (radier coulé sur coffrage perdu))

Barrière antigel, banchée sur les deux côtés (fondation assurée par le radier) | Ill. 50

Fondations filantes, barrière antigel
Bâtiment posé sur le sol (non excavé)

Le bâtiment sera posé sur fondations filantes :
    a) si le sol de bonne portance se situe à une certaine profondeur ;
    b) si l'on souhaite créer un vide sanitaire (rendant une barrière anti-humidité superflue).
La semelle des fondations filantes doit descendre jusqu'à la profondeur de gel.
Si le bâtiment repose sur une dalle de fondation, une barrière antigel est nécessaire.
Passage de l'isolation ordinaire à l'isolation périmétrique
Problème au pied des murs : interruption de l'isolation thermique

À droite : pieux forés descendant jusqu'au bon sol | Ill. 51

Fondations ponctuelles
Bâtiment détaché du sol

Bâtiment posé sur poteaux, pilotis, piliers, etc.
Expression architecturale : légèreté ; aspect pragmatique : p. ex. protection contre les crues (cf. Farnsworth House, Mies van der Rohe)
La semelle des fondations doit descendre jusqu'à la profondeur de gel ou au niveau du bon sol (pieux forés)
Problème au sommet des poteaux : isolation thermique traversée par ces derniers
Selon la hauteur des poteaux, la stabilité de l'ouvrage devra être assurée par un encastrement des poteaux et/ou par des contreventements.

Types de fondations
Couche porteuse à l'extérieur

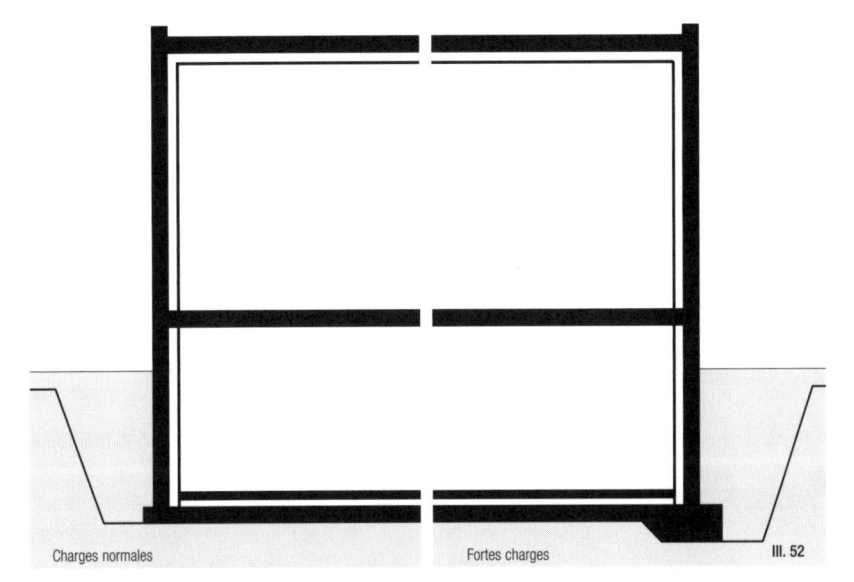

Charges normales — Fortes charges
III. 52

Isolation intérieure, couche intérieure non porteuse (cas particulier survenant dans la construction en bois ou en béton de parement)

Cuvelage
Bâtiment enfoncé dans le sol

Le bâtiment repose sur une dalle de fondation (radier). En cas de fortes charges, des semelles filantes sont prévues sous les murs.
Dans le cas de murs en béton de parement, aucun changement de matériau n'est nécessaire au niveau du soubassement.
Problème au niveau des planchers intermédiaires : isolation thermique interrompue

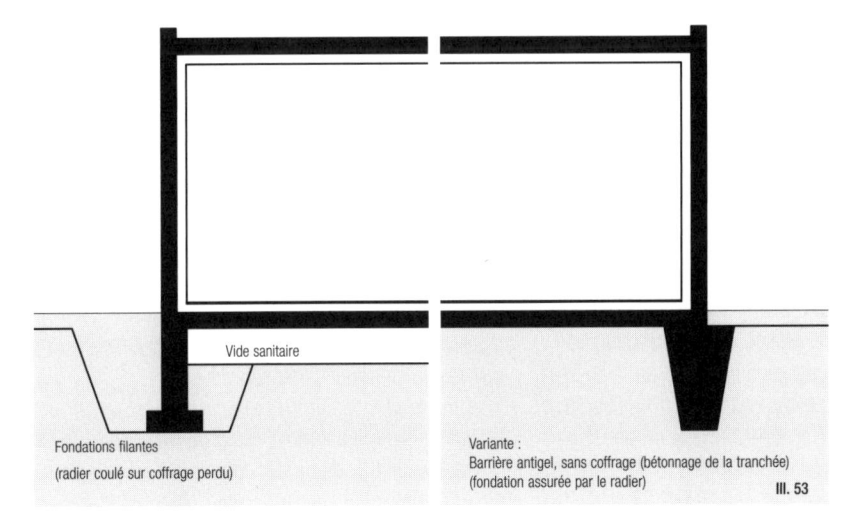

Vide sanitaire

Fondations filantes
(radier coulé sur coffrage perdu)

Variante :
Barrière antigel, sans coffrage (bétonnage de la tranchée) (fondation assurée par le radier)
III. 53

Fondations filantes
Bâtiment posé sur le sol (non excavé)

Le bâtiment sera posé sur fondations filantes :
    a) si le sol de bonne portance se situe à une certaine profondeur ;
    b) si l'on souhaite créer un vide sanitaire (rendant une barrière anti-humidité superflue).
La semelle des fondations filantes doit descendre jusqu'à la profondeur de gel.
Si le bâtiment repose sur une dalle de fondation, une barrière antigel est nécessaire.
Avantage : pas d'interruption ni de traversée de l'isolation thermique

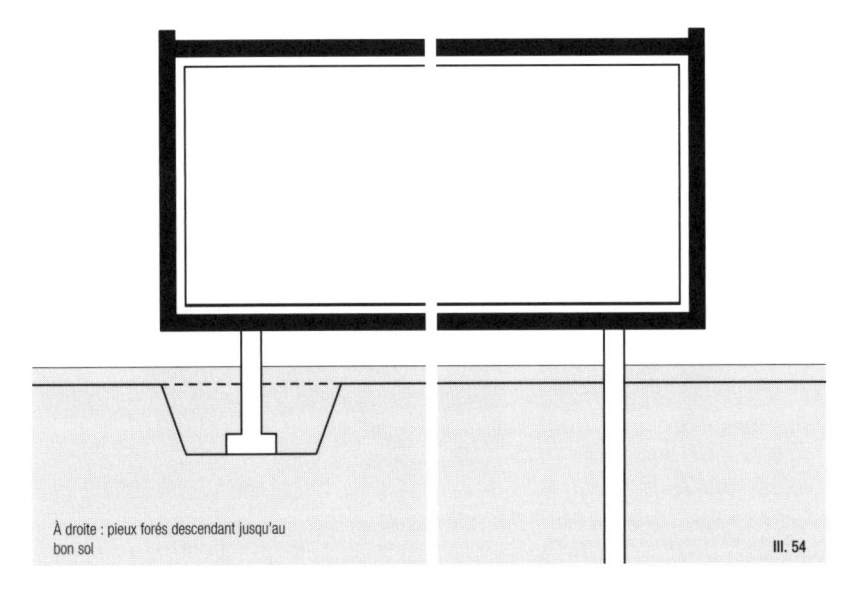

À droite : pieux forés descendant jusqu'au bon sol
III. 54

Fondations ponctuelles
Bâtiment détaché du sol

Bâtiment posé sur poteaux, pilotis, piliers, etc.
Expression architecturale : légèreté ; aspect pragmatique : p. ex. protection contre les crues
(cf. Farnsworth House, Mies van der Rohe)
La semelle des fondations doit descendre jusqu'à la profondeur de gel.
Avantage : pas d'interruption ni de traversée de l'isolation thermique
Selon la hauteur des poteaux, la stabilité latérale de l'ouvrage devra être assurée par un encastrement des poteaux et/ou par des contreventements.

ÉLÉMENTS DE CONSTRUCTION — Fondations – Soubassement

Systèmes mis en œuvre

Les origines du soubassement

Alois Diethelm

Ill. 55 : le soubassement comme plate-forme
Temple grec, vers 500 av. J.-C.

Le « soubassement » règle le rapport entre le bâtiment et le terrain. Dans le langage courant, ce terme désigne un élément de construction indépendant, différent d'aspect, à la base de la façade : il se présente soit comme un revêtement soit comme un mur massif.

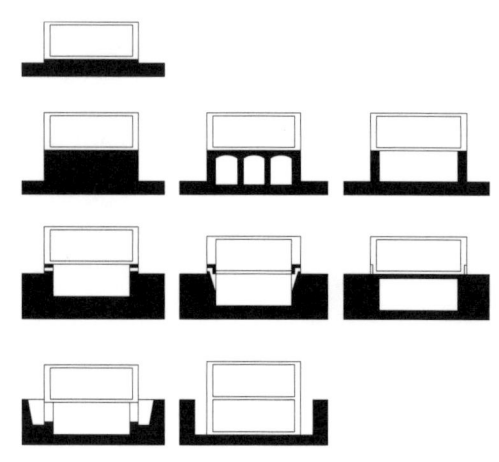

Ill. 56 : types de soubassement
De haut en bas : plate-forme, « remblai », sous-sol et cuvette

Le soubassement en surface

L'histoire du soubassement va de la préparation pratique du site à l'image atectonique postmoderne s'inspirant de la morphologie, en passant par la protection contre des dangers extérieurs (animaux, intempéries, guerre, etc.) Plus que pour tout autre élément de construction, les exigences techniques et les intentions architecturales se confondent pour le soubassement de façons si diverses qu'il n'est plus possible d'en distinguer l'origine. Déjà le temple grec, dont le stylobate résulte en principe du défrichage du terrain, tire une partie de sa force de ses gradins qu'il fallait franchir et donc de sa situation élevée. Par la suite, le « remblai de terre » ceint de pierres atteint la hauteur d'un étage (p. ex. la Maison Carrée à Nîmes, 16 av. J.-C.), et ce ne fut dès lors plus qu'une question de temps jusqu'à ce qu'on évide ce podium pour former un niveau (RDC) avec des salles.

Ill. 57 : le soubassement et la partie supérieure du bâtiment forment deux ouvrages structurellement indépendants pour une même fonction (habitat).
Philip Johnson, House Wiley, New Canaan (USA) 1953

Jusqu'au milieu du XIXe siècle, le thème du soubassement concerne surtout les palais et les villas, car les autres bâtiments disposent de rez-de-chaussée normaux, qui ne se différencient pas des étages supérieurs (cf. les bâtiments d'habitation au Moyen Âge). Bien qu'utilisé d'abord comme espace annexe puis comme espace principal, le soubassement a gardé son caractère défensif et massif jusqu'au début du XXe siècle, signalé soit par des pierres naturelles (en construction massive ou en revêtement), soit par un faux bossage en crépi bon marché.

Le soubassement souterrain

Une autre raison de présenter un soubassement apparent est soit le besoin de pourvoir les espaces du sous-sol d'une aération naturelle, soit l'envie de réduire le volume excavé ; les deux stratégies amènent à surélever le niveau du rez-de-chaussée. Le mur du sous-sol se dresse au-dessus du sol comme un élément distinct du reste, puisque, devant satisfaire à d'autres exigences (résistance à la poussée des terres, à l'humidité du terrain, etc.), il est en général exécuté autrement que la façade. Mis à part la question du soubassement, un rez-de-chaussée surélevé nécessite une solution architecturale pour l'entrée, puisque la différence de niveau peut être reprise soit à l'extérieur du bâtiment, soit dans l'épaisseur de la façade soit dans le hall d'entrée lui-même. À peine discernables de l'extérieur, on trouve des sous-sols abritant des locaux qui s'élèvent jusqu'au-dessus du niveau du terrain, laissant pénétrer la lumière par des ouvertures en forme d'entonnoir.

Le saut-de-loup fonctionne de façon identique, et peut se définir comme une réservation au raz du sol. Utilisé ponctuellement, il ne se distingue guère de l'ouverture pratiquée dans un mur. Constitué par un élément de construction préfabriqué en béton ou en plastique simplifiant la mise en œuvre, le saut-de-loup a le désavantage de former un trou dans la place, le trottoir ou le gazon, trou qui doit être recouvert d'une grille. Lorsqu'il s'étend le long de la façade et possède une largeur suffisante

Ill. 58 : la partie supérieure du bâtiment et le soubassement sont structurellement liés mais remplissent des fonctions différentes (habitat et apparat contre sous-sol).
Jules Hardouin-Mansart, Robert de Cotte, Grand Trianon, Versailles (F) 1687

Ill. 59 : la surélévation du rez-de-chaussée permet l'aération et l'éclairage naturels du sous-sol ; l'entrée interrompt le soubassement.
Diener & Diener, Warteckhof, Bâle (CH) 1993-1996

(1 à 2 m), il permet un excellent éclairage du sous-sol dont les pièces, désormais utilisables comme celles se trouvant en surface, ne s'en distinguent que par l'absence de vue.

Le soubassement « déplacé »

Lorsque la semelle du saut-de-loup est au niveau du plancher du sous-sol, on obtient un espace extérieur praticable, courant en Grande-Bretagne. Bénéficiant d'un accès séparé grâce à un escalier extérieur, les sous-sols abritent des logements de service et des petits commerces. Ici, les performances requises pour les « murs du sous-sol » ne diffèrent plus de celles de la façade. Lorsque cet espace extérieur entoure tout le bâtiment, on obtient une

Ill. 64 : la maison émerge du terrain en pente à la façon d'un monolithe.
Valerio Olgiati, école, Paspels (CH) 1998

Ill. 60 : saut-de-loup avec pièces habitables en sous-sol
Steger & Egender : Kunstgewerbeschule, Zurich (CH), 1933

Ill. 61: le saut-de-loup agrandi sert de jardin praticable.
Steger & Egender, Kunstgewerbeschule, Zurich (CH) 1933

« cuvette » qui isole le bâtiment des conditions géologiques et dans laquelle tous les niveaux peuvent être construits de façon identique (p. ex. construction en bois).

Le soubassement supprimé

Dans l'architecture contemporaine, la question du soubassement est surtout une affaire de technique constructive. Par exemple, quand la topographie ne permet pas la réalisation d'un soubassement, on le supprime, parfois à grands frais. Les bâtiments sont de plus en plus

Ill. 62 : le puits de lumière comme indice d'un sous-sol
Marques & Zurkirchen, maison Kraan-Lang, Emmenbrücke (CH) 1994

Ill. 63 : conteneur sans ancrage posé « temporairement » sur le pré
Marques & Zurkirchen, maison Kraan-Lang, Emmenbrücke (CH) 1994

considérés comme des objets (apparentés à des œuvres d'art) plutôt que comme des habitations, sans être pour autant construits autrement. Dans la majorité des cas, les méthodes utilisées sont les mêmes qu'il y a 50 ans, avec parfois de légères modifications ; à la différence, toutefois, que, dans leur recherche de la plus grande abstraction possible, elles défient souvent les « règles de l'art de construire ».

Si l'on envisage la maison comme un objet, il existe trois types fondamentaux de rapport terrain/bâtiment : le bâtiment peut soit jaillir du terrain, soit être posé sur celui-ci, soit encore s'en détacher. Du point de vue de la technique de construction, un bâtiment qui jaillit du terrain pose le plus de problèmes, puisque la « peau extérieure » continue est soumise à différentes contraintes : à l'air libre, elle doit résister aux intempéries et aux détériorations mécaniques, en sous-sol, à l'humidité et à la pression de la terre. Les matériaux homogènes comme le béton coulé sur place et l'enduit (crépi imperméable et/ou support d'enduit résistant à l'humidité) sont assez peu problématiques. En revanche, les assemblages laissés apparents comme la maçonnerie, les éléments de béton préfabriqués et les revêtements légers en bois, en tôle ou en panneaux de fibres présentent davantage de difficultés, parce que certains joints ne sont pas étanches et que le matériau lui-même manque de résistance à l'humidité (efflorescences, décomposition, etc.).

D'un autre côté, on peut choisir de « détacher » le bâtiment du sol et de le soustraire aux influences du terrain avec des solutions allant de la fondation filante en surface aux pilotis hauts d'un étage. Entre ces deux solutions existe celle consistant à poser le bâtiment sur le terrain ; la dalle de fondation (le cas échéant, le sous-sol) ancre parfaitement la structure dans le terrain mais, puisque le revêtement de la façade ne va pas jusqu'au sol, on a quand même l'impression d'avoir affaire à un objet posé par terre.

ÉLÉMENTS DE CONSTRUCTION   **Fondations – Soubassement**

Systèmes mis en œuvre

III. 65 : la pente du terrain est compensée par le soubassement massif sur lequel repose la construction en bois.
Gion Caminada, bâtiment d'activités, Vrin (CH) 1999

III. 68 : le soubassement de béton est une partie visible de la cuvette où se dresse la maison de bois. Des planches de bois posées sur les degrés couvrent les joints béton/bois.
Peter Zumthor, maison Gugalun, Versam (CH) 1994

III. 66 : isolation thermique enduite, avec soubassement en pierre naturelle
Dolf Schnebli, maison d'habitation, Baden (CH) 1990

L'aspect du soubassement

La tendance vers l'objet abstrait est surtout une réaction au mouvement postmoderne, dont les protagonistes cherchaient, avec des mesures techniques comparables, non pas l'abstraction, mais une diversité structurelle qui n'existait pas, dans le but de réaliser l'image de la « maison » classique (soubassement, étages normaux et attique, qui ne se distinguent que par leur texture).

Même s'il s'agit d'un revêtement (réduit à quelques centimètres d'épaisseur), cette forme de soubassement est davantage qu'une simple différenciation de la façade, puisqu'elle sert de protection contre la saleté et les dégâts mécaniques.

Le soubassement nécessaire

En dehors des préférences architecturales, il peut arriver, en fonction de la méthode de construction, que ce soit la topographie qui détermine si un soubassement est nécessaire ou non. Alors que, sur un terrain plat, il est encore facile s'en passer ou de le garder peu élevé, dans un terrain en pente, il faut dès le début se demander si la différence de niveau doit être « rattrapée » par un tel élément ou si ce dernier doit épouser la pente. La première solution suggère une utilisation différente de chaque niveau, tandis que la deuxième pose des questions de structure : le soubassement constitue-t-il le fondement de la façade, auquel cas il doit être porteur, ou s'agit-il d'un « bouclier de protection » qui contient la poussée des terres et l'humidité ?

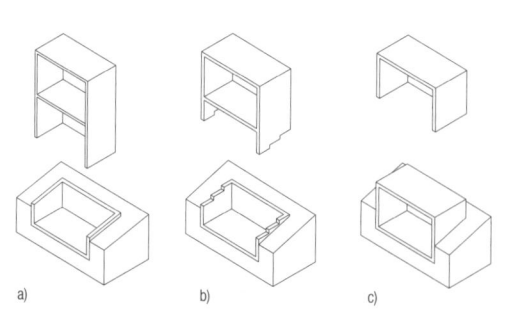

III. 67 : béton peint, avec soubassement en carreaux de céramique servant de protection contre les intempéries et les salissures et structurant visuellement la façade
Otto Rudolf Salvisberg, immeuble locatif, Zurich (CH), 1936

III. 69 : soubassement dans un terrain en pente
a) le bâtiment est dans la cuvette (qui sert de « bouclier de protection »)
b) les parties supérieures du bâtiment reposent sur les bords de la cuvette
c) l'étage en surface repose sur niveau en sous-sol

ÉLÉMENTS DE CONSTRUCTION — **Fondations – Soubassement**
Problèmes de physique du bâtiment

Murs extérieurs souterrains
Actions exercées sur l'enveloppe du bâtiment

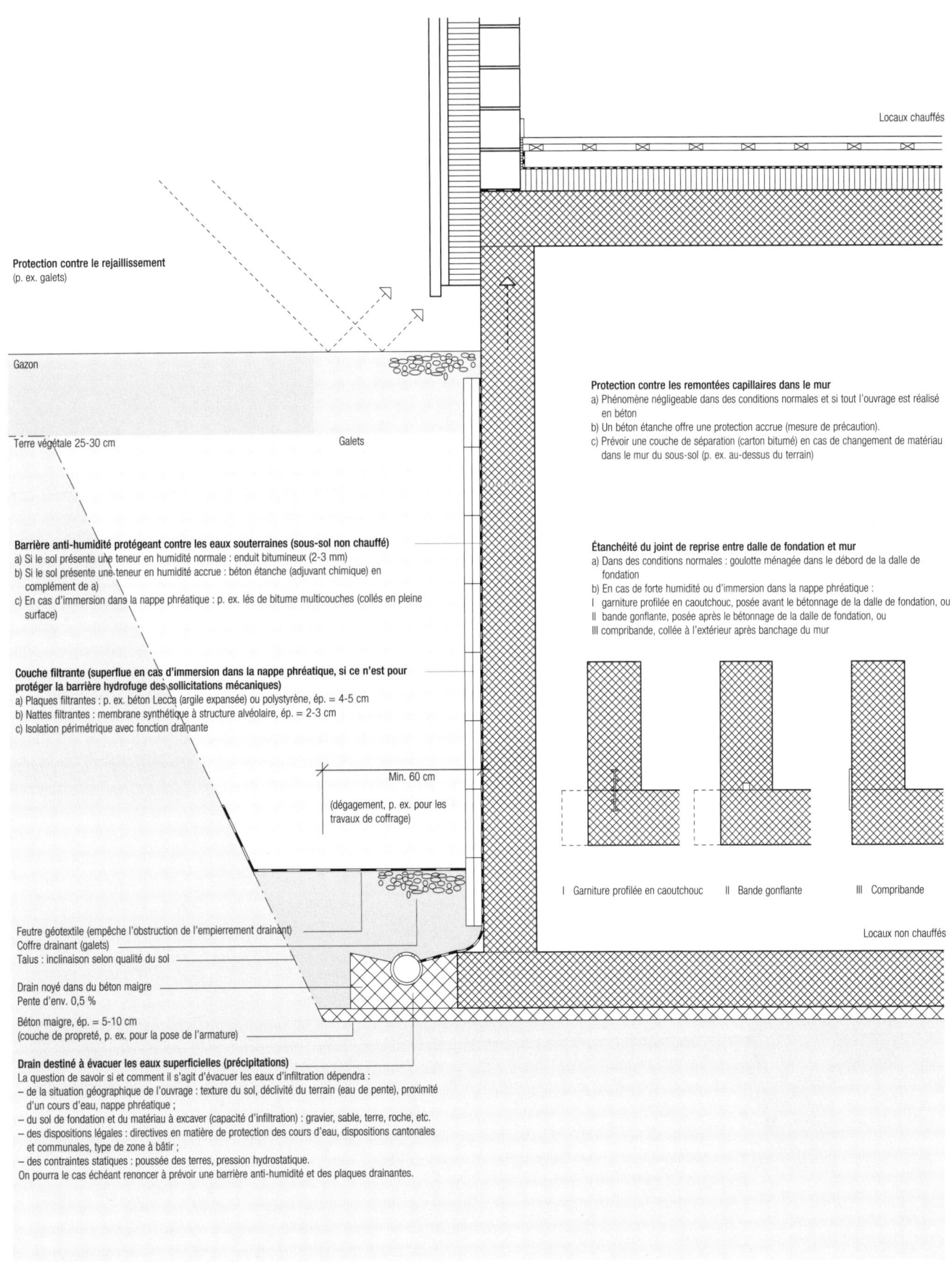

Locaux chauffés

Protection contre le rejaillissement
(p. ex. galets)

Gazon

Terre végétale 25-30 cm

Galets

Barrière anti-humidité protégeant contre les eaux souterraines (sous-sol non chauffé)
a) Si le sol présente une teneur en humidité normale : enduit bitumineux (2-3 mm)
b) Si le sol présente une teneur en humidité accrue : béton étanche (adjuvant chimique) en complément de a)
c) En cas d'immersion dans la nappe phréatique : p. ex. lés de bitume multicouches (collés en pleine surface)

Couche filtrante (superflue en cas d'immersion dans la nappe phréatique, si ce n'est pour protéger la barrière hydrofuge des sollicitations mécaniques)
a) Plaques filtrantes : p. ex. béton Lecca (argile expansée) ou polystyrène, ép. = 4-5 cm
b) Nattes filtrantes : membrane synthétique à structure alvéolaire, ép. = 2-3 cm
c) Isolation périmétrique avec fonction drainante

Protection contre les remontées capillaires dans le mur
a) Phénomène négligeable dans des conditions normales et si tout l'ouvrage est réalisé en béton
b) Un béton étanche offre une protection accrue (mesure de précaution).
c) Prévoir une couche de séparation (carton bitumé) en cas de changement de matériau dans le mur du sous-sol (p. ex. au-dessus du terrain)

Étanchéité du joint de reprise entre dalle de fondation et mur
a) Dans des conditions normales : goulotte ménagée dans le débord de la dalle de fondation
b) En cas de forte humidité ou d'immersion dans la nappe phréatique :
I garniture profilée en caoutchouc, posée avant le bétonnage de la dalle de fondation, ou
II bande gonflante, posée après le bétonnage de la dalle de fondation, ou
III compribande, collée à l'extérieur après banchage du mur

Min. 60 cm
(dégagement, p. ex. pour les travaux de coffrage)

I Garniture profilée en caoutchouc   II Bande gonflante   III Compribande

Locaux non chauffés

Feutre géotextile (empêche l'obstruction de l'empierrement drainant)
Coffre drainant (galets)
Talus : inclinaison selon qualité du sol

Drain noyé dans du béton maigre
Pente d'env. 0,5 %

Béton maigre, ép. = 5-10 cm
(couche de propreté, p. ex. pour la pose de l'armature)

Drain destiné à évacuer les eaux superficielles (précipitations)
La question de savoir si et comment il s'agit d'évacuer les eaux d'infiltration dépendra :
– de la situation géographique de l'ouvrage : texture du sol, déclivité du terrain (eau de pente), proximité d'un cours d'eau, nappe phréatique ;
– du sol de fondation et du matériau à excaver (capacité d'infiltration) : gravier, sable, terre, roche, etc.
– des dispositions légales : directives en matière de protection des cours d'eau, dispositions cantonales et communales, type de zone à bâtir ;
– des contraintes statiques : poussée des terres, pression hydrostatique.
On pourra le cas échéant renoncer à prévoir une barrière anti-humidité et des plaques drainantes.

Ill. 70 : mur extérieur 1:20

ÉLÉMENTS DE CONSTRUCTION — Façade — Introduction

La paroi

Ill. 1 : la construction de la hutte primitive
Tiré de : Antonio Averlino Filarete, *Trattato di architettura*, Florence, Biblioteca Nazionale, codex Magliabechianus II, 1, 140 folio 5v.

Cordula Seger

La paroi (*Wand*) est chargée d'une longue histoire culturelle. Les expressions « *Mit dem Rücken zur Wand stehen* » (avoir le dos au mur) et « *Mit dem Kopf durch die Wand gehen* » (foncer tête baissée, littéralement : aller tête à travers le mur) témoignent de deux choses : d'abord la paroi forme la limite perceptible d'un espace déterminé, et il existe de plus un accord collectif en vertu duquel cette démarcation construite est contraignante et signifiante.

Les termes sont liés à la langue, et les définir revient à tracer les limites de leur champ sémantique. Le sens d'un mot se définit donc dans un contexte donné, par différenciation par rapport à d'autres mots et à leur corrélat matériel. En allemand *Wand* (= paroi) se différencie de *Mauer* (= mur) en ce que celle-ci ne possède pas de profondeur, qu'elle n'est ni tridimensionnelle ni plastique, mais plane et fine. Le mur réagit des deux côtés, limite à l'intérieur et à l'extérieur, de ce côté-ci et de l'autre. Il constitue un élément architectonique indépendant et peut délimiter – et donc créer – un espace. La paroi, elle, n'existe qu'en association avec un sol et un plafond ou avec un élément porteur placé derrière elle, et elle est essentiellement liée au détail des transitions spatiales. Au vu de ces propriétés, nous pouvons dire que la paroi est une construction filigrane (dans la construction à colombages classique, la paroi se présente comme un remplissage), tandis que le mur relève du domaine de la construction massive. En allemand, cette différenciation entre construction filigrane (tectonique) et stéréotomie est soulignée par la distinction terminologique entre *Wand* et *Mauer* : « En allemand, cette distinction entre tectonique et stéréotomie était soulignée par la différence entre deux catégories de murs : *die Wand*, désignant une partition comme celle que l'on trouve dans le remplissage d'un clayonnage enduit de torchis, et *die Mauer*, désignant une fortification massive[1]. »

La distinction terminologique entre *Mauer* (mur) et *Wand* (paroi) joue un rôle central dans la théorie de Gottfried Semper, telle qu'il la développe dans son ouvrage *Der*

Ill. 2 : entablement polychrome du Parthénon d'Athènes
D'après Gottfried Semper, planche V de *Anwendung der Farben in der Architektur und Plastik*, Dresde 1836

Stil in den technischen und tektonischen Künsten. Se référant à l'étymologie, il fait dériver le mot *Wand* de *Gewand* (habit, vêtement) et *winden* (tresser, utilisé par exemple dans l'expression « tresser une couronne de fleurs », Ndt), et classe la paroi dans la catégorie des textiles, qui est l'une des quatre formes de sa typologie des productions artistiques humaines (tissage, poterie, tectonique – centrée, chez Semper, sur la construction en bois – et stéréotomie). Dans la théorie de cet auteur, cette parenté étymologique est étayée par les arguments fournis par l'ethnographie et l'histoire de l'évolution : « Nous avons ici à nouveau affaire à cette situation remarquable dans laquelle le langage sonore nous aide à comprendre la préhistoire des arts, explique les premières apparitions des symboles du langage des formes, et confirme la véracité de leur interprétation. Dans toutes les langues germaniques, le terme *Wand* (paroi) (qui possède la même racine et la même signification originaire que *Gewand* (habit, vêtement)) rappelle directement l'ancienne origine et le type de la fermeture visible d'une pièce[2]. » Ce chevauchement de la langue et de l'art est pour Semper lourd de conséquences ; il lui sert de fil conducteur tout au long de sa théorie. En 1860, Semper croyait que l'on assisterait bientôt à un échange fertile entre la recherche consacrée aux formes linguistiques et celle consacrée aux formes artistiques. Pour lui, le concept aiguise notre recherche d'explication de la réalité. Dans son essai sur l'architecture, l'écrivain Paul Valéry résume de façon poétique cette pensée : « Mais véritablement, la parole peut construire, comme elle peut créer, comme elle peut corrompre[3]... »

Mettre la paroi en valeur

Où se situe exactement la différence entre *Mauer* (mur) et *Wand* (paroi) ? D'un point de vue matériel, elle commence entre l'épaisseur du mur et la surface de la paroi, entre l'indépendance constructive et la dépendance par rapport à d'autres éléments de construction. Il peut aussi y avoir une transition formelle : un mur peut se transformer en paroi lorsqu'on le recouvre d'un revêtement ou lorsque le principe de son assemblage lui donne un aspect textile ou bien celui d'une surface plane[4]. Cela n'a rien d'un jeu formel ; l'essentiel est ici que ce revêtement, quel que soit son caractère, soit porteur de signification.

Par exemple, une très mince couche de couleur transforme le mur en paroi. Dans ce contexte, la découverte de l'utilisation de la couleur dans l'architecture de la Grèce antique au cours de la deuxième moitié du XVIIIe siècle a influencé le débat théorique en architecture. Cette découverte va au-delà de l'opposition entre une élégance blanche et sobre et une exubérance multicolore. Elle entraîne le passage d'une conception plastique à une conception textile, le passage du mur à la paroi. Dans le premier volume de leur *Antiquities of Athens* paru en 1763, James Stuart et Nicholas Revett dessinèrent en couleurs

Ill. 3 : les piliers non porteurs contribuent à l'aspect de la paroi
Karl Friedrich Schinkel, église Friedrich-Werder, Berlin (D) 1830

Ill. 4 : maison à ossature métallique
Eugène Viollet-le-Duc, planche en couleurs tirée de *Entretiens sur l'architecture*, 1812

Ill. 5 : élévation et coupe de la porte d'entrée, éch. 1:10, 17 août 1903
Auguste Perret, immeuble d'habitation, 25 rue Franklin, Paris (F) 1903-1904

la palmette et la frise de lotus qu'ils avaient trouvées au temple d'Ilissos. Lors d'une célèbre conférence tenue en 1806, Quatremère de Quincy défendit à son tour cette nouvelle manière de considérer l'architecture grecque, ce qui amènerait Semper à le considérer avec admiration comme l'instigateur de ce débat[5].

Pour Semper, la paroi est une expression symbolique de l'espace. Le revêtement décoratif d'un bâtiment, visible à l'extérieur et à l'intérieur, doit assurer et dévoiler l'expression spatiale et architecturale de l'ensemble. Libérée de toute fonction statique, la paroi met l'édifice en valeur ; elle est porteuse de sens. La citation suivante illustre la double nature (différenciation et chevauchement) qui, selon Semper, caractérise la relation entre le mur, qui est lié aux impératifs constructifs, et la paroi, comprise comme élément symbolique : « [...] même là où les murs solides sont nécessaires, ils ne constituent que la structure intérieure et invisible des véritables représentations légitimes de l'idée de l'espace, à savoir des parois textiles, d'aspect plus ou moins artificiel "cousues ensemble[6]" ». Cette fonction symbolique conférée à la paroi est particulièrement visible dans l'église Friedrich-Werder de Friedrich Schinkel, à Berlin. Les nervures gothiques de l'intérieur ne sont pas porteuses et ne se rejoignent pas au centre, où un vide remplace les « clefs de voûte », indiquant l'absence de fonction mécanique. Ici, les nervures font partie du revêtement de la paroi, ou mieux, de sa mise en scène.

On comprendra mieux l'importance essentielle de la paroi au XIXe siècle en l'envisageant à la lumière de la distinction effectuée par John Ruskin en 1849 entre la partie purement constructive du bâtiment, le « building », et sa partie décorative, l'« architecture ». Cette distinction n'est en effet pas sans conséquence[7], puisque l'intention communicative et symbolique de l'architecture est dès lors envisagée comme une plus-value esthétique par rapport à la pure mise en œuvre technique. En exagérant, on peut dire que le revêtement est mis sur le même plan que l'architecture.

Le cadre et l'encadré

Au milieu du XIXe siècle, Eugène Viollet-le-Duc développa un rationalisme structurel, dans lequel il définit la structure constructive comme une nécessité et établit une distinction entre éléments primaires et éléments secondaires : la mécanique et la structure d'un bâtiment étant des éléments primaires, tandis que les éléments secondaires comme la paroi ou le remplissage peuvent être peints et décorés[8]. Cette différenciation inscrit les éléments architecturaux dans un système hiérarchique, où l'ornementation et la décoration ne sont admises que là où elles sont libérées d'une fonction porteuse. Alors que Viollet-le-Duc illustrait ses principes dans un projet de bâtiment à ossature métallique, où la structure porteuse est bien visible et le remplissage constitué de briques émaillées[9], la diffusion croissante du béton armé au tournant du XXe siècle, allant de pair avec l'utilisation d'une ossature, plaçait le thème du remplissage dans une nouvelle perspective. C'est ainsi qu'Auguste Perret formule la structure et le remplissage sous la forme d'un cadre contenant un élément encadré et les met en valeur dans son immeuble d'habitation au 25 de la rue Franklin, où il utilise à cet effet une ossature en béton armé, matériau dont il fut l'un des pionniers.

Pour Perret, l'ossature bois est à l'origine de l'architecture[10] et le nouveau matériau de construction que constitue le béton armé permet de la réinterpréter en accord avec son époque. Le squelette (ou cadre), définissant et accentuant ce qui est encadré, il lui donne sa véritable signification. Dans l'immeuble de la rue Franklin, le squelette n'est toutefois pas laissé en béton brut, mais revêtu de carrelage lisse, ce qui le distingue nettement des décorations florales du remplissage. Interprétée comme une toile tendue par un châssis, la paroi sert de métaphore plus générale pour un support souple, interchangeable et se modifiant dans le temps. Un dialogue s'instaure entre le remplissage et la structure tectonique des éléments constructifs qui l'entoure. Seul ce dialogue et l'intensité discursive de l'expression formelle sur le style révèlent le caractère d'un bâtiment et l'ambiance que l'architecte a voulu lui donner. Ce dialogue, et la richesse des relations et des influences entre les ambiances, permettant de dépasser une approche purement fonctionnelle, définissent le caractère du bâtiment, qui est encore renforcé

Ill. 6 : jeu de carreaux de faïence différemment décorés ; vue du dernier étage
Auguste Perret, immeuble d'habitation, 25 rue Franklin, Paris (F) 1903-1904

Ill. 7 : rose de verre au-dessus de l'entrée
Auguste Perret, garage de la société Ponthieu-Automobiles de Paris, Paris (F) 1906-1907

par l'architecture. Grâce au revêtement en céramique, Perret réussit à différencier les éléments de construction primaires et secondaires tout en mettant clairement en valeur l'assemblage de l'ensemble. Ce faisant, il satisfait à l'exigence d'un revêtement signifiant formulée par Semper tout comme à la hiérarchie des éléments de construction à laquelle aspirait Viollet-le-Duc.

La paroi en verre

Auguste Perret considérait la construction à ossature comme un développement de la construction en bois, et il essayait aussi de mettre ses principes formels en œuvre dans ses bâtiments utilitaires, comme le garage de la société Ponthieu-Automobiles, à Paris, où, avec sa rosette centrale en verre recouvrant deux étages, il dépassait pour ainsi dire le principe de l'ossature et du remplissage. Dans l'usine Fagus qu'il conçut à Alfeld-an-der-Leine (1911-1914), Walter Gropius cherchait au contraire sciemment à rompre avec la division entre structure et garnissage. Pour y parvenir, il plaça devant les poteaux une façade de métal et de verre, qui se prolongeait sans interruption autour des angles du bâtiment où les montants verticaux avaient été supprimés, ce qui renforçait la transparence recherchée.

La paroi en verre permettant une vue illimitée vers l'intérieur et l'extérieur et laissant le regard pénétrer à travers sa surface, le problème se pose à nouveau de savoir si cette surface peut générer une signification architecturale. Cette question fut discutée pour la première fois lors de la construction du Crystal Palace, à Londres, en 1851 : « L'enveloppe de verre et de métal fut conçue par Joseph Paxton, jardinier et ingénieur civil, tandis que le décor, exécuté dans les trois couleurs fondamentales rouge, jaune et bleu, est l'œuvre de l'artiste et architecte Owen Jones. Les décorations et la couleur de l'ossature métallique devaient donner l'illusion que les fonctions traditionnelles de l'architecture, comme expression symbolique de l'ensemble social, étaient préservées[11]. » Il est intéressant de constater que le remplissage en verre n'assumait ici aucune fonction symbolique, et que celle-ci dut être ajoutée par les architectes.

Le bâtiment conçu comme un espace destiné à accueillir une marchandise présentée de façon spectaculaire, tel qu'il avait vu le jour avec le Crystal Palace, se retrouve dans le type du grand magasin. Dans les années qui suivirent la Première Guerre mondiale, le progrès technique – notamment l'invention du verre précontraint, plus résistant – entraîna, aux USA, l'utilisation de véritables rideaux de verre dans les magasins. Comme l'indique l'appellation de *curtain wall* (façade-rideau), les vitrages sont suspendus comme des morceaux de tissu aux dalles en

Ill. 8 : vue extérieure de la cour de l'Alhambra ; structure contre architecture
Joseph Paxton, Crystal Palace, Londres (GB) 1851

Ill. 9 : la première façade-rideau d'Europe entoure tout le bâtiment
Walter Gropius, usine Fagus, Alfeld-an-der-Leine (D) 1911-1925
Vue du sud-est, état après 1914

saillie par rapport à l'alignement des poteaux. À l'extérieur, la surface de verre continue offre l'aspect d'une enveloppe indépendante et s'éloigne de la conception classique d'une paroi liaisonnée au plafond et au sol.

Considérée depuis l'intérieur, la paroi transparente en verre renonce en grande partie à sa capacité de délimiter l'espace, non seulement de manière concrète mais aussi sur le plan symbolique. Paroi et fenêtre se confondent, en ce sens qu'elles forment toutes les deux une ouverture dans la structure. Alors que les contemporains de l'historicisme considéraient l'absence d'expression du vitrage du Crystal Palace comme une lacune, le mouvement moderne y voit une qualité ; à ses yeux, seuls les bâtiments « neutres » donnent aux habitants la liberté dont ils ont besoin. Cela ne l'empêche pas pour autant de « charger » idéologiquement le matériau : le verre est synonyme de lumière, d'air, et donc d'une ouverture vers l'extérieur, perçue comme positive.

L'utilisation et le développement du verre comme matériau de construction s'expliquent cependant aussi par des raisons économiques : dans le type du grand magasin, tel qu'il apparaît à la fin du XIXe siècle, la mise en valeur de la marchandise est primordiale. Dès lors, l'espace intérieur est largement tourné vers l'extérieur et sert de vecteur d'informations pour les passants et les chalands.

Si la façade-rideau représente l'abandon et l'extériorisation de ce que la paroi devrait et devait classiquement accomplir, il est aussi intéressant d'étudier les tentatives, avant la Première Guerre mondiale, d'utiliser le verre comme un matériau de construction expressif et de combiner les fonctions de la paroi et de l'ouverture. Dans son « architecture en verre », inspirée des écrits et des aphorismes de Paul Scheerbart, Bruno Taut utilisait les briques, les prismes et les carreaux de verre pour essayer de créer des ambiances différenciées dans les pièces.

La paroi se suffit à elle-même

Dans les années 1920, les architectes du mouvement De Stijl réunissent les principes de la construction filigrane et de la construction massive en utilisant de minces panneaux de béton armé, et élèvent le voile au rang de principe constructif et architectural générant l'espace. Sur le plan optique, la hiérarchie entre les éléments de construction primaires et secondaires disparaît.

La couleur est importante pour mettre les voiles en valeur. Les architectes et les artistes du groupe De Stijl peignent des parois entières et, le long des arêtes, les surfaces colorées se touchent de manière telle que l'effet volumique du corps du bâtiment est relégué au second plan au profit d'un assemblage structurel semblant en suspension. Arthur Rüegg commente ainsi la « Maison particulière » de van Doesburg : « L'utilisation des

III. 10 : la mise en scène du voile
Théo van Doesburg, « Maison particulière » (en collaboration avec C. van Eesteren), contre-construction (« Analyse de l'architecture »), 1923, crayon et encre de Chine, 55 x 38 cm

couleurs, qui suggère une définition ouverte de l'espace, apparaît a posteriori comme la critique progressive d'une architecture encore soumise aux règles habituelles de la statique et de l'espace clos[12]. » Ainsi, alors que la paroi colorée est censée renforcer l'aspect abstrait du bâtiment et semble renoncer à toute signification, elle redevient signifiante dans un contexte historique par l'attitude qu'elle véhicule : les principes établis sont contournés pour exprimer une nouvelle conception de l'espace.

Intimité et représentation

La paroi, dans le sens restreint du terme, est pensée à partir de l'intérieur. L'espace spécifique, unique, y trouve sa limite : « La paroi est l'élément constructif qui définit l'espace clos, de manière absolue et sans explication supplémentaire. Elle rend l'espace présent et visible à l'œil[13]. » L'expression allemande *eigene vier Wände* (entre ses quatre murs) indique bien le rôle central de l'intérieur.

Avec l'influence croissante de la bourgeoisie au XIXe siècle, l'intérieur gagne en importance comme espace collectif servant à la (re)présentation de soi. Walter Benjamin parle d'« étui » pour désigner la force « enfermante » des logements au XIXe siècle. « Dans le cas le plus extrême », écrit Benjamin, « l'appartement » qui porte l'empreinte de son occupant « devient un habitacle[14] ». Benjamin voit dans le modern style, et son idéal d'un intérieur conçu de façon on ne peut plus cohérente, une rupture avec cette conception de l'espace enfermant : « Le Jugendstil ébranle profondément la nature de l'habitacle[15]. » En poursuivant cette pensée, on constate que cet Art Nouveau, avec ses motifs floraux et ses ondulations organiques, accentue le caractère plan de la paroi, et attire davantage l'attention sur l'effet visuel que sur l'atmosphère de la pièce. Vers 1900, l'intérieur s'aplatit pour devenir un film, et la maîtresse de maison, dans son rôle de représentation, disparaît pour ainsi dire dans

III. 11 : façade rue et entrée
Gerrit Rietveld, maison Rietveld-Schröder, Prins Hendriklaan 50, Utrecht (NL) 1924

ÉLÉMENTS DE CONSTRUCTION — Façade — Introduction

Ill. 12 : la femme est photographiée de manière à se fondre pour ainsi dire avec l'espace.
Photographie de la styliste viennoise Mathilde Fröge dans une Reformkleid (robe sans corset) de sa création. Elle pose devant un cabinet dessiné par Koloman Moser et porte des bijoux de Josef Hoffmann.

1. Kenneth Frampton, *Studies in Tectonic Culture : The Poetics of Construction in Nineteenth and Twentieth Century Architecture*, Londres 1995, p. 5.
2. Gottfried Semper, *Der Stil in den technischen und tektonischen Künsten*, t. 1, Francfort-sur-le-Main 1860, p. 229.
3. Paul Valéry, *Eupalinos ou l'architecte*, Paris 1924, p. 145.
4. Cf. l'essai « Le pathos de la maçonnerie » d'Akos Moravánszky dans le présent volume. Le mélange d'un mode de construction filigrane et massif est déjà présent chez Semper, qui considère que l'assemblage de chaque mur bien construit représente une sorte d'entrelacs.
5. Gottfried Semper, *Der Stil in den technischen und tektonischen Künsten*, t. 1, Francfort-sur-le-Main 1860, p. 218.
6. Ibid. p. 229.
7. La distinction entre construction et architecture vers 1800 influença aussi la formation. En France, par exemple, l'École polytechnique, fondée en 1795, mettait avant tout l'accent sur les techniques appliquées. La spécialisation croissante entraîna une séparation des disciplines qui influence jusqu'à aujourd'hui les conceptions de l'architecture et de la construction, tandis que l'on n'admet que lentement qu'il est nécessaire de réunir ces deux domaines.
8. Cf. Robin Middleton, « Farbe und Bekleidung im neunzehnten Jahrhundert », in *Daidalos* « In Farbe », n° 51, Berlin 15 mars 1994, pp. 88-89.
9. Cf. Eugène Emmanuel Viollet-le-Duc, *Entretiens sur l'architecture*, Atlas, Paris 1864, planche XXXVI.
10. Auguste Perret, *Contribution à une théorie de l'architecture*, 1952, cité par Frampton 1995, p. 125-126.
11. Suzanne Deicher, « Polychromie in der englischen Architektur um die Mitte des 19. Jahrhunderts », in *Daidalos* « In Farbe », n° 51, Berlin 15 mars 1994, p. 91.
12. Arthur Rüegg, « Farbkonzepte und Farbskalen in der Moderne », in : *Daidalos* « In Farbe », n° 51, Berlin 15 mars 1994, p. 69.
13. Gottfried Semper, *Der Stil in den technischen und tektonischen Künsten*, t. 1, Francfort-sur-le-Main 1860, p. 227.
14. Walter Benjamin, *Das Passagen-Werk*, Gesammelte Schriften, vol. 1, Francfort-sur-le-Main 1982, p. 292.
15. Ibid. p. 292.
16. Hugo Koch, « Ausbildung der Wandfläche » in *Die Hochbaukonstruktionen. Des Handbuches der Architektur dritter Teil*, vol. 3, cahier 3 : *Ausbildung der Fussboden-, Wand- und Deckenflächen*, Stuttgart 1903, p. 101-222.
17. Gottfried Semper, *Der Stil in den technischen und tektonischen Künsten*, t. 1, Francfort-sur-le-Main 1860, p. 231, note 2.

Ill. 13 : la robe et la femme qui la porte font partie de la *Gesamtkunstwerk*.
Maria Sèthe dans une robe dessinée par son mari, l'architecte Henry van de Velde, dans leur maison d'Uccle, près de Bruxelles, photographie prise vers 1898

cette surface des projections sociales. À l'appui de cette interprétation, nous pouvons citer la photographie montrant comment Maria Sèthe, portant une robe dessinée par son mari Henry van de Velde, se fond dans l'intérieur conçu comme *Gesamtkunstwerk* (œuvre d'art totale). Le revêtement mural et la robe d'intérieur fusionnent. Du point de vue de l'histoire de l'architecture, le principe du revêtement semperien est ici poussé à l'extrême. Si l'on considère l'espace comme un lieu concret d'existence, ce principe du modern style a un effet doublement restrictif pour les femmes, qui se voient assigner l'intérieur comme principal lieu de vie. Adolf Loos, un adversaire avisé du *Stilkunst*, dans lequel il classe aussi bien les projets d'Henry van de Velde que le mouvement de la Sécession viennoise et les Wiener Werkstätten, a sévèrement critiqué l'aspect décoratif et dramatique de l'Art Nouveau et soutenu le principe suivant lequel l'intérieur doit porter la marque de ses habitants et non pas celles d'artistes-architectes infatués d'eux-mêmes.

De l'habillage au revêtement et vice-versa

De nos jours, la force expressive de la paroi est le plus souvent réduite. Alors que le troisième volume du *Handbuch der Architektur* publié en 1903 à Stuttgart[16], consacrait encore un chapitre entier au revêtement des parois (la palette des moyens présentés incluait la pierre, le papier, le cuir, le tissu, la peinture, la tapisserie, l'incrustation, les décorations en stuc, les mosaïques, les boiseries et la « peinture artistique »), les ouvrages contemporains se concentrent surtout sur ce que cet habillage dissimule. En allemand, ce glissement se retrouve au niveau du langage : alors qu'il y a cent ans, le manuel, conformément à l'usage semperien, parlait de « Wand*bekleidung* » (habillage mural), le langage courant parle uniquement de « Wand*verkleidung* » (revêtement mural). Le « revêtement » renvoie à ce qui doit rester invisible ou apparaître sous une autre forme ; il dissimule l'isolant thermique, le pare-vapeur, le vide de ventilation, etc., qui occupent l'espace entre *Wand* (paroi) et *Mauer* (mur).

Gottfried Semper appréciait le jeu de rôles, qui, en tant que convention obligatoire, facilite la vie en commun. Pour prendre part au débat public il utilisa des gestes et des images codés : « Je crois que l'acte de se vêtir et de se masquer est aussi ancien que la civilisation humaine, et que le plaisir qu'il suscite est identique à celui produit par l'acte qui fait de l'homme un sculpteur, un peintre, un architecte, un poète, un musicien ou un dramaturge, bref, un artiste. Chaque création artistique, tout comme chaque plaisir suscité par l'art, suppose une humeur carnavalesque – la fumée des chandelles de carnaval est la véritable atmosphère de l'art. La destruction de la réalité et de la matière est nécessaire là où la forme doit apparaître comme un symbole riche de sens, comme une création propre à l'homme[17]. » Au désir de carnaval de Semper, le mouvement moderne répondit par une exigence morale de sincérité, qui entraîna la disparition de la richesse expressive. Il fallut attendre le mouvement postmoderne pour que le potentiel communicatif de la paroi soit redécouvert et que le principe de l'habillage et celui du revêtement fusionnent.

Ill. 14 : entrée avec panneau en marbre et en granite gris. Les motifs, qui rappellent la Pré-Renaissance, mettent en valeur le principal point de passage vers la maison commune.
Robert Venturi, John Rauch, Gordon Wu Hall, reconstruction de la maison commune du Butler College, Princeton University, New Jersey (USA) 1980

La construction de la façade

Marcel Baumgartner

Ill. 15 : « Bingo » (Cutting) : découpe de la façade à la tronçonneuse, mise au jour de l'intérieur du bâtiment
Gordon Matta-Clark (1943-1978), architecte et artiste conceptuel états-unien

À propos du terme

Le terme « façade » est tout sauf explicite. Dérivant du latin *facies*, il signifie littéralement le visage et désigne par là l'apparence extérieure, la physionomie du bâtiment. Considérée depuis l'extérieur, la façade est souvent désignée comme l'enveloppe ou la peau du bâtiment. Ces comparaisons laissent supposer que la façade est en général une surface mince, posée tel un vêtement sur une armature. Elles renvoient à l'impression suscitée par sa surface, à sa matérialité, sa structure et sa forme. Pour désigner ces aspects liés à la surface, nous utiliserons l'expression générique « structure de surface ».

À un autre niveau sémantique, le terme de façade est utilisé comme équivalent de « paroi extérieure » ou « mur extérieur ». Cet emploi renvoie à deux autres caractéristiques :

Les termes de paroi et de mur extérieurs décrivent un extérieur, dans le sens d'une périphérie ou d'une clôture, et renvoient par là à une propriété spatiale de la façade. Elle marque la séparation entre intérieur et extérieur ; dedans, elle définit la limite de l'espace intérieur et, dehors, la limite de l'espace extérieur.

Les termes de paroi et de mur extérieurs renvoient d'autre part à l'aspect constructif de la façade. Le terme allemand *Wand* (paroi) renvoie à une origine filigrane de la construction, tandis que *Mauer* (mur) se rapporte à une origine massive. Nous utiliserons l'expression générique de « structure en profondeur » pour désigner la structure de la façade liée à son mode de construction (que l'on peut voir en coupe).

Le système constructif de la façade – sa structure en profondeur – dépend du mode de construction utilisé (filigrane ou massif) et pose la base constructive de la structure de surface.

Observation 1 : il existe une interdépendance mécanico-constructive indissociable entre la structure en profondeur et la structure de surface de la façade.

Systèmes constructifs

Comprise comme un élément technique de construction, la façade remplit les trois fonctions élémentaires consistant à porter, isoler et protéger. C'est, en principe, l'ordre logique si l'on va de l'intérieur vers l'extérieur. La fonction porteuse est déterminée par le fait qu'en règle générale, les bords d'un bâtiment (sa périphérie) doivent reprendre et transmettre verticalement une partie de la charge des planchers et des toits. L'isolation sert à la régulation thermique de l'espace intérieur par rapport à l'espace extérieur ; elle peut protéger du froid ou de la chaleur et dépend des conditions géographiques et climatiques, ainsi que des exigences de confort de chacun.

Enfin, la couche de protection défend le bâtiment et la façade, en particulier l'isolation, de l'action extérieure de l'environnement. Ces fonctions font de la façade l'élément de construction le plus complexe du bâtiment, celui dont l'exécution et l'entretien sont comparativement coûteux. La conception et la pose d'une façade exigent une coordination intelligente de ces trois fonctions pour parvenir à un système global performant.

On distingue fondamentalement les systèmes synthétiques et les systèmes complémentaires.

Systèmes synthétiques

Les systèmes synthétiques remplissent les fonctions primaires liées à la structure et à la physique du bâtiment au moyen d'une seule couche multifonctionnelle. La façade en béton isolant apparent monolithique est un exemple très représentatif de système synthétique. Elle porte et isole en une seule couche, dont la surface sert en même temps de protection (renforcée le cas échéant par une imprégnation hydrophobe invisible). En d'autres termes, la couche de protection possède à la fois des propriétés porteuses et isolantes. L'effet isolant du système n'est pas obtenu par un matériau à proprement parler isolant, mais déterminé par la valeur lambda du matériau utilisé. L'art de la mise au point des systèmes synthétiques consiste donc à optimiser les trois fonctions associées les unes aux autres. Par exemple, une maçonnerie homogène en brique recuite de parement résistante aux intempéries offre une valeur isolante trop faible en regard des normes actuelles.

Observation 2 : plus la couche extérieure de la façade (couche protectrice) réunit de fonctions, moins on peut en modifier la forme.

Les systèmes synthétiques ont en commun l'expression immédiate de leur matériau et le caractère d'authenticité qui s'y rapporte. Du fait de la réunion des trois fonctions (porter, isoler, et protéger) en une seule couche, le système constructif interne marque directement l'apparence extérieure de la façade de son empreinte. La structure de surface est donc de fait couplée à la structure en profondeur. On peut par exemple lire les règles « internes » d'assemblage d'une maçonnerie en brique de parement dans la superposition des briques à sa surface. Dans la façade monolithique en béton isolant apparent, cette dernière reste la même dans toutes les dimensions et ne peut être influencée que par le coffrage et non pas par son système interne.

Systèmes complémentaires

Dans les systèmes complémentaires, les fonctions de structure et de physique du bâtiment sont remplies par différentes couches remplissant chacune une seule

| ÉLÉMENTS DE CONSTRUCTION | **Façade** |

Systèmes mis en œuvre

Construction filigrane

– Construction à ossature métallique avec façade-rideau

– Construction en bois empilés, isolation intérieure, couche de protection intérieure

– Construction à colombages, isolation, habillage
– Construction à ossature de bois, isolation, habillage

– Construction en bloc empilés, homogène, apparente

Systèmes complémentaires

▨ Couche portante (P)
▧ Couche isolante (I)
☐ Couche protectrice (PR)

Systèmes synthétiques

P / I / PR P / I = PR I / P = PR P = I / PR P = I = PR

– Construction en brique à simple paroi ; isolation extérieure, enduit ou habillage
– Construction en brique à double paroi, isolation médiane, brique apparente ou enduit
– Construction en béton à simple paroi, isolation extérieure, enduit ou habillage
– Construction en béton à deux parois, isolation médiane, béton apparent
– Construction en panneaux de bois, isolation extérieure, habillage

– Construction poteaux-dalles en béton avec façade-rideau

– Construction en béton apparent, isolation intérieure, couche de protection intérieure
– Construction en dalles préfabriquées, isolation intérieure, couche de protection intérieure

– Construction en brique isolante, habillage
– Construction en bloc de béton cellulaire, habillage

– Construction en brique isolante, enduit
– Construction en bloc de béton cellulaire, enduit
– Construction en béton isolant, homogène, apparente
– Construction en brique de parement, homogène

Construction massive

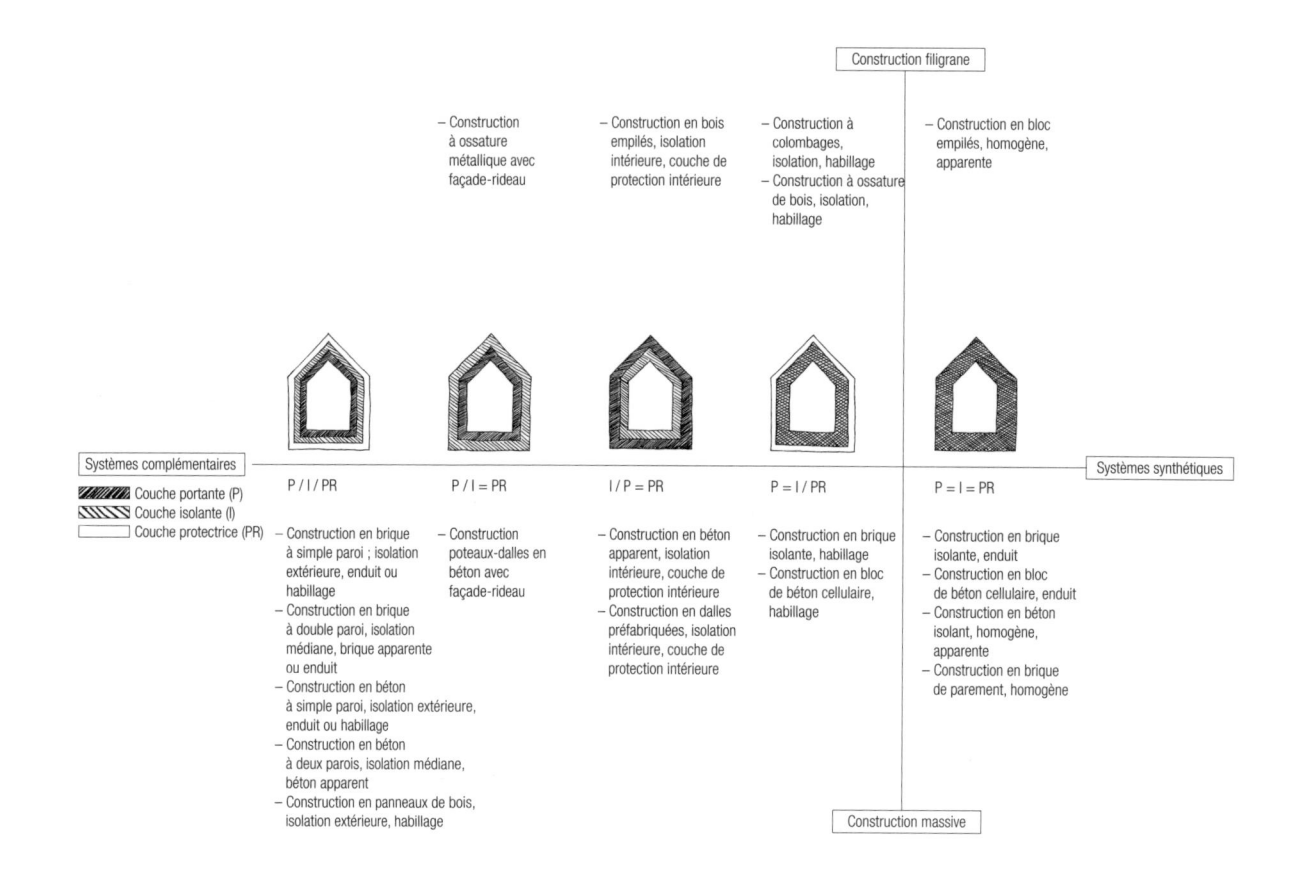

fonction. Ces systèmes sont basés sur la combinaison de deux ou trois couches complémentaires.

Dans les systèmes à trois couches complémentaires, les trois composants monofonctionnels sont disposés dans un ordre immuable de l'intérieur vers l'extérieur : porter, isoler et protéger. Un exemple classique et largement répandu d'un tel système nous est fourni par la construction massive constituée d'une couche porteuse intérieure en brique ou en béton et d'une isolation extérieure protégée soit par un enduit (façade compacte), soit par un habillage, soit encore par une autre paroi en brique ou en béton. On retrouve cette structure dans la construction en panneaux de bois, qui doivent aussi être isolés à l'extérieur et protégés par un habillage.

Dans les systèmes à deux couches complémentaires, l'une des deux réunit deux fonctions primaires et est complétée par une seconde, monofonctionnelle. On peut considérer ces systèmes comme des variantes entre les systèmes complémentaires à trois couches et les systèmes synthétiques monocouches.

Un premier groupe de systèmes à deux couches repose sur le principe d'une couche isolante extérieure assurant en même temps une fonction protectrice. On y trouve entre autres les constructions filigranes à ossature métallique et les constructions massives utilisant le système poteaux-dalles recouvertes d'une façade-rideau *(curtain wall)*. Celle-ci, considérée comme un élément de construction fermé et compact, isole et protège sur un même plan, mais elle n'est pas porteuse

Dans un deuxième groupe de systèmes à deux couches, l'ordre classique des fonctions (élément porteur intérieur, isolation et protection extérieures) est inversé : la couche porteuse est placée à l'extérieur et utilisée comme couche de protection externe. À titre d'exemple caractéristique, on peut citer la construction en béton apparent avec isolation intérieure (construction massive), et la construction en bois empilés avec isolation intérieure (construction filigrane). Comme la structure porteuse protège en même temps contre les intempéries, ces systèmes exigent, à l'intérieur, une couche supplémentaire pour protéger l'isolant et/ou le parevapeur des dommages liés à l'utilisation des locaux (p. ex. fixation de clous dans les parois) ; cette protection intérieure peut être une paroi de plâtre ou un lambris.

Enfin, un troisième groupe de systèmes à deux couches se base sur le principe d'une couche intérieure portante et isolante, protégée par une autre extérieure. Ce principe est utilisé dans les structures filigranes avec isolation (constructions à colombages et à ossature bois) dans les constructions en bois. Le bois ne présentant qu'une faible conductivité thermique, on peut le placer sur le même plan que l'isolation sans créer de problèmes de physique du bâtiment. Ces constructions sont aujourd'hui disponibles sous la forme d'éléments sandwich préfabriqués, qui forment pour ainsi dire un système porteur et isolant, partiellement synthétique. Dans la construction massive, on rencontre ce principe dans la maçonnerie en brique isolante ou en bloc de béton cellulaire, qui porte et isole à la fois, et qu'il faut protéger à l'extérieur, par exemple au moyen d'un système suspendu ventilé.

Lorsqu'on protège ces maçonneries avec une couche d'enduit au lieu d'une vêture extérieure, on parle couramment de « système synthétique ». Ce choix terminologique correspond à l'état final de la paroi (considéré en coupe), puisque l'enduit se lie non seulement mécaniquement mais aussi chimiquement au support.

Observation 3 : moins la couche extérieure de la façade assure de fonctions, plus on dispose de liberté pour sa configuration.

Dans une structure de façade complémentaire, en particulier dans une tricouche, la dépendance constructive entre la structure de surface et la structure en profondeur est limitée. À l'extrême, la couche la plus extérieure de la façade, qui doit dans tous les cas servir au moins de couche de protection, apparaît comme indépendante. Elle se manifeste comme structure de surface et rien d'autre, ce qui suggère qu'elle n'est pas solidaire de la structure en profondeur de la façade et qu'elle peut donc être remplacée. Si on la considère plus attentivement, on constate cependant qu'il existe certaines dépendances constructives qui limitent de manière déterminante son caractère interchangeable. Nous pouvons distinguer ici deux cas, la couche de protection *indépendante*, et la couche de protection *non indépendante*.

À partir d'une certaine hauteur, la couche de protection indépendante doit être fixée ponctuellement à la couche porteuse au moyen de dispositifs de fixation appropriés pour assurer sa stabilité. On relie donc à nouveau entre elles les différentes couches fonctionnellement indépendantes. Dans les murs à double paroi, par exemple, on fixe la paroi extérieure à la paroi intérieure avec des agrafes pour empêcher qu'elle ne flambe ou ne bascule. Les fixations traversant la couche isolante (délicate en terme de physique du bâtiment) de la face froide à la face chaude de la construction, il faut veiller à utiliser des agrafes à rupture de pont thermique.

Une couche de protection solidaire requiert un support supplémentaire fixé à la couche porteuse. Celui-ci doit reprendre toute la statique de la couche de protection, en premier lieu ses charges verticales, et les transmettre à la couche porteuse à travers l'isolant. Dans la construction en bois, on recourt d'ordinaire à un support composé de lattes croisées et de panneaux isolants, sur lequel on fixe la plupart du temps un bardage léger. Les revêtements lourds, tels que les dalles préfabriquées en béton, sont suspendus ponctuellement à la couche porteuse par des ancrages appropriés et des consoles métalliques. Ces éléments, le plus souvent métalliques, perturbent la couche isolante et doivent être bien protégés contre l'humidité, en particulier contre la formation de condensation, en raison du risque de corrosion.

En somme, on constate que la séparation des couches dans les systèmes complémentaires présente toujours un nombre plus ou moins important de perturbations, c'est-à-dire d'éléments traversants. Ceux-ci engendrent des ponts thermiques dont il faut impérativement tenir compte pour l'indice d'isolation moyen de la façade.

Nous allons maintenant étudier les lois qui déterminent la conception et la construction de la couche de protection extérieure de la façade (la structure de surface). À cet effet, le terme de façade est appliqué au développement de la structure de surface en tant que telle. Ce faisant, il ne faut jamais oublier que la structure de surface dépend du système constructif de la façade – de sa structure en profondeur – et qu'elle en subit donc les variations.

Choix du matériau

Observation 4 : l'essentiel de toute construction de façade est le choix de son matériau.

Un regard sur les façades connues montre que la majorité des systèmes utilisés sont complémentaires. Cela est surtout dû à l'augmentation des exigences requises pour la couche isolante au cours des dernières décennies. La majorité des systèmes complémentaires possèdent d'autre part une couche de protection extérieure monofonctionnelle. On dispose, en principe, pour la réaliser d'un large éventail de matériaux, à condition toutefois que protection et étanchéité soient garanties. Il en va différemment pour les couches porteuse ou isolante, puisque les exigences de structure ou de physique du bâtiment limitent par elles-mêmes fortement le choix du matériau.

Tout en tenant compte des couches porteuse et isolante, on dispose donc, dans les systèmes de façade actuels, d'une grande liberté constructive en ce qui concerne le matériau de la couche de protection. Du seul point de vue technique, une construction en brique avec isolation extérieure n'a pas absolument besoin d'une couche protectrice en brique, pas plus qu'une construction en bois isolée n'a besoin d'un habillage en bois. Cela a moins à voir avec la perte d'une « honnêteté constructive » qu'avec la variabilité constructive inhérente aux systèmes complémentaires.

Observation 5 : le choix du matériau de la façade dépend de sa disponibilité, de ses propriétés constructives et

Ill. 16 : couche homogène sous la forme d'une membrane lisse en polyuréthane, appliquée au pistolet et au rouleau
NL Architects, WOS 8, station avec échangeur de chaleur, Utrecht-Leidsche Rijn (NL) 1998

Ill. 17 : enveloppe en plaques de verre semi-transparentes
Peter Zumthor, Kunsthaus, Bregenz (A) 1997

techniques, de sa valeur matérielle et idéelle ainsi que de sa durabilité économique et écologique.

Les principaux critères de choix pour le matériau de la surface sont ses propriétés techniques et constructives, ainsi que les connaissances et les compétences des artisans et des entrepreneurs quant à son emploi. Chaque façade est directement exposée aux influences de l'environnement. Soleil, vent, pluie, neige, variations de température et influences mécaniques ou chimiques sont les facteurs qui dictent le choix du matériau en fonction de son entretien et de sa résistance. Les prescriptions légales sur la protection incendie et l'acoustique constituent des critères supplémentaires. Les artisans et l'industrie mettent ensuite au point des techniques et des procédés spécifiques au matériau, dont on tient compte au moment de la conception et de la mise en œuvre et qui sont alors érigés en systèmes ou en méthodes.

Par sa présence à la surface, le matériau de la façade donne son identité à un type d'architecture. Prenons par exemple les maisons traditionnelles en bois de certaines régions de Suisse comme l'Oberland bernois ou le Valais, ou les immeubles en brique au Danemark. Dans certains cas, l'aspect sémantique du matériau dépasse ses critères constructifs concrets ; son choix ne se légitime que par l'image qu'il transporte et la continuité dans laquelle s'inscrit sa mise en œuvre. La tradition et l'esprit du temps s'expriment donc par la surface de la façade.

Outre sa fonction protectrice, la couche extérieure de la façade remplit dans certains cas des fonctions supplémentaires qui en augmentent la valeur technique. Citons à titre d'exemple fort répandu ce qu'on appelle les « façades médiatiques », qui remplissent en outre des tâches de communication au moyen d'inscriptions géantes ou de projections. Le domaine de la construction énergétiquement efficace en présente un autre exemple, où la peau protectrice, équipée de panneaux solaires thermiques ou photovoltaïques, participe à la production d'énergie.

Division

Observation 6 : homogène ou assemblée, toute façade est, en fin de compte, confrontée au problème de la division.

Du point de vue architectural, on peut concevoir une façade très mince, à la manière d'une peau ou d'une enveloppe, ou bien épaisse, comme un manteau ou une coque murale ; elle peut en outre être lisse, plane ou en relief. Du point de vue constructif, cette couche peut être constituée d'éléments assemblés ou homogène. Le terme « homogène » se réfère ici à l'état achevé de la structure de surface et ne doit pas être confondu avec le terme « synthétique » utilisé pour la structure en profondeur dans le contexte des systèmes de façade.

La majorité des matériaux de façade sont constitués par l'assemblage de modules ou d'éléments plus ou moins grands. Il en résulte un lien mécanique qui doit être maintenu et stabilisé à l'aide de techniques appropriées.

Sur le plan technique, seul un nombre restreint de matériaux permettent de réaliser une couche homogène. Il faut en effet pouvoir les mettre en œuvre sur le chantier pour leur donner une consistance chimique et mécanique durable. C'est, par exemple, le cas du béton, des enduits, des peintures et de certains plastiques, dont la pose se déroule en plusieurs phases (couler, appliquer, peindre ou souder). Les bordures laissées par chaque étape sont « jointoyées » en fonction de chaque matériau, ce qui permet de faire disparaître complètement le raccord.

À cause des propriétés techniques et constructives d'un matériau, il est cependant le plus souvent quand même nécessaire de scinder la couche formée par celui-ci en plusieurs parties distinctes qui resteront visibles. La question de la division se pose donc pour chaque façade, aussi bien celle avec des couches homogènes que celle avec des couches assemblées. Dans le second cas, la division dépend des conditions de production du module ou de l'élément lors de sa fabrication, tandis que, dans le premier cas, elle dépend au contraire des possibilités de mise en œuvre sur le chantier.

Choix du matériau	Couches assemblées	Couches homogènes
Pierre naturelle	– Blocs – Dalles et plaques – Lauzes	
Béton	– Préfabriqué – Éléments moulés – Dalles	– Béton coulé en place
Matériaux composites	– Panneaux et dalles – Bardeaux	– Enduits
Terre cuite	– Briques	
Céramique	– Carreaux – Mosaïque	
Verre	– Briques (de verre) – Vitres	
Bois	– Poutres, planches – Bardeaux – Panneaux	
Métal	– Panneaux, plaques et profilés – Tôle industrielle et de couverture – Toiles métalliques et feuilles	
Plastique	– Éléments moulés – Panneaux et plaques – Tissus synthétiques et films	– Enduits – Peintures
Isolants	– Éléments ITT – Panneaux de verre cellulaire	
Couleurs		– Peintures

ÉLÉMENTS DE CONSTRUCTION — Façade
Systèmes mis en œuvre

Conception de la forme

Observation 7 : la forme des éléments de façade est déterminée en premier lieu par les propriétés du matériau, le mode de production et la logistique.

La conception de la forme est souvent le résultat de complexes relations d'interdépendance techniques. La taille d'une dalle en pierre naturelle dépend principalement des outils de débitage et de sciage utilisés dans la carrière ; la taille et la géométrie d'une brique sont fonction des procédés de moulage, de pressage et de cuisson utilisés à la briqueterie. La longueur et la section des bois massifs sont limitées par la croissance naturelle du bois, elle-même « gérée » par l'économie forestière. Les dimensions des matériaux dérivés du bois dépendent en revanche des machines utilisées par l'industrie du bois. Pour des raisons de coût, l'influence que les architectes peuvent avoir sur ces facteurs et ces processus est le plus souvent limitée ; elle exige de surcroît une compréhension des relations fondamentales existant entre les propriétés du matériau, sa production et la forme obtenue.

La production artisanale *manuelle*, qui va de la fabrication à l'unité aux petites séries, est celle qui offre la plus grande liberté. Nous pouvons à ce titre citer l'exemple des tôles de couverture, basées aujourd'hui encore sur un nombre restreint de produits semi-finis, et mis en œuvre en grande partie sur le chantier.

La production *industrielle* utilise des produits modulaires semi-finis, finis ou plus complexes, basés sur un ensemble de règles géométriques et constructives qui se refléteront directement dans l'expression de la façade. La disponibilité de ces éléments est définie par le catalogue des systèmes et régulée par le marché.

La production *informatisée* ouvre de nouvelles perspectives dans ce domaine. La numérisation et la simplification des relais entre le dessinateur projeteur et les processus de fabrication permettent de concilier les oppositions entre conception individuelle et production en série. Dans le cas de figure idéal, les formes géométriques complexes sont immédiatement transmises de la planche à dessin numérique au système de production des éléments de construction, ce qui donne davantage d'influence à l'architecte sur le processus de fabrication et, en fin de compte, sur la forme.

Outre la production, la logistique et le facteur temps jouent aussi un rôle de premier plan dans la conception des éléments de façade. Le transport et les conditions de mise en œuvre sur le chantier influencent en effet leur géométrie, leurs dimensions et leur poids et, par là, l'expression globale de la façade. Le cycle de vie d'un matériau, qui détermine de manière décisive la question de savoir s'il est remplaçable ou non, se répercute sur la logistique.

Ill. 18 : éléments préfabriqués à reliefs variés
Miguel Fisac, centre de réhabilitation MUPAG, Madrid (E) 1970

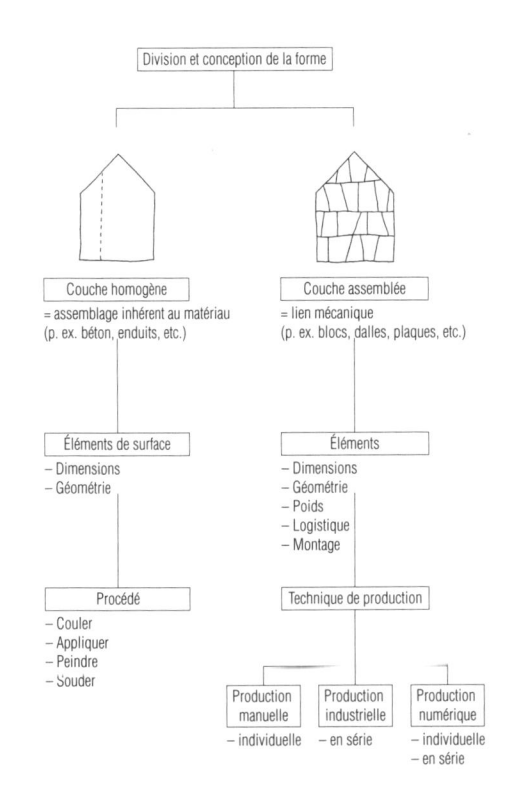

ÉLÉMENTS DE CONSTRUCTION — Façade — Systèmes mis en œuvre

Ill. 19 : superposition avec joints horizontaux marqués
Herzog & de Meuron, dépôt Ricola, Laufen (CH) 1987

Ill. 20 : surface continue faite de tôles en écaille avec un fin dessin des joints
Annette Gigon et Mike Guyer, musée Liner, Appenzell (CH) 1998

Assemblage

Observation 8 : le joint articule les rapports constructifs des éléments de la façade entre eux.

L'assemblage d'une structure de surface résulte du liaisonnement approprié, des points de vue géométrique et constructif, des différents éléments de façade, qu'ils soient grands ou petits. Les joints entre les éléments constituent un problème non seulement technique mais aussi architectural.

Le joint sert à réguler le rapport constructif entre les différents éléments de façade. Il est en même temps un facteur de séparation et de liaison. En tant que liaison, il assure l'étanchéité ; en tant qu'espace intermédiaire, il fournit la tolérance nécessaire entre les éléments. On distingue d'une part la tolérance dimensionnelle, liée à la précision de la construction et, d'autre part, la tolérance aux mouvements de retrait ou de dilatation des matériaux sous l'effet des influences extérieures.

On distingue en outre les joints dotés d'un matériau supplémentaire, appelé matériau de jointoiement, et ceux qui en sont dépourvus.

Les joints sans matériau de jointoiement sont basés sur un raccord purement mécanique entre les éléments de façade, comme par exemple l'assemblage à joint vif, le chevauchement ou la disposition « en écaille », ou encore la rainure, l'emboîtement ou la feuillure. La difficulté inhérente à ces techniques d'assemblage réside dans la nécessité de garantir l'étanchéité à l'eau et au vent. C'est pourquoi les couches de protection sont souvent complétées par une couche d'étanchéité sous la forme d'un revêtement permettant l'écoulement de l'eau ou d'une feuille pare-vent, par exemple dans le cas d'une tôle à double pli.

Le joint avec matériau de jointoiement sert de complément entre les éléments de façade et assure le lien, la séparation, l'étanchéité ou la tolérance souhaités. Citons à titre d'exemple type les joints de mortier horizontaux et verticaux des façades en brique, qui lient les briques entre elles, assurent l'étanchéité et offrent une certaine marge de manœuvre pour s'adapter aux dimensions finales des murs. Les façades métalliques dans lesquelles on utilise des profilés de néoprène emboîtés directement dans des rainures sur le pourtour des éléments métalliques nous en fournit un autre exemple. L'étanchéité y est assurée par la pression de contact des éléments vissés. Une autre solution très répandue consiste à utiliser des joints en mastic ou en silicone à élasticité durable, mais leur coût d'entretien est élevé, car l'expérience montre qu'ils finissent malgré tout par se fendre.

L'assemblage des éléments de façade et le joint lui-même répondent à des niveaux de performance variant selon le système choisi. La façade porteuse ou indépendante est construite suivant le principe de la reprise des charges, tandis que la façade non porteuse ou dépendante peut, en principe, être conçue librement. Dans les systèmes soumis à des charges, les joints sont obligatoirement les éléments d'un système structurel soumis à des contraintes statiques, et leur conception est par conséquent plus limitée que celle des joints des systèmes qui ne sont pas soumis à des charges.

Comme nous l'avons déjà indiqué, on rencontre aussi des joints dans les façades homogènes, puisque la taille maximale d'un élément est limitée par l'élasticité de son matériau. À l'instar des modules de façade, les différents éléments doivent être « assemblés » les uns aux autres pour que la couche recouvre tout le bâtiment. Les joints de reprise permettent de suivre les étapes du processus. Les joints de dilatation minimisent les effets des mouvements et des dilatations ou retraits des éléments en les anticipant ; ils permettent d'éviter les craquelures sous l'effet de contraintes dans le matériau homogène.

On peut considérer la fissure contrôlée comme une forme de joint particulière. Elle ne provient pas de la juxtaposition d'éléments distincts, mais résulte d'une rupture du matériau sciemment planifiée et localisée. Dans les surfaces homogènes, on peut utiliser la fissuration contrôlée (constituée d'un grand nombre de fissures fines ou très fines) à la place des joints de dilatation, à condition que l'étanchéité reste assurée. Utilisée pour le béton apparent ou les enduits, cette méthode exige un mélange adéquat et précis de matériaux, afin d'éviter les détériorations.

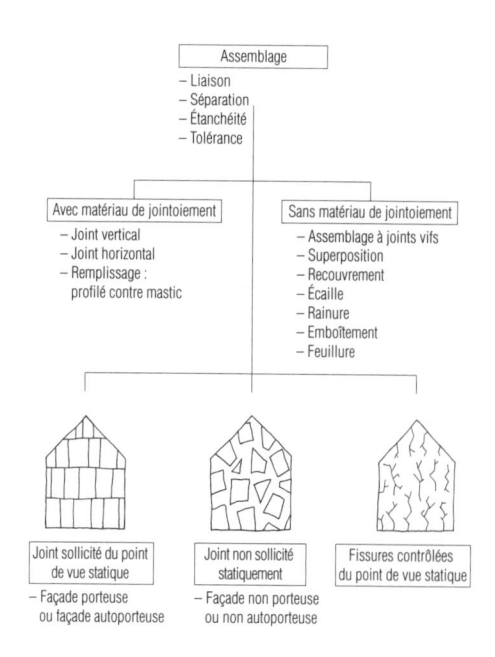

```
Assemblage
 – Liaison
 – Séparation
 – Étanchéité
 – Tolérance

Avec matériau de jointoiement          Sans matériau de jointoiement
 – Joint vertical                       – Assemblage à joints vifs
 – Joint horizontal                     – Superposition
 – Remplissage :                        – Recouvrement
   profilé contre mastic                – Écaille
                                        – Rainure
                                        – Emboîtement
                                        – Feuillure
```

Joint sollicité du point de vue statique
– Façade porteuse ou façade autoporteuse

Joint non sollicité statiquement
– Façade non porteuse ou non autoporteuse

Fissures contrôlées du point de vue statique

Ouverture

Observation 9 : l'ouverture peut constituer une variation ou une irrégularité dans le système de façade.

La proportion d'ouverture d'un bâtiment dépend toujours fondamentalement du choix de la structure porteuse. Les structures porteuses massives limitent en général l'éventail des ouvertures à des jours de petites dimensions. En revanche, les structures porteuses filigranes peuvent, dans les cas extrêmes, être presque uniquement constituées de baies. En fin de compte, la proportion réelle d'ouverture dépend en dernier ressort de la perméabilité de l'enveloppe, de la couche entourant la structure porteuse ; c'est elle qui régule le rapport entre les parties ouvertes et fermées, entre les transparentes et les opaques. Chaque fenêtre peut apparaître alors comme un élément variable de façade ou comme un joint ou encore comme une irrégularité du système.

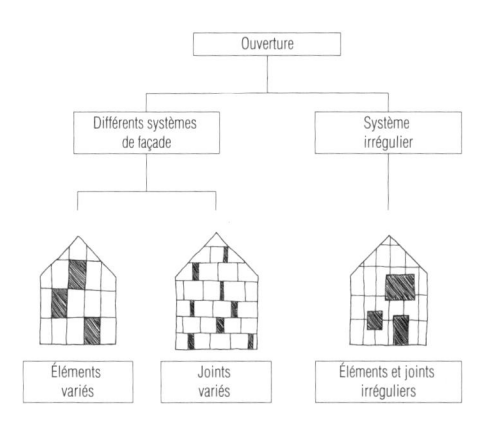

Observation 10 : l'ouverture comme élément variable du système de façade est subordonnée aux règles constructives et géométriques de celle-ci.

Au niveau des éléments de façade, l'ouverture apparaît sous la forme d'une omission, d'un vide ou d'une modulation, la transparence de certains éléments variant quant à leur matériau ou leur forme. Un exemple typique nous en est fourni par la façade-rideau, pour laquelle on trouve des éléments de tôle perforée ou pleine ou des éléments en verre transparent ou réfléchissant.

Au niveau du joint, on peut varier ses dimensions jusqu'à ce qu'il devienne un jour et puisse servir d'ouverture. On rencontre notamment ce type d'ouverture dans les bâtiments en bois empilé destinés à l'élevage, où, pour assurer l'aération, les joints entre les poutres sont laissés grands ouverts, au détriment de l'étanchéité à l'eau (ce que l'on est cependant prêt à accepter).

Observation 11 : l'ouverture comme irrégularité du système de façade ne tient pas compte des règles constructives et géométriques de celle-ci.

Constituant une irrégularité du système de façade, l'ouverture s'y comporte comme un élément autonome. Dans de nombreux cas, on assure le raccord au niveau de la feuillure au moyen d'une bordure qui neutralise les règles constructives de la façade (matériau, division et joint) à l'emplacement de l'ouverture. Ce dispositif peut prendre par exemple la forme d'un encadrement constitué d'une corniche, d'une embrasure et d'un linteau, dans le cas d'une baie classique. Dans d'autres cas, l'ouverture est simplement découpée dans la façade à la manière d'une perforation, et ne présente, tout au moins à l'extérieur, ni raccord ni feuillure.

Composition

Du choix approprié des moyens constructifs (matériaux, éléments, joints et ouvertures) naît l'expression spécifique de la façade par rapport à la globalité du bâtiment.

Au niveau du matériau, il faut harmoniser les couleurs et la texture définissant les propriétés visuelles et tactiles de la surface. Pour ce qui est des éléments, des joints et des ouvertures, on doit tenir compte des quantités, des formes géométriques et des proportions. Outre les conditions techniques, on peut observer ici certains principes généraux de composition.

Ill. 21 : ouvertures comme variations (à gauche) ou irrégularités du système de façade (à droite)
Peter Zumthor, maison Gugalun, Versam (CH) 1994

ÉLÉMENTS DE CONSTRUCTION **Façade**

Systèmes mis en œuvre

Ill. 22 : façade ondulée en verre, quadrillage vertical avec bandes horizontales opaques et transparentes alternées et de hauteurs variées
Diener & Diener, université de Malmö (SE) 2005

Ill. 23 : composition libre avec différents matériaux (tôles et verre), formats, divisions, assemblages et ouvertures
MVRD, immeuble Silodam, Amsterdam (NL) 2002

Observation 12 : le nombre et la taille des éléments, des joints et des ouvertures dépendant de la surface totale régule la plasticité de la façade.

L'utilisation d'un nombre élevé de petits éléments permet de modeler très finement la surface, et de suivre avec précision et « souplesse » ses mouvements ou ceux du bâtiment. Les éléments distincts semblent se fondre dans la masse. Le nombre de joints augmente proportionnellement à la division de la surface. Sur le plan visuel, des joints serrés lient la surface à la façon d'un tissage, ce qui lui donne souvent l'aspect d'un textile. Les façades en brique de parement illustrent ce phénomène de manière concrète, puisque, selon l'appareil, le dessin des joints de mortier horizontaux et verticaux rappelle la structure d'un tissage.

En changeant l'échelle des éléments et des joints, on peut affiner la texture de la structure de surface jusqu'à lui donner un aspect presque tout à fait homogène. Ainsi, dans les bardages en bois, l'utilisation de fins bardeaux de petite taille posés régulièrement en écaille, avec des joints étroits et des chevauchements à peine visibles, lui donne l'apparence d'une peau continue. Dans le cas des enduits constitués d'un conglomérat de différents composants minéraux, on peut réaliser une large gamme de surfaces, allant d'assemblages demeurant visibles à des surfaces tout à fait homogènes. Ici, ce sont la granulométrie et la technique d'application ou le traitement effectué après celle-ci qui permettent de contrôler la gradation souhaitée.

Les surfaces composées d'un nombre plutôt restreint de grands modules ont un aspect plus structuré que celles exécutées avec des éléments de petite taille. Les différentes unités qui la composent sont en effet plus faciles à percevoir et les joints mieux identifiables. Leur composition géométrique et formelle est plus lisible, le réseau des joints domine, et l'apparence du corps du bâtiment dans son ensemble a un caractère plus additif, plus fragmentaire. La largeur et la coloration des joints sont parfois aussi utilisées pour servir de contraste.

Observation 13 : la taille et le nombre des éléments, des joints et des ouvertures influent sur l'impression d'échelle d'un bâtiment, tandis que leur positionnement influence la lisibilité de la structure intérieure.

La structure de surface fournit en principe des indications sur l'organisation intérieure d'un bâtiment, par exemple en laissant deviner la position de certaines pièces ou de certains étages par la division ou la répartition des éléments de façade. On peut aussi masquer, effacer ou nier le rapport entre la structure de la façade et la structure intérieure en manipulant ces éléments (p. ex. en leur donnant une forme libre, en les assemblant ou en les multipliant).

Observation 14 : la forme des éléments, des joints et des ouvertures régule le rapport entre la géométrie de la structure de surface et la géométrie du bâtiment.

La somme d'éléments se répétant engendre une structure de surface régulière, un quadrillage classique. La géométrie d'une grille est par principe rigide et ne peut « réagir » au contour irrégulier d'un bâtiment. C'est pourquoi, soit la grille domine le dessin de l'enveloppe, soit la géométrie du bâtiment tronque la grille. Il faut alors modifier les éléments situés en bordure et les adapter à leur emplacement.

Les éléments conçus individuellement pour un objet spécifique peuvent être découpés en fonction de géométries de bâtiment irrégulières. Dans ce cas, la forme de chaque élément périphérique s'adapte à la géométrie spécifique du bâtiment. Les bordures à géométries irrégulières ne sont dès lors plus l'exception mais la règle.

Une autre stratégie consiste à appliquer des motifs ornementaux libres sur la structure de la façade. Ces motifs suivent une logique géométrique propre qui ne découle pas, ou pas directement, de celle du bâtiment. Ils sont appliqués librement sur le corps du bâtiment, modifiant son apparence et sa forme d'ensemble. Cette stratégie est connue comme moyen de camouflage. Appliquée dans un sens positif, elle contribue à multiplier les expressions de la façade.

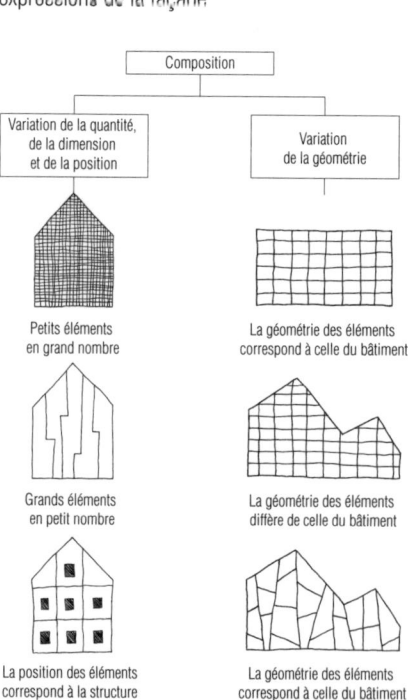

```
                    Composition
                    /          \
    Variation de la quantité,    Variation
    de la dimension              de la géométrie
    et de la position
```

Petits éléments en grand nombre | La géométrie des éléments correspond à celle du bâtiment

Grands éléments en petit nombre | La géométrie des éléments diffère de celle du bâtiment

La position des éléments correspond à la structure du bâtiment | La géométrie des éléments correspond à celle du bâtiment

La position des éléments diffère de la structure du bâtiment | La géométrie des éléments diffère de celle du bâtiment (camouflage)

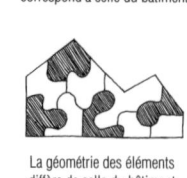

Processus

Pour conclure, on peut se demander où commence la conception, la construction de la façade. Cette dernière est-elle une conséquence de l'expression, ou l'expression est-elle une conséquence de la construction ?

Observation 15 : comme tous les processus de conception architecturale, la construction de la façade est un procédé itératif, nourri de rétroactions, dans lequel les dépendances de certaines décisions ne sont pas toujours claires et consécutives de manière linéaire.

Le début de la réflexion, le premier jet, peut a priori se faire en toute liberté, en petit ou en grand, sur la base de critères soit techniques soit esthétiques. L'essentiel réside dans la motivation des concepteurs à envisager les conséquences de la stratégie choisie, et à identifier et comprendre les différentes dépendances en jeu. Il est important de bien établir une hiérarchie entre ce que l'on appelle les paramètres obligatoires et les paramètres variables, les paramètres fixes et les paramètres souples. Sur ce point, la conception de la façade est à nouveau couplée au concept du projet architectural.

En somme, la qualité et la complexité du processus résident dans une approche à la fois professionnelle et passionnée des principes non seulement constructifs mais aussi esthétiques.

Observation 16 : Nos « observations » ne sont pas des injonctions mais des conseils destinés à faire réfléchir de manière plus précise et systématique à la construction de la façade. Elles doivent représenter une aide au processus de conception et exposer de manière concrète le rapport entre conception, construction et perception. Il s'agit donc d'un essai de systématique, même si un manquement intelligent à la règle peut parfois mener à de nouvelles découvertes.

Ill. 24 : les éléments lourds préfabriqués en béton confèrent à l'enveloppe une grande plasticité
Thomas von Ballmoos Krucker Architekten, école primaire, Obermeilen (CH) 2007

Références bibliographiques
- Prof. Andrea Deplazes, EPFZ, Jürg Fischer, Timber Consult, Bubikon: *Lignatec Fassadenbekleidungen*, Lignum Zurich, novembre 2008

Pour ou contre la fenêtre en bande
La controverse Perret – Le Corbusier

Bruno Reichlin

« M. Auguste Perret nous parle de l'architecture au Salon d'Automne. » Ce titre du *Paris Journal*[1] signale l'entretien accordé par Auguste Perret à propos de la section Architecture et Art urbain du Salon d'Automne ouvert du 1er novembre au 16 décembre 1923. À en croire le journaliste Guillaume Baderre, cette section avait particulièrement retenu l'attention du public : « Les uns ont été séduits par les hardiesses de conception de nos jeunes constructeurs, les autres franchement choqués, mais personne n'est resté indifférent. […] Les nombreuses maquettes[2] présentées par MM. Le Corbusier et Jeanneret ont surtout soulevé les discussions, ces architectes ayant une technique très neuve qui bouscule toutes les traditions[3]. »

L'entretien accordé par Perret se résume à une attaque de front contre Adolf Loos, Le Corbusier et Jeanneret. Attaque particulièrement insidieuse, puisqu'elle retourne contre « nos architectes d'avant-garde », comme Perret les nomme d'un ton moqueur, leurs propres arguments en les accusant de fomenter un nouvel académisme formel, en tous points semblable à celui qu'ils font profession de combattre et, comme lui, indifférent aux aspects fonctionnels de l'habitation. « Les jeunes architectes, affirme Perret, commettent au nom du volume et de la surface, les mêmes fautes qu'on commettait dans un récent passé au nom de la symétrie, de la colonnade ou de l'arcade […]. Le volume les hypnotise, ils ne pensent qu'à ça et, dans un déplorable esprit de système, s'attachent à créer leurs combinaisons de lignes sans se préoccuper du reste. » Et le réquisitoire se poursuit : « Ces faiseurs de volume transforment les cheminées en restes chétifs qui n'assurent même plus l'évacuation de la fumée. Ils vont même jusqu'à supprimer les corniches, exposant les façades à une dégradation rapide. » Et Perret d'ajouter avec malice : « Ces manquements aux principes utilitaires sont curieux à constater chez Le Corbusier par exemple, l'architecte utilitaire type, ou qui s'en vante. »

Mais la critique la plus chargée d'implications porte sur les ouvertures, cela non seulement parce qu'elle suscite les répliques les plus virulentes de la part de Le Corbusier, mais surtout parce qu'au fil de la controverse Perret – Le Corbusier qui se développe par la suite, elle témoigne d'un désaccord qui, au-delà des arguments strictement techniques ou esthétiques, trace une ligne de partage entre deux cultures de l'habiter, à condition de prendre le terme de culture dans son sens le plus large, presque anthropologique. Mais étudions chacune de ces divergences en détail.

Toujours dans le même entretien, Perret insiste à plusieurs reprises sur la contradiction entre la forme et la fonction que contiennent les propositions architectoniques de Le Corbusier : « Il faut que la fonction crée l'organe. Mais il ne faut pas que l'organe dépasse sa fonction… Or c'est un peu la tendance de Le Corbusier ; pour faire des effets de volume, il rassemble ses fenêtres par paquets laissant de larges surfaces tout à fait aveugles ; ou bien, toujours par bizarrerie trop voulue de son dessin, il torture les ouvertures en les allongeant exagérément soit dans la verticale, soit dans l'horizontale. L'effet obtenu à l'extérieur est très original, mais je crains que l'effet intérieur ne le soit bien plus : la moitié des chambres doit manquer complètement de lumière, ce qui est pousser un peu loin l'originalité. »

Cette critique touche particulièrement Le Corbusier qui, piqué au vif, répond en deux occasions dans les pages du même *Paris Journal*. « Une visite à Le Corbusier-Saugnier », entreprise par Baderre en vue d'« entendre l'autre partie », paraît ainsi dans l'édition du 14 décembre[4].

Le Corbusier s'y dit consterné du peu de collégialité dont fait preuve Perret, qui n'hésite pas à avancer des

Ill. 1 : Franz Louis Catel, Schinkel à Naples, 1824

arguments préjudiciables et, qui pis est, erronés. Après avoir brièvement abordé la critique relative aux cheminées et à l'absence de corniches, il en vient directement à la question des ouvertures : « Enfin, dernier et sanglant reproche de Perret : mes fenêtres n'éclairent pas. Ici je bondis car l'injustice est trop criante. Comment ? Je m'efforce de créer des intérieurs clairs et bien... [c'est] là mon but principal, c'est là même pourquoi le dessin de mes façades peut sembler un peu bizarre aux gens routiniers. Bizarrerie voulue, dit Perret ; mais oui, *voulue*, non pas pour le plaisir même de la bizarrerie, mais pour faire entrer le plus possible, à flots, l'air et la lumière dans mes maisons, la bizarrerie ou soi-disant telle n'étant donc ici qu'une résultante de mon désir de tout plier aux nécessités vitales. »

Dans le *Paris Journal* du 28 décembre 1923, Guillaume Baderre fait état d'une « Seconde visite à Le Corbusier[5] ». Cette fois cependant, le journaliste annonce la couleur : il prend parti pour Le Corbusier dont il adopte les célèbres thèses en faveur de la fenêtre en bande, anticipant ainsi les textes et conférences qui, plus tard, les feront entrer dans le domaine public. En résumé : la fenêtre verticale traditionnelle est le produit de techniques de construction désormais dépassées (pierre et brique), qui ne permettaient que de petites portées et exigeaient des murs massifs. C'est ce qui explique pourquoi il était nécessaire de créer des ouvertures, et donc des pièces, de hauteur disproportionnée lorsqu'on voulait augmenter la surface des fenêtres des édifices représentatifs. En revanche, l'emploi du béton armé, qui permet d'accroître la lumière et de réduire drastiquement les points d'appui grâce à de plus grandes portées, rend désormais possible la fenêtre en bande. « Or, elle est plus commode, souscrit Baderre, car, à surfaces égales, elle éclaire mieux : en effet, sa forme lui permet de rassembler toute la lumière à la hauteur utile qui est celle des yeux de l'habitant. Les fenêtres d'ancien modèle perdent une bonne moitié de lumière efficace. Il faut qu'un plancher soit éclairé, c'est entendu. Mais le maximum d'éclairage doit se trouver à mi-hauteur, qui est la partie vivante, le milieu des têtes et celui des pieds. »

Ill. 2 : Le Corbusier, maison La Roche-Jeanneret, Paris (F) 1923

Ill. 3 : Marcel Duchamp, *Fresh window*, assemblage 1920

Toutefois, ce qui fait le grand intérêt de cet article, c'est la publication des toutes premières études – le plan et la vue en perspective – pour la petite maison à Corseaux, au bord du lac Léman, que Le Corbusier et Jeanneret sont en train de projeter pour les parents de l'architecte[6]. Le plan de cette minuscule habitation représente un véritable défi si l'on songe aux critiques de Perret. « Il n'y a de véritable fenêtre que sur un seul côté, mais elle court tout au long de la façade. » Pourtant, ajoute Baderre, cela suffit largement à éclairer l'habitat tout entier « car, en plus de la faculté éclairante que lui donnent ses dimensions, elle aboutit exactement, sur chacun des côtés, jusqu'aux coins formés par des murs faisant angle droit avec sa surface. Ces murs blancs filent ainsi directement dans le paysage, sans l'interposition du relief d'aucun trumeau ; ils sont inondés de lumière[7]. »

Au moment où Perret et, à travers lui, l'Institution (« une autorité dans le domaine de l'architecture », avait écrit Baderre en témoignage de respect – « un dieu olympien se dispose à parler », avait répondu en écho Le Corbusier dans une lettre mordante à Perret[8]) prononce son verdict, Le Corbusier répond avec une œuvre où la partie incriminée prend valeur de manifeste. D'ailleurs, dans le précieux petit livre qu'il rédigera trente ans plus tard, Le Corbusier n'hésite pas à désigner cette fenêtre en bande comme « l'acteur principal de la maison », voire comme « l'unique acteur de la façade[9] ». Alors que le débat pour

Ill. : 4 : Le Corbusier et Pierre Jeanneret, « petite maison » à Corseaux, au bord du lac Léman, Vevey (CH) 1923

ou contre la fenêtre en bande semble jusqu'ici porter sur des questions « techniques » (régulation de la lumière, possibilités constructives, économie de l'espace), l'enjeu est en même temps tout autre. Le Corbusier lui-même tend à établir un lien entre la fenêtre en bande de la « petite maison » et la controverse qui se poursuit avec Perret, six mois plus tard, à propos du « Palais de bois » construit par ce dernier. Controverse évoquée par Le Corbusier dans *Almanach* sous le titre « Petite contribution à l'étude d'une fenêtre moderne », un texte qui suit immédiatement l'étude de la « petite maison[10] ».

Sur deux pages en vis-à-vis, Le Corbusier oppose une photographie de la vue dont on jouit sur le lac depuis la fenêtre en bande à un dessin où il a lui-même croqué Perret assis dans un fauteuil devant la « magistrale fenêtre en bande » qui donne de la lumière à la buvette du Palais. Dans ce croquis qui retrace les circonstances de la rencontre entre Perret, Pierre Jeanneret et Le Corbusier, on doit peut-être à la malice du portraitiste le fait que la canne de promenade du vieux maître soit pointée précisément en direction de la fenêtre en bande. Heureux d'avoir pris Perret sur le fait, confortablement installé face à la seule fenêtre de ce type dans tout l'édifice, Le Corbusier le félicite pour cette dernière – « très jolies, vos fenêtres en long » – et se dit rassuré de la voir aussi employée par le maître. Dédaignant l'ironie de l'insinuation, Perret contre-attaque : « La fenêtre en longueur n'est pas une fenêtre. » Et catégorique, d'affirmer : « Une fenêtre, c'est un homme ! » En réponse à Pierre Jeanneret qui avance que l'œil regarde à l'horizontale, il rétorque sèchement : « J'ai horreur des panoramas[11]. »

Lorsqu'il soutient qu'elle « est un homme », Perret reconnaît à la fenêtre une connotation anthropomorphe. Dans l'ouvrage qu'il consacre à ce dernier, Marcel Zahar rapporte ainsi ses propos : « La fenêtre verticale encadre l'homme, elle est en accord avec sa silhouette [...] la ligne verticale est celle de la station debout, c'est la ligne de la vie[12]. » Derrière la conviction de Perret, on retrouve un topos culturel, documenté par une tradition littéraire et picturale vieille de plusieurs siècles et qui persiste encore aujourd'hui. Qui ne se souvient pas ici des premières strophes du deuxième et cinquième poème du cycle de Rainer Maria Rilke intitulé « Les fenêtres[13] » ?

N'es-tu pas notre géometrie, fenêtre,
très simple forme
qui sans effort circonscris
notre vie énorme ?

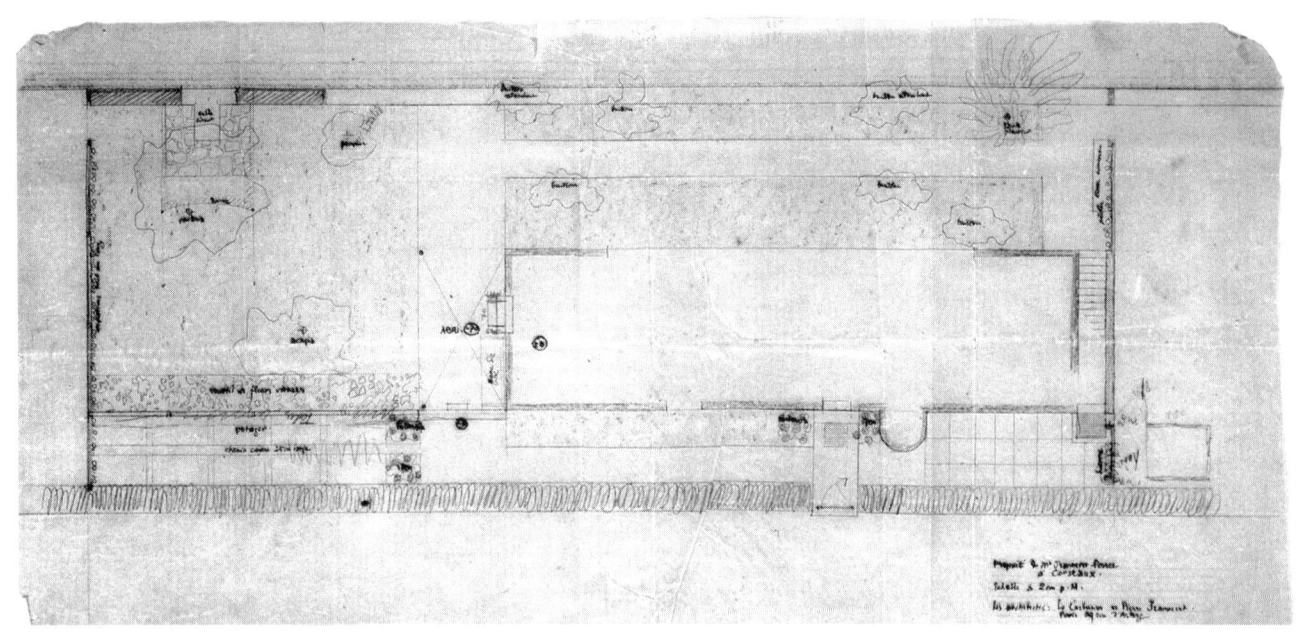

ÉLÉMENTS DE CONSTRUCTION — Ouverture — Introduction

Ill. 5 : Le Corbusier et Pierre Jeanneret, plan de masse de la « petite maison » à Corseaux (CH) 1923

*Comme tu ajoutes à tout,
fenêtre, le sens de nos rites :
Quelqu'un qui ne serait que debout,
dans ton cadre attend ou médite.*

Or, si Perret refuse la fenêtre en bande, c'est qu'il y voit le signe d'une transgression qui porte atteinte à des valeurs profondément ancrées dans la culture et le « vécu » de l'intérieur. C'est sans doute pour cette raison qu'il dira de Le Corbusier qu'il « détruisait la belle tradition française[14] ».

La fenêtre traditionnelle ouvre l'espace interne sur l'extérieur mais, en même temps, elle définit un lieu et un seuil, elle établit un rapport « d'exclusion » spatiale et sentimentale. Alors que la fenêtre en bande « nous condamne à regarder un panorama éternel », constate Perret, la fenêtre verticale nous stimule, « car elle nous laisse voir un espace complet : rue, jardin, ciel ». Mais surtout : ces ouvertures peuvent être fermées[15].

Pour Le Corbusier, à la différence de la fenêtre traditionnelle, celle en longueur remplit d'autant mieux sa fonction d'intermédiaire entre intérieur et extérieur que l'ouverture elle-même, en tant que seuil, nie ses propres limites et tend à disparaître. Telle est du moins la signification de la photographie de la fenêtre en bande qui, prise de l'intérieur de la « petite maison », sera publiée dans l'*Almanach*. Une photographie où tout ce qui appartient à la structure solide du bâtiment se réduit à un fond noir sur lequel, d'un bord à l'autre, se détache l'image euphorique d'« un des plus beaux horizons du monde[16] » : « Le site est là comme si l'on était au jardin[17]. »

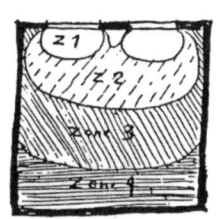

Ill. 6 : Le Corbusier, croquis sur l'éclairage, 1923

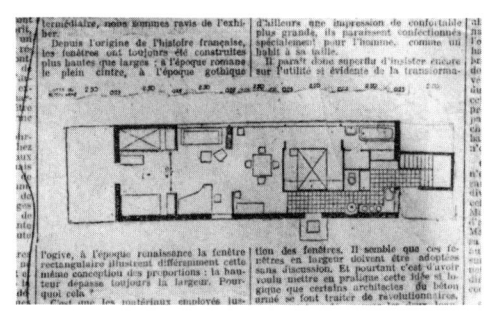

Ill. 7 : article sur la « petite maison » de Corseaux de Le Corbusier et Pierre Jeanneret
Extrait du *Paris Journal*, 28.12.1923

Ill. 8 | Le Corbusier, esquisses pour la « petite maison » au bord du lac Léman, 1923

Tandis que le cadre de la fenêtre traditionnelle découpe le paysage, qu'il en brise la continuité, qu'il le « manipule » et lui confère l'aura d'une *veduta,* la fenêtre en longueur satisfait, elle, au postulat d'« objectivité » cher au mouvement moderne comme au purisme puisqu'elle rend compte de la nature « telle qu'elle est » : « La fenêtre de 11 mètres introduit l'immensité du dehors, l'infalsifiable unité d'un paysage lacustre avec tempêtes et calme radieux[18]. »

Est-il bien vrai que la fenêtre en bande ne manipule pas le visible ? Perret avait affirmé que la fenêtre verticale (ailleurs nommée, et ce n'est pas par hasard, « fenêtre à la française ») offrait la vision d'un « espace complet », puisqu'elle permettait de contempler à la fois la rue, le jardin et le ciel. Marie Dormoy, sa fidèle interprète, précisera à son tour que « la fenêtre rectangulaire en hauteur rend une pièce bien plus gaie qu'une fenêtre horizontale puisque, grâce à cette disposition, on découvre les premiers plans, c'est-à-dire la partie vivante et animée[19]. » Cette remarque nous rappelle que l'image de la fenêtre fut un motif de prédilection en peinture depuis l'époque du romantisme jusqu'à notre siècle, et qu'elle a joué un rôle important dans l'évolution de l'espace dans la peinture moderne. En permettant un regard vers le bas, vers les premiers niveaux les plus proches de l'espace (rue et jardin), un regard horizontal vers les niveaux moyens et plus profonds (maisons en vis-à-vis, arbres, arrière-plan des collines) et un regard vers le haut, dans la profondeur infinie du ciel, la fenêtre verticale découpe dans le paysage un cadre de la plus grande profondeur perspective ainsi que d'une large variété et gradation dimensionnelle, chromatique ou lumineuse. Mais la fenêtre verticale se révèle également riche d'implications émotives car, si la perception de l'environnement proche et familier rassure, la vision d'un point de vue élevé garantit en même temps distance et discrétion.

« Le regard par la fenêtre appartient à la situation de l'homme installé, en particulier du bourgeois, et à la façon dont il vit dans ses appartements... Ainsi la fenêtre est-elle le lieu des monologues et dialogues muets, le lieu d'une réflexion solitaire entre limité et illimité[20]. » Comme on le voit, ce sont les mêmes raisons qui sont à l'origine de la préférence de Perret pour la fenêtre verticale et de l'intérêt des peintres pour le motif de la fenêtre.

Celui-ci devient un champ expérimental important de la peinture moderne au plus tard à partir du moment où la peinture se détourne plus ou moins consciemment du tableau comme « scène » perspectiviste *(Guckkasten),* remettant en question le principe remontant à la Renaissance selon lequel toute image est, au sens propre, une « image de fenêtre ». « Pour forcer tous les éléments de l'image sur la surface du tableau[21] », la peinture se retire peu à peu de l'espace de la perspective linéaire, élevé au rang de principe absolu ; elle renonce à l'espace de la

Ill. 9 : Le Corbusier, Auguste Perret dans un fauteuil devant la fenêtre en bande du Pavillon des Bois dont il est l'auteur, 1924

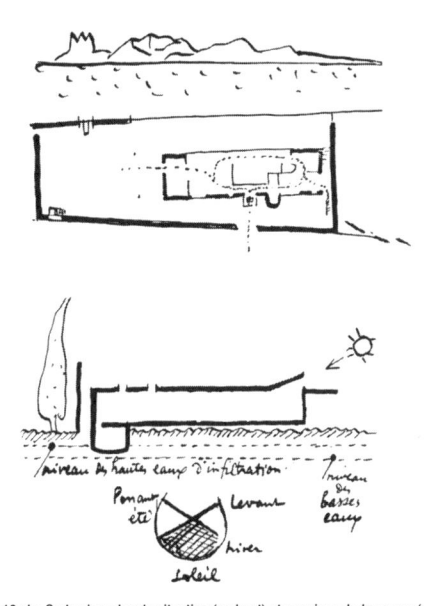

Ill. 10 : Le Corbusier, plan de situation (en haut) et esquisse de la coupe (en bas) pour la « petite maison » au bord du lac Léman, 1923

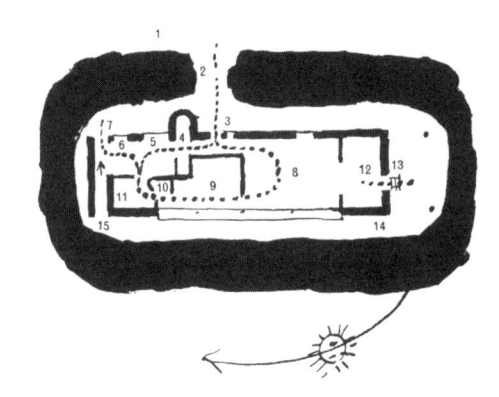

Ill. 11 : Le Corbusier, esquisse des fonctions (le nord est en haut), 1923

perspective aérienne, au rendu de la matérialité tangible et, plus tard, apparente des matériaux ; elle se détache de la couleur absolue des objets et de la couleur relative des apparences, ainsi que du dessin détaillé et du rendu exact des proportions anatomiques et des perspectives.

À propos du rôle joué par le motif de la fenêtre dans ces processus de réduction radicaux, Schmoll, alias Eisenwerth, estime que « le motif de la fenêtre dans la peinture du XIXe et XXe siècle a "aplani" (au sens littéral du terme) la voie vers une conception purement plane de la peinture, renonçant à l'illusion de profondeur (comme celle qui transparaît déjà dans *La Porte-fenêtre* (1914) de Matisse). Ainsi, alors que dans la peinture occidentale, on avait admis au début de la représentation de la perspective que la profondeur spatiale était possible dans une vue à travers une fenêtre, on en arrive à une conception dans laquelle le motif de la fenêtre lui-même constitue le vecteur d'une architecture plane[22]. »

Après avoir brièvement considéré l'important rôle de précurseur joué par le motif de la fenêtre dans la peinture moderne, revenons maintenant à la fenêtre en bande.

Perret s'oppose à la fenêtre en bande, parce qu'elle nous empêche de voir l'espace complet (jardin, rue, ciel), et Margherita G. Sarfatti retient « surtout son plaidoyer en faveur du ciel que la fenêtre horizontale exclut le plus souvent de la rangée de notre horizon[23] ». Et en effet, la fenêtre horizontale rend plus difficile la perception et l'appréciation correctes de la profondeur réelle du paysage que nous avons sous les yeux. À cet effet concourt également la distance extrême qui s'établit entre les bords verticaux de l'ouverture, et cela d'autant plus lorsque, comme c'est le cas dans les premières esquisses de la « petite maison », ces bords coïncident avec les murs latéraux ou le plafond. La fenêtre en bande échappe ainsi à la pyramide visuelle, elle ne permet plus une perception d'ensemble de la part de l'observateur. En conséquence,

Ill. 12 : Le Corbusier et Pierre Jeanneret
Vue depuis la fenêtre en bande de la « petite maison » au bord du lac Léman, photo d'époque

Ill. 13 : Le Corbusier
Intérieur de la « petite maison » au bord du lac Léman, 1923

Ill. 14 : Le Corbusier
Vue par la fenêtre en bande de la « petite maison » au bord du lac Léman, 1923

ce qui est donné à voir perd son caractère de *veduta* insérée dans un cadre : celui de la fenêtre dont, en conséquence, s'évanouit la fonction de repoussoir.

Aussi, si la fenêtre en bande est aux antipodes de la « scène » perspectiviste *(Guckkasten)* que délimitent les profondes embrasures et l'encadrement de la fenêtre traditionnelle, il paraît légitime de la compter parmi les dispositifs qui ont contribué à détruire l'espace perspectif traditionnel en architecture. Du point de vue de la conception et des effets spatiaux, la fenêtre en bande a ainsi joué un rôle comparable à celui des expériences qui, en peinture, et autour du motif de la fenêtre, ont conduit à la « transformation du tableau en une peinture plate, sans profondeur[24] ».

« Le paysage est là », dans sa présence inquiétante, comme s'il était « collé » à la fenêtre, excluant toute vision d'ensemble, à distance rassurante. Le regard ne pouvant saisir la transition entre choses proches, familières, et lointaines, la perception de la profondeur se voit notoirement diminuée.

« Le paradoxe de la fenêtre moderne absolument transparente, qui ouvre sur l'extérieur et laisse entrer tout en délimitant[25] » a plongé les décorateurs d'intérieur et les architectes de la fin du XIXe et du début du XXe siècle dans un tel embarras que Dolf Sternberg consacre tout un chapitre de son ouvrage *Panoramas du XIXe siècle* au thème de « la fenêtre qui dérange ». Et dans ses *Plaudereien über Kunst, Kunstgewerbe und Wohnungsausstattung*[26], Cornelius Gurlitt ouvre le chapitre qu'il consacre à la fenêtre par quelques brèves remarques sur son évolution récente. Cette dernière se caractérise d'après lui par un progressif agrandissement de l'ouverture aussi bien que des carreaux de verre : « L'appel de Goethe à l'agonie, "plus de lumière", retentit dans nos demeures. » Mais,

Ill. 15 : Le Corbusier et Pierre Jeanneret
Vue depuis la fenêtre en bande de la « petite maison » au bord du lac Léman, photo actuelle

sitôt après, il se lamente : « La fenêtre de grande taille relie trop la chambre au monde extérieur tandis que s'accroît l'habileté de l'homme, qui crée de larges vitrages, parfaitement transparents de façon à effacer totalement la frontière visuelle entre intérieur et extérieur, comme si cela ne devait pas nuire à l'unité artistique de l'espace. » L'emploi de rideaux de couleur claire, que Gurlitt date de la fin du XVIIIe siècle, la mode récente des stores et des verres en cul-de-bouteille sont autant d'artifices qui s'efforcent de rétablir l'intimité du logement, compromise qu'elle est tantôt par la présence envahissante du monde extérieur, tantôt par une luminosité qui, excessive et uniforme, la prive du charme de la pénombre. « Tout ce qui a lieu dehors reste lointain », dans l'espace sécurisant dont rêve Gurlitt, où « on se sent à l'abri, que ce soit entre amis ou avec ses pensées ».

Dans le même esprit, Baillie Scott[27] se moque de la mode des grandes fenêtres qui s'était répandue dans les villas des faubourgs anglais : « On aperçoit déjà depuis dehors les brèches colossales dans les murs, prévues pour faire un effet extérieur, comme une vitrine de magasin. La table avec le vase, les rideaux en dentelle, et le reste, sont là comme des marchandises à l'étalage. À l'intérieur, une lumière éblouissante et sans pitié, qui détruit tout calme et sensation de protection. »

« L'intérieur », écrit Walter Benjamin dans *Passages*[28], « est non seulement l'univers, mais aussi l'étui de l'homme privé. » Dans la pénombre énigmatique, fantasmagorique, de l'intérieur, atténuant la réalité massive des objets qu'une mise en scène éminemment symbolique dépouille de leur valeur d'usage et de leur caractère de marchandises, meubles et bibelots forment un lieu protégé, un espace d'identification idéologique et affective, car ce doux mensonge est le fait de l'habitant lui-même dont l'intériorité plane au centre idéal de ce microcosme.

La fenêtre en bande de Le Corbusier déchire le « refuge de l'homme privé » et le monde extérieur fait irruption dans l'intérieur. S'agissant du minuscule séjour de la « petite maison » au bord du lac, la nature, dans toute sa grandeur, impose son irrésistible présence, le cycle inexorable du temps et des saisons : « Une seule fenêtre de onze mètres de long relie et éclaire […], faisant entrer dans la maison la grandeur d'un site magnifique : lac, avec son mouvement, Alpes avec le miracle de la lumière[29]. »

ÉLÉMENTS DE CONSTRUCTION | **Ouverture**

Introduction

Ill. 16 : Caspar David Friedrich, fenêtre de gauche dans son appartement-atelier à Dresde, 1806

Ill. 17 : Henri Matisse, *Fenêtre à Collioure*, 1905

Ill. 18 : Robert Delaunay, *La Fenêtre sur la ville*, 1910

Ill. 19 : Max Beckmann, *Interieur mit Spiegel*, 1926

« Alors les jours ne sont plus tristes : de l'aube à la nuit, la nature déploie ses métamorphoses[30]. » La lumière que ne retiennent plus ni murs, ni tentures, ni rideaux, pénètre à flots par la brèche ; elle libère l'espace, les objets, elle rend aux « objets-sentiments » leur utilité première, solide et prosaïque, d'outils[31].

L'intériorité a pris la clé des champs. La *vraie nature* est le lieu d'expériences authentiques, l'objet des plus chers désirs, qui élève et console. La « petite maison » est, au bord du Léman, un délicat abri au sein de la nature. Mais elle n'est pas la « hutte » aux murs épais qui servent de protection contre l'extérieur. Ouverte sur le paysage, la fenêtre en bande met l'habitant en un inhabituel état d'omniprésence visuelle et psychologique.

Partagé entre deux espaces opposés : le lieu où il se tient et celui de son désir, confiné dans un rôle passif de spectateur, et alors que le dialogue intime entre objets familiers a disparu, ce même habitant fait l'expérience de la précarité psychologique et symbolique de l'espace vécu, moderne, que l'architecture peut, au mieux, rendre manifeste[32].

Ce texte est la traduction d'un article paru dans *Daidalos 13*. Il contient cependant plusieurs passages de l'étude du même auteur « La "petite maison" à Corseaux, une analyse structurale », parue dans *Le Corbusier à Genève 1922-1932, projets et réalisations*, Éditions Payot, Lausanne 1987.

ÉLÉMENTS DE CONSTRUCTION | Ouverture
Introduction

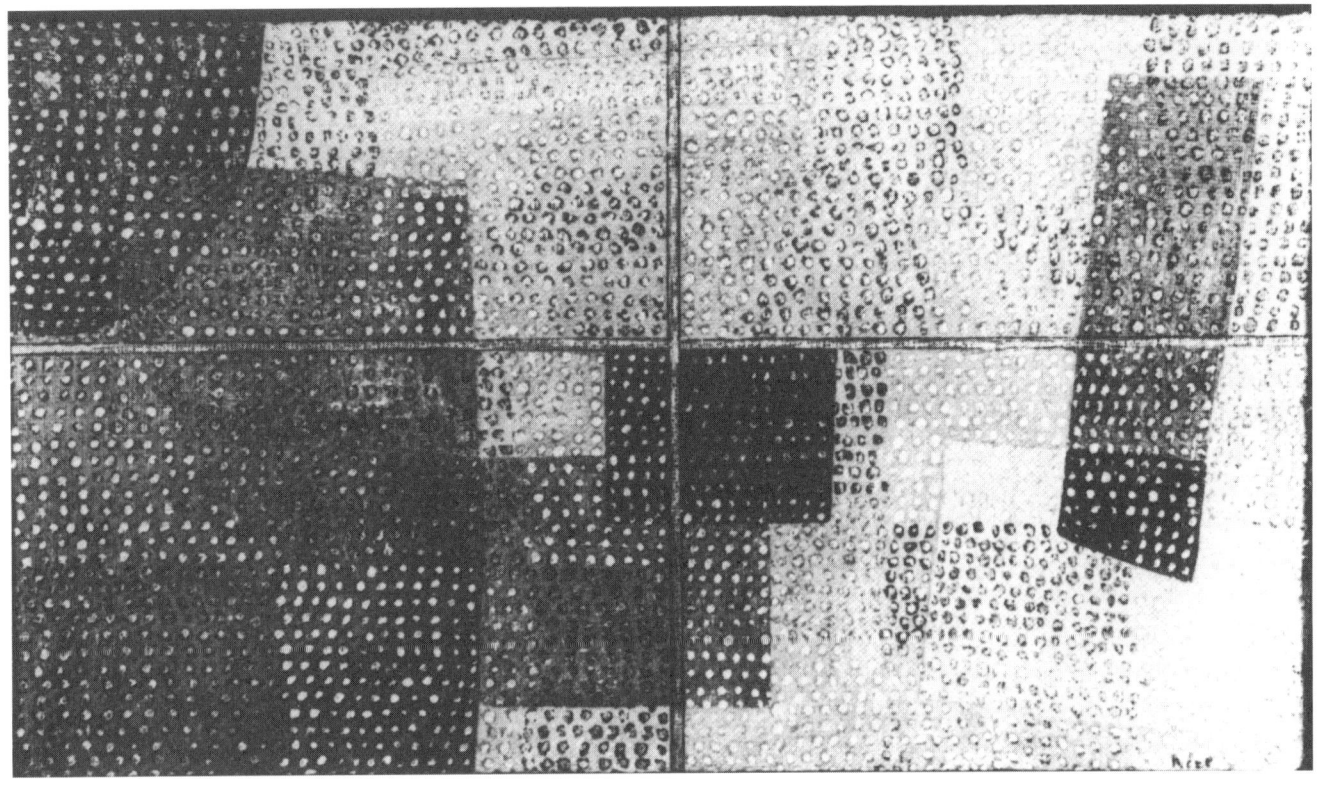

Ill. 20 : Paul Klee, *Durch ein Fenster*, vers 1932

Ill. 21 : Henri Matisse, *La Porte-fenêtre*, 1914

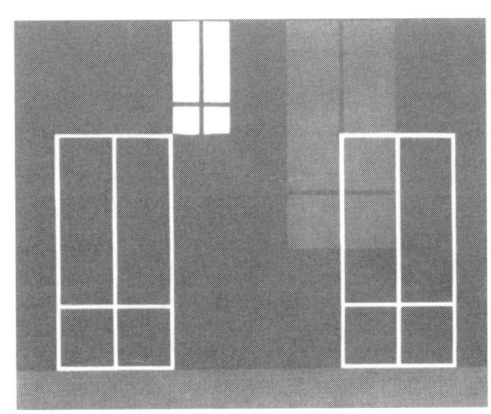

Ill. 22 : Josef Albers, *Fenster*, 1929

Notes

[1] *Paris Journal* du 1.12.1923. Document conservé à la Fondation Le Corbusier (dorénavant désignée : doc. FLC), Paris.
[2] Le catalogue du Salon d'Automne de 1923 ne mentionne que deux maquettes d'« hôtels privés », p. 344.
[3] Toutes les citations d'Auguste Perret sont tirées de *Paris Journal*.
[4] *Paris Journal* du 14.12.1923. Doc. FLC, Paris.
[5] *Paris Journal* du 28.12.1923. Doc. FLC, Paris.
[6] Le journal du père de Le Corbusier, Georges-Édouard Jeanneret, conservé (en partie au moins) à la bibliothèque de la ville de La Chaux-de-Fonds, contient une première allusion à l'intention de construire en date du 5 septembre 1923. La proposition d'« une maison puriste, forme wagon » apparaît pour la première fois le 27 décembre 1923.
[7] *Paris Journal*, 28.12.1923.
[8] Lettre de Le Corbusier à Auguste Perret, 13.12.1923, Doc. FLC, Paris.
[9] Le Corbusier, *Une petite maison* – 1923, Zurich 1954, p. 30-33, 36.
[10] Le Corbusier, *Almanach d'architecture moderne*, Paris 1926, p. 95-97.
[11] Cette opinion de Perret est citée dans Marcel Zahar, *Auguste Perret*, Paris 1959, p. 15.
[12] Ibid.
[13] Rainer Maria Rilke, *Les Fenêtres*, Paris 1927.
[14] Annotations de Le Corbusier sur un feuillet non daté qui reproduit le propos qu'aurait tenu Perret à l'éditeur de *L'Architecture Vivante* courant février 1926. Doc. FLC, Paris.
[15] D'après Marcel Zahar, op. cit.
[16] Le Corbusier, *Une petite maison*, op. cit.
[17] Le Corbusier, *Almanach*, op. cit.
[18] Le Corbusier, *Sur un État présent de l'architecture et de l'urbanisme*, Paris 1930, p. 30.
[19] Marie Dormoy, « Le Corbusier », in *L'Amour de l'Art*, Paris, mars 1930, n° 5, p. 213 sq.
[20] J. A. Schmoll alias Eisenwerth, « Fensterbilder – Motivketten in der europäischen Malerei », in *Beiträge zur Motivkunde des 19. Jahrhunderts*, Munich 1970, p. 152.
[21] Cf. Georg Schmidt, *Kleine Geschichte der Modernen Malerei*, Bâle 1955.
[22] J. A. Schmoll alias Eisenwerth, op. cit. p. 150.
[23] Margherita G. Sarfatti, « Perret » in *L'Architecture d'aujourd'hui*, 1932, p. 11
[24] J. A. Schmoll alias Eisenwerth, op. cit. p. 151.
[25] Dolf Sternberg, *Panorama oder Ansichten vom 19. Jahrhundert*, Dusseldorf, Hambourg 1938 ; édition de poche Francfort-sur-le-Main 1974, p. 156.
[26] Cornelius Gurlitt, *Im Bürgerhause*, Dresde 1888.
[27] M. H. Baillie Scott, *Häuser und Gärten*, Berlin 1912, p. 35.
[28] Walter Benjamin, « Paris capitale du XIXe siècle », chap. 4. « Luigi Filippo ou l'intérieur » in ibid. *Angelus Novus – Saggi e frammentiv*. W. B., Turin 1962, *Poésie et Révolution (Œuvres II)*, Paris 1971, p. 132.
[29] Le Corbusier, *Précisions*, op. cit. p. 130.
[30] Le Corbusier, *Almanach*, op. cit. p. 94.
[31] Le Corbusier, *L'Art décoratif d'aujourd'hui*, Paris 1925, chap. « Besoins-types », p. 69 sq.
[32] Cf. Schmoll, op. cit., chap. « Schlussbemerkungen und literarische Aspekte ».

Complexe baie – fenêtre

Problématique

Le terme « baie » désigne une ouverture pratiquée dans un mur ou une toiture, pour établir entre deux espaces une relation fonctionnelle et/ou visuelle. Les considérations ci-après se limiteront aux baies ménagées dans les murs extérieurs verticaux. La *jouée,* c'est-à-dire l'ensemble des surfaces délimitant la baie dans l'épaisseur du mur, se compose des *tableaux* (surfaces latérales verticales), de la face supérieure de l'*appui de baie* (surface horizontale inférieure) et de la sous-face du *linteau* (surface horizontale supérieure).

Une fenêtre (ou croisée) est un ouvrage de menuiserie extérieure destiné à fermer une baie (même si le terme désigne, dans le langage courant, l'ensemble formé par la baie et la fenêtre proprement dite). Une fenêtre se compose d'un châssis dormant (ou dormant tout court), d'un ou plusieurs châssis ouvrants (ou vantaux, ou encore ouvrants tout court) et d'un vitrage. La fenêtre est fixée dans la jouée, avec laquelle elle forme un complexe constructif indissociable. Une fenêtre a pour fonction à la fois de relier et de séparer espace intérieur et extérieur.

La transparence du vitrage permet d'assurer aussi bien le contact visuel entre intérieur et extérieur que l'éclairage naturel des locaux. De fait, la position et les dimensions des baies revêtent pour la conception des espaces intérieurs une importance déterminante. Le *guidage de la lumière* implique un concept d'éclairage précis, incluant la conduite et le dosage aussi bien du rayonnement solaire direct que de la lumière naturelle diffuse.

En termes de physique de la construction, les fenêtres doivent posséder une capacité d'isolation thermique suffisante pour assurer la coupure entre climat ambiant et climat extérieur. La principale sollicitation à laquelle soient soumises les fenêtres est due à l'eau dans tous ses états physiques, qu'elle provienne de l'extérieur (pluie, neige) ou de l'intérieur (humidité de l'air ambiant, diffusion de la vapeur d'eau et condensation).

Il s'agit, tant que faire se peut, d'empêcher l'eau de pénétrer dans la construction et d'évacuer de façon contrôlée celle qui s'y serait tout de même infiltrée (étanchéité à l'eau). Il convient en outre d'accorder une attention particulière à l'étanchéité à l'air des raccords entre mur et fenêtre. Enfin, la fenêtre doit assurer le confort voulu en termes de protection thermique et phonique.

Lors de l'élaboration des plans de détail, il s'agit de prévoir les *tolérances d'exécution* nécessaires. Les fenêtres étant fabriquées avec des tolérances dimensionnelles bien moindres que la maçonnerie, par exemple, les tolérances d'exécution liées à la pose des fenêtres doivent être reprises au niveau des feuillures pratiquées dans le mur. Le fabricant de fenêtres pourra en outre relever les dimensions précises des baies sur le chantier et fournir les fenêtres en conséquence.

Il s'agit par ailleurs de prévoir l'espace requis par un éventuel dispositif de *protection solaire,* avec les répercussions que cela implique pour l'exécution du linteau.

Principe de la battée

On appelle battée la surface de contact ménagée sur le pourtour de la baie pour recevoir le dormant de la fenêtre. Une fois ce dernier appliqué contre la battée et fixé dans la jouée à l'aide de vis, il s'agit d'étanchéifier les raccords entre fenêtre et gros œuvre. Pour éviter que les mouvements de dilatation dus aux changements de température ne génèrent des contraintes, le dormant doit être monté avec un minimum de jeu. Tous les organes de fixation doivent être protégés contre la corrosion.

Principe de la feuillure (voir détails éch. 1:1)

Au niveau des fenêtres, le principal problème consiste à empêcher l'eau et le vent de pénétrer dans la construction et à l'intérieur des locaux. Aussi les feuillures ménagées dans le mur et dans les châssis de la fenêtre revêtent-elles pour l'étanchéité de la construction une importance décisive, une attention particulière devant être ici apportée à l'étanchéité des joints entre dormant et gros œuvre et entre vantaux et dormant.

Les garnitures assurant l'étanchéité des feuillures font tout le tour des châssis et sont assemblées de façon étanche au niveau des angles. Dans une fenêtre à un ou plusieurs vantaux, l'étanchéité doit être garantie à deux niveaux :
Dormant – jouée

– Étanchéité à l'eau et au vent
– Compensation des dilatations de la maçonnerie

Ouvrant – dormant

– Perméabilité des joints suffisante pour permettre un échange d'air contrôlé entre intérieur et extérieur
– Étanchéité à la pluie battante, à l'eau et au vent

Ill. 23 : feuillures formant battée

Position de la fenêtre dans l'épaisseur du mur

La position des fenêtres dans l'épaisseur des murs influe grandement sur l'expression d'un bâtiment. Alors que des fenêtres au nu de la façade feront paraître le volume compact et lisse et en accentueront la forme générale, des fenêtres en retrait de la façade produiront des jeux d'ombre et de lumière conférant au bâtiment un certain relief. Selon que la fenêtre sera posée en feuillures extérieures ou intérieures, le dormant revêtira, en élévation extérieure, une importance visuelle toute différente, susceptible d'être accentuée ou, au contraire, atténuée. Vues depuis dedans, des fenêtres posées en feuillures extérieures pourront constituer des « niches » prolongeant l'espace intérieur, alors que des fenêtres posées en feuillures intérieures délimiteront clairement les locaux, tout en donnant l'impression d'une fine enveloppe. Hormis celles placées au nu extérieur ou intérieur du mur de façade, les fenêtres peuvent être posées aussi bien en feuillures intérieures qu'extérieures.

Ill. 24 : pose en feuillures intérieures (en haut) et extérieures (en bas)

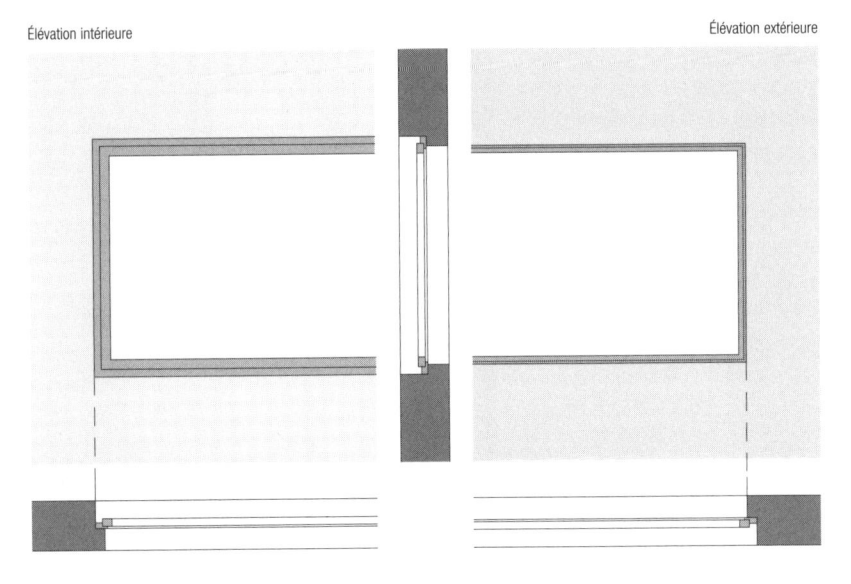

Pose en feuillures intérieures

Les fenêtres sont en général posées ici depuis l'intérieur. Si toute l'épaisseur du dormant est visible de l'intérieur, il est possible de faire en sorte que seuls les ouvrants apparaissent en élévation extérieure. Les fenêtres peuvent être posées au nu intérieur du mur. Étant par définition toujours en retrait du plan de la façade, ce d'au moins la profondeur des éléments formant battée, les fenêtres sont relativement bien protégées des intempéries. Les raccords étant par ailleurs dans une large mesure recouverts par ces mêmes éléments, ils ne posent aucun problème particulier.

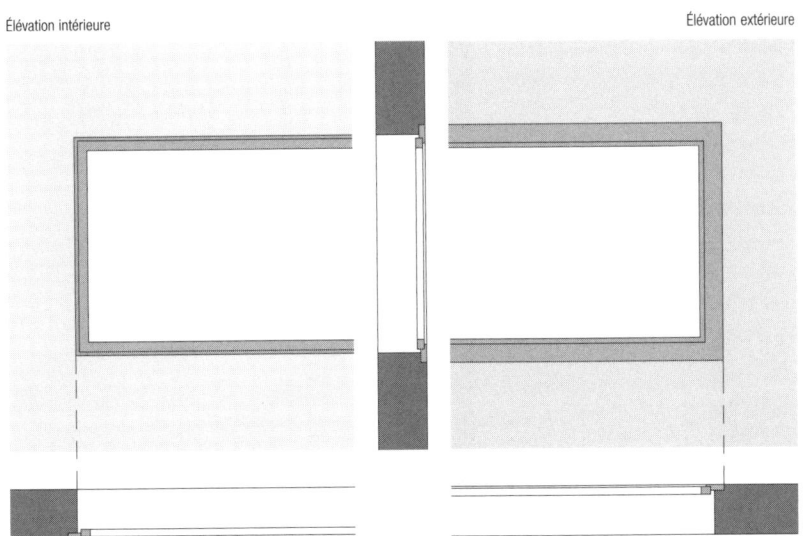

Pose en feuillures extérieures

Toute la largeur du dormant est ici visible de l'extérieur. Les fenêtres peuvent être posées au nu de la façade, auquel cas vitrage et châssis sont fortement exposés aux intempéries. Les raccords étant eux aussi visibles et très exposés, ils requièrent une attention accrue, tant en termes d'esthétique que de qualité d'exécution.

Fenêtres – Châssis

Matérialisation des châssis dormants et ouvrants

Bois nature
Pour empêcher la détérioration des fenêtres en bois sur le long terme, il convient :
- de choisir des essences appropriées et résistantes, comme le pin, l'épicéa, le sapin ou le mélèze ;
- de faire en sorte que l'eau soit évacuée de tous les profilés et surfaces en bois ;
- de protéger les fenêtres par un traitement de surface approprié. L'application d'une couche de fond (primaire) est une mesure de protection préventive contre les champignons altérant la coloration du bois. L'imprégnation empêche quant à elle le bois de pourrir sous l'effet de l'humidité.

Bois peint
Le bois peut être peint dans diverses teintes. Les peintures couvrantes étant moins perméables à l'eau qu'une simple imprégnation, elles préviennent la pourriture du bois. Le problème réside dans la faible résistance des peintures aux rayons UV et dans la pression exercée par la vapeur d'eau issue des locaux (dans le cas des peintures imperméables appliquées sur la face extérieure des fenêtres).

Bois-métal
Les fenêtres mixtes en bois-métal se composent d'un châssis porteur en bois sur lequel est appliqué, à l'extérieur, un parement en aluminium. Celui-ci assure la protection du bois, tout en conférant à la fenêtre une expression architecturale différente à l'intérieur et à l'extérieur.

Matière synthétique
La plupart des fenêtres en matière synthétique sont en PVC, un matériau initialement blanc. Les profilés peuvent être teintés dans la masse ou dotés d'une couche de revêtement, mais pas peints.

Les profilés se composent ici d'un ou plusieurs compartiments creux de configuration diverse, à l'intérieur desquels doivent être placés, pour assurer la stabilité des châssis, des profilés métalliques de renforcement, en dépit desquels les fenêtres en matière synthétique possèdent une assez faible résistance statique.

Fenêtres métalliques (aluminium ou acier)
Les fenêtres métalliques présentant une conductivité thermique élevée, leurs profilés doivent présenter une coupure thermique.

Les fenêtres en aluminium étant assez stables, elles se prêtent à la réalisation de grands éléments. Leur surface est en général traitée, faute de quoi elle s'oxyde de façon inégale et se couvre de taches. On fait la distinction entre les traitements de surface mécaniques, tels que meulage, brossage ou polissage, et le procédé électrochimique de l'anodisation, au cours duquel se produit une couche d'oxyde uniforme. Dans le cas du thermolaquage, une couche de laque est appliquée, à haute température, sur la surface du métal.

Les fenêtres en acier sont surtout utilisées dans la construction industrielle. Leur stabilité est encore supérieure à celle de l'aluminium. Les grandes fenêtres sont très lourdes, surtout une fois dotées de leur vitrage (problèmes de pose !). Le grand inconvénient des fenêtres en acier réside dans le risque de corrosion, risque que permettent de réduire l'application d'un enduit de protection ou le zingage des profilés. Les fenêtres en acier peuvent aussi être thermolaquées.

III. 25 : fenêtre échantillon
Châssis en bois nature, vitrage isolant

Fenêtres – Vitrage

Il existe différents types de verre, fabriqués selon des procédés spécifiques :
- Le *verre flotté (float)* est le plus utilisé des verres à surface plane.
- Le *verre à vitres,* prédécesseur du verre flotté, se caractérise par une surface légèrement gondolée (voir les vitres des vieilles maisons).
- Les *verres coulés* ou *imprimés* présentent une surface structurée. Ils sont translucides.
- Le *verre armé,* résistant au feu, est doté d'un treillis d'armature incorporé, qui retient les éclats de verre en cas de bris.

Le verre peut en outre faire l'objet de divers revêtements ou traitements de surface, susceptibles d'influer eux aussi sur l'expression architecturale des fenêtres, sur l'éclairage des locaux (lumière directe ou diffuse, lumière colorée) et sur les propriétés des vitrages en matière de sécurité et de physique de la construction. Les différents types de vitrages sont en général classés en fonction de leurs propriétés mécaniques et thermiques :
- Verre ordinaire
- Verre durci
- Verre de sécurité simple
- Verre feuilleté
- Verre de sécurité feuilleté
- Verre coupe-feu
- Verre trempé
- Verre isolant
- Verre thermo-isolant
- Verre pare-soleil.

Du fait des exigences actuelles en matière d'isolation thermique et de confort, on ne recourt presque plus aujourd'hui qu'à des vitrages isolants.

Ces derniers se composent d'au moins deux vitres collées à un profilé écarteur en aluminium ou en plastique, le collage assurant en même temps l'étanchéité de l'espace compris entre les vitres.

La performance des vitrages isolants dépend dans une large mesure de l'épaisseur de l'espace intermédiaire et de la qualité de son remplissage – divers gaz –, ainsi que de l'éventuelle couche de revêtement appliquée aux vitres.

Caractéristiques importantes

Valeur U : désigne le coefficient de transmission thermique des vitrages et autres éléments de construction. Plus cette valeur est faible, meilleure est l'isolation. Aujourd'hui, les vitrages présentent d'ordinaire des valeurs U comprises entre 1,0 et 1,1. Il est cependant possible d'atteindre des valeurs isolantes de l'ordre de $U = 0{,}2$ (vitrages Silverstar).

Valeur g : désigne la quantité d'énergie totale transmise à travers le vitrage. Cette valeur est importante aussi bien pour le contrôle des gains thermiques par transmission que pour la protection contre les surchauffes. Elle se compose d'une part de la transmission directe du rayonnement solaire, d'autre part de la transmission d'énergie secondaire. Cette dernière est due au fait que le verre se réchauffe sous l'effet du rayonnement solaire, et qu'il restitue cette chaleur vers l'intérieur et l'extérieur (vitrages avec film intermédiaire régulant la transmission énergétique).

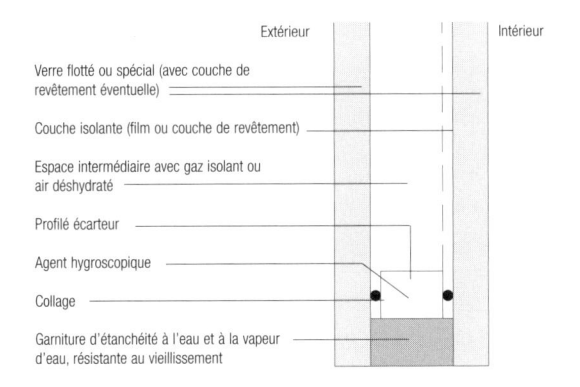

Ill. 26 : composition d'un vitrage isolant

Références bibliographiques
- Christian Schittich, Gerald Staib, Dieter Balkow, Matthias Schuler, Werner Sobek, *Construire en verre*, Lausanne 2001.
- Glas Trösch AG, *Le Verre et ses applications*, Bützberg 2002.
- Bruno Keller, Stephan Rutz, chaire de physique de la construction, EPFZ, *pinpoint – Fakten der Bauphysik. Zu nachhaltigem Bauen*, Zurich 2007.

ÉLÉMENTS DE CONSTRUCTION **Ouverture**

Systèmes

Fenêtre – Coupe horizontale éch. 1:1

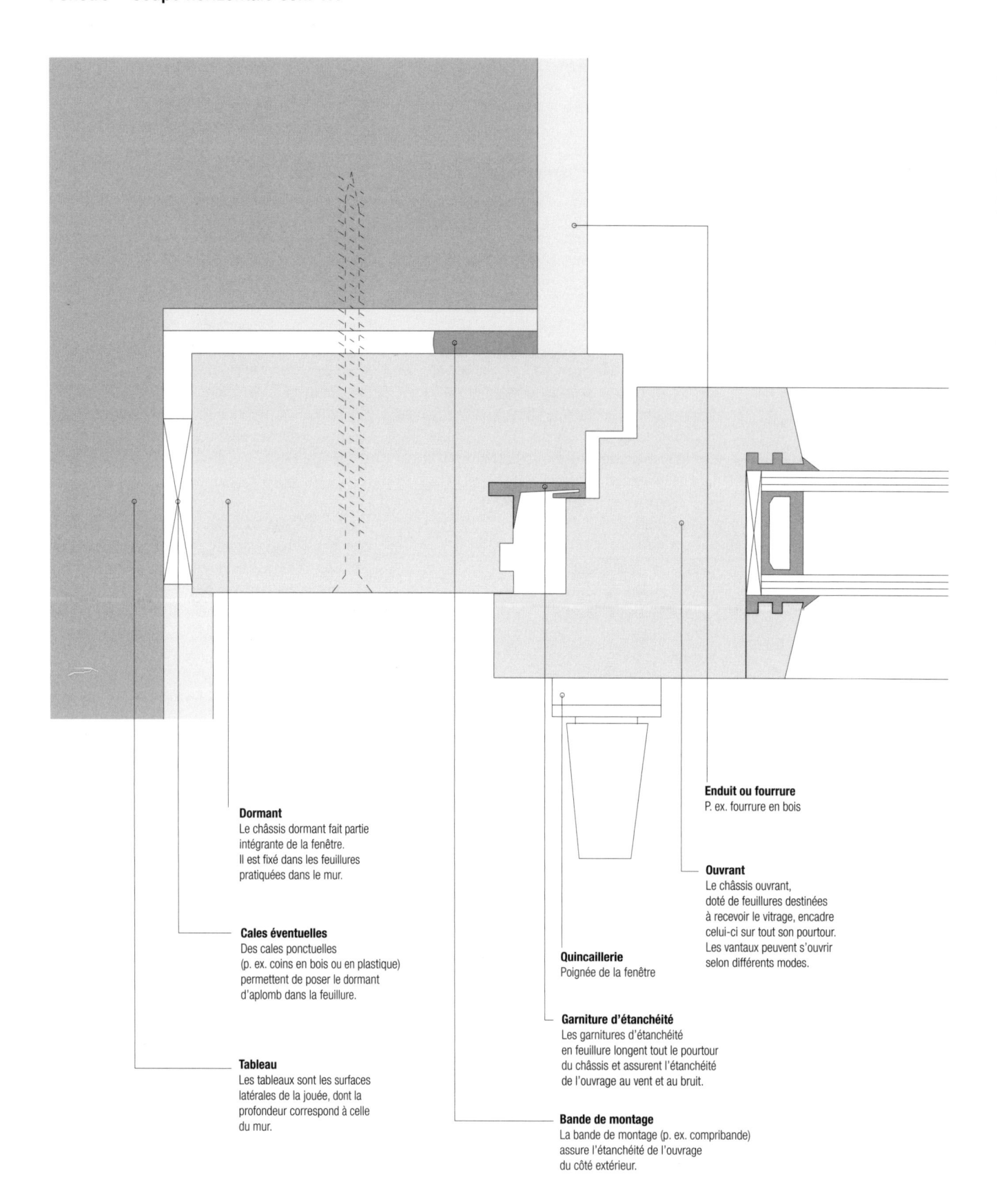

Dormant
Le châssis dormant fait partie intégrante de la fenêtre.
Il est fixé dans les feuillures pratiquées dans le mur.

Cales éventuelles
Des cales ponctuelles
(p. ex. coins en bois ou en plastique) permettent de poser le dormant d'aplomb dans la feuillure.

Tableau
Les tableaux sont les surfaces latérales de la jouée, dont la profondeur correspond à celle du mur.

Quincaillerie
Poignée de la fenêtre

Garniture d'étanchéité
Les garnitures d'étanchéité en feuillure longent tout le pourtour du châssis et assurent l'étanchéité de l'ouvrage au vent et au bruit.

Bande de montage
La bande de montage (p. ex. compribande) assure l'étanchéité de l'ouvrage du côté extérieur.

Enduit ou fourrure
P. ex. fourrure en bois

Ouvrant
Le châssis ouvrant, doté de feuillures destinées à recevoir le vitrage, encadre celui-ci sur tout son pourtour. Les vantaux peuvent s'ouvrir selon différents modes.

III. 27

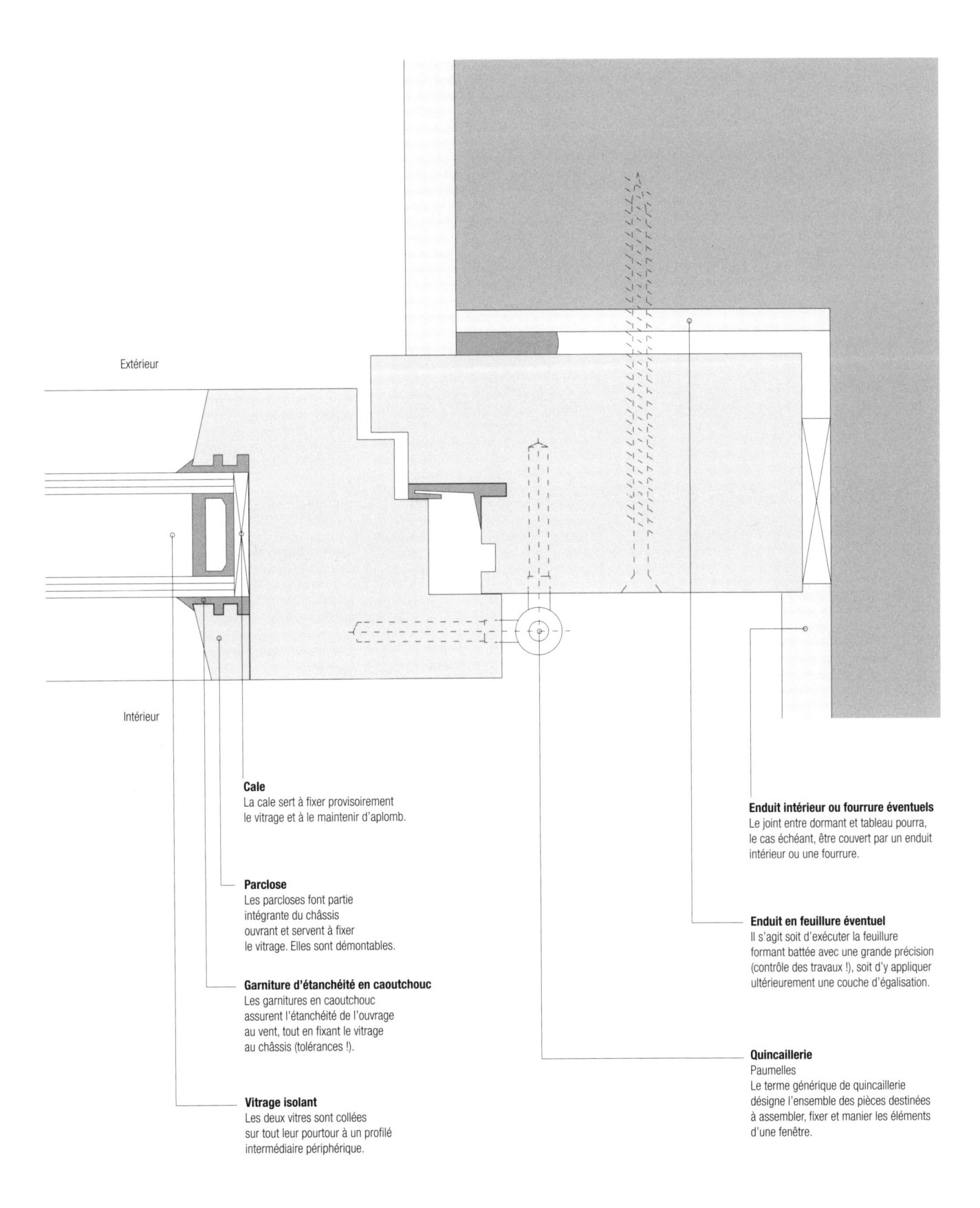

ÉLÉMENTS DE CONSTRUCTION | **Ouverture**
Systèmes

Cale
La cale sert à fixer provisoirement
le vitrage et à le maintenir d'aplomb.

Parclose
Les parcloses font partie
intégrante du châssis
ouvrant et servent à fixer
le vitrage. Elles sont démontables.

Garniture d'étanchéité en caoutchouc
Les garnitures en caoutchouc
assurent l'étanchéité de l'ouvrage
au vent, tout en fixant le vitrage
au châssis (tolérances !).

Vitrage isolant
Les deux vitres sont collées
sur tout leur pourtour à un profilé
intermédiaire périphérique.

Enduit intérieur ou fourrure éventuels
Le joint entre dormant et tableau pourra,
le cas échéant, être couvert par un enduit
intérieur ou une fourrure.

Enduit en feuillure éventuel
Il s'agit soit d'exécuter la feuillure
formant battée avec une grande précision
(contrôle des travaux !), soit d'y appliquer
ultérieurement une couche d'égalisation.

Quincaillerie
Paumelles
Le terme générique de quincaillerie
désigne l'ensemble des pièces destinées
à assembler, fixer et manier les éléments
d'une fenêtre.

Ill. 28

ÉLÉMENTS DE CONSTRUCTION | **Ouverture**

Systèmes

Fenêtre – Coupe verticale éch. 1:1

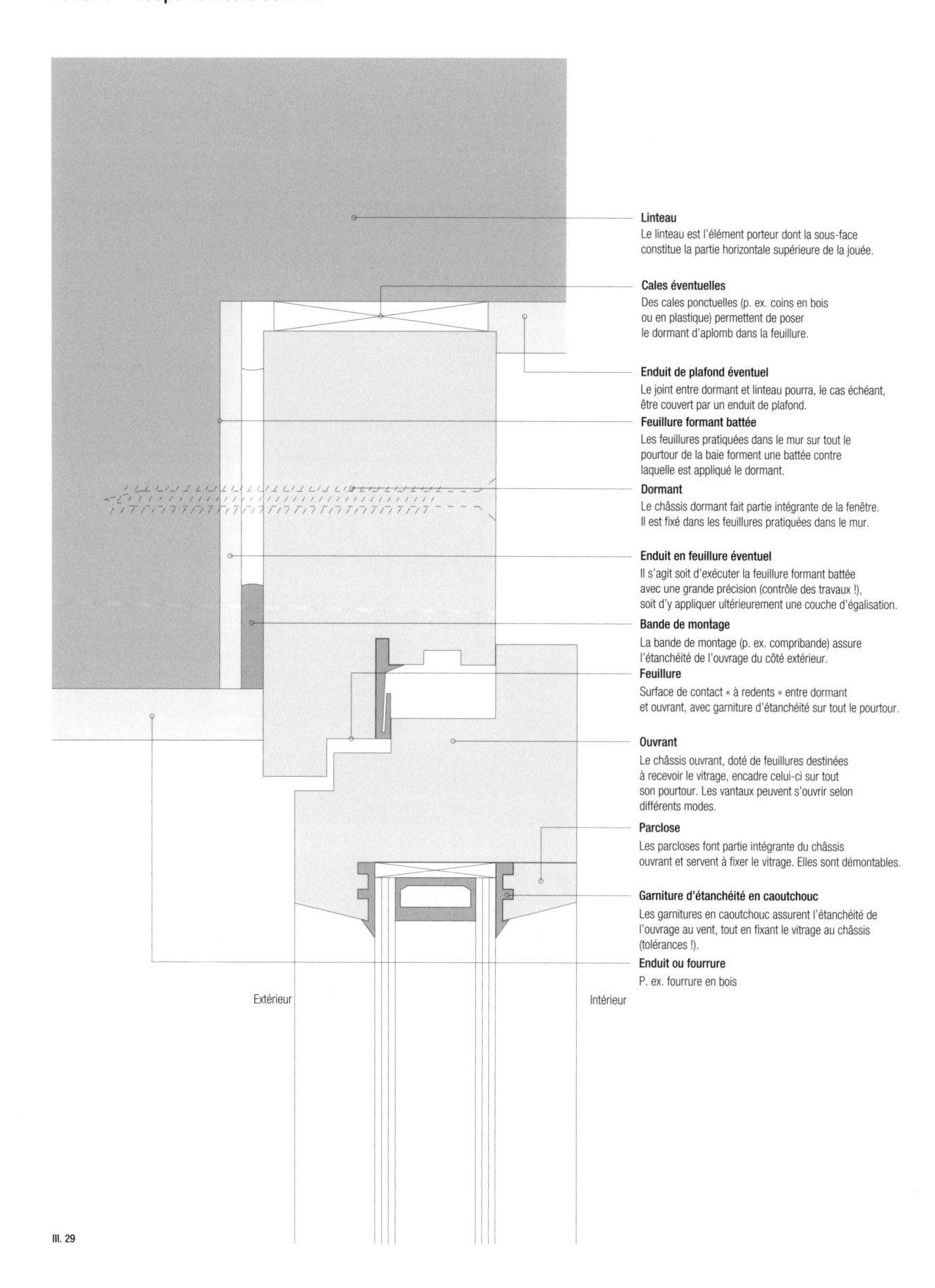

Linteau
Le linteau est l'élément porteur dont la sous-face constitue la partie horizontale supérieure de la jouée.

Cales éventuelles
Des cales ponctuelles (p. ex. coins en bois ou en plastique) permettent de poser le dormant d'aplomb dans la feuillure.

Enduit de plafond éventuel
Le joint entre dormant et linteau pourra, le cas échéant, être couvert par un enduit de plafond.

Feuillure formant battée
Les feuillures pratiquées dans le mur sur tout le pourtour de la baie forment une battée contre laquelle est appliqué le dormant.

Dormant
Le châssis dormant fait partie intégrante de la fenêtre. Il est fixé dans les feuillures pratiquées dans le mur.

Enduit en feuillure éventuel
Il s'agit soit d'exécuter la feuillure formant battée avec une grande précision (contrôle des travaux !), soit d'y appliquer ultérieurement une couche d'égalisation.

Bande de montage
La bande de montage (p. ex. compribande) assure l'étanchéité de l'ouvrage du côté extérieur.

Feuillure
Surface de contact « à redents » entre dormant et ouvrant, avec garniture d'étanchéité sur tout le pourtour.

Ouvrant
Le châssis ouvrant, doté de feuillures destinées à recevoir le vitrage, encadre celui-ci sur tout son pourtour. Les vantaux peuvent s'ouvrir selon différents modes.

Parclose
Les parcloses font partie intégrante du châssis ouvrant et servent à fixer le vitrage. Elles sont démontables.

Garniture d'étanchéité en caoutchouc
Les garnitures en caoutchouc assurent l'étanchéité de l'ouvrage au vent, tout en fixant le vitrage au châssis (tolérances !).

Enduit ou fourrure
P. ex. fourrure en bois

Extérieur　　　Intérieur

III. 29

ÉLÉMENTS DE CONSTRUCTION — **Ouverture**

Systèmes

Vitrage isolant
Les deux vitres sont collées sur tout leur pourtour à un profilé intermédiaire périphérique.

Gorge d'écoulement
La gorge d'écoulement a pour fonction de collecter et d'évacuer l'eau ayant pénétré dans la partie extérieure de la feuillure.

Cale
La cale sert à fixer provisoirement le vitrage et à le maintenir d'aplomb.

Garniture d'étanchéité
Les garnitures d'étanchéité en feuillure longent tout le pourtour du châssis et assurent l'étanchéité de l'ouvrage au vent et au bruit.

Rejet d'eau
Un rejet d'eau n'est posé que sur la traverse inférieure du dormant, sa fonction étant d'évacuer l'eau de pluie s'écoulant sur le devant et les côtés de la fenêtre. Le rejet d'eau doit être raccordé de façon étanche au dormant et aux tableaux.

Joint
Le joint entre dormant et appui de baie est calfeutré au moyen d'un matériau approprié (soie tressée, garniture en caoutchouc ou mousse de montage).

Appui de baie
L'appui de baie forme la partie horizontale inférieure de la jouée. Il est légèrement incliné vers l'extérieur pour permettre à l'eau de s'écouler sans problème. Pour éviter que l'eau ne pénètre latéralement dans la construction, il convient de porter une attention particulière aux raccords entre appui de baie et tableaux.

Tablette de fenêtre éventuelle
La tablette de fenêtre intérieure recouvre le joint entre dormant et allège et forme le revêtement intérieur de cette dernière.

Allège

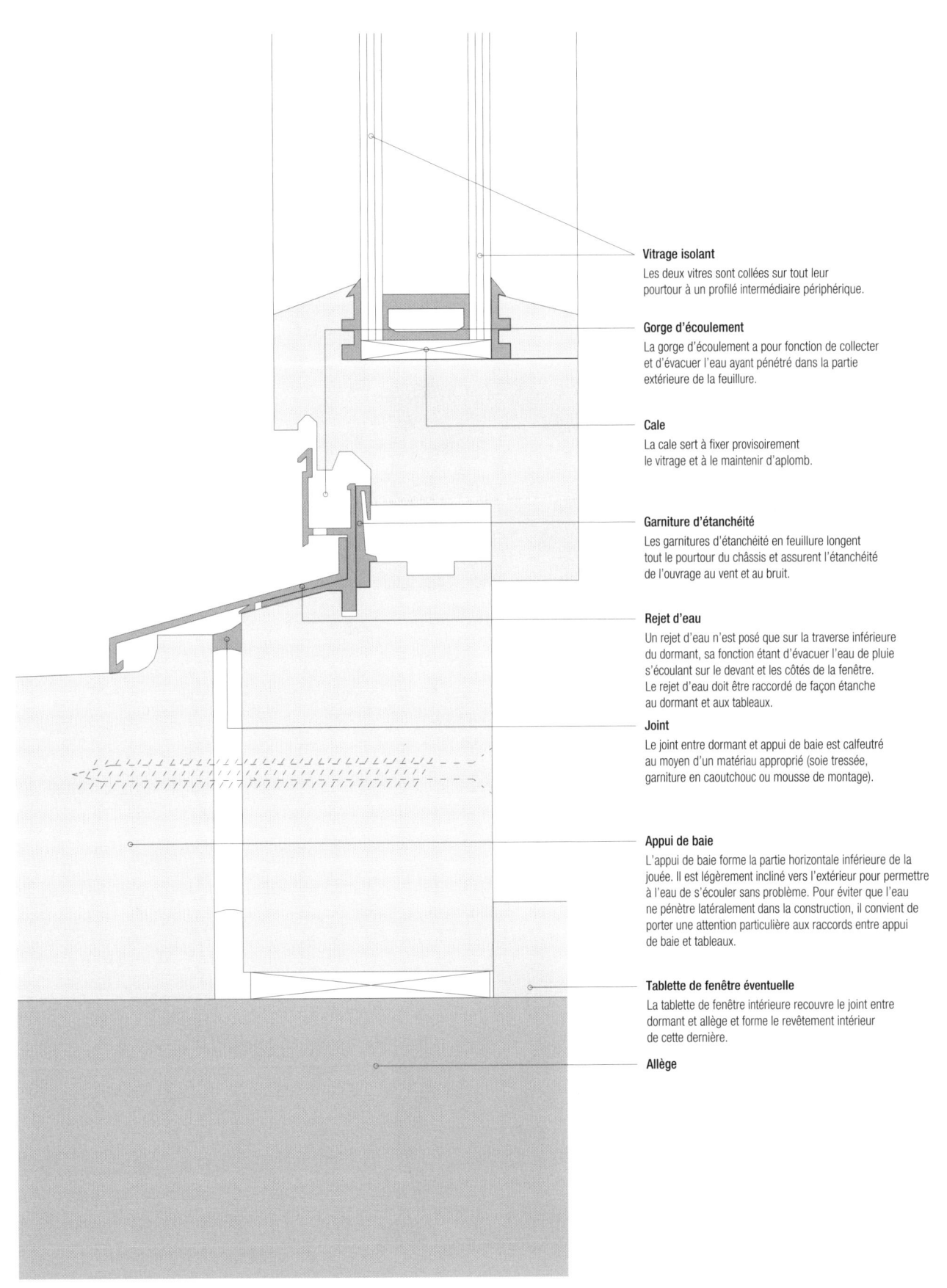

III. 30

L'ouverture perforée

Ill. 31 : encastrée et noyée dans la côte escarpée
Adalberto Libera, villa Malaparte, Capri (I) 1941

Adalberto Libera, villa Malaparte

À côté de nombreuses petites ouvertures en façade, la villa Malaparte possède quatre grandes baies, par lesquelles l'observateur, assis ou debout, peut découvrir la côte rocheuse et escarpée de l'île de Capri. À l'intérieur, ces baies sont ceintes d'un cadre en châtaignier richement mouluré leur donnant l'aspect d'un « tableau ». Le vitrage qui sépare physiquement l'espace intérieur de l'extérieur est monté sans châssis, au nu de la façade, dont on découvre ainsi l'épaisseur de l'intérieur. Au-dehors, le verre affleurant contribue à l'homogénéité du bâtiment.

Ill. 34 : les « vitrines » en verre permettent de voir la rue.
Alejandro de La Sota, immeuble d'habitation dans la calle Prior, Salamanque (E) 1963

Alejandro de la Sota, immeuble d'habitation sur la calle Prior

La calle Prior est une rue si étroite que la construction de balcons y est impossible. La solution retenue répond cependant au désir des habitants « d'avoir un œil sur la rue ».

Suspendues à la façade, les « vitrines » en verre offrent une excellente vue sur le dehors. Leur vitrage sur quatre côtés les distingue nettement des oriels ou des balcons fleuris traditionnels. L'impression d'être déjà dans la rue lorsque l'on regarde par la fenêtre est renforcée et devient un thème architectural.

Ill. 32 : paysage encadré comme un tableau
Adalberto Libera, villa Malaparte, Capri (I) 1941

Rudolf Olgiati, maison Van Heusden

La forme de tour est renforcée par le petit nombre d'ouvertures dans les murs. Les profondes embrasures en forme d'entonnoir lui donnent un aspect massif suggérant une construction monolithique. La coupe du bâtiment montre cependant qu'il s'agit d'un projet contemporain aux murs minces avec un minimum de matériau. À l'intérieur, les baies ressemblent à des vitrines qui (en)cadrent la vue sur l'extérieur ou focalisent la lumière naturelle.

Ill. 33 : les profondes embrasures des fenêtres donnent un aspect massif au bâtiment.
Rudolf Olgiati, maison Van Heusden, Laax (CH) 1964

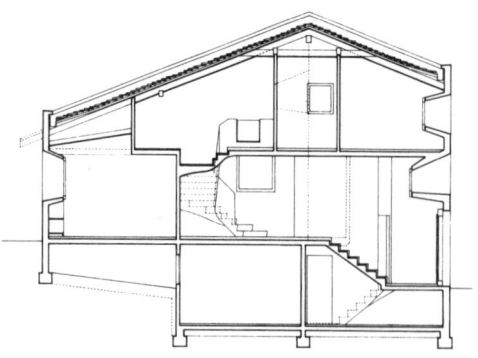

Ill. 35 : les embrasures des fenêtres sont formées par les replis du mur vers l'intérieur.
Rudolf Olgiati, maison Van Heusden, Laax (CH) 1964

L'ouverture en bande

Ill. 36 : façade nettement structurée par les fenêtres en bande
M. Ponsett, E. Salas, entreprise de meubles « La Fabrica », Barcelone (E) 1961

M. Ponsett, E. Salas, entreprise de meubles « La Fabrica »

L'organisation intérieure du bâtiment est clairement lisible sur sa façade qui s'ouvre avec une vitrine s'étendant sur presque tout le rez-de-chaussée. Cette transparence de hauteur d'étage se répète dans les trois niveaux supérieurs en gradins qui abritent les ateliers.

Entre les deux, les niveaux d'exposition, avec des fenêtres en imposte formant une bande continue sur toute la largeur de la façade. Ces ouvertures structurent cette dernière en étages et constituent un moyen simple d'en souligner la hiérarchie.

Ill. 40 : les fenêtres en bande dominent le premier étage, révélant la structure porteuse.
Otto Rudolf Salvisberg, Erste Kirche der Christlichen Wissenschaft, Bâle (CH) 1937

Otto Rudolf Salvisberg, Première Église du Christ, Scientiste

L'église se situe dans une cour, en retrait de la rue. On y entre par une halle ouverte surmontée par une salle en porte-à-faux au premier étage.

La façade est dominée par une fenêtre en bande finement structurée dont la transparence renforçant la forme courbe permet à la lumière naturelle de pénétrer profondément et de façon homogène.

La structure porteuse constituée de poteaux se détache clairement de la façade et n'influence aucunement sa forme.

Herzog & de Meuron, maison à Tavole

Le bâtiment est isolé au milieu d'une oliveraie. Les étages sont dessinés par une fine ossature de béton qui forme un cadre frêle pour un remplissage de pierres brutes.

Tandis que les baies isolées suivent les règles de la superposition, les fenêtres en bande, seulement divisées par les montants, séparent le mur massif du toit largement saillant. S'étendant sur trois côtés, leurs vitrages ouvrent largement l'intérieur sur le paysage, dont l'influence est omniprésente.

Ill. 37 : les fenêtres en bande ouvrent largement l'intérieur sur le paysage.
Herzog & de Meuron, maison à Tavole (I) 1988

Ill. 38 : les fenêtres en bande séparent mur et toiture.
Herzog & de Meuron, maison à Tavole (I) 1988

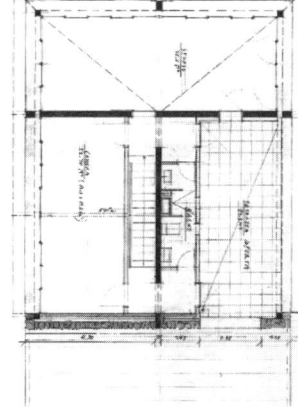

Ill. 39 : plan du premier étage
Herzog & de Meuron, maison à Tavole (I) 1988

ÉLÉMENTS DE CONSTRUCTION | Ouverture

Systèmes mis en œuvre

L'ouverture comme joint

Harry Weese, Metropolitan Detention Center
Située au cœur de la ville de Chicago, la prison forme un édifice triangulaire tout en béton armé. Au premier coup d'œil, le rythme des fenêtres donne aux façades l'aspect de gigantesques cartes perforées. Les ouvertures forment des fentes hautes d'un étage alignées horizontalement mais présentant des écarts irréguliers.

Une observation plus attentive montre que ces fenêtres ont exactement la largeur nécessaire pour rendre les barreaux superflus. L'évasement de l'embrasure vers l'extérieur maximise la vue depuis les cellules. Les seules exceptions sont les baies horizontales des locaux techniques à mi-hauteur du bâtiment et la cour de promenade au dernier étage. Ces deux lignes horizontales tempèrent le caractère monumental de la « prison-tour ».

Ill. 41 : les fentes verticales désignent les cellules.
Harry Weese, Metropolitan Detention Center, Chicago (USA) 1975

Ill. 42 : les hautes fenêtres opèrent le lien entre l'ancien et le nouveau bâtiment.
Diener + Diener, centre PasquArt, Bienne (CH) 1999

Ill. 43 : la position latérale de la fenêtre crée différents éclairages dans la pièce.
Diener + Diener, centre PasquArt, Bienne (CH) 1999

Ill. 44 : assemblage des parois par des décrochements faisant office de « charnières »
Louis Kahn, Richards Medical Research Center, Philadelphie (USA) 1965

Louis Kahn, Richards Medical Research Center
Le complexe comprend plusieurs bâtiments alignés et reliés les uns aux autres. Les bâtiments destinés aux équipements (desserte, conduites d'alimentation et d'évacuation) forment des tours flanquant les cubes.

L'ensemble se termine par une tour plus élevée abritant toilettes, ascenseurs et escaliers. Cette tour carrée est constituée de quatre parois disposées de manière à laisser des fentes dans les angles. Les décrochements, hauts de deux étages et fermés par des vitrages en diagonale, relient les parois à la façon de charnières.

Diener + Diener, centre PasquArt
Par son dénument formel, l'extension de Diener + Diener se démarque clairement de l'ancien bâtiment, tout en créant avec lui un lien fort grâce à ses fenêtres très hautes caractérisant le bâtiment existant.

Tandis que, sur la façade, les baies apparaissent comme des ouvertures perforées « classiques », à l'intérieur, elles forment des fentes allant du sol au plafond, par lesquelles le jour se déverse à flots. Du fait de leur position latérale, elles déterminent dans la partie de la salle proche de la paroi deux zones lumineuses distinctes suggérant un certain agencement pour l'exposition.

L'ouverture paroi transparente

Luis Barragan, villa Antonio Galvez

Située sur un terrain clos, la villa Galvez entretient des relations très variées avec l'extérieur et joue avec les ouvertures pour créer différents degrés d'intimité et types d'ambiance.

Ainsi, un patio prolonge une pièce voisine de la chambre à coucher et sert en quelque sorte de « puits de lumière ». Selon la position du soleil, la lumière tombe directement dans la pièce ou est réfléchie sur la paroi en face. Regarder par la fenêtre revient à regarder un « cadran solaire ». L'intérieur étant bien différencié de l'extérieur par les couleurs et les matériaux (p. ex. les bassins), il n'y a plus lieu d'abolir la frontière entre le dedans et le dehors.

Ill. 45 et 46 : la cour comme « cadran solaire »
Luis Barragan, villa Antonio Galvez, Mexico D.F. (Mexique) 1955

Ill. 49 : la continuité du matériau annule la limite entre intérieur et extérieur.
Eduardo Souto de Moura, maison Algarve, Quinta do Lago (P) 1989

Eduardo Souto de Moura, maison Algarve

La chambre à coucher de la maison de vacances d'un étage s'ouvre sur le jardin sur toute sa largeur. Sol, paroi et plafond sont prolongés vers l'extérieur sans changement de matériau ni de revêtement, ce qui atténue voire annule la limite entre intérieur et extérieur.

Le vitrage, qui occupe tout un côté de la pièce, est nécessaire à la climatisation. Les portes coulissantes diminuent l'effet de séparation engendré par le vitrage.

Bo + Wohlert, Louisiana Museum

Situé dans un parc très arboré, le Louisiana Museum se compose d'une suite de salles d'exposition de type pavillonnaire, reliées par des corridors presque entièrement vitrés. Le parc, « meublé » de sculptures, fonctionne comme une extension de l'espace d'exposition.

Le pavillon présenté ci-dessous est situé sur une pente descendant vers un lac. L'absence de linteau et d'allège et le fait d'être décollé du sol renforcent la proximité immédiate de la nature, donnant au visiteur l'impression de se trouver dans une cabane construite dans un arbre. Les montants atténuent l'effet de « tableau » de l'ouverture.

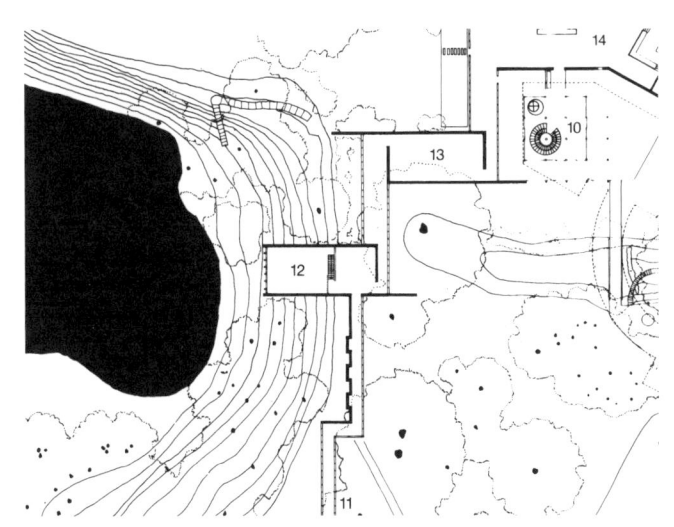

Ill. 47 : la salle d'exposition (12) est clairement orientée vers le lac.
Bo + Wolhert, Louisiana Museum, Humlebaek (DK) 1958

Ill. 48 : l'absence de linteau et d'allège renforce la présence de la nature.
Bo + Wolhert, Louisiana Museum, Humlebaek (DK) 1958

ÉLÉMENTS DE CONSTRUCTION — Ouverture — Introduction

La porte

Cordula Seger

La porte relie l'extérieur et l'intérieur et crée une relation entre des sphères différentes. Avec le seuil, elle constitue un lieu de passage important. Dans de nombreuses cultures, cette transition d'un espace à l'autre, qui met en question la présence physique de la personne passant la porte, possède une valeur symbolique. En effet, au passage physique se superpose le passage d'une situation sociale à une autre. Une personne autorisée à franchir le seuil d'une certaine porte montre son appartenance à une communauté[1].

Lieu de passage, la porte représente aussi le point de départ du cheminement à l'intérieur du bâtiment, et « prépare » la personne qui entre à ce qui l'attend. L'expérience visuelle et tactile est importante : la poignée est-elle bien ajustée à la main ? Le corps doit-il pousser le vantail ou la porte s'ouvre-t-elle facilement ? Se referme-t-elle avec un clic net ou grince-t-elle sur ses gonds ?

La hauteur, la largeur et la forme de la porte sont des indices du degré d'ouverture et de représentation. Une porte d'entrée accueillante et de dimension généreuse est un geste d'invitation. Pourtant, les architectes se soucient souvent peu du thème de l'entrée, en particulier lorsqu'il s'agit d'immeubles d'habitation. Cette négligence est encore renforcée par des espaces de faible hauteur qui, « écrasant » les portes, leur donnent un aspect pesant et repoussant. Dans un immeuble d'habitation, la porte palière sépare le domaine de desserte semi-public de l'espace d'habitation privé. Fréquemment percée d'un judas permettant de voir depuis l'intérieur mais pas de l'extérieur, elle indique que tout visiteur n'est pas le bienvenu. On attend de la porte d'entrée qu'elle nous protège, que ce soit contre les bruits indésirables, les regards indiscrets, les déperditions de chaleur ou les intrus. Elle est par conséquent fabriquée solidement, afin de satisfaire à des exigences de plus en plus élevées. À l'intérieur de l'appartement, les portes de communication définissent la hiérarchie des espaces : plus la pièce doit préserver l'intimité, plus la porte doit la protéger des regards extérieurs. Enfin, posée pour être le plus invisible possible, la porte secrète apparaît à peine, elle sert à dissimuler quelque chose.

Le type de porte dépend du flux des visiteurs attendus et de la manière dont on entend le réguler. La porte coulissante automatique permet à un flot constant de personnes d'entrer et de sortir, comme dans les grands magasins. La porte à tambour des hôtels, dont le mouvement circulaire symbolise les allées et venues perpétuelles, invite à entrer depuis la rue ; elle fait en même temps de chaque personne un hôte particulier en lui permettant d'entrer seule dans l'établissement. La porte à va-et-vient fait aussi traditionnellement partie de l'univers hôtelier, où elle relie les sphères situées devant et derrière les coulisses (p. ex. la salle à manger et la cuisine). S'ouvrant d'un adroit coup de pied, son mouvement permet aux serveurs chargés de lourds plateaux de passer sans encombre.

Dans son ouvrage *La Poétique de l'espace,* le philosophe Gaston Bachelard s'interroge : « Et puis, sur quoi, vers qui s'ouvrent les portes? S'ouvrent-elles pour le monde des hommes ou pour le monde de la solitude[2] ? » Sur le plan architectural, il est possible de répondre, du moins en partie, à cette question : dans l'espace privé d'une maison, la porte s'ouvre vers l'intérieur et indique à la personne qui entre le chemin vers l'espace protecteur. L'expression allemande « *Mit der Tür ins Haus fallen* » (qui signifie « ne pas y aller par quatre chemins », et dit littéralement « tomber dans la maison avec la porte ») fait référence à ce sens d'ouverture, la connotation négative signifiant par ailleurs qu'on ne doit pas franchir le seuil de façon inconsidérée, au risque de se voir « mis à la porte ». Dans les bâtiments accueillant un grand nombre de visiteurs, au contraire, les portes s'ouvrent dans le sens de la fuite et donc vers l'extérieur. Plus que le sens d'ouverture, la question « à quoi donne-t-elle accès ? » renvoie à la qualité de l'espace qu'elle commande. Elle peut souligner la symétrie et conduire au milieu de la pièce, ou être proche d'une paroi pour laisser de la place aux meubles ; dans les deux cas, elle influence de manière déterminante l'ambiance de la pièce et son aménagement.

Ill. 50 : des couleurs vives mettent en valeur l'entrée et font de la porte un élément architectural central.
Bruno Taut, Hufeisensiedlung, Berlin-Britz (D) 1925-1927

Ill. 51 : relation entre le privé et le sacré : une statuette posée sur le linteau de bois marque l'entrée.
Ancienne ferme à Villa di Zoldo, Dolomites (I)

Ill. 52 : la porte à tambour comme signe caractéristique du grand hôtel ; entrée sur Olive Street
The Biltmore Hotel, Los Angeles (USA) 1923

Ill. 53 : vue sur un des grands portails de la façade nord
Hans Kollhoff et Christian Rapp, immeuble d'habitation, KNSM-Eiland Amsterdam (NL) 1991-1994

---

[1] Cf. Arnold van Gennep, *Übergangsriten* (1909), Francfort-sur-le-Main 1999, p. 184.
[2] Gaston Bachelard, *La Poétique de l'espace,* Paris 1957, p. 201.

ÉLÉMENTS DE CONSTRUCTION — **Ouverture**

Systèmes

Portes – Modes d'ouverture

Ill. 54 : modes d'ouverture des portes
Dessin à l'échelle 1:100

Porte battante

Porte double

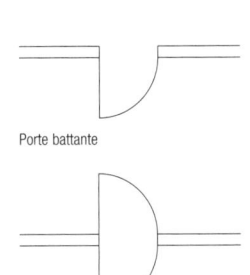

Porte coulissante glissant devant le mur

Porte coulissante se logeant dans le mur

Porte pivotante

Porte va-et-vient

Porte pliante avec rail médian

Porte pliante avec rail au nu du mur

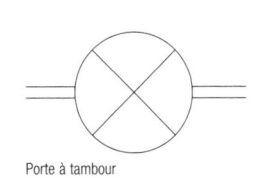

Porte à tambour

Modes d'ouverture

Les portes les plus courantes sont les portes battantes, qui, comme les portes va-et-vient, sont dotées de paumelles sur un côté. Le poids du vantail s'exerçant directement sur ces paumelles avec un certain bras de levier, de telles portes ne sont envisageables que si elles présentent une largeur ordinaire, sans quoi il est nécessaire de prévoir des portes à deux vantaux.

Les ferrures des portes coulissantes et pliantes étant moins sollicitées par le poids des vantaux, ces portes peuvent être utilisées pour fermer des baies de plus grandes dimensions. Une porte coulissante ne présentant pas de débattement, son maniement requiert moins de place que celui d'une porte battante. On devra toutefois prévoir l'espace nécessaire au glissement latéral du vantail. Les portes coulissantes intérieures servent souvent à subdiviser une grande pièce (p. ex. le salon) ou à séparer la salle à manger de la cuisine. Si l'on en dote les chambres à coucher, on devra tenir compte du fait que la capacité d'isolation phonique des portes coulissantes n'atteint pas celle des portes battantes. Lorsque sont requis des indices d'affaiblissement acoustique élevés (p. ex. dans une étude d'avocats), on pourra prévoir des doubles portes.

Les bâtiments publics à forte affluence sont souvent dotés de portes coulissantes automatiques, garantissant un rythme de passage optimal. Une autre option est ici la porte à tambour, dont l'efficacité dépend du diamètre. Les portes à tambour ont sur les portes coulissantes l'avantage de rendre un sas superflu.

Portes battantes

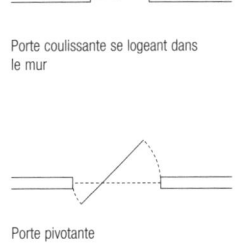

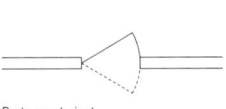

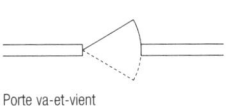

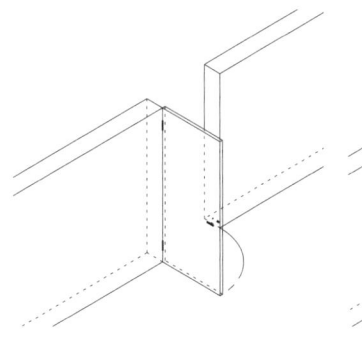

Ill. 55 : porte battante à un vantail, ferrée à gauche

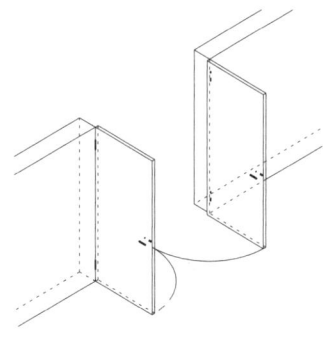

Ill. 56 : porte battante à deux vantaux

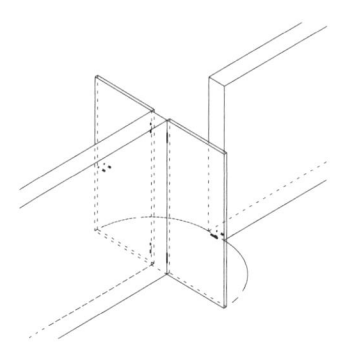

Ill. 57 : porte double

Portes coulissantes

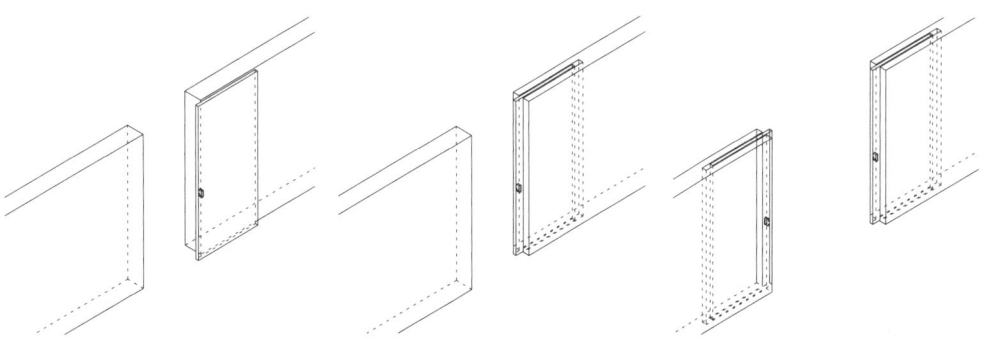

Ill. 58 : porte coulissante à un vantail glissant devant le mur

Ill. 59 : porte coulissante à un vantail se logeant dans le mur

Ill. 60 : porte coulissante à deux vantaux se logeant dans le mur

Portes – Position dans le mur

III. 61 : exécution et position du dormant
Dessin éch. 1:100

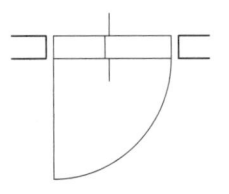

Cadre, faux cadre et embrasure
Seuil saillant

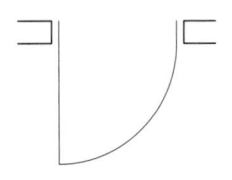

Huisserie d'embrasure
Sans seuil

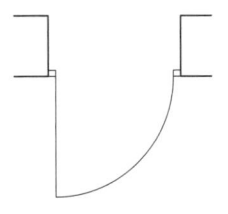

Bâti posé au nu du mur
Sans seuil

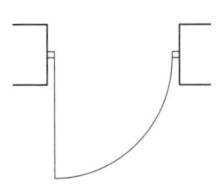

Bâti posé dans l'épaisseur du mur
Sans seuil

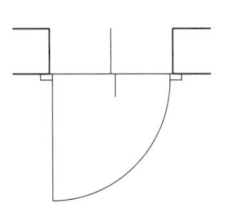

Bâti en applique (posé à l'intérieur ou à l'extérieur)
Ressaut dans le sol

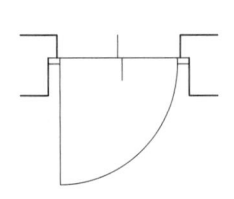

Bâti posé en feuillure
Ressaut dans le sol

Dormant

Selon les exigences techniques et architecturales auxquelles la porte doit satisfaire, le dormant, c'est-à-dire le support fixe auquel sont accrochés les vantaux pivotants ou coulissants, prendra diverses formes (huisserie ou bâti) et sera placé différemment par rapport au mur.

Le dormant est réalisé en matériaux de grande précision dimensionnelle, comme le bois ou l'acier, et est adapté aux différences de mesure du mur.

S'il faut que la porte soit étanche à l'eau et au vent et qu'elle présente certaines performances en matière d'isolation thermique et phonique, le dormant devra se composer non seulement de deux montants et d'une traverse supérieure, mais aussi d'une traverse inférieure. Il s'agira dans ce cas de prêter une attention particulière à l'exécution du seuil, qui devra garantir l'étanchéité de la porte, tout en restant facile à franchir, même pour les personnes en chaise roulante.

La position du dormant par rapport au mur influe grandement sur la perception visuelle de la porte. Si le bâti est posé au nu du mur et que la porte est peinte dans la même couleur que ce dernier, l'ouverture sera comme masquée. Si le bâti est, en revanche, posé dans l'épaisseur du mur, il en résultera comme une niche invitant à entrer. Quant aux portes à cadre, faux cadre et embrasure, elles donneront au passage une intensité particulière, que renforcera encore un seuil en saillie.

Si les seuils saillants étaient autrefois très répandus, même pour les portes intérieures, on leur préfère aujourd'hui, pour des raisons de commodité, des sols continus, sans ressaut. Si le revêtement de sol change de part et d'autre de la porte, le joint entre revêtements est recouvert au moyen d'une barre de seuil. En cas d'exigences particulières en matière d'isolation phonique, on intègre dans la tranche inférieure du vantail un joint de seuil à abaissement automatique (joint Planet).

Exécution des montants

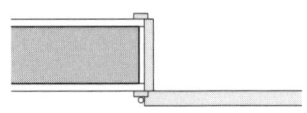

III. 62 : cadre, faux cadre et embrasure (portes intérieures, dans la construction bois à poteaux-poutres aussi portes extérieures)
Vantail à feuillure

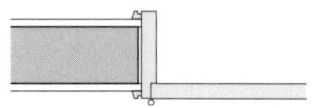

III. 63 : huisserie d'embrasure (portes intérieures)
Vantail sans feuillure

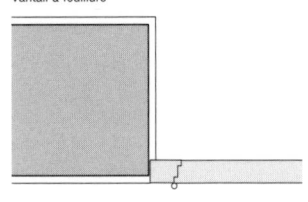

III. 64 : bâti posé au nu du mur (portes intérieures ou extérieures)
Vantail à feuillure, fermant au nu du dormant

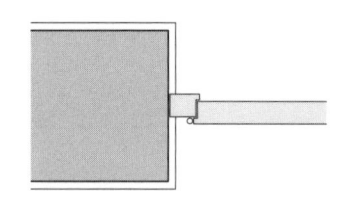

III. 65 : bâti posé dans l'épaisseur du mur (portes intérieures ou extérieures)
Vantail à feuillure

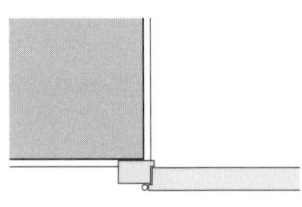

III. 66 : bâti en applique, posé à l'intérieur ou à l'extérieur (portes intérieures ou extérieures)
Vantail à feuillure

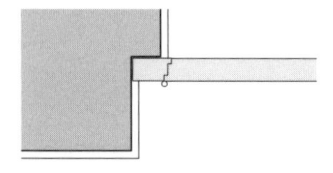

III. 67 : bâti en feuillure (portes extérieures)
Vantail à feuillure, fermant au nu du cadre

Traitement du seuil

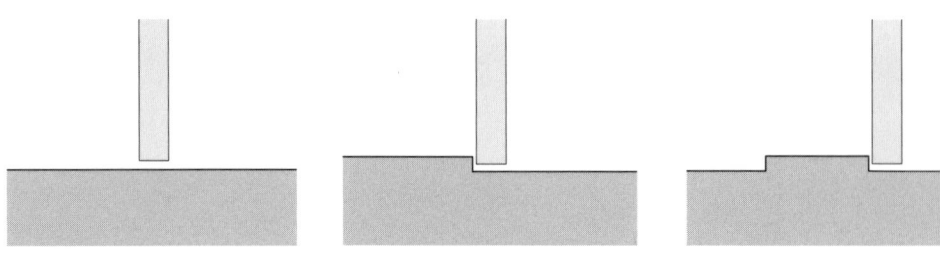

III. 68 : sans seuil

III. 69 : ressaut dans le sol

III. 70 : seuil saillant

ÉLÉMENTS DE CONSTRUCTION — Ouverture

Systèmes

Portes – Quincaillerie

Porte battante vitrée à cadre en acier
P. ex. système de profilés Forster, Arbon

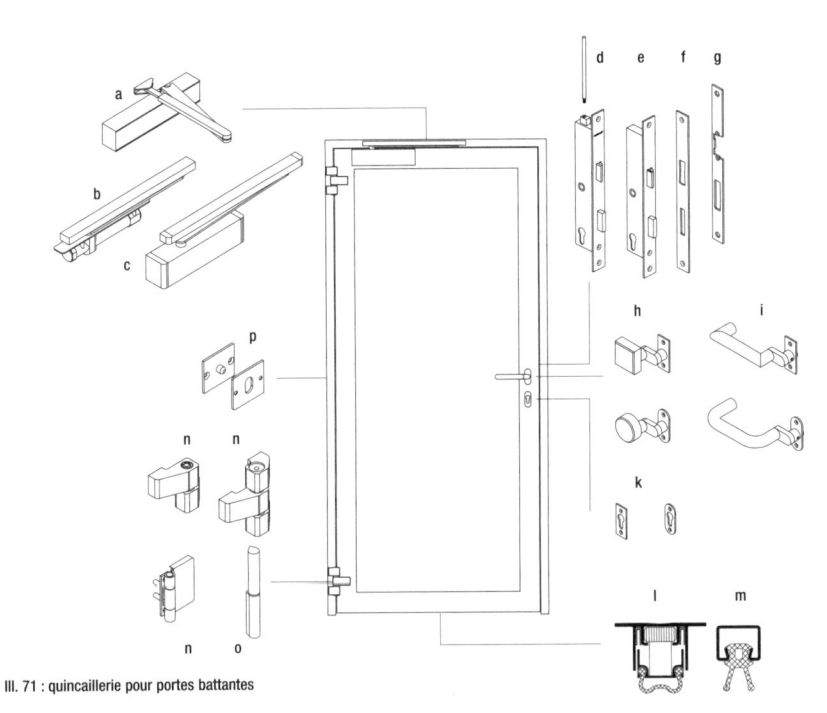

Ill. 71 : quincaillerie pour portes battantes

Ferme-porte (ou groom)
a Ferme-porte à bras compas
b Ferme-porte intégré
c Ferme-porte à glissière

Serrure
d Serrure mortaisée ou lardée (incorporée dans le vantail) avec pêne demi-tour, pêne dormant et dispositif de verrouillage supplémentaire en partie haute
e Serrure mortaisée ou lardée (incorporée dans le vantail) avec pêne demi-tour et pêne dormant
f Gâche (incorporée dans le dormant)
g Gâche (incorporée dans le dormant) pour serrure électrique

Garnitures
h Bouton carré ou rond
i Poignée à coudes à arêtes vives ou arrondis
k Écusson

Joints
l Joint de seuil à abaissement automatique (joint Planet)
m Profilé de seuil avec joint

Paumelles
n Paumelles à visser
o Paumelles à souder

Goujon de sécurité
p Le goujon de sécurité, placé à équidistance des paumelles, empêche le dégondage du vantail.

Porte coulissante en bois
P. ex. ferrures Hawa-Junior

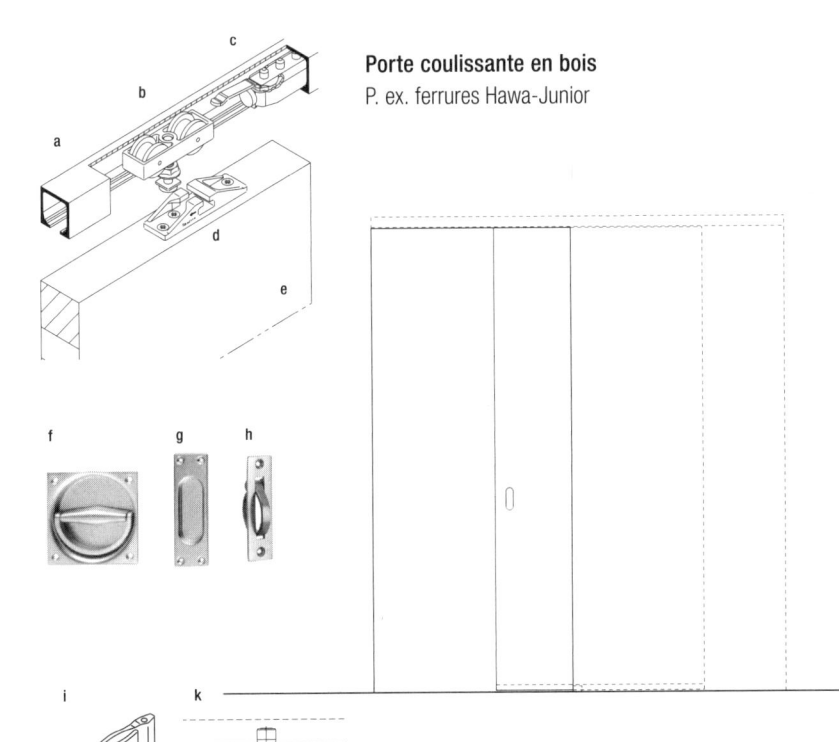

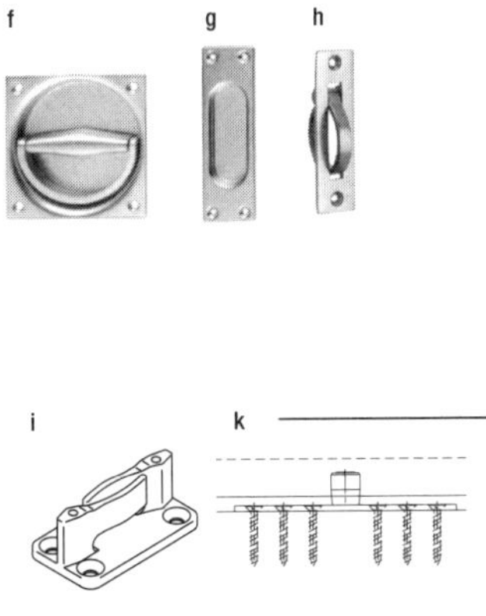

Ferrures pour porte coulissante à un vantail
a Rail de roulement fixé au linteau ou au plafond
b Chariot à deux galets en nylon
c Butée de rail avec ressort de blocage réglable
d Suspension à deux voies
e Vantail coulissant

Poignée
f Poignée cuvette à boucle
g Poignée cuvette
h Tirette

Guide au sol
i Le guide inférieur autoserrant en T s'insère dans un rail de guidage incorporé au vantail. Il est fixé au sol juste à côté de la baie, à l'entrée du logement destiné à recevoir le vantail.
k Guide au sol sur platine

Ill. 72 : quincaillerie pour portes coulissantes

ÉLÉMENTS DE CONSTRUCTION Ouverture

Problèmes de physique du bâtiment

Murs – Baies
Actions exercées sur l'enveloppe du bâtiment

1. Pluie
Murs
Érosion de la façade, risque d'imbibition du mur extérieur, risque de gel
a) Maçonnerie (monolithique, double ou avec isolation extérieure) : enduit extérieur / crépi
b) Maçonnerie de parement : briques de parement / briques recuites, hydrofuges et résistantes au gel ; mortier spécial requis (étanchéité des joints) ; vide de ventilation éventuel
c) Constructions légères (acier, bois) : bardage, bardeaux, panneaux. Si la structure porteuse se trouve à l'extérieur, elle doit être protégée (enduit, revêtement, avant-toit).
d) Béton de parement : le béton est « étanche ». Le problème de la carbonatation est à prendre en compte. Le dioxyde de carbone et l'humidité contenus dans l'atmosphère entrent en réaction avec les composants basiques du ciment, entraînant la corrosion des fers d'armature et l'effritement de la surface du béton.

Baies/fenêtres
La pluie tombant contre la fenêtre est renvoyée sur l'appui de baie par le rejet d'eau. Toujours exécuter les feuillures de manière à empêcher l'eau de s'y accumuler. Les joints latéraux entre tableaux et appui de baie sont particulièrement exposés.

2. Soleil
Murs
Prendre les mesures qui s'imposent contre le rayonnement UV et l'échauffement de la façade. Les éléments de façade en bois non traités et directement exposés au soleil sont particulièrement sujets aux déformations, aux fissures et à la calcination. Aujourd'hui, le bois est malgré tout considéré comme un matériau de construction non problématique. Enduits, lasures, imprégnations et autres permettent de protéger de l'eau les matériaux poreux. Les enduits sombres sont cependant inadaptés aux façades avec isolation extérieure, car ils s'échauffent trop.

Baies/fenêtres
Mesures de protection contre l'éblouissement, les regards extérieurs et le rayonnement thermique
– Systèmes pare-soleil extérieurs mobiles :
a) Store vénitien (lamelles alu empilables et orientables), intégré au linteau ou logé dans un caisson en applique
b) Volet ou store à enroulement (bois, alu ou toile), intégré au linteau ou logé dans un caisson en applique
c) Volets battants, coulissants ou pliants en bois ou en métal
– Dispositifs extérieurs fixes (brise-soleil, avant-toits, lamelles fixes)

3. Bruit
Murs
Du fait de leur faible masse, les constructions légères (en bois ou en métal) présentent des performances d'isolation phonique réduites. Les mesures à prendre sont à définir au cas par cas avec le spécialiste en physique de la construction. Pas de problèmes particuliers en cas de nuisances sonores normales.

Baies/fenêtres
Tant l'étanchéité des joints que l'épaisseur des différentes vitres et de l'ensemble du vitrage devront être définies en fonction des nuisances sonores prévisibles. Au-delà d'un certain seuil, une aération naturelle des locaux n'est plus envisageable, une installation de ventilation contrôlée devenant dès lors nécessaire.

4. Vent
Murs
Dans les façades constituées d'un grand nombre de petits éléments et les façades en bois, il s'agit de prévoir une couche étanche à l'air (pare-vent), destinée à remédier aux défauts d'étanchéité dus aux mouvements de retrait ou de dilatation des éléments.

Baies/fenêtres
Il s'agit de rendre les feuillures des fenêtres étanches au vent, et de veiller à ce que châssis et vitrages soient en mesure de résister à de fortes charges de vent.

5. Salissures et infiltrations d'eau dans les joints horizontaux
Murs, baies/fenêtres
Sous la poussée de l'air, l'eau de pluie est susceptible de s'infiltrer dans les joints horizontaux. Aussi les éléments horizontaux tels que linteaux, appuis de baies et corniches doivent-ils être dotés d'un larmier.

6. Température
(Le coefficient de transmission thermique et, partant, l'épaisseur des différentes constructions sont définis par les normes.)
Murs
Les isolants thermiques protègent les locaux des surchauffes en été et du froid en hiver. Le matériau isolant peut soit constituer une couche séparée, soit assumer à la fois les fonctions porteuse et isolante (p. ex. maçonnerie monolithique), soit encore être intégré dans les éléments de façade (p. ex. construction à ossature bois).

Baies/fenêtres
a) Vitrage isolant
b) Fenêtre à caisson
Le cas échéant avec dormant et ouvrant thermiquement isolés

7. Diffusion de la vapeur d'eau de l'intérieur vers l'extérieur
Il s'agit d'éviter que de l'eau de condensation n'imbibe la construction.
Murs
Mesures optionnelles :
a) Ventilation de la façade (humidité évacuée dans une lame d'air, grâce à la convection naturelle)
b) Pare-vapeur / frein-vapeur appliqué sur la face intérieure de l'isolation dans les éléments exposés à l'humidité
c) Couche porteuse intérieure étanche à la vapeur d'eau (p. ex. béton banché)
d) Isolation thermique résistante à l'humidité (p. ex. verre cellulaire)
e) Construction entièrement ouverte à la diffusion de vapeur (p. ex. maçonnerie monolithique)

8. Dommages mécaniques
Murs, baies/fenêtres
Les matériaux de revêtement tendres (les peintures, parfois le bois) peuvent subir des dommages mécaniques. Les systèmes d'isolation extérieure enduite sont particulièrement vulnérables (en particulier au niveau du soubassement, c'est-à-dire entre le terrain et une hauteur d'env. 2,00 m).

Dispositif pare-soleil intérieur
(inefficace contre le rayonnement thermique)
a) Rideaux
b) Store à lamelles empilables intégré au vitrage

Couche de protection
Vide de ventilation
Couche isolante
Couche porteuse

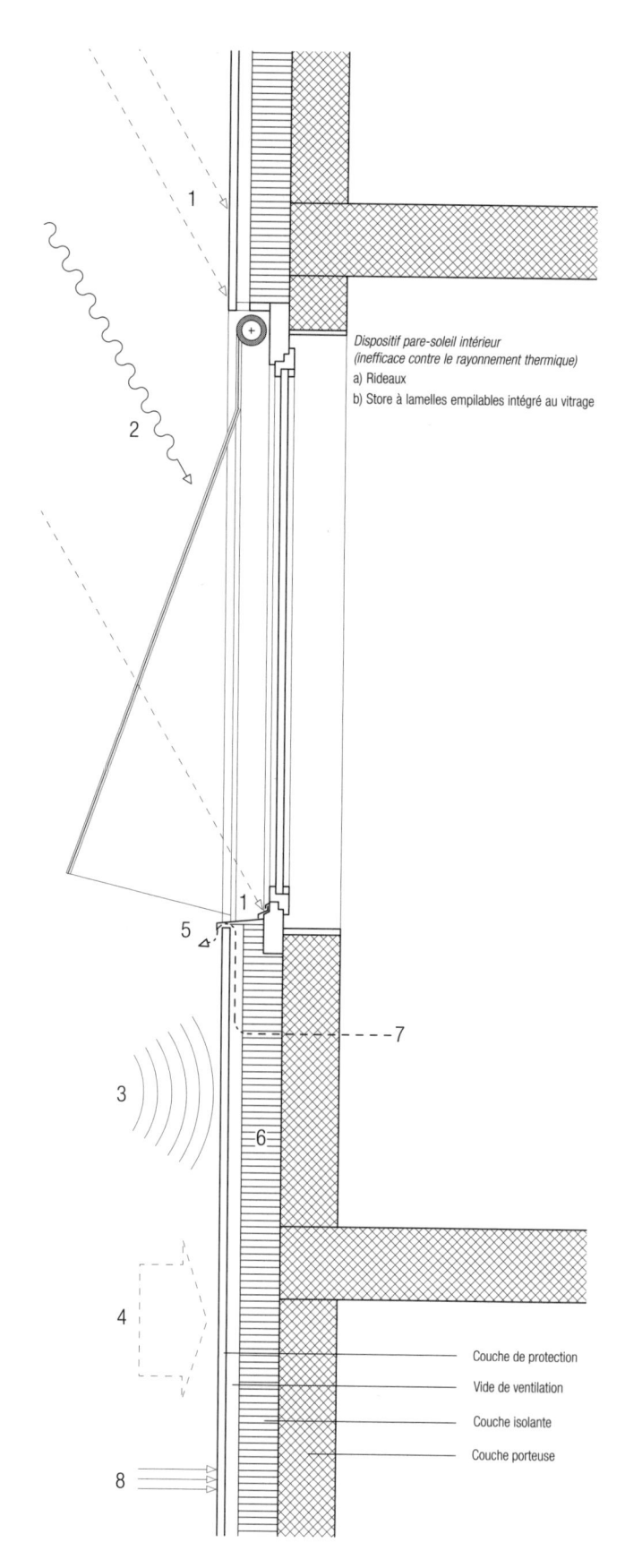

Ill. 73 : coupe schématique, éch. 1:20

Protection solaire et contre l'éblouissement

Patric Allemann

Les dispositifs de protection contre l'échauffement et l'éblouissement font partie intégrante du complexe baie/fenêtre. Ils ont pour fonction de doser le rayonnement solaire, voire de l'empêcher complètement de pénétrer dans les locaux. Ils peuvent en outre servir, de nuit, à protéger les locaux des regards extérieurs.

Sur le plan architectural, les possibilités de traiter les dispositifs pare-soleil et anti-éblouissement sont nombreuses. Pour assurer une protection efficace et adéquate, cependant, il convient de tenir compte d'un certain nombre d'aspects relevant de la physique de la construction.

Problématique de la protection solaire

Selon la situation géographique du bâtiment et selon l'exposition et la conception de ses façades, l'énergie solaire pénétrant dans les locaux à travers les baies peut, en été et dans les intersaisons, conduire à des surchauffes. On peut y remédier en prévoyant un système approprié, dont le principe consiste à réduire, en le réfléchissant, le rayonnement thermique entrant dans les locaux. Le paramètre déterminant pour comparer et évaluer l'efficacité d'un tel dispositif est son degré de perméabilité énergétique global. Ce dernier, appelé valeur g, correspond à la somme de l'énergie transmise par rayonnement direct et de la chaleur restituée vers l'intérieur par l'élément en question. La valeur g d'un élément peut être déterminée soit par des mesures, soit par calcul. Un dispositif pare-soleil efficace se caractérise par une haute capacité de

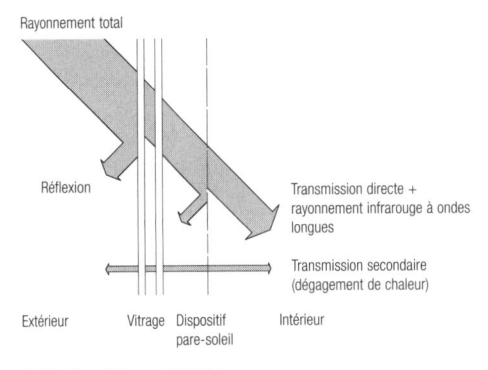

Ill. 75 : dispositif pare-soleil intérieur

Types de dispositifs pare-soleil

Les dispositifs pare-soleil peuvent se composer d'éléments fixes ou mobiles. Font par exemple partie de la première catégorie les avant-toits, les brise-soleil horizontaux et/ou verticaux, les loggias et les lamelles fixes. De tels éléments revêtent pour le dessin de la façade une importance déterminante. L'un des avantages des dispositifs fixes est qu'ils préservent dans une large mesure le contact visuel avec l'extérieur. Selon leur conception, ils pourront constituer une couche intermédiaire d'une certaine ampleur, appropriable de diverses manières (comme p. ex. dans le cas d'une loggia). Un système de protection fixe ne permet en revanche de réagir que de façon limitée aux variations journalières et saisonnières liées à la course du soleil.

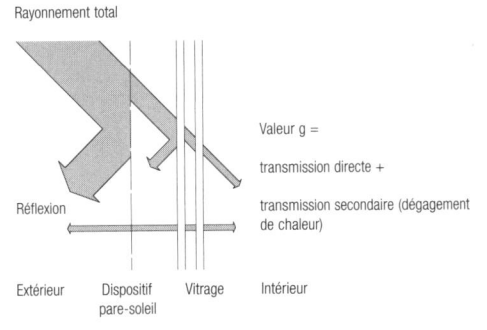

Ill. 74 : dispositif pare-soleil extérieur

réflexion et, partant, par une forte réduction de la valeur g de l'ensemble fenêtre plus protection solaire. Pour prévenir les surchauffes, la réflexion doit intervenir avant le vitrage. Si le dispositif pare-soleil est placé à l'intérieur et que la lumière solaire traverse d'abord le vitrage, une partie du rayonnement est absorbée par le dispositif et transformée en rayonnement infrarouge à ondes longues. Ce rayonnement ne pouvant plus retraverser le vitrage dans le sens inverse, il entraîne un réchauffement du local. Un dispositif pare-soleil optimal ne peut donc être placé qu'à l'extérieur.

Ill. 76 : dispositif pare-soleil fixe formant une couche intermédiaire appropriable (brise-soleil et loggia)
Le Corbusier, Unité d'habitation, Marseille (F) 1947

ÉLÉMENTS DE CONSTRUCTION   **Ouverture**

Problèmes de physique du bâtiment

Un système de protection solaire mobile, lui, est adaptable à la position du soleil et permet de doser le rayonnement pénétrant dans les locaux en fonction des besoins individuels. Du fait de la diversité des dispositifs existants, les possibilités de traitement architectural sont nombreuses. Lors de la conception, il s'agit de tenir compte des dimensions minimales et maximales qu'autorise le système envisagé, qui ne varient d'ailleurs que peu d'un fabricant à l'autre. Les dimensions minimales du dispositif dépendront de celles des baies correspondantes, ses dimensions maximales des matériaux dont il est fait et de son degré d'exposition au vent.

Divers dispositifs pare-soleil mobiles

Volet roulant : les volets roulants se composent de lames non orientables, insérées latéralement dans des coulisses. En position non déployée, les lames sont enroulées autour d'un axe monté au niveau du linteau, ou pliées en paquet via un arbre de renvoi (volet roulant empilable). Le degré de perméabilité du tablier à la lumière est déterminé par le profilage des lames (imbrication), sa capacité de réflexion par le matériau et la couleur de ces dernières. Aujourd'hui, les lames sont la plupart du temps en aluminium, matériau alliant haut pouvoir réfléchissant et faible besoin d'entretien. Autrefois très utilisé, le bois se révèle, lui, plus difficile à entretenir. Les volets roulants peuvent être dotés, en option, d'un dispositif de projection, permettant à la lumière du jour de pénétrer indirectement dans les locaux. Les dimensions limites (min./max.) d'un volet roulant sans bras (ou compas) de projection se montent à environ 50/450 cm en largeur et 50/400 cm en hauteur, la surface du tablier étant limitée à environ 10 m². Les dimensions maximales admissibles sont drastiquement réduites en cas de forte exposition au vent (p. ex. dans les tours).

Store à lamelles empilables (store vénitien) : à la différence de celles des volets roulants, les lamelles des stores vénitiens peuvent pivoter sur leur axe longitudinal, ce qui permet de régler de façon subtile l'incidence de la lumière dans les locaux. Le guidage des lamelles – exclusivement réalisées en aluminium – est assuré par des coulisses ou de fins câbles d'acier. En position non déployée, les lamelles se logent en paquet dans le caisson du store. Les dimensions limites de ce type de stores correspondent à peu près à celles des volets roulants, leurs dimensions maximales dépendant du profilage des lamelles. Il convient d'accorder une attention particulière à l'exposition des stores au vent.

Ill. 77 : le dispositif pare-soleil étant intégré dans un cadre en alu élargi en conséquence, il reste invisible à l'état non déployé.
Gigon/Guyer, ensemble d'habitation Broelberg, Kilchberg (CH) 1996

Ill. 83 : stores à projection à l'italienne devant les fenêtres, stores à bras droits et verticaux devant les balcons
Max Ernst Haefeli, maisons Rotach, Zurich (CH) 1928

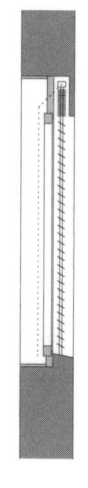

Ill. 78 : store à lamelles
Encastré
Accessible de l'extérieur

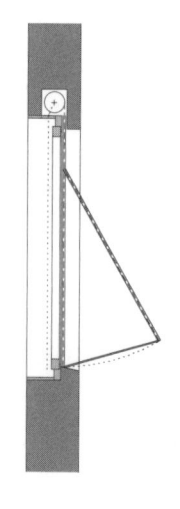

Ill. 79 : volet roulant avec bras de projection
Encastré
Accessible de l'intérieur

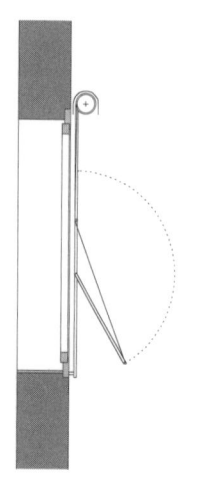

Ill. 80 : store en toile à projection à l'italienne (marquisolette)
En applique
Accessible de l'extérieur

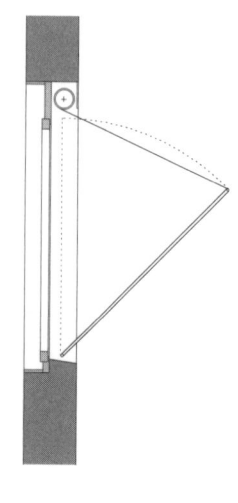

Ill. 81 : store banne à bras droits
Monté sous le linteau
Accessible de l'extérieur

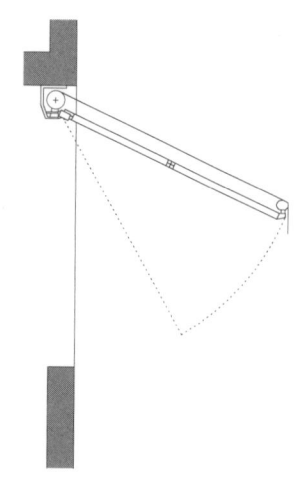

Ill. 82 : store banne à pantographe
Monté sous la dalle du balcon

ÉLÉMENTS DE CONSTRUCTION — Ouverture

Problèmes de physique du bâtiment

Ill. 84 : store banne à pantographe faisant office d'avant-toit mobile
Oliver Schwarz, atelier de production, Ebikon (CH) 1996

Store vertical en toile : en position non déployée, la toile est enroulée dans le caisson du store. Perméabilité à la lumière et pouvoir réfléchissant dépendent ici de la qualité de la toile. Les toiles claires ont tendance à entraîner une forte dispersion de la lumière et, partant, à produire dans les locaux un effet d'éblouissement. À l'instar des stores vénitiens, les stores verticaux en toile ne peuvent être projetés. Leurs dimensions limites se montent à environ 40/300 cm en largeur et à 40/400 cm en hauteur. La surface maximale admissible est ici d'environ 8 m², le rapport idéal entre largeur et hauteur de 1:3.

Store en toile à projection à l'italienne (marquisolette) : dotée d'un axe supplémentaire et de bras de projection, cette variante sophistiquée du store vertical donne partiellement vue sur l'extérieur. La hauteur minimale de tels stores est de 120 cm, leurs autres dimensions et surfaces limites étant les mêmes que celles des stores verticaux.

Store banne à bras droits : le store en toile est ici déployé, sous l'effet de la pesanteur, par deux bras droits reliés à leur extrémité par un tube horizontal, l'inclinaison du store par rapport à la façade se modifiant à mesure que celui-ci se déroule. Autrefois, ce type de stores était souvent utilisé pour les balcons. La toile ne recouvrant jamais entièrement les fenêtres, une certaine relation avec l'extérieur reste assurée. Les dimensions limites et la surface maximale de ces stores correspondent à celles des stores verticaux, la longueur des bras pouvant varier entre 80 et 150 cm.

Store banne à pantographe : le déroulement de la toile est ici assuré par deux ou plusieurs bras articulés. Une articulation supplémentaire au niveau de l'axe permet de régler l'inclinaison du store. Ce type de stores est le plus couramment utilisé pour protéger du soleil balcons, terrasses, grandes baies vitrées et vitrines. Les largeurs envisageables vont de 2 à 7 m, la longueur des bras étant limitée à 4 m.

Ill. 85 : volets pliants posés devant les balcons
Baumschlager und Eberle, ensemble d'habitation Hötting, Innsbruck (A) 1999

Volets battants, pliants et coulissants : véritables archétypes des dispositifs pare-soleil mobiles, les volets sont principalement fabriqués en bois et en aluminium. À l'état ouvert, ils sont soit repliés contre les tableaux (volets pliants), soit immobilisés devant la façade (volets battants et coulissants). Les dimensions des volets sont fonction de celles de la baie correspondante.

Vitrage isolant avec store à lamelles intégré : ici, un store à lamelles est monté de façon étanche aux gaz entre les deux vitres d'un vitrage isolant. Comme nous l'avons vu plus haut, un tel système n'offre pas une protection optimale contre le rayonnement thermique, puisque l'espace compris entre les vitres s'échauffe et que l'excédent de chaleur est partiellement transmis à l'intérieur sous forme de rayonnement infrarouge à ondes longues. Ce système est néanmoins adapté aux tours, les stores étant ici protégés du vent et des salissures. Si les stores sont défectueux, tout le vitrage doit être remplacé.

Encastrement ou pose en applique

À l'exception des deux derniers exemples, tous les dispositifs décrits ci-dessus peuvent être soit posés en applique contre la façade, auquel cas ils constituent des éléments visibles, soit intégrés au linteau, auquel cas ils sont pratiquement invisibles en position non déployée. Une solution intermédiaire consiste à monter le dispositif pare-soleil sous le linteau, en dotant le caisson du volet roulant ou du store d'un parement au nu de la façade.

Ill. 86 : caissons de volets roulants en applique, utilisés comme éléments de composition de la façade
Ernst Gisel, immeuble d'habitation et ateliers, Zurich (CH) 1953

Les stores bannes à bras droits ou à pantographe sont souvent fixés, sans coffre, sous la dalle du balcon.

En cas d'encastrement, il s'agit de veiller à garantir l'accessibilité du dispositif pour l'entretien et le remplacement. En outre, la couche isolante ne devra subir aucune interruption.

Problématique de la protection anti-éblouissement

L'éblouissement est provoqué par le rayonnement solaire direct et sa réflexion par les surfaces qu'il frappe à l'intérieur des locaux, mais aussi par la lumière naturelle réfléchie à l'extérieur (par les bâtiments clairs, les surfaces couvertes de neige, etc.). Ainsi, alors que le rayonnement thermique provient d'une direction précisément identifiable, l'incidence de la lumière et l'éblouissement qui en résulte dépendent de divers facteurs liés au contexte.

Mais l'éblouissement est aussi une sensation subjective, influencée par le type d'activité qu'exerce celui qui l'éprouve. Ainsi est-on par exemple plus sensible à l'éblouissement lorsqu'on travaille à l'ordinateur que lorsqu'on écrit à la plume.

De manière générale, il doit être possible de réguler ou rediriger la lumière naturelle de façon fine, voire d'obscurcir complètement le local (p. ex. salle de classe).

À l'instar des dispositifs pare-soleil, les dispositifs anti-éblouissement ont l'inconvénient de restreindre le contact avec l'extérieur, ce qui influe tant sur le caractère de l'espace (introversion involontaire) que sur la psyché humaine (sentiment d'exclusion ou d'enfermement).

Aussi un dispositif anti-éblouissement devrait-il être aussi adaptable que possible. Bien que certains des dispositifs pare-soleil décrits plus haut soient aussi efficaces contre l'éblouissement (p. ex. les stores à lamelles), il est recommandé d'installer les dispositifs anti-éblouissement à l'intérieur des locaux. Les problèmes d'éblouissement surviennent en effet aussi durant la saison froide, durant laquelle les gains énergétiques sont tout à fait bienvenus.

Types de dispositifs anti-éblouissement

Il existe deux grands types de dispositifs anti-éblouissement, se déclinant chacun en diverses variantes.

Rideaux : c'est l'étoffe dont sont faits les rideaux – dispositif traditionnel de protection contre l'éblouissement et les regards extérieurs – qui en détermine la perméabilité à la lumière. Pour réguler de façon fine la luminosité des locaux, on pourra superposer deux ou plusieurs couches de rideaux de transparence différente (principe des rideaux de jour et de nuit). Les rideaux coulissant horizontalement, et non verticalement, comme il le faudrait pour s'adapter à la position du soleil, ils doivent couvrir toute la surface vitrée. Les rideaux à panneaux et les écrans coulissants sont des avatars modernes du rideau traditionnel, qui, grâce aux textiles *high tech* très performants dont ils se composent, présentent à la fois un bon pouvoir réfléchissant et un haut degré de transparence. Les rideaux constitués de lamelles verticales pouvant pivoter sur leur axe sont les seuls qui permettent de doser la lumière en fonction de la position du soleil.

Stores : les stores verticaux dotés d'un film opaque sont souvent utilisés pour obscurcir les salles de classe ou de conférences. Quant aux stores à lamelles, ils permettent de régler avec précision l'incidence de la lumière, jusqu'à obscurcissement complet du local. Les lamelles peuvent être orientées de manière à préserver un certain contact avec l'extérieur. Leur matérialisation et leur couleur influeront dans une certaine mesure sur la perception subjective de la qualité de la lumière dans la pièce. Des lamelles en bois produiront par exemple une lumière chaude, et laisseront toujours filtrer un peu de lumière, même à l'état fermé. Des lamelles profilées en aluminium, elles, redirigeront la lumière dans la profondeur du local et produiront un éclairage homogène, tout en permettant aux éléments de construction massifs d'accumuler de la chaleur et de générer ainsi des gains d'énergie solaire passive – cela en prévenant tout éblouissement.

III. 87 : rideaux destinés à isoler l'espace intérieur et à le protéger contre l'éblouissement
Ludwig Mies van der Rohe, Neue Nationalgalerie, Berlin (D) 1968

III. 88 : les stores à lamelles placés côté intérieur produisent une lumière diffuse ; on ne discerne que vaguement l'espace extérieur.
Alvar Aalto, villa Mairea, Noormarkku (FIN) 1939

Le deuxième ciel

Sascha Roesler

C'est lorsqu'on le regarde fixement pendant la nuit que l'on prend conscience du plafond. L'insomniaque espère le voir enfin disparaître. Toute une littérature du XXe siècle a fait du plafond l'écran des ruminations, des doutes, des soucis et des attentes de l'insomniaque, le transformant en ciel de lit de l'âme moderne. « C'est d'un type spécial de veilles que dérive la mise en cause de la naissance » (E. M. Cioran). Si, dorénavant, ce vis-à-vis nocturne est plat et non structuré, nous le devons au processus de rationalisation à l'origine du plancher-dalle en béton armé, devenu aujourd'hui la solution constructive la plus courante. En effet, de nos jours, lorsque les planchers doivent avant tout franchir des portées normales, on recourt quasi systématiquement à la dalle, pour des raisons économiques et non pas architecturales. La majorité des projets de construction contemporains (immeubles d'habitation et de bureaux) portent leur empreinte. Les techniques de précontrainte forment l'aboutissement d'une évolution technologique au cours de laquelle on est passé d'une conception basée sur le solivage à une autre basée sur les dalles et les voiles. Même les sommiers, hérités des anciennes constructions avec solives en bois, sont aujourd'hui considérés comme problématiques et évités dans la mesure du possible, et pas seulement pour des raisons économiques.

C'est avec le modèle de maison « Dom-Ino », développé en 1914 par Le Corbusier, que le plancher-dalle a été élevé au rang de programme architectural. Combinant construction à ossature et plancher-dalle, ce modèle offrait des libertés insoupçonnées dans l'aménagement. En réalité, le plan libre propagé par ce système n'était pas si libre que cela, puisque la dalle prévue par Le Corbusier était une construction en hourdis, dans laquelle les escaliers restaient liés aux poutrelles intérieures. En même temps qu'apparaissait le plancher-dalle, le travail de projet se concentrait sur le plan, ce qui favorisa la neutralisation – le masquage – progressive du plancher moderne et fit de la paroi l'élément de construction servant à définir l'espace. La sous-face du plancher (plafond) et la « sur-face » du sol sont ainsi devenues des domaines secondaires de l'espace, désormais structuré par les parois. L'homogénéité, la planéité et l'isotropie déterminent non seulement l'expression architecturale du plancher-dalle, mais constituent aujourd'hui en général les conditions abstraites requises pour déterminer la rentabilité de l'espace. La surface de plancher est en effet aussi la mesure utilisée pour calculer la rentabilité d'un projet architectural.

Aujourd'hui, la question se pose de savoir comment faire pour réintroduire les diverses formes de plancher possibles dans les projets de construction courants. Les solivages en bois, la structure porteuse historiquement la plus utilisée pour les planchers (et qui le resta en Occident jusqu'à la Seconde Guerre mondiale), ont été peu à peu remplacés par les poutrelles en acier et les planchers-dalles en béton armé. Cette évolution technique fut le résultat d'une activité créatrice d'une grande diversité. On doit les impulsions décisives qui aboutirent à la mise au point de dalles isotropes aux travaux de Claude Turner aux USA et du Suisse Robert Maillart. À la différence du plancher en solives classique, encore utilisé par François Hennebique dans ses structures en béton, dans les planchers champignons, le cheminement des forces n'est visible que dans le chapiteau des poteaux.

Les transformations sociales qui accompagnèrent ces développements techniques n'ont pas été moins radicales. L'avènement de la société de consommation et des services et la construction en masse de logements ont entraîné l'apparition de nouveaux types de bâtiments (immeubles de bureaux, centres commerciaux, grands ensembles) ainsi que des décorations d'intérieur jusqu'alors inimaginables. Visibles ou dissimulées, les installations techniques de toutes sortes (conduites sanitaires et électriques, ventilation, éclairage) forment aujourd'hui les composants habituels du plancher moderne. Celui-ci est devenu un « système » complexe qui assure la distribution horizontale des fluides. Indépendamment du matériau de la structure porteuse, le plancher contemporain se caractérise par plusieurs « couches techniques », venues s'ajouter au-dessus et au-dessous de la dalle porteuse brute au cours des cent dernières années pour répondre aux besoins nouveaux. Alors qu'en allemand, le mot *Decke* désigne le plafond, la sous-face aussi bien que l'élément porteur et séparatif horizontal et par extension le sol d'un local, le français distingue entre plancher et plafond, montrant ainsi la complexité de la dalle, comme élément de construction multicouche. Les problèmes liés au bruit d'impact ou au feu montrent qu'elle ne fait pas que séparer, mais lie aussi entre eux les étages d'un bâtiment. Nous devons donc distinguer (et penser dans leur interdépendance réciproque) la phénoménologie du plafond en tant que fermeture de la pièce et le traitement technique du plancher en tant qu'élément de construction comprenant le sol du niveau supérieur. Cette interdépendance devient particulièrement manifeste dans les vastes espaces avec des dalles de grande portée. En tant que sous-face, le plafond est un élément de construction inaccessible, soumis au primat du visuel, alors que, par sa portée, le plancher requiert une solution constructive perfectionnée. Partant de ce double enjeu – sous-face et élément de construction –, nous allons passer en revue trois approches conceptuelles qui marquent jusqu'à ce jour le traitement architectural des dalles. Sans parler des matériaux mis en œuvre, cette approche nous semble montrer l'interaction, devenue centrale avec le mouvement moderne, entre plafond et plancher, entre visibilité et technicisation croissante.

– Le plafond comme baldaquin : aujourd'hui comme hier, la sous-face apparente (le plafond) « met en scène » les personnes qui se trouvent au-dessous, en valorise

Ill. 1 : le diamètre des poteaux champignons varie selon les étages
Robert Maillart, entrepôt à grains de la Confédération, Altdorf (CH) 1912

ÉLÉMENTS DE CONSTRUCTION — Plancher

Introduction

Ill. 2 : le toit comme baldaquin
Frank Lloyd Wright, bâtiment de bureaux de la société Johnson-Wax, Racine (USA) 1940-1950

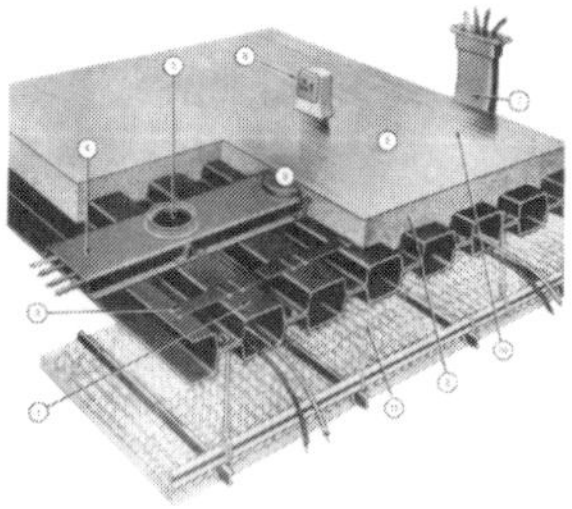

Ill. 3 : structure d'un plancher métallique cellulaire datant des années 1950
De bas en haut : plafond suspendu ignifuge, plancher métallique cellulaire, gaine transversale pour conduites et boîtiers, revêtement de sol

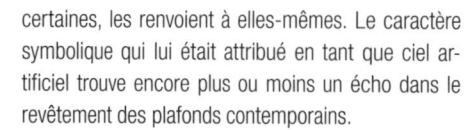

certaines, les renvoient à elles-mêmes. Le caractère symbolique qui lui était attribué en tant que ciel artificiel trouve encore plus ou moins un écho dans le revêtement des plafonds contemporains.

– Le caractère d'empilement des étages : avec les débuts de la construction d'immeubles-tours, l'empilement des étages devint pour de nombreux architectes du mouvement moderne non seulement un défi technologique, mais aussi une utopie sociale. La répétition des dalles de plancher ressortit à la fois à l'expression architecturale et à la politique sociale.

– Le désir d'un autre ordre spatial : l'opposition entre paroi, plancher et plafond semble aller de soi dans la construction courante. Or, dès l'origine du mouvement moderne, on assiste à des tentatives d'annuler cette opposition ou de créer des continuités entre le haut et le bas, entre l'extérieur et l'intérieur.

Baldaquin

Le terme baldaquin vient du mot italien *baldacchino*, qui désignait une étoffe de soie provenant de Bagdad, importée dans les grands centres de commerce européens. En raison de sa grande valeur, l'étoffe servait à fabriquer des ciels de lit pour les nobles et les puissants. La simplicité de l'ouvrage porteur, juste constitué de quatre colonnes, renforçait l'impression d'une surface flottant librement dans la pièce. Le baldaquin créait un espace sans paroi, qui conférait une aura d'inaccessibilité aux personnes qui se trouvaient dessous. L'idée d'un ciel réservé aux seules personnes dont le corps doive être protégé et l'individualité mise en valeur est ici manifeste. Dans les processions religieuses, on utilise encore aujourd'hui des dais, que l'on peut considérer comme une version « portable » du baldaquin. Et tandis que ces imitations célestes sont éphémères, les ouvrages solides en forme de coupole en pierre ou en bois qui surmontent le corps des vivants (trône royal, autel cardinalice, lit ducal) et les effigies des morts (gisants) demeurent.

Le baldaquin, comme forme réduite de couverture, est ainsi davantage un geste de (re)présentation symbolique qu'une surface fonctionnelle. Cela différencie le baldaquin médiéval des actuelles conceptions du plafond. Le baldaquin crée un espace symbolique au-dessous de lui, mais non une surface sur laquelle on peut se déplacer. Marcher dessus reviendrait à le profaner ! Le plafond-plancher reste jusqu'à aujourd'hui pris dans cette contradiction, entre fonction symbolique et usage profane.

Revêtements

Les plafonds suspendus, tels qu'on les utilise aujourd'hui dans les projets les plus divers, rappellent les baldaquins par de nombreux aspects. En effet, ils expriment une volonté de mettre en valeur l'homme moderne dans l'accomplissement de ses tâches et de lui fournir toutes sortes d'agréments. Même les plus simples faux plafonds des bureaux à espace décloisonné témoignent de la tentative de concilier les exigences complexes de l'environnement intérieur avec une forme d'apparat architectural. Dans de nombreux locaux, ce n'est plus le plancher brut, mais le

Ill. 4 : parasols automatiques de la cour de la mosquée du Prophète
Frei Otto, Bodo Rasch, Jürgen Bradatsch, mosquée du Prophète, Médine (Arabie Saoudite) 1971

Ill. 5 : plafond ondulé
Alvar Aalto, bibliothèque municipale de Viipuri, alors en Finlande (aujourd'hui Vyborg, Russie) 1927-1935

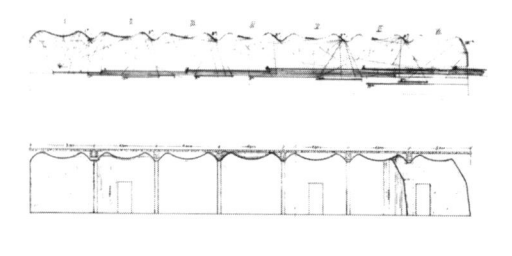

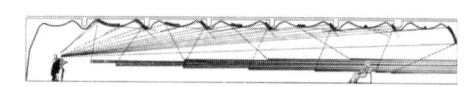

Ill. 6 : les coupes montrent la forme ondulée du plafond suspendu. La forme des ondulations résulte d'une analyse acoustique de l'espace.
Alvar Aalto, bibliothèque municipale de Viipuri, alors en Finlande (aujourd'hui Vyborg, Russie) 1927-1935

plafond suspendu qui constitue l'élément décoratif important, tout en devant remplir de nombreuses fonctions. Désormais transformé en « support » destiné à « accueillir » toute une série d'équipements techniques nécessaires (sécurité anti-incendie, isolation phonique, luminaires, haut-parleurs, sprinklers, etc.), le plafond apparaît trop souvent comme un compromis architectural. La double fonction du plafond suspendu (revêtement et

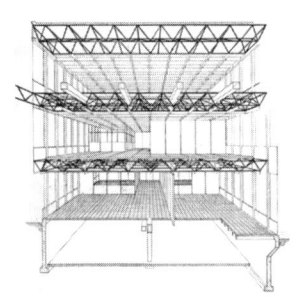

Ill. 7 : coupe perspective : toutes les gaines des installations sont placées dans les treillis des dalles.
Eero Saarinen & Associates, centre de recherche de la General Motors Corporation, Warren près de Detroit, Michigan (USA) 1951-1957

création du plénum) a des conséquences architecturales, qu'on le veuille ou non.

Le caractère de parement de cette couche renvoie à une logique qui, indépendante de la structure porteuse, lui est inhérente et lui a toujours été reconnue dans l'histoire de la construction. Qu'il s'agisse des couvertures en bois d'aspect textile dessinées par Alvar Aalto ou des reproductions décorant les plafonds de l'hôtel transformé par Jean Nouvel à Lucerne, cette sous-face est architecturalement conçue comme une image, et son revêtement sert de concept de base à l'ensemble du bâtiment.

Les plafonds structurés tels qu'ils furent développés et mis en œuvre par Robert Maillart, Pier Luigi Nervi, Frei Otto, Heinz Isler ou Santiago Calavatra présentent aussi un caractère de revêtement. Dans ces constructions réalisées par des ingénieurs, la distinction entre structure porteuse et revêtement devient obsolète. Gottfried Semper fut le premier à plaider avec insistance pour une telle approche de l'architecture. Dans les mots tels que *decken* (couvrir, recouvrir) et *entdecken* (découvrir), il reconnut le caractère gestuel qui accompagnait jadis la naissance des choses et qui fit aussi par là son entrée dans l'architecture. En allemand, le mot *Decke,* qui renvoie à ce qui recouvre, entoure et protège, est à la fois matériel et immatériel. Son caractère textile (suggéré par le fait que *Decke* signifie aussi « couverture ») contredit l'image du plafond pesant lourdement au-dessus de nos têtes. Chez Semper, la volumineuse couche séparatrice est réduite à une surface incorporelle – peau, tissu, habit, enduit : « Dans toutes les langues germaniques, le terme *Wand* (paroi) (qui possède la même racine et la même signification originaire que *Gewand* (habit, vêtement) rappelle directement l'ancienne origine et le type de la fermeture visible d'une pièce. De même, *Decke* (couverture), *Bekleidung* (habillage) *Schranke* (barrière), *Zaun* (clôture) (tout comme *Saum* [ourlet, bord]) et autres expressions techniques ne sont pas des symboles du langage tardivement appliqués à la construction, mais des indices fiables de l'origine textile de ces éléments de construction. »

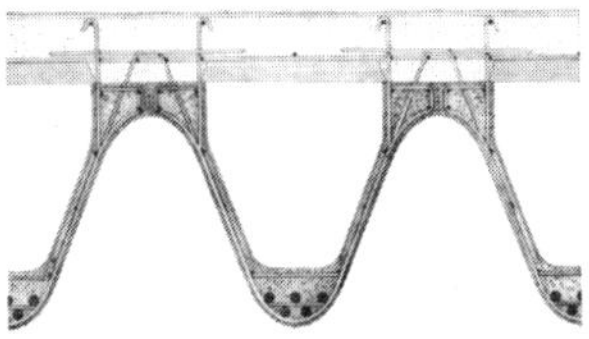

Dans les bâtiments possédant beaucoup d'installations techniques, les conduites des différents fluides (courant électrique, eau, gaz, air) constituent une zone propre qui peut être d'une hauteur considérable et dans certains cas atteindre celle d'un étage. Dans le Salk Institute de Louis Kahn à La Jolla, inauguré en 1965, le plénum destiné aux installations est conçu de manière à pouvoir y circuler, afin de simplifier l'entretien et le montage d'équipements supplémentaires.

Du point de vue architectural, le Centre Pompidou de Richard Rogers et Renzo Piano, inauguré à Paris en 1976, représente le point culminant du processus de technicisation des bâtiments. La réflexion menée depuis quinze ans par Archigram et d'autres se trouvait pour la première fois mise en pratique. Les équipements ne sont plus dissimulés (plus ou moins honteusement) mais constituent le principe définissant les espaces. Les infrastructures techniques exposées à la vue permettent de vivre en direct la « machine à habiter » imaginée par Le Corbusier – la maison comme mise en scène des installations.

Empilements

Si on entend par sécularisation une fonctionnalisation progressive des choses (perte du caractère sacré, extension du domaine profane), on peut affirmer que la dalle moderne fut particulièrement concernée par ce processus. Malgré un passé riche en symboles, le plancher est aujourd'hui l'élément de construction le plus profane, aucun autre n'ayant été à ce point transformé par l'évolution technique et fonctionnelle du modernisme. Ses fonctions et les technologies qu'il recèle ont radicalement changé en très peu de temps, ouvrant aux architectes et aux ingénieurs des

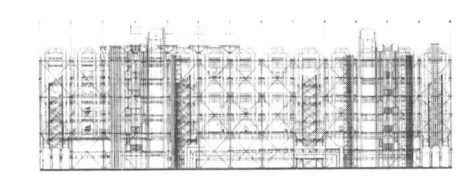

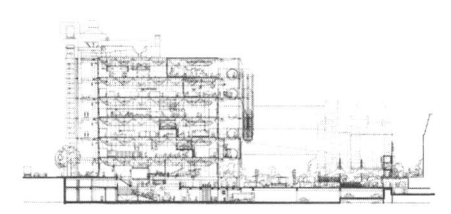

Ill. 8 : détail du plancher : éléments en V préfabriqués en ferrociment ; épaisseur de la dalle 3 cm, épaisseur totale du plancher (revêtement de sol compris) 50 cm
Pier Luigi Nervi, siège social de Galbani, Milan (I) 1955-1956

Ill. 9 : siège social de Galbani, Milan (I) 1955-1956
Construction du plafond en béton armé : Pier Luigi Nervi
Projet : E. Soncini, A. Pestalozzo

Ill. 10 : les poutres à treillis distantes de 13 mètres permettent, grâce à leur portée de 48 mètres, une grande flexibilité des espaces intérieurs. Le bâtiment abrite un musée d'art moderne, un centre de design industriel et une bibliothèque publique.
Renzo Piano & Richards Rogers, Centre national d'art et de culture Georges-Pompidou, Paris (F) 1976

ÉLÉMENTS DE CONSTRUCTION — Plancher

Introduction

Ill. 11 : les dalles en saillie formant des balcons renforcent le caractère stratifié des deux bâtiments.
Bertrand Goldberg, Marina City, Chicago (USA) 1959-1964

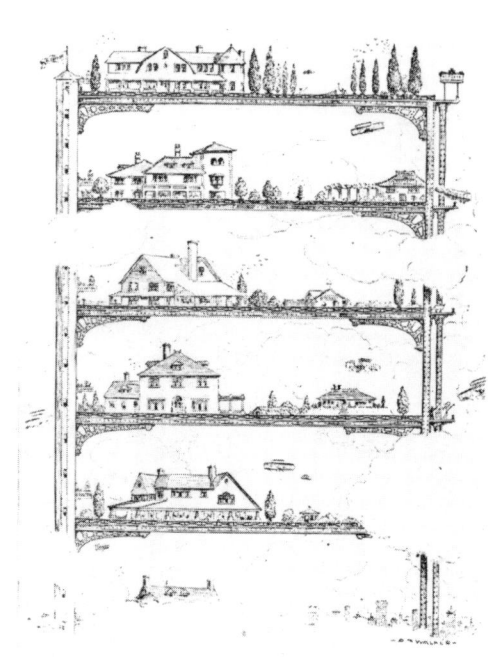

Ill. 13 : Rem Koolhaas, « le gratte-ciel comme invention utopique permettant la production d'un nombre illimité de sites vierges sur un emplacement métropolitain »
Reproduction d'une caricature parue dans le magazine *Life* en 1909

Ill. 12 : la dalle comme principe structurant les façades
Hideo Kosaka, Caisse d'épargne de la Poste, Kyoto (J) 1954

possibilités constructives et formelles tout à fait nouvelles. La structure et l'importance du plancher ont surtout été marquées par l'apparition des immeubles-tours au début du XXe siècle. La dalle est devenue une « couche séparative » à l'intérieur d'un empilement vertical et une « zone d'équipements » assurant leur distribution horizontale.

« Tout est vide de dieux… » écrivait Cioran au terme de ce processus de sécularisation, oubliant que cette absence est justement ce qui prépare le terrain à une nouvelle sacralisation. La célébration du profane, élevée au rang de précepte de vie au début du XXe siècle, aurait été impensable sans la technicisation progressive des conditions d'existence. Dès le début, cette célébration affichait des traits messianiques aspirant à la libération de l'individu. La notion de « faisabilité » et le sentiment existentiel bien plus vague d'« absence de foyer » s'y accordaient et s'incarnèrent symboliquement dans le nouveau type de bâtiment que constituait l'immeuble-tour. Aucune autre forme d'édifice n'a autant stimulé l'imagination que l'architecture des immeubles-tours s'élançant vers le ciel. Plus que tout autre type, ils incarnaient les possibilités désormais réalisables d'une société fascinée par la modernisation. La dalle est devenue la plateforme de ces possibilités ainsi que l'élément structurel dominant des façades. Seul l'empilement en masse des étages a rendu visibles ces deux phénomènes architecturaux. Peter Sloterdijk a vu dans le « sérialisme » d'un tel entassement « le lieu de transition entre l'élémentarisme et l'utopisme social ». La superposition crée une plus-value aussi bien architectonique que sociale.

La dalle devient le principe structurant des façades et donne une articulation horizontale au bâtiment qui s'élève verticalement. Citons à titre d'exemple les deux tours de Marina City conçues par Bertrand Goldberg à Chicago, où les dalles en saillie renforcent la stratification du bâtiment. Ces deux édifices constituent l'un des rares exemples d'une architecture de tours pourvues de balcons.

L'empilement en masse instaure une relation directe entre la répétition d'étages toujours semblables et l'aspect du bâtiment dans son ensemble. À ce propos, Rem Koolhaas constate que plus le nombre d'étages est élevé, plus l'impression d'une forme d'ensemble est persistante. Dans sa célèbre étude sur l'architecture new-yorkaise du gratte-ciel (*New York délire*), il présente une caricature publiée en 1909 dans le magazine *Life*. Le bâtiment, représenté sous la forme d'une ossature métallique, est constitué par le simple empilement de maisons de campagne avec leurs jardins respectifs. L'idée centrale, qui consiste à poser des mondes différents les uns au-dessus des autres, transforme l'architecture en une infrastructure de fantaisies singulières organisées par étages. Le bâtiment, d'ordinaire conçu comme une unité fonctionnelle au service d'un usage particulier, se dissout en étages disparates accueillant tout et son contraire. La dalle devient une île déserte artificielle pouvant être occupée et cultivée. L'héritage de ce développement architectural, qui fait de l'étage un champ de possibilités et l'élément standardisé d'un ensemble, profite aussi aux bâtiments de peu d'étages. Cette conception a notamment été mise en œuvre dans le pavillon hollandais de l'Exposition universelle de Hanovre

Ill. 14 : paysages empilés (« Isn't the issue here new nature ? »)
MRDV, pavillon des Pays-Bas à l'Exposition universelle de Hanovre (D) 2000

en 2000, dans lequel les étages servaient de plateformes à des paysages artificiels que les visiteurs pouvaient percevoir de loin comme des domaines indépendants les uns des autres.

Le ruban de Möbius

En 1865, l'astronome allemand August Ferdinand Möbius présenta la description d'une surface formée par la torsion d'une bande sans fin dans un espace tridimensionnel, dont la caractéristique est de ne posséder qu'un seul bord et qu'une seule face (il est impossible de distinguer le dessus du dessous). Si l'on passe le doigt sur un tel ruban, on arrive au revers du point de départ, ce qui s'explique par la torsion subie par la bande. Selon le point de vue, ce qui était tourné vers l'intérieur est ensuite à l'extérieur, et ce qui était à l'extérieur est retourné à l'intérieur. Dans une telle figure, on ne peut s'orienter comme on le fait habituellement, car chaque segment de la surface prend un sens contraire. Les critères descriptifs d'habitude utilisés pour l'espace (haut et bas, gauche et droite, devant et derrière) ne sont ici plus applicables.

Pour comprendre combien la pensée architecturale est cependant liée à ces catégories, il suffit de rappeler que parois et planchers constituent les éléments fondamentaux de la pratique constructive. En regard de cette situation, le ruban de Möbius constitue donc un « antimonde » dont la description et la mise en œuvre nécessitent de nouveaux concepts. Il est ainsi probable que cet « antimonde » soit fait de niveaux (au lieu d'étages), de plans inclinés (au lieu de parois et planchers) et de transitions continues (au lieu d'espaces clos). Ce sont alors les paysages et

l'environnement urbain qui servent de modèles à une mise en œuvre architecturale. Dès le début de la modernisation de l'architecture, on a tenté d'imaginer des espaces différents. Les surfaces suspendues dont rêvait le constructivisme russe étaient aussi le vœu d'un plancher affranchi de structure porteuse. Parallèlement aux bouleversements sociaux, on alla jusqu'à remettre en question la validité des lois de la pesanteur.

Diagonales

L'échelonnement vertical des espaces intérieurs constituait le point de départ et le but de la conception architecturale d'Adolf Loos, qui espérait que la nouvelle méthode de construction à ossature en béton armé en favoriserait la percée. C'est en réalisant le bâtiment commercial Goldman & Salatsch, achevé en 1911 à Vienne, qu'il mit au point sa méthode, qui visait en premier lieu à dépasser la conception traditionnelle d'étages indépendants les uns des autres, et ne fut connue sous le nom de *Raumplan* que dans les années 1920. Les niveaux rendus visibles et les étages non séparés les uns des autres constituent les principales caractéristiques de ce bâtiment, dans lequel les planchers servent à générer et à définir les espaces plutôt qu'à les limiter. Comme les hauteurs des étages variaient en fonction de l'utilisation des locaux (2,07 m pour les couturières assises, 3 m pour les tailleurs debout, 5,22 m pour la salle de repassage sans cesse remplie de

Ill. 15 : niveaux rendus visibles
Adolf Loos, immeuble d'habitation et commercial Goldmann & Salatsch, Vienne (A) 1909-1911

vapeur), elles devaient être compensées par des étages intermédiaires, des galeries et des paliers, ce qui rendait visibles les faces frontales des planchers à l'intérieur des espaces. Reliant tous les niveaux entre eux, les escaliers deviennent chemin intérieur. Le principe de l'empilement des étages, si déterminant pour l'architecture moderne, était ici conçu pour la première fois comme un emboîtement de niveaux échelonnés.

Tandis que, dans l'architecture de Loos, c'étaient les planchers qui, sous la forme de plateaux, donnaient aux intérieurs leur ambiance particulière, quelque quarante ans plus tard, c'est le terrain que l'architecte français Claude Parent éleva au rang de principe architectural

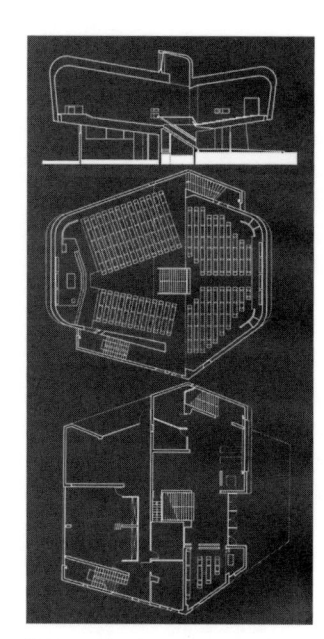

ÉLÉMENTS DE CONSTRUCTION — **Plancher** — Introduction

Ill. 16 : première mise en œuvre de la « fonction oblique » : l'église est caractérisée par deux dalles inclinées l'une vers l'autre.
Claude Parent et Paul Virilio, église Sainte-Bernadette-du-Banlay à Nevers (F) 1965

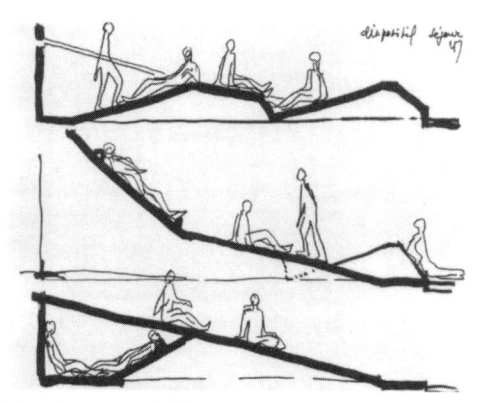

Ill. 17 : vivre sur un plan incliné
Claude Parent, croquis sur la « fonction oblique » (dispositif de séjour)

fondamental. Le sol, qu'il soit naturel ou artificiel, établit un continuum spatial abstrait et oppose au monde des pièces fonctionnellement séparées un monde caractérisé par des passages et des croisements fluides. Comme aucun architecte ne l'avait fait avant lui, Parent plaça le plan incliné (reflet d'un terrain considéré comme un relief) au centre de sa création architecturale. Contrastant avec le système spatial cartésien illustré par une architecture de plancher et de paroi, il proposa une autre expérience possible de l'espace, basée sur la « fonction oblique ». Le déséquilibre et la déstabilisation, conséquences du fait de se trouver sur un plan incliné, étaient pour Parent les garants d'un ressenti corporel authentique de l'espace. Son architecture devait ainsi contribuer à une nouvelle sensation, encore inconnue, de l'espace.

Il fallut attendre l'utilisation massive de la conception assistée par ordinateur pour que les réflexions menées des décennies auparavant par Loos, Parent et d'autres, commencent à exercer une large influence sur la pratique architecturale. En même temps, on assista à partir du début des années 1990 à la publication de projets architecturaux faisant du paysage un nouveau modèle pour une architecture urbaine. Une pensée par « couches » *(layers)* crée des surfaces continues par-delà les étages et les bâtiments, ce qui réduit l'importance des différences existant entre paroi et plancher, intérieur et extérieur. Ce n'est pas un hasard si des cabinets d'architecture comme UNStudio et Foreign Office Architects firent des expériences dans lesquelles le ruban de Möbius servait de code à une géométrie non encore imaginée. Le plancher et la paroi ne sont plus disposés horizontalement ou verticalement mais forment des torsions, des rampes, des diagonales, des plis, et demeurent dans une zone d'indétermination conceptuelle.

Ill. 20 : le ruban de Möbius comme code d'une géométrie non encore imaginée
Foreign Office Architects, Virtual House, 1997

Ill. 18 : plan de la Möbius-House
UN Studio / Ben van Berkel & Bos, Möbius House, Amsterdam (NL) 1993-1998

Ill. 19 : l'importance des différences entre la paroi et le plancher, l'intérieur et l'extérieur diminue.
UNStudio / Ben van Berkel & Bos, Möbius House, Amsterdam (NL) 1993-1998

Références bibliographiques
- E. M. Cioran, *De l'inconvénient d'être né*, Paris 1973.
- Gottfried Semper, *Der Stil in den technischen und tektonischen Künsten*, vol. 1, Francfort-sur-le-Main 1860.
- Gottfried Semper, *Du style et de l'architecture. Écrits*, Marseille 2007.
- Peter Sloterdijk, « Sphären III : Schäume », in *archplus* 169/170, Architekturen des Schaums, p. 26.

Le toit

Francesco Collotti

Toit plat ou toit incliné ? Nous ne voulons pas nous montrer pédant en reproduisant ici les thèses des uns et des autres, et surtout, nous n'avons pas l'intention de rentrer dans le jeu de ceux qui, partant de la forme du toit, distinguent le bon du mauvais, le progrès de la tradition, l'architecture régionale du style international. Si nous avions vécu dans les années 1930, nous aurions été forcés de prendre parti pour une tendance, ou pour une tendance au sein d'une tendance. Nous aurions opté en faveur du mouvement moderne, ou peut-être même de certaines positions délibérément exagérées, qui font obstacle aux positions modérées dans les instants révolutionnaires. Ou bien nous aurions choisi cet autre mouvement moderne, plus traditionnel, qui, fidèle au mythe antique de l'architecture, essayait d'évoquer des missions déjà oubliées de cette discipline.

Aujourd'hui, nous n'avons plus à faire des choix aussi catégoriques, et nous pouvons nous permettre un éclectisme non dogmatique qui nous autorise à réunir dans une seule et même composition des univers formels différents et parfois même opposés. Nous pouvons adopter avec calme et sérénité les arguments de l'un ou de l'autre à propos de la nouveauté. D'un côté, nous admirons la capacité du modernisme à recréer notre discipline mais, en même temps, nous sommes conscients de l'inflexibilité dogmatique qui empêcha le *Neues Bauen* (la Nouvelle Architecture) de susciter une *memoria* inscrite dans la durée et le lieu, et de la transformer en pierre. D'un autre côté, la distanciation temporelle des polémiques idéologiques nous permet de reconnaître les motifs de cette arrière-garde capable de mener un dialogue ouvert avec la tradition, la *memoria* du lieu et la lenteur du temps, elles-mêmes liées aux habitudes et à une vie quotidienne faite de gestes répétés, de normalité, de banalité et de hasard.

Les positions sages et modérées semblent aujourd'hui plus durables que celles, catégoriques, de l'avant-garde, et plus convaincantes que celles, furieuses, des réactionnaires. Dans la querelle à propos du toit plat ou incliné, chacun affirmait posséder de bonnes raisons étayant sa proposition, et tout le monde voulait un toit approprié, qui protège et soit simple, etc. Mais qu'est-ce qu'un toit approprié ? Est-ce un toit qui recouvre bien ? Ou est-ce un toit qui complète la maison ? Ou est-ce un toit qui donne l'impression de bien couvrir et de compléter la maison parce qu'il se montre le moins possible ? Ou est-ce un toit qui ne se contente pas de constituer une bonne couverture ou un achèvement pour la maison, mais se révèle être aussi une forme solide et protectrice ?

Peu de personnes parlent du toit comme de l'une des figures originelles et génératrices de la maison, comme d'une forme et d'une figure nécessaires. Le toit est lié au mythe de la construction et au besoin primitif de protection de l'être humain. Son origine est peut-être liée à une idée extrêmement ancienne de l'espace : la tente (dans sa forme la plus primitive, ou la plus élaborée, comme chez Asplund ou Lewerentz). Les nomades qui dressent leur tente et les peuples sédentaires qui construisent leurs terrasses de pierre ou de terre et édifient des pyramides constituent deux mondes éloignés l'un de l'autre, mais les deux participent du même symbole. Le toit est lié au mythe de la construction, au plus ancien des gestes humains, celui qui consiste à se couvrir et à se protéger. L'extraordinaire tableau de Piero della Francesca nous montre le manteau de la *Vierge de la Miséricorde* comme faisant office de protection, de maison, de tente et de toit. Et le toit existe même quand il semble ne pas y en avoir, c'est-à-dire lorsqu'il n'est pas clairement présent (la maison bien pensée, sans toit, de Paul Schmitthenner).

Le toit est donc une condition sine qua non de la maison, un désir de couverture, une promesse de protection, mais aussi un achèvement. Le toit couronne la maison. Dans certains pays, on fête la fin du gros œuvre lorsque la charpente du toit est achevée. Cela vaut aussi pour les couvertures plates que certains aimeraient exclure de la famille des toits pour la simple raison qu'on ne les voit pas. Dans de nombreux cas, au contraire, on ressent les toits plats, même s'ils ne sont pas directement visibles, ou on essaie de les rendre perceptibles. Une petite corniche, un profil subtil, un petit joint dans l'enduit, une mince bande de laiton ou de cuivre suffit parfois pour donner une idée du toit. Dans le lotissement de Tuscolano (1950-1954) construit à Rome par Adalberto Libera, ce qui reste du toit, c'est une ligne délicate, interrompue, à peine accidentée, qui marque la limite entre la façade et le toit – une aile légère, prête à l'envol. Un signe discret, mais important. Dans l'appartement parisien de M. de Beistegui (1930-1931) conçu par Le Corbusier, le toit forme un espace reconquis, le lieu d'un jardin suspendu moderne. Un domaine arraché à l'avidité des vendeurs de tuiles et de plaques de schiste. Un espace merveilleux, naturel et artificiel. Un espace à la fois dans la ville et au-dessus d'elle, hors de son tumulte. La hauteur des murs entourant la terrasse ne permet de découvrir que quelques-uns des monuments de Paris, les plus importants. Un lieu où la ville prend un aspect surréaliste, devient l'objet d'une contemplation abstraite, détaché et étranger au contexte. Le toit, une salle ouverte de la maison (le toit plat comme espace habitable – de Sigfried Giedion).

Le toit est en tout cas lié aux formes mythiques primitives qui, bien qu'ayant subi des métamorphoses, des transfigurations et des transformations, restent reconnaissables dans l'architecture. Durant des siècles, le pignon fut ce qui restait de la *memoria* du toit dans la façade (p. ex. chez Heinrich Tessenow).

Le toit est chargé de signification : il peut être indiscret. Dans certains cas, il fait même tout pour se montrer. Les toits des anciens temples grecs de Sicile étaient

ÉLÉMENTS DE CONSTRUCTION **Toiture**

Introduction

annoncés par des particularités architecturales riches en couleurs et en sculptures, en métopes et en triglyphes, qui évoquaient, quant à elles, des sanctuaires en bois encore plus anciens, ces éléments décoratifs perpétuant le souvenir d'anciennes techniques constructives (les petites demi-têtes de lion placées sur le long pan qui crachent l'eau des croupes). Le toit arbore des symboles et des figures, il met en garde et effraie les intrus qui menacent le lieu sacré (les têtes de dragon sur les portails des églises en bois debout de Norvège, le toit comme carapace animale).

Ce n'est pas un hasard si le toit présente des ressemblances avec la construction navale (à Venise, la superstructure de l'Arsenal servait aussi de grue pour la construction des navires) ; dans les théâtres, les combles abritent une machinerie scénique des plus complexe, un lieu destiné à produire des effets spéciaux et des illusions (Friedrich Weinbrenner, Karl von Fischer).

Le toit et le site : le toit produit toujours des symboles, différencie un lieu de l'autre, et ce, pas seulement pour des raisons climatiques. Son matériau fait penser à une ville en particulier, à une certaine atmosphère. Les couvertures en zinc et en ardoise de Paris évoquent une architecture de métropole. Toutes les impressions qui viennent d'une ville ou d'une région s'expriment par leurs toitures. À Pistoia, celle de la Borsa Merci de Giovanni Michelucci n'est jamais tout à fait visible. Elle est une ombre qui se dessine. Comme dans d'autres villes de Toscane, elle forme une fine ligne, une structure visiblement légère, débordant largement, sombre, riche en ombres. On sent qu'elle remplit sa fonction, mais on ne voit que la sous-face du vaste porte-à-faux.

Mario Ridolfi la considère comme un chef-d'œuvre artisanal d'origine antique, une forme traditionnelle de complexité croissante, sans cesse adaptée aux exigences du plan : un objet épais en tuiles de terre cuite, une figure puissante, dont les principaux composants sont le faîtage et tous les éléments traditionnels de la culture artisanale. (Il y a quelque chose de baroque dans tout cela, comme si Borromini renaissait dans les petites constructions).

Avec le toit, Plečnik crée une image urbaine, il transforme une rangée de maisons hétérogènes en une vaste architecture pour la ville (Trnovo, 1944). La toiture peut contenir l'esprit et l'âme d'un peuple : une grande halle, dans laquelle toute une communauté se reconnaît, et où elle est conviée dans les moments importants (Tessenow, maison communautaire, 1941-1942, et forum administratif, 1941). C'est un lieu unique au centre de la ville, preuve en est la tradition du *coperto,* en Lombardie : un site collectif, recouvert d'un toit soutenu par des poteaux, où l'on trouve parfois une fontaine ou des bancs, un lieu pour discuter, voter, se reconnaître en tant que communauté, un endroit pratique pour échanger, vendre ou négocier. Dans ce cas, le toit, en tant qu'élément, peut devenir un type architectural. Le *coperto* réapparaît, modifié et rationalisé, dans de nombreux ouvrages néoclassiques qui, oscillant entre une architecture rurale, ennoblie par certaines particularités, et une architecture éclairée, cultivée et, d'une certaine façon, « déprovincialisée », laissent une impression ambivalente : le toit comme état limite, comme image interrompue entre la ville et la campagne… (le Coperto dei Figini, sur la place du Dôme de Milan, détruit vers 1850).

Toit, caractère, identité : Karl Friedrich Schinkel modifie la forme de la couverture de nombreux châteaux et demeures de campagne lors de leur transformation. Ce geste illustre la tentative de transformer le caractère paysan de l'aristocratie en lui donnant une forme plus cultivée et moins provinciale.

La toiture peut être une structure totalement indépendante de la maison, tout comme elle peut en être un élément inséparable, indispensable à son fonctionnement, par exemple un espace pour sécher les grains et les céréales, un espace pour les treuils servant à soulever les véhicules et les bottes de foin. Dans certains exemples rencontrés dans les Alpes, le toit descend du point le plus élevé de la maison pour tenir les balcons devant les murs massifs crépis en blanc. Il se transforme alors, il est perforé, il est un fin textile, constitué de barres horizontales, d'un treillis en bois transparent, qui filtre la lumière.

Le toit vulnérable : un élément sensible au temps, sensible aux vents dominants et à la pluie (maison Lois Welzenbacher dans le Grödnertal) ; dans d'autres cas, il s'ouvre sur le soleil de la vallée, permettant la vue sur la montagne (Gio Ponti, hôtel Valmartello, Plečnik, maison de montagne).

Conclusions provisoires (avec peu de certitudes, beaucoup de doutes et diverses voies à explorer) : il y a, dans le mouvement moderne, certaines positions riches et fructueuses qui se développent en marge des positions et classifications officielles, et qui traitent du toit sans tabou. Nous avons constaté qu'une recherche peut toujours être approfondie, qu'elle n'est jamais définitive, qu'elle ne peut être ni catégorique ni rigide. Dans le cas du toit, comme dans celui de la façade ou de l'ornement, c'est l'approche de la solution qui est importante, et non pas l'application obstinée d'un principe. Prenons comme exemple l'œuvre d'Ignazio Gardella. Au cours de son existence, il a participé aux combats menés par la culture architecturale pour renouveler son langage mais, avec d'autres, comme Rogers, Samonà, Quaroni, il s'est aussi efforcé de ne pas faire du vocabulaire du mouvement moderne un style. Le modernisme est une attitude intellectuelle, une manière de se comporter vis-à-vis de la réalité. C'est ce qui explique les toits plats de Gardella dans les années 1930, qui sont presque un manifeste, car il s'agissait alors de prendre clairement position ; mais c'est ce qui explique aussi, dans l'après-guerre, la couverture de son église en

Lombardie, les toits posés avec légèreté sur les maisons d'habitation ouvrières à Alessandria, la variation d'un thème traditionnel pour une maison de vigneron entre les coteaux d'un vignoble…

Pour toutes ces raisons, on ne peut réduire la toiture et sa forme à un unique slogan. Nous croyons qu'il nous faut lire toutes les manifestations du modernisme, pas seulement celles de l'avant-garde, et tenir compte de leur diversité. Et ce, en sachant qu'à notre époque, nous ne pouvons plus nous permettre de faire commencer et cesser le champ de l'expérience architecturale avec le mouvement moderne. Aujourd'hui, ce dernier peut de nouveau se référer à la *memoria,* il peut de nouveau réfléchir à l'ensemble de l'expérience architecturale au cours de l'histoire. Et il continuera à s'en inspirer.

Tiré de :
Francesco Collotti, *Architekturtheoretische Notizen,* vol. 1 de la collection Bibliotheca, édité par Martin Tschanz, Lucerne 2001.

ÉLÉMENTS DE CONSTRUCTION   **Toiture**

Systèmes

Toitures inclinées
Couches de construction

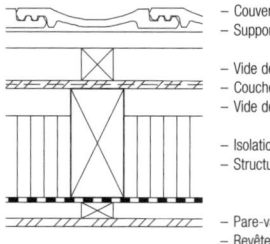

Ill. 1 : toiture inclinée avec sous-toiture en panneaux posés à recouvrement
Toiture froide

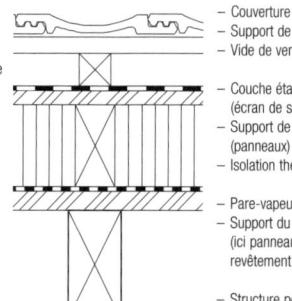

- Couverture (p. ex. tuiles)
- Support de la couverture
- Vide de ventilation / contre-lattage
- Couche étanche (sous-toiture)
- Vide de ventilation
- Isolation thermique
- Structure porteuse
- Pare-vapeur / pare-vent
- Revêtement intérieur

Ill. 2 : toiture inclinée avec écran de sous-toiture sans joints
Toiture chaude

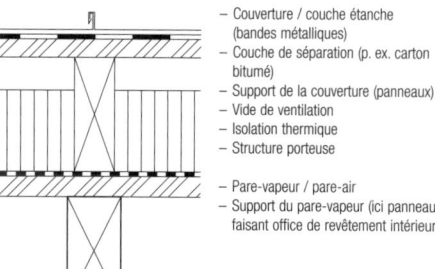

- Couverture (p. ex. tuiles)
- Support de la couverture
- Vide de ventilation / contre-lattage
- Couche étanche (écran de sous-toiture)
- Support de la couche étanche (panneaux)
- Isolation thermique
- Pare-vapeur / pare-vent
- Support du pare-vapeur (ici panneaux faisant office de revêtement intérieur)
- Structure porteuse

Ill. 3 : toiture inclinée sans sous-toiture
Toiture froide

- Couverture / couche étanche (bandes métalliques)
- Couche de séparation (p. ex. carton bitumé)
- Support de la couverture (panneaux)
- Vide de ventilation
- Isolation thermique
- Structure porteuse
- Pare-vapeur / pare-air
- Support du pare-vapeur (ici panneaux faisant office de revêtement intérieur)
- Structure porteuse

Désignation des couches de construction	Fonctions	Matériaux, épaisseurs
Couverture	– Protection contre les intempéries (pluie, grêle, neige) – Protection contre le feu – Réflexion du rayonnement solaire – Traitement architectural des pans de toiture (vue de dessus)	– Tuiles en terre cuite, tuiles en béton, ardoise, fibrociment, tôle (env. 2-40 mm)
Support de la couverture	– Fixation de la couverture	– Lattage 24/48 mm (surtout pour les couvertures composées de petits éléments), écartement des lattes d'env. 15-30 cm, selon les dimensions des éléments de couverture – Panneaux en bois 27 mm (surtout pour les couvertures minces, sous forme de plaques ou bandes)
Vide de ventilation	– Ventilation de la couverture – Ventilation du lattage (maintien au sec) – Évacuation, en été, de l'air réchauffé par le rayonnement solaire (surtout si la couverture est de couleur sombre)	– Contre-lattage Section des lattes : 24/48 mm, 48/48 mm ou 60/60 mm Écartement des lattes : env. 60 cm
Couche étanche (sous-toiture, écran de sous-toiture)	– Protection contre les salissures (poussière, suie, neige soufflée, vent) – Protection des couches sous-jacentes (isolation thermique) – Évacuation de l'eau s'étant infiltrée sous la couverture (accumulation) – Protection temporaire du gros œuvre pendant le chantier, jusqu'à la pose de la couverture	– Carton bitumé 3 mm sur panneaux en bois 27 mm – Film perméable à la vapeur d'eau 0,2 mm sur panneaux en bois 27 mm – Plaques en fibrociment env. 4 mm, posées à recouvrement – Panneaux en bois 6-24 mm (panneaux de fibres durs hydrofuges)
Vide de ventilation (uniquement dans le cas des toitures froides)	– Évacuation de l'humidité extérieure ayant éventuellement pénétré sous la sous-toiture – Évacuation, en hiver, de l'air humide issu des locaux (prévention de la condensation) – Évacuation, en été, de l'air échauffé par le rayonnement solaire	– Section d'au moins 40 mm ou selon calculs
Isolation thermique	– Prévention ou retardement des refroidissements en hiver et des réchauffements en été L'isolation peut être posée sur, entre ou sous les éléments porteurs (problème : étanchéité des joints entre isolation et chevrons)	– Nattes ou panneaux de laine minérale, panneaux de mousse synthétique (PU + PS) Épaisseur d'au moins 150 mm ou selon calculs
Structure porteuse	– Reprise du poids propre de la construction, ainsi que des charges utiles (neige, vent, etc.)	– Bois, acier, béton armé Sections selon calculs statiques
Pare-vent, pare-vapeur	– Protection contre les déperditions de chaleur par ventilation non contrôlée et contre la formation consécutive d'eau de condensation – Protection contre la diffusion, dans la toiture, de l'air chaud et humide issu des locaux – Protection contre la formation d'eau de condensation dans les zones froides	– Films PE et PVC, papiers kraft env. 0,2 mm – Films PE et PVC, feuilles alu env. 0,2 mm
Revêtement intérieur	– Délimitation de l'espace des combles, finition intérieure – Protection contre la condensation superficielle (tampon d'humidité) – Accumulation de la chaleur ambiante, pour éviter que ne règne un « climat de baraque »	– Bois (lambris) – Matériaux dérivés du bois – Plâtre – Placoplâtre – Enduits – Panneaux bois-ciment

ÉLÉMENTS DE CONSTRUCTION — Toiture
Systèmes

Toitures plates
Couches de construction

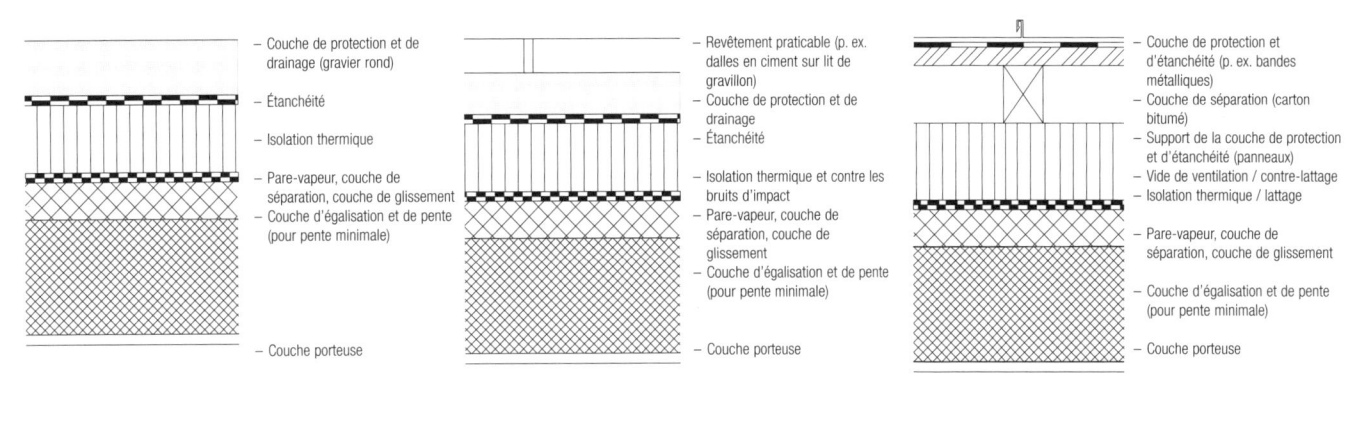

Ill. 4 : toiture plate sans ventilation (toiture chaude)
Non praticable

- Couche de protection et de drainage (gravier rond)
- Étanchéité
- Isolation thermique
- Pare-vapeur, couche de séparation, couche de glissement
- Couche d'égalisation et de pente (pour pente minimale)
- Couche porteuse

Ill. 5 : toiture plate sans ventilation (toiture chaude)
Praticable

- Revêtement praticable (p. ex. dalles en ciment sur lit de gravillon)
- Couche de protection et de drainage
- Étanchéité
- Isolation thermique et contre les bruits d'impact
- Pare-vapeur, couche de séparation, couche de glissement
- Couche d'égalisation et de pente (pour pente minimale)
- Couche porteuse

Ill. 6 : toiture plate avec ventilation (toiture froide)
Non praticable

- Couche de protection et d'étanchéité (p. ex. bandes métalliques)
- Couche de séparation (carton bitumé)
- Support de la couche de protection et d'étanchéité (panneaux)
- Vide de ventilation / contre-lattage
- Isolation thermique / lattage
- Pare-vapeur, couche de séparation, couche de glissement
- Couche d'égalisation et de pente (pour pente minimale)
- Couche porteuse

Désignation des couches de construction	Fonctions	Matériaux, épaisseurs
Revêtement praticable / végétation	– Revêtement praticable pour les piétons et/ou les véhicules – Végétation extensive ou intensive	– Toiture praticable : dalles en ciment, asphalte ou béton sur couche drainante, env. 6-20 cm
Couche de protection et de drainage	– Protection de l'étanchéité (ou, dans le cas d'une toiture inversée, de la couche isolante) contre les dommages mécaniques et le rayonnement UV ; lestage des couches sous-jacentes (succion due au vent) – Revêtement praticable et couche de protection doivent pouvoir bouger le plus indépendamment possible l'une de l'autre (couches de séparation)	– Toiture non praticable : gravier rond en vrac (sable à proscrire en raison des risques de pousses végétales) env. 6 cm – Végétation extensive : couche filtrante 6 mm, substrat végétal env. 8-15 cm, végétation env. 6 cm – Végétation intensive : couche de protection 3 mm, couche d'accumulation d'eau env. 12-15 cm, couche filtrante 3 mm, terre végétale ou humus env. 7-20 cm, végétation env. 6-50 cm
Couche de séparation	– Protection de l'étanchéité avant la pose de la couche de protection et du revêtement praticable – Protection de l'étanchéité contre les dommages mécaniques que pourrait causer le gravier	– Lés en non-tissé
Étanchéité	– Membrane mono- ou multicouche destinée à assurer l'étanchéité de l'ouvrage à la pluie, à la neige et à l'eau de fonte	Étanchéités courantes pour les toitures chaudes : – Lés composés de trois couches de carton bitumé (support : feutre brut, tissu de jute, voile de verre ou feuille d'alu), de deux couches intermédiaires en bitume et d'une couche de revêtement en bitume (épaisseur totale 7 mm). SNV 556 – Lés de bitume polymère bicouches (support : tissu de jute ou voile de verre) Épaisseur totale d'au moins 5 mm. Norme SIA 218 – Lés monocouches en polyester. S'assurer de la compatibilité de l'étanchéité avec les matériaux contigus. En cas d'incompatibilité, prévoir une couche de séparation. Norme SIA 280 : Sarnafil, Gonon, etc.
Isolation thermique	Isolants à conductivité thermique définie	– Isolants à base de fibres minérales (résistance limitée à la compression surfacique) : laine de verre, laine de roche – Isolants poreux (haute résistance à la compression surfacique) : verre cellulaire (Foamglas), vermiculite, perlite (Fesco Board, Heraperm) – Isolants organiques (haute résistance à la compression surfacique) : mousse de polystyrène expansé ou extrudé, mousse de polyuréthane, mousse de polyéthylène, mousse de chlorure de polyvinyle
Isolation contre les bruits d'impact	Requise uniquement dans le cas des toitures praticables	– Isolants organiques (haute résistance à la compression surfacique) : liège, panneaux de fibres tendres, mousse de polystyrène expansé env. 2-4 cm – Isolants à base de fibres minérales (fort poids volumique et haute résistance à la compression requis) : laine de verre, laine de roche env. 2-4 cm
Pare-vapeur	– Couche de perméabilité définie à la vapeur d'eau. Empêche une imbibition de l'isolation thermique. Superflue dans le cas des toitures inversées – Couche intermédiaire destinée à séparer durablement deux matériaux incompatibles	– Lés de bitume Enduit de bitume appliqué à chaud 85 / 25, F 3 talqué, F 3 et enduit, V 60 talqué, alu 10 B Lés en matière synthétique : feuille alu dotée d'une couche de revêtement sur les deux faces ; Sarnavap 1000, Gofli D 2 ; polyéthylène, butyle
Couche de séparation, couche de glissement	– Couche intermédiaire permettant aux diverses couches de construction de bouger de façon indépendante – Couche rattrapant les aspérités ou inégalités de la couche sous-jacente	– Divers Papier huilé ou kraft, doté d'un revêtement en polyéthylène
Couche d'égalisation, couche de pente	– Couche appliquée sur la couche sous-jacente pour réaliser la pente requise (min. 1,5 %) Superflue si la structure porteuse présente déjà la pente voulue	

ÉLÉMENTS DE CONSTRUCTION | Toiture
Systèmes

Toitures plates
Toitures chaudes – systèmes traditionnels

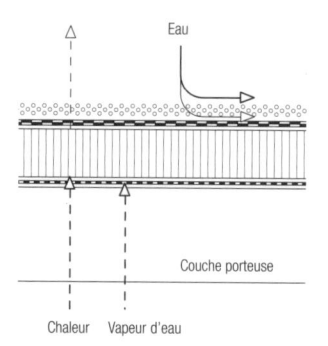

Ill. 7 : schéma des paramètres de physique de la construction

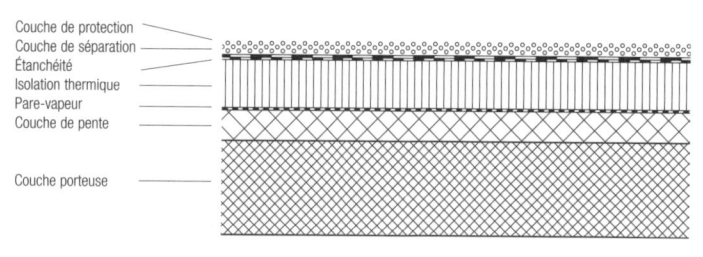

Ill. 8 : toiture chaude avec étanchéité en matière synthétique

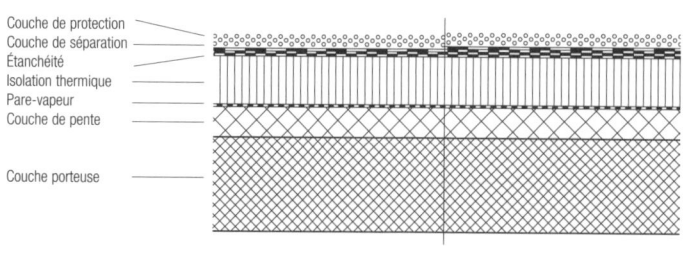

Ill. 9 : toiture chaude avec étanchéité bitumineuse

Dans une toiture chaude classique, chacune des couches de construction requises (couche porteuse, étanchéité, isolation thermique, isolation éventuelle contre les bruits d'impact dans le cas d'une toiture praticable) n'apparaît qu'une fois. Il se peut aussi qu'un même matériau remplisse simultanément plusieurs fonctions, l'étanchéité se trouvant cependant toujours au-dessus de l'isolation thermique. Il s'agit de veiller à ce que les matériaux choisis soient compatibles entre eux et possèdent, en termes de physique de la construction, des propriétés adaptées (combinaisons de produits éprouvées). Les toitures chaudes présentent une étanchéité sans joints. Pour éviter que de l'eau de condensation n'endommage la construction, on devra toujours poser sur la face intérieure (côté chaud) de l'isolation thermique, au-dessus de la couche porteuse, un pare-vapeur dont la résistance à la diffusion de vapeur s'accorde à la composition de la toiture. L'étanchéité pourra être protégée des sollicitations dues aux intempéries et aux charges par une couche de gravier, un revêtement praticable pour les piétons et/ou les véhicules, ou encore de la végétation. La plupart du temps, on insère entre la couche de protection et l'étanchéité une couche de séparation (p. ex. feutre). La pente requise (min. 1,5 %) peut être réalisée au niveau de la couche porteuse, d'une couche ad hoc (couche de pente) ou de l'isolation thermique (isolation à pente intégrée).

Toitures chaudes
avec étanchéité en matière synthétique
L'étanchéité se compose ici de lés monocouches en matière synthétique, dont les joints sont collés ou soudés à recouvrement. L'étanchéité ne présentant le plus souvent qu'une résistance limitée aux UV, elle doit être recouverte d'une couche de protection.

Pour la couche isolante, divers produits résistants à la compression, dont on s'assurera qu'ils sont compatibles avec l'étanchéité, sont envisageables. Le polystyrène doit par exemple être séparé des lés en matière synthétique (migration des plastifiants). Dans le cas des toitures praticables, on veillera à ce que l'isolation présente la résistance à la compression voulue.

Toitures chaudes
avec étanchéité bitumineuse
L'étanchéité se compose ici la plupart du temps de lés de bitume polymère bicouches. La couche inférieure est posée librement sur l'isolation thermique, la suivante collée sur toute la surface avec la première. Les étanchéités en lés de bitume pur doivent comporter au moins trois couches.

On pourra ici aussi recourir à divers isolants thermiques, dont on s'assurera, dans le cas des toitures praticables, qu'ils présentent la résistance à la compression requise.

Toitures plates
Toitures chaudes – systèmes particuliers

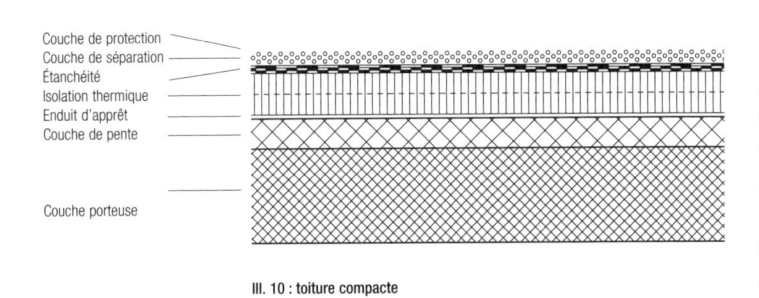

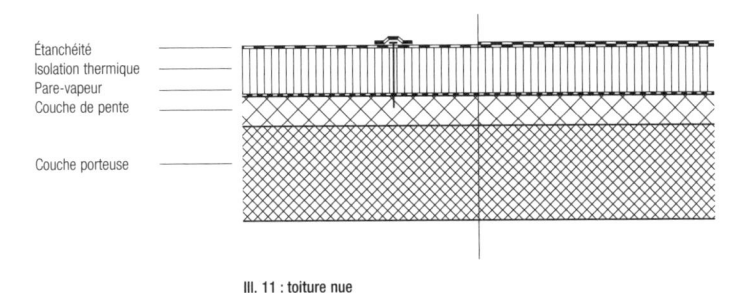

Pour des raisons esthétiques et spécifiques aux produits utilisés, on a développé des variantes particulières de la toiture chaude classique, dont la composition repose cependant sur le même principe : l'étanchéité, sans joints, se trouve au-dessus de l'isolation thermique. Un pare-vapeur posé sur la face intérieure de l'isolation empêche que de l'eau de condensation n'endommage la construction. Comme dans le cas d'une toiture chaude classique, la pente requise (min. 1,5 %) peut être réalisée au niveau de la couche porteuse, d'une couche ad hoc (couche de pente) ou de l'isolation thermique (isolation à pente intégrée).

Toitures compactes

Les toitures compactes ont été développées sur la base des propriétés spécifiques du verre cellulaire et ne peuvent être réalisées qu'avec ce matériau. À l'exception du revêtement praticable ou de la couche de protection, toutes les couches de construction sont liées sur toute la surface à la couche porteuse et entre elles, pour assurer ensemble l'étanchéité à l'eau et à la vapeur d'eau, ainsi que l'isolation thermique.

Étanche à la vapeur d'eau, l'isolation en verre cellulaire est collée à plein bain de bitume chaud sur la couche porteuse et fait aussi office de pare-vapeur. Les panneaux sont posés à joints vifs, ces derniers étant eux aussi remplis de bitume. Sur l'isolation est posée une étanchéité bicouche en lés de bitume collés en pleine surface. Comme dans le cas d'une toiture chaude traditionnelle, la couche supérieure peut se composer de gravier, d'un revêtement praticable pour les piétons et/ou les véhicules, ou encore de végétation. Le système de la toiture compacte est onéreux. Cependant, si la couche support se compose d'un béton coulé sur place peu sujet aux mouvements, il offre une grande sécurité en matière d'étanchéité.

Ill. 10 : toiture compacte

Toitures nues

Les toitures nues sont des systèmes de toiture plate sans revêtement ou couche de protection, dont l'étanchéité « à découvert » doit résister à diverses influences.

Cette dernière peut se composer soit de bitume, soit de lés en matière synthétique, le nombre de couches requis étant le même que dans le cas d'une toiture chaude traditionnelle. Il s'agit, dans chaque cas, de s'assurer auprès du fabricant que l'étanchéité choisie soit résistante aux UV et incombustible (indice d'incendie de 6). L'étanchéité n'étant pas lestée, elle est exposée à l'action du vent. On veillera à ce que toutes les couches soient solidement assemblées les unes aux autres, soit par collage, soit au moyen de fixations mécaniques devant elles-mêmes être encollées. Tous les raccords et terminaisons doivent résister à la succion due au vent. Les toitures nues sont sensibles aux sollicitations et ne doivent pas être foulées. Elles sont soumises à autorisation et sont réceptionnées par l'autorité compétente en matière de sécurité incendie. On devrait régulièrement en contrôler l'étanchéité.

Ill. 11 : toiture nue

ÉLÉMENTS DE CONSTRUCTION | **Toiture**

Toitures plates
Toitures inversées

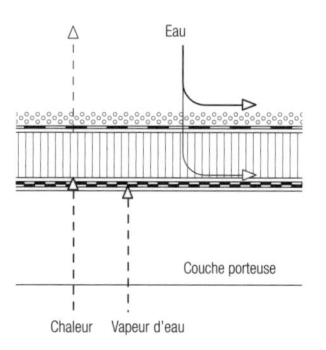

Ill. 12 : schéma des paramètres de physique de la construction

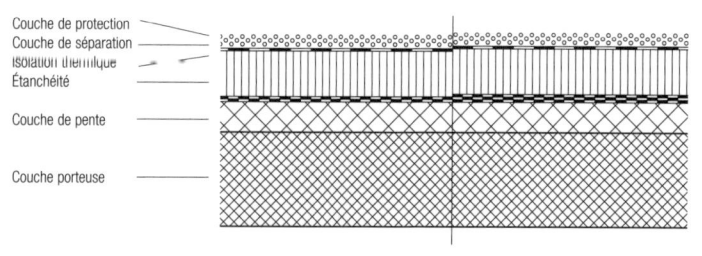

Ill. 13 : toiture inversée

Toitures inversées

La toiture inversée est un système de toiture plate non ventilée, dans lequel les différentes couches de construction ne se succèdent pas dans le même ordre que dans une toiture chaude classique.

L'isolation thermique se trouvant ici au-dessus de l'étanchéité, elle devra se composer d'une seule couche de panneaux hydrofuges (polystyrène extrudé) dotés de feuillures. Elle devra en outre présenter une épaisseur de 20 % supérieure à celle nécessaire pour atteindre le coefficient de transmission thermique requis (valeur U).

La pose d'un feutre de séparation sur l'isolation empêche les gravillons de s'infiltrer dans les joints des panneaux isolants. En recourant à un feutre spécial, capable d'évacuer la majeure partie de l'eau, il est possible de réduire la surépaisseur de l'isolation de 20 à 3 %.

Quant aux lés d'étanchéité, posés sans joints entre la couche porteuse et l'isolation, ils peuvent se composer aussi bien de bitume que de matière synthétique, leur nombre étant le même que dans le cas d'une toiture chaude traditionnelle. Parfaitement protégée des dommages mécaniques par l'isolation, l'étanchéité fait aussi office de pare-vapeur.

Les toitures inversées doivent être impérativement dotées d'une couche de protection, ayant pour fonction de protéger l'isolation thermique des atteintes mécaniques et de l'empêcher de flotter en la lestant. Comme les toitures chaudes classiques, celles de ce type doivent présenter une pente d'au moins 1,5 %, pouvant être réalisée au niveau de la couche porteuse ou d'une couche de pente spéciale.

Toitures plates
Toitures froides

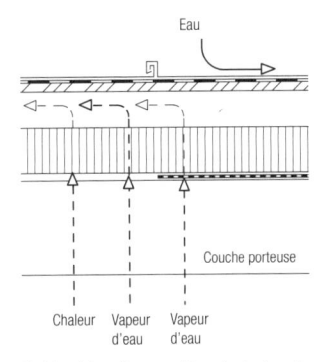

Ill. 14 : schéma des paramètres de physique de la construction

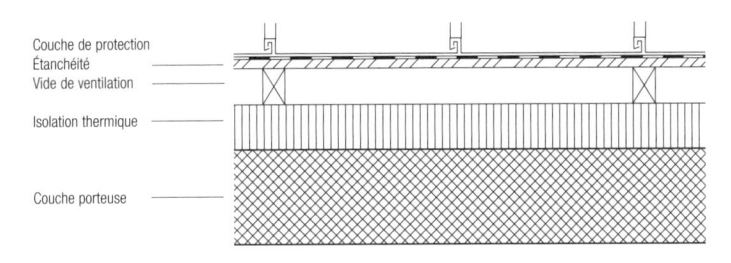

Ill. 15 : toiture froide

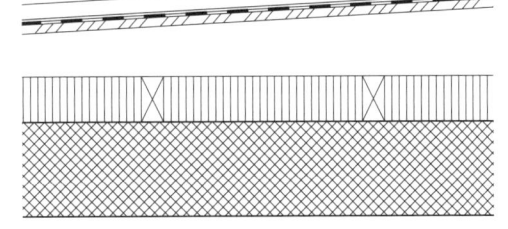

Ill. 16 : toiture froide

Toitures froides

Une toiture froide se compose de deux complexes séparés par un vide de ventilation : celui du bas, doté d'un pare-vent séparé, assure la délimitation spatiale et l'isolation des locaux ; celui du haut, dimensionné pour reprendre les charges utiles, de vent et de neige, protège la construction contre les intempéries. Le vide de ventilation intermédiaire, dimensionné en fonction des contraintes relevant de la physique de la construction, doit présenter une section d'au moins 1/150 de la surface de la toiture et une hauteur d'au moins 100 mm. En outre, la somme de toutes les surfaces d'entrée et de sortie d'air doit être égale à au moins la moitié de la section minimale du vide de ventilation. La ventilation a pour effet, en hiver, d'égaliser la pression de vapeur entre intérieur et extérieur, en été, d'évacuer par convection l'air échauffé par le rayonnement solaire (« climat de baraque »). Un exemple particulier de toiture ventilée est la « toiture Davos », dont le vide de ventilation est dimensionné de manière à ce qu'un homme puisse y ramper pour contrôler l'étanchéité de l'intérieur

L'isolation thermique, posée sur la couche porteuse, doit se composer d'un matériau perméable à la vapeur d'eau (laine de roche ou de verre). L'isolation étant ventilée, il est en principe superflu de poser un pare-vapeur côté intérieur. Si la couche porteuse est toutefois très ouverte à la diffusion de vapeur (construction en bois ou en métal), on prévoira un pare-vapeur faisant office de pare-vent. L'étanchéité se trouvant au-dessus du vide de ventilation, il n'est pas nécessaire qu'elle soit perméable à la vapeur d'eau. Elle devra cependant disposer de sa propre couche porteuse. La couche protégeant l'étanchéité pourra par exemple se composer de gravier ou de tôle, une couverture métallique à joints debout requérant une pente d'au moins 3 %. Dans les toitures froides, la pente est la plupart du temps réalisée au niveau du vide de ventilation (couche porteuse de l'étanchéité). La géométrie non parallèle du vide de ventilation favorise les courants thermiques.

ÉLÉMENTS DE CONSTRUCTION | **Toiture**

Systèmes mis en œuvre

Toitures inclinées

La toiture à versants multiples
Le volume cristallin de la maison Böhler s'intègre de façon harmonieuse et naturelle dans le paysage alpin. La forme irrégulière du toit en ardoise souligne le caractère amorphe du bâtiment, ancré dans la pente à la manière d'un bloc rocheux. Cette silhouette « mouvementée » semble calquée sur celle des montagnes qui se détachent à l'horizon. De même que la composition de la façade repose sur le motif traditionnel de la fenêtre percée dans le mur, mais s'écarte de la tradition dans l'agencement des baies, la forme du toit oscille entre geste expressionniste et tradition artisanale. Le raccord entre toiture et maçonnerie n'est pas traité de façon abstraite, mais présente un avant-toit tout à fait ordinaire, protégeant les façades de la pluie et de la neige fondante.

Ill. 19 : Hans Leuzinger, Kunsthaus, Glaris (CH) 1952

Ill. 17 : Heinrich Tessenow, maison Böhler, Saint-Moritz (CH) 1918, détruite en 1989

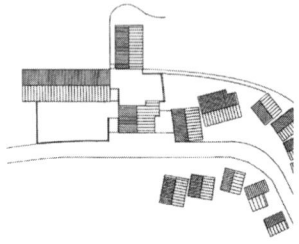

Ill. 18 : plan de situation
Conradin Clavuot, école, St. Peter (CH) 1997

La toiture inclinée comme élément géométrique
Les deux ailes de taille inégale du Kunsthaus de Glaris dominent le complexe en forme de L, implanté au sud-est d'un parc. Les deux pavillons, respectivement à un et deux niveaux, se présentent comme des volumes orthogonaux d'une grande simplicité. Des trois espaces d'exposition qui constituent l'essentiel du programme, l'un est éclairé latéralement et les deux autres par des jours zénithaux. Chacun des volumes en brique est doté d'un toit prismatique entièrement vitré, dont le traitement architectural souligne la volonté de l'architecte de réduire les formes à l'essentiel. La saillie minime des toits produit, sur tout le pourtour des volumes, une ombre renforçant l'autonomie des prismes qui les couronnent. Les salles d'exposition situées sous les toits sont éclairées par un plafond translucide.

Le toit en bâtière intégrateur
Les nouveaux bâtiments de l'école de St. Peter s'intègrent sans ostentation dans le site. Ils complètent le tissu local, caractérisé par l'implantation précise et pragmatique des bâtiments, ainsi que par des choix de matériaux en grande partie dictés par les modes de construction traditionnels. De subtiles différences confèrent toutefois aux toits à pignons des nouveaux bâtiments en madriers empilés un caractère singulier. En effet, leurs versants sont un peu moins inclinés que ceux des maisons voisines et leur couverture se compose de bandes métalliques. Aux pannes de la charpente succèdent, au niveau des avant-toits, des panneaux en dérivé du bois permettant de minimiser l'épaisseur des rives. La corniche, d'une grande finesse également, se termine par une gouttière qui se prolonge, au-delà des rives, sous la forme d'un dégorgeoir, d'où les eaux pluviales tombent, en un mince jet gargouillant, sur un empierrement drainant.

Ill. 20 : Conradin Clavuot, école, St. Peter (CH) 1997

Toitures plates

Ill. 21 : Adalberto Libera, casa Malaparte, Capri (I) 1941

Le toit plat praticable

Implantée sur la crête d'un éperon rocheux, la casa Malaparte, d'Adalberto Libera, constitue en quelque sorte, avec sa silhouette expressive et sa couleur rouge, une surélévation artificielle de la topographie. Un escalier à ciel ouvert, qui se déploie en montant, relie le paysage naturel au paysage construit. Le toit plat est traité comme une plate-forme offrant une vue panoramique sur la mer et la côte accidentée de l'île de Capri. L'absence de tout parapet ou garde-corps renforce encore le caractère exposé du lieu. Le revêtement de la toiture est de la même couleur que les façades, ce qui confère au bâtiment une expression monolithique. Un élégant paravent incurvé en béton peint en blanc délimite un solarium, unique portion tant soit peu enclose du toit-terrasse.

Ill. 22 : Adalberto Libera, casa Malaparte, Capri (I) 1941

Le toit-jardin

Posée sur pilotis, la villa Savoye est implantée dans une clairière en pente légère, près de Paris. Les volumes du premier étage et des sculpturales émergences de la toiture s'affirment avec d'autant plus de force que la façade du rez-de-chaussée est en retrait. Alors que l'étage principal, doté de longues fenêtres en bande, s'ouvre de tous côtés sur le paysage, le toit-jardin est enclos par des murs modelés n'offrant qu'une vue partielle sur l'extérieur. Il en résulte une sorte d'espace intérieur à ciel ouvert, au caractère délicieusement introverti. À la différence de la plate-forme de la casa Malaparte, le toit-terrasse protégé de la villa Savoye sert à l'espace habitable de prolongement estival. Selon les « cinq points d'une architecture nouvelle » énoncés par Le Corbusier, le toit-jardin a pour vocation de remplacer la portion de sol occupée par le bâtiment.

Ill. 23 : Le Corbusier, villa Savoye, Poissy (F) 1929

Ill. 25 : Herzog & de Meuron, dépôt de locomotives « Auf dem Wolf », Bâle (CH) 1995

Le toit plat rythmé par une série de volumes

Les quatre halles parallèles du dépôt de locomotives « Auf dem Wolf », à Bâle, sont séparées par des refends en béton banché. Sur ces voiles reposent, groupées par paires, des poutres à treillis formant autant de volumes revêtus de verre Profilit, qui font office de lanterneaux et garantissent ainsi un bon éclairage des halles, malgré leur profondeur parfois considérable. Le rythme de ces volumes translucides peut être considéré comme une interprétation de la répétition sérielle des traverses de chemin de fer, les refends longitudinaux évoquant pour leur part, par une sorte d'inversion des rôles, les longs profilés des rails.

Le toit comme objet autonome

La partie émergente, visible depuis la Potsdamer Strasse, de la Neue Nationalgalerie à Berlin se réduit pratiquement à deux éléments : d'une part, une vaste « plaque » composée de poutres en acier reposant sur huit poteaux, qui semble flotter sur les espaces d'accueil et d'exposition du rez-de-chaussée. D'autre part, une façade vitrée en retrait, que sa transparence rend à peine perceptible. Avec ses 42 m de portée et ses énormes porte-à-faux, la toiture se compose d'une grille de poutres à âme pleine de 1,8 m de haut, d'un poids total de quelque 1250 tonnes.

Ill. 24 : Le Corbusier, villa Savoye, Poissy (F) 1929

Ill. 26 : Ludwig Mies van der Rohe, Neue Nationalgalerie, Berlin (D) 1967

ÉLÉMENTS DE CONSTRUCTION | Toiture

Systèmes mis en œuvre

La toiture comme structure plissée

Le toit à sheds comme dispositif d'éclairage

Les musées que Gigon & Guyer ont construits à Appenzell et Winterthour illustrent de façon exemplaire deux manières radicalement différentes de traiter les toits à sheds.

L'extension du Kunstmuseum de Winterthour se subdivise en trois couches horizontales : le rez-de-chaussée, qui abrite un parking non chauffé et aéré naturellement, l'étage principal, qui contient les salles d'exposition, et le toit à sheds, qui assure l'éclairage de ces salles. Cette stratification des fonctions se reflète dans la tripartition de la façade, où c'est cependant l'étage des salles d'exposition – pour ainsi dire encadré par les sheds de la toiture et le parking du rez-de-chaussée – qui revêt le plus de poids. Le rythme des sheds correspond à la trame de l'ossature en acier, les salles d'exposition s'étendant respectivement sur trois, quatre et cinq travées. À l'intérieur, la distinction visuelle entre la « couche » des locaux d'exposition et celle des sheds est abolie par un revêtement homogène sans joints, la hauteur des sheds, pleinement perceptible, s'ajoutant ici à celle des salles. Les sheds étant quasiment orientés plein nord, la lumière solaire ne pénètre jamais directement dans les locaux.

Ill. 27 : Gigon & Guyer, agrandissement du Kunstmuseum, Winterthour (CH) 1995

Ill. 28 : phase de gros œuvre
Gigon & Guyer, agrandissement du Kunstmuseum, Winterthour (CH) 1995

Ill. 29 : Gigon & Guyer, musée Liner, Appenzell (CH) 1998

Le toit à sheds comme élément sculptural

Dans le musée Liner, le thème du toit à sheds est traité de façon totalement différente. Ici, la coupe en dents de scie des sheds a incité les architectes à développer une forme expressive, conférant au bâtiment, observé de près, le caractère d'un objet abstrait. Ce n'est que lorsqu'on embrasse la localité du regard depuis l'une des hauteurs avoisinantes, que les sheds se fondent parmi les toits des bâtiments industriels environnants. À chaque salle d'exposition est attribué un shed, de sorte que la silhouette des espaces intérieurs évoque un toit à pignon asymétrique. Le rythme des salles – et donc des sheds – se resserre vers le nord, si bien que les sheds, d'inclinaison constante, varient en hauteur. L'effet de défamiliarisation qui en résulte, par rapport à la perception d'un toit à sheds ordinaire, est encore renforcé par la forme donnée aux extrémités du bâtiment, ainsi que par le revêtement homogène en plaques d'acier chromé sablé dont sont recouverts, comme d'une peau écailleuse, les murs et pans de toiture massifs.

Le toit comme structure plissée irrégulière

Depuis la station située au-dessus d'Inner-Arosa, à proximité de l'église de montagne de style gothique tardif, le télésiège de Carmenna conduit, via une station intermédiaire, sur l'épaule du Weisshorn.

Pour des raisons de protection du paysage, le volume – assez important – de la station aval a été partiellement enfoui dans la pente. La toiture plissée de la station, dont la silhouette évoque une tente, est recouverte d'un mince tapis de terre produisant une transition fluide entre bâtiment et terrain. Du fait de son caractère très anguleux, néanmoins, ce toit « paysager », dont la structure se compose d'une ossature légère en acier, se présente comme une extension artificielle du terrain naturel. En hiver, en revanche, l'échelle de la toiture, adaptée à la topographie, et le manteau de neige recouvrant tout le paysage, produisent une véritable fusion entre nature et bâtiment.

Vue d'en bas, la station apparaît différente : la façade d'accès, présentant elle aussi plusieurs coudes, est visible dans toute son étendue et fait l'effet d'une coupe transversale pratiquée à travers le paysage remodelé. De dehors, on discerne vaguement l'intérieur à travers les éléments de façade semi-transparents en Scobalit. La partie gauche sert à remiser les sièges durant la nuit, la partie droite étant dévolue au contrôle des billets des sportifs en route pour la station amont. Cette zone, où se trouve la station de télésiège proprement dite, est conçue comme un tunnel peint en orange néon.

Ill. 30 : vue d'en haut
Bearth & Deplazes, station aval du télésiège de Carmenna, Arosa (CH) 2000

Ill. 31 : Bearth & Deplazes, station aval du télésiège de Carmenna, Arosa (CH) 2000

Toitures voûtées et coques

Le toit voûté

Le volume en trois parties du Kimbell Art Museum est rythmé par des toits voûtés perpendiculaires à son axe de symétrie, qui déterminent dans une large mesure le caractère du bâtiment, tant à l'intérieur qu'à l'extérieur. Ces voûtes de section cycloïdale, ne reposant que sur quatre poteaux d'angle carrés, franchissent des portées de 30,5 m dans le sens longitudinal et de 6,7 m dans le sens transversal. Toutes les portions de voûte ont les mêmes dimensions, leur répétition permettant de couvrir sans supports intermédiaires de très vastes espaces, subdivisés, de façon modulable, par des cloisons non porteuses. C'est aussi la forme des toits qui génère l'éclairage très particulier des locaux. En effet, les voûtes présentent sur toute leur longueur, au niveau de la clé, une fente par laquelle pénètre la lumière zénithale. Un éclairage direct ne convenant pas à la présentation d'objets d'art, un réflecteur redirige les rayons lumineux contre l'intrados des voûtes. Entre le remplissage en travertin non porteur des pignons et le bord raidisseur des voûtes, est ménagé un interstice vitré de largeur variable, qui souligne la géométrie de la section transversale des voûtes.

Ill. 35 & 36 : Eero Saarinen, terminal TWA, New York (USA) 1958

Ill. 32 : Louis I. Kahn, Kimbell Art Museum, Forth Worth (USA) 1972

Ill. 33 : Louis I. Kahn, Kimbell Art Museum, Forth Worth (USA) 1972

Le toit à coques expressif

À la différence de la composition formée par les coques de dimensions variables de l'Opéra de Sydney, le toit expressif du terminal TWA présente une forme symétrique. Bien que l'idée de sculpture ait revêtu une importance primordiale dans sa conception, et que les plans de construction n'aient été élaborés qu'une fois la forme du toit définitivement arrêtée, le bâtiment tire profit du potentiel statique de la coque tridimensionnelle, dont le poids n'est transmis qu'à quatre piliers colossaux. Cette forme dynamique, évoquant l'esthétique des avions à hélices de l'époque, exploite au maximum les possibilités de coffrage du béton.

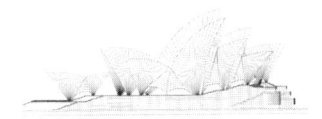

Le toit à coques additif

L'Opéra de Sydney occupe une position très exposée, sur une presqu'île comprise dans le port de la ville. C'est en fonction de cette situation spécifique que Jørn Utzon a développé son projet. Sur un socle massif, d'aspect monolithique, s'élèvent trois groupes de coques s'interpénétrant, abritant salle de concert, opéra et restaurant. La séparation fonctionnelle entre les locaux de service, logés dans le soubassement, et les espaces « nobles » des foyers et salles, est soulignée par le contraste entre le caractère lourd, tellurique du socle et l'élégante légèreté des coques. Le soubassement forme en outre une topographie artificielle accueillant les rangées de sièges, comme c'était le cas dans les théâtres de la Grèce antique.

Ill. 34 : Jørn Utzon, Opera House, Sydney (AUS) 1973

Ill. 37 : Jørn Utzon, Opera House, Sydney (AUS) 1973

ÉLÉMENTS DE CONSTRUCTION   Toiture

Problèmes de physique du bâtiment

Critères et interdépendances

Ill. 38 : toiture froide
Toiture inclinée
Combles non chauffés (grenier)

Ill. 39 : toiture froide
Toiture inclinée
Double ventilation

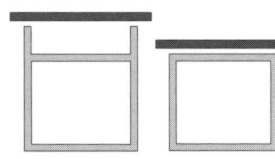

Ill. 40 : toiture froide
Toiture plate
Combles accessibles

Ill. 41 : toiture froide
Toiture plate
Vide de ventilation ménagé dans la construction de la toiture

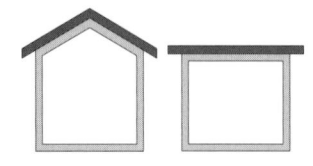

Ill. 42 : toiture chaude
Toiture inclinée
Ventilation simple

Ill. 43 : toiture chaude
Toiture plate
Sans vide de ventilation

Deux principes d'agencement des couches

Hormis son rôle primordial de protection de l'habitat humain, la toiture a pour principale fonction d'assurer l'étanchéité de la construction. Les influences qui s'exercent tant de l'extérieur (soleil, pluie, vent) que de l'intérieur (pression de la vapeur d'eau) et le phénomène de diffusion de la vapeur d'eau sollicitent fortement la toiture. Pour répondre à ces diverses exigences, celle-ci doit se composer de plusieurs couches, pouvant s'organiser – en fonction des contraintes locales, de la forme du toit, de la structure porteuse choisie, des raccords au niveau des rives – selon deux grands principes.

Toiture froide

Dans une toiture froide, la couche étanche (p. ex. la sous-toiture) est séparée de l'isolation thermique par un vide de ventilation, capable d'absorber et d'évacuer la vapeur d'eau ayant diffusé à travers l'isolation.

Une toiture froide inclinée sera doublement ventilée, puisqu'au vide de ventilation séparant couverture et couche étanche s'en ajoutera un second, séparant couche étanche et isolation thermique (voir chap. « Toitures inclinées : couches de construction »). C'est à ce dernier que les toitures froides doivent leur nom.

Toiture chaude

Dans une toiture chaude, l'isolation thermique est immédiatement suivie d'une étanchéité (toiture plate) ou d'une couche empêchant la diffusion de vapeur, par exemple un écran de sous-toiture (toiture inclinée). Pour éviter que la vapeur d'eau qui diffuserait à travers l'isolation thermique ne condense au niveau de la face froide – non ventilée – de l'isolant et ne l'imbibe, on pose du côté intérieur un pare-vapeur, empêchant l'air chaud et saturé d'humidité des locaux de pénétrer dans la couche isolante et de la détériorer suite à la formation d'eau de condensation.

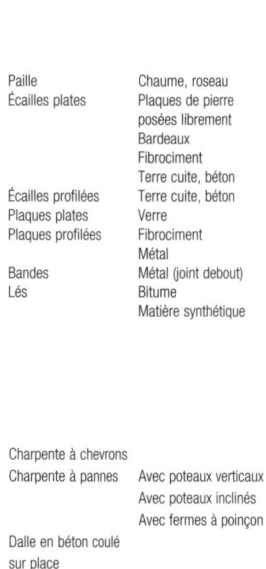

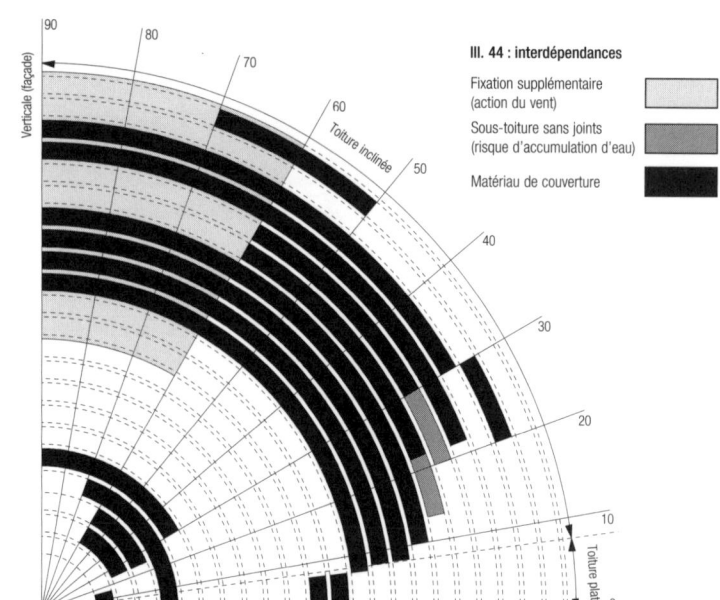

Paille	Chaume, roseau
Écailles plates	Plaques de pierre posées librement
	Bardeaux
	Fibrociment
	Terre cuite, béton
Écailles profilées	Terre cuite, béton
Plaques plates	Verre
Plaques profilées	Fibrociment
	Métal
Bandes	Métal (joint debout)
Lés	Bitume
	Matière synthétique
Charpente à chevrons	
Charpente à pannes	Avec poteaux verticaux
	Avec poteaux inclinés
	Avec fermes à poinçon
Dalle en béton coulé sur place	

Ill. 44 : interdépendances
- Fixation supplémentaire (action du vent)
- Sous-toiture sans joints (risque d'accumulation d'eau)
- Matériau de couverture

Relation entre inclinaison du toit et matériau de couverture

L'inclinaison du toit dépend du matériau choisi pour la couverture, de la forme du toit, des raccords entre éléments de couverture et des moyens de fixation utilisés. Ainsi une toiture plate devra-t-elle présenter une étanchéité sans joints, tandis qu'une couverture à écailles requerra, du fait de ses nombreux joints, une toiture inclinée. Plus les éléments de couverture et leurs raccords seront étanches, plus l'inclinaison du toit pourra être faible.

Toitures plates – Toitures inclinées
Actions exercées sur l'enveloppe du bâtiment

1. Pluie

Toitures plates
a) Étanchéité : selon les systèmes, la couche assurant l'étanchéité et l'évacuation des eaux pluviales devra présenter une pente comprise entre 1,5 % (toitures inversées) et 3 %. L'étanchéité est en général la première ou, en présence d'un revêtement praticable ou d'une couche de protection, la deuxième couche depuis le haut. Dérogent à cette règle les toitures inversées, où l'étanchéité se trouve sous l'isolation thermique. Dans ce cas, on veillera à choisir un isolant résistant à l'humidité (divers systèmes envisageables).
b) Évacuation des eaux pluviales : les eaux pluviales sont dirigées vers un tuyau de descente ou un écoulement situé au point bas de la toiture, puis envoyées – soit à l'intérieur, soit à l'extérieur du bâtiment – dans le sol (infiltration) ou dans le réseau de canalisations d'eaux usées. Pour éviter que l'eau ne ruisselle le long de la façade en cas de fortes précipitations, il s'agit de prévoir, en rive de toiture, un acrotère absolument étanche, dont la hauteur, mesurée entre le revêtement praticable ou la couche de protection et le sommet de l'élément émergent (p. ex. bord supérieur de la cornière en tôle), devra se monter à 12 cm au minimum (SIA 271).

Toitures inclinées
a) Dans le cas d'une toiture inclinée, la couche assurant l'évacuation des eaux pluviales doit être étanche à la pluie, mais pas absolument étanche à l'eau (p. ex. toit en chaume). Les eaux pluviales doivent impérativement être évacuées par la couverture, que celle-ci soit en tôle, en tuile, en Eternit, en pierre, en verre, etc. L'inclinaison de la toiture dépendra du matériau choisi, mais devra toujours empêcher l'eau de s'accumuler. La sous-toiture joue le rôle de « couche de secours » en cas de fortes intempéries ou d'endommagement de la couverture.
b) Évacuation des eaux pluviales : les gouttières doivent toujours être posées au niveau de l'égout, que ce soit sous forme de gouttières pendantes (descentes à l'extérieur) ou encaissées (descentes à l'intérieur).

En général
a) Les avant-toits protègent de la pluie les raccords entre murs et toiture. Les joints entre couverture et murs sont exposés à des sollicitations extrêmes (infiltrations d'eau sous la pression du vent). Le tourbillon d'air généré sous l'avant-toit produit un contre-courant qui réduit les risques d'infiltration.
b) Les dimensions des gouttières et le nombre des descentes doivent être déterminés en fonction de la superficie de la toiture et des précipitations prévisibles.

2. Soleil

Toitures plates
Certains lés d'étanchéité (p. ex. ceux en bitume) étant sensibles au rayonnement UV, ils doivent être protégés par une couche de gravier ou autre.

En général
Dans les toits en construction légère, le courant généré dans le vide de ventilation permet d'éviter que la chaleur ne s'accumule sous la toiture (« climat de baraque »). Dans les toits en construction massive, cet effet est empêché par la masse de la structure porteuse, qui absorbe la chaleur.

3. Vent

Toitures plates
La succion due au vent se révèle surtout problématique dans le cas des toitures nues, où aucune couche (gravier ou autre) ne leste l'étanchéité. Aussi cette dernière doit-elle être fixée ponctuellement à la structure porteuse. Les acrotères en rive de toiture ou d'attique (non appropriés aux toitures froides) réduisent la succion exercée par le vent sur les grandes surfaces. La couche de protection (p. ex. gravier, dalles de béton) a aussi pour fonction de lester les couches inférieures.

Toitures inclinées
Lorsque la couverture se compose d'éléments posés à recouvrement, il s'agit, selon l'inclinaison du toit et le poids du matériau choisi, de prendre garde à la succion due au vent. Les couvertures en bardeaux ou en chaume doivent toujours être fixées à leur support. Les tuiles présentant un certain poids, elles peuvent en général être simplement posées sur le lattage, une fixation mécanique étant toutefois requise à partir d'une inclinaison de 60 °.

En général
On veillera à assurer l'étanchéité au vent des toitures en construction légère.

4. Température

En général
La résistance thermique et, partant, l'épaisseur minimale des différentes constructions sont réglées par les normes. Dans nos climats, les locaux habités doivent toujours être enveloppés d'une couche isolante, dont la nature et la position au sein de la construction dépendent du système choisi.

5. Diffusion de la vapeur d'eau de l'intérieur vers l'extérieur

En général
L'humidité réduisant les performances de la plupart des isolants, il s'agit d'éviter que la vapeur d'eau contenue dans les locaux ne diffuse à travers la construction et n'imbibe l'isolation thermique. Mesures envisageables : prévoir une couche porteuse en béton (étanche), poser un pare-vapeur/frein-vapeur sur la face intérieure de l'isolation, ou mettre en œuvre un isolant résistant à l'humidité.

6. Neige

Toitures plates
Les acrotères (min. 12 cm) empêchent la neige de pénétrer dans la construction en rive de toiture, tout en permettant à l'eau de s'accumuler lorsque la neige fond.

Toitures inclinées
Les glissements de neige devront être empêchés par des dispositifs de retenue appropriés.

En général
Il s'agira de dimensionner la structure porteuse en fonction des charges de neige prévisibles, qui dépendront en particulier de l'altitude et de l'inclinaison de la toiture.

7. Dommages mécaniques
Les toitures nues sont les plus exposées aux dommages mécaniques, parfois aussi à la grêle. Dans le cas des toitures chaudes à étanchéité bitumineuse, on veillera à ce que le gravier de protection ne comporte pas de sable, lequel pourrait en effet servir de terreau à des plantes. Or, les petites racines pivotantes peuvent percer l'étanchéité et provoquer des fuites. Dans le cas des toitures inversées praticables, l'isolation thermique est particulièrement sensible aux charges ponctuelles.

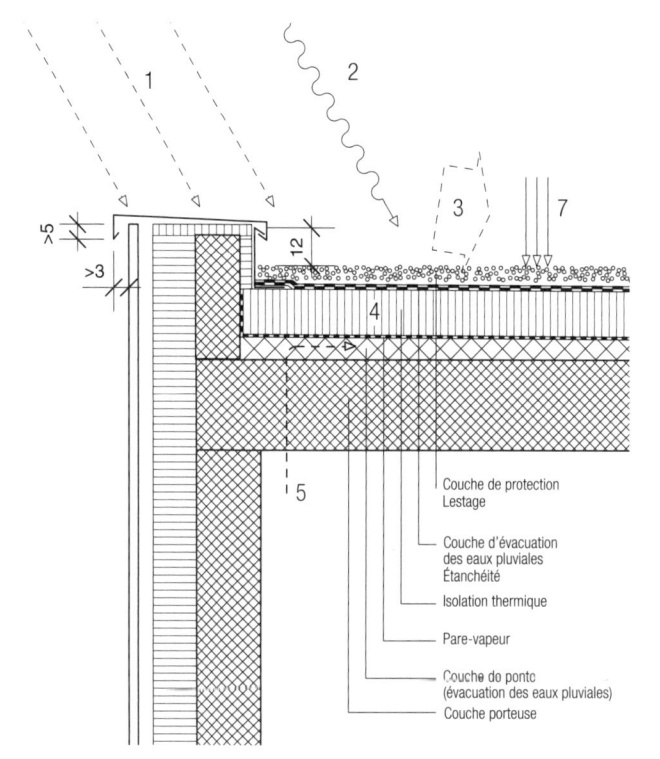

Ill. 45 : toiture plate chaude 1:20

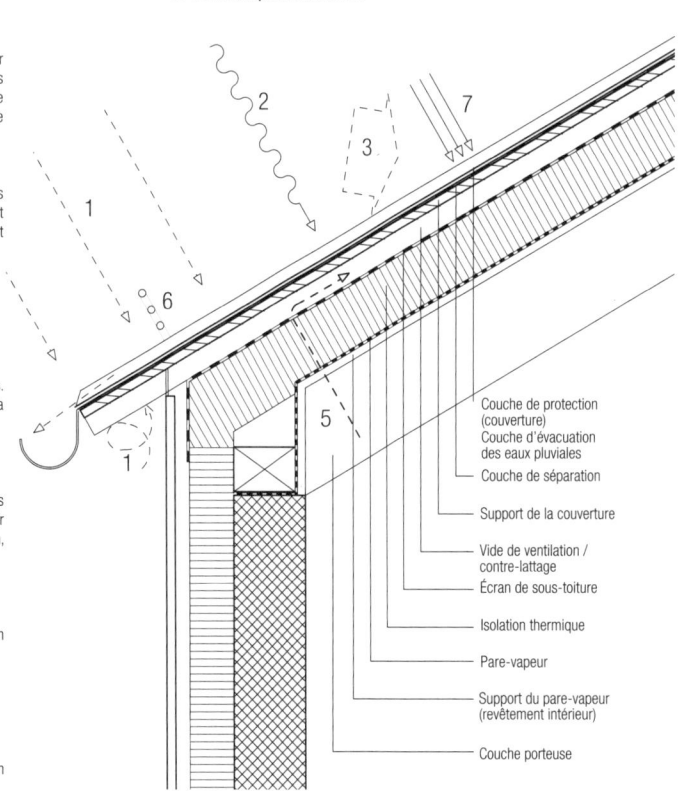

Couche de protection
Lestage
Couche d'évacuation des eaux pluviales
Étanchéité
Isolation thermique
Pare-vapeur
Couche de pente (évacuation des eaux pluviales)
Couche porteuse

Ill. 46 : toiture ventilée à couverture métallique 1:20

Couche de protection (couverture)
Couche d'évacuation des eaux pluviales
Couche de séparation
Support de la couverture
Vide de ventilation / contre-lattage
Écran de sous-toiture
Isolation thermique
Pare-vapeur
Support du pare-vapeur (revêtement intérieur)
Couche porteuse

On trouvera la liste des normes actuelles en matière de toiture sous www.sia.ch, www.bauregeln.de ou www.afnor.org

Les degrés de la pensée

Daniel Gut

L'escalier comme multiplicateur des surfaces horizontales

L'espace dans lequel se meut l'être humain se limite pratiquement à deux dimensions, puisque la pesanteur nous attache au sol. Notre corps ne nous permettant pas de nous élever au-dessus de nous, notre perception est orientée horizontalement. Tirant depuis des millénaires les conséquences de cette donnée, l'architecture a organisé les fonctions à l'horizontale. L'escalier compte donc parmi les plus importantes inventions de l'histoire de l'architecture, puisqu'il permet de relier commodément des surfaces de déplacement réparties les unes au-dessus des autres, en divisant la différence de niveau en un certain nombre de petites marches aisées à gravir.

Chaque escalier permet deux mouvements fondamentalement différents et opposés, et cela, pas du seul point de vue physique. Les termes « monter » et « descendre » ont aussi des implications mythologiques et psychologiques. Dans la mythologie chrétienne, par exemple, les paires d'adjectifs « haut et bas » et « clair et sombre » ont une connotation supplémentaire en raison de la manière dont on les associe au Bien et au Mal, ce qui a des conséquences sur la dimension psychologique de ces termes. Ces oppositions, profondément ancrées dans la conscience humaine, ont été transférées telles quelles dans le monde profane. L'escalier montant au ciel

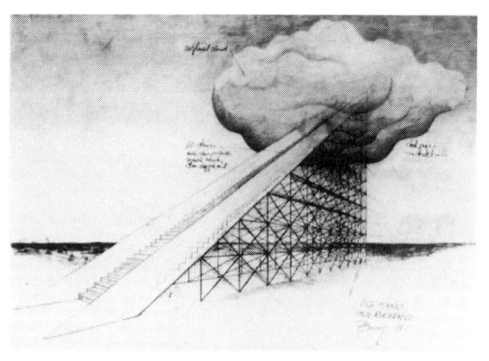

Ill. 1 : Piranèse, *Carceri d'invenzione*, planche VIII, 2ᵉ version, 1761

Ill. 2 : Haus-Rucker-Co, *Big Piano*, 1972

est devenu l'échelle des connaissances et des vertus. Il est préférable d'occuper un poste « élevé ». On « monte » dans la ligue supérieure ; on « sombre » dans la folie.

Dans les visions architecturales de ses *Carceri d'invenzione*, Piranèse utilise des systèmes d'escaliers à la fois démesurés et complexes pour conférer à ses espaces lugubres un élément de rupture à la fois psychologique et physique. Les degrés mènent dans les profondeurs des cachots et symbolisent un monde déséquilibré.

Le mouvement ascendant ou descendant représente un changement de rythme par rapport au déplacement horizontal et engendre des effets psychologiques inconscients. Le ralentissement du rythme lors de la montée amène l'esprit à « précéder » le corps et à réfléchir à ce qui l'attend en haut et à l'avenir proche. Ou au passé proche : dans bien des langues, on connaît un équivalent de l'expression « avoir l'esprit d'escalier » qui qualifie la repartie qui ne nous vient à l'esprit qu'au moment où l'on redescend les escaliers en continuant à penser à la situation que l'on vient de quitter.

L'être humain s'est habitué au caractère artificiel propre à la succession des degrés horizontaux. Après avoir ap-

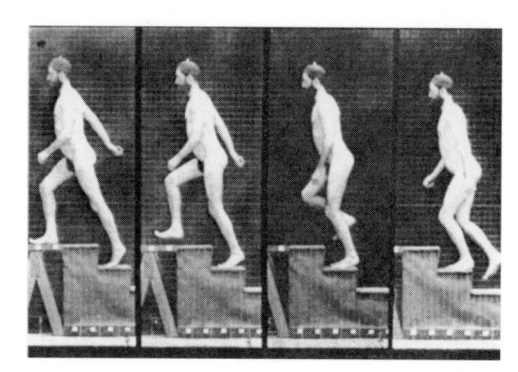

Ill. 3 : Eadweard Muybridge, *Human and Animal Locomotion*, 1887

pris à marcher, chaque petit enfant se met à apprendre à monter les escaliers, jusqu'à ce que ce mouvement devienne tout à fait automatique au fil des ans. Ce geste rituel étant toutefois étroitement lié à la taille du giron, nous accordons aux escaliers davantage d'attention qu'à un environnement dans lequel nos déplacements sont horizontaux. Pour l'architecte, c'est une chance, puisqu'il peut répondre à cette attention renforcée par un objet construit. Outre le fait que la géométrie de l'escalier choisi déterminera le rythme du mouvement, il sait que l'on foulera le revêtement de sol avec plus d'attention et de précaution, que l'on se saisira de la main courante et que l'on prendra le virage sur un éventuel repos suivant une trajectoire prévue à l'avance.

Dans les paragraphes suivants, nous comparerons différents projets ou types d'escaliers pour montrer le bien-fondé et les conséquences des décisions architecturales. Les différentes possibilités étant trop nombreuses pour pouvoir être toutes traitées ici, le choix effectué est, en toute connaissance de cause, arbitraire.

L'escalier comme générateur de projet ou l'escalier libre

Il arrive que la circulation verticale soit liée à tel point à la conception tridimensionnelle d'un ouvrage architectural qu'elle en devient une composante fixe, ou même le point de départ. Dans ce cas, elle est, dès le début, un thème, un ancrage du projet. Sa construction et sa matérialisation découlent directement de la structure du bâtiment ou en constituent un élément permanent. Plus le projet avance, plus il est difficile, voire impossible, d'y renoncer ou de la déplacer sans modifier ou détruire l'ensemble du concept. Ici, la possibilité d'obtenir un

Ill. 4 : Frank Lloyd Wright, Guggenheim Museum, New York (USA) 1959

espace de grande qualité se paie par une perte de flexibilité, et ne convient qu'à des programmes qui s'adaptent à une structure spatiale rigide.

Le musée Guggenheim de New York fournit un exemple d'édifice où la forme de l'escalier – en fait une rampe en spirale – a servi de point de départ au concept. Le principe spatial se base ici en effet sur le plan incliné hélicoïdal, dont le développement détermine directement l'aspect extérieur du bâtiment. Tous les espaces d'exposition s'articulent autour de cette spirale. Le visiteur monte en ascenseur tout en haut puis redescend la rampe en musardant au rythme de la contemplation des œuvres d'art.

Dans la villa Malaparte, sur l'île de Capri, le thème de l'escalier comme générateur du projet est abordé de manière tout à fait différente. Dessinant un « coude » dans la silhouette du bâtiment, l'escalier monumental renforce la force expressive du volume étiré et aplati

Ill. 5 : Adalberto Libera, Curzio Malaparte, villa Malaparte, Capri (I) 1941

construit sur un éperon rocheux. Comme les marches, et avec elles, le volume de l'édifice se termine au point le plus bas entre l'île et la presqu'île, le bâtiment semble littéralement sortir du sol. C'est aussi là qu'aboutit le pittoresque chemin escarpé que l'on descend pour arriver à la villa par la terre.

Qu'ils soient conçus comme un accent, comme une partie d'une composition incluant différents éléments ou comme une prolongation de la structure du bâtiment, les escaliers libres ont, du point de vue structurel, un caractère plus ou moins complémentaire. Par rapport à ceux intégrés à la structure porteuse, les escaliers libres ne sont traités qu'à une étape ultérieure du projet. Même si leur position stratégique reste d'une importance déterminante, on dispose d'une plus grande flexibilité pour choisir leur emplacement ou leur forme, que ce soit au moment du projet ou lors de travaux ultérieurs. L'escalier libre permet de délivrer un « message architectural » ciblé et indépendant, susceptible de se fondre de diverses manières dans son environnement.

Les entrées du stade St.-Jakob-Park en sont une illustration. Formées par des escaliers en forme

Ill. 6 : Herzog & de Meuron, St.-Jakob-Park, Bâle (CH) 2001

d'entonnoir, elles font penser à des « trompes » sortant de la façade, contre laquelle les escaliers sont placés à la manière de ceux, mobiles, que l'on voit sur les tarmacs et que l'on tracte jusqu'à la porte de l'avion. Cette logique de positionnement flexible a permis de répondre aux exigences fonctionnelles. Au niveau du matériau mis en œuvre, le revêtement translucide des escaliers tisse un lien avec la transparence des coques en plastique de la façade, qui, éclairées la nuit depuis l'intérieur, forment une peau miroitante.

Dans le duplex de Le Corbusier, l'escalier en colimaçon est ajouté tel un « objet » dans l'appartement. Son soubassement dissimule un autre escalier menant à l'étage inférieur. Sa relative « indépendance » s'exprime aussi dans le matériau mis en œuvre. Tandis que son mur d'échiffre se fond dans les surfaces crépies de l'appartement, la volée de marches semble faire partie d'une composition d'objets.

Ill. 7 : Le Corbusier, immeuble 24 rue Nungesser et Coli, Paris (F) 1934

Ill. 8 : escaliers dans le port de St. Augustine (USA)

Ill. 9 : Alvaro Siza, villa Avelino Duarte, Ovar (P) 1985

Ill. 10 : Balthasar Neumann, projet pour la Hofburg à Vienne (A) 1747

Ill. 11 : Alvar Aalto, bibliothèque publique, Viipuri, alors en Finlande (aujourd'hui Vyborg, RUS) 1935

L'escalier comme événement ou comme obstacle

Certains escaliers invitent tout simplement les gens à s'y engager. Il y en a d'autres, cependant, devant lesquels on passe sans les remarquer et, si on les emprunte, c'est avec l'impression d'être un hôte indésirable. Il semble qu'ici le caractère public ou privé joue un rôle déterminant. Lorsque l'escalier mène vers un lieu au caractère de plus en plus public, sa forme a tendance à l'annoncer, et s'y engager devient une sorte d'événement. Cette impression peut être influencée par diverses mesures. La masse effective de l'escalier et son rapport à l'environnement jouent un rôle. On peut créer des « dramaturgies » spatiales pour faire de l'ascension quelque chose de sensationnel ou de mondain. Une construction de prestige et des matériaux précieux peuvent encore (mais ce n'est pas automatique) renforcer l'évènement de la montée de l'escalier.

Dans la bibliothèque de Viipuri (aujourd'hui Vyborg), le caractère d'évènement de l'escalier principal résulte de décisions de nature organisationnelle et spatiale. Après être passé à travers une étroite cage d'escalier, le visiteur débouche sur un vaste palier situé au milieu de la salle de lecture. Bien que la main courante le guide directement vers les guichets d'accueil au niveau supérieur, les dimensions majestueuses et la symétrie des deux volées dans l'axe de la salle sont perceptibles d'emblée. Grâce à l'ingénieuse disposition centrale de la main courante, les marches servent à la fois d'accès et de circulation interne, ce qui en rehausse le faste.

Le projet baroque de Balthasar Neumann pour le palais de la Hofburg à Vienne, érige, pour sa part, l'ascension des escaliers en principale attraction du château. Son monumental complexe d'escaliers occupe le plus grand espace du palais, lui-même situé sur l'axe central et éclairé latéralement par deux cours. Depuis le rez-de-chaussée, deux volées de marches mènent dans le grand hall où s'ouvre une succession presque labyrinthique d'escaliers et de paliers. Ici, le caractère presque intimidant du décor semble symboliser la volonté de domination féodale.

La question inverse est tout aussi intéressante : comment empêche-t-on les passants de gravir un escalier ? De quels moyens architecturaux dispose-t-on pour indiquer que l'escalier ne doit pas être utilisé ? On peut le transformer en « obstacle » en lui donnant un caractère plus privé et en créant des limites spatiales ou géométriques. Plus ce changement est abrupt, plus son message est clair. Sa forme peut le rendre moins décelable ou favoriser le sentiment d'un passage « réservé ». Des marches hautes ou l'absence d'équipement de sécurité (garde-corps) renforceront cette impression. L'insertion discrète, presque « incidente » de l'escalier dans l'environnement et l'utilisation de matériaux mimétiques auront le même effet, en particulier lorsque cette homogénéisation marque un contraste par rapport à l'espace public.

La photographie de l'escalier prise dans le port de St. Augustine montre bien qu'il s'agit d'un accès réservé aux seuls pêcheurs et propriétaires de voiliers. La clarté de ce message architectural provient de l'extrême différence de largeur entre le quai et l'escalier, et elle est renforcée par le fait que l'escalier est construit dans le même grès que le quai.

Dans la maison du docteur Avelino Duarte, Alvaro Siza recourt à un moyen plus nuancé pour indiquer que l'escalier forme une limite avec les espaces privés de l'appartement. Alors que les marches du bas, appartenant encore à l'espace semi-public, semblent découpées dans le matériau du soubassement surélevé, le rétrécissement de l'espace et les marches revêtues d'un bois chaud marquent clairement la frontière avec la sphère privée.

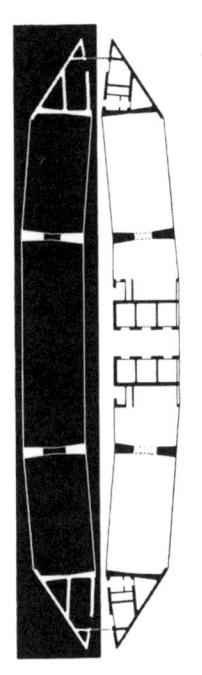

Conception spatiale tridimensionnelle ou cage d'escalier

Les cages d'escaliers s'élèvent en fonction du nombre d'étages, tout en gardant les mêmes dimensions ou à peu près. Il s'agit la plupart du temps de volumes quasi indépendants, qui relient, ou séparent, les niveaux entre eux. Bien qu'on puisse influencer le degré de séparation spatiale par la perméabilité verticale du noyau ou le choix du type de liaison entre les étages et la cage d'escalier, cette dernière reste un symbole « neutre » de circulation entre des niveaux largement autonomes. Cette solution est économique, puisqu'elle permet un rapport optimal entre les surfaces de desserte et les surfaces utiles, ainsi qu'une construction rationalisée grâce à des éléments identiques. Les cages d'escaliers sont en conséquence indispensables à partir d'une certaine hauteur de bâtiment.

En raison d'impératifs thermiques, acoustiques et de protection contre le feu, les cages d'escaliers, ou plus précisément leurs parois extérieures, sont souvent des constructions massives qui peuvent être utilisées pour le contreventement du bâtiment, comme le montre le plan de la tour Pirelli. Le système des parois de séparation entre les cages d'escalier et les espaces annexes y sert à raidir longitudinalement le bâtiment. L'accès principal se faisant par les ascenseurs situés au cœur du bâtiment, les cages d'escaliers, de superficies minimales, sont situées dans un espace « poché » de la structure porteuse, aux extrémités des voiles courbes.

Contrastant radicalement avec la cage d'escaliers (de secours) de la tour Pirelli, celle du palazzo Barberini combine de manière impressionnante faste et circulation verticale rationnelle. Les dimensions du jour, haut de six étages, en font un volume de liaison du plus grand effet.

La conception spatiale tridimensionnelle vise à réduire le contraste entre mouvement horizontal et vertical en fondant les zones de circulation horizontale et verticale les unes dans les autres. Les séparations entre les niveaux peuvent être encore réduites par des décalages ou des plans inclinés. Ces mesures permettent de manipuler à volonté la hiérarchie entre les étages et de créer une « promenade architecturale », dont l'étage supérieur forme l'arrivée, un éventuel ascenseur devenant une machine à voyager dans le temps.

Avec son *Raumplan*, Adolf Loos a très tôt tenté de dépasser l'habituelle division entre les étages pour créer une juxtaposition tridimensionnelle des pièces. Cette conception lui a permis de créer des espaces de hauteurs variables en fonction de leur utilisation. Les décalages entre les différents niveaux offrent une grande marge de manœuvre pour définir les zones d'habitation. De nombreux petits escaliers dessinent un parcours à travers les pièces menant aux espaces de plus en plus privés.

Bien que datant d'une autre époque, certains projets du cabinet OMA appliquent une idée de l'espace apparentée à celle du *Raumplan* cher à Loos. La technologie contemporaine permet de créer des dalles de n'importe quelle forme, de dépasser la division classique entre horizontal et vertical et de prolonger le rez-de-chaussée vers le haut comme un ruban continu, sans véritables escaliers.

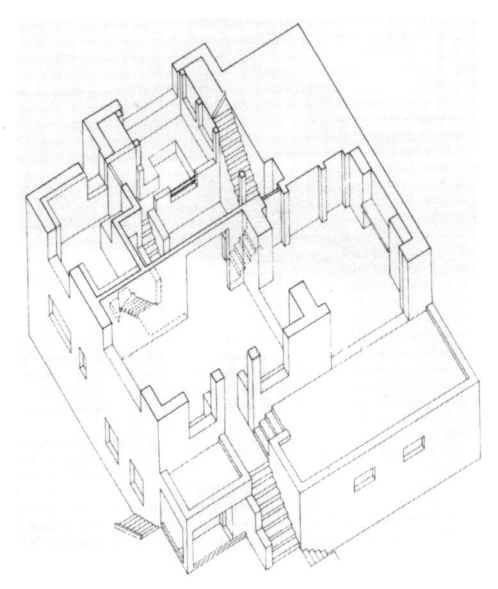

Ill. 12 : Gio Ponti, tour Pirelli, Milan (I) 1961

Ill. 13 : Francesco Borromini, palazzo Barberini, Rome (I) 1633

Ill. 14 : Adolf Loos, maison Moller, Vienne (A) 1928

Lieu de passage et lieu de halte

Réduits à leur seule fonction pratique de franchir des différences de hauteur, les escaliers sont conçus comme de purs lieux de passage. On s'arrête peut-être un instant pour échanger quelques mots avec quelqu'un ou pour se reposer. En fait, ce sont des strictes surfaces de circulation menant d'un lieu à un autre. Suivant le flux de piétons et les dimensions de l'escalier, s'y arrêter peut présenter des risques pour la fluidité ou même pour la sécurité. On peut éviter les engorgements par des mesures ciblées. Dans

Ill. 15 : OMA, projet pour la bibliothèque universitaire de Jussieu, Paris (F) 1993

ÉLÉMENTS   **Escaliers et ascenseurs**
Introduction

Ill. 16 : escaliers dans le métro de Paris

d'innombrables escaliers de métro, il existe des dispositifs dynamiques, parallèles au flux ou l'orientant dans la bonne direction, qui favorisent l'écoulement de la foule.

Comment un escalier devient-il un lieu de pause ou de communication ? La largeur et la pente des escaliers alignés devant les logements sociaux de Bouça ne les distinguent pas de ceux décrits ci-dessus, et pourtant, on s'y assied volontiers pour faire un brin de causette. Parmi les facteurs qui jouent un rôle déterminant sur leur aptitude à servir de catalyseurs de convivialité, citons les proportions entre la largeur et la longueur des volées, le rapport entre leur largeur et le flux des personnes, la fonction des lieux reliés et leur rapport à l'environnement immédiat. L'éclairage, le microclimat et un panorama éventuel peuvent aussi y contribuer. Car qui ne préfère pas voir les choses d'en haut plutôt que d'en bas ?

Avec l'avantage de permettre aux gens de voir facilement par-dessus ceux assis devant eux, les gradins sont utilisés depuis des millénaires pour accueillir le public. Cette disposition suscite en général une communication à sens unique, où les spectateurs consomment ce qu'on leur présente sur scène. Plus la pente est forte, plus la vue d'ensemble est bonne, et plus on a l'impression d'être exposé aux regards des autres, puisqu'il est plus difficile de se dissimuler derrière la personne qui est devant nous. Des gradins se faisant face permettent une communication multiple. Les anciens forums et les plateaux de télévision sont aménagés ainsi. Les groupes de supporters se répondant par des chants de combat dans les stades constituent une variante de cette forme de communication collective, rendue possible grâce à la forme des tribunes.

Ill. 19 : théâtre d'Épidaure, Grèce IVe siècle av. J.-C.

Ill. 17 : Edward Hopper, *Sunlight on Brownstones*, 1956

Ill. 18 : Alvaro Siza, logements sociaux Bouça, Porto (P) 1977

Références bibliographiques
- Karl J. Habermann, *Treppen, Entwurf und Konstruktion*, Bâle, Boston, Berlin 2003.
- John Templer, *The Staircase Vol. 1+2*, Cambridge, Mass. 1992.
- Cleo Baldon, *Steps & Stairways*, New York 1989.
- Walter M. Förderer, « Treppenräume », in *Daidalos* n° 9, 1983.
- Wolfgang Meisenheimer, « Treppen als Bühnen der Raum-Anschauung », in *Daidalos* n° 9, 1983.
- Ulrich Giersch, « Auf Stufen », in *Daidalos* n° 9, 1983.
- A. Chastel et J. Guillaume, *L'Escalier dans l'architecture de la Renaissance*, Picard, Paris, 1984.
- A. Thiébaut, J. Jorion, T. Hubrecht, *Escaliers en béton et fer*, éditions SAEP, 2007.

ÉLÉMENTS | Systèmes — Escaliers et ascenseurs

Extrait des *Éléments des projets de construction* d'Ernst Neufert

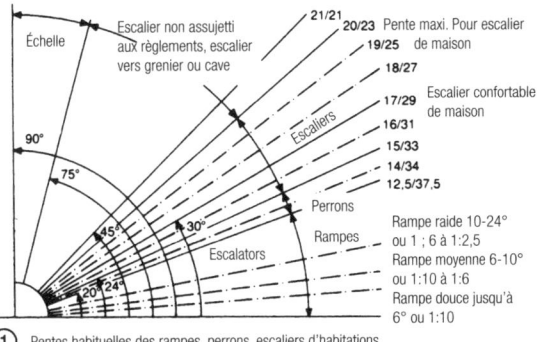

(1) Pentes habituelles des rampes, perrons, escaliers d'habitations, escaliers pour machines et échelles.

Échelle — Escalier non assujetti aux règlements, escalier vers grenier ou cave
- 21/21
- 20/23 Pente maxi. pour escalier
- 19/25 de maison
- 18/27
- 17/29 Escalier confortable de maison
- 16/31
- 15/33
- 14/34
- 12,5/37,5

Perrons — Rampes — Escalators

Rampe raide 10-24° ou 1 : 6 à 1:2,5
Rampe moyenne 6-10° ou 1:10 à 1:6
Rampe douce jusqu'à 6° ou 1:10

(2) Escaliers d'immeubles (voir fig. 3 et 4)

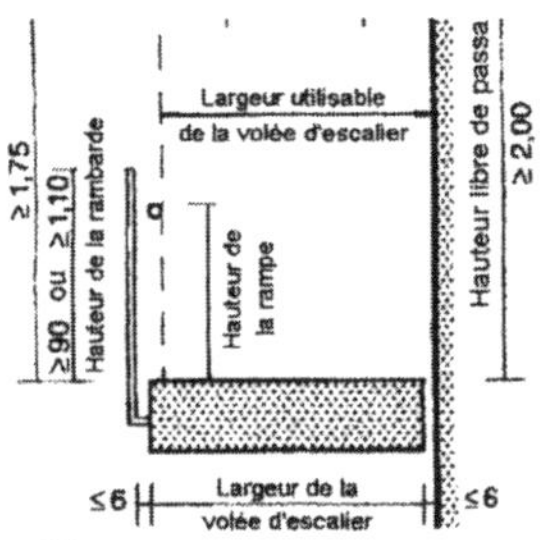

Type de bâtiment	Type d'escalier		Largeur utile de l'escalier	Pente p^3	Giron g^3
Immeubles d'habitation avec deux logements maxi.[1]	Escaliers réglementés	Escaliers conduisant à des pièces de séjour	≥ 80	17 ±3	28 $^{+9}_{-5}$
		Escaliers de sous-sol et combles ne conduisant pas à des pièces de séjour	≥ 80	≤ 21	≥ 21
	Escaliers (supplémentaires) non réglementés		≥ 50	≤ 21	≥ 21
	Escaliers (supplémentaires) non réglementés à l'intérieur d'un logement		≥ 50	Non déterminé	
Autres bâtiments	Escaliers réglementés		≥ 100	17 $^{+2}_{-3}$	28 $^{+9}_{-2}$
	Escaliers (supplémentaires) réglementés		≥ 50	≤ 21	≥ 21

[1] y compris les logements duplex dans les bâtiments de plus de deux logements.
[2] mais pas < 14 cm ; [3] mais pas > 37 cm = définition du rapport de pente p/g.

(3) Escaliers – Section d'espace utile

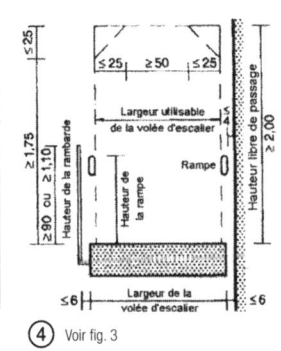

(4) Voir fig. 3

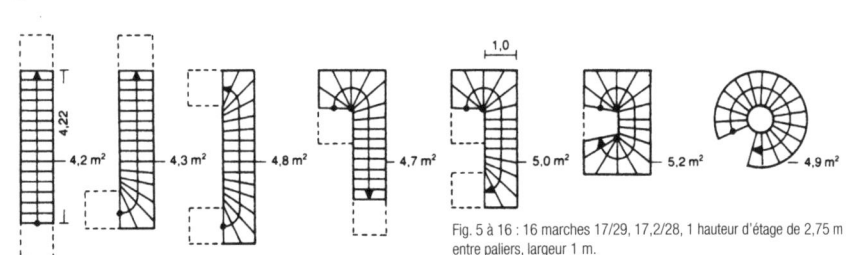

Fig. 5 à 16 : 16 marches 17/29, 17,2/28, 1 hauteur d'étage de 2,75 m entre paliers, largeur 1 m.

(5) – (11) Les escaliers sans paliers intermédiaires recouvrent pratiquement la même surface, quelle que soit leur forme, mais par des marches tournantes on peut raccourcir la distance entre départ et arrivée (fig. 6 à 11) ; c'est pourquoi ces dernières solutions sont avantageuses pour les bâtiments à plusieurs niveaux.

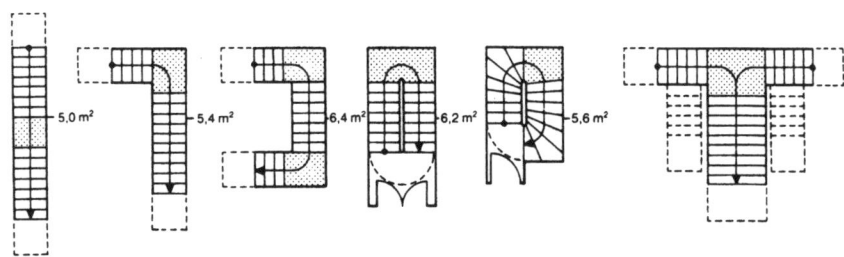

(12) – (16) Les escaliers avec palier intermédiaire ont la même surface que les précédents, plus la surface du palier et moins la surface d'une marche. Ils sont nécessaires pour des hauteurs entre étages supérieures à 2,75 m. Largeur des paliers ≥ largeur de l'escalier.

(17) Escalier à trois volées cher, peu efficace, encombrant.

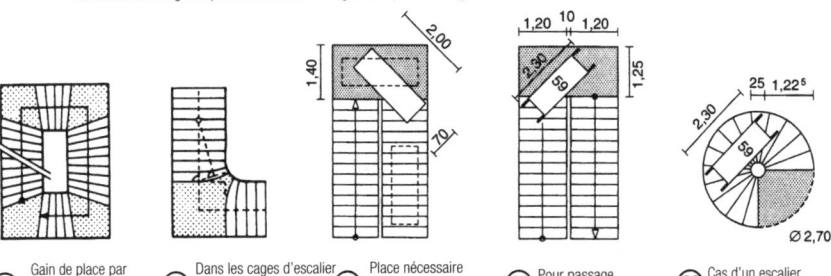

(18) Gain de place par balancement des marches.

(19) Dans les cages d'escalier étroites, une courbure des marches améliore les paliers.

(20) Place nécessaire pour transport de meubles.

(21) Pour passage de brancard.

(22) Cas d'un escalier en colimaçon.

ESCALIERS
RÈGLES

L'échelle des sensations concernant les escaliers et leurs accès est vaste : depuis les différentes possibilités de configuration des escaliers d'habitation jusqu'aux généreux escaliers d'extérieurs sur lesquels on marche au milieu en montant et descendant. Le déplacement sur un escalier demande une énergie sept fois plus importante, en moyenne, que pour un déplacement sur un terrain plat. Pour monter un escalier, le " travail " le plus approprié physiologiquement est obtenu avec une pente de 30° et un rapport de monté " hauteur de marche (h)/profondeur de marche (p) " de 17/29. Ce rapport est déterminé par la longueur de pas d'un adulte (de 61 à 64 cm environ). La formule de Blondel $2h + p = 63$ (un pas) établit le rapport de montée propice à la plus petite dépense de l'énergie. Lors du dimensionnement et de la réalisation d'un escalier, en dehors des aspects mentionnés ci-dessus, la cohérence entre les aspects de création et de fonction est d'une grande importance. Ce n'est pas seulement le fait de monter, mais la façon de le faire qui est important. Pour des escaliers extérieurs avec une circulation importante, on préfère des marches basses de 16 x 30 cm. Les escaliers dans les bureaux ou les escaliers de secours doivent faciliter, par contre un franchissement rapide. Tout escalier utilitaire doit se trouver dans une cage d'escalier continue particulière qui, par sa forme et sa conception vis-à-vis de son entrée et de sa sortie vers l'extérieur, permette son emploi comme issue de secours sans danger. La largeur de la sortie doit être supérieure à la largeur de l'escalier. La cage d'un escalier utilitaire ou d'une sortie doivent être accessibles à partir de n'importe quel endroit d'une pièce habitable ainsi que d'un sous-sol et à une distance réglementaire. Si plusieurs escaliers sont nécessaires, ils sont à disposer de telle sorte que les voies de secours soient les plus proches possible. Les accès des cages d'escalier vers les sous-sol, les combles non aménagés, les ateliers, les magasins, les entrepôts et autres locaux semblables doivent être équipés de portes se fermant automatiquement et ayant une durée de résistance au feu réglementaire.

Ill. 20 : Source :
E. Neufert, *Les Éléments des projets de construction*.

| ÉLÉMENTS | Escaliers et ascenseurs | Systèmes |

ESCALIERS
PRINCIPES

Les directives concernant la construction des escaliers varient selon les règlements. Les exigences sur les dimensions des escaliers sont définies par des normes.

Pour les immeubles d'habitation à deux appartements au maximum la largeur utile minimale est de 0,90 m et le rapport hauteur-profondeur de marche de 17/28.

Escaliers d'immeuble :
largeur = 1,25 m.

Le nombre et la largeur des escaliers dans les bâtiments recevant du public se calculent en fonction du temps d'évacuation et de l'effectif total admissibles (fig. 5).

La longueur du palier de repos doit être supérieure à la largeur de l'escalier.

Les portes s'ouvrant sur les escaliers ne doivent pas diminuer la largeur effective du passage.

On obtient une pente douce et agréable pour les perrons dans les jardins en prévoyant des paliers toutes les trois marches. Comme on se déplace plus lentement sur un escalier de théâtre ou un perron, ils peuvent être plus doux.

Un escalier pour une entrée secondaire ou les escaliers de secours doivent permettre de franchir une grande hauteur en peu de temps.

Ill. 21 : Source :
E. Neufert, *Les Éléments des projets de construction.*

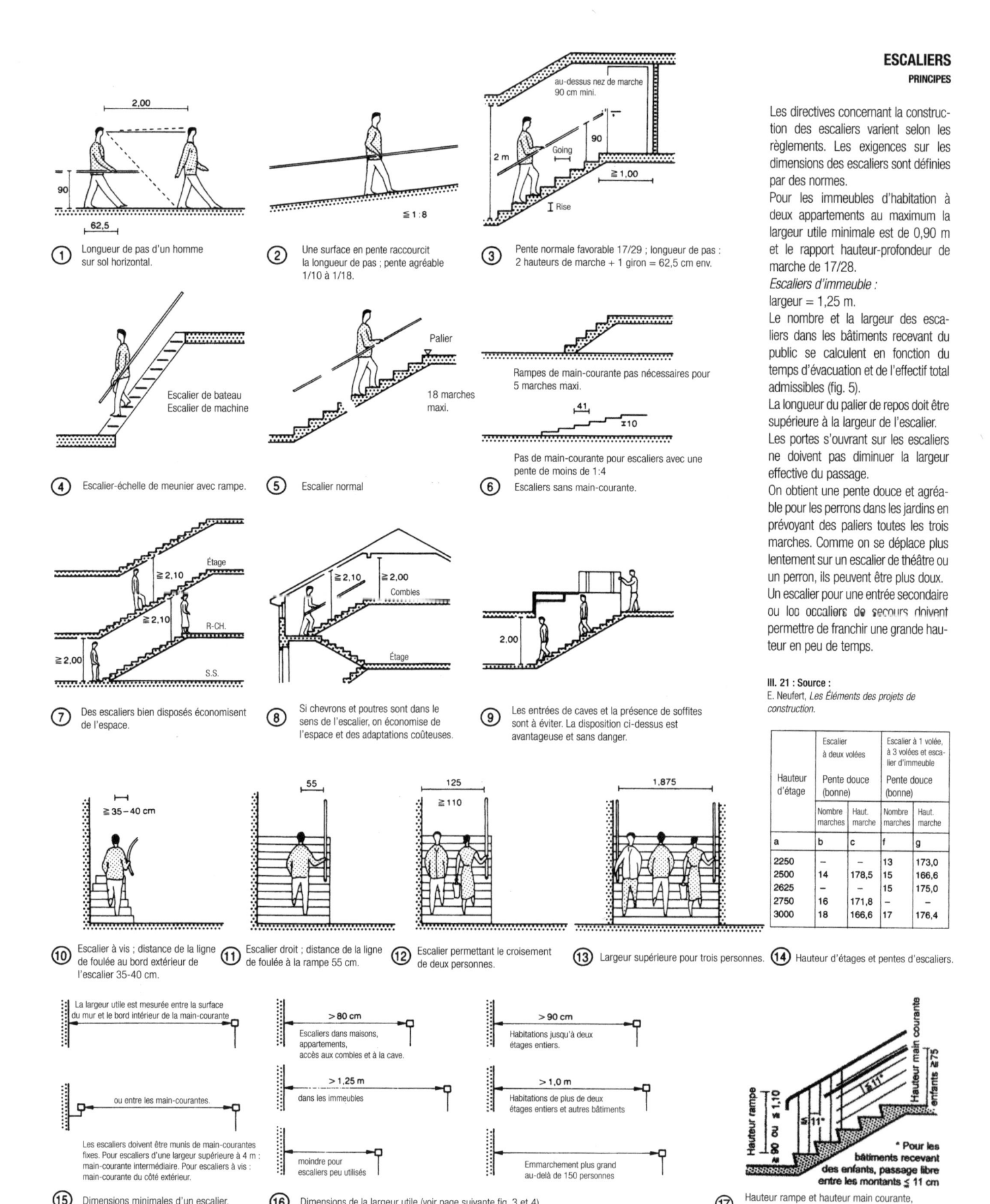

① Longueur de pas d'un homme sur sol horizontal.
② Une surface en pente raccourcit la longueur de pas ; pente agréable 1/10 à 1/18.
③ Pente normale favorable 17/29 ; longueur de pas : 2 hauteurs de marche + 1 giron = 62,5 cm env.
④ Escalier-échelle de meunier avec rampe.
⑤ Escalier normal.
⑥ Escaliers sans main-courante.
⑦ Des escaliers bien disposés économisent de l'espace.
⑧ Si chevrons et poutres sont dans le sens de l'escalier, on économise de l'espace et des adaptations coûteuses.
⑨ Les entrées de caves et la présence de soffites sont à éviter. La disposition ci-dessus est avantageuse et sans danger.
⑩ Escalier à vis ; distance de la ligne de foulée au bord extérieur de l'escalier 35-40 cm.
⑪ Escalier droit ; distance de la ligne de foulée à la rampe 55 cm.
⑫ Escalier permettant le croisement de deux personnes.
⑬ Largeur supérieure pour trois personnes.
⑭ Hauteur d'étages et pentes d'escaliers.

Hauteur d'étage	Escalier à deux volées		Escalier à 1 volée, à 3 volées et escalier d'immeuble	
	Pente douce (bonne)		Pente douce (bonne)	
	Nombre marches	Haut. marche	Nombre marches	Haut. marche
a	b	c	f	g
2250	–	–	13	173,0
2500	14	178,5	15	166,6
2625	–	–	15	175,0
2750	16	171,8	–	–
3000	18	166,6	17	176,4

⑮ Dimensions minimales d'un escalier.
⑯ Dimensions de la largeur utile (voir page suivante fig. 3 et 4)
⑰ Hauteur rampe et hauteur main courante, attention à l'appui précaire.

Géométrie des transitions

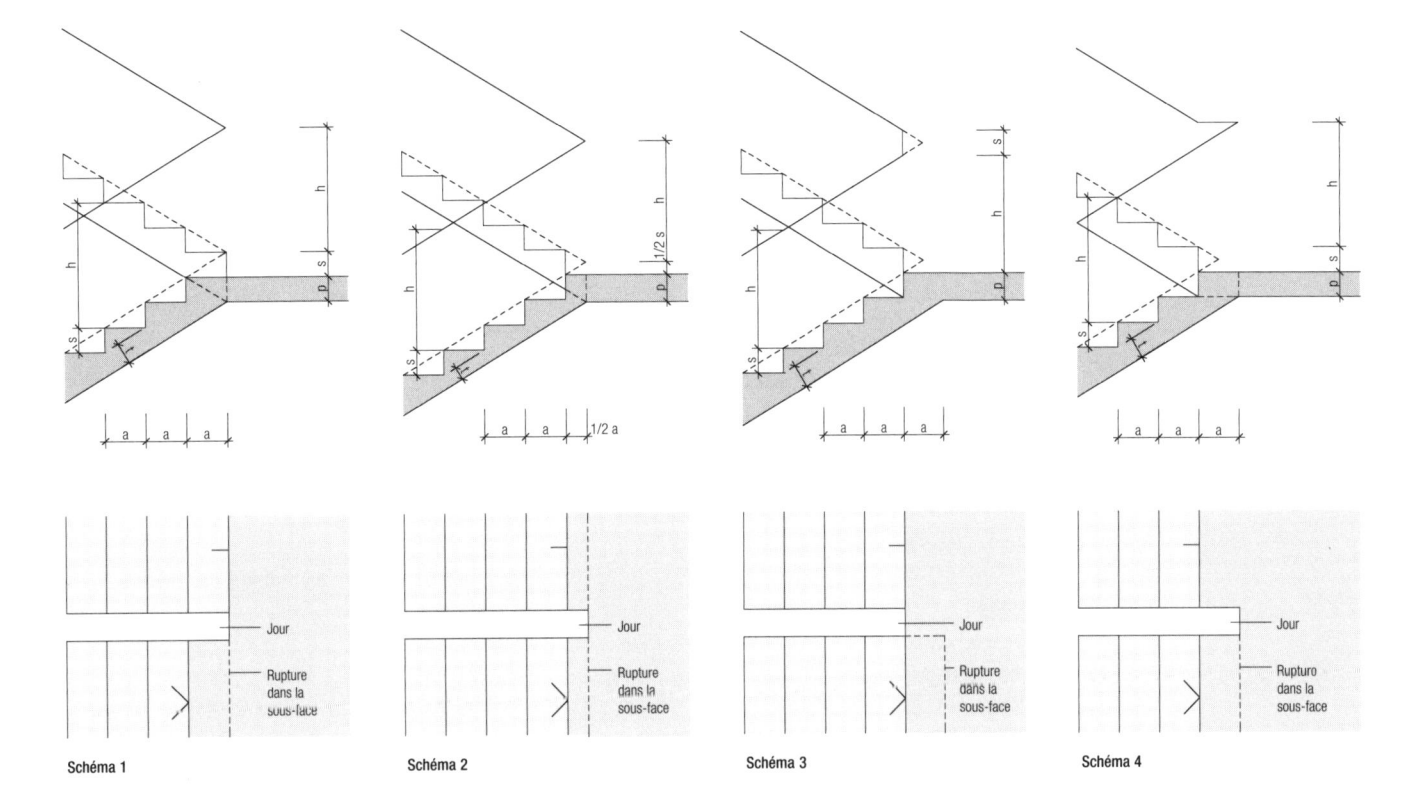

Schéma 1

Schéma 2

Schéma 3

Schéma 4

Ill. 22 : coupes (en haut)
- g Giron (profondeur de la marche)
- hm Hauteur de la marche
- h Hauteur du garde-corps
- pl Épaisseur du palier
- ps Épaisseur de la paillasse

Rapports de dépendance entre les épaisseurs de construction, la main courante et la géométrie des paliers

Lors de l'élaboration architecturale des escaliers, le concepteur est confronté aux multiples dépendances géométriques des transitions. Celles-ci changent en fonction du type de conception de l'escalier et de leurs mains courantes. Les schémas ci-dessus ne sont donc pas des solutions à valeur générale, mais servent d'exemples, à l'instar d'un escalier massif, pour les rapports de dépendance caractéristiques entre la géométrie des marches, celle de la main courante et l'épaisseur du palier et de la paillasse.

Schéma 1

Le jour, les ruptures de pente dans la sous-face et le changement de direction de la main courante sont alignés lorsqu'on décale la marche palière de la volée montante d'une longueur de giron vers l'intérieur du jour. Néanmoins, la position exacte de la rupture de pente est également tributaire du rapport entre l'épaisseur du palier et l'épaisseur de la paillasse (pl/ps), lequel peut être adapté, en vue de faire correspondre la géométrie, dans les limites d'un cadre statique pertinent. Rehausser d'une hauteur de marche (hg + hm) le point d'intersection des deux mains courantes permet d'en assurer le changement de direction. Une éventuelle main courante horizontale divergente devrait également se situer à la hauteur hg + hm.

Schéma 2

Si la marche de départ et la marche palière sont décalées d'un demi-giron dans le jour, ce dernier ainsi que les ruptures dans la sous-face et le changement de direction de la main courante se situent sur une même ligne. La position exacte des ruptures est également tributaire du rapport entre l'épaisseur du palier et l'épaisseur de la paillasse (pl/ps). Le changement de direction de la main courante n'est toutefois rehaussé que d'une demi-hauteur de marche (hg + 1/2 hm).

Schéma 3

Le rapprochement de la marche de départ et de la marche palière sur la ligne du jour provoque, pour les escaliers massifs, le décalage de la rupture dans la sous-face du palier d'environ une longueur de giron (g) vers l'intérieur du palier. Le point d'intersection des mains courantes est reculé d'une demi-longueur de giron à l'intérieur du palier, ce qui, selon la largeur du jour, peut être contourné par une main courante incurvée ou une interruption de la main courante.

Schéma 4

Si la marche de départ et la marche palière sont déplacées d'une longueur de giron dans le jour, la rupture coïncide, dans la sous-face de la volée montante, avec l'extrémité du jour. La main courante subit un double changement de direction pour récupérer la même hauteur de garde-corps.

ÉLÉMENTS — Escaliers et ascenseurs — Systèmes

Garde-corps
Extrait de la norme SIA 358, édition 1996

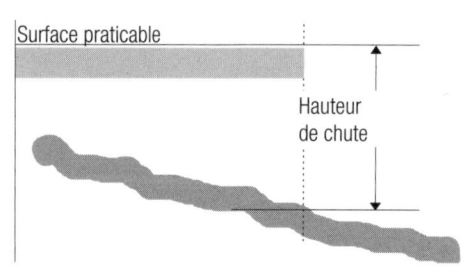

Ill. 23 : concept de hauteur de chute

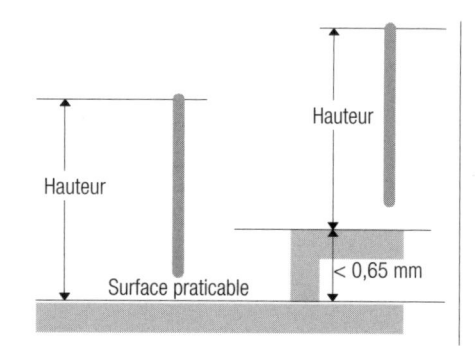

Ill. 25 : hauteur des éléments de protection

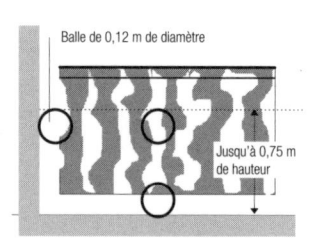

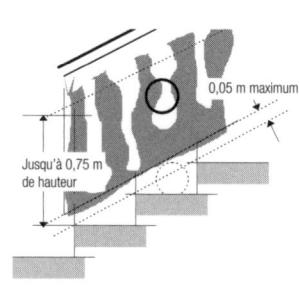

Ill. 24 : géométrie des éléments de protection

Objectif de protection
Les garde-corps, balustrades et mains courantes sont des moyens de protection architecturaux visant à préserver les personnes de tous types de chutes. La sécurité face à un danger de chute n'est assurée que lorsque celui-ci est réduit par des mesures appropriées à un minimum acceptable.

Solidité
Les garde-corps, balustrades et autres éléments de protection doivent être conçus afin de satisfaire aux sollicitations prévisibles. Cette exigence s'applique également aux dispositifs de fixation et aux remplissages.

Matériaux
Les matériaux sensibles à la corrosion ou susceptibles d'être altérés par les intempéries doivent être protégés en conséquence et pouvoir être entretenus. Lors de remplissages en verre, matières plastiques et similaires, le risque de blessures par bris doit être évité en choisissant un matériau approprié.

Agencement des éléments de protection
Garde-corps et allèges
Toute surface praticable dans des conditions d'utilisation normales et dont on peut supposer qu'elle présente un risque de chute doit être équipée d'un élément de protection. Est praticable toute surface accessible aux personnes.

On considère généralement qu'il y a risque dès que la hauteur de chute est supérieure à 1,00 m. Par ce terme, on entend la différence de hauteur mesurée du bord de la surface praticable au niveau inférieur voisin.

En cas de risque de chute accru, des éléments de protection peuvent être nécessaires à partir d'une hauteur moins élevée. Pour des hauteurs de chute allant jusqu'à 1,50 m, la prévention peut également prendre la forme de mesures appropriées telles que des plantations et autres dispositifs empêchant l'accès au bord des surfaces praticables.

Mains courantes
Les escaliers de plus de cinq marches doivent être, en règle générale, équipés de mains courantes. Pour les escaliers de plus de deux marches empruntés normalement par des handicapés ou des personnes fragiles ainsi que pour les escaliers de secours, des mains courantes doivent être en général prévues des deux côtés.

Exigences de sécurité en matière d'éléments de protection
Hauteur
La hauteur est mesurée à partir de la surface praticable et pour les escaliers, selon un axe vertical, du bord de la marche au bord supérieur de l'élément de protection.

Pour les fenêtres, le critère déterminant est le bord supérieur de la partie inférieure fixe de l'encadrement.

Sont déclarées praticables les parties de construction en saillie par rapport à l'élément protecteur et pouvant être escaladées, tels que les couronnements de murs ou les radiateurs dont la surface accessible est située à moins de 0,65 m au-dessus de la surface de référence. Dans ce cas, la hauteur de l'élément de protection est mesurée à partir de la surface la plus haute. La hauteur normale d'un élément de protection est d'au moins 1,00 m. En cas de parapets fixes d'une épaisseur d'au moins 0,20 m, la hauteur minimum est de 0,90 m.

Elle s'élève à 0,90 m au minimum pour les balustrades et les garde-corps d'escaliers et de cage d'escaliers. Pour des motifs d'utilisabilité (éviter tout sentiment d'insécurité et de vertige), la hauteur de l'élément de protection doit, si besoin, être augmentée en cas de hauteurs de chute importantes.

Conception géométrique
Garde-corps, balustrades et protections similaires servent à prévenir les chutes. Une lisse haute et une traverse intermédiaire à mi-hauteur ou un écart de 0,30 m max. entre les balustres font partie des exigences minimales requises. Dans les édifices où ont accès des enfants non surveillés en âge préscolaire, les exigences particulières sont de 0,75 m max., soit un diamètre inférieur à celui d'une balle de 0,12 m. Cela vaut aussi pour les jours entre protection et construction attenante, à l'exception de celui entre le bord de la marche et le garde-corps, de 0,05 m ou moins. Des dispositifs adéquats doivent empêcher toute escalade des protections.

ÉLÉMENTS — **Escaliers et ascenseurs**
Systèmes

Ascenseurs

Les ascenseurs permettent le transport vertical de personnes et de charges entre les étages superposés d'un bâtiment. Ils font partie intégrante des infrastructures. Ils ne sont toutefois pas directement liés à la technique des bâtiments, mais plutôt clairement tributaires des espaces verticaux et horizontaux de circulation et de distribution destinés aux personnes au sein des bâtiments.

À la différence des escaliers, qui ont une extension verticale et horizontale et peuvent être déplacés d'un étage à l'autre, les ascenseurs sont logés dans une cage verticale pour des raisons liées à la charge et à la sécurité anti-incendie. Ils forment des interfaces de circulation pour les personnes et les marchandises à chaque étage et sont ainsi situés à proximité immédiate des escaliers, et ce notamment pour un meilleur repérage.

Les contraintes imposées aux ascenseurs sont, pour l'essentiel, déterminées par l'utilisation et la destination du bâtiment. On fait pour cela le distinguo entre ascenseurs pour personnes et monte-charges. En raison des évolutions liées au marché et aux technologies, la délimitation entre les différentes versions d'ascenseurs est floue.

Conformément à la norme ISO 4190, une cabine d'ascenseur accessible aux personnes en fauteuil roulant doit présenter les cotes minimales suivantes : 1,40 m x 1,10 m (profondeur x largeur) et 0,80 m de largeur de porte. Tous les fabricants d'ascenseurs proposent, en version standard, une cabine à ces dimensions et dotée d'une capacité de charge de 630 kg min. pour 8 personnes max. Le transport de la plupart des modèles de fauteuils roulants accompagnés de 1 à 2 personnes est ainsi possible. L'espace devant l'ascenseur – la zone d'attente – doit être suffisamment important. Un dégagement minimum de 1,40 m x 1,40 m est recommandé.

Ill. 26 : la cage d'ascenseur est indépendante du jour de l'escalier.
Arne Jacobsen, hôtel de ville de Sölleröd (DK) 1942

Ill. 27 : différentes cotes de cabines et de cages de la société AS Aufzüge AG

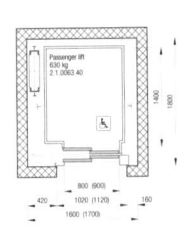

Petit ascenseur pour personnes, s'ouvrant sur un côté
- Immeubles d'habitation et de bureaux
- Capacité de charge 630 kg
- Cabine pour 8 personnes, version standard pour le transport de la plupart des modèles de fauteuils roulants et de poussettes
- L'accès unilatéral permet des dimensions minimales de cage
- Porte télescopique à 2 vantaux

Petit ascenseur pour personnes, s'ouvrant sur deux côtés
- Immeubles d'habitation et de bureaux
- Capacité de charge 630 kg
- Cabine pour 8 personnes, fauteuils roulants et poussettes
- L'accès bilatéral requiert une cage plus profonde
- Porte télescopique à 2 vantaux

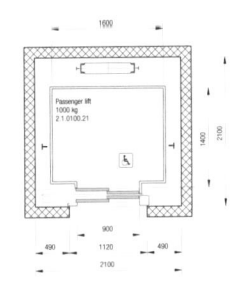

Ascenseur de dimensions moyennes pour personnes, s'ouvrant sur un côté
- Immeubles de bureaux
- Capacité de charge 1000 kg
- Cabine pour 13 personnes, fauteuils roulants
- Cabine large pour fréquentation plus élevée
- Un seul accès
- Porte télescopique à 2 vantaux

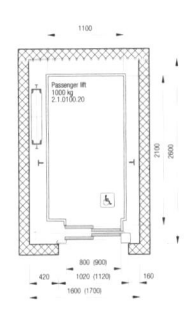

Ascenseur de dimensions moyennes pour personnes, s'ouvrant sur un côté
- Immeubles d'habitation et de bureaux
- Capacité de charge 1000 kg
- Cabine pour 13 personnes, fauteuils roulants, civières
- Cabine profonde pour simple transport de meubles
- Un seul accès
- Porte télescopique à 2 vantaux

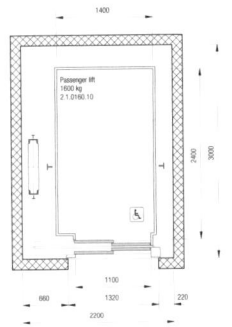

Grand ascenseur pour personnes et monte-charge, s'ouvrant sur un côté
- Immeubles de bureaux et de commerce, grands magasins
- Capacité de charge 1600 kg
- Cabine pour 21 personnes, transport de palettes
- Un seul accès
- Porte télescopique à 2 vantaux

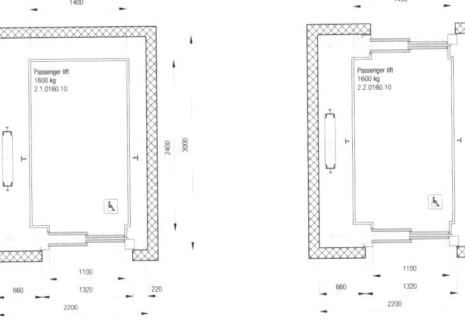

Grand ascenseur pour personnes et monte-charge, s'ouvrant sur deux côtés
- Immeubles de bureaux et de commerce, grands magasins
- Capacité de charge 1600 kg
- Cabine pour 21 personnes, transport de palettes
- Accès bilatéral, avec cabine plus petite, mais sans modification des dimensions de la cage
- Porte télescopique à 2 vantaux

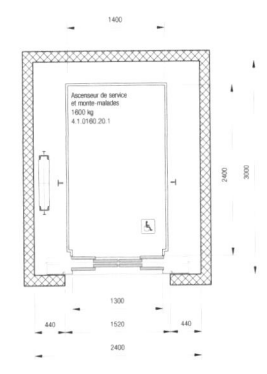

Grand monte-malades et monte-charge, s'ouvrant sur un côté
- Hôpitaux et immeubles de commerce, grands magasins
- Capacité de charge 1600 kg
- Cabine pour 21 personnes, lits et palettes
- Un seul accès
- Porte télescopique à fermeture centrale et 4 vantaux

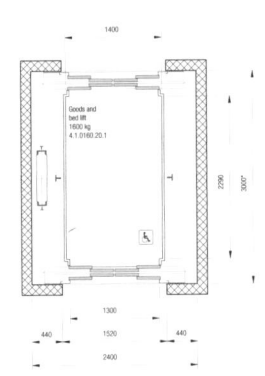

Grand monte-malades et monte-charge, s'ouvrant sur deux côtés
- Hôpitaux et immeubles de commerce, grands magasins
- Capacité de charge 1600 kg
- Cabine pour 21 personnes, lits et palettes
- Accès bilatéral, avec cabine plus petite, mais sans modification des dimensions de la cage
- Porte télescopique à fermeture centrale et 4 vantaux

ÉLÉMENTS | Escaliers et ascenseurs | Systèmes

Systèmes d'entraînement

Ci-dessous sont détaillés trois exemples représentatifs de systèmes d'entraînement d'ascenseurs répandus aujourd'hui. On distingue, en règle générale, les ascenseurs électromécaniques à câble, des élévateurs ou ascenseurs hydrauliques à vérin.

L'ascenseur simple à câbles connaît actuellement une large application. Différentes transmissions de câbles permettent des puissances motrices plus faibles ou le transport de charges plus lourdes. La vitesse ascensionnelle peut varier en conséquence. Du fait de ce système d'entraînement simple, ces ascenseurs sont bien adaptés aux immeubles hauts. Les ascenseurs hydrauliques ont une vitesse et une hauteur de transport limitées, tributaires de la pression maximale de la pompe d'entraînement. Ils conviennent aux bâtiments de plus petites dimensions. L'aménagement de l'entraînement autour de la cage est presque entièrement libre et constitue ainsi un atout.

De nombreux fabricants proposent désormais des combinaisons hybrides de systèmes d'entraînement courants, influant sur la performance et le positionnement de l'entraînement ainsi que sur la configuration du sommet et de la fosse de la cage d'ascenseur.

Ill. 28 : trois exemples de la société AS Aufzüge AG avec différents types d'entraînement illustrent leur incidence sur la géométrie de la cage pour des dimensions de cabine similaires.

Ill. 29 : types d'ouvertures des portes palières

Porte télescopique à 2 vantaux, ouverture latérale
Les vantaux de la porte télescopique ouverte sont guidés sur un côté dans la cage et influencent la largeur de celle-ci. Cette porte est adaptée aux cabines standard dotées d'ouvertures étroites.

Porte télescopique à 4 vantaux, ouverture centrale
Les vantaux des portes télescopiques ouvertes sont guidés des deux côtés dans la cage. La largeur de la cage est clairement tributaire du type d'entraînement et non de la porte.

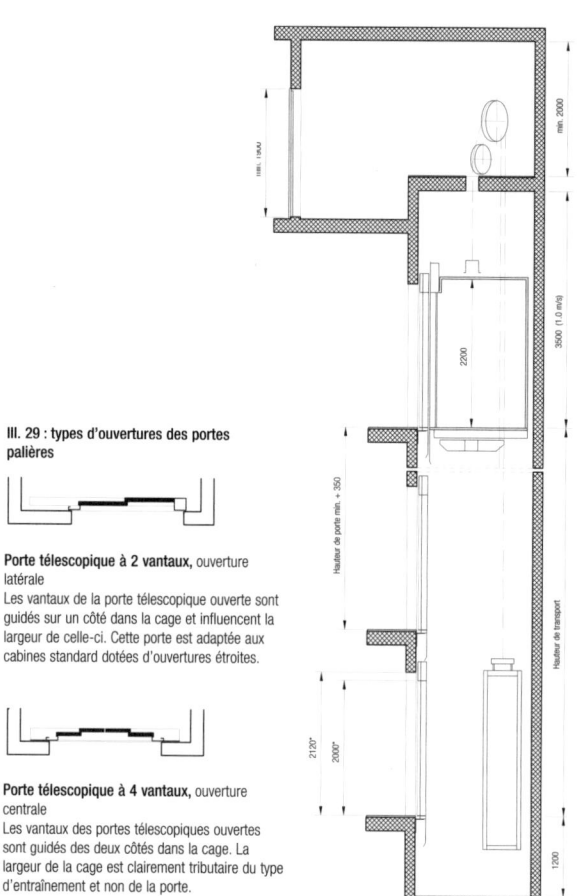

Porte télescopique à 6 vantaux, ouverture centrale
Les vantaux des portes télescopiques ouvertes sont moins profonds et sont guidés des deux côtés dans la cage. Ces portes sont adaptées aux cabines à ouvertures larges (p. ex. hôpitaux et immeubles commerciaux).

Porte télescopique à 2 vantaux, ouverture centrale
Les vantaux des portes coulissantes ouvertes sont profonds et ont une influence déterminante sur la largeur de la cage.
Ces portes sont adaptées aux cabines à larges ouvertures devant être rapidement évacuées (ex. immeubles de bureaux de grande hauteur).

Ascenseur électromécanique simple à câble
L'entraînement est situé dans un local technique séparé, placé soit directement au-dessus de la cage, soit en bas à côté de cette dernière.
Sa capacité de charge s'élève à env. 1600 kg. Pour les charges lourdes, le rapport de transmission doit être augmenté (jusqu'à 4:1).
– Système de transmission 1:1, entraînement central
– Hauteur de transport jusqu'à env. 30 m
– Vitesse pouvant s'élever à 2,0 m/s

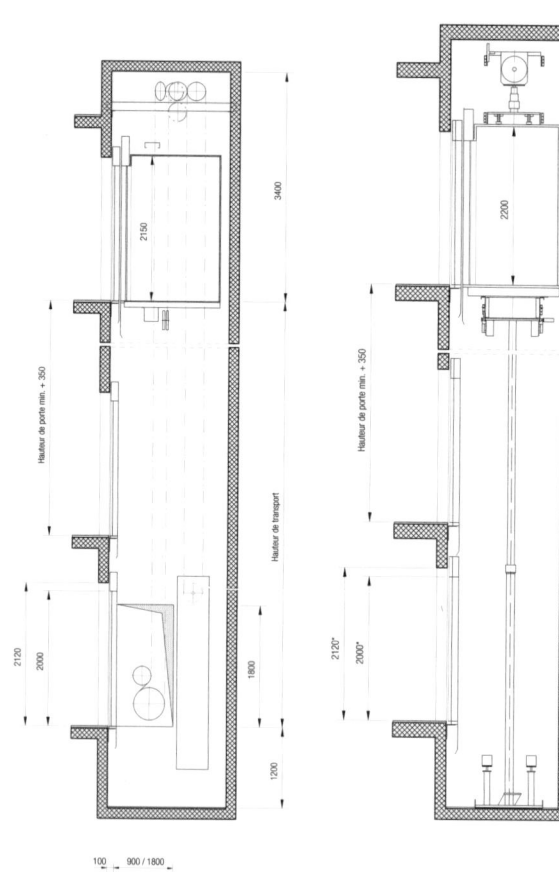

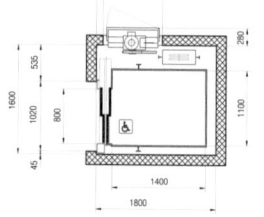

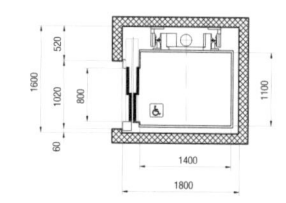

Ascenseur électromécanique avec transmission par câbles
L'entraînement est intégré à la cage. Il est tout à fait accessible de l'extérieur par une porte. Grâce à cette disposition, il est possible de renoncer au local technique situé le plus souvent dans les combles. Selon le fabricant, l'entraînement peut être installé au sommet de la cage, mais également directement sur la cabine elle-même.
– Système de transmission 4:1, entraînement latéral
– Hauteur de transport jusqu'à env. 15 m (5 arrêts)
– Vitesse d'env. 1,0 m/s

Ascenseur électromécanique en porte-à-faux
L'entraînement hydraulique peut être placé à chaque étage à l'intérieur d'une armoire de machine séparée, dans un rayon d'env. 10 m autour de la cage. Le vérin situé à côté de la cabine permet des accès sur plusieurs côtés.
Une paroi de cage pouvant supporter une charge constitue le minimum requis.
– Système de transmission 2:1, entraînement latéral
– Hauteur de transport jusqu'à env. 18 m
– Vitesse d'env. 0,6 m/s

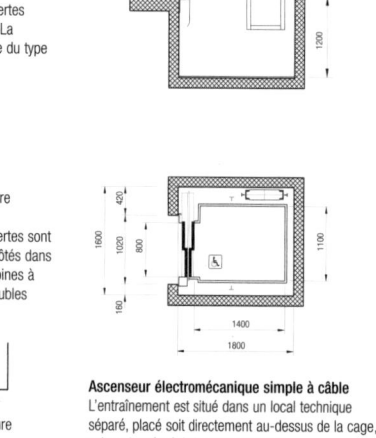

ÉLÉMENTS | Escaliers et ascenseurs
Systèmes

L'escalier, simple poutre composée
Burkard, Meyer & Partner : centre de services à Winterthour (CH) 1999

Constitués majoritairement d'une seule volée par étage, les escaliers assurant la distribution verticale de l'immeuble franchissent des hauteurs d'étage allant jusqu'à 4,5 m. Il en résulte de grandes portées pour toutes les paillasses, préfabriquées en pierre reconstituée massive sombre.

Ce matériau noble supportant, du point de vue statique, moins bien les charges que le béton traditionnel, la fonction porteuse des paillasses est assumée par quatre éléments en béton préfabriqué. Faisant office de supports primaires, ceux-ci enjambent le vide entre les appuis. Tandis que l'un de ces supports est conçu comme un simple sommier, l'autre remplit aussi le rôle de garde-corps massif. Sur les faces avant, ils sont complétés par deux éléments d'appui sur lesquels les pièces préfabriquées en pierre reconstituée ont été posées, la sous-face en néoprène garantissant déjà l'insonorisation des supports primaires contre les bruits d'impact.

La verticalité, la présence physique et la structure précise des éléments préfabriqués influent sur la forme visuelle de la cage d'escalier.

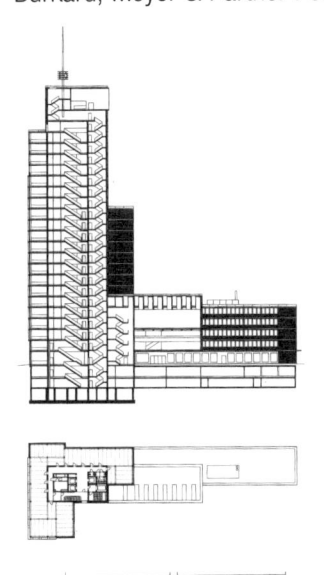

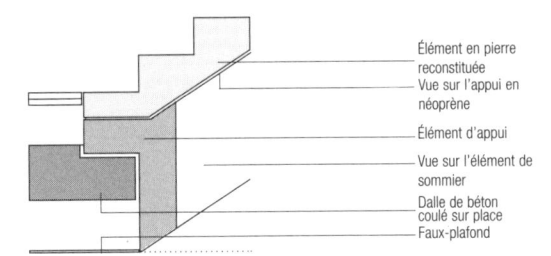

Ill. 30 et 31 : coupe et plans

Ill. 32 : cage d'escalier
Burkard, Meyer et partenaires : centre de services à Winterthour (CH) 1999

Ill. 33 : détail de l'appui d'escalier

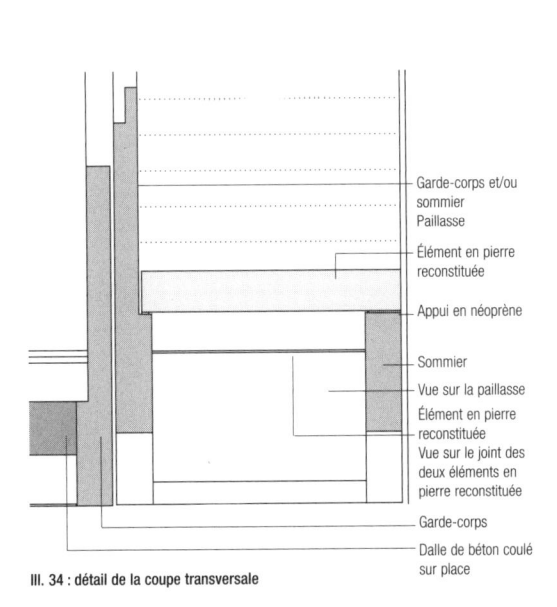

Ill. 34 : détail de la coupe transversale

Ill. 35 : schéma de construction

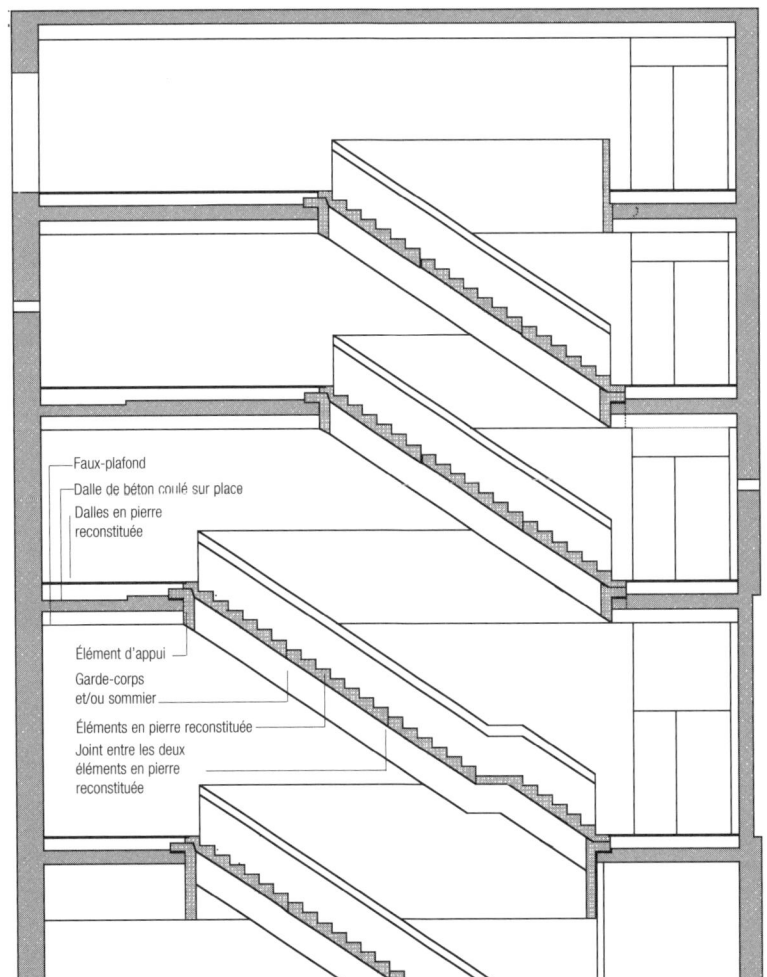

| ÉLÉMENTS | Escaliers et ascenseurs |
| | Systèmes |

L'escalier, forme organique monolithique
Herzog & de Meuron : le Museum Küppersmühle de Duisbourg (D), 1999

Ill. 36 : jour de forme organique

Ill. 37 : absence de joint visible

Espace vertical à la configuration expressive, la tour d'escalier pentagonale extérieure forme un contraste voulu avec les salles d'exposition de conception sobre de la Küppersmühle, d'anciens moulins transformés en musée.

L'escalier, une construction en béton apparent en porte-à-faux, s'enroule le long des murs extérieurs obliques autour d'un jour de forme organique. Lors du bétonnage, on a veillé à ce qu'aucun joint visible ne se forme entre les reprises pour que cet espace ait un caractère homogène. Le garde-corps et la paillasse ont été montés en une seule opération contre les parois extérieures en béton érigées au préalable. En d'autres termes, il a fallu couler en béton des éléments présentant en coupe une forme de L, ce qui constitue un obstacle au compactage, car il est impossible de décrire un angle droit avec un pervibrateur. Les surfaces concernées, en particulier les girons et le sol, ont été recouvertes ultérieurement d'un revêtement de granito également homogène. Le coffrage vertical des garde-corps et celui des sous-faces a permis de masquer les joints de reprise verticaux, nécessaires sur la longueur de la paillasse qui se déploie en serpentant sur quatre étages. Les faces supérieures des garde-corps, les seules surfaces retravaillées après coup, ont été poncées.

Toutes les parties en béton apparent sont teintées en brun-rouge dans la masse et rappellent ainsi la couleur de la brique des anciens grands moulins. Le même ton a servi pour le revêtement de granito, ce qui crée un espace monochrome et accentue l'effet monolithique de la construction.

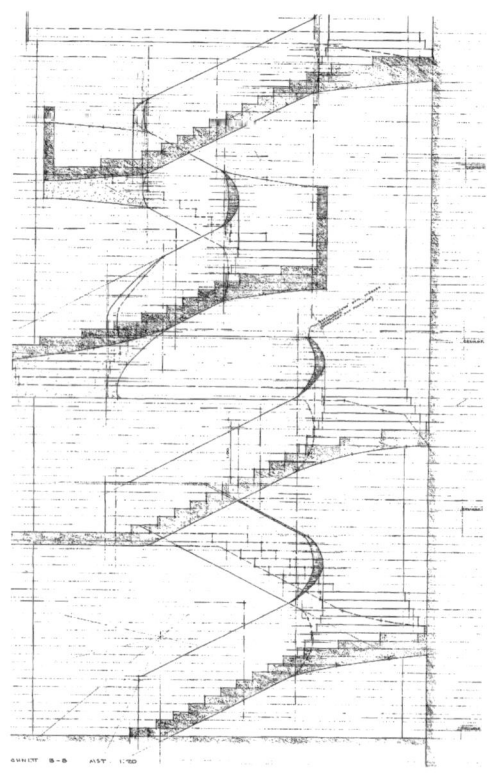

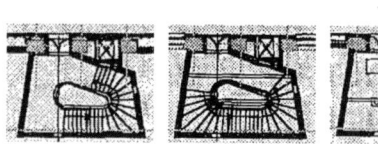

Ill. 38 : coupe

Ill. 39 : plan des rez-de-chaussée, 1er et 2e étages

ÉLÉMENTS — Escaliers et ascenseurs
Systèmes

L'escalier, grille spatiale
Otto Rudolf Salvisberg : centrale de cogénération de l'École polytechnique fédérale de Zurich (CH), 1935

Ill. 40 : aperçu du puits de distribution vertical

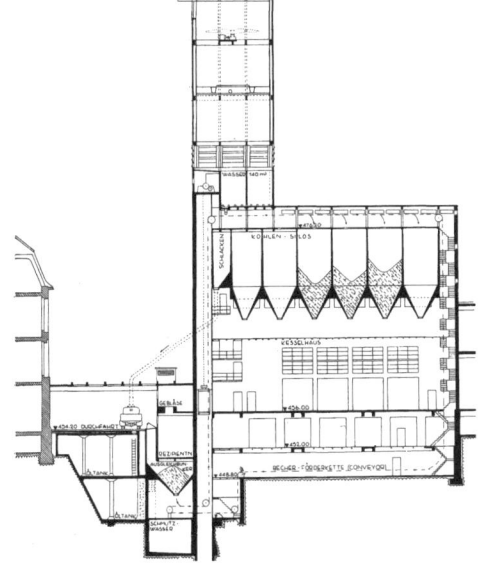

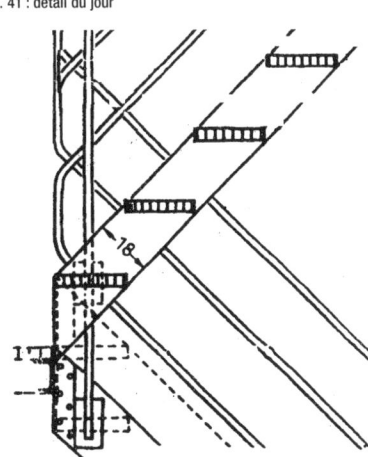

Ill. 41 : détail du jour

Ill. 42 : coupe de détail 1 et 2

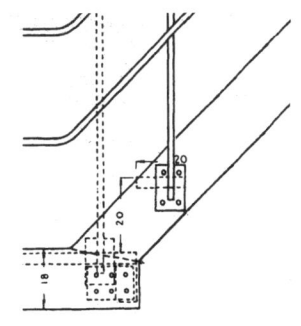

Ill. 43 : vue de détail et coupe du garde-corps

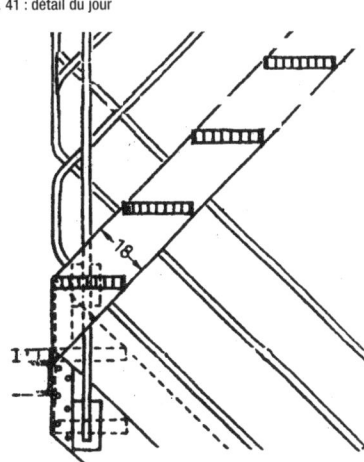

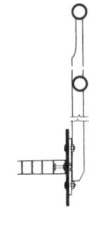

Ill. 44 : coupe de la chaufferie

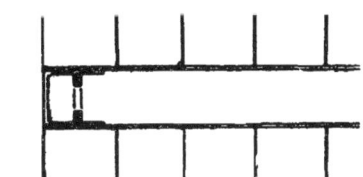

Deux constructions transparentes en acier et grillage, structurant le long entrepôt sans toutefois en occuper tout l'espace, sont installées dans la chaufferie ceinte de murs massifs en béton et de silos-trémies.

Dressée dans un coin, une structure grillagée tridimensionnelle, semblable à un escalier à limon en acier à deux volées, s'élève à une hauteur vertigineuse jusqu'au niveau de remplissage des silos. Sous les ouvertures des silos-trémies, cette structure atteint un plancher intermédiaire transparent tendu en travers de l'entrepôt et constitué également de poutrelles d'acier et de grilles. Il permet aux opérateurs de contrôler les sorties de silos.

Les limons en acier, d'une hauteur de 18 cm, sont vissés directement et de façon visible aux murs de béton et font office de poutres primaires pour les degrés et les paliers. Dans la zone palière, le limon forme une boucle du côté du jour sans pour autant modifier la pente dans le sens transversal. La géométrie des transitions ainsi définie pour les paliers produit, sur les côtés extérieurs, une rupture de pente soudée dans le limon et conçue de manière inhabituelle. Mais pour ce qui est de l'impression générale, elle vient compléter harmonieusement le détail de la solution intérieure. Les caillebotis sont vissés directement entre les limons, sans poutres secondaires. Ils peuvent ainsi très facilement passer au second plan dans l'espace. Les tubes des balustrades sont reliés aux limons par des aciers plats et des plaques de vissage. Au point de jonction avec le béton, ils sont discrètement vissés au mur, sans intermédiaire.

Indépendamment de la conception transparente et simple, c'est au montage direct des éléments aux murs que l'on doit cet effet de structure dressée dans l'espace.

ÉLÉMENTS — Escaliers et ascenseurs — Systèmes

L'escalier, construction massive en bois
Conradin Clavuot : école de St. Peter (CH) 1998

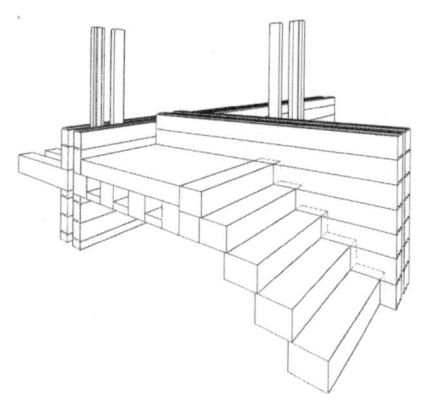

Ill. 49 : perspective

Ill. 45 et 46 : côtés et faces des marches

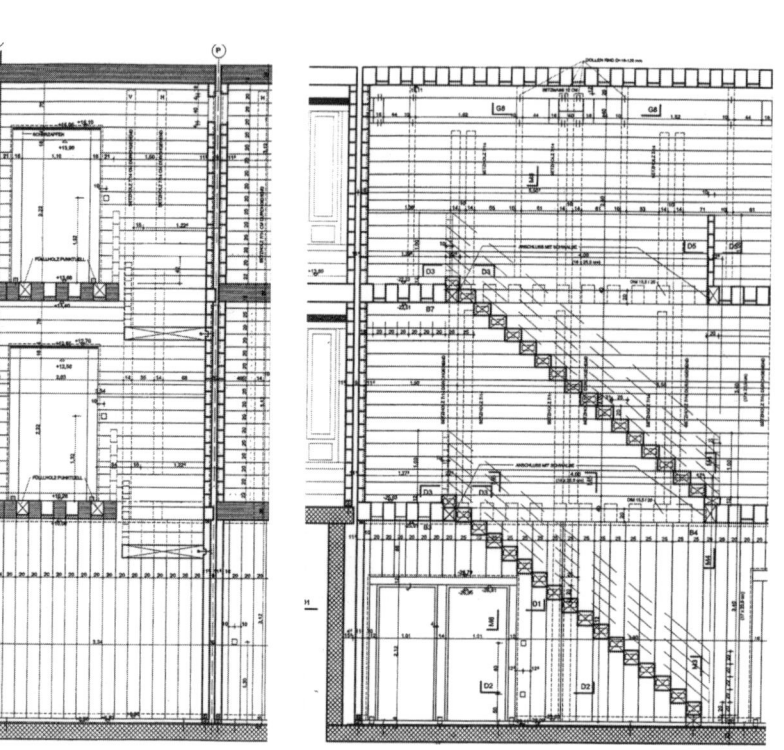

Ill. 47 : coupe transversale

Ill. 48 : coupe longitudinale

Les espaces intérieurs de l'école St. Peter sont caractérisées par la présence de poutres de pin assemblées selon la technique de construction en bois empilés. L'édification de l'escalier s'intègre sans rupture dans ce concept. Les marches sont constituées de poutres brutes qui semblent sortir du module des murs montés selon ladite technique et sont encastrées entre mur et garde-corps. Alors que dans les premiers plans, les marches étaient encore engagées dans le mur (perspective), on y a renoncé lors de l'exécution car ce mur fait partie des voiles de raidissement du bâtiment et ne peut pas assurer sa fonction avec des poutres discontinues. La poutre d'appui au mur a donc été désengagée au moyen d'un assemblage à tenon et mortaise, fixé en complément, à l'arrière, par une vis en métal (coupe transversale). Les marches sont suspendues, visées par le dessous aux poutres massives du garde-corps franchissant l'espace entre les planchers. Du point de vue statique, les éléments du garde-corps sont solidarisés par quelques tiges filetées transversales pour former un voile qui franchisse la portée requise. Les vis sont recouvertes par un bouchon.

Le bois massif a comme propriété de subir, les premières années, des retraits et des tassements. Pour l'école, le tassement a atteint jusqu'à 10 cm par étage. Le voile du garde-corps, monté entre les planchers, a donc souffert d'un léger gauchissement (intégré dans les calculs). Cela signifie que les marches sont soumises à une faible torsion, car les deux limons subissent également différents mouvements dus au tassement. Ce processus, ainsi que le retrait enregistré par tous les éléments de l'escalier, a provoqué des petites fissures apparentes entre chaque pièce de bois. Le caractère général de la construction n'en est toutefois absolument pas altéré. L'élégante rudesse des éléments massifs joue de ce phénomène qui aurait plutôt tendance à renforcer sa force expressive.

STRUCTURES

	Modes de construction	**Physique du bâtiment, énergie**
Introduction	Essai d'une systématique du développement horizontal et vertical de l'espace	Durabilité : Principes fondamentaux de l'architecture
Concepts	Structures porteuses verticales dans la construction massive : Les concepts de coupe Structures porteuses verticales dans la construction massive : Concepts de plans Structures porteuses voûtées dans la construction massive : Constructions sous compression	Le problème des flux thermiques et de la diffusion de vapeur Concepts d'isolation : Projection verticale des couches Concepts d'isolation : Systèmes complémentaires – couche portante intérieure Concepts d'isolation : Systèmes complémentaires – couche portante extérieure Sept règles pour la construction d'une maison basse énergie
Exemples	Masse lourde et lourdeur apparente Ksar el-Ferch : Un grenier fortifié en Tunisie du Sud Architecture plastique : La maison-tour écossaise	Low Tech – High Tectonic
Processus	Phases de prestations dans le déroulement de la planification Déroulement de la construction	
Systèmes	Compartimentation Construction à refends parallèles Construction à ossature Systèmes de poteaux-dalles Constructions de halles	
Systèmes mis en œuvre	Préfabrication : Construire avec des systèmes – construction modulaire	

STRUCTURES — Modes de construction — Introduction

Essai d'une systématique du développement horizontal et vertical de l'espace

Christoph Wieser,
Andrea Deplazes

L'architecture crée des espaces. La manière dont ceux-ci sont couverts est en quelque sorte inscrite dans le plan, à la façon d'un code. En effet, leur extension horizontale est étroitement liée à la question de leur couverture. Cette dépendance nous amène à décrire le développement horizontal et vertical de l'espace en trois étapes. Partant des besoins d'un individu ou d'une communauté, on crée des cellules simples, le plus souvent de dimensions modestes. Ensuite, dans un deuxième temps, on en agrandit la surface. Leur extension maximale est déterminée par le type de couverture utilisé car, même avec la technique contemporaine, il est nécessaire de s'arrêter à un certain point, le coût de la couverture augmentant de façon exponentielle. Cette limitation rend une troisième étape nécessaire, à savoir l'addition de nouveaux espaces et le percement des cellules pour les relier entre elles. Suivant les besoins, on agrandit l'ensemble spatial horizontalement et verticalement. Selon quels principes l'espace unique s'agrandit-il pour former un ensemble spatial complexe ? Quels effets ces processus d'extension ont-ils d'un point de vue constructif ?

Première partie : noyau et modèle de réflexion

Cette étude est pour l'essentiel consacrée aux relations de dépendance qui existent entre les structures spatiales et constructives d'un bâtiment. Comme modèle de réflexion, nous utiliserons une simple cellule, à partir de laquelle nous envisagerons les stratégies d'agrandissement possibles afin d'analyser ces interactions. Cette approche simplifiée doit nous permettre de mieux en distinguer les principes sous-jacents. Il ne s'agit donc pas ici de présenter l'évolution ou l'histoire culturelle de la construction, mais d'étudier ce que nous pouvons déduire des conditions préalables présentées plus haut. Les exemples choisis servent à la fois à illustrer et à relativiser notre propos. En effet, le développement proposé ici ne prétend pas être universel, puisqu'il se déroule de manière beaucoup plus complexe dans la réalité, qu'il dépend de différents facteurs plus ou moins influents, et que toutes sortes de formes hybrides interviennent dans la pratique.

Pour simplifier, représentons-nous cette cellule avec un plan carré d'environ quatre mètres sur quatre et de deux à trois mètres de haut. Les dimensions effectives des abris archaïques tels que les tentes et les huttes en bois ou en pierre se situent dans cet ordre de grandeur ; ces constructions ont un lien direct avec le rayon d'action des bras et la force physique de l'être humain, ce qui leur confère une dimension quasi « génétique ». Cependant, les êtres humains ont de tout temps su profiter de la liberté d'action qui leur était donnée dans les limites du matériel disponible.

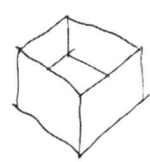

Considérons maintenant cette cellule plus en détail. À la différence d'un corps de forme pure comme le cube, qui se rapproche le plus du modèle choisi, la cellule ne possède pas six faces égales, mais des limites d'« ordres » variés qui, selon Bodo Rasch, présentent la hiérarchie suivante conformément au déroulement de la construction : les parois ou les murs forment l'élément de premier ordre, le toit constitue la limite de deuxième ordre et le sol, celle de troisième ordre[1].

Cette division de l'enveloppe spatiale en différents ordres renvoie aux diverses fonctions – tant symboliques que constructives – que ces parties doivent remplir. Concentrons-nous sur la paroi et la toiture, puisque ces deux éléments ont une importance décisive si l'on veut présenter le développement horizontal et vertical de l'espace. Les techniques mises en œuvre varient selon qu'il s'agit de constructions filigranes ou massives mais, en fin de compte, les deux modes de construction doivent permettre d'atteindre des résultats comparables.

Couvertures

La couverture des espaces constitue depuis toujours une tâche exigeante, puisque la pesanteur se fait ici immanquablement sentir. La moindre erreur d'appréciation provoque un écroulement. Tandis que, dans la construction massive, on recourt souvent à des constructions filigranes pour le toit et les planchers afin de les alléger, dans la construction filigrane, on ne procède pas, pour des raisons compréhensibles, à ce changement de matériau. On garnit certaines constructions filigranes – par exemple les constructions à pans de bois – d'une maçonnerie légère (hourdis), mais on construit les toits le plus légers possible pour éviter toute charge superflue. Aux premiers temps de la construction, le choix du type de toiture dépendait des matériaux disponibles. Leurs propriétés constituent jusqu'à aujourd'hui un facteur important, tant sur le plan constructif que formel. Les coupoles massives présentent des propriétés différentes des structures plissées ou des charpentes en bois ou en métal ; depuis le XXe siècle, les toitures plates en béton armé offrent encore d'autres possibilités.

Dans la construction filigrane, la cellule simple est couverte avec des poutres ; à l'origine, on utilisait des branchages et des rameaux. En règle générale, il s'agit de systèmes orientés, dont font partie tous les types de toits, qu'ils soient plats, à un ou à deux versants. Dans tous les cas, il y a des parois qui servent de supports et d'autres qui ne sont pas sollicitées par la charge du toit.

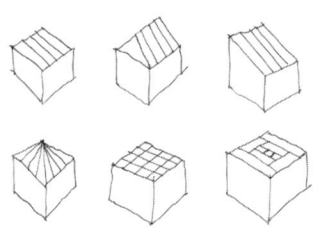

STRUCTURES   **Modes de construction**

Introduction

Tant que la stabilité transversale est assurée, ces différences permettent d'ouvrir largement, voire de supprimer les pignons.

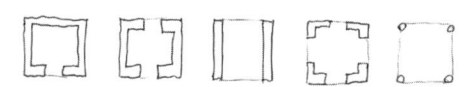

On trouve aussi, dans la construction filigrane, des couvertures « non orientées », utilisées pour les huttes ou les tentes de forme conique ; les toits en pyramide, des constructions rayonnantes complexes avec des enchevêtrures ou des caissons, font aussi partie de cette catégorie, même s'il serait plus juste de dire qu'ils sont « doublement orientés ».

Dans la construction massive, on connaît différents types de toitures non orientées : coupoles en encorbellement en pierres plates empilées – comme on peut en voir aujourd'hui encore dans les bories, près de Gordes –, toits pyramidaux, coupoles, mais aussi les toitures plates en béton armé, qui peuvent être orientées ou non orientées suivant la disposition des fers d'armature. Les voûtes en berceau font partie des systèmes orientés.

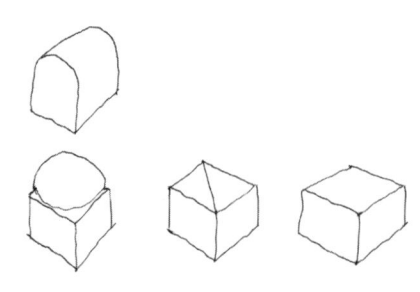

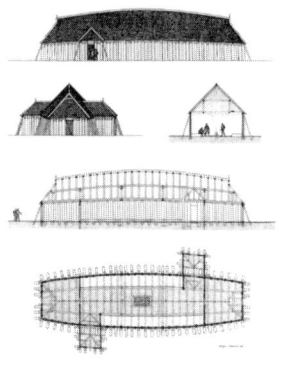

Ill. 1 : coupole en encorbellement en pierres plates empilées
Bories, Gordes (F)

Ouvertures

La paroi doit remplir des tâches contradictoires : elle assure une fonction, statique, mais il est nécessaire d'y créer des ouvertures comme les fenêtres et les portes – pour relier les cellules entre elles, mais aussi pour les éclairer et les aérer. Dans la construction filigrane, on commence par édifier une ossature « à claire-voie », que l'on « ferme » ensuite avec des parois non porteuses ; les ouvertures sont ici structurelles et résultent du « remplissage », partiel, de l'ossature. Il en va autrement dans la construction massive, où les ouvertures sont « percées » dans les murs porteurs ; leur taille est cependant limitée, car elles en affaiblissent la capacité portante.

Ill. 2 : « Fyrkat »
Reconstitution d'une grande halle viking

On peut vouloir agrandir les ouvertures ou en augmenter le nombre pour plusieurs raisons, dont l'amélioration de l'éclairage ; certaines fonctions (garage ou magasin) exigent de grandes ouvertures. Or c'est précisément au niveau du rez-de-chaussée, où l'on désire une ouverture maximale vers l'espace public, que les sollicitations statiques sont les plus fortes. Dans la troisième partie de ce chapitre, nous montrerons que des techniques permettant de répondre à ces exigences, tant dans la construction filigrane que dans la construction massive, ont été mises au point au fil des millénaires.

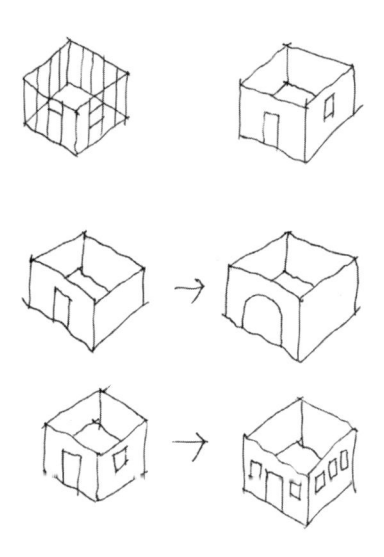

Deuxième partie :
processus d'extension horizontale

Le désir d'agrandir la surface engendre des processus d'extension horizontale. À partir de la simple cellule, il existe fondamentalement deux modes de développement de l'espace : a) l'agrandissement du volume de la cellule, b) l'addition de cellules, ensuite reliées entre elles.

1re stratégie : agrandir un seul espace

À l'origine, l'agrandissement d'une cellule pour en faire une salle ou une halle était sans doute destiné à créer un lieu de réunion pouvant servir, entre autres, à des festivités. On connaît aussi différentes formes de maisons ou de halles allongées (comme chez les Vikings), dans lesquelles habitait tout un clan. Or, si l'on agrandit un volume, il faut aussi augmenter les dimensions des éléments importants du point de vue statique, à savoir la hauteur de la couverture et l'épaisseur des murs extérieurs. Cela n'est toutefois possible que lorsque la capacité portante du matériau est suffisante ; lorsqu'on en atteint les limites, le système constructif doit être modifié. Du point de vue structurel, on assiste à un conflit d'objectifs : pour réaliser de plus grandes portées, il faut davantage de matière, d'où une augmentation du poids et une complication du

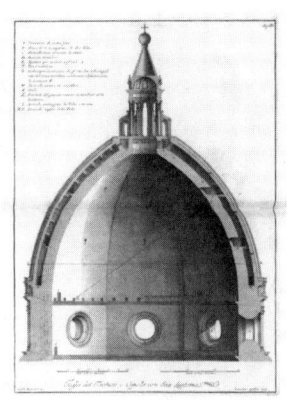

Ill. 3 : coupe de la coupole à deux calottes
Filippo Brunelleschi, Santa Maria del Fiore,
Florence, (I) 1418-1436

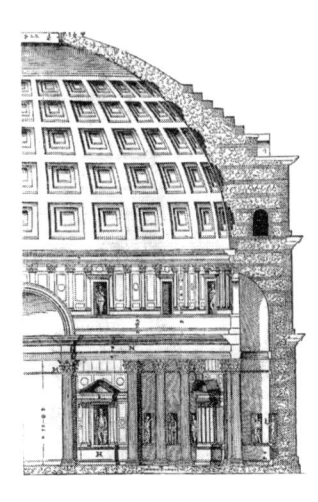

Ill. 4 : coupe d'après Palladio 1570
Panthéon, Rome (I) 118-128 apr. J.-C.

Ill. 5 : structure porteuse filigrane basée sur un ordre modulaire et des éléments linéaires normalisés
Konrad Wachsmann, maquette d'un treillis tridimensionnel

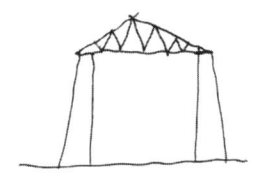

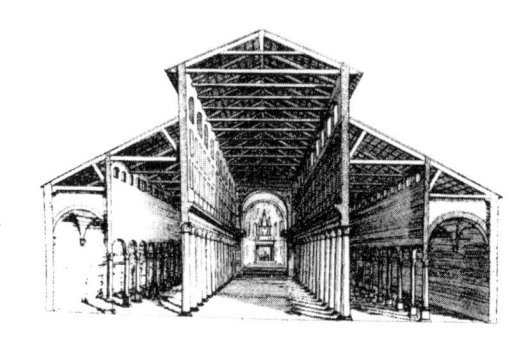

Ill. 6 : coupe de la basilique à cinq nefs
Première basilique Saint-Pierre, Rome (I) IVe siècle apr. J.-C.

système porteur, ce qui, en retour, modifie les portées maximales possibles.

Le processus de la conception et de la construction de la coupole du dôme, à Florence, illustre ce problème de façon exemplaire. En effet, les dimensions de la nef principale et de la croisée du transept avaient été fixées bien avant que Filippo Brunelleschi ne trouve une solution pour la coupole. En proposant une construction à deux calottes, il pouvait, d'une part, prolonger sans décrochement à l'intérieur et à l'extérieur le mur très épais du tambour existant et, d'autre part, réduire le poids de manière que les sommiers puissent supporter la charge, considérable, puisque la portée était de 42 mètres[2].

Selon leurs qualités intrinsèques, on parle de structures porteuses à « section active » ou à « forme active ». Dans les constructions à « section active », les forces cheminent dans une section non spécifiée, en partie « surdimensionnée », qui contient donc des zones statiquement inactives. Pour alléger le poids, on a donc souvent recours au matériau le moins lourd possible. C'est le cas de la coupole du Panthéon, dont le mélange de béton est de plus en plus léger au fur et à mesure que l'on s'approche du faîte. L'épaisseur de la calotte diminue dans le même temps, ce qui fait de cette coupole un exemple de structure porteuse à forme active déjà en partie optimisée. En effet, dans les constructions à forme active, le cheminement des forces devient un paramètre de conception de la forme, et la structure porteuse est réduite aux seuls éléments indispensables à la stabilité. Les charpentes de toutes sortes en fournissent des exemples typiques, qu'il s'agisse de simples fermes ou des expériences menées par Konrad Wachsmann, qui développait des treillis métalliques tridimensionnels toujours plus audacieux à l'aide d'une technique de nœuds très élaborée.

Les structures porteuses à hautes performances destinées à recouvrir un espace sans pilier finissent elles aussi par atteindre les limites de faisabilité de l'époque de leur construction. Par ailleurs, la démesure de leur mise en œuvre les rend souvent inappropriées. Cela explique qu'avec la basilique soit apparu, tôt dans l'histoire, un type de halle dont l'organisation en plusieurs nefs répartit les charges de manière raffinée, les nefs latérales reprenant la poussée du toit de la nef principale. Cette répartition des charges permet non seulement de créer un vaste espace continu, mais aussi de réaliser des constructions fines, dans lesquelles la structure porteuse est fortement réduite, comme dans les églises gothiques, où les lumineux espaces intérieurs sont obtenus grâce au « rejet à l'extérieur » des arcs-boutants qui assurent le nécessaire équilibre des forces.

2e stratégie : additionner plusieurs espaces

La basilique nous amène à un autre mode de développement horizontal de l'espace, à savoir les stratégies consistant à juxtaposer plusieurs espaces ; on y distingue deux groupes principaux : l'addition orientée et l'addition non orientée.

Addition non orientée

L'extension du noyau par addition d'autres espaces engendre un ensemble spatial. Lorsque ce processus se déroule de manière non hiérarchique, c'est-à-dire lorsque tous les espaces sont traités de façon équivalente, on parle d'addition non orientée. Ce type de développement répond à un besoin courant, celui d'augmenter le nombre de pièces disponibles. Par la même occasion, les espaces individuels peuvent être différenciés car les pièces supplémentaires ne sont pas nécessairement de forme et de taille identiques.

La flexibilité en matière d'agrandissement est une caractéristique de ces agglomérats spontanés. Le principe consistant à réunir des espaces individuels selon une géométrie libre est très ancien et apparaît aussi bien dans les ouvrages en pisé que dans l'architecture des igloos. Chacun d'eux se compose d'une suite d'espaces de hauteurs et de dimensions différentes ; on connaît aussi des groupements d'igloos formant des « grappes[3] ». On peut aussi assembler des pièces de tailles et de proportions différentes de manière à ne laisser aucun espace « intermédiaire », comme le montre le plan de la villa d'Hadrien à Tivoli (118-134 apr. J.-C.), qui cultive ce principe avec volupté et brio, en particulier dans la partie des petits thermes.

Le modèle du développement par addition non orientée se base sur l'hypothèse d'un assemblage de pièces

Ill. 7 : construction d'un igloo

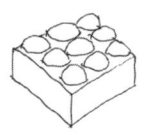

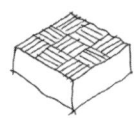

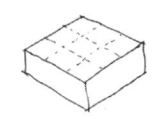

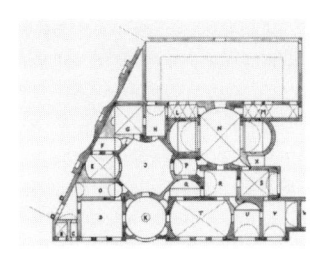

Ill. 8 : plan des petits thermes
Villa d'Hadrien, Tivoli (I) 118-134 apr. J.-C.

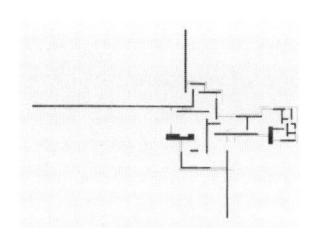

Ill. 9 : Ludwig Mies van der Rohe, projet de maison de campagne en brique, 1923-1924

individuelles structurellement et statiquement indépendantes formant un agglomérat. Cela suppose cependant des doublements de poteaux (dans la construction filigrane) et de murs (dans la construction massive), doublements que, dans la réalité, on évite par souci d'économie. D'un point de vue structurel, les extensions sont donc « seulement » constituées d'angles et de segments de murs en tout genre, et ce n'est que leur combinaison avec les éléments existants qui leur assure la stabilité nécessaire. Dans leur principe, le concept d'espace fluide formulé par le mouvement De Stijl ou le projet de maison de campagne en brique de Mies van der Rohe (1924) peuvent s'interpréter comme un développement radical de cette méthode : la structure fermée des éléments de mur assemblés les uns aux autres est supprimée, les segments de parois droits et en L sont isolés et ne définissent plus les espaces que de façon lâche.

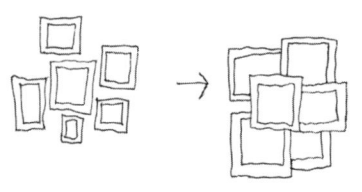

La couverture de l'espace diffère elle aussi : alors que dans la construction traditionnelle, il est fréquent, pour des raisons pratiques et économiques, que chaque pièce soit couverte individuellement, en architecture moderne, la toiture est une dalle collaborant à la structure porteuse et qui permet, jusqu'à un certain point, les porte-à-faux.

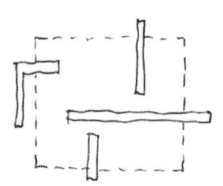

Le béton armé convient particulièrement à la réalisation de dalles non orientées. Le terme « non orienté » ne rend cependant pas exactement compte des rapports réels. La plupart du temps, les toitures plates sont aussi des structures orientées, ce que l'on ne peut plus voir puisque l'enrobage en béton cache la disposition des fers d'armature.

À côté des variantes modernes de couverture non orientée – ou plutôt orientée dans deux ou plusieurs directions –, il existe aussi des modes de construction traditionnels. Citons, entre autres, la couverture des cellules avec une coupole, comme dans les madrasas (écoles coraniques des mosquées), ou avec une charpente en bois. Du fait de leur portée plutôt faible (environ cinq mètres), les poutres massives ou contrecollées, conviennent aux agglomérats de cellules en grande partie fermées. Pour améliorer le contreventement, l'orientation des poutres est modifiée de 90° d'une pièce à l'autre. Les poutres en acier permettant de franchir de plus longues portées, les couvertures métalliques plates autorisent une forte diminution de la structure, puisque celle-ci peut recouvrir plusieurs cellules. En règle générale, les toitures métalliques sont construites de façon hiérarchique et donc orientées.

Les cellules couvertes par une coupole peuvent aussi être juxtaposées à la façon de modules pour former des espaces complexes. On peut par ailleurs obtenir une ou plusieurs grandes salles en remplaçant les parois intermédiaires par des poteaux. Ces grands espaces se caractérisent par l'importance relative conservée par chaque cellule du fait du caractère fortement centré de la coupole. Aldo van Eyck utilise cette caractéristique avec un grand raffinement dans son orphelinat d'Amsterdam (1955-1960). S'inspirant du souk africain, il a dessiné une forme en nid d'abeilles, avec des cellules recouvertes de coupoles. Pour distinguer certains locaux, il augmente de propos délibéré les dimensions, ou les pourvoit de fenêtres de toit, uniques ou disposées en cercle. Il utilise de plus la flexibilité de la méthode additive pour étendre le bâtiment en fonction des besoins.

Addition orientée

Le deuxième groupe de stratégies d'extension horizontale consiste à aligner des espaces ou à les faire croître radialement. L'alignement consiste à disposer les murs parallèlement les uns à côté des autres. Cette structure est

Ill. 10 : structure en nid d'abeilles d'éléments recouverts de coupoles
Aldo van Eyck, orphelinat, Amsterdam (NL) 1955-1960

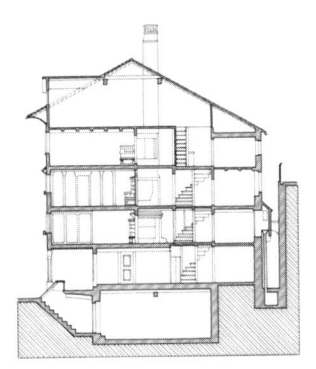

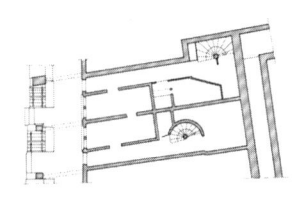

STRUCTURES | **Modes de construction**
Introduction

hiérarchiquement organisée, en murs porteurs longitudinaux et en parois de contreventement ou de remplissage non porteuses. On obtient ainsi des espaces rectangulaires très allongés qui – à l'exception du premier et du dernier refend – ne peuvent bénéficier d'un éclairage naturel que par les façades ou par le toit. En couvrant ces murs avec des voûtes en berceau ou des toits en bâtière, on augmente de façon exponentielle l'effet de la structure, déjà fortement orientée.

Les espaces intérieurs sont donc orientés parallèlement aux refends. Si l'on peut en principe les prolonger à volonté dans cette direction, un agrandissement dans l'axe transversal exige de rajouter une « unité » complète. Les intervalles entre les parois peuvent varier selon le type de couverture, sans toutefois modifier l'orientation primaire du plan.

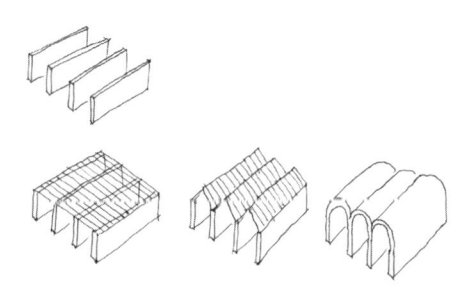

Les connexions transversales entre les espaces longitudinaux sont intéressantes d'un point de vue architectural, mais aussi structural.

Les constructions filigranes, structurées en trame, sont quasi « naturellement » transparentes dans toutes les directions – à l'exception des constructions en bois empilés, dans lesquelles la définition des espaces fonctionne plutôt comme une construction massive. À Rome déjà, dans les marchés de Trajan, la partie avant des refends était percée ou complétée par un couloir de desserte afin de relier les cellules entre elles. On rencontre un principe apparenté dans la vieille ville de Berne, où les étroites maisons allongées sont reliées, côté rue, par un passage public couvert.

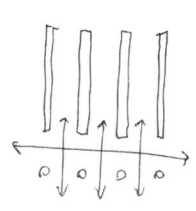

On augmente encore le degré de transparence transversale en réduisant les murs à des arcs puis à des piliers.

Les bains du palais de Qusayr Amra (711 apr. J.-C.), aujourd'hui au milieu du désert jordanien, constituent un exemple très ancien de structure en refends parallèles recouverte de voûtes en berceau. Les trois voûtes du hall d'entrée sont presque exclusivement supportées par des arcs, ce qui crée ainsi un vaste espace transversal. La structure reste cependant déterminée par l'orientation longitudinale des berceaux parallèles. Cette superposition d'une orientation longitudinale et d'une transversale est aussi fascinante dans les salles de prières des mosquées à colonnes, comme celle de la grande mosquée de Cordoue (785-961) qui, édifiée en plusieurs étapes, finit par former un vaste espace intérieur comptant 600 colonnes. Comme la plupart des mosquées de ce type, cet édifice est pourvu de plafonds plats en bois. La toiture est supportée par une charpente en bois, les pignons étant calqués sur la structure en refends de l'édifice.

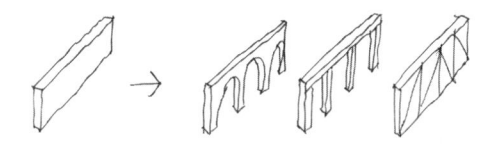

En 1972, Louis I. Kahn a construit à Fort Worth, au Texas, une variante moderne de structure en refends parallèles réduite au minimum, recouverte de berceaux en béton armé reposant chacun sur quatre poteaux. Dans le Kimbell Art Museum, il joue adroitement avec la dominance des voûtes longitudinales en leur opposant le sens de circulation comme un contrepoint. Les visiteurs pénètrent par l'entrée principale située au milieu de la façade longitudinale et perpendiculaire à la structure du

Ill. 11 : maisons étroites dans la vieille ville de Berne (CH)

Ill. 12 : thermes
Palais de Qusayr Amra (Jordanie) 711 apr. J.-C.

Ill. 13 : vue transversale de la grande halle à colonnes où les refends parallèles sont réduits à des colonnes et des arcs
Grande mosquée, Cordoue (E) 785-961

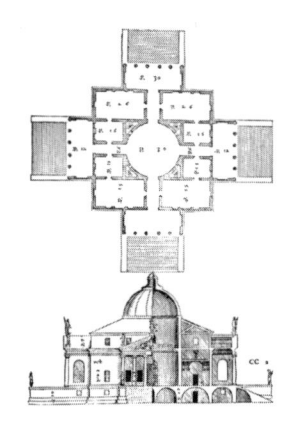

Ill. 14 : plan et coupe
Andrea Palladio, villa Capra « La Rotonda », Vicence (I) 1567-1591

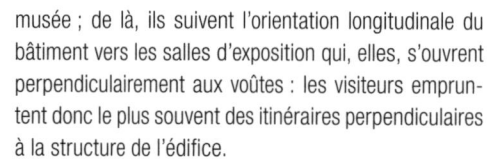

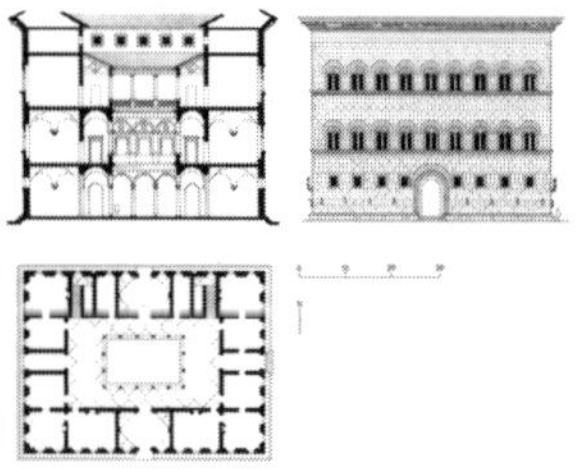

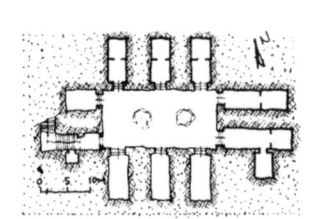

Ill. 15 : plan, coupe et élévation
Giuliano da Sangallo, palazzo Strozzi, Florence (I) 1489-1539

Ill. 16 : maison de terre en Chine

musée ; de là, ils suivent l'orientation longitudinale du bâtiment vers les salles d'exposition qui, elles, s'ouvrent perpendiculairement aux voûtes : les visiteurs empruntent donc le plus souvent des itinéraires perpendiculaires à la structure de l'édifice.

Tous les bâtiments composés d'extensions disposées en cercle autour d'un espace central font aussi partie du groupe des ensembles spatiaux orientés.

Ces édifices de plan centré sont construits de façon hiérarchique et en respectant souvent la symétrie. Parmi eux, on trouve des châteaux et de nombreuses églises, avec leurs niches à prières et leurs chapelles latérales, comme Paul Frankl l'a démontré de manière systématique, à l'aide de schémas simples, dans son ouvrage

Ill. 17 : refends parallèles recouverts de voûtes en berceau
Louis I. Kahn, Kimbell Art Museum, Fort Worth, (Texas, USA) 1972

Die Entwicklungsphasen der neueren Baukunst (1914)[4]. Des bâtiments profanes, comme la villa Rotonda (1751) de Palladio, près de Vicence, sont eux aussi souvent organisés de cette manière.

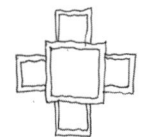

Le palais Strozzi, à Florence, sans doute édifié sur la base des plans dessinés par Giuliano da Sangallo entre 1489 et 1539, montre bien que l'espace central peut être une cour. Dans ce contexte, on peut encore citer les maisons en terre chinoises et tunisiennes, dans lesquelles les pièces sont groupées autour d'une cour centrale excavée. On peut ajouter des pièces en fonction des besoins, en creusant les parois de la cour, jusqu'à ce que celle-ci soit complètement ceinte de cellules et qu'il soit nécessaire de creuser une nouvelle cour d'accès servant aussi à l'éclairage et à l'aération. Dans ces ouvrages, il existe un

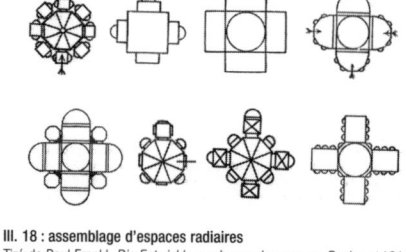

Ill. 18 : assemblage d'espaces radiaires
Tiré de Paul Frankl, *Die Entwicklungsphasen der neueren Baukunst* 1914

rapport direct entre la largeur des espaces et la capacité portante de la terre, qui peut être du lœss (sable marneux) ou de l'argile.

Si nous avons qualifié l'addition radiale de structure hiérarchique, c'est avant tout à cause de l'organisation des pièces annexes autour d'un espace central principal. Cependant, ce dernier possède souvent une autre structure, sans doute en raison des plus grandes portées qu'il s'agit de couvrir. Dans les édifices religieux, par exemple, une coupole en pierre peut se combiner avec une charpente en bois pour les espaces plus petits. Dans la construction filigrane, en revanche, on n'observe pas un tel changement de matériau, puisqu'on peut répondre aux diverses exigences de couverture en variant les formes de toiture et l'espace entre les appuis.

Troisième partie : processus d'extension verticale

Comme nous l'avons déjà indiqué à propos de l'agrandissement d'une cellule en salle, en général l'extension n'est pas seulement horizontale mais aussi verticale. Cela tient surtout à des questions d'utilisation, de proportions et de bien-être, puisque, d'un point de vue purement constructif, il ne s'agit pas d'une obligation, de vastes locaux de faible hauteur pouvant être recouverts de la même manière que d'autres plus élevés. La surélévation des parois s'accompagne d'une modification de leur épaisseur pour garantir l'efficacité du matériau mis en œuvre, ce que l'on peut voir dans les revêtements ou les différences d'épaisseur dans la construction massive, et dans les modifications de la section des poteaux, d'étage en étage, dans la construction filigrane.

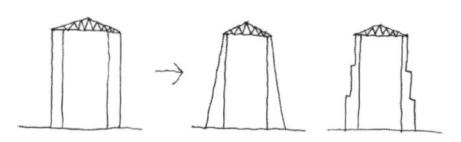

À partir d'une certaine hauteur, on a besoin d'un échafaudage. Ce peut être un ouvrage indépendant éphémère, le plus souvent retiré lorsque la construction est achevée. Il arrive cependant qu'il laisse des traces, comme sur l'hôtel de ville de Sienne (1288-1309), où

STRUCTURES — Modes de construction
Introduction

Ill. 19 : les évidements destinés aux extrémités des traverses d'échafaudage (boulins) sont particulièrement bien visibles sur la façade arrière.
Hôtel de ville, Sienne (I) 1288-1309, avec la Torre del Mangia 1338-1348

Ill. 20 : éléments de façade formés de châssis préfabriqués en béton apparent
Giuliani Hönger, Fachhochschulzentrum Bahnhof Nord, Saint-Gall (CH) 2003-2010

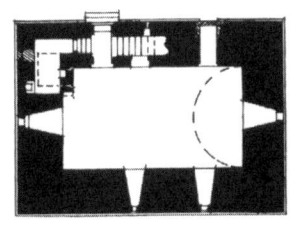

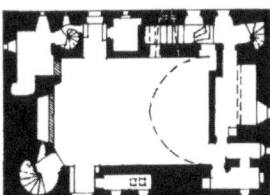

Ill. 21 : maison-tour écossaise
Elphinstone Tower, vers 1440, rez-de-chaussée et premier étage

les évidements destinés aux extrémités des traverses d'échafaudage (boulins) forment un dessin irrégulier à la surface des murs de brique de la façade arrière de l'édifice et sur la tour (1338-1348). La construction des tours a entraîné – surtout pour des raisons de coûts – la mise au point de méthodes de construction sans échafaudage. Pour le Fachhochschulzentrum Bahnhof Nord à Saint-Gall, le cabinet d'architecture Giuliani et Hönger a fait de cet enjeu constructif un thème architectural : les éléments de la façade sont formés par des châssis préfabriqués en béton apparent constitués de deux couches, conçus de manière à pouvoir « s'insérer » les uns dans les autres étage par étage, leur recouvrement partiel permettant de faire l'économie du jointoiement. On peut ensuite monter les fenêtres à caisson depuis l'intérieur grâce à l'exactitude des dimensions des châssis préfabriqués.

La troisième partie de cette systématique traite surtout de la superposition des espaces individuels et des ensembles spatiaux en vue de former des édifices de plusieurs étages. Nous laisserons de côté les questions de la couverture, puisque nous les avons déjà traitées. La structure des planchers est en revanche très importante du point de vue constructif. Dans le développement vertical de l'espace, nous pouvons aussi distinguer deux groupes principaux, comportant chacun différentes possibilités. L'appartenance à l'un ou l'autre groupe dépend du concept de reprise des charges verticales mis en œuvre.

1. Superposition des espaces

La solution la plus simple pour procéder à une extension verticale consiste à empiler des espaces possédant la même structure porteuse. En simplifiant, on peut dire que, dans cette méthode, le plan du rez-de-chaussée est multiplié, puisque les murs porteurs ou les poteaux se superposent à travers tous les étages. Lorsqu'on bâtit ainsi en hauteur, chaque niveau constitue une unité constructive en soi. Il faut cependant tenir compte de l'augmentation de la charge sur les murs ou les poteaux du bas.

Les dépôts de provisions et de marchandises de Ksar El-Ferch, en Tunisie, sont un exemple de construction voûtée à deux niveaux. Ces sortes de « greniers fortifiés » sont constitués par la juxtaposition de *ghorfas* (« cellules », en arabe) au plafond en berceau, chacun étant la propriété d'une famille. Les planchers de l'étage ne sont pas plans, parce que l'arrondi de la voûte n'est pas entièrement compensé.

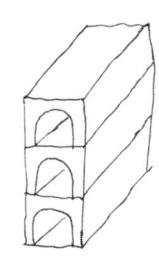

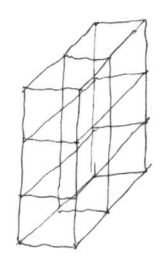

Si fascinante que puisse être l'addition d'espaces voûtés pour former des édifices de plusieurs étages en partie complexes – comme le montre la maison-tour écossaise Elphinstone, construite au XVe siècle –, elle n'est pas, d'un point de vue actuel, économique, car les planchers intermédiaires nécessitent trop de place et de matériau. Dans la tour fortifiée servant de demeure royale construite à Vincennes à partir de 1361, par exemple, les voûtes

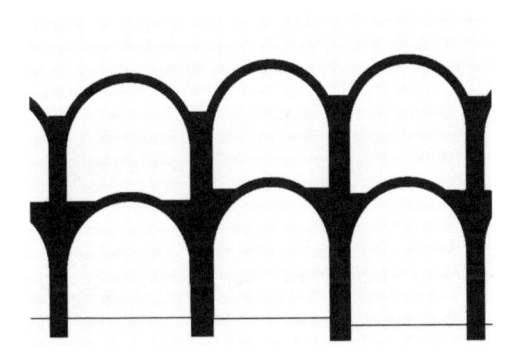

Ill. 22 : coupe
Ksar El-Ferch, greniers (Tunisie)

occupent la moitié de la hauteur des étages. C'est pourquoi on a remplacé, lorsqu'on le pouvait, les planchers intermédiaires voûtés par des planchers plats soutenus par des solives – ce qui revenait à doter la construction massive de principes de construction filigrane et à développer, pour des raisons pratiques, un mode de construction hybride.

Superposition contre division

Cette hybridation n'a pas seulement des conséquences constructives ; sur le plan conceptuel, cette solution constitue un deuxième sous-groupe de bâtiments possédant une structure porteuse identique. Tandis que, dans le premier groupe, les éléments verticaux et horizontaux sont équivalents (tout au moins si l'on considère un modèle simplifié), dans le deuxième groupe, une hiérarchie apparaît : les murs et les poteaux constituent des éléments primaires, et les planchers des éléments secondaires.

On observe cette « différenciation » dans la construction filigrane comme dans la construction massive. La construction à pans de bois traditionnelle est ainsi conçue étage par étage, tandis que le *balloon-frame* américain recourt en règle générale à des montants d'une hauteur de deux étages sur lesquels viennent se fixer les planchers intermédiaires. Il en va de même dans la construction métallique, où l'on rencontre cependant les deux modes de construction. Le Crystal Palace,

STRUCTURES   Modes de construction

Introduction

Ill. 23 : Joseph Paxton, Crystal Palace, Londres (GB) 1851
Halle de l'Exposition universelle

conçu par Joseph Paxton pour l'Exposition universelle de Londres en 1851, un ouvrage pionnier qui a eu une forte influence sur le BTP en associant fonte, fer forgé et verre, a été édifié étage par étage. Les systèmes de construction de Fritz Haller reposent sur le même principe, et leurs aspects – jusqu'à la conception du profil des planchers avec des poutres à treillis – présentent des similitudes surprenantes avec l'œuvre novatrice de Paxton. Dans la construction métallique, les planchers en tôle à ondes trapézoïdales ont depuis longtemps remplacé les solivages en bois, encore utilisés dans le Crystal Palace. Pour obtenir une masse construite efficace sur les plans acoustique et énergétique, on recouvre la tôle de béton. Cette évolution s'éloigne toujours plus des solivages avec remplissage et se rapproche aussi visuellement des planchers-dalles en béton armé. Le problème principal de toutes les constructions filigranes – réaliser le plus simplement possible des surfaces praticables au moyen d'éléments secondaires – ne disparaît pas pour autant.

Le principe de division caractérisant les édifices du second sous-groupe devient particulièrement manifeste dans la construction massive : les planchers sont placés entre les murs porteurs qui se prolongent sans interruption sur toute la hauteur de l'édifice. Cette mesure s'accompagne souvent d'un changement de matériau, ainsi qu'on peut le voir dans les tours du Moyen Âge. Le solivage ayant un effet stabilisateur sur le mur, le processus de construction se déroule toutefois étage par étage. Un projet d'Adolf Loos met particulièrement bien en valeur le caractère spécifique de ce mode de construction hybride : en 1921, il « inventa » une « maison à un mur », pour laquelle il déposa une demande de brevet. Si cette maison a besoin d'un seul mur, c'est parce qu'elle s'inscrit dans un alignement de maisons mitoyennes et que le second mur appartient déjà à la suivante. Les planchers en solivage de bois sont construits entre les refends parallèles et servent à fixer les façades en bois à l'avant et à l'arrière de chaque maison.

Loos utilisa une forme apparentée à ce principe très économique pour ses célèbres maisons unifamiliales,

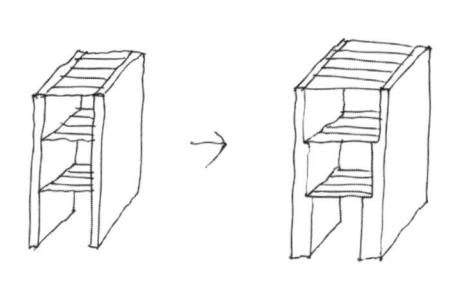

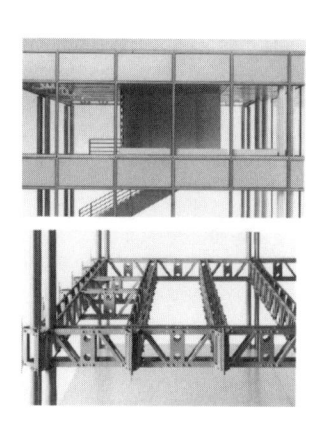

Ill. 25 : Adolf Loos, maison à un mur, 1921

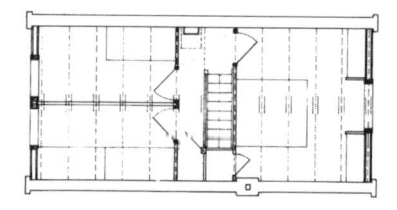

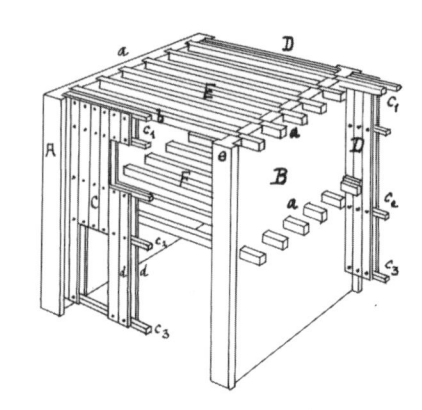

Ill. 24 : Fritz Haller, système de poutres à treillis « midi »

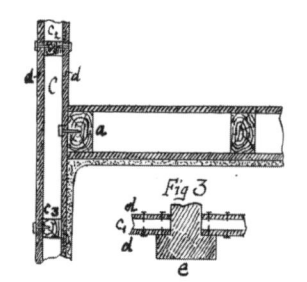

Ill. 26 : plan et détails de construction
Adolf Loos, maison à un mur, 1921

STRUCTURES | **Modes de construction**
Introduction

Ill. 27 : vue depuis le séjour vers la salle à manger construite sur un niveau plus élevé
Adolf Loos, maison Müller, Prague (CZ) 1930

composées d'une juxtaposition compacte de pièces de différentes tailles. Contrairement à ce que l'on pourrait conclure après avoir fait l'expérience de ce type d'espace, le *Raumplan* (plan dans l'espace) n'est pas pensé de façon additive, mais fonctionne par division. Loos partait de toute évidence d'un volume simple et régulier, de préférence de forme cubique, qu'il divisait en différentes parties, cherchant surtout à en intensifier l'interaction et l'effet spatial[5]. L'analyse de l'ossature conforte cette hypothèse : les éléments porteurs sont constitués par les murs extérieurs et par un ou plusieurs poteaux centraux qui permettent de réduire fortement les portées. La délimitation des espaces se fait donc de manière progressive.

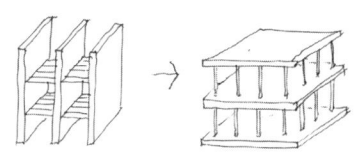

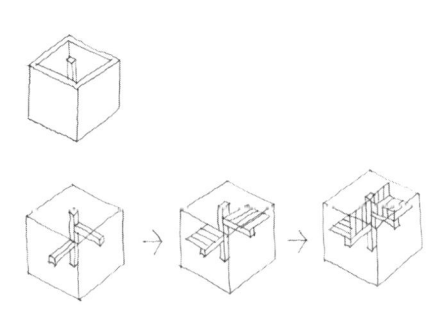

Là où c'est nécessaire, la structure porteuse en construction massive est d'abord complétée par des sommiers, la plupart du temps en bois, sur lesquels viennent reposer les planchers en bois. Des cloisons en bois ou en plâtre servent à délimiter horizontalement les pièces. Ce système de construction simple permet de créer des espaces d'une complexité surprenante, ainsi que l'illustre de façon tout à fait impressionnante la villa Müller (1930) conçue par Adolf Loos à Prague[6], dans laquelle il modifia toutefois le système des portées : la construction porteuse primaire est constituée de quatre poteaux en béton armé avec des sommiers, et de murs extérieurs en brique, dans lesquels s'insèrent les séparations des pièces en bois ou en plâtre[7].

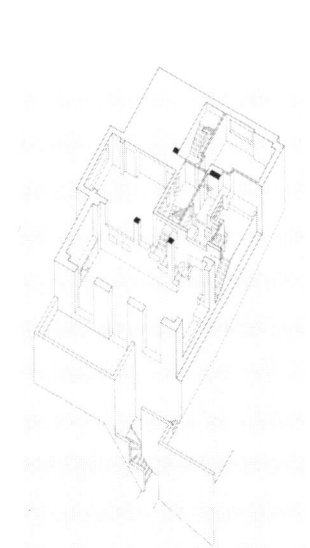

Orientation verticale contre orientation horizontale
Rappelons encore une fois les caractéristiques constructives du deuxième sous-groupe : la hiérarchie introduite entre les éléments horizontaux et verticaux engendre un mode de construction mixte, dans lequel on insère des planchers en construction filigrane entre des murs porteurs massifs. Comme le montrent les maisons de Loos, ce système permet une grande flexibilité dans l'agencement vertical des espaces, alors qu'horizontalement, la marge de manœuvre est limitée par les murs porteurs.

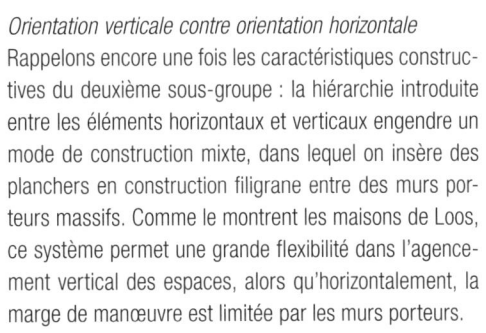

L'invention du système poteaux-dalles en béton armé au début du XXe siècle inversa complètement la situation – ce qui nous amène au troisième sous-groupe des

Ill. 28 : axonométrie avec les pièces principales et les poteaux en béton armé dessinés en noir
Adolf Loos, maison Müller, Prague (CZ) 1930

systèmes de superposition d'espaces à structure porteuse identique :

L'orientation et la perméabilité verticales sont remplacées par une superposition d'étages à peu près autonomes sur le plan fonctionnel. Ce système permet en principe une division des espaces entièrement libre, alors que leur hauteur, elle, est clairement limitée par l'écart entre les dalles. Le Corbusier a illustré cette inversion en 1914 avec son système « Dom-Ino », qu'il a développé dans son fameux *Cinq points d'une architecture nouvelle* (1927) pour en faire programme architectural complet. Bien entendu, ce système autorise aussi la création de connexions verticales, mais celles-ci demandent davantage de travail, raison pour laquelle la stratification reste la plus fréquente pour les constructions bon marché, comme on le voit d'emblée dans les actuels immeubles de bureau.

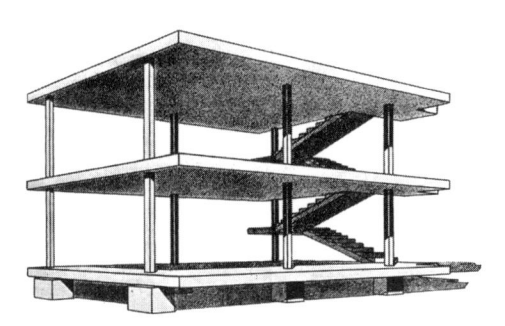

Ill. 29 : schéma du système poteaux-dalles
Le Corbusier, système de construction Dom-Ino, 1914

Certains projets de Rem Koolhaas et du cabinet OMA constituent des essais intéressants visant à rompre avec l'horizontalité du système poteaux-dalles.

Dans le projet pour le terminal du ferry de Zeebruges (1989), par exemple, Koolhaas et ses collaborateurs tentent de dynamiser l'ensemble spatial au moyen d'une superposition complexe de dalles partiellement encastrées dans la

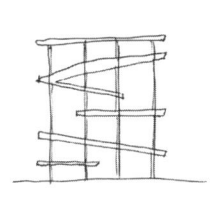

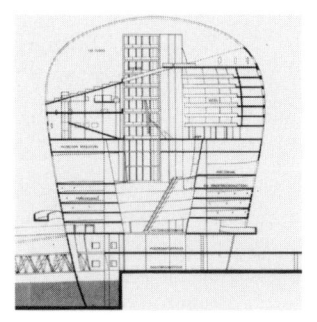

STRUCTURES Modes de construction

Introduction

Ill. 30 : coupe du projet de concours
OMA, Rem Koolhaas, terminal du ferry, Zeebruges (B) 1989

Ill. 31 : maquette du projet de concours
OMA, Rem Koolhaas, bibliothèque de Jussieu, Paris (F) 1993

Ill. 32 : tapisserie de Bayeux vers 1077

Ill. 33 : hôtel de ville d'Augsbourg, coupe

Ill. 34 : Staufer & Hasler, école cantonale, Wil (CH) 2004

trame des poteaux. Dans le projet pour la bibliothèque de Jussieu à Paris (1993), l'empilement horizontal est transformé en une succession continue de plans inclinés.

2. Structure porteuse variable

Le deuxième groupe des processus d'extension verticale englobe toutes les possibilités offertes par une structure porteuse variant d'un étage à l'autre. Nous pouvons distinguer trois groupes. Le premier rassemble les concepts consistant à « amincir » la structure porteuse au fur et à mesure que l'on monte. Cette stratégie est la plus simple à réaliser, ce qui explique pourquoi elle est aussi la plus ancienne.

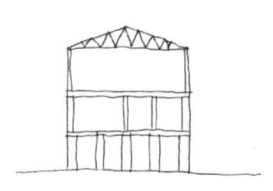

Son principe est d'une logique évidente, puisqu'il consiste à créer la structure porteuse la plus dense là où les charges sont les plus importantes et à augmenter l'écart entre les éléments porteurs au fur et à mesure qu'on s'élève, puisque les sollicitations vont en diminuant. Les plus petites pièces se trouvent par conséquent au rez-de-chaussée, les plus grandes tout en haut. Le plus ancien exemple de ce type de construction est la « maison à salle élevée » *(Saalgeschosshaus)* médiévale, une maison de deux étages ou plus, possédant un rez-de-chaussée de faible hauteur, souvent voûté et d'importance secondaire, une grande salle d'apparat au premier étage et, au-dessus ou à côté, des espaces d'habitation. En règle générale, on accédait à la salle par un escalier extérieur. La tapisserie de Bayeux, datant de 1077 environ, illustre très bien la différence des espaces entre les divers niveaux. Ce type d'édifice a laissé jusqu'à aujourd'hui une trace dans les expressions allemande, italienne et française, « *Beletage* », « *piano nobile* » et « étage noble », qui désignent le premier étage.

L'histoire n'est pas la seule à fournir des exemples de bâtiments possédant une structure porteuse « serrée » au rez-de-chaussée et des salles plus vastes et plus hautes aux étages supérieurs. Staufer & Hausler ont utilisé ce principe pour l'école cantonale de Wil sous la forme d'une construction contemporaine en bois. Ils se sont inspirés là de l'hôtel de ville d'Augsbourg, qui possède trois salles disposées les unes au-dessus des autres, la plus grande, dite « salle Dorée », se trouvant au deuxième étage. À Wil, on trouve une superposition verticale comparable, en particulier dans le secteur de l'entrée, qui compte quatre étages : au premier, la salle de spectacles et, au deuxième, la bibliothèque et la salle de musique, vastes, mais plus hautes ; le troisième étage est donc uniquement constitué par le haut de ces salles et par une galerie de la bibliothèque.

Rez-de-chaussée ouvert

Si évidente que soit, d'un point de vue constructif, la construction de salles de grandes dimensions aux étages supérieurs, il arrive souvent que l'utilisation du bâtiment exige le contraire. Nous avons déjà mentionné le problème principal engendré par cette situation, à savoir la contradiction entre la charge maximale à laquelle est soumis le rez-de-chaussée et le désir de transparence, en particulier en milieu urbain, pour l'ouvrir sur l'espace public. Nous devons donc étudier les stratégies permettant de répondre à ce vœu, ce qui nous amène au deuxième sous-groupe, celui des concepts permettant d'inverser la hiérarchie spatiale grâce à une reprise des charges au-dessus du rez-de-chaussée.

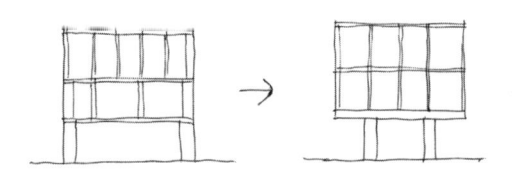

Il existe différents types de « constructions en plateaux ». Du point de vue structural, elles doivent toutes affronter le même problème : les charges des étages supérieurs doivent être « concentrées » au plus tard dans la dalle au-dessus du rez-de-chaussée et transmises au sol via un nombre restreint de voiles ou de poteaux. Le contreventement doit faire l'objet d'une attention particulière, et on doit aussi trouver une solution pour la distribution verticale et les zones destinées aux conduites des installations techniques. Dans son Unité d'habitation édifiée à Marseille en 1952, Le Corbusier a répondu à ces exigences en concevant le « plateau » sous la forme d'une « galerie de machines » (appelée le « terrain artificiel ») dans laquelle on peut circuler.

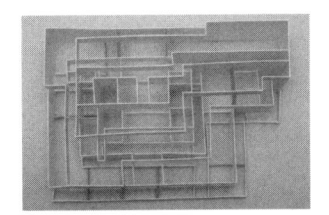

III. 35 : maquette en carton
Giuliani Hönger, Fachhochschule Sihlhof, Zurich (CH) 2003

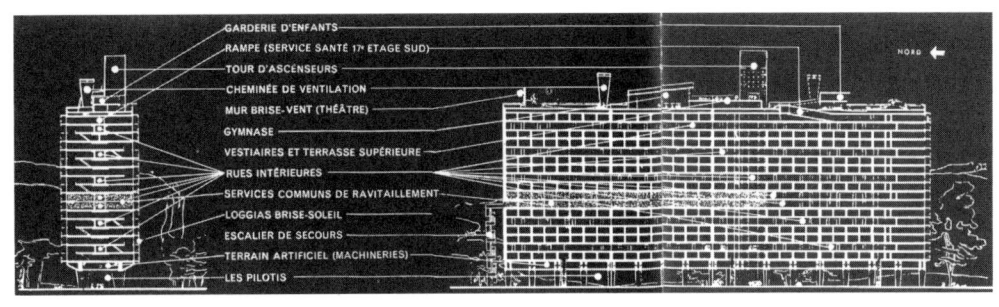

III. 37 : Le Corbusier, Unité d'habitation, Marseille (F) 1952

III. 36 : Christian Kerez, maison d'habitation, Zurich (CH) 2003

L'école de Leutschenbach réalisée par Christian Kerez à Zurich présente un aspect des plus audacieux : certes, le paysage ne « coule » pas à travers le rez-de-chaussée, comme le voulait Le Corbusier, mais le bâtiment repose sur seulement six poteaux en acier à trois jambes. Pour créer les grands porte-à-faux, on n'a pas utilisé une structure en caissons pour la dalle du rez-de-chaussée, mais des poutres à treillis métalliques hautes de plusieurs étages qui, du point de vue statique, fonctionnent comme des voiles.

Jürg Conzett a présenté avec une grande clarté le principe de la tectonique de voiles pour la construction massive, l'illustrant notamment avec l'école Volta réalisée à Bâle par Miller et Maranta[8]. Dans celle-ci, l'espace le plus vaste, accueillant la double salle du gymnase, émerge du sol d'une hauteur d'étage. Quatre niveaux consacrés aux salles de classe se trouvent au-dessus. L'utilisation d'un système porteur constitués de voiles en béton armé précontraint hauts de quatre étages permet de couvrir le gymnase sans recourir à des poteaux.

Tectonique de voiles
Le procédé assez récent de la tectonique de voiles ou de dalles nous amène au dernier groupe de solutions permettant de modifier la structure porteuse d'un étage à l'autre. Dans celui-ci, dalles et voiles forment un système porteur combiné ; en tant qu'éléments « durs », ils définissent l'espace de manière inamovible – ou l'ébauchent, comme dans le projet de maison de campagne en brique de Mies van der Rohe mentionné plus haut. En règle générale, les forces ne se transmettent pas d'un étage à l'autre de façon homogène sur toute la longueur des voiles, mais les sollicitent à des degrés variables en différents points. En exagérant, on pourrait dire que les charges verticales sont transmises ponctuellement, comme s'il y avait des « poteaux virtuels » entre les étages.

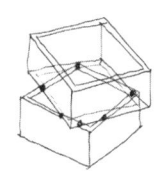

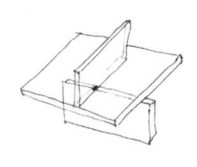

Ceux-ci n'étant toutefois plus disposés les uns au-dessus des autres, comme dans une construction à poteaux-dalles traditionnelle, les champs de forces varient d'un étage à l'autre. La caractéristique de ces variations dans les éléments porteurs verticaux n'est pas le fait qu'on puisse les décaler d'un étage à l'autre, mais leur structure synthétique. En effet, tous les éléments agissent les uns sur les autres et sont « harmonisés » de telle manière que ce n'est qu'avec l'édification du dernier mur que l'indispensable équilibre des forces est atteint.

Ce type de construction permet différents concepts spatiaux, du plan conçu sur le principe du « compartimentage » à celui basé sur des voiles porteurs divisant l'espace. Avec ses deux atriums décalés l'un par rapport à l'autre, la Fachhochschule de Sihlhof, à Zurich, conçue par Giuliani et Hönger, illustre la mise en œuvre du premier principe. La maquette en carton, où l'on a volontairement enlevé les dalles plancher, montre bien comment les voiles porteurs ne s'appuient qu'en partie les uns sur les autres. La maison d'habitation de Christian Kerez à Zurich est « divisée » par des voiles perpendiculaires les uns aux autres et qui ne se superposent que dans la cage d'escalier. La façade étant tout en vitres, le jeu des murs décalés d'un étage à l'autre reste visible une fois le bâtiment achevé.

Conclusion

Ce n'est pas un hasard si nous avons donné de nombreuses indications sur l'effet propre à une structure porteuse donnée, en particulier dans la troisième partie. Les effets de la pesanteur sur les espaces et la structure sont encore plus importants dans l'extension verticale que dans l'extension horizontale des espaces, et ils doivent toujours être correctement évalués. À l'inverse, on essaie aussi de recourir à des solutions constructives raffinées pour faire fi, du moins en apparence, de la pesanteur, puisqu'elle va à l'encontre de la pression urbaine. Comme le montre cette étude, la construction n'est pas un thème pouvant être envisagé à part, mais un élément essentiel de la pensée architecturale. Les espaces architecturaux étant construits avec des matériaux, nous avons donc besoin de concepts constructifs et spatiaux raffinés et imaginatifs, ceux-ci étant liés de manière indissociable.

---

[1] Bodo Rasch, « Baukunst : Gestaltendes Begrenzen. Ein Plädoyer für die Moderne », in *Daidalos* n° 18, décembre 1985, p. 102.
[2] Cf. Howard Saalman, *Filippo Brunelleschi, The Cupola of Santa Maria del Fiore*, Londres 1980.
[3] Cf. Peter Nabokov, Robert Easton, *Native American Architecture*, New York 1989, p. 196-197.
[4] Paul Frankl, *Die Entwicklungsphasen der neueren Baukunst*, Leipzig, Berlin 1914, p. 23-98.
[5] C'est ce que l'on peut déduire de la déclaration de Loos, selon laquelle la construction est subordonnée au concept d'espace. Cf. Adolf Loos, *Das Princip der Bekleidung*, 1898. Reproduit in Vittorio Magnao Lampugnani, Ruth Hanisch, Ulrich Maximilian Schumann, Wolfgang Sonne (dir.), *Architekturtheorie 20. Jahrhundert. Positionen, Programme, Manifeste*, Ostfildern-Ruit 2004, p. 25-29.
[6] À propos de la villa Müller et de sa construction, voir Christian Kühn, « Das Schöne, das Wahre und das Richtige » in *Bauwelt Fundament 86*, Brunswick, Wiesbaden 1989, et Leslie van Duzer, Kent Kleinman, *Villa Müller. A Work of Adolf Loos*, New York 1994.
[7] Uwe Albrecht, *Der Adelssitz im Mittelalter. Studien zum Verhältnis von Architektur und Lebensform in Nord- und Westeuropa*, Munich, Berlin 1995, p. 22.
[8] Jürg Conzett, « Tragende Scheiben im Hochbau », in *werk, bauen + wohnen*, 9-1997, p. 35-39.

STRUCTURES — Modes de construction — Concepts

Structures porteuses verticales dans la construction massive
Les concepts de coupe

Le principe de la construction massive fait appel au phénomène physique de la gravitation :
- masse, poids propre,
- imbrication des éléments : principe de la « fermeture éclair » (briques, pierres, constructions mixtes),
- joint de mortier entre les éléments du mur : principe de la « colle », augmentation de la résistance au frottement (adhérence) entre les éléments du mur,
- résistance statique (stabilité) et capacité de charge : principe « base large, couronnement étroit ». L'objectif ? L'optimisation des matériaux utilisés.

La forme d'une section de mur dépend de différents facteurs. Le critère déterminant est tout d'abord de savoir si le mur est isolé ou s'il est raidi par d'autres murs. La base sera alors plus ou moins large. Dans tous les cas cependant, la section transversale diminuera en s'élevant, suivant un processus d'optimisation des matériaux, puisque le poids propre de la construction, mais aussi les éventuelles charges utiles découlant de l'utilisation se réduiront au sommet.

La modification de la section transversale peut être aussi bien linéaire que progressive. Elle est tributaire du mode de construction (avec ou sans mortier, structure homogène ou hétérogène) et du processus de construction (hauteur de plancher d'échafaudage à plancher d'échafaudage). En règle générale, elle sera cependant déterminée par des considérations d'ordre utilitaire. Concernant les ouvrages de plusieurs étages, ladite modification se fera par paliers et se produira à la hauteur des planchers (servant d'appui à la poutraison).

Le coût de la main-d'œuvre étant soumis, ces dernières décennies, à une augmentation plus forte que celui des matières premières, rares sont les ouvrages réalisés dont les épaisseurs de mur sont décroissantes en s'élevant, à l'exception des constructions telles que barrages et murs de soutènement. Dans le système de construction massive, les charges murales plus élevées dans les étages inférieurs déterminent en principe la dimension de toutes les sections transversales des murs supérieurs, surtout lorsqu'il s'agit de superposer les mêmes plans.

Ill. 38 : mur droit
Section transversale superflue

Ill. 39 : mur taluté
Section transversale optimisée

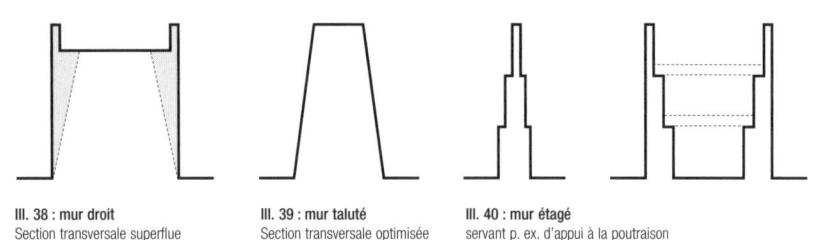

Ill. 40 : mur étagé
servant p. ex. d'appui à la poutraison

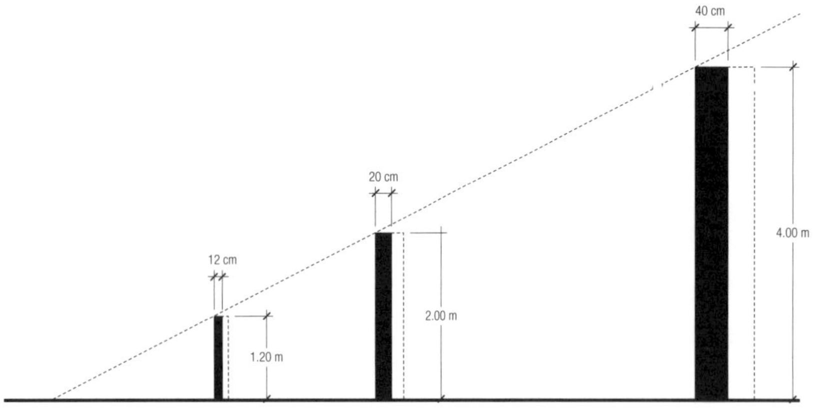

Ill. 41 : dimensionnement selon Rondelet *(Traité théorique et pratique de l'art de bâtir, 1802)*
Principe : plus le mur isolé est élevé, plus sa section transversale est large. Règle empirique pour les murs isolés en brique, sollicités uniquement par le vent (stabilité moyenne) : b = 1/10 h. Facteur 1,75 env. pour la mise en œuvre en pierres de carrière irrégulières, facteur 0,75 en cas de pièces travaillées

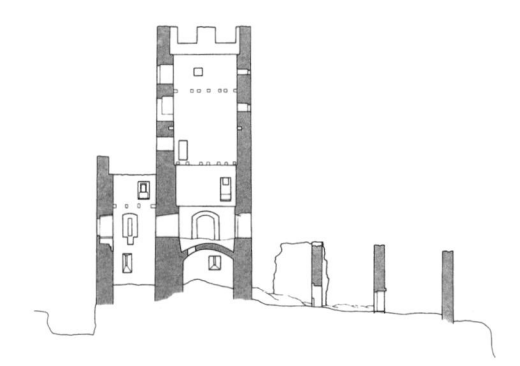

Ill. 42 : plan de la ruine. Épaisseur des murs décroissante vers le haut ; décrochements servant d'appui aux solives
Burg Campell/Campi, Sils i. D. (CH)

Ill. 43 : base de mur d'env. 6 à 7 m de large, couronnement de 4 à 6 m. « Murs extérieurs » maçonnés avec remplissage
La Grande Muraille, env. 700-100 av. J.-C.

Ill. 44 : mur multicouche avec remplissage de matériaux en vrac, de qualité généralement inférieure (coupe transversale)
Trulli – traditionnelles constructions massives en pierre sèche, Italie du Sud, Sovero (I)

STRUCTURES | Modes de construction
Concepts

Structures porteuses verticales dans la construction massive
Concepts de plans

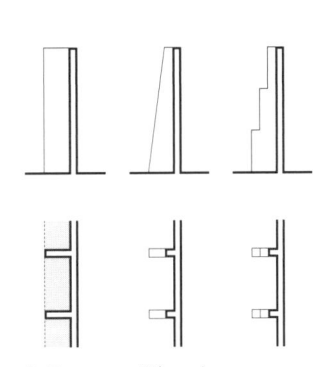

Ill. 45 : murs consolidés par des nervures visant à augmenter leur stabilité
Coupes (en haut) et plans (en bas)

Ill. 46 : construction en glaise avec renforcements en bois (ossature intérieure) recouverts d'argile par mesure de protection (nervures transversales)
Construction traditionnelle des Dogons (Mali)

Ill. 50 : demi-coques en béton (ép. = 25 cm) de 25 m de hauteur. Les tirants assurent une stabilité formelle.
Maarten Struijs, installation de brise-vent dans le port de Rotterdam (NL) 1985

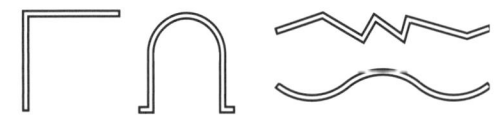

Ill. 51 : angles de mur, courbures, lignes brisées et ondes

Il est possible d'imaginer différents concepts de plans pour la stabilisation des murs dans l'optique d'une économie des matériaux utilisés. Ainsi, dans le cas de très grandes sections transversales (cf. plan du Panthéon), des nervures transversales, insérées par addition (d'un même matériau ou d'un autre) ou créées par division en renonçant à tout matériau inutile, permettent d'accroître la stabilité statique et la charge de flambage des murs.

Les modifications de direction telles que les angles, les lignes brisées et les courbures jouent également un rôle de stabilisation et leur nombre est déterminé par la hauteur et la longueur du mur développé. La réduction de matériaux peut être si importante que des moyens auxiliaires s'avèrent, à leur tour, impérativement nécessaires par rapport à la hauteur (cf. photo du brise-vent ci-dessus).

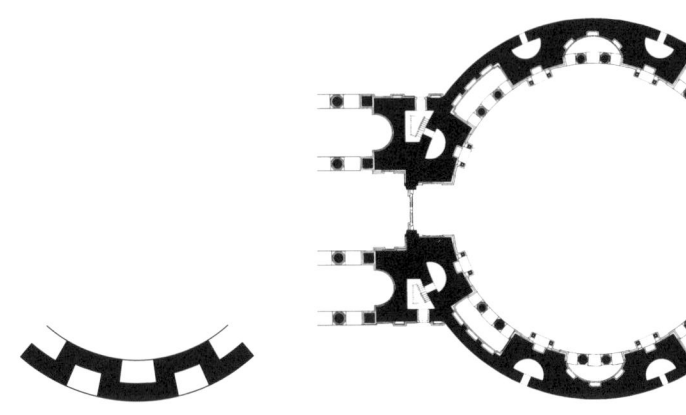

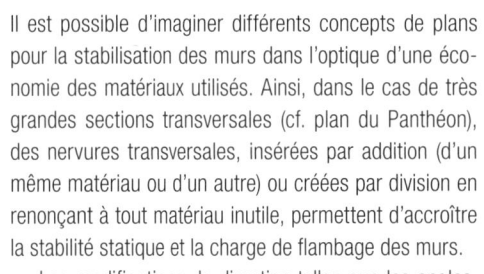

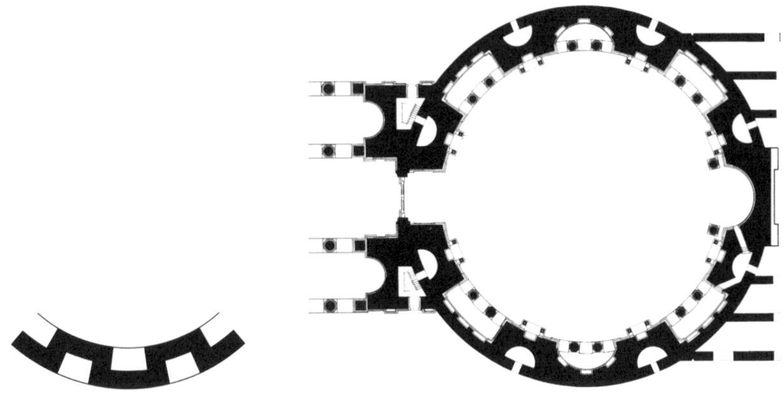

Ill. 47 : formation de niches dans le mur d'enceinte par réduction de matériau ; il en résulte un effet de nervures.
Panthéon, Rome (I) 118-125 apr. J.-C. (à g.), représentation abstraite de la structure (à dr.)

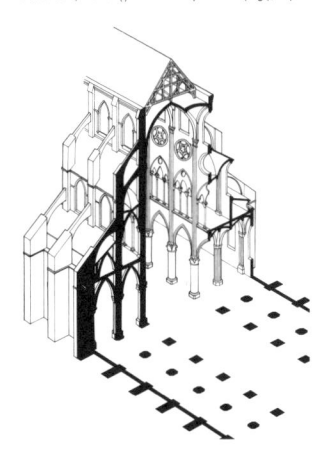

Ill. 48 : contreforts servant à reprendre les poussées latérales, p. ex. d'une voûte
Coupe axonométrique d'une cathédrale gothique

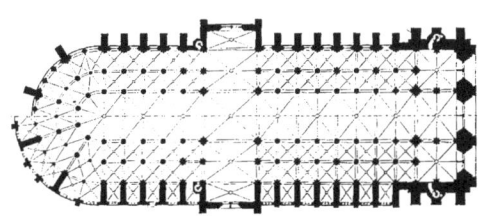

Ill. 49 : la structure porteuse extérieure (que l'on nomme contreforts) engendre des niches qui ont été transformées par la suite en chapelles (plan du bas).
Cathédrale Notre-Dame, Paris (F) à partir de 1163

STRUCTURES | Modes de construction
Concepts

Structures porteuses voûtées dans la construction massive
Constructions sous compression : les arcs et les berceaux

Ill. 52 : juxtapositions et superpositions de structures en arc : concept de coupe visant à éviter d'utiliser tout matériau superflu. La construction en arc est ici motivée par des arguments techniques et économiques.
Le pont du Gard, aqueduc romain près de Nîmes (F) Iᵉʳ s. apr. J.-C.

Ill. 55 : voûte en brique recouverte de béton faisant office de coffrage avec tirants pour absorber les poussées horizontales.
La construction voûtée revêt ici une signification architectonique et esthétique.
Le Corbusier, maisons Jaoul, Paris (F) 1955

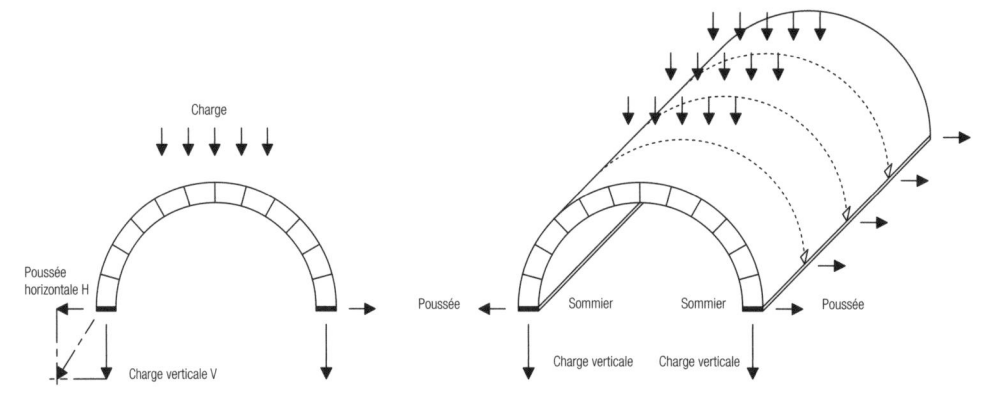

Ill. 53 : arc (p. ex. linteau de porte ou de fenêtre, pour grandes portées)

Ill. 56 : voûte

Dans le cas des constructions sous compression, l'« inconvénient » du poids de la structure devient un atout inhérent à la structure porteuse.

L'édification des constructions arquées et voûtées suit des critères identiques, d'autant plus qu'une voûte en berceau n'est, en fin de compte, rien d'autre qu'une surface incurvée en forme d'arc ou une succession d'arcs. La question de la stabilité latérale a plus d'importance pour l'arc, car il est, en règle générale, partie intégrante d'un mur, lequel relève des conditions mentionnées plus haut (« Structures porteuses verticales »).

Dans l'exemple de Louis Kahn, les arcs géminés déchargent le mur sous-jacent et conduisent à une concentration des efforts sur les appuis. Le mur n'a pas pour autant besoin d'être renforcé, puisque le tirant de béton sous les arcs reprend les poussées, détournant les sollicitations sur un axe totalement vertical. Le rétrécissement, en forme d'entonnoir, du mur sous les arcs montre simplement que le mur ne doit supporter à cet endroit pratiquement aucun effort vertical.

Plus l'arc est plat, plus les poussées latérales augmentent. C'est la raison pour laquelle les toits en berceau surbaissé des maisons Jaoul de Le Corbusier sont consolidés par des tirants en fer. Pour l'aqueduc de Nîmes, en revanche, il a été possible d'y renoncer, car les rangées d'arcs de même hauteur, quel que soit leur aplatissement, sont synonymes de conjonction de poussées horizontales contraires et de même importance et nécessitent une reprise purement verticale des charges. Les travées extrêmes, en revanche, doivent être contrebutées.

Ill. 54 : le tirant de béton contrebalance les poussées latérales et décharge la maçonnerie sous-jacente.
Louis I. Kahn, Indian Institut of Management, Ahmedabad (Inde) 1962-1974

STRUCTURES — Modes de construction
Concepts

Structures porteuses voûtées dans la construction massive
Constructions sous compression : les coupoles

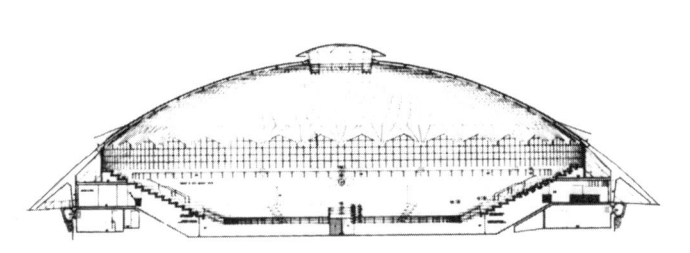

Ill. 57 : le chaînage a été installé sous terre, dans la zone des fondations des poteaux (sommier).
Pier Luigi Nervi, Palazzetto dello sport, Rome (I) 1957

Ill. 60 : la coupole se divise en un anneau de piliers en forme de fourches.
Pier Luigi Nervi, Palazzetto dello sport, Rome (I), 1957

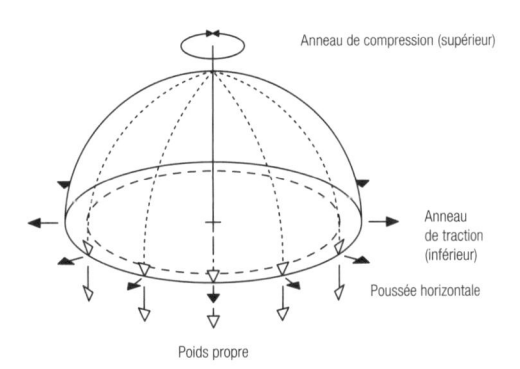

Ill. 58 : coupole (coque de révolution)

Dans le cas des coupoles, comme dans celui des voûtes en berceau et des arcs, une question revient sans cesse : quelle technique adopter pour absorber, réduire et transmettre aux fondations les poussées horizontales ?

Pour le Panthéon de Rome, l'approche envisagée fut multiple. Le poids de la coupole diminue en s'élevant, grâce à la fois à une modification de la section et à la mise en œuvre de mélanges de matériaux de poids divers. Les dimensions de la coupole sont telles que le cheminement des forces depuis le sommet reste dans la section de celle-ci. Le rehaussement extérieur des murs provoque une augmentation de poids et permet ainsi à la maçonnerie de résister à la poussée. Un anneau de traction sous la forme d'un ruban d'acier aurait aussi été possible.

Le Palazzetto dello sport de Pier Luigi Nervi est doté une coupole complexe : la coque de béton présente des plis permettant un renforcement supplémentaire et se divise en poteaux en forme de Y qui, au sommet de ce dernier, d'une part, transmettent verticalement les forces dans le sol et, d'autre part, absorbent les poussées horizontales de la coque de la coupole. Dans le sol, un ruban de béton circulaire remplit la fonction d'anneau de traction. Nervi a pu ainsi créer un espace intérieur exempt d'éléments porteurs verticaux.

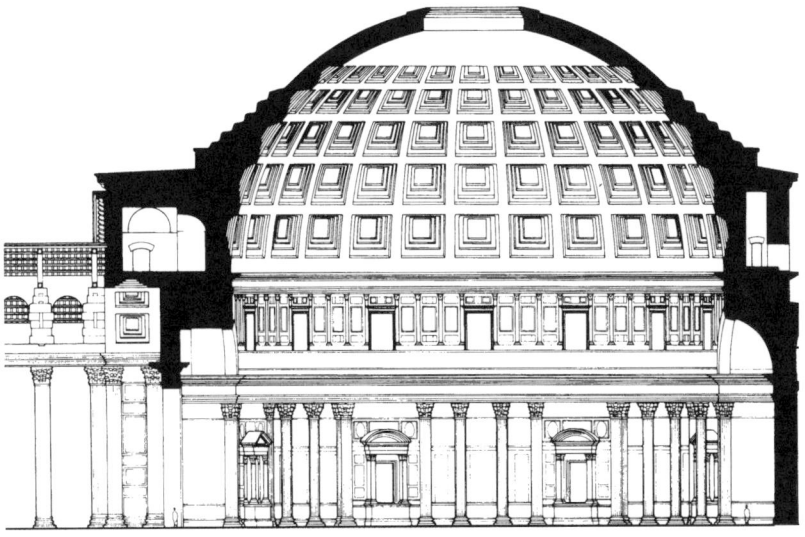

Ill. 59 : coupole à caissons permettant de réduire le poids et d'économiser les matériaux utilisés (éviter tout matériau superflu). D'où la formation d'un réseau de raidisseurs porteurs. Des strates de matériaux de construction plus légers ont été posées jusqu'au faîte.
Panthéon, Rome (I) 118-125 apr. J.-C.

Ill. 61 : un ouvrage antérieur en béton romain *(opus caementitium)*
Panthéon, Rome (I) 118-125 apr. J.-C.

Masse lourde et lourdeur apparente

Martin Tschanz

Résistance

La masse est une propriété fondamentale de la matière qui se traduit dans la force d'attraction réciproque des corps et dans leur inertie. La première engendre la gravité, problème originel de l'architecture, la seconde provoque la résistance de la masse. La tête de pont du viaduc de Wipkingen, à Zurich, illustre ces deux phénomènes. Le poids des pierres garantit sa stabilité au bord du lit de la rivière et lui permet de résister même aux crues les plus fortes. Les constructeurs ne se sont pas contentés de sa masse effective, mais ont souligné encore davantage cet aspect en recourant à des procédés créatifs : une taille de pierres pas tout à fait régulière, relativement grossière, mais soignée, un grossissement visuel du volume qui semble, notamment à distance, porter très loin au-delà de l'appui du pont, des flancs légèrement talutés, un soubassement en paliers et, côté rivière, une maçonnerie particulièrement grossière et pour ainsi dire rustique. Un arc de porte soigneusement maçonné et ramassé indiquait également, jadis, la charge supportée, mais révélait, de même que les petites ouvertures latérales, que la masse affichée n'était peut-être pas aussi massive qu'il y paraissait au premier abord. Cette voûte a été consolidée pour être transformée plus tard, en bunker qui a été pour sa part récemment bétonné. Une excroissance en béton massif devait, grâce à sa masse inerte, s'opposer à l'impact des balles.

Les formes arrondies n'ont de sens qu'en tant que signes d'une démonstration de force, si des obus étaient justement déviés sur l'ouvrage qu'il s'agissait de défendre. Elles affichent une masse aux formes plastiques. Dans le modeste ouvrage que représente la pile du pont, la gravité et l'inertie de la masse font partie, d'une part, des exigences du projet de construction et, d'autre part, des thèmes de la conception. L'apparence de la pile donne une impression de stabilité et, pour ainsi dire, de résistance opiniâtre.

L'exigence d'une masse importante au niveau des fonctions primaires relève, en architecture, plutôt de l'exception. On pense ici aux barrages et aux endiguements des berges, aux bunkers, aux murs pare-avalanches des Alpes et aux réalisations similaires, c'est-à-dire à des ouvrages de protection qui sont généralement plutôt du ressort des ingénieurs, capables de garantir l'efficacité de rigueur. Pour leur part, les architectes peuvent, comme dans l'exemple illustré, donner l'impression du niveau de sécurité atteint et le formuler.

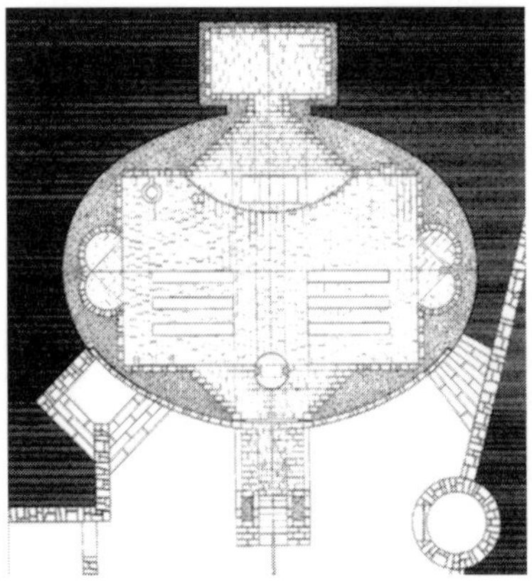

Compacité

La plupart du temps, outre les propriétés physiques de la masse, ce sont ses caractéristiques formelles ou les connotations associées qui présentent de l'intérêt. La matière massive se prête à une mise en forme plastique. Sa relative homogénéité et sa stabilité statique permettent de l'évider ou, pour ainsi dire, de la modeler. Un mur massif, par exemple, invite véritablement à être désépaissi au moyen de niches ou à être articulé en le profilant. Mario Botta expose ces possibilités de manière exemplaire dans l'église de Mogno. Dans ce corps cylindrique de base elliptique, il inscrit un espace qui allie les formes géométriques fondamentales non orientées du carré et du cercle et celles, orientées, du carré double et de l'ellipse.

Le moyen architectonique employé est la masse murale aux formes plastiques. Les niches permettent une lecture du carré, souligné en outre par le rapport diagonal que le poteau cylindrique établit dans l'axe de l'entrée. Sur le plan, une déformation et un amincissement continus font que le rectangle, jusqu'au début de la toiture de verre, se transforme en une ellipse qui s'achève, de son côté, par la pente arrondie du toit.

Le thème de la configuration de l'espace par un modelage plastique des masses murales n'est, bien sûr, pas nouveau. Souvent, le volume extérieur d'un bâtiment n'obéit pas aux mêmes lois que l'agencement de ses espaces intérieurs. Les exigences urbanistiques s'opposent aux conditions de vie en intérieur. Cela aboutit inéluctablement à un conflit lorsque l'architecture est interprétée, par exemple, sur un mode plus fonctionnel ou scénique que tectonique et entend également donner une expression adéquate à ces conditions. La masse des murs est souvent le lieu parfait pour régler ce conflit.

Il existe de brillants exemples, notamment dans l'architecture baroque, où, à la différence de Mogno, le fait que la matière effectivement massive constitue la zone grise entre les limites de l'espace revêt, la plupart du temps, une importance mineure. On a plutôt tendance à y inclure, outre la structure porteuse, les fonctions utilitaires et à répondre à toutes les nécessités techniques possibles. La « masse » est, dans ce sens, circonscrite avec précision, mais sous-définie et diffuse dans sa structure et sa composition. Qu'elle soit constituée d'espaces vides ou de matière, elle ressemble en cela à l'apparition de la matière sous forme de corps dont la structure interne est de peu d'importance, du moins dans le quotidien.

Ill. 62 : pont sur la Limmat, Zurich-Wipkingen
Pile est

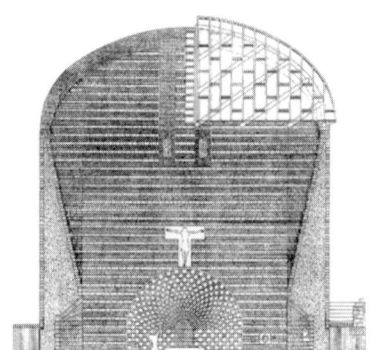

Ill. 63 : plan (ci-dessus), coupe (à dr.)
Mario Botta : église de Mogno (CH) 1986-1995

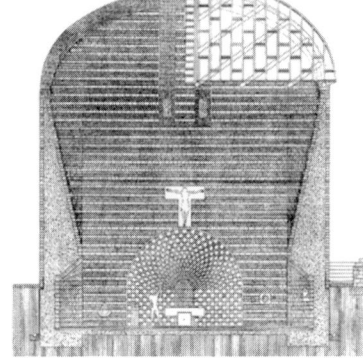

Ill. 64 : Cassina da Camadra, vallée de Blenio (CH)

Ill. 65 : Rudolf Fontana, Christian Kerez, chapelle Oberrealta (CH) 1994-1995

Par compacité au sens strict, on entend une (relative) homogénéité de la matière d'un corps. Elle lui confère d'intéressantes propriétés. Sans penser forcément tout de suite à une « valeur de ruine », elle laisse les objets vieillir avec dignité ; ils peuvent ainsi prétendre à la durée et à la stabilité. Elle permet en outre un mode de construction simple et direct. Les bâtiments alpins, par exemple, que l'on peut trouver en Suisse méridionale, bâtis entièrement en pierre sèche, sont en ce sens impressionnants. Murs et toitures sont empilés dans un même mouvement, composés de matériaux similaires, trouvés plus ou moins sur le site même. Christian Kerez aura sans doute songé à ces maisons en dressant les plans de la chapelle d'Oberrealta. La conception est ici focalisée au maximum sur l'essentiel : une enveloppe protectrice de forme familière, une porte dotée d'un seuil et une fenêtre forment une maison qui, en même temps, est un symbole bâti de la maison par excellence et, ce faisant, également un symbole d'abri et de protection. La concomitance du sentiment de familiarité et de l'abstraction extrême, la forme simple et bien proportionnée ainsi que la solide matérialité confèrent à cette maison une dignité sacrale, adaptée à sa mission et au lieu. Sans un matériau « coulé d'un jet » qui permet cette construction sans détails, cette concentration ne serait pas imaginable.

Monolithe et « monolithe »

« Une des caractéristiques essentielles du bunker, c'est qu'il s'agit d'une des rares architectures monolithes modernes.

Alors que la plupart des bâtiments sont enracinés dans le terrain par leur fondation, pour la casemate celle-ci n'existe pas, le centre de gravité en tient lieu ; d'où la possibilité d'un certain mouvement... »

C'est en ces termes que Paul Virilio débute le chapitre « Le monolithe » dans *Bunker Archéologie*[1] et fournit ainsi une définition convaincante du monolithe architectonique, qui reste très proche du concept même : un bâtiment telle une pierre avec un comportement similaire. Il existe cependant très peu d'architectures qui rendent justice à ce concept si usité.

Il est compréhensible qu'il soit en conséquence également utilisé pour les ouvrages qui n'ont du monolithe que l'apparence, même s'ils présentent un comportement aux sollicitations parfaitement habituel. C'est ainsi que le définissent, par exemple, Rodolfo Machado et Rodolphe el-Khoury dans le catalogue *Monolithic Architecture*[2] : « Nous comprenons "monolithique" dans le sens de "qui a l'apparence du monolithique" [...]. » D'une part en forçant le trait — ils qualifient ce genre de métaphorique — pour des objets qui ne sont pas vraiment monolithiques et cependant extraordinairement homogènes et solides, et d'autre part dans un sens également « allégorique » « pour les bâtiments qui n'ont ni les propriétés physiques, ni les propriétés matérielles du monolithique, mais qui semblent cependant en être, qui le "simulent" ou qui "agissent" comme s'ils étaient monolithiques. Dans ce mode allégorique, le terme de monolithique est plus lié à des stratégies de représentation qu'à des qualités matérielles. »

Les monolithes sont, en ce sens, des ouvrages architectoniques compacts qui produisent un effet hermétique et ne dévoilent rien quant à leur contenu. Ils ne font référence qu'à eux-mêmes et sont souvent sans lien direct avec le lieu, mais peuvent, de leur côté, constituer des points d'orientation. Ce sont des objets sans échelle, qui ont une forme concise, caractéristique et individuelle et sont fréquemment pour ainsi dire personnifiés en conséquence et gratifiés d'un nom. Leur matérialité se limite souvent à une fine enveloppe qui doit toutefois afficher une certaine homogénéité dans son apparence. La configuration du volume est censée suggérer une masse, ce qui se produit le plus souvent par exacerbation d'une déformation plastique, de préférence sous l'influence manifeste de la gravité ou d'une autre force.

De tels ouvrages offrent une relation toujours problématique entre l'intérieur et l'extérieur. La ressemblance avec un corps massif fait que l'intérieur, « masse » diffuse dans sa structure, ne présente aucun intérêt. Il ne joue aucun rôle dans l'apparence extérieure qui, seule, est en ce sens pertinente. Il se peut que cet aspect ait contribué au succès de telles architectures hermétiques. Afin de ne pas

STRUCTURES — Modes de construction

Exemples

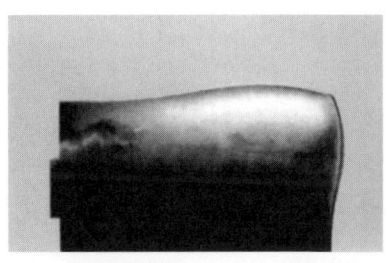

Ill. 66 : Jean Nouvel, projet du théâtre national, Tokyo (J) 1986. Vue en élévation de la maquette (en haut) et coupe longitudinale (à dr.)

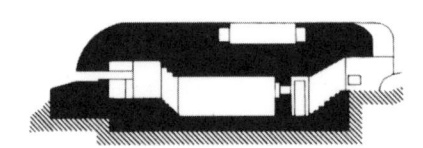

Ill. 67 : en haut : bunker « immergé » dans le sable avec coupe longitudinale (à dr.) sur le Mur de l'Atlantique

réduire entièrement le projet au dessin du volume et de la surface, une forme intérieure tout aussi marquante devrait être opposée à la configuration extérieure. D'un point de vue structurel, ces complexes auraient effectivement de nouveau l'allure des bunkers décrits par Virilio, ce qui est sans doute le cas pour les plans d'OMA dressés pour la Bibliothèque nationale de France et ceux de Jean Nouvel pour l'Opéra de Tokyo. Le concept de « monolithique », dans ce sens figuré, nous semble malgré tout mal choisi. Il évoque bien trop les qualités sensorielles globales de la matière massive qui ne se limitent pas à un effet visuel à distance et ne peuvent guère être imitées. Il semble plus pertinent de parler ici d'ouvrages isolés, hermétiques ou aux formes plastiques.

Un kilo...

Les apparences sont trompeuses. La masse elle-même réserve également de nombreuses surprises. L'artiste Katharina Bürgin par exemple, originaire de Schaffhouse, nous présente un objet que nous pourrions immédiatement identifier comme une maison, même sans titre, tant sa forme est simple et prégnante. Les surfaces blanches crayeuses et légèrement tachées, les arêtes quelque peu écornées, non entièrement linéaires, mais un peu renflées, les côtés légèrement bombés vers l'extérieur qui font que les bords de l'œuvre tranchent par rapport au sol et donnent presque l'impression qu'elle plane : l'œuvre s'expose à nous, forme massive et moulée, et évoque des modèles de plâtre. L'adjectif *gross* (grand) dans le titre *Grosses Haus* pourrait faire référence à une échelle, car avec ses 48 cm de long, on ne peut pas dire que cette structure soit précisément gigantesque. Si l'on ose la toucher, on est tout d'abord surpris par le velouté soyeux et la chaleur de la surface, puis pour ainsi dire effrayé : elle ne pèse rien. Cette pièce est massive et incroyablement légère, un moulage de papier mâché. Que signifie encore un kilo dans ce cas[3] ?

Notes
[1] Paul Virilio, *Bunker Archéologie*, Paris 1991 (1975), p. 37.
[2] Rodolfo Machado, Rodolphe el-Khoury, *Monolithic Architecture*, Munich 1995. (cat. *The Heinz Architectural Center*, Pittsburg 1995-1996), p. 15-16.
[3] C'est par ces termes que s'achève le texte de Gertrud Ohling dans le catalogue du Prix culturel Manor 1994 : Katharina Bürgin, *Objekte 1992 bis 1994*, musée zu Allerheiligen, Schaffhouse 1995.

Ill. 68 : Katharina Bürgin, *Grosses Haus* (1993)
Papier, 28 x 48 x 26 cm

STRUCTURES — Modes de construction
Exemples

Ksar el-Ferch
Un grenier fortifié en Tunisie du Sud

Ill. 69 : Ksar el-Ferch
Projection développée de la première cour

Ill. 71 : Ksar el-Ferch
Périmètre entièrement clos du complexe

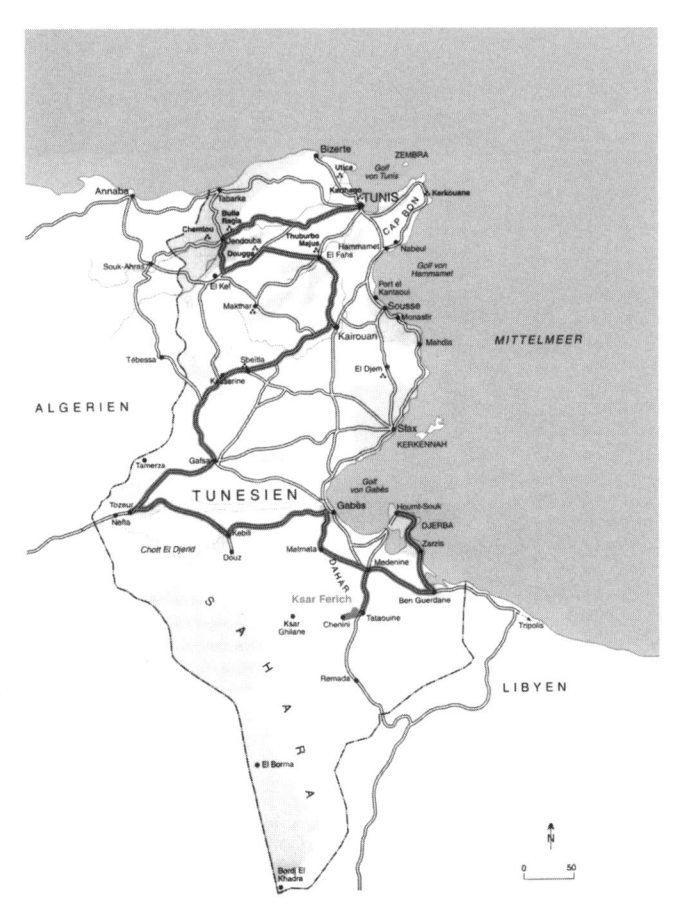

Ill. 72 : cour intérieure
Vue de l'entrée

Ill. 70 : Ksar el-Ferch
Le ksar à la limite entre le territoire habité et le Sahara

Ill. 73 : cour intérieure
Îlot de bâtiments au milieu du ksar

Ksour et ghorfas

Les ksour (pluriel de *ksar*) du sud de la Tunisie sont des groupes d'habitation et de greniers, bâtis comme des forteresses, qui ont été érigés, de préférence, tout au sommet de plateaux montagneux ou sur des pentes raides. Leur centre forme souvent une kalâa (citadelle, ouvrage de défense). Dans les rochers en contrebas sont regroupés les logements et/ou habitats troglodytiques dont font immanquablement partie les ghorfas à voûtes en berceau (en arabe, ghorfa signifie cellule), souvent construites en alvéoles sur plusieurs étages et qui faisaient principalement office de greniers de stockage.

De simples ensembles de ghorfas isolés dans les terres sont également appelés ksar. Ces complexes le plus souvent rectangulaires sont ceints d'un haut mur interrompu uniquement par une ouverture de porte et affichent clairement leur vocation défensive. Les ksour servaient essentiellement de greniers à provisions collectifs pour une tribu, tandis que les membres nomades de celle-ci partaient faire paître leurs troupeaux. Les gardiens officiels, mais aussi les vieux et les malades ne pouvant prendre part aux recherches de pâturages, habitaient et surveillaient le ksar souvent constitué de centaines de chambres de stockage regroupées en alvéoles autour d'une ou de plusieurs cours intérieures pour former parfois jusqu'à six étages.

Chaque famille possédait une quantité appropriée de ces espaces voûtés pour y engranger ses provisions personnelles. Ils pouvaient avoir jusqu'à dix mètres de profondeur, environ trois mètres de largeur ainsi que quasiment deux mètres de hauteur et étaient fermés par de petites portes en bois de palmier. De petits escaliers extérieurs, périlleux et dépourvus de parapet, des pierres de passage ou des poutres en bois se détachant de la maçonnerie conduisent aux entrées supérieures. De temps en temps, on découvre sur l'enduit intérieur des décorations en relief, qui prennent par exemple la forme d'une main ou d'un pied, des ornements ou des caractères. En temps de paix, les ksour étaient des places commerciales, des centres de la vie sociale, mais constituaient aussi des refuges en période de guerre. Les provisions engrangées et un puits situé dans la cour intérieure permettaient, en cas de nécessité, de résister également à un siège relativement long.

Les grands complexes de ghorfas perdirent de l'importance au fur et à mesure de la sédentarisation des nomades. Ils tombèrent en ruine ou durent céder la place à de nouvelles constructions (à Médenine par exemple, où plus de trente de ces ksour furent rasés). Bon nombre de ces greniers fortifiés sont depuis dans un tel état de ruine ou délabrés que la plus grande prudence est recommandée lorsqu'on cherche à les explorer. Certains sont encore en partie utilisés en tant que greniers à provisions ou étables, d'autres ont été transformés en gîtes pour touristes. Mais il est également possible, parfois, de tomber sur des complexes bien conservés ou restaurés, qui continuent à être utilisés ou le sont de nouveau, habités par la population et pleins de vie.

Traduction de Dorothy Stannard, *Tunesien*, Berlin 1992.

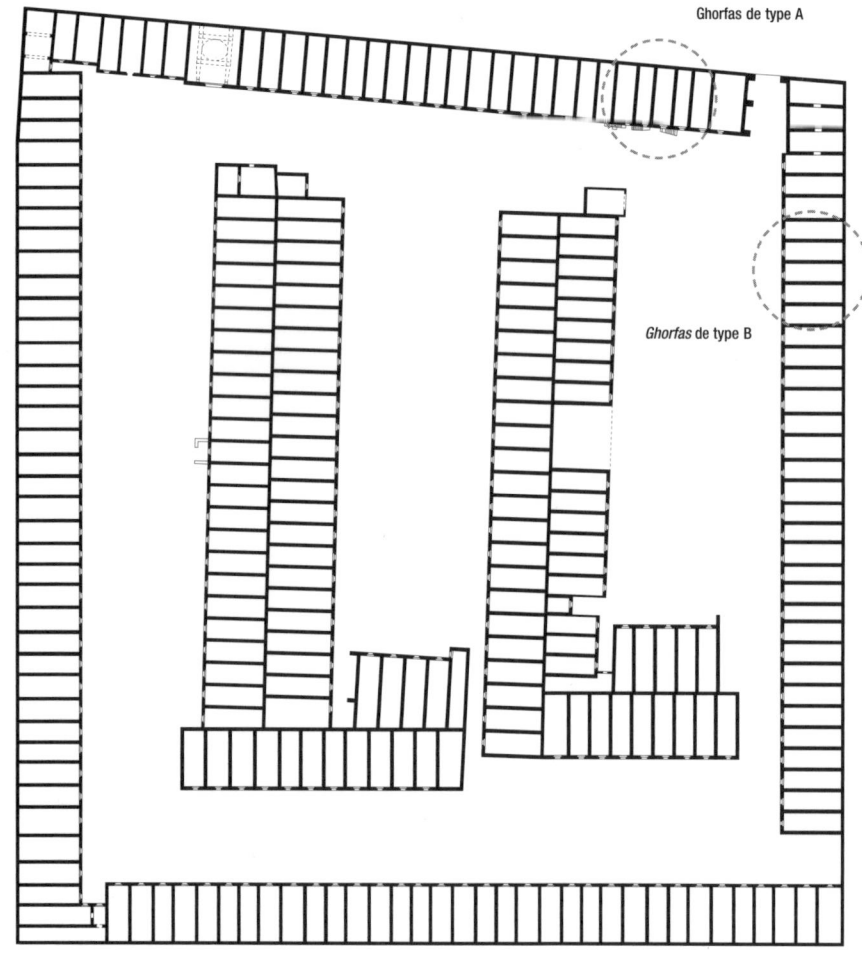

Ill. 74 : Ksar el-Ferch
Plan du rez-de-chaussée 1:1000

STRUCTURES | **Modes de construction**
Exemples

Ill. 75 : ghorfas de type A
Coupe transversale 1:200

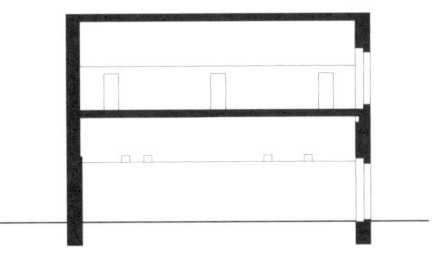

Ill. 77 : ghorfas de type A
Coupe longitudinale 1:200

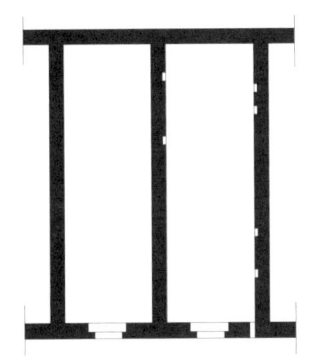

Ill. 76 : ghorfas de type A
Plan 1:200

Ill. 78 : ghorfas de type A
Vue de face

Ill. 79 : ghorfas de type A
Vue de côté

Ill. 80 : ghorfas
Détail de la façade partiellement enduite

293

STRUCTURES | **Modes de construction**
Exemples

Ill. 81 : ghorfas de type B
Vue de face

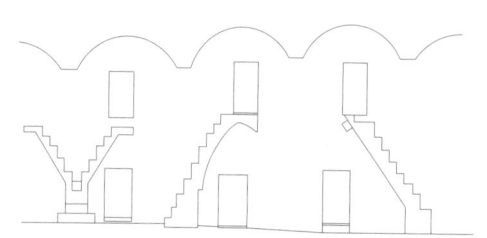

Ill. 84 : ghorfas de type B
Élévation 1:200

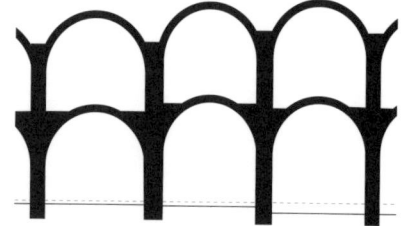

Ill. 85 : ghorfas de type B
Coupe transversale 1:200

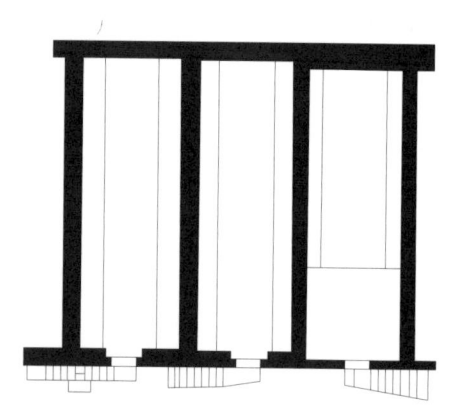

Ill. 86 : ghorfas de type B
Plan 1:200

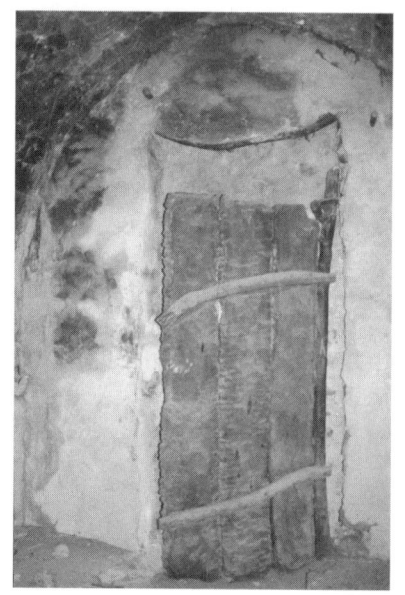

Ill. 82 : ghorfa
Salle intérieure du rez-de-chaussée

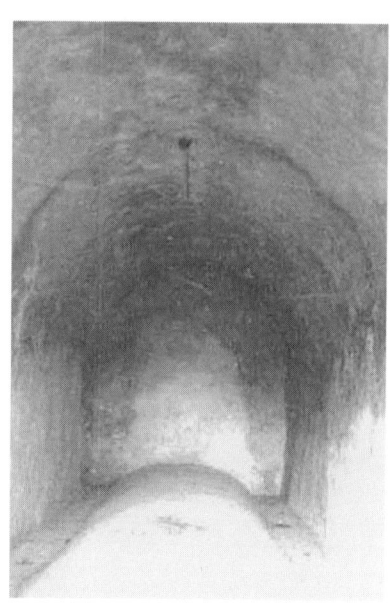

Ill. 83 : ghorfa
Salle intérieure du 1er étage avec sol bombé

STRUCTURES | Modes de construction
Exemples

Comment construire une ghorfa

Dans tout le sud de la Tunisie, le blé était stocké dans de petites cellules en pierres, d'environ 2 mètres de haut et 6 à 10 mètres de long, appelées ghorfas. Suivant les besoins, plusieurs cellules pouvaient être bâties côte à côte et, même, les unes sur les autres, jusqu'à atteindre parfois 8 niveaux. L'ensemble finissait par former une cour fermée avec des murs extérieurs aveugles pour dissuader les voleurs. Comment construire une ghorfa est un savoir-faire dont vous pourriez avoir besoin :

1. Montez parallèlement deux murs de pierres et de boue, hauts de 1,5 m et espacés de 2 m environ.
2. Placez verticalement entre ces murs deux grands paniers-réserves à grains, en paille, remplis de terre. Les deux paniers côte à côte doivent occuper tout l'espace entre les deux murs pour les soutenir. Posez un troisième panier, rempli de terre, à l'horizontale sur les deux premiers.
3. Couvrez le tout d'une natte de roseau ou de paille, tressée préalablement, pour faire une voûte.
4. En utilisant la natte et les paniers à grains comme support, construisez progressivement un toit voûté en pierres liées par un mortier fin d'argile et de gypse.
5. Montez un mur arrière si nécessaire. Retirez les paniers de support et enduisez les parois internes de chaux. Décorez, si nécessaire, de figures et d'empreintes de mains, ou de poissons, pour éloigner le mauvais œil.
6. Construisez un mur de façade muni d'une porte d'accès en bois de palmier.

Extrait de : Anne & Keith McLachlan, *Tunisia Handbook*, Bath 1997.

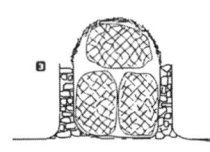

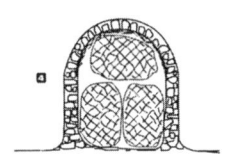

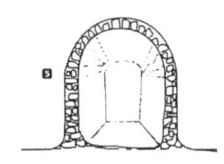

III. 87

Références bibliographiques sur la Tunisie :
- Myron Goldfinger, *Villages in the Sun*, New York 1969.
- Derek Hill, *Islamic Architecture in North Africa*, Londres 1976.
- Dorothy Stannard et al., *Tunisie*, Paris 2007.

STRUCTURES — Modes de construction — Exemples

Architecture plastique
La maison-tour écossaise

Nik Biedermann, Andrea Deplazes

Ill. 88 : château de Neidpath, Peebles (Écosse, GB), XIVᵉ siècle

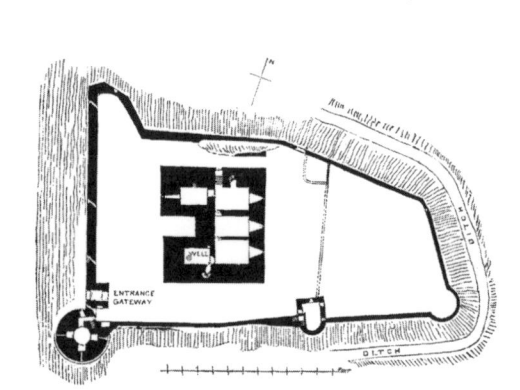

Ill. 89 : château Montebello, Bellinzone (CH), XIVᵉ siècle

Ill. 90 : plan de l'ensemble du site
Château de Borthwick, Midlothian (Écosse, GB) XVᵉ siècle

Défense et habitation

La maison-tour médiévale, à mi-chemin entre la défense et l'habitation sur un espace à organisation verticale extrêmement étroit, est typique de l'Écosse. Ce type architectural est, à ses débuts, sans ornements et austère, reflet d'un pays pauvre marqué par des troubles intérieurs et des guerres locales entre clans rivaux, contraint de reconstruire en permanence. Avec la pacification croissante du pays, les maisons-tours se transforment extérieurement en coquettes résidences empreintes d'un romantisme pittoresque, qui laissent transparaître les besoins de représentation de l'époque. Les exigences de défense passant en revanche de plus en plus au second plan, la tour de défense et d'habitation devient maison-tour fortifiée. L'utilisation courante de ces maisons-tours pendant trois siècles (du XIIIᵉ au XVIᵉ siècle) a donné naissance à des formes mixtes de caractère régional. C'est ainsi qu'ont vu le jour un très grand nombre de variantes parmi lesquelles le modèle d'origine reste toutefois systématiquement identifiable.

La présente étude est centrée sur l'examen architectonique des maisons-tours et non sur leur évolution chronologique et tous ses aspects en partie concomitants. La sélection réalisée ne prétend pas à l'exhaustivité, mais permet d'offrir un aperçu de la diversité topologique ainsi que de la richesse spatiale des maisons-tours et de leurs singularités.

Maison-tour contre forteresse

La maison-tour écossaise doit son caractère surprenant au fait qu'elle est conçue comme un ouvrage isolé. Toute l'installation de défense obéit au « principe de la châtaigne » : des bâtiments utilitaires en bois, non défendus, se regroupent pour former une cour, telle une bogue piquante, mais tendre. Au centre, la maison-tour se dresse, tel un noyau dur ; elle fait office d'habitation et d'intendance défendues pour le seigneur et est, en même temps, la dernière et seule possibilité de retraite. En fonction des conditions topographiques, les bâtiments étaient protégés de l'ennemi par de simples palissades, des levées de terre ou des fossés. Dans certaines situations, des dorsales rocheuses appropriées, comme dans le cas de la tour de Smailholm, ou des arêtes rocheuses, dans celui du château de Neidpath, se substituent aussi

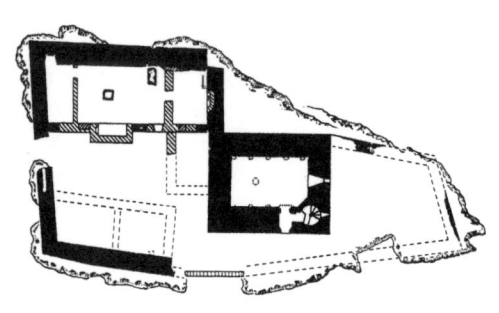

Ill. 91 : plan de l'ensemble du site
Tour de Smailholm, Roxburgh (Écosse, GB), XVIᵉ siècle

en partie aux ouvrages défensifs complexes. La stratégie de défense prévoit de se retirer rapidement des bâtiments utilitaires peu défendus pour se retrancher dans la tour de défense « habitable » même pendant des périodes relativement longues.

À la différence de la maison-tour écossaise, les forteresses érigées à la même époque sur le continent européen sont organisées selon « le principe de l'oignon » selon lequel le donjon, cœur de la structure, est protégé par plusieurs murs d'enceinte disposés de manière concentrique.

En cas de situation critique, chaque mur d'enceinte est défendu, puisque les habitations et bâtiments utilitaires s'étendent sur plusieurs d'entre eux. Le donjon en revanche ne sert que de simple tour de défense inhabitée, ultime bastion de résistance, et a une extension horizontale réduite par rapport à la maison-tour écossaise, tour d'habitation et de défense. C'est d'ailleurs pour cette raison que cette dernière a dû s'organiser sur le mode vertical et, par conséquent, se développer en hauteur. Le principe de défense repose sur la difficulté à conquérir des étages et/ou sur la simplicité de la défense d'escaliers en colimaçon étroits.

Considérations architectoniques
Masse et vides

Les maisons-tours écossaises, du moins les exemples anciens, se dressent aujourd'hui dans le paysage tels des blocs de pierres usés par le temps. Leur allure est simple, massive et rudimentaire. Seules les ouvertures clairsemées, pratiquées de manière irrégulière et qui ne semblent visiblement obéir à aucune règle, laissent transparaître des traces de vie à l'intérieur, derrière la masse de pierre. Ces blocs de pierre inamovibles sont, en fait, creux et leurs murs d'enceinte en partie évidés ou simplement amincis. Ces salles secrètes offrent aux habitants

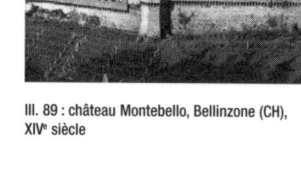

Ill. 92 : Eduardo Chillida, *Lurra G-306* 1994

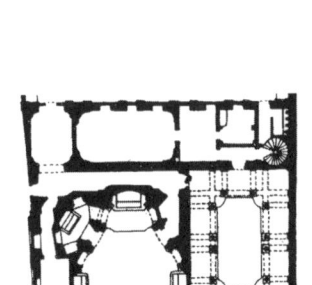

Ill. 93 : plan
Francesco Borromini, San Carlo alle Quattro
Fontane, Rome (I) 1634-1667

Ill. 94 : niche à coussièges en décroché
Château de Comlongan, Dumfries (Écosse, GB),
XVᵉ siècle.

refuge et sécurité face à un environnement hostile. On affiche sa capacité à se défendre vis-à-vis de l'extérieur, tandis qu'à l'intérieur, le confort surprend grâce à un aménagement varié de l'espace.

C'est sur cette combinaison apparemment paradoxale, la forme la plus dense et la plus efficace d'habitation et de défense qui soit en termes d'espace, que repose le caractère spécifique des maisons-tours écossaises.

Eduardo Chillida

De même qu'on ne peut faire l'expérience de la sensation de chaleur que si l'on a connu le froid, l'espace architectonique ne peut être perceptible que par ses limites physiques. Le volume construit devient curieusement plus compact si un élément léger lui est accolé ou s'il est perforé par l'insertion profonde de cavités ou de cellules.

Ce principe marque aussi l'œuvre de l'artiste espagnol Eduardo Chillida, qui se qualifiait lui-même d'« architecte du vide ». Dans ses « Lurras » notamment, des sculptures en terre cuite à grain fin, la pesanteur et la compacité sont accrues par des insertions d'espace esquissées ou réelles, par des entailles suggérant un intérieur creux. Un dialogue s'instaure alors entre masse et espace, entre pesanteur et légèreté. Comme nous l'avons déjà suggéré, les maisons-tours écossaises peuvent également être interprétées de cette manière. Elles illustrent la façon dont l'alliance des contraires fait ressortir plus fortement encore les singularités de chaque composant.

Intérieur et extérieur

Dans le cas des maisons-tours écossaises, la forme extérieure de l'ouvrage correspond en règle générale à la forme des principales salles intérieures, c'est-à-dire les halles. Cette coïncidence entre contenu et expression n'est pas impérative, les exemples tirés de l'architecture des églises baroques le prouvent. La forme extérieure et l'espace intérieur obéissent souvent à différentes exigences. Cela se comprend dans l'environnement de la ville, la possibilité s'offrant alors de pouvoir réagir aux conditions extérieures situationnelles, locales ou urbaines. Fait intéressant cependant, on trouve également dans la tour un « entre-deux » mystérieux, une couche « massive », pochée, qui recèle les cavités les plus variées : des dessertes verticales, de petites chambres partiellement reliées les unes aux autres, mais également de simples excroissances de la pièce principale sous forme de niches de fenêtres.

Dans le cas des premiers types de tours, dotés de remparts d'une épaisseur pouvant aller jusqu'à quatre mètres, mais peu développés encore en termes d'aménagement spatial, il est préférable de parler de murs de blindage plutôt que de murs extérieurs traditionnels.

Leurs dimensions inhabituelles et même incroyables s'avèrent être la conséquence directe de leur fonction de protection des espaces d'habitation. L'insertion progressive de cellules dans ce mur de blindage semble à première vue contredire cet objectif, mais forme cet « entre-deux », une strate d'espaces adjointe à la vaste salle centrale, sans que le mur en soit pour autant affaibli. L'étendue de ces cavités ou de ces rétrécissements est impossible à repérer de l'extérieur car les fenêtres percées sont chichement distribuées sur la façade. Les pièces ainsi gagnées permettent de transférer l'ensemble des fonctions d'habitation secondaires dans le mur lui-même. L'espace central est ainsi déchargé et ses dimensions peuvent s'accroître en conséquence

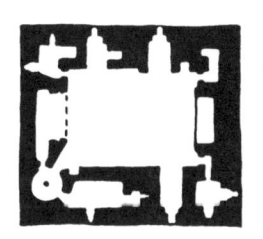

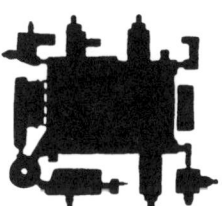

Ill. 95 : figure et fond
Château de Comlongan (Écosse, GB), XVᵉ siècle

sans forcément augmenter le volume total de la tour. Il s'ensuit une séparation nette entre pièces centrales et pièces attenantes ou, pour reprendre les termes de L. Kahn, entre espaces « servants » et espaces « servis ». Cette division est clairement perceptible lorsque la configuration de l'espace ainsi obtenue, la « figure » (effet de figure et de fond), est considérée indépendamment du corps de maçonnerie qui l'entoure. À partir de la salle centrale, l'ensemble des pièces semblent, selon un code immanent, s'étendre ou se ramifier telles des tentacules vectorisés.

Insertions de salles

Ces pièces attenantes sont en réalité des « percées » de la salle principale dans le corps de maçonnerie et peuvent être différenciées d'après leurs fonctions spécifiques. Considérant les niches de la salle centrale, reste à savoir si l'on doit les interpréter comme des éléments de celle-ci ou si l'on peut parler de pièces indépendantes. Il est clair que toutes les niches (niches à coussièges, niches de fenêtres ou meurtrières praticables), à l'exception des âtres, s'orientent vers l'extérieur, vers la lumière. Celles situées au même niveau que la salle principale viennent plutôt soutenir l'hypothèse d'une salle principale en extension. À l'inverse, les niches qui forment un décroché en raison des marches et sont en partie meublées d'éléments fixes ont plutôt l'allure de compartiments autonomes. Les pièces entièrement abritées dans le corps de maçonnerie, qui ne sont

STRUCTURES | Modes de construction
Exemples

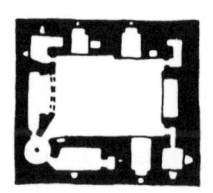

Ill. 96 : château de Comlongan

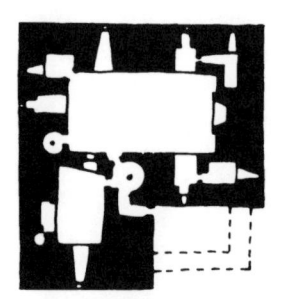

Ill. 97 : château de Cessford

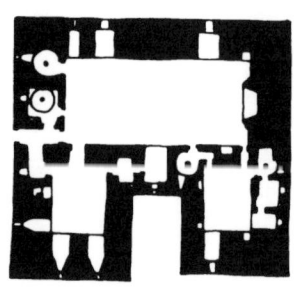

Ill. 98 : château de Borthwick

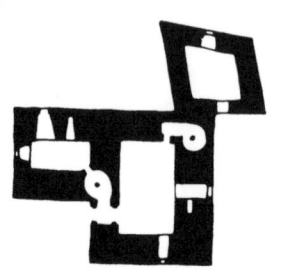

Ill. 99 : château de Dundas

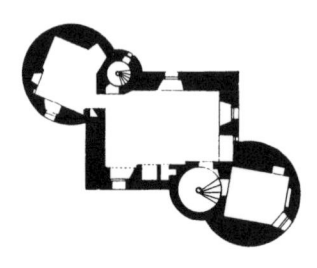

Ill. 100 : château de Claypott

accessibles que par de petites ouvertures à partir de la salle principale ou même par des niches, sont séparées encore plus distinctement. Elles obéissent au principe de compartimentation, la cohésion immédiate avec la salle principale étant clairement brisée par la profondeur du mur de séparation.

Ouvertures
L'éclairage de la grande salle centrale, ceinte de toutes parts, impose des conditions différenciées à la configuration et à la forme des niches dispensatrices de lumière. Il est généralement possible de distinguer deux types d'ouvertures.

Cônes de lumière
Les cônes étroits et profonds distribuent, par réflexion, la lumière la plus régulière et la plus diffuse possible dans la pièce. Ils ne sont pas liés à un horizon précis et peuvent ainsi constituer une réponse mieux adaptée aux contraintes fonctionnelles. En disposant habilement ces cônes dans les angles du mur frontal de la salle, une forte lumière rasante peut venir éclairer le mur longitudinal qui devient ainsi un « mur de lumière » rayonnant, comme au château de Borthwirck. L'orientation de la salle principale est donc consolidée non seulement par sa géométrie, mais aussi par le jeu de clarté et d'obscurité des surfaces murales : la frange inférieure de la salle close dispose, fait surprenant, d'un éclairage très lumineux grâce à un petit nombre d'ouvertures agencées avec grande précision, tandis que la frange supérieure forme une cloche sombre.

Niches
L'incidence de la lumière dans les profondes niches à coussièges opère de façon très différente. Ces niches obéissent essentiellement à la géométrie plutôt rectangulaire du plan, mais empêchent, ce faisant, une diffusion optimale de la lumière. Grâce au jeu d'ombre et de lumière, mais surtout aux points de vue sur les alentours, elles créent, dans la salle, des façades « intérieures » contrastées et chargées de tension, de sorte que les grandes salles produisent une extraordinaire sensation de vastitude, de clarté et de confort. Une véritable surprise que l'étude des plans ne permet pas de soupçonner !

Pénétration verticale et organisation
Fait remarquable, le plan par étages est conçu, à quelques exceptions près, sans couloirs. Les nombreux escaliers en colimaçon peuvent être considérés comme un système vertical de couloirs, ainsi que le décrit Hermann Muthesius dans son ouvrage *Das Englische Haus* (*La Maison anglaise*). Ils sont, en règle générale, disposés dans les angles du corps de maçonnerie ou aux points de jonction avec les extensions accolées. Ce « système de couloirs »

a ceci de caractéristique qu'aucun escalier ne relie de manière continue l'ensemble des étages entre eux. En général, les escaliers en colimaçon ne réunissent des unités sur plusieurs étages que si une cohérence fonctionnelle l'impose. Résultat, nous nous trouvons face à un labyrinthe complexe et étendu. Confusion et égarement sont des concepts de défense vitaux si l'ennemi est entré dans la place. Les escaliers en colimaçon étroits peuvent être défendus de la manière la plus simple en multipliant les volées et en changeant leur sens de révolution ainsi que par l'« effet de trou d'aiguille » à l'entrée et à la sortie. Les diverses connexions entre étages, placées à différents endroits, contribuent à la perte d'orientation. Il n'est alors pas nécessaire de recourir à d'autres mesures pour produire cette impression d'égarement, elle est partie intégrante du concept de desserte mise en œuvre dans la maison-tour. Sans oublier les issues de secours dissimulées qui autorisent, quasiment à volonté, la sortie inattendue et soudaine des défenseurs.

Organisation
L'accès aux premières maisons-tours ne se fait pas de plain-pied comme ce sera le cas plus tard, mais sur le côté, par un escalier ou un pont en bois extérieur menant directement au premier étage. L'agencement typiquement vertical, qui inclut une grande salle à chaque étage, comprend, au rez-de-chaussée, les caves et les entrepôts ainsi que la prison (en anglais *dungeon*, puis *donjon*), au premier étage, la grande salle d'apparat où se réglaient les affaires courantes et, au deuxième étage, les appartements privés du « Lord ». Au troisième étage se trouvent les pièces de la famille et de la domesticité et, pour finir, les créneaux dans les superstructures couronnant la tour.

Configuration du plan
Les plans singuliers (de type rectangulaire, en L, en C, en H ou en Z) résultent pour l'essentiel des progrès des techniques de défense, parallèlement à un besoin croissant de surface habitable à chaque étage. Partant du schéma de base, un simple rectangle, les extensions des maisons-tours suivent toujours le même modèle : le corps de maçonnerie déjà existant est complété pour qu'une nouvelle « salle centrale » plus petite soit entourée d'attributs similaires. Les salles attenantes les plus importantes (les salles de service) sont, pour l'essentiel, transférées du corps de maçonnerie étroit dans ce nouvel espace. Toutefois, la configuration de la plupart des maisons-tours ne découle pas des modifications apportées à l'ouvrage existant. Le plus souvent, ces tours ont été rasées et reconstruites sur les fragments subsistants, d'après les connaissances les plus avancées des techniques contemporaines de défense et les besoins d'habitat et de représentation de l'époque.

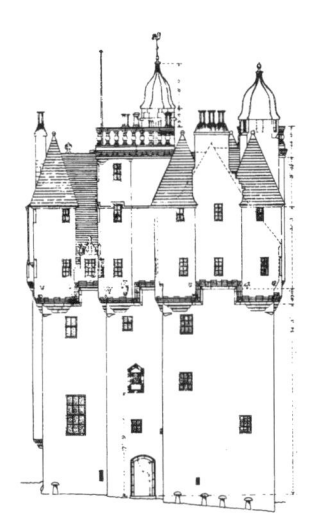

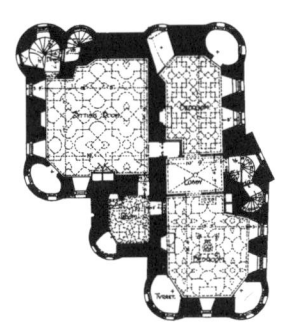

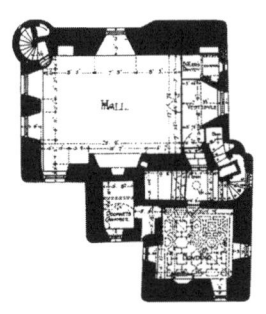

Métamorphoses

La vocation défensive des maisons-tours allant en s'affaiblissant, à l'inverse des exigences de représentation, les niches et la compartimentation, jusqu'à présent dissimulées, se caractérisent de plus en plus par l'amenuisement vers l'extérieur du corps de maçonnerie, formant comme des bosses sur la façade (comme si, devenues pour ainsi dire des corps solides, elles passaient à travers le manteau extérieur et bosselaient celui-ci). L'allure à l'origine massive et paisible de la tour de défense devient une structure plastique, dotée d'excroissances.

Sur la façade et en coupe, on peut voir que ces protubérances commencent de préférence au-dessus du dernier étage, les salles principales coïncidant à chaque fois. Le profil du bâtiment, transformé en couronne, est marqué par un grand nombre de tours en saillie et de superstructures de toit. L'architecture des maisons-tours plus récentes, désormais empreinte de pittoresque et de romantisme, épouse pour l'essentiel les courants de mode les plus divers de l'époque et renonce aux mesures de défense superflues.

Même l'organisation de l'espace, telle celle du château de Craigievar, se compartimente. Les grandes salles ne coïncident plus seulement par superposition, elles changent de direction dans les étages supérieurs, puis sont subdivisées et orientées en fonction de leur destination. Articulant davantage le corps en L de la tour, des pièces attenantes de dimensions plus importantes se profilent sur la façade. Disposées les unes au-dessus des autres, elles peuvent être accessibles, selon convenance, à partir des salles principales ou relier directement ces dernières. Le principe multistrates de distribution et de connexion de cet aménagement spatial, toujours organisé en étages, se poursuit par le biais d'escaliers divers et de leurs extensions horizontales et verticales dans le bâtiment. La hiérarchie, claire à l'origine, entre salles principales et salles attenantes s'est densifiée pour donner naissance à un « agglomérat » de forme complexe.

Dérivation morphologique

Des murs épais circonscrivent un espace rectangulaire et longitudinal. Ceci étant, l'épaisseur des murs et leur géométrie ne sont plus identifiables, que ce soit de l'intérieur ou de l'extérieur. Le plan de l'espace intérieur, en revanche, est défini de manière précise par les quatre angles.

Seules des ouvertures dans le mur permettent d'établir un lien avec l'extérieur. Dans le même temps, le mur d'enceinte est articulé en éléments d'angle isolés. Son épaisseur peut être déduite de la profondeur d'embrasure des ouvertures. Tant que les ouvertures sont nettement positionnées dans les surfaces délimitant l'espace, la géométrie d'origine reste clairement lisible.

Mais si elles sont situées dans les angles intérieurs et approximativement aussi élevées que les plafonds,

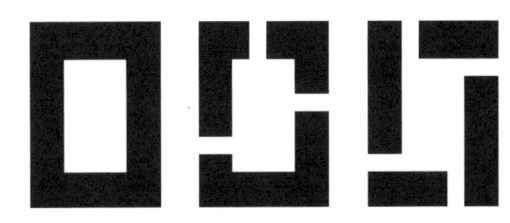

Ill. 101 : de haut en bas : façade, coupe transversale, plan des 4ᵉ et 1ᵉʳ étages
Château de Craigievar, Aberdeen, (Écosse, GB), XVIIᵉ siècle

Ill. 102 : plans schématiques
Espace clos/ouvertures/ouvertures dans les angles de la pièce

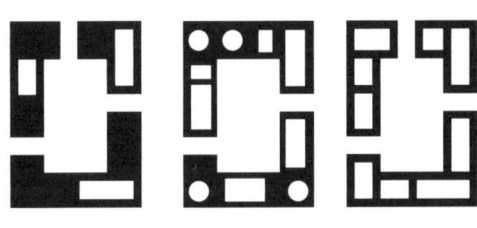

Ill. 103 : plans schématiques
Espaces compartimentés/différentes insertions/amenuisement maximal

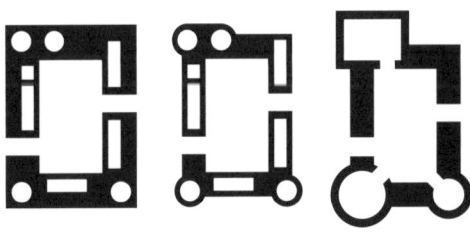

Ill. 104 : plans schématiques
Figure de base « pure »/figure de base en extension/superficie à structure plastique

de sorte que les surfaces délimitantes sont prolongées par les embrasures, l'espace commence alors à « fuir » et perd sa clarté géométrique. Les éléments de murs deviennent alors des masses linéaires. Ils perdent la faculté de « contenir » l'espace.

Si, de plus, ils sont compartimentés, tout en ayant peu d'influence sur les caractéristiques spatiales de la salle centrale, cela permet, dans une perspective d'économie, un net gain de surface, en fonction de l'amenuisement maximal possible de la masse murale et, par conséquent, de la structure porteuse. Le volume réel de ce mur d'apparence massive ne peut être déterminé qu'en ayant un aperçu direct sur les compartiments. Si ces divisions sont, par exemple, la conséquence de contraintes fonctionnelles et adoptent donc une configuration géométrique et extensive différente, leur influence demeure minime sur l'espace intérieur et extérieur. Les différentes divisions ne se distinguent de l'extérieur que si le mur renfermant les pièces est nettement aminci et que celles-ci émergent du mur « sous la pression ». On obtient ainsi une superficie à la structure plastique où l'on distingue encore les arêtes de la figure d'origine.

Mais quand les compartiments des angles augmentent et se détachent plus fortement du mur, on atteint un point de rupture où la figure de base n'est plus identifiable. Une nouvelle composition voit le jour : elle est déterminée par

Ill. 105 : ensemble castral, 1er étage
Château de Glamis, Tayside
(Écosse, GB), XIIIe-XVIIe siècle

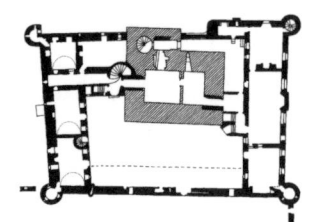

Ill. 106 : ensemble castral, plan du rez-de-chaussée
Château de Craigmillar, Édimbourg,
(Écosse, GB), XIVe-XVIe siècle

de grandes salles et n'évoque plus guère la figure initiale. En revanche, l'espace intérieur – la grande salle centrale – reste étrangement épargné, sa géométrie n'est pas altérée, ce qui étaie la pertinence de l'hypothèse, exposée ici, de la croissance spatiale des maisons-tours écossaises.

Concept d'extension en série

Phénomène inhabituel, l'organisation verticale des maisons-tours perdure en Écosse également dans la construction des « ensembles castraux » plus tardifs, une évolution à contre-courant de celle adoptée en Angleterre et sur le continent européen. L'extension du plan se fait horizontalement par la construction d'ailes : l'ajout de salles ne suffisant plus, on édifie des « maisons-tours » imbriquées les unes dans les autres (c'est l'impression que l'on a à l'extérieur, mais en fait, la conception des ailes obéit à des processus simples de subdivision). Le « type en L » originel du château de Glamis par exemple, exhaussé au XVIIe siècle, se dresse au centre du complexe et surplombe les ailes qui le flanquent symétriquement.

Des ailes construites selon le modèle des châteaux français

En se fondant sur le château de Craigmillar, il est possible d'identifier un autre phénomène, assez courant dans l'histoire des maisons-tours et de leurs dépendances environnantes. La maison-tour d'origine s'intègre presque naturellement dans la séquence du nouvel ensemble. À l'inverse du château de Glamis, elle est réellement « encerclée ». Seule une coupe horizontale permet de reconnaître les épais remparts imbriqués dans l'ensemble du complexe.

Influence des maisons-tours écossaises chez Adolf Loos ?

De par leur expression austère et leurs volumes de forme cubique simple soulignant la verticalité, les villas bourgeoises urbaines d'Adolf Loos, qui datent de la fin des années 1920, présentent certaines similitudes avec les maisons-tours écossaises. Les villas urbaines sont impressionnantes en raison, d'une part, de l'envergure des contenants, revêtus en fonction des différentes utilisations et, d'autre part, de la richesse des combinaisons complexes, laquelle correspond aux représentations traditionnelles des hiérarchies spatiales.

Il en est de même pour les maisons-tours : présentant au début un aspect austère et dépourvu d'ornement, leurs intérieurs se développent, des nécessités les plus élémentaires à des configurations extrêmement ramifiées et très articulées sur le plan hiérarchique. Ce sont les maisons-tours les plus récentes, tel le château de Craigievar par exemple, qui présentent, à l'intérieur, une analogie avec Adolf Loos. La complexité de leur plan et leurs surfaces travaillées avec soin, notamment les stucs des voûtes des salles principales et les habillages en bois des excroissances dans les remparts, peuvent être comparées aux revêtements des villas urbaines évoquées, composés de matériaux multiples.

Le Raumplan – *le plan dans l'espace*

En introduisant le concept central du *Raumplan*, Adolf Loos met au point une conception d'espaces emboîtés les uns dans les autres sur les plans horizontal et vertical. Il est tentant de rechercher la même stratégie dans les maisons-tours. Mais toujours est-il que l'idée du *Raumplan* se limite en fait, dans leur cas, à la salle principale aménagée par étages et aux niches de celle-ci, façonnées de manière différenciée, ainsi qu'aux galeries en entresol correspondantes.

Loos thématise l'interdépendance des pièces de taille différente et, par conséquent, de hauteur différente. Pour ce faire, il avance l'argument du gain d'espace en les comprimant en une structure compacte et dense de petites dimensions. Des ouvertures pratiquées de manière précise relient ces pièces entre elles et déterminent par leur taille leur cohésion spatiale et hiérarchique.

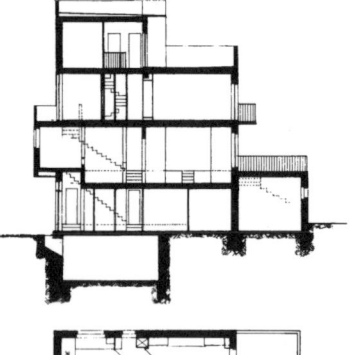

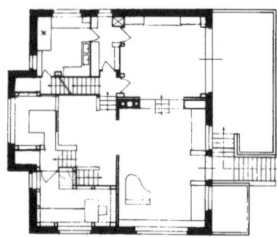

Ill. 107 : coupe transversale et plan du 1er étage
Adolf Loos, maison Möller, Vienne (A) 1928

Ill. 108 : maquette de l'étage principal, travail d'étudiant EPFZ 2002
Adolf Loos, maison Möller, Vienne (A) 1928

En dépit de leur organisation différente, on peut discerner une parenté entre la maison-tour écossaise et la villa d'Adolf Loos : toutes deux sont dépourvues de couloirs dans les salles et les étages centraux et disposent de plusieurs systèmes d'escaliers, qui ne relient pas tous les étages. Pour la maison-tour, il s'agit d'une stratégie défensive visant à jeter la confusion, tandis que chez Loos, l'intérêt réside davantage dans la mise en scène du parcours dans la composition spatiale. Comme pour la maison-tour et sa salle centrale, il est possible de lire une extension de l'étage principal dans les réalisations de Loos.

Influence des maisons-tours écossaises chez Louis Kahn ?

The Castellated and Domestic Architecture of Scotland, œuvre en cinq tomes de David MacGibbon et Thomas Ross, est considéré comme un ouvrage de référence de la recherche sur les forteresses écossaises. Il est vraisemblable que Kahn connaissait très bien au moins le premier tome de cette œuvre, puisqu'il cite souvent le château de Comlongan qui y est mentionné.

La fascination manifeste de Louis Kahn pour la typologie simple, claire et apparemment archaïque de la salle entourée d'un mur de blindage contenant des pièces, comme dans les anciennes maisons-tours écossaises, est directement perceptible dans ses travaux. Ce n'est pas tant la masse elle-même que la conception d'insertions dans les murs entourant une salle centrale et créant des liaisons différenciées qui a probablement éveillé son intérêt. La hiérarchie simple et intelligible d'une salle centrale et de plusieurs salles attenantes périphériques, clairement réparties, marque de son sceau les œuvres de Louis Kahn.

La bibliothèque de la Phillips Exeter Academy

Le plan carré, organisé selon une symétrie axiale, de la bibliothèque de la Phillips Exeter Academy (1968-1972) enserre de deux anneaux un hall qui s'élève sur plusieurs étages. L'anneau intérieur s'étire entre quatre noyaux de distribution et d'infrastructures occupant les angles. L'anneau extérieur l'entoure, sans tenir compte apparemment de la régularité de la façade divisée en petites unités. Les anneaux ne sont amarrés l'un à l'autre que dans les angles du bâtiment.

Du hall reliant les étages à la zone de lecture et de travail périphérique, haute de deux étages, en passant par le secteur bibliothèque, divisé en plusieurs étages superposés, la concentration de l'espace est une réponse précise aux exigences spécifiques du projet. Seules les niches destinées à l'étude, des meubles encastrés dans les embrasures des fenêtres, renforcent, par leur plasticité, le pourtour du bâtiment.

Ill. 109 : de haut en bas : façade, hall intérieur et niches d'étude périphériques
Louis I. Kahn, bibliothèque de la Phillips Exeter Academy, Exeter (New Hampshire, USA) 1968-1972

La typologie des pièces centrales et des pièces attenantes – qui donnent l'impression d'avoir été créées arbitrairement – dans le mur de blindage des maisons-tours est interprétée par Louis Kahn qui l'applique en un ordre rigoureusement hiérarchique de strates concentriques et empilées de façon variée. Extérieurement, le bâtiment se présente comme un « corps », formé de voiles épais de briques dont les piliers s'amincissent en s'éle-

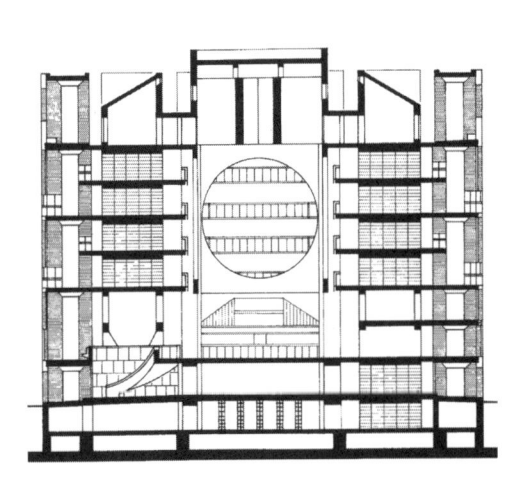

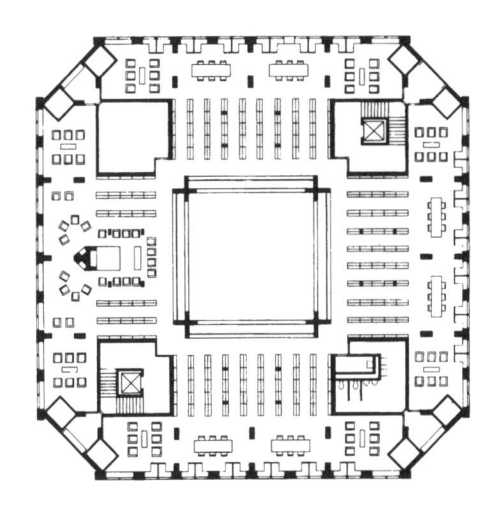

Ill. 110 : coupe et plan du 3ᵉ étage
Louis I. Kahn, bibliothèque de la Phillips Exeter Academy, Exeter (New Hampshire, USA) 1968-1972

vant. Grâce à leurs hauteurs différentes, les ouvertures créées organisent ce corps selon les règles classiques de l'architecture en soubassement, structure et attique. Les angles de l'édifice sont chanfreinés et dégagent les pièces situées derrière, en partie ouvertes. Certes, ce procédé empêche d'une part, d'avoir une impression de continuité sur l'ensemble du corps de bâtiment, mais permet d'autre part de lire la profondeur de l'anneau le plus extérieur sur les angles adoucis. La masse apparemment

Ill. 111 : corps hermétiquement clos, doté de puits de jour donnant l'illusion d'être enfoncés dans la masse
Jun Tamaki, maison Hakama, Kyoto (J) 1998

dense du corps de bâtiment est atténuée par le fait que les voiles de brique extérieurs, ne se rejoignent pas aux angles.

La richesse des espaces intérieurs se révèle ainsi dès la surface.

Comparaisons avec les immeubles d'habitation actuels : le Japon

Habitations japonaises miniatures

Dans les agglomérations japonaises, qui, en raison des risques omniprésents de tremblements de terre, s'étalent en nappes basses autour des centres, des habitations miniatures singulières voient le jour dans les espaces restants et intermédiaires. La pression économique très forte et ses répercussions au niveau de la loi sur les constructions (utilisation maximum) conduisent à des surfaces bâties qui correspondent presque à ces petites parcelles de terrain. Il faut donc répondre à la fois aux exigences d'une construction économique et à la question de la typologie capable de réagir à ces dimensions très réduites. Ces « mini-maisons » semblent avoir en commun de répondre en règle générale, de manière introvertie, puisqu'elles ne peuvent guère développer, vers l'extérieur, d'espace pour les façades (en italien, *la faccia* = le visage).

Il faut en chercher les raisons dans la densité de construction et la promiscuité entre les bâtiments ou simplement dans l'utilisation d'espaces vides entre des édifices qui autorisent, de toute manière, peu de surface de façade.

La maison Hakama

La maison Hakama (1998) de Jun Tamaki, à Uji-shi, Kyoto, se dresse dans une rue résidentielle, entre une maison plus ancienne et un accès à une propriété située en retrait par rapport à la rue. Il s'agit d'un corps monolithique surmonté d'un toit plat, démarqué par un joint. Sa silhouette monolithique est renforcée par quelques canons à la lumière prismatiques profondément creusés dans la masse apparente. Les ouvertures ont toutefois des dimensions qui font qu'elles ne risquent pas d'affaiblir la perception du bâtiment comme volume.

Du reste, même si certaines sont disposées au nu de la façade, elles demeurent nettement subordonnées, de par leur position et leur taille, aux prismes marqués des embrasures et ne gênent pas cette apparence monolithique. Le principe de la halle centrale sur deux étages et la strate enveloppante des pièces attenantes, répartie elle aussi sur deux étages, revêt ici tout son sens, puisque la relation à l'extérieur ne présente pas réellement d'intérêt dans cette situation. C'est la salle centrale « prise au piège », son éclairage et son lien avec les pièces latérales, qui retient l'attention.

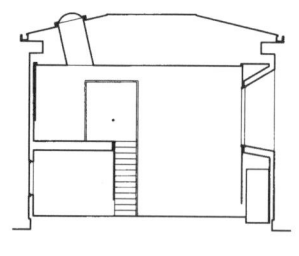

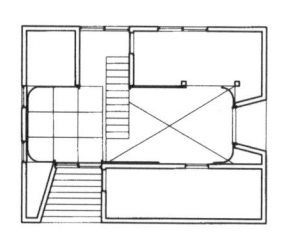

Ill. 112 : coupe, plans des rez-de-chaussée et 1er étage
Jun Tamaki, maison Hakama, Kyoto (J) 1998

Ill. 113 : extension de la salle principale grâce à l'ouverture des rideaux
Jun Tamaki, maison Hakama, Kyoto (J) 1998

Ill. 114 : salle principale réduite par la fermeture des rideaux
Jun Tamaki, maison Hakama, Kyoto (J) 1998

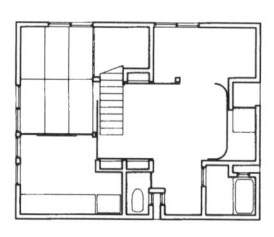

Ill. 115 : Catherine Gay, tours de la Kreuzplatz, Zurich
(diplôme de fin d'études EPFZ) 1999

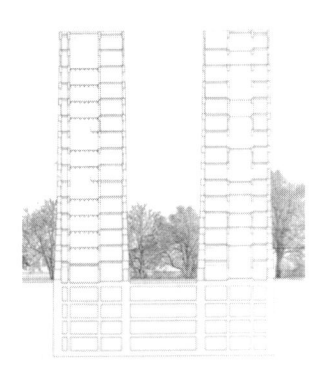

Ill. 116 : coupe transversale des tours
Catherine Gay, tours de la Kreuzplatz, Zurich
(diplôme de fin d'études EPFZ) 1999

Ill. 117 : hall intérieur éclairé sur trois côtés
Catherine Gay, tours de la Kreuzplatz, Zurich
(diplôme de fin d'études EPFZ) 1999

Maison monocellulaire ?
Le hall central, qu'un unique escalier relie au premier étage, permet une distribution sans couloirs, mais il est, ce faisant, à la fois surface de passage et espace de vie. Pour résoudre ce conflit, la salle centrale peut être fermée d'un rideau en tissu ou ouverte sur les niches situées derrière. Ce procédé permet de choisir entre la « cellule unique » close par les rideaux tirés dont émane une atmosphère presque sacrée et la vaste structure ne s'achevant qu'en périphérie, qui paraît plus grande qu'elle n'est en réalité.

Tours d'habitation

Dans son diplôme de fin d'études (EPFZ) datant de 1999, Catherine Gay étudie la densification ponctuelle en proposant deux tours érigées sur la Kreuzplatz, à Zurich. Dans le Arterpark à la couverture végétale dense, qui s'étire jusqu'aux rues de la Kreuzplatz, se dressent deux tours à la silhouette massive. Leurs volumes structurent le parc et en marquent l'entrée depuis la Kreuzplatz. L'impression de masse des tours tient au choix d'une maçonnerie mixte massive parée de grès et d'un mur régulièrement percé qui s'amincit au fur et à mesure qu'il s'élève, ce qui en accentue la perspective.

La richesse de l'espace intérieur reste cachée au regard extérieur, derrière ce treillis rigide, et ne se révèle que lorsque l'on pénètre dans les tours.

Structure porteuse contre structure tridimensionnelle
Deux grandes cages dans le corps de la tour (« une tour dans la tour ») forment la structure porteuse. Elles engendrent des anneaux de différentes profondeurs et des halls clos. Les dalles d'étages sont en béton massif, à l'exception des deux tours intérieures dont les séparations horizontales sont des planchers de poutres et solives, et dont la position peut varier. Dans le plan, la répartition des pièces coïncide quasiment avec la structure porteuse et peut être modifiée par des subdivisions au sein des anneaux ainsi que dans la hauteur variable des halls centraux.

Dispositions fonctionnelles
À chaque étage standard occupé par deux appartements « traditionnels », les chambres, les loggias, les cuisines et les salles de bains sont réparties autour des halls centraux, de même que la desserte verticale continue. En raison de leurs dimensions, les halls sont essentiellement des espaces de vie, ce qu'illustrent leurs piliers en maçonnerie massive bordant les pièces et leur sol abaissé de quelques marches. À la différence des rideaux en textile de la maison Hakama de Jun Tamaki, les délimitations des espaces sont ici massives et manifestement inamovibles. La hiérarchie ne naît pas

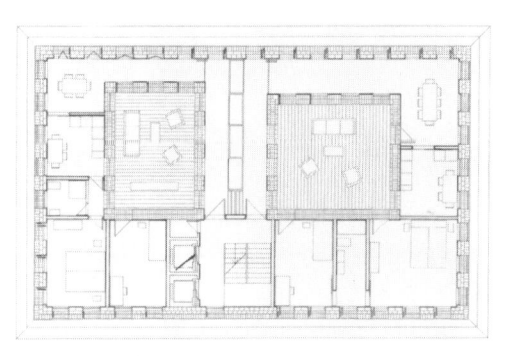

Ill. 118 : plan d'un étage courant
Catherine Gay, tours de la Kreuzplatz, Zurich
(diplôme de fin d'études EPFZ) 1999

uniquement du positionnement et des dimensions, mais aussi de la nature des limitations.

Le principe de la superposition verticale d'anneaux à double paroi autour des halls clos et de cloisons de séparation non porteuses donne une grande liberté dans le choix des fonctions. Ainsi, en plus des appartements situés aux étages supérieurs, les tours peuvent abriter des bureaux, des restaurants ou des jardins d'enfants, sans que la structure porteuse ne subisse pour autant nécessairement des modifications structurelles. Les unités de services individuelles peuvent s'étendre non seulement sur chaque étage, mais aussi, verticalement autour des halls qui renforcent en outre la cohésion spatiale dans tout l'immeuble.

STRUCTURES — Modes de construction

Processus

Phases de prestations dans le déroulement de la planification

Phases du projet	Prestations	Pourcentages d'honoraires selon la norme SIA 102		Destinataires du projet	Formules du plan	Échelle	Précision des coûts		Méthode d'évaluation des coûts	Délais, données fondamentales
Planification stratégique	Expression des besoins, stratégies de solutions	Selon dépenses								
Études préliminaires	Définition du projet, étude de faisabilité, procédure de sélection	Selon dépenses		Maître d'ouvrage	Plans de masse, Plans de zones	1:10 000 1:5000 1:2000				
Avant-projet	Étude de solutions possibles et estimation sommaire des frais de construction	3 %		Maître d'ouvrage Administrations pour partie Ingénieurs spécialisés	Plans de situation, plans cadastraux, plans, coupes, élévations	1:1000 1:500 1:200	Estimation sommaire des coûts	±25 %	Volume de construction (m³), éléments de construction	Éclaircissements préalables, décisions préliminaires
	Avant-projet et estimation des coûts	6 %	9 %				Estimation des coûts	±20 %	Volume de construction (m³), éléments de construction	
Projet de construction	Projet de construction	13 %		Maître d'ouvrage Administrations Ingénieurs spécialisés Spécialistes	Plans de situation, plans cadastraux, plans, coupes, élévations	1:1000 1:500 1:100				
	Études de détail	4 %			coupes de détail, plans de détail, élévations de détail,	1:20 1:5 1:1				
	Devis	4 %	21 %				Devis	±10 %	Éléments de construction Propositions des entrepreneurs	
Procédure d'autorisation	Procédure d'autorisation		2,5 %	Maître d'ouvrage Administrations	Plans de situation, plans cadastraux, plans, coupes, élévations	1:1000 1:500 1:100				Demande de permis de construire
Appel d'offres	Plans de soumission (plans provisoires d'exécution)	10 %		Maître d'ouvrage Ingénieurs spécialisés Entrepreneurs	Plans, coupes, élévations, excavations, canalisations	1:50				Permis de construire
	Appel d'offres, analyse des offres et attribution	8 %	18 %						Soumission des travaux	
Calendrier de l'exécution	Plans d'exécution	15 %		Maître d'ouvrage Entrepreneur	Plans de l'ouvrage et plans de détail, plans, coupes, élévations, excavations, canalisations, Plans de cuisine et des blocs-eau	1:50 1:20 1:5 1:1				
	Contrats d'entreprise	1 %	16 %						Établir les bases du contrat	Autorisation de commencer les travaux
Exécution	Direction de l'architecture	6 %								Début des travaux
	Direction des travaux et contrôle des coûts	23 %	29 %						Contrôle des coûts sur la base du devis	
Phase finale	Mise en service	1 %								
	Documentation sur l'ouvrage	1 %		Maître d'ouvrage Administrations	Plans de révision Plans de publication	1:500, 1:200, 1:100 Selon besoins				
	Direction des travaux de garantie	1,5 %								
	Décompte final	1 %	4,5 %						Décompte final	
Gestion	Fonctionnement, entretien	Selon dépenses								

Note
Les phases de prestations énumérées sont extraites de la norme SIA 102, édition 2003 (Règlement concernant les prestations et les honoraires des architectes). La norme HOAI, édition 1991 (Règlement des honoraires des architectes et des ingénieurs) est applicable mutatis mutandis pour l'Allemagne.

STRUCTURES | **Modes de construction**
Processus

Déroulement de la construction

Travaux préparatoires	CFC 1	– Études géotechniques
		– Déblaiement, préparation du terrain
		– Installations de chantier en commun
		– Excavation, déblaiement
Gros œuvre 1	CFC 2	– Travaux de l'entreprise de maçonnerie
		Échafaudages
		Canalisations
		Béton et béton armé
		Maçonnerie
		– Construction préfabriquée en béton et en maçonnerie, construction en acier, construction en bois
Gros œuvre 2	CFC 2	– Fenêtres, portes extérieures
		– Ferblanterie
		– Couverture
		– Étanchéités et isolations spéciales
		– Crépissages de façades
		– Traitement des surfaces extérieures
		– Fermetures extérieures, protection contre le soleil
Transports/infrastructures	CFC 2	– Installations électriques
		– Chauffage, ventilation et conditionnement d'air (installations)
		– Installations sanitaires
		– Installations de transport (ascenseurs)
Aménagements intérieurs 1	CFC 2	– Plâtrerie
		– Ouvrages métalliques
		– Menuiserie
Aménagements intérieurs 2	CFC 2	– Revêtements de sol
		– Revêtements de paroi
		– Faux-plafonds
		– Traitement des surfaces intérieures
		– Assèchement du bâtiment
		– Nettoyage du bâtiment
Aménagements extérieurs	CFC 4	– Mise en forme du terrain
		– Constructions
		Canalisations à l'extérieur du bâtiment
		Terrassements
		Revêtements de sol
		– Jardins
		Jardinage
		Clôtures
		Équipements, engins

Note
Le présent extrait illustre les types de travaux plus ou moins dans l'ordre réalisé sur le chantier. Ils ne se déroulent pas de façon strictement chronologique, mais fréquemment en parallèle. Souvent, plusieurs cycles doivent être accomplis à des moments différents pour leur achèvement. Cette répartition reprend en partie la division en différents types de travaux du *Code des frais de construction CFC*, 2001, du Centre suisse d'études pour la rationalisation de la construction (CRB), www.crb.ch.

STRUCTURES | Modes de construction
Systèmes

Compartimentation

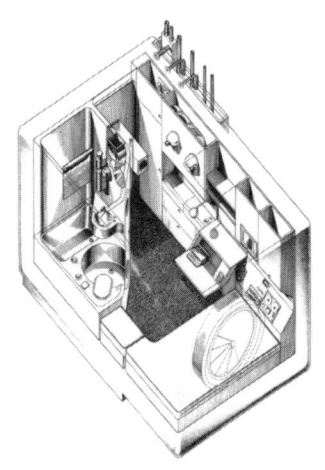

Kisho Kurokawa : la Nakagin Capsule Tower

144 cellules identiques se superposent autour de deux tours d'escalier pour former la Capsule Tower créée par Kisho Kurokawa. Les modules préfabriqués correspondent aux dimensions des habituels containers de bateau et comprennent salle de bains, kitchenette et lieu de repos.

La forme du bâtiment reflète le principe de conception et de construction qui coïncident en grande partie. L'allure extérieure n'est pas le point de départ, mais le résultat. Les différences d'orientation des cellules introduisent la variété dans la superposition.

Ill. 119 : perspective axonométrique de la cellule
Kisho Kurokawa, la Nakagin Capsule Tower, Tokyo (J) 1972

Ill. 122 : photo extérieure avec la tour d'escalier dominant l'édifice
Kisho Kurokawa, la Nakagin Capsule Tower, Tokyo (Japon) 1972

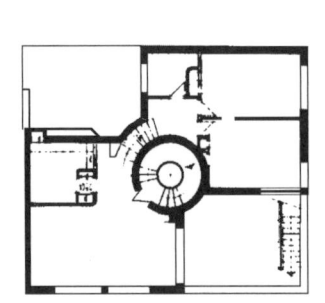

Rob Mallet-Stevens : la villa Martel

Il est possible de reconnaître dans cette villa à la fois le principe d'une répartition par addition et celui d'une organisation par division. Le plan est basé sur un rectangle : en son centre se dresse un noyau rond d'escalier qui se déploie sur tous les étages. Les pièces se raccordent à cette colonne vertébrale à la manière de cellules, dont le nombre diminue à chaque étage pour céder la place à des terrasses.

L'enduit unificateur, masquant volontairement les joints de construction, et la disposition des ouvertures attestent d'une vision sculpturale du corps de bâtiment. La forme générale n'est donc pas uniquement le résultat d'une composition de l'espace, mais interagit avec elle.

Ill. 120 : plan du 1er étage, à droite
Terrasse au-dessus de l'atelier
Rob Mallet-Stevens, villa Martel, Paris (F) 1926-1927

Ill. 121 : vue extérieure avec l'atelier au premier plan et le noyau dégagé de la cage d'escalier
Rob Mallet-Stevens, villa Martel, Paris (F) 1926-1927

STRUCTURES — Modes de construction
Systèmes

Construction à refends parallèles

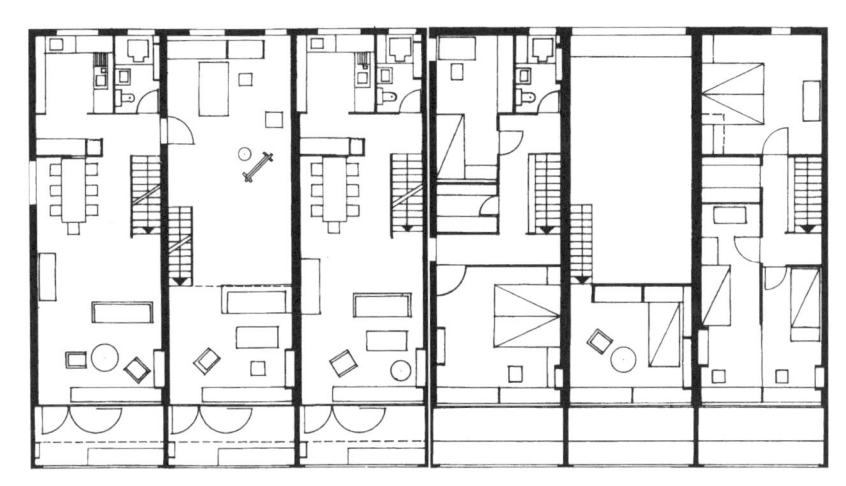

Ill. 123 : refends séparant les unités d'habitation (à g. étage principal, à dr. 1er étage)
Atelier 5 : lotissement Flamatt 1, Berne (CH) 1957-1958

Ill. 125 : façade sud reflétant la structure à refends parallèles
Atelier 5 : lotissement Flamatt 1, Berne (CH) 1957-1958

Atelier 5 : lotissement Flamatt 1

La maison d'habitation de l'atelier 5, reproduite ici, est un parfait exemple d'utilisation en série de murs de refend. Ceux-ci séparent les appartements et déterminent les dimensions du séjour à l'étage principal. La façade sud reflète la structure porteuse qui limite de toutes parts les ouvertures (« ouverture structurelle »). L'ajout des loggias illustre encore davantage le principe de la construction à refends parallèles.

Structures primaires, les refends et les planchers sont réalisés en béton coulé sur place, tandis que les cloisons de séparation des pièces au sein des unités d'habitation sont formées d'éléments préfabriqués en béton, de hauteur d'étage.

La mosquée al-Azhar du Caire

Les salles de prière du monde islamique sont des exemples très anciens de halles de grande superficie, très spacieuses. Elles reposent sur un réseau orthogonal de colonnades et, dans le cas de la mosquée al-Azhar, sur une trame carrée et, par conséquent, à orientation neutre.

L'enfilade des arcades confère pourtant à l'espace une orientation, mais elle ne dure pas, immédiatement affaiblie par les poutres transversales de raidissement qui créent l'illusion d'un niveau intermédiaire. Du point de vue architectural, la structure porteuse correspond à une construction traditionnelle à refends, formée de murs longitudinaux parallèles et d'une couverture à caissons. Les refends, presque totalement relayés par les arcs et les colonnes, donnent ainsi l'impression d'une vaste salle hypostyle.

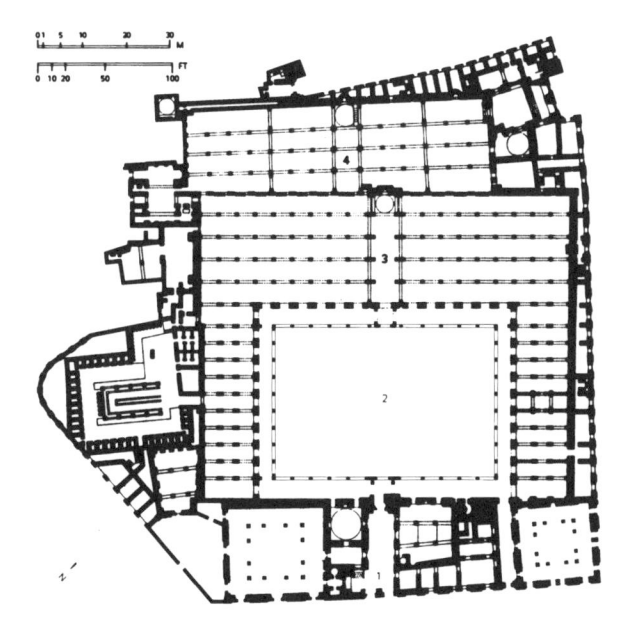

Ill. 124 : les refends se réduisant à des arcs sont la caractéristique principale du plan...
Mosquée al-Azhar, Le Caire (Égypte) vers 970

Ill. 126 : ...la salle de prière perd de son orientation en raison des poutres transversales de raidissement.
Mosquée al-Azhar, Le Caire (Égypte) vers 970

STRUCTURES Modes de construction
Systèmes

Construction à ossature

Ill. 127 : la construction métallique est un critère de forme visible (« charpente en treillis »).
Craig Ellwood, Smith House, Los Angeles (USA) 1957-1958

Ill. 129 : ossature en acier formée de poutres au même niveau, les treillis des dalles formant des sous-systèmes
Fritz Haller, école cantonale, Baden (CH) 1962-1964

Craig Ellwood : la Smith House

Cette maison repose sur une ossature d'acier sans hiérarchie de structure. Bien que poteaux et sommiers aient des dimensions différentes, ils semblent cependant équivalents. Seules les contrefiches disposées en biais, servant de raidisseurs, ont un dimensionnement plus faible.

La structure en acier s'adapte à la topographie et s'avère être, par comparaison, une méthode de construction légère, sans travaux d'excavation ou de fondations complexes. Au sein de cette structure porteuse modulaire, les pièces sont formées par des pans métalliques.

Fritz Haller : l'école cantonale de Baden

Une trame carrée de poteaux constitue le point de départ de l'ossature en acier dessinée par Fritz Haller, qui se développe d'emblée dans les deux directions du plan. Comme le montre la photo, les poteaux ne sont pas dressés à chaque étage, mais se prolongent comme des « pieux » sur plusieurs étages. Les poutres horizontales sont placées sur les consoles d'appui (montées au préalable sur les « pieux »), puis vissées.

Les sous-systèmes de caissons sont tendus de manière coplanaire entre ces poutres. Celles-ci sont synonymes de gain de poids en raison de leur structure en treillis, mais servent aussi de guides aux installations horizontales à ce niveau (chauffage, sanitaires, etc.).

Artaria & Schmidt : la Haus Schaeffer

L'ossature en acier utilisée dans cet exemple montre clairement, dans le gros œuvre, la distinction entre structure porteuse primaire et structure porteuse secondaire. Telles des travées, les portiques constitués de deux poteaux ronds et d'une poutrelle en I tendue entre eux se succèdent dans le sens longitudinal.

Des cornières en acier, ayant une fonction de soutien, relient les portiques pour former une structure secondaire.

Les finitions en maçonnerie enrobante et crépie ne permettent de tirer aucune conclusion sur l'architecture. La construction métallique est un moyen adapté et devrait, en raison de la rapidité de montage, trouver des applications.

Ill. 128 : la structure porteuse primaire consiste en une juxtaposition et une superposition de travées.
Artaria & Schmidt, Haus Schaeffer, Riehen (CH) 1927-1928

Ill. 130 : les traces de construction sont effacées par le remplissage dans la maçonnerie et par l'enduit.
Artaria & Schmidt, Haus Schaeffer, Riehen (CH) 1927-1928

Systèmes de poteaux-dalles

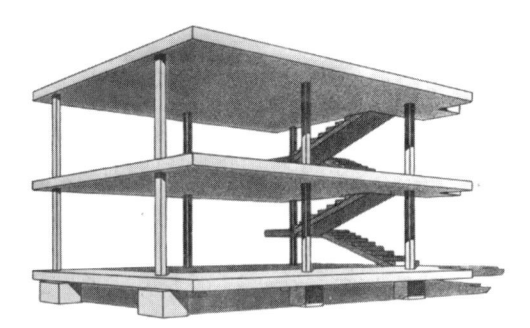

Ill. 131 : structure porteuse en béton, avec dalles en porte-à-faux et escalier raidisseur
Le Corbusier, projet Dom-Ino, 1914

Le Corbusier : le projet Dom-Ino

À partir du portique de Hennebique, dont les poteaux coulés dans le béton sont situés tout au bord de la dalle de béton, les poteaux en retrait de la façade chez Le Corbusier signifient, d'une part, une réduction de la portée avec, par conséquent, une épaisseur de dalle moindre et, d'autre part, un agencement d'ouvertures indépendant de la structure porteuse. La fenêtre-bandeau diffusée plus tard par Le Corbusier ou la « façade libre » *(curtain wall)* en général, sont étroitement liées à ce mode de construction.

La façade se voyant retirer sa fonction porteuse, il est possible d'utiliser, ainsi que le propose Le Corbusier pour la reconstruction après la guerre dans les Flandres, des matériaux (issus par exemple de bâtiments détruits), de moindre capacité portante.

Lina Bo Bardi : casa de Vidro

La résidence personnelle de l'architecte, édifiée sur une pente légère, conjugue le système « poteau-dalle » et la division en compartiments. Supporté par des poteaux ronds, le séjour très clairement en porte-à-faux est constitué de deux dalles entre lesquelles le vitrage de la façade est tendu comme une peau en donnant l'impression de la plus grande légèreté qui soit.

Les chambres situées à l'arrière, disposées en deux rangées séparées par un jardin, obéissent à un principe de compartimentation et assurent une fonction de raidissement. Le rez-de-chaussée non clos sert de garage et d'escalier menant au séjour.

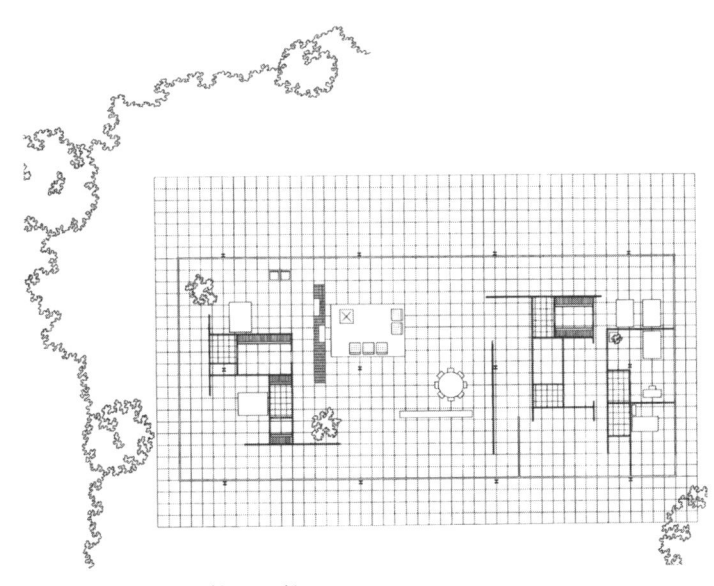

Ill. 132 : séjour transparent et « planant » avec raidissement assuré par les compartiments des chambres à coucher, situées à l'arrière
Lina Bo Bardi, casa de Vidro, San Paulo (BR) 1951

Ludwig Mies van der Rohe : le projet de la Caine-Haus

Dans ce projet de maison à un niveau, l'espace est déterminé par des voiles non porteurs, librement disposés dans la trame des poteaux ou s'appuyant contre ceux-ci. Le rapport qui unit les murs entre eux permet de créer des cellules clairement définies ainsi que des espaces aux transitions fluides. En fonction de l'endroit où il se trouve, l'occupant croit se trouver dans deux ou même trois pièces en même temps.

Le projet présente, sur la droite, une concentration des pièces destinées aux employés de maison et aux enfants, en partie directement contiguës à la façade, tandis que la surface restante permet de circuler librement le long de cette dernière.

Permettant un espace entièrement vitré, le système de poteaux-dalles est ici proposé dans le but d'obtenir visuellement la plus grande continuité possible entre l'intérieur et l'extérieur.

Ill. 133 : continuum spatial fluide, fusion entre intérieur et extérieur
Ludwig Mies van der Rohe, projet de la Caine-Haus, 1950

STRUCTURES | Modes de construction | Systèmes

Constructions de halles

Ill. 134 : système modulaire en acier MAXI, ci-dessus sans habillage, à dr. avec système de façade
Fritz Haller, usine USM, Bühl (D) 1983-1987

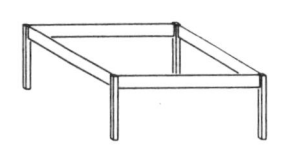

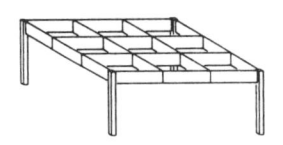

Ill. 135 : technique de construction modulaire

Fritz Haller : usine USM à Bühl

Technique de construction modulaire, le système en acier MAXI développé par Fritz Haller et utilisé pour l'usine USM, comprend, en plus de la structure porteuse, des éléments de façade et de toiture.

La trame de poteaux maximale s'élève à 14,40 m pour une disposition non orientée, et à 9,60 m sur 19,20 m pour un agencement orienté. Comme le Palais des expositions de Jean Prouvé, la dalle est constituée de poutres à treillis, mais ne forme ici pas un système autonome. Elle est composée de poutres principales, qui vont de poteau en poteau, et de poutres intermédiaires placées en croix, dans le même plan (nœud axial).

La façade non porteuse est fixée à une structure secondaire de 2,40 m de dimension modulaire et ne permet pas d'identifier la structure porteuse principale. Fritz Haller a également conçu les systèmes modulaires MIDI et MINI dont les portées sont moindres.

Entrepôt pour le sel industriel

La photo de l'entrepôt montre à la fois la mise en œuvre des poutres en lamellé-collé et d'une partie de la préfabrication.

En règle générale, la réalisation de poutres par collage de lamelles permet, d'une part, d'égaliser les irrégularités naturelles du bois (défauts d'homogénéité) et, d'autre part, d'obtenir des cotes longitudinales au-delà de la limite de croissance des arbres. La forme de la charpente constituée, dans le cas de cet entrepôt, d'arcs articulés en trois points suit l'orientation des forces.

Deux poutres maîtresses forment à chaque fois, avec les contreventements et les assemblages raidisseurs, des demi-coques, éléments préfabriqués qui sont dressés les uns contre les autres et tiennent seuls. Les assemblages et les chevrons alors manquants entre les demi-coques sont posés sur site et dissimulent au final toute trace de montage.

Jean Prouvé : le Palais des expositions

Basé sur une trame de 36 m, le Palais des expositions s'étend sur une superficie de 23 800 m². La structure primaire doit être interprétée comme un plateau composé d'un assemblage de poteaux et de poutrelles d'acier, résistant à la flexion, de 1,5 m de haut.

Les poteaux, quant à eux, sont constitués de cinq tubes d'acier chacun qui, partant d'une base commune, s'écartent vers le haut et confèrent ainsi le raidissement nécessaire. Semblable à un plateau, le *spaceframe*, formé de poutres croisées en treillis, repose comme trame secondaire sur les sommiers. La structure tridimensionnelle est assemblée sur le sol, puis hissée par sections et assemblée.

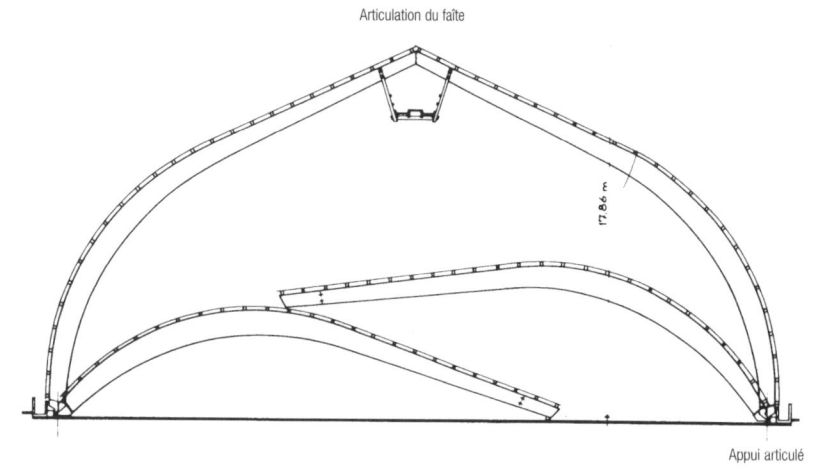

Articulation du faîte

Appui articulé

Ill. 136 : ossature porteuse primaire (supports) et secondaire (structure tridimensionnelle de surfaces)
Entrepôt pour le sel industriel

Ill. 137 : processus de montage avec demi-coques préfabriquées
Entrepôt de stockage pour le sel industriel

STRUCTURES — Modes de construction
Systèmes mis en œuvre

Préfabrication
Construire avec des systèmes – construction modulaire

Alois Diethelm

Tout mode de construction repose sur un arsenal de règles qui résulte des qualités et des contraintes des matériaux utilisés et des exigences qu'on leur impose.

Les propriétés spécifiques d'un élément de construction sont finalement le fruit d'un processus de connaissances qui s'inspire empiriquement et analytiquement des expériences acquises et génère par la suite des règles d'application ou d'élaboration (« règles d'architecture »). Toute construction procède par conséquent d'un système.

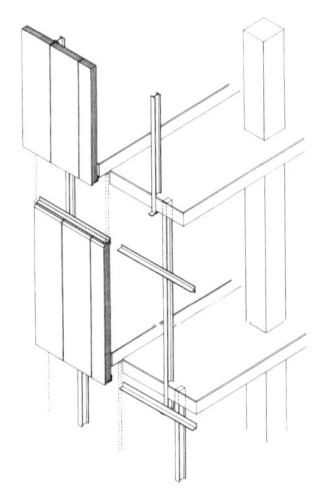

Directives – normes

Les motifs de construction systématisée (un concept qui reste à définir) sont multiples. Celle-ci s'accompagne cependant toujours du souhait d'optimiser le déroulement des opérations, que ce soit au niveau de la conception, de la production ou de la mise en œuvre. Citons pour exemple la coordination dimensionnelle des briques (cf. également l'essai *Vom Handwerk des Mauerbaus*) qui sert de référence de dimensionnement à l'architecte, permet à la briqueterie de fabriquer d'importantes séries et au maçon de pouvoir les transformer en appareils utilisables en pratique. Un consensus minimal, mais relativement large, concernant les dimensions des éléments de construction forme la base sur laquelle l'industrie du bâtiment s'appuie aujourd'hui. Il est ainsi possible de parler de systématisation dans la mesure où tous les composants (en majorité des produits semi-finis tels que les panneaux dérivés du bois, les profilés en métal, etc.) voient leur qualité et leurs dimensions définies par les normes correspondantes (SIA, DIN, NF, etc.).

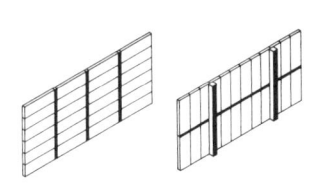

Types de préfabrication

La différence entre une construction systématisée et une construction modulaire est en fin de compte liée aux différents degrés de préfabrication. Cette gradation fournit donc également les moyens de sélectionner le mode de construction adéquat. Généralement, la préfabrication est associée à des économies de coût, une exécution optimisée et un gain de temps. Mais seule l'analyse élargie à des critères supplémentaires apportera cependant des systèmes concrets et optimaux pour l'usage prévu.

Aujourd'hui, deux principes fondamentalement différents de préfabrication s'opposent pour les projets architecturaux de petites et moyennes dimensions : a) des systèmes modulaires assujettis à des dimensions préétablies à l'instar des jeux de construction et b) une préfabrication individuelle régie par des principes d'assemblage déterminés (cf. construction à ossature bois). Du fait de la production en série, ces deux méthodes ont en commun un haut degré de maîtrise technique. Ceci mis à part, ils ne sauraient être plus différents. Le module est basé sur des éléments échangeables (adaptation facile aux besoins variables ou nouveaux) et génère ainsi l'expression architecturale. La construction modulaire décharge l'architecte de décisions en partie arbitraires, guidées par un sens esthétique (par exemple, l'emplacement et la taille d'une fenêtre), mais peut, d'autre part, être ressentie comme une restriction de sa marge de manœuvre. Dans le meilleur des cas, il lui est encore possible de choisir le revêtement des éléments.

Pour les autres réalisations, il est impératif de distinguer les systèmes autoporteurs de ceux liés à une ossature porteuse, mais aussi d'intégrer la forme des éléments (2D/3D). À quelques exceptions près, ne sont soumis ici à analyse que les systèmes qui satisfont à toutes les exigences (protection thermique, insonorisation et protection contre les intempéries) dans le même élément de construction prêt à l'emploi, que ce soit comme « sandwich » avec une structure multicouche ou comme construction monolithique, c'est-à-dire « synthétique ».

Éléments non porteurs – façades

Les systèmes supposant une structure porteuse autonome comprennent en premier lieu des éléments de construction de façades (2D). Ils sont souvent utilisés, car ils autorisent les structures porteuses et intérieures les plus diverses. En fonction de la taille des éléments et de l'emplacement des poteaux, une structure secondaire visant à renforcer les éléments s'avère toutefois nécessaire. La technique Durisol était à maints égards exemplaire, car elle permettait deux systèmes différents de construction avec les mêmes panneaux : un premier système à éléments horizontaux, posés soit entre soit devant les poteaux à une distance de 1,5 m et un second à éléments verticaux, accrochés à une structure secondaire, semblables à un mur-rideau. Le succès de la technique Durisol (des fibres de bois imprégnées et enrobées de ciment forment le cœur de ce matériau, pourvu en usine d'un enduit extérieur étanche et d'un enduit intérieur dur) s'explique très probablement par l'aspect élémentaire et facilement compréhensible de ce système qui, en dehors des panneaux, n'entraînant aucune obligation envers un

Ill. 138 : coupe axonométrique : entrepôt FCW
Panneaux Durisol sur structure secondaire

Ill. 139 : méthode Durisol
Panneaux horizontaux entre poteaux porteurs ou plaques verticales formant un mur-rideau

Ill. 140 : façade bâtie selon la méthode Durisol
Rudolf Kuhn avec Heinz Ronner, entrepôt FCW, Zurich (CH) 1954-1955

STRUCTURES Modes de construction
Systèmes mis en œuvre

autre produit ou fabricant. En ce sens, il est tout à fait comparable à une brique.

À la différence des caissons en tôle très répandus aujourd'hui dans la construction de halles, où l'expressivité architecturale naît surtout de l'habillage extérieur, les façades Durisol laissent apparaître d'emblée leurs propriétés tectoniques. Le potentiel architectural inhérent à cette technique (cf. notamment Max Bill, Rudolf Kuhn avec Heinz Ronner) se double d'un système « souple » (un minimum de paramètres), lié directement au petit format orienté des panneaux. Un procédé consistant à utiliser de manière inhabituelle des produits courants est ici mis en œuvre.

Éléments autoporteurs – cellules tridimensionnelles

Les systèmes en 3D, où des cellules entières sont suspendues à une structure porteuse ou posées sur celle-ci, ont un comportement exactement inverse. Tout ajustement à des modifications fonctionnelles ou tout renouvellement imposé par le temps (en raison du délabrement ou de la désuétude) passe par le remplacement de toute la cellule. Si, dans les années 1960, il s'agissait surtout d'utopies sociales dont la traduction concrète était la permutation de cellules (cf. les métabolistes), ce sont aujourd'hui des considérations de fabrication qui conduisent à la renaissance de ces systèmes. Toutefois, l'aspect de la production en série se réduit le plus souvent à des répétitions au sein d'un même ouvrage, la cellule à usage universel n'existe pas. Il en va tout autrement de celles qui ne font pas partie d'une structure globale, mais ont un fonctionnement autonome. Garages préfabriqués ou conteneurs de chantiers sont les représentants les plus connus de cette catégorie.

La cellule tridimensionnelle constitue en outre l'essentiel de la préfabrication. Semblable à une caravane,

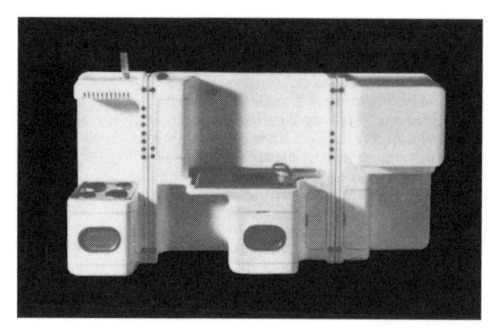

Ill. 141 : cellule conçue comme un meuble. Version en matière plastique, fermée sur la photo de gauche
Masonari Umeda : cuisine mobile, 1968

elle est entièrement aménagée et livrée sur le chantier pratiquement prête à être habitée. Forme la plus compacte d'habitation minimale, les caravanes, mais aussi les wagons de chemin de fer, les avions et les bateaux n'ont eu de cesse d'inspirer, au XXe siècle, différentes tentatives de création de cellules compactes et multifonctionnelles. Portée par l'engouement pour la matière plastique, la fin des années 1960 a vu naître différentes cuisines et salles de bains placées tels des meubles dans les pièces. Ce matériau a permis de concevoir, par exemple, des cabines de douche sans joints et d'économiser du poids. Le domaine d'application limité des modules

Ill. 142 : conteneur (p. ex. salle de réunions) posé sur une ossature en acier
Dollmann + Partner : immeuble de bureaux, Fellbach (D) 1999

sanitaires mobiles (installations techniques) et le fait que les matières plastiques ne soient pas rénovables (ou seulement en les remplaçant), peuvent cependant expliquer que ces cellules n'aient pas eu une diffusion très importante. Depuis longtemps maintenant, on utilise des cabines sanitaires qui, évoluant en fonction des progrès du bâtiment, sont disposées différemment à chaque étage et posées prêtes à l'emploi (surtout dans la construction hôtelière). Elles sont basées sur des contenants massifs en béton qui, traditionnellement et selon les souhaits du client, sont recouverts de carreaux de céramique. L'objectif de la préfabrication n'est ici ni l'interchangeabilité ni l'esthétique : il s'agit d'optimiser la qualité d'exécution et les coûts.

Éléments porteurs – sol, mur et plafond

Lorsqu'on parle de préfabrication personnalisée, à savoir la technique de construction consistant à décomposer une maison en éléments de dimensions transportables et à les réassembler ensuite « sans traces », on pense d'abord à la construction à ossature de bois. En Allemagne surtout, on rencontre toutefois aussi ce procédé dans la construction massive où des murs de brique sont apportés sous forme d'éléments à hauteur d'étage. La préfabrication n'apportant aucun changement essentiel dans les conditions d'édification, ces techniques n'engendrent pas en elles-mêmes d'architecture spécifique, ce qui n'est pas

STRUCTURES | **Modes de construction**
Systèmes mis en œuvre

Ill. 143 : panneaux d'argile de hauteur d'étage avec fonction porteuse et isolante. À gauche, montage de la structure porteuse au rez-de-chaussée. Ci-dessus, l'immeuble achevé
Tectône : Centre de formation professionnelle de la restauration, Nivillers (F) 1999

le cas des panneaux préfabriqués lourds (« Plattenbau ») répandus, avant tout, dans l'Europe de l'Est communiste : les éléments sont livrés et transportés, finitions comprises (peints, enduits ou carrelés). La structure intérieure (les éléments vont de plancher à plafond et de mur à mur) se reflète dans les joints visibles, non exempts de problèmes d'un point de vue constructif (étanchéité).

Les ouvertures étant, en règle générale, ménagées dans le panneau, l'« absence » de panneaux entiers, comblée ensuite par des vitrages, constitue une exception. C'est le cas, par exemple, des entrées ou des cages d'escaliers.

Ces « vides » ou intervalles entre les plaques ont été élevés au rang de principe de base pour la résidence personnelle de Rudolf Schindler à Los Angeles (1922).

Ill. 144 : les dalles de béton ont été coulées sur le sol (en haut), puis dressées (en bas).
Rudolf Schindler : Schindler House, Los Angeles (USA) 1921-1922

Des vitrages d'angle de grandes surfaces alternent avec des fenêtres-fentes réalisées entre des éléments de béton non isolés. Des produits tels que l'argile utilisée par le fabricant français Guiraud Frères à Toulouse apportent une réponse aux exigences actuelles de la physique des bâtiments. Les éléments de hauteur d'étage, qui servent aussi bien de parois que de dalles, sont disponibles avec ou sans isolation interne. On peut les mettre en place sans enduit comme, par exemple, au centre de formation professionnelle aux métiers de la restauration de Nivillers et laisser ainsi transparaître leur qualité tectonique brute.

Éléments porteurs – segments

À mi-chemin entre éléments de construction bidimensionnels et cellules tridimensionnelles, on trouve des éléments qui, s'ils sont en trois dimensions, ne permettent cependant de créer un espace complet que par addition ; soit

Ill. 145 : corps de bâtiment en polyuréthane, en forme de coque
Addition de segments tridimensionnels autoporteurs

a) par répétition de segments similaires, soit b) par combinaison d'éléments identiques ou différents. Les éléments angulaires représentent une forme mixte, où les ailes font office de mur et de dalle : en tant que pièces détachées, ils se classent dans la catégorie b), tandis que, par paires, ils forment des segments analogues à la catégorie a).

Les avantages de ce système résident dans une manipulation simplifiée du fait des dimensions réduites et, corollaire direct, de la réduction de poids. Les principes de conception spatiale offrent un large éventail, de la cornière encastrée seule dans le sol (cf. arrêt de tram) à la pose unilatérale sur, par exemple, une structure d'appui fabriquée sur site (mur ou poutre) en passant par un adossement mutuel. Les éléments angulaires présentent un intérêt là où le côté plafond devient toit, c'est-à-dire pour des bâtiments à un niveau ou au dernier étage d'une construction. Les exigences en matière de statique et d'isolation thermique des deux ailes étant sensiblement identiques, les surfaces peuvent aussi être semblables. Elles acquièrent même tout leur sens lorsqu'elles sont identiques, car la transition du toit au mur se fait sans rupture et permet de résoudre les principaux problèmes de construction (changement de matériau).

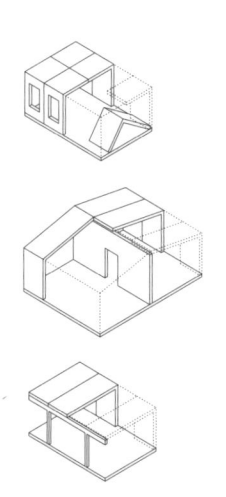

STRUCTURES | Modes de construction
Systèmes mis en œuvre

Ill. 147 : toit et mur en matière plastique
James Stirling : centre de formation Olivetti, Haslemere (GB) 1969

Ill. 146 : segments tridimensionnels : éléments angulaires
Définition des espaces par adossement ou au moyen d'une structure d'appui

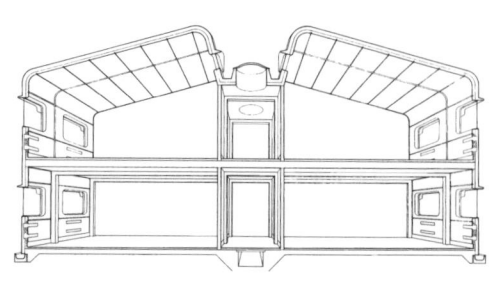

Ill. 150 : les plafonds ne sont mis en place que là où la cellule sus-jacente ne clôt pas la structure.
Moshe Safdie : HABITAT 67, Montréal (CDN) 1966-1967

L'absence de structure porteuse globale indépendante rend ici caduque l'interchangeabilité, mais met en exergue la possibilité d'une utilisation temporaire. Comme elles sont assemblées telles des pierres, les cellules peuvent être démontées de manière « non destructive », puis remontées. Les baraques de chantier et les salles de classe provisoires en sont de parfaits exemples.

D'autre part, on retrouve la construction de cellules tridimensionnelles dans des cas où elle n'est fondée ni sur l'interchangeabilité ni sur une utilisation limitée dans le temps. Économie de coûts et amélioration de la qualité d'exécution sont ici les facteurs décisifs. La taille des cellules est directement liée aux possibilités de transport, plus encore que pour tout autre procédé permettant de bâtir des pièces de surface presque illimitée en assemblant murs, plafonds et planchers. Pour HABITAT 67, la préfabrication fut effectuée sur place en raison de la quantité de modules (19,75 x 5,35 x 3,65 m ; 85 t).

Le type de superposition aux orientations variées crée à la fois des terrasses et des espaces extérieurs couverts. Le procédé de l'empilage ne se résume pas à l'apparence extérieure, il se reflète aussi dans le nombre de duplex.

Perspectives à court terme

Réduite à l'aspect constructif, la préfabrication se divise en deux catégories : les « systèmes complémentaires » et les « systèmes synthétiques ». Il s'agit de systèmes formés soit d'une multiplicité de strates complémentaires, en quelque sorte autonomes soit de couches dont les composants sont liés de manière quasi indissociable et qui finissent même par aboutir à un matériau susceptible de répondre simultanément aux exigences de « structure porteuse-isolante-protectrice ». Si les « systèmes complémentaires » restent compréhensibles en tant que mo-

Ill. 149 : plancher intermédiaire avec structure porteuse linéaire. Il soutient les éléments de toiture et les murs.
James Stirling : centre de formation Olivetti, Haslemere (GB) 1969

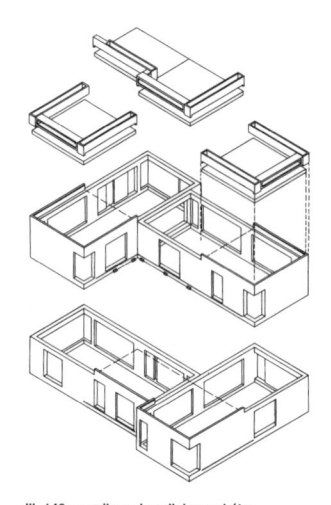

Ill. 148 : empilage de cellules en béton (« préfabrication lourde »)
Moshe Safdie : HABITAT 67, Montréal (CDN) 1966-1967

Ill. 151 : les cellules sont déplacées dans leur état brut, sans plafond.
Moshe Safdie : HABITAT 67, Montréal (CDN) 1966-1967

dèles mécaniques, la deuxième catégorie évoquée relève d'« agglomérats contaminés », ce qui, bien sûr, soulève tout de suite la question de leurs possibilités de recyclage. La plupart du temps, il s'agit de déchets spéciaux.

Les recherches actuelles sur la technologie des matériaux visent donc à garantir une « aptitude à la réutilisation » ou du moins un certain degré de recyclabilité. Quelques premières tentatives ont été réalisées ; elles consistent à remplacer les matières plastiques par des « biomatériaux » élaborés en conséquence. L'optique de la préfabrication est, dans ce cas, de proposer une solution à un problème écologique, une tendance qui revêtira une importance croissante dans la construction modulaire.

Durabilité
Principes fondamentaux de l'architecture

Andrea Deplazes

Ill. 1 : Hans Kollhoff, immeuble-tour sur la Potsdamer Platz, Berlin (D) 1999

Ill. 2 : Jean Nouvel, Centre de la culture et des congrès, Lucerne (CH) 1999

Ill. 3 : construction massive, stéréotomie

Ill. 4 : construction filigrane, tectonique

Lors du 3e Symposium international d'architecture à Pontresina, deux sommités ont exprimé sur le thème « durabilité et conception de l'architecture » des positions on ne peut plus opposées, sans toutefois en débattre directement : le Berlinois Hans Kollhoff, dont la tour de bureaux en brique sur la Potsdamer Platz a récemment fait sensation, et le Parisien Jean Nouvel, qui présenta, entre autres, le Centre de la culture et des congrès de Lucerne (CCL) lors d'une épique conférence illustrée. Ces deux rivaux sont les tenants de ce qu'il faut bien appeler deux credos antagoniques quant à l'importance de l'architecture et à sa consistance aujourd'hui et dans l'avenir. Hans Kollhoff n'a de cesse de ramener les fondements de l'architecture à la construction massive (stéréotomie) et à la construction filigrane (tectonique) et de plaider pour un artisanat soigné et une architecture durable. Selon lui, « la question est de savoir quels édifices existeront encore dans 75 ans. Regardez les œuvres de Jean Nouvel ; au bout de cinq ans, elles sont bonnes pour la casse. » Ce dernier considère, pour sa part, que de tels critères relèvent d'une pensée du XIXe siècle, et réplique en constatant que les procédés de construction ont changé du tout au tout et que les technologies modernes de l'architecture exigent une conception et une pensée entièrement nouvelles, par exemple en matière de production industrielle et de montage : « Celui qui construit avec des briques et utilise des petites fenêtres doit aussi avoir un esprit singulièrement étriqué. » Voilà pour les positions et les piques respectives.

Nous savons bien entendu que Hans Kollhoff penche plutôt pour la construction massive, puisque c'est justement la construction filigrane d'un Jean Nouvel qu'il voit d'un si mauvais œil. Les notions de « construction massive » et de « construction filigrane », ou leurs équivalents théoriques, la « stéréotomie » et la « tectonique », désignent deux catégories architecturales fondamentales du point de vue morphologique et phénoménologique. Si nous procédons à des comparaisons critiques en partant non pas du style ou de l'époque (historique/contemporaine) mais en considérant par exemple les caractéristiques structurelles propres aux différentes cultures, nous ne tardons pas à découvrir de surprenantes concordances :

La construction chinoise en pisé et l'européenne en béton armé sont identiques en termes de processus de réalisation (« coffrage » et « coulage ») et d'expressivité formelle du mur (« empreinte du coffrage »). Seuls les différencient le matériau et la technologie du coffrage. Le béton joue le rôle d'une « pâte de glaise » plus élaborée et raffinée et, par là, plus durable. Tous deux contiennent des matières solides comme du gravier ou du sable de différentes granulométries et des particules fines, limon ou ciment, qui forment une « colle » minérale lorsqu'elles sont mélangées à de l'eau. L'empreinte du coffrage sur la surface de la paroi montre simplement si l'on a utilisé des simples planches de bois ou des banches métalliques modernes de grande dimension.

De la même façon, nous pouvons comparer le treillis en baguettes d'une yourte caucasienne avec une construction (en bois) à colombages traditionnelle suisse et la structure acier tridimensionnelle en profilés industriels d'un gratte-ciel américain. Nous découvrons qu'il existe des principes tectoniques presque identiques pour assembler des éléments de construction linéaires en une structure à deux ou trois dimensions. Les seules différences concernent la portée et la stabilité des éléments linéaires (puisque nous comparons des perches écorcées, du bois de charpente scié et des profilés métalliques laminés en I), la conception de leur assemblage (soit axial, soit excentré, résistant à la traction ou à la compression, voire aux deux) et les moyens d'assemblage requis. Il faudrait ajouter de nombreux autres exemples, compléter et approfondir leurs différences, mais ce n'est pas là l'objet du présent article.

Nous pouvons déjà tirer deux conclusions provisoires : les deux catégories, stéréotomie et tectonique, permettent de décrire les principales caractéristiques des structures et des processus constructifs de l'architecture ainsi que de montrer les principes de la naissance et de l'évolution de la forme architecturale dans une perspective comparant les lieux, les époques et les cultures. Elles ne sont pas, comme semble le croire Jean Nouvel, de poussiéreux dogmes de l'histoire de l'architecture. Ces comparaisons montrent aussi que des civilisations différentes, à condition de disposer de matériaux constructibles, ont développé plus ou moins indépendamment les unes des autres des modes de construction étonnamment semblables.

L'évolution de la technique constructive ainsi que le lien entre la science, la recherche et la technologie exercent en effet une profonde influence sur les procédés de la construction et, par-là, sur le résultat architectural visible. Cela ne concerne toutefois que l'optimisation et l'amélioration de la fabrication et de la mise en œuvre, donc l'artisanat ou le processus de production industriel, ainsi que, bien sûr, le produit, c'est-à-dire les matériaux de construction qui ont constamment été améliorés pour devenir soit plus *durables* soit plus *solides,* ce qui ne revient pas forcément au même. Pour *résister au climat et aux intempéries,* on est passé par exemple du bois à la pierre, d'un matériau organique à un matériau minéral, ce qui entraîne un processus de construction tout différent. (Voir à ce sujet la théorie dite « du changement de matériau » de Gottfried Semper, qui traite moins de la technique constructive que de ses conséquences sur l'expression des formes architecturales au moment du passage de la tectonique à la stéréotomie : une sorte de transfert de l'iconographie de la construction en

Ill. 5 : processus inverse allant de la construction massive à la construction filigrane sous l'effet du développement industriel, environ à partir de 1800

Ill. 6 : Chicago
L'ossature en acier d'un immeuble-tour « massif »

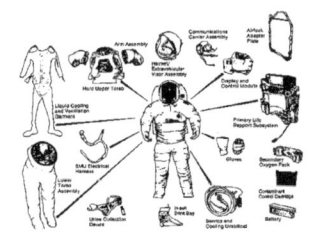

Ill. 7 : combinaison lunaire
Composition et éléments

bois à la construction massive. C'est ce que nous appelons l'« opposition entre l'immanence technologique et la permanence culturelle »).

Dans la mesure du possible, la construction massive a donc été plutôt privilégiée, ce qui se manifesta dans la valorisation de l'architecture publique – la construction monumentale –, mais aussi par une approche pragmatique dans la construction en bois traditionnelle : les vides entre les montants et les traverses furent remplis et les façades recouvertes d'un enduit minéral à base de chaux, à l'instar d'une peau.

Puis le matériau de construction devint plus solide afin d'optimiser le *rapport entre la capacité porteuse et la quantité de matériau utilisé*, ce qui permit des éléments de construction toujours plus raffinés et minces, par exemple avec l'introduction des profilés d'acier en architecture vers 1800. On imagine sans peine le bouleversement profond qu'a dû subir la conception que l'architecte se faisait de son art lorsque, avec l'invention et la construction des premières tours à Chicago, les véritables (!) édifices massifs en murs de pierre ou de brique furent soudain remplacés par des treillis filigrane en profilés d'acier avec des remplissages plus ou moins durables en maçonnerie ou en parement de pierres. C'est le point de départ, sous l'effet du développement industriel, du processus inverse allant de la construction massive à la construction filigrane.

Les techniciens et les ingénieurs de la construction en acier durent en revanche affronter un problème nouveau auquel nous faisons encore face aujourd'hui : la corrosion. Les mesures à prendre pour protéger les profilés et les panneaux contre les attaques de la rouille sont considérables et représentent une part importante des coûts d'entretien d'un ouvrage en acier. Le CCL de Jean Nouvel n'est pas à l'abri de ce danger ; seul un entretien constant et un renouvellement de la protection permettent d'éviter la corrosion.

Le dilemme persiste donc puisque bien que la technologie des matériaux de construction travaille à en développer la durabilité et la solidité, force est de reconnaître qu'un tel matériau, synthétique et « universel », n'existe pas à ce jour. On observe des problèmes identiques avec la corrosion de l'armature du béton armé. Et même la pierre inusable, l'incunable de la stéréotomie et de l'immortalité des édifices historiques, porte aussi, surtout lorsqu'elle est friable comme le grès, le tuf ou le calcaire, les traces de l'érosion provoquée par les pluies acides et l'air pollué et corrosif des villes. Même si elle est plus durable que l'acier, elle n'est pas non plus un moyen « universel ».

Ainsi, lorsque Nouvel invoque la technologie moderne comme génératrice de l'architecture contemporaine et comme réponse aux exigences urgentes en matière de durabilité – naturellement pas comme critère exclusif –, ce n'est pas un argument recevable, car il ne s'agit pas d'une troisième catégorie mais d'un ingrédient contenu à la fois dans la stéréotomie et dans la tectonique.

Si nous considérons l'exigence de Nouvel tout en gardant à l'esprit le fait que la technologie a développé des éléments de construction toujours plus résistants et, donc, toujours plus fins, ce qui, en toute logique, amène par étapes à la construction filigrane en verre (du mur massif au voile mince en brique ou en béton, de la fenêtre caisson multicouche à la fine membrane de vitrage isolant), nous pourrions oser une hypothèse aventureuse :

Si la technologie actuelle du verre et les systèmes de façades en *curtain wall* (façade-rideau) continuent à se développer aussi vite qu'au cours de la dernière décennie, nous devrions atteindre, dans les dix prochaines années, un point où il ne sera plus possible de sublimer davantage la substance. Nous aurions ainsi des films de façade issus du domaine de la nanotechnologie moléculaire, par exemple une peau constituée de deux membranes contenant de l'aérogel, tendues sur des structures ultralégères en fibre de carbone.

En effet, on peut suivre l'évolution dans la technique astronautique, à l'origine du développement de la technologie du verre : les combinaisons spatiales des astronautes de l'expédition lunaire étaient composées de plusieurs couches, chacune assurant une fonction protectrice spécifique. La combinaison lunaire était donc *un système complémentaire de composants monofonctionnels* avec, comme effet non désiré, un poids important et une liberté de mouvement des plus restreinte. La combinaison martienne sera, par contre, un *système synthétique* composé de peu de couches complexes, voire d'une seule, de tissu high-tech *multifonctionnel*. Cela aura sans doute des conséquences sur la peau de nos façades !

Quel bénéfice pour l'architecture ?
Lors de la conférence de Jean Nouvel à Pontresina, je me sentais comme dans le film de Tony Scott *Déjà vu* : de lumineuses tours de verre, couvertes de textes et d'images à n'en plus finir, célébrant le jeu de la transparence multicouche et des parallaxes miroitantes dans l'aurore artificielle de la grande ville illuminée – autant de projets brillants, présentés sans aucun doute avec virtuosité ! Et pourtant : que reste-t-il hormis l'« *image bidimensionnelle* » de l'architecture ? Comment poursuivre cette réduction extrême vers la « projection » sans tomber dans l'imitation servile ? Qu'y aura-t-il encore à découvrir qui n'aurait pas déjà été essayé aujourd'hui ? Le saut dans le monde virtuel de l'extraordinaire illusion animée est-il vraiment le seul moyen de vivre le grand frisson ? Ce qui est sûr, c'est que cette orientation vers le raffinement

technologique et architectonique ne laissera place qu'à des variations redondantes ! Une terrible perspective pour les architectes contemporains interrogés sur ce qui sera vraiment important dans notre discipline dans les trois à cinq prochaines années !

Si la construction filigrane semble donc pour le moment conduire à une impasse, la construction massive devrait, en vertu d'un programme compensatoire quasi génétique, bénéficier d'un honneur insoupçonné, pour la simple raison qu'elle promet un vaste champ d'exploration architectural encore en friche.

Bornons-nous par exemple à supposer que nous venions à bout des standards de la *physique du bâtiment des années 1970* aujourd'hui déjà dépassés : de la façade multicouche à la façade « monolithique-synthétique ». Non que nous voulions chanter les louanges de la technologie — même si les architectes doivent posséder un minimum de savoir-faire dans ce domaine —, mais parce qu'il existe des possibilités insoupçonnées de *modulation plastique* du volume construit et des espaces inclus, de la massivité et des corps de mur, des superpositions et des ouvertures : tous des thèmes architecturaux élémentaires et extraordinairement riches.

Nous sommes toujours émerveillés par la clarté de la conception spatiale des donjons écossais, aux espaces-pièces insérées dans des murs de trois mètres d'épaisseur : une fortification maximale pour un minimum de matière, de véritables « volumes inclus » *(Räumlinge)*. On le voit, je ne parle pas ici de massivité ou de monumentalité dans un sens historique ou stylistique, mais bien plus au sens d'une source de stratégies architecturales pour le projet qu'il vaut la peine d'explorer dans les conditions et sous les auspices contemporains. Au vu de cet exemple, le signal de Le Corbusier appelant à venir à bout du cloisonnement étriqué des espaces bourgeois grâce aux structures poteaux-dalles en béton armé, ses célèbres croquis accompagnant ses « Cinq points d'une architecture nouvelle », me semble plutôt phtisiques, même si sa fascination, ainsi que celle de Mies van der Rohe, pour les espaces ouverts et fluides, les membranes en verre (la notion de « façade » est ici discutable), était évidemment absolument neuve et légitime. Mais c'était il y a déjà soixante-dix ans, et l'assertion de Nouvel ne manquera donc pas de devenir anachronique.

Pourquoi la construction massive de Kollhoff devrait-elle être dépassée, pourquoi la construction filigrane de Nouvel devrait-elle être actuelle ?

Étudions ce qui caractérise pour l'essentiel ces deux catégories et en quoi elles se différencient structurellement, pour débattre ensuite de leur aptitude et de leur rapport à la question de la durabilité ! La notion de *structure architecturale* a de toute évidence affaire avec les idées de durabilité, d'inertie, de rigidité, de variabilité et de flexibilité.

Dans la construction massive, comme son nom l'indique, on commence par élever des corps de mur massif, homogène, pour y percer tout de suite après (ou du moins durant le processus de construction) des ouvertures. L'espace intérieur se trouve de ce fait créé, son agencement, de même que la limite avec l'extérieur, est fixé en plan et en coupe. La construction massive apparaît erratique et solide ou, en conséquence, immobile et rigide. On peut, semble-t-il, transposer aussi cette manière de voir à l'utilisation d'un ouvrage massif et, en fin de compte, même à l'évaluation de son utilité en regard des besoins actuels.

Dans la construction filigrane, on commence par ériger un fin squelette d'éléments linéaires. Cette structure s'élève dans l'espace naturel environnant qui la « traverse » sans qu'il y ait de différence entre l'intérieur et l'extérieur. Dès que ce treillis est réalisé, on le remplit ou le recouvre d'une peau pour fermer les espaces, les « intervalles » entre ses éléments. Ce n'est qu'alors qu'il est possible de différencier l'intérieur de l'extérieur, le dessus du dessous. Comme la structure du treillis ne définit pas quels espaces doivent être fermés ou non, on a l'impression d'une plus grande flexibilité, y compris lors de l'utilisation.

Nous savons cependant que chaque nouvelle génération s'accompagne de changements de valeurs qui la caractérisent et la distinguent des autres. Nous ne parlons pas ici des modes, très éphémères. Face à la multiplicité des valeurs concomitantes propres au pluralisme contemporain, le problème semble être de parvenir à élaborer un concept assez souple pour discerner et évaluer les critères d'importance vitale. Mais il faut aussi compter avec les réévaluations et les changements d'origine biologique, par exemple lorsqu'un couple emménage dans un appartement où leurs enfants devront grandir, de la petite enfance à l'âge adulte. De tels changements influencent de manière directe la conception de l'architecture et il est on ne peut plus normal de souhaiter qu'elle soit capable de s'adapter et de répondre aux variations de l'existence.

Pour la construction massive, cela signifie qu'il faut prévoir une *flexibilité d'utilisation* suffisante malgré la structure fixe des espaces, autrement dit que les pièces ne doivent pas être conçues dans un but spécifique mais rester neutres et « ouvertes » à diverses possibilités d'utilisation. Il est ainsi possible d'éviter une transformation consommatrice d'énergie et générant des déchets lors de chaque changement d'affectation. D'un autre côté, ce concept risque de produire une architecture monotone, stéréotypée et ennuyeuse, qui s'avère être à son tour un problème durable dans le tissu urbain

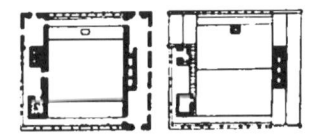

Ill. 8 : Comlongan Castle, Dumfries (Écosse, GB) XVᵉ siècle

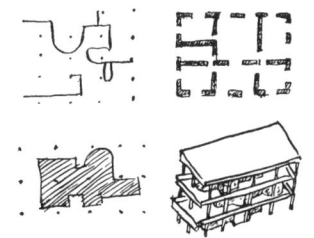

Ill. 9 : Le Corbusier, croquis appartenant aux « Cinq points d'une architecture nouvelle »

et la vie quotidienne. (On constate avec surprise que le classicisme du XIXᵉ siècle a résolu ce dilemme de manière convaincante.)

Il en va tout autrement dans la construction filigrane, où la *flexibilité de l'espace* semble être pour ainsi dire immanente au système. Ce n'est donc pas l'utilisation « ouverte » des surfaces qui est problématique, puisque ceux-ci peuvent être conçus individuellement à volonté, mais la question des matériaux de construction solides et flexibles servant à délimiter les pièces, ainsi que celle de leur élimination et/ou réutilisation respectueuse de l'environnement.

Parvenu à ce point, nous devons semble-t-il introduire une nouvelle échelle des valeurs et classer les matériaux et les éléments de construction selon leur durée de vie : courte, moyenne ou longue. Cette durée ne dépend pas seulement de la capacité porteuse ou de la stabilité ou encore de facteurs comme le climat et les intempéries mais, dans une très large mesure, des *contraintes d'utilisation*. C'est aussi une bonne occasion pour abandonner la distinction quelque peu didactique entre construction massive et construction filigrane, ou du moins pour l'atténuer, puisque les nouveaux critères s'appliquent aux deux. (Bien entendu, dans l'histoire de la construction, on a constamment recherché des solutions entre ces deux pôles. Que sont les cathédrales gothiques sinon des constructions massives sublimement filigranes ? Que sont les temples antiques, sinon de la tectonique des plus massive ? Mais nous ne voulons pas traiter ici de la notion bien plus complexe de tectonique en théorie de l'architecture.)

Nous parlons ici de la *demi-vie* des édifices et du constat que la structure de base du bâtiment a une influence déterminante sur l'ampleur des travaux d'achèvement. Dans la construction massive, la part du gros œuvre correspond dans une large mesure à celle du second œuvre (il ne manque, pour l'essentiel, que les installations, les éléments fermants des ouvertures et le traitement des surfaces), alors que dans la construction filigrane, la part de la structure fixe est si faible qu'elle exige d'importants travaux de division des espaces et d'aménagement intérieur. À partir de là, il vaut la peine de classer les éléments du bâtiment selon trois priorités : la structure de base d'un édifice, c'est-à-dire le gros œuvre, comprend la structure porteuse et, le cas échéant, la coque du bâtiment. Sa durée de vie est longue (valeur cible : 100 ans), raison pour laquelle elle n'est pas modifiable, donc fixe. On la nomme *structure primaire*. La *structure secondaire* comprend la division et l'aménagement des espaces intérieurs ainsi que les installations techniques. Leur durée de vie moyenne étant d'environ 20 ans, ils doivent être conçus pour être flexibles et variables. La *structure tertiaire* comprend les équipements, les appareils techniques et le mobilier, qui ont une durée d'existence courte (en moyenne de 5 à 10 ans). Cette structure est flexible et facilement modifiable. Liés à la durée, ces trois niveaux conceptuels possèdent des limites claires entre les différentes structures et éléments constructifs. Les systèmes secondaire et tertiaire doivent pouvoir être montés dans un second temps, démontés et remontés, sans que ces opérations endommagent les éléments non concernés. Les assemblages permettent aussi un recyclage approprié de chaque matériau de construction. Je ne prône pas ici un système constructif fermé sur lui-même (je ne veux pas répéter l'histoire de la préfabrication industrielle normalisée), mais mettre en évidence d'autres stratégies pour le projet architectural, un concept à long terme pour développer des critères de conception ouverts.

J'en viens maintenant à un dernier point de comparaison entre la construction massive et la construction filigrane. Il semble qu'en raison des exigences des années 1970 en matière d'isolation du bâtiment, on ait accordé bien trop peu d'attention à la masse du bâtiment. On sait aujourd'hui que pour éviter une surchauffe estivale de l'intérieur, il faut accorder la plus grande attention à l'absorption de chaleur par les éléments de construction massifs, surtout lorsque les bâtiments sont bien isolés et qu'ils possèdent de nombreuses et/ou grandes baies. Il existe deux méthodes pour construire des bâtiments basse énergie : le *concept de masse d'inertie* et le *concept d'isolation*. Les deux utilisent les propriétés propres aux systèmes de construction massive et de construction filigrane. Le concept de masse d'inertie (ou d'accumulateur thermique) fonctionne avec les éléments massifs de l'édifice devant être de toute façon construits : les sols, les murs et les dalles servent d'accumulateurs thermiques, dans lesquels l'énergie solaire passive, par exemple, entrant par de grandes fenêtres orientées au sud peut être stockée (exemple : école à Vella, Grisons).

Dans une construction filigrane, au contraire, la masse du bâtiment fait défaut et des fenêtres au sud entraînent plutôt une surchauffe. C'est, par exemple, le cas d'une villa édifiée selon le mode de construction en bois actuel (construction à ossature ou en panneaux), comme la maison Bearth-Candinas, à Sumtvig. Dans cette situation, on aura tout intérêt à remplir la structure formée par les montants de bois avec une couche isolante assez épaisse et à répartir les fenêtres sur toutes les façades, afin d'obtenir un bilan équilibré entre apport et déperdition de chaleur.

Nous terminerons par quelques conclusions destinées à lancer la discussion :

La durabilité est un aspect fondamental de l'architecture. Idéalement, c'est une qualité et ce, à différents niveaux de la civilisation, dans la société, dans l'urbanisme, dans les secteurs économiques et écologiques, dans la

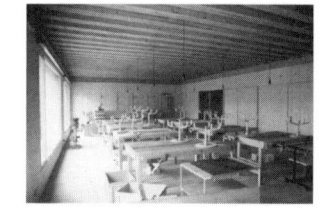

Ill. 10 : concept d'accumulation
Bearth & Deplazes, école, Vella (CH) 1997

Ill. 11 : concept d'isolation
Bearth & Deplazes, maison Bearth-Candinas, Sumtvig (CH) 1998

création d'un habitat (une activité associée à l'Homme comme la coquille à l'escargot), dans les questions relatives à l'équipement énergétique et domestique, etc., *donc au regard d'une liste complexe*. À cet égard, la technologie la plus récente n'est pas un facteur de réussite ni une cause d'échec déterminants : l'isolation thermique translucide (ITT), des capteurs solaires et l'installation d'une ventilation d'appoint ne garantissent pas automatiquement une utilisation consciente et judicieuse de l'énergie – surtout lorsque l'on sait que lors de la mise en service d'un bâtiment neuf, donc juste après la phase de construction très gourmande en énergie, la consommation d'électricité pèse beaucoup plus lourd dans le bilan écologique que les pertes d'énergie thermique. Ces avancées technologiques, tout comme les concepts de tri, ingénieux mais coûteux, du recyclage, se trouvent au bout d'une chaîne de décisions et de processus dont la réussite dépend essentiellement de *l'existence dès le début d'un concept architectural clair*. En regard de ce qui a été dit jusqu'ici, la question de la durabilité doit être utilisée comme une possibilité de développer de nouvelles stratégies de projet au sein de la discipline « architecture », ce qui réoriente le débat sur la pertinence de l'architecture, trop souvent consacré, dans les écoles comme dans la pratique, à des considérations purement formelles. Les questions qui se posent alors sont les suivantes :

« Quels principes architectoniques connus et éprouvés peuvent être renouvelés en conjonction avec la technologie contemporaine ? Quel potentiel peut-on en tirer pour créer de nouveaux thèmes architecturaux ? Lesquels deviendront vraiment importants pour nous, les architectes d'aujourd'hui ? »

Exposé pour le programme *Novatlantis*, Livre blanc de la société à 2000 watts, EPFZ, novembre 2000.

STRUCTURES   Physique du bâtiment, énergie

Concepts

Le problème des flux thermiques et de la diffusion de vapeur

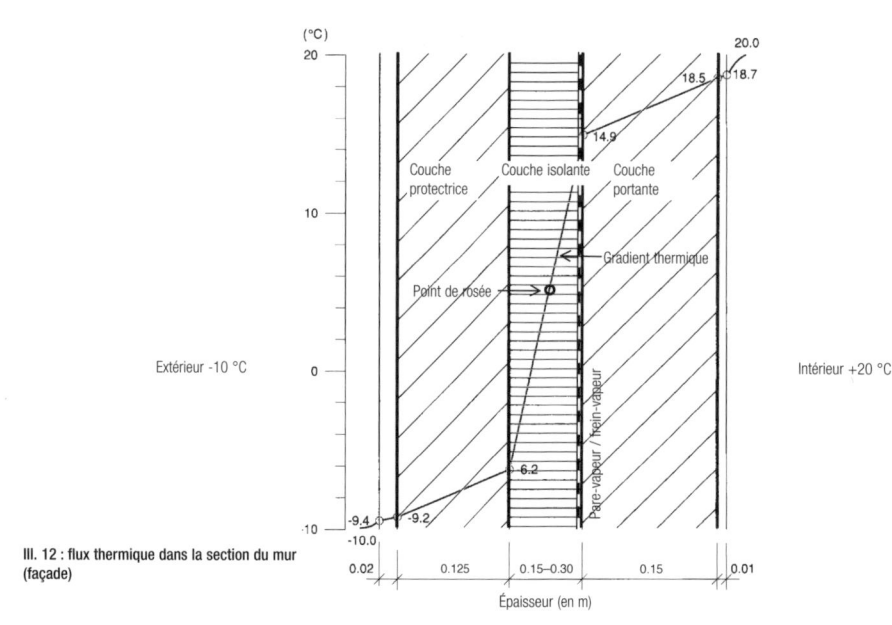

Ill. 12 : flux thermique dans la section du mur (façade)

Phénomène de diffusion de vapeur
L'air froid contient peu de vapeur d'eau (extérieur – air sec).
L'air chaud contient beaucoup de vapeur d'eau (intérieur – humidité atmosphérique élevée).

Lorsque de l'air chaud rencontre de l'air froid ou subit un refroidissement rapide, l'humidité atmosphérique se condense en eau (point de rosée). Le gradient thermique de la couche isolante ($\Delta t = 21{,}1$ °C) peut provoquer ce phénomène au sein de la construction.
La présence d'humidité dans l'ouvrage est source de dégâts :
- putréfaction (bois),
- formation de champignons,
- destruction de la microstructure (matériau),
- destruction de la structure porteuse,
- perte d'efficacité de toute isolation thermique humide.

Il faut donc empêcher la formation de condensation au sein de la construction ou être en mesure d'éliminer, par séchage, toute humidité.

Règles fondamentales de construction
Pour éviter toute condensation, on devra poser un « pare-vapeur » ou un « frein-vapeur » :
- on installera le pare-vapeur ou le frein-vapeur du côté chauffée avant l'isolation thermique,
- l'étanchéité des matériaux à la vapeur doit aller en diminuant de l'intérieur vers l'extérieur. « Couche portante étanche à l'intérieur, couche protectrice perméable à la vapeur à l'extérieur. »

Sur les plans, on utilise la ligne discontinue comme symbole (« signal de flux ») pour désigner le pare-vapeur :

Mesures
Les mesures techniques concrètes visant à empêcher la condensation dans la construction et, en particulier dans l'isolation thermique, sont les suivantes :

Mesure n° 1
Couche portante intérieure composée de matériaux de construction étanches à la vapeur, p. ex. béton banché, panneaux collés (panneaux-sandwich dans les constructions en bois), revêtement intérieur en tôle d'acier

ou

Mesure n° 2
Film pare-vapeur placé du côté chauffé, directement devant l'isolation thermique

ou

Mesure n° 3
Isolation thermique en matériau étanche à la vapeur, p. ex. en verre cellulaire

ou

Mesure n° 4
Ventilation entre la couche isolante et la couche protectrice. Condition : bonne circulation de l'air (ascendance thermique) dans le vide d'air. Dimensions du vide d'air : de 3 à 4 cm.

STRUCTURES | Physique du bâtiment, énergie
Concepts

Concepts d'isolation
Schéma de principe des couches

Outre la question de l'expression architecturale que l'on souhaite donner au corps de bâtiment, celle du concept adéquat d'isolation se pose également lors de la réalisation d'un projet. « Isolation » n'est pas toujours l'exact synonyme d'« isolation thermique » ; ce terme peut concerner l'isolation phonique par exemple. L'isolation thermique entre intérieur et extérieur se situe avant tout au niveau des façades, de la toiture et des fondations et, le cas échéant, de la « dalle sur cave ». L'isolation phonique se trouve le plus souvent dans les planchers entre les différents niveaux et verticalement, entre les unités phoniques que sont les appartements, les bureaux, etc. La première étape consiste à choisir une isolation thermique : dans les systèmes synthétiques ou compacts, chaque élément remplit plusieurs fonctions ainsi, par exemple, une fonction à la fois isolante et porteuse, à l'instar des maçonneries simples et des éléments de construction en panneaux de bois. À l'inverse, les systèmes dits complémentaires sont, suivant le principe hiérarchique des couches, divisés en trois fonctions : porteuse, isolante et protectrice. Partant de la position des éléments statiques par rapport à l'isolation, il s'avère par conséquent nécessaire, pour les systèmes complémentaires, de préciser le concept d'isolation selon qu'il s'agisse d'une « couche portante intérieure » ou d'une « couche portante extérieure ».

Le schéma de principe des couches sert de modèle de pensée à l'analyse constructive d'un bâtiment lors du choix d'un système complémentaire. Il se prête bien au contrôle de la continuité et de la cohérence du concept d'isolation ainsi qu'à la détection des points problématiques. La couche portante, la couche isolante (isolation thermique et phonique) et la couche protectrice sont schématiquement posées, en coupe et en plan, autour du bâtiment et à travers celui-ci, la règle étant de n'interrompre aucune couche. Ouvertures (fenêtres, portes), changements de direction (saillies, toits-terrasses, etc.) et jonctions (assemblages) des couches doivent faire l'objet d'une attention particulière. En détaillant ces points-clés, le concept d'isolation finit par être précisé ou rejeté, en cas d'inconvénients majeurs.

Ill. 13 : schéma de principe des couches : modèle
Les murs extérieurs, les dalles et les toits ont été schématiquement dessinés en trois couches. Dépendant d'exigences liées à la physique des bâtiments, à la statique et à la conception, les dimensions de chacune d'elles ne sont pas définitives.

STRUCTURES | Physique du bâtiment, énergie
Concepts

Concepts d'isolation
Systèmes complémentaires – couche portante intérieure

Pour ce projet, la couche portante se situe exclusivement « côté chauffé » et est entièrement enveloppée par la couche isolante. La couche extérieure sert en premier lieu à préserver l'isolant des influences mécaniques et climatiques et n'a aucune fonction porteuse. Plusieurs réalisations concrètes sont possibles, de l'enduit fin à la brique apparente ou au béton apparent en passant par les dalles agrafées en pierre naturelle. L'épaisseur de la couche protectrice peut ainsi beaucoup varier. Les percées à travers la couche d'isolation thermique se limitent uniquement à la fixation des panneaux isolants et du parement, c'est-à-dire à l'ancrage arrière d'une paroi extérieure autoporteuse dans la couche portante. Les ponts thermiques qui en résultent sont minimes.

Le concept de « couche portante intérieure » ne présente aucun problème sur le plan de la physique des bâtiments du fait de la continuité de la couche isolante et des ponts thermiques réduits ; il se range dans la catégorie des constructions de façade les plus courantes. Il trouve aussi de fréquentes applications dans les rénovations de maisons non isolées ou mal isolées.

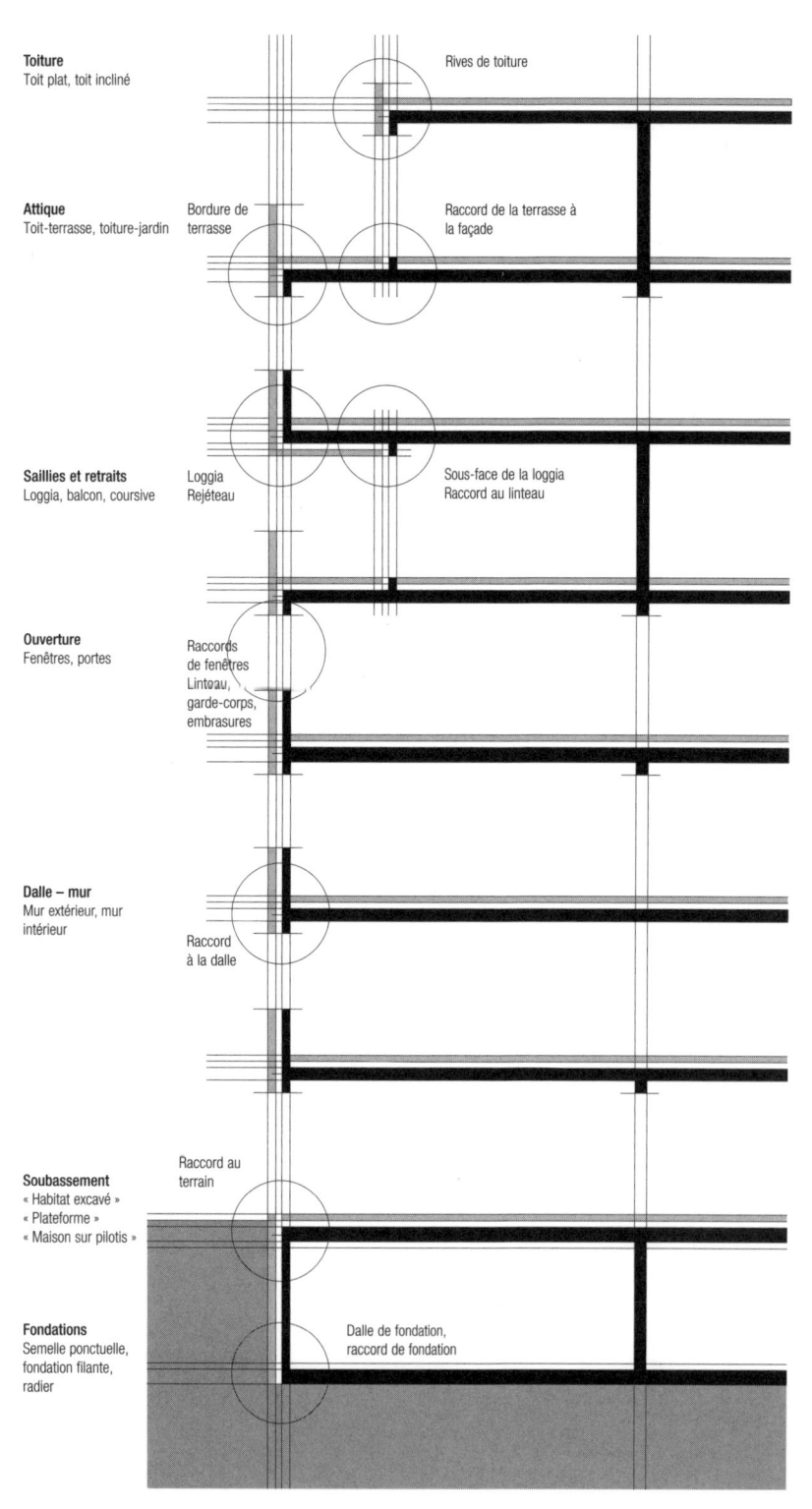

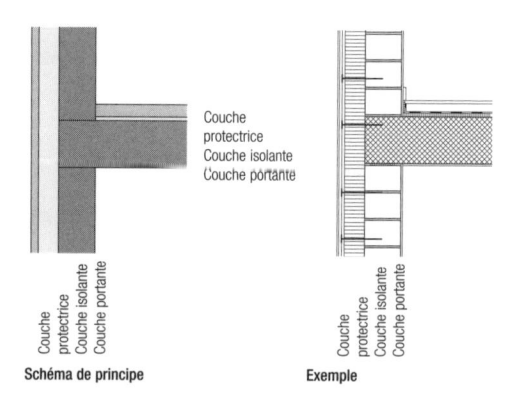

Toiture
Toit plat, toit incliné — Rives de toiture

Attique
Toit-terrasse, toiture-jardin — Bordure de terrasse, Raccord de la terrasse à la façade

Saillies et retraits
Loggia, balcon, coursive — Loggia, Rejéteau, Sous-face de la loggia, Raccord au linteau

Ouverture
Fenêtres, portes — Raccords de fenêtres, Linteau, garde-corps, embrasures

Dalle – mur
Mur extérieur, mur intérieur — Raccord à la dalle

Soubassement
« Habitat excavé », « Plateforme », « Maison sur pilotis » — Raccord au terrain

Fondations
Semelle ponctuelle, fondation filante, radier — Dalle de fondation, raccord de fondation

III. 14 : schéma de principe des couches : couche portante intérieure
La couche isolante s'étend en continu comme une « seconde peau ». Les cercles indiquent les jonctions des différentes couches et donc les points stratégiques à résoudre dans le détail.

Schéma de principe — Exemple

Couche protectrice
Couche isolante
Couche portante

III. 15 : exemple d'isolation extérieure enduite : raccord mur-dalle
La couche protectrice est constituée d'un enduit appliqué sur l'isolant. Cette construction présente une faible épaisseur. La couche protectrice est cependant peu résistante aux actions mécaniques, ce qui peut être source de problèmes, surtout dans la zone du soubassement (notamment des dommages causés à l'isolation par des coups de pied, le passage des voitures, etc.).

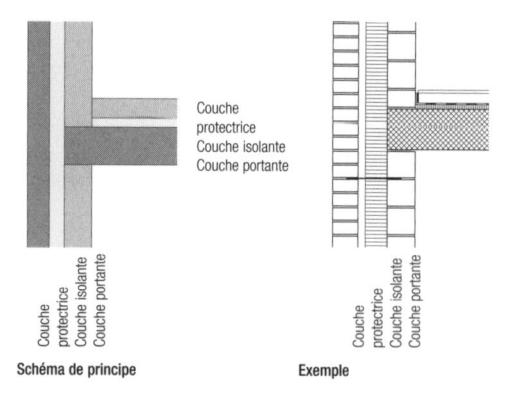

Schéma de principe — Exemple

Couche protectrice
Couche isolante
Couche portante

III. 16 : exemple de mur à double paroi : raccord mur-dalle
La couche protectrice prend la forme d'une paroi autoporteuse, en brique de terre cuite ou silico-calcaire par exemple. Un ancrage arrière partiel dans cette couche est nécessaire en raison du risque de déversement de la paroi extérieure non sollicitée dans des ouvrages à plusieurs étages. Le mur à double paroi est la construction dont l'épaisseur est la plus importante.

STRUCTURES — Physique du bâtiment, énergie
Concepts

Concepts d'isolation
Systèmes complémentaires – couche portante extérieure

Le concept de couche portante extérieure trouve son application avant tout dans le cas du « béton apparent » ou de la « maçonnerie apparente » ou encore dans les ouvrages à espace unique.

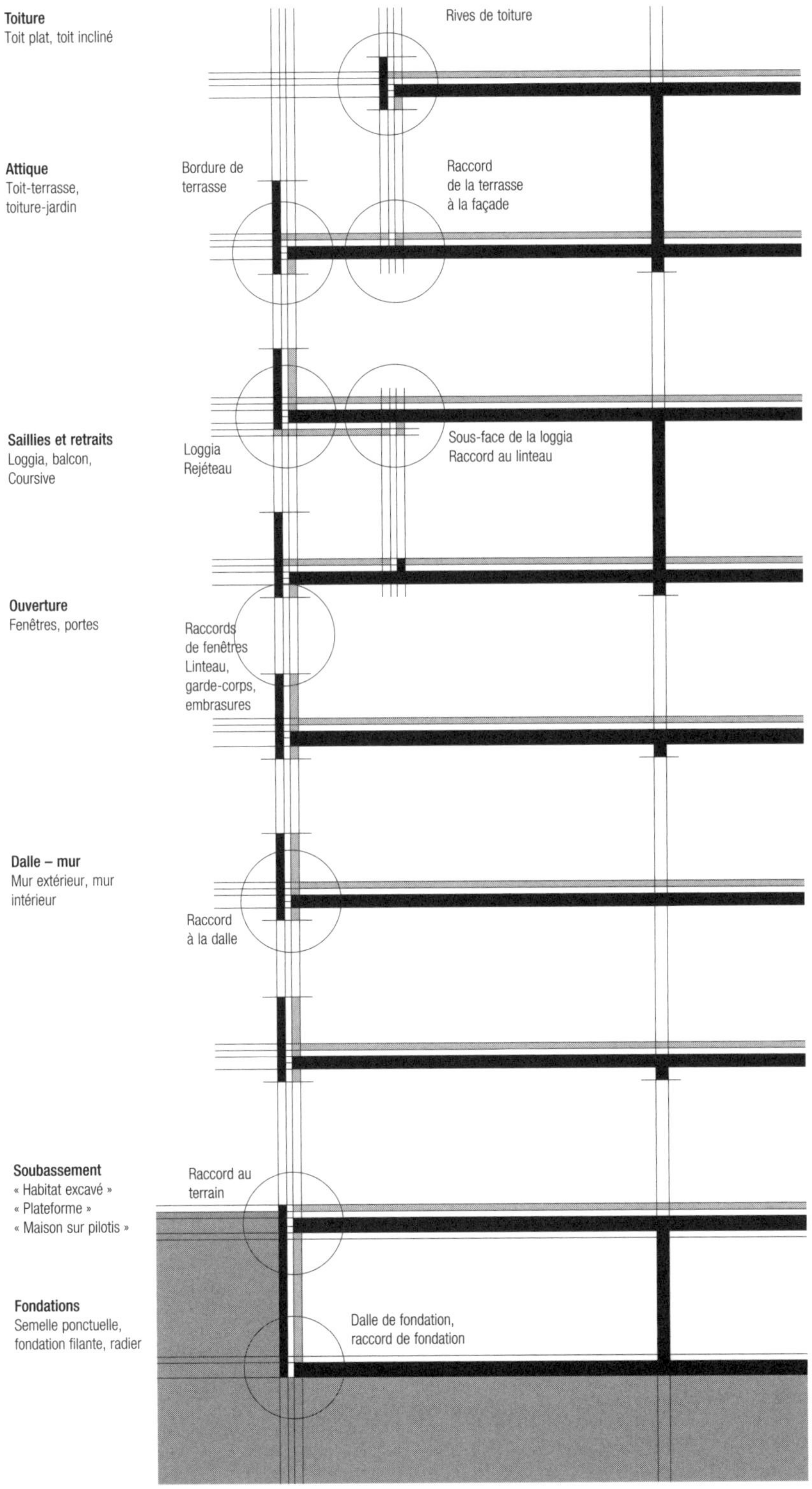

Dans ces cas, l'isolant est placé à l'intérieur. Le report nécessaire de la charge des dalles sur la structure porteuse extérieure entraîne une interruption linéaire de la couche isolante pour les bâtiments à plusieurs niveaux. Afin de réduire les ponts thermiques, la sous-face des planchers intermédiaires doit être isolée sur au moins un mètre vers l'intérieur. Il est possible de combiner une isolation thermique et acoustique et de l'intégrer à la face supérieure du plancher. Pour les bâtiments en béton apparent, il existe la possibilité d'utiliser des tirants en acier chromé anticorrosion, permettant un assemblage à force entre la paroi et la tête de dalle tout en ménageant un espace intermédiaire qui sera comblé par un panneau isolant résistant à la compression. La continuité de la couche isolante est ici assurée. Toutefois, les tirants (se succédant à faible intervalle) occasionnent des ponts thermiques ponctuels.

En raison de leur « fausse étanchéité continue » (couche la plus perméable à l'intérieur, la plus étanche à l'extérieur), les constructions à isolation intérieure seront nécessairement équipées d'un pare-vapeur afin d'assurer l'isolation thermique côté pièce et d'éviter tout condensat.

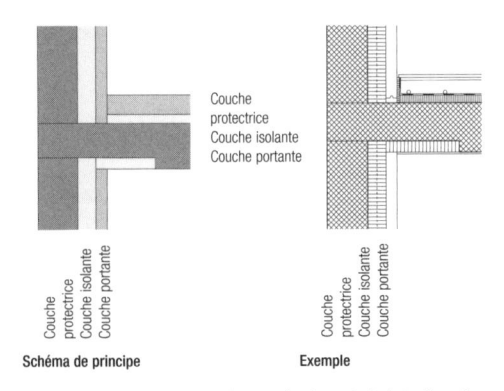

Toiture — Toit plat, toit incliné
Attique — Toit-terrasse, toiture-jardin
Saillies et retraits — Loggia, balcon, Coursive
Ouverture — Fenêtres, portes
Dalle – mur — Mur extérieur, mur intérieur
Soubassement — « Habitat excavé », « Plateforme », « Maison sur pilotis »
Fondations — Semelle ponctuelle, fondation filante, radier

Rives de toiture
Bordure de terrasse
Raccord de la terrasse à la façade
Loggia Rejéteau
Sous-face de la loggia Raccord au linteau
Raccords de fenêtres Linteau, garde-corps, embrasures
Raccord à la dalle
Raccord au terrain
Dalle de fondation, raccord de fondation

Ill. 17 : schéma de principe des couches : couche portante extérieure
Le choix du système de raccords à la dalle par des tirants d'ancrage en acier chromé permet la réalisation d'une couche isolante continue. Les cercles indiquent les jonctions des différentes couches et donc les points-clés à résoudre dans le détail.

Couche protectrice / Couche isolante / Couche portante
Schéma de principe — Exemple

Ill. 18 : exemple d'un raccord de dalle non séparé, couche isolante discontinue
Pour compenser l'interruption de la couche isolante, l'isolation doit être prolongée au niveau de la sous-face sur au moins 100 cm vers l'intérieur (soit posée dans le coffrage soit appliquée sur la sous-face de la dalle). Inconvénient : la sous-face doit être enduite ou habillée (« qualité visuelle »). La face supérieure de la dalle intègre une isolation mixte acoustique et thermique. La couche portante verticale peut être réalisée en béton ou en maçonnerie.

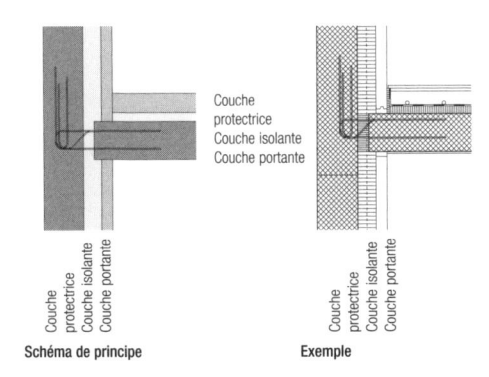

Couche protectrice / Couche isolante / Couche portante
Schéma de principe — Exemple

Ill. 19 : exemple d'un raccord de dalle séparé, couche isolante continue
Cette construction ne peut être réalisée qu'en béton armé, les tirants d'ancrage en acier chromé devant être obligatoirement reliés aux armatures des parois et des dalles. Elle doit inclure une isolation résistante à la compression entre les têtes de mur et de dalle. Cet isolant fait partie, la plupart du temps, de chaque système d'ancrage (par exemple, rupteur de pont thermique Schöck)

Sept règles pour la construction d'une maison basse énergie

Quels sont les points décisifs lors de la conception d'une maison basse énergie ? Les sept règles qui suivent se veulent une synthèse et un aide-mémoire.

1. Suivez un concept.

La forme, l'emplacement ainsi que le plan et la distribution des pièces de la maison influent considérablement sur la consommation d'énergie. Optez ici pour les solutions les plus évidentes et les plus simples possible. Si vous n'avez pas l'esprit inventif, composez une maison intelligente à partir d'unités disponibles à un prix abordable.

2. Obtenez un degré élevé d'isolation...

L'isolation thermique d'une maison basse énergie a au moins 20 cm d'épaisseur. Selon la construction, l'ensemble de l'enveloppe mesure de 25 à 60 cm d'épaisseur.

... et évitez les ponts thermiques.

Le problème des ponts thermiques qui laissent s'échapper la chaleur de l'intérieur se pose aux endroits où l'enveloppe isolante est interrompue. De nombreuses maisons perdent davantage de chaleur par le biais des ponts thermiques, pourtant évitables, que par l'ensemble des murs non touchés par ce phénomène. On portera une attention toute particulière aux transitions et aux raccords :

- entre les fenêtres et les murs, le toit et les autres fenêtres,
- entre les portes et les murs,
- entre les murs et le toit,
- entre les volets roulants et les murs,
- des gaines et des cheminées contre le mur et le toit,
- des seuils, des appuis de fenêtres et des linteaux de fenêtres au sol et au mur,
- des ancrages de fixation, ceux des balcons, par exemple.

3. Tirez parti de l'apport d'énergie par rayonnement solaire.

Prévoyez de grandes fenêtres du côté exposé au soleil, si leur bilan énergétique s'avère positif. Pour absorber le rayonnement, les capacités de stockage doivent être suffisantes. En d'autres termes, les cloisons intérieures et les sols sont réalisés, de préférence, selon une méthode de construction lourde. Si possible, prévoyez également les pièces de vie telles que séjours et chambres d'enfants côté soleil.

4. Assurez l'étanchéité à l'air de votre habitat...

Pas de maison sans protection contre la convection ! Les habitants respirent, mais pas les murs ni le toit. Veillez systématiquement à l'étanchéité à l'air et procédez à un contrôle attentif de l'exécution aux endroits critiques.

... et installez une ventilation mécanique.

Bénéficiez ainsi d'une qualité d'habitat accrue et réduisez vos dépenses d'énergie, la chaleur dissipée pouvant être récupérée (échangeur thermique). Les dimensions de l'installation de ventilation doivent être étudiées avec soin, toute nuisance sonore désagréable devant être évitée au moyen d'une insonorisation.

5. Couvrez le reste de vos besoins en chaleur grâce aux énergies renouvelables.

L'énergie solaire, le bois et la chaleur ambiante conviennent à merveille aux maisons basse énergie, car les petites installations (pompes à chaleur, collecteurs) sont suffisantes et/ou les besoins en combustible (bois) sont minimes en cas de besoin énergétique faible.

6. Stockez et distribuez la chaleur à basse température...

Les déperditions sont d'autant plus faibles que les températures des fluides caloporteurs sont basses, ce qui vaut pour la production comme pour la distribution de la chaleur.

... installez l'accumulateur thermique dans une zone chauffée de votre maison...

Tout accumulateur thermique perd de la chaleur ; cette dernière doit impérativement être utilisée dans une maison basse énergie.

... et exigez des conduites courtes.

Dans certaines maisons basse énergie, les conduites montantes et descendantes émettent plus de chaleur que les radiateurs alimentés en raison de leur grande surface. Des difficultés de réglage du chauffage peuvent surgir et provoquer des déperditions d'énergie inutiles.

7. Utilisez des appareils peu gourmands en énergie dans votre foyer.

L'utilisation d'appareils consommant peu d'électricité réduit les émissions et les dégradations environnementales sur le site des centrales thermiques.

Extrait de :
Othmar Humm, *NiedrigEnergie- und PassivHäuser, Konzepte, Planung, Konstruktionen, Beispiele*, Staufen près de Fribourg-en-Brisgau 1998.

STRUCTURES | **Physique du bâtiment, énergie**

Exemple

Low Tech – High Tectonic

Andrea Deplazes

Concept énergétique caché

L'édification de l'école de Vella est un bel exemple d'architecture économe en énergie dans les limites budgétaires des bâtiments traditionnels. Les spécifications initiales du programme d'école traditionnelle se sont transformées en concept Minergie® pendant la phase de projet. Il a été possible de ne pas déléguer le problème de l'énergie au secteur de la technique des bâtiments, mais d'en faire la synthèse avec la tectonique de l'ouvrage.

Dans l'école de Vella, le visiteur ne trouvera, en apparence, rien d'inhabituel par rapport aux autres établissements. Les bâtiments forment une construction massive, l'intérieur est en béton apparent, tandis que les murs des salles de classe, du gymnase et de la salle communale sont recouverts de lambris en bois massif. Les corps de bâtiment sont revêtus d'une couche d'isolation thermique de 12 cm d'épaisseur, protégée à son tour par une couche d'enduit d'une épaisseur de 3 cm, semblable à celle des maisons en bois classiques situées non loin de l'école. L'organisation de l'espace correspond tout à fait aux typologies courantes de construction d'écoles.

En y regardant de plus près, le visiteur attentif pourra toutefois faire quelques découvertes : absence de radiateurs dans les salles, de chaufferie au sous-sol et aucun capteur solaire sur la maison ou sur le toit ! En revanche, on trouve une installation de ventilation mécanique contrôlée qui assure l'entrée d'air frais avec un taux de renouvellement faible (0,5) et permet d'éviter les déperditions d'air incontrôlées (en raison, par exemple, de fenêtres restées ouvertes par oubli pendant les heures de pause). Un échangeur thermique est branché en aval de l'installation. Il réchauffe l'air frais en extrayant la chaleur de l'air rejeté. Il s'agit de la seule composante technique présente dans l'école. C'est l'un des aspects les moins intéressants du concept sur le plan architectural. Les dalles nervurées en béton, les sols massifs en dalles de quartzite de Vals (même dans les salles de classe) et les fenêtres grand format dans leurs embrasures en forme d'entonnoir sont autrement plus frappants. L'encadrement en bois de ces dernières est protégé à l'extérieur par un isolant thermique. C'est ici que s'applique le concept énergétique discret, car il s'agit là d'utiliser l'énergie solaire passive.

Un problème technique ?

Peu de temps après le début du projet, il s'est avéré que le site de la nouvelle école conviendrait très bien à l'utilisation de l'énergie solaire. Bien que rien n'ait été prévu en ce sens dans le budget initial, la commune nous a approchés, nous architectes, en émettant le souhait d'intégrer, dans cette optique, des capteurs solaires sur les toits (« cela ne doit cependant pas causer de frais supplémentaires »).

Cette idée ne nous a guère plu : elle affichait beaucoup trop clairement l'intention de mettre en avant les « insignes d'une conscience éclairée en matière d'énergie ». En fin de compte, les installations techniques sur le bâtiment ne gênaient pas seulement l'environnement architectural du village montagnard de Vella et ses splendides maisons anciennes, mais dérangeaient bien davantage la conscience que nous avions de notre profession : nous nous efforcions surtout de faire la synthèse des paramètres les plus divers, souvent contradictoires dans le processus de conception, plutôt que de nous satisfaire de l'intégration esthétique de capteurs sur les toitures et les façades des bâtiments.

Une solution tectonique

Nous avons alors développé le concept d'accumulation d'énergie solaire dans les éléments de construction massifs car il présente ceci de séduisant qu'il nous offre la possibilité de travailler avec les mêmes épaisseurs de mur et de dalles que dans la construction traditionnelle. La condition requise est que les éléments soient massifs pour pouvoir absorber le plus vite possible le rayonnement thermique émis par la lumière du soleil pénétrant par les vitrages et éviter une surchauffe des pièces. Néanmoins, les murs étant couverts, pour les cours, par toutes sortes de tableaux muraux, de tableaux magnétiques, d'armoires et de vitrines et ne pouvant, par conséquent, jouer leur rôle de masse d'inertie thermique, nous avons décidé d'optimiser la surface d'absorption et la répartition des masses des plafonds en recourant à un profilage nervuré, sachant que la profondeur de pénétration dynamique du rayonnement thermique dans les éléments de construction massifs est d'environ 10 cm (accumulateur primaire). Lors d'une période hivernale de beau temps de

Ill. 20 et 21 : école et salle polyvalente
(à gauche), façade sud à grandes ouvertures
(à droite)
Bearth & Deplazes, établissement scolaire, Vella
(CH) 1997

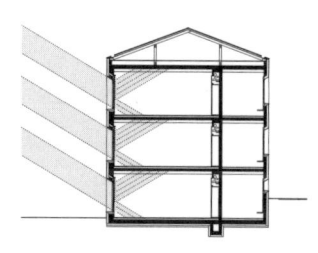

Ill. 22 : coupe transversale de l'aile des salles de classe

Objet : lycée avec salle polyvalente à Vella (Grisons)
Maître d'ouvrage : municipalité de Vella, Lugnez, Grisons
Architectes : Valentin Bearth, Andrea Deplazes, Coire
Ingénieur secteur énergie : Andrea Rüedi, Coire
Technique des bâtiments : Nold + Padrun, Coire

Données techniques
Recommandation SIA 380/1, *L'énergie thermique dans le bâtiment*, édition 1988 :
objectif prévu : 260 MJ/m²a

Brochure SIA D 090, *Constructions scolaires économes d'énergie* :
objectif standard prévu : 150 MJ/m²a
objectif optimal prévu : 76 MJ/m²a

Valeur estimée pour Vella, d'après le *Handbuch der passiven Sonnenenergienutzung*
Documentation SIA/BEW D 010 : 24 MJ/m²a
Résultats effectifs (diplôme de fin d'études IBT, 1988-1989) : 34 MJ/m²a

L'écart entre valeurs de consommation estimées et mesurées pour le lycée de Vella se situe dans les limites de tolérance d'erreurs de la méthode de calcul.

Capacité d'accumulation (sécurité en cas de mauvais temps) : lors d'une période de mauvais temps de quatre jours, à une température extérieure de -5 °C et d'apports solaires en baisse, la masse d'inertie thermique se décharge, passant de 21 °C à 19 °C en moyenne. En ce point, la courbe de température descendante croise la courbe de température du chauffage par VMC (préchauffée par l'échangeur de chaleur) de sorte que la valeur peut être maintenue. (Valeurs enregistrées entre le 12 et le 15.1.1999, période de relevés hiver 1998-1999)

quelques jours, les accumulateurs de masse peuvent être durablement chargés (accumulateur secondaire).

Stratégie d'utilisation multifonctionnelle

Ce système présente par ailleurs d'autres utilisations multifonctionnelles agréables : formées d'un réseau de nervures, les dalles couvrent avec un minimum de matériaux les salles de classe sur une profondeur de 7,5 m. En outre, le profilage des sous-faces crée une diffusion acoustique des plus efficaces, ce qui rend toute autre mesure de ce type inutile (absorption). Des luminaires à faible consommation d'énergie et de prix abordable peuvent être placés dans les « creux » situés entre les nervures, sans provoquer un effet d'éblouissement. Enfin, les dalles nervurées forment un motif architectonique riche que l'on peut très bien interpréter comme la transposition des plafonds baroques des maisons bourgeoises déjà évoquées. Mentionnons une dernière composante qui apporte le maximum de lumière du jour au plafond : des stores à lamelles orientables posés contre la face intérieure des fenêtres.

Des dispositifs de guidage de la lumière spécialement conçus étant trop onéreux, nous avons eu recours à des lamelles en aluminium disponibles dans le commerce, que nous avons montées dans le store, tournées de 180°. En hiver, ces stores sont juste assez abaissés pour que les élèves proches des fenêtres ne soient pas aveuglés par la lumière du soleil, bas sur l'horizon, encore renforcée par la réverbération sur la neige. Le premier tiers de la surface au sol, le long des baies, peut cependant absorber la chaleur et « se charger », tel un buvard, sur toute la profondeur de la salle. Les lamelles sont ensuite orientées de manière que la lumière solaire soit réfléchie au maximum sur le plafond nervuré au-dessus de la tête des écoliers. Ainsi, non seulement l'absorption thermique du plafond est exploitée au mieux, mais l'exposition de la salle à la lumière naturelle s'en trouve améliorée, diminuant d'autant la consommation électrique des luminaires. Enfin, on ne doit pas sous-estimer le fait que les lamelles restent « ouvertes » dans cette position et que la vue soit dégagée.

Concept polyvalent

Ce procédé d'utilisation de l'énergie solaire par accumulation dans les éléments de construction massifs (qui doivent de toute façon être fabriqués), tels que plafonds, sols et murs, n'est pas lié à ce type de bâtiment. La stratégie de polyvalence de ces éléments est la condition nécessaire pour être compétitif en matière de tarifs avec une architecture traditionnelle. Le moment serait propice pour passer d'une conception moderniste des systèmes architectoniques complémentaires, composés d'éléments monofonctionnels, à un concept de complexes synthétiques à base de composants polyfonctionnels, c'est-à-dire à une pensée globale. C'est seulement ainsi qu'il sera possible de créer « d'un coup » une valeur ajoutée sur les plans économique, énergétique et culturel, qui n'est rien d'autre que ce que l'on désigne par le terme de « durabilité ». La conception énergétique dans son ensemble, avec accumulateurs de masse, serait pour Vella sans importance sur le plan architectural si la nécessité de compacité n'était liée à la plasticité et à la « masse monolithique » des corps de bâtiment, dans le jeu entre surface, profondeur des salles et enveloppe de façade à paroi mince, aussi bien dans l'expression physique des bâtiments que dans les motifs de détail. Elle est en outre liée à la structure urbanistique de ce village de montagne et de ses puissantes maisons cossues, cubiques et trapues.

Extrait de :
« Bulletin, Magazin der Eidgenössischen Technischen Hochschule Zürich », n° 276, *Energie im Umbruch*, janvier 2000, p. 32-33.

Ill. 23 : salle de classe avec plafond nervuré en béton

BÂTIMENTS

Sélection d'ouvrages

Introduction — Questions structurelles : Rapport entre la structure de l'espace, de la construction et les équipements

Exemples —
- Immeubles collectifs de la Martinsbergstrasse, Baden : Burkard Meyer Architekten
- Galerie d'art contemporain, Marktoberdorf : Bearth + Deplazes
- Maison individuelle à Grabs : Peter Märkli
- École de Paspels : Valerio Olgiati
- École Volta, Bâle : Miller + Maranta
- Hochschule Sihlhof, Zurich : Giuliani Hönger
- École Im Birch, Zurich : Peter Märkli
- Centre de formation professionnelle, Baden : Burkard Meyer Architekten
- Lehrerseminar de Coire : Bearth + Deplazes
- École technique du bois, Bienne : Meili + Peter
- Maison Willimann, Sevgein : Bearth + Deplazes
- Établissement scolaire Leutschenbach, Zurich : Christian Kerez

Questions structurelles
Rapport entre la structure de l'espace, de la construction et les équipements

Alois Diethelm, Andrea Deplazes

Les structures spatiales, les structures porteuses et les équipements sont des critères importants pour un projet ; elles exercent les unes sur les autres une influence d'intensité variable, en fonction du programme des locaux (utilisation) ou bien engendrent des dépendances différentes. Alors que la structure spatiale et la structure porteuse forment un duo conceptuel qui s'applique aussi bien à la hutte primitive qu'au bâtiment contemporain, les équipements (ce terme évoque en général des dispositifs de circulation des personnes et des fluides, mais il est lié ici avant tout à la technologie des bâtiments) revêtent peu d'importance pour les ouvrages vernaculaires car, comme pour la plupart des bâtiments préindustriels, ils n'y figurent pas – ou uniquement de manière temporaire, sous la forme d'un âtre ouvert par exemple. On sait, en revanche, que les Romains disposaient déjà d'installations très élaborées telles que les hypocaustes et les canalisations d'eau potable. Toutefois, jusqu'à l'ère industrielle, ces découvertes n'eurent que peu de portée pour le BTP en général. Elles ont, depuis lors, influencé l'architecture dans des proportions en constante augmentation, en raison de la production de masse désormais possible et, surtout, dans l'optique d'améliorer les conditions d'hygiène insupportables régnant dans les villes au XIXe siècle.

Le maître d'ouvrage et l'architecte se voient désormais obligés de déterminer le degré ou l'ampleur des installations et, corollairement, une utilisation précise. Une maison ancienne construite avant le XXe siècle continuera de satisfaire les besoins des usagers les plus divers si leurs exigences en matière de confort sont modestes. Les travaux de transformation, s'ils se révèlent nécessaires, sont relativement simples à réaliser puisque les canalisations sont rarement dissimulées dans la maçonnerie ou dans le plancher et qu'elles restent peu nombreuses. Dès 1942, Hans Bernoulli faisait toutefois le constat que « le plan et l'exécution des bâtiments modernes, étudiés pour des conditions très précises, ne peuvent que leur être fatals et raccourcir leur durée de vie, d'autant plus qu'une construction complexe ne peut, grâce à des transformations, s'adapter aussi facilement à une situation nouvelle qu'une installation simple[1] ».

Depuis lors, les équipements se déploient aux dimensions d'un système nerveux acquérant une densité croissante et couvrant presque tous les éléments de construction. Ils remplissent des tâches quasiment incontournables aujourd'hui. Dans certains cas isolés, il est possible de simplifier, mais en règle générale, il faut accepter que les bâtiments contemporains, au sens où l'entend Bernoulli, affichent une complexité certaine. La question de la capacité d'adaptation n'est plus seulement une simple question de structure porteuse, mais aussi, dans une commune mesure, une question d'infrastructure. Et la pratique projectuelle prouve tous les jours, et aux stades les plus variés, qu'une capacité d'adaptation est requise. Ce n'est pas un hasard si, dans une interview récente, Marcel Meili soulevait la question du mode de concrétisation de l'usage dans l'espace « quand il n'y a plus aucun programme, puisque la maison est ensuite mise sur le marché des investisseurs[2] ».

Dans ce contexte, le concept de structure doit être examiné à trois stades :

1. Avant le début de la construction
2. Après l'achèvement des travaux (à court, moyen et long terme)
3. Pendant la construction

III. 1 : structure porteuse avec extension potentielle
Maison d'habitation dans le centre de Tirana (Albanie) 2002

Flexibilités différenciées

Il n'est nullement question ici de *flexibilité absolue* permettant la réalisation de tout souhait de modification, mais de stratégies de conception résistant aux conditions d'une pratique axée sur l'économie et cependant également susceptibles d'apporter des réponses à des besoins potentiels à moyen et à long terme. Cette intention va en partie à l'encontre de la mentalité, largement répandue dans le contexte économique actuel (du bâtiment), qui consiste à maintenir au plus bas les coûts d'investissement, sachant que les frais ultérieurs d'entretien et de réparation seront réglés par un autre poste, après achèvement des travaux. Il s'agit, bien entendu, toujours d'évaluer la nécessité des interventions à venir, leur date de

BÂTIMENTS | Sélection d'ouvrages
Introduction

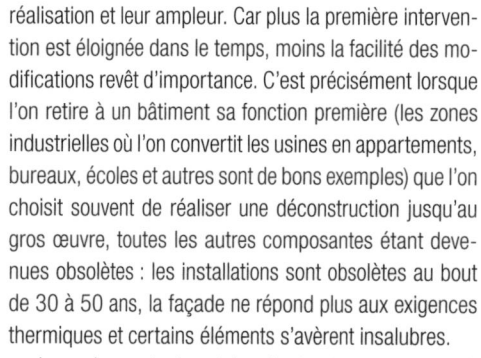

réalisation et leur ampleur. Car plus la première intervention est éloignée dans le temps, moins la facilité des modifications revêt d'importance. C'est précisément lorsque l'on retire à un bâtiment sa fonction première (les zones industrielles où l'on convertit les usines en appartements, bureaux, écoles et autres sont de bons exemples) que l'on choisit souvent de réaliser une déconstruction jusqu'au gros œuvre, toutes les autres composantes étant devenues obsolètes : les installations sont obsolètes au bout de 30 à 50 ans, la façade ne répond plus aux exigences thermiques et certains éléments s'avèrent insalubres.

La seule constante est donc la structure porteuse qui, en fonction du couplage avec la structure spatiale, montre une flexibilité variable pour de nouveaux usages.

Si celle-ci est requise dans le programme des locaux, cela signifie en règle générale qu'il est possible de créer des pièces ou des zones de taille différente pour une même utilisation. Exemples classiques, les pièces transformables dans les logements ou les dimensions modulables dans les bureaux. Il s'agit ici de flexibilité fonctionnelle, qui n'aura d'effet qu'après l'achèvement des travaux.

Il existe d'autre part ce qu'on appelle la flexibilité conceptuelle : elle se base sur le fait que certaines composantes, la distribution verticale par exemple, sont déclarées d'emblée invariables, tandis que d'autres parties, fixées également après le début du chantier, peuvent encore être influencées jusqu'à un certain « point de non-retour ». Ainsi en est-il, par exemple, des dimensions

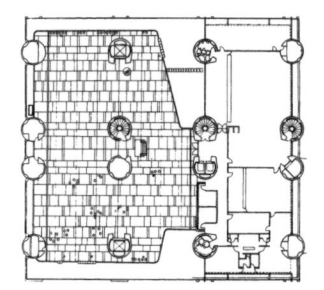

Ill. 2 : poteaux renfermant des espaces avec W.-C., escaliers, etc.
Kenzo Tange : centre de communication, Kofu (J) 1964-1967

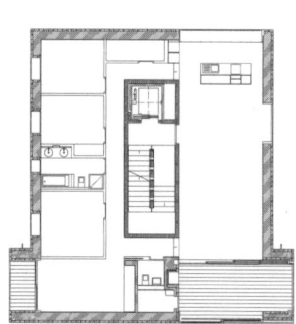

Ill. 3 : avant le début des travaux, seule la cage d'escalier était déterminée.
Burkard, Meyer : immeubles collectifs de la Martinsbergstrasse, Baden (CH) 1998-1999

Ill. 4 : flexibilité conceptuelle : l'emplacement des fenêtres a été décidé par les acquéreurs.
Burkard, Meyer : immeubles collectifs de la Martinsbergstrasse, Baden (CH) 1998-1999

Ill. 5 : puits alliant les structures porteuses et les Installations
Kenzo Tange : centre de communication, Kofu (J) 1964-1967

des sanitaires et, très rarement, de leur positionnement dans l'édification de logements. Si les murs intérieurs sont porteurs, la structure spatiale, qu'il est encore éventuellement possible de définir, est subordonnée à une portée de dalle, elle-même soumise à des contraintes économiques, et aux ouvertures de la façade. Burkard Meyer & Partner ont largement exploré les possibilités de flexibilité conceptuelle lors de la construction des immeubles collectifs de la Martinsbergstrasse, à Baden (1998-1999). Le plan était basé sur une façade porteuse et un noyau central de distribution, tandis que le reste du dispositif spatial, englobant également les sanitaires et les cuisines, a pu être établi par l'acquéreur de chaque appartement. Chose inhabituelle, même l'emplacement et la taille des fenêtres de hauteur d'étage étaient laissés à la discrétion de la clientèle. Mais s'il restait encore quelques logements à vendre au début des travaux, la flexibilité était radicalement réduite, les plans étant déjà largement définis par la pose des ouvertures et la localisation des équipements techniques, en particulier les installations sanitaires. L'impossibilité de modifier les installations est due à l'enrobage de béton des conduites, pratique fréquente de nos jours, mais particulièrement absurde, notamment dans la construction de logements. L'éventail des adaptations possibles est réduit durant les travaux et tout remplacement, nécessaire en raison de l'usure du temps, devient difficile, sans parler des véritables modifications fonctionnelles.

« Poteaux » contenant des espaces – dalles minces

Supposons qu'une habitation collective soit restructurée en pension ou en hôtel : une série de questions se pose alors. La distribution horizontale existant jusqu'à présent au sein d'un appartement (distribution définie parfois de manière vague) doit alors se transformer en couloir et former un compartiment anti-incendie. La densité d'occupation plus élevée exige éventuellement un escalier de secours supplémentaire et le nombre plus élevé des salles d'eau décentralisées remet en question la capacité d'un noyau central d'alimentation et d'évacuation. Des structuralistes tels que Kenzo Tange ont cherché à apporter des réponses en couplant avec la structure porteuse, de toute façon indispensable, les espaces de distribution verticale, à la fois pour les conduites techniques et pour les personnes (escaliers, ascenseurs). Les fins poteaux des systèmes poteaux-dalles se sont mués en puits contenant des espaces. On trouve déjà des précurseurs de ces éléments multifonctionnels dans la construction de bâtiments industriels de la fin du XIXe siècle où les

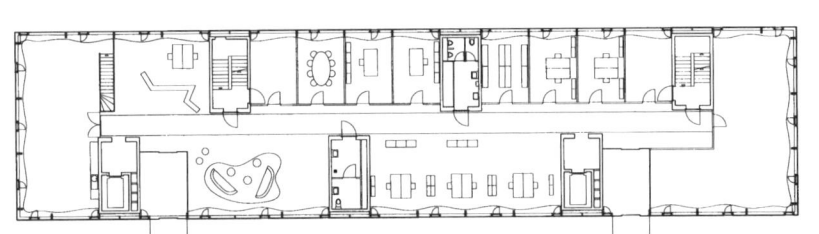

Ill. 6 : plan exempt de poteaux avec façade porteuse et noyaux (ascenseurs, sanitaires ou escaliers)
Bearth & Deplazes, immeuble des Caisses maladie publiques suisses (ÖKK), Landquart (CH) 2001-2002

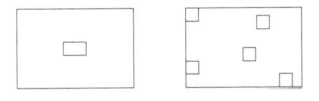

Ill. 7 : centralisation contre décentralisation
Schémas de plan : cuisine et salle de bains réunies au centre de la maison (à gauche : système court de conduites) et disposition décentralisée (à droite : installations nombreuses)

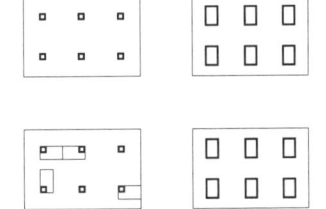

Ill. 8 : « poteaux » contenant des espaces – dalles minces
Schémas avec gros œuvre (en haut) et second œuvre (en bas). Les sanitaires sont reliés à la structure porteuse comprenant les installations.

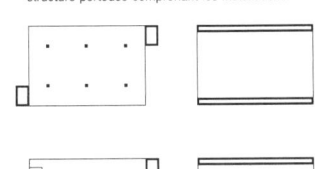

Ill. 9 : poteaux minces – dalles contenant des espaces
Schémas de plan avec gros œuvre (en haut) et second œuvre (en bas). L'emplacement des sanitaires est indépendant de la structure porteuse. La liaison entre tous les étages se fait par des gaines périphériques qui peuvent également servir à reprendre des charges verticales. Ex. illustration de droite (voir également l'American Republic Insurance Company de SOM)

conduites verticales sont disposées entre des paires de poteaux. La centralisation des conduits de cheminée le long des murs coupe feu des immeubles de plusieurs étages, datant du XIXe siècle et du début du XXe siècle, doit faire l'objet d'une lecture similaire.

La disposition décentralisée des gaines techniques réduit les éléments d'installation horizontaux à un minimum ou, dans le meilleur des cas, les rend totalement superflus. Libérée des conduites horizontales, la qualité constructive des dalles n'est plus déterminée que par des exigences ayant trait à la statique et à l'isolation phonique. Avant l'introduction du plancher-dalle en béton armé et la possibilité connexe d'y intégrer des conduites, la distribution purement verticale des fluides (dans la construction de logements) représentait la solution la plus évidente.

Bien que les structuralistes aient voulu le contraire, chez Tange aussi, les fonctions sont également en partie prédéterminées, puisque les puits en apparence neutres accueillent soit un ascenseur, soit des escaliers soit encore des blocs sanitaires et des conduites d'aération. En d'autres termes, il n'est plus possible de disposer aussi librement de la structure qu'elle le donne à penser au premier regard. L'organisation du plan est, d'une part, tributaire de la présence des équipements nécessaires à l'endroit souhaité et, d'autre part, les noyaux physiques lui imposent un cadre qui ne va plus de façade à façade, mais délimite des zones entre ces noyaux. Si chaque noyau disposait d'un escalier, d'un ascenseur, de blocs sanitaires et de gaines techniques, il en résulterait cependant un « système surdimensionné » du point de vue équipements, ce qui, en raison des noyaux se déployant en unités plus grandes, réduirait la flexibilité de manière drastique.

Dans l'exemple de Tange, de même que pour l'immeuble de bureaux des Caisses maladie publiques suisses (ÖKK) de Bearth & Deplazes à Landquart (CH), il n'existe pas de hiérarchie entre les noyaux. Ils forment des compartiments dans lesquels les espaces fonctionnels, par exemple les toilettes, sont tournés vers l'intérieur. Certains exemples illustrent le processus inverse : l'élément reliant les étages se réduit à un puits dont le format permet juste d'accueillir gaines techniques et canalisations. Les puits constituent ici le point de départ – ou la colonne vertébrale – d'un développement spatial susceptible de varier à chaque étage. Aspect intéressant, le puits de circulation vertical, contenant ascenseurs et escaliers, n'est pas concerné par la distribution verticale des équipements, qui peut être soit centrale avec distribution secondaire horizontale importante, soit décentralisée avec distribution secondaire horizontale réduite. L'emplacement et le nombre de ces dessertes verticales sont définis, dans les deux cas, par les distances maximales admissibles des issues, c'est-à-dire par les prescriptions en matière de sécurité incendie.

Poteaux minces – dalles contenant des espaces

Les composantes verticales continues constituant un réseau plus ou moins dense, que ce soit des éléments d'équipement ou de structure porteuse, les fonctions requérant d'étage en étage différentes structures spatiales ne peuvent être réalisées qu'en s'y adaptant. Autrement dit, les conduites sanitaires d'aération et les poteaux restreignent l'utilisation des espaces.

Pour qu'il y ait, à chaque étage, une marge de manœuvre très large, la distribution verticale des équipements doit donc être centrale, les installations pouvant être ensuite réparties horizontalement dans des

Ill. 10 : installations au sein de la structure porteuse
Fritz Haller, centre de formation CFF Löwenberg, Morat (CH) 1980-1982

faux planchers, des plafonds suspendus ou des structures de plancher incluant des espaces. La hauteur de ces vides techniques se décide aux points où au moins deux types de conduites se croisent (une gaine de câbles et une conduite d'aération p. ex.). En plus de certains aspects tels qu'un accès aisé pour le montage et l'entretien, c'est précisément parce que l'on veut éviter tout croisement que l'on finit par utiliser simultanément les

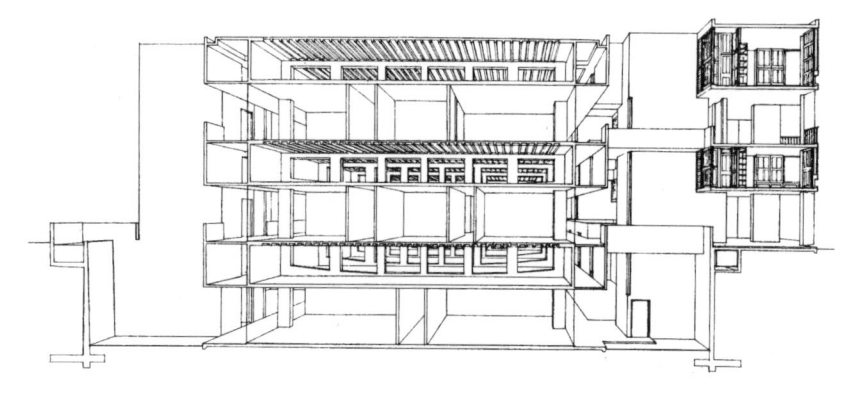

Ill. 11 : dalles épaisses d'une hauteur d'étage et destinées aux installations
Louis I. Kahn, Salk Institute, La Jolla (Californie, USA) 1959-1965

faux planchers et les planchers suspendus. Combinés à une dalle en béton armé, ces systèmes présentent une épaisseur totale de 70 à 80 cm. Mais sur le total, seuls 25 à 30 cm ont une efficacité statique. Il y a là un riche potentiel inexploité, car les différentes strates du plancher divisé en plusieurs fonctions ne tirent aucun avantage les unes des autres. À cet égard, un doublement de la hauteur statique serait tout à fait possible pour une épaisseur totale identique (cf. structure tridimensionnelle en acier, béton ou bois, à l'instar des systèmes mini, midi et maxi de Fritz Haller). Il en résulterait des portées plus grandes et, par conséquent, des dispositifs fonctionnels plus variés. Si on ne mentionnait plus haut que le croisement des conduits pour définir la hauteur des vides, la pente des canalisations d'eaux usées est au moins aussi déterminante, un élément de poids lorsque chaque étage dispose d'un nombre et d'emplacements de sanitaires différents.

Le plus grand vide technique de ces structures a également des répercussions positives sur la distribution horizontale des installations.

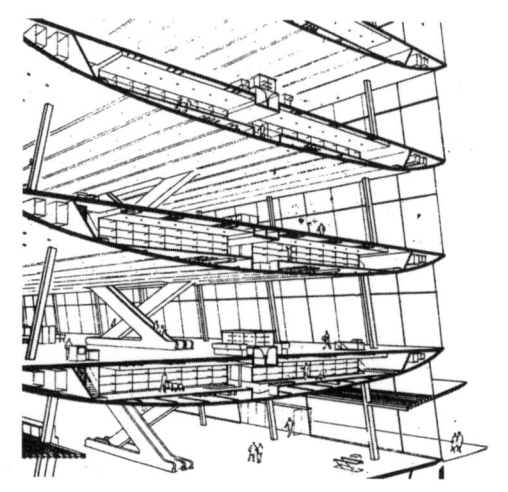

Pour le Salk Institute de Louis Kahn, les plafonds des laboratoires sont devenus de véritables étages, accessibles pour l'entretien et la modernisation des nombreuses installations. Les poutres Vierendeel, les voiles fermés et les dalles en béton armé forment un caisson résistant à la flexion qui constitue, sans poteaux, la couverture des salles. On connaît également des étages d'installations dans certains gratte-ciel (par exemple, le PSFS-Building, 1932, Howe & Lescaze) où ils permettent de réduire la distance d'acheminement des fluides (air et eau). Le croquis établi par Louis Parnes pour un grand magasin montre même des dalles épaisses d'une hauteur d'étage : de longue portée, elles abritent les réserves des surfaces de vente situées juste au-dessus.

Confort et technique

L'habitat humain a pour objectif essentiel de protéger des intempéries et des autres êtres vivants. La protection thermique revêt à cet égard une importance capitale dans de nombreuses régions. L'âtre ouvert est la forme la plus pri-

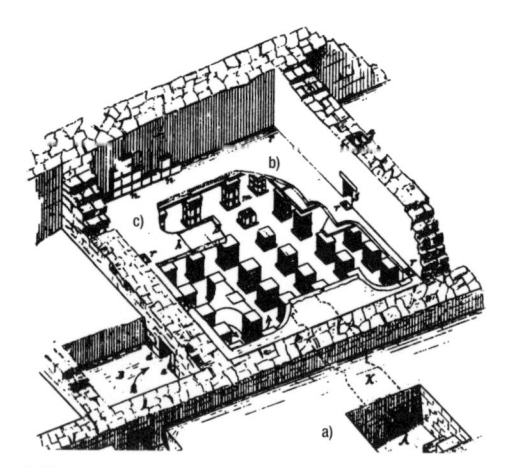

Ill. 13 : hypocauste romain
a) Foyer en dehors du bâtiment, b) Faux plancher, c) Conduits d'air chaud *(tubuli)*

mitive répondant à cette exigence et conjuge les caractéristiques de production et de diffusion de chaleur sur le même lieu. Le fourneau et le poêle suivent ce principe : ils peuvent être situés au centre de la maison et représenter l'unique source de chaleur ou être répartis dans plusieurs pièces. L'autonomie totale que suggère l'unité fonctionnelle de production et de diffusion de chaleur n'est altérée que par les conduits de cheminée verticaux correspondants (ce qui n'est pas le cas des sources d'énergie exemptes d'effluents gazeux, tels les poêles électriques). Les cheminées servent à l'évacuation de la fumée et, pour les bâtiments de plusieurs étages, diffusent également de la chaleur aux pièces adjacentes. Une autre évolution s'est faite à partir du chauffage romain par air, l'hypocauste, dont le foyer est situé à l'extérieur de la pièce à chauffer, l'âtre ouvert

Ill. 12 : dalles contenant des espaces faisant office de réserves pour la surface de vente sus-jacente
Louis Parnes, projet de grand magasin, vers 1947

étant alors considéré comme dangereux. L'air chauffé était apporté par une sorte de faux plancher jusqu'aux canalisations encastrées ou accolées à la face intérieure des murs. Les sols et les murs étaient ainsi chauffés de façon égale. Cette conception préfigure aussi bien le chauffage central, le chauffage par le sol et le principe de diffusion de chaleur là où la déperdition est la plus importante. Pur chauffage par rayonnement, la diffusion thermique de l'hypocauste est en outre plus efficace que les radiateurs ou les convecteurs actuels et également exempt des poussières soulevées par la convection (le chauffage mural de la Galerie d'art contemporain de Marktoberdorf [2000] de Bearth & Deplazes en est une version moderne).

Rayner Banham a vu dans la possibilité technique du chauffage ciblé des pièces ou des éléments de construction la condition fondamentale d'une mise en pratique des nouvelles représentations spatiales de l'époque moderne[3].

Le point critique de la réduction du bien-être engendré par de grandes fenêtres a pu dès lors être compensé par le chauffage. Banham cite en exemple les fenêtres nord dans les salles de dessin de la Glasgow School of Art réalisée par Mackinstosh, à Glasgow (1886-1899). Pour Frank Lloyd Wright, le chauffage à l'eau chaude avec

Ill. 16 : tuyaux de chauffage formant surface
Alexander Ferenczy, Hermann Henselmann : villa Kenwin, Vevey (CH) 1929

Ill. 17 : chauffage par le sol et air chaud venant du sous-sol devant les fenêtres
Ludwig Wittgenstein : villa Kundmanngasse, Vienne (A) 1928

Ill. 14 : installations techniques jugées inopportunes : avec radiateurs dans la réalité
Hans et Wassili Luckhardt : villa am Rupenhorn, Berlin (D) 1928

Ill. 15 : installations techniques jugées inopportunes : photo retouchée, sans les radiateurs
Hans et Wassili Luckhardt : villa am Rupenhorn, Berlin (D) 1928

production centrale et répartition décentralisée offrait la possibilité de réaliser des volumes plus complexes : « Les formes des bâtiments peuvent ainsi être développées de manière plus complète dans leurs différentes parties, elles recevront de la lumière et de l'air de plusieurs côtés[4]. » Les faibles performances en matière d'isolation des matériaux de construction, notamment du verre, pouvaient être désormais corrigées grâce aux installations du bâtiment, que ce soit par le chauffage en hiver ou la climatisation en été. Ce n'est qu'avec la crise pétrolière aux alentours de 1970 et la prise de conscience environnementale, qui a pris de l'ampleur dans les années 1980, que des efforts ont été entrepris sur le plan de la technologie des matériaux, efforts qui ont permis de réduire le recours à la technique. Les vitrages isolants, recouverts de membranes de protection thermique et remplis de gaz rare, sont certes connus depuis les années 1950, mais ont connu depuis une évolution phénoménale, si bien que le verre n'est plus synonyme de forte déperdition d'énergie.

L'apparition du chauffage central dans la première moitié du XXe siècle a fait que les parties de bâtiments servant à la répartition ou à la distribution de chaleur sont devenues de plus en plus des supports d'installations ajoutées ou intégrées. Alors que les équipements, telles les installations sanitaires, prévus jusque-là lors de la construction de logements, se limitaient à certaines pièces et étaient considérés en outre comme secondaires sur le plan représentatif, les installations techniques se généralisèrent désormais dans toute la maison. L'attitude qu'ont adoptée les architectes à leur égard va de l'approche pragmatique qui consiste à placer de manière visible les installations, sans autre exigence, au procédé inverse avec des conduites et des radiateurs masqués aux regards, la plupart du temps en les couvrant d'un habillage. Une troisième voie a été empruntée par les architectes qui ont utilisé les composants techniques de chauffage comme éléments d'aménagement, que ce soit en les distinguant de manière spécifique

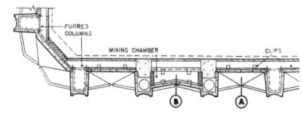

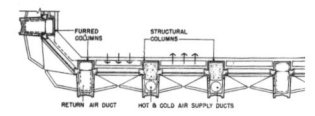

BÂTIMENTS | Sélection d'ouvrages
Introduction

Ill. 18, 19, 20 :
En haut : un « poteau » sur trois n'est pas porteur
Centre : coupe du garde-corps
En bas : coupe des fenêtres

Paul Rudolph avec Anderson, Beckwith & Haible : immeuble Blue Cross, Boston (Mass., USA) 1958

(couleur, disposition, etc.) ou en combinant les fonctions (garde-corps).

Chez Bruno Taut, les radiateurs et les conduites sont posés sans prétention, mais ils forment un contraste avec la polychromie générale de l'espace, puisqu'on leur a appliqué une peinture de couleur. Composé de plusieurs tuyaux parallèles, qui courent sous la fenêtre-bandeau, le chauffage de la villa Kenwin à Vevey (1929), dessinée par Hermann Henselmann, devient une succession de profilés horizontaux, tandis que Ludwig Wittgenstein, pour la maison de la Kundmanngasse, à Vienne (1928), a misé sur un chauffage invisible par le sol dans les salles de réception du rez-de-chaussée et fait installer, devant les portes-fenêtres, une ventilation alimentée par le sous-sol. En comparant deux clichés de l'intérieur de la villa am Rupenhorn, bâtie par les frères Luckhardt à Berlin (1928), Christoph Bürkle a montré que les radiateurs pouvaient être parfois perçus comme une gêne par certains architectes : dans la photo retouchée, ils ont été supprimés.

Libérés des composantes techniques dans l'espace, les radiateurs ont, par la suite, progressivement cédé la place à des convecteurs, qui, encastrés dans le sol, garantissent une transparence sans entrave.

La façade, support d'équipements

Si, au début des années 1960, les installations techniques ne revêtaient pas grande importance quant à l'expressivité de la façade et, étant placées jusque-là à l'intérieur, apparaissaient tout au plus derrière le voile d'une peau de verre plus ou moins translucide, les équipements sont par la suite devenus de plus en plus un motif influant sur la forme. Chez les brutalistes, des gaines massives, le plus souvent en béton, enrobent un faisceau de conduites et de tuyaux, tandis que

Ill. 21 : gaine technique transformée en sculpture. Même matériau que la façade
Greater London Council, Hubert Bennett : Queen Elizabeth Hall, Londres (GB) 1966

Ill. 22 : infrastructure non recouverte, motif régissant la forme
Renzo Piano & Richard Rogers : centre Pompidou, Paris (F) 1971-1978

Ill. 23 : amalgame entre structure porteuse et gaines techniques verticales
Paul Rudolph avec Anderson, Beckwith & Haible : immeuble Blue Cross, Boston (Mass., USA) 1958

les installations techniques, avec les escaliers et autres protubérances « nécessaires », servent à sculpter le corps de bâtiment. À l'inverse, les représentants de l'architecture high-tech et, avant eux, les métabolistes, s'inspirent, pour forger leur esthétique, du fait que les installations restent brutes ou que des unités fonctionnelles essentielles semblent autonomes. Toutefois, les composants placés à l'extérieur impliquent une traversée de la limite thermique et, de ce fait, des travaux d'isolation coûteux en raison des exigences toujours croissantes en matière de protection thermique hivernale. Aussi ne sont-elles plus guère répandues.

Entre ces deux positions extrêmes, pour lesquelles les installations techniques ont soit le rôle de « générateurs de formes », soit sont considérées comme une fonction invisible nécessaire – le dénominateur commun étant une dissociation de la structure porteuse – viennent s'insérer les concepts fusionnant structure, installations techniques et éléments de second œuvre multifonctionnels.

Le Blue Cross Building à Boston (1958) de Paul Rudolph et Anderson, Beckwith & Haible en est un excellent exemple. Cet immeuble de bureaux de 13 étages repose sur une façade porteuse dont le relief vertical de parement semble reproduire la structure porteuse à une distance de 1,53 m. Mais en réalité, les « poteaux » qui n'ont pas de prolongement au rez-de-chaussée ne sont pas porteurs.

BÂTIMENTS | Sélection d'ouvrages
Introduction

Ill. 27 : dalle sans poteaux avec conduites d'aération et luminaires entre les nervures
SOM : American Republic Insurance Company, Des Moines (Iowa, USA) 1965

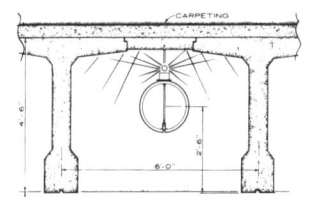

Ill. 24, 25, 26 : en haut : façade fermée servant de voile porteur avec installations
Au milieu : RDC et sous-sol formant un volume autonome
En bas : détail de la dalle, env. 1:60
SOM : American Republic Insurance Company, Des Moines (Iowa, USA) 1965

Un élément sur trois est creux et abrite une gaine d'évacuation d'air. Des conduites d'arrivée d'air de dimensions plus petites, n'occupant que la moitié de la profondeur des poteaux, sont également placées devant les poteaux porteurs contigus. Conjointement avec les garde-corps faisant office de chambres de mélange, les installations de ventilation s'étirent tel un réseau sur la façade : un principe qui n'est pas sans rappeler celui des gaines techniques ouvertes d'une architecture high-tech, mais qui en diffère en ceci que la combinaison s'effectue ici avec la structure porteuse et spatiale.

Sous forme de poteau, la gaine d'aération sert également de jonction des cloisons, ainsi que de battée de fenêtre. Cette modénature de la façade est constituée d'éléments préfabriqués en béton, d'une épaisseur de quelques centimètres seulement, lesquels semblent, en raison de leur assemblage, former un habillage. Si ces revêtements constituent pour les façades tramées (suisses) des années 1950 une finition, appliquée immédiatement sur la sous-couche, ils forment chez Rudolph un décor incluant des espaces. Une question se pose toutefois avec insistance, celle de savoir si la pierre reconstituée est le matériau qui convient, car les coudes des garde-corps évoquent les plis de raidissement de panneaux en tôle.

Si, chez Rudolph, la structure porteuse, les installations techniques et les fenêtres forment un réseau tissé de toutes parts sur les façades, celles du siège de l'American Republic Insurance Company à Des Moines (1965), dessiné par Skidmore Owing & Merrills, sont séparées par fonctions : sur les pignons, des voiles porteurs en béton sans ouvertures abritant des installations et sur les façades, des vitrages de hauteur d'étage. Le thème des planchers épais caractérise la façade : les planchers sont constitués de poutres T en béton, de 1,36 m de haut ayant une portée libre de 30 m.

Ces poutres dessinent un relief en caissons au sein desquels sont suspendues les conduites d'aération. On a posé sur ces tuyaux des éclairages fluorescents qui, à leur tour, se servent de nouveau du plafond nervuré comme d'une surface réfléchissante. Au-delà de leur fonction de support d'équipements, les voiles fermés des pignons font office de poutres permettant le transfert des charges jusqu'au sol par les quatre poteaux. En coupe transversale, l'immeuble ressemble à un pont, sous lequel on aurait glissé un bâtiment à deux niveaux, entièrement vitré et libéré des éléments porteurs, abritant cafétéria et restaurant universitaire. Ce qui nous amène au thème du changement de structure qui concerne tout ouvrage important en raison des différences de besoins entre rez-de-chaussée et étages supérieurs.

Changement de structure

Dans les zones de centre-ville en particulier, le rez-de-chaussée des bâtiments par ailleurs monofonctionnels est souvent affecté à une autre destination. Les raisons en sont évidentes : le rapport direct à l'espace public suggère une utilisation commerciale, telle que magasins, restaurants, etc., et la situation de plain-pied permet même la circulation de véhicules (cf. caserne des pompiers, Zurich). Les poteaux en fonte, qui supportent les sommiers des plafonds à solives au rez-de-chaussée des maisons des années 1870, paraissent quasiment classiques. On ne prend guère conscience qu'il s'agit d'un changement de structure. Il en va tout autrement des architectures en forme de plateau qui soulignent avec une force expressive le changement de structure porteuse. L'immeuble Zur Palme (1961-1964) de Haefeli Moser Steiger, à Zurich, en est un exemple parfait. Le plan en moulin à vent de l'édifice repose, à 12 m de haut, sur une dalle de béton portée par des poteaux en forme de prisme et sous laquelle on a glissé les deux niveaux d'une construction basse dont la structure est

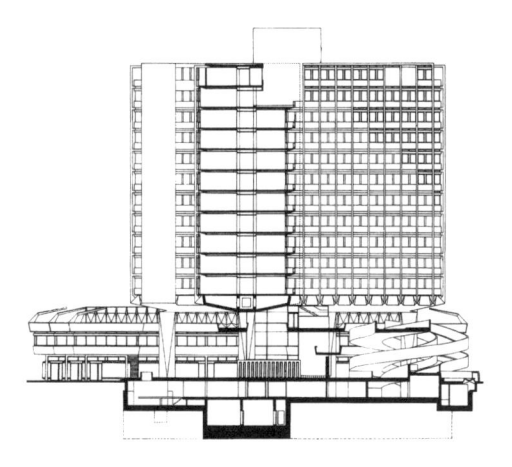

Ill. 28 : tour et construction basse dotées chacune d'une structure porteuse
Haefeli Moser Steiger : immeuble Zur Palme, Zurich (CH) 1961-1964

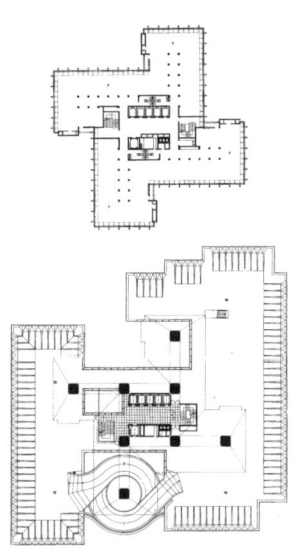

autonome. Lina Bo Bardi emprunte une voie opposée en édifiant le Museo de Arte Moderno (1957-1968) de São Paulo : les étages ne sont pas posés sur des appuis, mais suspendus. C'est du moins l'impression que donne le portique en béton d'une portée de 50 m qui l'entoure. En réalité, deux autres poutres se trouvent à l'intérieur de l'enveloppe de verre, de sorte qu'en fin de compte seule la dalle inférieure est réellement suspendue. Quoi qu'il en soit, l'ensemble de la surface sous le bâtiment forme une place couverte libre pour toute utilisation.

Des bâtiments tels que l'école Volta des architectes Miller & Maranta (p. 375) prouvent que les changements de structure peuvent se produire même sans exhibition de leur statique.

Les étages supérieurs de la structure en béton banché développée en collaboration avec le bureau d'études Conzett Bronzini Gartmann reposent sur des voiles formant un assemblage solidaire avec les planchers. Produisant l'effet d'une construction monolithique, ces éléments forment ensemble la couverture d'un gymnase d'une profondeur de 28 m et présentent un porte-à-faux de 12 m du côté de l'accès. À l'école Volta, les voiles qui, du reste, ne sont pas continus d'une façade à l'autre, mais s'articulent en deux parties distinctes, sont alignés les uns au-dessus des autres à tous les étages. Jürg Conzett a expliqué dans un article qu'il suffisait que « les voiles superposés se touchent en n'importe quel point[5] ».

Ce principe permet par conséquent des structures spatiales différentes à chaque étage, mais qui ne se concrétisent que par l'utilisation complémentaire de cloisons, comme dans le cas de l'école Volta. Il serait très intéressant d'examiner quel degré de flexibilité ce système permet d'atteindre aux différents stades (avant le début de la construction, pendant les travaux et après leur achèvement).

Ill. 29, 30, 31 :
Au niveau du parking (en bas), de puissants piliers épousent le plan du moulin à vent des étages supérieurs (centre). En haut : vue du bâtiment
Haefeli Moser Steiger : immeuble Zur Palme, Zurich (CH) 1961-1964

Ill. 33 : portique avec dalles suspendues
Lina Bo Bardi : Museo de Arte Moderno, São Paulo (BR) 1957-1968

Alternatives

Nous avons déclaré initialement que la complexité des édifices contemporains devait être acceptée. Naturellement, il nous faut émettre quelques réserves. Car dans le secteur de la technologie des bâtiments, on assiste de plus en plus à l'émergence de concepts low-tech intelligents qui se fondent sur des connaissances vieilles de plusieurs siècles et qui n'ont fait « que » l'objet de reprises ou de réinterprétations. Ce que l'on appelle l'effet de

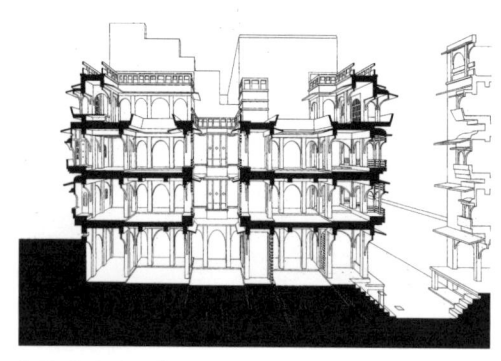

Ill. 34 : effet de cheminée : l'air frais du rez-de-chaussée ouvert s'élève dans la cour intérieure.
Maison d'habitation, Jaisalmer (Inde), XVe siècle.

cheminée (ascendance thermique), exploité pour obtenir par exemple un renouvellement naturel de l'air dans la construction de bureaux, était déjà utilisé en Inde, au XVe siècle : les cours intérieures et le rez-de-chaussée ouvert permettaient de rafraîchir le bâtiment. On tirait parti des phénomènes physiques pour les éléments et les espaces à bâtir. Les installations techniques dans les ouvrages traditionnels ne sont donc pas des additifs fonctionnels, mais font partie intégrante de la structure spatiale et porteuse. Last but not least, « le puits d'air » sert également, dans une optique évidente de polyvalence, à l'éclairage des pièces contiguës !

Ill. 32 : le changement de structure n'est apparent qu'aux fenêtres décalées.
Miller & Maranta : école Volta, Bâle (CH) 1999

Notes
[1] Hans Bernoulli, « Vom Altwerden der Häuser », in *Die organische Erneuerung unserer Städte*, Bâle 1942, cité in Fredi Kölliker (éd.), *Zahn der Zeit – Baukonstruktion im Kontext des architektonischen Entwerfens*, Bâle 1994.
[2] Marcel Meili, « Dinglichkeit und Idee », entretien entre Marcel Meili et Hubertus Adam, J. Christoph Bürkle et Judit Solt, in *archithese* 2003/1, p. 7.
[3] Rayner Banham, « Die Architektur der wohltemperierten Umwelt », in *ARCH+*, février 1988, p. 36.
[4] Frank L. Wright, 1910, cité in Rayner Banham, p. 43.
[5] Jürg Conzett, « Raum halten », in *Werk, Bauen und Wohnen* 1997/9, p. 34-39.

Immeubles collectifs de la Martinsbergstrasse, Baden
Burkard Meyer Architekten

Alois Diethelm

Situation et thème

Cet ensemble bâti occupe l'angle sud-est de la zone Merker, une friche industrielle au centre de Baden. Les trois corps de bâtiment indépendants, dont deux ont été réalisés dans un premier temps, reflètent le modèle type, datant du début du XXe siècle, des immeubles isolés érigés le long de la Martinsbergstrasse.

L'entrée principale se fait par cette rue, en passant par un petit parvis cerné de murs de béton et de haies. Reprenant le thème de l'habitat urbain, les espaces extérieurs privatifs sont recouverts de gravier et séparés de la rue par des murs. Le rue arrière dessert les garages et permet l'accès au pré « Merker », des espaces verts qui, comme les deux bâtiments, font partie du plan d'aménagement de toute la zone.

Si les bâtiments sont perçus du côté sud comme des entités isolées, ils forment un système cohérent du côté nord où la différence de niveau laisse le sous-sol dégagé. L'alternance plein/vide est inversée dans le soubassement qui abrite les places de parking. En dépit de la différence de matériau (béton et brique apparents), la liaison entre le soubassement et les étages d'habitation est ainsi établie.

Architectes : Burkard Meyer Architekten BSA, Baden
Réalisation : 1998-1999
Chef de projet : Roger Casagrande
Alois Diethelm
Statique : Minikus Witta Voss, Zurich

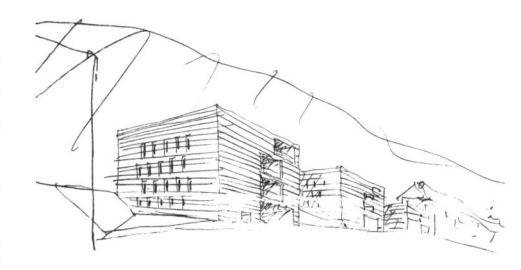

Ill. 36 : des volumes importants dans un contexte urbain
Croquis

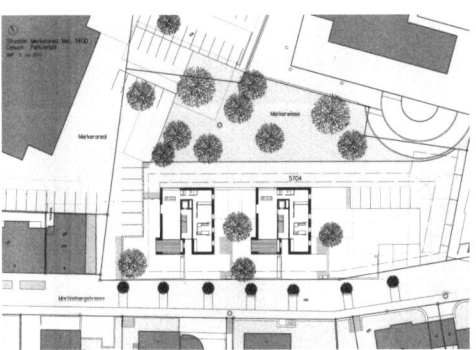

Ill. 37 : situation sans le troisième bâtiment
Les villas urbaines du côté opposé

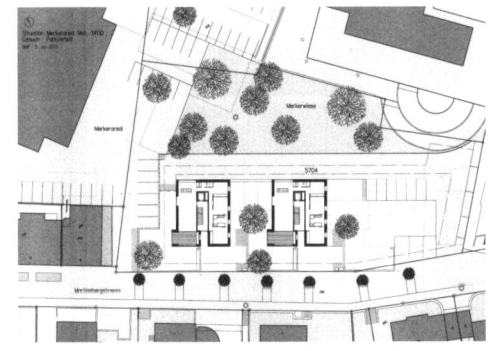

Ill. 35 : vue depuis le pré « Merker »
La différence de niveau laisse le sous-sol de plain-pied.

Structure tridimensionnelle et structure porteuse

À l'exception du bâtiment A dont l'appartement supérieur occupe un étage et demi, ces petits immeubles abritent quatre appartements à un niveau, organisés autour d'un noyau central de distribution. Celui-ci divise l'appartement en deux secteurs : une zone chambres dotée d'une hauteur de plafond de 2,46 m et une zone séjour et repas avec des hauteurs atteignant jusqu'à 3,06 m. La zone séjour qui s'étend d'une façade à l'autre alterne, à chaque étage, d'un côté du noyau à l'autre et tire ainsi profit de la hauteur différente des chambres au-dessous ou au-dessus. Le décalage des nez de dalle en façade permet de lire ce principe de superposition.

Le séjour se prolonge par une véranda qui n'est certes pas chauffée, mais possède une protection thermique grâce au vitrage isolant.

On obtient ainsi une zone tampon qui, en été, peut être presque entièrement ouverte.

La maçonnerie de la façade et le noyau de distribution bétonné forment, avec les dalles en béton coulé sur place, la structure porteuse, tandis que le reste des parois est réalisé en cloisons de plâtre non porteuses.

Ill. 40 : maquette en bois
Superposition des appartements avec leurs hauteurs de plafond

Ill. 38 : plan du 1er étage
La salle de séjour s'étend d'une façade à l'autre.

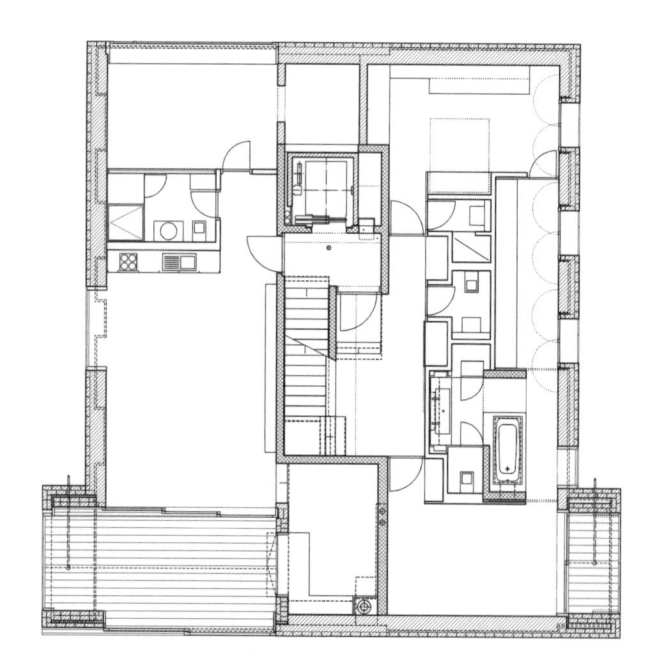

Ill. 39 : plan du 2e étage
Un petit appartement et l'appartement en terrasse se partagent le 2e étage.

BÂTIMENTS | Sélection d'ouvrages

Immeubles collectifs de la Martinsbergstrasse, Baden

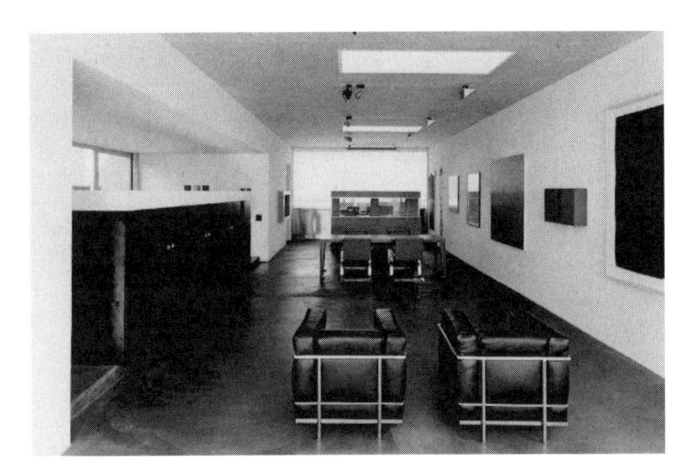

III. 41 : appartement en terrasse
Vue sur la cuisine, éclairage diffusé par le toit en terrasse et les jours zénithaux

III. 42 : appartement en terrasse
Meuble multimédia séparant les pièces, terrasse sur le toit en arrière-plan

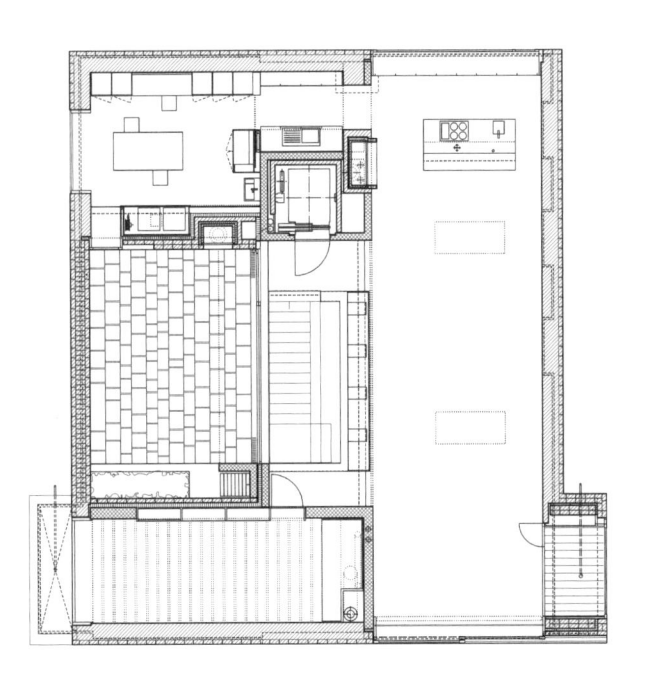

III. 43 : plan du 3ᵉ étage
Salle de séjour sans véranda

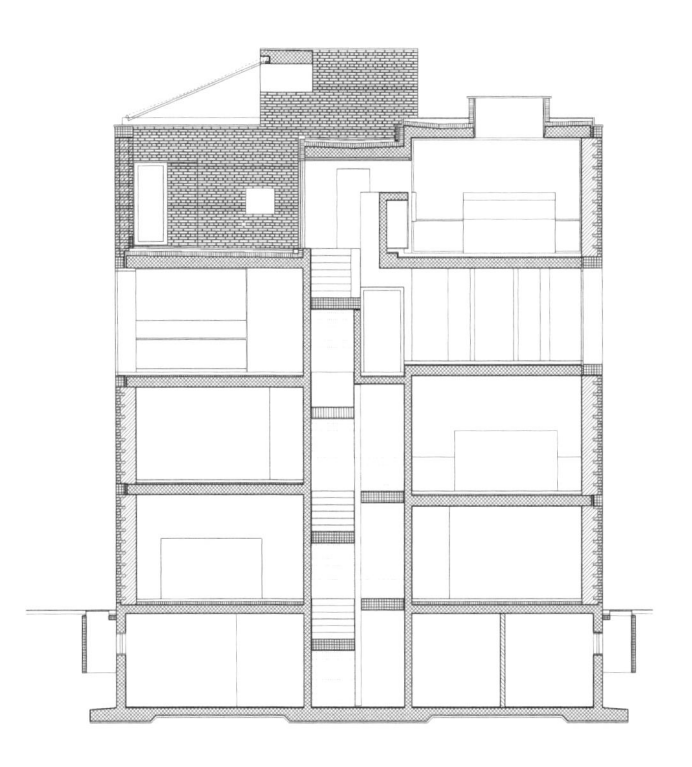

III. 44 : coupe transversale
Avec la terrasse sur le toit du penthouse

Ouvertures et structure porteuse

Le système d'ouvertures est formé de baies correspondant à la structure spatiale et de fenêtres qui ont été librement choisies sur plan en fonction des besoins de l'acheteur. Leur point commun est d'être monté entre les nez de dalle.

Le premier type d'ouverture se trouve sur les façades nord et sud, formant des projections des pièces d'habitation et laissant, dans leur interaction, transparaître le principe des plans symétriques. D'une portée d'environ 4,60 m, elles flirtent pour dire vrai allègrement avec les limites du possible : le mur de maçonnerie adjacent en brique Optitherm résiste tout juste aux contraintes du fait de sa porosité qui l'empêche de supporter autant de charge que des briques normales.

De l'autre côté, les façades est et ouest sont marquées par le jeu d'alternance, à chaque étage, des vitrages sans cadre au nu de la façade et des fenêtres verticales, à embrasure profonde. Emboîtées entre les dalles, les ouvertures transforment ainsi la maçonnerie en panneaux pratiquement indépendants des pans de murs situés au-dessous et au-dessus, les nez de dalle répartissant les charges. Du point de vue de la conception, cela signifie qu'il est encore possible de choisir l'emplacement des fenêtres peu de temps avant le début des travaux.

Ill. 45 : vue extérieure du bâtiment A
Au premier plan, le mur du jardin bordant la Martinsbergstrasse

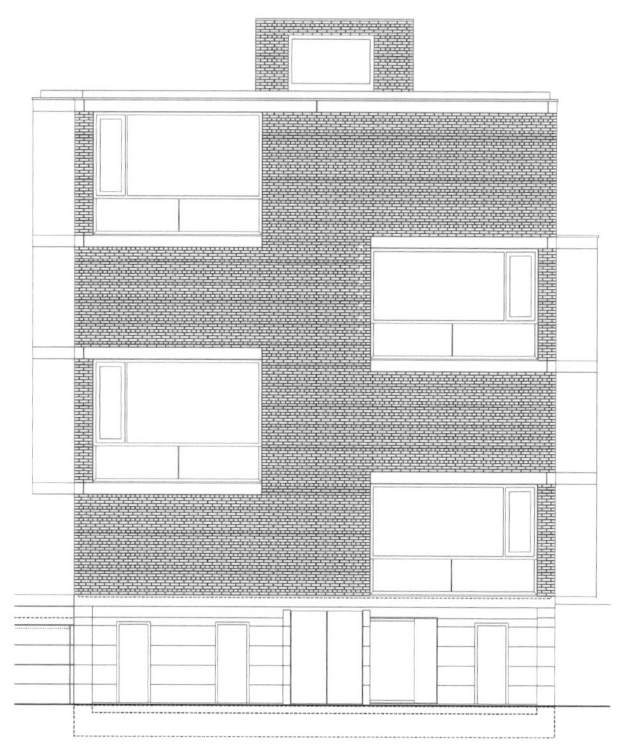

Fig. 46 : façade nord

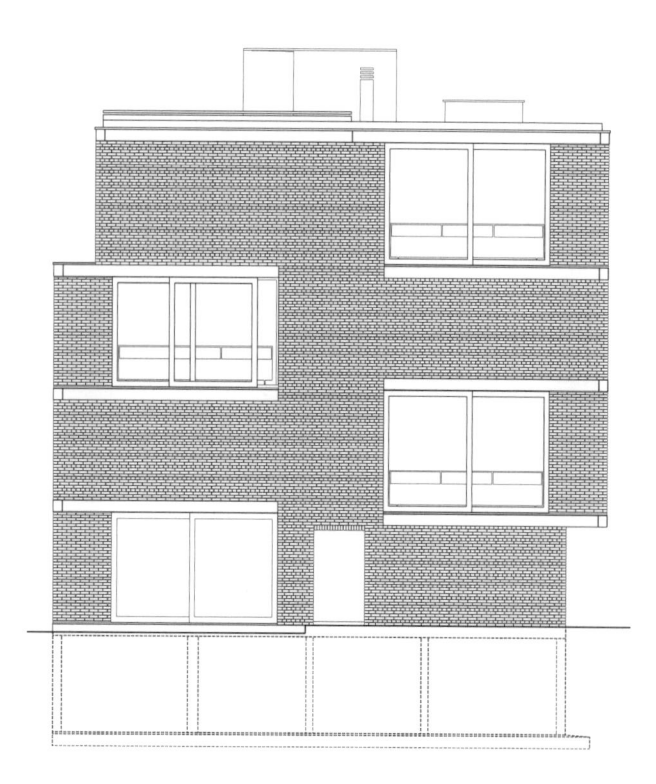

Fig. 47 : façade sud

Ill. 48 : mur du rez-de-chaussée dans la zone de la fenêtre au nu de la façade
« Mise à nu » de l'appareillage

Construction et expression I

La maçonnerie de la façade repose sur une combinaison de briques Optitherm et Kelesto développée par les architectes et mise en œuvre pour la première fois pour l'établissement scolaire Brühl de Gebenstorf.

Sa structure est composée d'un appareil d'une épaisseur de 40 cm de brique Optitherm (isolante) et de 12 cm de brique Kelesto (brique de parement cuite en dessous de la température de frittage). Les deux appareils, dressés en parallèle, forment tous les quatre rangs un assemblage indissociable grâce à une ligne de boutisses insérées à cet endroit et ne requièrent aucune autre isolation (valeur U 0,38 W/m^{2}K). Les cavités apparaissant entre les briques restent sans isolation. En plus des atouts thermiques d'une telle structure murale inerte (déphasage), cette construction présente, du fait de l'emboîtement des couches et à la différence des maçonneries apparentes courantes à double paroi et isolation intermédiaire, l'avantage de ne pas nécessiter de joints de dilatation. Cette composante explique pour l'essentiel l'allure sculpturale du corps de bâtiment (pas de coupures aux angles ni au milieu des façades).

Le choix de la brique de parement et la nature du jointement sont tributaires de critères relevant de la physique du bâtiment, qui requièrent, d'une part, d'assurer le transfert de vapeur et, d'autre part, de réaliser l'étanchéité contre la pluie battante. Aussi les joints de mortier extérieurs ont-ils été compactés au fer rond pendant le dressement, puisqu'en l'absence de vide de ventilation l'eau d'infiltration ne peut être évacuée. Le nivellement des joints à la truelle était tout simplement inimaginable. De même, la brique de parement ne devait pas présenter une trop grande résistance à la diffusion de vapeur, puisque la brique Optitherm intérieure est perméable à la diffusion. La brique recuite aurait été trop étanche.

Les maçonneries Optitherm ont la réputation de présenter une élasticité moyenne, ce qui signifie qu'un enduit pur de ciment était impossible pour les travaux intérieurs et a dû être remplacé par un enduit de fond allongé (chaux hydraulique et ciment) ou allégé. Les briques Optitherm sont habituellement maçonnées avec un mortier léger qui, du fait des granulats d'argile expansée, présente de meilleures propriétés d'isolation thermique, mais supporte moins bien les charges. Pour la maçonnerie apparente, un mortier léger aurait été inapproprié en raison des risques d'infiltrations d'eau. On a eu recours à un seul mortier pour les briques Optitherm comme pour les Kelesto, et ce afin de créer les mêmes conditions statiques pour les deux maçonneries.

Lors du dressement, il est important de veiller à maintenir au sec la maçonnerie pendant la durée des travaux, puisque la brique Optitherm, poreuse (isolation thermique), absorbe rapidement l'eau. Par la suite, pendant les premières périodes de chauffage, l'humidité présente migre à l'extérieur et dissout la chaux des briques. Celle-ci prend la forme d'efflorescences, dépôts que la pluie éliminera.

Un autre projet réalisé par Urs Burkard Adrian Meyer & Partner, avec la même maçonnerie, fait appel à des briques de parement Kelesto imprégnées. L'imprégnation doit empêcher que les dépôts n'apparaissent à la surface.

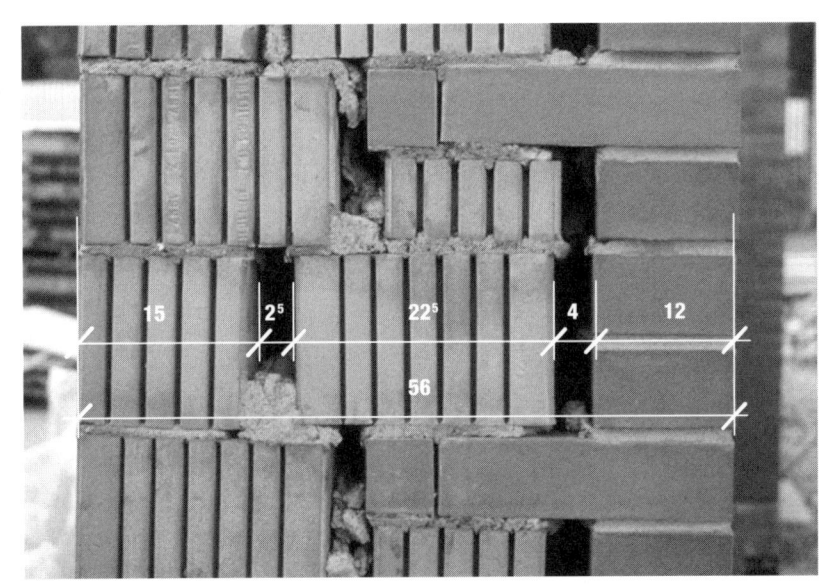

Ill. 49 : vue de détail
Combinaison de maçonneries apparentes Optitherm et Kelesto

Construction et expression II

Les nez de dalle qui se dessinent sur la façade sont constitués d'éléments préfabriqués en béton situés, en général, sur la moitié extérieure de la section du mur, à l'exception de l'emplacement des fenêtres à la française, où, pour le linteau et la tablette, la profondeur de l'élément est doublée.

Si ces bandeaux offrent une liberté presque illimitée pour l'emplacement des ouvertures pendant la phase de projet, c'est l'inverse qui se produit lors de la réalisation. La préfabrication a été choisie moins dans un esprit de rationalisation, en effet, très peu d'éléments se répètent, que pour obtenir une meilleure qualité de surface et une continuité apparente des sousfaces visibles.

Sur le chantier, ces éléments préfabriqués ont servi de coffrage de rive pour les dalles, ce, du fait de leur poids, sans fixation supplémentaire. Entre les éléments et l'isolation en polystyrène extrudé du nez de dalle, une lame d'air de 1 cm garantit que celle-ci puisse travailler indépendamment des éléments. Des lattes de plâtrier ont servi d'écarteurs lors du coulage du béton, puis ont été retirées.

Les éléments en béton sont séparés de la maçonnerie, en haut et en bas, par un film en polyéthylène (haute résistance) afin qu'ils puissent travailler de manière autonome. Les joints sont donc scellés à l'aide de mastic.

Ill. 50 : coupe axonométrique
« Épaississement » des nez de dalle dans la zone de la fenêtre

Ill. 51 : vue de détail du coffrage
Le nez de dalle fait office de coffrage. Les lattes de plâtrier assurent un écart par rapport à l'isolant.

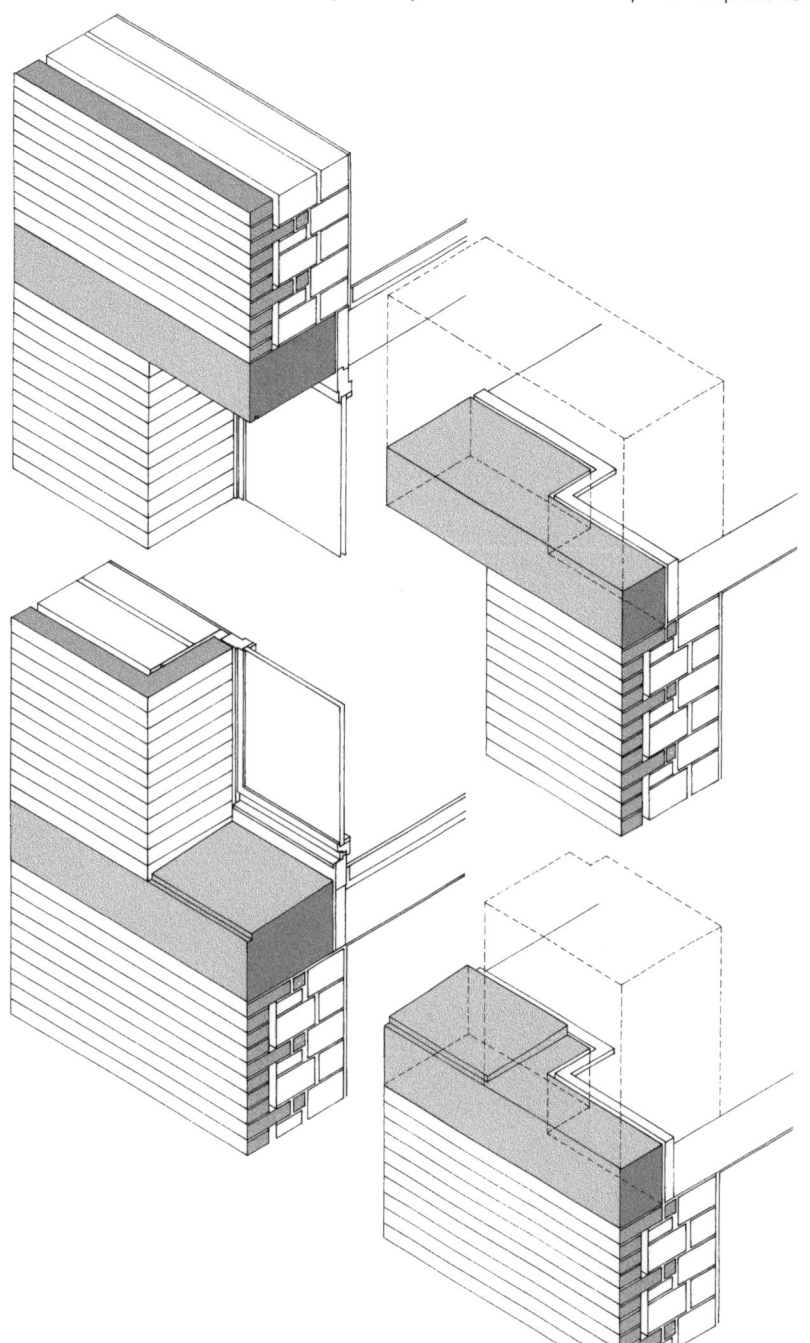

Ill. 52 : dalle surplombant le rez-de-chaussée
Les retraits dans la dalle indiquent l'emplacement des fenêtres.

BÂTIMENTS | **Sélection d'ouvrages**
Immeubles collectifs de la Martinsbergstrasse, Baden

Construction et expression – la fenêtre verticale

La fenêtre a été posée au nu intérieur et réalisée en bois peint en raison de sa situation peu exposée. Un treillis extérieur en aluminium anodisé, au nu de la façade, sert de protection contre les intempéries et de garde-corps dans la partie inférieure, tandis que la partie supérieure, formée de deux volets mobiles ouvrant vers l'intérieur, assure une protection visuelle. Entre le treillis et la fenêtre se trouve un espace qui, comparable à une véranda, forme une zone de transition : il peut faire office de balcon où fumer une cigarette ou de lieu d'aération des vêtements, à l'abri de la pluie. Fermés, les volets présentent avec la façade une surface absolument plane ; ouverts, ils révèlent toute la profondeur plastique de la maçonnerie.

L'embrasure en briques Kelesto, qui offrent un indice d'isolation nettement inférieur à la maçonnerie Optitherm, mais aussi la battée de la fenêtre sur ces briques ont rendu nécessaire l'insertion d'une bande isolante en polystyrène extrudé entre les deux sortes de briques.

Nez de dalle
- Élément préfabriqué en béton 500 x 290/340 mm.
- Tablette d'appui en aluminium anodisé, ép. = 3 mm, collée à un élément en béton banché, puis relevée sur la maçonnerie de l'embrasure.
- Pose d'un treillis en aluminium dans un châssis en acier thermolaqué. Il monte au niveau de la tablette d'appui de la fenêtre.

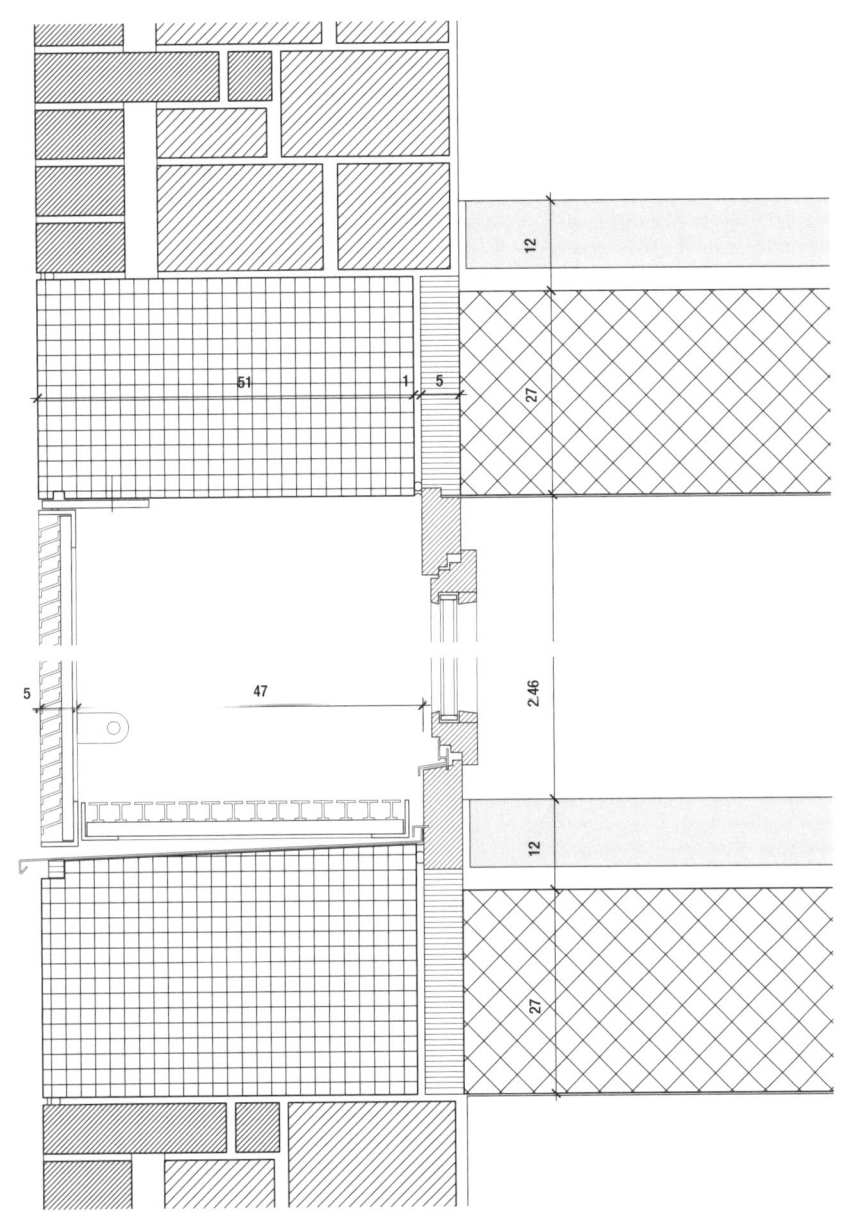

Fig. 53 : coupe 1:10

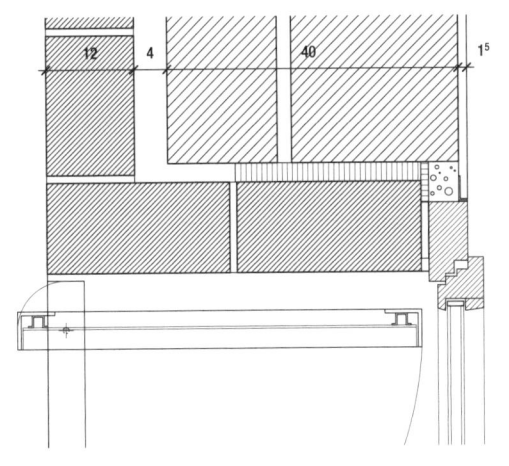

Ill. 54 : plan 1:10

Ill. 55 : vue de détail
Treillis de protection contre les intempéries servant de garde-corps et de persienne

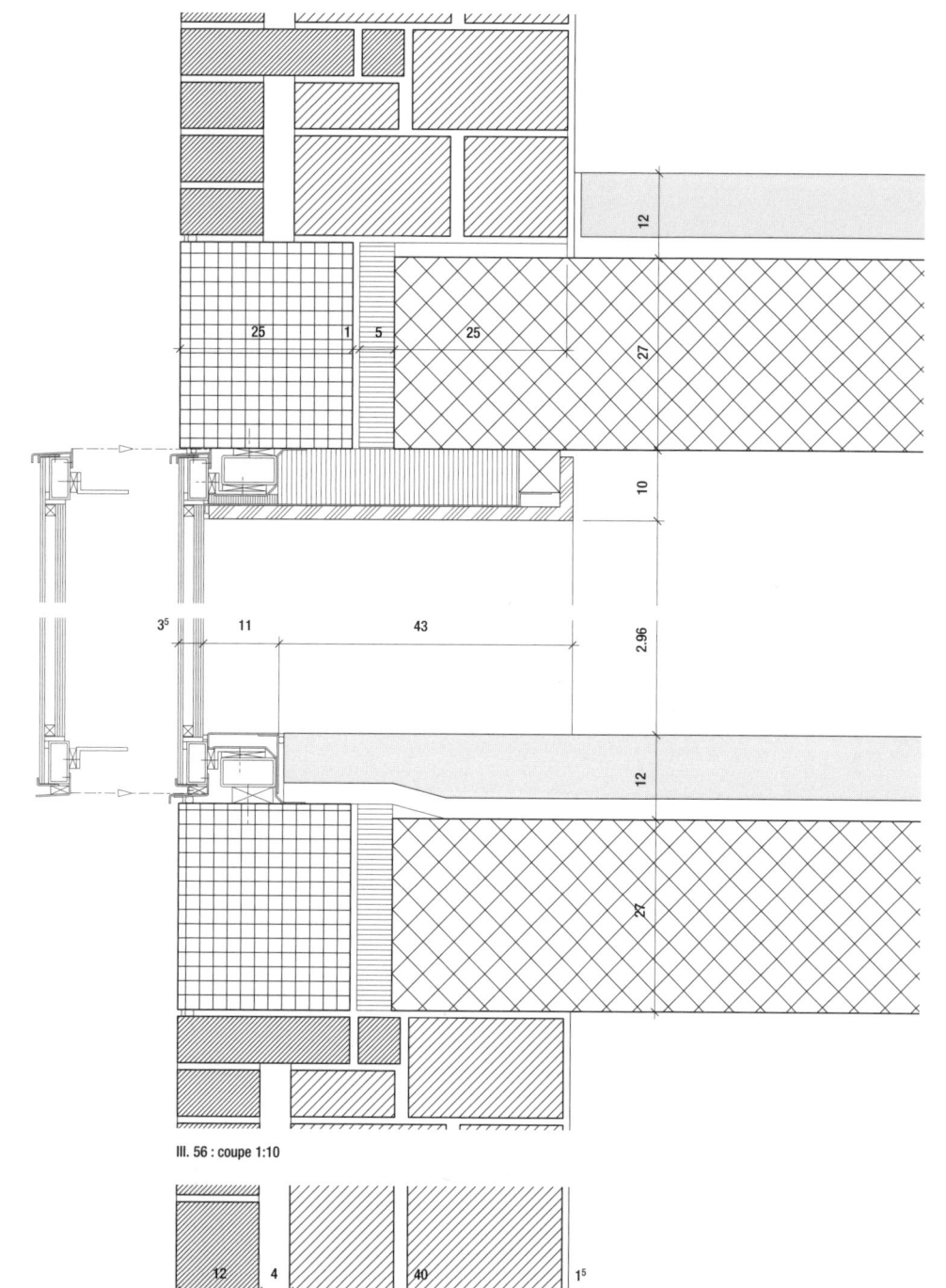

Construction et expression – la fenêtre-tout verre

La fenêtre au nu extérieur permet, à l'intérieur, de se rendre compte de toute la profondeur de la maçonnerie et confère à la façade matte, dont la texture est clairement définie par l'appareil de briques, une touche d'abstraction lisse, soulignée également par l'exécution en vitrage isolant multicouche sans châssis visible.

Un vitrage intérieur feuilleté de sécurité sert de protection anti-chute et rend tout garde-corps superflu. En effet, ce dernier aurait réduit l'expression d'immédiateté de l'extérieur.

Les habillages de l'embrasure et du linteau couvrent aussi bien le bâti de la fenêtre que l'isolation.

Élément de fenêtre
- Vitrage isolant multicouche collé sur un châssis en aluminium (verre extérieur collé en usine – VEC).
- Fixations haute et basse offrant une sécurité mécanique supplémentaire.
- Le vitrage est fixé sur un châssis en acier monté au préalable.

Ill. 56 : coupe 1:10

Ill. 57 : plan 1:10

Ill. 58 : vue intérieure d'une fenêtre en tout verre
L'épaisseur de la maçonnerie est perceptible de l'intérieur grâce à la profondeur d'embrasure.

Construction et expression – la fenêtre coulissante

La fenêtre, en bois/métal en raison de sa situation exposée, peut être ouverte sur presque toute sa largeur, en faisant coulisser les deux vantaux devant la maçonnerie. La véranda, qui sert de zone tampon en hiver et pendant l'intersaison, devient ainsi un balcon à part entière.

En renonçant au cadre-bloc, courant pour les fenêtres coulissantes traditionnelles, et en se limitant par conséquent à une glissière inférieure et supérieure, la façade acquiert dans cette zone, grâce à la légère saillie de l'encadrement, une plasticité engendrée ordinairement par la seule modénature.

La réduction de l'épaisseur de mur d'une largeur de glissière et le souhait d'avoir des murs qui laissent apparaître les briques de parement également à l'intérieur de la véranda ont conduit à la mise en œuvre partielle d'une maçonnerie à double paroi.

Structure du sol du studio

Revêtement de sol	10 mm
Chape de ciment	80 mm
Isolation contre les bruits d'impact	30 mm
Isolation thermique en mousse de polyuréthane (PUR)	50 mm
Dalle de béton	240 mm

Nez de dalle

Élément préfabriqué en béton	120/290 mm
Agrafes OMEGA	
Isolation du nez de dalle XPS (polystyrène extrudé)	50 mm

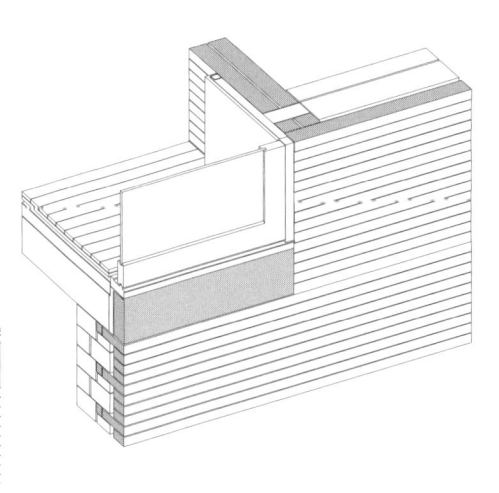

Ill. 59 : coupe axonométrique de la fenêtre coulissante
Panneau situé derrière la fenêtre coulissante formant double paroi. Pour le reste, maçonnerie combinée.

Ill. 60 : structure du sol de la véranda

Caillebotis (pin d'Oregon)	27 mm
Natte en caoutchouc recyclé avec isolation sous-jacente collée (pour stabilisation)	
Isolation en XPS (polystyrène extrudé)	150-300 mm
Feuille d'étanchéité bicouche en bitume	
Chape de béton de pente	220-240 mm

Ill. 61 : véranda au rez-de-chaussée
Le décalage des portes coulissantes confère à la façade une impression de profondeur progressive.

Ill. 62 : véranda
Zone intermédiaire non chauffée servant de balcon et d'extension à la salle de séjour

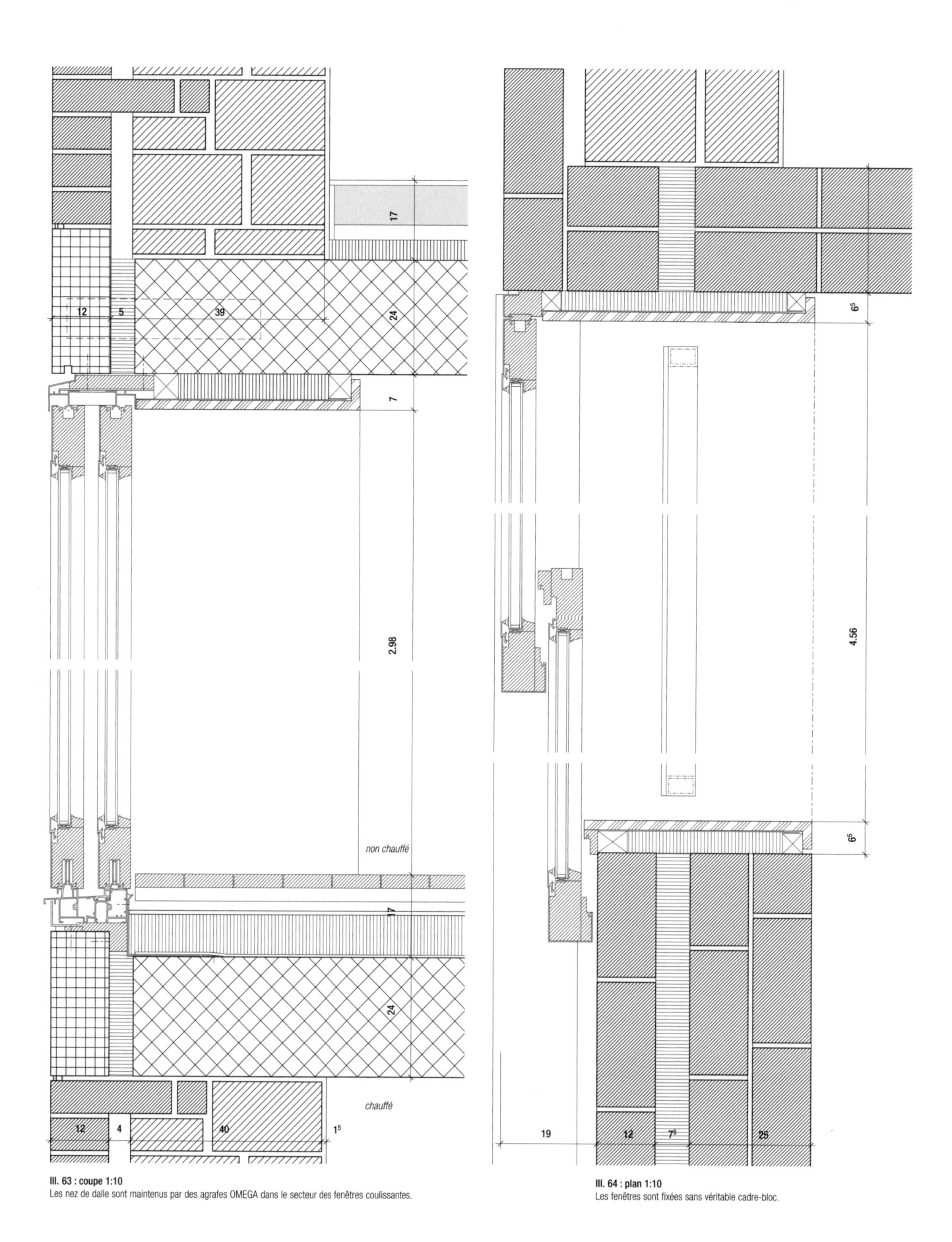

BÂTIMENTS **Sélection d'ouvrages**
Immeubles collectifs de la Martinsbergstrasse, Baden

III. 63 : coupe 1:10
Les nez de dalle sont maintenus par des agrafes OMEGA dans le secteur des fenêtres coulissantes.

III. 64 : plan 1:10
Les fenêtres sont fixées sans véritable cadre-bloc.

Galerie d'art contemporain, Marktoberdorf
Bearth + Deplazes

Katharina Stehrenberger

Ill. 65 : vue du nord

Situation et thème

Le centre-ville de Marktoberdorf, dans l'Allgäu (la région au nord du lac de Constance), abrite, entre mairie et maisons bourgeoises des années 1920, un centre artistique, la « Künstlerhaus », de la fondation Dr Geiger. Il s'agit d'un bâtiment polyvalent : expositions ponctuelles, présentation de la collection de la galerie ou atelier. Cette construction isolée s'intègre à la structure caractéristique de Marktoberdorf composée de bâtiments individuels. Elle se distingue cependant des maisons bourgeoises voisines par sa forme cubique. L'ensemble qu'elle forme avec la demeure du donateur répond, par sa disposition, à une logique interne, mais aussi à une optimisation de l'utilisation du terrain. L'avant-cour, définie comme lieu vide, est un jardin de sculptures carré cerné de murs, articule et devient ainsi espace central. Le bâtiment se compose de deux cubes en brique à angles vifs, légèrement décalés l'un par rapport à l'autre. Ils occupent chacun une surface au sol de 10 x 10 m. Leur particularité tient à l'enveloppe compacte faite d'une maçonnerie en brique recuite brun-rouge à joints affleurants. L'apparence de la « Künstlerhaus », dont l'intérieur est également en maçonnerie apparente, rappelle celle d'un atelier et exprime l'idée d'une galerie vivante dont l'objectif n'est pas, pour une fois, d'être un espace neutre placé au-dessus de tout.

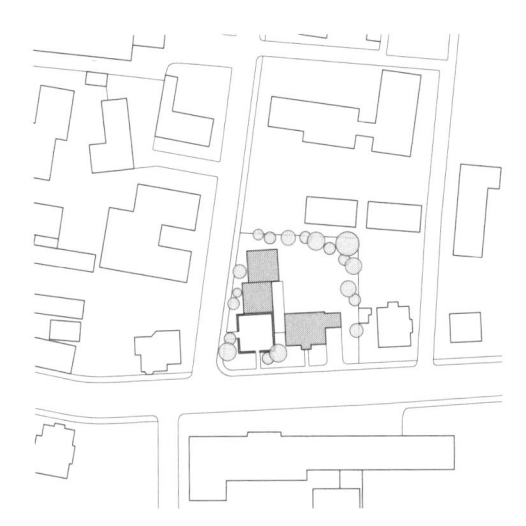

Ill. 67 : plan de situation 1:2500

Ill. 68 : entrée principale et avant-cour

Architectes :	Bearth + Deplazes, Coire
Réalisation :	1998-2000
Chef de projet :	Bettina Werner
Statique :	Jürg Buchli, Haldenstein

Ill. 66 : vue depuis l'hôtel de ville

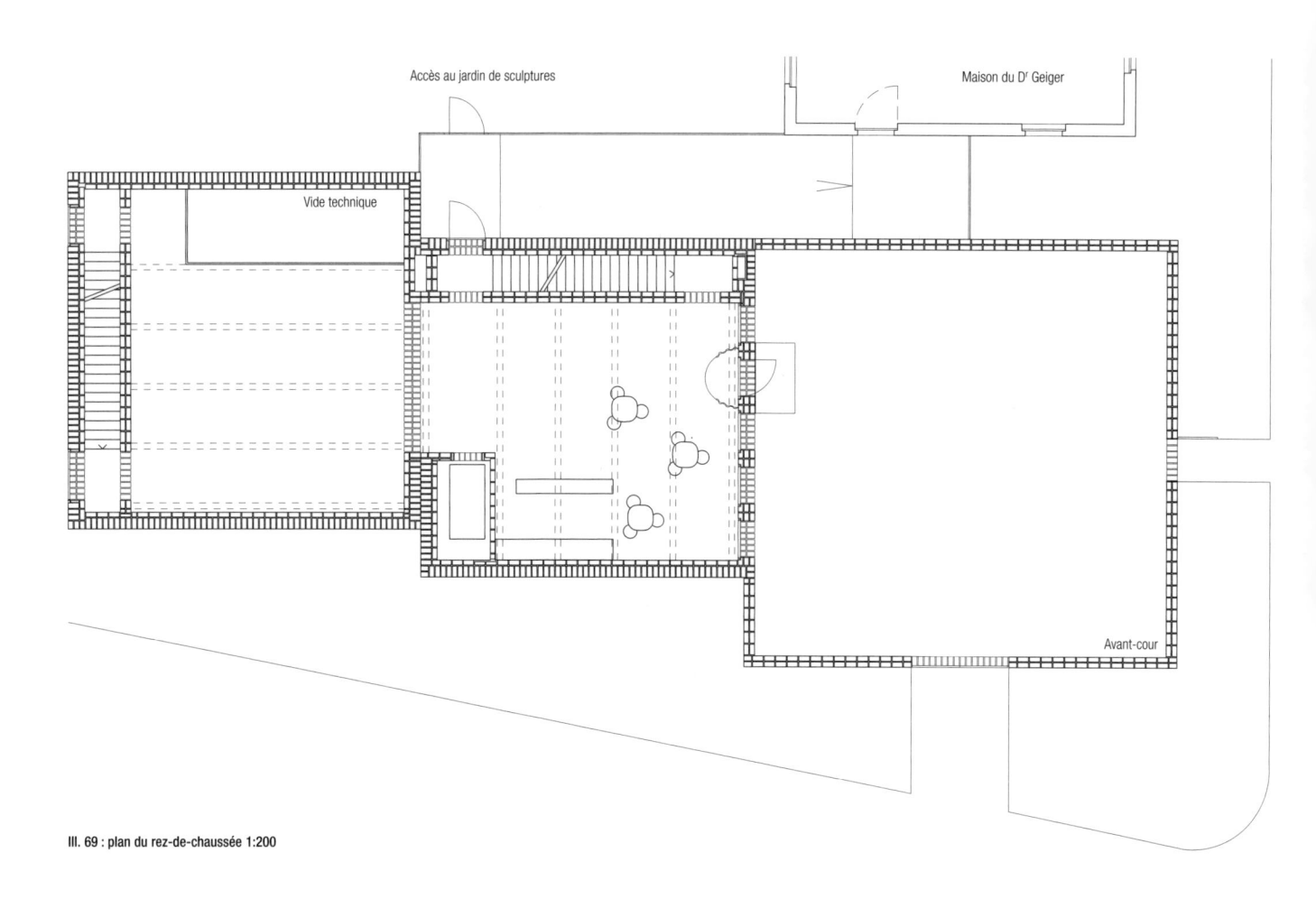

BÂTIMENTS   **Sélection d'ouvrages**
Galerie d'art contemporain, Marktoberdorf

Accès au jardin de sculptures   Maison du Dr Geiger

Vide technique

Avant-cour

Ill. 69 : plan du rez-de-chaussée 1:200

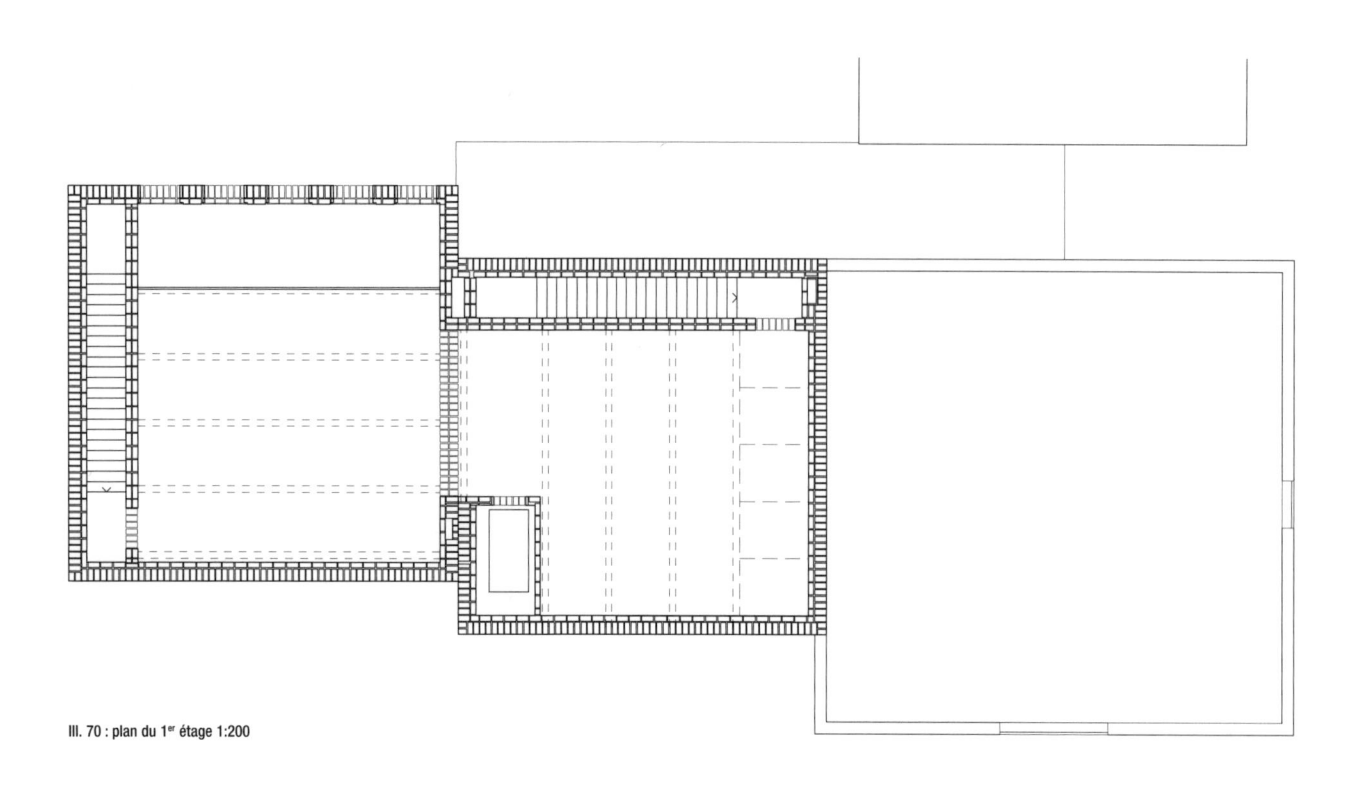

Ill. 70 : plan du 1er étage 1:200

Ill. 71 : plan du sous-sol 1:200

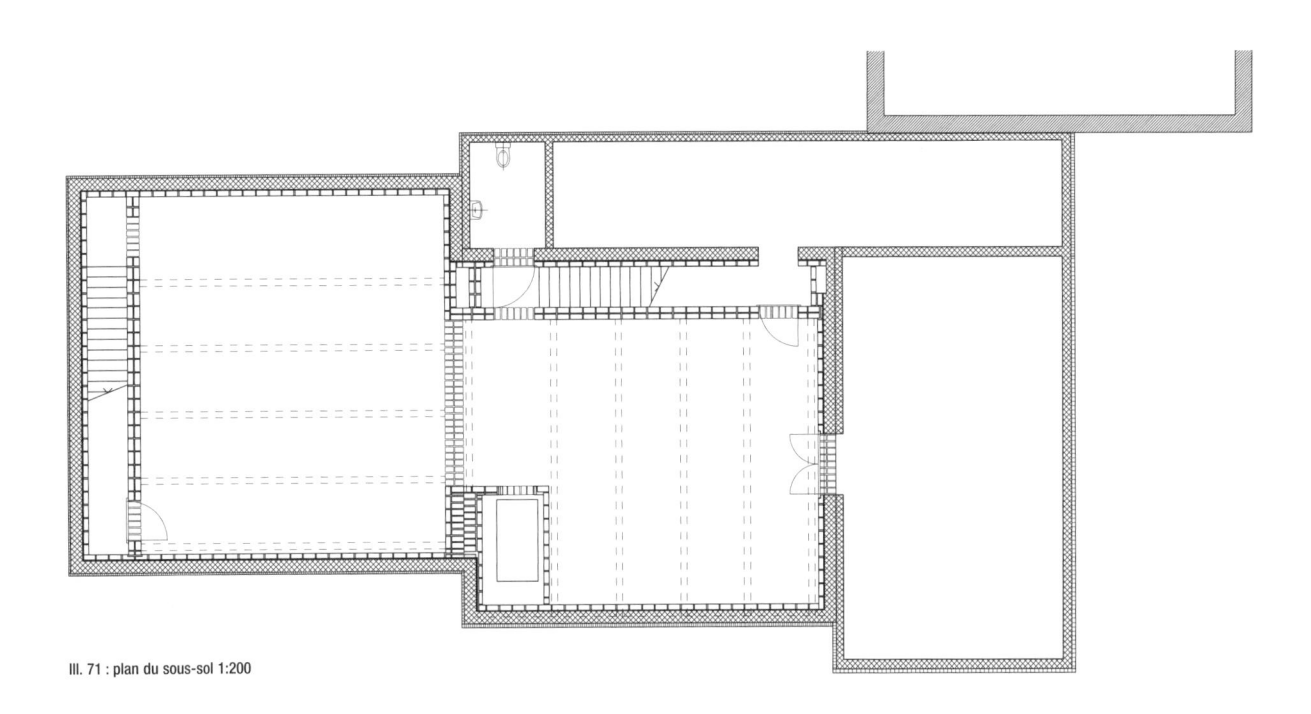

Structure porteuse

Du point de vue typologique, cette construction se compose de deux volumes identiques orientés à 90° l'un par rapport à l'autre et accolés bord à bord. La jonction entre ces deux objets est matérialisée par le changement de direction du solivage et le doublage des parois. La structure de l'espace dissimulée derrière la maçonnerie mise sur la souplesse d'utilisation des surfaces d'exposition et renonce sciemment à tout noyau ou toute paroi de séparation. Les escaliers et puits techniques s'intègrent donc aux murs afin de créer le maximum de surfaces d'exposition continues. Dans son principe fondamental, on peut parler pour ce bâtiment d'une coopération entre une coque autoporteuse et des planchers supportés par des poutres d'acier. Le radier (le fond du contenant) et le toit, qui fonctionnent selon le même principe que les planchers intermédiaires, clôturent de façon cohérente l'enveloppe en brique du bâtiment.

Les fondations des bâtiments de la galerie en sous-sol forment une cuve habillée de brique recuite. Les murs paraissent ainsi s'enfoncer dans le sol. Sur cette base, la cuirasse maçonnée, lue comme une coque massive, forme la véritable enveloppe du bâtiment. La maçonnerie constitue un « assemblage de brique et de mortier » doté d'une grande résistance à la compression et d'une faible résistance à la traction. La capacité de charge proprement dite résulte de la coopération des deux matériaux dans les trois dimensions. Les planchers intermédiaires, limités à un minimum reposant sur des lambourdes en épicéa posées en affleurement, s'insèrent dans ce contenant sans porter atteinte aux parois en maçonnerie. L'expression de cette construction maçonnée massive conserve ainsi, également à l'extérieur, son indépendance par rapport aux étages.

Ill. 72 : murs dissimulant des espaces

BÂTIMENTS | Sélection d'ouvrages
Galerie d'art contemporain, Marktoberdorf

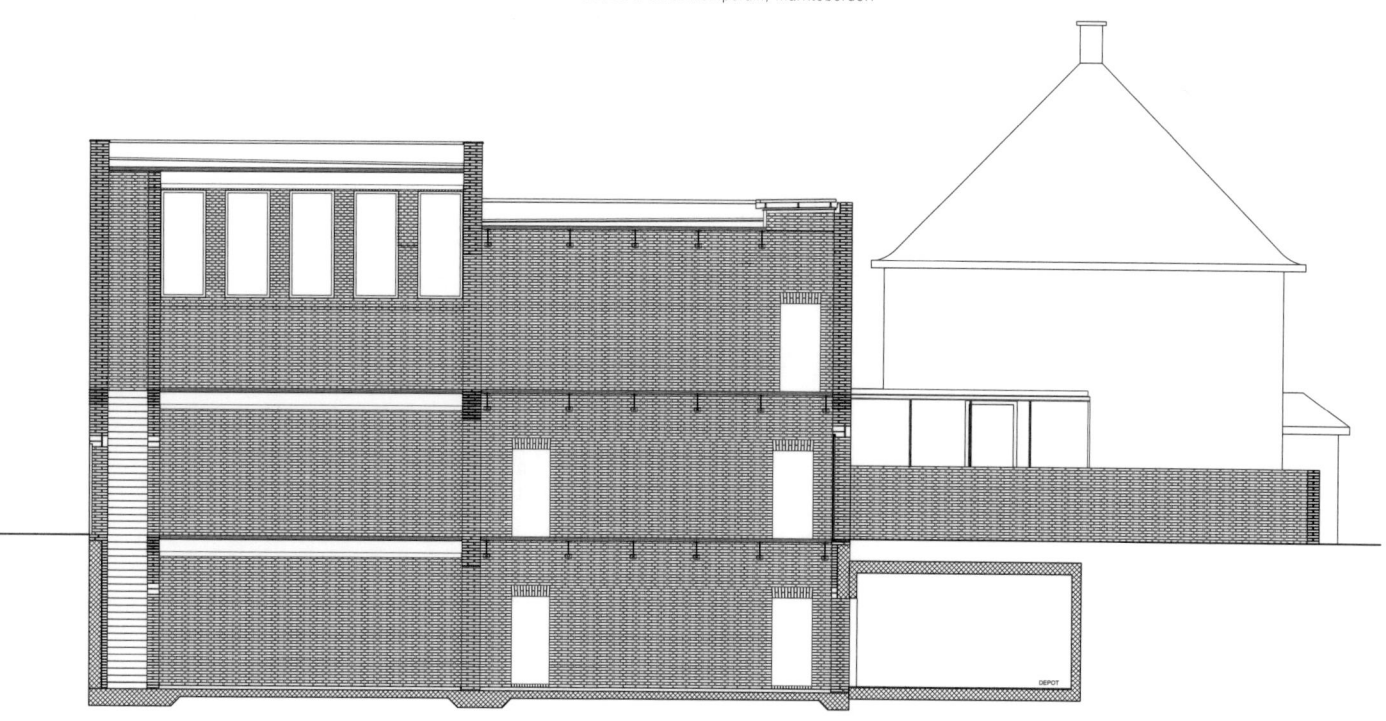

Ill. 73 : coupe longitudinale 1:200

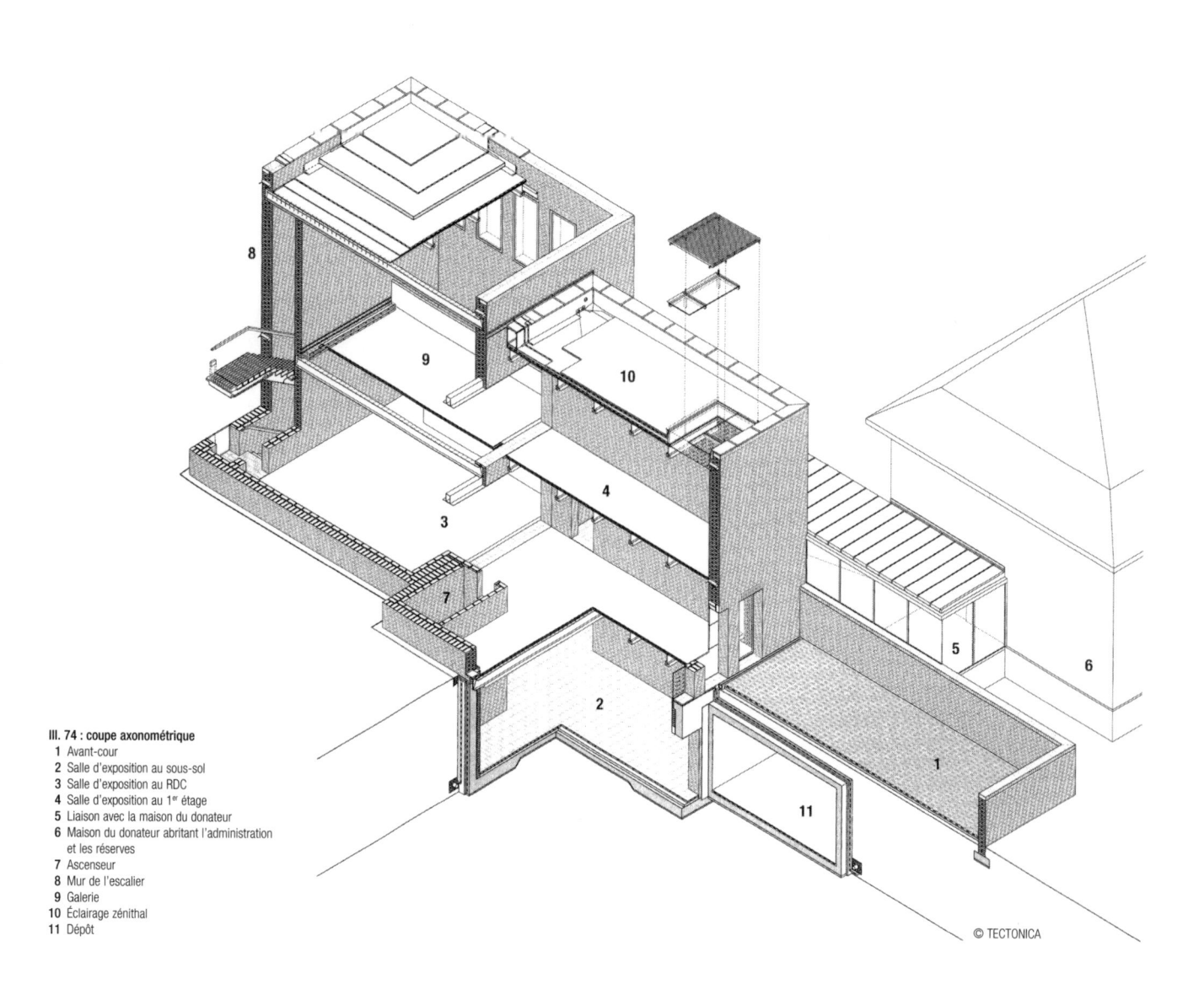

Ill. 74 : coupe axonométrique
1 Avant-cour
2 Salle d'exposition au sous-sol
3 Salle d'exposition au RDC
4 Salle d'exposition au 1er étage
5 Liaison avec la maison du donateur
6 Maison du donateur abritant l'administration et les réserves
7 Ascenseur
8 Mur de l'escalier
9 Galerie
10 Éclairage zénithal
11 Dépôt

© TECTONICA

BÂTIMENTS — Sélection d'ouvrages

Galerie d'art contemporain, Marktoberdorf

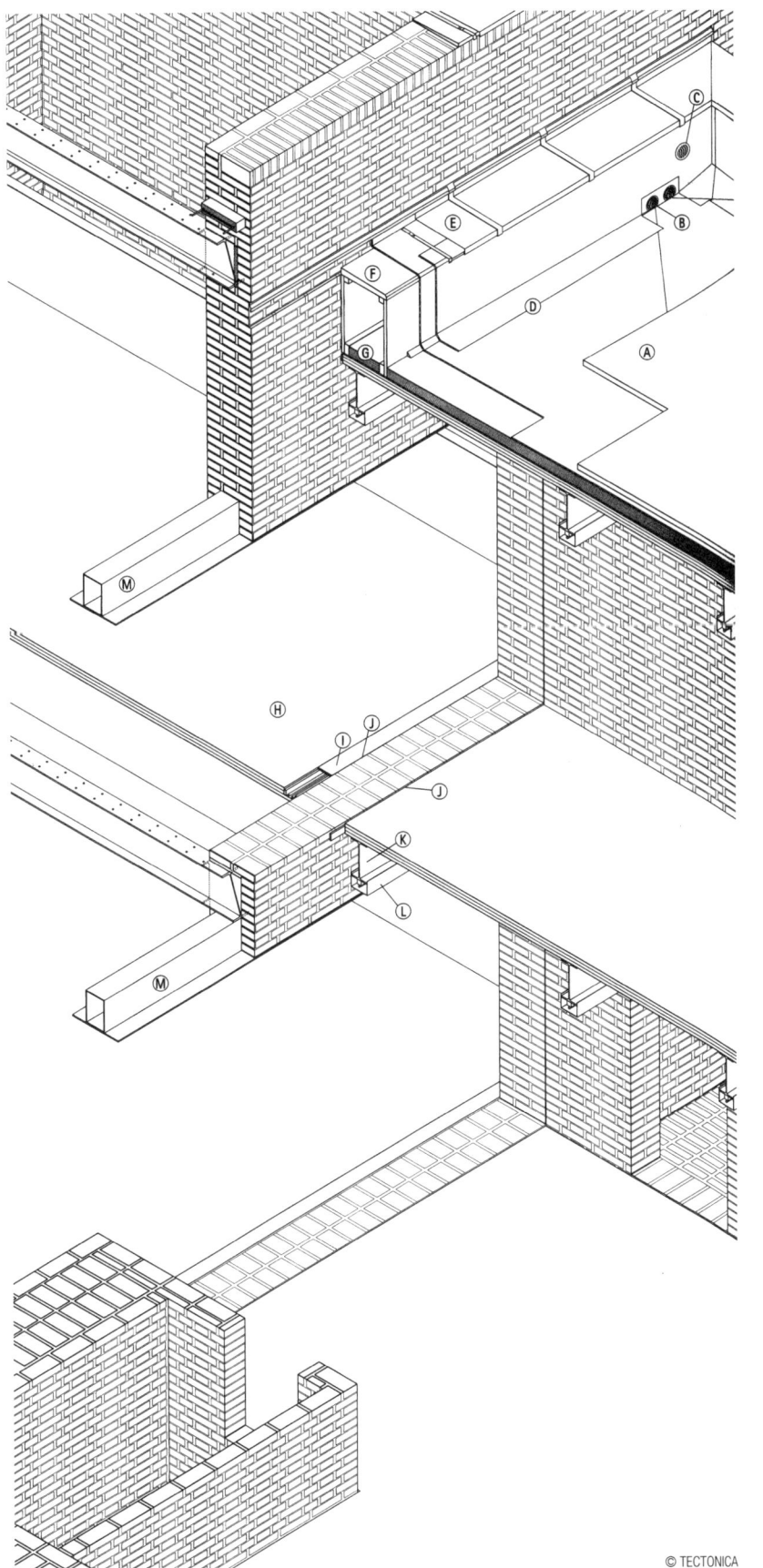

Dalles, toit, rive de toiture et structure porteuse

Les poutres en acier de ces cubes disposés en angle droit l'un par rapport à l'autre sont parallèles aux ouvertures dans la maçonnerie. La jonction des deux contenants impose de recourir à une « fausse rive de toiture », afin de compléter le couronnement. Il s'agit d'un élément creux serti d'une tôle de recouvrement qui ressemble à un acrotère massif. À l'intérieur du bâtiment, à l'endroit du passage entre les deux volumes, un sommier composé de tôles d'acier soudées permet d'assurer l'appui des solives en profilés IPE. Seule la plaque de recouvrement du profilé creux à aile frontale est visible dans le passage. L'intégration ponctuelle des poutres en acier des planchers s'effectue sur la première couche de l'appareil croisé. Sur les côtés, les poutres sont fixées à la maçonnerie au moyen de broches. Cette solution permet ainsi l'ancrage ponctuel des planchers dans la maçonnerie sans porter outre mesure atteinte à l'enveloppe intérieure du contenant.

Dans un premier temps, on dresse le mur jusqu'à l'appui des poutres, puis on pose dans le lit de mortier des fers ronds auxquels seront accrochées les solives perforées. La maçonnerie suit ensuite son cours normal. Une réservation est réalisée autour de la tête des poutres afin de pouvoir loger 3 cm de polystyrène entre ces dernières et le mur extérieur. Cette cavité est finalement bétonnée.

Ill. 75 : appui des solives

Ill. 76 : coupe axonométrique
A 50 mm de gravier
B Orifices d'écoulement des eaux
C Sortie de ventilation
D Double couche d'étanchéité en bardeau bituminé de 3 mm
E Tôle de recouvrement sur mortier de pente
F Sous-construction en panneau hydrofuge dérivé de bois
G Isolation thermique en laine de roche, 15 cm, inclinée
H Plancher 95 mm, panneau tripli
I Chemin de câbles avec couvercle amovible (répartition électrique)
J Bande de séparation 1,5 mm
K IPE 360
L Luminaire fluorescent avec capot en Plexiglas
M Sommier composé d'un profilé creux 200/300/8 mm et d'une plaque de recouvrement de 495/12 mm

© TECTONICA

Ill. 77 : briques de battée avant le montage de la porte

Ill. 79 : lumière naturelle zénithale

Ouvertures

Les ouvertures pour les portes et les fenêtres sont ménagées avec la même minutie que les sols insérés. Pratiquées avec parcimonie, elles viennent souligner le caractère monolithique de cet atelier d'artiste. Les fenêtres, rares, et les passages parfois étroits et à hauteur d'homme offrent de larges surfaces murales en général sans ouverture pour la présentation des œuvres. Afin de pouvoir placer les encadrements des fenêtres et des portes au nu des murs, des briques de battée présentant des évidements appropriés ont été fabriquées tout spécialement. En calculant la section la plus faible possible, les linteaux de fenêtres et de portes ont été coulés sur place. Assurant une fonction statique, ils répartissent les charges du mur au-dessus d'eux.

Lumière

Les cubes sont divisés en trois niveaux disposant de différentes qualités d'éclairage. Tandis que le sous-sol (le fond du contenant) est caractérisé par un revêtement de brique recuite et par une lumière artificielle, les salles d'exposition supérieures sont baignées par la lumière du jour qui entre par de grandes fenêtres latérales. Délibérément, on a décidé de faire largement appel à la lumière artificielle au sous-sol et au rez-de-chaussée. Seul le premier étage dispose de la lumière du jour qui pénètre par des ouvertures latérales et des jours zénithaux. La simplicité du gros œuvre requiert aussi une solution sobre pour le guidage de la lumière artificielle : dans la galerie, elle est ainsi montée sous les poutres en acier peintes en blanc. L'éclairage est composé de luminaires fluorescents équipés d'un capot en Plexiglas et commandés séparément.

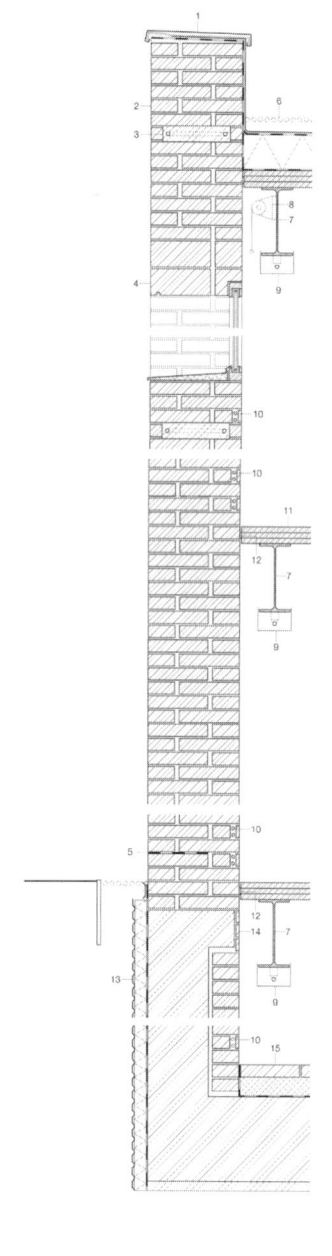

Fig. 78 : coupe de détail
1. Recouvrement en tôle de cuivre
2. Maçonnerie en brique recuite 320/145/65 mm, type lave, brune
3. Chaînage périphérique en béton armé
4. Linteau de fenêtre en brique
5. Couche étanche
6. Structure du toit
   – Gravier 50 mm
   – Joint d'étanchéité
   – Isolation thermique
   – Pare-vapeur
   – Madriers en bois lamellé collé 95 mm
7. Profilé en acier IPE 360 mm
8. Protection solaire textile
9. Tubes fluorescents avec capot en Plexiglas
10. Conduites de chauffage enrobées de mortier
11. Madriers en bois lamellé collé, sapin/épicéa, 95 mm, huilés, pigmentation blanche
12. Compribande
13. Structure du mur au sous-sol
    – Film à bulles
    – Isolation périphérique
    – Joint d'étanchéité

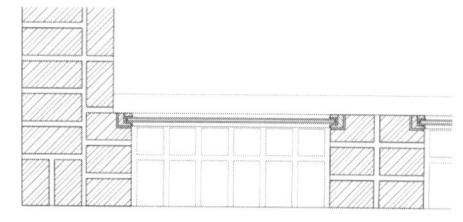

Ill. 80 : briques de battée avant le montage de la porte

– Béton armé 330 mm
– Mur de parement en brique recuite, 320/145/65 mm
14. Mulot 320/15/65 mm
15. Structure du sol
    – Brique recuite, 320/145/65 mm
    – Lit de mortier 105 mm
    – Couche de séparation

BÂTIMENTS — Sélection d'ouvrages
Galerie d'art contemporain, Marktoberdorf

Ill. 81 : vue en direction d'une source latérale de lumière

Ill. 83 : lumière artificielle sous les poutres

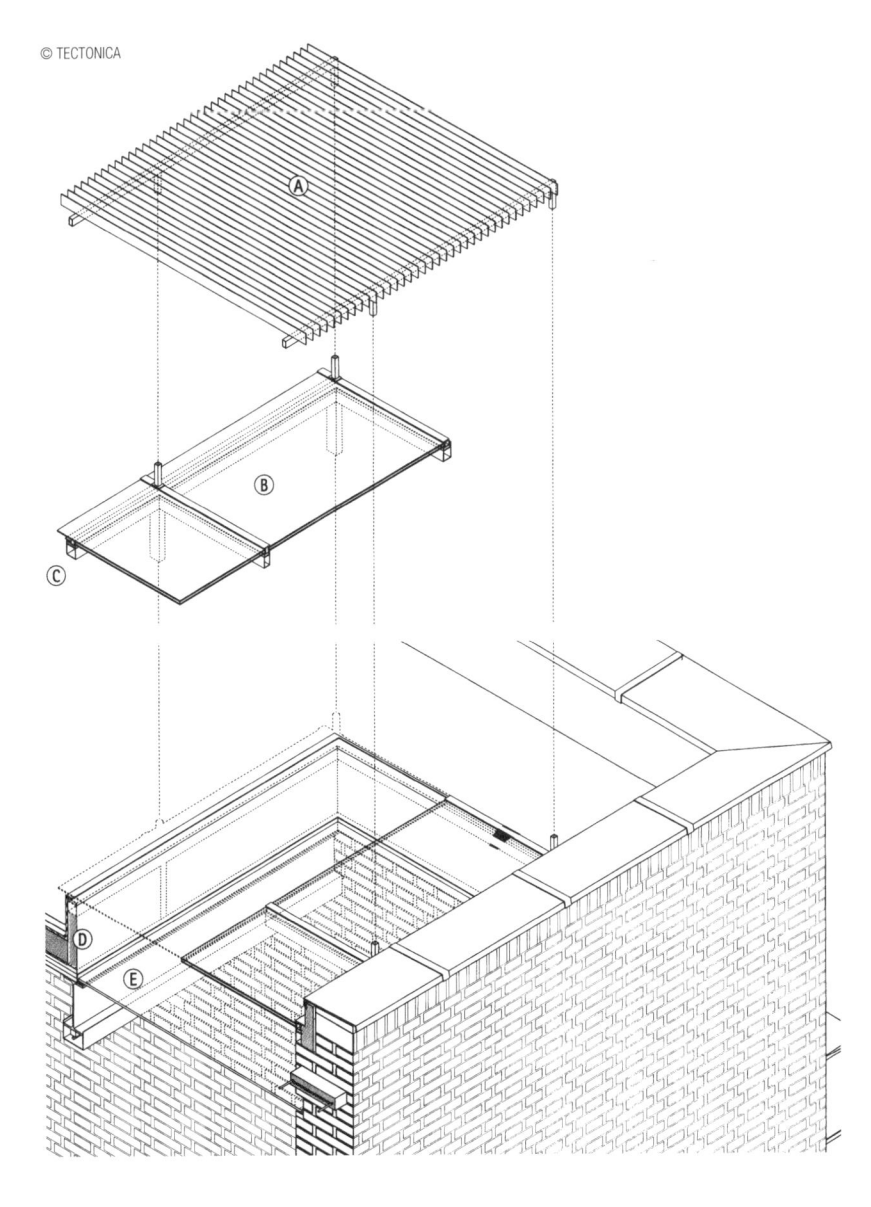

Surfaces intérieures

Au sous-sol, le sol est composé de briques recuites à joints larges. En revanche, les planchers des étages supérieurs reposent sur des poutres d'acier et des solives en bois. La réalisation est très puriste et très sobre : de l'épicéa massif d'une épaisseur de 8 cm, finement lasuré, repose sur des poutres blanches en acier, et rien de plus. Il en résulte une transmission acoustique des sons entre les étages, conséquence toutefois acceptée eu égard au parti pris minimaliste.

Ill. 82 : schéma de la structure de la toiture
A isolation thermique, dans le même temps protection anti-éblouissement et protection solaire, en lamelles d'aluminium
B Verre de sécurité feuilleté, 8 mm de verre, 15 mm de gaz, 8 mm de verre de sécurité
C Poutre en acier (support) en profilés creux 80 x 50 x 2 mm
D Élément sandwich porteur pourvu de supports intégrés en tôle d'acier de 7 mm et de 70 mm de laine de roche
E Verre de sécurité feuilleté, 16 mm, traité

BÂTIMENTS · Sélection d'ouvrages
Galerie d'art contemporain, Marktoberdorf

Ill. 84 : appareil d'angle

Construction et expression dans les ouvrages en brique

La brique recuite de type bavarois employée pour la galerie d'art correspond au matériau utilisé au Moyen Âge dans cette région, même si Marktoberdorf ne fait pas partie de l'aire de diffusion de l'architecture en brique. Outre cette référence locale, elle s'intègre d'un point de vue historique au genre de bâtiment qu'est l'atelier : l'enveloppe du bâtiment se compose d'une brique recuite très résistante, entièrement maçonnée et apparente tant à l'intérieur qu'à l'extérieur, présentant une surface irrégulière et vivante qui rappelle la lave et un typique format bavarois de 32/14,5/6,5 cm. Le choix d'une maçonnerie en brique recuite, qui a en soi un effet plastique et ne se limite pas à une esthétique de surface, est un élément essentiel de l'apparence monolithique globale. L'irrégularité des briques et le mortier grossier produisent en outre une surface murale rappelant un tissu. Aux propriétés esthétiques viennent s'ajouter les qualités de ce matériau en termes de stabilité et de résistance aux influences climatiques. Ces facteurs ont poussé à réaliser l'enveloppe du bâtiment en maçonnerie monolithique de brique recuite, d'une épaisseur de 54 cm en appareil alterné en croix. Outre les atouts thermiques d'une structure murale inerte, cette construction a pour avantage que les parois épaisses et homogènes ne nécessitent aucun joint de dilatation. Ménagé dans un mur massif de brique afin d'éviter les fissures incontrôlées (dues à diverses sollicitations, tassements ou dilatations thermiques des différents éléments de construction), cet interstice vertical continu a pu aussi être supprimé dans le cas de la *Künstlerhaus* en raison des façades de faibles dimensions. Ces murs sans coupure ne jouent pas qu'un rôle secondaire dans la création d'une apparence sculpturale.

Pour ce qui est de l'appareil de maçonnerie, les joints en harmonie avec la brique recuite revêtent une importance de taille, non seulement par leur épaisseur (3 cm pour le joint montant, 1 cm pour le joint d'assise), mais aussi par leur teinte et leur texture. Afin de donner un caractère archaïsant, à l'extérieur comme à l'intérieur, à la maçonnerie en brique rouge-brun, on a opté pour des joints de couleur grise et de texture granuleuse. Autre avantage essentiel d'une telle maçonnerie pour une galerie d'art : l'humidité de l'air, décisive afin de préserver à long terme l'intégrité des œuvres, reste constante. Elle se stabilise à un degré d'hygrométrie agréable tant pour les personnes que pour les pièces exposées.

Cette construction en brique a pu être réalisée grâce au savoir-faire d'artisans tchèques (connaissances préservées en matière d'appareils de maçonnerie et de dressage de maçonneries apparentes). On a utilisé pour ce projet près de 100 000 briques de 18 sortes différentes dont des briques pleines, de parement et d'embrasure.

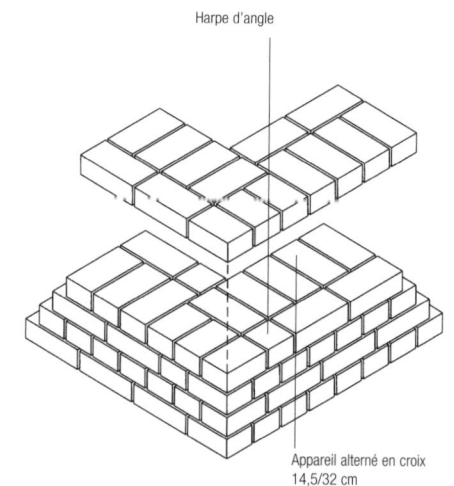

Ill. 86 : appareil alterné en croix, dessin schématique

Ill. 85 : appareil alterné en croix avec joints épais

BÂTIMENTS — **Sélection d'ouvrages**
Galerie d'art contemporain, Marktoberdorf

Ill. 87 : chauffage invisible intégré aux pieds de mur

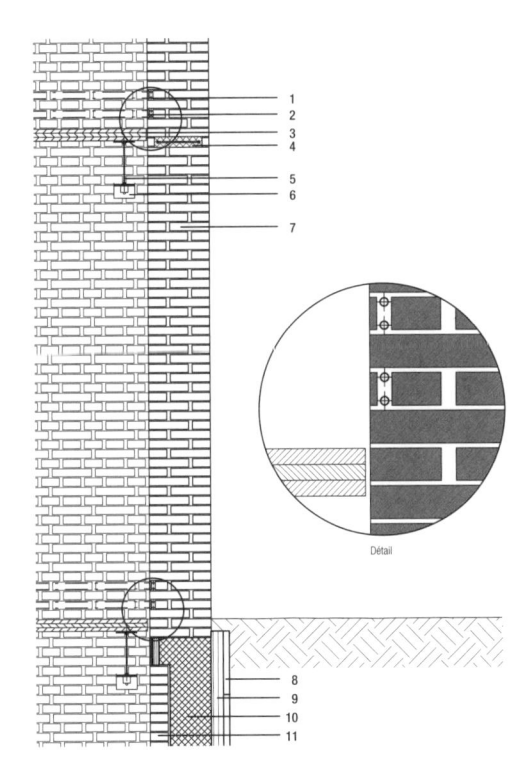

Ill. 88 : structure du mur
1. Tuyau en cuivre, d = 18 mm, conduites d'arrivée et de retour enrobées dans le mortier
2. Brique de parement, épaisseur 5 mm
3. Madriers en bois lamellé collé, ép. 95 mm
4. Chaînage périphérique (rigidité horizontale)
5. Poutre IPE 360, scellée
6. Éclairage en Plexiglas
7. Maçonnerie, 49,5 cm
8. Plaques de filtration en ciment
9. Isolation thermique en verre cellulaire, 10 cm
10. Béton armé, 32 cm
11. Paroi de doublage, 14,5 cm

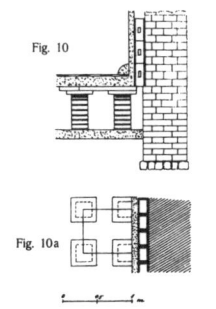

Ill. 89 : hypocauste, coupe et plan

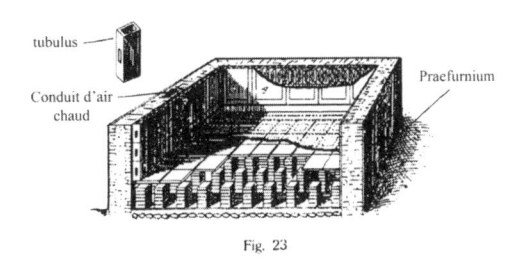

Ill. 90 : hypocauste, représentation isométrique (*hypocauston* signifie « chauffage par-dessous »)

De l'hypocauste au chauffage intégré aux pieds de mur

Il s'agit ici essentiellement de la coopération entre la masse du bâtiment (maçonnerie) et le système de chauffage. Si l'air capillaire dans les matériaux poreux forme un bon isolant thermique, on devrait en déduire a contrario que l'air n'est pas un moyen approprié pour le transport de chaleur. Et pourtant, on continue à installer des chauffages à convection (l'air est déplacé librement dans l'espace) qui présentent l'inconvénient de demander une intense production de chaleur et de mettre en mouvement l'air ambiant en même temps que des composants tels que la poussière et les microbes. Le principe fondamental du chauffage par rayonnement (l'air est déplacé dans un espace confiné) existait déjà à l'époque romaine sous la forme de l'hypocauste. La chaleur, produite par un foyer *(praefurnium)*, circule dans un faux plancher avant de monter dans les parois par des conduites en terre cuite *(tubuli)* et se diffuse depuis l'intérieur du mur en empruntant la voie de la moindre résistance : le rayonnement thermique est transmis par l'air sans presque aucune déperdition, tandis que dans le corps de mur, il ne peut se répandre que par vibrations, de molécule en molécule, et doit donc fournir un travail. Par conséquent, la majeure partie de la chaleur peut être utilisée en chauffage ambiant sans se perdre dans la section de mur. Par ailleurs, le corps de mur homogène, sans isolation thermique, emmagasine en outre l'énergie solaire provenant de l'extérieur.

Chauffage intégré au pied de mur

Pour la galerie de Marktoberdorf, on a beaucoup simplifié le système d'hypocauste sans renoncer toutefois à son principe : les conduites verticales en terre cuite, à travers lesquelles l'air chaud s'élève à l'intérieur de la paroi, sont remplacées par deux conduites d'eau en cuivre ; celles-ci sont intégrées à la maçonnerie au niveau des pieds de mur, au-dessus des planchers, pour diffuser la chaleur. La source d'énergie est un chauffage au fuel classique.
Ce système ne reprend donc que le principe du rayonnement thermique dans une maçonnerie inerte. La source d'énergie, le vecteur et les dispositifs de construction se distinguent nettement du système de l'hypocauste. Le chauffage intégré aux pieds de mur s'est révélé d'une surprenante efficacité. En raison de l'inertie de la maçonnerie, le rayonnement thermique réglable suffit à réguler la température ambiante. La répartition plus homogène de chaleur résultant du chauffage par rayonnement permet, en outre, une basse température garantissant ainsi un chauffage économique. Une telle installation est particulièrement rentable pour les galeries d'art et les musées. En effet, les bâtiments abritant des œuvres de valeur, très fragiles, investissaient jusque-là le plus souvent dans des techniques extrêmement onéreuses afin d'assurer les conditions ambiantes requises. En lieu et place d'une domotique et d'une climatisation complexes, le bâtiment dispose de ce seul système de tubes de cuivre intégrés aux pieds des murs extérieurs. Leur surface interne émet une chaleur régulière et assure une atmosphère intérieure équilibrée. Combiné à un mur à paroi unique, ce système se révèle à la fois simple et efficace.

BÂTIMENTS   Sélection d'ouvrages

Exemple

Maison individuelle à Grabs
Peter Märkli

Thomas Wirz

Situation et thème

Avec son habitat dispersé typique de la Suisse, la localité de Grabs est située dans la vallée saint-galloise du Rhin. La maison de Peter Märkli se dresse au creux d'une légère cuvette, entre des fermes et des maisons individuelles. Orientée au sud, on y accède par un étroit chemin goudronné du côté nord.

L'étude approfondie du lieu et du programme a constitué la base du projet visant au bien-être des occupants. Au cours du processus de conception, on s'est limité à un nombre restreint de thèmes, car « c'est pour un tout que l'on se décide ». Une esquisse contient en fin de compte tous les principaux critères du projet.

Märkli répond à la situation donnée par un bâtiment isolé et compact. La maison ne cherche pas à se conformer à l'existant. Elle se distancie pour ainsi dire de son environnement, le moyen pour y parvenir étant, dans ce cas, l'abstraction. Il ne s'agit toutefois pas ici d'« art minimal » ou de « nouvelle simplicité », mais bien d'obtenir une expression immédiate en permettant à toutes les parties d'apparaître comme un ensemble.

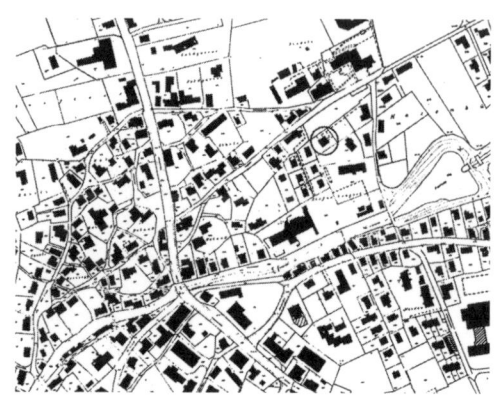

Ill. 91 : plan de situation

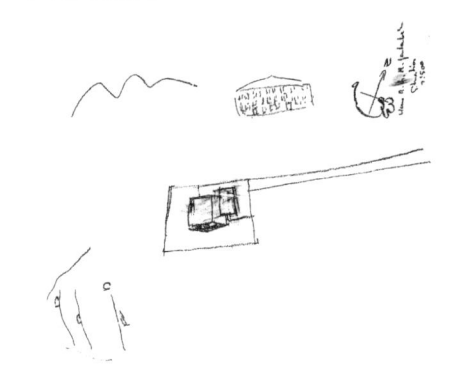

Ill. 92 : croquis du site et de l'environnement

Architecte :	Peter Märkli, Zurich
Réalisation :	1993-1994
Chef de projet :	Gody Kühnis, Trübbach
Statique :	Kurt Gabathuler, Scuol

Ill. 93 : la maison se dresse telle une sculpture dans le pré.

La relation au terrain

Le pré sur lequel se trouve la maison doit rester aussi intact que possible. C'est la raison pour laquelle la partie en porte-à-faux de la véranda est suspendue au-dessus du sol. Tous les éléments se développent à partir du corps de bâtiment lui-même. La maison acquiert ainsi une expression autonome, voire introvertie. Il ne s'agit pas de créer une construction dotée d'espaces verts qui pourrait entrer en concurrence avec les fermes avoisinantes. Le bâtiment se détache de son environnement ou, ainsi que l'a formulé Inès Lamunière, « il a cette dureté qui confine l'homme soit à l'extérieur soit à l'intérieur ». Un jardin privé au sens habituel n'est pas imaginable, l'espace extérieur privé (la véranda) est inscrit dans la structure de la maison.

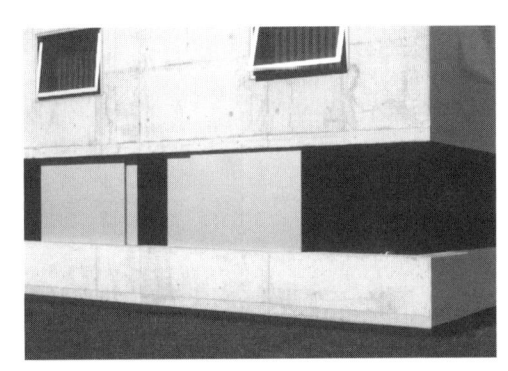

Ill. 94 : la véranda est découpée dans le volume.

Ill. 95 : la véranda est en suspension au-dessus du pré.

Ill. 96 : la véranda, un espace à la fois extérieur et clos

Structure spatiale

Le plan se développe selon le « principe de l'oignon » à partir du centre. Depuis l'avancée couverte, quelques marches conduisent à l'entrée et aux escaliers. Séjour et cuisine sont organisés en L autour de l'espace de distribution. Les grandes baies coulissantes permettent de voir jusqu'à l'ouverture de la fenêtre-bandeau de la véranda qui donne une image distanciée de l'environnement. Les volets coulissants en aluminium, destinés à protéger du soleil et des regards, viennent encore renforcer cet effet. L'intérieur est marqué par un angle de mur et un panneau mural. Dépourvu de poteaux, cet espace acquiert une ampleur étonnante grâce à la cloison accordéon installée entre la cuisine et le séjour et à la chape de ciment sur tout le sol.

L'étage aussi est structuré autour d'un angle. Du hall central éclairé par des jours zénithaux, on accède aux pièces en L orientées au sud. Elles sont de dimensions différentes, séparées par des cloisons en plâtre et des placards et situées en porte-à-faux au-dessus de la véranda. Les sanitaires, carrelés, sont regroupés au nord.

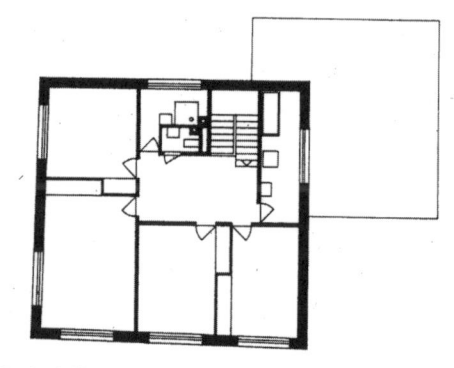

Ill. 97 : plan de l'étage

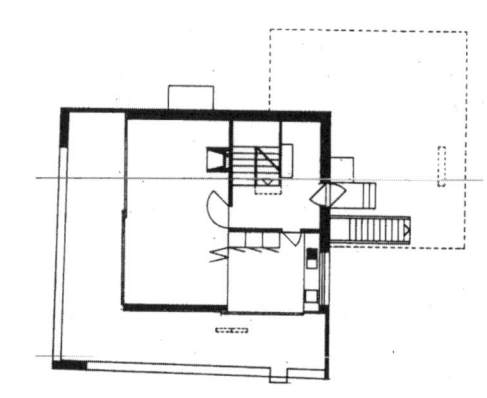

Ill. 98 : plan du rez-de-chaussée

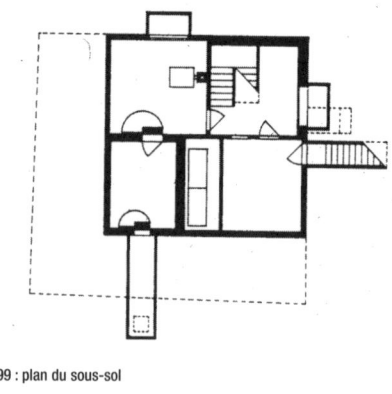

Ill. 99 : plan du sous-sol

Ill. 100 : croquis illustrant l'imbrication des espaces

BÂTIMENTS — Sélection d'ouvrages
Maison individuelle à Grabs

Structure constructive et statique

L'utilisation de béton coulé sur place est soulignée par le volume géométrique non orthogonal du bâtiment, « qui permet de reconnaître dans la forme moulée comme une approche de l'idéal ». L'homogénéité du cube est obtenue par une séparation au niveau de la construction. L'assise extérieure en béton est indépendante d'un point de vue statique et les efforts sont transmis par précontrainte et par les porte-à-faux.

La paroi intérieure est maçonnée et recouverte d'enduit. Le voile du rez-de-chaussée est le seul élément statique isolé. En plus de sa fonction porteuse, il structure le plan et délimite la salle de séjour.

Ill. 102 : façade de l'entrée

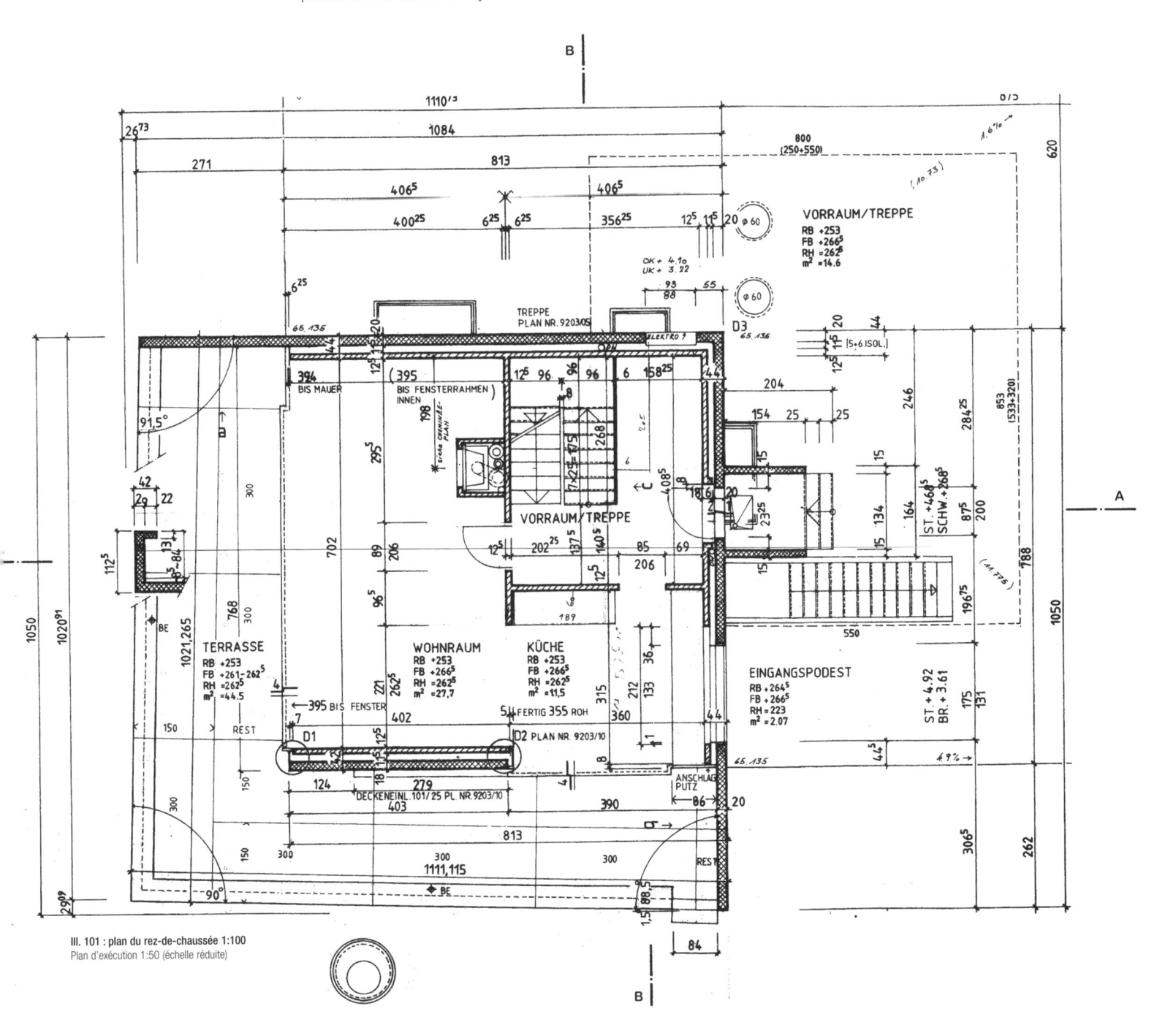

Ill. 101 : plan du rez-de-chaussée 1:100
Plan d'exécution 1:50 (échelle réduite)

| BÂTIMENTS | Sélection d'ouvrages |
| | Maison individuelle à Grabs |

La coque intérieure (maçonnerie et dalle de béton) pourrait être supprimée. L'enveloppe extérieure n'en est en effet pas solidaire d'un point de vue statique. Les grandes fenêtres coulissantes donnant sur la véranda sont insérées au point où parois intérieure et extérieure se divisent pour former la dalle au-dessus du rez-de-chaussée (voir cercle). Ce travail avec des éléments d'un seul tenant, sans recours à des couvre-joints, exige une très haute précision lors de la pose des fenêtres (tolérances de montage !).

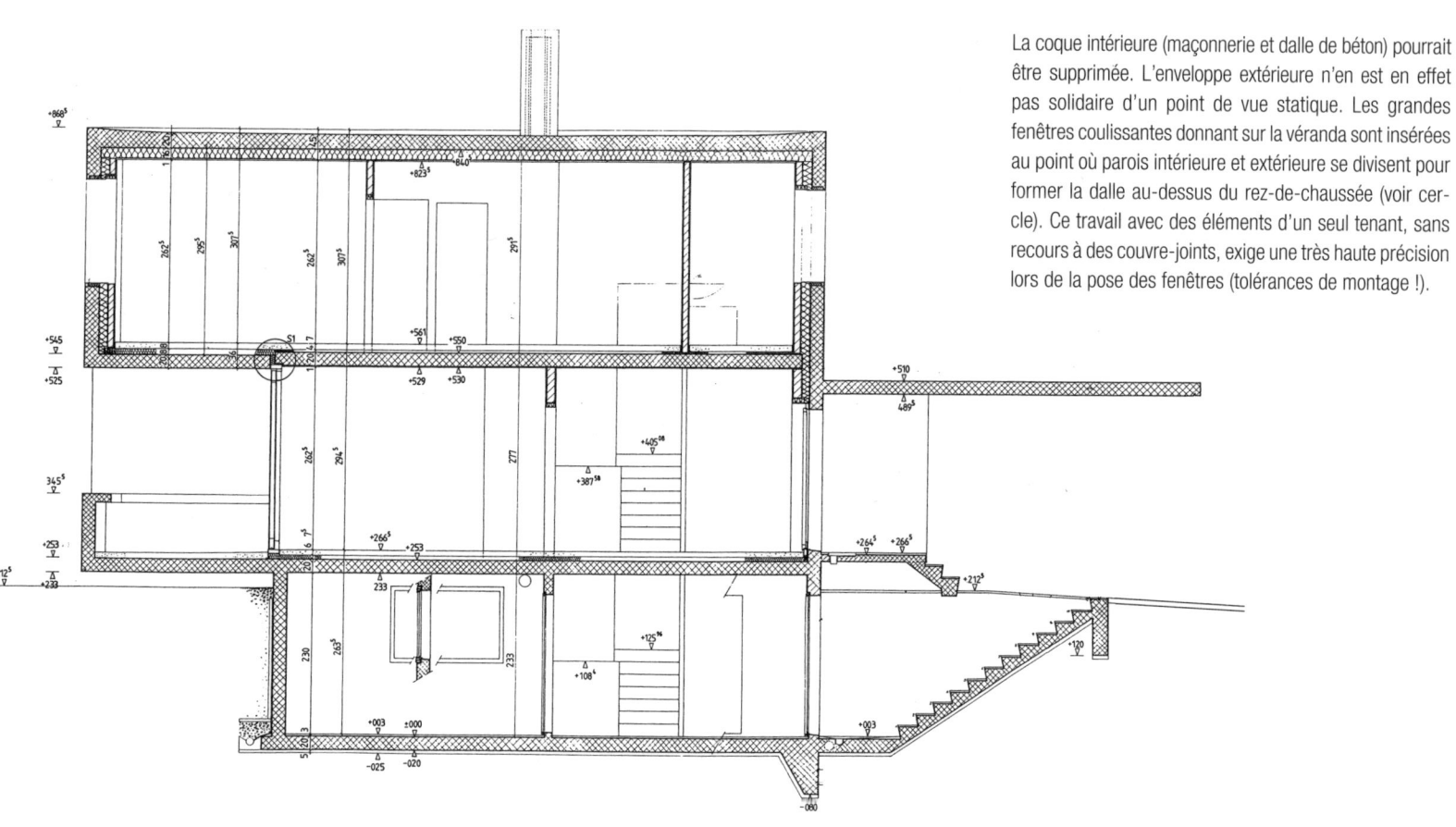

Ill. 103 : coupe A – A 1:100
Plan d'exécution 1:50 (échelle réduite)

Dalle de l'étage (toit)
Revêtement d'étanchéité Triflex
Béton   200 mm
Polystyrène extrudé   80 mm
Laine de roche dans la structure métallique 80 mm
Pare-vapeur
Placoplâtre   15 mm

Mur extérieur de l'étage
Enduit de plâtre lisse   10 mm
Brique de terre cuite   100 mm
Polystyrène extrudé   140 mm
Béton   200 mm

Dalle RDC
Revêtement en résine synthétique
Chape de ciment   40 mm
Polystyrène extrudé   (extérieur 80 mm)
Béton   200 mm

Mur extérieur RDC
Enduit de plâtre lisse
Brique de terre cuite   125 mm
Polystyrène extrudé   120 mm
Béton   200 mm

Dalle RDC
Revêtement de béton dur
Chape de ciment   75 mm
Polystyrène extrudé (chauffage par le sol) 60 mm
Béton   200 mm

Ill. 104 : coupe B – B 1:100
Plan d'exécution 1:50 (échelle réduite)

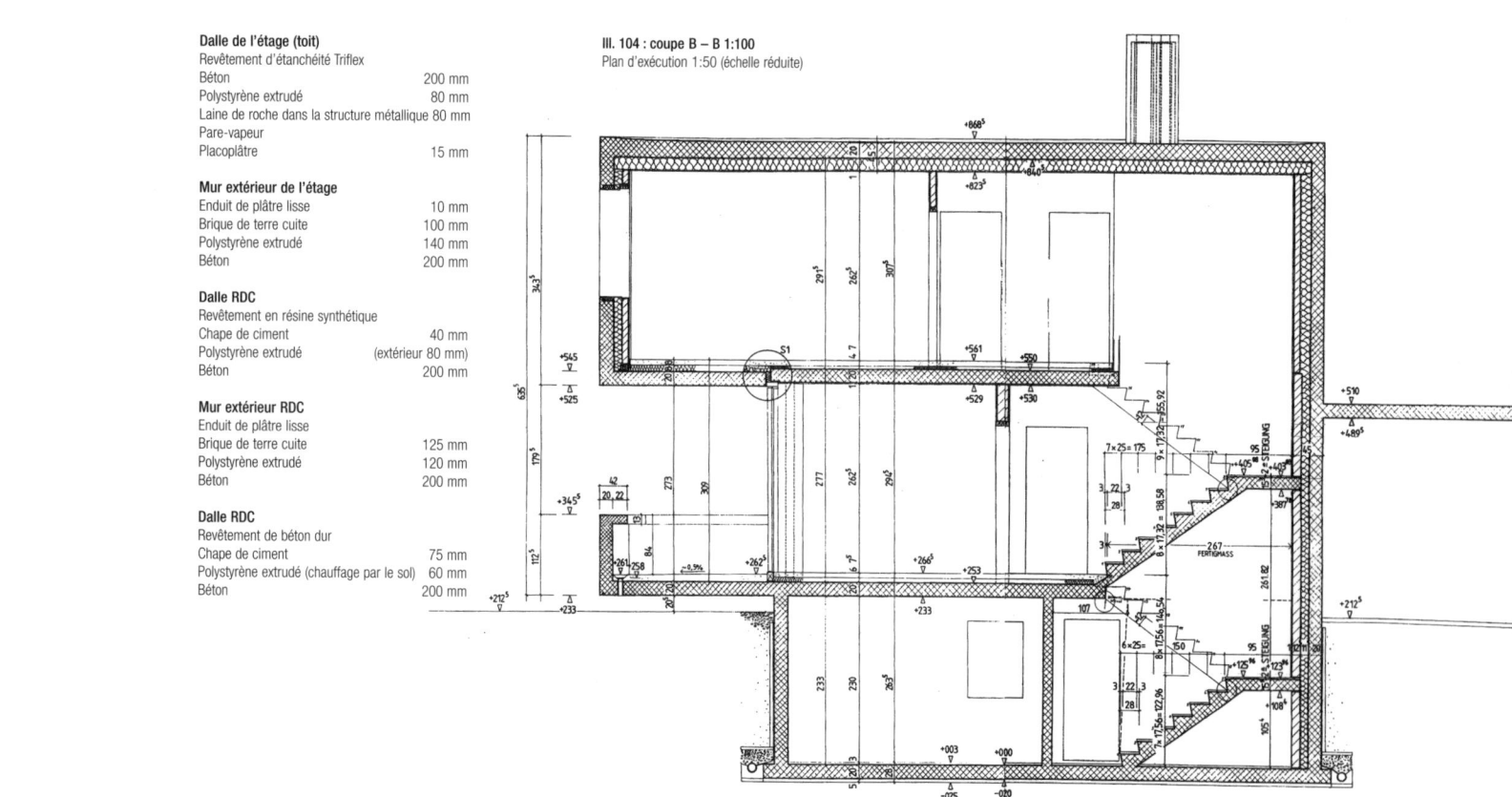

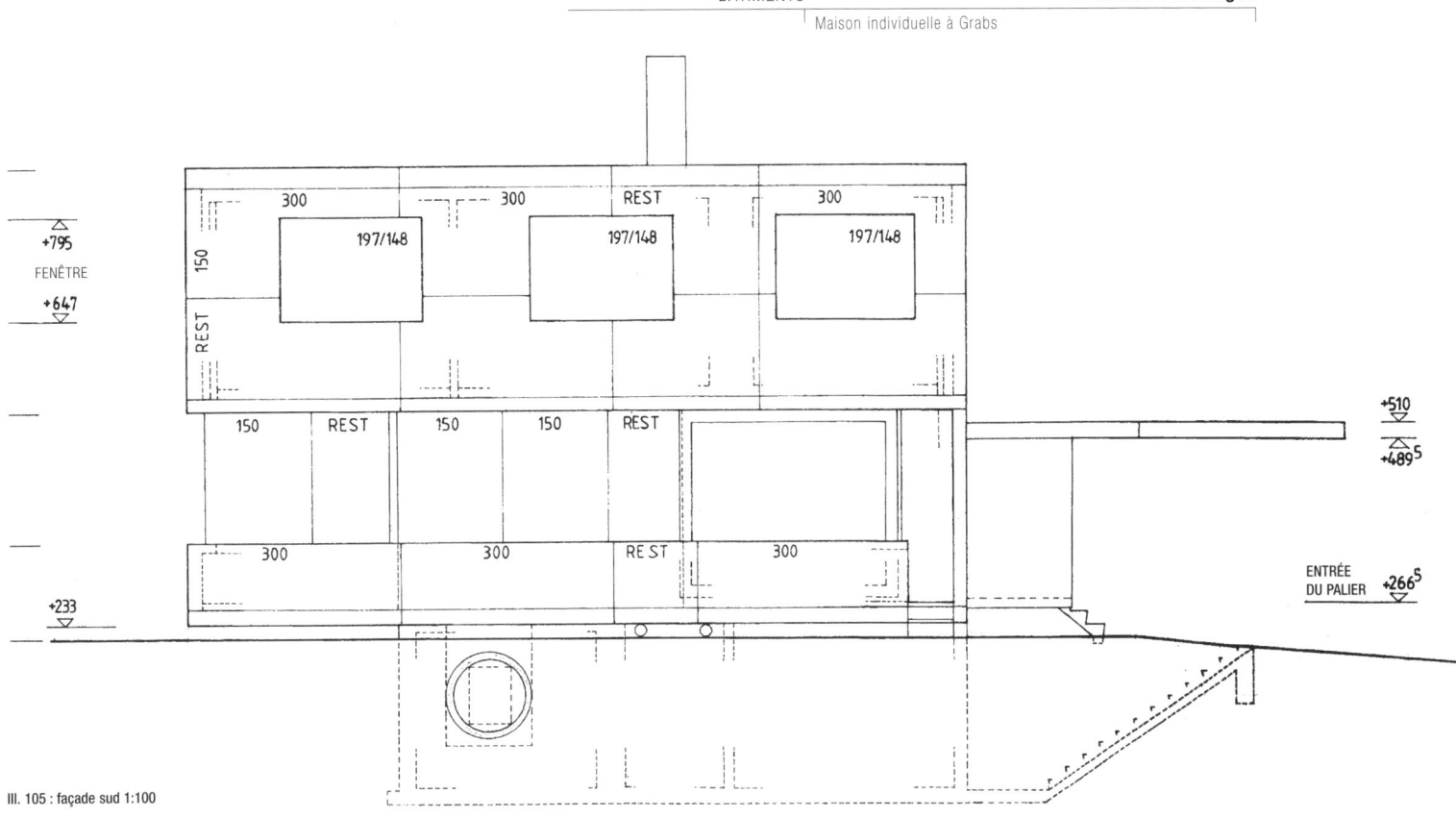

BÂTIMENTS | Sélection d'ouvrages
Maison individuelle à Grabs

Ill. 105 : façade sud 1:100

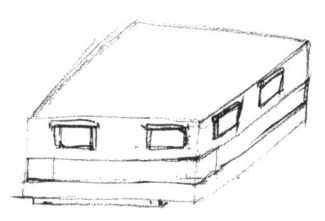

Façades

Au niveau des façades, règne aussi une claire hiérarchie. Tout comme dans les plans, les rapports de mesures, c'est-à-dire les proportions, forment l'élément le plus important. Le rapport des parties au tout, des parties entre elles, le rapport entre les parties ouvertes ou percées et la surface fermée influent de manière décisive sur l'expressivité du bâtiment. À l'intérieur également, Märkli contrôle, à l'aide d'un système continu de mesures, les vues et l'emplacement des ouvertures dans chaque pièce. Tout en bas de cette hiérarchie se trouve, dépendant de la surface, le calepinage des joints du coffrage.

De petits croquis montrant deux surfaces de façade permettent de contrôler les proportions.

Ill. 106 : esquisse : proportions des façades

Ill. 107 : façade est 1:100

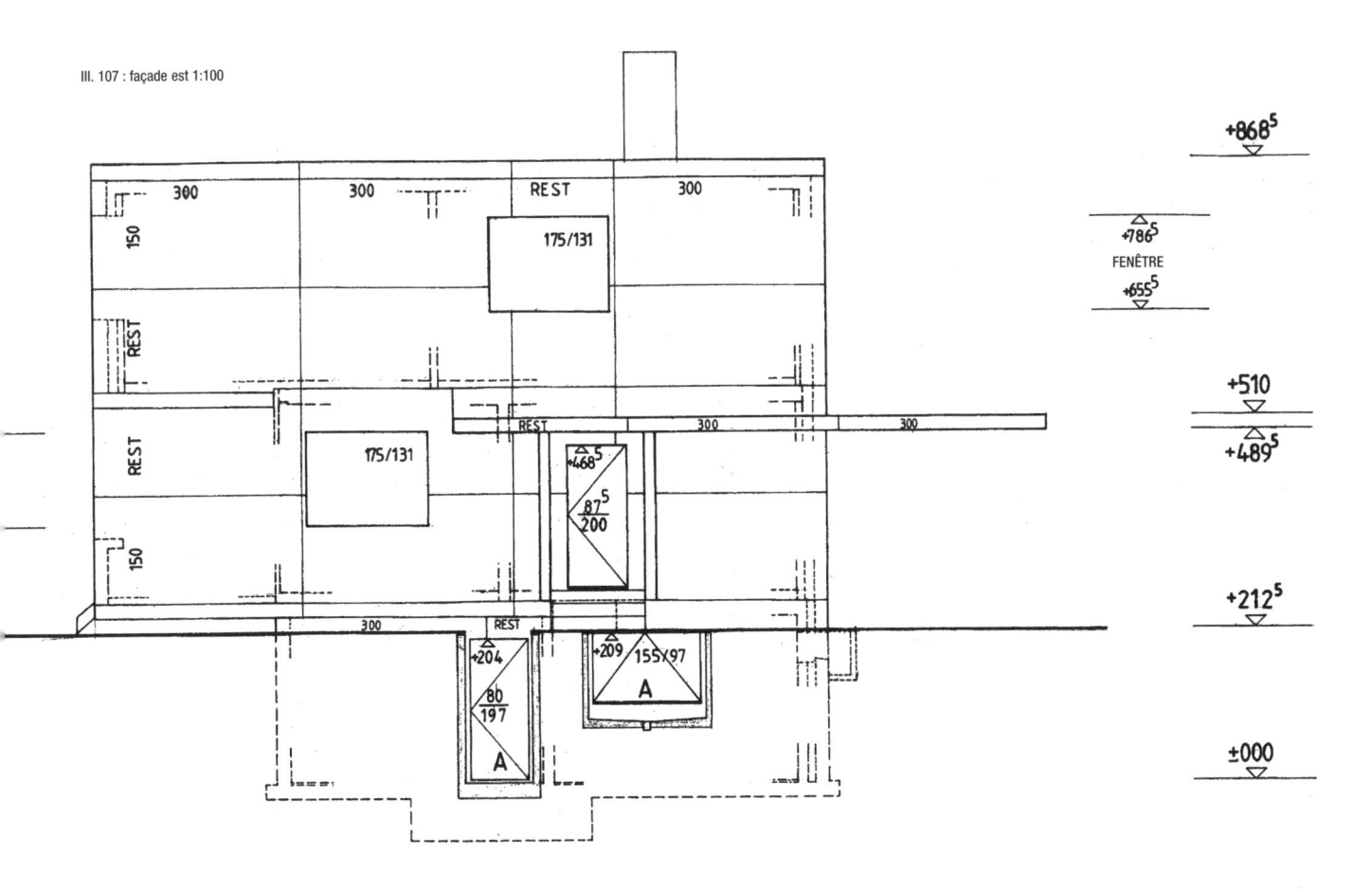

Ill. 108 : façade nord 1:100

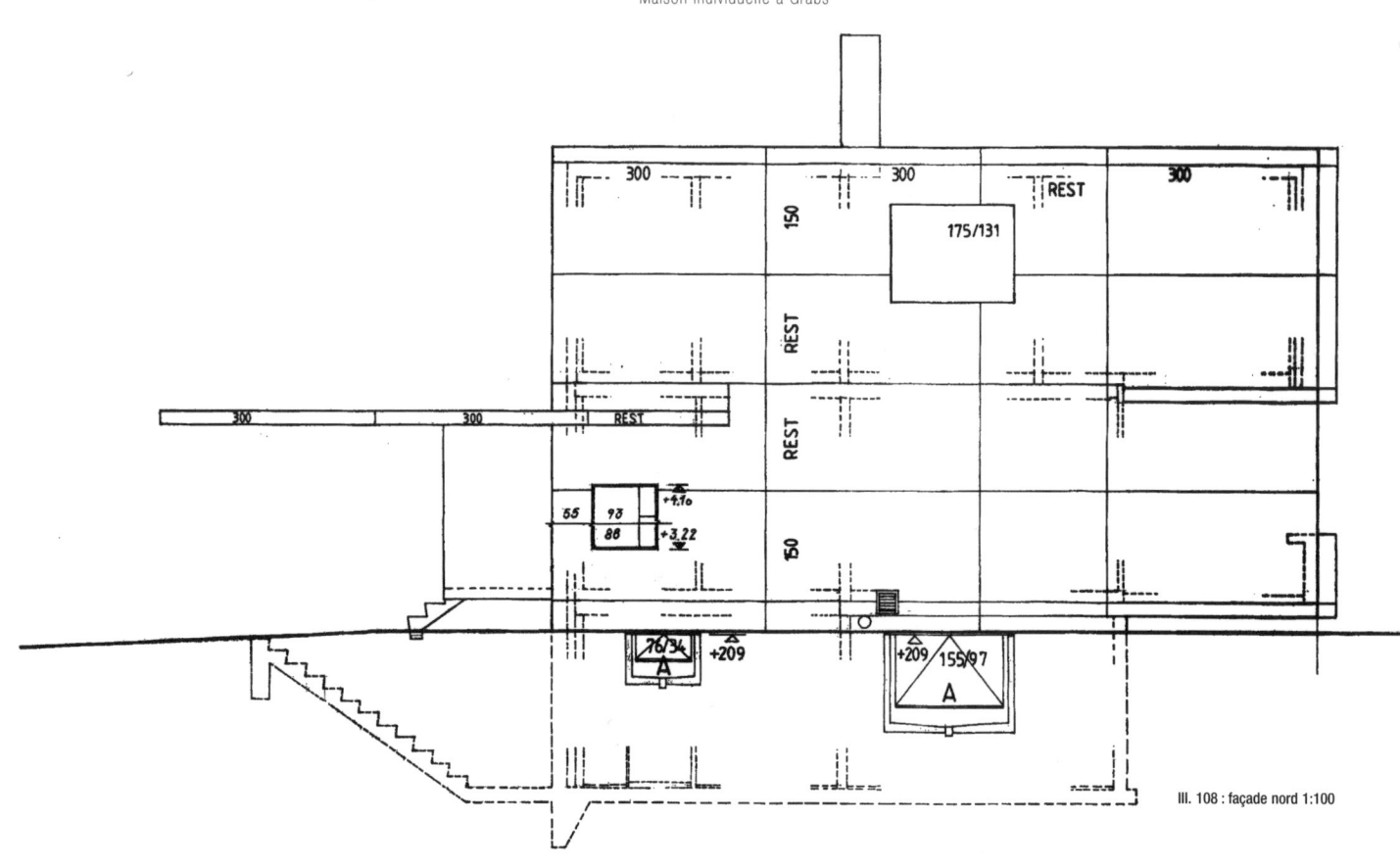

Märkli travaille selon des principes visuels. La façade nord, par exemple, est dominée par les porte-à-faux – tendant dans des directions opposées – de l'auvent et de la véranda qui créent une tension sur la façade. Les ouvertures sont disposées de façon à rétablir l'équilibre optique. Cela veut dire que l'œil revient sans cesse se « focaliser » à l'intérieur du bâtiment (vérifier la vue en diagonale).

Chaque élément, tel que « l'auvent » très saillant, remplit toujours plusieurs fonctions. En plus des objectifs architecturaux cités, il sert à signaler l'entrée, à protéger cet espace des intempéries et fait office de garage.

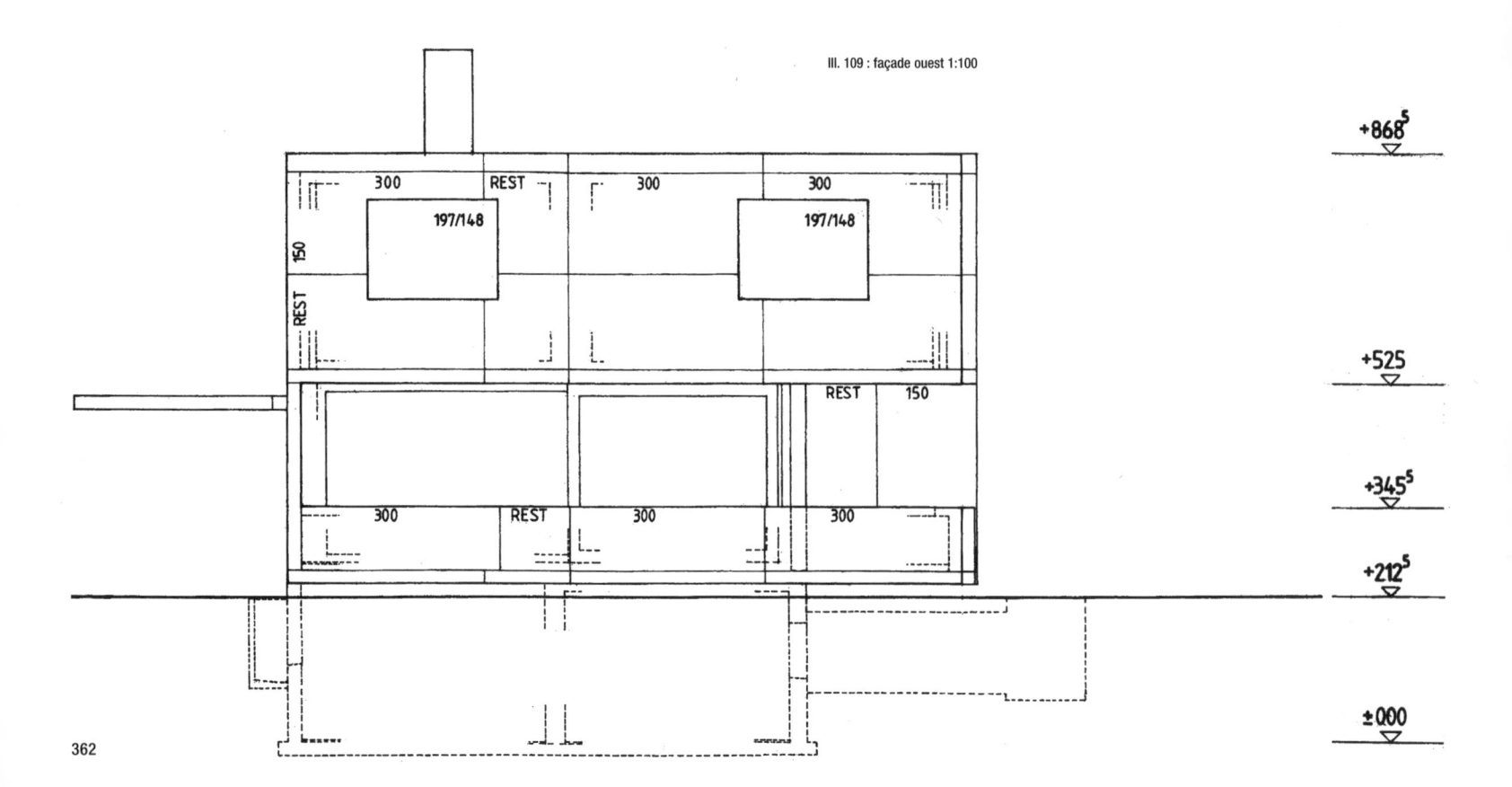

Ill. 109 : façade ouest 1:100

Ouvertures

Pour des raisons de tectonique, les fenêtres sont fixées au nu extérieur afin de souligner l'homogénéité du bâtiment. L'embrasure intérieure est donc profonde. Or, cette forme « archaïsante » ne correspondrait pas au caractère de la maison. Märkli a résolu le problème en la dotant à l'intérieur d'une fourrure en bois avec une niche intégrant une protection contre le soleil et les regards. Les éclairages étant placés au-dessus de la fenêtre, les éléments techniques se concentrent autour de celle-ci. Murs et dalles restent intacts, formant un tout préservé.

Il existe deux types différents de fenêtres et, dans un cas comme dans l'autre, il s'agit de fenêtres basculantes en aluminium. Dans les pièces situées au-dessus du porte-à-faux de la véranda, le « caisson en bois », équipé de rideaux à soufflet en cuir synthétique, s'avance à l'intérieur de la pièce. Au nord, dans la cuisine et les sanitaires, il est installé au nu intérieur et contient des rideaux à soufflet en bois peint pour protéger du soleil et des regards. Tous les écrans accordéon sont des produits normalisés que l'on a intégrés à l'ensemble grâce à une exécution soignée du gros œuvre et des finitions.

Ill. 110 : fenêtre au nu de la façade
La battée extérieure exige de la précision dans l'exécution pour assurer l'étanchéité à la pluie et à la pression du vent (joints de feuillure).

Ill. 111 : fenêtre basculante en aluminium

Ill. 112 : fenêtre avec soufflet en cuir synthétique

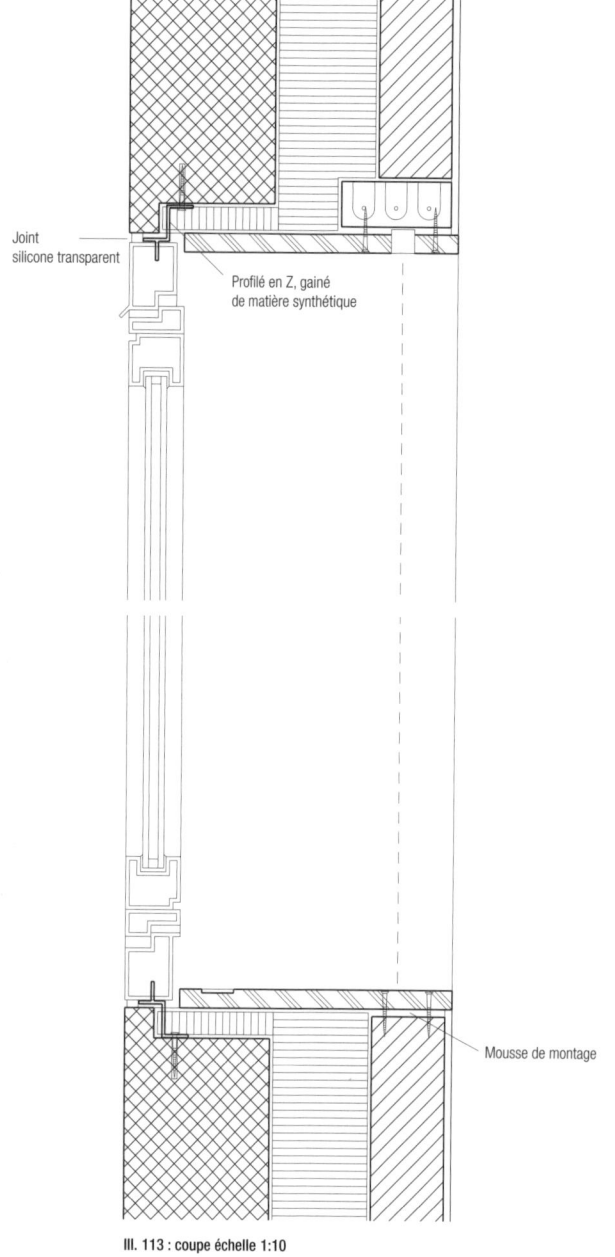

| BÂTIMENTS | Sélection d'ouvrages |
| | Maison individuelle à Grabs |

Joint silicone transparent

Profilé en Z, gainé de matière synthétique

Mousse de montage

Ill. 113 : coupe échelle 1:10

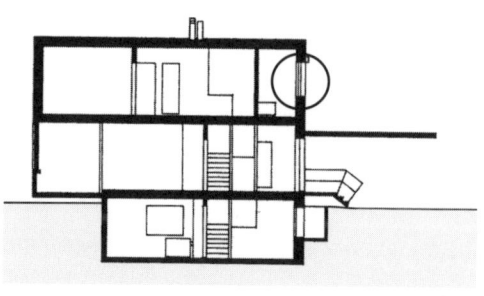

Ill. 115 : fenêtre de type I

Ill. 116 : soufflet en simili-cuir, extérieur

Ill. 117 : soufflet en simili-cuir pour obscurcissement, intérieur

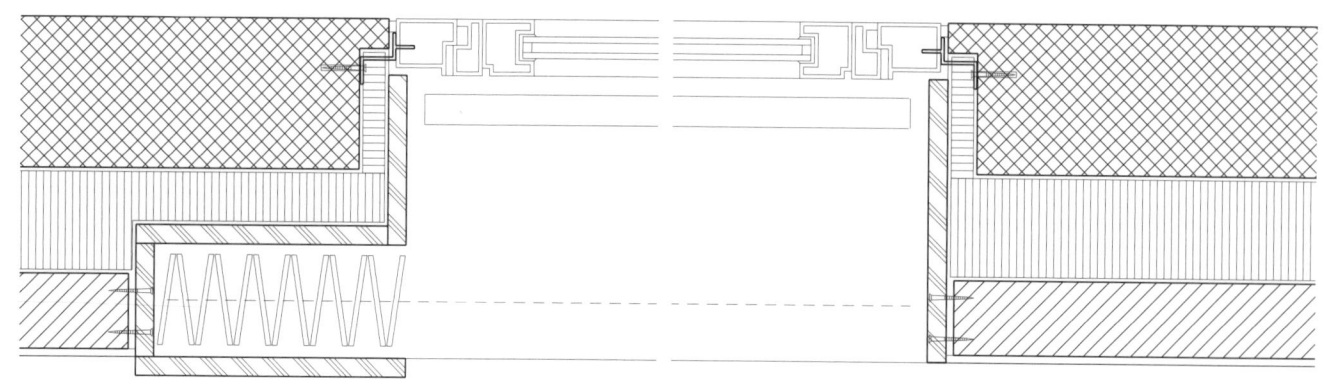

Ill. 114 : plan échelle 1:10

BÂTIMENTS | Sélection d'ouvrages
Maison individuelle à Grabs

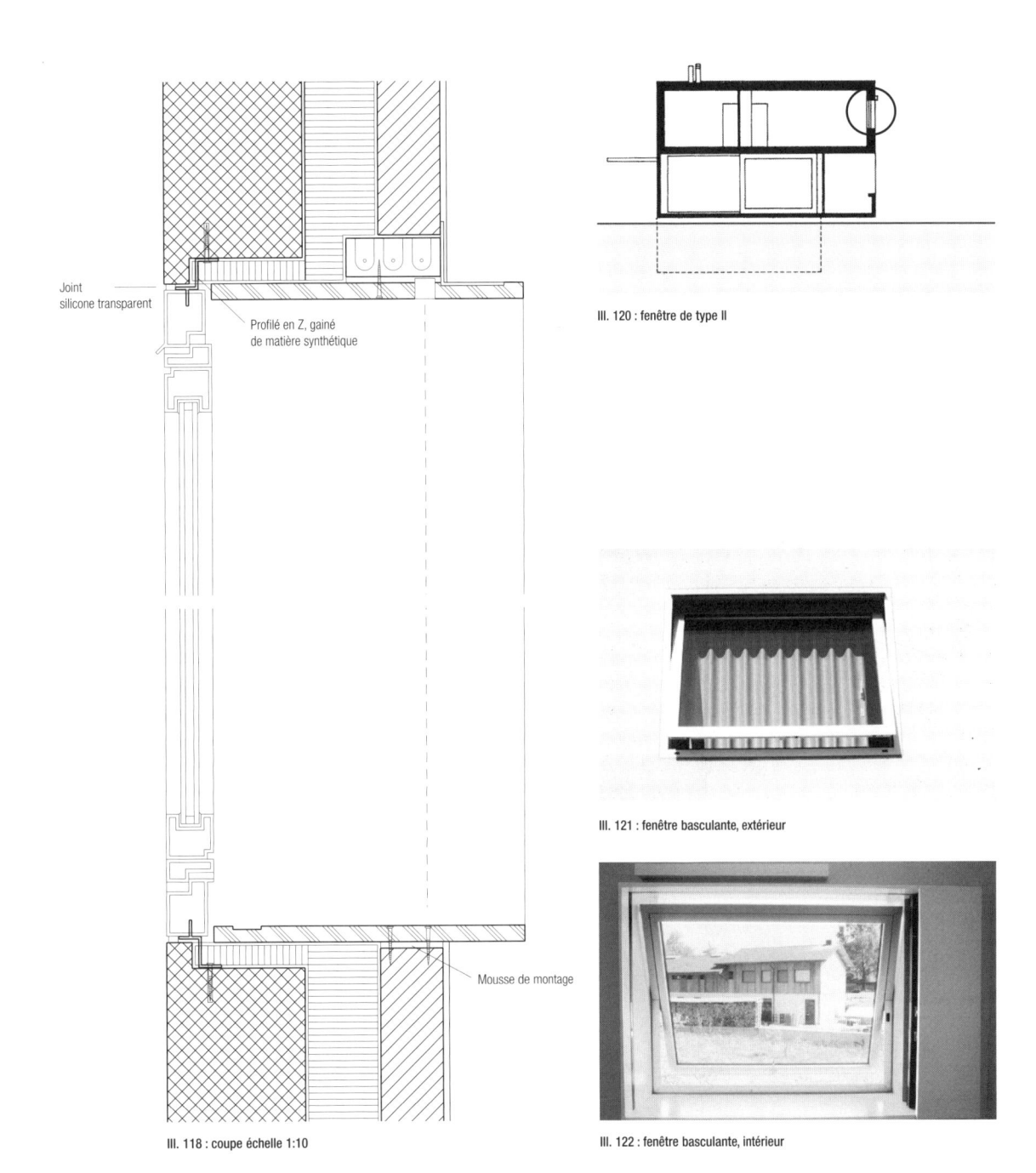

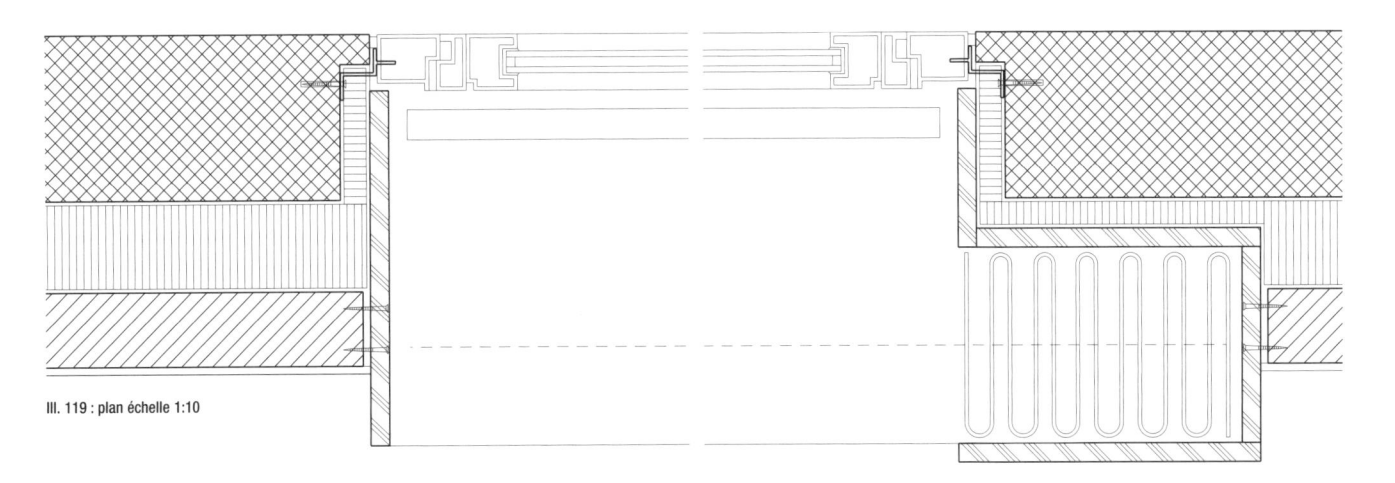

Joint silicone transparent

Profilé en Z, gainé de matière synthétique

Mousse de montage

Ill. 118 : coupe échelle 1:10

Ill. 120 : fenêtre de type II

Ill. 121 : fenêtre basculante, extérieur

Ill. 122 : fenêtre basculante, intérieur

Ill. 119 : plan échelle 1:10

BÂTIMENTS — Sélection d'ouvrages — Exemple

École de Paspels
Valerio Olgiati

Martin Tschanz

L'école de Paspels

L'école de Paspels se trouve à la limite supérieure du village situé sur un versant sud-ouest. Reliés entre eux, les trois bâtiments existants sont alignés sur les courbes de niveau, chacun étant orienté en fonction de la topographie locale. Ils s'intègrent parfaitement dans le tissu urbain épars.

La nouvelle bâtisse reprend cette logique et forme un édifice isolé qui vient se rattacher au haut du village. Apparaissant en plan comme un carré distordu dont les côtés dévient de l'angle droit de quelques degrés, le corps de bâtiment donne, avec son toit dont l'inclinaison est parallèle au terrain, une impression d'extrême compacité, comme s'il était découpé dans une masse élastique qui se serait déformée sous l'influence de la gravité.

Un escalier à une volée part du corridor central de l'entrée pour desservir les salles de classe. Aux étages, trois salles de classe et une pièce attenante occupent les angles, chacune étant orientée différemment. Cette configuration crée une salle commune en forme de croix, éclairée de tous les côtés et dont le bras nord-est s'élargit en un espace de récréation baigné d'une lumière diffuse qui contraste avec l'intense mais variable rayonnement du soleil dans les trois couloirs.

Les portes des classes étant toutes situées près de la façade, chaque salle a sa propre zone d'entrée. La géométrie irrégulière est ici tout à fait perceptible : les salles sont en effet orthogonales dans l'angle intérieur, leur plus petit côté venant buter à angle droit sur la façade.

La disposition des pièces des deux niveaux supérieurs est inversée l'une par rapport à l'autre, si bien que le même schéma donne des salles différentes, en particulier en raison des variations de lumière. La distorsion se manifeste sur les façades par de légers décalages par rapport à l'axe, formant une sorte de ballet autour de la symétrie. La noblesse du bronze des fenêtres contraste avec la simplicité brute du béton. Par sa structure, l'école s'inscrit dans la lignée des maisons traditionnelles des Grisons. Les murs massifs sont certes en béton, mais les salles sont entièrement habillées de bois, à l'instar des *Stuben*, les traditionnelles pièces à vivre de cette région. La différence entre les pièces est soulignée par une alternance entre l'atmosphère chaleureuse et intime des classes et la zone de repos fraîche (température intermédiaire) présentant un aspect rude, entre une acoustique sourde et un effet de résonance et entre des flots de chaude clarté et une lumière tamisée, dirigée au fond de l'espace.

De par sa nature et sa structure constructive, mais aussi en raison du caractère donné aux espaces, cette école s'intègre clairement au lieu, sans recours à aucun emprunt de style.

Extrait de : *Archithese 2.97*

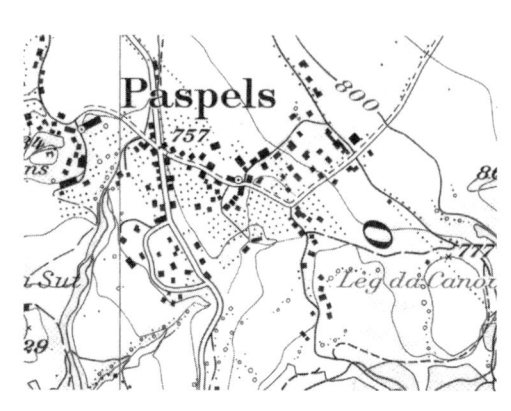

Ill. 124 : habitat dispersé dans le village

Architecte : Valerio Olgiati, Zürich
Réalisation : 1996-1998
Collaborateurs : Iris Dätwyler
Gaudenz Zindel
Michael Meier
Raphael Zuber
Direction des travaux : Peter Diggelmann, Coire
Statique : Gebhard Decasper, Coire

Ill. 123 : deux éléments sculpturaux qui se dégagent du volume : la toiture de l'entrée et la gargouille

BÂTIMENTS — Sélection d'ouvrages
L'école de Paspels

Concept

Ill. 125 : enveloppe extérieure

Ill. 126 : la « peau » intérieure distordue des salles de classe prend la forme d'une boucle.

Ill. 127 : niveau d'isolation intérieure

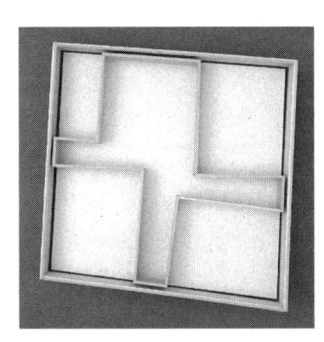

Ill. 128 : le système statique choisi permet un réaménagement de l'étage.

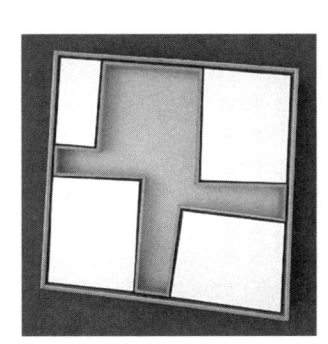

Ill. 129 : les salles de classe sont habillées de bois.

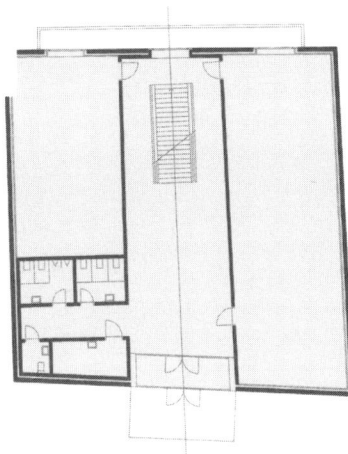

Avant-projet

Ill. 130 : avant-projet, plan du rez-de-chaussée

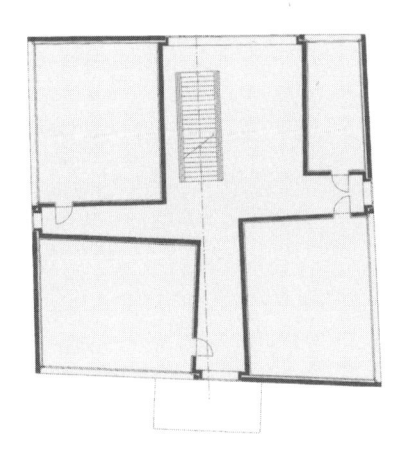

Ill. 131 : avant-projet, plan du 1er étage

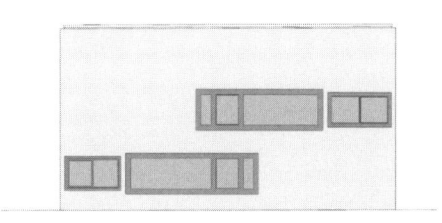

Ill. 132 : avant-projet, façade est

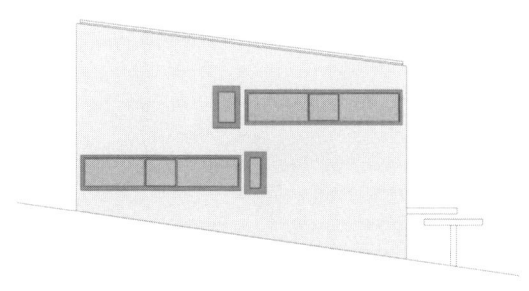

Ill. 133 : avant-projet, façade nord

Gebhard Decasper

Statique et structure
Rapport de l'ingénieur

Pour répondre à l'exigence du concept architectural séparant le corps intérieur de bâtiment de la façade extérieure par une isolation thermique d'une épaisseur de 120 mm, sans construire un deuxième mur porteur pour soutenir les bords des dalles, il a fallu trouver une solution optimale pour transmettre à la façade les réactions d'appui des murs et des dalles.

On en a trouvé une en utilisant des goujons de cisaillement doubles, capables de supporter une lourde charge.

Au rez-de-chaussée, les deux murs à gauche et à droite de l'escalier sont les principaux éléments porteurs du premier étage. Les murs intérieurs du premier et du second étage sont les éléments porteurs des dalles susjacentes, tandis que l'on a veillé à l'effet de synergie avec celles-ci (les murs constituant les âmes et les dalles les ailes). La transmission des efforts d'appui se fait par les bords des parois perpendiculaires aux murs extérieurs. Aux points de jonction, on a placé verticalement dans la façade des goujons de cisaillement doubles, les uns au-dessus des autres, leur nombre dépendant de la capacité de charge de chacun.

Afin d'éliminer toute flèche des bords de dalle librement tendus (portée de 8,00 à 10,00 m) le long de la façade extérieure, on a disposé des goujons supplémentaires au milieu de chaque travée et aux angles des façades.

Il a fallu veiller, avec un soin particulier, à la transmission des efforts de cisaillement dans la zone de ces goujons.

On a dû réduire l'isolation thermique à 50 mm dans la zone des goujons, cette réduction se justifiant du point de vue de la physique des bâtiments. Afin d'éviter tout risque de fissures sur la façade extérieure, en particulier au niveau des longues fenêtres, l'armature longitudinale a été fortement renforcée dans ces secteurs. Le calcul statique de ce bâtiment a représenté un véritable défi pour l'ingénieur.

Ill. 136 : armature avec goujon de cisaillement inséré

Ill. 134 : réduction de l'isolation thermique dans la zone des goujons de cisaillement

Ill. 135 : alignement de goujons de cisaillement dans la zone du corridor

BÂTIMENTS | **Sélection d'ouvrages**
L'école de Paspels

Ill. 137 : 2ᵉ étage, salle de classe sud

Ill. 138 : zone de récréation au 1ᵉʳ étage

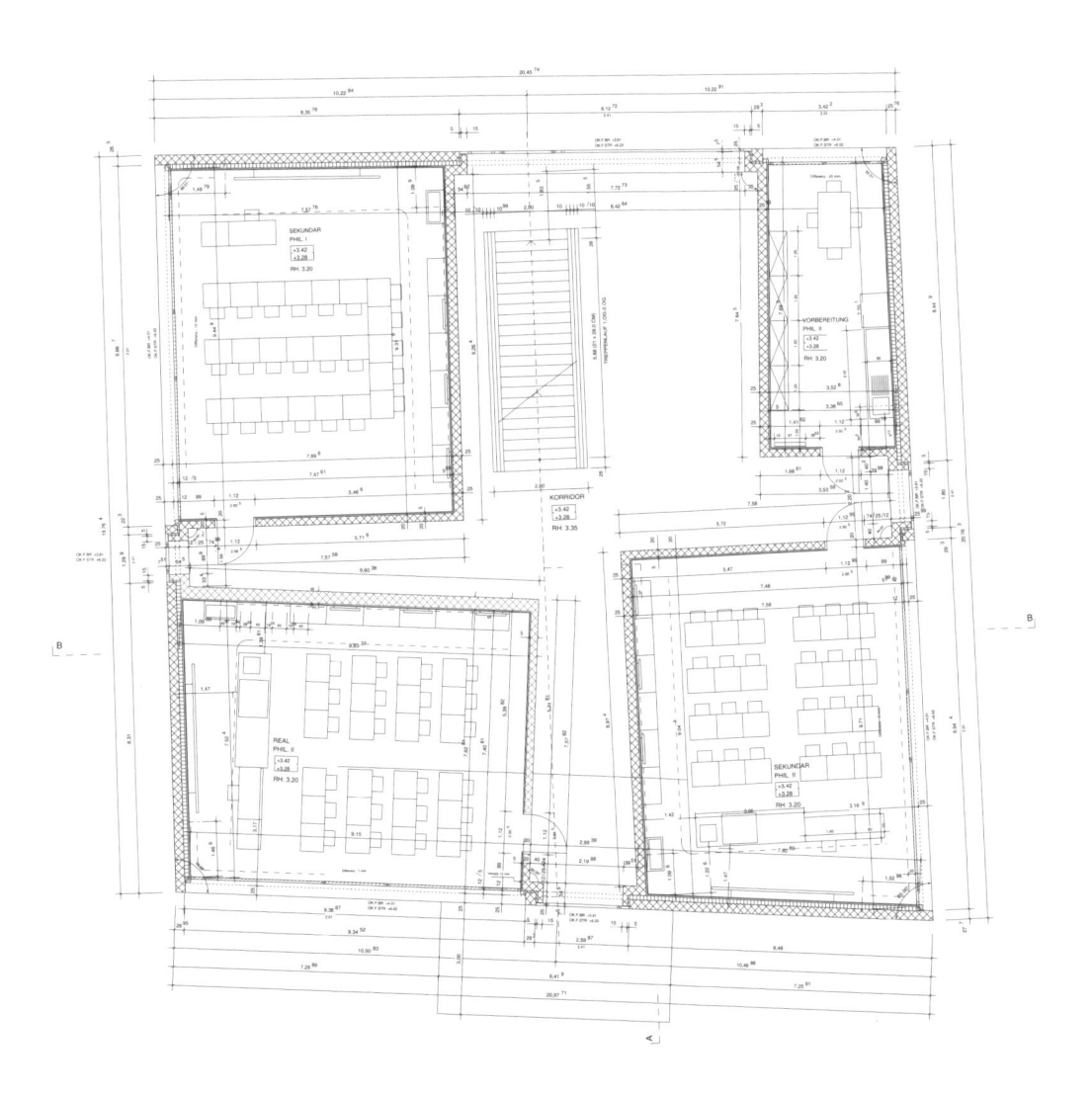

Ill. 139 : plan du 1ᵉʳ étage 1:200
Plan d'exécution 1:50 (échelle réduite)

BÂTIMENTS   **Sélection d'ouvrages**

L'école de Paspels

Ill. 140 : zone de récréation au 2ᵉ étage

Ill. 141 : couloir du 2ᵉ étage

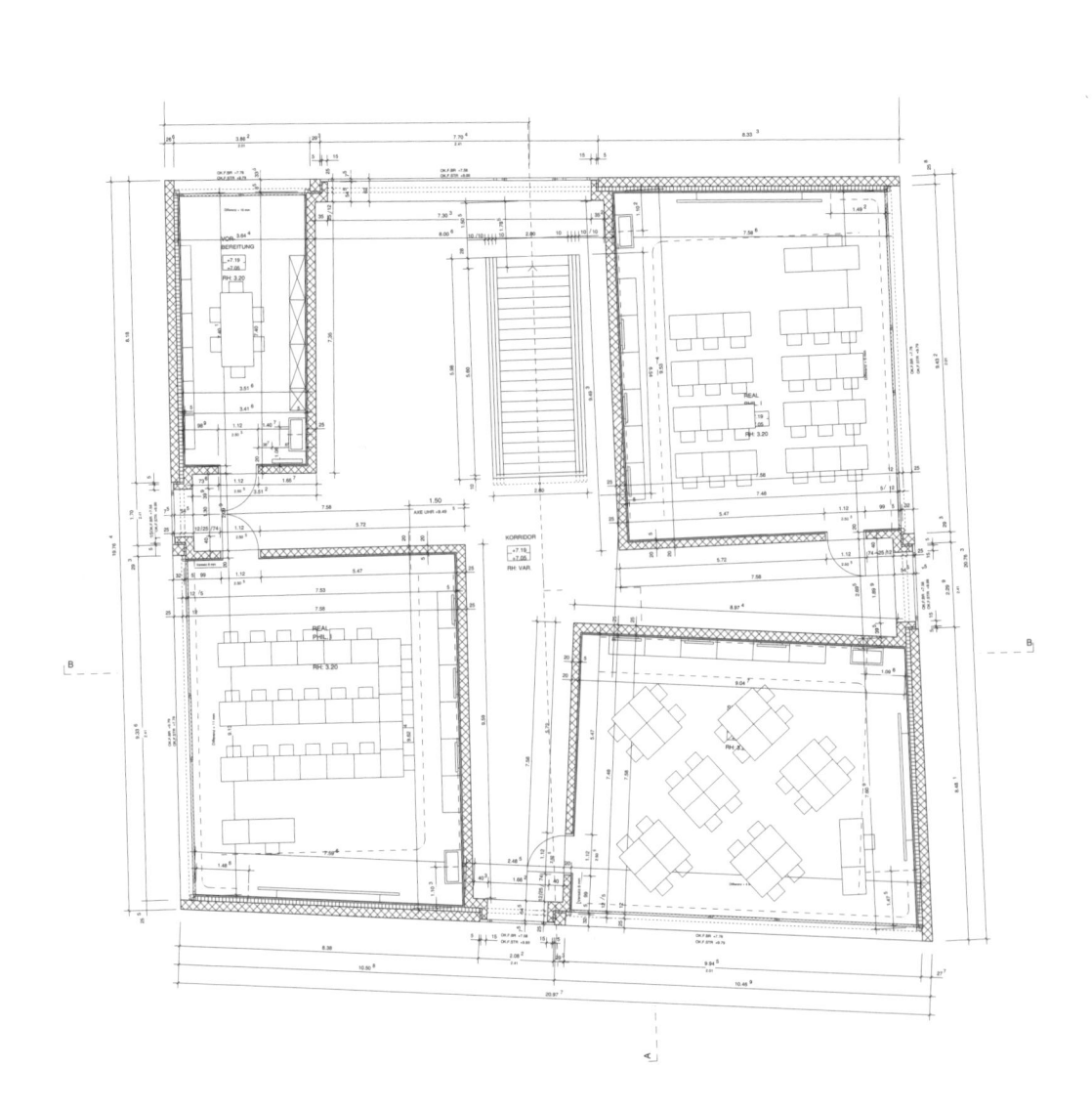

Ill. 142 : plan du 2ᵉ étage 1:200
Plan d'exécution 1:50 (échelle réduite)

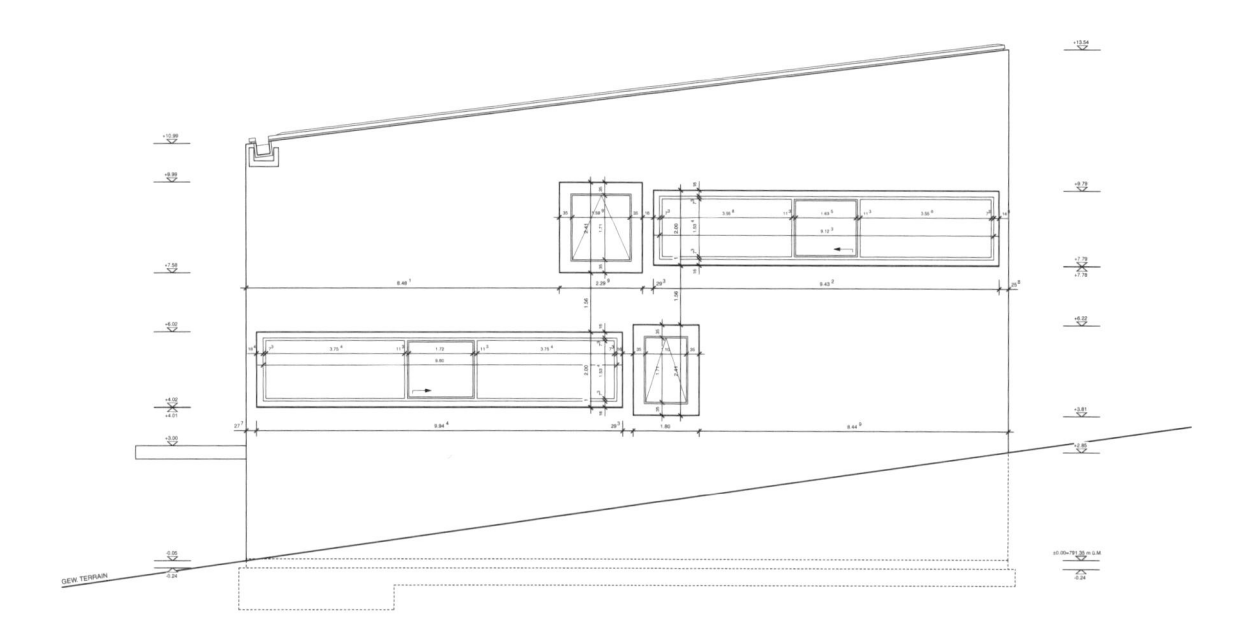

BÂTIMENTS — Sélection d'ouvrages
L'école de Paspels

Ill. 143 : façade sud 1:200
Plan d'exécution 1:50 (échelle réduite)

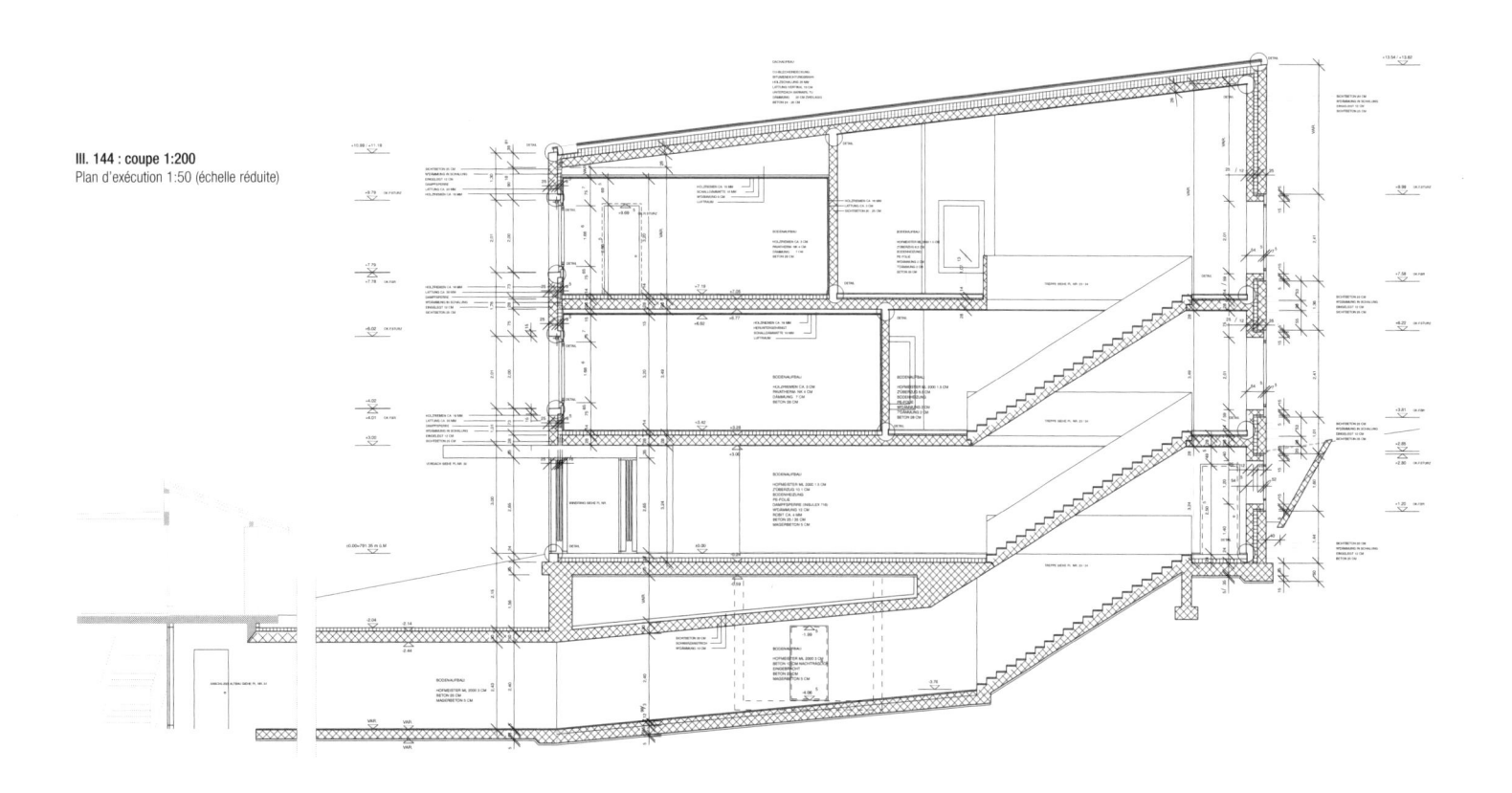

Ill. 144 : coupe 1:200
Plan d'exécution 1:50 (échelle réduite)

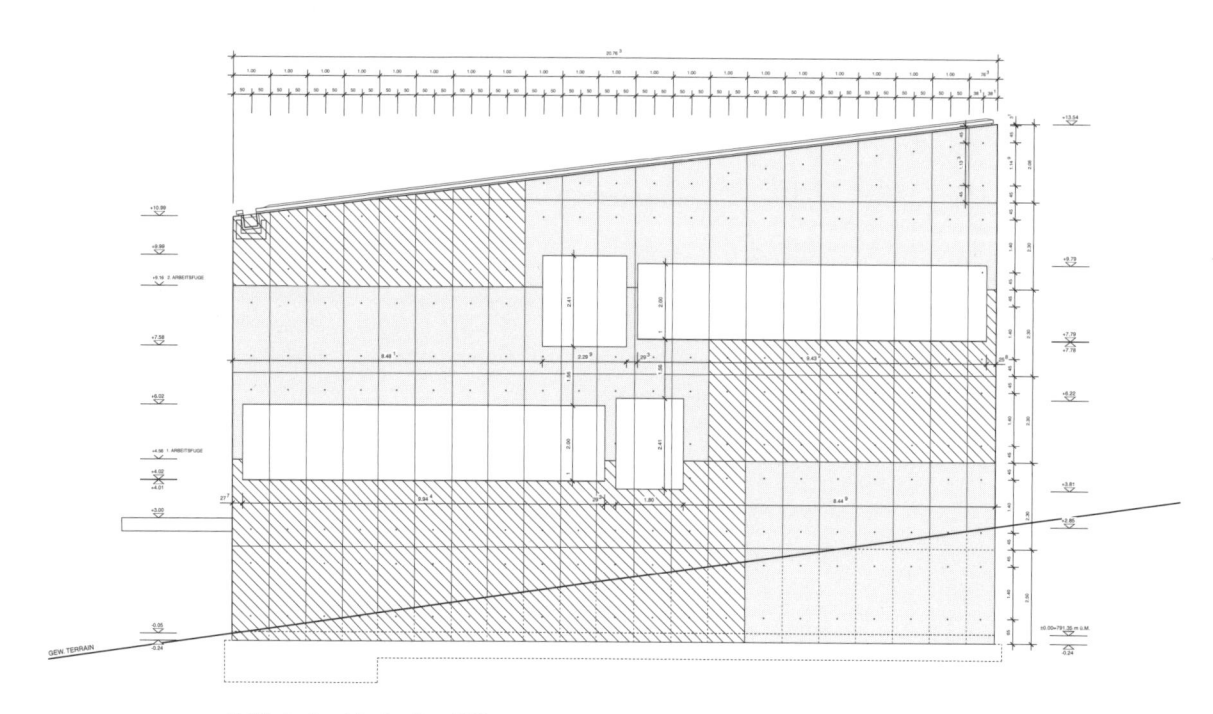

BÂTIMENTS **Sélection d'ouvrages**

L'école de Paspels

Ill. 145 : façade sud plan du coffrage 1:200
Plan d'exécution 1:50 (échelle réduite)

Ill. 146 : façade sud

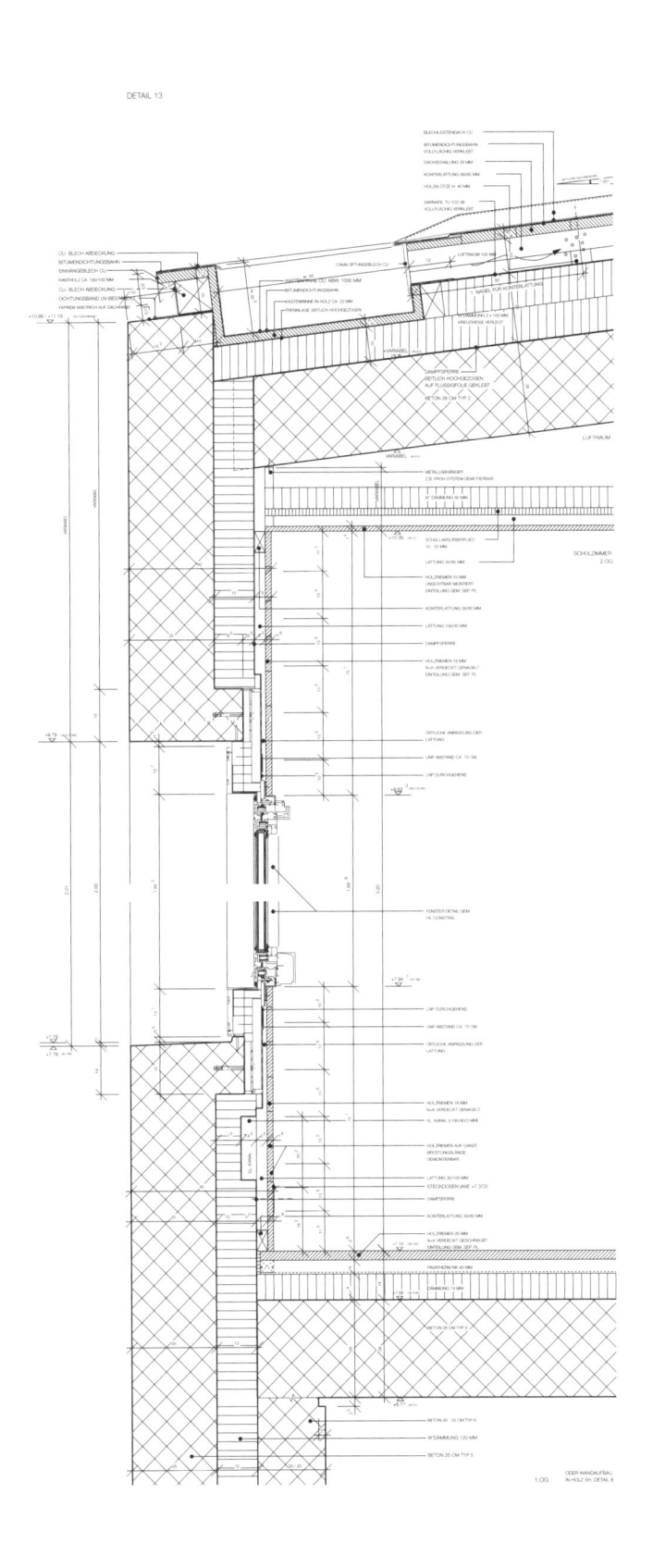

BÂTIMENTS   Sélection d'ouvrages
L'école de Paspels

Ill. 147 : fenêtre de classe 1:20
Plan d'exécution 1:5 (échelle réduite)

Ill. 148 : fenêtre de classe au nu intérieur

Ill. 149 : fenêtre de classe au nu

Structure du sol

Lattis en bois, rainure et languette, vis cachées	26 mm
Pavatherm NK	40 mm
Isolation	74 mm
Béton, type 6	280 mm

Structure du mur

Béton, type 5	250 mm
Isolation	120 mm
Pare-vapeur	
Contre-lattage	30/60 mm
Lattis en bois, rainure et languette, clous cachés	18 mm

Structure du toit

Couverture métallique cuivre sur tasseaux	
Lés d'étanchéité en bitume, collés sur toute la surface	
Voligeage	29 mm
Contre-lattage	60/60 mm
Lattage	40 mm
Sarnafil TU 122/08, collé sur toute la surface	
Isolation thermique, posée croisée	2 x 100 mm
Pare-vapeur	
Béton, type 2	260 mm

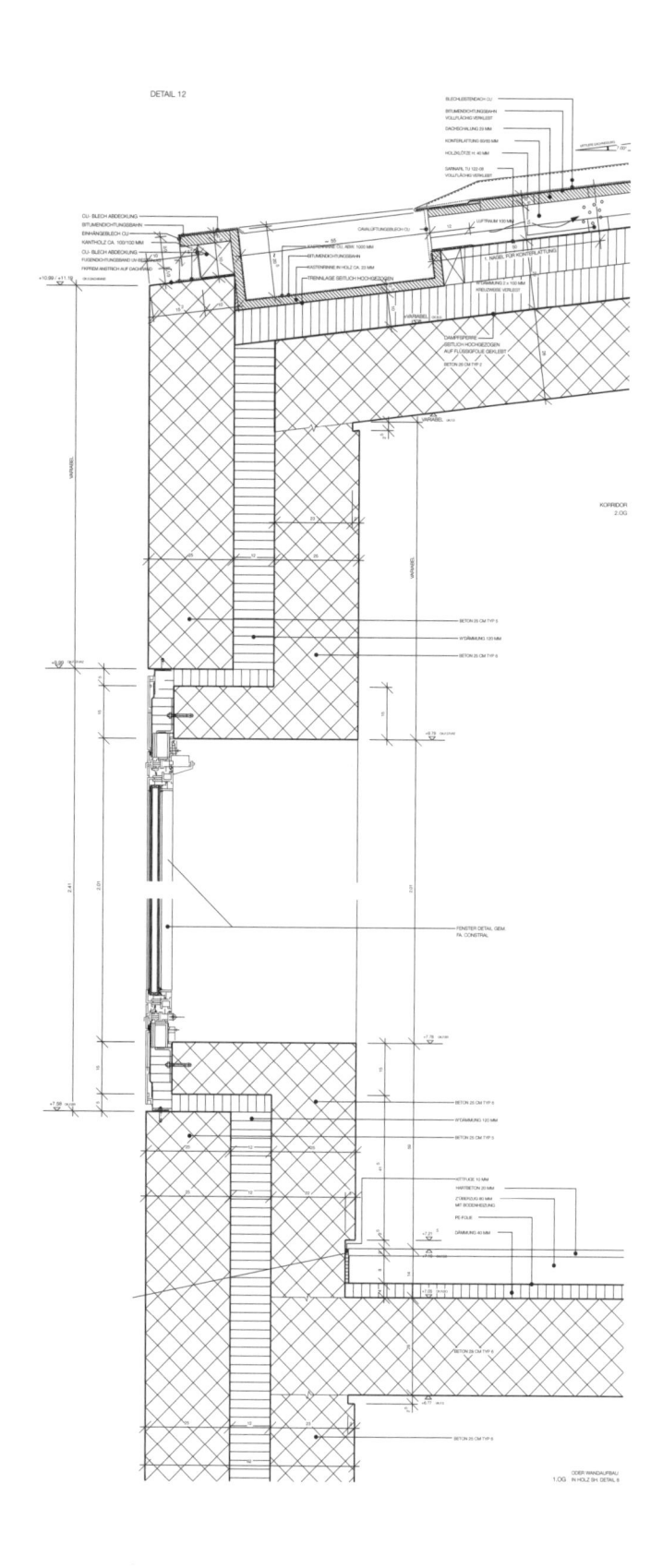

BÂTIMENTS — Sélection d'ouvrages

L'école de Paspels

Ill. 150 : fenêtre de couloir 1:20
Plan d'exécution 1:5 (échelle réduite)

Ill. 151 : fenêtre de la salle de récréation, au nu extérieur

Ill. 152 : alternance de fenêtres au nu intérieur et extérieur

Structure du sol

Béton dur	20 mm
Chape avec chauffage par le sol	80 mm
Membrane en polyéthylène	
Isolation	40 mm
Béton, type 6	280 mm

Structure du mur

Béton, type 5	250 mm
Isolation	120 mm
Béton, type 5	250 mm

Structure du toit

Couverture métallique cuivre sur tasseaux	
Lés bitumés, collés sur toute la surface	
Voligeage	29 mm
Contre-lattage	60/60 mm
Lattage	40 mm
Sarnafil TU 122/08, collée sur toute la surface Isolation thermique, posée en croix	2 x 100 mm
Pare-vapeur	
Béton, type 2	260 mm

École Volta, Bâle
Miller + Maranta

Judit Solt

Situation et thème

Dans le quartier St. Johann de Bâle, les différences d'échelle créent des disparités engendrant une tension importante. Des immeubles jouxtent la gigantesque zone industrielle de Novartis, la transversale nord et le port fluvial de St. Johann. Entre ces deux pôles, créant une rupture brutale dans une construction en rangée, surgit le volume puissant d'anciens entrepôts de charbon qui abritent depuis les années 1960 les réservoirs à mazout de la centrale de chauffage urbain située à proximité.

Conséquence de la réforme scolaire bâloise et de la forte vague de nouveaux arrivants, enregistrée ces dernières années dans cette partie de la ville, la nécessité d'un nouvel établissement scolaire s'est imposée comme une urgence dans cette zone. En 1996, le canton de Bâle-Ville a lancé un concours pour une école comprenant douze classes, des espaces spécifiques et un gymnase double.

Ce projet ne vise pas à une « réparation urbaine », mais illustre au contraire la rupture du tissu urbain à cet endroit. C'est avec un grand sens de la ville qu'il instaure une médiation entre les différentes fonctionnalités et les critères de construction du site.

Les architectes se sont appuyés sur les dimensions importantes des entrepôts qui marquent le quartier de leur empreinte. La nouvelle école s'élève à l'emplacement de l'ancien réservoir de mazout. Directement adossée à l'entrepôt encore existant, elle en reprend les lignes de fuite et ne le domine qu'en hauteur. La fouille d'environ 6 m de profondeur qui subsistait après la démolition du réservoir a été utilisée pour y abriter le gymnase. Parsemée de gravier et à l'ombre des arbres en été, la cour de récréation fait en même temps office de place publique. L'école devient ainsi une passerelle entre zone résidentielle et industrielle. Malgré leurs grandes ouvertures sur les pans est et ouest, les façades en béton apparent confèrent un caractère monolithique au bâtiment grâce à la répartition des panneaux de coffrage. Cette compacité et les fenêtres en bois-aluminium au nu extérieur rappellent les bâtiments industriels voisins, telle la centrale de cogénération. Il n'est cependant nullement question d'une esthétique industrielle non réfléchie : d'un léger dégradé jaune, le béton de la façade donne une impression de chaleur et de patine, tout comme l'entrepôt contigu, mais sa finesse et son aspect lisse permettent en même temps de l'identifier comme un ouvrage fondamentalement différent.

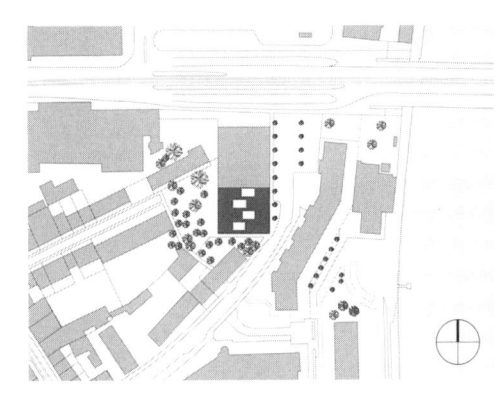

Ill. 154 : plan de situation

Extrait de : *Archithese 1.01*

Ill. 153 : façade de l'entrée avec la cour de récréation

Architectes : Miller + Maranta, Bâle
Réalisation : 1997-2000
Collaborateurs : Peter Baumberger
Othmar Brügger
Michael Meier
Marius Hug
Statique : Conzett Bronzini Gartmann, Coire

BÂTIMENTS Sélection d'ouvrages

École Volta, Bâle

Jürg Conzett

Structure spatiale

L'entrée principale de l'école est située du côté de la cour de récréation. Le hall d'entrée perpendiculaire s'ouvre largement sur la cour. D'un côté, un escalier descend au premier sous-sol où se trouvent les vestiaires et une galerie menant au gymnase. De là, un deuxième escalier dessert le gymnase au second sous-sol. De l'autre côté du hall, un autre escalier mène au premier étage abritant les salles communes. Deux cages d'escalier plus petites conduisent aux étages supérieurs.

L'organisation de ces derniers est largement déterminée par la profondeur de la construction et les refends. Les quatre strates sont dotées d'une articulation simple : on retrouve, à chaque fois en façade, une salle de classe à laquelle se rattache un atrium et, de l'autre côté, une salle de cours spécifique. Le résultat est toutefois complexe : l'espace de desserte labyrinthique, qui se développe autour des cours intérieures, offre des perspectives intéressantes, sans cesse renouvelées dans les deux sens, sur les cours, les environs, les salles de classe et souvent à travers plusieurs niveaux. Non seulement toute perte d'orientation est exclue, mais le caractère singulier de cette zone urbaine divisée entre bâtiments résidentiels et industriels s'affiche de manière spectaculaire.

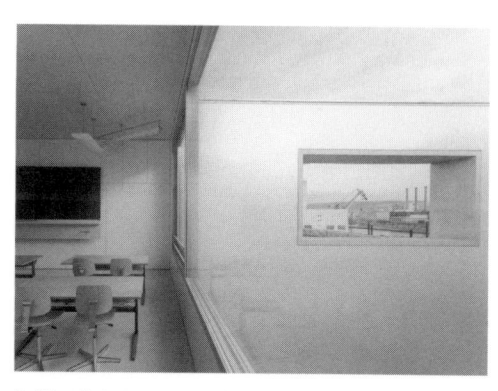

Ill. 156 : salle de classe et cour intérieure avec vue sur le port du Rhin

L'entrée de l'école se trouve du « côté résidentiel » du quartier formé d'unités d'habitation plutôt petites et où seule la centrale de cogénération et sa cheminée de près de 100 mètres de haut laissent deviner le brusque changement de type de zone à cet endroit. Plus on gravit les étages du bâtiment, plus la vue s'ouvre sur l'autre côté de la ville (sur la zone industrielle et les grues du port fluvial) qui, soudain, se révèle tout proche de l'école avec ses dimensions inattendues. Ces mises en scène contribuent à illustrer l'impressionnant changement d'échelle et lèvent le rideau, dans toute la force du terme, sur de nouvelles perspectives pour le quartier.

Ill. 155 : espace de desserte et cour intérieure

Structure spatiale

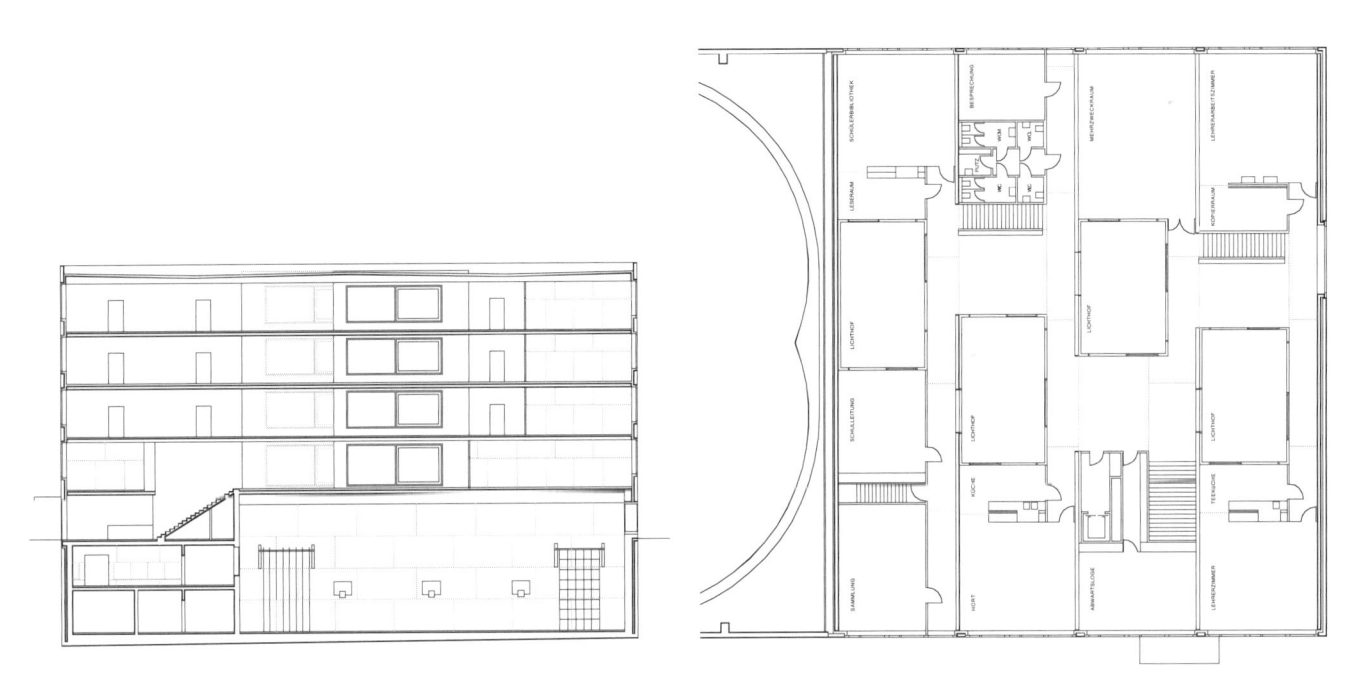

Ill. 157 : coupe transversale 1:500

Ill. 158 : plan du 1er étage 1:500

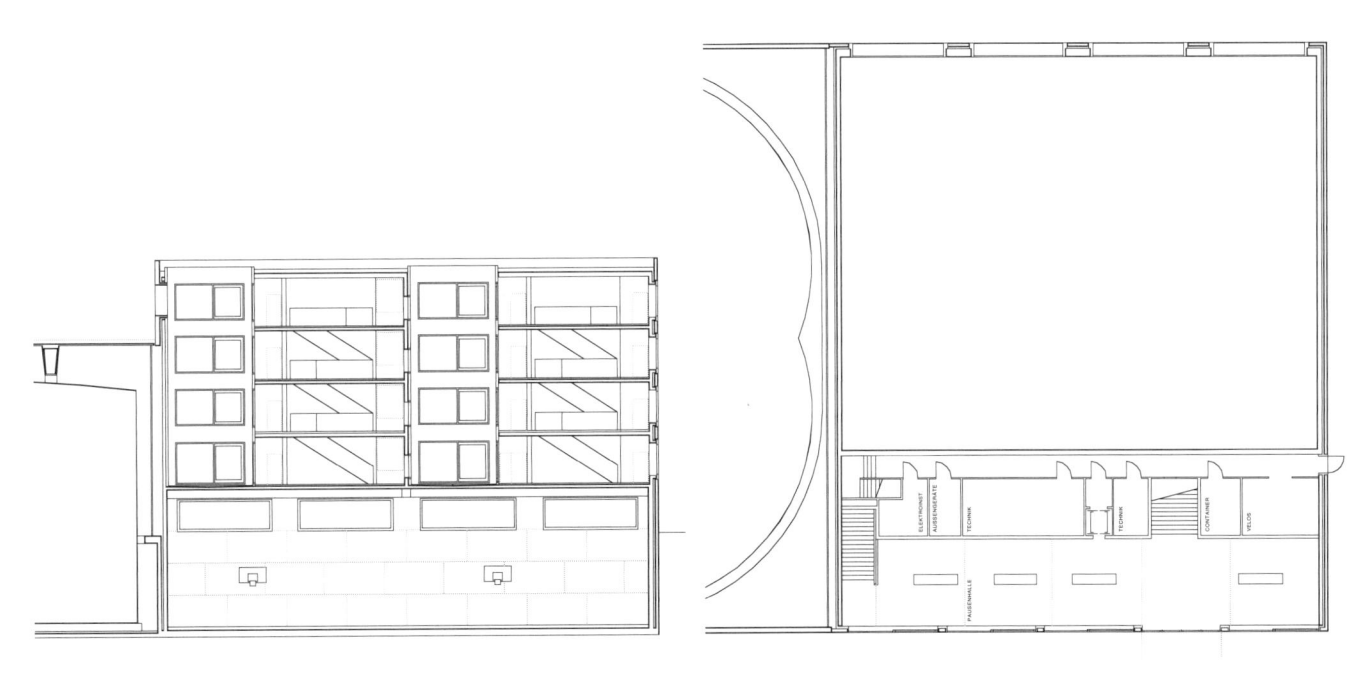

Ill. 159 : coupe longitudinale 1:500

Ill. 160 : plan du RDC 1:500

Structure porteuse – statique

L'usage mixte qui est fait du bâtiment (plusieurs étages dotés d'unités plus petites viennent se superposer à la vaste salle du gymnase) et la profondeur importante de la construction (environ 40 m) débouchent sur une réinterprétation inhabituelle de la construction massive. Le système statique, développé en collaboration avec le bureau d'études Conzett Bronzini Gartmann AG, de Coire, fait appel à un assemblage de dalles et de refends en béton qui ne nécessite pas de solives. Une dalle, couvrant 28 m et formant un porte-à-faux de 12 m sur la cour, repose sur deux murs parallèles ; elle supporte à son tour des voiles porteurs qui subdivisent le bâtiment en quatre strates. Les moments de torsion sont repris par les armatures précontraintes.

Inhérente à la construction massive, la liaison synthétique des fonctions séparatrice et porteuse confère une importance particulière à chaque élément, surtout lorsque, comme dans ce cas, la structure statique et la structure spatiale forment un seul objet. Aspect intéressant, le principe de construction mis en œuvre ici permet de soutenir les voiles en un seul et unique point et d'ouvrir de nouvelles perspectives de traitement architectural qu'il s'agit d'explorer.

Le principe sur lequel est basé l'édifice reste lisible sans toutefois être affiché ostensiblement. Les façades assurent le contreventement longitudinal du bâtiment, mais ne sont pas porteuses et ne sont liées à la structure porteuse que de manière ponctuelle. Le décalage des axes, notamment sur la façade ouest, permet de le détecter. La matérialité livre en outre des indications sur la statique : les éléments porteurs – dalle et refends – sont en béton apparent, à la différence des éléments non porteurs, réalisés en construction légère.

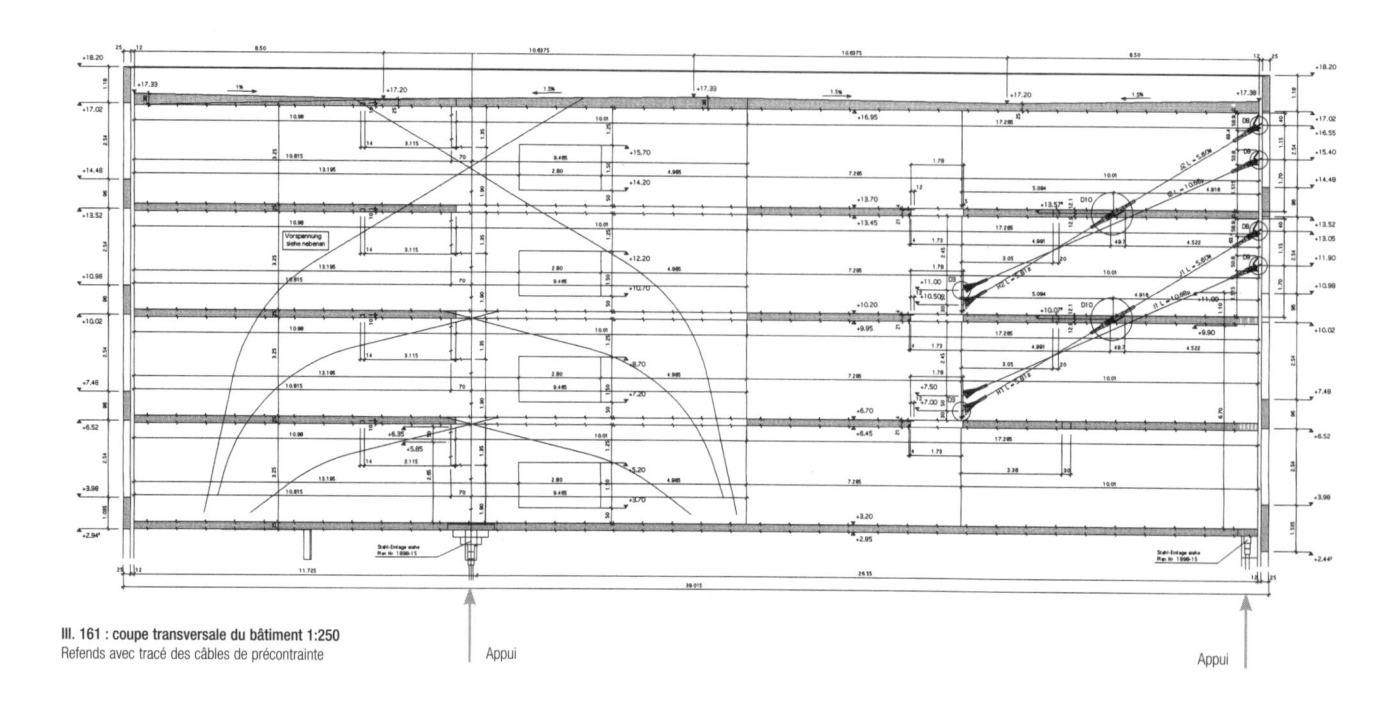

Ill. 162 : refend avec armature et câble de précontrainte

Ill. 161 : coupe transversale du bâtiment 1:250
Refends avec tracé des câbles de précontrainte

Façades extérieures et façades de l'atrium

Façades extérieures

L'organisation de la façade est largement indépendante de celle des espaces intérieurs. Les voiles des façades, constructions précontraintes à paroi unique, ne sont que ponctuellement solidaires des murs de refend. Bétonnée sans joints de dilatation et autonome du point de vue statique, la façade, telle une enveloppe indépendante, ceint la construction à refends. Le choix du même matériau pour la façade et les refends évite toute perception ambiguë et fragmentée du bâtiment.

Dans les façades articulées en bandes de béton apparent et de fenêtres métalliques, ni la structure spatiale ni l'immense profondeur ne sont perceptibles.

À l'intérieur, la différence entre structure et second œuvre se limite au simple ajout de cloisons et de doublage. Les contraintes statiques sont ainsi à peine perceptibles.

Façades donnant sur les atriums

Revêtus de panneaux de bois, couleur nacre, et de fenêtres en bois au nu extérieur, les atriums ressemblent à des insertions compactes et polies dans un monolithe en béton.

Ill. 163 : façade est

Ill. 164 : atrium

Ill. 165 : façade est avec empreinte du coffrage 1:500

BÂTIMENTS | Sélection d'ouvrages
École Volta, Bâle

Façades extérieures et façades des atriums

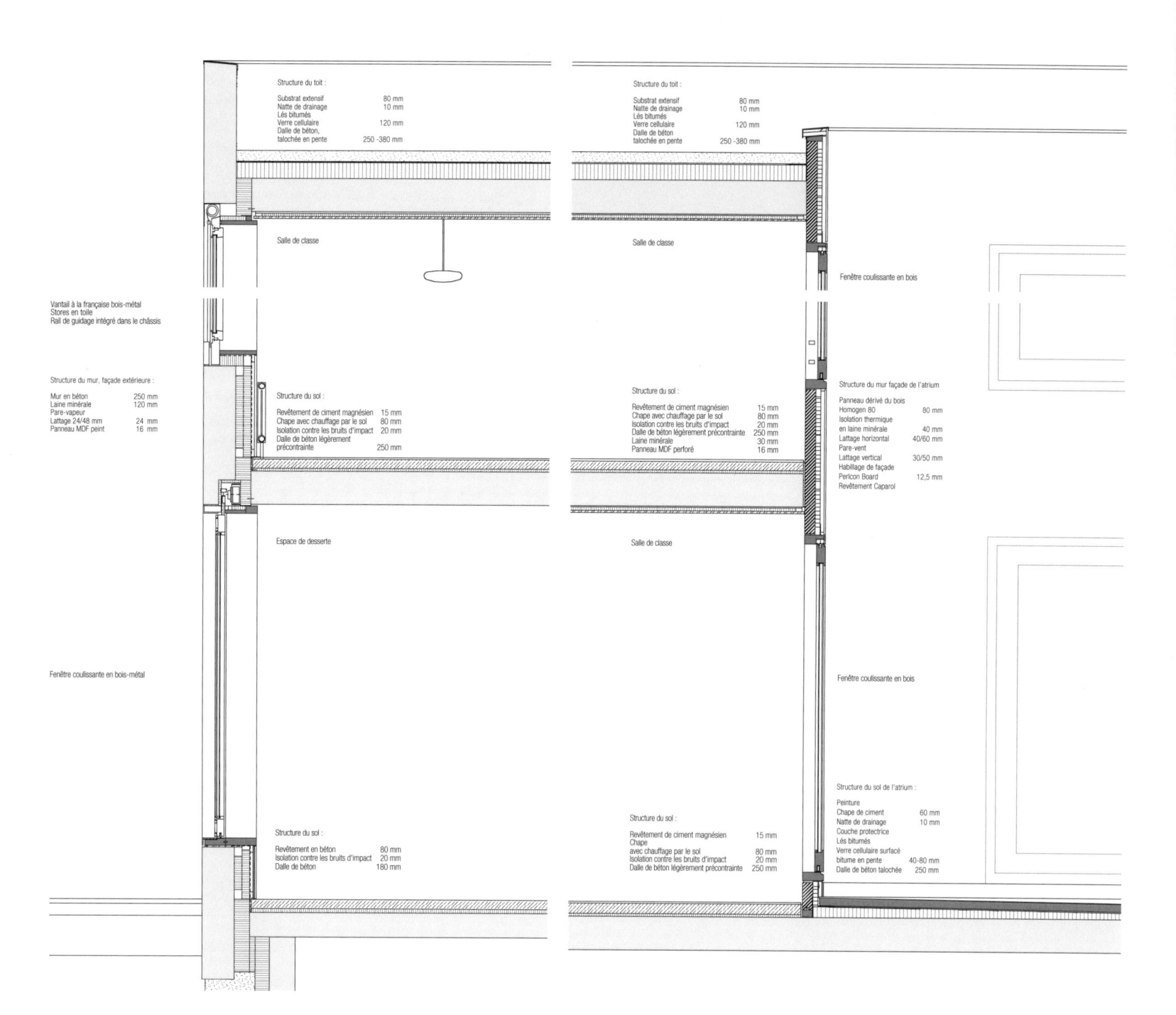

Structure du toit :
Substrat extensif	80 mm
Natte de drainage	10 mm
Lés bitumés	
Verre cellulaire	120 mm
Dalle de béton, talochée en pente	250 -380 mm

Salle de classe

Vantail à la française bois-métal
Stores en toile
Rail de guidage intégré dans le châssis

Structure du mur, façade extérieure :
Mur en béton	250 mm
Laine minérale	120 mm
Pare-vapeur	
Lattage 24/48 mm	24 mm
Panneau MDF peint	16 mm

Structure du sol :
Revêtement de ciment magnésien	15 mm
Chape avec chauffage par le sol	80 mm
Isolation contre les bruits d'impact	20 mm
Dalle de béton légèrement précontrainte	250 mm

Espace de desserte

Fenêtre coulissante en bois-métal

Structure du sol :
Revêtement en béton	80 mm
Isolation contre les bruits d'impact	20 mm
Dalle de béton	180 mm

Ill. 166 : coupe façade extérieure

Structure du toit :
Substrat extensif	80 mm
Natte de drainage	10 mm
Lés bitumés	
Verre cellulaire	120 mm
Dalle de béton talochée en pente	250 -380 mm

Salle de classe

Structure du sol :
Revêtement de ciment magnésien	15 mm
Chape avec chauffage par le sol	80 mm
Isolation contre les bruits d'impact	20 mm
Dalle de béton légèrement précontrainte	250 mm
Laine minérale	30 mm
Panneau MDF perforé	16 mm

Salle de classe

Structure du sol :
Revêtement de ciment magnésien	15 mm
Chape avec chauffage par le sol	80 mm
Isolation contre les bruits d'impact	20 mm
Dalle de béton légèrement précontrainte	250 mm

Fenêtre coulissante en bois

Structure du mur façade de l'atrium :
Panneau dérivé du bois	
Homogen 80	80 mm
Isolation thermique en laine minérale	40 mm
Lattage horizontal	40/60 mm
Pare-vent	
Lattage vertical	30/50 mm
Habillage de façade	
Perlcon Board	12,5 mm
Revêtement Caparol	

Fenêtre coulissante en bois

Structure du sol de l'atrium :
Peinture	
Chape de ciment	60 mm
Natte de drainage	10 mm
Couche protectrice	
Lés bitumés	
Verre cellulaire surfacé bitume en pente	40-80 mm
Dalle de béton talochée	250 mm

Ill. 167 : coupe façade de l'atrium

0   1   2,5 m

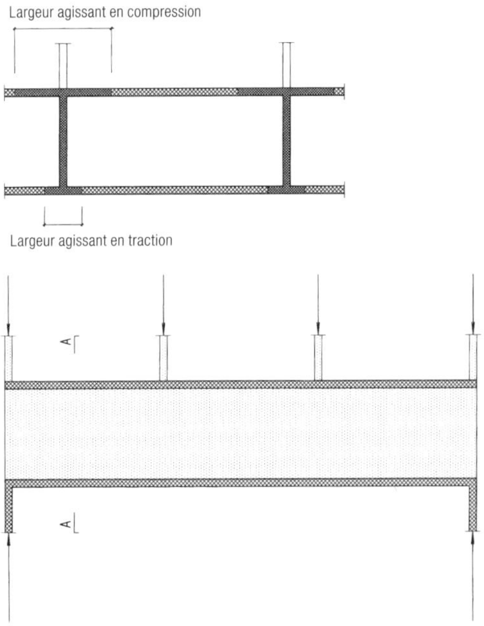

Annexe au thème de la structure porteuse
« Les voiles dans le bâtiment »

L'idée d'utiliser murs et dalles comme éléments continus et porteurs n'est pas nouvelle. La plupart du temps, ce principe n'est cependant appliqué que localement, dès lors que d'autres options ne sont pas possibles comme dans le cas de reprises ou de porte-à-faux d'étages lourds. Mis en œuvre de manière systématique comme concept architectural d'un immeuble, il peut cependant, en particulier lors de programmes de locaux complexes, aboutir à des solutions susceptibles d'offrir une alternative pertinente aux constructions à ossature.

Prenons comme point de départ de nos considérations un refend en béton armé, formant un ensemble solidaire avec les dalles inférieures et supérieures. Ce voile peut désormais être utilisé, par exemple, comme poutre de reprise à double section en T reportant les charges d'une rangée de poteaux vers les murs extérieurs (ill. 168). Il est toutefois possible de trouver des applications d'un intérêt et d'une polyvalence nettement supérieurs, si nous tirons parti du fait que les dalles des étages d'une construction sont, dans la plupart des cas, liaisonnées de manière fixe et à l'horizontale aux noyaux intérieurs et aux parois extérieures. Si cette condition est remplie, il suffit de trouver un seul appui au voile, quel qu'il soit, afin d'en faire un élément porteur stable et inamovible (ill. 169). La poutre porteuse de l'ill. 168 peut ainsi être partagée en deux voiles isolés, de dimensions inégales, sans perdre de sa capacité de charge (ill. 170).

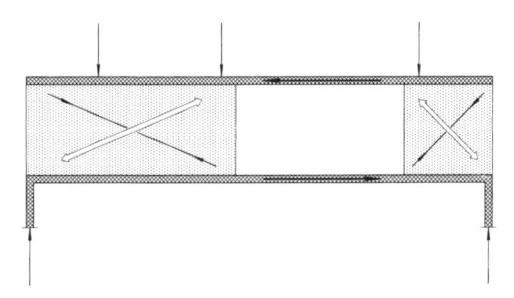

Ill. 168 : schémas de coupe
Refend servant de poutre de reprise de poteaux isolés (coupes transversale et longitudinale)

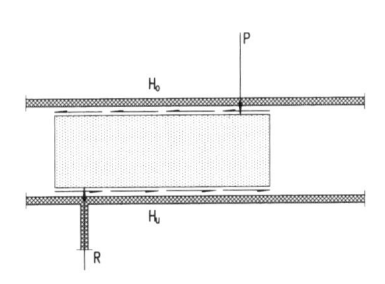

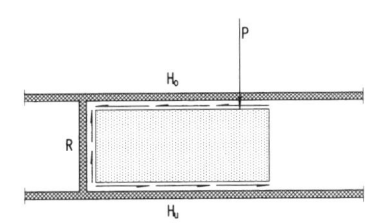

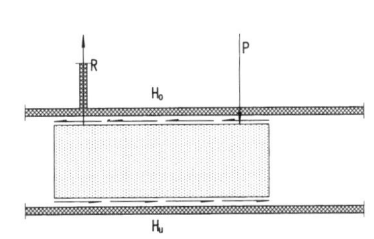

Ill. 169 : schémas de coupe
Refend à appuis ponctuels formant un élément porteur inamovible. L'effet de torsion résultant de la sollicitation P et de la réaction d'appui R, opposées l'une à l'autre, est neutralisé par le couple horizontal des forces H_o et H_u s'exerçant sur les dalles.

Ill. 170 : schéma de coupe
Poutre composée de deux refends de dimensions différentes

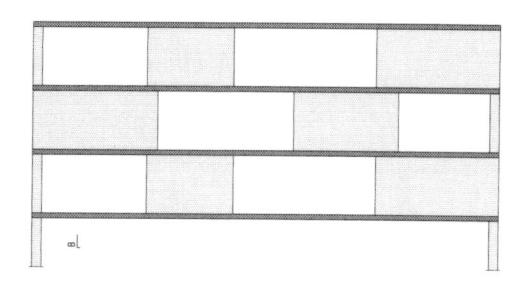

Ill. 171 : systèmes plans de refends fixes (système A)

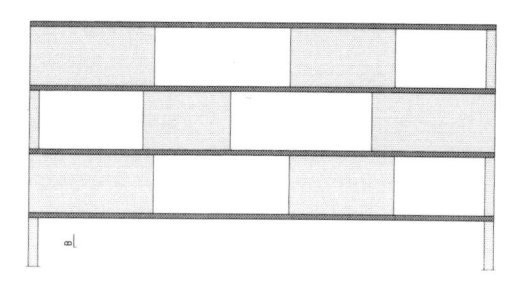

Ill. 172 : systèmes plans de refends fixes (système B)

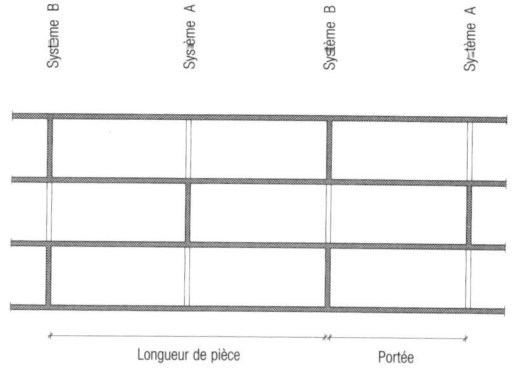

Ill. 173 : coupe B-B à travers plusieurs systèmes de l'ill. 171-172, alignés les uns derrière les autres

Les efforts horizontaux d'intensité variable exercés à partir des refends sur les dalles doivent cependant (conformément aux conditions énoncées plus haut) pouvoir être transmis aux fondations via des noyaux ou des parois extérieures rigides. Les dalles sont sollicitées de deux façons différentes : d'une part, elles ont un effet statique de par leur fonction de dalles reportant, par flexion, sur les refends les charges reprises (c'est là la fonction classique des dalles) et, d'autre part, elles jouent un rôle porteur en tant que voiles dans l'assemblage avec les murs de refend (et ont à cet égard une fonction semblable à celle des ailes d'un profilé laminé). Les dalles des étages deviennent ainsi des éléments porteurs synthétiques dits interactifs qui assument en même temps plusieurs fonctions statiques. Les parties sollicitées en interaction sont depuis longtemps monnaie courante dans la construction de ponts : ainsi, le tablier d'un pont à poutre-caisson, par exemple, doit, de par son rôle de dalle, transmettre aux âmes des caissons les charges de roues perpendiculairement à l'axe du pont, tandis qu'il agit simultanément dans le sens longitudinal du pont en tant que semelle supérieure porteuse. Dans le bâtiment cependant, la sollicitation émanant de l'action des refends est en général si faible que le dimensionnement habituel en fonction de la flexion des dalles suffit largement à en définir l'épaisseur. Pour le dimensionnement des armatures, on peut se contenter de tenir compte des forces exercées sur les refends.

Un refend fixe peut aussi servir de poutre d'appui ou de suspension pour un autre refend, il est ainsi possible de créer des systèmes entiers de voiles porteurs (ill. 171 et 172). Comme susmentionné, il suffit qu'ils se touchent en n'importe quel point. Dans ce contexte, soit les dalles reposent sur les refends, soit elles sont suspendues à ceux-ci, peu importe en effet que le voile soit au-dessus ou au-dessous ; en choisissant des systèmes de refends complémentaires, la portée de la dalle peut même être réduite à la moitié de la longueur de la pièce (ill. 173).

BÂTIMENTS | **Sélection d'ouvrages**

École Volta, Bâle

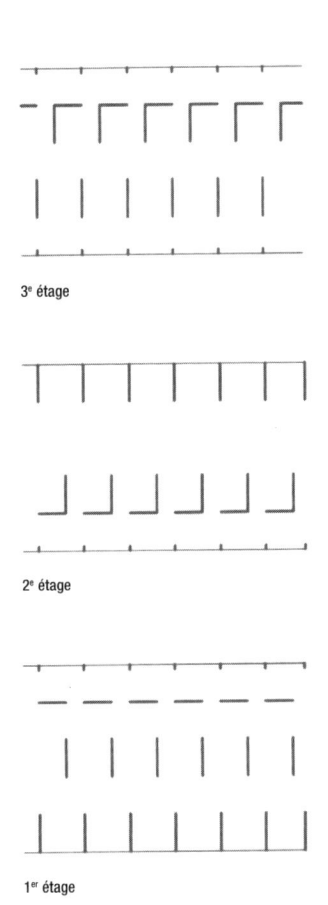

3ᵉ étage

2ᵉ étage

1ᵉʳ étage

Ill. 174 : plans schématiques de la coupe axonométrique (ci-dessous)

Les systèmes de refends fixes ne sont pas limités à un seul niveau. Tous les refends peuvent être coudés ou pivotés les uns par rapport aux autres sans porter atteinte à leur capacité portante ou sans rendre leur fabrication plus complexe (ill. 175). De multiples combinaisons sont envisageables tant que sont remplies les conditions requises pour les dalles horizontalement fixes et pour les refends maintenus au moins en un point. Toutefois, seuls les éléments de construction déjà présents sont utilisés pour la transmission des efforts : nervures, sommiers ou supports linéaires ont disparu.

Plusieurs exemples examinés dans le détail montrent que des portées allant jusqu'à 40 m peuvent être réalisées sans grand déploiement de moyens dans le cas de bâtiments de trois étages et plus. L'épaisseur des voiles bétonnés est ici de 20 à 35 cm. La conception et l'exécution de ce système sont simples et économiques, mais exigent dès le début du projet une étroite collaboration entre l'architecte et l'ingénieur et laissent peu de marge à l'improvisation.

Extrait de : *Werk, Bauen+Wohnen 9/97*.

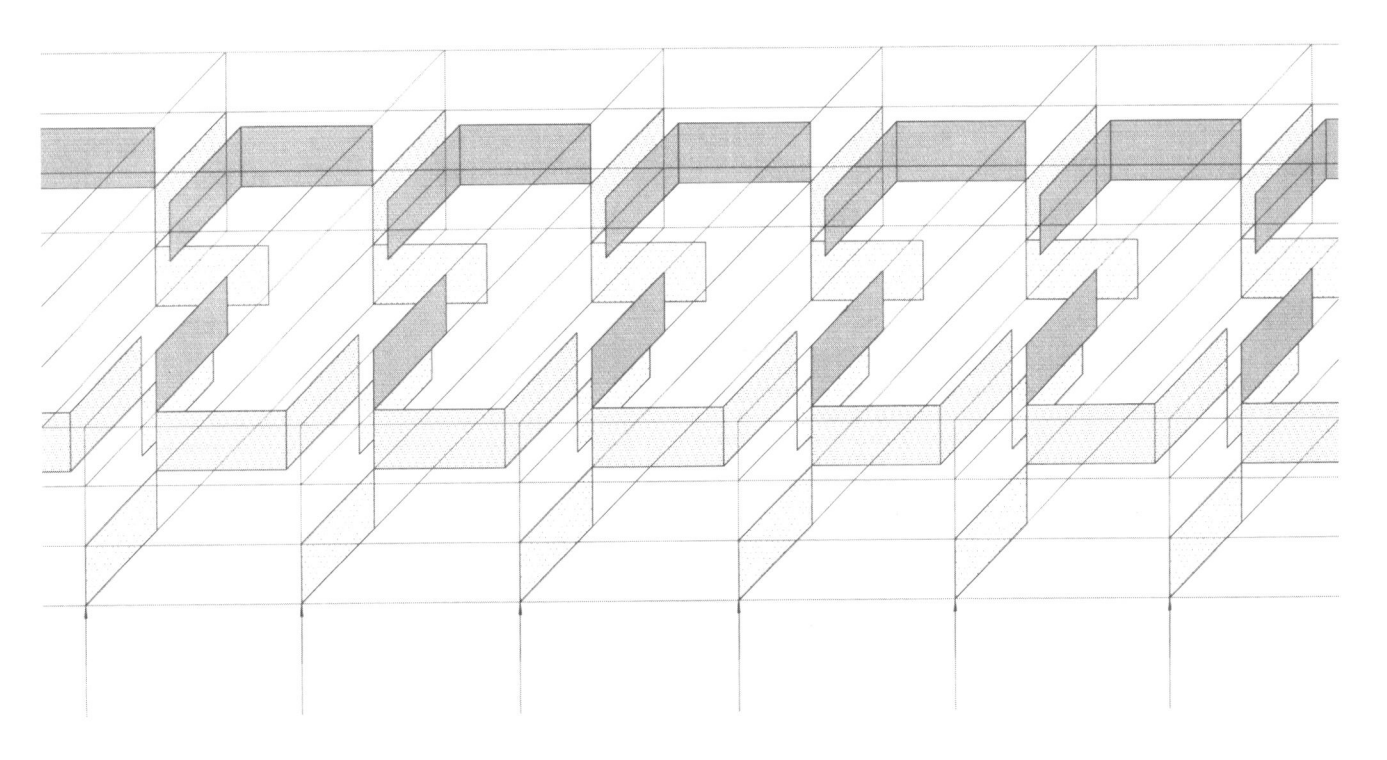

Ill. 175 : coupe axonométrique d'un schéma de principe pour un système de refends fixes

BÂTIMENTS — Sélection d'ouvrages — Exemple

Hochschule Sihlhof, Zurich
Giuliani Hönger

Lorenzo Giuliani, Christian Hönger, Patric Allemann

Architectes : Giuliani Hönger, Zurich
Réalisation : 2001-2003
Chefs de projet : Lorenzo Giuliani
Christian Hönger
Marcel Santer
Direction des travaux : Bosshard + Partner, Zurich
Statique : Dr. Lüchinger + Meyer, Zurich

Concept et urbanisme

Le concept de cet ensemble est marqué par sa grande complexité : dotées d'un ambitieux programme de locaux, mais encore mal défini au début du dessin des plans, deux instituts universitaires différents devaient être regroupés en un seul bâtiment en centre-ville. Pour écourter les délais de conception et de construction, le nouvel édifice devait être conforme aux règles de construction en vigueur, le temps nécessaire à une longue procédure de modification du plan d'aménagement faisant défaut. Dans ce contexte hétérogène, il s'agissait bien entendu de formuler une démarche urbanistique et architectonique convaincante.

À partir du volume maximal admis du point de vue des règles d'urbanisme, les différentes parties du bâtiment sont conçues en tenant compte à chaque fois de leur environnement. Sur la Lagerstrasse se dresse une grande façade de cinq à sept étages, une « faille » étant respectueusement laissée le long d'un immeuble de commerces classé monument historique et datant des années 1950. Cette façade s'abaisse graduellement pour se conformer à la hauteur des édifices voisins, côté cour. Tenant compte des saillies admises par la législation, les décrochements sont conçus pour que le bâtiment acquière une forme cohérente et un caractère sculptural. Une large utilisation des génératrices a permis de créer aussi le volume le plus important possible pour ce vaste programme.

À l'instar de la forme de l'école, la façade reflète l'environnement urbain. Le revêtement beige en pierre reconstituée intègre l'édifice à son voisinage, tandis que le dessin structuré, marqué par des largeurs de piliers soumises à de subtiles variations, fait l'objet d'une lecture légèrement distanciée et confère ainsi son autonomie à l'école.

Ill. 177 : plan de situation

Ill. 176 : vue depuis la Kasernenstrasse
L'entrée principale est mise en valeur par l'amphithéâtre en porte-à-faux. À gauche, la « faille » visible avec l'immeuble voisin.

Ill. 178 : vue du côté cour

Structure spatiale

En coupe, la grande profondeur du bâtiment est compensée par l'insertion de deux atriums décalés l'un par rapport à l'autre. Se touchant sur une « face », ces cours sont assemblées en une figure continue qui, à l'instar de l'atrium de l'université de Zurich et du hall central du bâtiment principal de l'EPFZ, génère une identité forte. Selon le lieu et l'angle d'observation, on perçoit cette figure comme un volume intérieur unique mais « plié » ou comme deux cours séparées. Conformément à la double utilisation du bâtiment, chaque cour est affectée à une école : tandis que la Fachhochschule für Wirtschaft und Werbung s'articule autour de la cour supérieure éclairée par un jour zénithal, la Pädagogische Hochschule est construite autour de la cour inférieure, baignant dans une lumière diffuse provenant d'un éclairage latéral. Généreuses, leurs dimensions en hauteur engendrent un espace urbain au meilleur sens du terme, adapté au fonctionnement d'une école supérieure.

Le grand amphithéâtre, le seul de l'édifice, est aménagé de manière à être accessible des deux écoles par un petit foyer indépendant et à rester ouvert aux usagers extérieurs. En légère saillie de la façade, il met en valeur l'entrée principale et délimite le hall avant que la cour intérieure ne s'ouvre en hauteur. Espace spécifique, l'amphithéâtre est comme inséré dans le plan, tandis que les salles de cours et de travail sont disposées tout le long de la façade. Leur extension, les atriums et les salles annexes génèrent la forme de la distribution. Celle-ci se modifie en raison du rétrécissement vertical du bâtiment et des redents des deux cours tous les deux

Ill. 179 : atrium inférieur
À droite au-dessus de l'entrée, le foyer de l'amphithéâtre

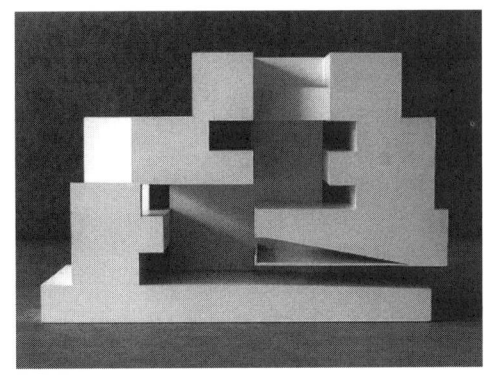

Ill. 180 : maquette de coupe
Les atriums inférieur et supérieur sont assemblés en une figure spatiale.

étages. L'orientation dans ce bâtiment complexe reste facile et claire étant donné la permanence des rapports visuels établis avec la cour. Pour des motifs de gain de place, il n'y a pas de mise en scène des dessertes verticales, ce qui profite aux atriums. Les trois cages d'escalier servent également d'issues de secours.

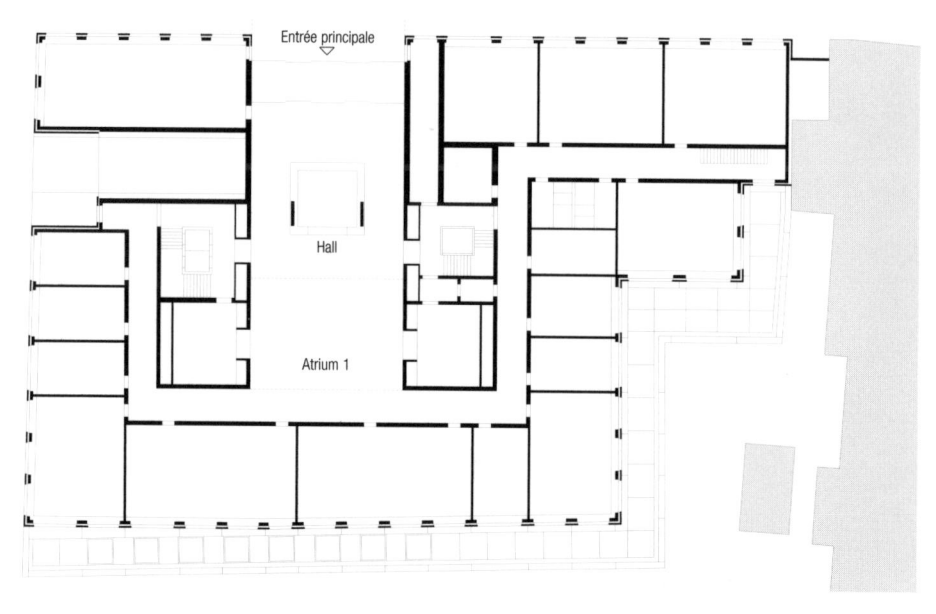

BÂTIMENTS	Sélection d'ouvrages
	Hochschule Sihlhof, Zurich

Ill. 181 : plan du rez-de-chaussée 1:600

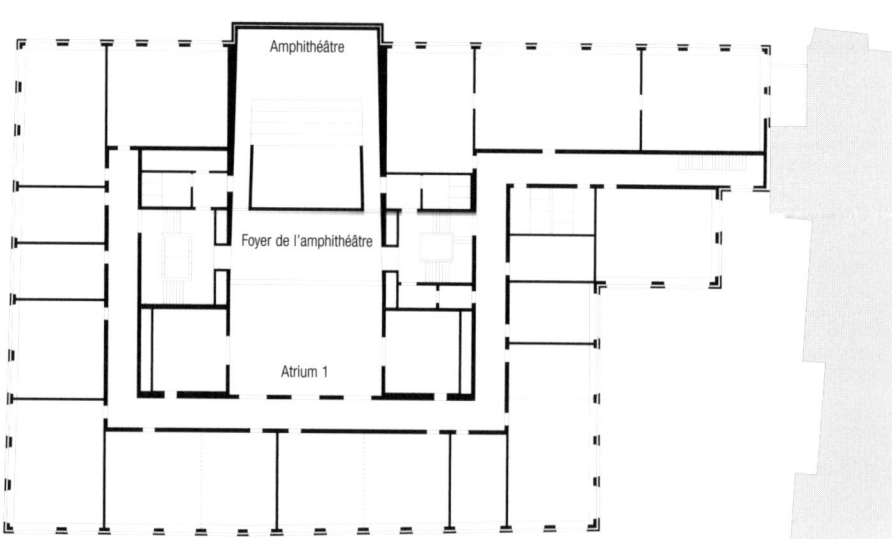

Ill. 182 : plan du 1er étage 1:600

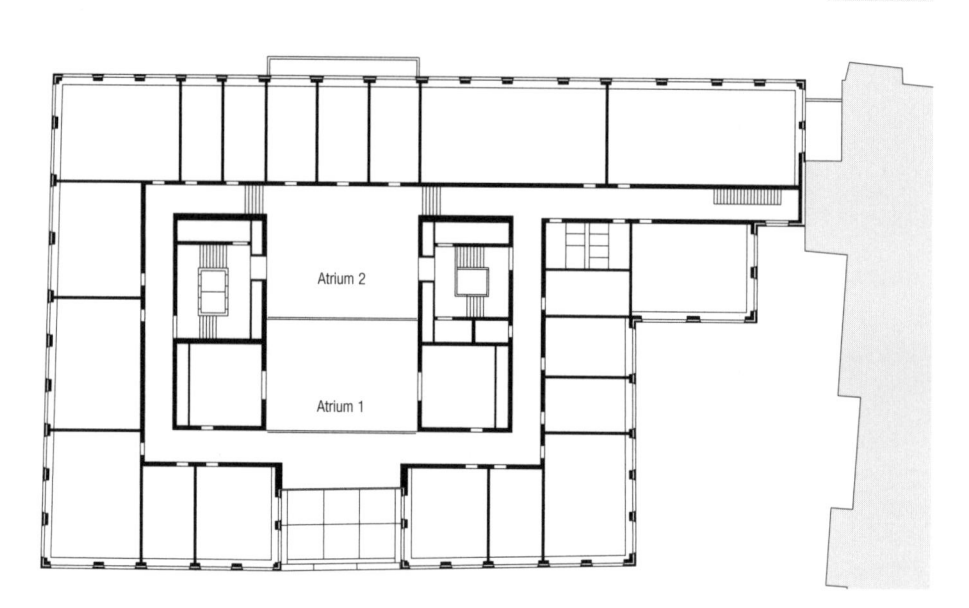

Ill. 183 : plan du 2e étage 1:600

BÂTIMENTS | Sélection d'ouvrages

Hochschule Sihlhof, Zurich

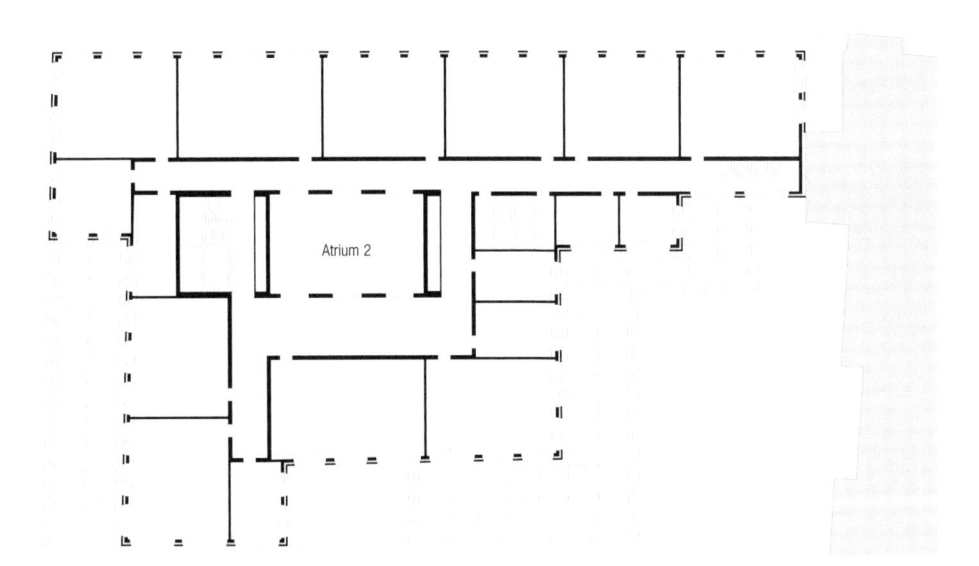

Ill. 184 : plan du 3ᵉ étage 1:600

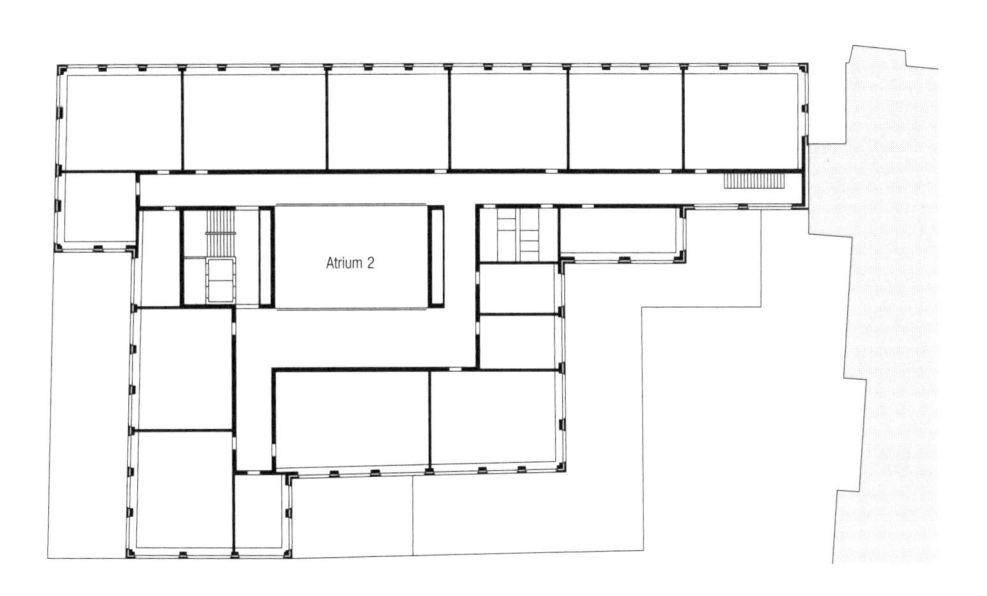

Ill. 185 : plan du 4ᵉ étage 1:600

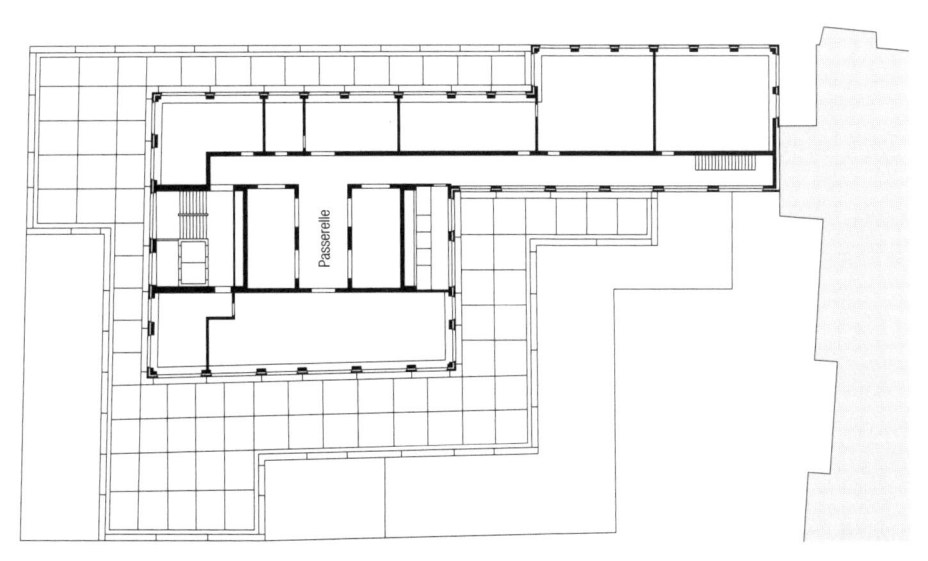

Ill. 186 : plan du 5ᵉ étage 1:600

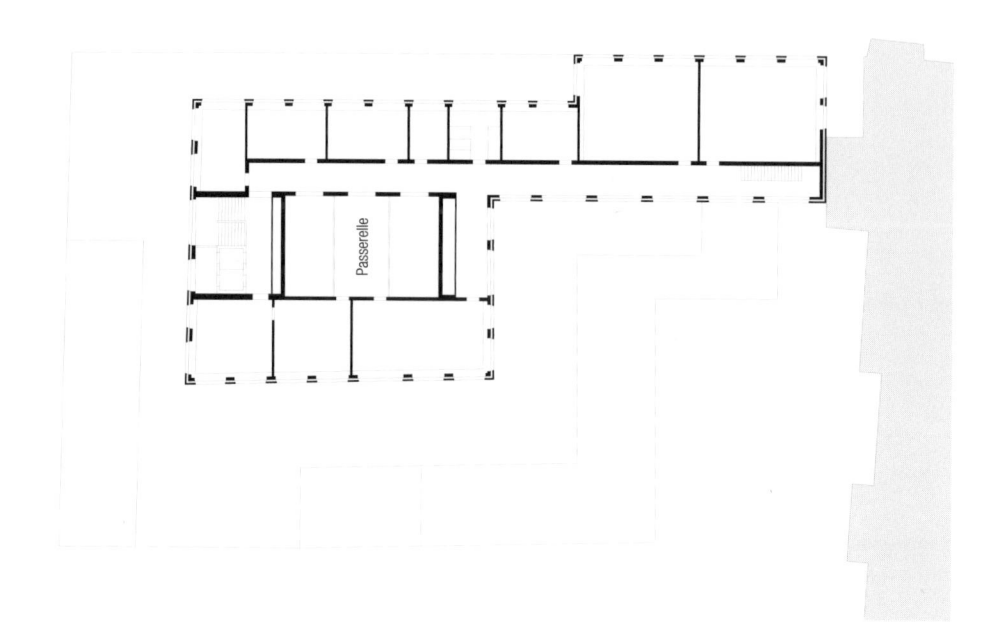

BÂTIMENTS   Sélection d'ouvrages
Hochschule Sihlhof, Zurich

Ill. 187 : plan du 6ᵉ étage 1:600

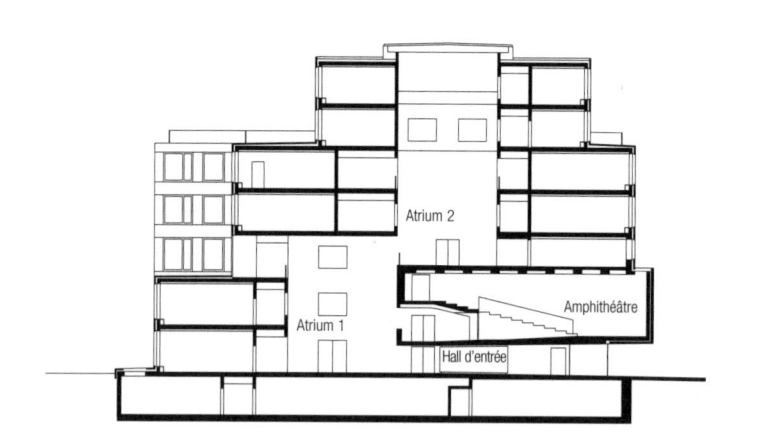

Ill. 188 : coupe transversale 1:600

Ill. 189 : coupe longitudinale 1:600 mm

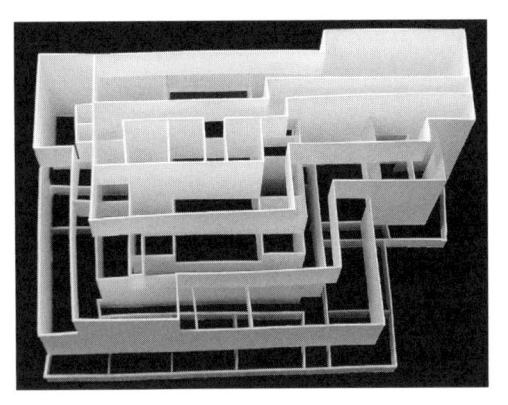

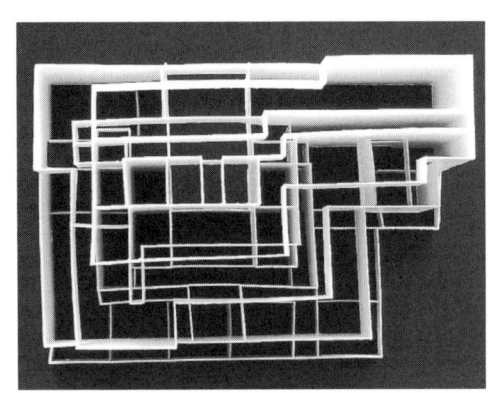

Ill. 190 et 191 : maquette de principe de la structure porteuse verticale
Les voiles porteurs sont superposés de différentes manières et se croisent d'étage en étage.

Structure porteuse

En raison de l'aménagement en gradins côté cour et des atriums décalés l'un par rapport à l'autre, le bâtiment ne présente que peu de murs porteurs traversant tous les étages. Les principaux éléments porteurs verticaux sont formés par des voiles en béton armé superposés et qui se croisent d'étage en étage. Ceux-ci constituent en même temps les façades et les parois en béton apparent des espaces de distribution (cf. ill. 190 et 191). Les charges sont reprises par ces voiles porteurs et, aux croisements, transférées vers le bas de manière concentrée.

Dans ce système, percer les voiles pour les portes et les fenêtres pose un problème : afin de maintenir la capacité portante, l'épaisseur des poutres autour des ouvertures (linteaux de porte et de fenêtre, seuils de porte, allèges), ainsi que celle des dalles, est renforcée de manière suffisante. Pour les terrasses en gradins côté cour, les voiles porteurs très ajourés de la façade sont associés à des dalles en béton armé de 30 cm d'épaisseur. Autour des atriums, les refends de béton présentent moins d'ouvertures et peuvent ainsi franchir de plus grandes portées. Les dalles, par exemple celle couvrant la cour inférieure ou celle du plancher de l'amphithéâtre, sont en partie suspendues à ces voiles porteurs.

En dépit de la statique ambitieuse, les sévères exigences formelles en matière de coffrage et de qualité de surface des murs intérieurs en béton apparent devaient être satisfaites.

Dans le cadre des limites spécifiées par le quadrillage des fenêtres et par les portes dans les murs des corridors, les salles de cours et d'études peuvent être divisées de manière flexible, en dépit de la construction massive.

Ill. 192 : atrium supérieur, vue sur le niveau de l'entrée
Les voiles en porte-à-faux agissent comme des poutres de hauteur d'étage.

BÂTIMENTS

Sélection d'ouvrages

Hochschule Sihlhof, Zurich

Ill. 193 : plan d'exécution du 1er étage 1:50
(réduction à l'échelle 1:200)

BÂTIMENTS — Sélection d'ouvrages

Hochschule Sihlhof, Zurich

Matérialisation et construction

La façade ainsi que les terrasses sont revêtues de dalles préfabriquées et polies en pierre reconstituée. La tonalité jaune-beige du calcaire du Jura, mis en valeur par le polissage, renvoie aux teintes des constructions voisines telles que la poste de Sihl et l'immeuble de bureaux, classé monument historique, au coin de la rue. La façade est marquée par des piliers, en légère saillie, et des allèges, toutes de même taille, à joints fermés. À première vue, elle peut être lue comme une façade structurée de grande échelle. En raison des décalages des piliers entre les étages – dus à l'organisation interne –, une apparence nouvelle se profile dans un second temps, gagnant considérablement en souplesse par rapport au quadrillage des façades traditionnelles. Les bords des dalles en pierre reconstituée, d'une épaisseur de 12 cm, ne sont jamais visibles : tous les angles et toutes les arêtes sont modelés par des éléments tridimensionnels, ce qui renforce encore l'allure plastique du bâtiment.

Les trois types de fenêtres, de tailles différentes, sont structurés selon le principe de la fenêtre à caisson. Alors que le vitrage intérieur garantit l'isolation thermique, le vitrage extérieur sert à l'isolation phonique et à la protection des pare-soleil intégrés. Le faible retrait des vitrages extérieurs par rapport au revêtement crée un fin relief et pare la façade d'un subtil jeu d'ombres.

Les claires parois en béton apparent et les sols en trachyte vénitien affichent l'intention des concepteurs de traiter les atriums et la zone de desserte comme un espace urbain. Selon cette même logique, l'amphithéâtre est revêtu du même matériau pour devenir un lieu de rassemblement. Dans les salles de cours en revanche, les sols en linoléum ou les moquettes, les murs recouverts d'une tapisserie en fibre de verre peinte en blanc, ainsi que les banquettes des fenêtres et les vantaux en bois concourent à créer une atmosphère accueillante. L'épaisseur de 30 cm des dalles brutes, imposée par la statique, a permis de poser à même le béton lissé tous les revêtements de sol sans isolation contre les bruits d'impact ni chapes. Grâce à la suppression du (long) temps de séchage de la chape, le processus de construction a été considérablement abrégé.

Ill. 195 : salle de cours

Ill. 194 : terrasse côté cour
Les terrasses et les façades sont revêtues de dalles polies en pierre reconstituée et les éléments d'angles et d'arêtes sont tridimensionnels.

BÂTIMENTS — Sélection d'ouvrages

Hochschule Sihlhof, Zurich

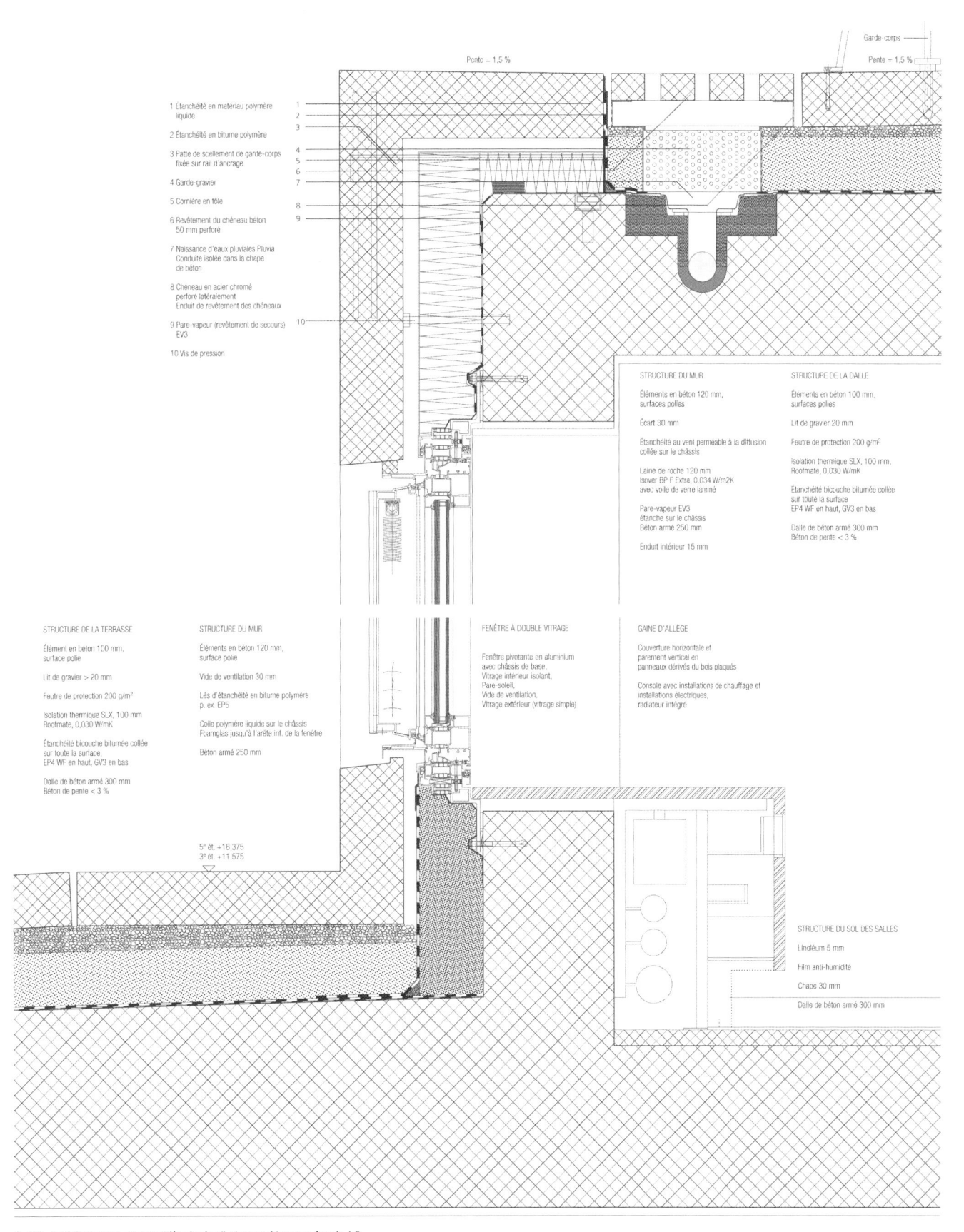

Pente ~ 1,5 %
Garde-corps
Pente = 1,5 %

1 Étanchéité en matériau polymère liquide
2 Étanchéité en bitume polymère
3 Patte de scellement de garde-corps fixée sur rail d'ancrage
4 Garde-gravier
5 Cornière en tôle
6 Revêtement du chèneau béton 50 mm perforé
7 Naissance d'eaux pluviales Pluvia Conduite isolée dans la chape de béton
8 Chéneau en acier chromé perforé latéralement Enduit de revêtement des chèneaux
9 Pare-vapeur (revêtement de secours) EV3
10 Vis de pression

STRUCTURE DU MUR

Éléments en béton 120 mm, surfaces polies

Écart 30 mm

Étanchéité au vent perméable à la diffusion collée sur le châssis

Laine de roche 120 mm Isover BP F Extra, 0,034 W/m2K avec voile de verre laminé

Pare-vapeur EV3 étanche sur le châssis Béton armé 250 mm

Enduit intérieur 15 mm

STRUCTURE DE LA DALLE

Éléments en béton 100 mm, surfaces polies

Lit de gravier 20 mm

Feutre de protection 200 g/m²

Isolation thermique SLX, 100 mm, Roofmate, 0,030 W/mK

Étanchéité bicouche bitumée collée sur toute la surface EP4 WF en haut, GV3 en bas

Dalle de béton armé 300 mm Béton de pente < 3 %

STRUCTURE DE LA TERRASSE

Élément en béton 100 mm, surface polie

Lit de gravier > 20 mm

Feutre de protection 200 g/m²

Isolation thermique SLX, 100 mm Roofmate, 0,030 W/mK

Étanchéité bicouche bitumée collée sur toute la surface, EP4 WF en haut, GV3 en bas

Dalle de béton armé 300 mm Béton de pente < 3 %

5ᵉ ét. +18,375
3ᵉ ét. +11,575

STRUCTURE DU MUR

Éléments en béton 120 mm, surface polie

Vide de ventilation 30 mm

Lés d'étanchéité en bitume polymère p. ex. EP5

Colle polymère liquide sur le châssis Foamglas jusqu'à l'arête inf. de la fenêtre

Béton armé 250 mm

FENÊTRE À DOUBLE VITRAGE

Fenêtre pivotante en aluminium avec châssis de base, Vitrage intérieur isolant, Pare-soleil, Vide de ventilation, Vitrage extérieur (vitrage simple)

GAINE D'ALLÈGE

Couverture horizontale et parement vertical en panneaux dérivés du bois plaqués

Console avec installations de chauffage et installations électriques, radiateur intégré

STRUCTURE DU SOL DES SALLES

Linoléum 5 mm

Film anti-humidité

Chape 30 mm

Dalle de béton armé 300 mm

Ill. 196 : bord de terrasse avec gouttière (en haut) et raccord terrasse-façade 1:5
(réduction à l'échelle 1:10)

Installations techniques

Construire avec des dalles massives augmente de beaucoup la masse d'accumulation et améliore en toute saison le confort dans les pièces grâce à leur inertie thermique. Pour des raisons de confort, toutes les salles de cours bénéficient d'une ventilation mécanique (nuisances sonores importantes venant de la Lagerstrasse), mais il reste néanmoins possible d'aérer naturellement les locaux (en ouvrant les fenêtres). L'amphithéâtre et les salles informatiques sont climatisés. Les stores à lamelles servant de pare-soleil sont commandés en fonction de la lumière du jour et permettent ainsi l'optimisation du budget énergétique. La production et la répartition de chaleur sont classiques. La fonction de salle de classe requérant un réglage thermique rapide, le bâtiment est chauffé par des radiateurs intégrés dans la zone des allèges.

L'air entrant et sortant est guidé dans la dalle suspendue de l'espace de desserte. Les conduites d'électricité et de chauffage ainsi que le réseau informatique passent dans les gaines des allèges le long de la façade.

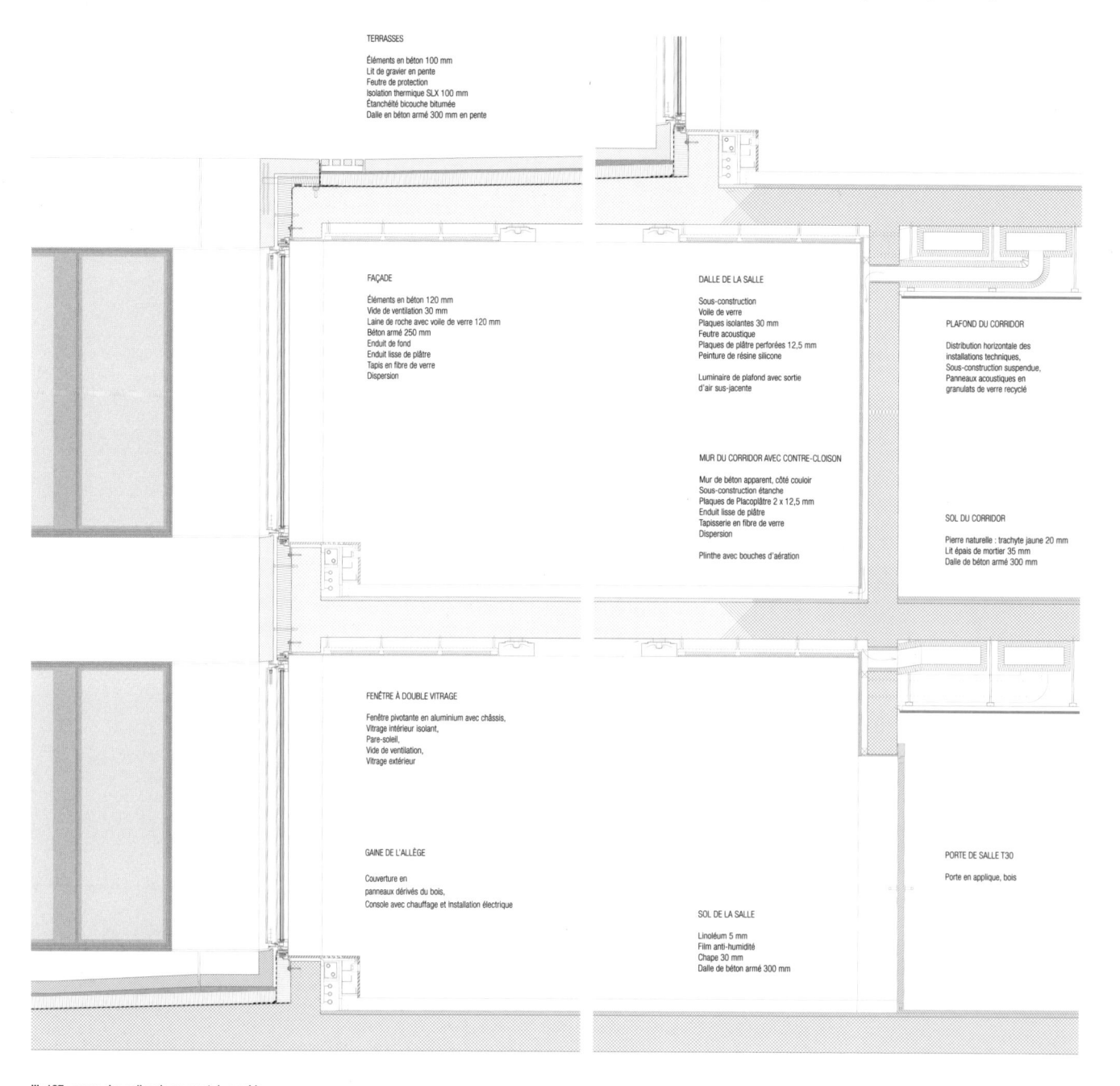

TERRASSES
Éléments en béton 100 mm
Lit de gravier en pente
Feutre de protection
Isolation thermique SLX 100 mm
Étanchéité bicouche bitumée
Dalle en béton armé 300 mm en pente

FAÇADE
Éléments en béton 120 mm
Vide de ventilation 30 mm
Laine de roche avec voile de verre 120 mm
Béton armé 250 mm
Enduit de fond
Enduit lisse de plâtre
Tapis en fibre de verre
Dispersion

DALLE DE LA SALLE
Sous-construction
Voile de verre
Plaques isolantes 30 mm
Feutre acoustique
Plaques de plâtre perforées 12,5 mm
Peinture de résine silicone

Luminaire de plafond avec sortie d'air sus-jacente

PLAFOND DU CORRIDOR
Distribution horizontale des installations techniques,
Sous-construction suspendue,
Panneaux acoustiques en granulats de verre recyclé

MUR DU CORRIDOR AVEC CONTRE-CLOISON
Mur de béton apparent, côté couloir
Sous-construction étanche
Plaques de Placoplâtre 2 x 12,5 mm
Enduit lisse de plâtre
Tapisserie en fibre de verre
Dispersion
Plinthe avec bouches d'aération

SOL DU CORRIDOR
Pierre naturelle : trachyte jaune 20 mm
Lit épais de mortier 35 mm
Dalle de béton armé 300 mm

FENÊTRE À DOUBLE VITRAGE
Fenêtre pivotante en aluminium avec châssis,
Vitrage intérieur isolant,
Pare-soleil,
Vide de ventilation,
Vitrage extérieur

GAINE DE L'ALLÈGE
Couverture en panneaux dérivés du bois,
Console avec chauffage et installation électrique

SOL DE LA SALLE
Linoléum 5 mm
Film anti-humidité
Chape 30 mm
Dalle de béton armé 300 mm

PORTE DE SALLE T30
Porte en applique, bois

Ill. 197 : coupe des salles de cours et du corridor
Les conduites sont réparties dans les gaines des allèges le long de la façade et dans les dalles suspendues des corridors.

École Im Birch, Zurich
Peter Märkli

Marius Hug

Centre de Zurich-Nord

Les restructurations et les décentralisations qui ont frappé les industries d'Oerlikon ont provoqué la mutation fulgurante d'une zone intra-urbaine d'environ 60 ha. Les immenses bâtiments de production existants, avec leur typologie, ainsi que la proximité de quatre grands parcs, plus ou moins vastes – un concept d'espaces libres –, représentent le point de départ formel d'une restructuration urbaine à long terme. Cette base de planification est le fruit d'un concours d'urbanisme lancé en 1992 pour le centre de Zurich-Nord, un nouveau quartier devant accueillir 5000 habitants et offrir 12 000 emplois.

L'école Im Birch, située à la limite nord de la zone d'aménagement, est le plus grand établissement scolaire zurichois. Sur deux sites constructibles, avec spécification des hauteurs maximales, cet établissement scolaire est destiné à recevoir 700 élèves. Les dimensions ainsi que la complexité des exigences fonctionnelles liées à la juxtaposition de classes différentes (écoles enfantine, primaire, secondaire, crèche, espaces collectifs et gymnase) représentent un défi de taille pour l'organisation spatiale de cet ensemble. Il convient en outre de concevoir une structure d'immeubles susceptible de permettre des ajustements futurs et de prendre en compte les aspects pédagogiques des méthodes actuelles d'enseignement.

Ill. 198 : maquette
Centre de Zurich-Nord. État final Z4. Maquette 1:1000, vue du côté sud

Ill. 199 : vue du complexe

Architectes :	Peter Märkli en collaboration avec Gody Kühnis, Zurich
Réalisation :	2001-2004
Chefs de projet :	Jakob Frischknecht Christof Ansorge
Architectes paysagistes :	Zulauf Seippel Schweingruber, Baden
Statique :	Bänziger + Bacchetta + Fehlmann, Zurich
Entreprise générale :	Bauengineering AG, Saint-Gall

Situation

Sur le terrain, Peter Märkli édifie deux bâtiments, l'un plat en deux volumes décalés, et l'autre, compact et plus élevé. Leur orientation et leurs « soustractions » volumétriques instaurent une relation précise entre eux, ce qui permet de les interpréter comme un volume continu. Le gymnase et, en retrait, l'aile de quatre étages structurent la partie nord, qui abrite l'école primaire et les espaces communs tels que la salle polyvalente, la bibliothèque et la cantine.

Le bâtiment sud, de quatre étages, en arrière de l'alignement du terrain, abrite l'école secondaire et enfantine (les hauteurs de plafond sont ici de 3,50 m, contre 3 m dans le bâtiment nord), l'abri à vélos constituant la limite sud. Cette esplanade fait partie d'une succession de places et est, en même temps, un trait d'union entre les parcs Oerliker à l'ouest et Friedrich-Traugott-Wahlen à l'est. Des dalles de grand format, en béton coulé sur place, forment un revêtement de sol continu qui se démarque clairement, par sa matérialité et sa configuration, du réseau contigu d'allées et confère à l'établissement une vocation expressément publique dans le centre de Zurich-Nord.

L'articulation de ces volumes définit, avec les constructions avoisinantes et les parcs, des espaces extérieurs circonscrits de manière diverse. Cette stratégie permet d'attribuer à chaque niveau scolaire de ce vaste ensemble ses accès propres tout en intégrant parfaitement le complexe à l'environnement.

Ill. 200 : maquette 1:500

Ill. 201 : plan de situation 1:3000

BÂTIMENTS | **Sélection d'ouvrages**
École Im Birch, Zurich

Entrée de l'école secondaire

Entrée de l'école enfantine

Entrée de l'école primaire

Entrée des espaces communs et du gymnase

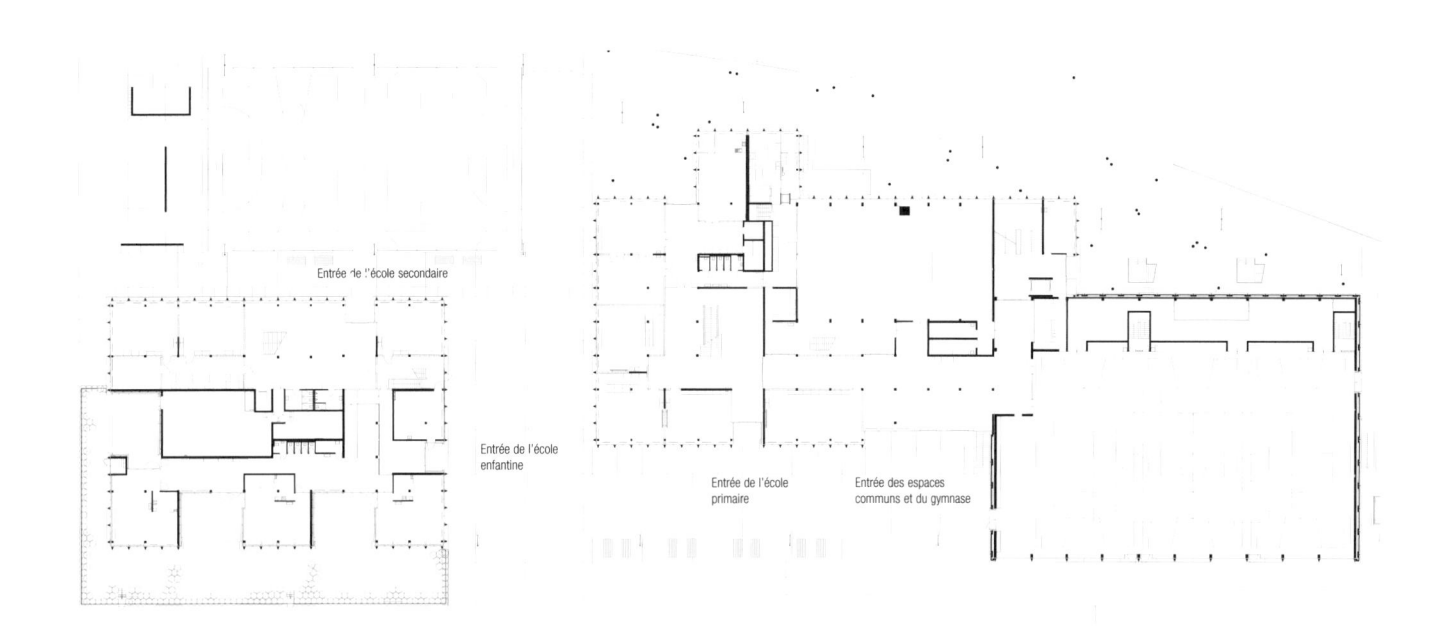

Ill. 202 : plan du rez-de-chaussée

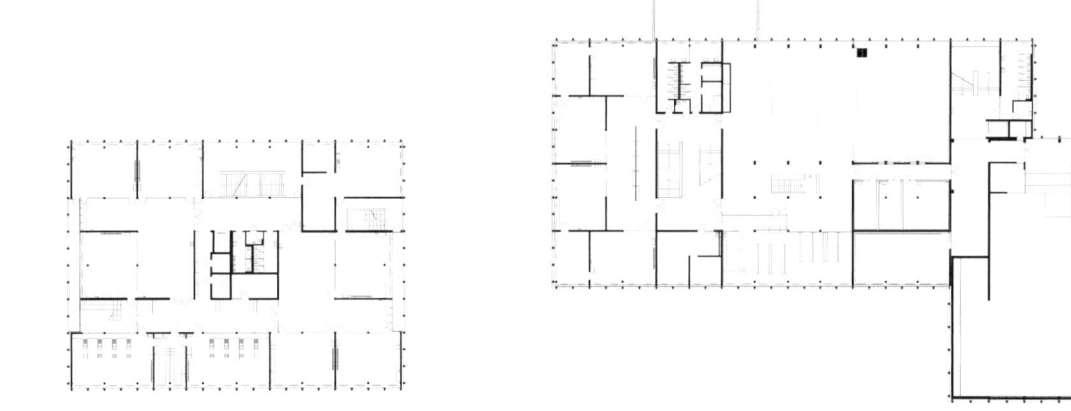

Ill. 203 : plan du 1er étage

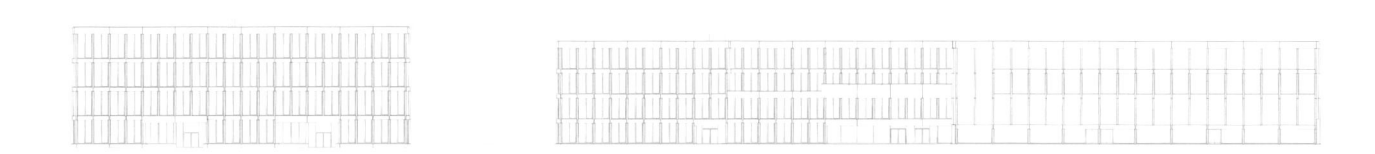

Ill. 204 : façade est

1:1000

397

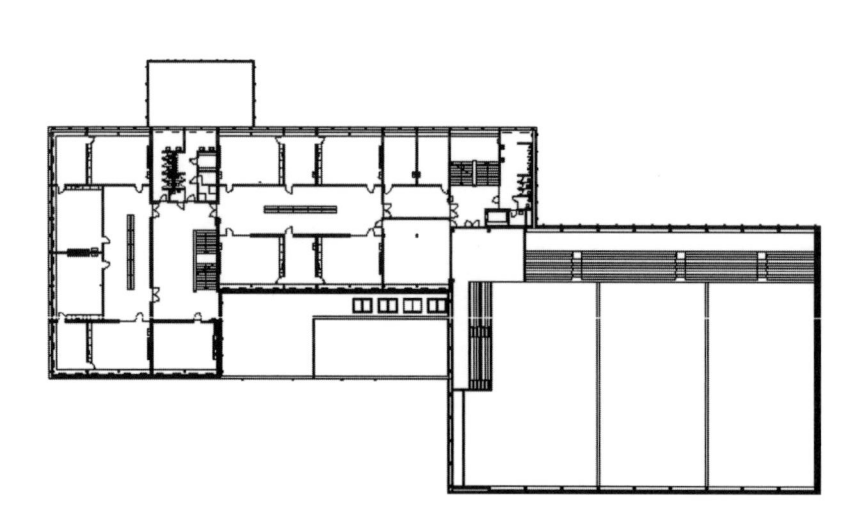

BÂTIMENTS   Sélection d'ouvrages

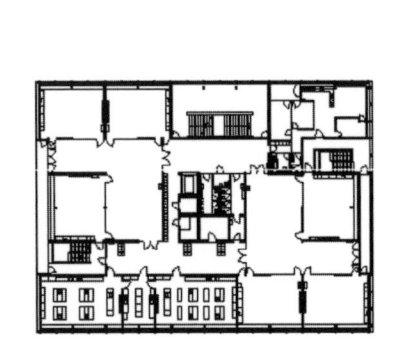

École Im Birch, Zurich

Ill. 205 : plan du 2ᵉ étage

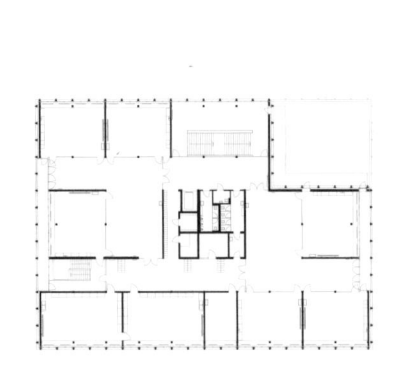

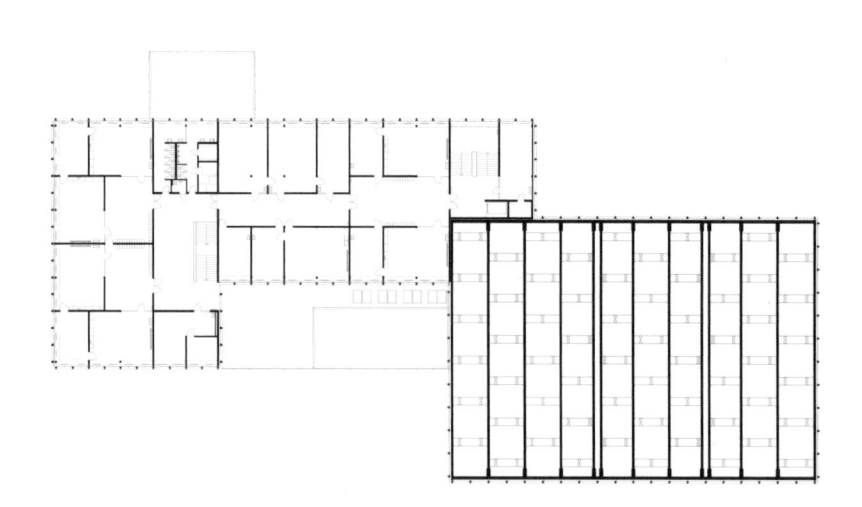

Ill. 206 : plan du 3ᵉ étage

Ill. 207 : coupe transversale de l'école secondaire 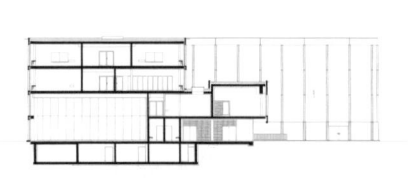   Ill. 208 : école primaire et espaces communs 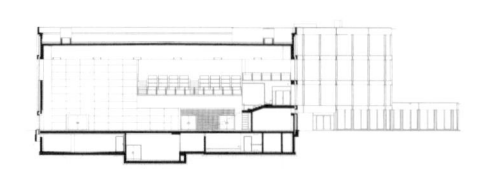   Ill. 209 : gymnase   1 : 1000

Ill. 210 : vestibule dans l'aile de l'école secondaire

Structure spatiale et typologie

Le principe d'une affectation particulière des espaces extérieurs pour chaque niveau scolaire est également développé à l'intérieur : des groupes de salles, formant des zones autonomes dans les ailes, sont rassemblés pour chaque cycle. Deux à quatre salles de cours et un à deux groupes constituent, avec le vestibule commun, un réseau de classes, sorte de petite école dans la grande.

La structure spatiale proposée, dotée d'un hall intérieur et de salles de classe disposées sur trois côtés, requiert une grande profondeur de bâtiment. Afin d'éclairer suffisamment les espaces intérieurs, les murs donnant sur le hall sont constitués de baies vitrées de hauteur d'étage. La transparence et la répartition des salles permettent un enseignement commun à plusieurs classes et, en incluant le hall, différentes formes de cours. Des rideaux mobiles permettent d'occulter ou non l'intérieur de chaque classe.

Caractérisée par le hall central ou par le vestibule, cette structure se distingue de l'aménagement traditionnel des établissements scolaires où les salles sont, le plus souvent, desservies par un système de couloirs. Au sein de cette école, des lieux distincts sont prévus pour chaque cycle, permettant aux élèves un niveau élevé d'identification. Un autre aspect essentiel de l'organisation des lieux réside dans le « système de dissociation » respectant les consignes en matière de sécurité incendie. Toutes les classes disposent d'une troisième sortie, assurant une issue de secours indépendante du hall et ouvrant ainsi des possibilités d'ameublement illimitées pour celui-ci.

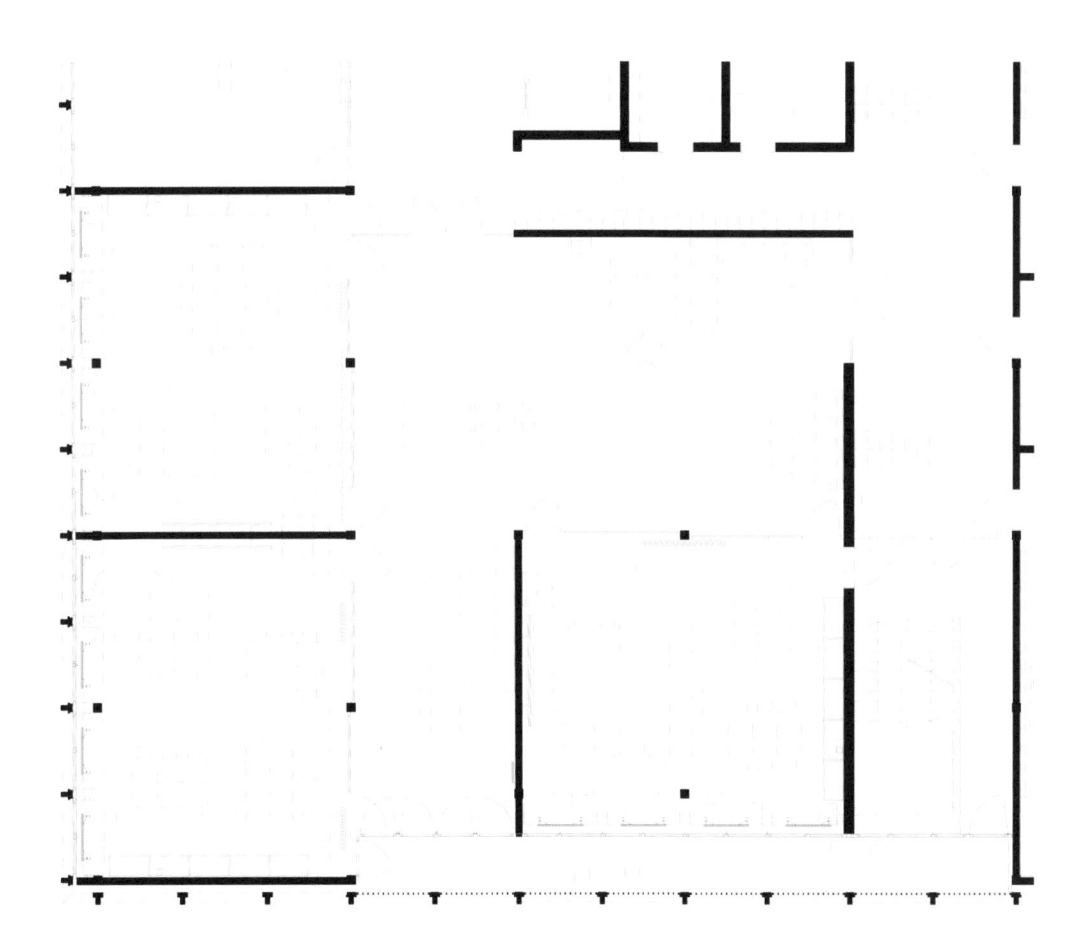

Ill. 211 : plan du réseau de classes 1:200
École secondaire

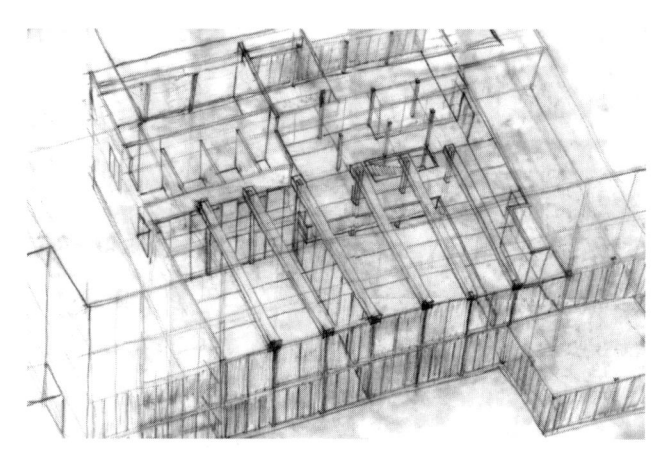

Ill. 212 : représentation isométrique
Contrôle des structures spatiale et porteuse, secteur de la salle de chant, de la cantine et de la bibliothèque, dessin à main levée

Mode de construction et structure porteuse

La structure porteuse est formée d'un système de poteaux-dalles raidi par des voiles en béton apparent reprenant les efforts horizontaux. Les parois en construction légère, en brique de terre cuite et de verre, sont des éléments non porteurs. L'articulation rationnelle de la façade, par des lésènes, laisse supposer une disposition analogue de la structure statique des poteaux. Mais, en y regardant de plus près, on peut détecter des variations dans cette dernière et dans les voiles travaillants. La structure est adaptée à l'organisation spatiale des groupes de classes et à l'imbrication des différentes organisations et tailles de pièces, par exemple dans la zone de la salle de chant et du gymnase. L'aménagement du rez-de-chaussée, en particulier, est conditionné par sa relation à l'espace extérieur et par l'emplacement des accès. Dans le secteur de l'entrée des salles communes et du gymnase, ainsi que dans les espaces extérieurs couverts des unités de l'école enfantine, les charges des poteaux sus-jacents sont reprises par des sommiers.

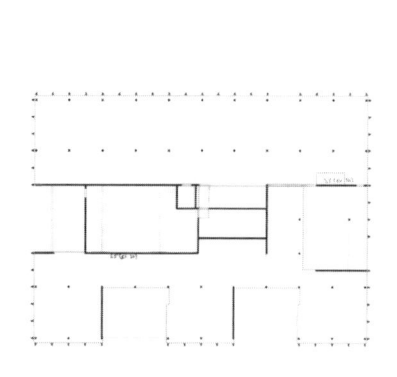

Ill. 213 : structure porteuse du RDC 1:1000
Plans du processus de travail avec ajouts manuscrits

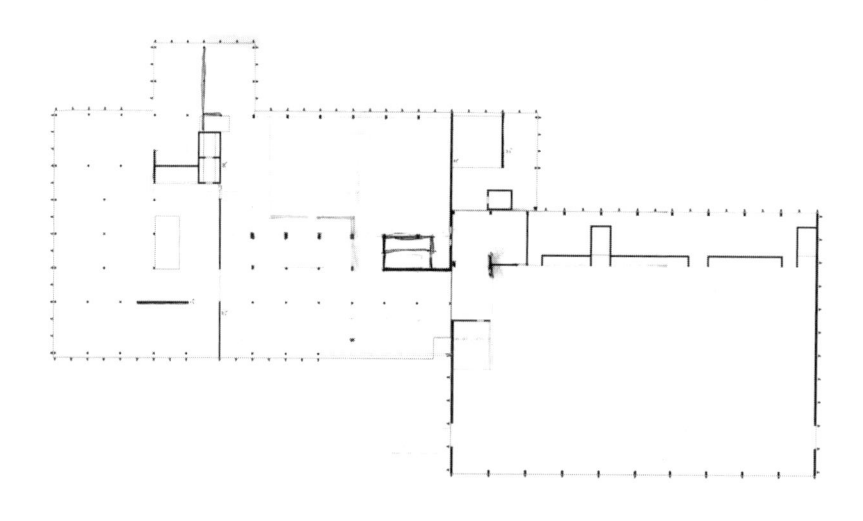

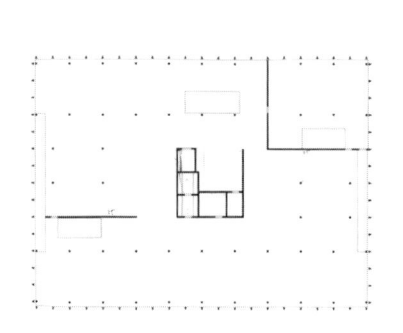

Ill. 214 : structure porteuse, 2ᵉ et 3ᵉ étages 1:1000

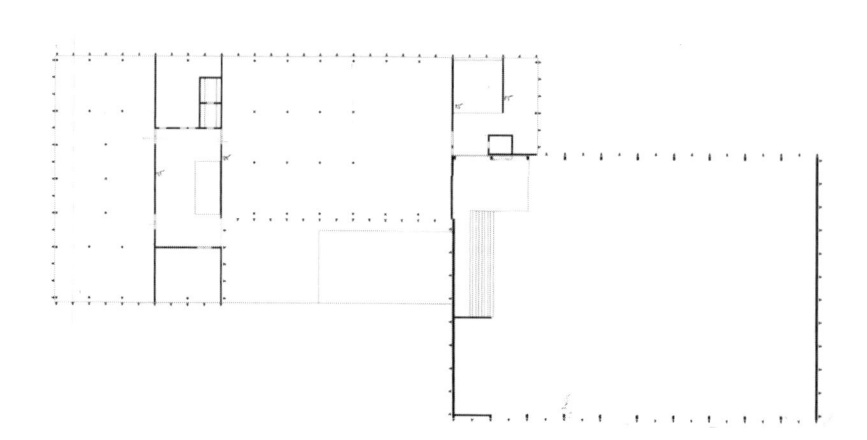

Ill. 215 : gros œuvre 1
Hall d'entrée de l'école secondaire, dalle au-dessus du RDC et poteaux préfabriqués

Pour des raisons de statique, les dalles de grande portée ont une épaisseur de 34 cm. Et, par souci d'économie, on a adopté les mêmes dimensions pour celles dont les portées sont plus réduites. L'épaisse masse de béton a rendu inutile la pose d'une isolation contre les bruits d'impact.

La teinte sombre des minces poteaux préfabriqués en béton (25 x 25 cm) résulte de la qualité des granulats et de la forte proportion de ciment. Ce béton très résistant est conforme aux exigences statiques accrues en termes de résistance à la compression. Le transfert vertical de charge au sous-sol se fait via une fondation sur pieux en béton avec des longueurs allant jusqu'à 27 m.

La qualité de surface des refends en béton apparent est déterminée par les coffrages de type 2, c.-à-d. qu'une structure de surface homogène est obtenue alors que la taille du coffrage n'est pas spécifiée et résulte du système mis en œuvre (coffrage de grandes surfaces). Seule l'orientation des joints des panneaux correspond aux consignes des architectes. L'emplacement et le mode de répartition sont ensuite déterminés par l'ingénieur.

Ill. 217 : gros œuvre 1
Poteaux en béton coulé sur place et mur de béton apparent du gymnase, travaux d'armature pour la tribune en béton coulé sur place

Ill. 216 : poteau et mur
Espace de desserte de l'école secondaire, mur de béton apparent coffrage type 2 et poteau préfabriqué en béton

BÂTIMENTS   Sélection d'ouvrages

École Im Birch, Zurich

Ill. 218 : lésènes
Élément préfabriqué en béton. Par « lésène »,
on entend une bande peu saillante ayant la
forme d'un pilier mais sans chapiteau ni base.

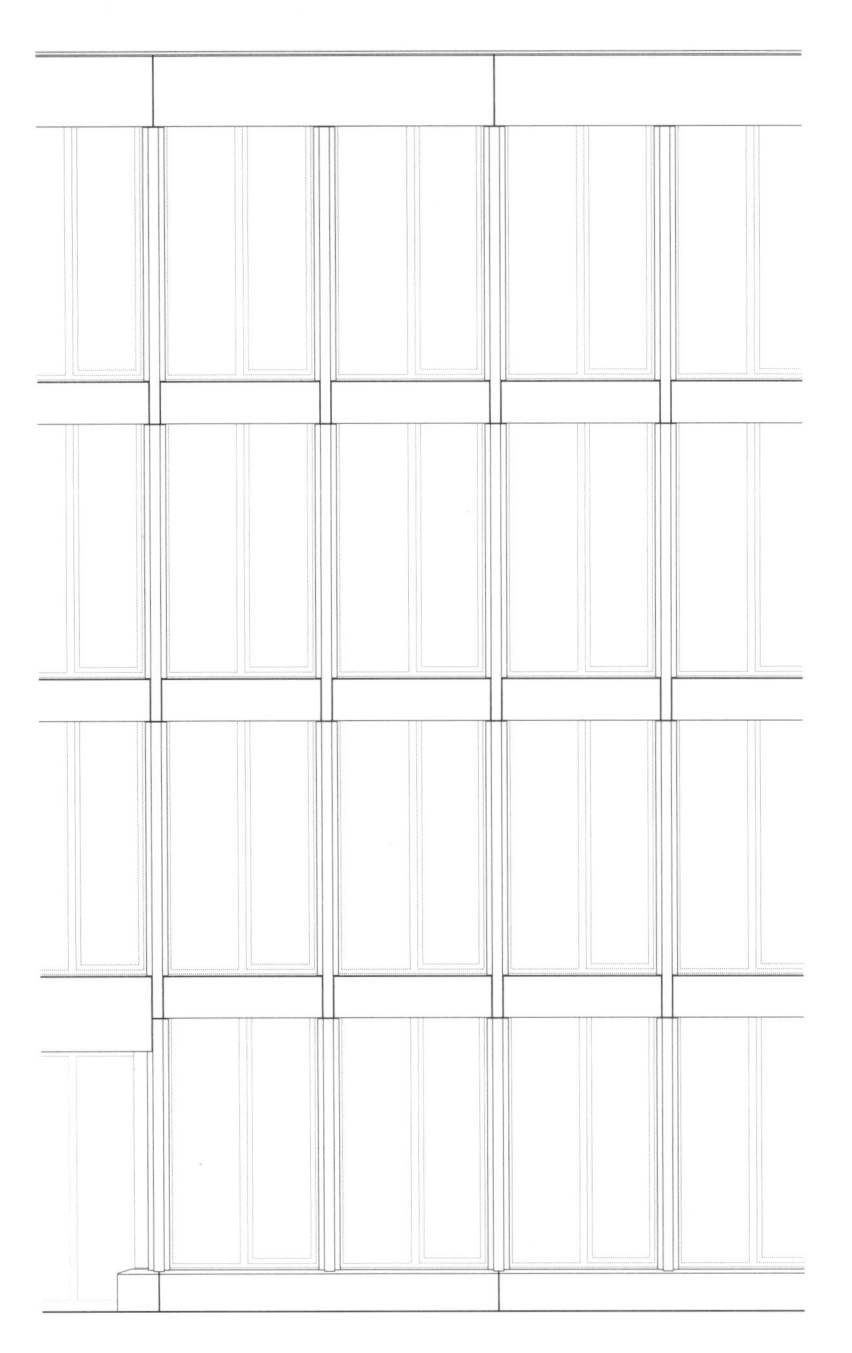

Construction I
La façade est marquée par les lésènes préfabriquées en béton à organisation verticale. Ces dernières ne sont pas posées en applique, mais mises en œuvre en tant qu'éléments de construction de la façade suspendue (battée de fenêtre). On a recours à ce système pour toutes les façades, aussi bien pour les deux ailes de l'école que pour le gymnase.

L'assemblage des différents éléments préfabriqués en béton (bordures de toiture, lésènes, rives et embases) produit une façade calme, statique, presque classique. Les dimensions des lésènes sont basées sur la moitié de l'entraxe de la trame statique. Cela permet divers remplissages : vitrages, surfaces enduites, autres éléments en béton ou constructions métalliques (garde-corps des balcons de secours). Cette diversité fait varier les références aux espaces extérieurs.

Ill. 220 : angle du bâtiment et rive de toiture
Balustres métalliques pour le balcon de secours,
vitrage et mur en brique de terre cuite, enduit

Ill. 219 : vue 1:50

BÂTIMENTS — Sélection d'ouvrages
École Im Birch, Zurich

Ill. 222 : aile de l'école primaire et du gymnase

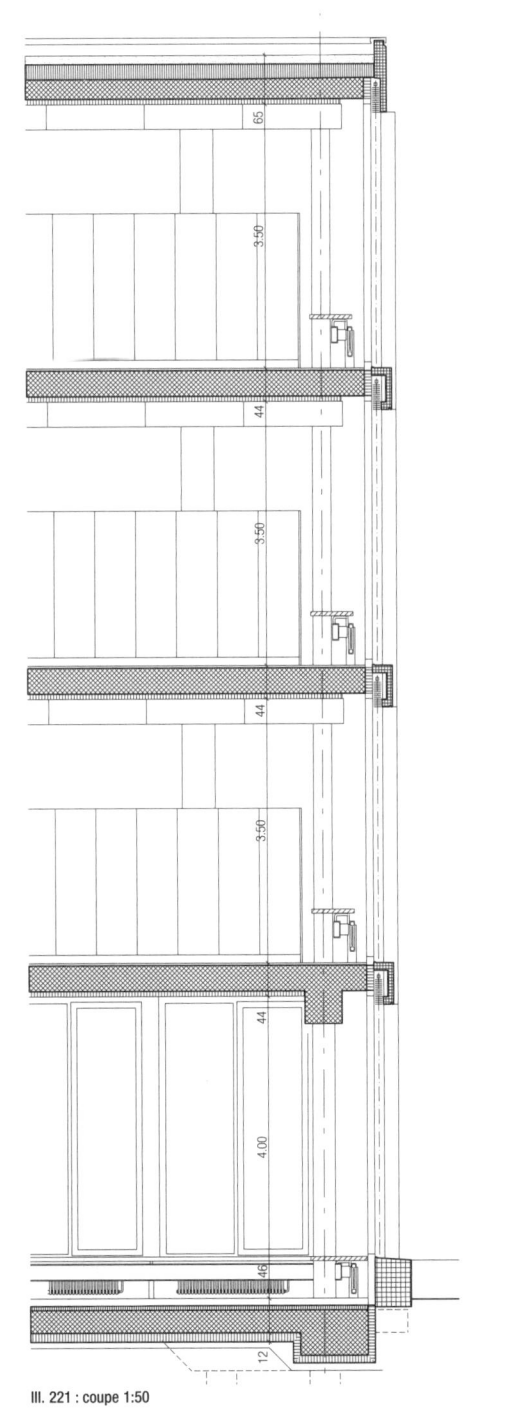

Structure du toit

Végétalisation spontanée, substrat éventuellement couche de drainage	100 mm
Couche de séparation	
Couverture EP4 WF	10 mm
Isolation, fibre minérale	200 mm
Pare-vapeur V4 4, collé sur toute la surface	10 mm
Dalle de béton apparent en pente	260 mm
Panneau acoustique	70 mm
Total	*650 mm*

Structure de la dalle des étages supérieurs

Linoléum/colle	5 mm
Éventuellement film anti-humidité	
Revêtement armé de fibres	25 mm
Dalle en béton apparent	340 mm
Panneau acoustique (plaques de plâtre perforées et peintes)	70 mm
Éclairages	
Total	*440 mm*

Structure du sol du RDC

Linoléum/colle	5 mm
Chape armée de fibres	85 mm
ou	
(dalles de grès 12 mm chape avec recouvrement adhésif 78 mm couche de séparation)	
Isolation contre les bruits d'impact, fibre minérale	20 mm
Isolation thermique EPS (F20)	40 mm
Film anti-humidité	10 mm
Dalle de béton, étanche	300 mm
Membrane en polyéthylène 0,2 mm	
Isolation thermique XPS	120 mm
Couche d'égalisation, béton de propreté	
Total	*580 mm*

Ill. 221 : coupe 1:50

Construction II

À la différence des maîtres d'œuvre recourant au principe des poteaux-dalles (Le Corbusier par exemple avec son système Dom-Ino), l'architecte de l'école Im Birch n'utilise ni la façade autonome ni le plan libre. Bien au contraire, ce système peut être lu comme un système neutre d'agencement de façade.

La structure claire et simple des éléments en béton porte l'empreinte de la préfabrication et de la logistique de la mise en œuvre. Dans un premier temps, les nez des dalles d'étage sont isolés et équipés de profilés en L pour la fixation ultérieure des éléments de fenêtre. Au rez-de-chaussée, ils sont dotés de consoles de 44 x 33 x 30 cm sur lesquelles sont posés les soubassements préfabriqués. Les lésènes sont fixées à la structure statique de chaque étage, c'est-à-dire aux nez des dalles en béton.

Les éléments horizontaux en béton, servant à couvrir les stores à lamelles reliées et les rejets d'eau des fenêtres montées au-dessus, sont posés sur les lésènes. Les éléments de bordure de toit sont fixés au moyen d'agrafes Omega, tandis que des ancrages porteurs de façade équipés de vis d'écartement sont utilisés pour les lésènes. Les remplissages en brique sont dressés. Puis, dans un second temps, la couche isolante est placée. Pour les éléments sans joints, elle est constituée d'une isolation thermique de 22 cm d'épaisseur (polystyrène expansé) collée à même le mur de brique, puis enduite. Les éléments de fenêtres en aluminium sont montés sur les profilés en L installés au préalable et fixés sur les faces latérales des lésènes. La totalité des éléments en béton préfabriqués est pourvue de joints creux ; en d'autres termes, la conception de chaque élément ainsi que la logique de jointoiement permettent de renoncer à des joints en mastic.

III. 224 : gros œuvre 1
Lésènes et éléments verticaux en béton, maçonnerie de remplissage

III. 223 : fixation des lésènes
Sous-face de la dalle, lésène avec ancrage de façade muni de vis d'écartement et élément d'appui vertical en béton

III. 225 : soubassement
Sous-sol dégagé et soubassement équipé de consoles

BÂTIMENTS | **Sélection d'ouvrages**

École Im Birch, Zurich

Ill. 226 : détail de façade de l'aile de l'école secondaire
Élément de façade avec vitrage fixe et vantail à battant, tables de travail encastrées et radiateurs

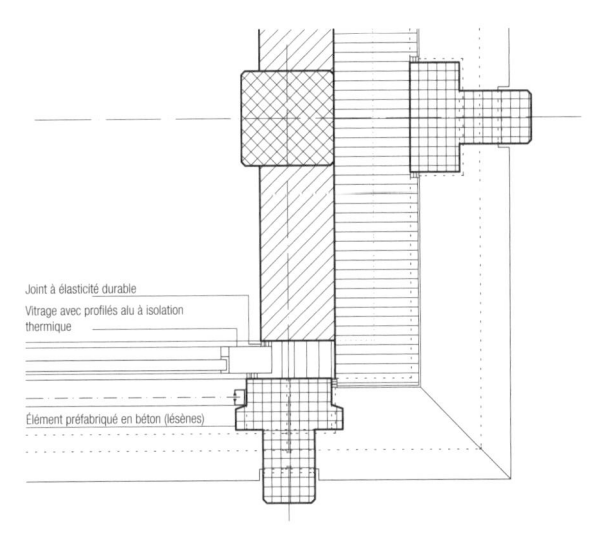

Joint à élasticité durable
Vitrage avec profilés alu à isolation thermique
Élément préfabriqué en béton (lésènes)

Ill. 227 : plan 1:20
Angle avec détail de raccord du remplissage en brique et isolation thermique extérieure, enduite.

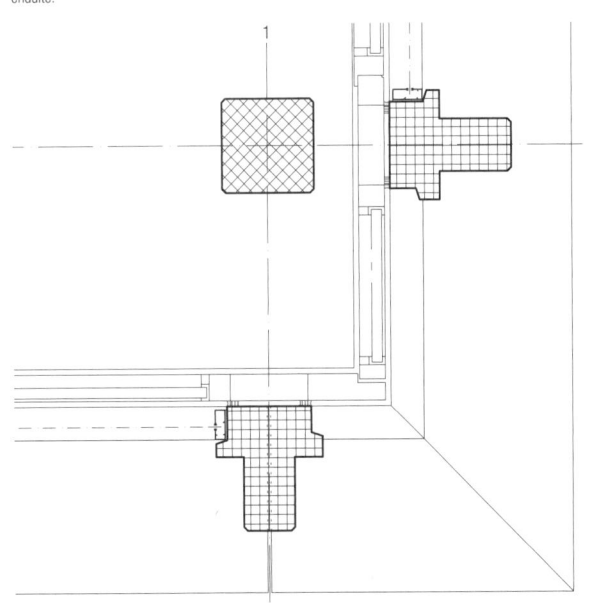

Ill. 228 : plan 1:20
Angle du RDC, vue de l'élément de soubassement et de la configuration asymétrique de l'angle

Les ouvertures hautes d'un étage dans la trame des lésènes sont divisées en deux. La fenêtre est constituée d'un vitrage fixe et d'un battant. Le bâtiment abrite un système de ventilation contrôlée avec récupération de chaleur qui satisfait au standard Minergie. Les salles de classes sont équipées d'une armoire encastrée offrant un espace de rangement pour les documents de cours et permettant à l'air de pénétrer dans les classes grâce à des orifices situés dans les pieds de mur. L'air évacué passe par un conduit dans le faux plafond le long du mur intérieur.

Les classes disposent d'un système intérieur d'obscurcissement ou de protection par rideaux coulissant le long des parois vitrées jusqu'aux salles communes (voir détail du plan du réseau de classes). Les salles de classe peuvent être assombries au moyen de stores à lamelles reliées. Seconde caractéristique, les tables encastrées : solidement montées entre les poteaux, elles servent en même temps de cache-radiateurs. La gaine d'allège le long des fenêtres assure l'alimentation en électricité et en fluides des postes de travail.

Ill. 229 : détail de façade
Angle du RDC et du 1er étage de l'aile de l'école primaire

BÂTIMENTS — Sélection d'ouvrages

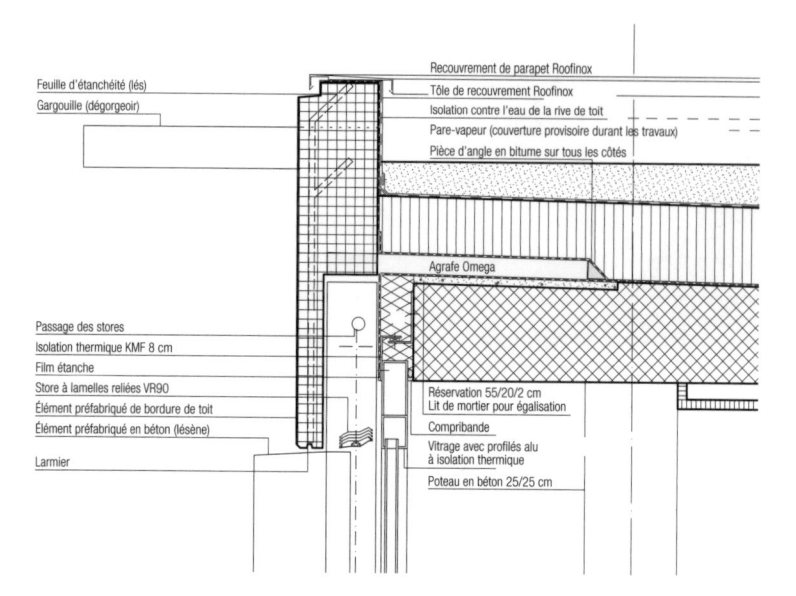

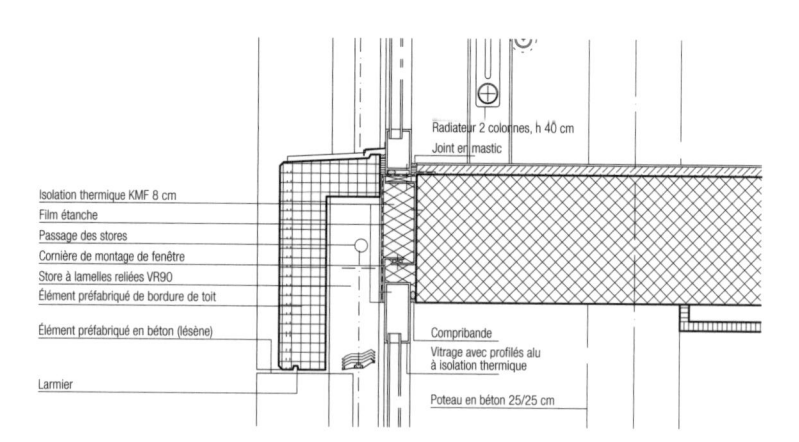

École Im Birch, Zurich

Ill. 230 : toit 1:20

Feuille d'étanchéité (lés)
Gargouille (dégorgeoir)
Recouvrement de parapet Roofinox
Tôle de recouvrement Roofinox
Isolation contre l'eau de la rive de toit
Pare-vapeur (couverture provisoire durant les travaux)
Pièce d'angle en bitume sur tous les côtés
Agrafe Omega
Passage des stores
Isolation thermique KMF 8 cm
Film étanche
Store à lamelles reliées VR90
Élément préfabriqué de bordure de toit
Élément préfabriqué en béton (lésène)
Larmier
Réservation 55/20/2 cm
Lit de mortier pour égalisation
Compribande
Vitrage avec profilés alu à isolation thermique
Poteau en béton 25/25 cm

Ill. 231 : dalle 1:20

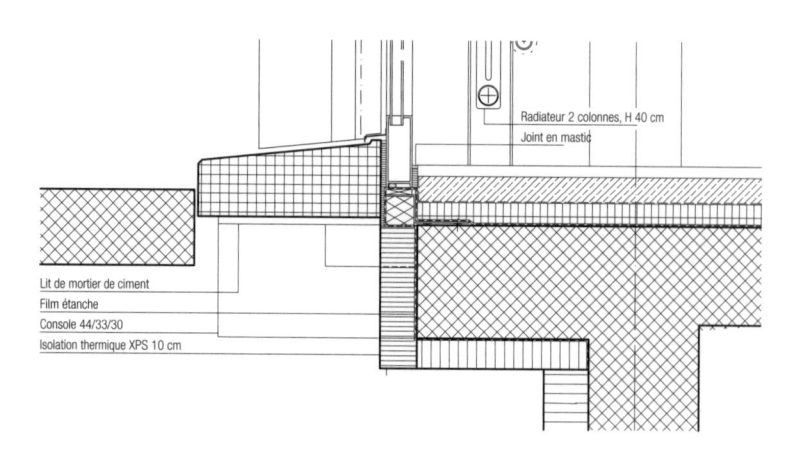

Radiateur 2 colonnes, h 40 cm
Joint en mastic
Isolation thermique KMF 8 cm
Film étanche
Passage des stores
Cornière de montage de fenêtre
Store à lamelles reliées VR90
Élément préfabriqué de bordure de toit
Élément préfabriqué en béton (lésène)
Larmier
Compribande
Vitrage avec profilés alu à isolation thermique
Poteau en béton 25/25 cm

Ill. 232 : soubassement 1:20

Radiateur 2 colonnes, H 40 cm
Joint en mastic
Lit de mortier de ciment
Film étanche
Console 44/33/30
Isolation thermique XPS 10 cm

Ill. 233 : détail de l'escalier
Jointoiement entre le béton coulé sur place et les dalles de travertin

Matérialisation

Les éléments préfabriqués en béton (lésènes, parapets et soubassements), les surfaces enduites teintes en gris et les fenêtres en aluminium anodisé non coloré forment les éléments du bâtiment visibles de l'extérieur. Ces matériaux et leur finition déterminent, pour l'essentiel, la couleur ou plutôt les « tons » discrets de l'établissement en instaurant un contraste entre les vitres aux reflets foncés ainsi que les surfaces enduites laissées sombres, d'une part, et les éléments de façade clairs en béton, d'autre part.

Le gros œuvre reste perceptible à l'intérieur. Irrégulières et brutes, les surfaces en béton apparent ont reçu un vernis clair, ce qui donne aux murs l'apparence de la pierre. Le gros œuvre est complété par des éléments non porteurs : les parois en brique de verre, les structures vitrées et les murs de brique en terre cuite recouverts d'une toile en fibre de verre et peints en blanc. Tandis que la zone des escaliers et des halls d'entrée au rez-de-chaussée est recouverte de dalles de travertin à pores non rebouchés, un linoléum beige est posé dans les classes.

Les matériaux utilisés et leurs diverses qualités de surface se juxtaposent de manière apparemment naturelle, ce qui témoigne d'une démarche pragmatique. Des règles bien établies concernant le jointoiement des matériaux, les châssis des cloisons vitrées ou les détails du soubassement sont partie intégrante de la méthode de travail des architectes. Cela permet de maîtriser le budget et d'adopter une démarche appropriée à la taille de l'établissement. La conception de détail des contremarches et l'habillage

Ill. 235 : hall d'entrée dans le secteur de la cantine et du gymnase
Dans les halls d'entrée, les poteaux sont recouverts de dalles de travertin.

en travertin des degrés illustrent de manière exemplaire le parti pris par les architectes à l'égard du jointoiement des matériaux : les différences de précision dans la mise en œuvre des matériaux sont prises en compte ; en d'autres termes, les différentes tolérances de cotes déterminent le modelé du béton coulé sur place formant une arête très saillante. L'affectation et la présence architectonique des éléments et de leurs matériaux sont également décelables dans le système des installations. Leur distribution horizontale dans les dalles se fait par une gaine ramifiée et efficace ou dans les vestibules, par les bordures. Cette gaine technique, habillée de tôles teintes en gris, semble chercher son chemin à travers les étages pour alimenter l'ensemble des classes.

Ill. 234 : matériaux mis en œuvre dans la classe
Dalle en béton apparent, panneaux acoustiques en plâtre et éclairages intégrés, conduite d'aération revêtue de panneaux en métal gris, structures vitrées équipées de rideaux, rail en aluminium faisant le tour de la salle pour fixer les dessins ; lavabo et tableau, revêtement en linoléum beige

BÂTIMENTS   Sélection d'ouvrages

Exemple

Centre de formation professionnelle, Baden
Burkard Meyer Architekten, Baden

Thomas Schwendener

Ill. 236 : vue de la Bruggerstrasse
Nouveau bâtiment d'enseignement avec rampe d'accès en avancée sur la rue

Architectes :	Burkard Meyer Architekten BSA, Boden
Mandat d'étude :	2002
Réalisation :	2004-2006
Direction de projet :	Daniel Krieg, Andreas Stirnemann
Avec la collaboration de :	Tobias Burger, Boris Hitz, Christiane Illing, Marianne Sigg, Corinna Wanner
Direction des travaux :	Burkard Meyer Architekten Markus Gersbacher
Aménagements extérieurs :	Schweingruber Zulauf architectes paysagistes, Zurich
Aménagement des façades :	Mebatech, Baden
Bureau d'études bâtiment :	Wolf, Kropf & Partner, Zurich
Bureau d'études ventilation, sanitaire :	Waldhauser Haustechnik, chauffage, Bâle
Bureau d'études électricité :	Herzog Kull Group, Aarau

Situation

Édifiée en 1891, la maison mère de la multinationale ABB marque durablement l'image de la ville de Baden. La restructuration et la délocalisation des industries traditionnelles au cours des années 1980 et 1990 ont été l'occasion, ici comme dans de nombreux centres de production suisses, de réaménager certains sites laissés à l'abandon. En implantant le centre de formation professionnelle BBB *(BerufsBildungszentrumBaden)*, un ensemble tripartite, les autorités ont exprimé clairement leur vœu de voir Baden devenir un pôle de formation et d'économie. Le bureau d'études Burkard Meyer Architekten a intégré au tissu urbain industriel les trois bâtiments, chacun doté de qualités spécifiques.

La réaffectation de l'ancien bâtiment des affaires sociales de la société BBC a permis à l'ensemble de conserver l'orientation principale de ce qui était autrefois un restaurant d'entreprise, un centre de formation continue et de loisirs, donc un facteur d'identité. On en a fait un établissement de formation et d'administration. Cet important témoin de l'architecture suisse d'après-guerre, conçu entre 1951 et 1954 par Armin Meili (directeur de l'exposition nationale de 1939), conserve ainsi un rang de tout premier ordre en termes d'aménagement urbain.

À proximité immédiate de la maison communautaire, l'ensemble sportif s'insère, sous la forme de deux gymnases doubles, au pied de la colline du Martinsberg. Vu de la zone industrielle, le bâtiment, posé sur un parking à deux niveaux, donne l'impression d'un soubassement surélevé. En haut, sur le plateau, là où les entrées du centre de formation et des gymnases se font face, la construction se limite en revanche à un seul niveau.

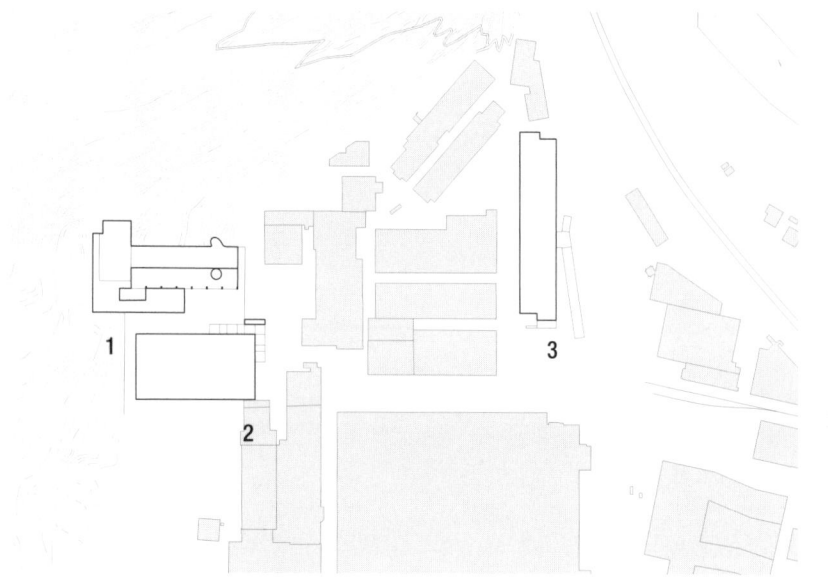

Ill. 237 : plan de situation aire industrielle d'ABB Baden
1 Ancienne maison communautaire de BBC, 2 Nouveaux gymnases doubles, 3 Nouveau centre de formation sur la Bruggerstrasse

Ill. 238 : Armin Meili : ancienne maison communautaire de la société BBC, Baden (CH) 1951-1954

Un escalier placé entre le centre sportif et le bâtiment Meili divise le soubassement et relie le niveau supérieur au parvis des usines où la nouvelle aile des salles de cours longe la Bruggerstrasse.

Le nouveau centre de formation professionnelle qui, par sa situation très excentrée, peut être lu comme une entrée de la zone, permet d'apercevoir derrière lui les bâtiments d'ABB et du Martinsberg. L'observateur découvre un long édifice élancé dont les façades longitudinales sont tout en vitres et les faces frontales aveugles ; il est, par ailleurs, coupé longitudinalement du sol par une rampe aux airs de soubassement qui l'amarre solidement dans le terrain. De jour, on ne peut, de l'extérieur, que distinguer vaguement l'impressionnant intérieur de l'édifice. Le soir en revanche, il se transforme en une sorte de vitrine illuminée, rendant ainsi les activités intérieures lisibles de l'extérieur.

Ill. 241 : vue sur le gymnase depuis la zone industrielle

Ill. 239 : vue de nuit sur le nouveau centre de formation de la Bruggerstrasse

Ill. 240 : maquette d'étude
Structure porteuse et structure spatiale avec simulation d'éclairage

Ill. 242 : intérieur du gymnase supérieur avec éclairage zénithal

Structure spatiale

La véritable surprise du bâtiment est offerte par sa structure spatiale et porteuse intérieure issue de la combinaison d'une recherche sur une forme d'enseignement moderne, des exigences de la gestion de l'énergie et de la protection contre l'incendie et le bruit. Le résultat de ces réflexions aboutit à une typologie originale, encore inconnue dans la construction d'établissements de ce genre. Ainsi les salles de cours ne sont pas placées le long de la façade, mais regroupées au centre et superposées sur plusieurs étages. Leur desserte s'effectue, quant à elle, par des galeries extérieures le long des fronts vitrés. Cette conception inhabituelle permet aux salles de cours de former des blocs cohérents et d'être directement reliées entre elles à la fois dans un sens longitudinal et transversal, et de pouvoir être utilisées pour différents modèles pédagogiques. La séparation acoustique et thermique entre salles et couloir est assurée par des vitrages clairs qui garantissent l'éclairage naturel et permettent de voir dans les salles de cours. Des espaces de pause, ouverts, s'étendent sur toute la largeur du bâtiment, d'une façade à l'autre, et abritent les cages d'escalier, les ascenseurs et les salles annexes. Ils divisent le bâtiment en trois secteurs, tant au niveau du soubassement que des quatre étages, tous identiques.

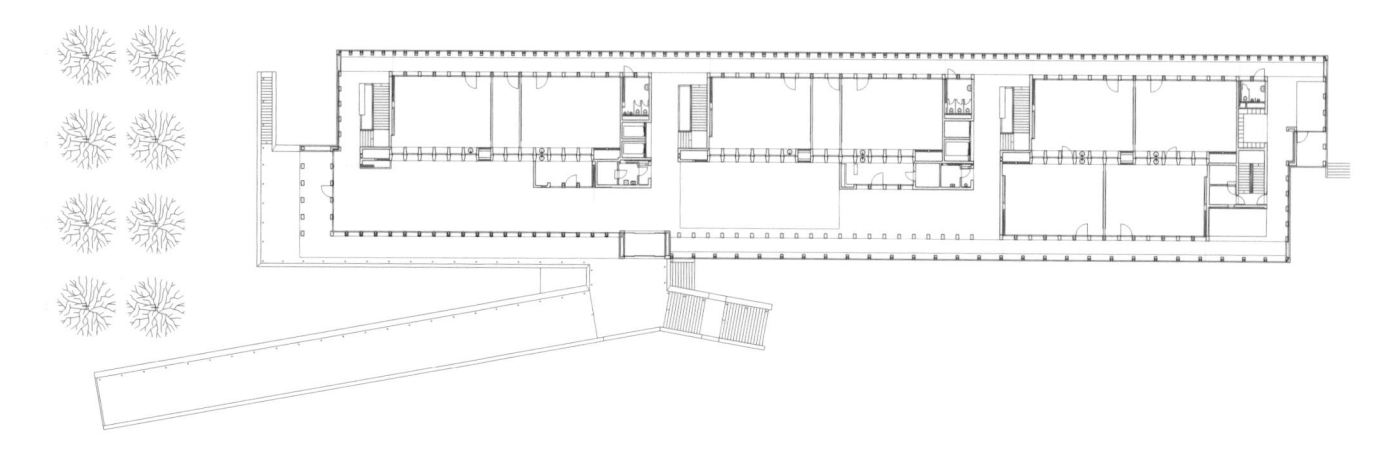

BÂTIMENTS — Sélection d'ouvrages
Centre de formation professionnelle, Baden

Ill. 243 : plan du 1er étage 1:800

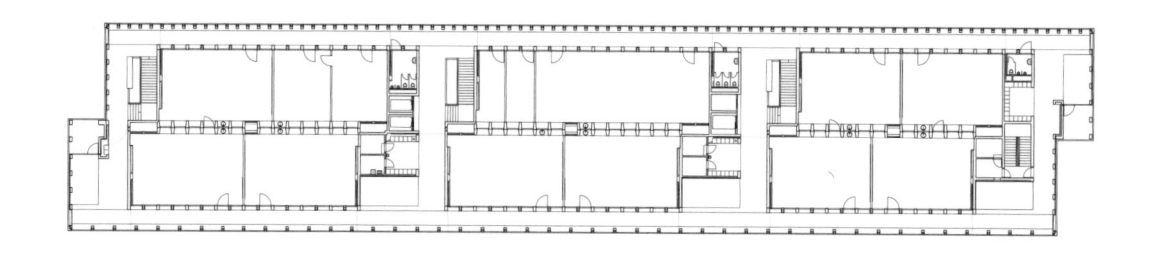

Ill. 244 : plan du 3e étage 1:800

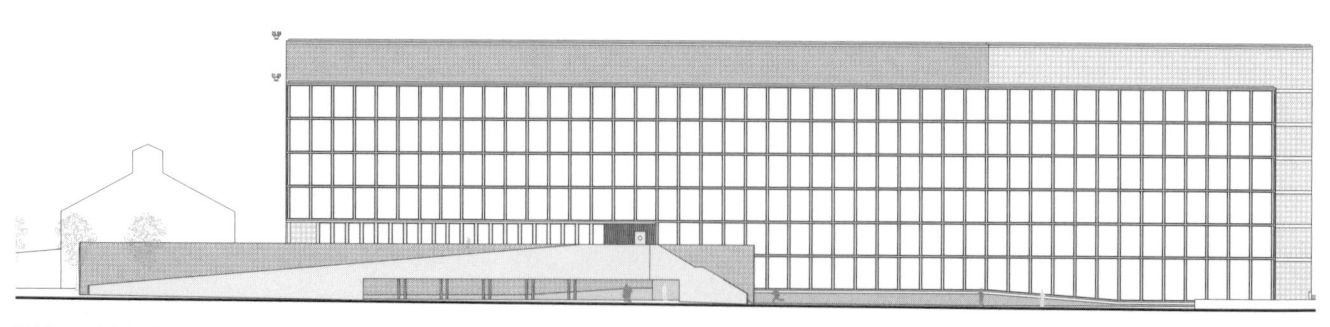

Ill. 245 : vue de la façade est 1:800

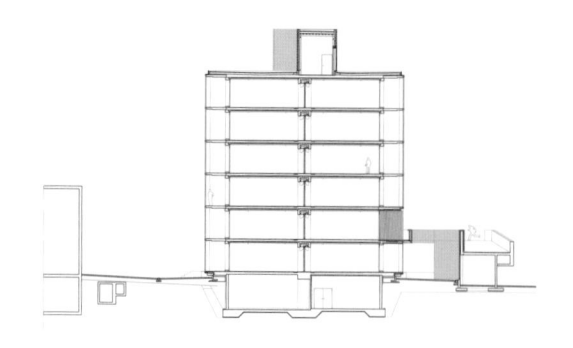

Ill. 246 : coupe transversale 1:800

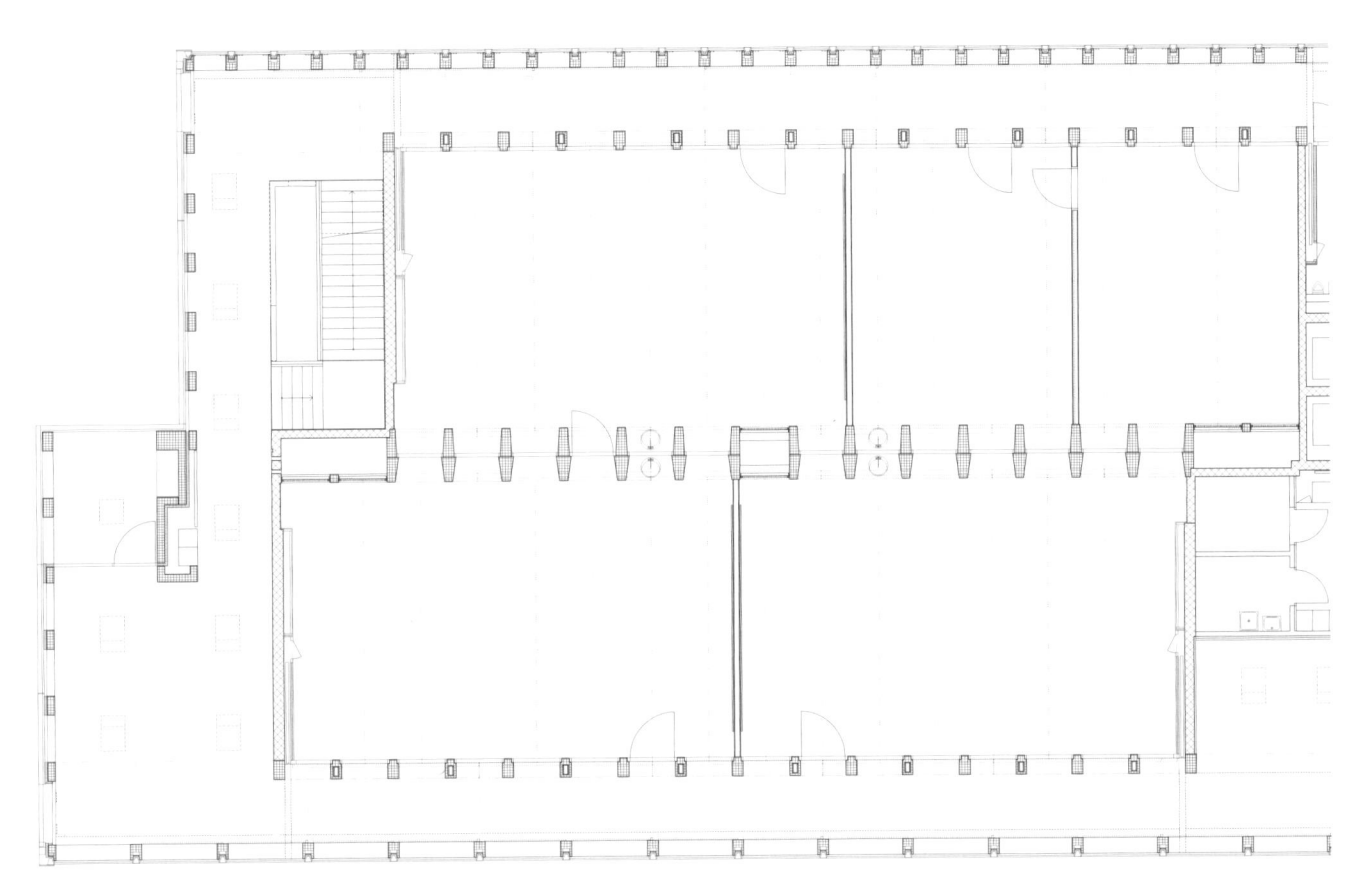

BÂTIMENTS | **Sélection d'ouvrages**
Centre de formation professionnelle, Baden

Ill. 247 : détail du plan de l'étage des salles de cours 1:200
Plan original d'exécution 1:50

Structure porteuse

La typologie du plan, l'utilisation et la structure porteuse du centre de formation de la Bruggerstrasse sont étroitement liées et se conditionnent mutuellement. À l'exception du sous-sol et des noyaux de distribution raidisseurs, le bâtiment a été monté avec des éléments préfabriqués en béton armé. La structure tectonique, à base de poteaux et de dalles, forme, en un système de construction filigrane, tant les éléments porteurs que la structure spatiale. Cinq rangées de poteaux définissent l'espace par leur positionnement serré et répétitif. Les poteaux primaires, dans la zone centrale, ainsi que les secondaires, au niveau de la transition entre salles de cours et corridor, ont été assemblés, en usine, en utilisant des éléments de linteau. Les prédalles (12 cm d'épaisseur) servent de coffrage perdu pour le surbéton et constituent, aussi, les sous-faces définitives de la dalle, efficaces du point de vue de l'acoustique et de la réflexion de la lumière. Au niveau des corridors, des éléments en porte-à-faux viennent achever la dalle. La rangée extérieure de poteaux raidit la façade.

Ill. 248 : **corridor de desserte**
La lumière latérale renforce l'impression de profondeur

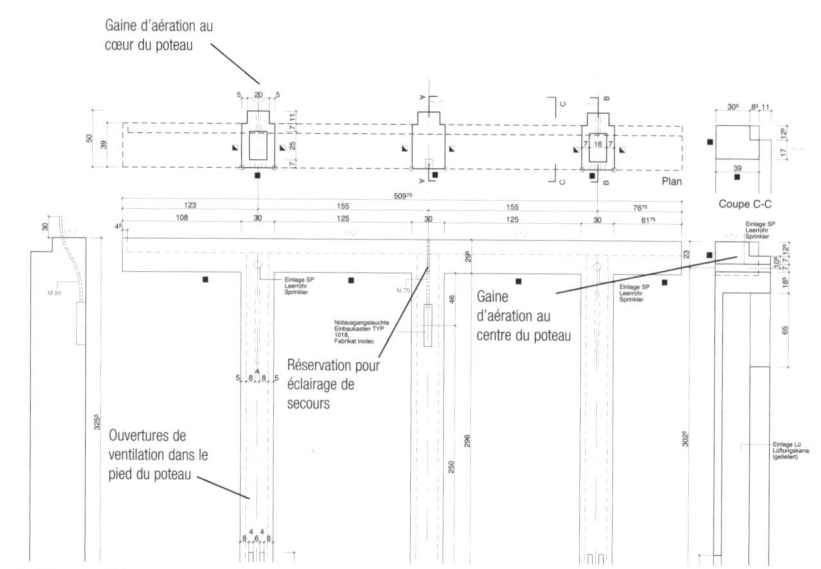

BÂTIMENTS — Sélection d'ouvrages
Centre de formation professionnelle, Baden

Ill. 249 : plan d'élément, poteau à trois jambes

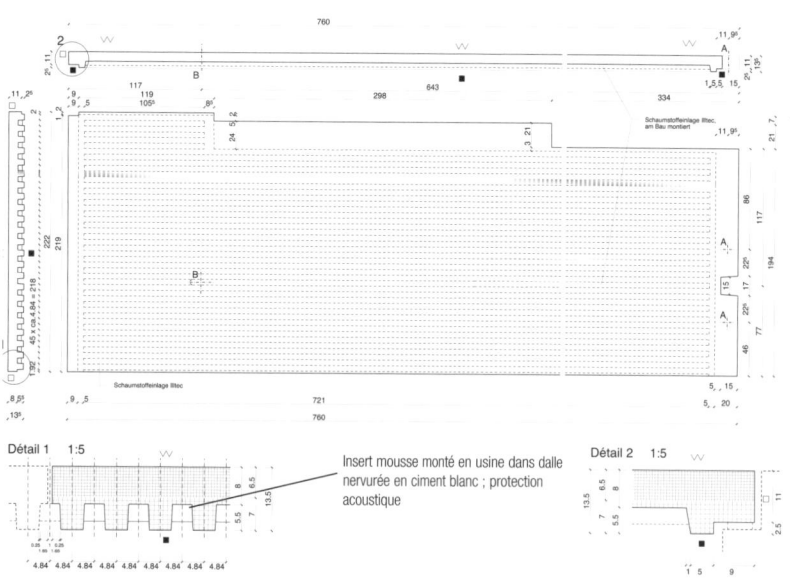

Ill. 250 : plan d'élément, élément de dalle nervurée

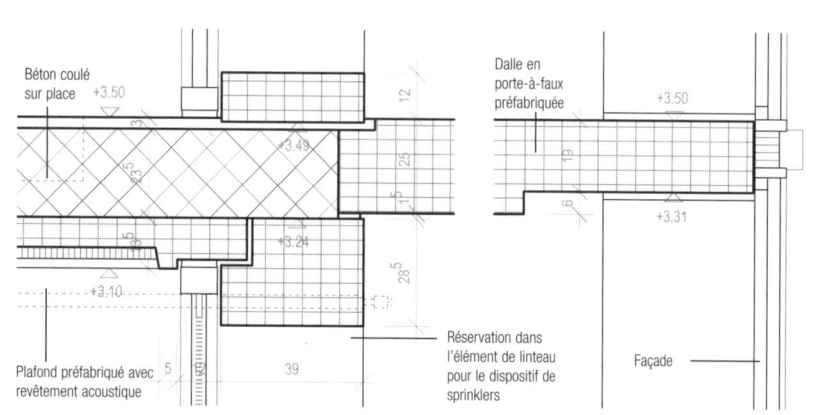

Ill. 251 : assemblage des éléments, rangée de poteaux extérieure, 1:20

Ill. 252 : mise en place de la structure statique
Les piliers à trois jambes sont provisoirement maintenus par des étais.

Ill. 253 : pose des prédalles
Les éléments latéraux préfabriqués sont mis en place.

Ill. 254 : surbéton sur des prédalles
Piliers à trois jambes et prédalles préfabriquées avant de couler le surbéton qui liaisonne l'ensemble pour former un monolithe.

Ill. 255 : vue d'ensemble sur le chantier de gros œuvre

Installations techniques

Le système d'aération et de ventilation mécanique nécessaire, d'un point de vue énergétique, pour les espaces utiles intérieurs va de pair avec la conception d'un nouveau type de bâtiment, ce qui n'est pas sans contribuer à l'émergence d'une expression architecturale originale.

La distribution des fluides est assurée en totalité par la zone centrale. Les gaines montantes se trouvent systématiquement entre les piliers isolés. C'est aussi de là qu'est amené l'air dans les espaces utiles, air qui passe ensuite par les conduites encastrées dans les poteaux pour être distribué dans les galeries. Celles-ci sont également utilisées comme parties du système d'extraction d'air. La rangée extérieure de poteaux sert de brise-soleil intérieur et réagit, avec une densité toujours adéquate, aux différentes positions du soleil. On peut ouvrir les fenêtres des faces frontales afin d'assurer un refroidissement nocturne, les claustras en béton offrant la protection nécessaire. Le système thermoactif (TABS) intégré aux dalles de béton garantit l'inertie de l'ensemble et permet à la fois de chauffer en hiver et de climatiser en été ce bâtiment conçu pour répondre au standard Minergie®. Alors que les espaces utiles présentent, en été comme en hiver et pour une faible consommation d'énergie, des températures assez constantes, ces dernières varient dans toute la zone de distribution.

Ill. 256 : poteau extérieur – tête de poteau avec conduit d'aération, plafond acoustique

Ill. 257 : poteau extérieur – pied de poteau avec conduit d'aération

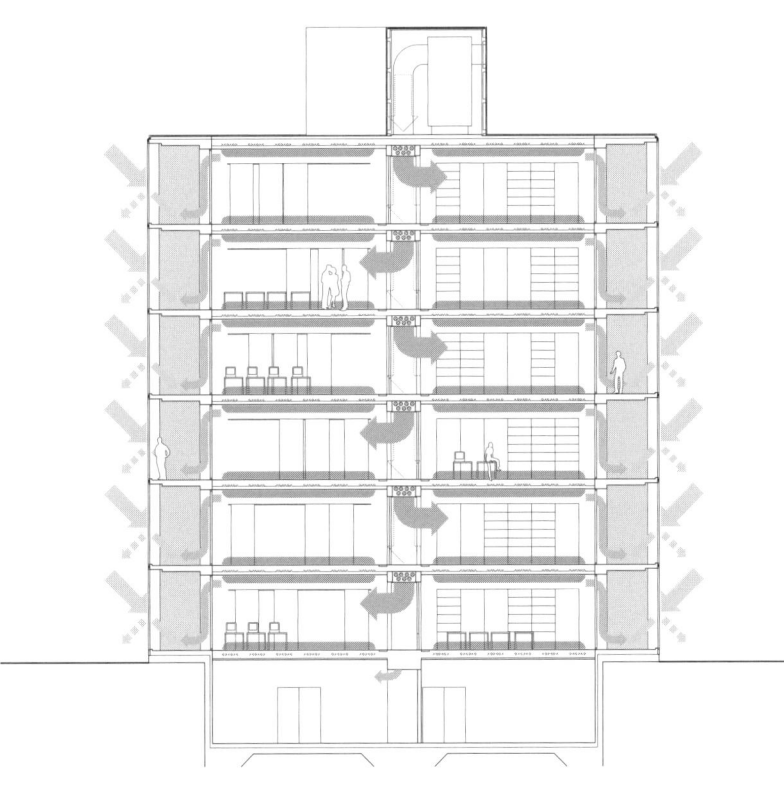

Ill. 259 : schéma d'installations techniques/ventilation
L'air extérieur est amené au centre du bâtiment puis évacué en cascade vers les corridors en façade.

Ill. 258 : refroidissement nocturne derrière les claustras en béton
Des volets amovibles assurent le refroidissement nocturne au niveau des zones communes

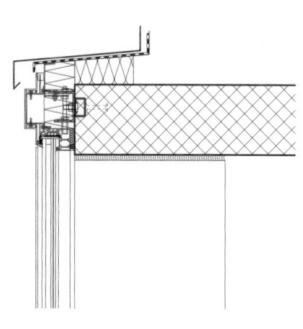

| BÂTIMENTS | Sélection d'ouvrages |
| | Centre de formation professionnelle, Baden |

Ill. 262 : façade est
Trame étroite et sa transparence

Ill. 264 : façade ouest
Trame de façade large et sa transparence

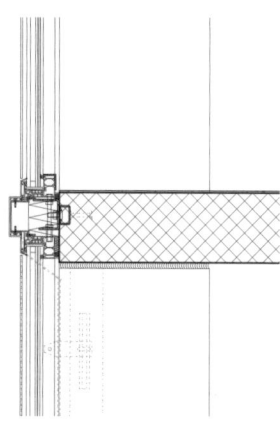

Ill. 263 : détail de la construction de la façade
Profilés (extrudés et assemblés) de fenêtre en bronze d'architecture

Ill. 265 : matérialisation des salles de cours
Vue en direction de la rangée centrale de poteaux et sur la salle contiguë

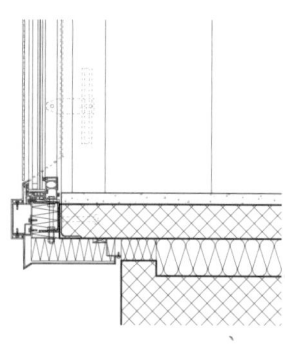

Ill. 260 : coupe détaillée de la façade 1:20

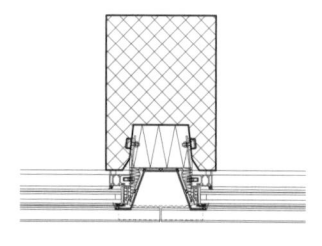

Ill. 261 : plan de détail poteau de façade 1:20

Construction et matérialisation

La façade longitudinale du bâtiment est le reflet de sa structure intérieure sobre. Des vitrages fixes de hauteur d'étage, encadrés de profilés extrudés en bronze d'architecture, forment ici un quadrillage continu. Cette enveloppe est constituée d'un double vitrage isolant traditionnel, ce qui en garantit l'efficacité en termes d'énergie et de coûts. En raison de la différence de densité des poteaux, les façades se présentent différemment à l'est et à l'ouest. Elles réagissent ainsi aux conditions distinctes de lumière et de rayonnement et, les galeries faisant office de zones tampons, toute mesure de protection solaire extérieure devient inutile. Des éléments ajourés en béton habillent les faces frontales et dissimulent les locaux contigus. Le béton affiche sa nature et relie le toit à la façade et à la rampe.

L'intérieur n'est marqué que par quelques matériaux. La structure porteuse est exempte de tout revêtement. Leurs intervalles étant dotés de cloisons de verre, les rangées de poteaux en béton marquent l'atmosphère des salles. Ces piliers produisent de l'ombre, définissent l'espace et abritent les installations techniques. Deux de leurs faces finement nervurées renvoient à la plasticité du béton et confèrent une certaine élégance à ces lourds éléments préfabriqués. En outre, en fonction de l'angle d'observation, les poteaux forment une paroi close ou permettent au regard d'accéder à la strate spatiale suivante. La succession des façades, poteaux et espaces utiles produit, selon la luminosité, différentes images ; le verre semble, tout à tour, se matérialiser, devenir transparent, réfléchissant ou translucide. L'aménagement des parois, polysémique et orienté en priorité sur la transparence, entend favoriser les échanges et la communication entre les différents secteurs d'activité.

Dans les salles de cours, les sous-faces des dalles ont été réalisées en éléments préfabriqués nervurés en ciment blanc. Les revêtements de sol en ciment fluide et magnésien viennent souligner la matérialisation robuste et homogène. Les dimensions de la dalle et la masse correspondante permettent de renoncer à toute isolation classique contre les bruits d'impact. Des notes de rouge appliquées ponctuellement complètent le concept minimaliste des matériaux et soulignent certains endroits à l'intérieur du bâtiment.

BÂTIMENTS Sélection d'ouvrages
Centre de formation professionnelle, Baden

Structure du mur façade principale

Profilés en bronze d'architecture
Film étanche
Isolation thermique 12 cm
Double vitrage IV thermo-isolant et antisolaire
Poteau préfabriqué 40 cm

Structure du toit, 5ᵉ étage

Dalles de béton dans lit de gravier/substrat minéral 5 cm
Couche de séparation
Lés d'étanchéité bitumés
Isolation thermique résistante à la pression 20 cm
Pare-vapeur
Surbéton de pente 26,5 cm
Prédalle préfabriquée en ciment blanc 13,5 cm

Centrale d'installations techniques

Corridor

Salle de cours

Structure de la dalle noyau

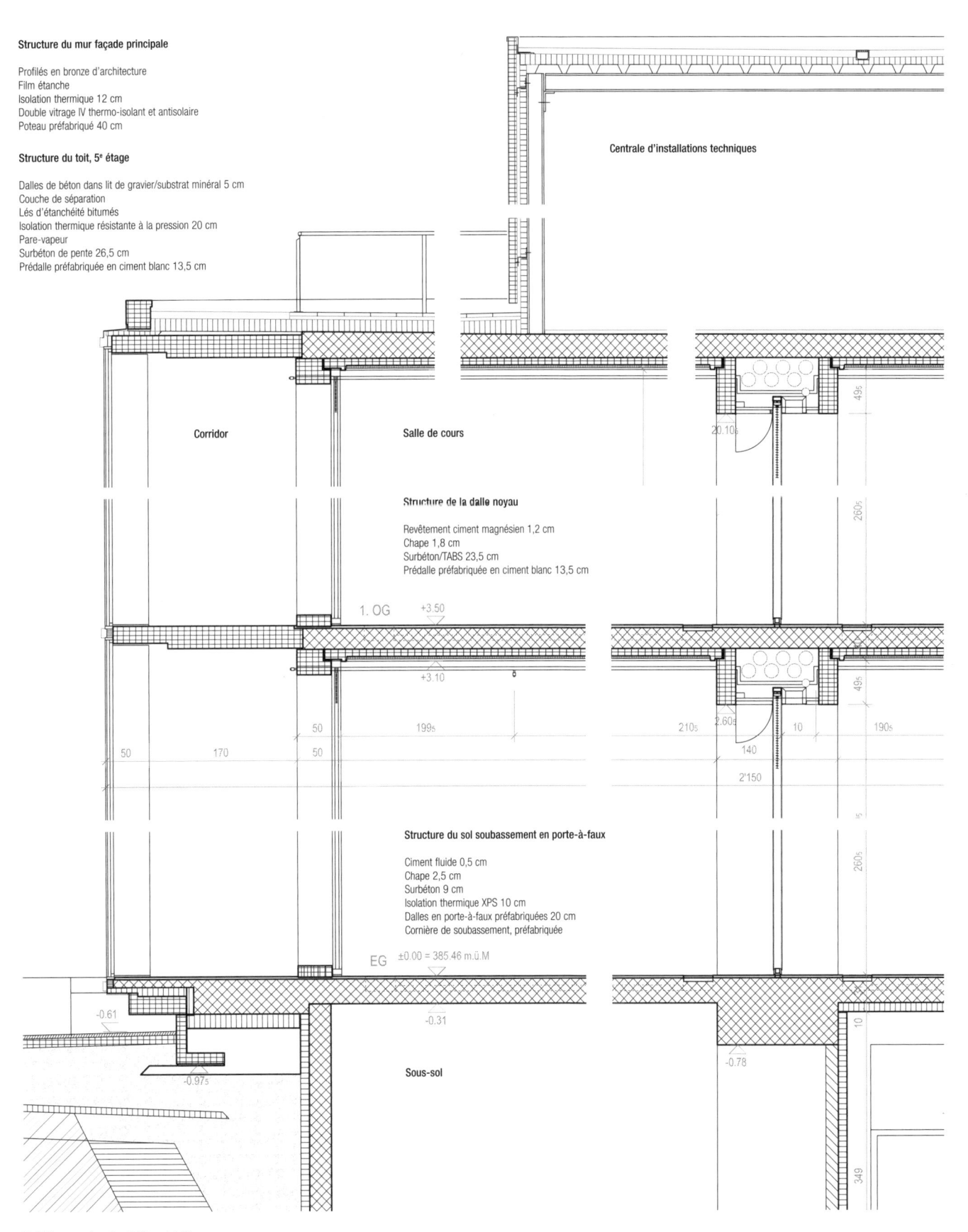

Revêtement ciment magnésien 1,2 cm
Chape 1,8 cm
Surbéton/TABS 23,5 cm
Prédalle préfabriquée en ciment blanc 13,5 cm

Structure du sol soubassement en porte-à-faux

Ciment fluide 0,5 cm
Chape 2,5 cm
Surbéton 9 cm
Isolation thermique XPS 10 cm
Dalles en porte-à-faux préfabriquées 20 cm
Cornière de soubassement, préfabriquée

Sous-sol

Ill. 266 : coupe façade et bâtiment 1:60
Vues de détail du plan d'exécution 1:50

BÂTIMENTS — Sélection d'ouvrages — Exemple

Lehrerseminar de Coire, aile des sciences naturelles
Bearth + Deplazes

Valentin Bearth, Andrea Deplazes, Alois Diethelm

Situation et thème

L'aile des sciences naturelles est une extension de l'École normale des Grisons. Sa structure tectonique, une superposition de quatre plateaux de béton, et son agencement en salles de cours et en laboratoires obéissent simplement à des critères de fonctionnement, d'espace et d'économie.

La totale transparence des espaces intérieurs et des façades entend révéler la vocation de ce bâtiment consacré aux sciences naturelles. La clarté précise d'un quadrillage cristallin ou d'une structure moléculaire, élément constitutif de la vie ou de la nature, devient la structure scientifique rationnelle d'un parallélépipède rectangle de verre, poli, aux arêtes vives, planté au milieu d'une végétation bien entretenue : objet artificiel rationnel baignant dans une artificialité romantique, une « image » de la nature vient s'ajouter au « modèle » de la nature.

L'intérieur du bâtiment est tout en tons gris sur gris (« gris labo ») et cette absence de couleurs accroît le caractère artificiel très perceptible du laboratoire de sciences naturelles. Elle crée un fort contraste avec le « vert méditatif » intense de la végétation alentour, arbres, buissons, vignes, fougères, etc., qui s'élève jusqu'à la peau du bloc de verre. Les statuts d'observateur et de chose observée s'intervertissent ainsi de manière inattendue.

Architectes :	Bearth + Deplazes, Coire
Réalisation :	1997-1999
Chef de projet :	Bettina Werner
Statique :	Fredy Unger, Coire

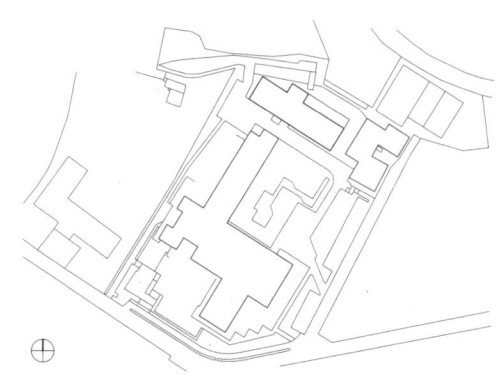

Ill. 268 : plan de situation
Le nouvel édifice au pied du Hoffelsen à Coire

Ill. 267 : façade sud
En se plaçant de face, le regard traverse le bâtiment de part en part.

Structure spatiale et structure porteuse I

La structure porteuse en béton coulé sur place comprend quatre plateaux superposés, contreventés par une tour d'escalier latérale. Les poteaux sont reliés par des sommiers, pour former deux portiques parallèles de cinq travées, dans la longueur du bâtiment. Entre ces portiques s'étend un plafond suspendu.

À la différence de sommiers perpendiculaires à la façade longitudinale, cette disposition facilite la répartition des fluides (électricité, conduits sanitaires, gaz et technologie de laboratoire). Exception faite de la tour, la structure du gros œuvre n'implique pas d'emblée une utilisation spécifique ou une fonction déterminée. La séparation entre salles de cours, annexes et espaces de desserte se fait essentiellement par des cloisons longitudinales en verre (transparence optique). Dans le sens transversal, les pièces principales sont séparées par des armoires murales encastrées entre les poteaux dimensionnés en conséquence (60 x 60 cm).

Cet agencement, libre et peut-être provisoire, des cloisons, suggéré par la structure porteuse, est cependant limité par l'emplacement des gaines montantes et des descentes d'eaux usées. Accolées aux deux poteaux à gauche et à droite de la tour, ces dernières abritent les conduites verticales des fluides, mais ne sont pas modifiables (voir plan secteur a). Cependant, grâce à ce système, les installations techniques de chaque « plateau » fonctionnent de manière autonome.

Un raccordement à la tour, pour y placer la gaine montante, aurait entraîné des percements complexes dans les sommiers et donc un plafond suspendu supplémentaire ; cette complication se révèle inutile et conforte le concept du plateau.

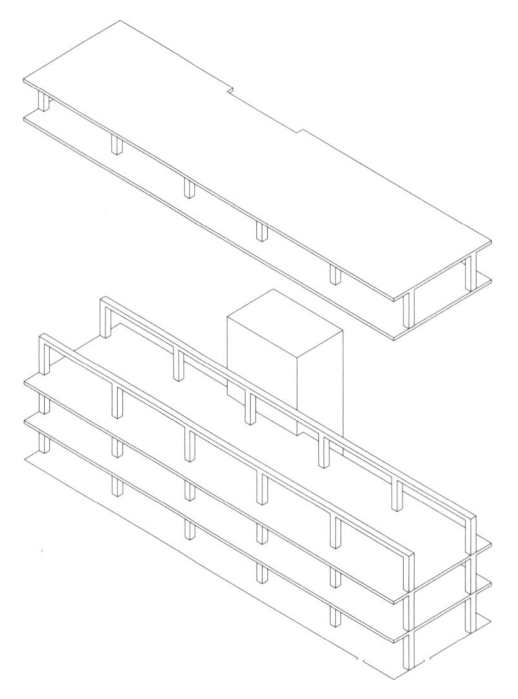

III. 370 : coupe axonométrique de la structure
Empilement de « plateaux »

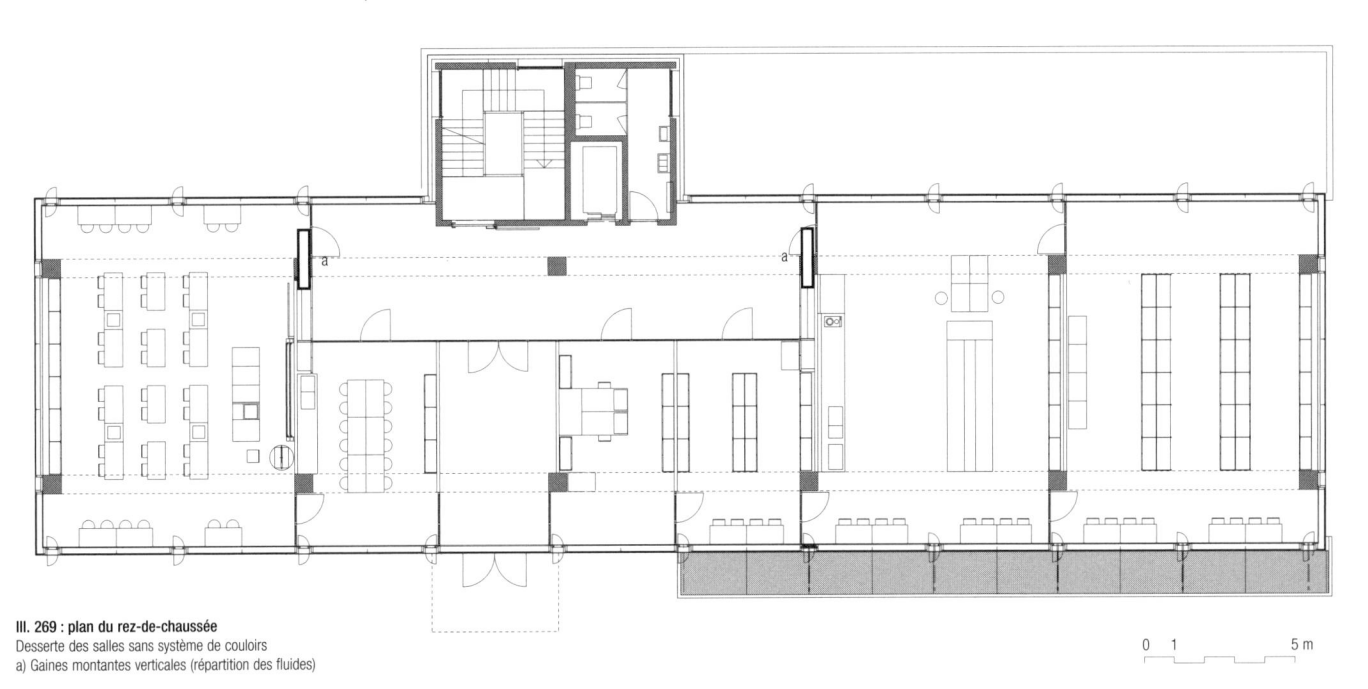

III. 269 : plan du rez-de-chaussée
Desserte des salles sans système de couloirs
a) Gaines montantes verticales (répartition des fluides)

| BÂTIMENTS | Sélection d'ouvrages |
| | Lehrerseminar, Coire |

Structure spatiale et structure porteuse II

Ill. 271 : salle de cours
Plafond suspendu entre les sommiers. Dalle de béton uniquement contre la façade (voir coupe transversale)

Ill. 272 : salle de cours
Le contact visuel avec l'extérieur demeure assuré en cas de brise-soleil abaissé

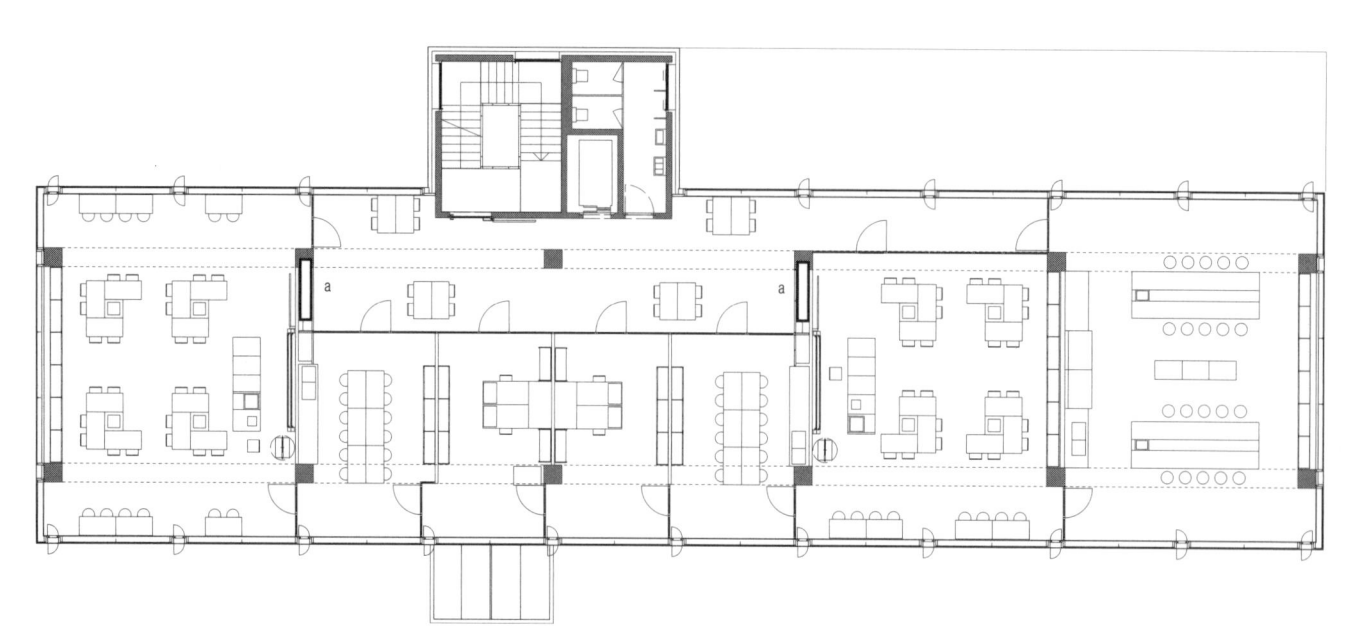

Ill. 273 : plan du 1er étage
Dégagement devant l'escalier avec couloir menant à la salle à l'extrémité du bâtiment
a) Gaines montantes verticales (répartition des fluides)

0 1   5 m

418

Structure spatiale et structure porteuse III

Ill. 274 : façade nord
Tour d'escalier assurant le raidissement, habillage de verre sans châssis

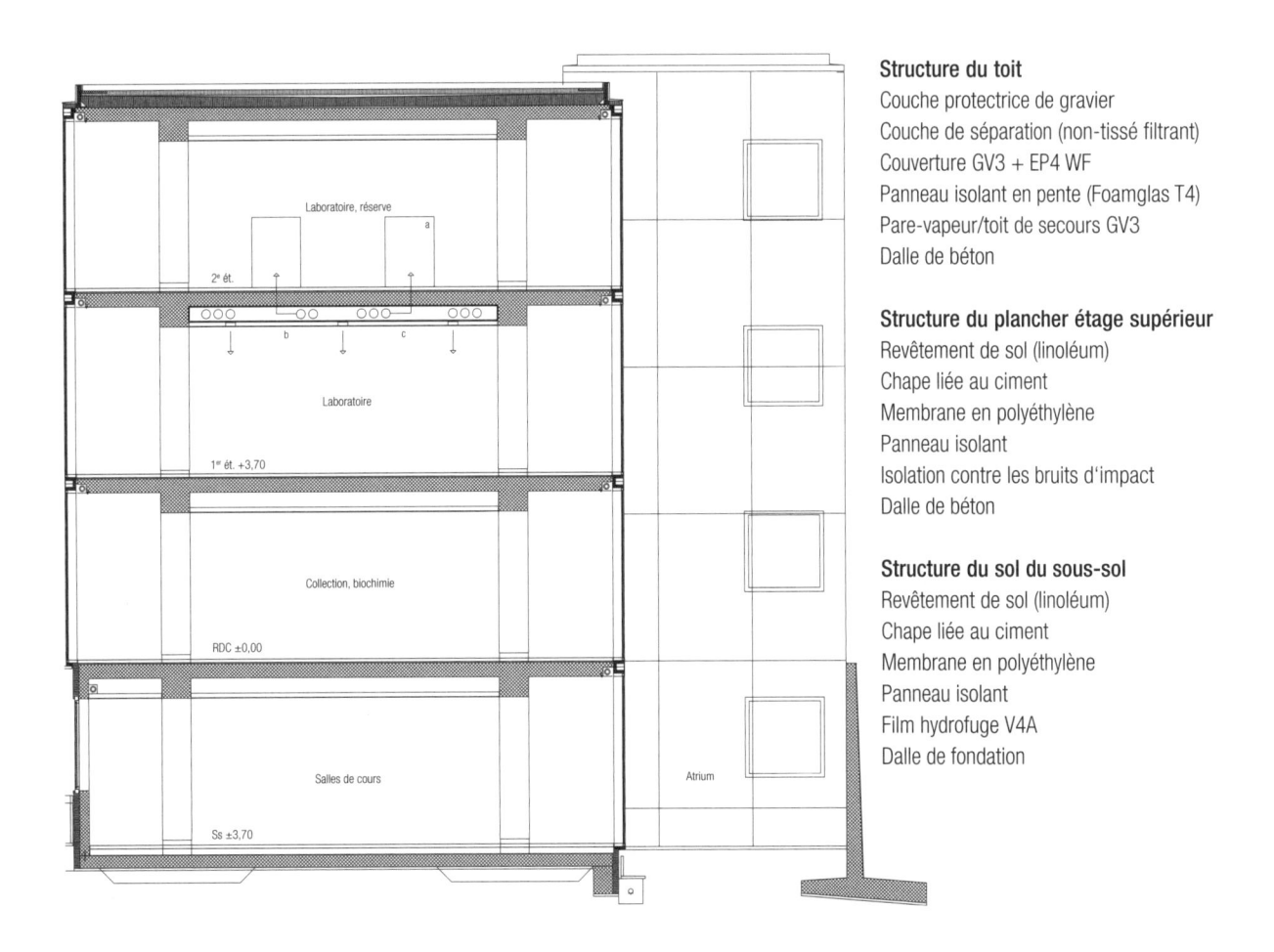

Structure du toit
Couche protectrice de gravier
Couche de séparation (non-tissé filtrant)
Couverture GV3 + EP4 WF
Panneau isolant en pente (Foamglas T4)
Pare-vapeur/toit de secours GV3
Dalle de béton

Structure du plancher étage supérieur
Revêtement de sol (linoléum)
Chape liée au ciment
Membrane en polyéthylène
Panneau isolant
Isolation contre les bruits d'impact
Dalle de béton

Structure du sol du sous-sol
Revêtement de sol (linoléum)
Chape liée au ciment
Membrane en polyéthylène
Panneau isolant
Film hydrofuge V4A
Dalle de fondation

Ill. 275 : coupe transversale
Plateaux superposés et tour d'escalier s'imbriquant dans l'atrium au RDC
a) Tables de laboratoire/colonnes de fluides ; b) Gaine horizontale de fluides/répartition ; c) Éclairage

Construction et expression – *curtain wall* ou façade-rideau

Ces châssis en aluminium anodisé non coloré sont divisés en deux par un profilé vertical en T, ce qui réduit fortement le prix du vitrage. Les fenêtres isolantes, en verre feuilleté de sécurité (VFS) du côté intérieur, rendent superflu le garde-corps (sécurité contre les chutes). L'aération naturelle se fait par les volets déjà évoqués, posés en feuillure intérieure. Les lamelles extérieures assurent une ventilation indépendante des intempéries (par exemple, système de refroidissement nocturne en été, protection contre la pluie battante), mais servent aussi de trappe de visite. Pour répondre au souhait des enseignants désireux de garder un lien physique avec l'extérieur, il est possible d'ouvrir le vantail intérieur central.

Les espaces intercalaires entre les châssis (protections solaires et vantaux d'aération) permettent un système au nu extérieur, semblable à une peau : verre et profilé de fixation sont pour ainsi dire sur le même plan. L'angle en vitrage décalé (les vitres se jointoient sans châssis) renforce l'impression d'une façade qui se déroule. Toutes les pièces nécessaires d'un point de vue technique sont des éléments encastrés grâce auxquels toute la structure de la façade fonctionne, en fin de compte, comme une mécanique d'horlogerie.

Pour des systèmes de façade-rideau, il s'agit malgré tout d'une solution économique (970 CHF/m^2, y compris protection solaire, volets d'aération, raccords et bordures de façade ainsi que stores intérieurs d'obscurcissement ; indice 1999).

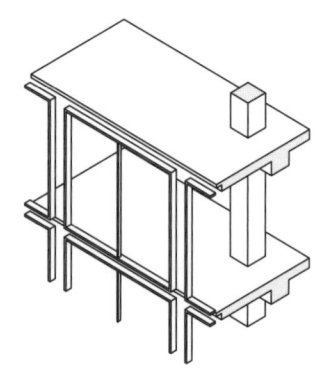

Ill. 276 : **structure (primaire) porteuse en béton avec châssis métallique léger (secondaire)**
Les châssis sont fixés aux nez de dalle.

Ill. 277 : **détail de façade**
Configuration d'angle sans châssis (angle en tout verre avec vitrage décalé)

BÂTIMENTS | **Sélection d'ouvrages**

Lehrerseminar, Coire

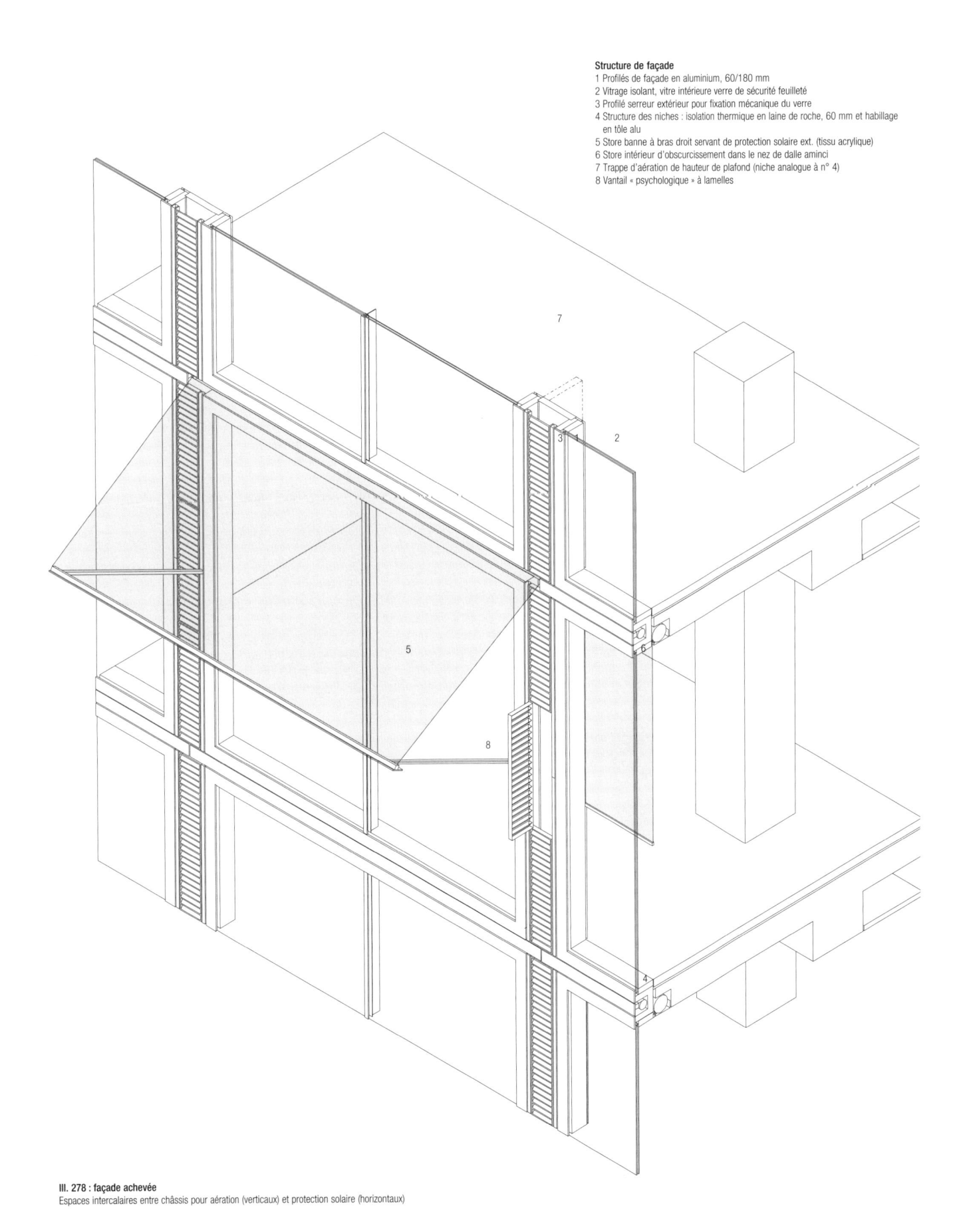

Structure de façade
1 Profilés de façade en aluminium, 60/180 mm
2 Vitrage isolant, vitre intérieure verre de sécurité feuilleté
3 Profilé serreur extérieur pour fixation mécanique du verre
4 Structure des niches : isolation thermique en laine de roche, 60 mm et habillage en tôle alu
5 Store banne à bras droit servant de protection solaire ext. (tissu acrylique)
6 Store intérieur d'obscurcissement dans le nez de dalle aminci
7 Trappe d'aération de hauteur de plafond (niche analogue à n° 4)
8 Vantail « psychologique » à lamelles

III. 278 : façade achevée
Espaces intercalaires entre châssis pour aération (verticaux) et protection solaire (horizontaux)

BÂTIMENTS　　　Sélection d'ouvrages

Lehrerseminar, Coire

Ill. 279 : façade sud avec entrée
Vantaux d'aération en position ouverte

Structure de façade
a Profilés de façade en aluminium, 60/180 mm
b Console/glissière Jordal pour accrochage des profilés de façade
c Vitrage isolant, intérieur, verre feuilleté de sécurité, 8 mm ; extérieur verre flotté 8 mm
(vitre extérieure pour l'angle en tout verre : VSS, verre de sécurité simple), 8 mm
d Profilé serreur extérieur pour fixation mécanique du verre (l = 60 mm)
e Cache très large (l = 120 mm)
f Laine de roche, 60 mm et habillage de tôle alu
g Profilé de projection (barre de charge) avec couvre-joint, id. n° 4
h Bras de projection
i Store d'obscurcissement dans le nez de dalle aminci
j Luminaires à tubes fluorescents encastrés

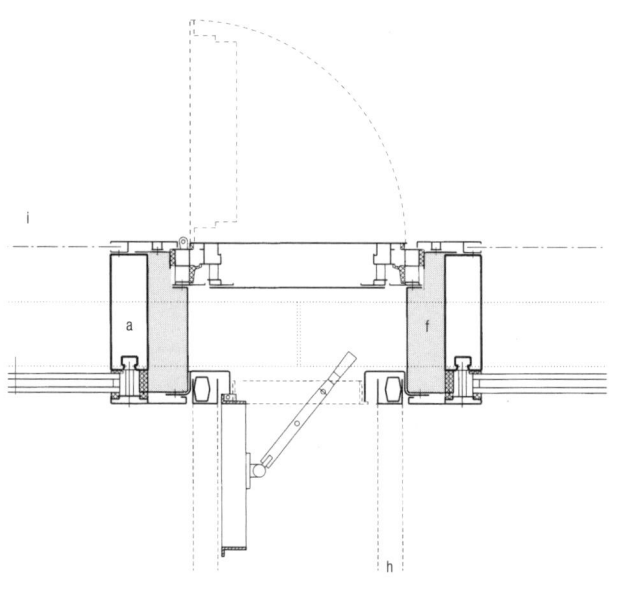

Ill. 280 : coupe horizontale
Joint vertical avec vantail d'aération intérieur et extérieur

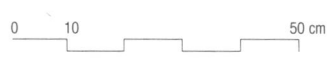

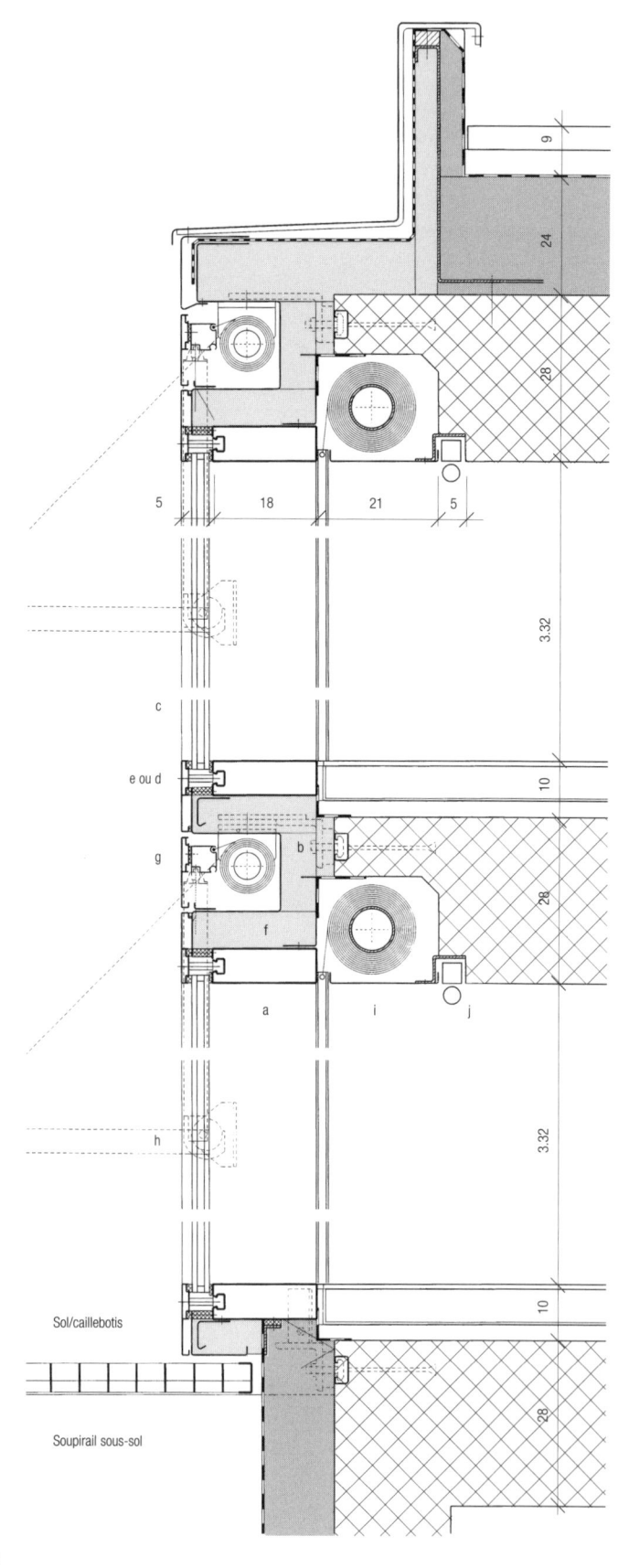

Ill. 281 : coupe verticale

Construction et expression – la protection solaire

La protection solaire est partie intégrante du concept des installations de domotique qui fonctionnent sans système de climatisation en dépit de la grande surface vitrée. À la différence des stores verticaux qui, une fois abaissés, effleurent la façade comme une peau (sans pouvoir cependant être intégrés au nu extérieur), le bâtiment acquiert ici, grâce aux stores bannes à bras droits, une plasticité et une profondeur qui, en fonction de la position de ces derniers, fait naître deux perceptions fondamentalement différentes (un autre élément concourt à cette modification de perception : les stores ne figurent que sur la façade sud, alors qu'ailleurs le verre règne en maître).

Les avancées formées par les stores abaissés, derrière lesquels la façade reste visible, sont comme un geste d'invitation plutôt inhabituel pour des systèmes de brise-soleil courants. Le plus souvent, ils forment en effet une séparation plus ou moins forte entre l'intérieur et l'extérieur. Ici, les liens visuels sont au contraire préservés. Les stores bannes à bras droits manifestent toutefois quelques points faibles aux extrémités du bâtiment, où, en fonction de la position du soleil, il arrive que les rayons touchent le vitrage. De même, leur exposition les rend-elle plus sensibles aux effets du vent.

Des stores bannes à bras articulés (protections solaires traditionnelles) auraient aussi engendré la même expressivité architectonique mais, avec le temps, la charge de vent aurait rompu l'alignement, ce qui constitue un autre inconvénient.

Les stores commandés par moteurs électriques se trouvent dans les niches situées entre les châssis de fenêtres. Le profilé horizontal de projection du store banne disponible dans le commerce est revêtu d'un couvre-joint identique (l = 12 cm) à celui du système apparenté de montants-traverses.

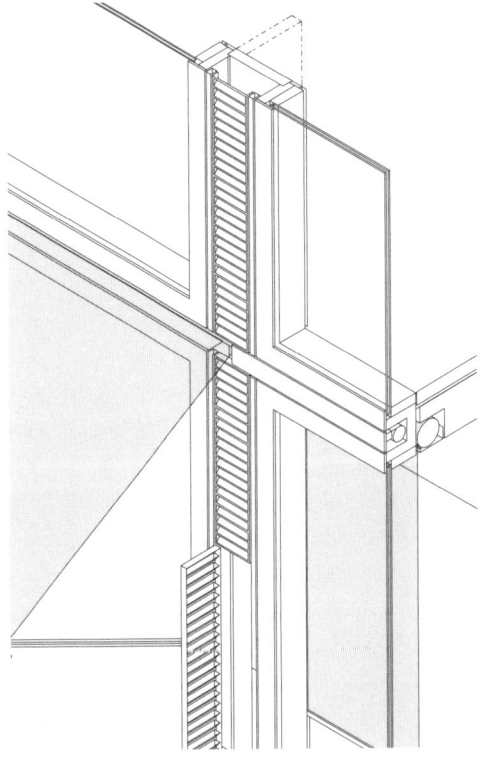

Ill. 283 : façade sud, store baissé
Position maximale du bras droit = horizontale

Les bras droits sont habillés d'un profilé en U et fixés à fleur de façade entre les châssis de fenêtres et les vantaux d'aération. À l'exception des châssis en aluminium anodisé non coloré, tous les éléments visibles de la façade sont thermolaqués en noir afin de minorer la présence des joints et des lamelles des vantaux d'aération.

Ill. 282 : façade sud, stores relevés
Expressivité identique sur toutes les façades

Ill. 284 : façade sud, tous stores baissés
La façade gagne en plasticité. Le store banne manquant indique l'entrée (auvent fixe).

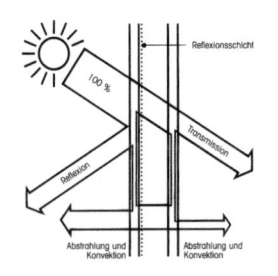

Ill. 285 : protection solaire – effet physique du rayonnement
Source : *Glas und Praxis*, Glas Trösch AG, 2000

Concept énergétique – la « problématique » de la maison de verre

Le problème spécifique des bâtiments vitrés, que l'on retrouve aussi en règle générale dans le cas de la fenêtre en façade, réside dans le fait qu'en hiver, le verre protège moins bien des déperditions de chaleur (déperditions largement compensées, surtout pour les grandes surfaces, par des gains d'énergie solaire en période de chauffe) et qu'à l'inverse, il laisse pénétrer beaucoup trop d'énergie (indésirable) en été. Si aucune mesure adéquate n'est prise, les conséquences sont bien connues : selon la saison, surchauffe ou refroidissement excessif.

Jusque dans les années 1980, la réponse la plus courante a donc consisté à climatiser entièrement les bâtiments en verre (voir le bâtiment HIL de l'EPFZ). La prise en compte de l'environnement et, par conséquent, la tolérance réduite à l'égard des climatisations ont néanmoins conduit à emprunter, depuis lors, des voies différentes, en partie déjà répandues et permettant toujours le recours aux grandes surfaces vitrées. D'une part, on a amélioré les matériaux (les propriétés des verres ont par exemple été modifiées) et de l'autre, on a approfondi des réflexions conceptuelles (structure, installations techniques, physique du bâtiment).

Les principales évolutions dans la production de verre ont été l'amélioration de l'isolation thermique (valeur U) et la protection solaire (valeur g). Les moyens techniques mis en œuvre sont des membranes (incolores) de protection thermique et solaire ainsi que des remplissages de gaz (argon p. ex.). L'influence de la valeur g ne doit pas être sous-estimée, puisque dans le cas d'une protection élevée, les rayons solaires sont arrêtés même lorsqu'ils seraient les bienvenus, comme en hiver pour l'utilisation passive de l'énergie solaire. Dans le même temps, une bonne fonction pare-soleil du verre garantit une protection contre un réchauffement excessif lorsque les stores bannes ne peuvent pas être baissés en raison, par exemple, de vents forts.

Étant donné leurs grandes surfaces, on a posé à l'École normale des vitrages assurant une excellente protection solaire (façade sud : valeur g de 38 %), sans diminuer pour autant la possibilité d'exploitation de l'énergie solaire. Le flux d'énergie venant de l'extérieur est, bien entendu, également réduit par une bonne isolation thermique (cf. diagramme), ce qui aurait pu inciter à utiliser, côté sud, des vitrages ayant une valeur U moins bonne pour bénéficier des apports en énergie solaire en hiver. À l'École normale on a posé, sur toutes les façades, un verre isolant d'une valeur U de 1,0 W/m^{2}K et d'un degré de transmission de la lumière de 70 %. Sur la façade nord, le verre présente une valeur g de 55 %, une protection plus faible, en toute logique que pour le côté sud.

Des critères conceptuels sont à la base de l'orientation ou de la direction d'un bâtiment et, corollairement, du concept d'aération qui inclut obligatoirement une sélection des matériaux. L'orientation sud de cet établissement garantit d'une part une exploitation optimale de l'énergie solaire et assure, de l'autre, un échange d'air naturel entre les salles de la façade sud et celles du nord. À cet égard, l'aspect du refroidissement nocturne en été, pendant lequel les matériaux de construction massifs tel le béton sont « rechargés » par l'air froid, revêt une importance primordiale. Le froid stocké est ensuite rediffusé de jour sous la forme d'un « rayonnement froid » et crée des conditions climatiques acceptables. Là où les salles sont, sur un côté, adjacentes à un couloir, des impostes sont installées au-dessus des portes pour permettre une aération transversale via la cage d'escalier. Grâce à la différence de niveau (l'ouverture de ventilation se trouve au 2e étage), on tire parti de l'« effet de cheminée » (différence naturelle de pression de l'air : effet de pression et d'aspiration).

Concept CVC selon Waldhauser Haustechnik AG, Bâle

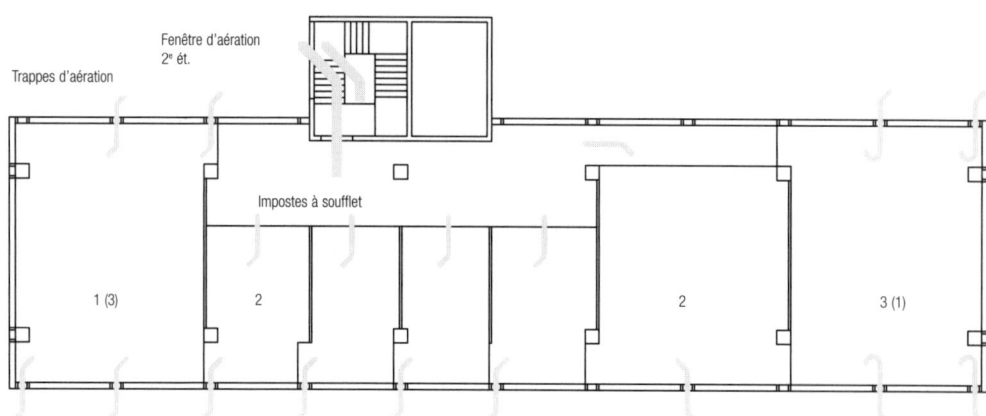

Ill. 286 : schéma de ventilation
1) Échange d'air (d'une façade à l'autre) : par le vent et/ou par écart de température
2) Échange d'air (de la façade à la cage d'escalier en passant par le couloir) : par écart de température/effet de cheminée
3) Échange d'air (sur la façade) : ascendance thermique, différences de température dans la pièce

BÂTIMENTS — Sélection d'ouvrages
Exemple

École technique du bois, Bienne
Marcel Meili, Markus Peter

L'École technique du bois à Bienne, 1990-1999

Sous sa forme actuelle, l'École technique du bois possède déjà un cachet remarquable. Le campus et ses bâtiments forment presque une île entre les aires résidentielles et une zone industrielle qui s'étend le long du flanc abrupt du Jura. L'ensemble que forme cette école, un bâtiment principal au style national-romantique d'après-guerre ainsi que des ateliers à un seul niveau, semble se cramponner littéralement aux espaces verts et à l'étendue de la plaine.

L'intervention donne au site une nouvelle forme qui développe, par deux gestes distincts, la relation entre les constructions et l'espace ouvert. Dans un premier temps, les ateliers de plain-pied aux toits à pignon sont agrandis pour se rapprocher le plus possible du nouveau bâtiment d'enseignement. Ce dernier, une construction en bois à quatre niveaux, domine la silhouette plane des ateliers eux aussi en bois et s'impose, par sa proximité, dans des proportions presque dissonantes face aux constructions plus traditionnelles du campus.

Le bâtiment d'enseignement a été construit comme une série de caissons en bois assemblés à partir d'ossatures préfabriquées de hauteur d'étage. Les intervalles entre les caissons forment des terrasses ou des corridors qui les relient sans transition à l'espace extérieur. Seul le noyau central de distribution a été réalisé en béton pour des raisons de protection incendie.

Par son mode de construction, la structure des caissons-salles renoue avec la technologie du bois de grande portée. Les planchers sont composés de caissons apparents de longue portée qui rendent inutile toute structure primaire ou secondaire. L'ossature de la façade présente des poutres en lamellé-collé dont la hauteur correspond à celle des allèges et qui sert de bardage aux éléments de plancher. Il est ainsi possible de placer de larges fenêtres subdivisées dont les proportions ne sont plus dictées par le faible écart des montants, mais par leurs relations avec les grandes salles. Les façades extérieures sont habillées de panneaux de bois mortaisés en chêne naturel. Ce type de panneaux supprime les joints entre chaque lame au profit d'assemblages d'éléments de plus longue portée et à joints creux.

Le mode de construction revêt ainsi une importance particulière dans ce projet car c'est la rupture avec la hiérarchie de masse et de répartition propre à la construction en bois qui rend possible le concept plastique et spatial. Dans ce projet, les propriétés propres aux bâtiments en bois se heurtent de plein fouet à une attitude qui étouffe le caractère additif du bois en faveur de ses qualités de plasticité, de planéité et de plus grande souplesse.

Architectes : Marcel Meili et Markus Peter, avec Zeno Vogel, Zurich
Réalisation : 1997-1999
Direction de projet : Zeno Vogel
Statique : Conzett Bronzini Gartmann, Coire

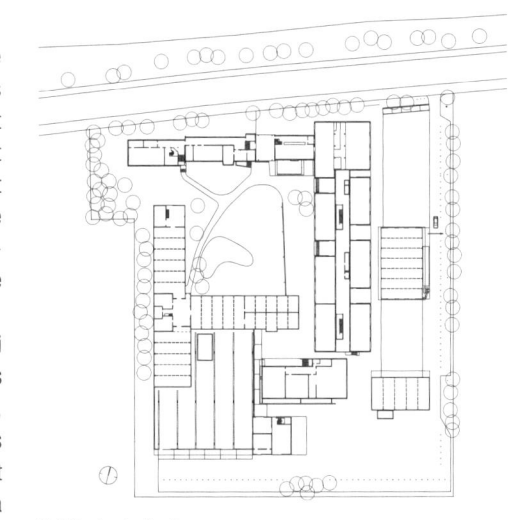

Ill. 289 : plan de situation

Ill. 287 et 288 : l'École technique du bois est formée d'une série de caissons en bois

BÂTIMENTS — Sélection d'ouvrages — École technique du bois, Bienne

Phase de projet :
plans de projets (échelle réduite) 1:200

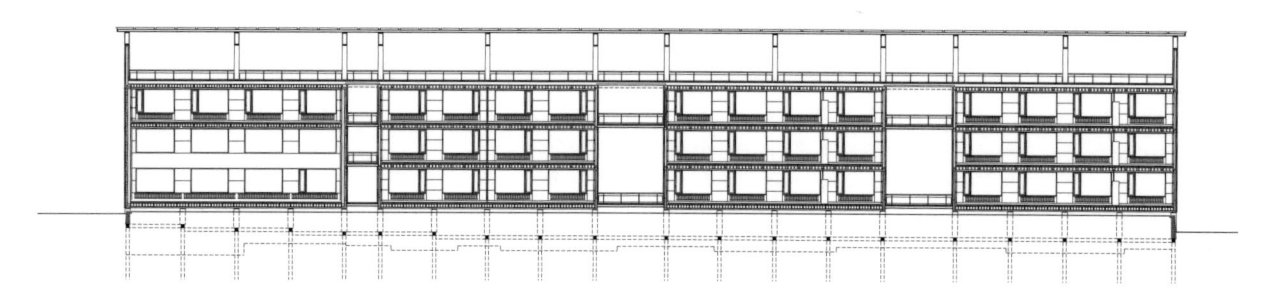

Ill. 290 : coupe longitudinale B-B

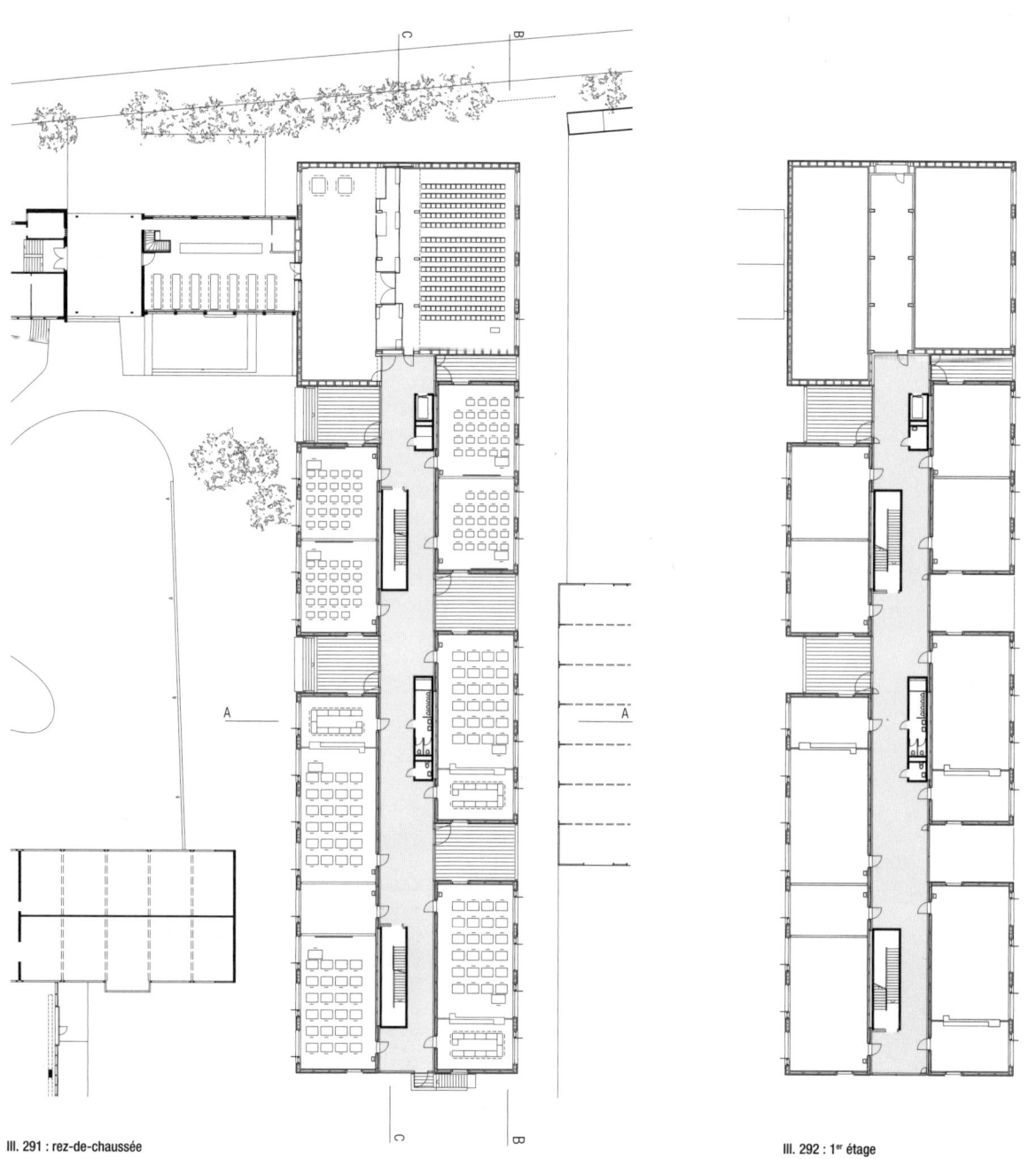

Ill. 291 : rez-de-chaussée

Ill. 292 : 1er étage

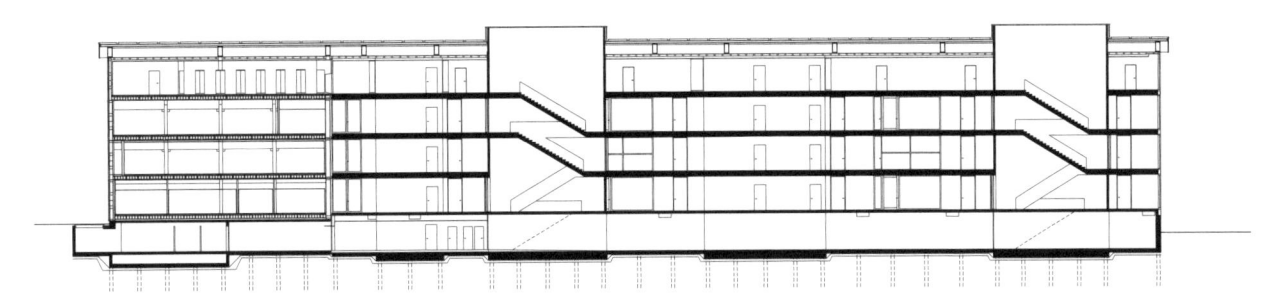

BÂTIMENTS — Sélection d'ouvrages

École technique du bois, Bienne

Ill. 293 : coupe longitudinale C-C

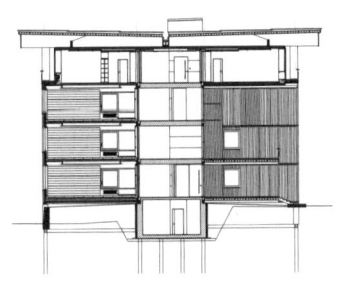

Ill. 294 : coupe transversale A-A

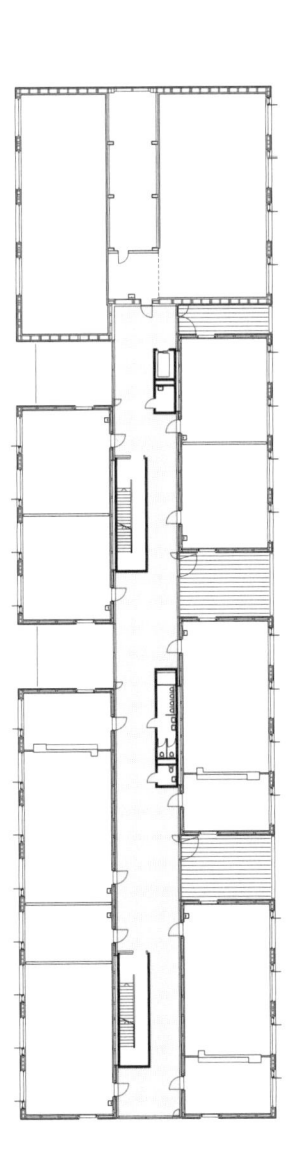

Ill. 295 : 2ᵉ étage

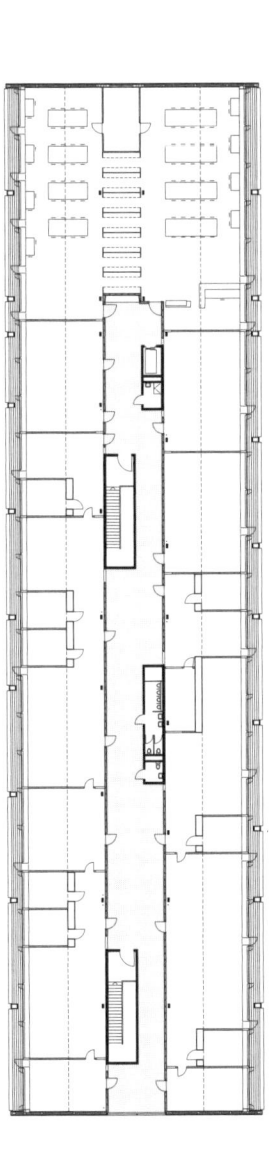

Ill. 296 : attique

BÂTIMENTS | Sélection d'ouvrages
École technique du bois, Bienne

Jürg Conzett

Statique et structure – compte rendu de l'ingénieur

Le travail de l'ingénieur respecte les valeurs de la « maîtrise d'œuvre » : les constructions doivent rester simples, généreuses et économiques, exploiter les possibilités établies par le projet architectural, utiliser également pour la statique les éléments déjà existants et mener ainsi à une concordance entre les objectifs de l'architecte et ceux de l'ingénieur.

C'est en ce sens que le concept des fondations du nouveau bâtiment est intéressant. La lourde partie centrale massive repose sur un sous-sol bétonné qui agit, du point de vue statique, tel un caisson continu et répartit longitudinalement les charges concentrées. Bien réparties, les pressions à la base sont transmises au terrain par le radier ; la coupe longitudinale au travers de la partie centrale rappelle un bateau flottant. À l'inverse, les charges des salles de cours, légères et sans sous-sol, sont transmises ponctuellement, par l'ossature, à la couche de sol porteuse (couche de terre) par l'intermédiaire d'une couronne de pieux.

Ces pieux sont normalement espacés les uns des autres de 480 cm, une distance qui s'accorde bien avec leur longueur et correspond aussi à l'écart des poteaux principaux de la paroi longitudinale extérieure. En effet, une poutre-allège de 86 cm de haut est tout juste en mesure de supporter, sur cette portée, les charges des planchers. Au-dessus des fenêtres, les planchers-caissons sont suspendus à la poutre allège, ce qui autorise une hauteur de linteau très réduite, élément primordial pour les conditions de luminosité dans les salles de classe.

Dans la construction en bois, il est aberrant de ne pas utiliser les parois coupe-feu et anti-bruit comme parois porteuses. C'est pourquoi les planchers des unités d'enseignement sont posés sur une ossature en bois supplémentaire, entre les salles et les corridors. De la sorte, les dalles en béton de la partie centrale ne sont pas sollicitées par les efforts verticaux émanant des salles et n'ont d'autre fonction que de se soutenir elles-mêmes ; elles peuvent ainsi être réalisées sous forme de dalles planes précontraintes présentant des portées et des porte-à-faux très importants. Les corridors ne comprennent aucun support auxiliaire disposé devant les parois et sont donc, sur toute leur largeur, à la disposition de l'usager.

La charpente de la toiture est elle aussi composée de caissons. Respectivement, une lisse basse et une lisse haute en lamellé-collé sont liées entre elles par des panneaux de bois lamifié-collé et fixées sur les poutres. Le toit se compose de deux grands plateaux de bois de 97 m de long et 13 m de large. Pour une distance entre pannes de 9,6 m, les éléments en caissons peuvent être limités à 22 cm grâce à l'effet de continuité, un concept qui offre une grande liberté à l'organisation de l'attique.

Ill. 297 : maquette du noyau en béton
Desserte par corridors (issues de secours anti-incendie), tours en béton de raidissement qui comprennent escaliers, ascenseurs et sanitaires

Ill. 298 : noyau en béton
Phase de construction gros œuvre, 1997. Les dalles en béton ne portent que leur propre poids, ce qui rend possible la réalisation de portées et porte-à-faux importants.

Ill. 299

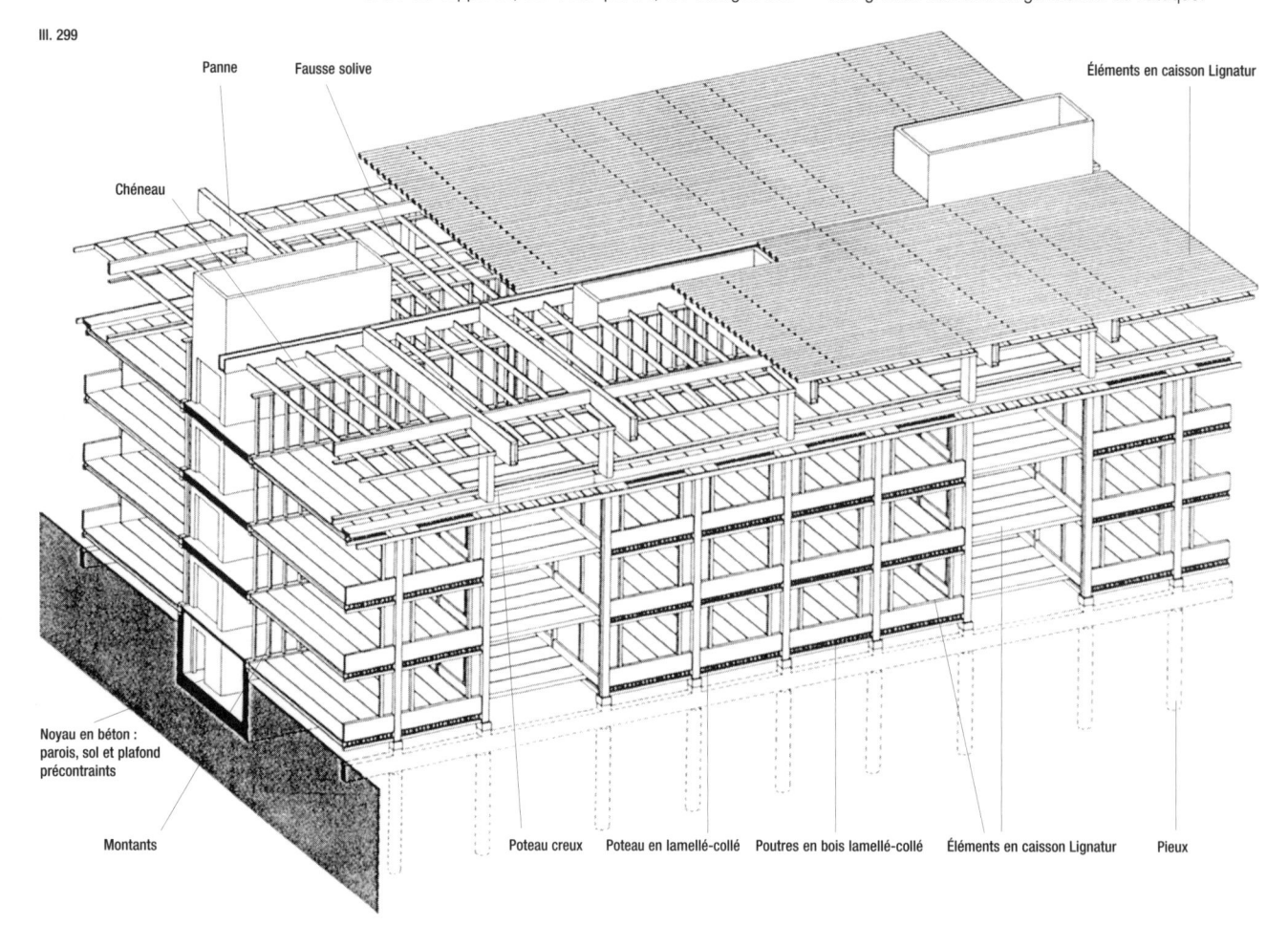

Ill. 300 : extérieurs couverts
Les extérieurs couverts entre les pièces en caissons assurent une luminosité naturelle émanant alternativement de gauche et de droite dans le couloir de desserte, tout en permettant, entre les « caissons », une vue sur le campus et le vaste paysage.

Ill. 301 : foyer
Le foyer, dont la hauteur couvre trois niveaux, sert d'antichambre à la salle adjacente ainsi qu'au restaurant universitaire abrité dans le bâtiment actuel.

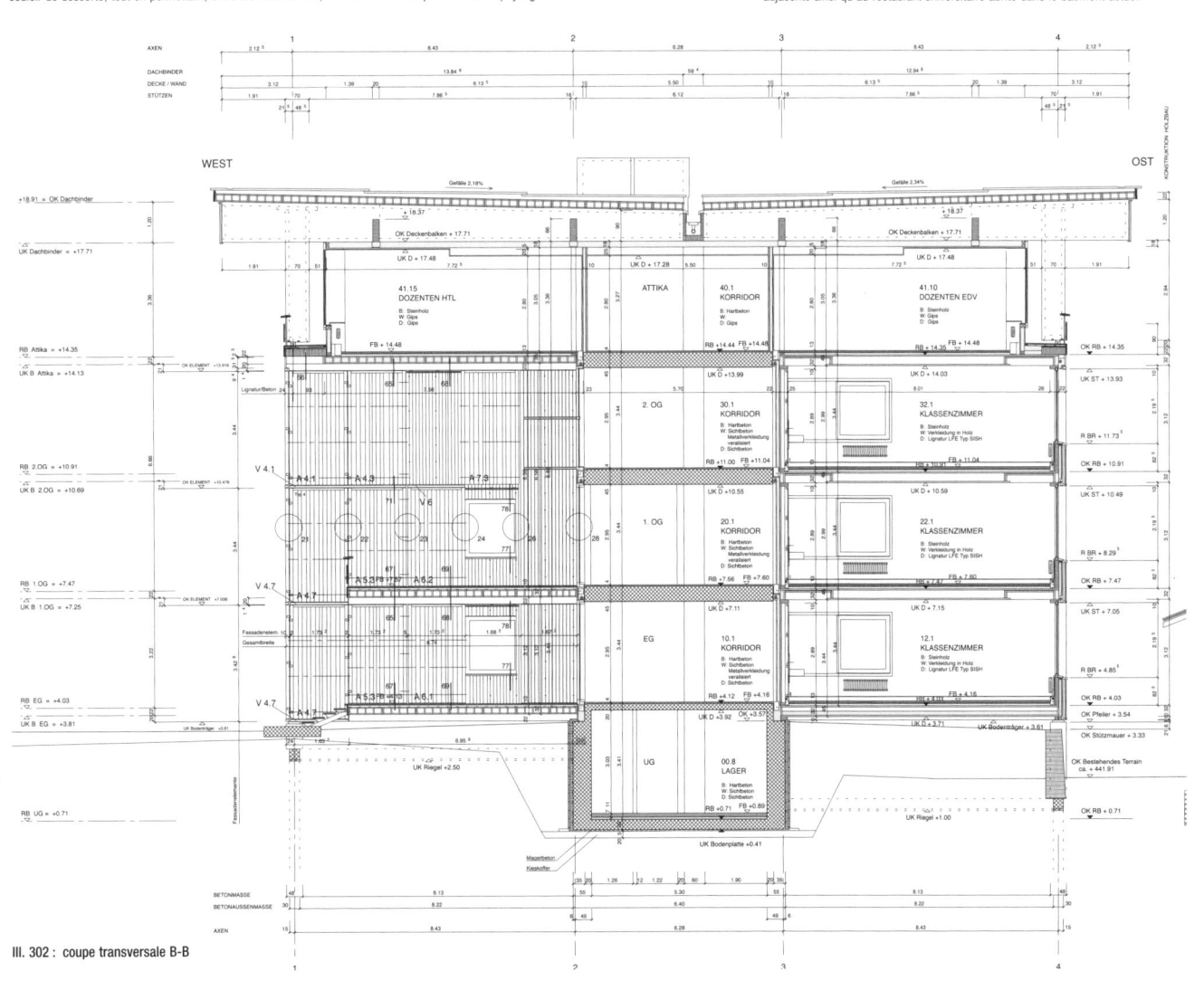

Ill. 302 : coupe transversale B-B

BÂTIMENTS — Sélection d'ouvrages
École technique du bois, Bienne

Exécution

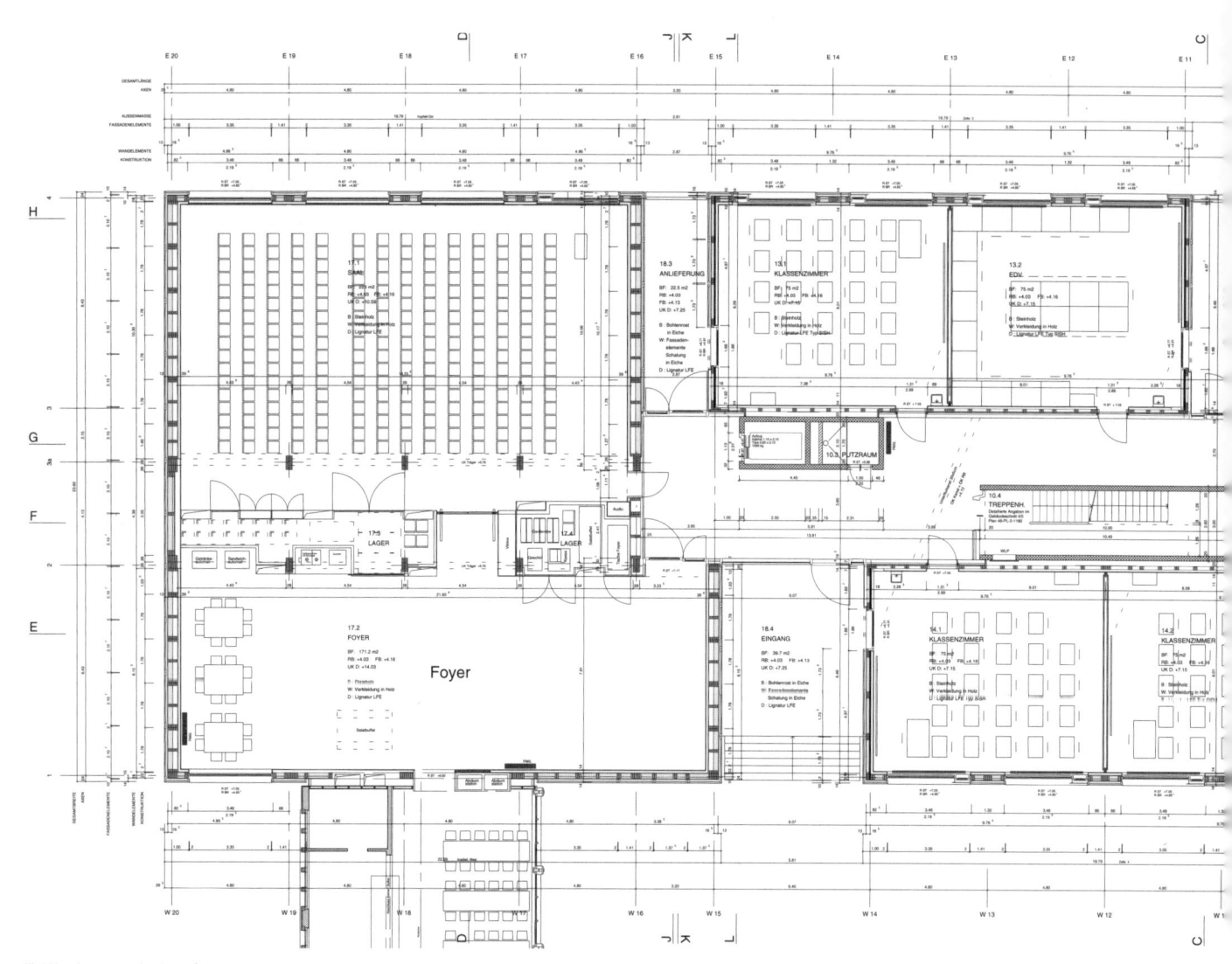

Ill. 303 : plan du rez-de-chaussée
Plan d'exécution (échelle réduite) 1:50

Ill. 304 : transition entre le noyau de béton et les caissons en bois
La partie en bois et celle en béton sont des systèmes indépendants l'un de l'autre du point de vue statique. La structure linéaire des montants est habillée, côté couloir, de panneaux de particules liés au ciment (Duripanel ; sécurité anti-incendie).

Ill. 305 : salle de classe en phase de second œuvre
Le plafond se compose d'éléments en caissons Lignatur apparents qui, emboîtés les uns dans les autres, forment une surface continue. Cette solution offre une grande souplesse dans l'organisation du plan, au moyen de cloisons.

BÂTIMENTS · Sélection d'ouvrages

École technique du bois, Bienne

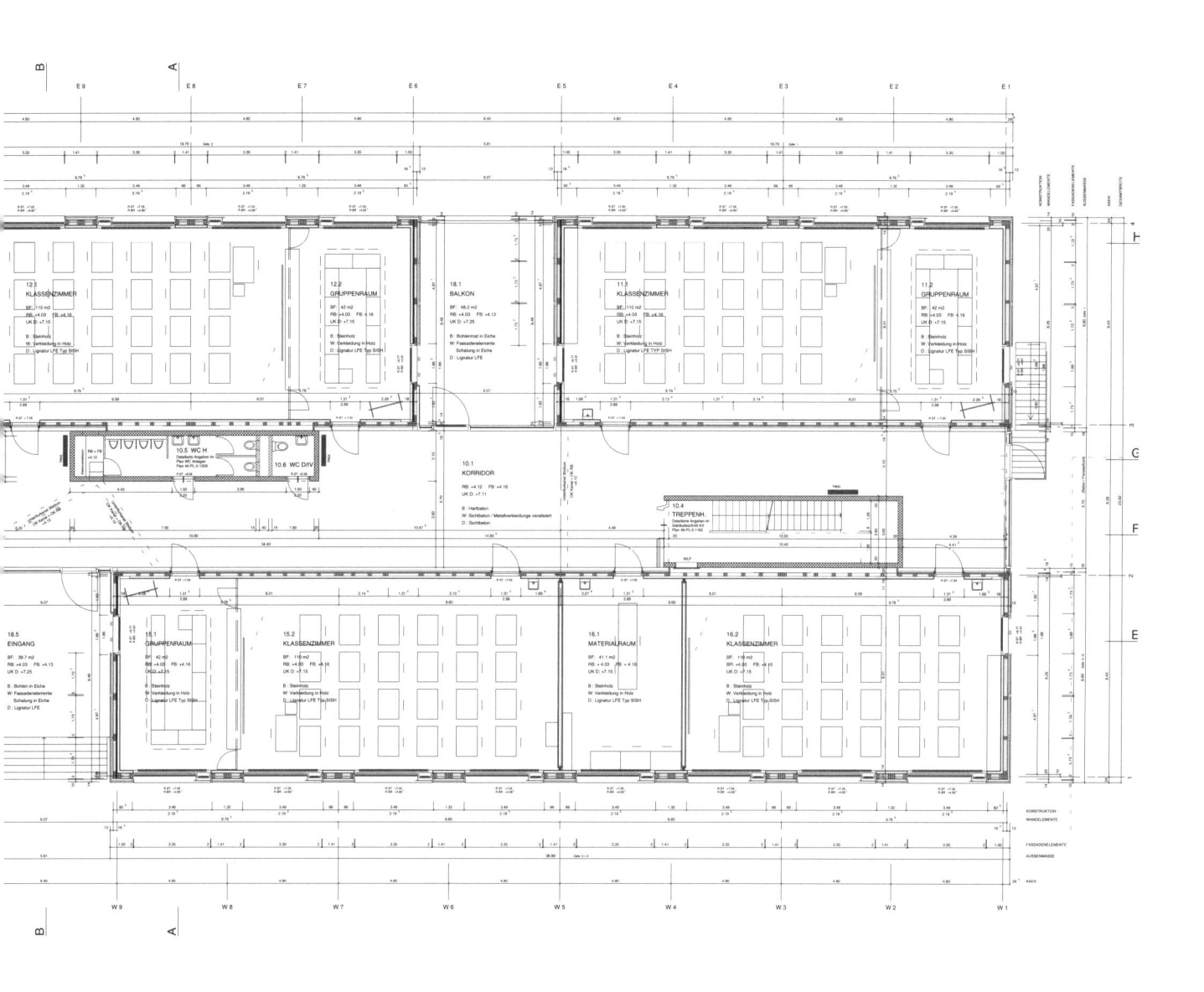

Ill. 306 : la salle commune, haute de deux étages, se trouve à l'extrémité du bâtiment

BÂTIMENTS   Sélection d'ouvrages

École technique du bois, Bienne

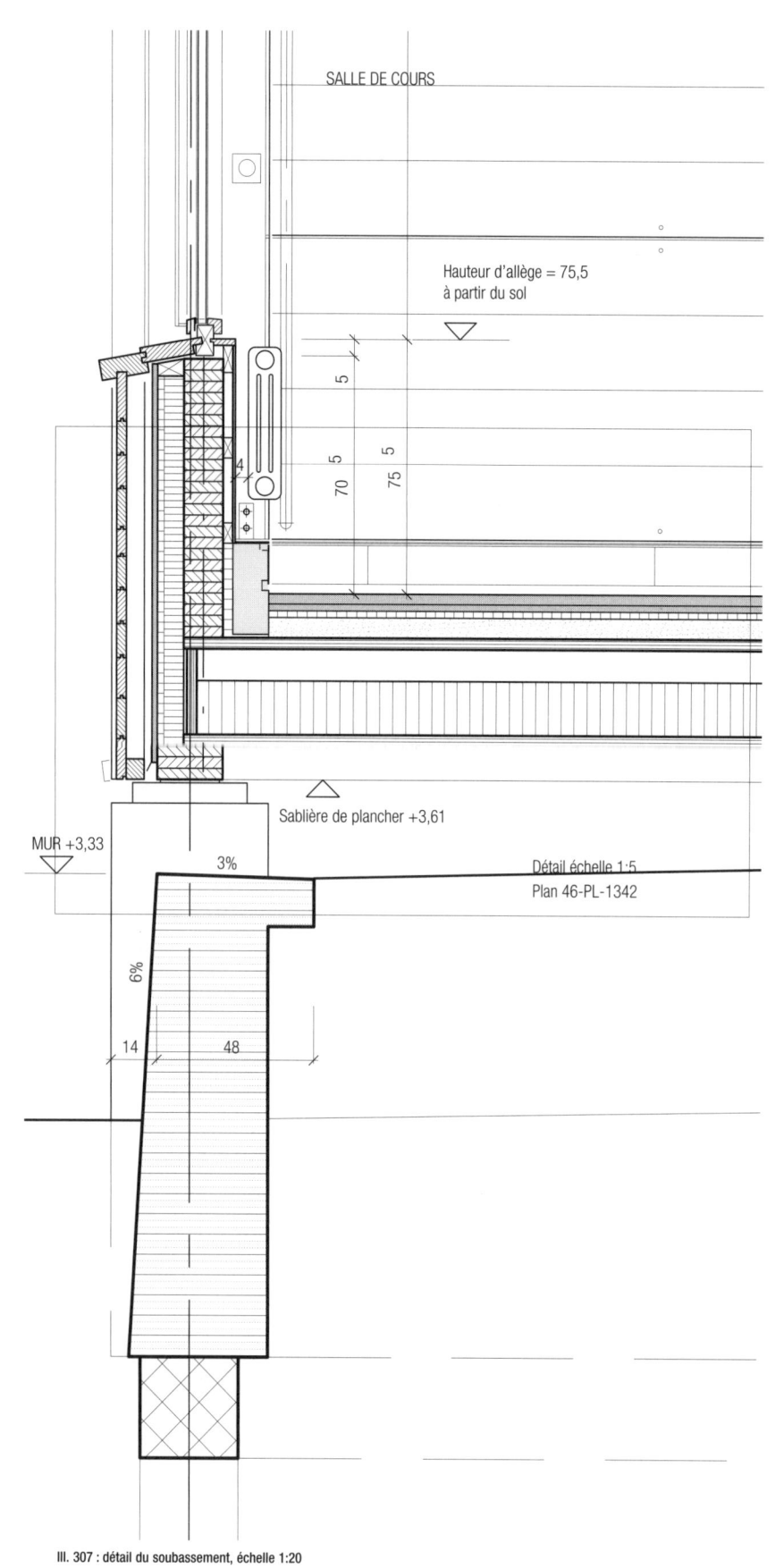

Ill. 308 : soubassement

Ill. 309 : détail du soubassement
Les poteaux, qui supportent les éléments de façade préfabriqués, reposent sur des pieux qui ont dû être enfoncés d'environ 10 m dans le sol. L'ensemble de la construction en bois est sur vide sanitaire.

Structure du mur

Éléments de façade en chêne (châssis et remplissage)	
Vide de ventilation	
Panneaux de fibres de bois bitumés (Isolair NK)	16 mm
Panneaux en fibre minérale	20 mm
Isolation thermique	80 mm
Poutre allège	120 mm
Revêtement intérieur en panneaux multiplex ; surface huilée, piments aluminium	

Structure du sol

Ciment magnésien double couche (p. ex. Euböolith)	30 mm
Assemblage : lattage sur papier asphalté	
Plaque porteuse (panneau de particules)	21 mm
Panneau d'isolation contre les bruits d'impact PS81	20 mm
Caillebotis, posé comme un caisson	65 x 50 mm
Lestage sable ou gravillon (bruit solidien)	
Protection anti-ruissellement membrane polyéthylène	
Élément LFE Lignatur, isolé avec Homatherm 160 mm	1000 x 320 mm

Soubassement

Béton damé lavé, granulat calcaire de carrière	jusqu'à 63 mm

Ill. 307 : détail du soubassement, échelle 1:20

BÂTIMENTS — Sélection d'ouvrages
École technique du bois, Bienne

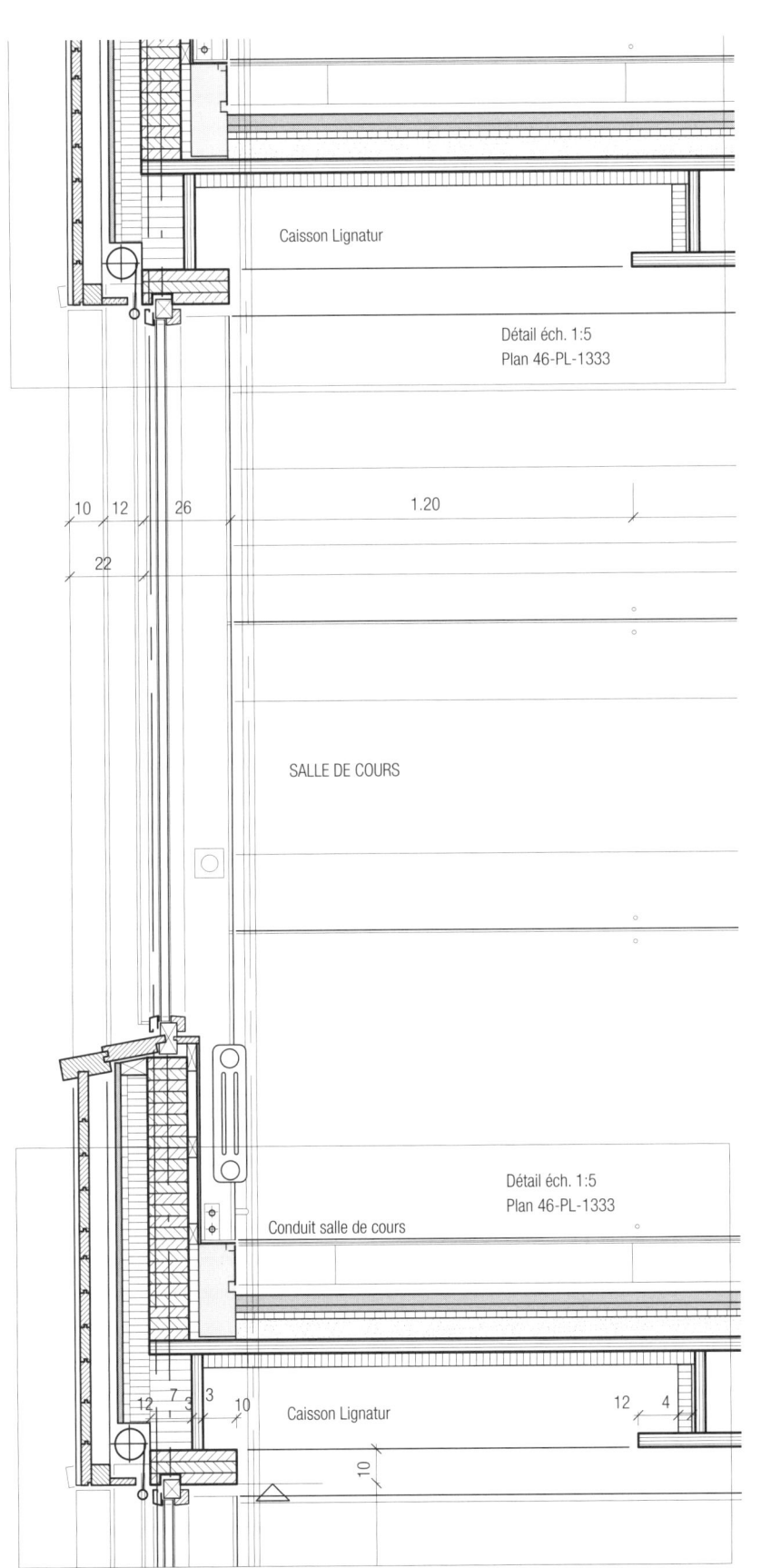

Caisson Lignatur

Détail éch. 1:5
Plan 46-PL-1333

SALLE DE COURS

Détail éch. 1:5
Plan 46-PL-1333

Conduit salle de cours

Caisson Lignatur

Ill. 310 : détail de fenêtre, échelle 1:20

Ill. 311 : fenêtre
La fenêtre est directement fixée à l'ossature. On a opté pour un large vitrage fixe sans subdivision et un étroit vantail de ventilation.

Ill. 312 : protection solaire
Protection solaire sous forme de clapet en aluminium placé devant le vantail de ventilation et de store en toile recouvert d'aluminium devant le vitrage fixe

Structure du mur

Éléments de façade en chêne (châssis et remplissage)
Vide de ventilation
Panneaux de fibres de bois bitumés (Isolair NK)   16 mm
Panneaux en fibre minérale   20 mm
Isolation thermique   80 mm
Poutre allège   120 mm
Revêtement intérieur

Structure du sol

Ciment magnésien double couche
   (p. ex. Euböolith)   30 mm
Assemblage : lattage sur papier asphalté
Plaque porteuse (panneau de particules)   21 mm
Panneau d'isolation contre les bruits
   d'impact PS81   20 mm
Caillebotis, posé comme un caisson   65 x 50 mm
Lestage sable ou gravillon (bruits solidiens)
Protection anti-ruissellement membrane
   polyéthylène
Élément LFE Lignatur, isolé avec
   Homatherm 160 mm   1000 x 320 mm

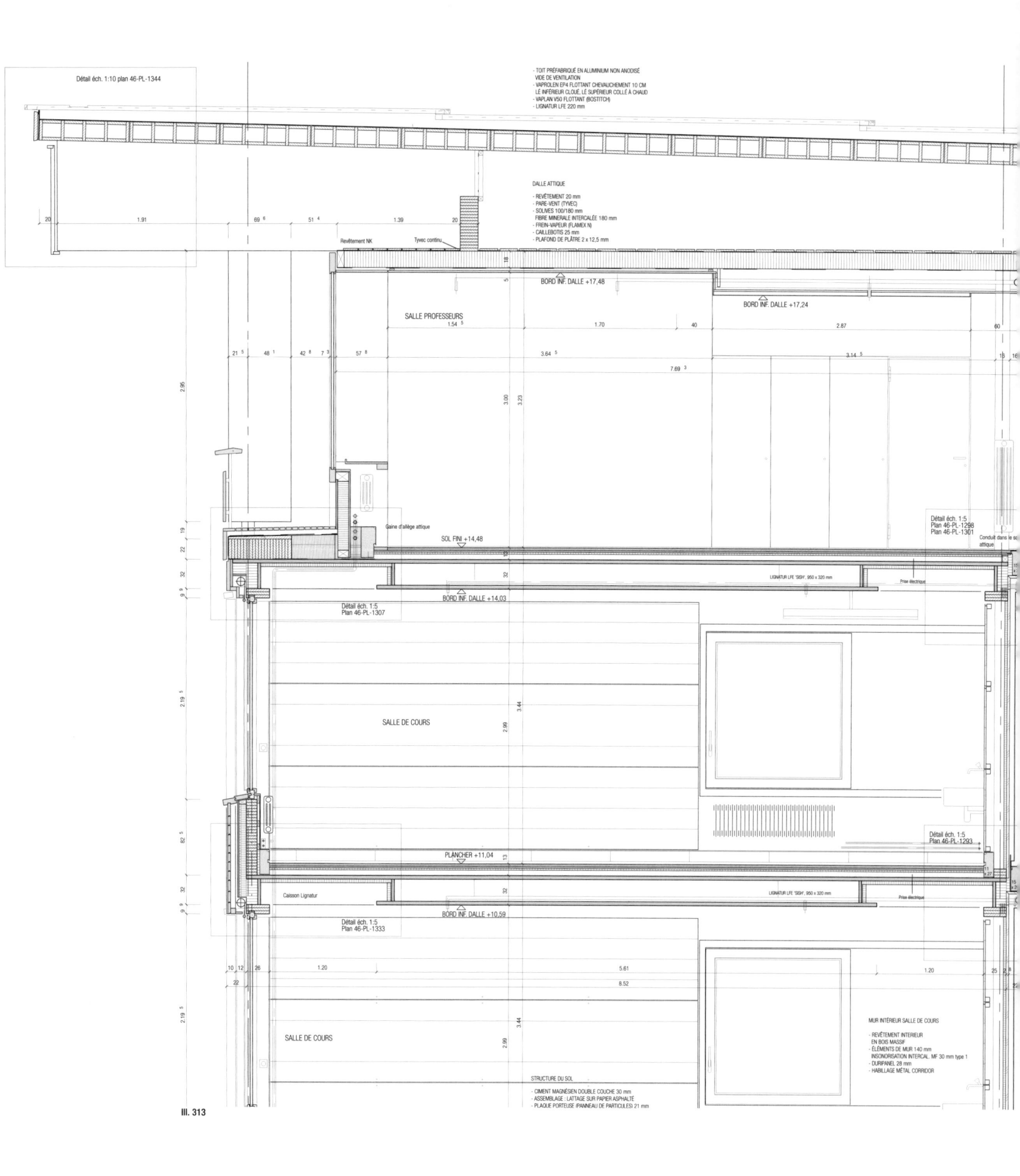

BÂTIMENTS — Sélection d'ouvrages

École technique du bois, Bienne

Détail éch. 1:10 plan 46-PL-1344

- TOIT PRÉFABRIQUÉ EN ALUMINIUM NON ANODISÉ
- VIDE DE VENTILATION
- VAPROLEN EP4 FLOTTANT CHEVAUCHEMENT 10 CM
- LÉ INFÉRIEUR CLOUÉ, LÉ SUPÉRIEUR COLLÉ À CHAUD
- VAPLAN V50 FLOTTANT (BOSTITCH)
- LIGNATUR LFE 220 mm

DALLE ATTIQUE
- REVÊTEMENT 20 mm
- PARE-VENT (TYVEC)
- SOLIVES 100/180 mm
- FIBRE MINÉRALE INTERCALÉE 180 mm
- FREIN-VAPEUR (FLAMEX N)
- CAILLEBOTIS 25 mm
- PLAFOND DE PLÂTRE 2 x 12,5 mm

Revêtement NK Tyvec continu

BORD INF. DALLE +17,48
BORD INF. DALLE +17,24

SALLE PROFESSEURS

Gaine d'allège attique
SOL FINI +14,48

Détail éch. 1:5
Plan 46-PL-1298
Plan 46-PL-1301
Conduit dans le s... attique

LIGNATUR LFE 'SIGH', 950 x 320 mm   Prise électrique

BORD INF. DALLE +14,03
Détail éch. 1:5
Plan 46-PL-1307

SALLE DE COURS

Détail éch. 1:5
Plan 46-PL-1293

PLANCHER +11,04

Caisson Lignatur

LIGNATUR LFE 'SIGH', 950 x 320 mm   Prise électrique

BORD INF. DALLE +10,59
Détail éch. 1:5
Plan 46-PL-1333

SALLE DE COURS

MUR INTÉRIEUR SALLE DE COURS
- REVÊTEMENT INTÉRIEUR EN BOIS MASSIF
- ÉLÉMENTS DE MUR 140 mm
- INSONORISATION INTERCAL... MF 30 mm type 1
- DURIPANEL 28 mm
- HABILLAGE MÉTAL CORRIDOR

STRUCTURE DU SOL
- CIMENT MAGNÉSIEN DOUBLE COUCHE 30 mm
- ASSEMBLAGE : LATTAGE SUR PAPIER ASPHALTÉ
- PLAQUE PORTEUSE (PANNEAU DE PARTICULES) 21 mm

Ill. 313

Ill. 314 : attique
Fidèle au plan libre, une trame de poteaux permet d'aménager librement l'attique. De grandes pannes creuses sont fixées aux poteaux, creux eux aussi pour former un portique rigide.

Ill. 315 : corridor de l'attique
Dans l'attique, le corridor est un espace clos sans liaison avec l'extérieur. La couleur sombre des murs, réalisée avec une peinture à l'huile enrichie au graphite, le fait paraître encore plus étroit.

Ill. 316 : vue
Les portiques monumentaux soutiennent le toit en forte saillie. L'ombre que projette cette immense surface sur la façade en retrait fait ressortir poteaux, poutres et panneaux.

Coupe attique, échelle 1:50
(plan d'exécution réduit 1:20)

Structure du toit
Toit préfabriqué en aluminium non anodisé
Vide de ventilation
Sous-couverture : carton bitumé (Vaprolen EP4)
    flottant avec chevauchements de 10 cm,
    lé inférieur cloué, lé supérieur collé à chaud
Carton bitumé (Vaplan V50 SL) flottant (Bostitch)
Éléments en caisson LFE Lignatur   220 mm

Dalle attique
Revêtement ouvert   20 mm
Pare-vent (TYVEC)
Solives 100/180 mm
    Isolation en fibre minérale intercalée
    (suspendue aux solives)   180 mm
Frein-vapeur (FLAMEX N)
Lattis   25 mm
Dalle en panneaux de plâtre
    (p. ex. Rigips)   2 x 12,5 mm

Structure du sol
Ciment magnésien double couche
    (p. ex. Euböolith)   20 mm
Assemblage : lattage sur papier asphalté
Plaque porteuse (panneau de particules)   30 mm
Panneau d'isolation contre les bruits d'impact
    PS81   20 mm
Caillebotis posé comme un caisson,
    lestage intercalé en sable ou gravillon
    (bruits aériens)   65 x 50 mm
Protection anti-ruissellement membrane
    polyéthylène
Éléments en caisson LFE Lignatur   320 mm

BÂTIMENTS — Sélection d'ouvrages

Exemple

Maison Willimann, Sevgein
Bearth + Deplazes

Situation et thème

C'est dans une petite clairière, en bordure du cœur du village de Sevgein, que se dresse la maison Willimann, entre le flanc d'une montagne et les contreforts d'une colline. Un étroit chemin descend de l'abri de voiture, le long de la route, à la villa en forme de prisme d'où l'on jouit d'une fantastique vue panoramique sur Flims et le Rhin antérieur. Sur une surface construite minimale, cette sorte de tour répond à la particularité du terrain en utilisant toutes les possibilités offertes par les règles d'urbanisme (zone centre-village) et en visant à conserver la transparence de la clairière. Le bâtiment, très remodelé, se dresse tel un massif d'arbres, à proximité immédiate de la lisière et laisse ainsi le maximum d'espace libre.

Bien que reposant sur des considérations d'organisation intérieure, l'agencement en demi-niveaux (en anglais : *splitlevel*) suit la pente du terrain, dans la partie visible du sous-sol. Le mouvement descendant qui mène de la rue à l'entrée de la maison se prolonge à l'intérieur avec le couloir desservant la salle à manger en contrebas.

Ill. 318 : plan de situation

Architectes :	Bearth + Deplazes, Coire
Réalisation :	1998-1999
Collaboratrice :	Bettina Werner
Statique :	Jürg Buchli, Haldenstein

Ill. 317 : vue du nord-est
La grande baie vitrée, limitée par le plancher, les murs et le plafond, livre une coupe transversale de la pièce.

BÂTIMENTS | Sélection d'ouvrages

Maison Willimann, Sevgein

Ill. 319 : cage d'escalier
Liaison visuelle simultanée dans les deux pièces adjacentes superposées

Structure spatiale et porteuse I

Les demi-niveaux déjà évoqués offrent, pour chaque pièce, des liaisons visuelles avec celle du niveau supérieur ou inférieur suivant et permettent à la maison de paraître, au total, plus spacieuse. Un noyau central (sorte de colonne vertébrale abritant cuisine et salles d'eau) crée, à ses côtés, des zones décalées d'un demi-niveau. Équipées de portes coulissantes, elles profitent des conditions d'éclairage du niveau voisin, ce qui implique, par exemple, que le salon, orienté vers la vallée et donc vers le nord, bénéficie de la lumière du sud qui pénètre par la mezzanine et l'escalier. Le thème du développement spatial vertical ne se manifeste pas uniquement dans une « spirale d'espaces », mais se retrouve, dans une même mesure, dans le hall d'entrée occupant deux niveaux. L'ossature bois des façades et des parois des salles d'eau repose sur un sous-sol en béton coulé sur place.

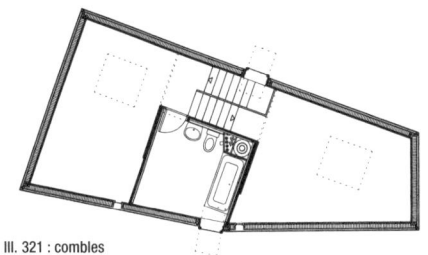

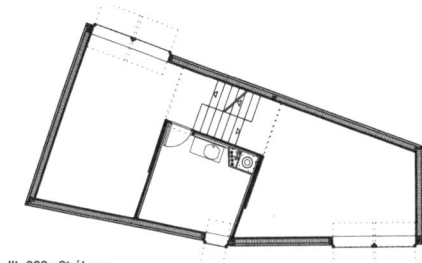

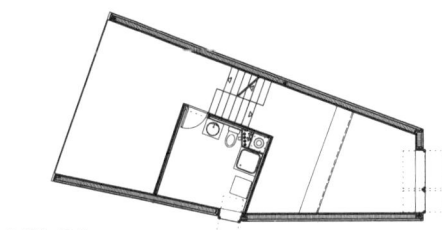

Ill. 321 : combles

Ill. 322 : 2ᵉ étage

Ill. 323 : 1ᵉʳ étage

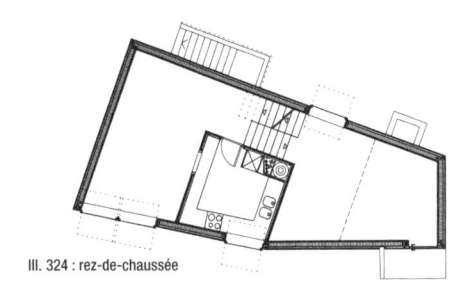

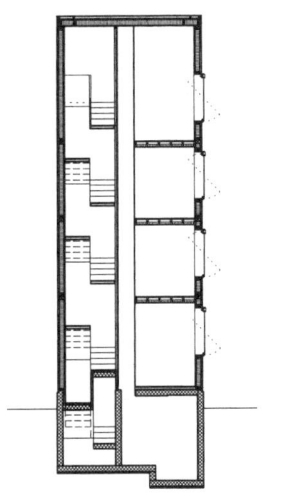

Ill. 324 : rez-de-chaussée

Ill. 320 : coupe transversale

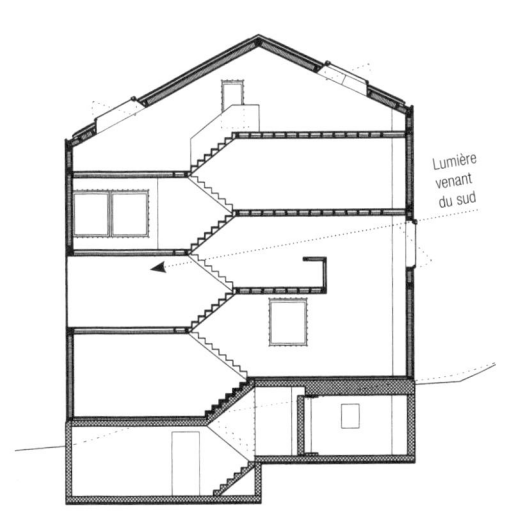

Ill. 325 : coupe longitudinale

Lumière venant du sud

Structure spatiale et porteuse II

Les raisons d'un recours à la préfabrication s'expliquent par la situation géographique (difficulté d'accès de ce village de montagne) et par la forte proportion de travaux pouvant être réalisés par les maîtres d'ouvrage eux-mêmes : bardage des façades, vernissage, lambrissage intérieur et peinture. Ce sont donc moins les détails conçus, dessinés avec précision qui ont été décisifs pour l'impression générale architecturale que les modes de pose, par exemple pour l'habillage des façades.

Des lames de trois largeurs différentes ont été appliquées, le seul impératif étant d'utiliser les chutes occasionnées par les ouvertures directement au-dessus de ces dernières. Il en résulte « automatiquement » un jeu intéressant et techniquement correct de surfaces de façade dessinées par les joints. La couleur gris foncé des lames réduit le caractère bois et souligne que l'intention n'était pas de construire une « maison en bois ».

III. 328 : éléments de l'ossature en bois sur le chantier
L'ossature bois a été mise en place en deux jours.

III. 329 : éléments assemblés des parois et des planchers
Les éléments de plancher sont suspendus aux parois à l'aide de cornières en Z.

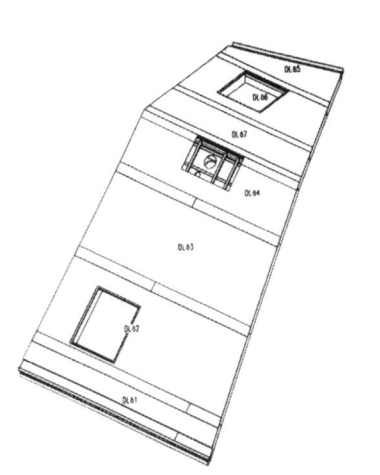

III. 330 : mise en place d'un élément de toit
La préfabrication garantit une précision élevée.

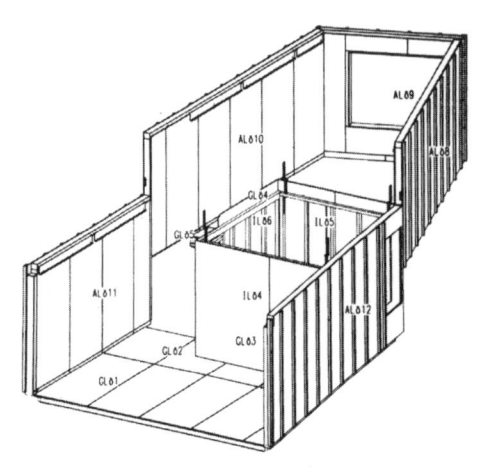

III. 326 : coupe axonométrique du toit

III. 327 : coupe axonométrique des éléments des parois

BÂTIMENTS — **Sélection d'ouvrages**

Maison Willimann, Sevgein

Façade et toiture

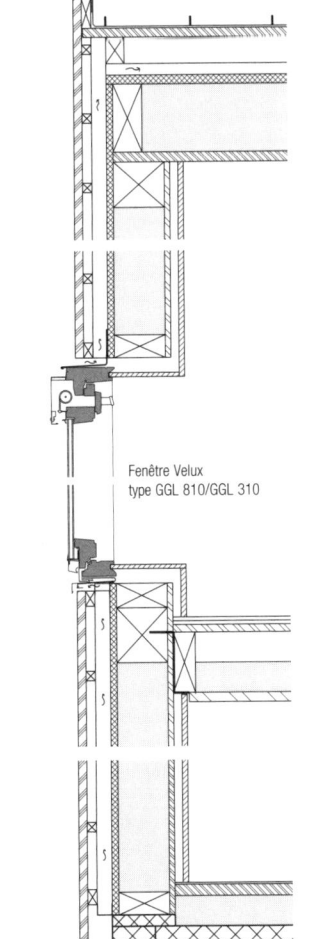

Ill. 333 : photo de détail de fenêtre
Clapet d'aération et store de protection solaire derrière la latte haute

Fenêtre Velux
type GGL 810/GGL 310

Structure du toit

Couverture en cuivre à joint debout	0,6 mm
Carton bitumé, soudé au bitume	
Revêtement en bois	24 mm
Vide de ventilation	100 mm
Panneau de fibres tendres bitumé	24 mm
Bois de construction épicéa/sapin	80/180 mm
avec isolation thermique intercalée Isofloc	
Panneau tripli épicéa/sapin	27 mm
Total	*355 mm*

Structure du mur

Bardage vertical, posé à joints vifs	22 mm
Lattis	25 mm
Contre-lattage/vide de ventilation	40 mm
Panneau de fibres tendres	18 mm
Montants en bois/isolation thermique	140 mm
Panneau tripli OSB	15 mm
Lattis	15 mm
Lambris	15 mm
Total	*290 mm*

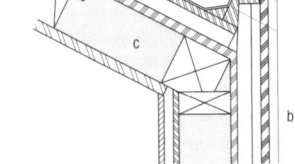

a) Gouttière encastrée
b) Tuyau de descente en cuivre, D = 70 mm, ouvert sur le dessus
c) Rétrécissement local de la structure du toit pour accueillir la gouttière
d) Revêtement bois jusqu'au bord inf. tôle de rive ou de chéneau ; ventilation arrière de la façade par le toit

Ill. 331: bordure du toit avec gouttière 1:20

Ill. 332 : coupe façade 1:20

Ouvertures et structure porteuse

La construction à ossature de bois n'implique aucun type d'ouvertures spécifique ; elle permet au contraire de les disposer de façon presque entièrement libre. La maison Willimann présente deux types de fenêtres : une vaste baie vitrée dans le salon qui s'étend du sol au plafond et d'une face à l'autre, et des fenêtres de toit Velux posées aussi bien en toiture qu'en façade. L'utilisation en façade de fenêtres de toit courantes est inhabituelle. Elle offre cependant, pour le prix d'une fenêtre en bois, tous les avantages d'une fenêtre traditionnelle bois-métal et permet, en outre, une aération indépendante des intempéries. Le clapet d'aération standard est protégé ici par la bordure périphérique en cuivre qui abrite, par ailleurs, un store. Les fenêtres sont positionnées dans les pièces de telle sorte que l'un de leurs tableaux se poursuit sans transition avec la paroi, qui réfléchit ainsi la lumière dans la pièce. Selon un principe de rotation, les fenêtres changent d'emplacement d'un étage à l'autre, soulignant ainsi l'orientation dans toutes les directions du bâtiment et se faisant le reflet de l'agencement fluide des pièces. Toutefois, les fenêtres de la cuisine et des salles d'eau sont alignées les unes au-dessus des autres, ce qui est une conséquence logique de leur non-appartenance au continuum spatial.

Ill. 335 : vue intérieure d'une fenêtre du 2ᵉ étage
Le tableau de la fenêtre se fond dans le mur.

Ill. 336 : vue intérieure de la fenêtre du salon
Le vitrage sans châssis semble abolir la séparation physique.

Ill. 334 : vue de l'ouest
La superposition des fenêtres indique l'emplacement des pièces « statiques ».

Ill. 337 : fenêtre dans les combles
Utilisation classique des fenêtres de toit Velux

Établissement scolaire Leutschenbach, Zurich
Christian Kerez

Felix Ackerknecht

L'établissement scolaire Leutschenbach se dresse à la limite nord de Zurich, là où la ville se fond avec la commune limitrophe, ce qui en accroît le dynamisme. De nombreux logements voient le jour dans ce secteur qui connaît un développement très important, en particulier des habitations familiales, et l'édification d'une école est apparue indispensable. De lourdes infrastructures telles qu'un remblai de chemin de fer, un dépôt de bus et une usine d'incinération d'ordures ménagères marquent le quartier de Leutschenbach, si bien que la municipalité exigeait, en plus des objectifs pédagogiques, une construction ayant une incidence urbanistique importante.

Urbanisme

Afin de poser un accent urbain dans ce contexte de grande échelle, gymnase, salles de classe et amphithéâtre sont empilés les uns au-dessus des autres pour former un bâtiment élevé, à l'allure imposante. La répartition verticale des fonctions, d'ordinaire juxtaposées dans les établissements scolaires, libère une grande partie du terrain et permet l'aménagement d'un parc public avec de vastes aires de jeu et de détente ainsi qu'un pavillon séparé pour le jardin d'enfants. Ces grands espaces, servant à l'ensemble du quartier, intègrent l'école à la zone bâtie de l'Andreaspark et la clôt.

Ill. 338 : photomontage de la maquette du bâtiment
Plutôt qu'une composition libre de volumes autonomes, dotés de différentes fonctions, l'architecte a développé dans un volume unique un aménagement spatial dense et chargé.

Affichant son statut officiel par sa forme cubique, le bâtiment se dresse fièrement et évoque, par son allure, les imposantes écoles du « Gründerzeit ». Le principe de la répartition verticale des fonctions rappelle cependant le « rêve moderne » formulé par Hilbersheimer et Le Corbusier, à la différence près qu'ici pas un étage n'est identique. Les diagonales de la structure marquent l'ordre colossal de la façade, rendant chaque étage unique.

Maître d'ouvrage :	Office des bâtiments (Amt für Hochbauten) de la ville de Zurich
Architecte :	Christian Kerez, Zurich
Collaborateurs :	Christian Scheidegger (chef de projet), Lukas Camponovo, Andrea Casiraghi, Michael Eidenbenz
Réalisation :	mai 2005 à avril 2008
Direction des travaux :	BGS Architekten GmbH, Rapperswil
Bureau d'études génie civil :	Dr. Schwartz Consulting AG, Zoug (pilotage, construction massive) dsp Ingenieure & Planer AG (construction métallique, travaux de fouille, fondations)
Géologie :	Gysi Leoni Mader, Zurich
Physique des bâtiments :	BAKUS, Zurich ; Martin Lienhard
Bureau d'études install. techn. :	Waldhauser Haustechnik AG, Münchenstein
Bureau d'études électricité :	Giovanoli + Tanner, Uster
Aménagements extérieurs :	4d AG, Berne

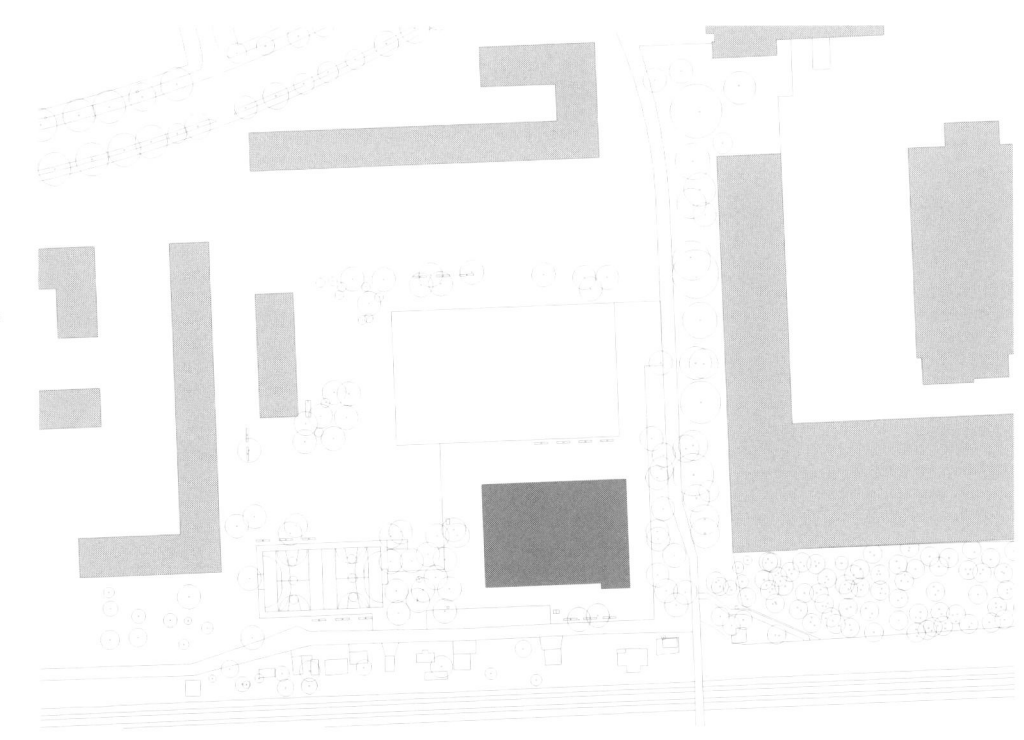

Ill. 339 : plan de situation, 1:2500

Organisation

Cet établissement est destiné à l'enseignement primaire et secondaire. Au rez-de-chaussée, chaque degré dispose sur les côtés opposés du bâtiment de sa propre entrée, encadrée par la cantine et le foyer des élèves. Au milieu de l'édifice se trouve un grand escalier qui mène jusqu'au quatrième étage et dessert séparément primaire et secondaire ; une seule volée par étage relie les halls de distribution, autour desquels sont regroupées les classes de même niveau.

Les issues de secours des classes conduisent par les balcons extérieurs à des escaliers de secours séparés. Les halls de desserte à l'intérieur ne sont donc pas régis par les dispositions légales de sécurité incendie relatives aux issues de secours et peuvent être meublés. Ils servent d'espaces de détente ou d'enseignement et font donc partie de la surface utile. Le plan élaboré rend les couloirs inutiles et réduit, par conséquent, le volume global, ce qui facilite aussi l'orientation dans cette complexe construction de verre et d'acier.

Au quatrième étage, les deux volées de marches accolées l'une à l'autre desservent le même grand foyer entouré de salles communes, dont l'amphithéâtre et la bibliothèque. Un gymnase triple couronne l'école. Avec les vestiaires et les douches, il constitue la plus grande surface utile continue du bâtiment ; il détermine donc son « emprise au sol ».

Aménagement de l'espace

L'empilement, l'organisation fondamentale du bâtiment sont mis en scène grâce à des hauteurs d'étage variant fortement.

Chaque niveau est un peu plus haut que le précédent, si bien que le rez-de-chaussée paraît tassé. Formant un trait d'union entre les étages, les volées d'escaliers jouent un rôle central dans cette dramaturgie. Celles-ci ne sont pas logées dans des compartiments fermés, mais se fondent aux halls de desserte orientés vers l'extérieur.

D'une manière générale, on a pris le parti d'éviter tout cloisonnement. Le bâtiment, extraordinairement profond, ne possède aucune articulation spatiale en dehors des dalles : il fait l'objet d'un subtil découpage en zones grâce aux cloisons en verre translucide et aux portes en verre clair, laissant ainsi pénétrer au maximum la lumière naturelle. Enfin, les parois extérieures elles aussi en verre accentuent la continuité spatiale entre le bâtiment et son environnement.

Afin d'associer davantage encore l'espace intérieur à l'espace extérieur, le revêtement de sol de la cour de récréation se poursuit au rez-de-chaussée sans discontinuité en passant sous l'enveloppe climatique. Aux étages supérieurs, les dalles dépassent elles aussi cette enveloppe et prolongent l'espace intérieur vers le dehors sous la forme de balcons munis de garde-corps en verre.

Ill. 340 : schéma de l'aile des classes
Les niveaux primaire et secondaire sont desservis séparément par des halls reliés entre eux, mais décalés à chaque étage.

Ill. 341 : photo de maquette
5e étage : gymnase

Ill. 342 : photo de maquette
4e étage : foyer

Ill. 343 : photo de maquette
2e étage : hall de desserte

Ill. 344 : photo de maquette
Rez-de-chaussée : entrée

BÂTIMENTS **Sélection d'ouvrages**

Établissement scolaire Leutschenbach, Zurich

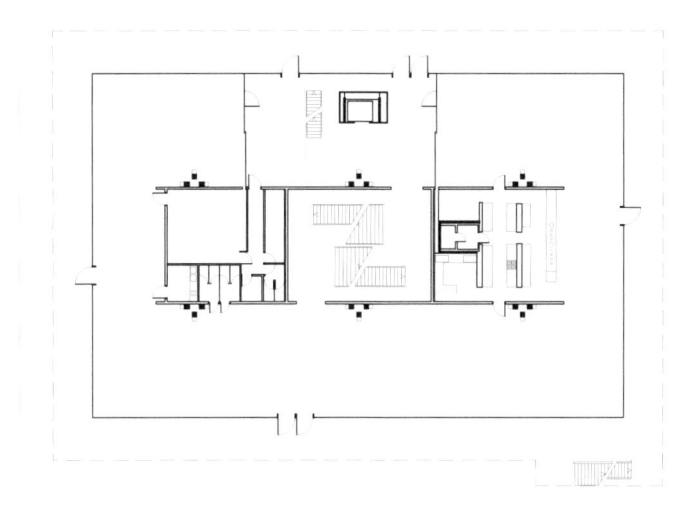

Ill. 345 : plan du RDC éch. 1:600

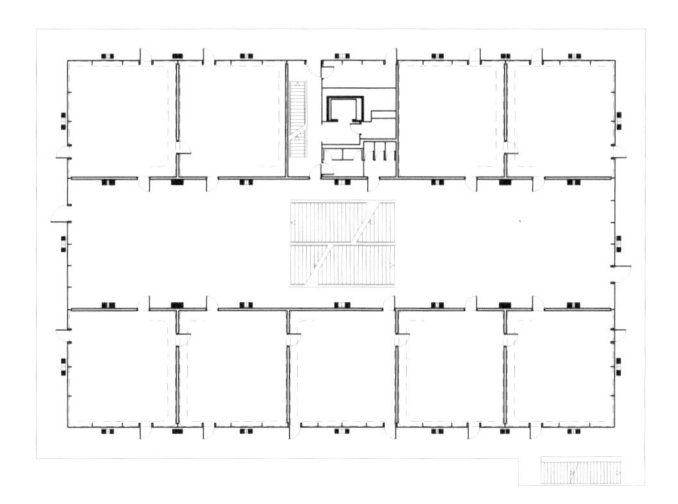

Pointillés : rideaux

Ill. 346 : plan du 1er étage éch. 1:600

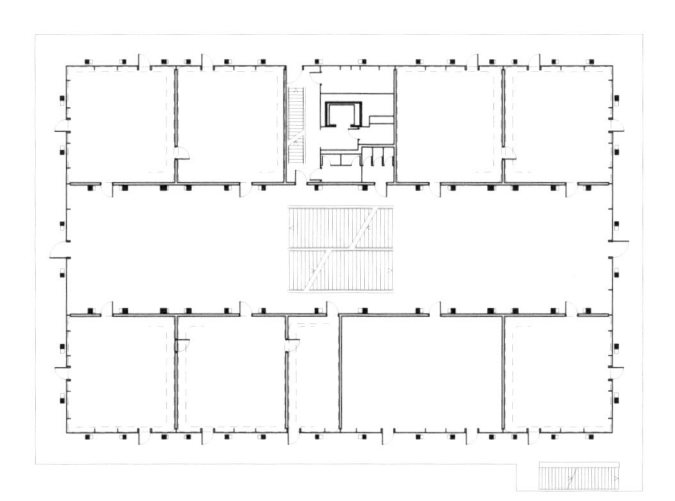

Pointillés : rideaux

Ill. 347 : plan du 2e étage éch. 1:600

BÂTIMENTS   **Sélection d'ouvrages**
                 Établissement scolaire Leutschenbach, Zurich

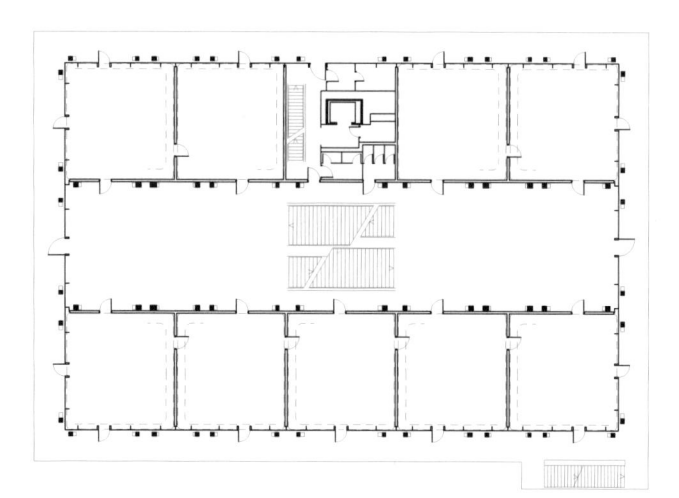

Pointillés : rideaux

Ill. 348 : plan du 3ᵉ étage éch. 1:600

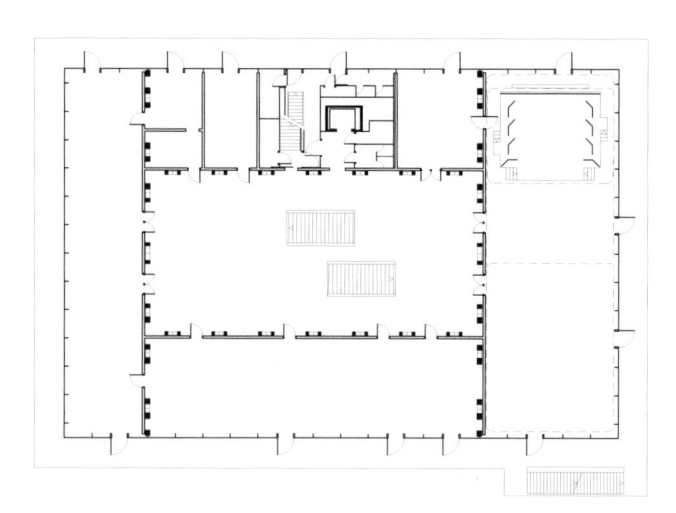

Pointillés : rideaux

Ill. 349: plan du 4ᵉ étage éch. 1:600

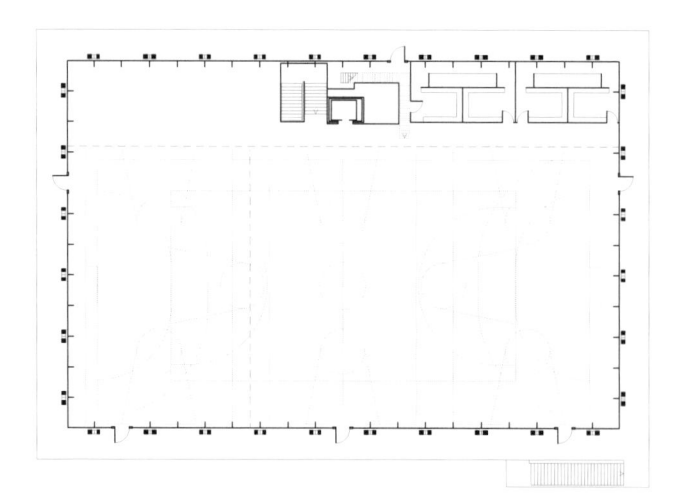

Pointillés : subdivisions mobiles du terrain de sport

Ill. 350 : plan du 5ᵉ étage éch. 1:600

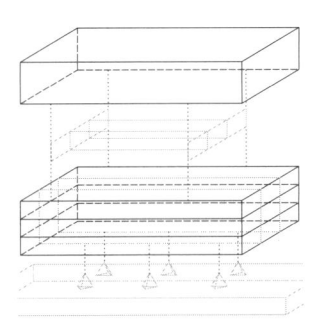

BÂTIMENTS   **Sélection d'ouvrages**

Établissement scolaire Leutschenbach, Zurich

Structure porteuse

Pour retirer à la structure porteuse le plus possible de son effet de délimitation spatiale, on a largement eu recours au treillis d'acier. Les dalles, uniques éléments de la structure impossibles à réduire en treillis, ont été réalisées en béton.

Tous les espaces communs, tels la cantine, le foyer des élèves, la bibliothèque et l'amphithéâtre, se trouvent dans les parties où la structure porteuse est en retrait de la façade, pour se reporter à l'intérieur du bâtiment. La vue y est donc dégagée de tout support en treillis, au rez-de-chaussée comme au quatrième étage.

Les étages destinés à l'enseignement et au gymnase sont, en revanche, entièrement ceints de poutres-treillis. La ceinture des trois niveaux d'enseignement est suspendue en huit points aux extrémités des deux poutres longitudinales qui transmettent les charges aux appuis au sol, ainsi qu'aux extrémités des deux poutres transversales du quatrième étage, ces dernières reposant elles-même sur les poutres transversales. La ceinture de poutres-treillis du gymnase repose quant à elle sur les deux poutres transversales du quatrième étage. Comme ces deux ceintures de poutres-treillis sont à l'extérieur du périmètre chauffé, la rupture des ponts thermiques se fait à l'aide d'appuis en matière synthétique de haute performance. Toutes les charges du bâtiment sont transmises au rez-de-chaussée par les deux poutres longitudinales aux six appuis en trépied, ces derniers reportant les forces dans le sol par l'intermédiaire de pieux.

Le report concentré de charges exclut les dommages qui, dans un sol de mauvaise qualité, pourraient apparaître en raison des tassements variables des parties de bâtiments. Il garantit par ailleurs une entrée libre de toute structure porteuse grâce à une dalle en porte-à-faux de plus de dix mètres. L'effet est fascinant : les fondations semblent n'avoir aucun lien avec le bâtiment qu'elles supportent.

Ill. 351 : schéma du transfert vertical de charges
Gris clair : structure porteuse intérieure
Gris foncé : structure porteuse extérieure

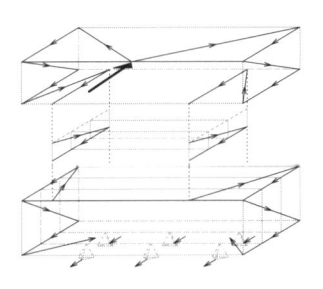

Ill. 352 : schéma du transfert horizontal de charges
Flèches : cheminement des forces horizontales

Ill. 353 : porte-à-faux au-dessus du RDC
Six poteaux d'acier à trois jambes, placés à l'intérieur du bâtiment, supportent l'ensemble des étages.

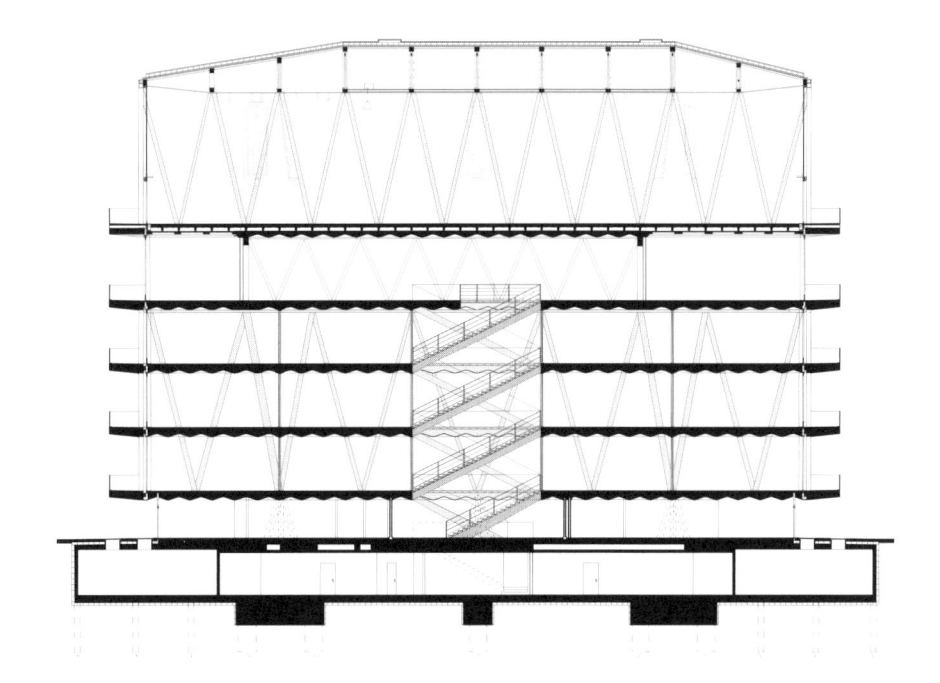

Ill. 354 : maquette de la structure

Ill. 355 : coupe longitudinale éch. 1:500
La structure métallique est protégée du feu par une peinture spéciale et une installation de sprinklers.

Construction

La sous-face aux « ondulations » polygonales des dalles en béton apparent est le résultat d'une optimisation qui tient compte de la capacité portante, des installations techniques, de l'acoustique ainsi que de l'esthétique. Le relief des dalles de béton augmente, d'une part, la capacité portante de la construction orientée constituée de bandes de poutres-dalles, semblable à un solivage, et permet, d'autre part, des croisements de conduites d'électricité, de ventilation, de chauffage et de sécurité anti-incendie entièrement encastrées dans les dalles en béton. Luminaires, haut-parleurs et capteurs sont, eux aussi, encastrés dans les parties hautes de la dalle, tandis que les évacuations d'air et les sprinklers le sont dans les parties basses. Grâce à ces surfaces inclinées, l'acoustique est améliorée. Un matériau poreux est, par ailleurs, inséré dans certaines de ces surfaces pour absorber les sons. L'ameublement possède un effet identique.

Pour les dalles des étages, on a eu recours à un béton léger afin de minimiser leur poids propre et on a utilisé à plusieurs reprises des coffrages de panneaux contreplaqués bakélisés. Dans un esprit de préservation des ressources, on s'est en revanche servi, pour le sous-sol, de béton recyclé.

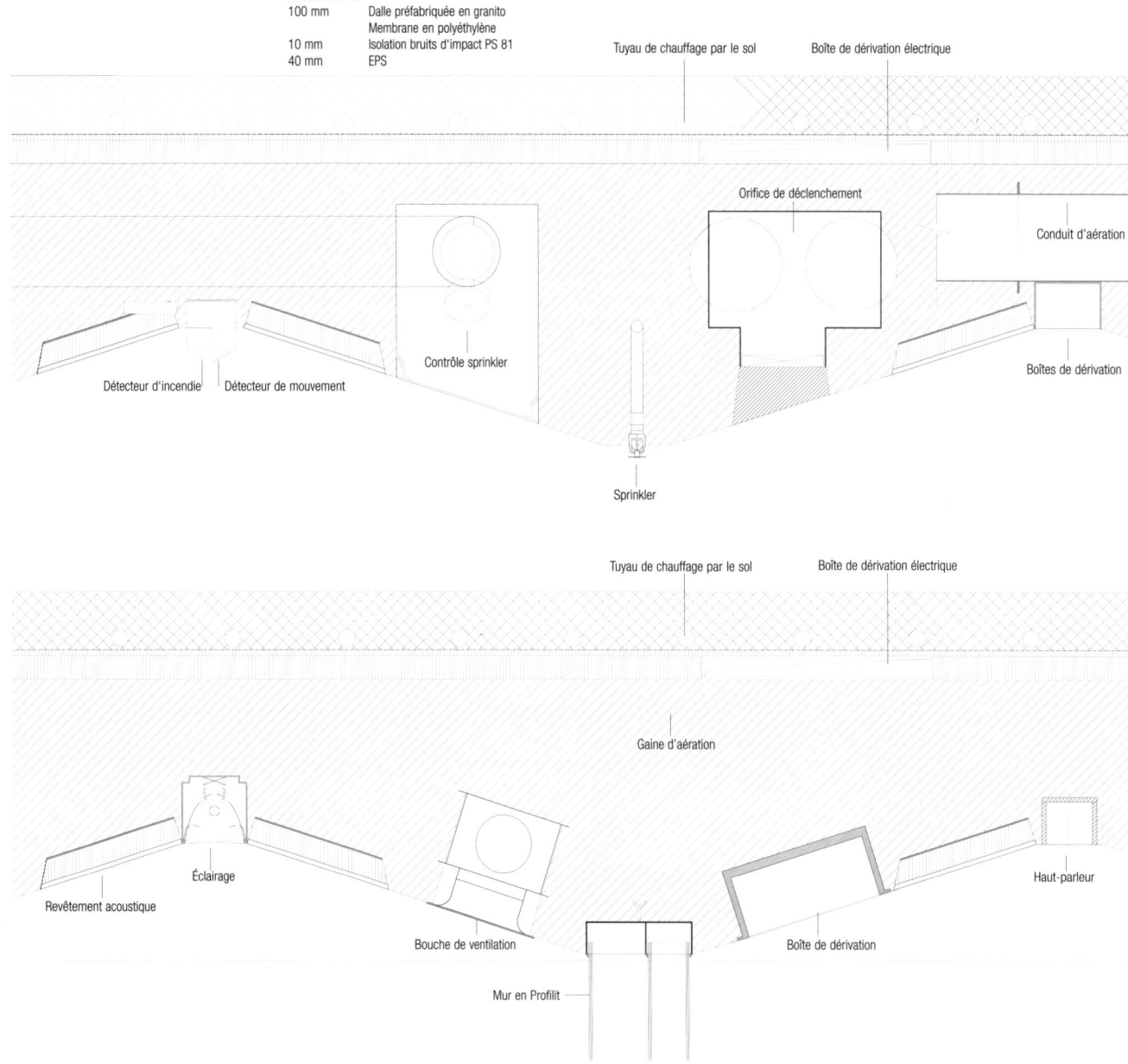

Structure du sol
100 mm   Dalle préfabriquée en granito
         Membrane en polyéthylène
10 mm   Isolation bruits d'impact PS 81
40 mm   EPS

Ill. 356 : coupe verticale dalle éch. 1:10

BÂTIMENTS — **Sélection d'ouvrages**

Établissement scolaire Leutschenbach, Zurich

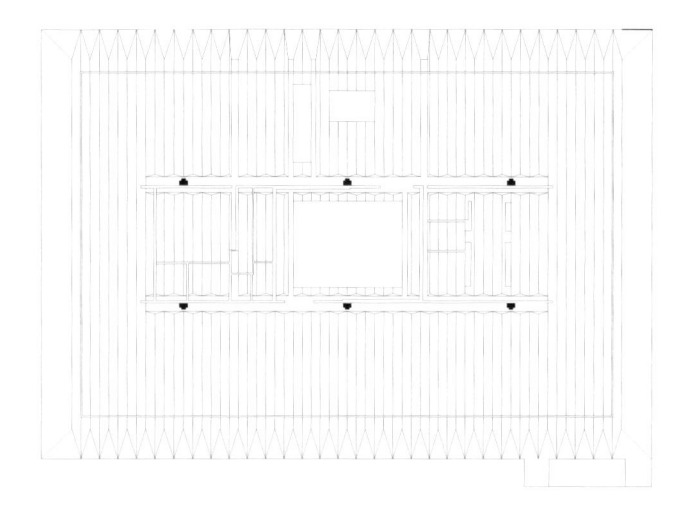

Ill. 357 : plan du plafond 1er étage éch. 1:600

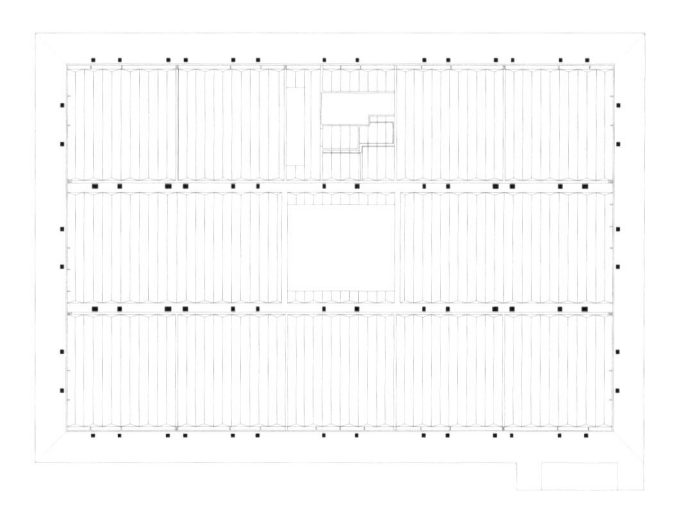

Ill. 358 : plan du plafond 4e étage éch. 1:600

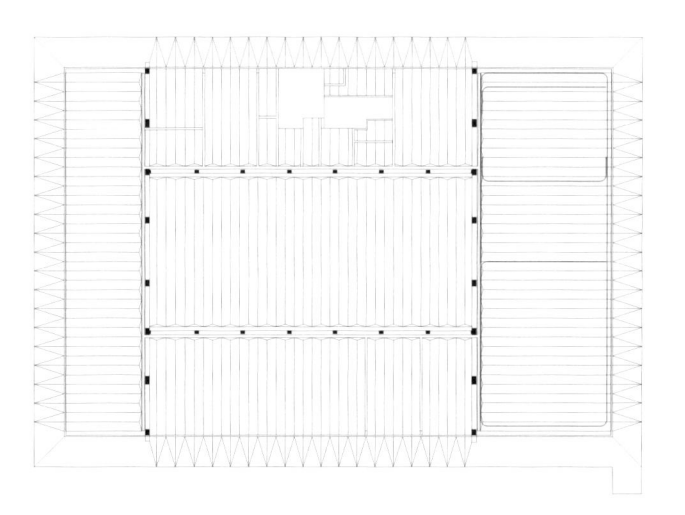

Ill. 359 : plan du plafond du RDC éch. 1:600

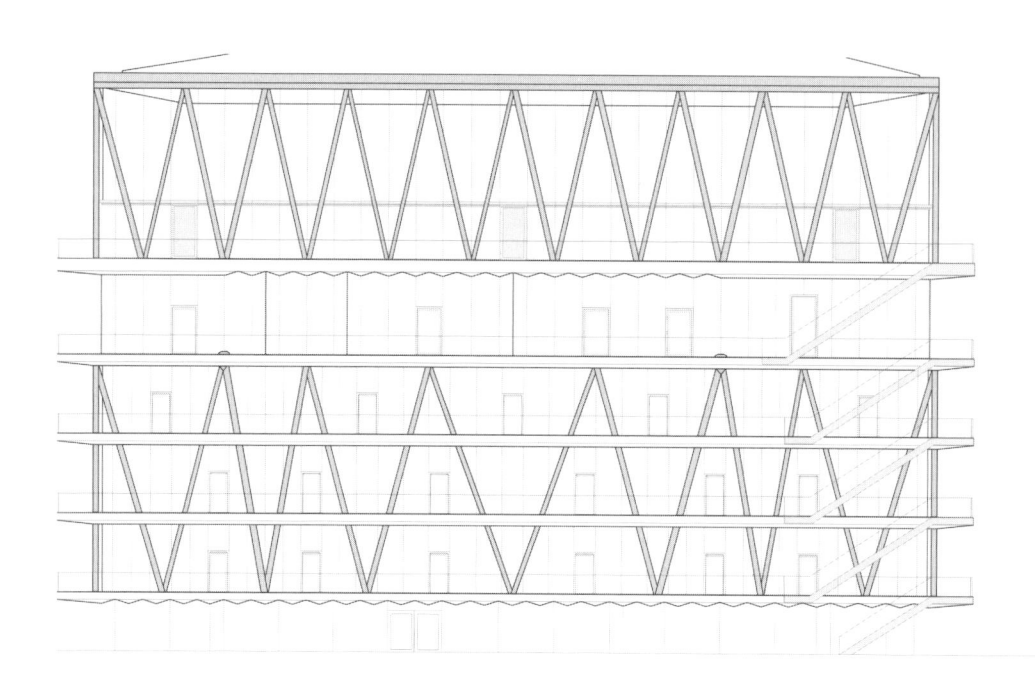

BÂTIMENTS   **Sélection d'ouvrages**
Établissement scolaire Leutschenbach, Zurich

Ill. 360 : vue éch. 1:400

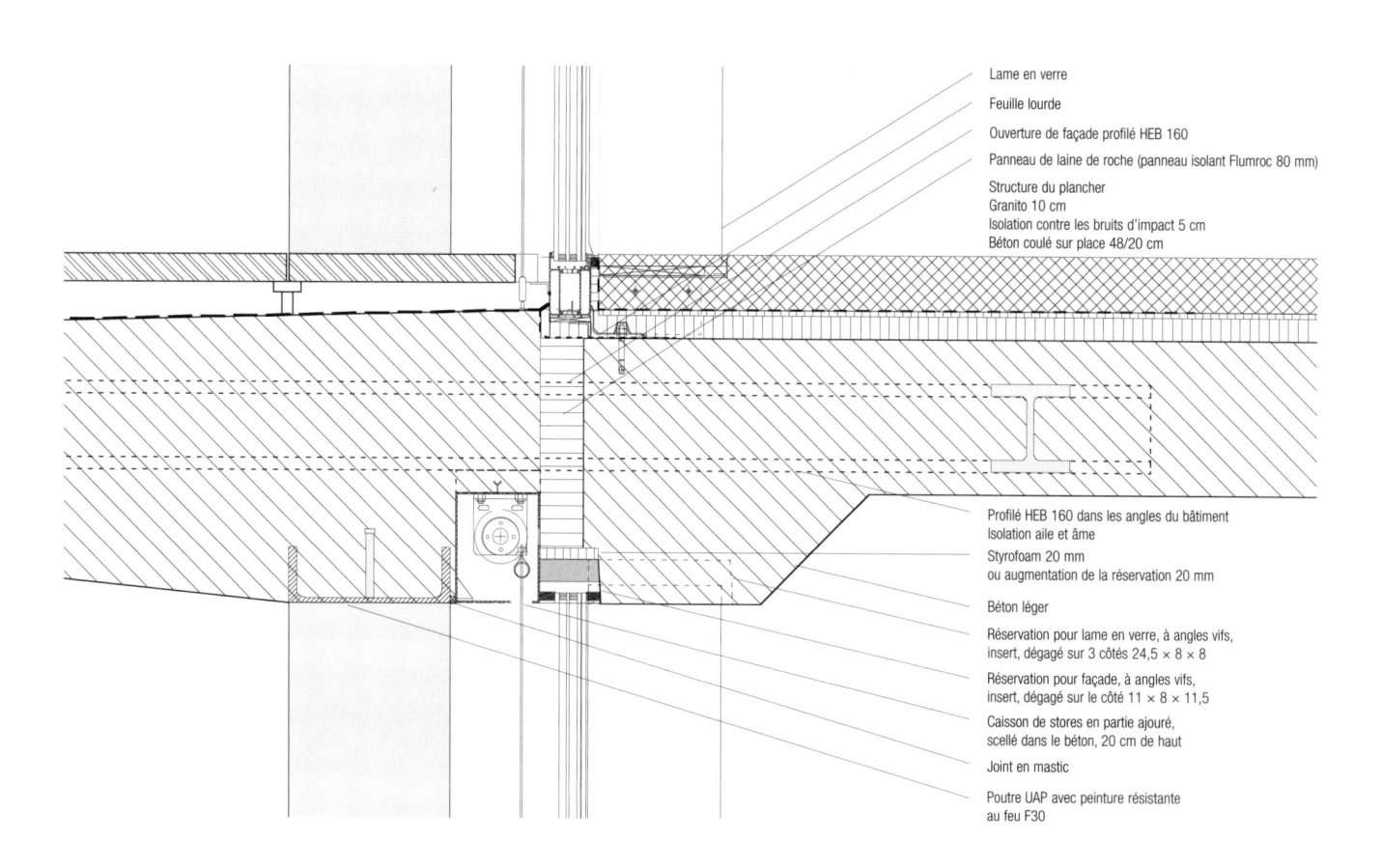

Lame en verre
Feuille lourde
Ouverture de façade profilé HEB 160
Panneau de laine de roche (panneau isolant Flumroc 80 mm)
Structure du plancher
Granito 10 cm
Isolation contre les bruits d'impact 5 cm
Béton coulé sur place 48/20 cm

Profilé HEB 160 dans les angles du bâtiment
Isolation aile et âme
Styrofoam 20 mm
ou augmentation de la réservation 20 mm
Béton léger
Réservation pour lame en verre, à angles vifs,
insert, dégagé sur 3 côtés 24,5 × 8 × 8
Réservation pour façade, à angles vifs,
insert, dégagé sur le côté 11 × 8 × 11,5
Caisson de stores en partie ajouré,
scellé dans le béton, 20 cm de haut
Joint en mastic
Poutre UAP avec peinture résistante
au feu F30

Ill. 361 : coupe verticale façade éch. 1:10

La charge et, par conséquent, la déformation de la géométrie complexe de la structure métallique porteuse n'ont cessé de s'accroître avec la pose des dalles en béton au cours du processus de construction. Des étais ont été régulièrement ôtés durant les travaux, puis replacés afin de contrôler la déformation survenue entre-temps. Les mesures du treillis ont été relevées en permanence lors du processus, car la géométrie complexe de la structure métallique compliquait la prévision des déformations. Il a ainsi été possible de déduire de manière fiable les déformations définitives pour commander les parois vitrées.

L'ouvrage possède les propriétés essentielles d'un gros œuvre, comme la réduction à quelques éléments et la juxtaposition sans transition des matériaux. Les parois de verre intérieures et extérieures sont encastrées sans châssis entre sols et plafonds.

L'enveloppe est constituée d'un triple vitrage, dépourvu de châssis, mais raidi par des lames en verre. Les cloisons intérieures sont en verre profilé translucide Profilit. Les portes intérieures et extérieures sont fixées dans des châssis en acier, uniquement ancrés dans le sol afin de ne pas solliciter les parois vitrées.

Les balcons périphériques protègent le bâtiment du rayonnement solaire direct. La lumière du soleil peut aussi être tamisée par des stores enchâssés dans les dalles en porte-à-faux, à l'extérieur des parois vitrées.

Bien que certaines parties de la structure porteuse (poutres à treillis et dalles de balcon en saillie) soient à l'extérieur de l'enveloppe climatique, l'école de Leutschenbach satisfait au standard Minergie®. Les déperditions de chaleur qui en résultent sont compensées par la compacité du volume de la construction et par l'excellente isolation du triple vitrage. Pour éviter tout dommage, l'eau ne doit cependant en aucun cas se condenser sur les parties de la construction qui se refroidissent au-delà de la normale (« ponts thermiques »).

Ill. 362 : photo de chantier dalle d'étage
Équipement encastré dans les dalles, p. ex. les conduites d'aération

Ill. 364 : échantillon de la façade

Installations techniques

L'énergie thermique est fournie par le réseau urbain de l'usine d'incinération d'ordures ménagères voisine et distribuée dans le bâtiment par le chauffage au sol à basse température.

L'air frais est insufflé mécaniquement dans un puits vertical central et réparti horizontalement par des gaines d'aération encastrées dans les dalles de béton. Dans les étages, cet air pénètre dans les pièces par des bouches situées dans les plafonds, et au rez-de-chaussée, par une ventilation par déplacement d'air au niveau du sol. L'air vicié sort par des conduits isolés acoustiquement, situés dans les murs des galeries de distribution (« orifices de trop-plein ») et de là, s'échappe par les gaines verticales du noyau.

En été, l'air entrant peut être refroidi de manière passive par le biais d'un échangeur thermique et par humidification de l'air extrait (« refroidissement adiabatique »). En hiver, il peut être préchauffé par l'échangeur thermique récupérant la chaleur de l'air extrait.

Les installations de traitement de l'air sont placées aussi bien au sous-sol qu'entre les poutres en acier de la toiture. Grâce à cette répartition, le rez-de-chaussée est débarrassé de toute conduite d'air verticale.

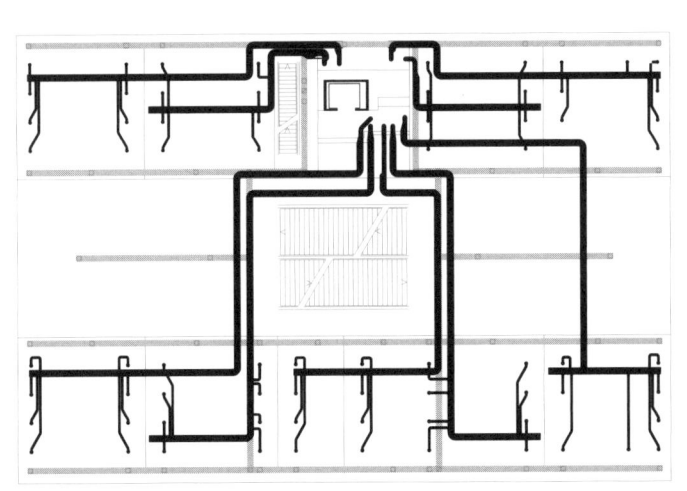

Ill. 363 : schéma de distribution horizontale des fluides dans les dalles de béton
Gris foncé : conduites d'aération ; gris clair : gaines électriques

BÂTIMENTS   Sélection d'ouvrages
Établissement scolaire Leutschenbach, Zurich

Ill. 365-366 : photos de chantier

À gauche, de haut en bas : les dalles en béton sont coulées ancrées à la structure en acier et collaborent avec elle.
Six poteaux en acier à trois jambes transmettent les charges au terrain à travers le sous-sol par l'intermédiaire de pieux.
À droite, de haut en bas : les poutres à treillis ceignant les trois étages de classes sont suspendues à huit appuis complexes à rupture de pont thermique.
La structure en acier a été préfabriquée sous forme de grands éléments, en fonction des possibilités de transport, qui ont été ensuite soudés sur le chantier.

ÉLÉMENTS

Dessin des plans	Fondations – Soubassement	Mur – Plancher	Ouverture	Plancher	Toiture – Attique
Élaboration des plans dans le domaine du bâtiment (Extrait de la norme SIA 400:2000) Dessin des plans : Exemple d'une construction à ossature bois Symboles : Légende des planches	Soubassement, maçonnerie monolithique Soubassement, mur double, enduit Soubassement, maçonnerie apparente Soubassement, béton de parement avec isolation intérieure Soubassement, isolation extérieure enduite Soubassement, revêtement extérieur léger Soubassement, revêtement extérieur lourd Soubassement, construction à ossature bois Construction en panneaux Blockholz : Soubassement – Toiture	Maçonnerie monolithique, enduite Mur à double paroi, enduit Maçonnerie apparente Béton de parement avec isolation intérieure Isolation extérieure, enduite Revêtement extérieur, léger Revêtement extérieur, lourd Paroi extérieure non porteuse Construction à ossature bois Construction en panneaux Blockholz	Baie, maçonnerie monolithique Baie, mur double, enduit Baie, maçonnerie apparente Baie, béton de parement avec isolation intérieure Baie, revêtement extérieur, léger Baie, revêtement extérieur, lourd Baie, isolation extérieure, enduite Baie, paroi extérieure non porteuse Baie, construction à ossature bois Baie, construction en panneaux Blockholz Porte battante extérieure, bois Porte battante extérieure, bois-verre Porte coulissante extérieure, métal-verre Porte battante intérieure, bois Porte coulissante intérieure, bois	Plancher à éléments préfabriqués en terre cuite Plancher à entrevous (hourdis) en terre cuite Plancher-dalle en béton Dalle nervurée en béton Dalle à caissons en béton Dalle alvéolaire en béton Plancher mixte bac acier-béton Plancher en bois massif Plancher à solivage en bois Plancher à poutres-caissons en bois Plancher à dalles en béton préfabriquées sur poutraison acier	Toiture inclinée – chaude : Fibrociment – revêtement extérieur léger Toiture inclinée – chaude, à un versant : Fibrociment – maçonnerie apparente Toiture inclinée – froide : Tuiles – maçonnerie monolithique Toiture inclinée – froide : Couverture métallique – maçonnerie monolithique Toiture plate – chaude : Bitume – mur double, enduit Toiture plate – chaude : Bitume – béton de parement avec isolation intérieure Toiture plate – chaude : Matière synthétique – revêtement extérieur lourd Toiture plate – chaude, compacte : Bitume – paroi extérieure non porteuse Toiture plate – inversée : Bitume – isolation extérieure enduite Toiture plate – froide, nue : Bitume – construction à ossature bois Toiture plate – chaude : Praticable, non praticable Toiture plate – froide Toiture plate – inversée : Végétalisée

ÉLÉMENTS — Dessin des plans

Élaboration des plans dans le domaine du bâtiment
Extrait de la norme SIA 400:2000

B.1.4 Échelles

Dans le cartouche, on précisera l'échelle utilisée dans le dessin.

On utilise dans le domaine de la construction les échelles suivantes :

Échelle	Emploi usuel chez les architectes	
1:10 000	Plans d'ensemble (p. ex. plans de zone)	
1: 5000		
1: 2000		
1: 1000	Plans de situation, plans cadastraux	
1: 500		
1: 200	Plans de situation en zone urbaine Plans pour les rendus de concours Plans d'avant-projet	
1: 100	Plans du projet définitif	
1: 50	Plans généraux d'exécution	
1: 20		Plans d'exécution
1: 10	Plans de détail	
1: 5		
1: 1		

Ill. 1 : échelles usuellement employées par les architectes

Ill. 2 : exemple d'échelle graphique pour des plans 1:20

L'usage de techniques de réduction étant de plus en plus répandu, il est conseillé d'appliquer sur chaque dessin l'échelle graphique. Cela permet de connaître les dimensions approximatives, une fois le dessin réduit.

Les agrandissements et les réductions doivent être désignés comme tels.

B.5 COTATION

B.5.1 Généralités

L'exactitude des cotations (cotes dimensionnelles et cotes de niveau) prime sur celle du dessin. Toutefois, il est recommandé de tracer un petit trait au-dessus de toute indication de mesure à laquelle ne correspond pas le dessin. Cela est également valable pour les dessins où l'on a recours au DAO.

B.5.2 Unités de mesure

Pour les cotations, on utilisera comme unité de mesure le kilomètre, le mètre, le centimètre et le millimètre, en mentionnant sur le plan l'unité choisie.

Exemple en m :   2,75 ou 2.75
                  0,52 ou 0.52

Conformément à la pratique actuelle dans le domaine de la construction en Suisse – lors de l'emploi de l'unité métrique – tout élément de construction de moins d'un mètre pourra être coté en centimètres. Dans ce cas – lors de l'utilisation de chiffres de cotation en centimètres – le millimètre sera exprimé comme le serait un exposant.

Exemples : $52 = 0{,}52$ m
              $2^5 = 2{,}5$ cm
              $0^5 = 0{,}5$ cm

Les angles seront indiqués en degrés (division : 360°).

Exemples :   24°   32,5°   45°

On entend par pente toute surface inclinée dans le sens de la descente, et se prêtant à l'écoulement des eaux, et par rampe toute surface inclinée que gravissent piétons et véhicules. Les pentes seront indiquées en pourcent (%) ou en pourmille (‰). Les pentes prévues pour l'écoulement des eaux (p. ex. zone devant un garage) seront indiquées par une flèche dirigée vers le bas, tandis que les escaliers ou les rampes le seront par une flèche dirigée vers le haut.

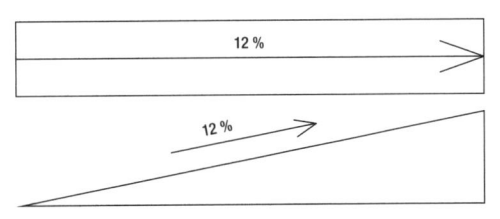

Ill. 3 : indication d'une rampe en plan et en coupe

B.5.3 Cotes dimensionnelles

On utilise les traits les plus fins pour tirer les lignes de cotes et les lignes de rappel.

Les attaches de cotes sont deux fois plus épaisses que les lignes de cotes.

Les lignes de rappel seront tracées jusqu'à proximité de l'objet à mesurer. On évitera dans la mesure du possible de croiser les lignes de rappel.

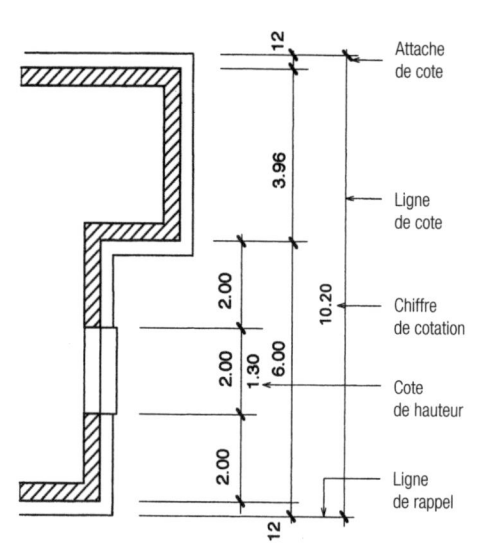

Ill. 4 : représentation de lignes de cotes et lignes de rappel sur un plan d'étage

Les chiffres de cotation seront placés au-dessus de la ligne de cote à une distance égale à la moitié de la hauteur du chiffre. Ils seront placés de sorte à pouvoir être lus à partir du bas ou de la droite de la feuille.

Si les chaînes de cotes sont obliques, les chiffres de cotation s'inscriront toujours au-dessus de la ligne de cote – en étant vues à partir du bas de la feuille.

Les chiffres de cotation inscrits sous la ligne de cote indiquent une cote de hauteur allant de la face supérieure du seuil ou du sol fini à la sous-face du linteau brut ou à la face inférieure de la dalle brute. Pour les fenêtres, les cotes indiquent la hauteur allant de la face supérieure de la pièce d'appui de la fenêtre jusqu'à la sous-face du linteau brut.

Afin de coter un élément de section rectangulaire, on donnera sa largeur et sa hauteur (p. ex. 30 x 1,80). Lorsqu'il s'agit d'un élément de section ronde, on placera le symbole du diamètre avant la cote (p. ex. $\varnothing$ 12).

Les figures 5 à 8 illustrent quelques exemples de cotation.

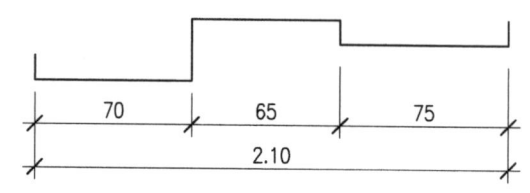

Ill. 5 : cotation linéaire

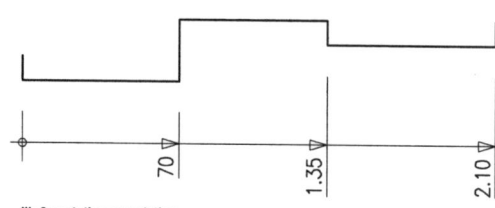

Ill. 6 : cotation cumulative

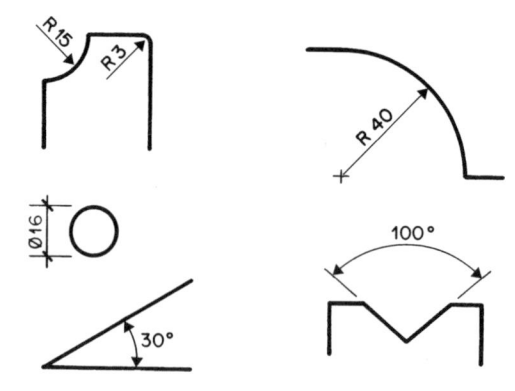

Ill. 7 : cotation de rayon, de diamètre, d'angle

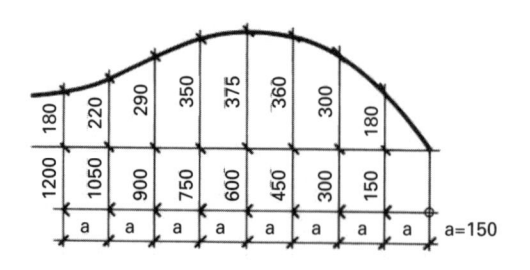

Ill. 8 : cotation de courbes

B.5.4 Cotes de niveau

Les cotes de niveau doivent toujours être exprimées en mètres.

Le niveau de référence est la cote ± 0,00. Il s'agit souvent de la cote de niveau du sol fini du rez-de-chaussée. Exceptionnellement, une nouvelle cote de référence ± 0,00 peut être attribuée à chaque étage. Dans ce cas, le cartouche doit comporter une indication précise à ce sujet.

Exemple : cote ± 0,00 au 2e étage = 518,60.

Si une cote de niveau est valable pour tout un étage, elle peut figurer une seule fois sur le cartouche.

+3.25 ▽   Niveau fini d'une face supérieure

△ +3.00   Niveau fini d'une face inférieure

+1.25 ▼   Niveau brut d'une face supérieure

▲ +1.10   Niveau brut d'une face inférieure

±0.00 / −0.10 ▼   Niveaux fini et brut d'une face supérieure

Ill. 9 : indication des cotes de niveau figurant sur une coupe

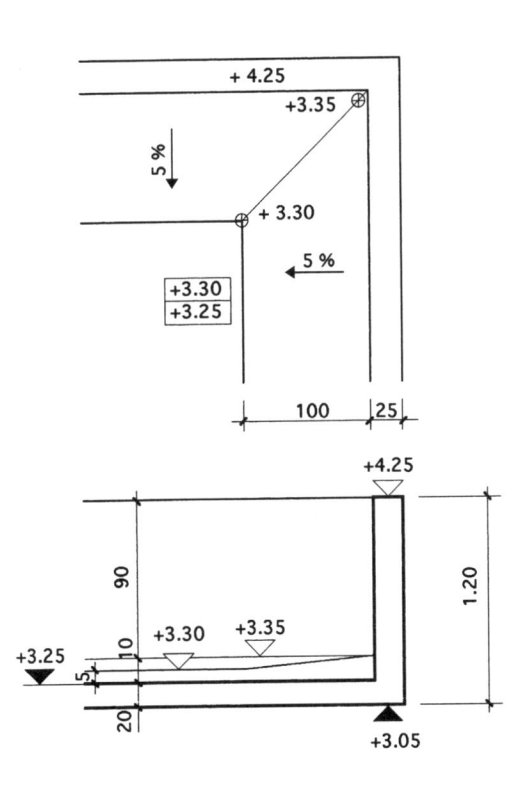

Ill. 10 : exemple : cotes de niveau figurant sur un plan et sur une coupe

ÉLÉMENTS | Dessin des plans

B.7 PROJECTIONS

B.7.1 Modes de représentation

Les éléments de construction sont tous des ouvrages tridimensionnels qui ne peuvent être représentés sur le papier qu'en deux dimensions. Leur représentation procède d'une projection du volume sur une surface plane, la surface du dessin.

La figure 12 représente un ouvrage où sont indiqués les différents modes de représentation décrits ci-après, avec la position des projections normales.

B.7.2 Projection normale

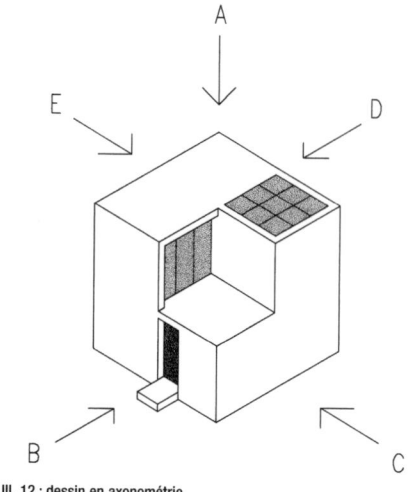

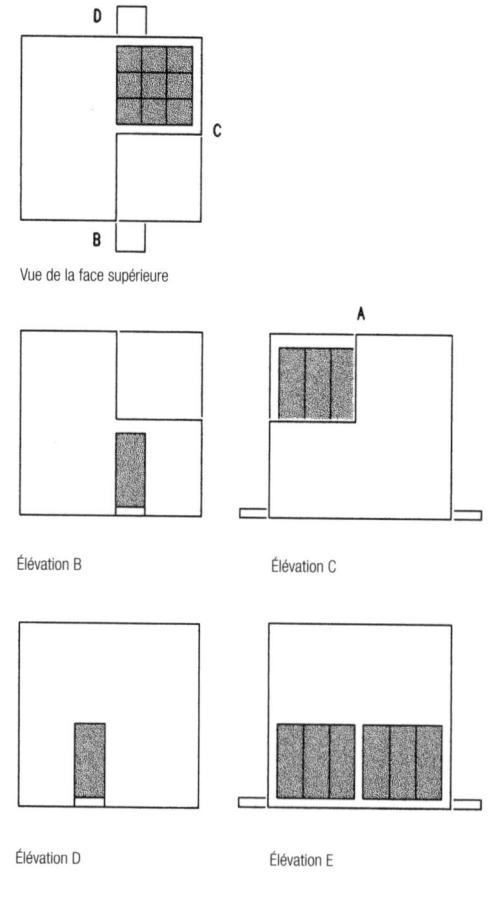

Ill. 12 : dessin en axonométrie

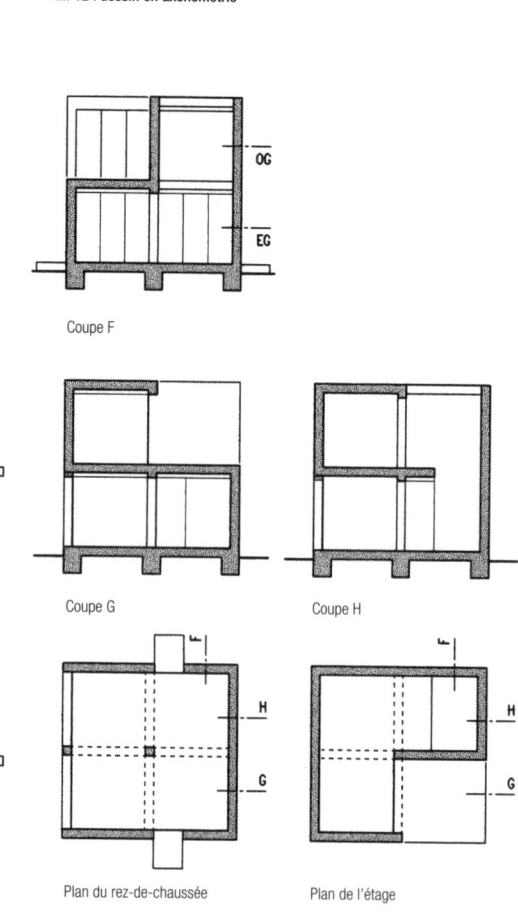

Vue de la face supérieure

Élévation B

Élévation C

Élévation D

Élévation E

Ill. 11 : projection normale
Représentation d'un ouvrage non coupé

Coupe F

Coupe G

Coupe H

Plan du rez-de-chaussée

Plan de l'étage

Ill. 13 : projection normale
Représentation d'un ouvrage en coupe

B.8.3 Matériaux de construction

B.8.3.1 Symboles graphiques

Les surfaces coupées seront généralement entourées d'un trait épais et de plus désignées par un symbole graphique.

Les symboles graphiques seront adaptés à l'échelle du dessin.

Sur les dessins à l'échelle de 1:100 ou à une échelle inférieure, les surfaces coupées seront représentées en noir ou d'une autre manière, uniformément quel que soit le matériau.

Matériau	Couleur
Briques de terre cuite	rouge (cinabre)
Acier éch. 1:1	
Briques réfractaires	rouge foncé
Briques silico-calcaires	gris
Agglomérés à base de ciment	vert olive
Béton armé et béton non armé	vert
Agglomérés de béton, pierre artificielle	gris bleuté
Béton de parement	vert
Mortier, plâtre, crépi	violet
Bois massif	du jaune au brun
Bois équarri/ bois lamellé-collé	du jaune au brun
Dérivés du bois	brun clair
Métal	bleu clair/ciel
Acier (en coupe)	noir
Matériaux absorbants ou isolants	rose
Étanchéité (vent, vapeur, eau)	noir/blanc
Mastic	jaune
Verre	vert foncé
Matières synthétiques	gris
Pierre naturelle en général	bleu

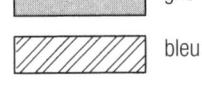

B.8.3.2 Sigles

Béton	B
Béton léger	LB
Ciment Portland	CEM I
Chaux hydraulique	HL
Chaux grasse	CL
Maçonnerie	M

Maçonneries ordinaires :

– de briques (p. ex. briques de terre cuite)	MB
– de briques légères	MBL
– d'agglomérés liés au ciment	MC
– d'agglomérés liés au ciment, à granulats légers	MCL
– de briques durcies par procédé hydrothermique (p. ex. briques silico-calcaires)	MK
– d'agglomérés légers durcis par procédé hydrothermique	MP
– d'agglomérés légers de faible masse volumique, durcis par procédé hydrothermique	MPL

Les maçonneries spéciales porteront de plus des indications telles que celles-ci :

- de boutisses et de panneresses
- de panneaux préfabriqués
- de résistance déclarée
- de doublage extérieur
- armée
- précontrainte
- extérieure de parement
- intérieure de parement
- à résistance au feu accrue
- à isolation acoustique
- à isolation thermique ou calorifuge
- à résistance accrue aux séismes

Bois lamellé-collé	BLC

B.9.3 Escaliers et rampes

Sur les plans d'étage, les escaliers sont représentés coupés aux deux tiers de leur hauteur environ. Si l'escalier dessert plusieurs étages, on dessine l'arrivée de la volée venant du niveau inférieur et le départ de la volée menant au niveau supérieur.

La ligne continue munie d'une pointe de flèche indique le sens de la montée, aussi bien pour les escaliers que pour les rampes.

Si l'escalier dessert un seul étage, la partie de l'escalier située au-dessus du trait de coupe se représente en trait mixte.

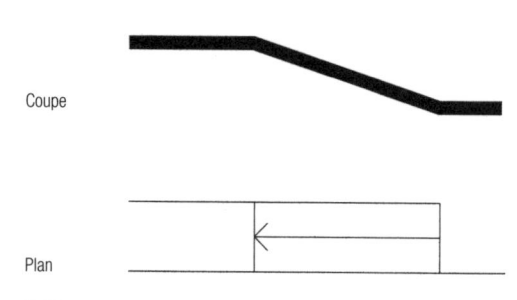

III. 16 : rampe
Plan et coupe

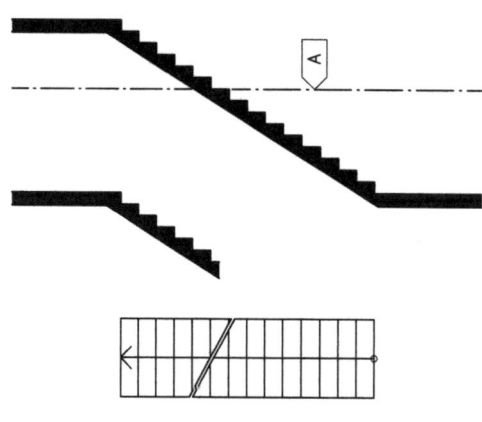

III. 14 : escalier desservant plusieurs étages
Plan et coupe

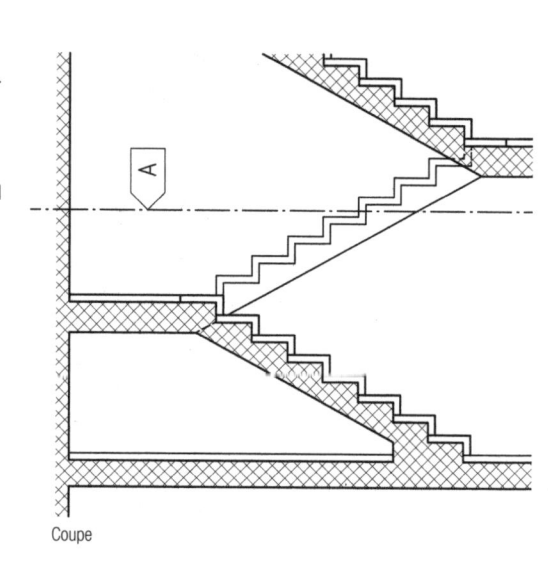

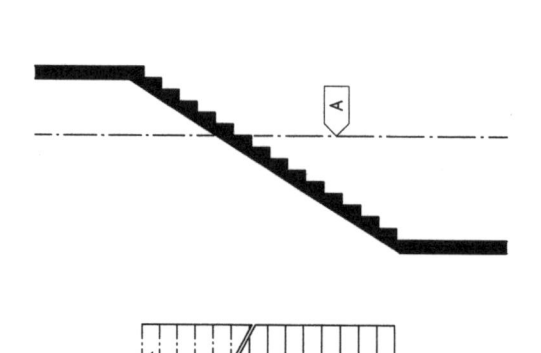

III. 15 : escalier desservant un seul étage
Plan et coupe

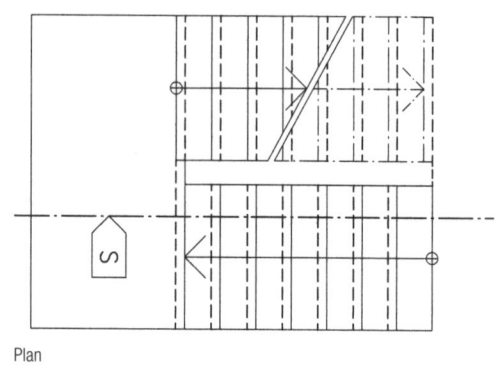

III. 17 : escalier à gradins, à deux volées avec palier
Plan et coupe

Dessin des plans
Exemple d'une construction à ossature bois

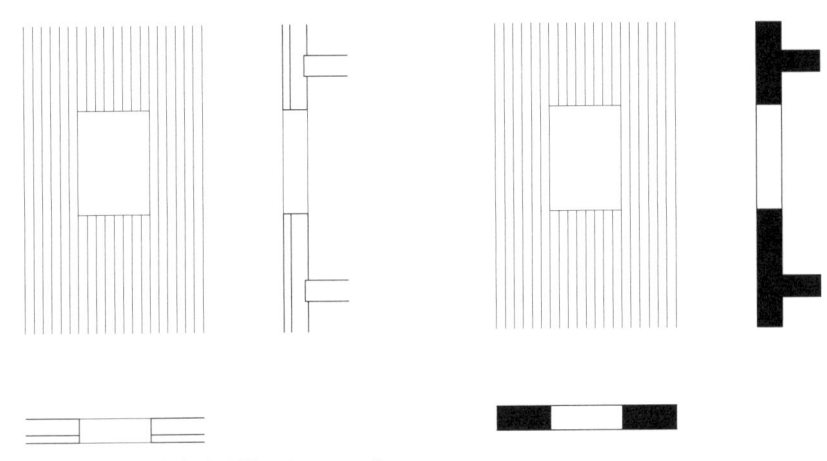

Plan, coupe, élévation à l'échelle 1:100, contours ou remplissage

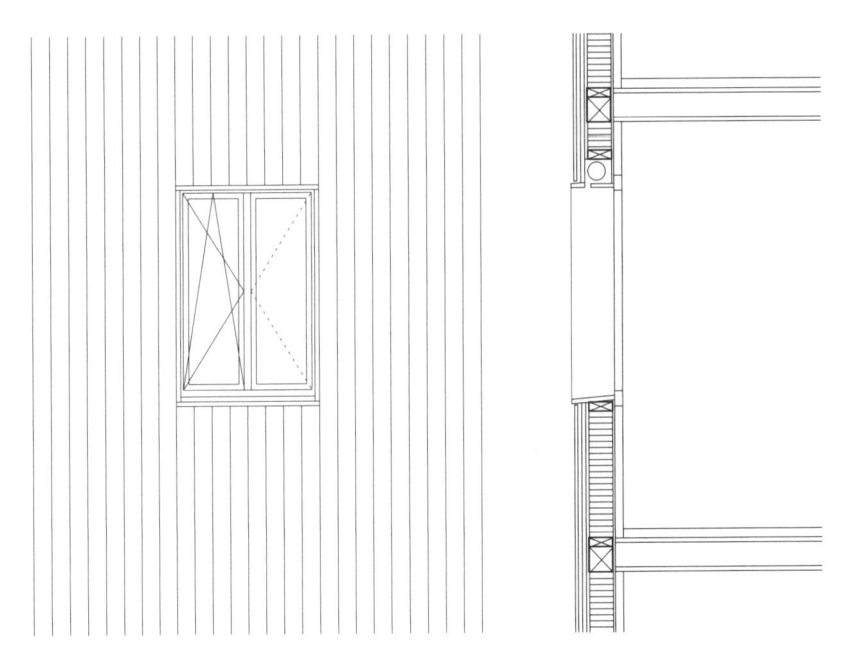

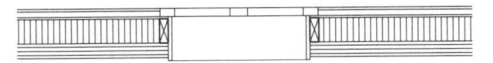

Plan, coupe, élévation à l'échelle 1:50

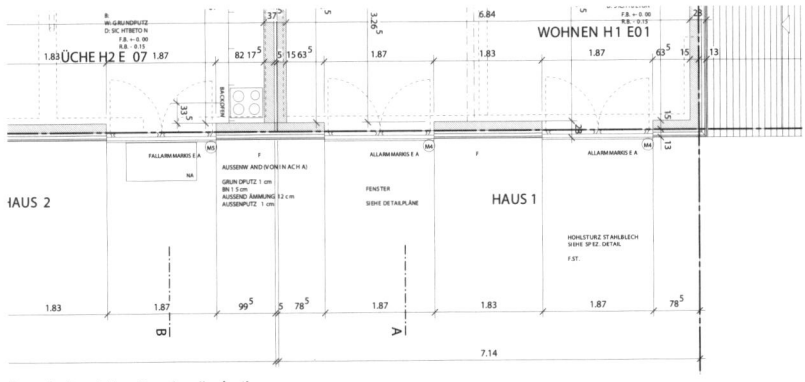

Exemple de cotation d'un plan d'exécution

Plans de projet définitif, échelle 1:100
Les plans de projet définitif comprennent toutes les informations nécessaires à la compréhension du projet. Ils sont (principalement) destinés au maître d'ouvrage et aux autorités chargées de délivrer le permis de construire.
– Plans, coupes, façades
– Limites de parcelles, constructions voisines
– Terrain naturel, terrain remanié

Les plans doivent permettre de faire la distinction entre pleins et vides. Fenêtres, soubassement, rives de toiture, surface des façades, etc., ne sont dessinés que s'ils sont déterminants pour le projet.

Les autorités compétentes précisent les informations supplémentaires que doivent contenir les plans de demande de permis de construire.

Plans d'exécution, échelle 1:50
Les plans d'exécution se limitent pour l'essentiel à représenter le gros œuvre, en montrant les éléments tels que murs, planchers, toitures, allèges, linteaux et escaliers. Ces plans servent à communiquer avec les ingénieurs spécialisés et les entreprises, ainsi qu'à exécuter les travaux sur le chantier. Les différentes couches de construction (porteuse, isolante, de protection) sont dessinées dans la mesure où elles peuvent l'être sans nuire à la lisibilité des plans. La qualité des surfaces est définie au moyen de légendes.

Les raccords entre soubassement et murs, murs et baies, murs et planchers, murs et toiture, etc., sont représentés de façon schématique (continuité des couches). Les couches minces (enduits, etc.) ne sont pas dessinées.

En coupe et en plan, il est possible de simplifier le dessin des fenêtres, en représentant dormant et ouvrant sous la forme d'un unique rectangle. En élévation, on dessine en général séparément dormant et ouvrant, et l'on indique le mode d'ouverture des fenêtres.

Il convient d'indiquer le type de dispositif de protection solaire choisi, ainsi que sa position. La composition des planchers est décrite sous forme de légende.

La cotation des plans d'exécution
La cotation des plans est structurée de façon hiérarchique, le niveau de détail des différentes lignes de cotes augmentant à mesure que l'on se rapproche de l'objet (dimensions principales de l'ouvrage, cotes des éléments, cotes de détail). On évitera si possible que les lignes de cote ne se croisent.

L'unité de mesure utilisée pour la cotation des plans d'exécution est en général le mètre, les dimensions étant arrondies au demi-centimètre (p. ex. 3,96⁵). Toutes les dimensions inférieures à un mètre sont indiquées en centimètres (p. ex. 55). Dans les plans de détail, les dimensions peuvent

ÉLÉMENTS | Dessin des plans

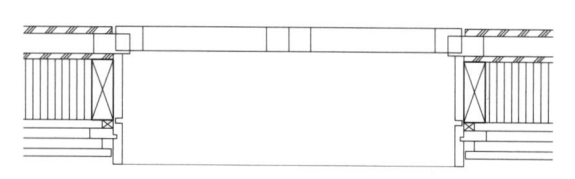

Plan, coupe, élévation à l'échelle 1:20

aussi être indiquées en millimètres (p. ex. en construction métallique). On veillera à toujours utiliser la même unité et à indiquer l'unité choisie dans le cartouche.

Plans de détail, échelle 1:20

Les plans de détail sont destinés à compléter les plans d'exécution à l'échelle 1:50. Chaque couche y est représentée selon les codes en usage. Les éléments porteurs sont représentés par des traits plus épais. Les raccords entre éléments doivent être dessinés en détail et assortis d'une légende. Les châssis dormants et ouvrants sont représentés par des rectangles se chevauchant. Les dispositifs de protection solaire, les lattages, les appuis et tablettes de fenêtres, etc., doivent figurer dans les plans.

Toutes les couches des planchers doivent être représentées, ainsi que leurs raccords avec les éléments contigus. Si des éléments particuliers sont intégrés dans les murs ou les planchers (p. ex. conduites de chauffage par le sol), il s'agit de le mentionner.

Les planches consacrées, aux pages suivantes, aux différents éléments de construction sont parfois trop détaillées, les dessins exécutés à la main pouvant présenter un plus grand degré d'abstraction. Avant de dessiner un plan, il est impératif d'en concevoir la mise en page :
– Taille du plan, format du papier
– Mise en regard des plans, coupes et élévations.

Indications générales

Nombre d'entreprises fournissent des plans très détaillés (1:1) dans divers formats numériques. Lorsqu'ils sont repris tels quels dans des plans dessinés à d'autres échelles, ils sont souvent trop précis. En principe, des représentations plus abstraites suffisent.

Il faut toujours se demander à qui le plan est destiné et quelles informations il doit comporter. On utilisera de préférence les formats DIN.

Format	Dimensions en mm
DIN A4	210 x 297
DIN A3	297 x 420
DIN A2	420 x 594
DIN A1	594 x 841
DIN A0	841 x 1189

Devront figurer sur le plan ou dans le cartouche les informations suivantes :
– Maître d'ouvrage
– Auteur du plan
– Contenu du plan
– Échelle
– Échelle graphique en cas de réduction
– Flèche nord
– +- 0,00 = mètres au-dessus du niveau de la mer (m s.m.).

Symboles
Légende des planches

▬▬▬▬▬▬▬▬▬▬	Pare-vapeur
▬▬▬▬▬▬▬▬▬▬	Barrière anti-humidité, pare-vent
▬▬▬▬▬▬▬▬▬▬	Couche de séparation
▦▦▦▦▦	Isolation contre les bruits d'impact
▦▦▦▦▦	Isolation thermique
▦▦▦▦▦	Isolation thermique étanche à la vapeur d'eau
▦▦▦▦▦	Isolation thermique hydrofuge
▨▨▨▨▨	Pierre reconstituée
▩▩▩▩▩	Béton coulé sur place
▩▩▩▩▩	Béton maigre
▨▨▨▨▨	Panneau en dérivé du bois
⊠	Section de bois massif

Soubassement, maçonnerie monolithique
1:20

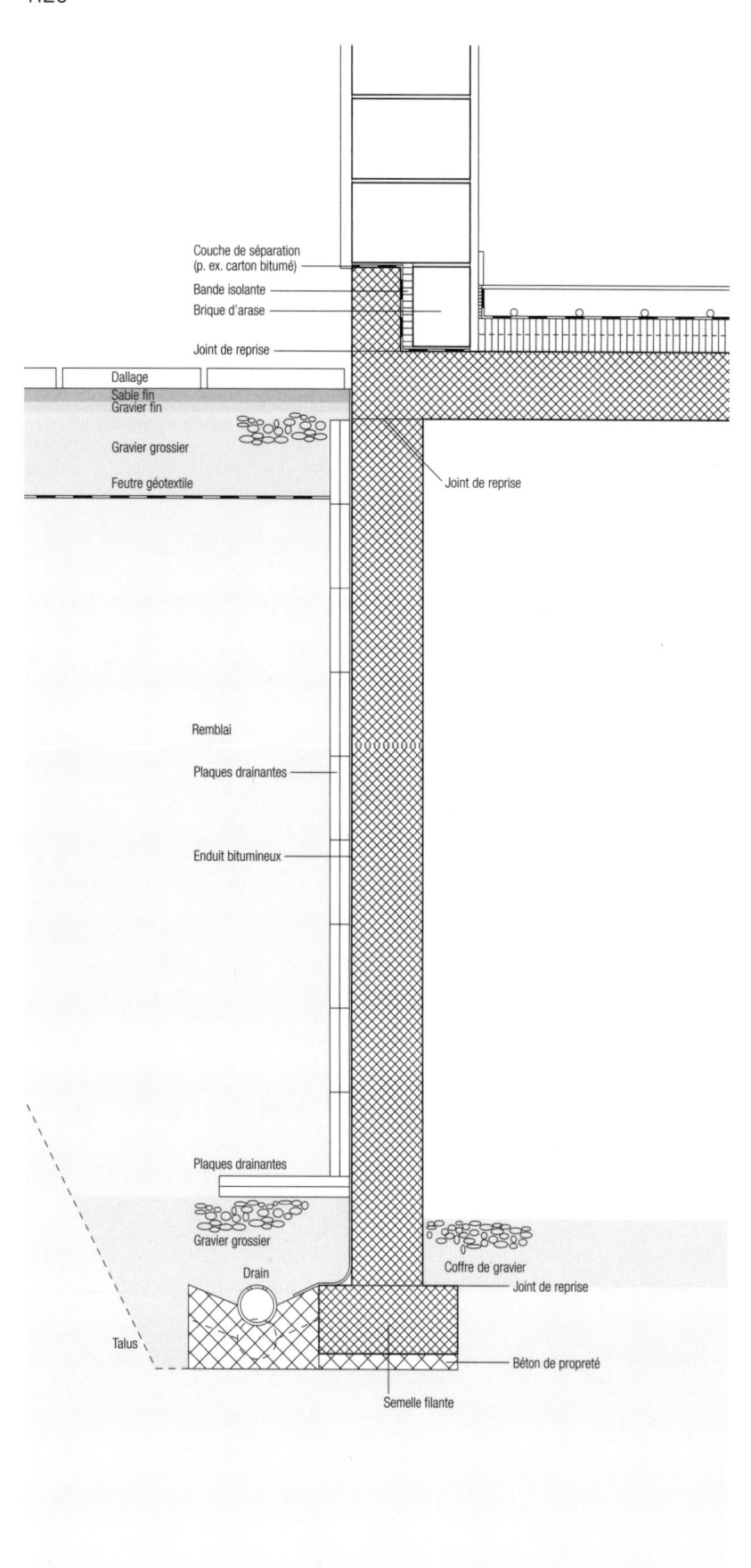

Légendes du schéma :
- Couche de séparation (p. ex. carton bitumé)
- Bande isolante
- Brique d'arase
- Joint de reprise
- Dallage
- Sable fin
- Gravier fin
- Gravier grossier
- Feutre géotextile
- Joint de reprise
- Remblai
- Plaques drainantes
- Enduit bitumineux
- Plaques drainantes
- Gravier grossier
- Drain
- Talus
- Coffre de gravier
- Joint de reprise
- Béton de propreté
- Semelle filante

Composition du mur de façade
- Enduit extérieur — 35 mm
- Maçonnerie monolithique 36,5/24,8/23,8 — 365 mm
- Enduit intérieur — 25 mm
- *Total* — *425 mm*

Composition du plancher sur sous-sol
- Dalles en grès cérame — 10 mm
- Mortier-colle — 5 mm
- Chape avec chauffage par le sol — 80 mm
- Couche de séparation (p. ex. film plastique 1 mm)
- Isolation thermique étanche à la vapeur d'eau (p. ex. Foamglas) — 150-300 mm
- Dalle en béton — 200 mm
- *Total* — *445-595 mm*

Composition du mur du sous-sol (cave humide)
- Plaques drainantes — 60 mm
- Étanchéité (p. ex. enduit bitumineux) — 2 mm
- Mur en béton banché — 220 mm
- *Total* — *282 mm*

Composition du sol (cave humide)
- Coffre de gravier (p. ex. gravier rond) — 200 mm

Soubassement, mur double, enduit
1:20

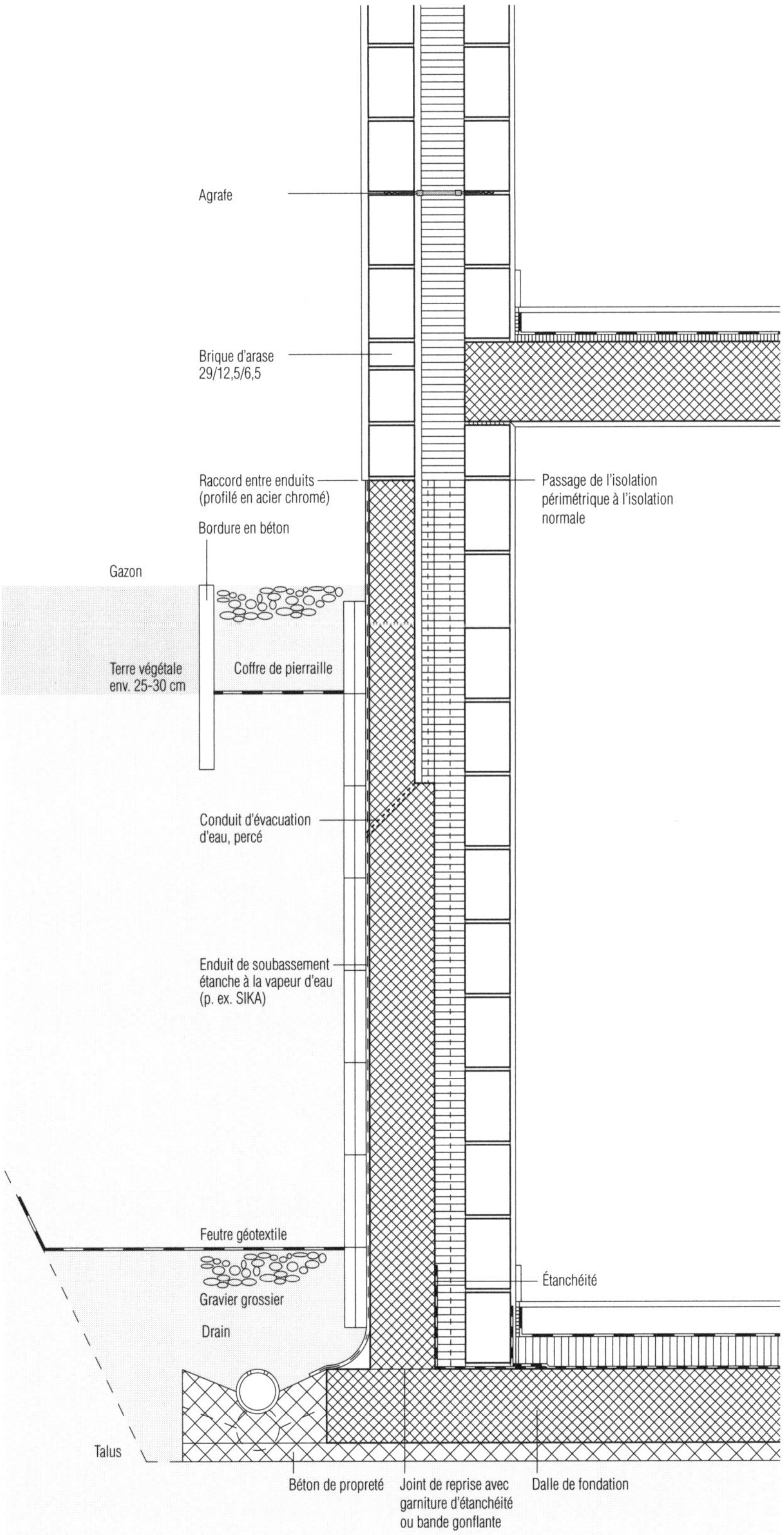

Agrafe
Brique d'arase 29/12,5/6,5
Raccord entre enduits (profilé en acier chromé)
Bordure en béton
Gazon
Terre végétale env. 25-30 cm
Coffre de pierraille
Passage de l'isolation périmétrique à l'isolation normale
Conduit d'évacuation d'eau, percé
Enduit de soubassement étanche à la vapeur d'eau (p. ex. SIKA)
Feutre géotextile
Gravier grossier
Drain
Étanchéité
Talus
Béton de propreté
Joint de reprise avec garniture d'étanchéité ou bande gonflante
Dalle de fondation

Composition du mur de façade

- Enduit extérieur	20 mm
- Maçonnerie en brique de terre cuite B 29/12,5/19	125 mm
- Lame d'air (tolérance d'exécution)	20 mm
- Isolation thermique (p. ex. laine de roche)	150-300 mm
- Maçonnerie en brique de terre cuite B 0 29/12,5/19	125 mm
- Enduit intérieur	15 mm
Total	*455-605 mm*

Composition du plancher sur sous-sol

- Parquet collé	15 mm
- Chape	60 mm
- Couche de séparation (p. ex. film plastique 1 mm)	
- Isolation contre les bruits d'impact	20 mm
- Dalle en béton	210 mm
- Enduit de plafond	10 mm
Total	*315 mm*

Composition du mur du sous-sol (chauffé)

- Plaques drainantes	60 mm
- Enduit de soubassement étanche	10 mm
- Mur en béton banché	180 mm
- Isolation thermique (étanche à la vapeur d'eau)	150-300 mm
- Maçonnerie en brique de terre cuite B 25/12/14	120 mm
- Enduit intérieur	10 mm
Total	*530-680 mm*

Composition du plancher du sous-sol (chauffé)

- Parquet collé	15 mm
- Chape	80 mm
- Isolation thermique (p. ex. Foamglas ou Styrofoam)	150-300 mm
- Barrière anti-humidité (p. ex. Robit)	
- Dalle de fondation	200 mm
- Béton de propreté	50 mm
Total	*495-645 mm*

ÉLÉMENTS | Fondations – Soubassement

Soubassement, maçonnerie apparente
1:20

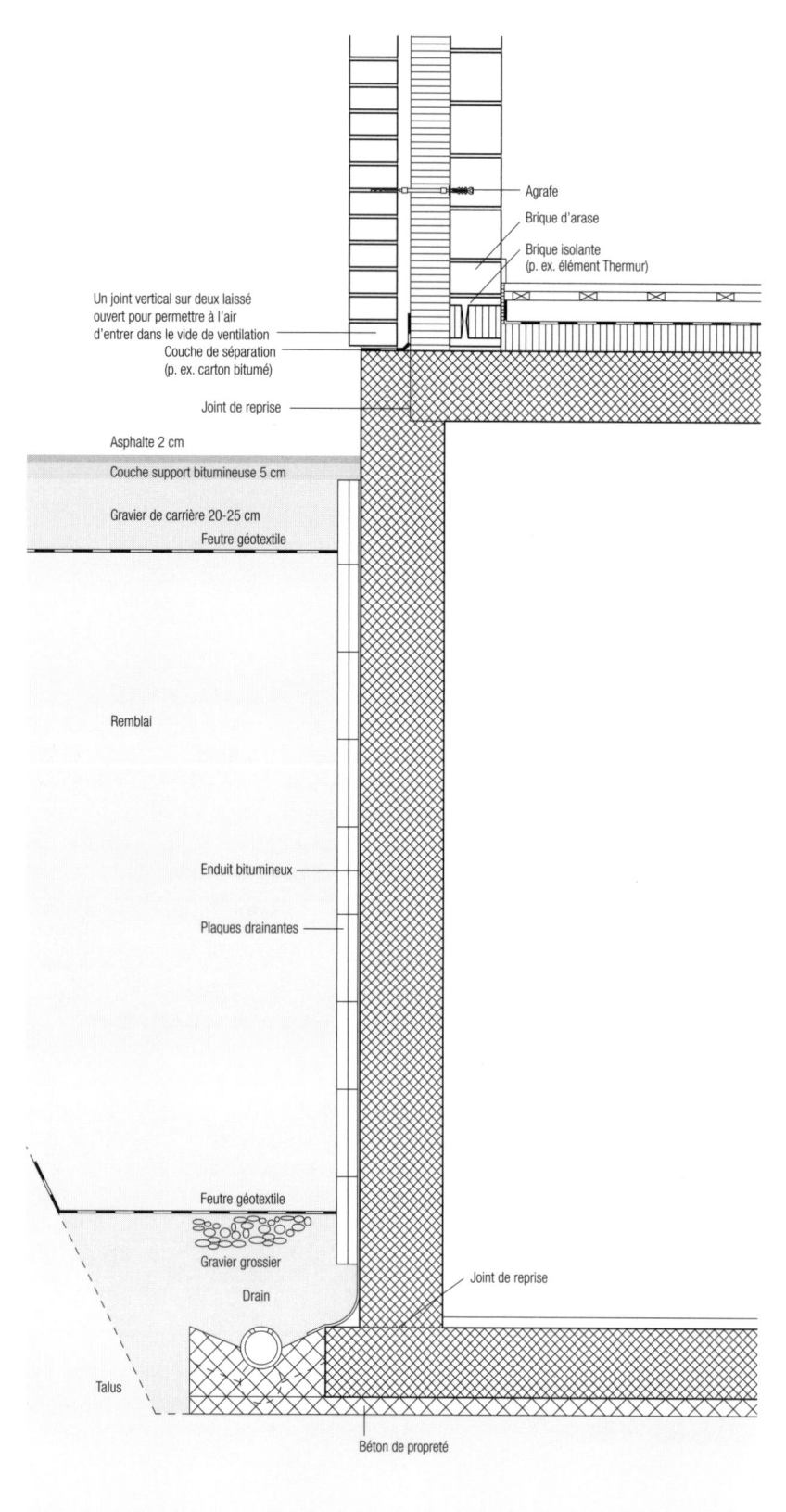

Labels on drawing:
- Agrafe
- Brique d'arase
- Brique isolante (p. ex. élément Thermur)
- Un joint vertical sur deux laissé ouvert pour permettre à l'air d'entrer dans le vide de ventilation
- Couche de séparation (p. ex. carton bitumé)
- Joint de reprise
- Asphalte 2 cm
- Couche support bitumineuse 5 cm
- Gravier de carrière 20-25 cm
- Feutre géotextile
- Remblai
- Enduit bitumineux
- Plaques drainantes
- Feutre géotextile
- Gravier grossier
- Drain
- Joint de reprise
- Talus
- Béton de propreté

Composition du mur de façade
- Maçonnerie en brique de terre cuite BS assise 1 29/14/6,5 Maçonnerie en brique de terre cuite BS assise 2 14/14/6,5 (Variantes : diverses briques de parement modulaires, blocs ou éléments de béton préfabriqués, etc.)	140 mm
- Vide de ventilation, au minimum	40 mm
- Isolation thermique (p. ex. laine de roche)	150-300 mm
- Maçonnerie en brique de terre cuite BS 25/15/14	150 mm
Total	*480-630 mm*

Composition du plancher sur sous-sol
- Lames de bois	24 mm
- Lattage	30 mm
- Couche de feutre	2 mm
- Chape	60 mm
- Couche de séparation (p. ex. film plastique 1 mm)	
- Isolation thermique étanche à la vapeur d'eau	150-300 mm
- Dalle en béton	200 mm
Total	*466-616 mm*

Composition du mur du sous-sol (non chauffé)
- Plaques drainantes	60 mm
- Étanchéité (p. ex. enduit bitumineux)	2 mm
- Mur en béton banché	240 mm
Total	*302 mm*

Composition du plancher du sous-sol (non chauffé)
- Chape en ciment	30 mm
- Dalle de fondation	200 mm
- Béton de propreté	50 mm
Total	*280 mm*

ÉLÉMENTS — Fondations – Soubassement

Soubassement, béton de parement avec isolation intérieure
1:20

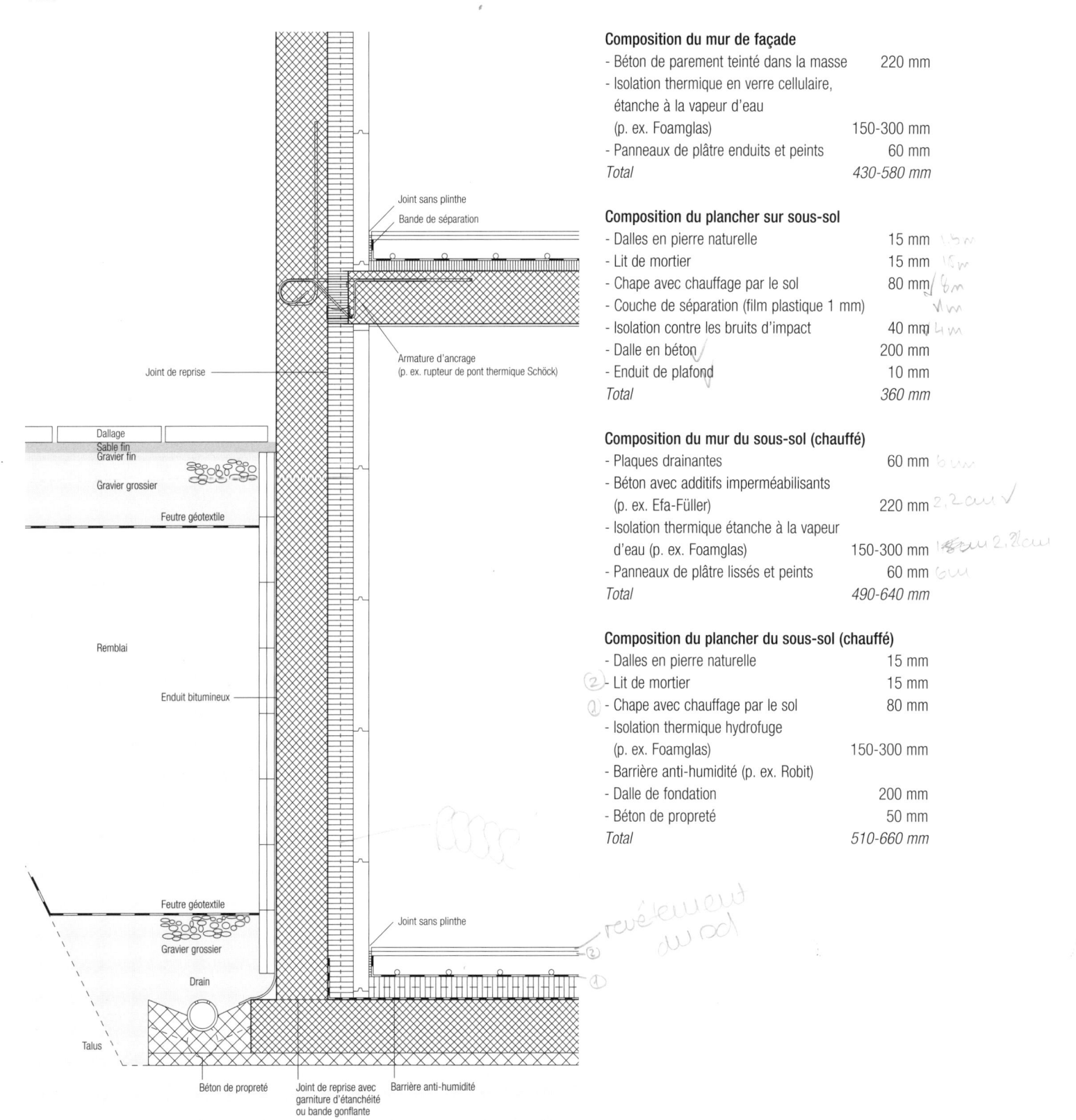

Composition du mur de façade

- Béton de parement teinté dans la masse	220 mm
- Isolation thermique en verre cellulaire, étanche à la vapeur d'eau (p. ex. Foamglas)	150-300 mm
- Panneaux de plâtre enduits et peints	60 mm
Total	*430-580 mm*

Composition du plancher sur sous-sol

- Dalles en pierre naturelle	15 mm
- Lit de mortier	15 mm
- Chape avec chauffage par le sol	80 mm
- Couche de séparation (film plastique 1 mm)	
- Isolation contre les bruits d'impact	40 mm
- Dalle en béton	200 mm
- Enduit de plafond	10 mm
Total	*360 mm*

Composition du mur du sous-sol (chauffé)

- Plaques drainantes	60 mm
- Béton avec additifs imperméabilisants (p. ex. Efa-Füller)	220 mm
- Isolation thermique étanche à la vapeur d'eau (p. ex. Foamglas)	150-300 mm
- Panneaux de plâtre lissés et peints	60 mm
Total	*490-640 mm*

Composition du plancher du sous-sol (chauffé)

- Dalles en pierre naturelle	15 mm
- Lit de mortier	15 mm
- Chape avec chauffage par le sol	80 mm
- Isolation thermique hydrofuge (p. ex. Foamglas)	150-300 mm
- Barrière anti-humidité (p. ex. Robit)	
- Dalle de fondation	200 mm
- Béton de propreté	50 mm
Total	*510-660 mm*

Légendes du schéma :
- Joint sans plinthe
- Bande de séparation
- Joint de reprise
- Armature d'ancrage (p. ex. rupteur de pont thermique Schöck)
- Dallage
- Sable fin
- Gravier fin
- Gravier grossier
- Feutre géotextile
- Remblai
- Enduit bitumineux
- Feutre géotextile
- Gravier grossier
- Drain
- Talus
- Béton de propreté
- Joint de reprise avec garniture d'étanchéité ou bande gonflante
- Barrière anti-humidité
- Joint sans plinthe

ÉLÉMENTS — Fondations – Soubassement

Soubassement, isolation extérieure enduite
1:20

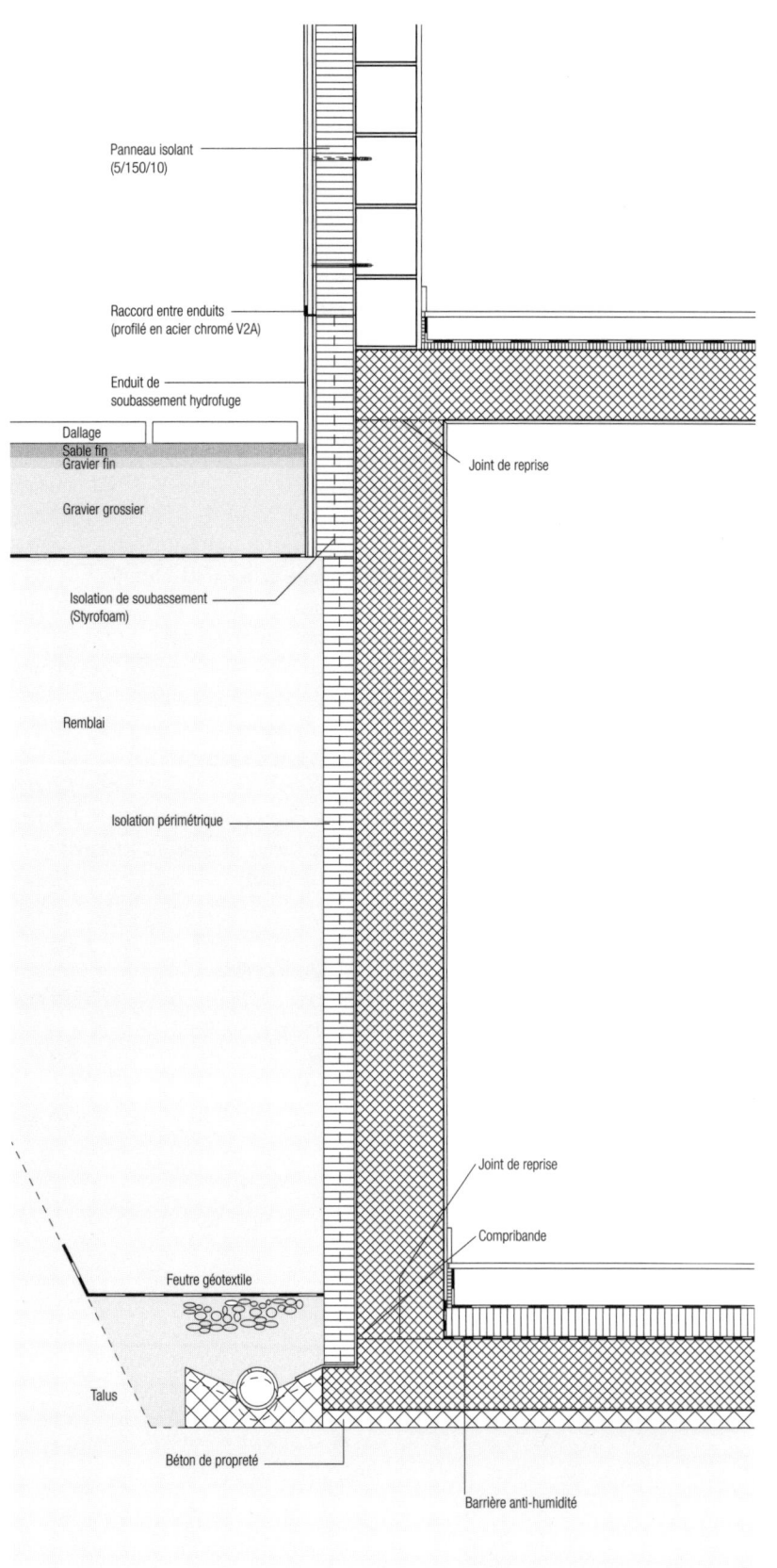

Légendes du schéma :
- Panneau isolant (5/150/10)
- Raccord entre enduits (profilé en acier chromé V2A)
- Enduit de soubassement hydrofuge
- Dallage
- Sable fin
- Gravier fin
- Gravier grossier
- Isolation de soubassement (Styrofoam)
- Remblai
- Isolation périmétrique
- Feutre géotextile
- Talus
- Béton de propreté
- Joint de reprise
- Compribande
- Barrière anti-humidité

Composition du mur de façade
P. ex. Wancor-Therm K
- Enduit de finition minéral (teinté dans la masse ou à peindre)   2 mm
- Enduit d'accrochage (avec treillis en fibres de verre incorporé en pleine surface)   4 mm
- Enduit de fond minéral   20 mm
- Panneaux isolants (5/150/10 panneaux à trois couches) Fixation au moyen de chevilles à visser en plastique   150-300 mm
- Maçonnerie en brique de terre cuite B 29/17,5/19   175 mm
- Enduit intérieur   15 mm

Total   366-516 mm

Composition du plancher sur sous-sol
- Revêtement de sol en ciment magnésien (sans joints)   15 mm
- Chape   65 mm
- Couche de séparation (p. ex. film plastique 1 mm)
- Isolation contre les bruits d'impact   20 mm
- Dalle en béton   200 mm
- Enduit de plafond   10 mm

Total   310 mm

Composition du mur du sous-sol (chauffé)
- Couche de mortier-colle (hydrofuge)   3 mm
- Panneaux isolants périmétriques à cannelures de drainage   100 mm
- Étanchéité (p. ex. enduit bitumineux)   2 mm
- Mur en béton banché   240 mm
- Enduit intérieur   10 mm

Total   355 mm

Composition du plancher du sous-sol (chauffé)
- Revêtement de sol en ciment magnésien   15 mm
- Chape   80 mm
- Couche de séparation (p. ex. film plastique 1 mm)
- Isolation thermique (p. ex. Floormate 200)   150-300 mm
- Barrière anti-humidité (p. ex. Robit)
- Dalle de fondation   200 mm
- Béton de propreté   50 mm

Total   495-645 mm

Soubassement, revêtement extérieur léger
1:20

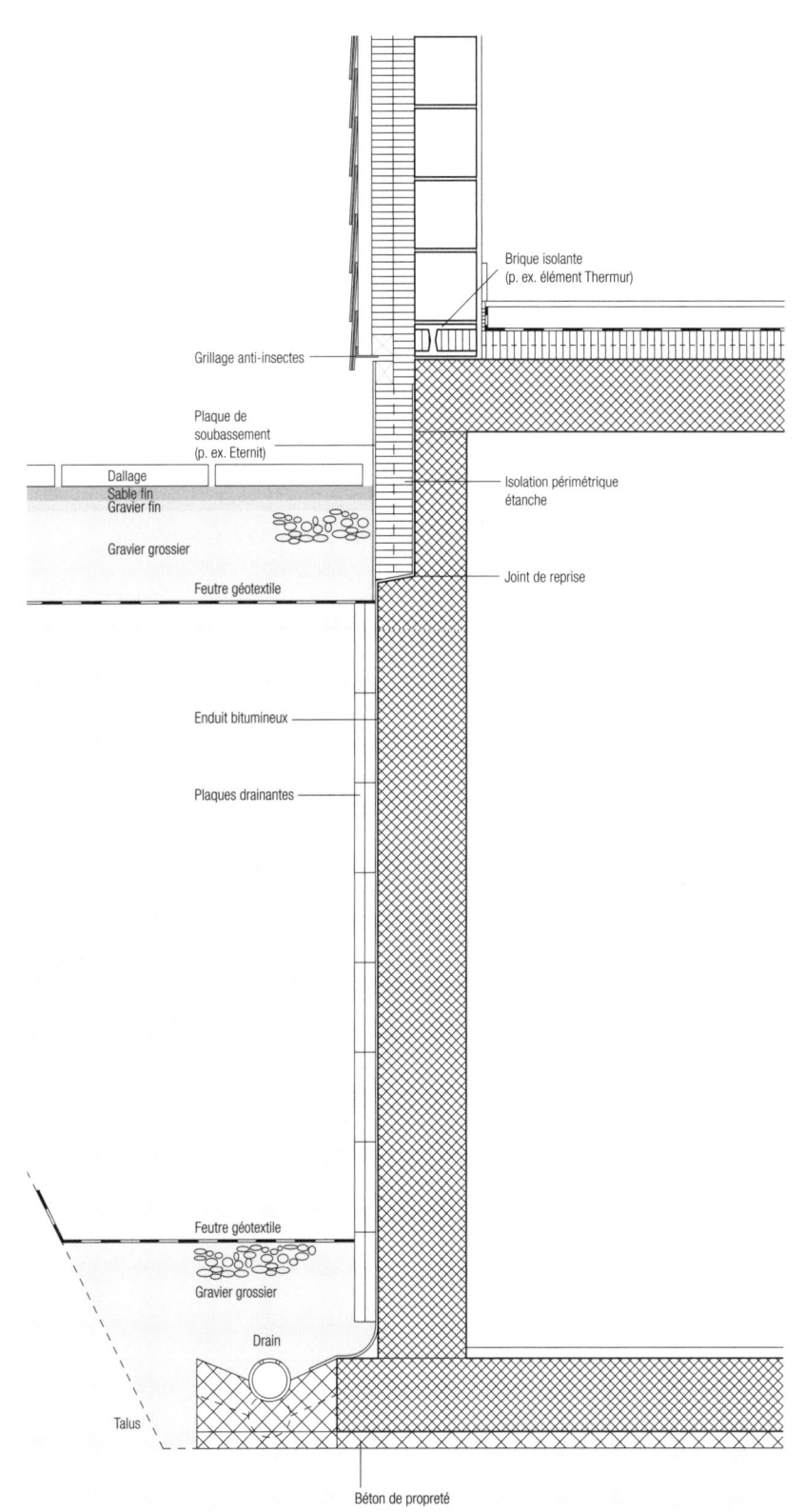

Labels on drawing:
- Brique isolante (p. ex. élément Thermur)
- Grillage anti-insectes
- Plaque de soubassement (p. ex. Eternit)
- Dallage
- Sable fin
- Gravier fin
- Gravier grossier
- Feutre géotextile
- Isolation périmétrique étanche
- Joint de reprise
- Enduit bitumineux
- Plaques drainantes
- Feutre géotextile
- Gravier grossier
- Drain
- Talus
- Béton de propreté

Composition du mur de façade
- Revêtement composé d'éléments de moyen ou grand format, p. ex. ardoises de façade Eternit à double recouvrement, format « rectangle en bande » 300/600 mm   10 mm
- Vide de ventilation lattes verticales 40/70 mm)   40 mm
- Isolation thermique (p. ex. 1 x 60 mm et 1 x 90 mm avec lattes croisées 60/90 mm)   150-300 mm
- Maçonnerie en brique de terre cuite B 29/17,5/19   175 mm
- Enduit intérieur   15 mm

Total   390-540 mm

Composition du plancher sur sous-sol
- Parquet collé   15 mm
- Chape   60 mm
- Couche de séparation (p. ex. film plastique 1 mm)
- Isolation thermique étanche à la vapeur d'eau (p. ex. Styrofoam)   150-300 mm
- Dalle en béton   200 mm

Total   425-575 mm

Composition du mur du sous-sol (non chauffé)
- Plaques drainantes   60 mm
- Étanchéité (p. ex. enduit bitumineux)   3 mm
- Mur en béton banché   260 mm

Total   323 mm

Composition du plancher du sous-sol (non chauffé)
- Chape en ciment   30 mm
- Dalle de fondation en béton brossé   200 mm
- Béton de propreté   50 mm

Total   280 mm

ÉLÉMENTS — Fondations – Soubassement

Soubassement, revêtement extérieur lourd
1:20

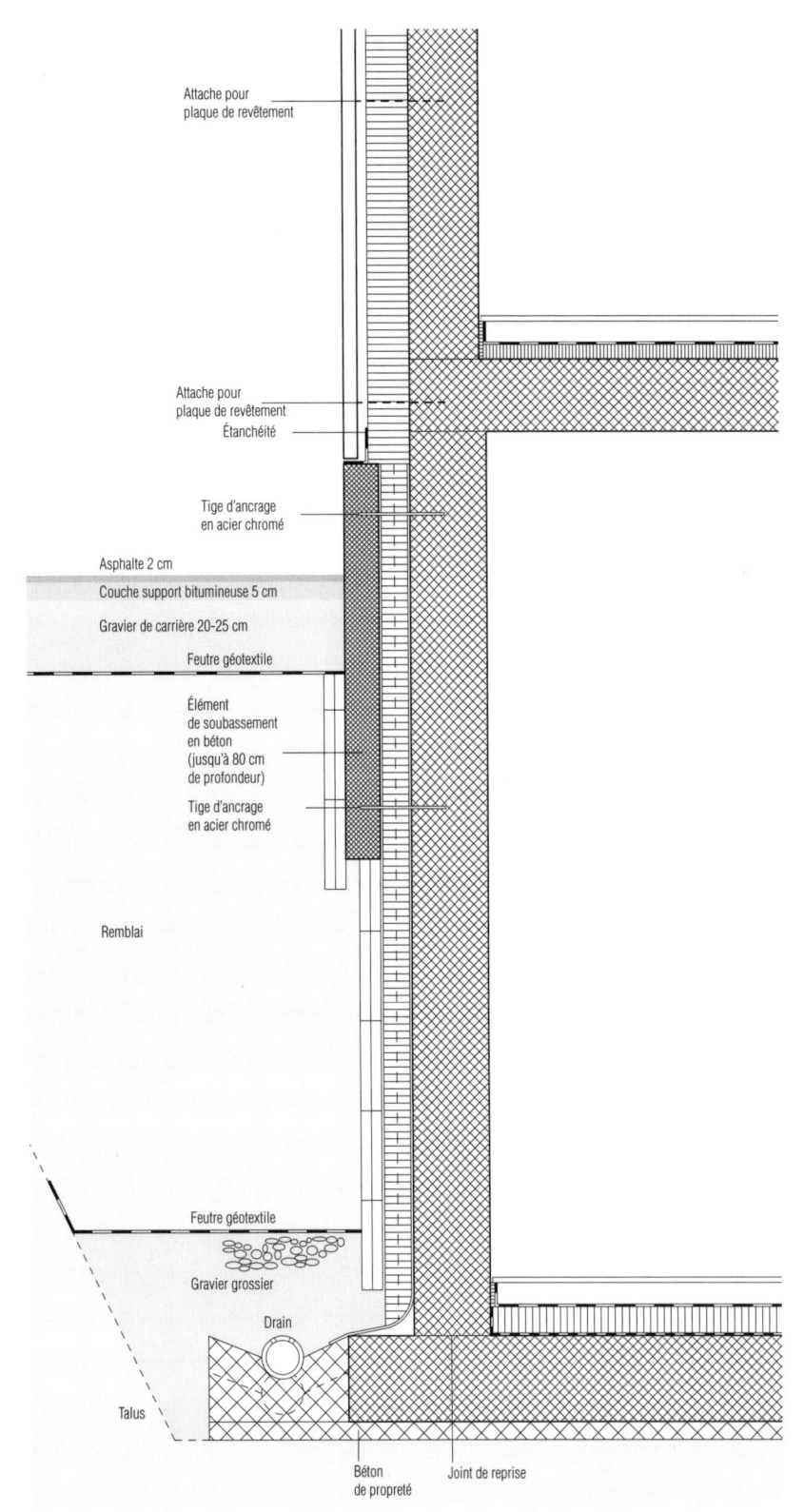

Légendes du schéma :
- Attache pour plaque de revêtement
- Attache pour plaque de revêtement
- Étanchéité
- Tige d'ancrage en acier chromé
- Asphalte 2 cm
- Couche support bitumineuse 5 cm
- Gravier de carrière 20-25 cm
- Feutre géotextile
- Élément de soubassement en béton (jusqu'à 80 cm de profondeur)
- Tige d'ancrage en acier chromé
- Remblai
- Feutre géotextile
- Gravier grossier
- Drain
- Talus
- Béton de propreté
- Joint de reprise

Composition du mur de façade
- Plaques de pierre (p. ex. ardoise)	20-40 mm
- Vide de ventilation	30 mm
- Isolation thermique	150-300 mm
- Béton apparent côté intérieur	200 mm
Total	*400-570 mm*

Composition du plancher sur sous-sol
- Parquet collé	15 mm
- Chape	80 mm
- Couche de séparation (p. ex. film plastique 1 mm)	
- Isolation contre les bruits d'impact	40 mm
- Dalle en béton	200 mm
Total	*335 mm*

Composition du mur du sous-sol (chauffé)
- Élément de soubassement préfabriqué en béton	100 mm
- Isolation périmétrique	100 mm
- Étanchéité (p. ex. enduit bitumineux)	2 mm
- Mur en béton banché	220 mm
Total	*422 mm*

Composition du plancher du sous-sol (chauffé)
- Parquet collé	15 mm
- Chape	80 mm
- Couche de séparation (p. ex. film plastique 1 mm)	
- Isolation thermique (p. ex. Foamglas)	150-300 mm
- Barrière anti-humidité (p. ex. Robit)	
- Dalle de fondation	240 mm
- Béton de propreté	50 mm
Total	*535-685 mm*

Soubassement, construction à ossature bois
1:20

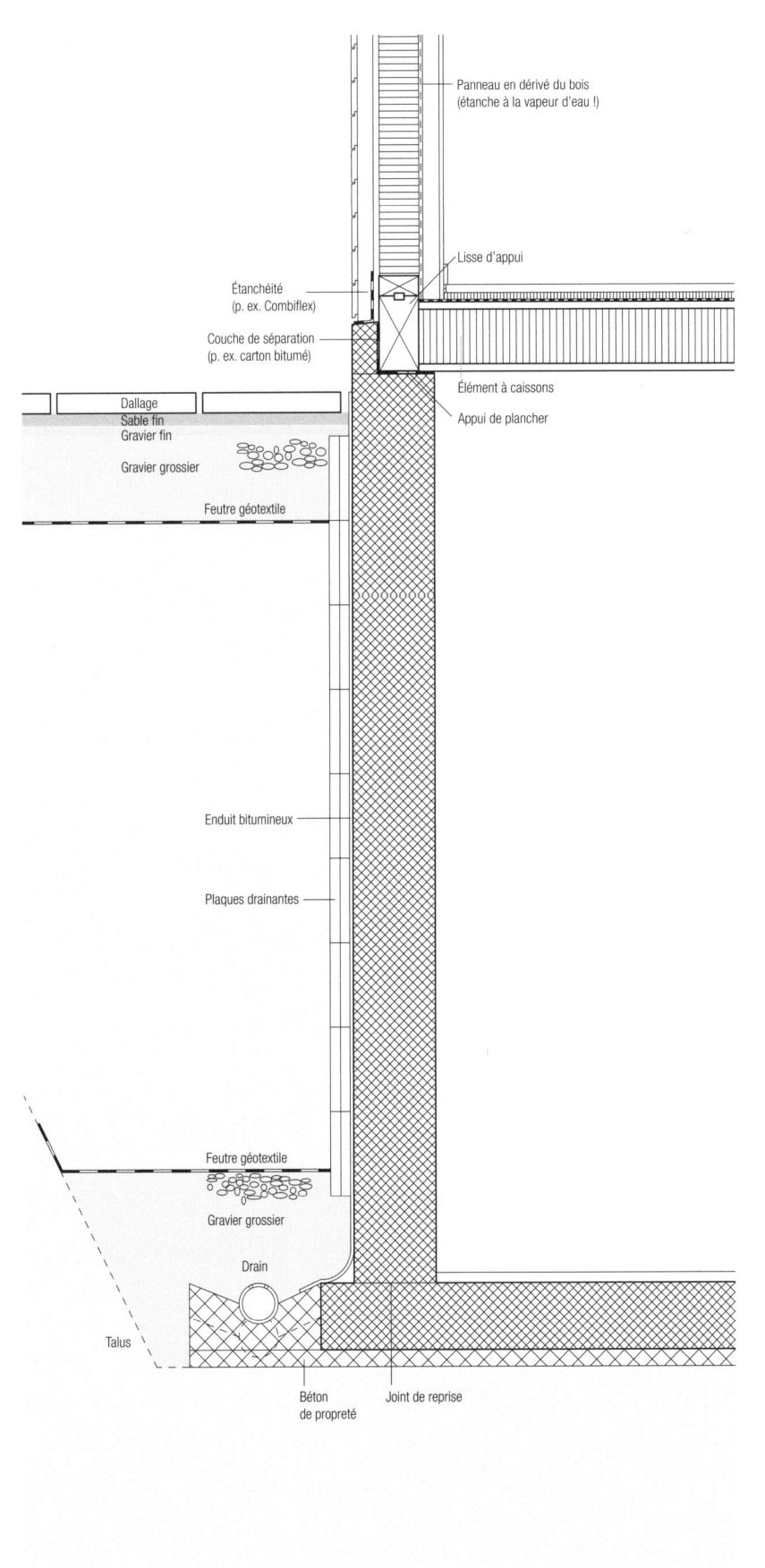

Légendes du schéma :
- Panneau en dérivé du bois (étanche à la vapeur d'eau !)
- Lisse d'appui
- Étanchéité (p. ex. Combiflex)
- Couche de séparation (p. ex. carton bitumé)
- Dallage
- Sable fin
- Gravier fin
- Gravier grossier
- Feutre géotextile
- Élément à caissons
- Appui de plancher
- Enduit bitumineux
- Plaques drainantes
- Feutre géotextile
- Gravier grossier
- Drain
- Talus
- Béton de propreté
- Joint de reprise

Composition du mur de façade
- Bardage à clins	24 mm
- Lattage vertical (vide de ventilation)	40 mm
- Panneaux de fibres tendres bitumés (pare-vent)	18 mm
- Montants, isolation thermique (p. ex. Isofloc)	150-300 mm
- Panneaux en contreplaqué (étanches à la vapeur d'eau !)	12 mm
- Lattage vertical (installations)	50 mm
- Panneaux de fibres de bois liées au ciment (p. ex. Fermacell) ou panneaux de fibroplâtre (p. ex. Sasmox)	12 mm
Total	*306-456 mm*

Composition du plancher sur sous-sol
- Panneaux triplis, flottants, à rainure et languette	27 mm
- Isolation contre les bruits d'impact	20 mm
- Pare-vapeur	
- Élément à caissons Lignatur, sous-face apparente	220 mm
Total	*267 mm*

Composition du mur du sous-sol (non chauffé)
- Plaques drainantes	60 mm
- Étanchéité (p. ex. enduit bitumineux)	2 mm
- Mur en béton banché	240 mm
Total	*302 mm*

Composition du plancher du sous-sol (non chauffé)
- Chape en ciment	30 mm
- Dalle de fondation	200 mm
- Béton de propreté	50 mm
Total	*280 mm*

ÉLÉMENTS   Fondations – Soubassement

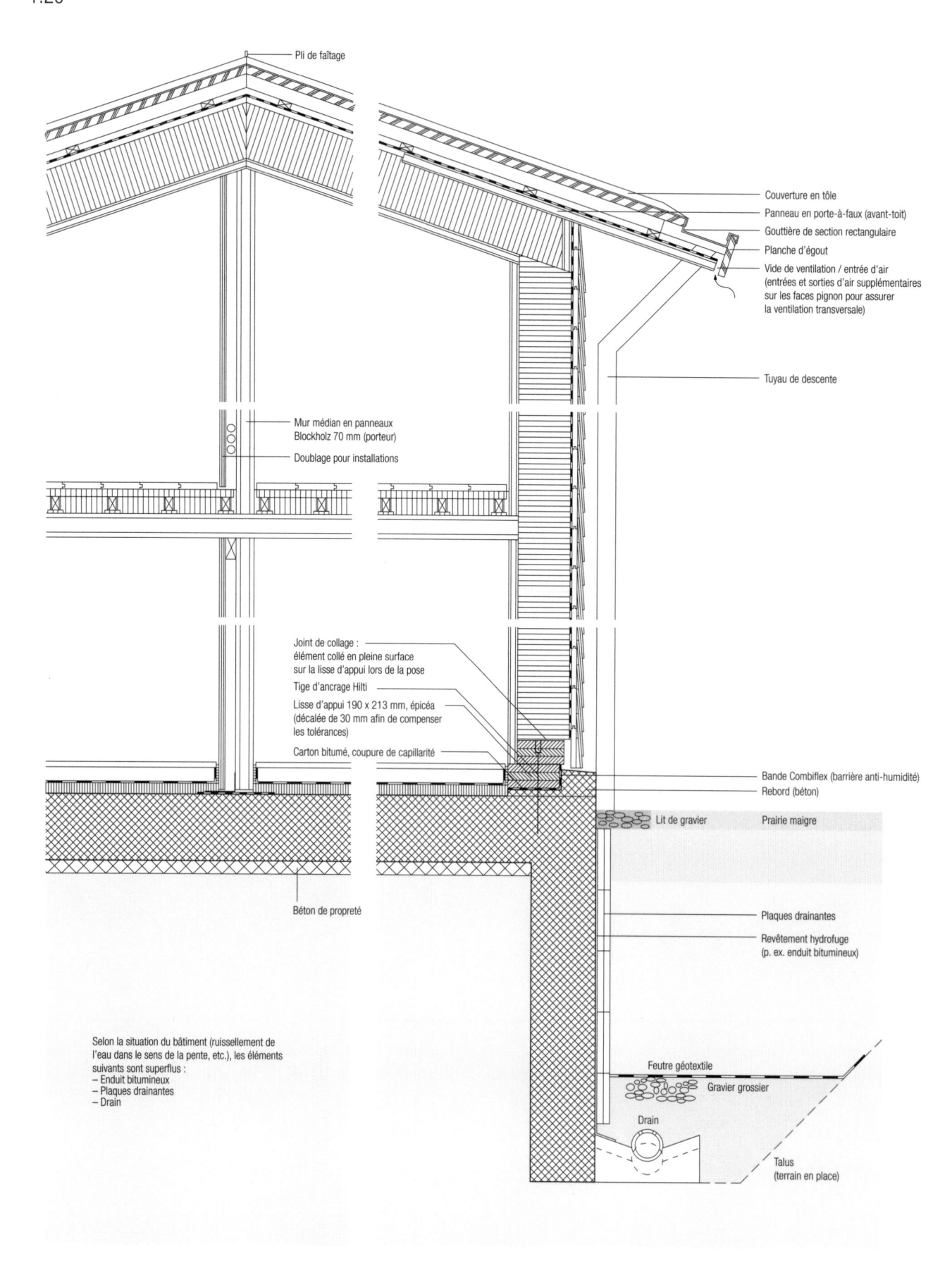

Construction en panneaux Blockholz : Soubassement – Toiture
1:20

- Pli de faîtage
- Couverture en tôle
- Panneau en porte-à-faux (avant-toit)
- Gouttière de section rectangulaire
- Planche d'égout
- Vide de ventilation / entrée d'air (entrées et sorties d'air supplémentaires sur les faces pignon pour assurer la ventilation transversale)
- Tuyau de descente
- Mur médian en panneaux Blockholz 70 mm (porteur)
- Doublage pour installations
- Joint de collage : élément collé en pleine surface sur la lisse d'appui lors de la pose
- Tige d'ancrage Hilti
- Lisse d'appui 190 x 213 mm, épicéa (décalée de 30 mm afin de compenser les tolérances)
- Carton bitumé, coupure de capillarité
- Bande Combiflex (barrière anti-humidité)
- Rebord (béton)
- Lit de gravier
- Prairie maigre
- Plaques drainantes
- Revêtement hydrofuge (p. ex. enduit bitumineux)
- Béton de propreté
- Feutre géotextile
- Gravier grossier
- Drain
- Talus (terrain en place)

Selon la situation du bâtiment (ruissellement de l'eau dans le sens de la pente, etc.), les éléments suivants sont superflus :
– Enduit bitumineux
– Plaques drainantes
– Drain

ÉLÉMENTS — **Fondations – Soubassement**

Ill. 1 et 2 : construction en panneaux Blockholz ; en haut : bâtiment achevé avec vêture en bardeaux ; en bas : montage des panneaux
Bearth & Deplazes, maison Bearth-Candinas, Sumvitg (CH) 1998

Composition de la toiture

- Couverture en tôle	0,6 mm
- Panneaux en dérivé du bois	30 mm
- Contre-lattage 50/80 mm (vide de ventilation)	80 mm
- Tasseaux 30/50 mm pour ventilation transversale	30 mm
- Écran de sous-toiture	3 mm
- Panneaux de fibres tendres	22 mm
- Nervures Blockholz (p. ex. 40/200 mm), isolation thermique	150-300 mm
- Panneaux Blockholz	35 mm
Total	*350-500 mm*

Composition des planchers intermédiaires

- Plancher en lames de bois massif (assemblage à rainure et languette, clouage caché)	24 mm
- Contre-lattage 40/30 mm, isolation	30 mm
- Lattage 50/30 mm, isolation	50 mm
- Bandes caoutchouc posées sous les lattes (atténuation des bruits d'impact)	10 mm
- Panneaux Blockholz (portée 3 m)	90 mm
Total	*204 mm*

Composition du mur de façade

- Bardeaux en mélèze (sans vide de ventilation), trois couches	20 mm
- Lames horizontales en épicéa (à rainure et languette)	20 mm
- Pare-vent	
- Isolation thermique (entre les nervures transversales)	150-300 mm
- Panneaux porteurs Blockholz (avec effet frein-vapeur conféré par le collage)	35 mm
Total	*225-375 mm*

Composition du plancher du rez-de-chaussée

- Carreaux en grès cérame	30 mm
- Chape (avec chauffage par le sol)	60 mm
- Couche de séparation (feutre)	2 mm
- Isolation contre les bruits d'impact	40 mm
- Dalle en béton armé	250 mm
- Béton de propreté	50 mm
Total	*432 mm*

Exemple :
Bearth & Deplazes,
maison Bearth-Candinas, Sumvitg (CH) 1998

ÉLÉMENTS | Mur – Plancher

Maçonnerie monolithique, enduite
1:20

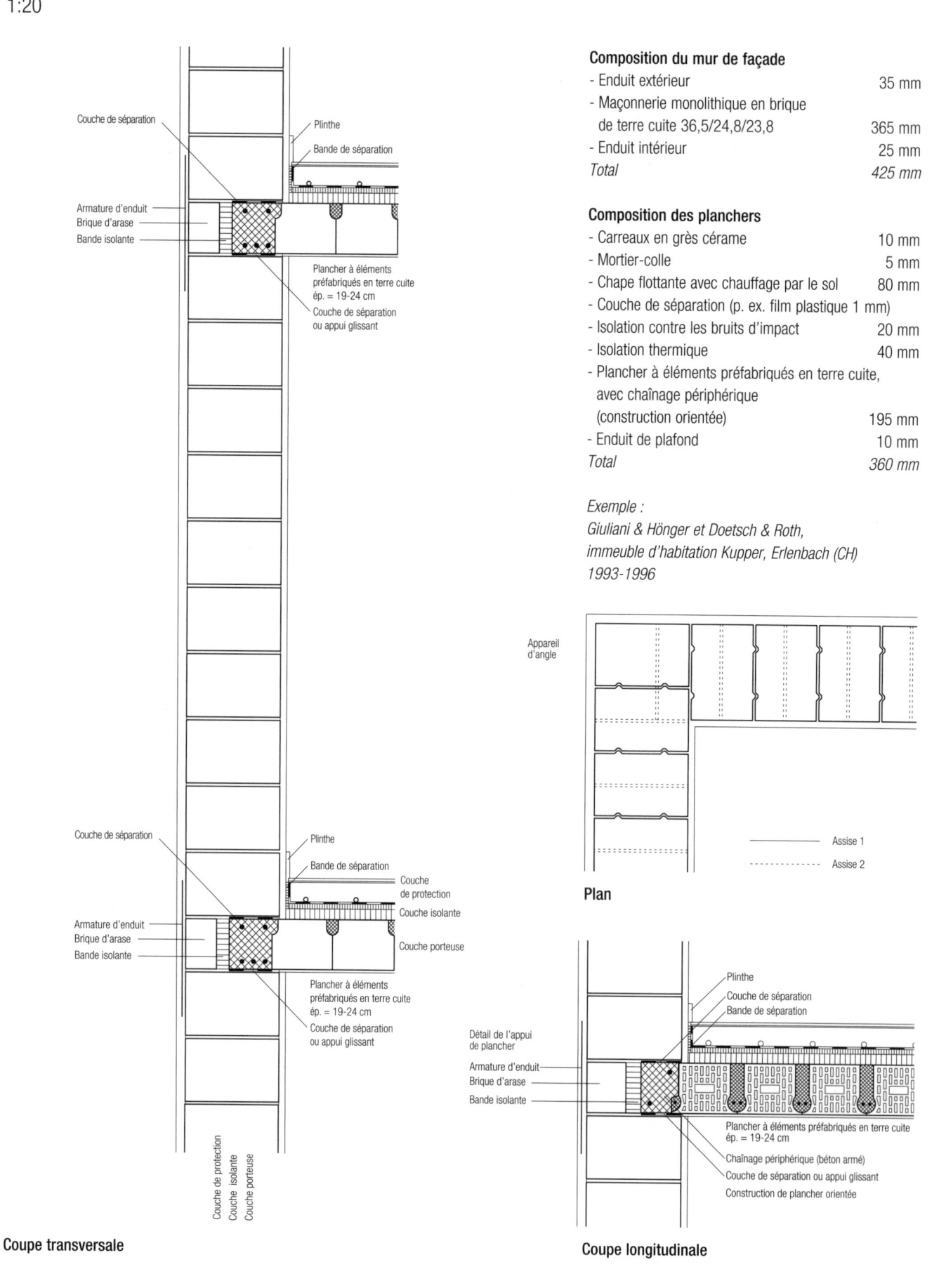

Composition du mur de façade
- Enduit extérieur — 35 mm
- Maçonnerie monolithique en brique de terre cuite 36,5/24,8/23,8 — 365 mm
- Enduit intérieur — 25 mm
- *Total* — *425 mm*

Composition des planchers
- Carreaux en grès cérame — 10 mm
- Mortier-colle — 5 mm
- Chape flottante avec chauffage par le sol — 80 mm
- Couche de séparation (p. ex. film plastique 1 mm)
- Isolation contre les bruits d'impact — 20 mm
- Isolation thermique — 40 mm
- Plancher à éléments préfabriqués en terre cuite, avec chaînage périphérique (construction orientée) — 195 mm
- Enduit de plafond — 10 mm
- *Total* — *360 mm*

Exemple :
Giuliani & Hönger et Doetsch & Roth,
immeuble d'habitation Kupper, Erlenbach (CH)
1993-1996

Coupe transversale

Plan

Coupe longitudinale

ÉLÉMENTS — Mur – Plancher

Mur à double paroi, enduit
1:20

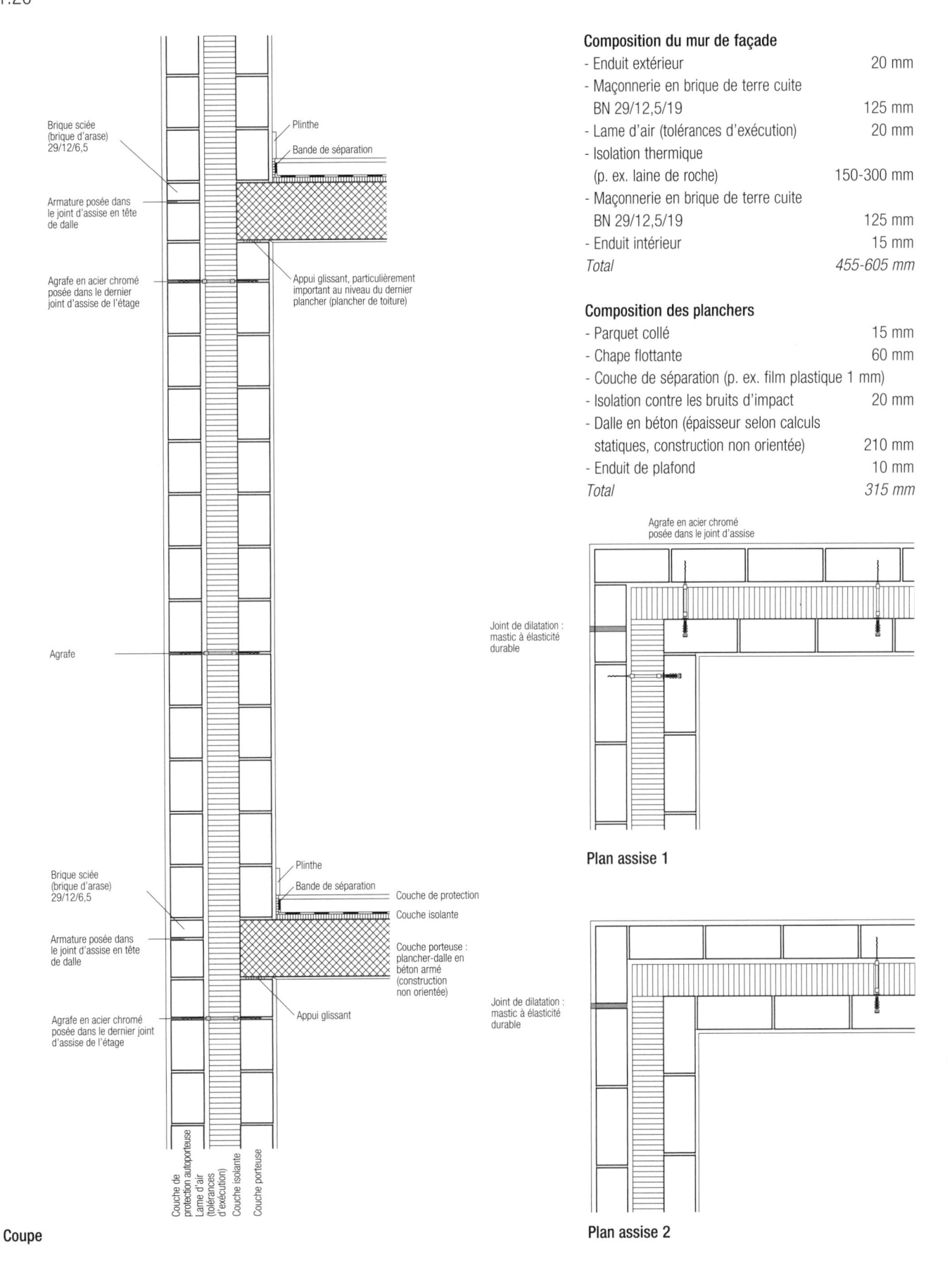

Coupe

Légendes (de haut en bas) :
- Brique sciée (brique d'arase) 29/12/6,5
- Armature posée dans le joint d'assise en tête de dalle
- Agrafe en acier chromé posée dans le dernier joint d'assise de l'étage
- Plinthe
- Bande de séparation
- Appui glissant, particulièrement important au niveau du dernier plancher (plancher de toiture)
- Agrafe
- Brique sciée (brique d'arase) 29/12/6,5
- Armature posée dans le joint d'assise en tête de dalle
- Agrafe en acier chromé posée dans le dernier joint d'assise de l'étage
- Plinthe
- Bande de séparation
- Couche de protection
- Couche isolante
- Couche porteuse : plancher-dalle en béton armé (construction non orientée)
- Appui glissant

Couches (bas) : Couche de protection autoporteuse / Lame d'air (tolérances d'exécution) / Couche isolante / Couche porteuse

Composition du mur de façade
- Enduit extérieur : 20 mm
- Maçonnerie en brique de terre cuite BN 29/12,5/19 : 125 mm
- Lame d'air (tolérances d'exécution) : 20 mm
- Isolation thermique (p. ex. laine de roche) : 150-300 mm
- Maçonnerie en brique de terre cuite BN 29/12,5/19 : 125 mm
- Enduit intérieur : 15 mm
- *Total : 455-605 mm*

Composition des planchers
- Parquet collé : 15 mm
- Chape flottante : 60 mm
- Couche de séparation (p. ex. film plastique 1 mm)
- Isolation contre les bruits d'impact : 20 mm
- Dalle en béton (épaisseur selon calculs statiques, construction non orientée) : 210 mm
- Enduit de plafond : 10 mm
- *Total : 315 mm*

Plan assise 1

Agrafe en acier chromé posée dans le joint d'assise
Joint de dilatation : mastic à élasticité durable

Plan assise 2

Joint de dilatation : mastic à élasticité durable

ÉLÉMENTS | Mur – Plancher

Maçonnerie apparente
1:20

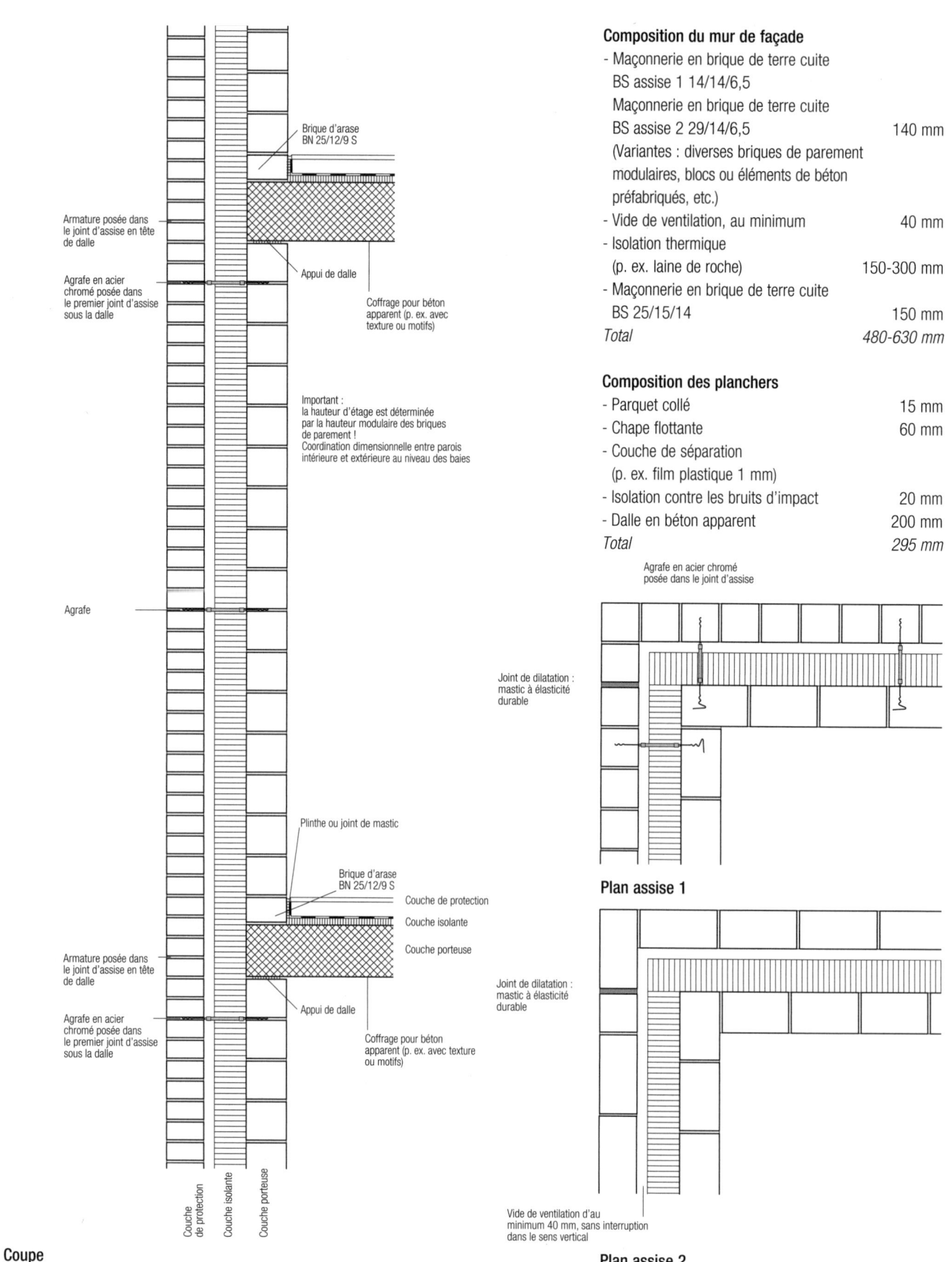

Composition du mur de façade
- Maçonnerie en brique de terre cuite
  BS assise 1 14/14/6,5
  Maçonnerie en brique de terre cuite
  BS assise 2 29/14/6,5 — 140 mm
  (Variantes : diverses briques de parement modulaires, blocs ou éléments de béton préfabriqués, etc.)
- Vide de ventilation, au minimum — 40 mm
- Isolation thermique
  (p. ex. laine de roche) — 150-300 mm
- Maçonnerie en brique de terre cuite
  BS 25/15/14 — 150 mm
  Total — *480-630 mm*

Composition des planchers
- Parquet collé — 15 mm
- Chape flottante — 60 mm
- Couche de séparation
  (p. ex. film plastique 1 mm)
- Isolation contre les bruits d'impact — 20 mm
- Dalle en béton apparent — 200 mm
  Total — *295 mm*

Légendes de la coupe :
- Brique d'arase BN 25/12/9 S
- Armature posée dans le joint d'assise en tête de dalle
- Agrafe en acier chromé posée dans le premier joint d'assise sous la dalle
- Appui de dalle
- Coffrage pour béton apparent (p. ex. avec texture ou motifs)
- Important : la hauteur d'étage est déterminée par la hauteur modulaire des briques de parement ! Coordination dimensionnelle entre parois intérieure et extérieure au niveau des baies
- Agrafe
- Plinthe ou joint de mastic
- Brique d'arase BN 25/12/9 S
- Couche de protection
- Couche isolante
- Couche porteuse
- Armature posée dans le joint d'assise en tête de dalle
- Agrafe en acier chromé posée dans le premier joint d'assise sous la dalle
- Appui de dalle
- Coffrage pour béton apparent (p. ex. avec texture ou motifs)
- Couche de protection / Couche isolante / Couche porteuse

Coupe

Agrafe en acier chromé posée dans le joint d'assise

Joint de dilatation : mastic à élasticité durable

Plan assise 1

Joint de dilatation : mastic à élasticité durable

Vide de ventilation d'au minimum 40 mm, sans interruption dans le sens vertical

Plan assise 2

ÉLÉMENTS — Mur – Plancher

Béton de parement avec isolation intérieure
1:20

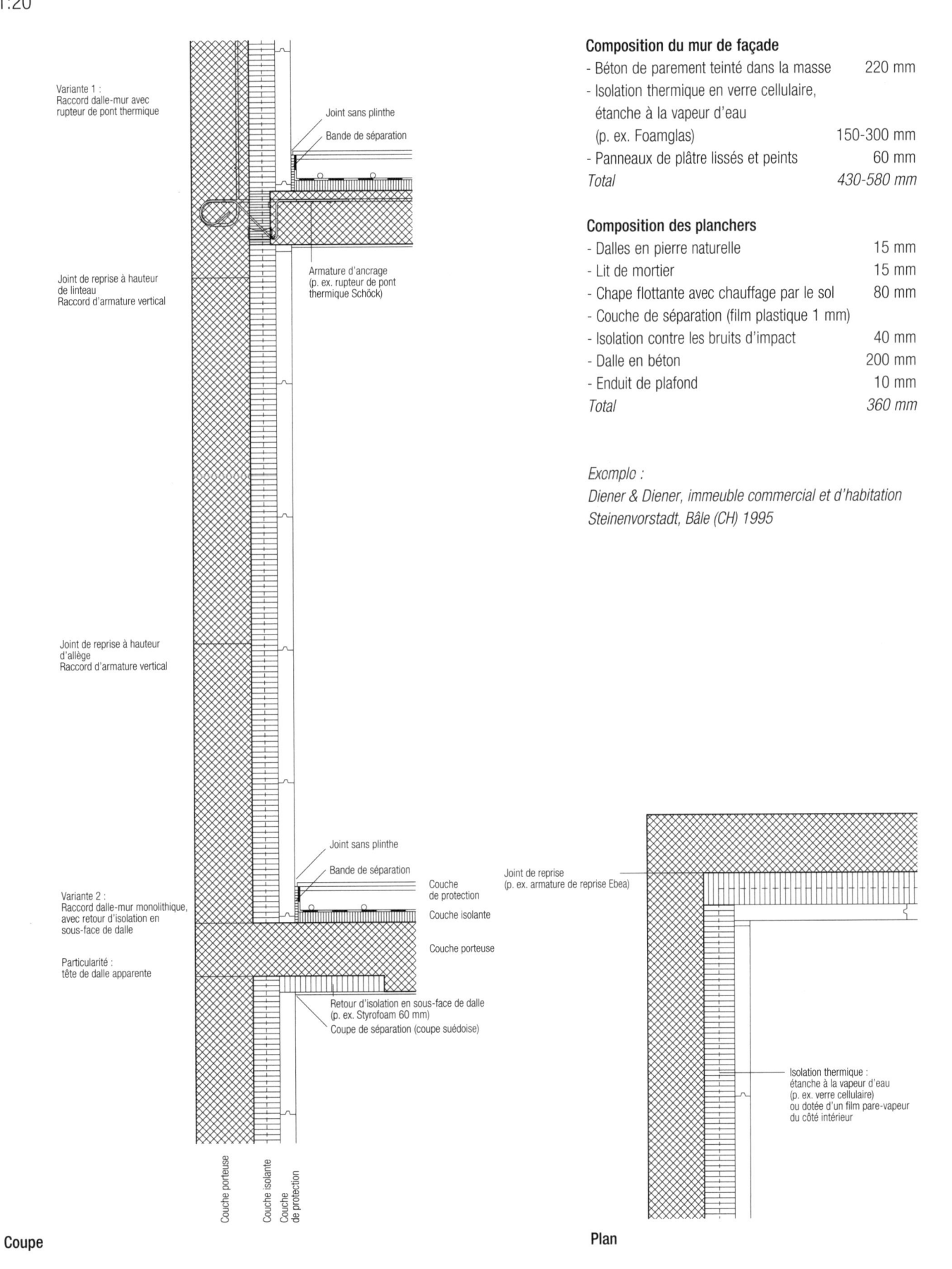

Variante 1 :
Raccord dalle-mur avec rupteur de pont thermique

Joint sans plinthe
Bande de séparation

Joint de reprise à hauteur de linteau
Raccord d'armature vertical

Armature d'ancrage
(p. ex. rupteur de pont thermique Schöck)

Joint de reprise à hauteur d'allège
Raccord d'armature vertical

Variante 2 :
Raccord dalle-mur monolithique, avec retour d'isolation en sous-face de dalle

Particularité :
tête de dalle apparente

Joint sans plinthe
Bande de séparation
Couche de protection
Couche isolante
Couche porteuse

Retour d'isolation en sous-face de dalle
(p. ex. Styrofoam 60 mm)
Coupe de séparation (coupe suédoise)

Couche porteuse
Couche isolante
Couche de protection

Coupe

Composition du mur de façade
- Béton de parement teinté dans la masse   220 mm
- Isolation thermique en verre cellulaire, étanche à la vapeur d'eau
  (p. ex. Foamglas)   150-300 mm
- Panneaux de plâtre lissés et peints   60 mm
- Total   430-580 mm

Composition des planchers
- Dalles en pierre naturelle   15 mm
- Lit de mortier   15 mm
- Chape flottante avec chauffage par le sol   80 mm
- Couche de séparation (film plastique 1 mm)
- Isolation contre les bruits d'impact   40 mm
- Dalle en béton   200 mm
- Enduit de plafond   10 mm
- Total   360 mm

Exemple :
Diener & Diener, immeuble commercial et d'habitation
Steinenvorstadt, Bâle (CH) 1995

Joint de reprise
(p. ex. armature de reprise Ebea)

Isolation thermique :
étanche à la vapeur d'eau
(p. ex. verre cellulaire)
ou dotée d'un film pare-vapeur
du côté intérieur

Plan

ÉLÉMENTS   Mur – Plancher

Isolation extérieure, enduite
1:20

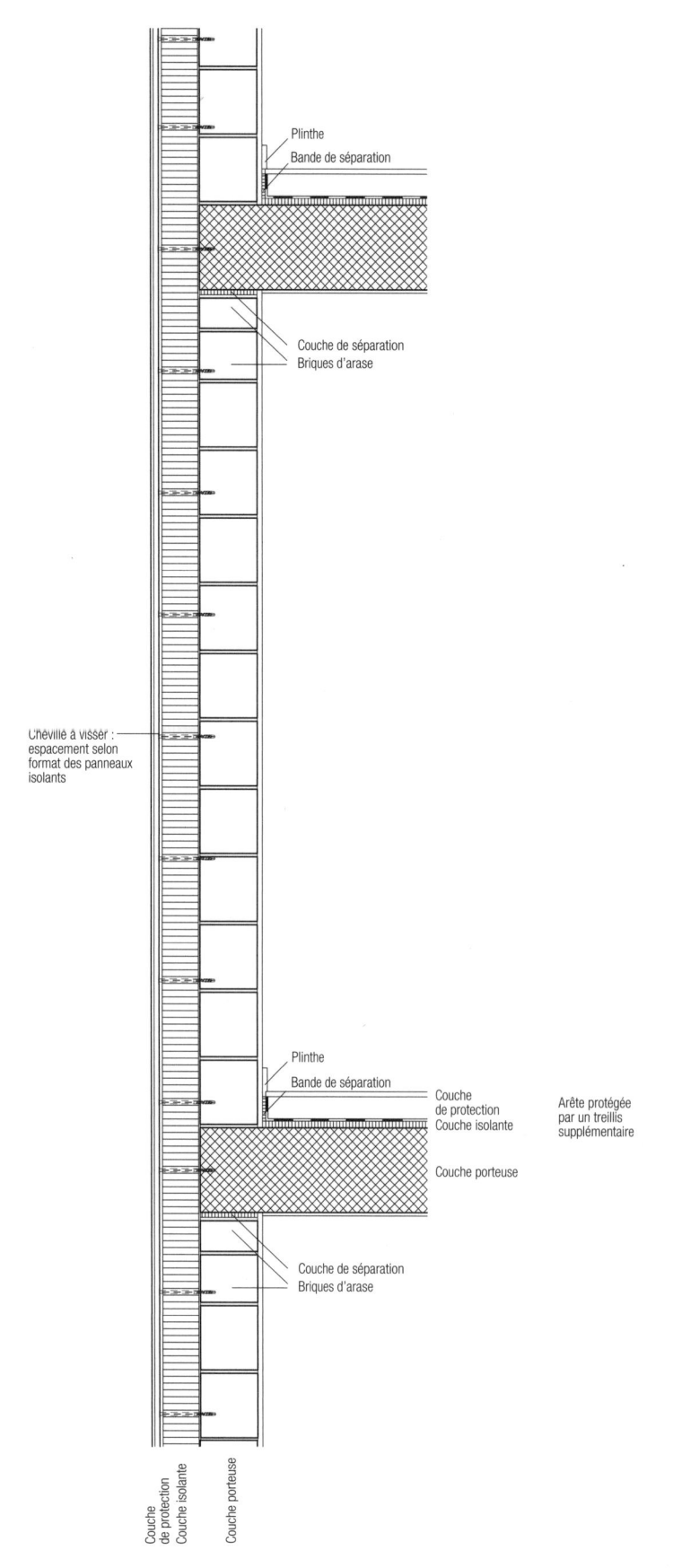

Composition du mur de façade
P. ex. Wancor-Therm K
- Enduit de finition minéral
  (teinté dans la masse ou à peindre) — 2 mm
- Enduit d'accrochage (avec treillis en fibres
  de verre incorporé en pleine surface) — 4 mm
- Enduit de fond minéral — 20 mm
- Panneaux isolants (p. ex. 5/150/10
  panneaux à trois couches)
  Fixation au moyen de chevilles à visser
  en plastique — 150-300 mm
- Maçonnerie en brique de terre cuite
  B 29/17,5/19 — 175 mm
- Enduit intérieur — 15 mm

Total — *366-516 mm*

Composition des planchers
- Revêtement de sol en ciment magnésien
  (sans joints) — 15 mm
- Chape — 65 mm
- Couche de séparation
  (p. ex. film plastique 1 mm)
- Isolation contre les bruits d'impact — 20 mm
- Dalle en béton — 200 mm
- Enduit do plafond — 10 mm

Total — *310 mm*

Légendes de la coupe :
- Plinthe
- Bande de séparation
- Couche de séparation / Briques d'arase
- Cheville à visser : espacement selon format des panneaux isolants
- Plinthe
- Bande de séparation
- Couche de protection
- Couche isolante
- Arête protégée par un treillis supplémentaire
- Couche porteuse
- Couche de séparation / Briques d'arase
- Couche de protection / Couche isolante / Couche porteuse

Coupe

Aspects importants dans le cas des systèmes d'isolation extérieure :
– Granularité de l'enduit extérieur
  (fissures dues au retrait)
– Valeur (clair ou foncé) de l'enduit teinté
  dans la masse ou de la peinture
– Résistance mécanique

Plan

ÉLÉMENTS — Mur – Plancher

Revêtement extérieur, léger
1:20

Composition du mur de façade
- Revêtement composé d'éléments de moyen ou grand format, p. ex. ardoises de façade Eternit à double recouvrement, format « rectangle en bande » 300/600/5 mm — 10 mm
  Variantes :
  Bardage à clins à recouvrement 24 mm
  Plaques ou panneaux : tôle, Eternit, bois, etc.
- Vide de ventilation (lattes verticales 40/70 mm) — 40 mm
  Variantes en présence d'éléments de petit format :
  Ardoises de façade
  Eternit à triple recouvrement
  Carreaux en céramique
  Lattage horizontal 30/50 mm
- Isolation thermique (p. ex. 1 x 60 mm et 1 x 90 mm avec lattes croisées 60/90 mm) — 150-300 mm
- Maçonnerie en brique de terre cuite B 29/17,5/19 — 175 mm
- Enduit intérieur — 15 mm

Total — 390-540 mm

Composition des planchers
- Parquet collé — 15 mm
- Chape — 60 mm
- Couche de séparation (p. ex. film plastique 1 mm)
- Isolation contre les bruits d'impact — 20 mm
- Dalle en béton — 200 mm

Total — 295 mm

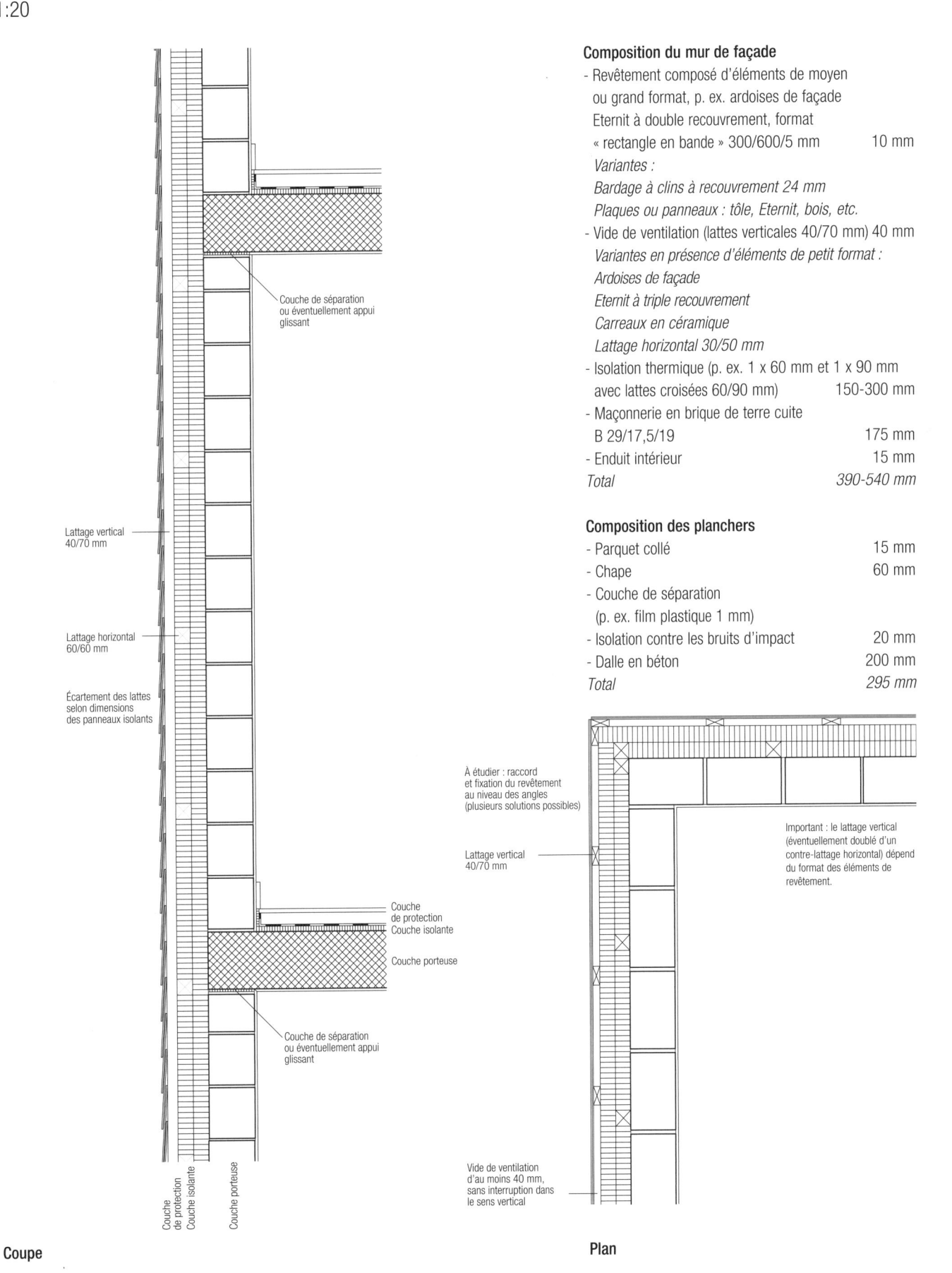

Coupe

Lattage vertical 40/70 mm
Lattage horizontal 60/60 mm
Écartement des lattes selon dimensions des panneaux isolants
Couche de séparation ou éventuellement appui glissant
Couche de protection
Couche isolante
Couche porteuse
Couche de séparation ou éventuellement appui glissant
Couche de protection
Couche isolante
Couche porteuse

Plan

À étudier : raccord et fixation du revêtement au niveau des angles (plusieurs solutions possibles)
Lattage vertical 40/70 mm
Vide de ventilation d'au moins 40 mm, sans interruption dans le sens vertical

Important : le lattage vertical (éventuellement doublé d'un contre-lattage horizontal) dépend du format des éléments de revêtement.

| ÉLÉMENTS | Mur – Plancher |

Revêtement extérieur, lourd
1:20

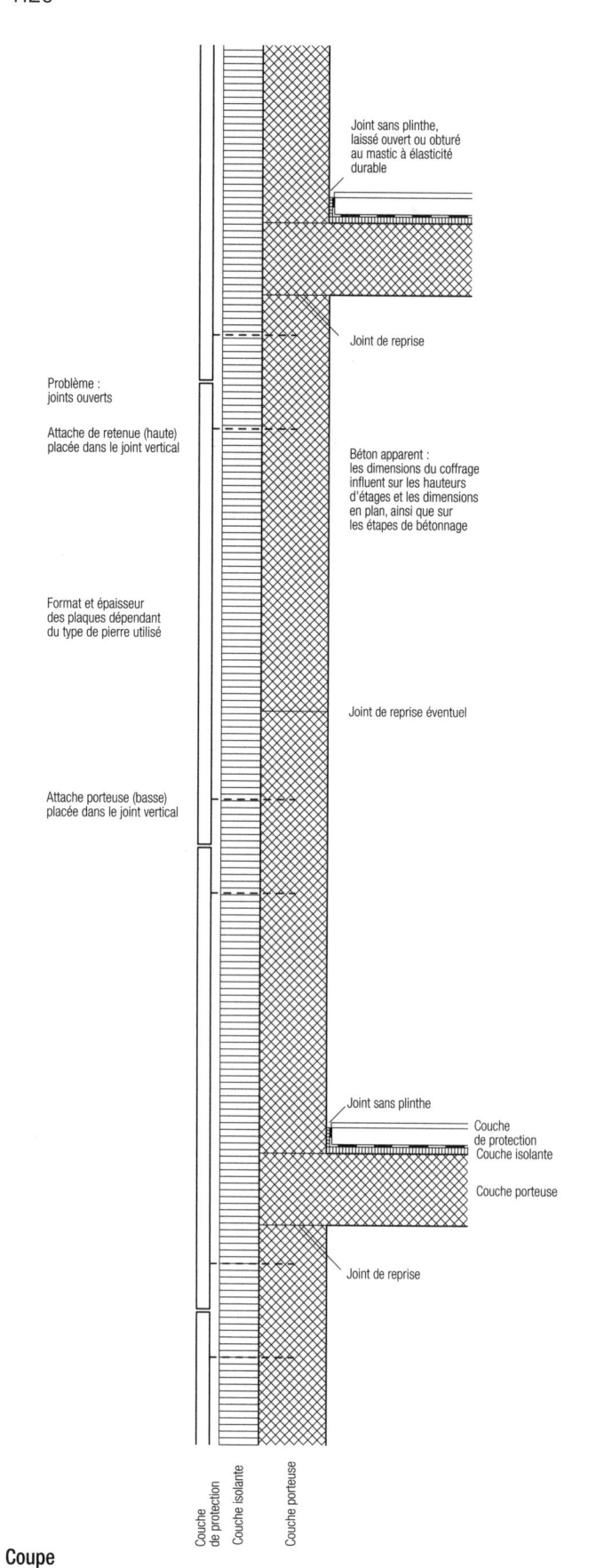

Composition du mur de façade
- Plaques de pierre (p. ex. ardoise) — 20-40 mm
- Vide de ventilation — 30 mm
- Isolation thermique — 150-300 mm
- Béton apparent du côté intérieur — 200 mm
- Total — *400-570 mm*

Composition des planchers
- Parquet collé — 15 mm
- Chape — 60 mm
- Couche de séparation
  (p. ex. film plastique 1 mm)
- Isolation contre les bruits d'impact — 20 mm
- Dalle en béton — 200 mm
- Total — *295 mm*

Légendes de la coupe :
- Joint sans plinthe, laissé ouvert ou obturé au mastic à élasticité durable
- Joint de reprise
- Problème : joints ouverts
- Attache de retenue (haute) placée dans le joint vertical
- Béton apparent : les dimensions du coffrage influent sur les hauteurs d'étages et les dimensions en plan, ainsi que sur les étapes de bétonnage
- Format et épaisseur des plaques dépendant du type de pierre utilisé
- Joint de reprise éventuel
- Attache porteuse (basse) placée dans le joint vertical
- Joint sans plinthe
- Couche de protection
- Couche isolante
- Couche porteuse
- Joint de reprise
- Couche de protection / Couche isolante / Couche porteuse

Aspect important dans le cas d'un revêtement extérieur non autoporteur :
- Accrochage au moyen d'attaches porteuses et de retenue

Aspect important dans le cas d'un revêtement extérieur autoporteur :
- Ancrage stabilisateur
  (Exemple de référence : maison d'habitation « In den Lachen », architectes Bearth & Deplazes, Coire ; éléments de façade en béton préfabriqué)

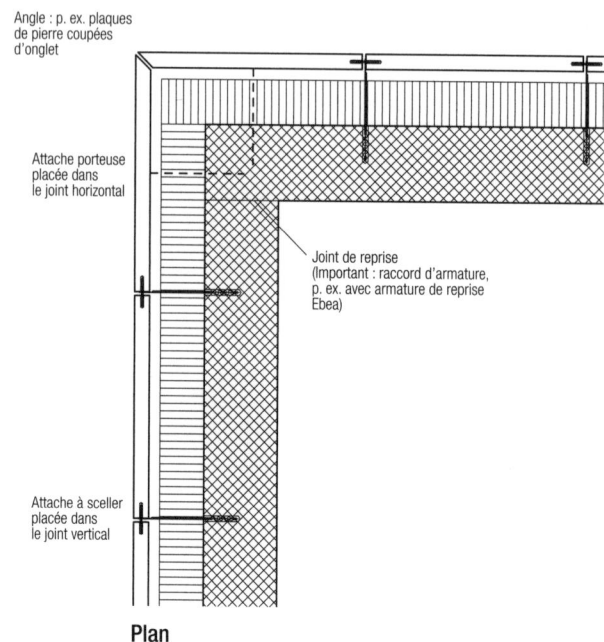

Légendes du plan :
- Angle : p. ex. plaques de pierre coupées d'onglet
- Attache porteuse placée dans le joint horizontal
- Joint de reprise (Important : raccord d'armature, p. ex. avec armature de reprise Ebea)
- Attache à sceller placée dans le joint vertical

Coupe — **Plan**

ÉLÉMENTS | Mur – Plancher

Paroi extérieure non porteuse
1:20

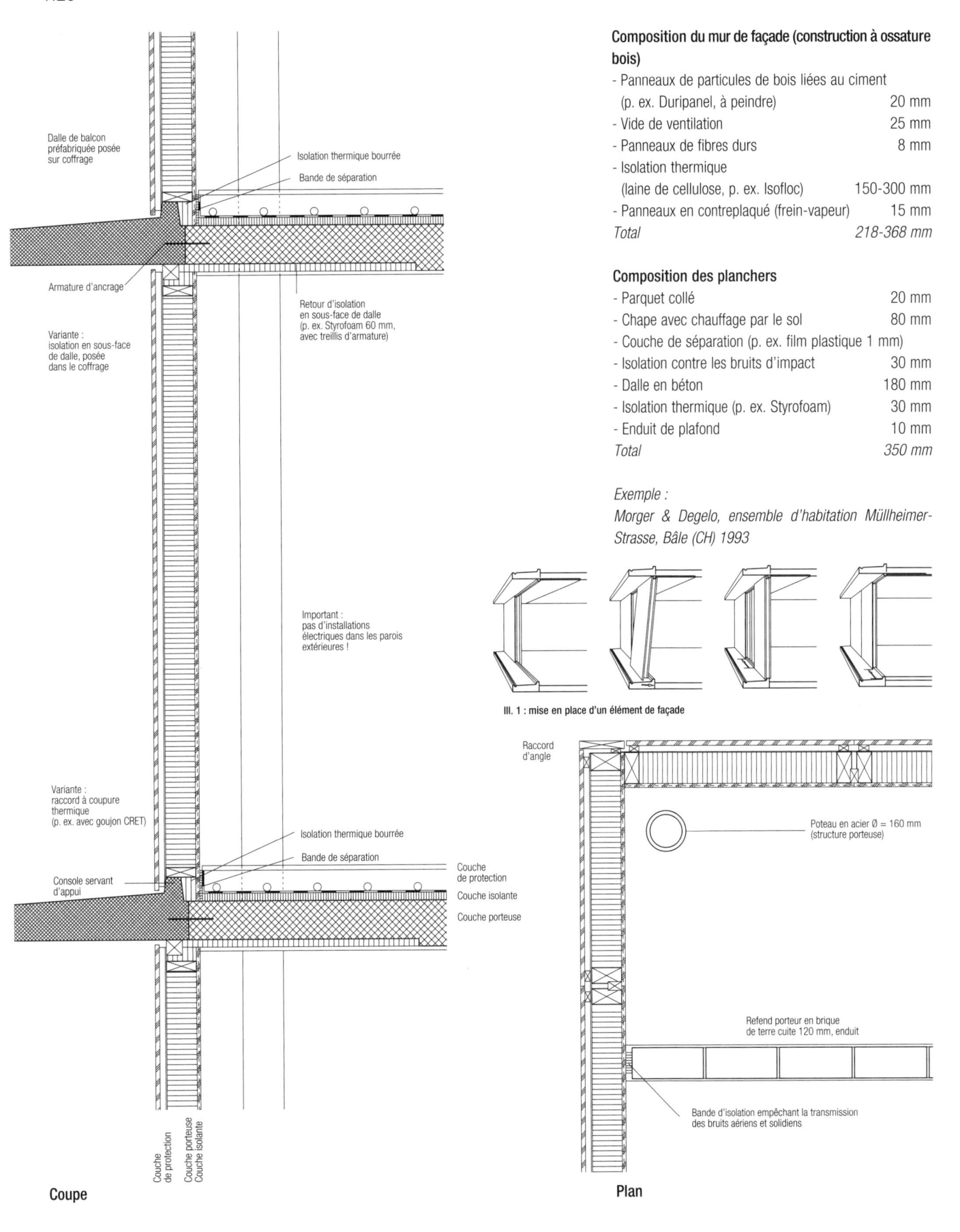

Légendes de la coupe (de haut en bas) :
- Dalle de balcon préfabriquée posée sur coffrage
- Isolation thermique bourrée
- Bande de séparation
- Armature d'ancrage
- Variante : isolation en sous-face de dalle, posée dans le coffrage
- Retour d'isolation en sous-face de dalle (p. ex. Styrofoam 60 mm, avec treillis d'armature)
- Important : pas d'installations électriques dans les parois extérieures !
- Variante : raccord à coupure thermique (p. ex. avec goujon CRET)
- Console servant d'appui
- Isolation thermique bourrée
- Bande de séparation
- Couche de protection
- Couche isolante
- Couche porteuse
- Couche de protection
- Couche porteuse
- Couche isolante

Coupe

Composition du mur de façade (construction à ossature bois)

- Panneaux de particules de bois liées au ciment
  (p. ex. Duripanel, à peindre)   20 mm
- Vide de ventilation   25 mm
- Panneaux de fibres durs   8 mm
- Isolation thermique
  (laine de cellulose, p. ex. Isofloc)   150-300 mm
- Panneaux en contreplaqué (frein-vapeur)   15 mm

Total   *218-368 mm*

Composition des planchers

- Parquet collé   20 mm
- Chape avec chauffage par le sol   80 mm
- Couche de séparation (p. ex. film plastique 1 mm)
- Isolation contre les bruits d'impact   30 mm
- Dalle en béton   180 mm
- Isolation thermique (p. ex. Styrofoam)   30 mm
- Enduit de plafond   10 mm

Total   *350 mm*

Exemple :

Morger & Degelo, ensemble d'habitation Müllheimer-Strasse, Bâle (CH) 1993

Ill. 1 : mise en place d'un élément de façade

Légendes du plan :
- Raccord d'angle
- Poteau en acier Ø = 160 mm (structure porteuse)
- Refend porteur en brique de terre cuite 120 mm, enduit
- Bande d'isolation empêchant la transmission des bruits aériens et solidiens

Plan

ÉLÉMENTS — Mur – Plancher

Construction à ossature bois
1:20

Variante 1 :
Raccord mur-plancher avec profilé en Z (contreventement horizontal peu efficace)

Joint entre éléments recouvert d'une bande d'étanchéité collée (pare-vent)

Profilé acier en Z (min. 30 mm) servant d'appui de plancher

Joint horizontal entre éléments, avec rainure et fausse-languette, ainsi que joint à lèvres

Élément de plancher Lignatur, hauteur variable (120-320 mm)

Interrupteur d'éclairage

Lattage 50 mm (vide technique)

Variante 2 :
Plancher compris entre les éléments d'ossature inférieurs et supérieurs (contreventement horizontal efficace)

Prise électrique

Joint entre éléments recouvert d'une bande d'étanchéité collée (pare-vent)

Couche de protection
Couche isolante
Couche porteuse

Couche de protection
Couche isolante
Couche porteuse
Couche destinée aux installations

Coupe

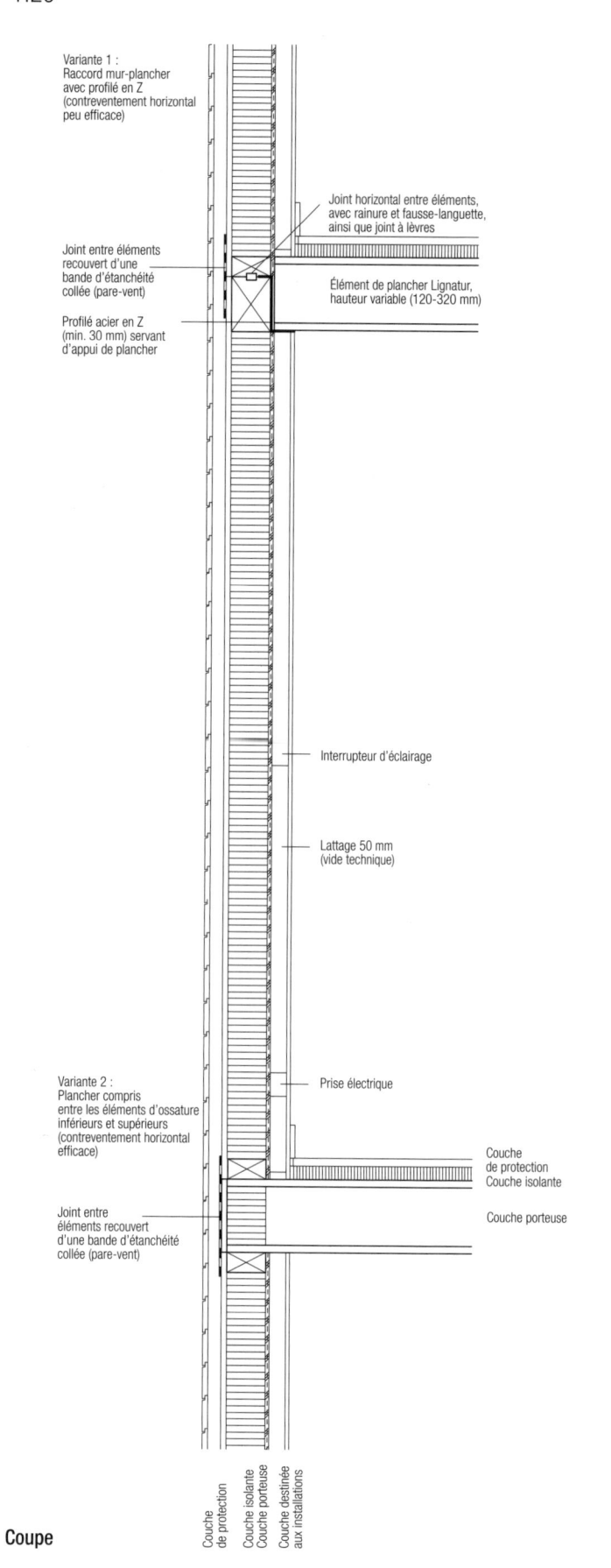

Composition du mur de façade

- Bardage à clins	24 mm
- Lattage vertical (vide de ventilation)	40 mm
- Panneaux de fibres tendres bitumés (pare-vent)	18 mm
- Montants, isolation thermique (laine de cellulose, p. ex. Isofloc)	150-300 mm
- Panneaux en contreplaqué (étanches à la vapeur d'eau !)	12 mm
- Lattage vertical (installations)	50 mm
- Panneaux de fibres de bois liées au ciment ou panneaux en fibroplâtre	12 mm
Total	*306-456 mm*

Composition des planchers

- Panneaux triplis, flottants, à rainure et languette	27 mm
- Isolation contre les bruits d'impact	40 mm
- Élément à caissons Lignatur, sous-face apparente	220 mm
Total	*287 mm*

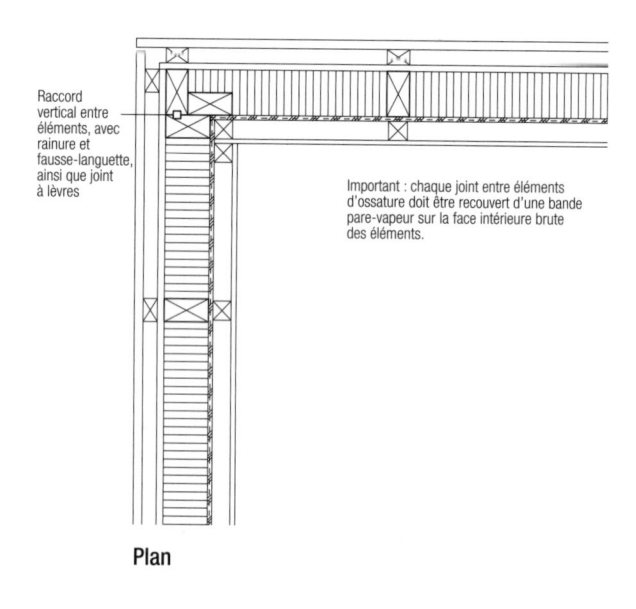

Raccord vertical entre éléments, avec rainure et fausse-languette, ainsi que joint à lèvres

Important : chaque joint entre éléments d'ossature doit être recouvert d'une bande pare-vapeur sur la face intérieure brute des éléments.

Plan

Élément Lignatur de 100 cm de large, isolé ou non
Épaisseur à déterminer en fonction de la portée

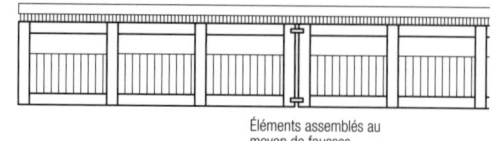

Éléments assemblés au moyen de fausses-languettes en contreplaqué

Coupe schématique

Construction en panneaux Blockholz
1:20

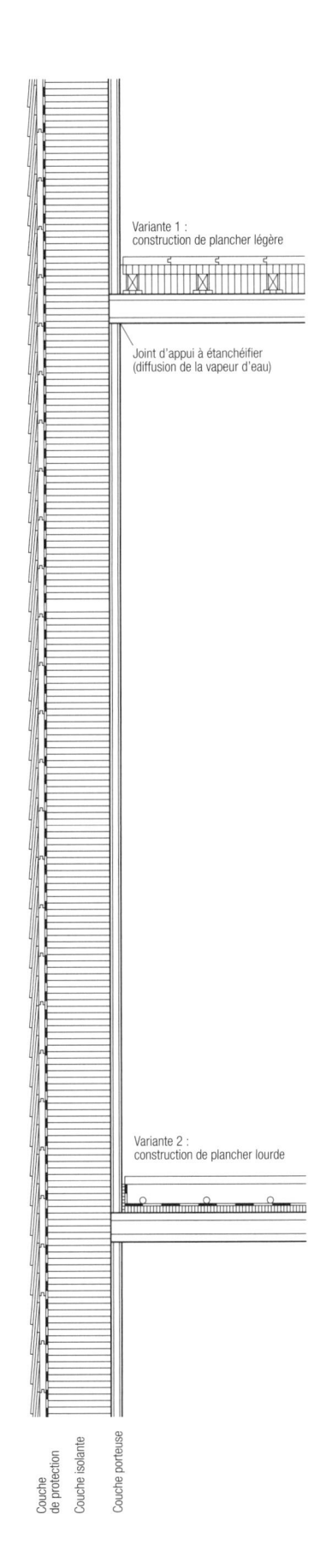

Composition du mur de façade

- Bardeaux en mélèze (sans vide de ventilation),
  trois couches — 20 mm
- Lames horizontales en épicéa
  (à rainure et languette) — 20 mm
- Pare-vent
- Isolation thermique
  (entre les nervures transversales) — 150-300 mm
- Panneaux porteurs Blockholz
  (avec effet frein-vapeur conféré par le collage) — 35 mm

Total — 225-375 mm

Composition du plancher « léger »

- Plancher en lames de bois massif
  (assemblage à rainure et languette,
  clouage caché) — 24 mm
- Contre-lattage 40/30 mm, isolation — 30 mm
- Lattage 50/30 mm, isolation — 50 mm
- Bandes caoutchouc posées sous les lattes
  (atténuation des bruits d'impact) — 10 mm
- Panneaux Blockholz (portée 3 m) — 90 mm

Total — 204 mm

Composition du plancher « lourd »

- Dalles en grès cérame — 30 mm
- Chape avec chauffage par le sol — 60 mm
- Couche de séparation (feutre) — 2 mm
- Isolation contre les bruits d'impact — 40 mm
- Panneaux Blockholz (portée 3 m) — 90 mm

Total — 222 mm

Exemple :
Bearth & Deplazes, maison Bearth-Candinas, Sumvitg (CH) 1998

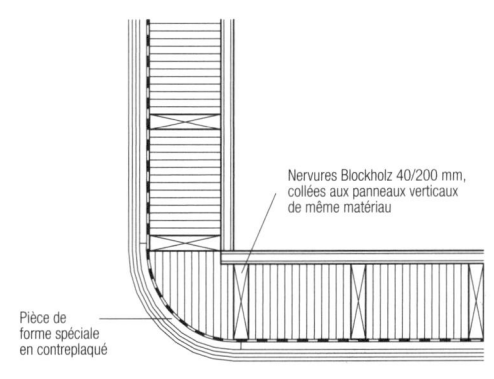

Variante 1 : construction de plancher légère

Joint d'appui à étanchéifier (diffusion de la vapeur d'eau)

Variante 2 : construction de plancher lourde

Couche de protection
Couche isolante
Couche porteuse

Coupe

Nervures Blockholz 40/200 mm, collées aux panneaux verticaux de même matériau

Pièce de forme spéciale en contreplaqué

Plan

ÉLÉMENTS | **Ouverture**
Fenêtres

Baie, maçonnerie monolithique
1:20

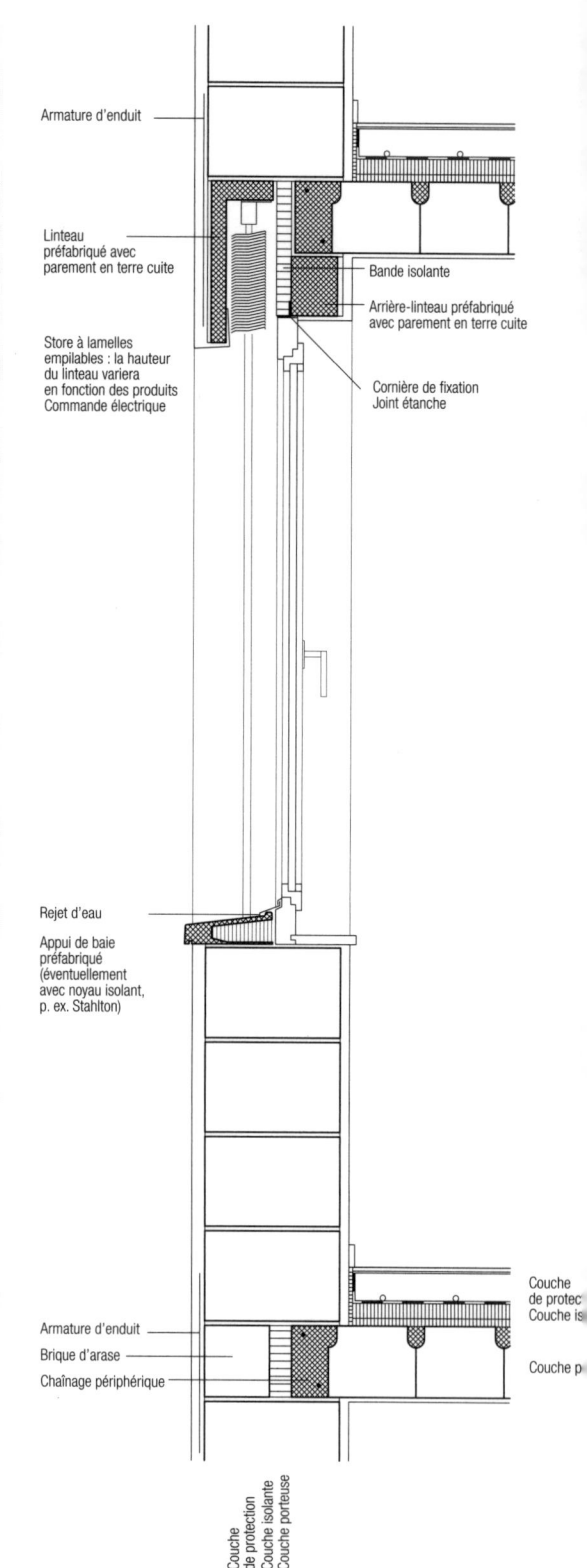

Armature d'enduit

Linteau préfabriqué avec parement en terre cuite

Bande isolante

Store à lamelles empilables : la hauteur du linteau variera en fonction des produits Commande électrique

Arrière-linteau préfabriqué avec parement en terre cuite

Cornière de fixation
Joint étanche

Rejet d'eau

Appui de baie préfabriqué (éventuellement avec noyau isolant, p. ex. Stahlton)

Couche de protection
Couche is

Armature d'enduit
Brique d'arase
Chaînage périphérique

Couche p

Couche de protection
Couche isolante
Couche porteuse

Élévation extérieure

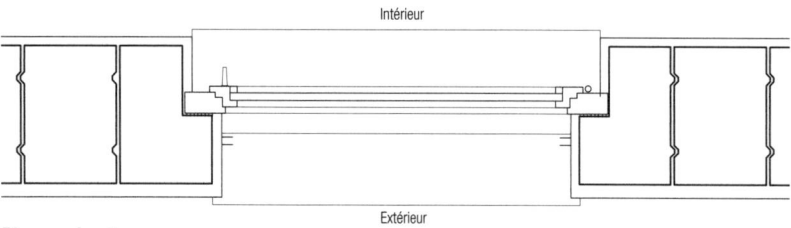

Intérieur

Extérieur

Plan assise 1

ÉLÉMENTS | **Ouverture**
Fenêtres

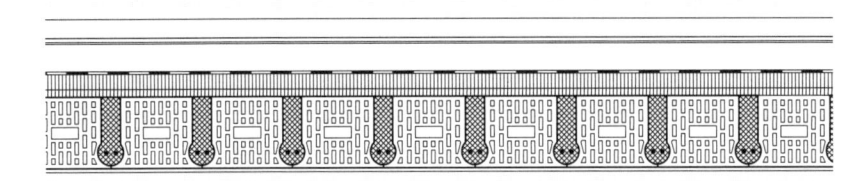

Composition du mur de façade
- Enduit extérieur   35 mm
- Maçonnerie monolithique 36,5/24,8/23,8   365 mm
- Enduit intérieur   25 mm
- Total   425 mm

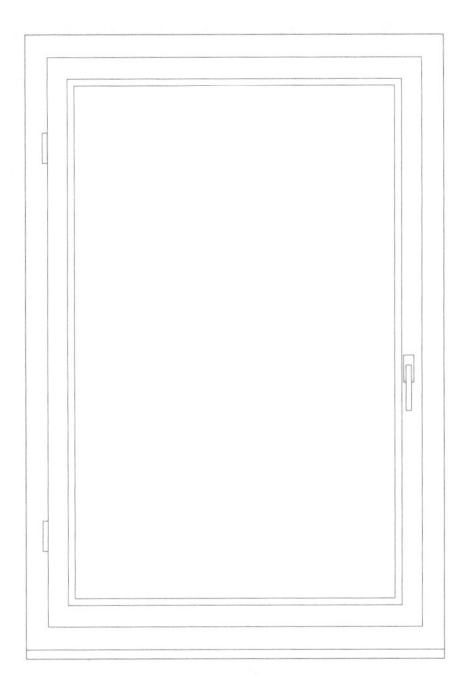

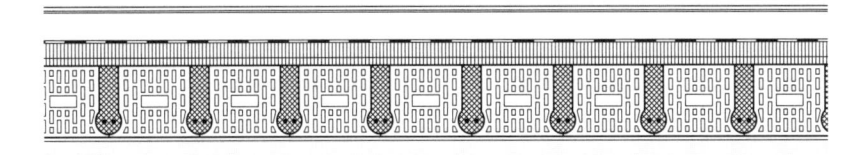

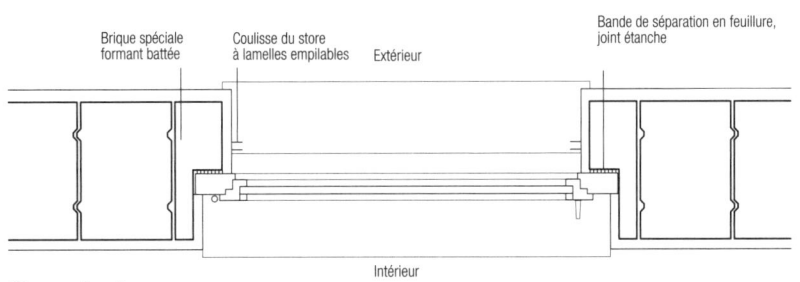

Élévation intérieure

Brique spéciale formant battée
Coulisse du store à lamelles empilables
Extérieur
Bande de séparation en feuillure, joint étanche
Intérieur

Plan assise 2

ÉLÉMENTS | **Ouverture** | Fenêtres

Baie, mur double, enduit
1:20

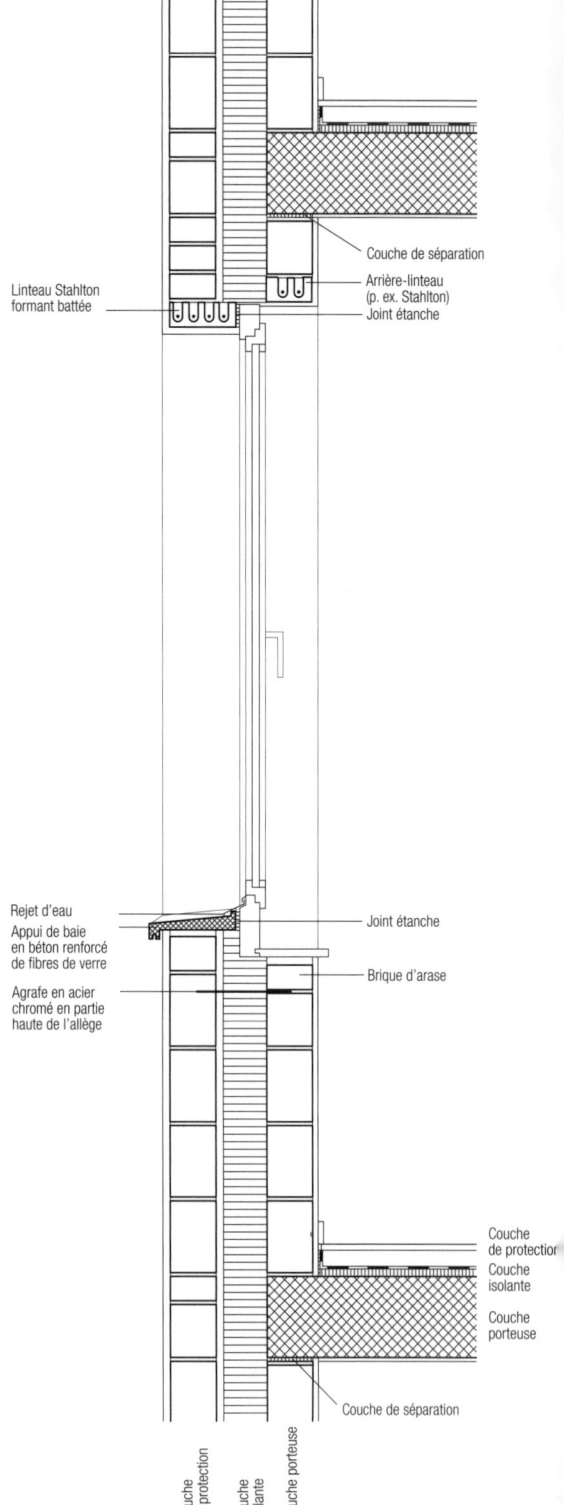

Élévation extérieure

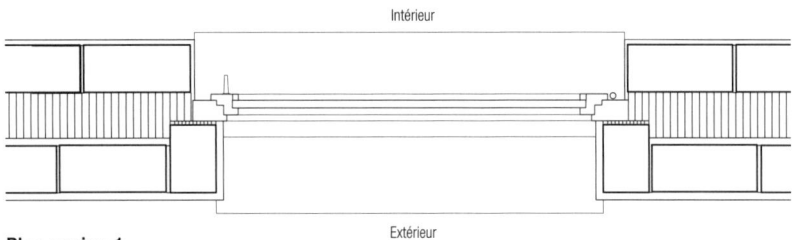

Plan assise 1

Intérieur

Extérieur

- Couche de séparation
- Arrière-linteau (p. ex. Stahlton)
- Joint étanche
- Linteau Stahlton formant battée
- Rejet d'eau
- Appui de baie en béton renforcé de fibres de verre
- Agrafe en acier chromé en partie haute de l'allège
- Joint étanche
- Brique d'arase
- Couche de protection
- Couche isolante
- Couche porteuse
- Couche de séparation
- Couche de protection
- Couche isolante
- Couche porteuse

ÉLÉMENTS	**Ouverture**
Fenêtres	

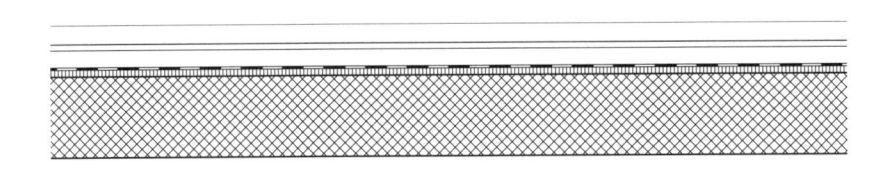

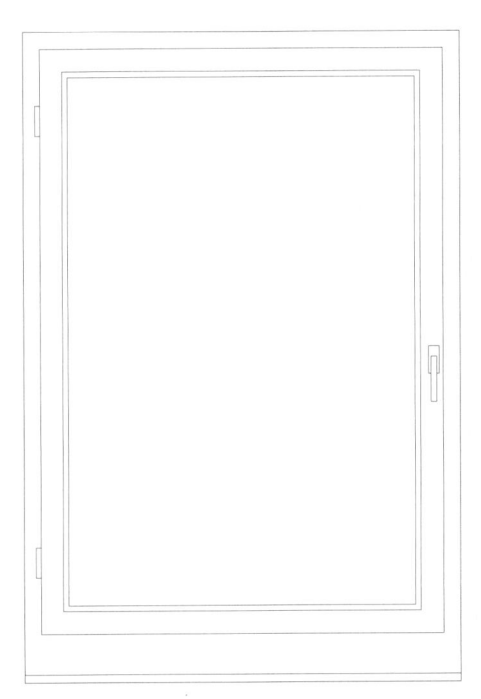

Composition du mur de façade

- Enduit extérieur	20 mm
- Maçonnerie en brique de terre cuite BN 29/12,5/19	125 mm
- Lame d'air (tolérance d'exécution)	20 mm
- Isolation thermique (p. ex. laine de roche)	150-300 mm
- Maçonnerie en brique de terre cuite BN 29/12,5/19	125 mm
- Enduit intérieur	15 mm
Total	*455-605 mm*

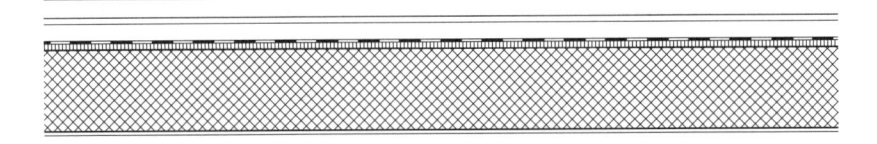

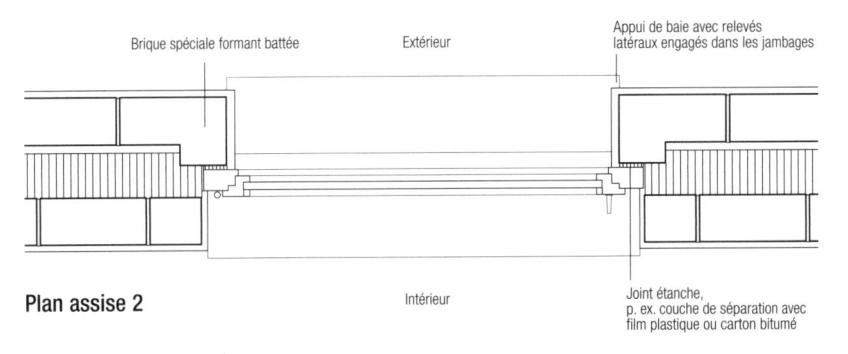

Élévation intérieure

Brique spéciale formant battée
Extérieur
Appui de baie avec relevés latéraux engagés dans les jambages
Intérieur
Joint étanche, p. ex. couche de séparation avec film plastique ou carton bitumé

Plan assise 2

ÉLÉMENTS	**Ouverture**	
		Fenêtres

Baie, maçonnerie apparente
1:20

Éventuellement joints verticaux ouverts pour assurer la ventilation et l'évacuation de l'eau

Linteau, p. ex. Stahlton avec parement

Arrière-linteau, p. ex. Stahlton avec parement

Joint étanche

Coordination dimensionnelle entre parois intérieure et extérieure au niveau de la baie

Rejet d'eau

Joint étanche

Rangée de briques de terre cuite ou briques recuites sur chant, à déconseiller en cas d'exposition aux intempéries (problème : étanchéification du joint)

Agrafe en acier chromé en partie haute de l'allège

Couche de protection
Couche isolante
Couche porteuse

Élévation extérieure

Couche de protection
Couche isolante
Couche porteuse

Intérieur

Extérieur

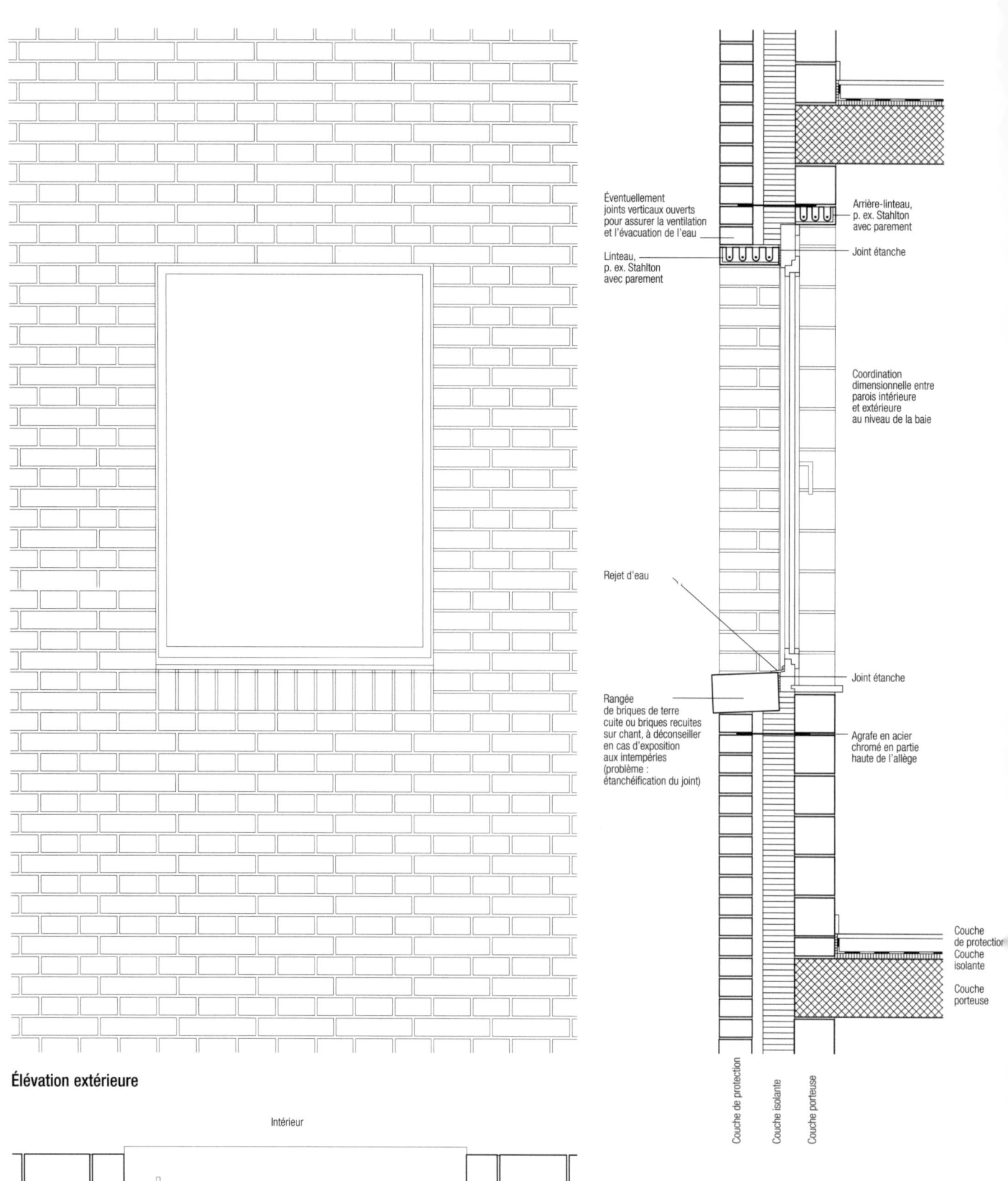

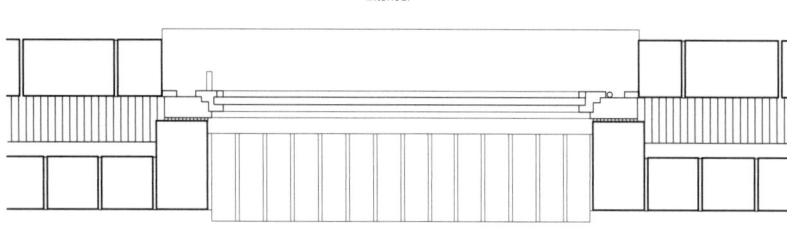

Plan assise 1

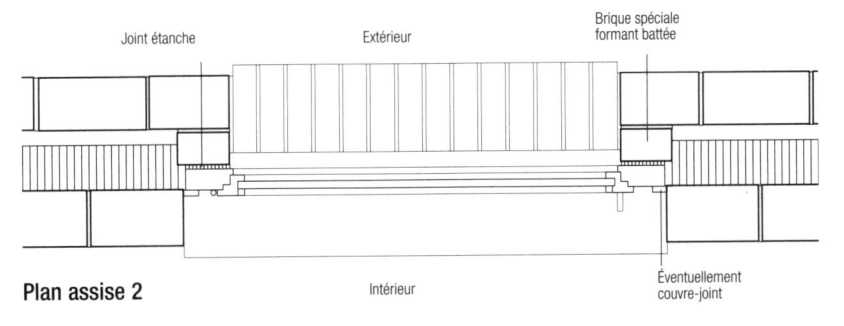

ÉLÉMENTS | **Ouverture**
Fenêtres

Composition du mur de façade
- Maçonnerie en brique de terre cuite
  BS assise 1 14/14/6,5
- Maçonnerie en brique de terre cuite
  BS assise 2 29/14/6,5   140 mm
  (Variantes : diverses briques de parement
  modulaires, blocs ou éléments de béton
  préfabriqués, etc.)
- Vide de ventilation au minimum   40 mm
- Isolation thermique
  (p. ex. laine de roche)   150-300 mm
- Maçonnerie en brique de terre cuite
  BS 25/15/14   150 mm
Total   *480-630 mm*

Élévation intérieure

Joint étanche — Extérieur — Brique spéciale formant battée

Plan assise 2   Intérieur   Éventuellement couvre-joint

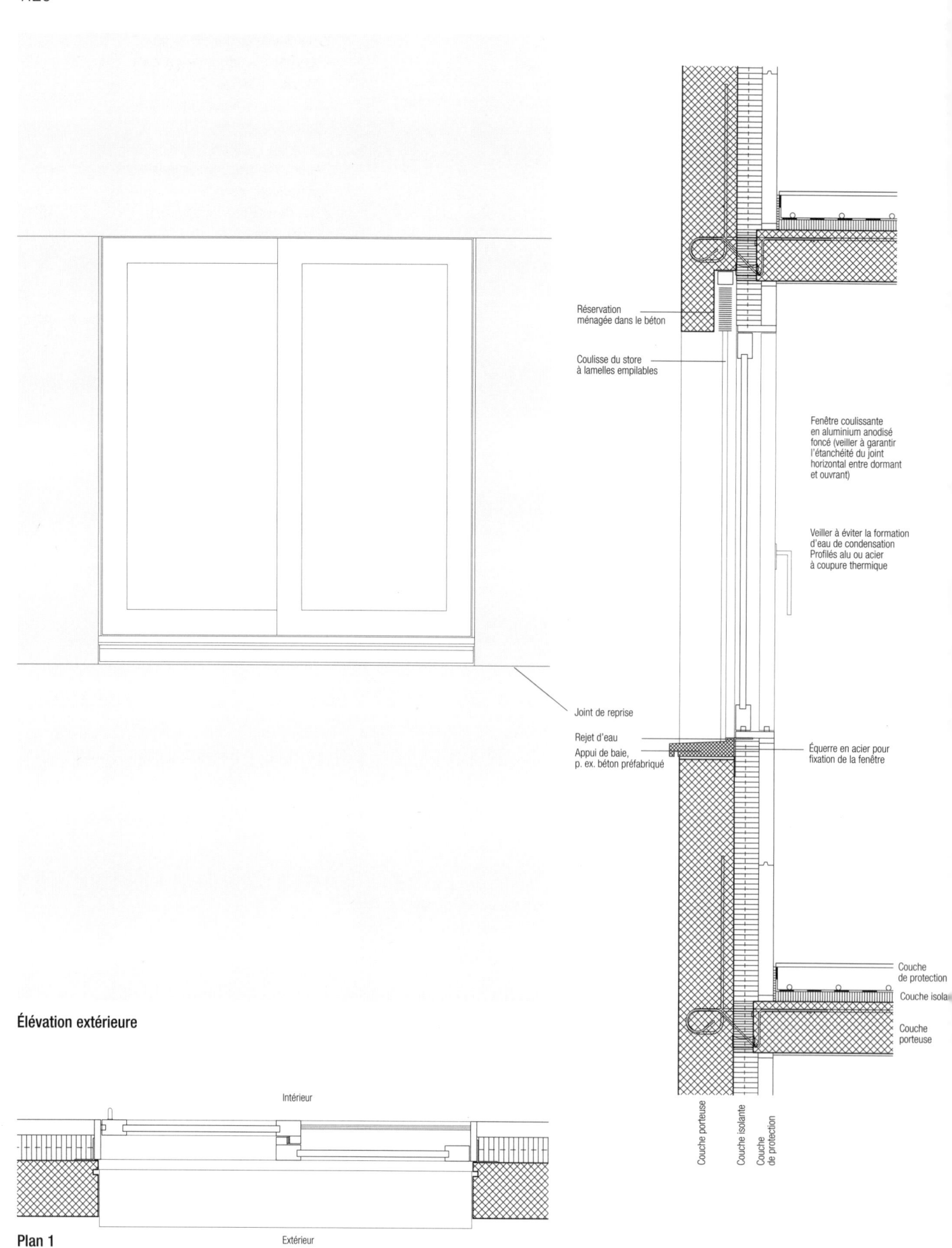

ÉLÉMENTS	**Ouverture**	
		Fenêtres

Baie, béton de parement avec isolation intérieure
1:20

Réservation ménagée dans le béton

Coulisse du store à lamelles empilables

Fenêtre coulissante en aluminium anodisé foncé (veiller à garantir l'étanchéité du joint horizontal entre dormant et ouvrant)

Veiller à éviter la formation d'eau de condensation Profilés alu ou acier à coupure thermique

Joint de reprise
Rejet d'eau
Appui de baie, p. ex. béton préfabriqué

Équerre en acier pour fixation de la fenêtre

Couche de protection
Couche isolante
Couche porteuse

Couche porteuse
Couche isolante
Couche de protection

Élévation extérieure

Intérieur

Plan 1   Extérieur

ÉLÉMENTS	Ouverture
Fenêtres	

Composition du mur de façade
- Béton de parement teinté dans la masse   220 mm
- Isolation thermique en verre cellulaire,
  étanche à la vapeur d'eau
  (p. ex. Foamglas)   150-300 mm
- Panneaux de plâtre lissés et peints   60 mm
- Total   *430-580 mm*

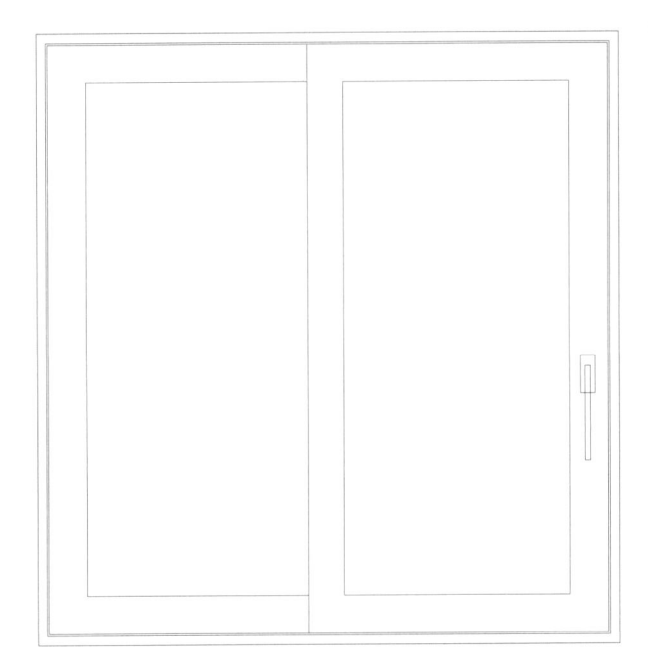

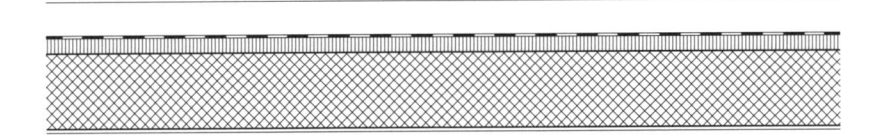

Élévation intérieure

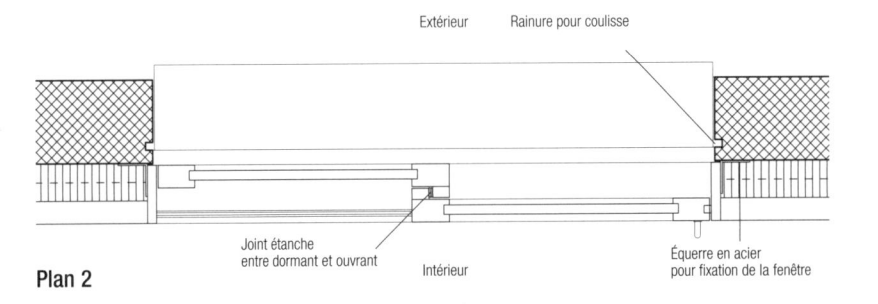

Extérieur   Rainure pour coulisse

Joint étanche
entre dormant et ouvrant   Intérieur   Équerre en acier
pour fixation de la fenêtre

Plan 2

ÉLÉMENTS — Ouverture — Fenêtres

Baie, revêtement extérieur, léger
1:20

Store extérieur en toile, à enroulement
Commande électrique

Couche de séparation
Linteau préfabriqué
Galerie à rideaux

Encadrement de baie en tôle avec coulisse intégrée, démontable (remplacement de la toile)

Coulisse

Dimensions et position de la fenêtre à définir en fonction du format des éléments de revêtement

Sortie d'air

Tablette de fenêtre

Couche de protection
Couche isolante
Couche porteuse

Couche de séparation

Couche de protection
Couche isolante
Couche porteuse

Élévation extérieure

Intérieur

Extérieur

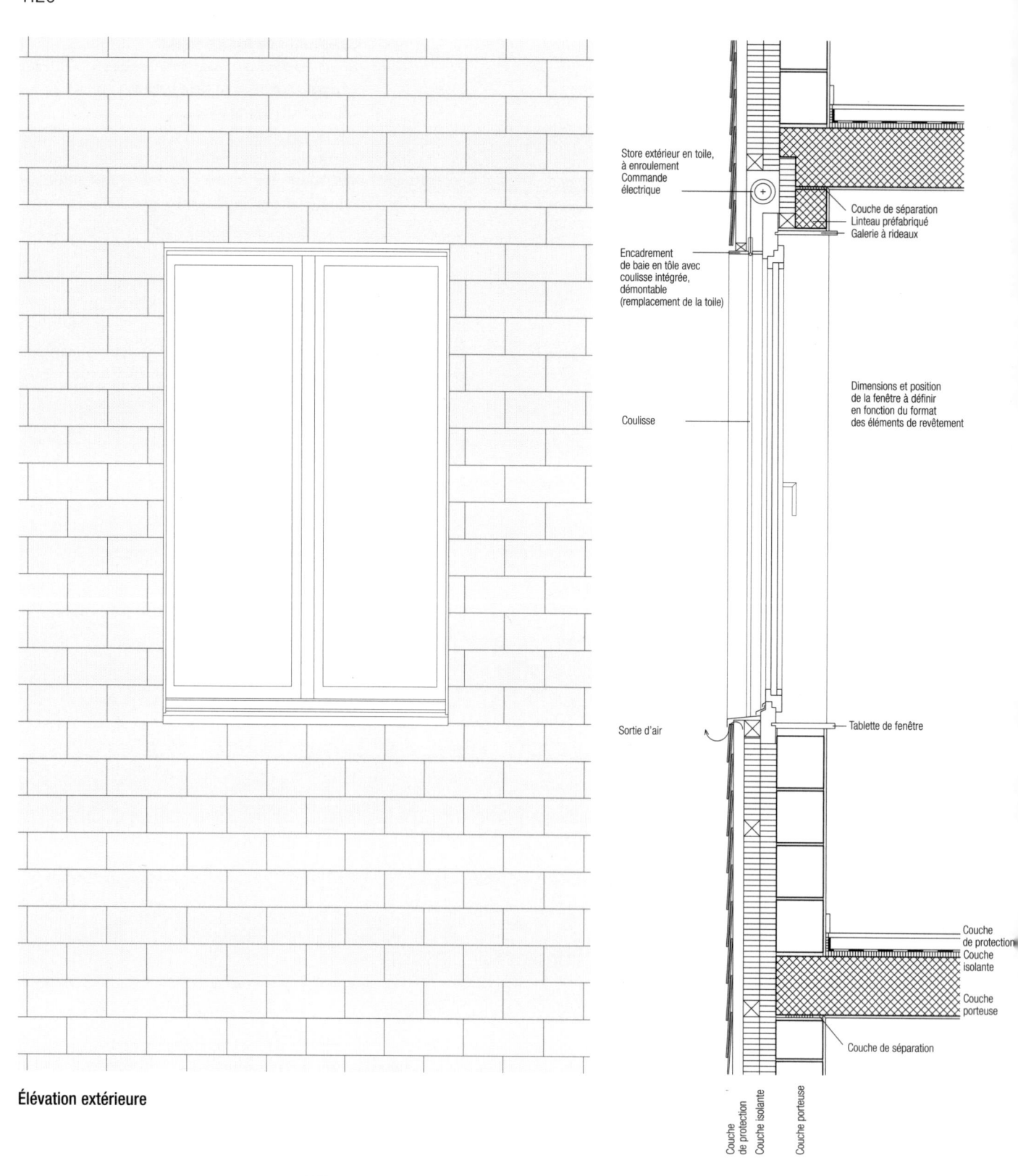

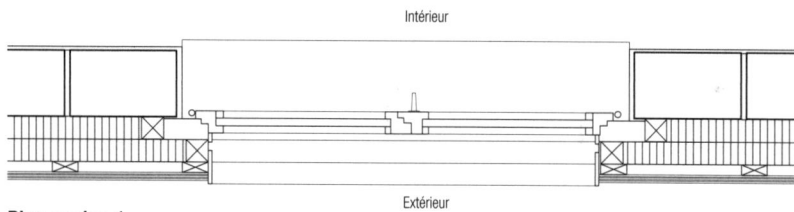

Plan assise 1

ÉLÉMENTS — **Ouverture**
Fenêtres

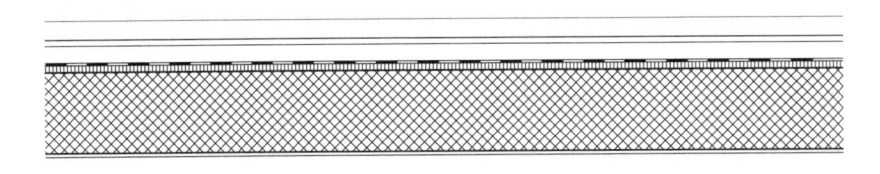

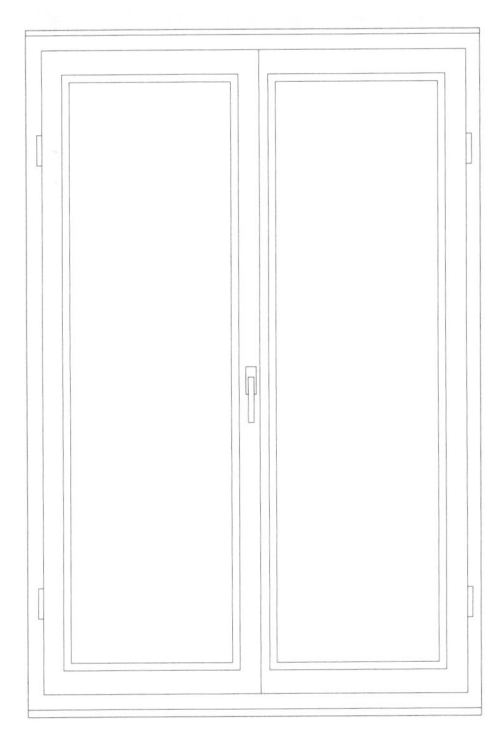

Composition du mur de façade

- Revêtement composé d'éléments de moyen ou grand format, p. ex. ardoises de façade Eternit à double recouvrement, format « rectangle en bande » 300/600/5 mm   10 mm
  Variantes :
  Bardage à clins à recouvrement 24 mm
  Plaques ou panneaux : tôle, Eternit, bois, etc.
- Vide de ventilation (lattes verticales 40/70 mm)   40 mm
  Variantes en présence d'éléments de petit format :
  Ardoises de façade Eternit à triple recouvrement
  Carreaux en céramique
  Lattage horizontal 30/50 mm
- Isolation thermique (p. ex. 1 x 60 mm et 1 x 90 mm avec lattes croisées 60/90 mm)   150-300 mm
- Maçonnerie en brique de terre cuite B 29/17,5/19   175 mm
- Enduit intérieur   15 mm
  Total   *390-540 mm*

Élévation intérieure

Encadrement de baie en tôle avec coulisse intégrée

Extérieur

Intérieur

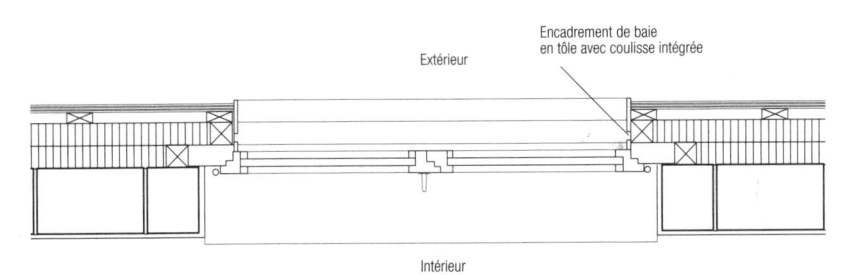

Plan assise 2

ÉLÉMENTS	Ouverture	
		Fenêtres

Baie, revêtement extérieur, lourd
1:20

Élévation extérieure

Plan 1

Intérieur

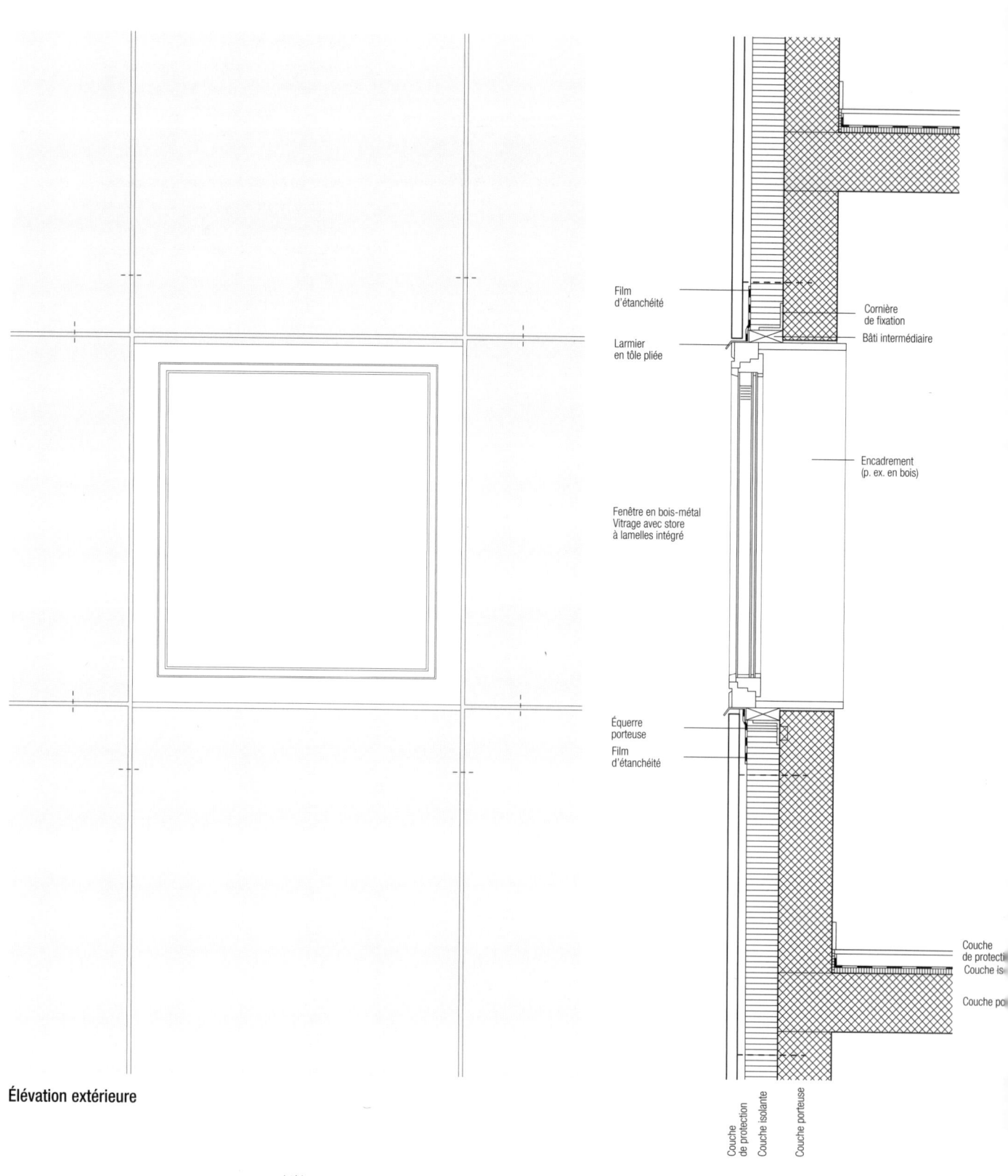

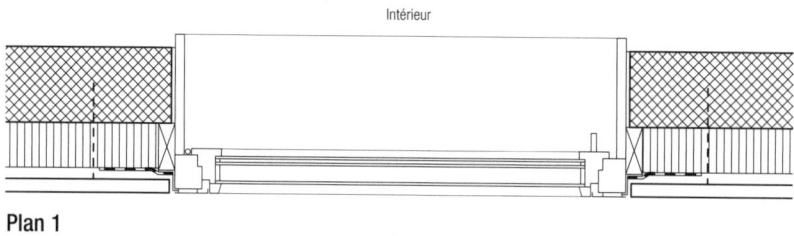

Extérieur

Film d'étanchéité
Larmier en tôle pliée
Cornière de fixation
Bâti intermédiaire
Encadrement (p. ex. en bois)
Fenêtre en bois-métal
Vitrage avec store à lamelles intégré
Équerre porteuse
Film d'étanchéité
Couche de protection
Couche isolante
Couche porteuse

ÉLÉMENTS | **Ouverture**
Fenêtres

Composition du mur de façade
- Plaques de pierre (p. ex. ardoise)   20-40 mm
- Vide de ventilation   30 mm
- Isolation thermique   150-300 mm
- Béton apparent côté intérieur   200 mm

Total   *400-570 mm*

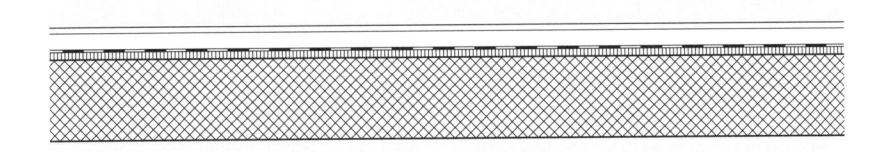

Élévation intérieure

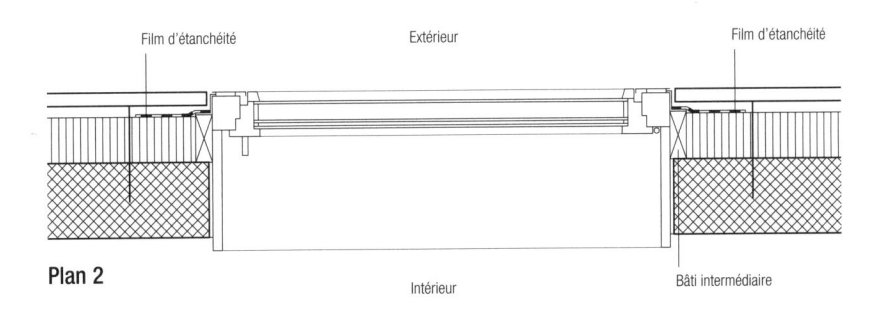

Film d'étanchéité   Extérieur   Film d'étanchéité

Plan 2   Intérieur   Bâti intermédiaire

ÉLÉMENTS	**Ouverture**	
		Fenêtres

Baie, isolation extérieure, enduite
1:20

Élément de linteau
isolé servant
de support à l'enduit

Volet roulant
à lamelles en aluminium

Trappe de visite
à fixation latérale

Rejet d'eau

Joint étanche

Appui de baie
en béton renforcé
de fibres de verre,
thermiquement isolé

Tolérance au niveau de la battée

Couche
de protection
Couche isolante
Couche porteuse

Élévation extérieure

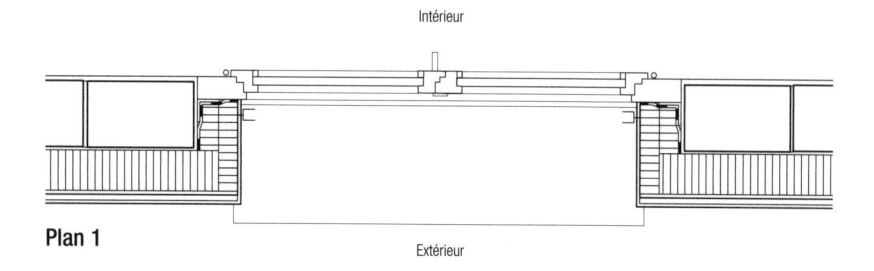

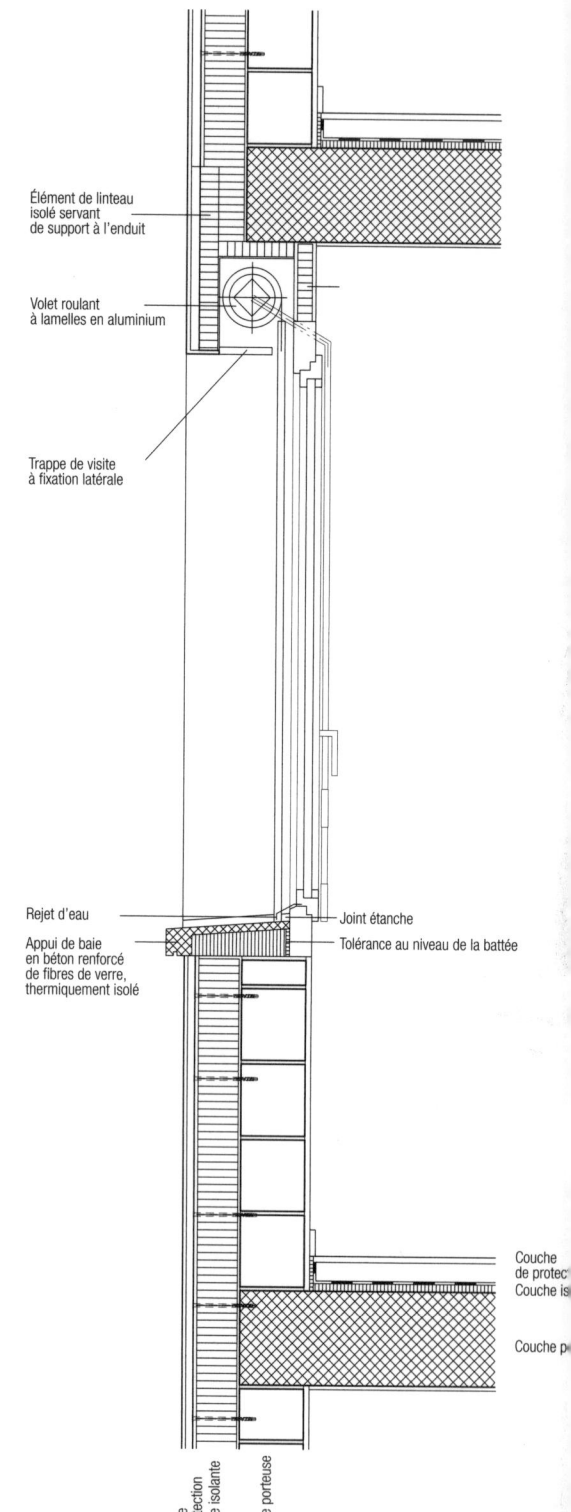

Intérieur

Plan 1

Extérieur

ÉLÉMENTS — **Ouverture**
Fenêtres

Composition du mur de façade

- Enduit de finition minéral
  (teinté dans la masse ou à peindre)   2 mm
- Enduit d'accrochage (avec treillis en fibres
  de verre incorporé en pleine surface)   4 mm
- Enduit de fond minéral   20 mm
- Panneaux isolants (5/150/10
  panneaux à trois couches)
  Fixation au moyen de chevilles à visser
  en plastique   150-300 mm
- Maçonnerie en brique de terre cuite
  B 29/17,5/19   175 mm
- Enduit intérieur   15 mm

Total   *366-516 mm*

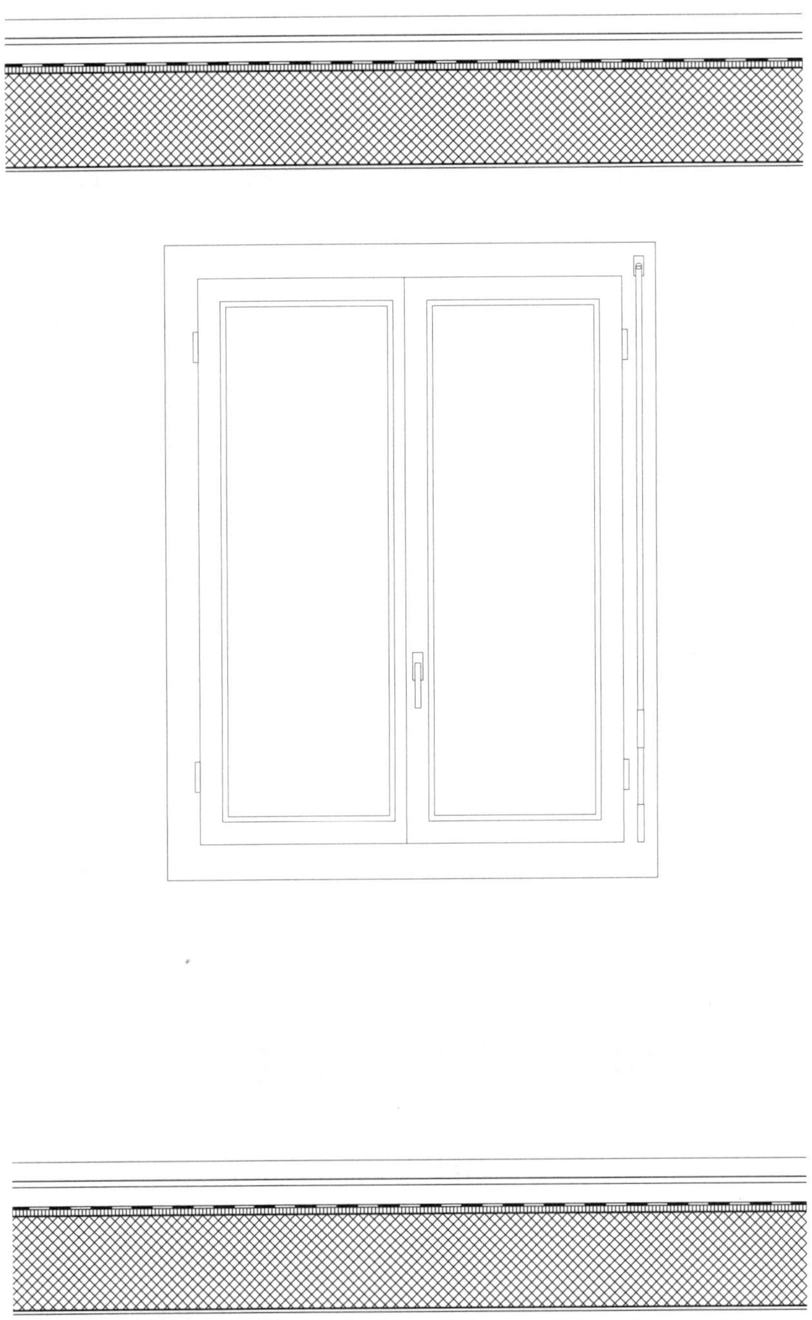

Élévation intérieure

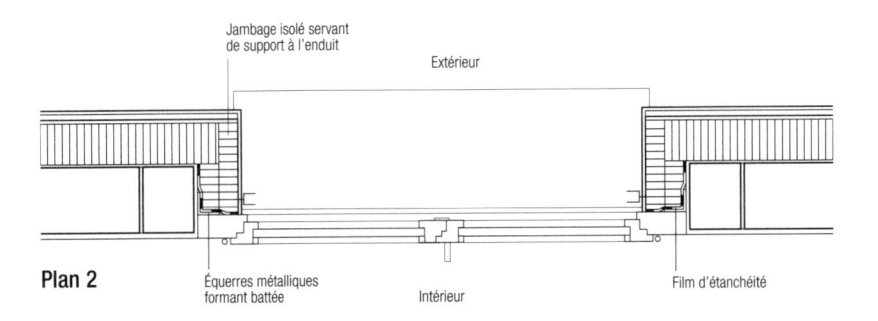

Jambage isolé servant de support à l'enduit
Extérieur
Équerres métalliques formant battée
Intérieur
Film d'étanchéité

Plan 2

ÉLÉMENTS | **Ouverture**
Fenêtres

Baie, paroi extérieure non porteuse
1:20

Dalle de balcon préfabriquée posée sur coffrage

Encadrement en tôle d'acier formant battée
Joint étanche

Rails pour rideaux

Rejet d'eau

Couche de protection
Couche isolante
Couche portante

Couche isolante

Élévation extérieure

Intérieur

Extérieur

Plan 1

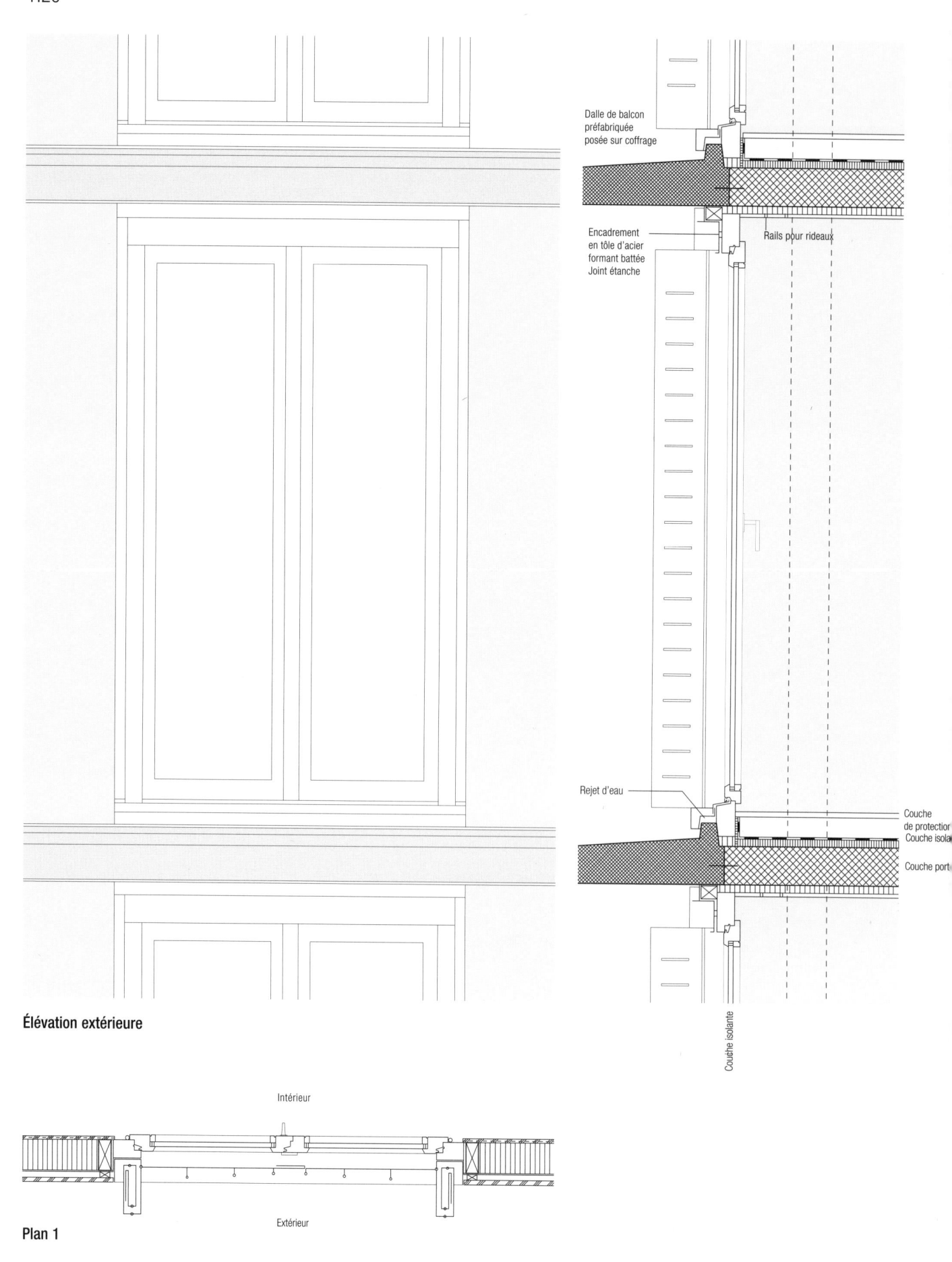

ÉLÉMENTS | **Ouverture**
Fenêtres

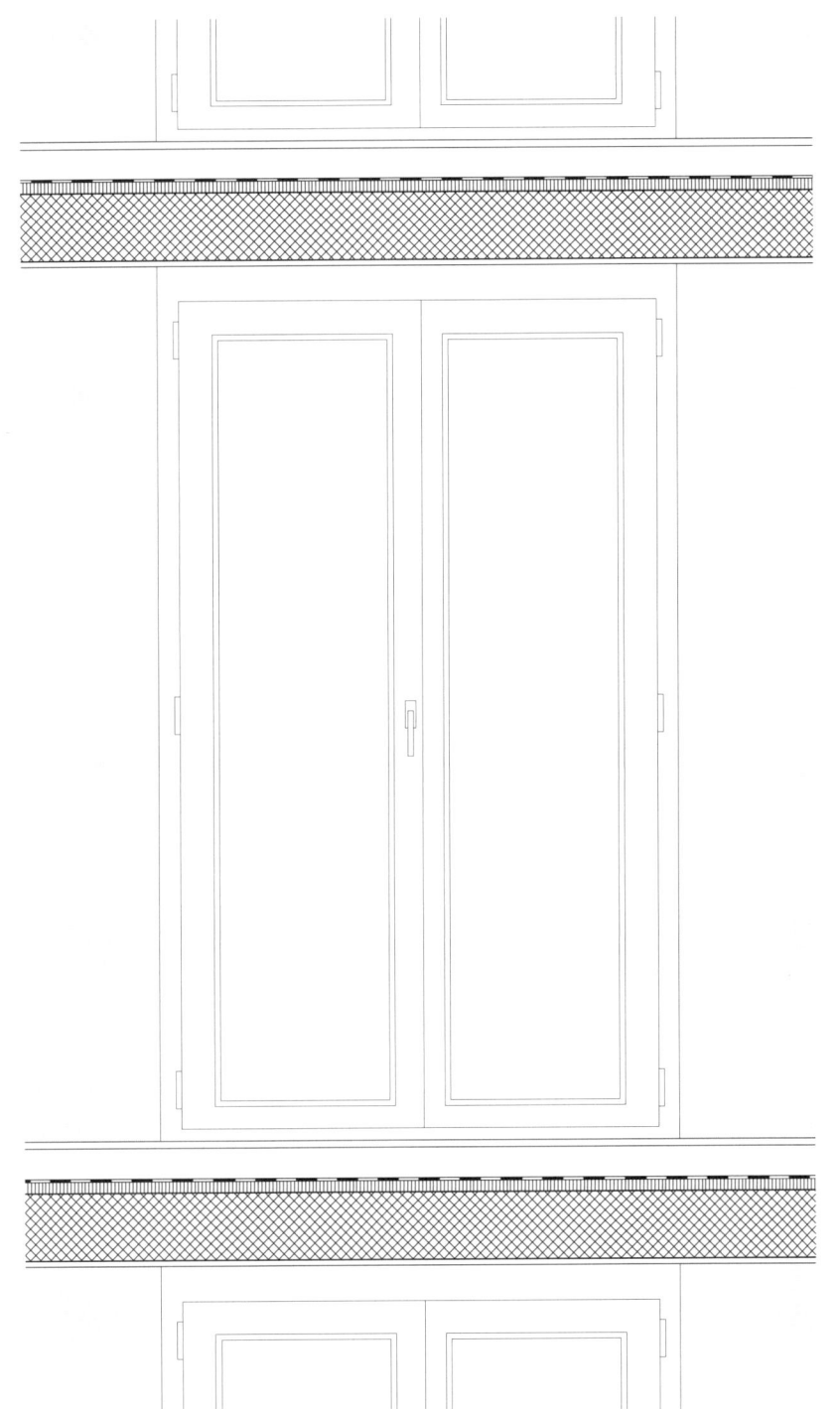

Composition du mur de façade

- Panneaux de particules liées au ciment (p. ex. Duripanel, à peindre)	20 mm
- Vide de ventilation	25 mm
- Panneaux de fibres durs	8 mm
- Isolation thermique (p. ex. Isofloc)	150-300 mm
- Panneaux en contreplaqué (frein-vapeur)	15 mm
Total	*218-368 mm*

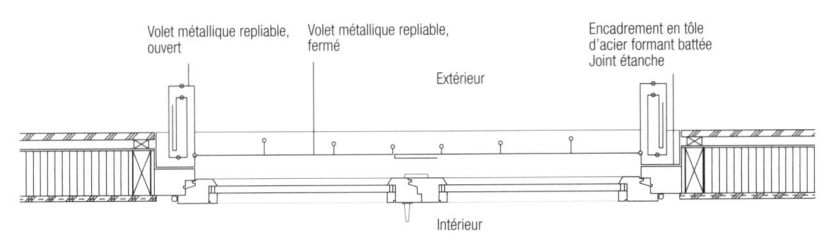

Élévation intérieure

Volet métallique repliable, ouvert
Volet métallique repliable, fermé
Encadrement en tôle d'acier formant battée
Joint étanche
Extérieur
Intérieur

Plan 2

ÉLÉMENTS	**Ouverture**	
		Fenêtres

Baie, construction à ossature bois
1:20

Élévation extérieure

Caisson de volet roulant 160/160 mm, selon dimensions de la fenêtre

Bandes isolantes supplémentaires au niveau du caisson

Volet roulant extérieur à baguettes de bois rectangulaires de 9 mm

Trappe de visite en bois 25 mm

Coulisse en alu 20/15 mm

Fourrures latérales 25 mm

Garniture d'étanchéité

Rejet d'eau en alu 50 mm

Appui de baie incliné 30 mm

Larmier

Chevêtre 60/160 mm

Vide technique (conduites électriques, sanitaires, de chauffage, prises électriques)

Couche de protection
Couche isolante
Couche porteuse

Couche de protection
Couche isolante
Couche porteuse

Intérieur

Extérieur

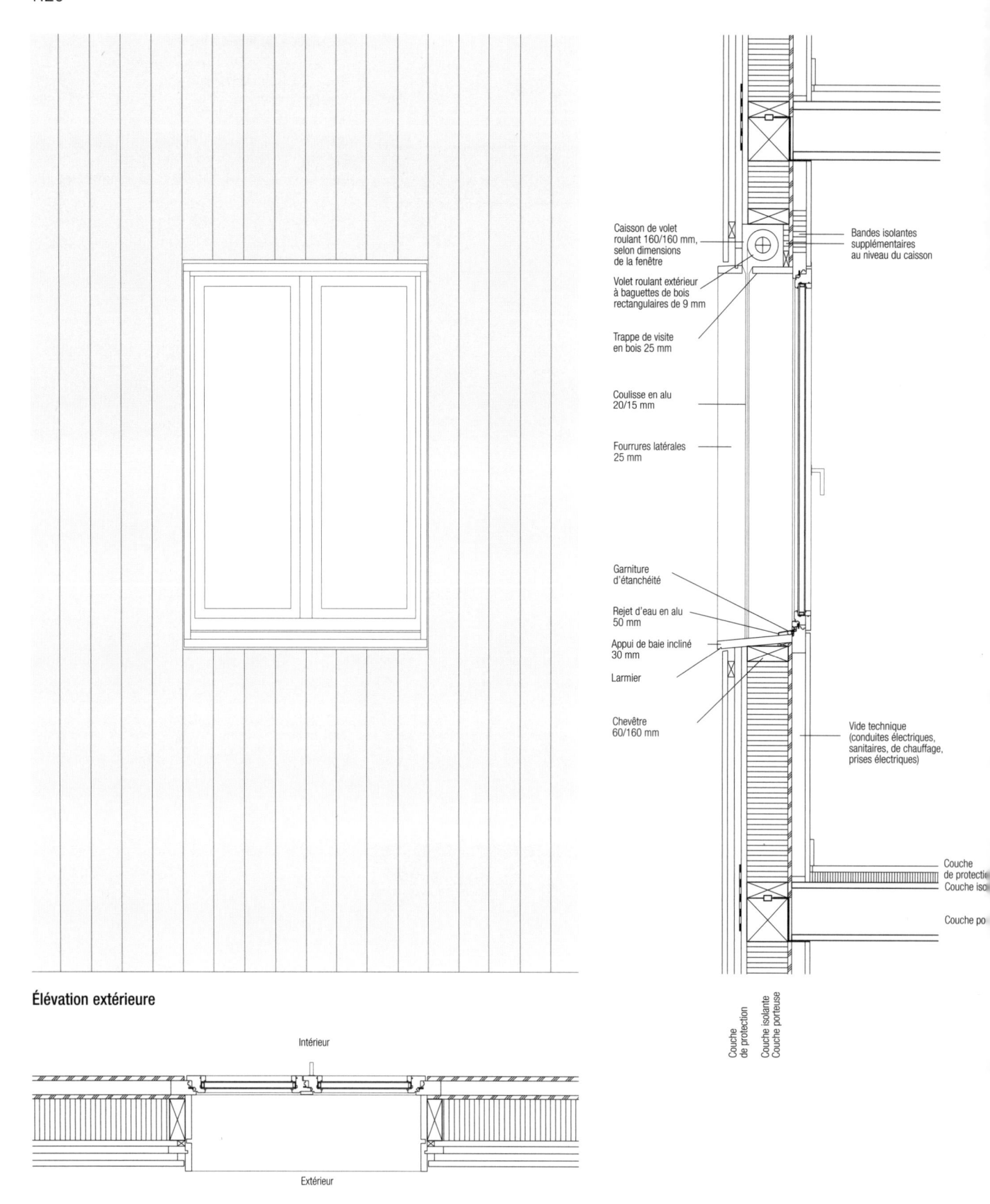

Plan 1

ÉLÉMENTS **Ouverture**
Fenêtres

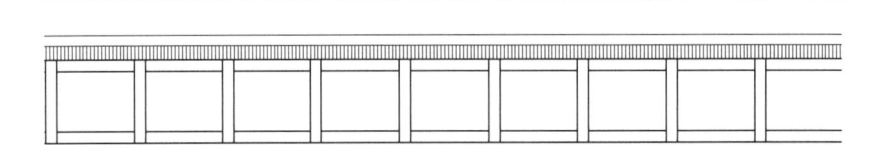

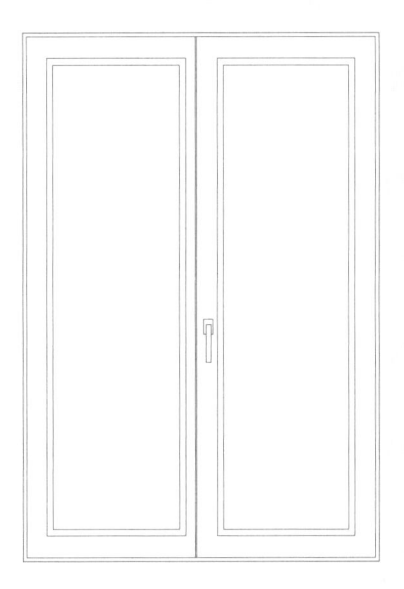

Composition du mur de façade

- Bardage (p. ex. mélèze nature)	21 mm
- Lattage horizontal 27/50 mm	27 mm
- Lattage vertical 27/50 mm (vide de ventilation)	27 mm
- Panneaux de fibres tendres bitumés	22 mm
- Montants d'ossature, isolation thermique (p. ex. Homatherm)	150-300 mm
- Panneaux OSB (frein-vapeur)	15 mm
- Lattage (vide technique)	54 mm
- Panneaux de fibres de bois liées au ciment	18 mm
Total	*334-484 mm*

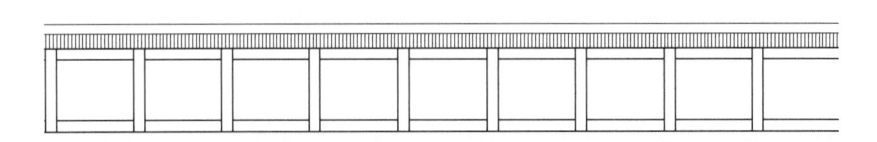

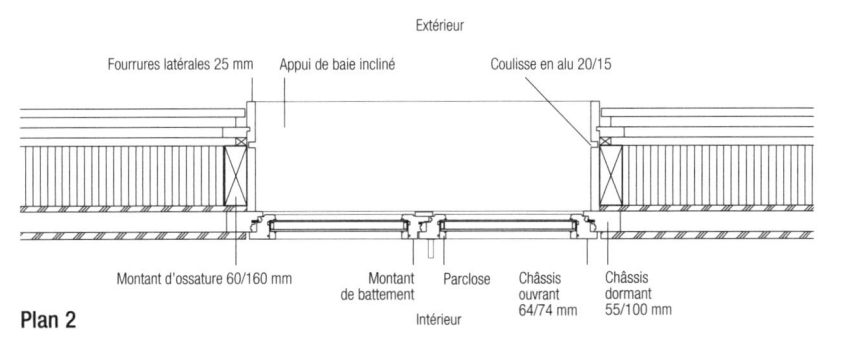

Élévation intérieure

Fourrures latérales 25 mm — Appui de baie incliné — Extérieur — Coulisse en alu 20/15

Montant d'ossature 60/160 mm — Montant de battement — Parclose — Châssis ouvrant 64/74 mm — Châssis dormant 55/100 mm — Intérieur

Plan 2

| ÉLÉMENTS | **Ouverture** |
| | Fenêtres |

Baie, construction en panneaux Blockholz
1:20

Élévation extérieure

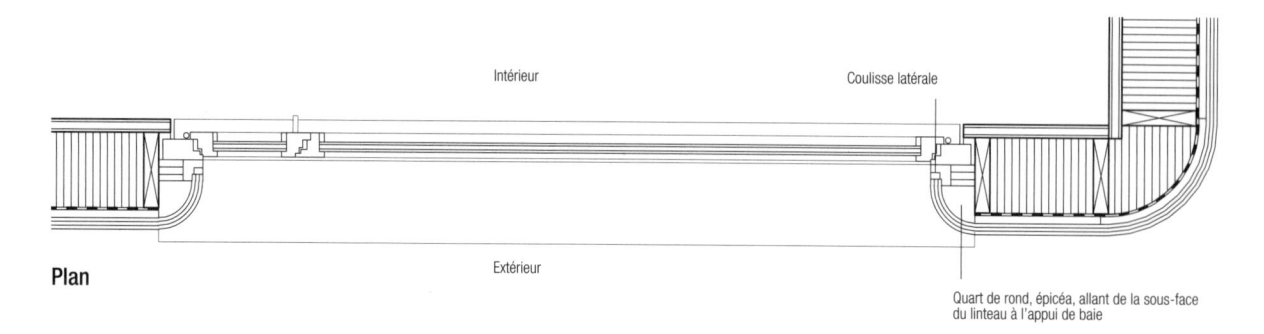

Plan   Intérieur   Coulisse latérale

Extérieur

Quart de rond, épicéa, allant de la sous-face
du linteau à l'appui de baie

ÉLÉMENTS | **Ouverture**
Fenêtres

Store en toile
à enroulement vertical
Commande électrique

Couche de protection
Couche porteuse
Couche isolante

Élévation intérieure

Composition du mur de façade
- Bardeaux en mélèze (sans vide de ventilation),
  trois couches — 20 mm
- Lames horizontales en épicéa
  (à rainure et languette) — 20 mm
- Pare-vent
- Isolation thermique
  (entre les nervures transversales) — 150-300 mm
- Panneaux porteurs Blockholz
  (avec effet frein-vapeur conféré par le collage) — 35 mm

Total — *225-375 mm*

Composition des planchers
- Plancher en lames de bois massif — 24 mm
- Contre-lattage 40/30 mm, isolation — 30 mm
- Lattage 50/30 mm, isolation — 50 mm
- Bandes caoutchouc posées sous les lattes
  (atténuation des bruits d'impact) — 10 mm
- Panneaux Blockholz (portée 3 m) — 90 mm

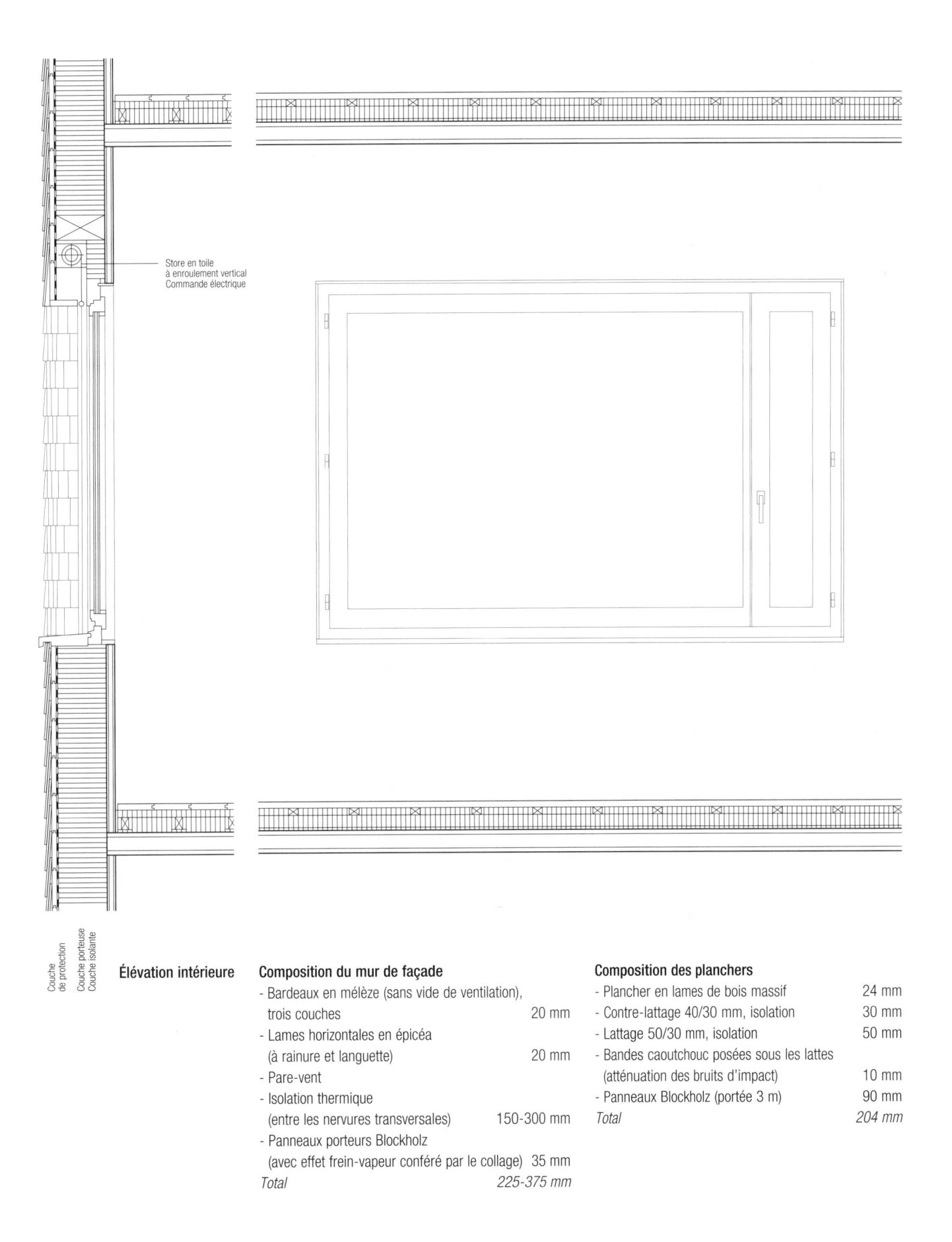

Total — *204 mm*

ÉLÉMENTS	Ouverture	
		Portes

Porte battante extérieure, bois
1:20

Porte d'entrée
Dormant, mur double enduit
Porte ferrée à gauche, s'ouvrant vers l'intérieur
Vantail à feuillure, isolation thermique et phonique
Dormant et vantail répondent aux exigences de la classe de résistance au feu T30.

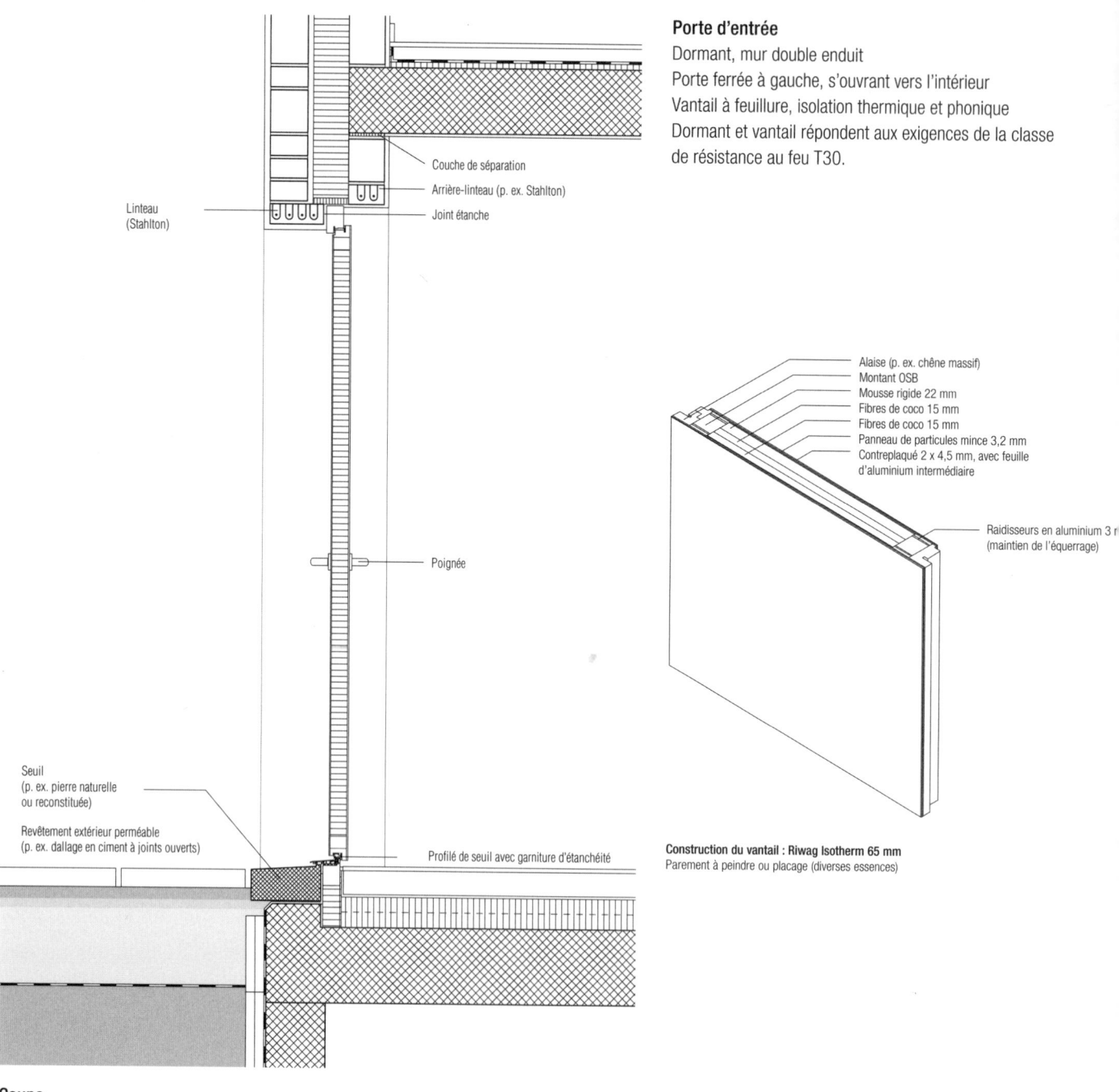

Couche de séparation
Arrière-linteau (p. ex. Stahlton)
Linteau (Stahlton)
Joint étanche

Poignée

Alaise (p. ex. chêne massif)
Montant OSB
Mousse rigide 22 mm
Fibres de coco 15 mm
Fibres de coco 15 mm
Panneau de particules mince 3,2 mm
Contreplaqué 2 x 4,5 mm, avec feuille d'aluminium intermédiaire

Raidisseurs en aluminium 3 r (maintien de l'équerrage)

Seuil
(p. ex. pierre naturelle ou reconstituée)
Revêtement extérieur perméable
(p. ex. dallage en ciment à joints ouverts)
Profilé de seuil avec garniture d'étanchéité

Construction du vantail : Riwag Isotherm 65 mm
Parement à peindre ou placage (diverses essences)

Coupe

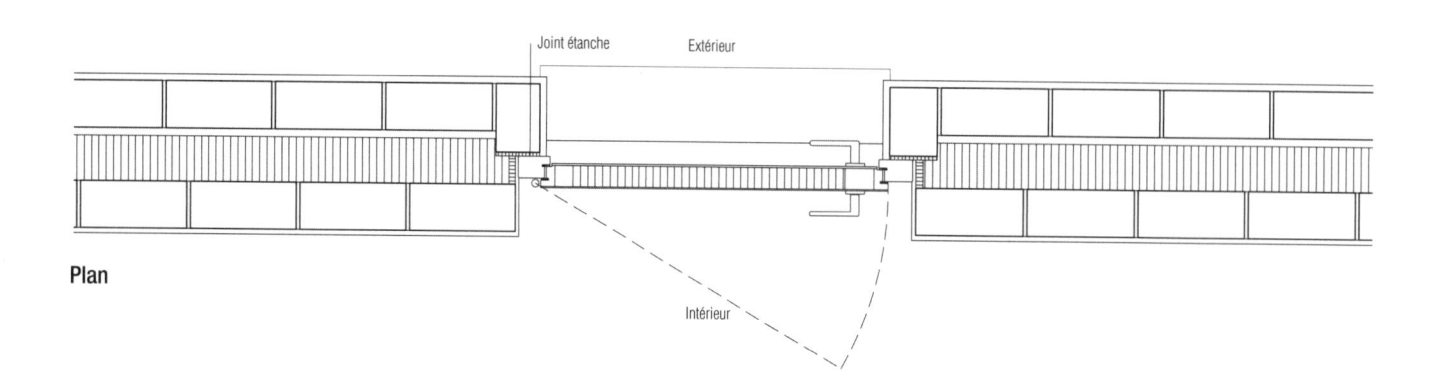

Joint étanche   Extérieur

Plan

Intérieur

Porte battante extérieure, bois-verre
1:20

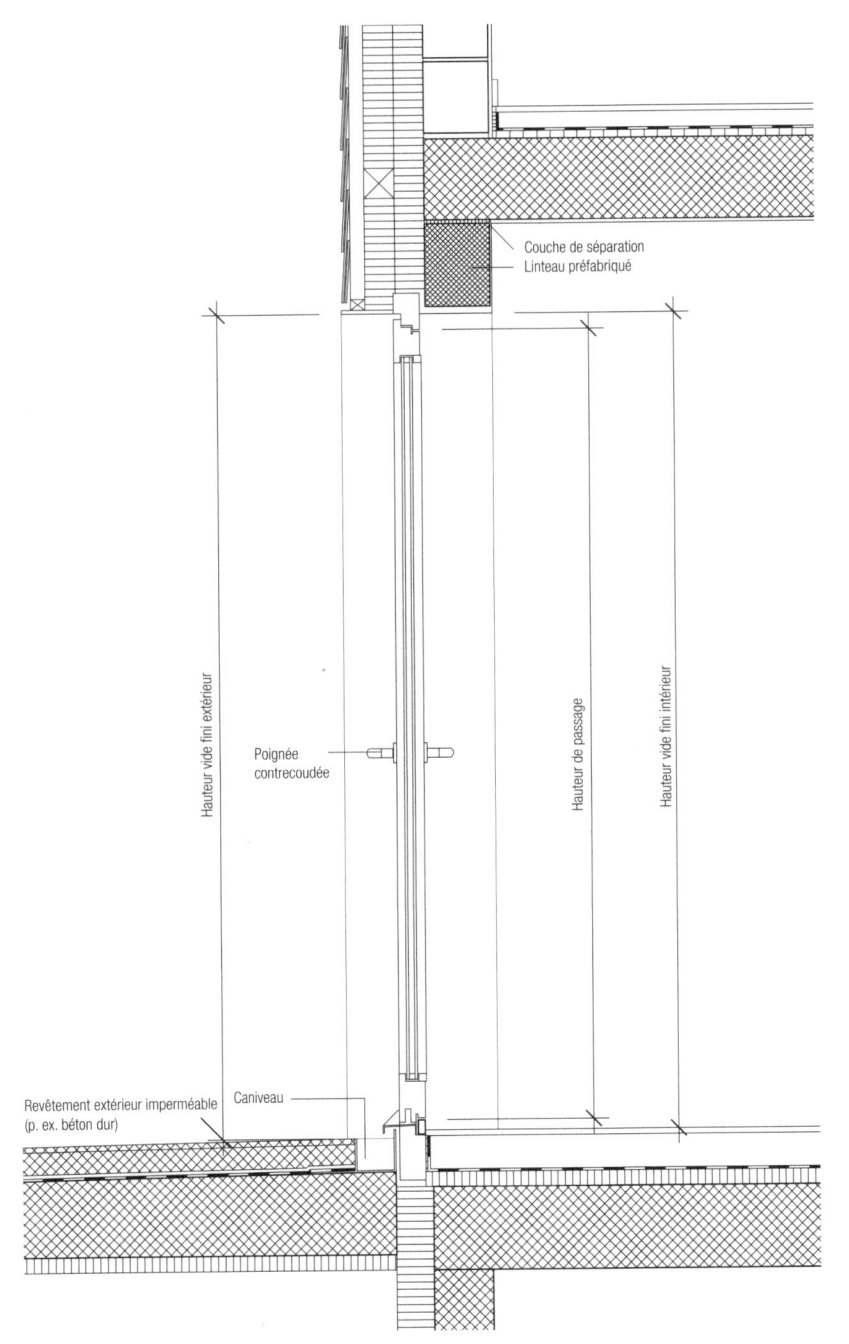

Porte d'entrée
Dormant, revêtement extérieur léger
Porte ferrée à droite, s'ouvrant vers l'extérieur
Vantail vitré, à feuillure, affleurant

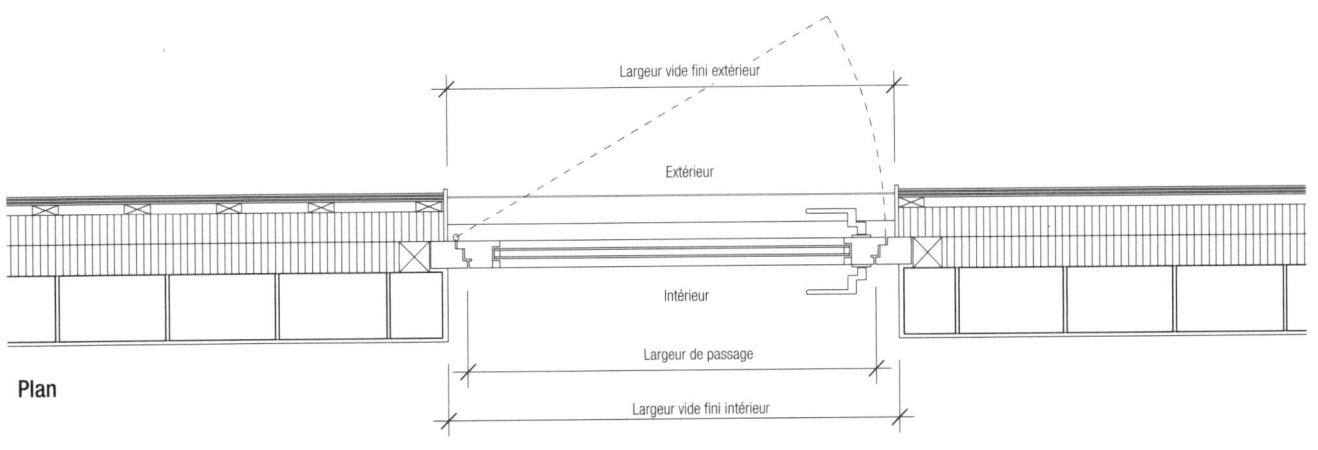

Labels on coupe:
- Couche de séparation
- Linteau préfabriqué
- Poignée contrecoudée
- Hauteur vide fini extérieur
- Hauteur de passage
- Hauteur vide fini intérieur
- Revêtement extérieur imperméable (p. ex. béton dur)
- Caniveau

Coupe

Labels on plan:
- Largeur vide fini extérieur
- Extérieur
- Intérieur
- Largeur de passage
- Largeur vide fini intérieur

Plan

ÉLÉMENTS	**Ouverture**	
		Portes

Porte coulissante extérieure, métal-verre
1:20

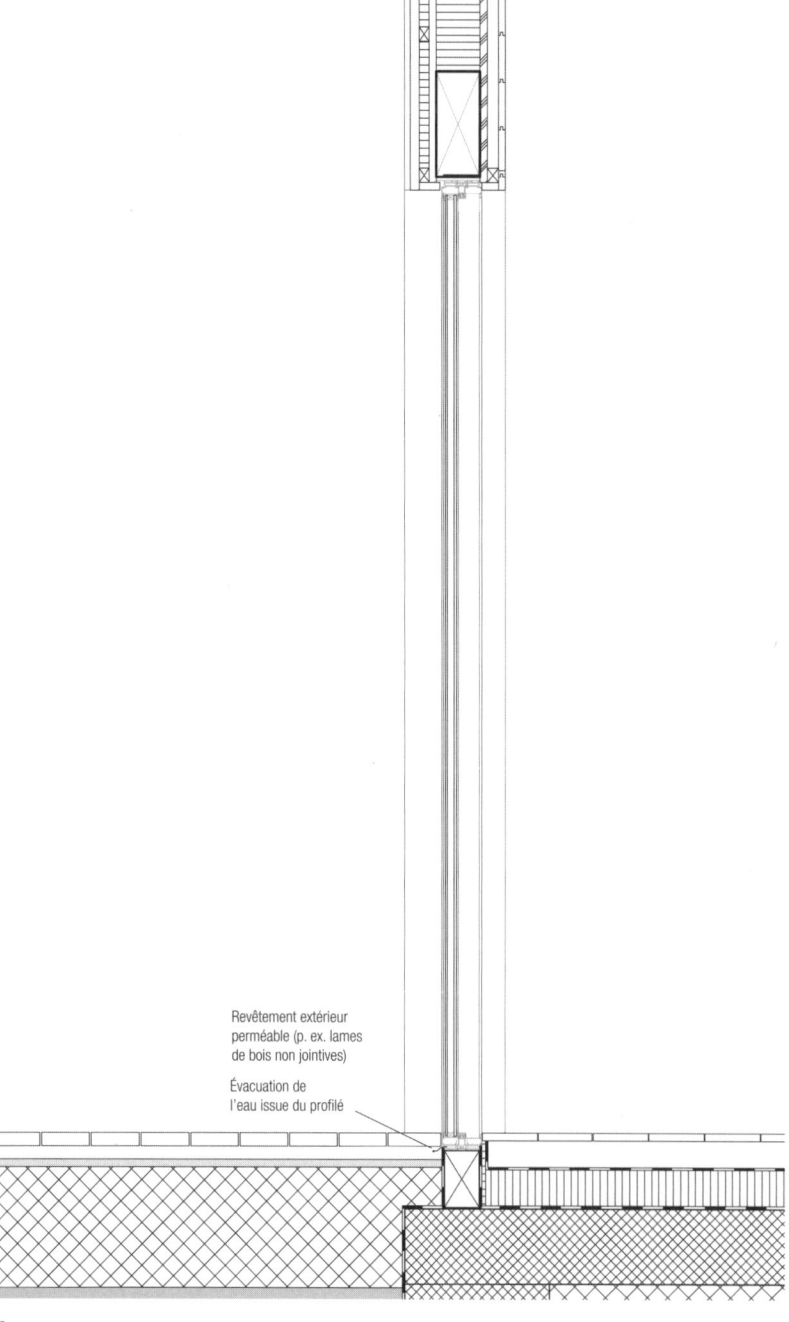

Porte-fenêtre de terrasse
Porte spéciale, marque « sky-frame »
Vantaux coulissants à double voie, avec profilés alu à coupure thermique

Les vitrages sont posés dans des châssis en aluminium engagés dans le sol, les murs et le plafond. Les éléments coulissants reposent sur des chariots montés sur roulement à billes, opposant une faible résistance au roulement.

Ill. 1 : Peter Kunz, maison d'habitation, Winterthour (CH) 2003

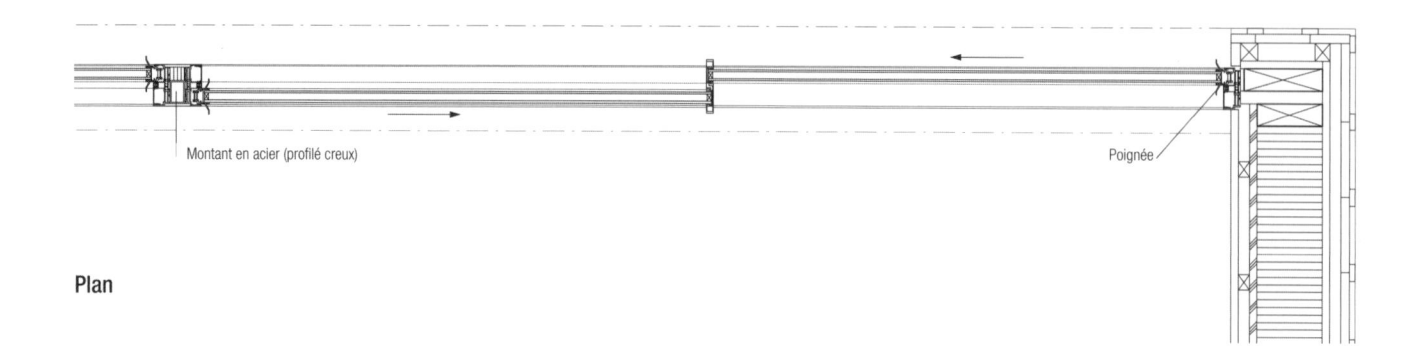

Revêtement extérieur perméable (p. ex. lames de bois non jointives)

Évacuation de l'eau issue du profilé

Coupe

Montant en acier (profilé creux)

Poignée

Plan

ÉLÉMENTS | Ouverture
Portes

Porte battante intérieure, bois
1:20

Porte de communication
Dormant bloc, maçonnerie apparente
Porte ferrée à gauche
Vantail à feuillure, affleurant

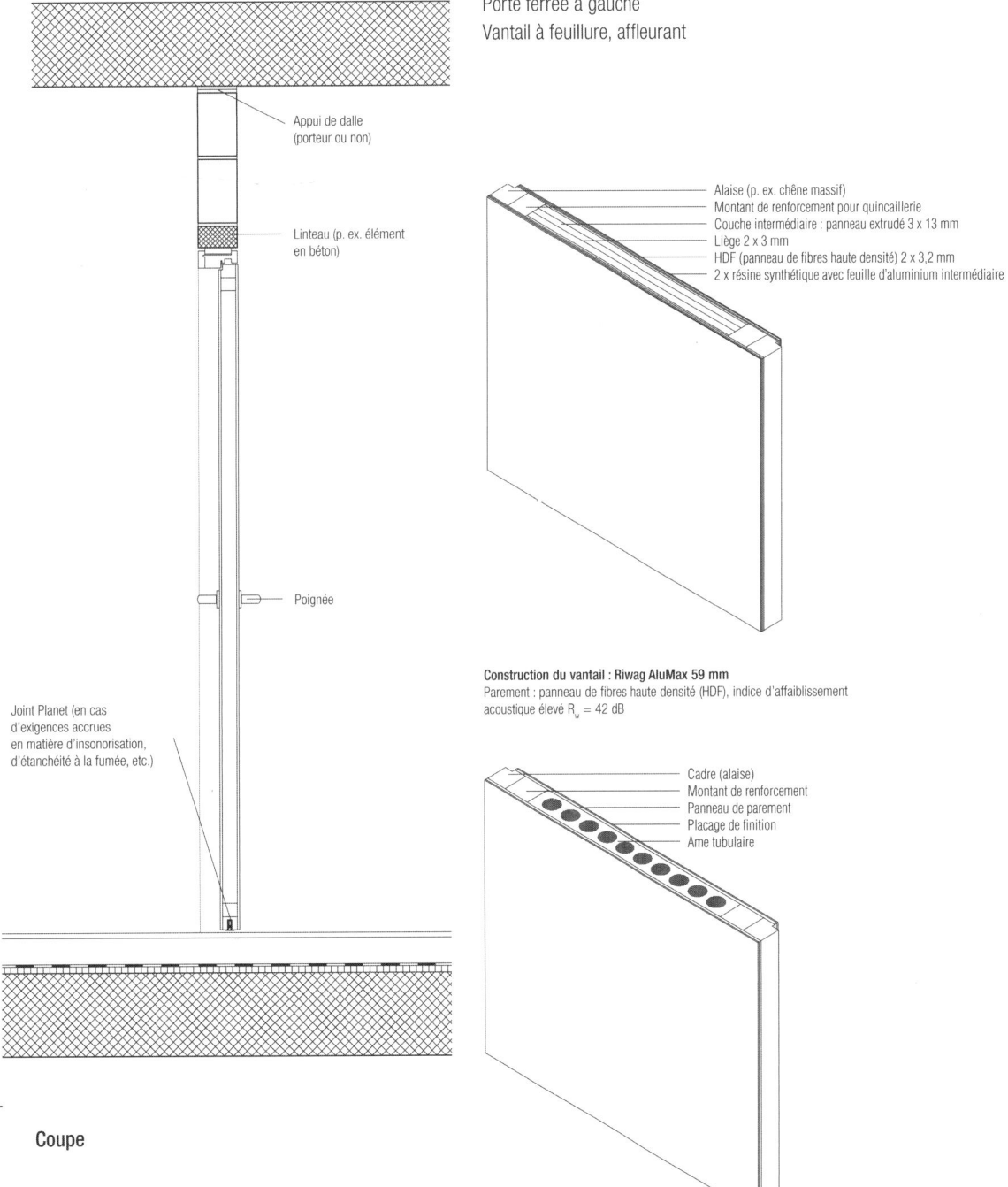

- Appui de dalle (porteur ou non)
- Linteau (p. ex. élément en béton)
- Poignée
- Joint Planet (en cas d'exigences accrues en matière d'insonorisation, d'étanchéité à la fumée, etc.)

- Alaise (p. ex. chêne massif)
- Montant de renforcement pour quincaillerie
- Couche intermédiaire : panneau extrudé 3 x 13 mm
- Liège 2 x 3 mm
- HDF (panneau de fibres haute densité) 2 x 3,2 mm
- 2 x résine synthétique avec feuille d'aluminium intermédiaire

Construction du vantail : Riwag AluMax 59 mm
Parement : panneau de fibres haute densité (HDF), indice d'affaiblissement acoustique élevé $R_w = 42$ dB

- Cadre (alaise)
- Montant de renforcement
- Panneau de parement
- Placage de finition
- Ame tubulaire

Construction du vantail : âme tubulaire en aggloméré
Parement à peindre, pour exigences réduites en matière d'insonorisation

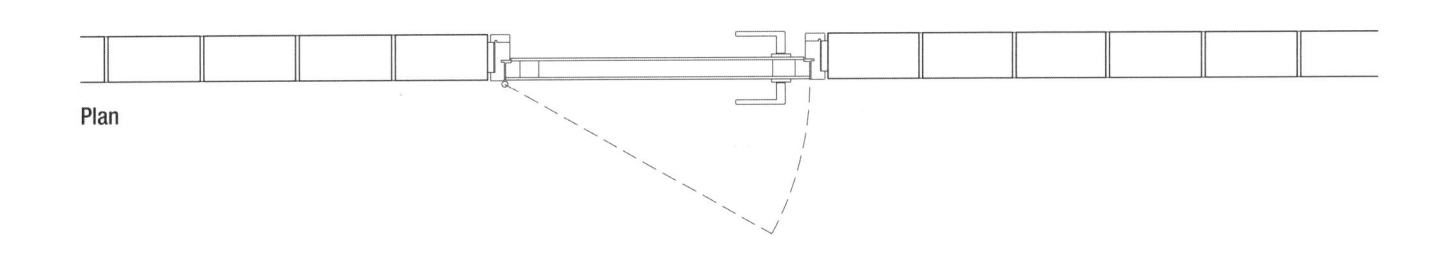

Coupe

Plan

ÉLÉMENTS Ouverture

Portes

Porte coulissante intérieure, bois
1:20

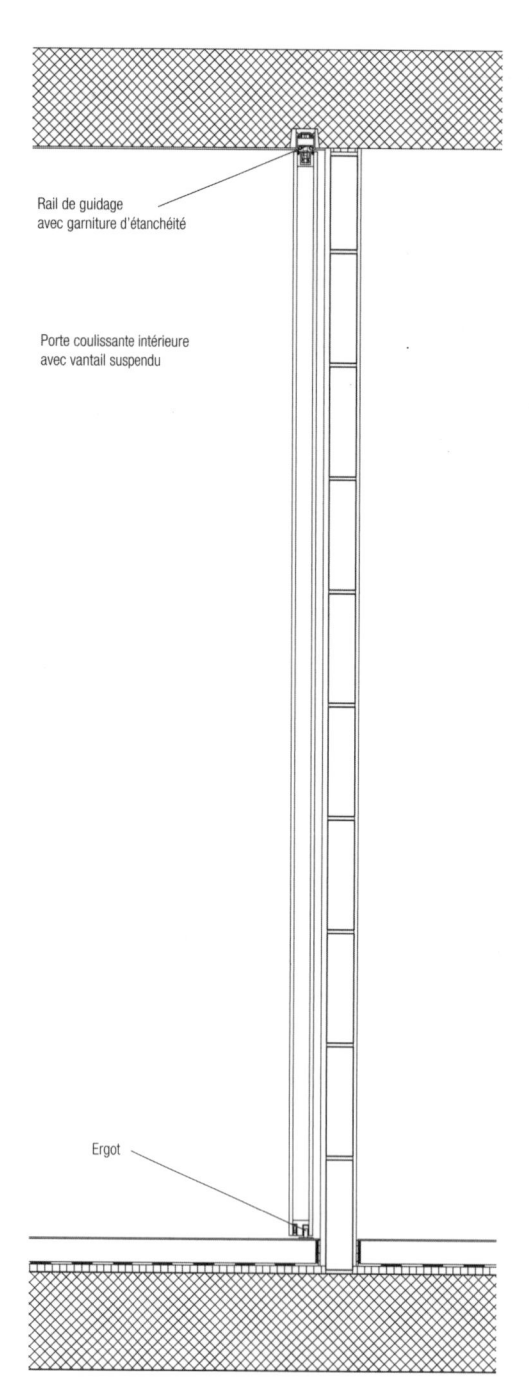

Porte de communication
Vantail se logeant dans une niche ménagée dans la paroi
Convient en cas d'exigences réduites en matière d'insonorisation

Rail de guidage avec garniture d'étanchéité

Porte coulissante intérieure avec vantail suspendu

Ergot

Coupe

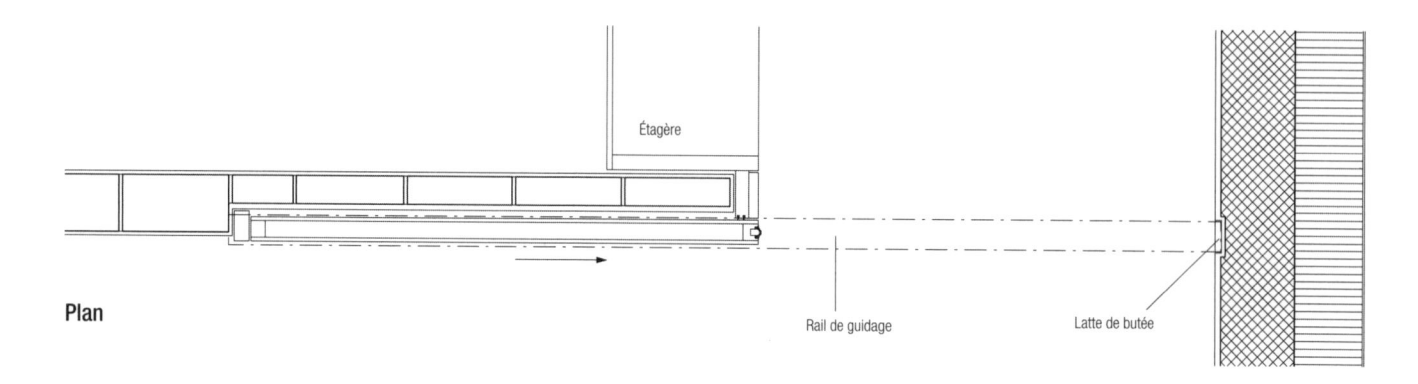

Étagère

Plan

Rail de guidage

Latte de butée

ÉLÉMENTS | Plancher

Plancher à éléments préfabriqués en terre cuite
1:20

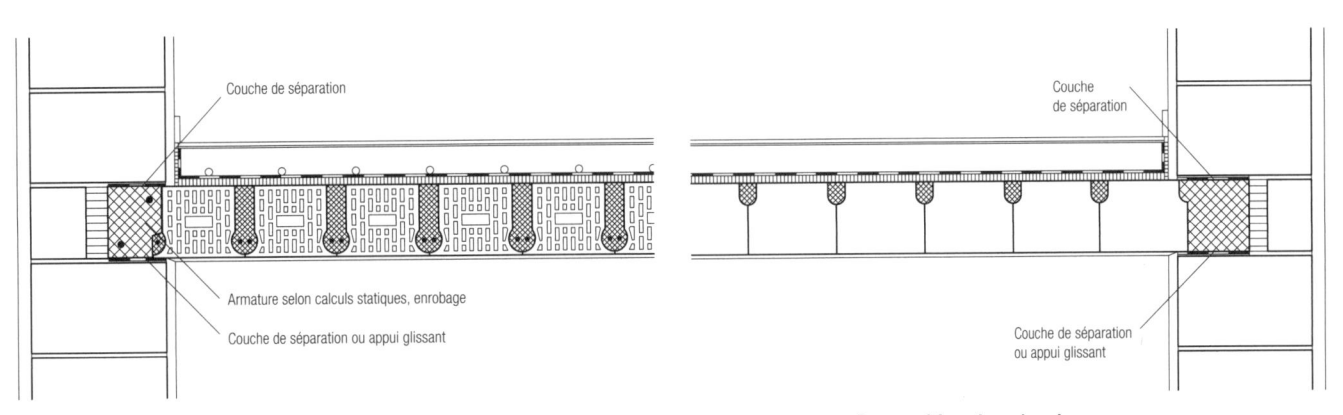

Composition du mur de façade
Maçonnerie monolithique
- Enduit extérieur 35 mm
- Maçonnerie monolithique 36,5/24,8/23,8 365 mm
- Enduit intérieur 25 mm

Composition des planchers
- Revêtement de sol,
  p. ex. carreaux en céramique 10 mm
- Mortier-colle 1-2 mm
- Chape flottante avec chauffage par le sol 80 mm
- Couche de séparation
  (p. ex. film plastique 1 mm)
- Isolation contre les bruits d'impact 20 mm
- Plancher à éléments préfabriqués
  en terre cuite 190-240 mm
- Enduit de plafond 10 mm

Structure
- Construction orientée (construction non orientée possible : systèmes à caissons)
- Sous-face composée d'un seul matériau
- Il n'est pas nécessaire de couler une couche de béton sur les éléments en terre cuite.
- Il n'est pas possible de réaliser des porte-à-faux.
- Construction non adaptée aux charges ponctuelles
- Éléments disponibles avec une longueur allant jusqu'à 6,6 m et une largeur comprise entre 1,0 et 2,5 m (p. ex. Bricosol)

Mise en œuvre
- Système flexible
- Pas de coffrage
- Travaux d'étaiement peu importants
- Construction sèche, pose possible toute l'année
- Praticable dès le lendemain de la pose

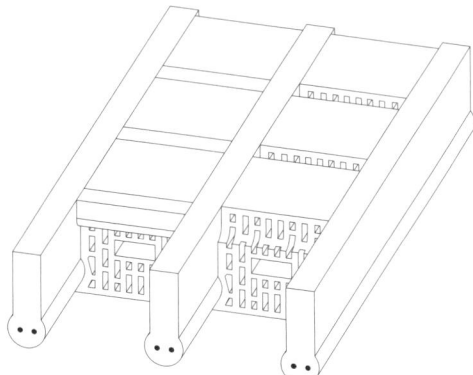

Ill. 1 : en haut, les différents composants d'un plancher à éléments préfabriqués en terre cuite (nervures en béton armé coulées entre les entrevous) ; en bas, pose des éléments préfabriqués en usine (ici : Bricosol)

ÉLÉMENTS | Plancher

Plancher à entrevous (hourdis) en terre cuite
1:20

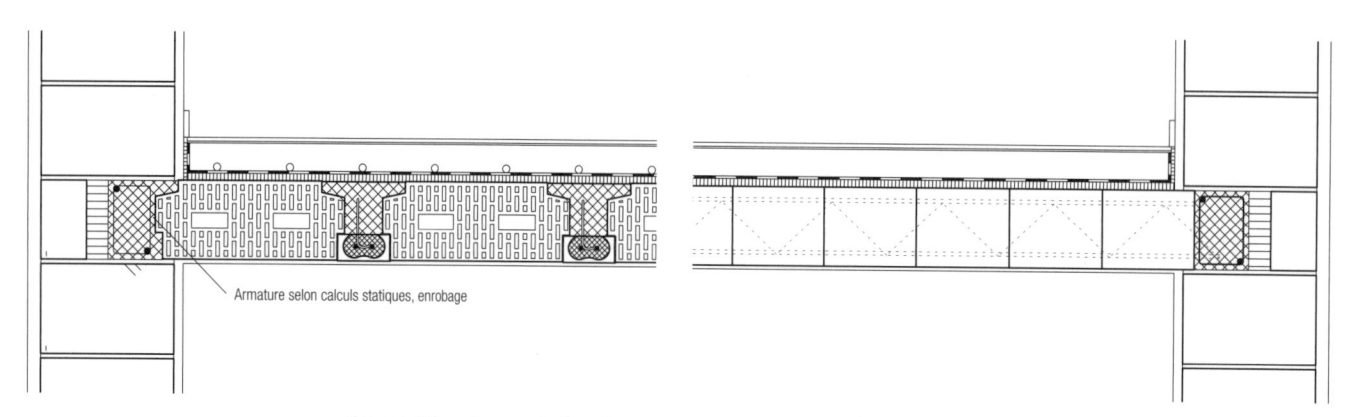

Armature selon calculs statiques, enrobage

Composition du mur de façade
Maçonnerie monolithique
- Enduit extérieur   35 mm
- Maçonnerie monolithique 36,5/24,8/23,8   365 mm
- Enduit intérieur   25 mm

Composition des planchers
- Revêtement de sol,
  p. ex. carreaux en céramique   10 mm
- Mortier-colle
- Chape flottante avec chauffage par le sol   80 mm
- Couche de séparation
  (p. ex. film plastique 1 mm)
- Isolation contre les bruits d'impact   20 mm
- Plancher à entrevous (hourdis)
  en terre cuite   210-250 mm
- Enduit de plafond   10 mm

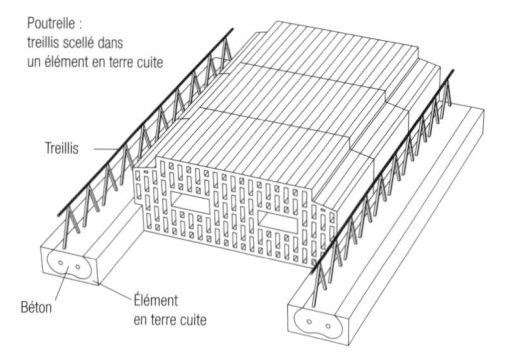

Poutrelle : treillis scellé dans un élément en terre cuite
Treillis
Béton
Élément en terre cuite

Structure
- Construction orientée (construction non orientée possible : systèmes à caissons)
- Sous-face composée d'un seul matériau
- Avec ou sans couche de béton supplémentaire, en fonction des charges à reprendre
- Il n'est pas possible de réaliser des porte-à-faux.
- Construction non adaptée aux charges ponctuelles
- Portée maximale si l'armature est posée sur place : 7 m
- Portée maximale en cas de précontrainte : 7,5 m

Mise en œuvre
- Si armature posée sur place : système flexible
- Si poutrelles précontraintes : plancher semi-préfabriqué. La plupart des systèmes appartiennent à cette catégorie.
- Pas de coffrage
- Travaux d'étaiement peu importants

Ill. 2 : pose des entrevous entre les poutrelles en béton armé

ÉLÉMENTS — Plancher

Plancher-dalle en béton
1:20

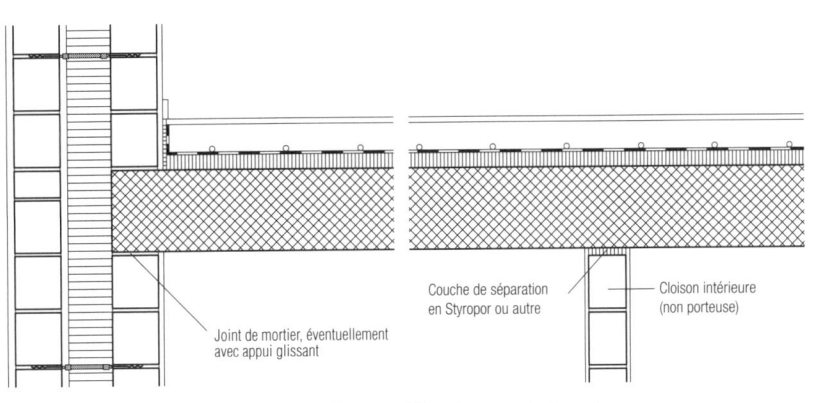

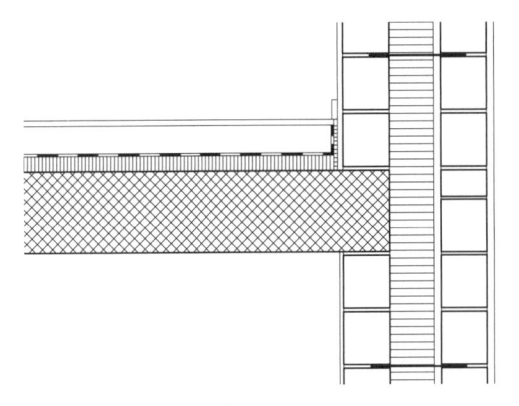

Composition du mur de façade
Mur double, enduit

- Enduit extérieur	20 mm
- Briques modulaires en terre cuite	125 mm
- Lame d'air (tolérances d'exécution)	20 mm
- Isolation thermique	150-300 mm
- Briques modulaires en terre cuite	125 mm
- Enduit intérieur	15 mm

Composition des planchers

- Revêtement de sol, p. ex. parquet collé	15 mm
- Chape flottante avec chauffage par le sol	80 mm
- Couche de séparation (p. ex. film plastique 1 mm)	
- Isolation contre les bruits d'impact	40 mm
- Plancher-dalle en béton coulé sur place, avec lasure (épaisseur dépendant de la portée)	210 mm

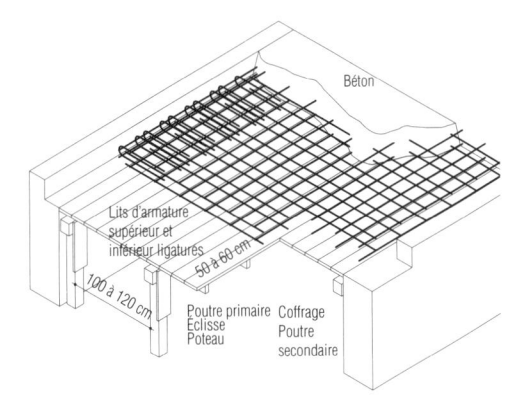

Légendes du schéma :
- Joint de mortier, éventuellement avec appui glissant
- Couche de séparation en Styropor ou autre
- Cloison intérieure (non porteuse)

Légendes de l'axonométrie :
- Béton
- Lits d'armature supérieur et inférieur ligaturés
- 50 à 60 cm
- 100 à 120 cm
- Poutre primaire
- Éclisse
- Poteau
- Coffrage
- Poutre secondaire

Structure
- Construction non orientée (armature croisée ou unidirectionnelle)
- Dalles reprenant les charges dans une ou deux directions
- Portées économiques :
  Jusqu'à environ 5 m pour une dalle sans appuis intermédiaires
  Jusqu'à environ 7 m pour une dalle continue
- Estimation de l'épaisseur de la dalle :
  ép./L = 1/30 pour les dalles rectangulaires
  ép./L = 1/35 pour les dalles carrées

Mise en œuvre
- Importante consommation de matériau par rapport aux portées franchies
- Construction à fort taux d'humidité

Coffrage
- Béton coulé sur place : importants travaux d'étaiement et de coffrage

Ill. 3 : avant la mise en place du béton liquide : coffrage, armature et pose des conduites à enrober dans le béton (électricité, eau, ventilation, etc.)

ÉLÉMENTS | Plancher

Dalle nervurée en béton
1:20

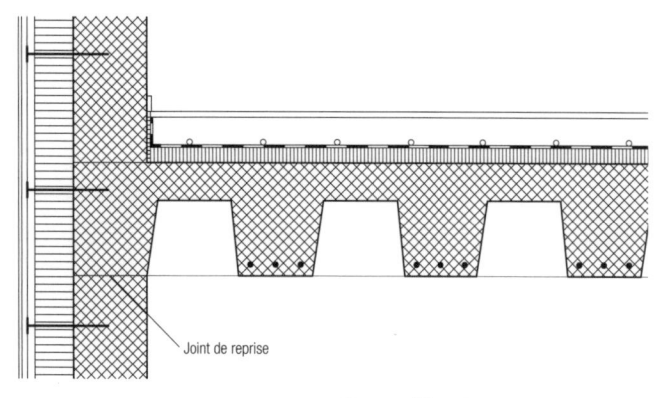

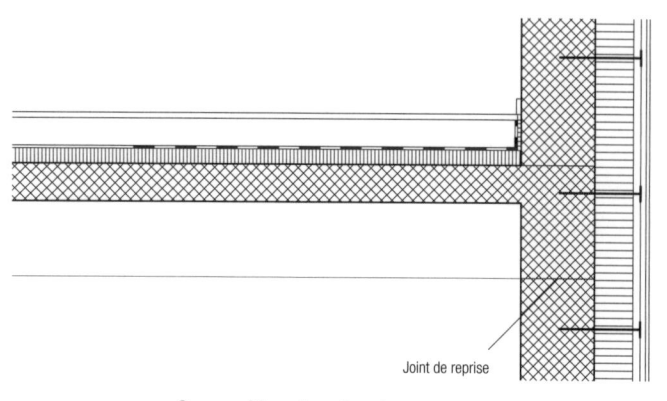

Joint de reprise

Joint de reprise

Composition du mur de façade
Isolation extérieure enduite
- Enduit de finition minéral   2 mm
- Enduit d'accrochage   4 mm
- Enduit de fond minéral   20 mm
- Isolation thermique   150-300 mm
- Béton (couche porteuse)   200 mm
- Pont d'adhérence
- Enduit intérieur   15 mm

Composition des planchers
- Revêtement de sol,
  p. ex. dalles en pierre naturelle   15 mm
- Mortier-colle (lit mince à épais)   3-5 mm
- Chape flottante avec chauffage par le sol   80 mm
- Couche de séparation (film plastique 1 mm)
- Isolation contre les bruits d'impact   40 mm
- Dalle nervurée en béton
  (épaisseur dépendant de la portée) var.

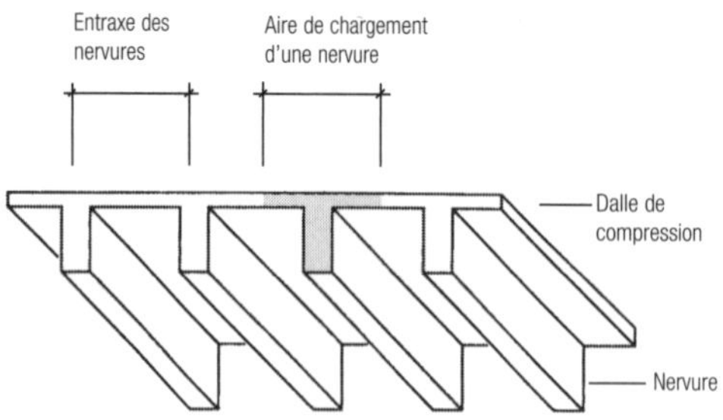

Entraxe des nervures — Aire de chargement d'une nervure — Dalle de compression — Nervure

Structure
- Construction orientée
- Réduction de poids par rapport à une dalle massive
- Portées :
  4-12 m pour une dalle sans appuis intermédiaires
  5-20 m pour une dalle continue
- Épaisseur de la construction :
  Dalle de compression 5-8 cm
  Nervures 30-90 cm
- Possibilité de faire passer des conduites techniques entre les nervures

Physique de la construction
- Rapport masse/surface favorable en termes d'inertie thermique

Mise en œuvre, coffrage
- Importants travaux de coffrage au niveau des nervures
- Coffrage préfabriqué : réutilisable, investissement en temps moyen
- Coffrage monté sur place : investissement en temps accru
- Préfabrication : montage à sec d'éléments légers (« poutres-dalles »)

Acoustique
- Le fait que la construction présente un important développement de surfaces améliore l'acoustique des locaux.

Ill. 4 : Bearth & Deplazes, école avec salle de sport, Vella (CH) 1997

Dalle à caissons en béton
1:20

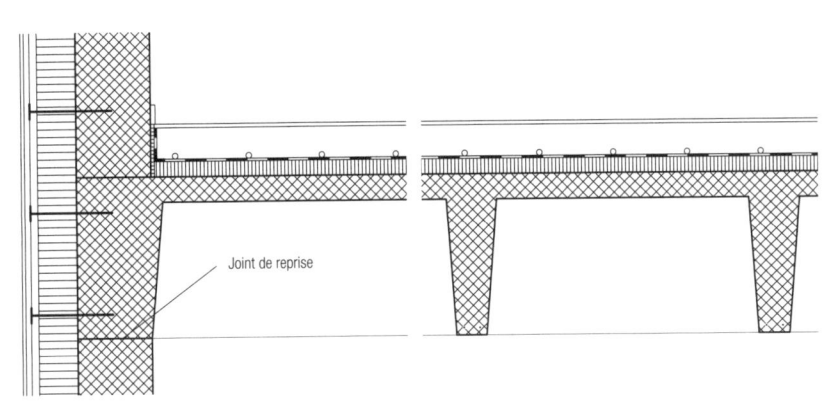

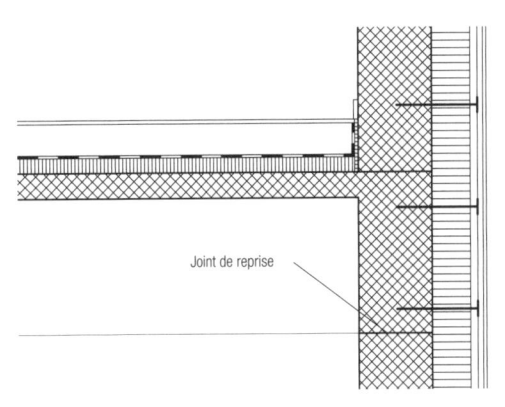

Composition des murs de façade
Isolation extérieure enduite
- Enduit de finition minéral　　　　　　　　2 mm
- Enduit d'accrochage　　　　　　　　　　4 mm
- Enduit de fond minéral　　　　　　　　20 mm
- Panneaux isolants (5/150/10
  panneaux à trois couches)
  Fixation au moyen de chevilles à visser
  en plastique　　　　　　　　　　150-300 mm
- Béton (couche porteuse)　　　　　　200 mm
- Pont d'adhérence
- Enduit intérieur　　　　　　　　　　　15 mm

Composition des planchers
- Revêtement de sol,
  p. ex. carreaux en grès cérame　　　　15 mm
- Mortier-colle　　　　　　　　　　　　3-5 mm
- Chape flottante avec chauffage par le sol　80 mm
- Couche de séparation (p. ex. film plastique 1 mm)
- Isolation contre les bruits d'impact　　　40 mm
- Dalle à caissons en béton　　　　　　　var.

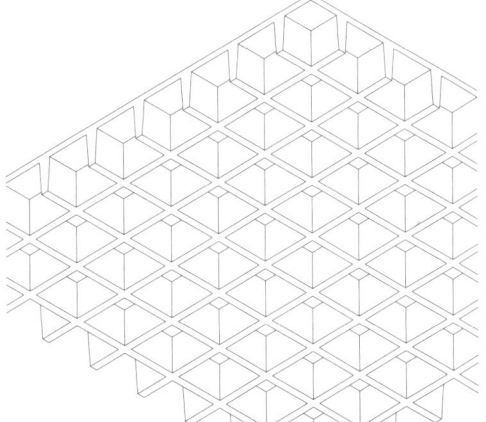

Structure
- Construction bidirectionnelle
- Construction modulaire
- Grandes portées possibles si les nervures présentent une hauteur suffisante

Mise en œuvre
- Faible consommation de matériau (béton coulé sur place)
- Importants travaux de coffrage si la dalle est coulée sur place

Méthodes de coffrage alternatives
- Pose de volumes creux sur le coffrage (caissons en plâtre, bois, acier ou matière synthétique)
- Éléments de coffrage préfabriqués, réutilisables
- Éléments de coffrage perdus (p. ex. Durisol)
  Les éléments de forme conique facilitent le décoffrage.

Acoustique
- Le fait que la construction présente un important développement de surfaces améliore l'acoustique des locaux.

Ill. 5 : Louis I. Kahn, Yale University Art Gallery, New Haven (USA) 1953

ÉLÉMENTS | **Plancher**

Dalle alvéolaire en béton
1:20

Béton de remplissage
Bande d'appui ou enduit de mortier

Béton de remplissage
Bande d'appui ou enduit de mortier

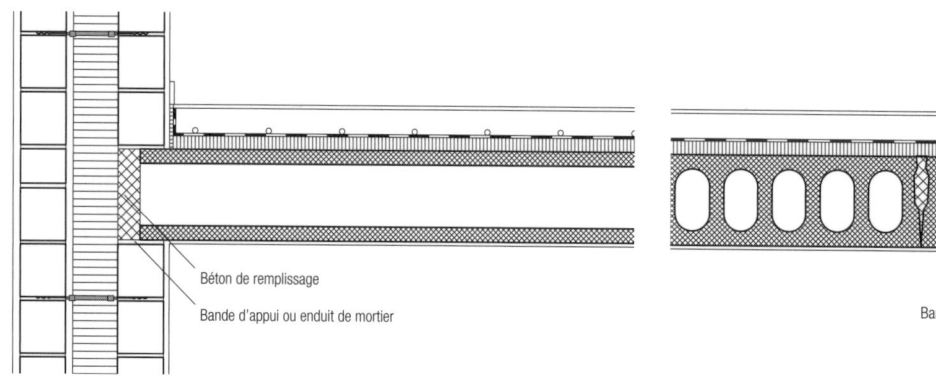

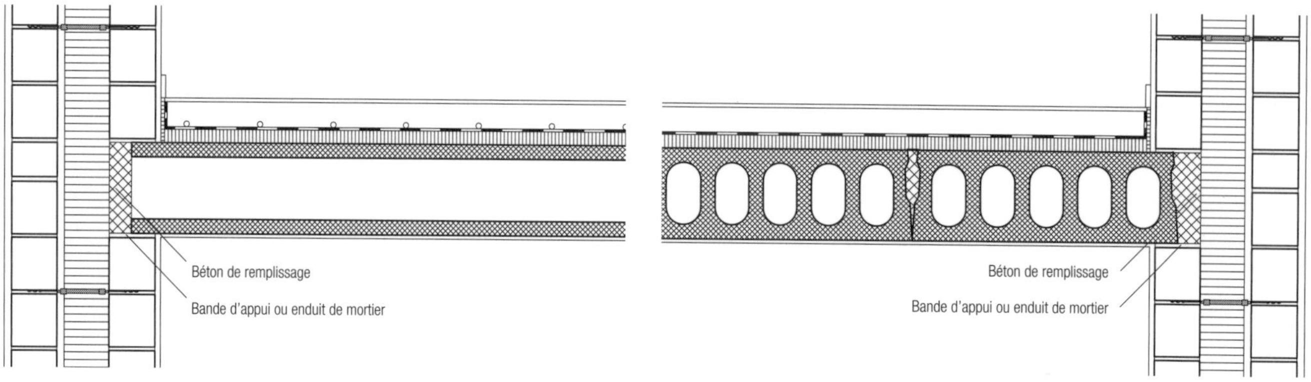

Composition du mur de façade
Mur double, enduit
- Enduit extérieur — 20 mm
- Briques modulaires en terre cuite — 125 mm
- Lame d'air (tolérances d'exécution) — 20 mm
- Isolation thermique — 150-300 mm
- Briques modulaires en terre cuite — 125 mm
- Enduit intérieur — 15 mm

Composition des planchers
- Revêtement de sol, p. ex. linoléum — 5 mm
- Chape avec chauffage par le sol — 80 mm
- Couche de séparation (p. ex. film plastique 1 mm)
- Isolation contre les bruits d'impact — 40 mm
- Dalle alvéolaire en béton — 120-300 mm
- Pont d'adhérence
- Enduit de plafond — 10 mm

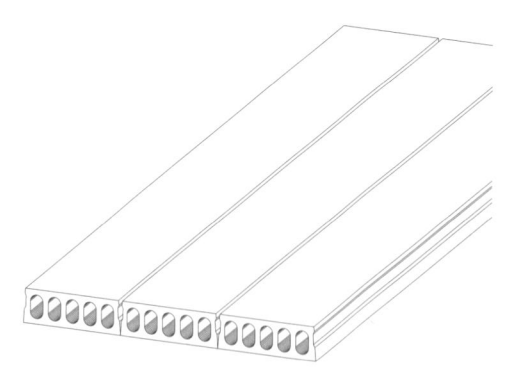

Structure
- Construction statiquement orientée, mais visuellement non orientée (p. ex. Brun Elementwerk)
- Portées jusqu'à 12 m
- Épaisseurs jusqu'à 300 mm

Mise en œuvre
- Préfabrication
- Montage rapide
- Construction sèche : séchage rapide
- Montage à sec

Coffrage
- Pas d'étaiement
- Sous-face lisse

Ill. 6 : manutention des éléments par grue

ÉLÉMENTS | Plancher

Plancher mixte bac acier-béton
1:20

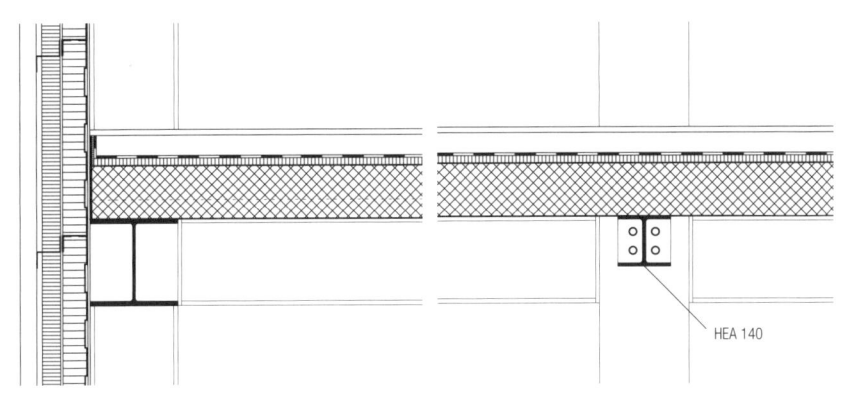

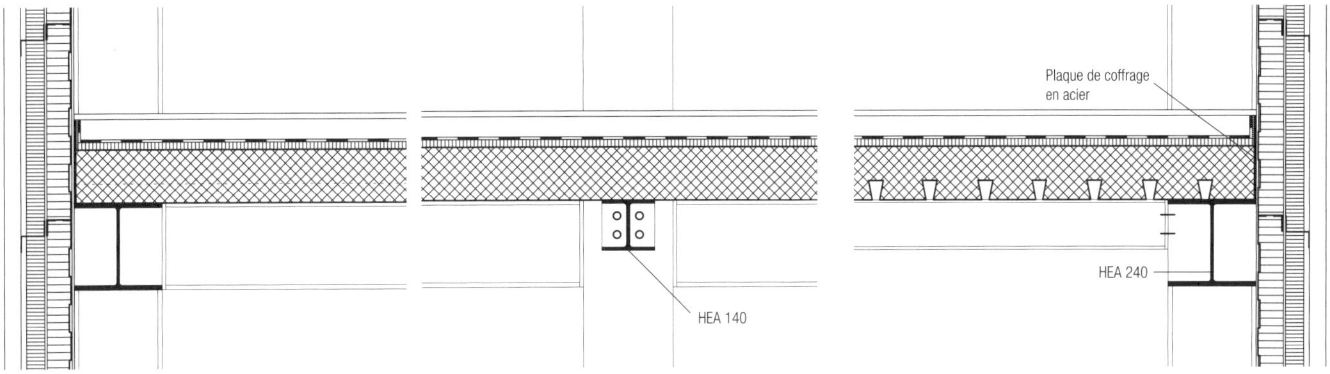

Composition des murs de façade
Revêtement extérieur ventilé
- Tôle ondulée galvanisée   var.
- Vide de ventilation
  (tôle ondulée posée verticalement)   > 40 mm
- Isolation thermique   50 mm
- Isolation thermique posée dans des
  caissons en acier galvanisé   100-250 mm
- Poteaux et poutres en acier   var.

Composition des planchers
- Revêtement de sol, p. ex. ciment magnésien   10 mm
- Chape   60 mm
- Couche de séparation
  (p. ex. film plastique 1 mm)
- Isolation contre les bruits d'impact   20 mm
- Béton armé   130-180 mm
- Tôle à ondes trapézoïdales ou tôle Holorib
- Poutres secondaires et primaires en acier
  (p. ex. profilés HEA ou HEB)   var.

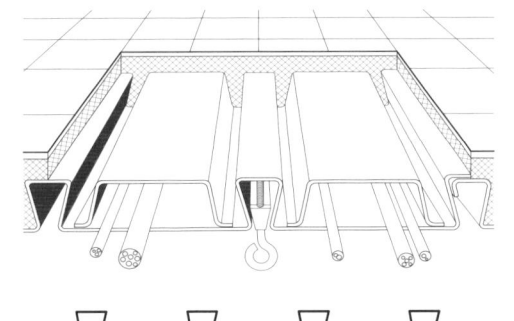

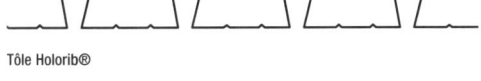

Tôle Holorib®

Tôle à ondes trapézoïdales

Structure
- Construction orientée
- Tôle à ondes trapézoïdales ou tôle Holorib, couche de béton armé
- Assez bonne résistance au feu
- Installations techniques faciles à faire passer dans l'épaisseur de la construction
- Portées dans le sens du profilage du bac acier :
  jusqu'à 6 m sans appuis intermédiaires
- Épaisseur de la construction :
  Bac acier 13-22 cm
  Couche de béton supérieure 8-20 cm

Mise en œuvre
- Travaux d'étaiement peu importants
- Réduction du travail requis sur le chantier

Coffrage
- Pas de coffrage ni d'armature principale
- Faible poids des éléments à poser (bac acier)

Acoustique
- Bonne isolation contre les bruits aériens et d'impact
- Prendre garde à la transmission phonique au niveau des raccords entre planchers et murs !

Ill. 7 : en haut, sous-face d'un bac acier ; en bas, bac acier recouvert de béton

ÉLÉMENTS | Plancher

Plancher en bois massif
1:20

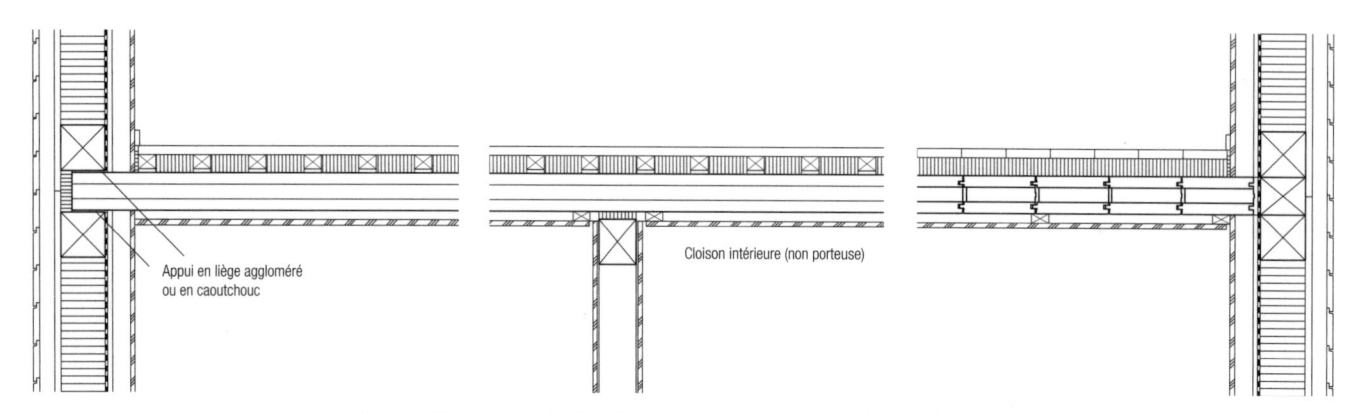

Appui en liège aggloméré ou en caoutchouc

Cloison intérieure (non porteuse)

Composition du mur de façade
Construction à ossature bois
- Bardage à clins   24 mm
- Lattage, vide de ventilation   40 mm
- Panneaux de fibres tendres, pare-vent   18 mm
- Isolation thermique, ossature   150-300 mm
- Frein-vapeur
- Couche d'égalisation
- Lattage vertical (installations)   50 mm
- Panneaux de fibres de bois liées au ciment   12 mm

Composition des planchers
- Plancher en lames de bois   24 mm
- Lattage, isolation contre les bruits d'impact   40 mm
- Bandes caoutchouc posées sous les lattes
  (atténuation des bruits d'impact)
- Éléments en bois massif contrecollé
  (épaisseur dépendant de la portée)   80-120 mm
- Lattage   24 mm
- Panneaux de fibres de bois liées au ciment   15 mm

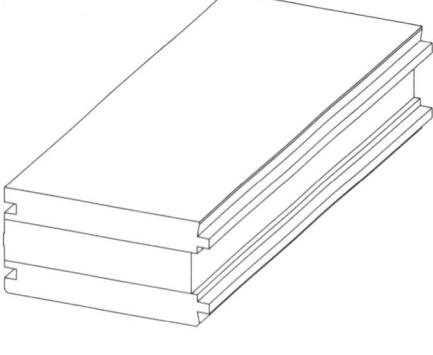

Structure
- Construction orientée
- Planchers rigides, sans problème de vibrations
- Portées de 4-5 m
- Épaisseurs de construction de 80-120 mm
  À partir de 120 mm, on recourt à des caissons.
- Masse relativement importante (bonne inertie)

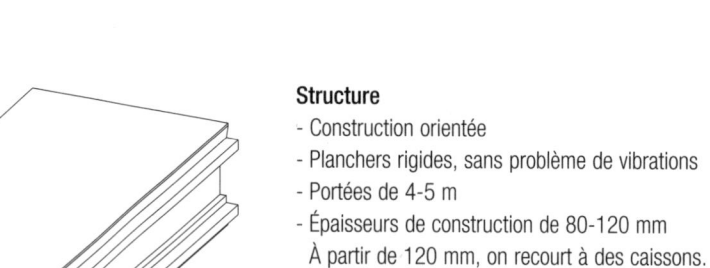

Mise en œuvre
- Préfabrication des éléments en bois massif contrecollé
- Construction sèche
- Pose aisée et rapide
- Une planification continue n'est pas possible.

Ill. 8 : pose d'éléments en bois massif contrecollé

ÉLÉMENTS — Plancher

Plancher à solivage en bois
1:20

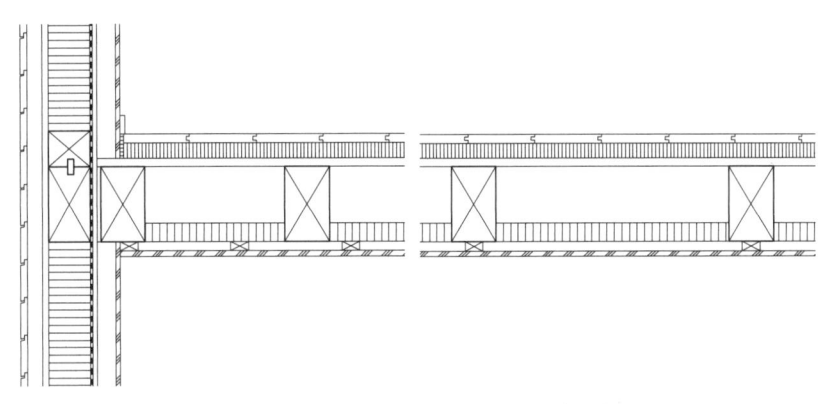

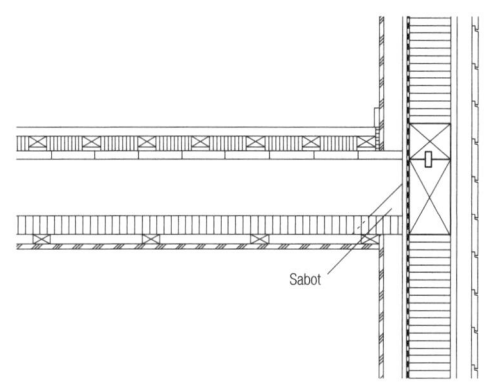

Sabot

Composition du mur de façade
Construction à ossature bois

- Bardage à clins — 24 mm
- Lattage, vide de ventilation — 40 mm
- Panneaux de fibres tendres, pare-vent — 18 mm
- Isolation thermique, ossature — 150-300 mm
- Frein-vapeur
- Couche d'égalisation
- Lattage vertical (installations) — 50 mm
- Panneaux de fibres de bois liées au ciment — 12 mm

Composition des planchers
- Plancher en lames de bois massif
  (à rainure et languette) — 24 mm
- Lattage, isolation contre les bruits d'impact
  Bandes caoutchouc posées sous les lattes
  (atténuation des bruits d'impact) — 40 mm
- Sous-plancher
  (p. ex. lames diagonales à joints vifs) — 20 mm
- Solivage 120/200 mm
  (épaisseur dépendant de la portée) — 200 mm
- Isolation phonique — 50 mm
- Lattage — 24 mm
- Panneaux de fibres de bois liées au ciment — 15 mm

Construction en bois empilés
Construction à pans de bois
Construction à ossature continue
Construction à ossature bois

Ill. 9 : différents systèmes de construction en bois

Structure
- Construction orientée
- Entraxe des solives compris entre 50 et 80 cm
- Les planchers entrent facilement en vibration.
- Meilleure capacité porteuse si les solives sont encastrées
- Le raidissement du plancher est assuré par des mesures supplémentaires, p. ex. la pose de lames diagonales sur ou sous le solivage.
- Portées jusqu'à 5 m au maximum

Mise en œuvre
- Construction sèche
- Pose aisée et rapide
- Construction requérant beaucoup de travail

Acoustique
- Isolation contre les bruits aériens et d'impact difficile à assurer

Ill. 10 : Daniel Marques, maison Ober-Riffig, Emmenbrücke (CH) 1993

ÉLÉMENTS — Plancher

Plancher à poutres-caissons en bois
1:20

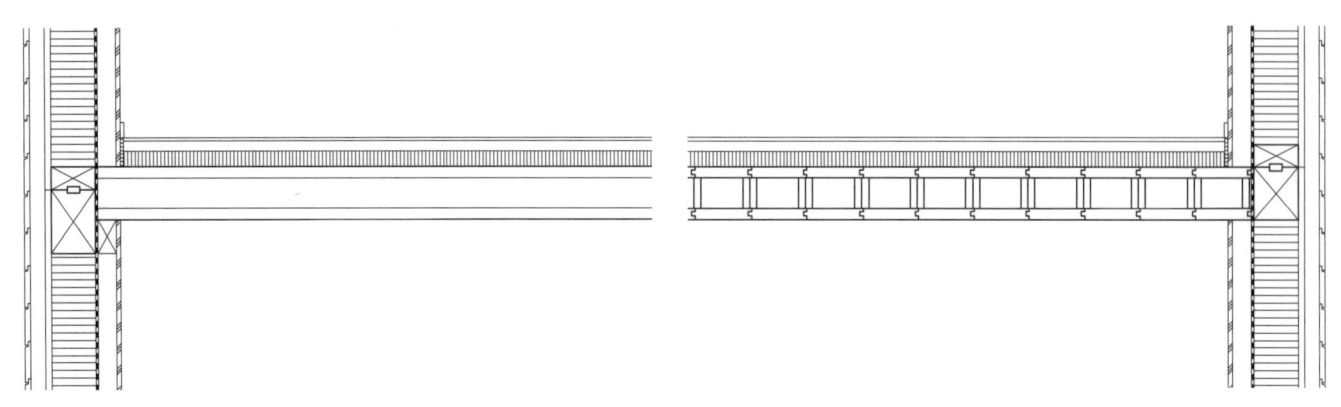

Composition du mur de façade
Construction à ossature bois
- Bardage à clins   24 mm
- Lattage, vide de ventilation   40 mm
- Panneaux de fibres tendres, pare-vent   18 mm
- Isolation thermique, ossature   150-300 mm
- Frein-vapeur
- Lattage vertical (installations)   50 mm
- Panneaux de fibres de bois liées au ciment   12 mm

Composition des planchers
- Revêtement de sol, p. ex. parquet collé   10 mm
- Panneaux triplis   27 mm
- Panneaux d'isolation contre les bruits
  d'impact 2 x 20 mm   40 mm
- Poutres-caissons reposant
  sur une lambourde (hauteur statique
  dépendant de la portée)   120-320 mm
- Lasure

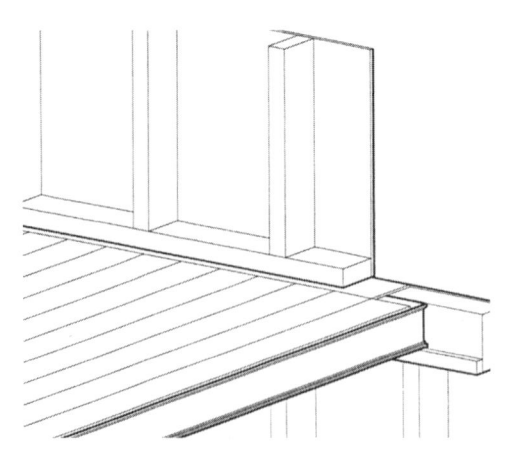

Structure
- Poutres-caissons composées de planches massives (p. ex. Lignatur)
- Grande capacité porteuse pour un faible poids propre
- Construction orientée
- Planchers rigides, sans problème de vibrations
- Portées de 4-8 m
- Épaisseurs de construction de 12-32 cm

Mise en œuvre
- Pose aisée et rapide
- Construction sèche
- Préfabrication des poutres-caissons ou des éléments constitués de plusieurs caissons

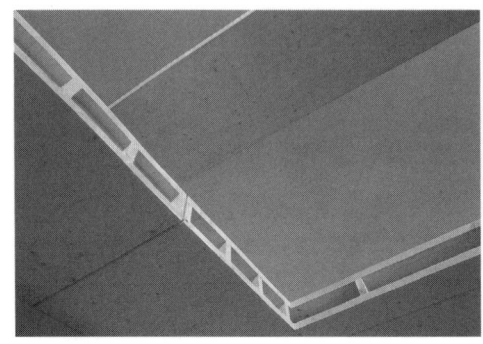

Ill. 11 : trémie avec éléments à caissons non encore fermés

ÉLÉMENTS | **Plancher**

Plancher à dalles en béton préfabriquées sur poutraison acier
1:20

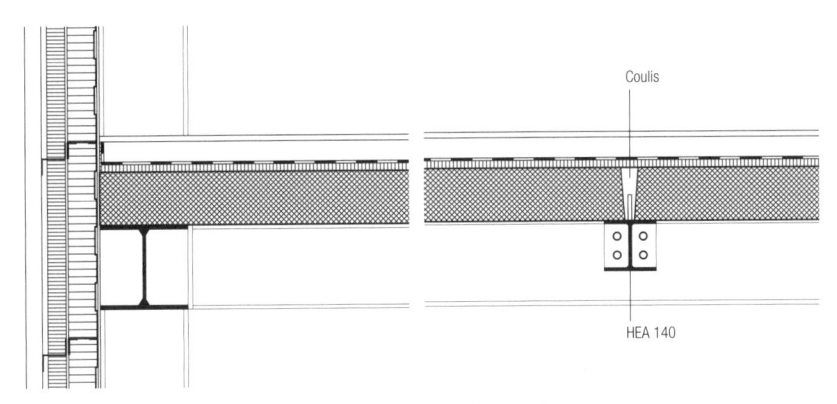

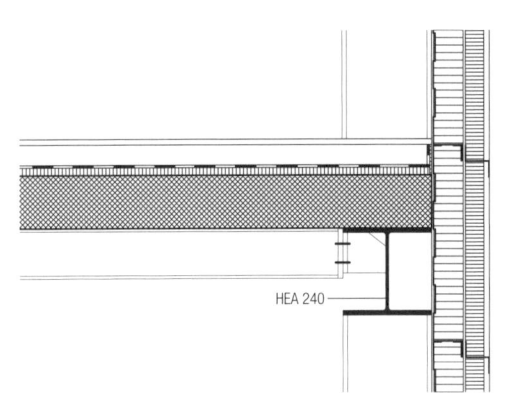

Composition du mur de façade
Revêtement extérieur ventilé
- Tôle ondulée galvanisée — var.
- Vide de ventilation
  (tôle ondulée posée verticalement) — > 40 mm
- Isolation thermique — 50 mm
- Isolation thermique posée dans
  des caissons en acier galvanisé — 100-250 mm
- Poteaux et poutres en acier — var.

Composition des planchers
- Revêtement de sol, p. ex. ciment magnésien — 10 mm
- Chape — 60 mm
- Couche de séparation
  (p. ex. film plastique 1 mm)
- Isolation contre les bruits d'impact — 20 mm
- Béton — 150-300 mm
- Poutres secondaires et primaires en acier
  (p. ex. profilés HEA ou HEB) — var.

Structure
- Construction orientée
- Construction modulaire (la largeur des dalles est normalisée)
- Préfabrication
- Possibilité de faire passer les installations techniques entre les poutres
- Faible poids
- Résistance au feu réduite du fait des poutres en acier
- Portées jusqu'à 6 m

Mise en œuvre
- Construction sèche
- Pas de coffrage ni d'étaiement
- Pose rapide

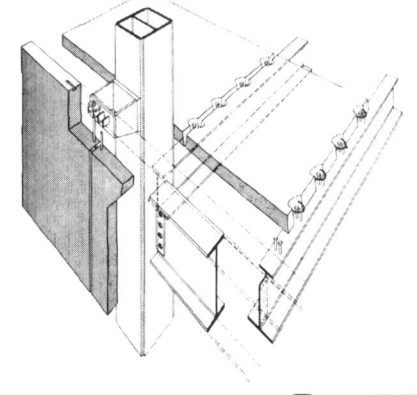

Ill. 12 : les poutres primaires sont des profilés laminés, les poutres secondaires des poutres à treillis.

ÉLÉMENTS | Toiture – Attique

Toiture inclinée – chaude
Fibrociment – revêtement extérieur léger

Ill. 1 : Bearth & Deplazes, maison Werner, Trin (CH) 1994

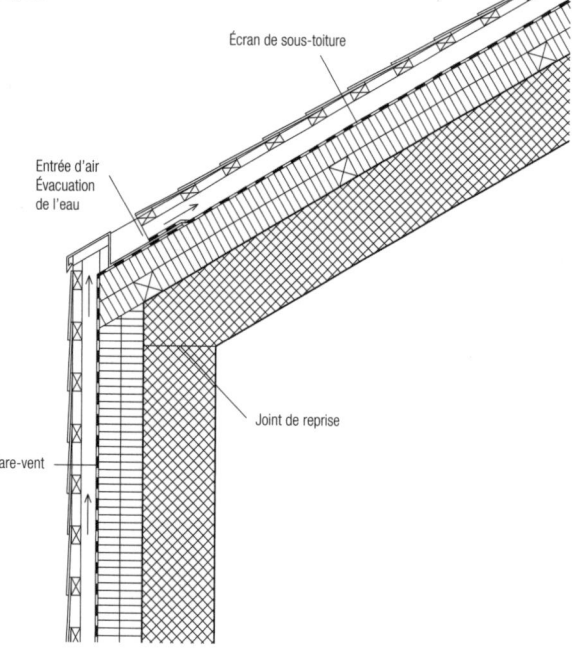

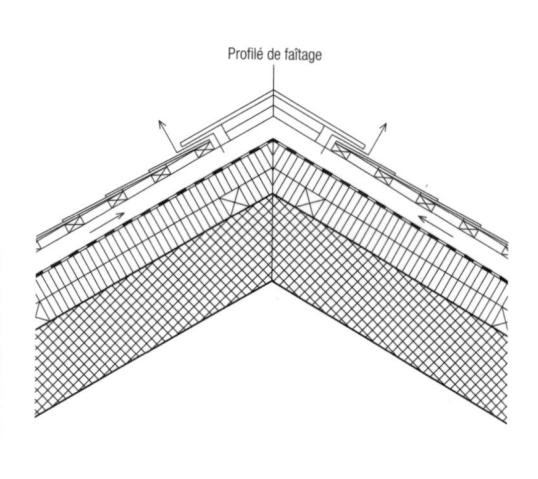

Profilé de faîtage

Écran de sous-toiture

Entrée d'air
Évacuation de l'eau

Joint de reprise

Pare-vent

Égout

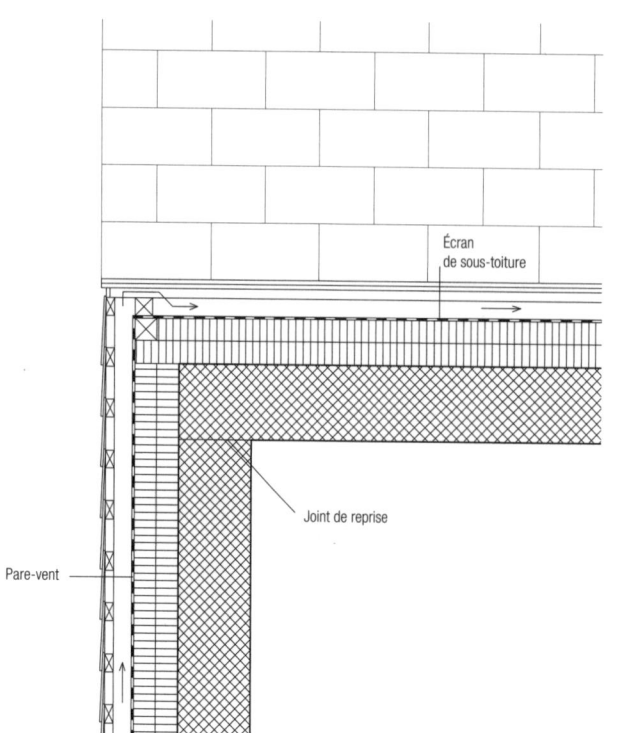

Faîtage

Écran de sous-toiture

Joint de reprise

Pare-vent

Rive

Composition de la toiture
- Ardoise de toiture (Eternit)   env. 3,5 mm
- Lattage 24/48 mm   24 mm
- Contre-lattage, vide de ventilation 48/48 mm   48 mm
- Écran de sous-toiture tendu sur le lattage   3 mm
- Lattage croisé et isolation thermique   150-300 mm
- Toiture en béton   200 mm
Total   env. 430-580 mm

Composition des murs de façade
- Ardoise de façade   35 mm
- Lattage   24 mm
- Contre-lattage, vide de ventilation   48 mm
- Pare-vent   1 mm
- Lattage croisé et isolation thermique   150-300 mm
- Mur en béton banché   200 mm
Total   458-608 mm

ÉLÉMENTS | Toiture – Attique

Toiture inclinée – chaude, à un versant
Fibrociment – maçonnerie apparente

Ill. 2 : Beat Rothen, maison Leibundgut,
Uhwiesen (CH) 1997

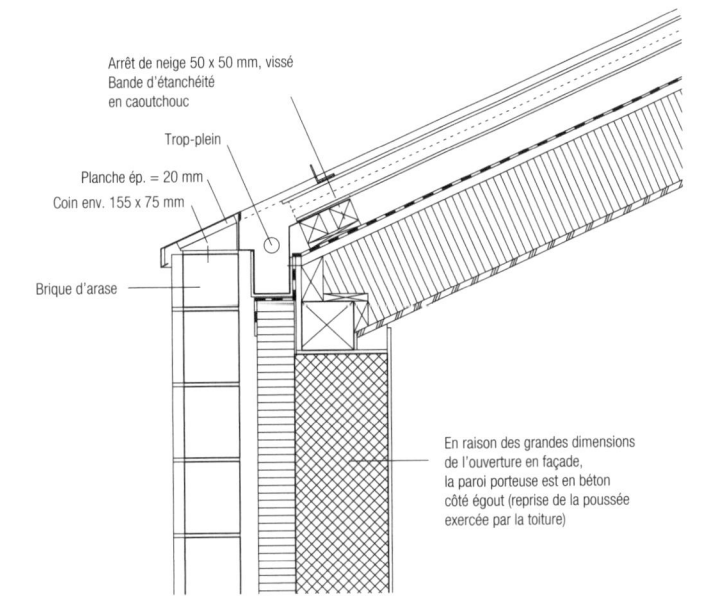

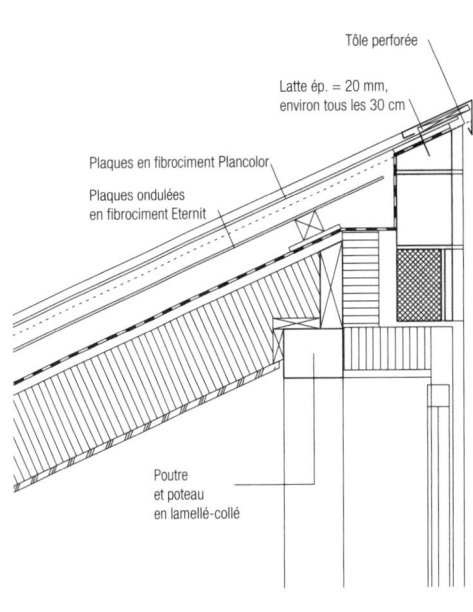

Tôle perforée
Latte ép. = 20 mm, environ tous les 30 cm
Plaques en fibrociment Plancolor
Plaques ondulées en fibrociment Eternit
Poutre et poteau en lamellé-collé

Arrêt de neige 50 x 50 mm, vissé
Bande d'étanchéité en caoutchouc
Trop-plein
Planche ép. = 20 mm
Coin env. 155 x 75 mm
Brique d'arase

En raison des grandes dimensions de l'ouverture en façade, la paroi porteuse est en béton côté égout (reprise de la poussée exercée par la toiture)

Égout   **Faîtage**

Pare-vent

La paroi extérieure en agglomérés à base de ciment est ouverte à la diffusion de vapeur. Elle ne présente d'ouvertures (joints verticaux ouverts) qu'au niveau du soubassement, pour assurer l'évacuation de l'eau s'étant infiltrée dans le vide de ventilation.

Rive

Composition de la toiture
- Couverture : système de couverture intégrale Eternit
- Plaques en fibrociment Plancolor   7 mm
- Plaques ondulées en fibrociment Eternit
  (sous-toiture)   57 mm
- Lattage horizontal 60/60 mm   60 mm
- Patins   20 mm
- Écran de sous-toiture Pavatex
- Éléments Rupli Holzbautechnik, composés de :
  Panneaux de fibres tendres Gutex
  Bois massif de construction,
  avec isolation thermique Isofloc
  Panneaux triplis en épicéa
  (étanches à la vapeur d'eau)   260 mm
- *Total*   *404 mm*

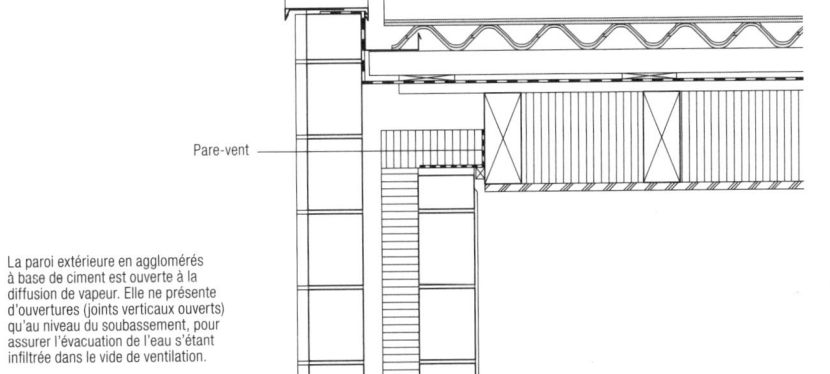

Composition du mur de façade
- Maçonnerie apparente en agglomérés
  à base de ciment 18/19/30   180 mm
- Lame d'air   50 mm
- Isolation thermique   150-300 mm
- Maçonnerie en brique de terre cuite   150 mm
- Enduit intérieur   10 mm
- *Total*   *540-690 mm*

ÉLÉMENTS — Toiture – Attique

Toiture inclinée – froide
Tuiles – maçonnerie monolithique

Ill. 3 : Gigon & Guyer, maison C (CH) 1994

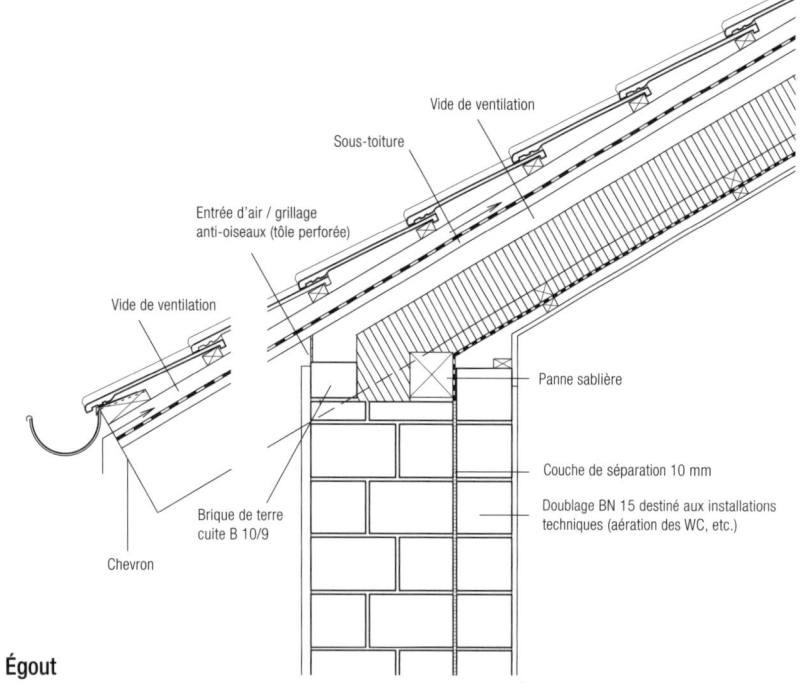

Égout

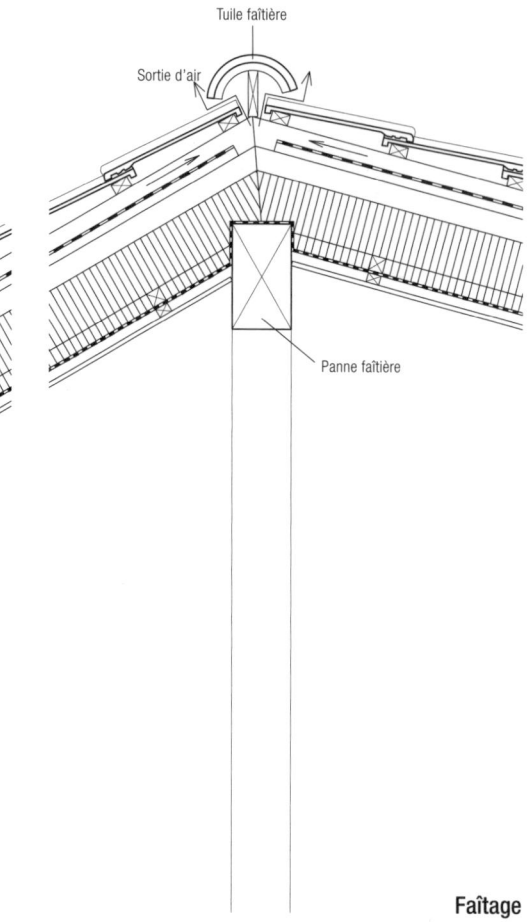

- Vide de ventilation
- Sous-toiture
- Entrée d'air / grillage anti-oiseaux (tôle perforée)
- Vide de ventilation
- Brique de terre cuite B 10/9
- Chevron
- Panne sablière
- Couche de séparation 10 mm
- Doublage BN 15 destiné aux installations techniques (aération des WC, etc.)

Faîtage

- Tuile faîtière
- Sortie d'air
- Panne faîtière

Rive

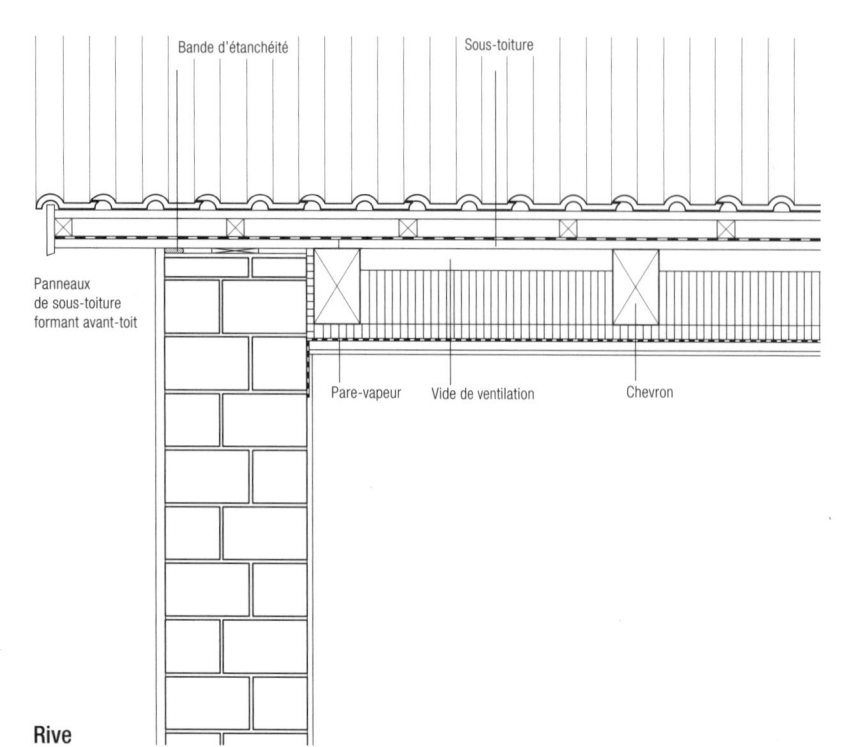

- Bande d'étanchéité
- Sous-toiture
- Panneaux de sous-toiture formant avant-toit
- Pare-vapeur
- Vide de ventilation
- Chevron

Composition de la toiture
- Tuiles flamandes en béton	env. 70 mm
- Lattage 30/50 mm	30 mm
- Contre-lattage 45/50 mm	45 mm
- Écran de sous-toiture sans joints sur panneaux	22 mm
- Vide de ventilation	60 mm
- Isolation thermique en laine de roche	140-260 mm
- Isolation thermique en laine de roche	40 mm
- Pare-vapeur	
- Lattage 24/48 mm	24 mm
- Revêtement intérieur (placoplâtre)	12,5 mm
Total	*env. 440-560 mm*

Composition du mur de façade
- Enduit extérieur	25 mm
- Maçonnerie monolithique Optitherm 15 et 23	390 mm
- Enduit intérieur	15 mm
Total	*430 mm*

ÉLÉMENTS — Toiture – Attique

Toiture inclinée – froide
Couverture métallique – maçonnerie monolithique

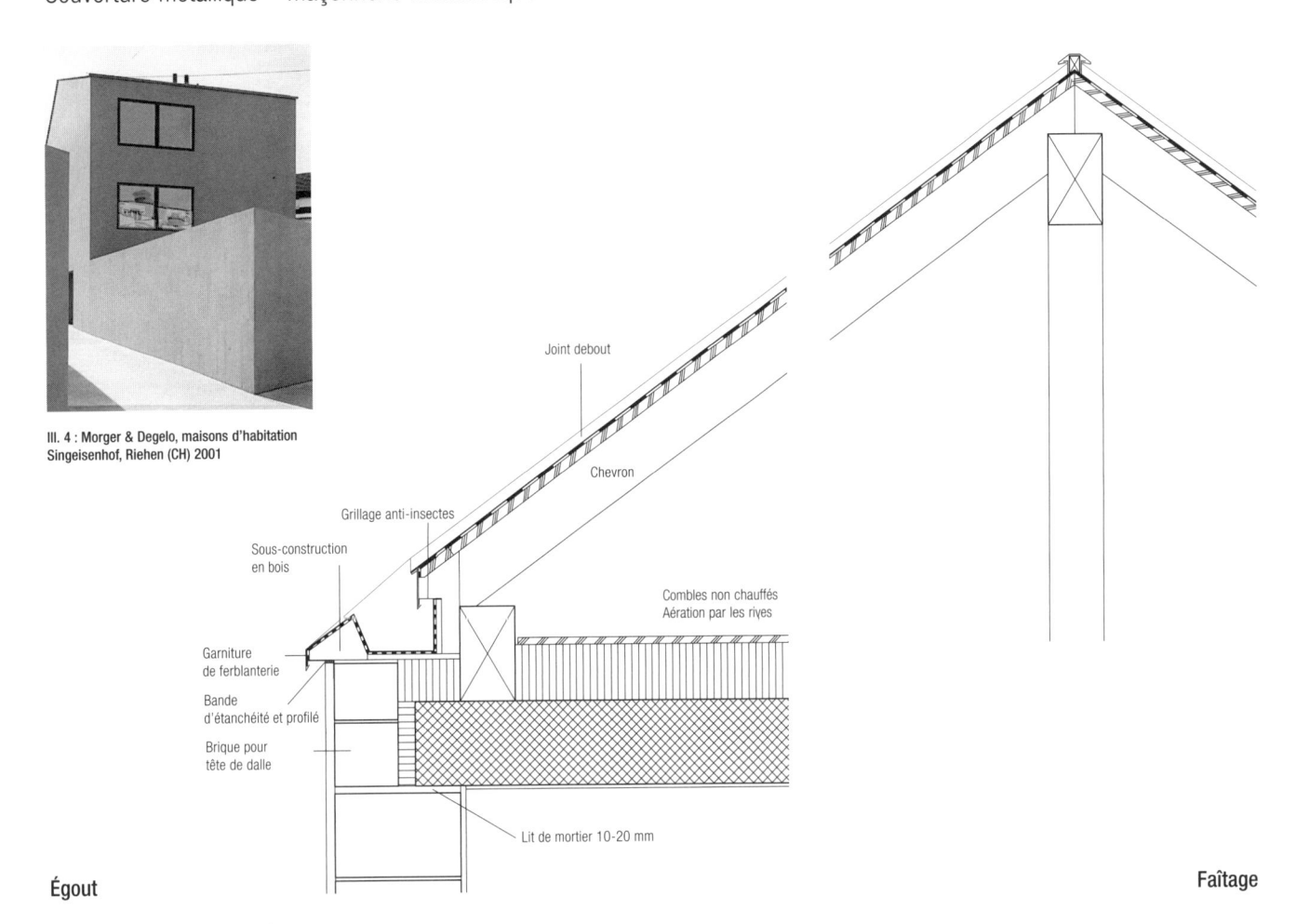

Ill. 4 : Morger & Degelo, maisons d'habitation
Singeisenhof, Riehen (CH) 2001

Joint debout
Chevron
Grillage anti-insectes
Sous-construction en bois
Combles non chauffés
Aération par les rives
Garniture de ferblanterie
Bande d'étanchéité et profilé
Brique pour tête de dalle
Lit de mortier 10-20 mm

Égout

Faîtage

Joint debout
Légère surélévation en rive de toiture, en prévision du retrait du bois (différence de hauteur compensée par un abaissement des chevrons de 2 cm dans un délai d'environ deux ans)
Profilé en Z galvanisé avec tôle de raidissement
Grillage anti-insectes en acier chromé

Rive

Composition de la toiture froide
- Tôle de cuivre, bandes posées à joint debout   0,6 mm
- Écran de sous-toiture F3
- Panneaux en dérivé du bois   27 mm
- Chevrons 100/160 mm   160 mm

Total   *188 mm*

Composition du plancher (isolé)
- Panneaux de particules à haute densité   20 mm
- Isolation thermique en laine de roche   150-300 mm
- Dalle en béton   240 mm
- Enduit intérieur   10 mm

Total   *420-570 mm*

Composition du mur de façade
- Enduit extérieur   25 mm
- Maçonnerie monolithique ThermoCellit   365 mm
- Enduit intérieur   15 mm

Total   *405 mm*

ÉLÉMENTS | Toiture – Attique

Toiture plate – chaude
Bitume – mur double, enduit

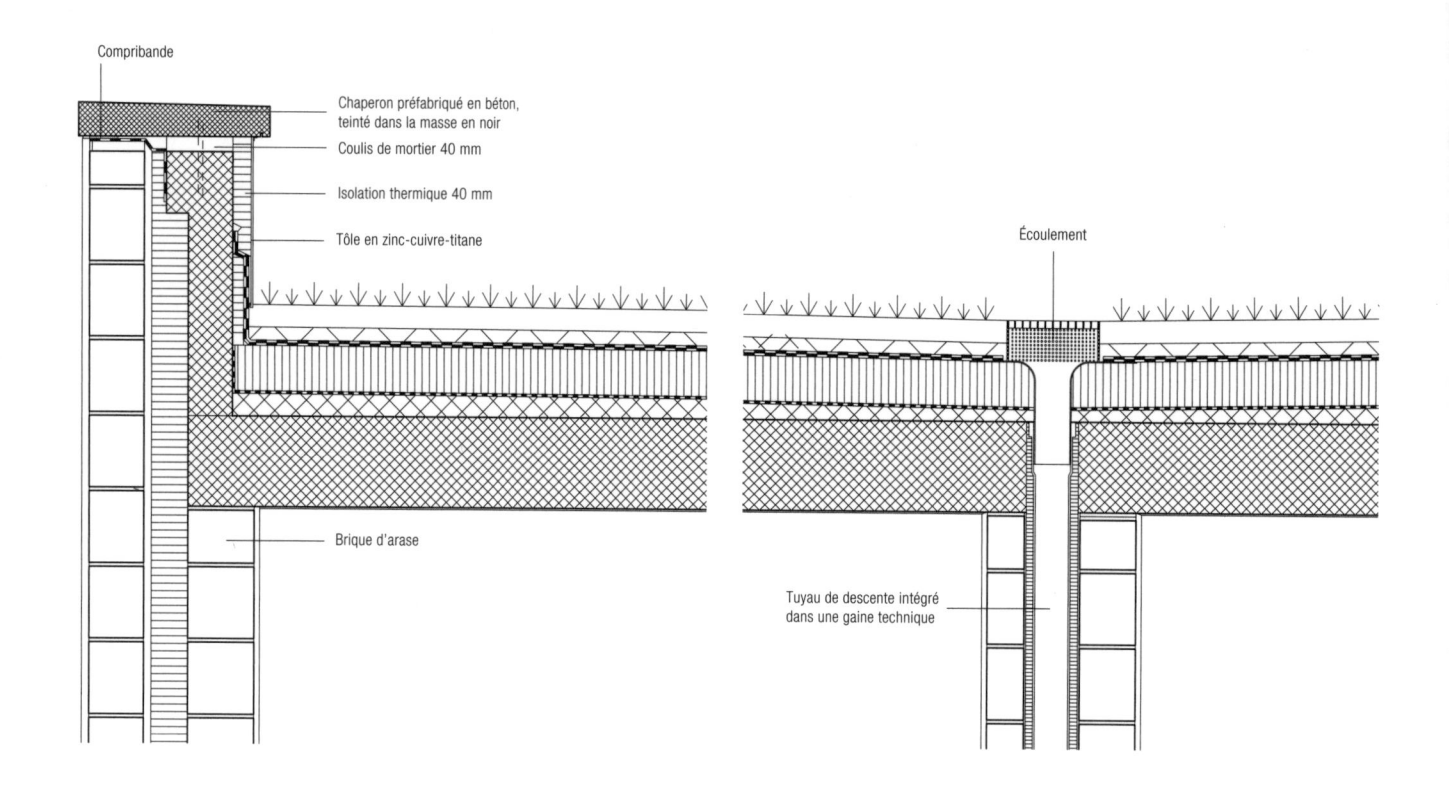

Labels (coupe de gauche):
- Compribande
- Chaperon préfabriqué en béton, teinté dans la masse en noir
- Coulis de mortier 40 mm
- Isolation thermique 40 mm
- Tôle en zinc-cuivre-titane
- Brique d'arase

Labels (coupe de droite):
- Écoulement
- Tuyau de descente intégré dans une gaine technique

Ill. 5 : Ackermann & Friedli, école Ackermättli, Bâle (CH) 1996

Composition de la toiture
- Terre végétale   60 mm
- Lés de protection drainants   35 mm
- Lés bicouches en bitume polymère
- Isolation thermique   150-300 mm
- Pare-vapeur (raisons : humidité résiduelle du béton, « toiture provisoire » durant les travaux, protection contre la diffusion de vapeur d'eau en présence de fissures et de perforations)
- Béton de pente   30-60 mm
- Dalle en béton   240 mm
- Enduit intérieur   5 mm
- Total   520-700 mm

Composition du mur de façade
- Enduit extérieur   20 mm
- Maçonnerie en brique de terre cuite B 29/15/19   150 mm
- Lame d'air (tolérances d'exécution)   20 mm
- Isolation thermique   150-300 mm
- Maçonnerie en brique de terre cuite B 29/17,5/19   175 mm
- Enduit intérieur   15 mm
- Total   530-680 mm

ÉLÉMENTS   Toiture – Attique

Toiture plate – chaude
Bitume – béton de parement avec isolation intérieure

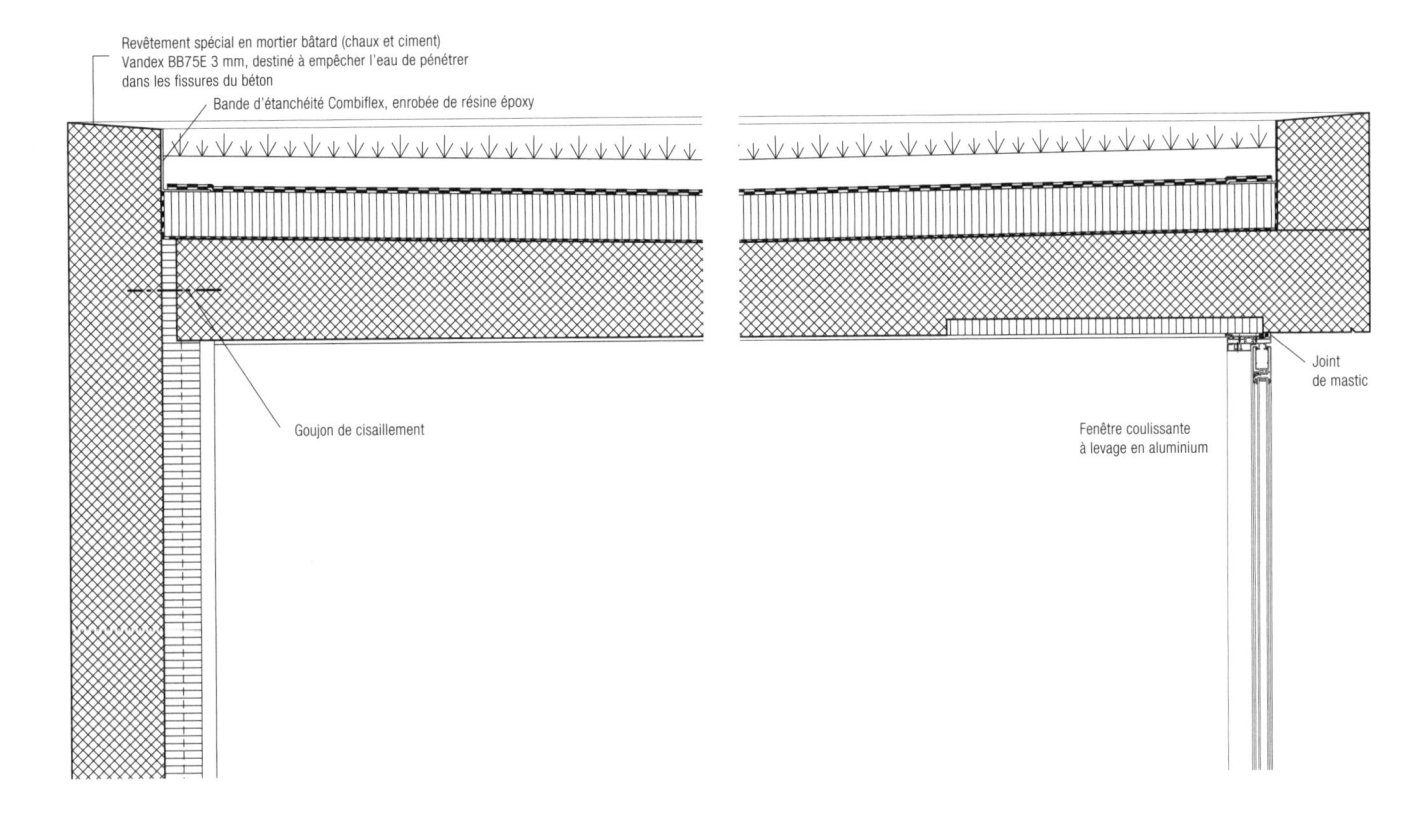

Revêtement spécial en mortier bâtard (chaux et ciment)
Vandex BB75E 3 mm, destiné à empêcher l'eau de pénétrer dans les fissures du béton
Bande d'étanchéité Combiflex, enrobée de résine époxy

Goujon de cisaillement

Joint de mastic

Fenêtre coulissante à levage en aluminium

Ill. 6 : Morger & Degelo, maison Müller, Staufen (CH) 1999

Composition de la toiture
- Substrat extensif — 80 mm
- Lés de bitume bicouches EP3, EP4 WF (résistants à la pénétration des racines) — 7 mm
- Isolation thermique — 150-300 mm
- Pare-vapeur (raisons : humidité résiduelle du béton, « toiture provisoire » durant les travaux, protection contre la diffusion de vapeur d'eau en présence de fissures et de perforations)
- Dalle en béton à pente intégrée — 200-270 mm
- Enduit lisse au plâtre — 5-10 mm
- Total — *442-667 mm*

Composition du mur de façade
- Béton de parement — 250 mm
- Isolation thermique en polystyrène extrudé — 150-300 mm
- Panneaux de plâtre — 40 mm
- Total — *440-590 mm*

ÉLÉMENTS — Toiture – Attique

Toiture plate – chaude
Matière synthétique – revêtement extérieur lourd

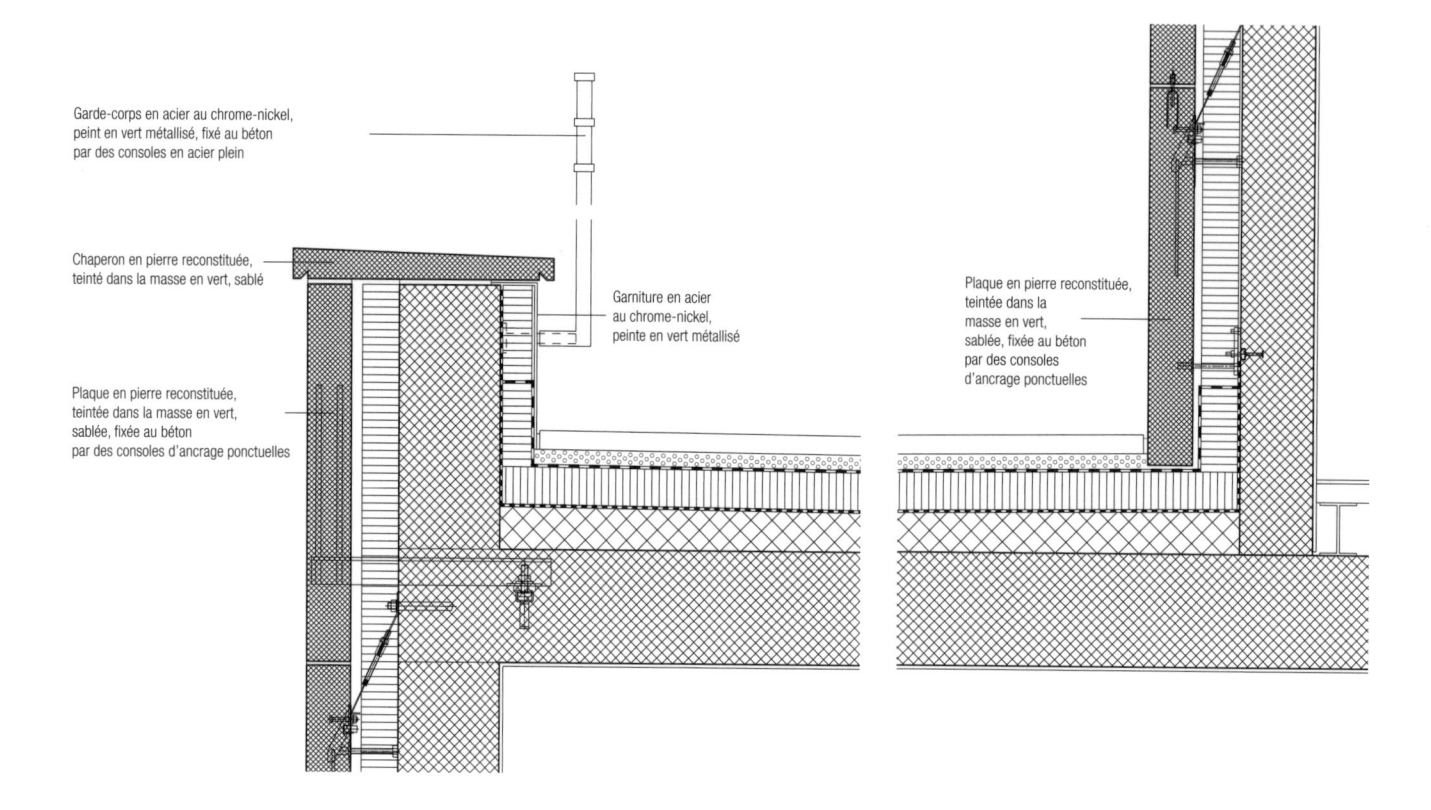

Garde-corps en acier au chrome-nickel, peint en vert métallisé, fixé au béton par des consoles en acier plein

Chaperon en pierre reconstituée, teinté dans la masse en vert, sablé

Garniture en acier au chrome-nickel, peinte en vert métallisé

Plaque en pierre reconstituée, teintée dans la masse en vert, sablée, fixée au béton par des consoles d'ancrage ponctuelles

Plaque en pierre reconstituée, teintée dans la masse en vert, sablée, fixée au béton par des consoles d'ancrage ponctuelles

Ill. 7 : Diener & Diener, immeuble commercial et d'habitation Warteckhof, Bâle (CH) 1996

Composition de la toiture
- Dalles en béton	50 mm
- Lit de gravier	40 mm
- Lés d'étanchéité synthétiques	
- Isolation thermique	150-300 mm
- Pare-vapeur	
- Béton de pente	20-80 mm
- Dalle en béton	300 mm
- Enduit intérieur	5-10 mm
Total	*565-780 mm*

Composition du mur de façade
- Plaques en pierre reconstituée, teintées dans la masse en vert, sablées	120 mm
- Lame d'air (tolérances d'exécution)	30 mm
- Isolation thermique	150-300 mm
- Mur en béton	200 mm
- Enduit intérieur	10 mm
Total	*510-660 mm*

ÉLÉMENTS — Toiture – Attique

Toiture plate – chaude, compacte
Bitume – paroi extérieure non porteuse

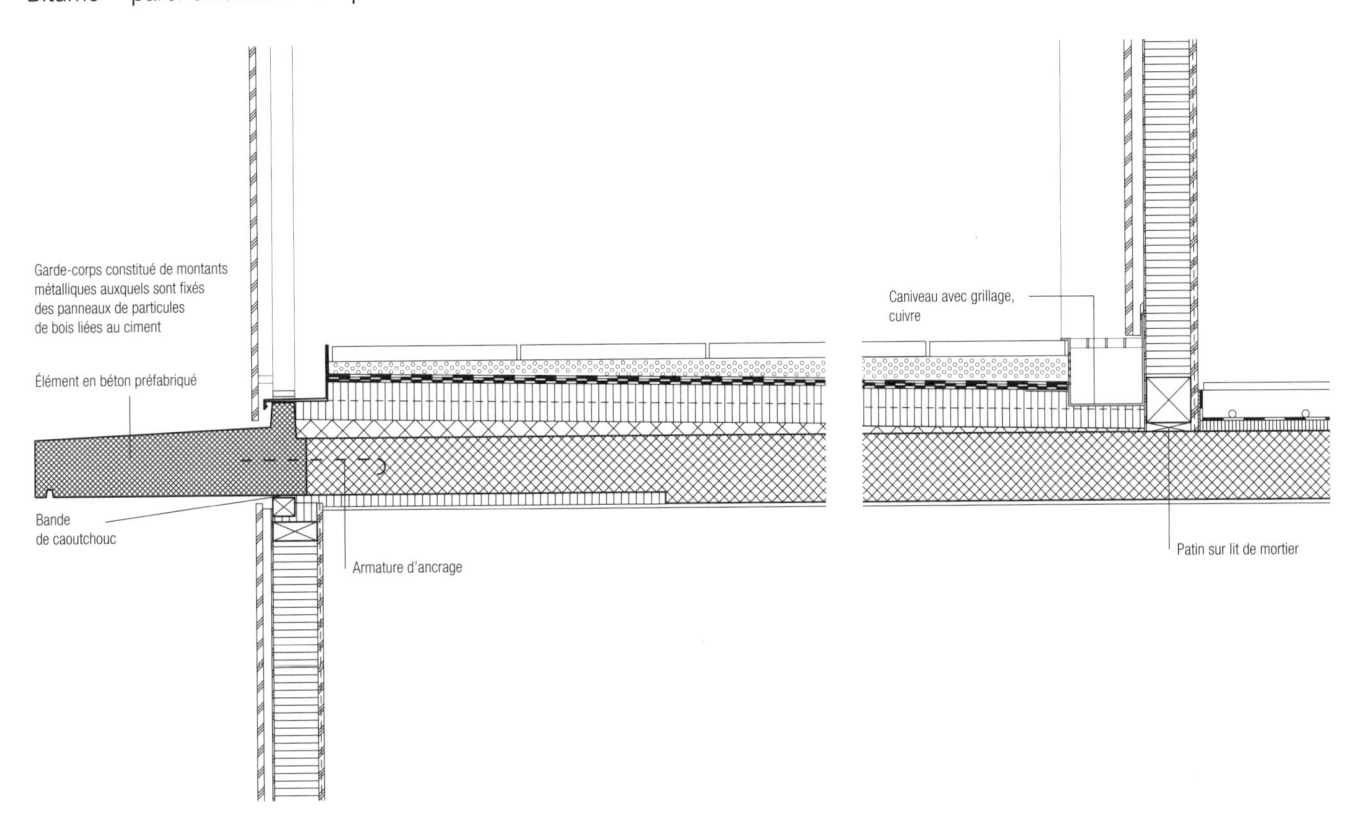

Garde-corps constitué de montants métalliques auxquels sont fixés des panneaux de particules de bois liées au ciment

Élément en béton préfabriqué

Bande de caoutchouc

Armature d'ancrage

Caniveau avec grillage, cuivre

Patin sur lit de mortier

Ill. 8 : Morger & Degelo, immeuble d'habitation collectif, Bâle (CH) 1993

Composition de la toiture-terrasse
- Dalles en ciment posées de niveau   40 mm
- Gravillon (couche de nivellement), au minimum 30 mm
- Feutre de protection
- Étanchéité bitumineuse bicouche,
  collée en pleine surface
- Verre cellulaire enrobé de bitume   150 mm
- Béton de pente 1,5 %   20-60 mm
- Dalle en béton   180 mm
- Enduit intérieur   10 mm

Total   *430-470 mm*

Composition du mur de façade
- Panneaux de fibres de bois liées au ciment   18 mm
- Vide de ventilation   23 mm
- Panneaux de fibres durs   5 mm
- Isolation thermique   150-300 mm
- Panneaux de contreplaqué   15 mm

Total   *211-361 mm*

ÉLÉMENTS — Toiture – Attique

Toiture plate – inversée
Bitume – isolation extérieure enduite

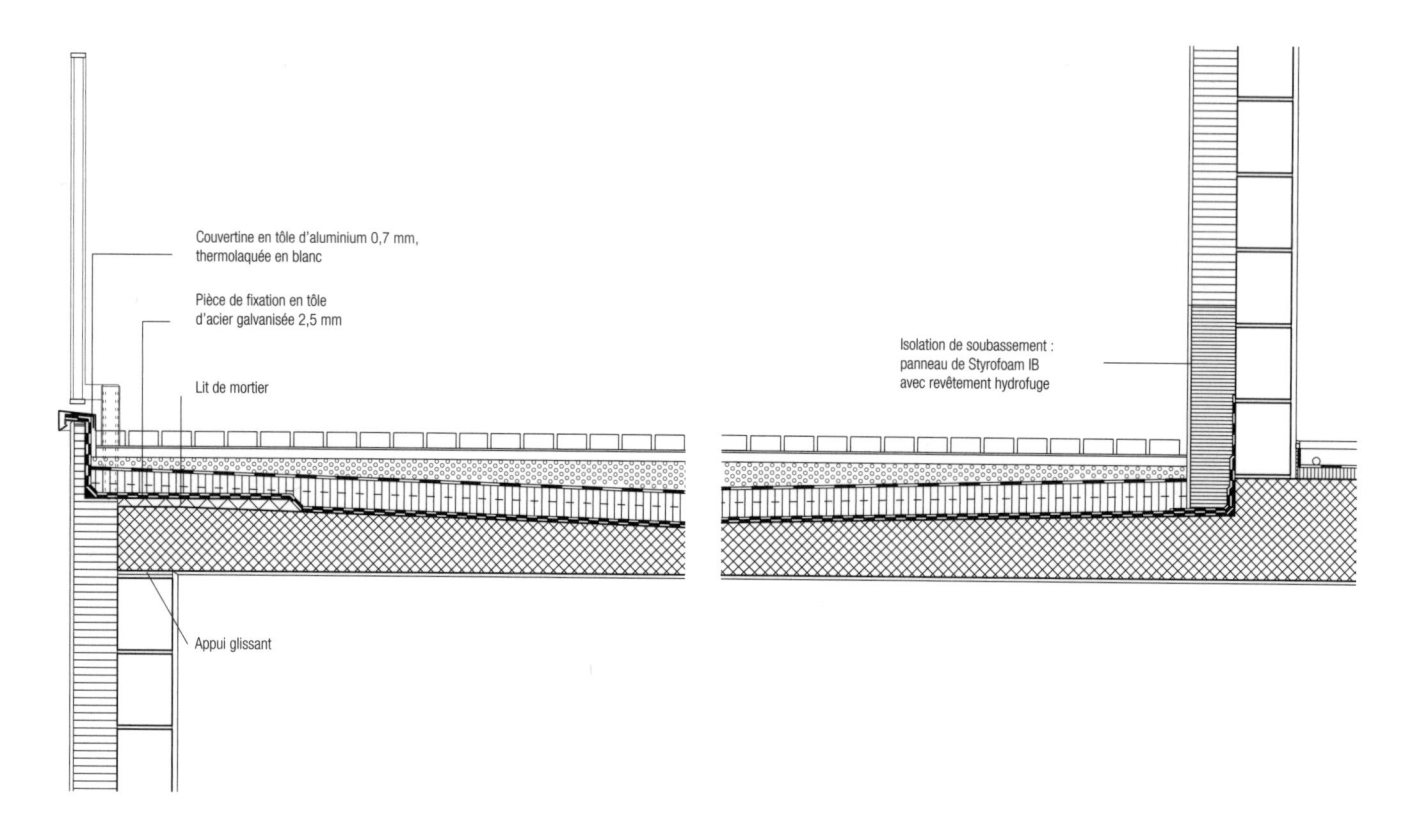

Couvertine en tôle d'aluminium 0,7 mm, thermolaquée en blanc

Pièce de fixation en tôle d'acier galvanisée 2,5 mm

Lit de mortier

Isolation de soubassement : panneau de Styrofoam IB avec revêtement hydrofuge

Appui glissant

Ill. 9 : Oliver Schwarz Architekten, immeuble d'habitation Peter, Rüschlikon (CH) 1997

Composition de la toiture
- Caillebotis en okoumé	40 mm
- Lattage support en okoumé	30 mm
- Gravillon fin encollé	40-90 mm
- Feutre de protection	
- Isolation thermique en polystyrène extrudé	150-300 mm
- Lés de bitume polymère bicouches	
- Dalle en béton à pente intégrée	120-170 mm
- Enduit intérieur	5-10 mm
Total	*385-640 mm*

Composition du mur de façade
- Enduit extérieur (selon le système choisi)	5 mm
- Isolation extérieure en polystyrène extrudé	150-300 mm
- Maçonnerie en brique de terre cuite	150 mm
- Enduit intérieur	15 mm
Total	*320-470 mm*

ÉLÉMENTS | Toiture – Attique

Toiture plate – froide, nue
Bitume – construction à ossature bois

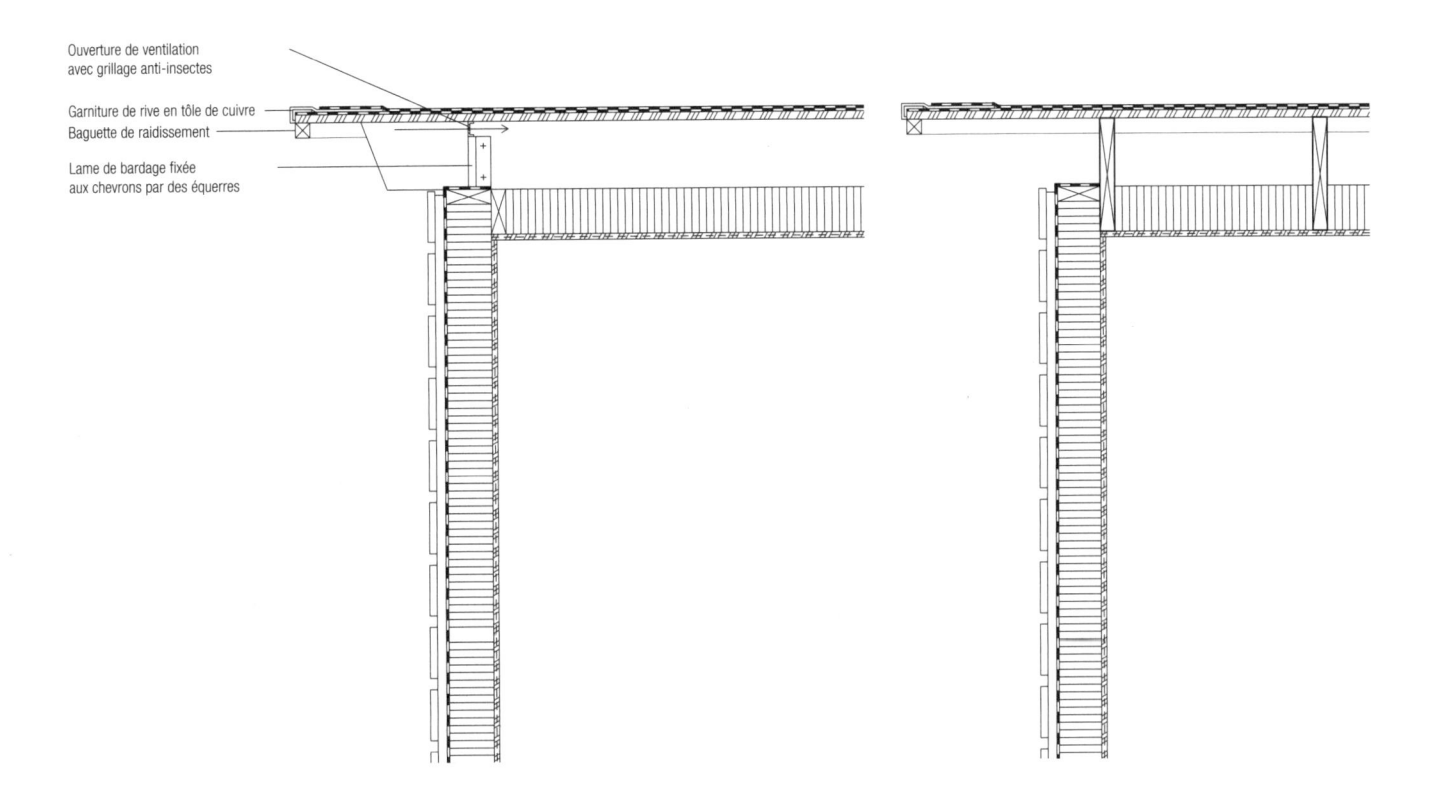

Ouverture de ventilation avec grillage anti-insectes
Garniture de rive en tôle de cuivre
Baguette de raidissement
Lame de bardage fixée aux chevrons par des équerres

Ill. 10 : Morger & Degelo, jardin d'enfants provisoire, Bâle (CH) 1993

Composition de la toiture
- Carton bitumé bicouche, incrusté de paillettes d'ardoise
- Panneaux de contreplaqué   21 mm
- Solives 40/300 mm   300-450 mm
  Vide de ventilation 150 mm
  Isolation thermique 150-300 mm
- Panneaux de contreplaqué étanches à l'air   15 mm
- Total   336-486 mm

Composition du mur de façade
- Bardage à clins, bruts   21 mm
- Lattage vertical, vide de ventilation   24 mm
- Couche de protection de l'isolation thermique
- Ossature bois, isolation thermique   150-300 mm
- Panneaux de contreplaqué étanches à l'air   15 mm
- Total   210-360 mm

ÉLÉMENTS | Toiture – Attique

Toiture plate – chaude
Praticable, non praticable

Ill. 11 : Bearth & Deplazes, maison d'habitation
« in den Lachen », Coire (CH) 1997

Toiture chaude non praticable
Rive

Sortie d'air

Composition de la toiture
- Couche drainante — 50 mm
- Couche de protection — 13 mm
- Étanchéité
- Isolation thermique — 150-300 mm
- Pare-vapour
- Dalle en béton armé — 180 mm

Composition du mur de façade
- Tôle d'aluminium
- Lames à claire-voie ou panneaux support — 22 mm
- Lattage vertical, vide de ventilation — 40 mm
- Isolation thermique entre lattes croisées — 150-300 mm
- Maçonnerie en brique de terre cuite B — 150 mm

Composition de la terrasse en attique
- Dalles de ciment 50/50 cm — 50 mm
- Couche drainante en gravillon — 60 mm
- Nattes en granulats de caoutchouc — 13 mm
- Étanchéité (Sarnafil TG 63 – 13)
- Isolation thermique — 150-300 mm
- Pare-vapeur
- Lés d'étanchéité polymères enrobés de bitume
- Dalle en béton armé (pente 0,5 %) — 200-500 mm

Pièce d'ancrage SPV de Halfen

Foamglas 15 cm

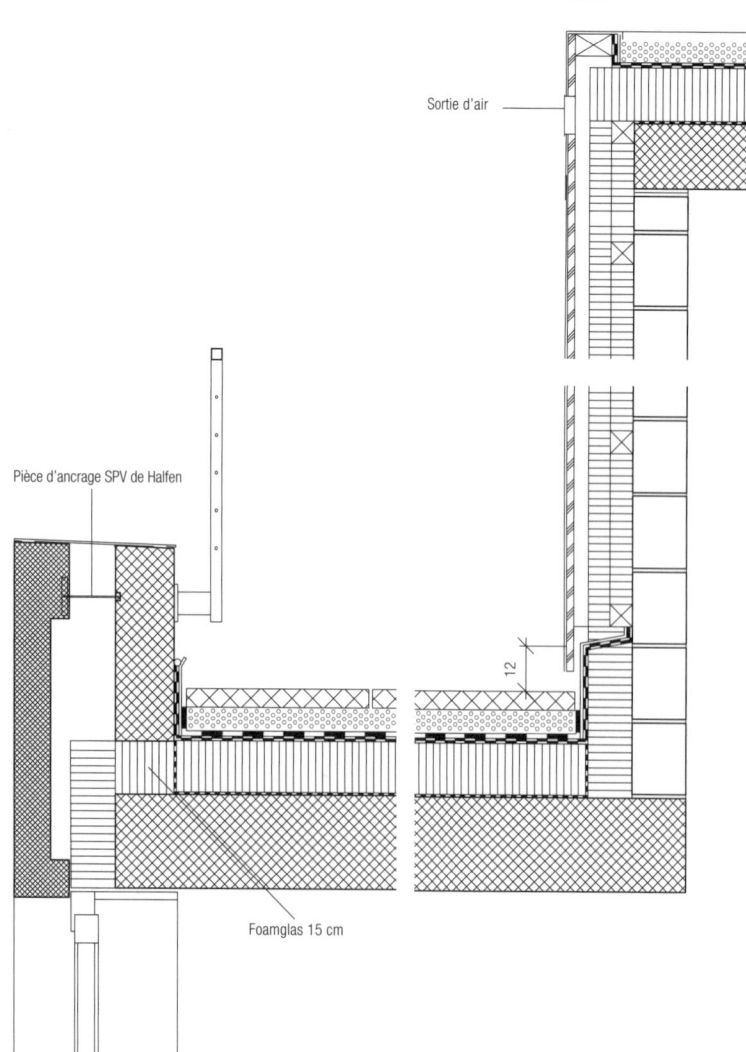

Toiture chaude praticable, acrotère
Coupe longitudinale

Toiture chaude praticable
Raccord toiture-émergence

ÉLÉMENTS | **Toiture – Attique**

Coupe transversale

Composition de la couverture sur balcon
- Couche végétale
  (humus, terre végétale extensive) 90 mm
- Feutre filtrant
- Couche drainante en gravillon
  (argile expansée Leca, ép. = 5 mm) 60 mm
- Couche de séparation et de protection
- Étanchéité (Sarnafil TG 63 – 13)
- Béton de pente 1,5 % 190 mm
- Dalle en béton armé 200 mm

Foamglas 15 cm

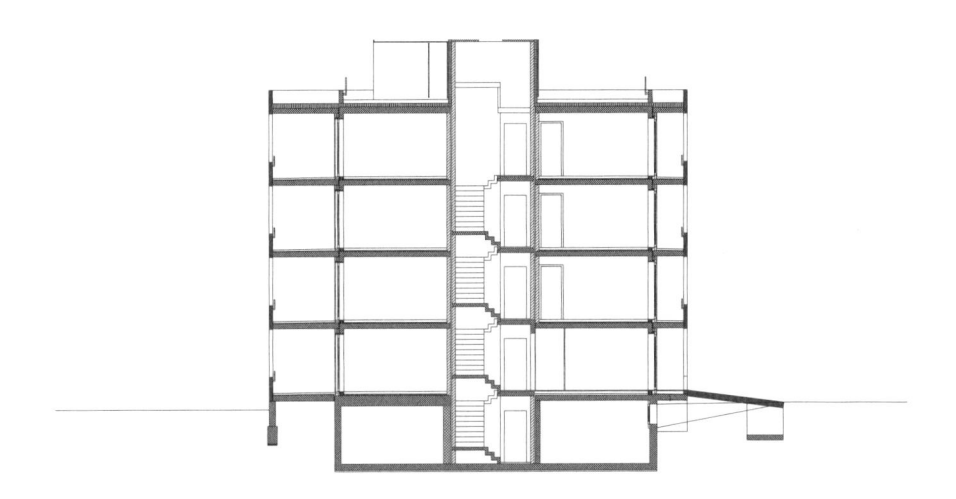

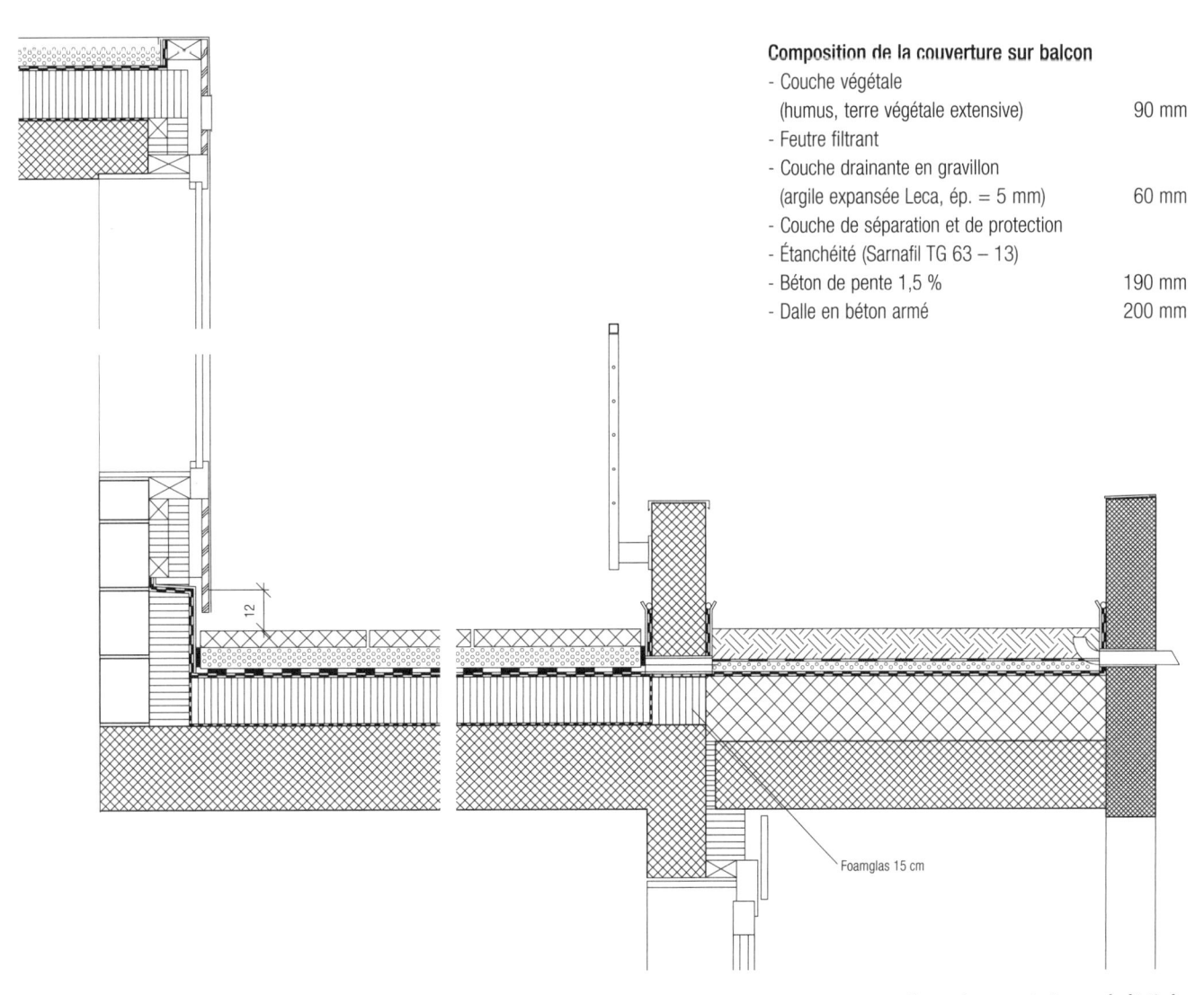

Toiture chaude praticable, terrasse

**Couverture sur balcon, végétalisée
Coupe transversale**

ÉLÉMENTS — Toiture – Attique

Toiture plate – froide

Ill. 12 : Gigon & Guyer, Kirchner Museum, Davos (CH) 1992

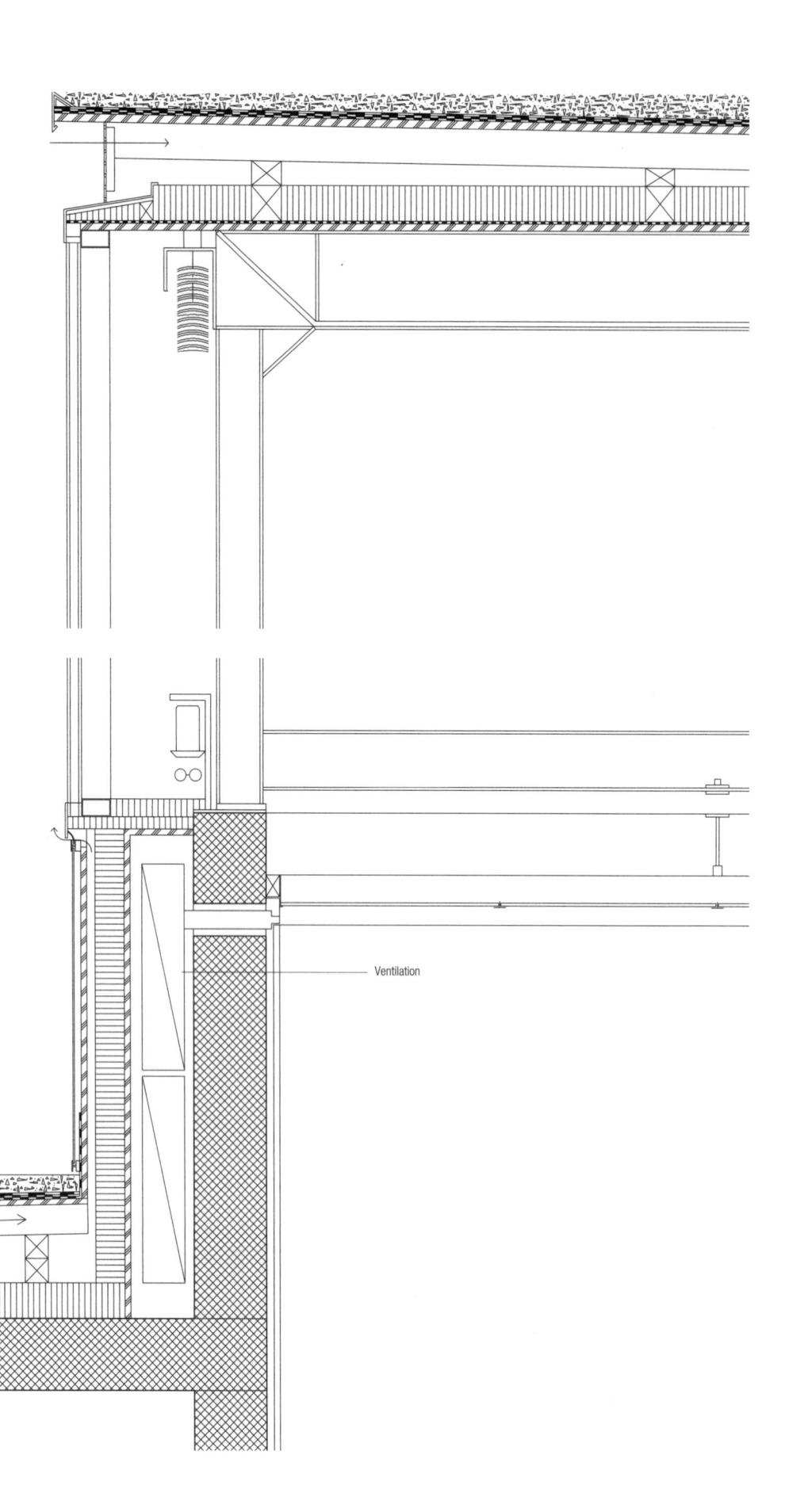

Ventilation

ÉLÉMENTS   Toiture – Attique

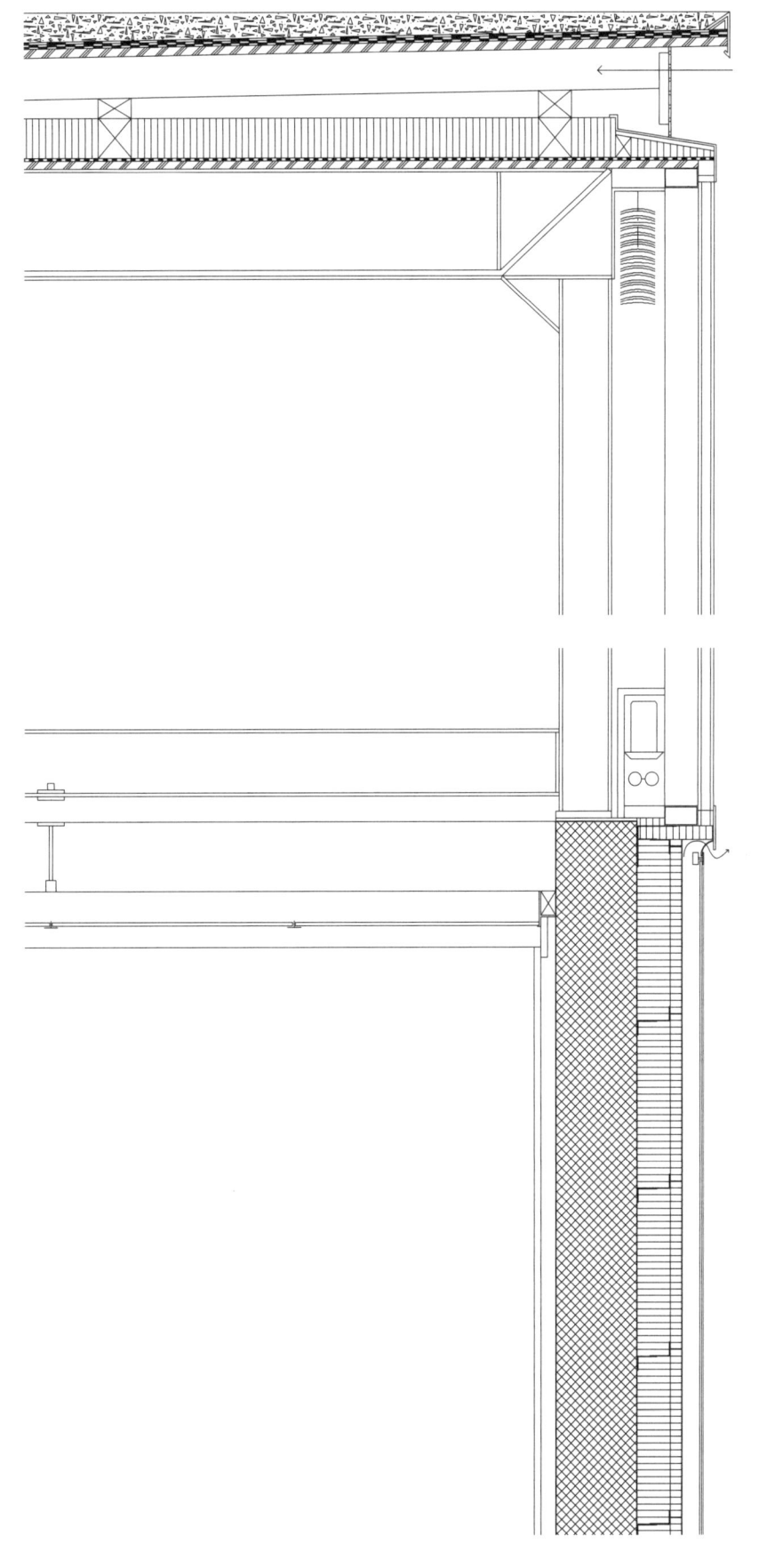

Composition de la toiture

- Verre blanc recyclé   60 mm
- Nattes de protection   10 mm
- Lés de bitume polymère bicouches
- Panneaux en dérivé du bois   27 mm
- Chevrons 100/120 mm posés
  sur lisses de hauteur variable   120 mm
- Pannes 100/150 mm   120 mm
- Isolation thermique
  (p. ex. laine de roche)   150-300 mm
- Pare-vapeur
- Panneaux Novophen   25 mm
- Poutres en acier IPE 330   330 mm
- Plafond en plâtre, blanc   15 mm

Composition des murs de façade, partie vitrée

- Vitrage isolant, verre corrodé extra-blanc,
  Silverstar   2 x 6 mm
- Profilés en acier chromé
- Stores à lamelles empilables, en deux parties
- Convecteurs 70/100 mm, blancs   100 mm
- Poteaux en acier HEB 160   160 mm

Composition des murs de façade, partie ventilée

- Vitrage simple, trempé, corrodé   6 mm
- Profilés en acier chromé
- Vide de ventilation
- Sous-construction :
  Profilés alu, blancs
  Panneaux en dérivé du bois liés au ciment,
  blancs   35 mm
- Isolation thermique
  (p. ex. laine de roche)   150-300 mm
- Béton   250 mm
- Panneaux Fermacell sur lattage   15 mm
- Enduit lisse au plâtre et peinture minérale

ÉLÉMENTS | Toiture – Attique

Toiture plate – inversée
Végétalisée

Coupe 1:750

Ill. 13 : Delugan & Meissl, immeuble d'habitation et de bureaux, Vienne (A) 2001

Attique

Garde-corps en verre de sécurité feuilleté 16 mm, encastré

Toiture inversée végétalisée

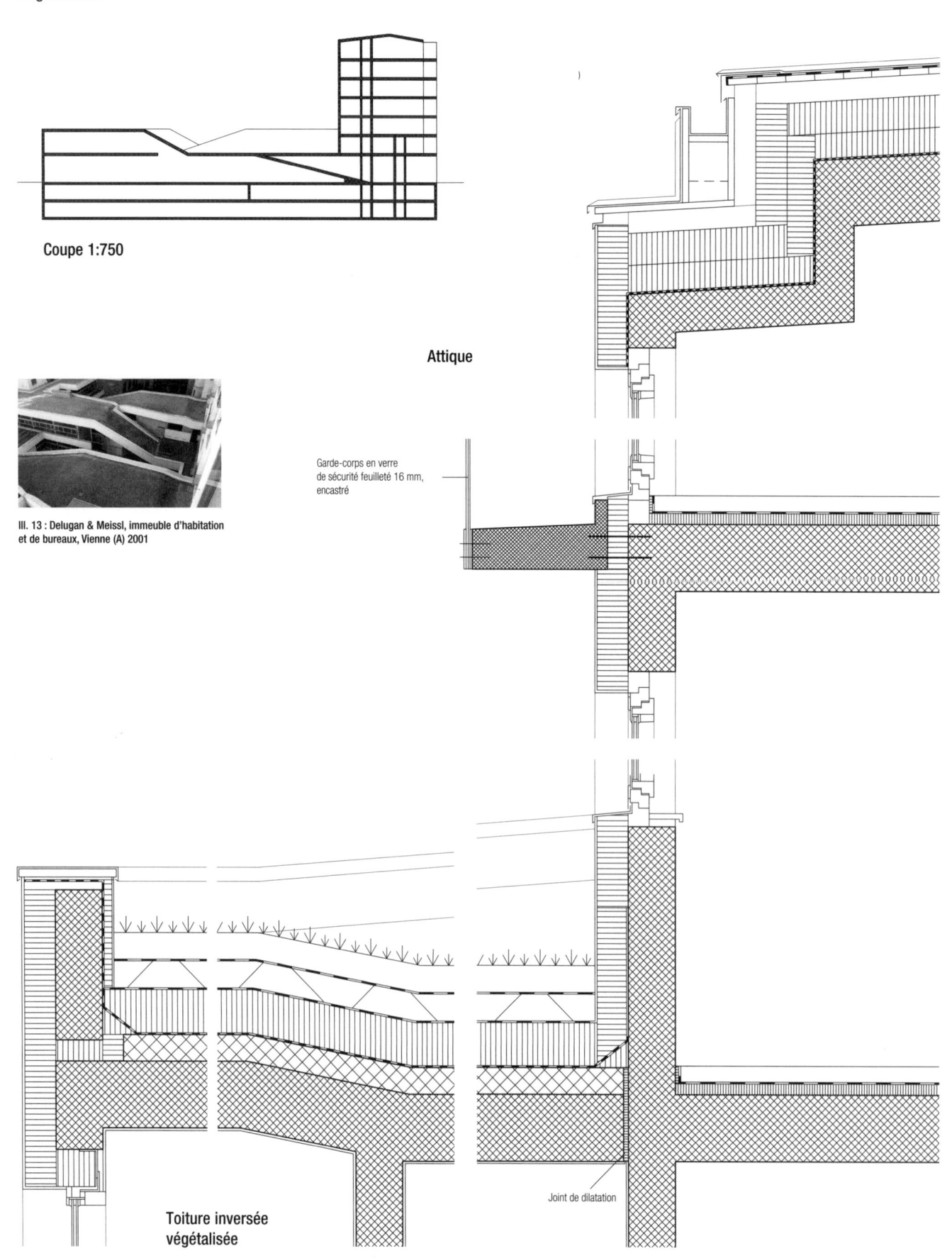

Joint de dilatation

ÉLÉMENTS — Toiture – Attique

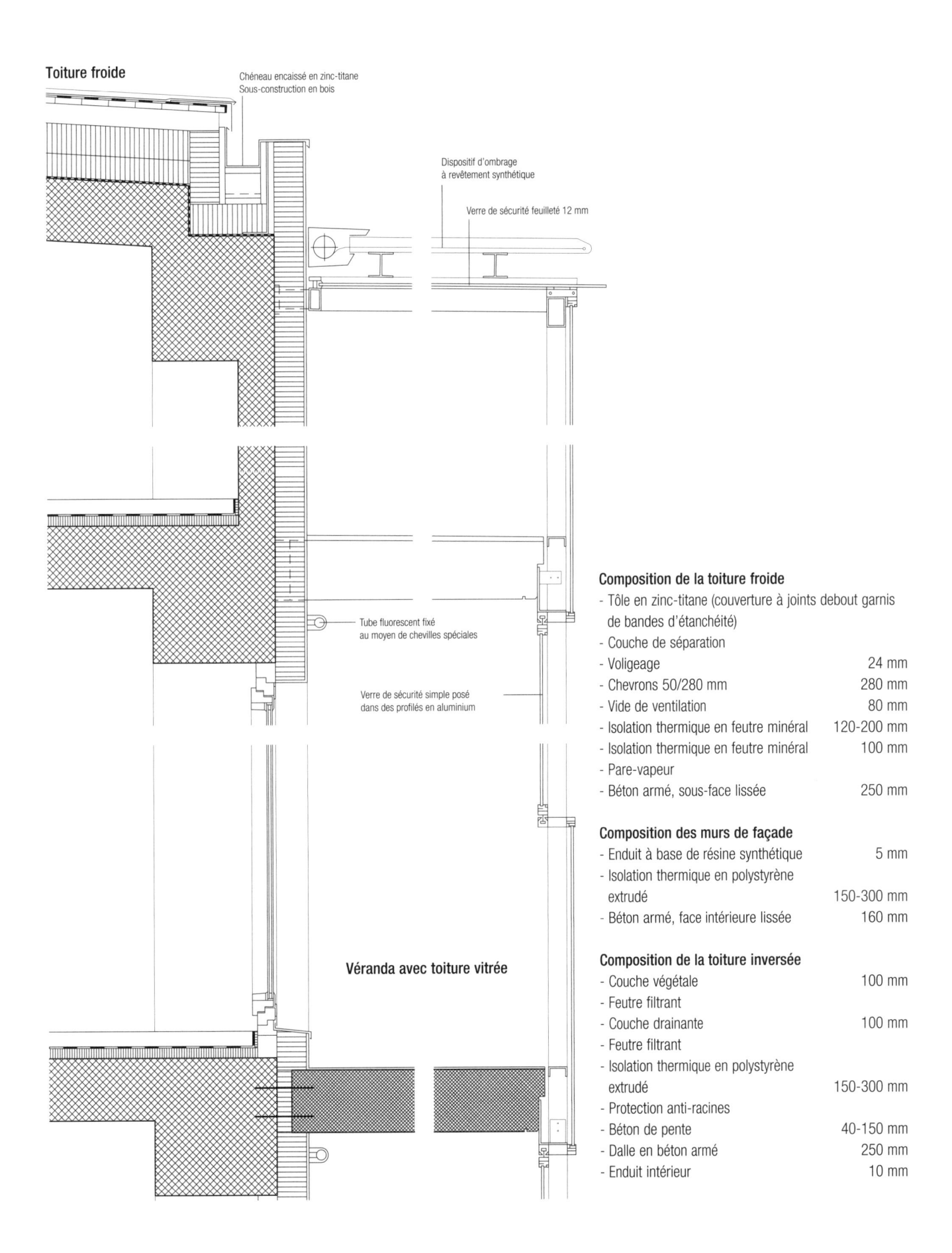

Toiture froide

Chéneau encaissé en zinc-titane
Sous-construction en bois

Dispositif d'ombrage à revêtement synthétique

Verre de sécurité feuilleté 12 mm

Tube fluorescent fixé au moyen de chevilles spéciales

Verre de sécurité simple posé dans des profilés en aluminium

Véranda avec toiture vitrée

Composition de la toiture froide
- Tôle en zinc-titane (couverture à joints debout garnis de bandes d'étanchéité)
- Couche de séparation
- Voligeage   24 mm
- Chevrons 50/280 mm   280 mm
- Vide de ventilation   80 mm
- Isolation thermique en feutre minéral   120-200 mm
- Isolation thermique en feutre minéral   100 mm
- Pare-vapeur
- Béton armé, sous-face lissée   250 mm

Composition des murs de façade
- Enduit à base de résine synthétique   5 mm
- Isolation thermique en polystyrène extrudé   150-300 mm
- Béton armé, face intérieure lissée   160 mm

Composition de la toiture inversée
- Couche végétale   100 mm
- Feutre filtrant
- Couche drainante   100 mm
- Feutre filtrant
- Isolation thermique en polystyrène extrudé   150-300 mm
- Protection anti-racines
- Béton de pente   40-150 mm
- Dalle en béton armé   250 mm
- Enduit intérieur   10 mm

ANNEXES

Bibliographie (sélection)
Crédits iconographiques
et bibliographiques
Index

Bibliographie (sélection)

I. Théorie et histoire de la construction

Jean-Nicolas-Louis Durand, *Précis des leçons d'architecture données à l'École royale polytechnique*, Paris 1819

Edward R. Ford, *The Details of Modern Architecture*, 2 vol., Cambridge, Mass. 1990-1996

Kenneth Frampton, *Studies in Tectonic Culture, The Poetics of Construction in Nineteenth and Twentieth Century Architecture*, édité par John Cava, Cambridge, Mass., London 1995

Hans Kollhof (sous la direction de), *Über Tektonik in der Baukunst*, Brunswick, Wiesbaden 1993

Christian Norberg-Schulz, *Système logique de l'architecture*, Liège 1988

Jean-Marie Pérouse de Montclos, *Architecture : méthode et vocabulaire*, Paris 1972

Antoine Picon (sous la direction de), *L'Art de l'ingénieur : constructeur, entrepreneur, inventeur*, Paris 1997

Gottfried Semper, *Du Style et de l'architecture, Écrits, 1834-1869*, Paris 2007

Konrad Wachsmann, *Wendepunkt im Bauen*, Wiesbaden 1959, réédition Stuttgart 1989

II. Manuels de construction

Reyner Banham, *The Architecture of the Well-Tempered Environment*, Londres 1984

Daniel Bernstein, Jean-Pierre Champetier, Thierry Vidal, *Anatomie de l'enveloppe des bâtiments*, Paris 1997

Daniel Bernstein, Jean-Pierre Champetier, Loïc Hamayon, Ljubica Mudri, Jean-Pierre Traisnel, Thierry Vidal, *Traité de construction durable*, Paris 2007

Heino Engel, *Les Systèmes structurels*, Dergham, 2006

Manfred Hegger, Volker Auch-Schwelk, Matthias Fuchs, Thorsten Rosenkranz, *Atlas des matériaux de construction*, Lausanne 2008

Aurelio Muttoni, *L'Art des structures : une introduction au fonctionnement des structures en architecture*, Lausanne 2005

Pier Luigi Nervi, *Structures nouvelles*, Paris 1963

Ernst Neufert, *Les Éléments des projets de construction*, Paris 2006

Heinz Ronner, *Baukonstruktion im Kontext des architektonischen Entwerfens : Decke und Boden, Haus und Sockel, Wand und Mauer, Öffnungen*, Bâle 1991

Heinz Ronner, Fredi Kölliker, Emil Rysler, *Baukonstruktion im Kontext des architektonischen Entwerfens : Zirkulation, Baustruktur, Zahn der Zeit*, Bâle 1994

René Vittone, *Bâtir – Manuel de la construction*, Lausanne 1996

Pierre Zoelly, *Terratektur : Einstieg in die unterirdische Architektur*, Bâle 1989

III. Modes de construction

Cleo Baldon, Ib Melchior, avec Julius Shulman, *Steps & Stairways*, New York 1989

David P. Billington, *Robert Maillart : builder, designer, and artist*, Cambridge 1997

Tanja Brotrück, *Basics Construction de toitures*, Bâle 2007

Hans-Busso von Busse et al., *Atlas flache Dächer : nutzbare Flächen*, Bâle 2000

Gert Chesi, *Architektur und Mythos : Lehmbauten in Afrika*, Innsbruck 1995

Gwenaël Delhumeau, *L'Invention du béton armé, Hennebique 1890-1914*, Paris 1999

Encyclopédie des Métiers – La Charpente et la construction en bois, 10 vol., Paris 1970-1981

Dominique Gauzin-Müller, *Construire avec le bois*, Paris 1999

Wolfram Graubner, *Assemblages du bois, l'Europe et le Japon face à face*, Dourdan 2002

Astrid et Herbert Gruber, *Construire en paille aujourd'hui*, Mens 2003

Franz Hart, Walter Henn, Hansjürgen Sontag, *Structure acier : bâtiments à étages*, Paris 1974

Manfred Hegger, Matthias Fuchs, Thomas Stark, Martin Zeumer, *Energy Manual, Sustainable Architecture*, Bâle, Munich 2008

Thomas Herzog, Roland Krippner, Werner Lang, *Construire des façades*, Lausanne 2007

Friedbert Kind-Barkauskas, Bruno Kauhsen, Stefan Polónyi, Jörg Brandt, *Construire en béton : Conception des bâtiments en béton armé*, Lausanne 2006

Roland Krippner, Florian Musso, *Basics Baies et fenêtres*, Bâle 2008

Nils Kummer, *Basics Construire en maçonnerie*, Bâle 2007

Bertrand Lemoine (sous la direction de), *Construire avec les aciers*, Paris 2002

Alfred Meistermann, *Basics Systèmes porteurs*, Bâle 2007

Julius Natterer, Thomas Herzog, Roland Schweitzer, Michaël Volz, Wolfgang Winter, *Construire en bois*, Lausanne 2005

Andrew Plumridge, Wim Meulenkamp, *La Brique : architecture et design*, Arcueil 1993

Christian Schittich, Dieter Balkow, Gerald Staib, Matthias Schuler, Werner Sobek, *Construire en verre*, Lausanne 2001

Helmut C. Schulitz, Werner Sobek, Karl J. Habermann, *Construire en acier*, Lausanne 2003

Ludwig Steiger, *Basics Construire en bois*, Bâle 2007

John Templer, *Studies of Hazards, Falls, and Safer Design*, Cambridge, Mass. 1992

René Walther, *Construire en béton : synthèse pour architectes*, Lausanne 1993

Michael Wigginton, *Glass in Architecture*, Londres 2003

Hugues Wilquin, *Construire en aluminium*, Paris 2001

Jan Wurm, *Glass Structures, Design and Construction of Self-Supporting Skins*, Bâle 2007

Crédits iconographiques et bibliographiques

Comment utiliser cet ouvrage

10.1 : Chaire du professeur Deplazes, sur la base d'un énoncé de Kenneth Frampton.

12.2 : Wolfgang Lauber (dir.) : *Architektur der Dogon – Traditioneller Lehmbau und Kunst der Mali*, Prestel Verlag. Munich 1998, p. 58. Photo : Wolfgang Lauber.

12.3 : Joachim Achtziger, Günter Pfeifer, Rolf Ramcke, Konrad Zilch : *Mauerwerk Atlas*, Birkhäuser Verlag. Bâle 2001, p. 30. Photo : Ulrike Enders.

12.4 : Source inconnue.

12.5 : Source inconnue.

12.6 : Annegret Burg : *Kollhoff – Architekten Kollhoff und Timmermann*, Birkhäuser Verlag. Bâle 1998, p. 63. Photo : Schwendinger & Büttner.

MATÉRIAUX – MODULES

Maçonnerie

22.1 : Ekkehard Mai (dir.) : *Das Capriccio als Kunstprinzip*, SKIRA Verlag. Milan 1996.

23.2-23.5 : Photo : Ákos Moravánszky.

24.6 : *Detail*, n° 1/2. Munich 2002, p. 30.

24.7-25.11 : Photo : Ákos Moravánszky.

26.12 : SITE : *Architecture as Art*, Academy Editions. Londres 1980, p. 36. Photo : SITE, avec l'aimable autorisation de Roland Feldman Fine Arts, New York.

26.13 : Photo : Ákos Moravánszky.

26.14 : John Wilton-Ely : *Giovanni Battista Piranesi – Vision und Werk*, Hirmer Verlag. Munich 1978, p. 62.

26.15 : Photo : Ákos Moravánszky.

27.16 : Werner Lindner, Friedrich Tamms : *Mauerwerk*, Alfred Metzner Verlag. Berlin 1938, p. 132.

27.17-29.21 : Photo : Ákos Moravánszky.

29.22 : *Detail*, n° 1/2. Munich 2002, p. 38.

29.23 : Photo : Ákos Moravánszky.

29.24 : Eladio Dieste : *La Estructura Ceramica*. Bogota 1987, p. 132, ill. 14.

30.25-26 : Photo : Ákos Moravánszky.

31.27 : Source inconnue.

31.28-30 : Photo : Stahlton AG, Zurich.

32.31 : Andrew Plumridge, Wim Meulenkamp : *Ziegel in der Architektur*, Deutsche Verlagsanstalt. Stuttgart 1996, p. 83.

32.32 : Joachim Achtziger, Günter Pfeifer, Rolf Ramcke, Konrad Zilch : *Mauerwerk Atlas*, Birkhäuser Verlag. Bâle 2001, p. 79.

33.33-33.34 : Chaire du professeur Deplazes. Dessin : Maud Châtelet.

35.35 : Werner Blaser : *Mies van der Rohe – Die Kunst der Struktur*, Artemis Verlag. Zurich 1965, p. 20, 21.

36.36-37.42 : Chaire du professeur Deplazes. Dessin : Barbara Wiskemann.

37.43 : Andrew Plumridge, Wim Meulenkamp : *Ziegel in der Architektur*, Deutsche Verlagsanstalt. Stuttgart 1996, p. 81.

37.44 : Annegret Burg : *Kollhoff – Architekten Kollhoff und Timmermann*, Birkhäuser Verlag. Bâle 1998, p. 92.

37.45 : Chaire du professeur Deplazes.

37.46 : Joachim Achtziger, Günter Pfeifer, Rolf Ramcke, Konrad Zilch : *Mauerwerk Atlas*, Birkhäuser Verlag. Bâle 2001, p. 39. Photo : Rolf Ramcke.

38.47-49 : Chaire du professeur Deplazes. Dessin : Barbara Wiskemann.

38.50 : Andrew Plumridge, Wim Meulenkamp : *Ziegel in der Architektur*, Deutsche Verlagsanstalt. Stuttgart 1996, p. 86.

38.51 : August Ferdinand Fleischinger, W. A. Becker : *Die Mauer-Verbände. Klassische Vorlagenbücher für den Praktiker*, vol. 6, Verlag Th. Schäfer. Hanovre 1993, planche page 2. Photo : August Ferdinand Fleischinger, W. A. Becker.

38.52-53 : Joachim Achtziger, Günter Pfeifer, Rolf Ramcke, Konrad Zilch : *Mauerwerk Atlas*, Birkhäuser Verlag. Bâle 2001, p. 101, p. 35.

39.54-56 : Keller AG Ziegeleien, catalogue : *Gelenkanker*, 9/98. Pfungen 1998, p. 6, 1.

39.57 à gauche et à droite : Keller AG Ziegeleien, catalogue : *Turbo-Anker*, 9/99. Pfungen 1999, p. 1.

40.58 : Source inconnue.

40.59 : Source inconnue.

41.60 : Maija Holma, Markku Lahti : *Alvar Aalto – eine sensiblere Struktur für das Leben*, Rakennustieto Oy. Helsinki 1996, p. 85. Photo : Maija Holma.

42.61 : Fritz Schumacher : *Das Wesen des neuzeitlichen Backsteinbaues*, Callwey Verlag. Munich 1985, p. 103.

42.62 : Photo : Hild und K Architekten, Munich.

43.63 : Piergiacomo Bucciarelli : *Fritz Höger : hanseatischer Baumeister 1877–1949*, Vice Versa Verlag. Berlin 1992, p. 41.

43.64 : Wilfried Wang : *Architect Sigurd Lewerentz*, Arkitekturmuseet Archivet Stockholm. Buggförlaget 1997, vol. 1, Photos de l'œuvre, p. 168. Photo : Fabio Galli.

44.65 : Heinz Ronner : *Wand, Mauer*, Birkhauser Verlag. Bâle 1991, p. 49.

44.66 : Wolfgang Voigt (dir.) : *Heinz Bienefeld 1926–1995*, vol. 3, Deutsches Architektur Museum, catalogue de l'exposition. Francfort-sur-le-Main 1999, p. 100. Photo : Lukas Roth.

45.67 : Photo : Ralph Feiner.

45.68 : Annegret Burg : *Kollhoff – Architekten Kollhoff und Timmermann*, Birkhäuser Verlag. Bâle 1998, p. 82. Photo : Heinrich Helfenstein.

46.69 : Alejandro de la Sota : *Alejandro de la Sota Architect*, Ediciones Pronaos. Madrid 1989, p. 35. Photo : Alejandro de la Sota.

47.70 à gauche et à droite : Benedetto Gravagnuolo : *Adolf Loos – Theory and Works*, Löcker Verlag. Vienne 1982, p. 195.

47.71 en haut : H. Allen Brooks : *The Le Corbusier Archive : Le Corbusier. Ahmedabad 1953-1960*, Fondation Le Corbusier. Paris 1983, p. 118.

47.71 en bas : Willy Boesiger : *Le Corbusier + son atelier rue de Sèvres 35 – Œuvres Complètes 1952-57*, Éditions Girsberger. Zurich 1957, p. 116.

48.72 : Joachim Driller : *Marcel Breuer : die Wohnhäuser 1923–1973*, Deutsche Verlagsanstalt. Stuttgart 1998, p. 155.

48.73 : David Masello : *Marcel Breuer und Herbert Beckhard – Die Landhäuser 1945–1984*. Birkhäuser Verlag. Bâle 1996, p. 14. Photo : Museum of Modern Art, NY.

49.74 à gauche et à droite : Jonas Geist : *Karl Friedrich Schinkel – Die Bauakademie. Eine Vergegenwärtigung*, S. Fischer Verlag. Francfort-sur-le-Main 1993, p. 53, 40.

50.75-76 : Keller AG Ziegeleien, Pfungen, catalogue : *preton-Wandelemente*, Merkur Druck. Langental 2000.

51.77 : Burkard Meyer Architekten, Baden. Photo : Reinhard Zimmermann.

51.78-79 : Burkard Meyer Architekten, Baden.

51.80 : Burkard Meyer Architekten, Baden. Dessin : preton, Wandelemente.
52.81-82 : Hans Kollhoff, Berlin.
53.83 : Chaire de fabrication informatisée, D_ARCH, EPFZ.
53.84 : Chaire de fabrication informatisée, D_ARCH, EPFZ.
55.85 : Gramazio & Kohler Architekten.
54.86 : Margarete Kühn (dir.) : *Karl Friedrich Schinkel, Lebenswerk. Die Reise nach Frankreich und England im Jahre 1826*, Dt. Kunstverlag. Munich, Berlin 1990, p. 84.
54.87 : Bearth & Deplazes Architekten.
54.88 : Bearth & Deplazes Architekten.
55.89 : Peter Nigst (dir.) : *Rafael Moneo. Bauen für die Stadt*, Gerd Hatje Verlag. Stuttgart 1993, p. 51. Photo : Rafael Moneo.
55.90 : Photo : Rafael Moneo.
55.91 à gauche : El Croquis, n° 19-22, El Croquis Editorial. Madrid 1985, p. 108.
55.91 à droite : Luis Fernandez-Galiano (dir.) : *A&V Monografias de Architectura y Vivienda*, n° 36. Madrid 1992, p. 9.
56.92-96 : Rossbauer, Brnic, Graf Architekten / EPFZ.

Béton
57.1 : James Gilchrist Wilson : *Sichtflächen des Betons*, Bauverlag. Wiesbaden-Berlin 1967, p. 41.
58.2 : Philip Jodidio : *Tadao Ando*, Taschen-Verlag. Cologne 1997, p. 68. Photo : Tomio Ohashi.
59.3 : Thomas Boga : *Die Architektur von Rudolf Olgiati*, gta Verlag. Zurich 1977, p. 181.
59.4 : Centre Georges Pompidou (dir.) : *L'Art de l'ingénieur : constructeur, entrepreneur, inventeur*, Éditions du Centre Georges Pompidou. Paris 1997, p. 80.
60.5 : Hazan Institut français d'architecture : *Le Béton en représentation*, Éditions Hazan. Paris 1993, p. 136. Photo : A. Jesta, Gênes, épreuve 28 x 23 cm. © Fonds Perret (535 AP) et Hennebique (761fa).
60.6 : Astrophysikalisches Institut Potsdam : *Der Einsteinturm in Potsdam – Architektur und Astrophysik*. Ars Nicolai. Berlin 1995, p. 101.
61-63 : texte publié avec l'aimable autorisation de Holcim (Suisse) SA. Extraits de la publication *Guide pratique : concevoir et mettre en œuvre des bétons durables*, éditions 2001 et 2004. La publication citée est protégée par le droit d'auteur et peut être commandée à l'adresse électronique publications-ch@holcim.com.
61.7 : W. Schrämli : *Beton-Praxis: der Weg zum dauerhaften Beton*, HOLCIM (Schweiz) AG. Zurich 1997, p. 24.
62.8-11 : ibid., p. 14.
63.12 : *Betonpraxis. Der Weg zum dauerhaften Beton*, Holcim (Schweiz) AG. Zurich 2003, p. 19.
64.13 : René Walther : *Bauen mit Beton – Einführung für Architekten und Bauingenieure*, Ernst und Sohn Verlag. Berlin 1997, p. 125.
64.14 : Photo : Holzco-Doka Schalungstechnik, Niderhasli.
64.15 : René Walther : op. cit., p. 121.
65.16-17 : Roland Schmitt : *Die Schalungstechnik – Systeme, Einsatz und Logistik*, Ernst und Sohn Verlag. Berlin 2001, p. 266, 512.
66.18 : W. Schrämli : *Beton-Praxis : der Weg zum dauerhaften Beton*, HOLCIM (Schweiz) AG. Zurich 1997, p. 47.
66.19-20 : Chaire du professeur Deplazes. Dessin : Maud Châtelet.
67.21 : Technische Forschungs- und Beratungsstelle der Schweizer Zementindustrie : *Cementbulletin* n° 16. Wildegg 1987.
68.22 : Rudolf Olgiati : *Eine Streitschrift*, Verlag Magazin + Buch. Stuttgart 1994, p. 26. Photo : Judith M. Grieshuber.
68.23 : Friedbert Kind-Barkauskas, Bruno Kauhsen, Stefan Polónyi, Jörg Brandt : *Beton Atlas*, Birkhäuser Verlag. Bâle 2002, p. 193. Photo : Christian Schittich.
69.24-25 : James Gilchrist Wilson : *Sichtflächen des Betons*, Bauverlag. Wiesbaden-Berlin 1967, p. 45.
69.26 : David Bruce Brownlee, David G. De Long : *Louis I. Kahn – In the Realm of Architecture*, The Museum of Contemporary Art. Los Angeles 1991, p. 182-183. Photo : Grant Mudford.
69.27 : Günther Rapp : *Technik des Sichtbetons*, Beton-Verlag. Düsseldorf 1969, p. 21. © Verlag Bau + Technik
69.28 : ibid., p. 216.
69.29 : ibid., p. 226.
70.30 : Chaire du professeur Keller, Département de physique du bâtiment, EPFZ.
70.31 : Dessin : Aschwanden AG, Lyss.
70.32 : Chaire du professeur Deplazes. Photo : Thomas Melliger.
70.33 : Chaire du professeur Keller, Departement Bauphysik, EPFZ.
70.34 : Chaire du professeur Deplazes. Dessin : Thomas Melliger.
70.35 : Photo : Schöck-ebea AG, Aarau.
70.36 : Dessin : Aschwanden AG, Lyss.
70.37 : Chaire du professeur Keller, Departement Bauphysik, EPFZ.
70.38-71.40 : Chaire du professeur Deplazes. Dessin : Thomas Melliger.
71.41-42 : Dessins : Firma Halfen Deha, Dällikon.
71.43 Photos : Elemente AG, Veltheim.
72.44-47 : Chaire du professeur Deplazes. Dessin : Thomas Melliger.
72.48 : Dessin : Halfen Deha, Dällikon.
72.49 : Chaire du professeur Deplazes. Photos : Thomas Melliger.
73.50 : Chaire du professeur Deplazes.
74.51 : René Walther : *Bauen mit Beton – Einführung für Architekten und Bauingenieure*, Ernst und Sohn Verlag. Berlin 1997, p. 140.
74.52 : Friedbert Kind-Barkauskas, Bruno Kauhsen, Stefan Polónyi, Jörg Brandt : *Beton Atlas*, Birkhäuser Verlag 2002, p. 271.
74.53 : ibid., p. 60.
74.54 : ibid., p. 206.
75.55 : René Walther : *Bauen mit Beton – Einführung für Architekten und Bauingenieure*, Ernst und Sohn Verlag. Berlin 1997, p. 309.
75.56 : ibid., p. 181.
75.57 : Institut français d'architecture (dir.) : *Les Frères Perret*, Éditions Norma. Paris 2000, p. 94. © Auguste Perret, UFSE, SAIF 2004.
75.58 : Herman Hertzberger : *Lessons for Students in Architecture*, 010 Publishers. Rotterdam 1998, p. 128. Photo : Jan Versnel.
76.59-61 : Heino Engel : *Tragsysteme*, Hatje Verlag. Ostfildern-Ruit 1997, p. 207.
76.62 : Otto Künzle : *Tragkonstruktionen IV*. Semestre d'été, 2e année – Béton armé, Département d'architecture EPFZ, p. 138.
76.63 : Friedbert Kind-Barkauskas, Bruno Kauhsen, Stefan Polónyi, Jörg Brandt : *Beton Atlas*, Birkhäuser Verlag 2002, p. 21.

76.64 : Johann Christoph Bürkle : *Morger & Degelo Architekten*, Niggli Verlag. Sulgen 2000, p. 141. Photo : Michael Fontana.
77.65-66 : René Walther : *Bauen mit Beton – Einführung für Architekten und Bauingenieure*, Ernst und Sohn Verlag. Berlin 1997, p. 251.
77.67 : ibid., p. 253.
77.68 : Christoph Luchsinger : *Hans Hofmann – vom Neuen Bauen zur neuen Baukunst*, gta Verlag. Zurich 1985, p. 112.
77.69 : David P. Billington : *Robert Maillart und die Kunst des Stahlbetonbaus*, Artemis Verlag. Zurich 1990, p. 105.
77.70 : Ekkehard Ramm, E. Schunck (dir.) : *Heinz Isler – Schalen*. Catalogue de l'exposition, Gesellschaft für Ingenieurbaukunst EPFZ 2002, p. 61. © Gesellschaft für Ingenieurbaukunst.
77.71 : René Walther : op. cit., p. 262.

Bois

79.1, 80.2 : Bearth + Deplazes. Photo : Timo Allemann.
81.3 : Josef Kolb : *Systembau mit Holz*, Baufachverlag. Zurich 1992, p. 23.
82.4-5 : Bearth + Deplazes.
83.6 : Lignum, Schweizer Arbeitsgemeinschaft für Holz, Zurich.
84.7 : Chaire du professeur Deplazes. Dessin : Maud Châtelet.
84.8 : Chaire du professeur Deplazes.
84.9 : Chaire du professeur Deplazes. Dessin : Maud Châtelet.
84.10-11 : Norme SIA 265/1 : Holzbau : Schnittarten. 4.2262 Kantholz und Latten, Société suisse des ingénieurs et des architectes. Zurich, p. 52.
85.12 : Photos : Lignum, Communauté suisse de travail pour le bois, catalogue : *Lignatec 10/2000. Holzfaserprodukte*. Zurich 2000, p. 4.
86.13 : Karl-Heinz Götz, Dieter Hoor : *Holzbau Atlas*, Institut für internationale Architektur-Dokumentation. Munich 1978, p. 21.
86.14 : Chaire du professeur Deplazes. Dessin : Daniel Gut.
86.15 : Karl-Heinz Götz, Dieter Hoor, op. cit.
87.16 : Günter Pfeifer, Antje Liebers, Holger Reiners : *Der neue Holzbau*, Callwey Verlag. Munich 1998, p. 15.
87.17 : Chaire du professeur Deplazes. Dessin : Maud Châtelet.
87.18 : Günter Pfeifer, Antje Liebers, Holger Reiners : *Der neue Holzbau*, Callwey Verlag. Munich 1998, p. 19.
87.19 : *Detail*, n° 1. Munich 2001, p. 94.
88.20 en haut : Günter Pfeifer, Antje Liebers, Holger Reiners : *Der neue Holzbau*, Callwey Verlag. Munich 1998, p. 24.
88.20 en bas : Photo : Borimir Radovic.
88.21-22 : *Detail*, n° 1. Munich 2001, p. 97. Photo : Borimir Radovic.
89.23 : Günter Pfeifer, Antje Liebers, Holger Reiners : *Der neue Holzbau*, Callwey Verlag. Munich 1998, p. 26.
89.24 : pavatex Gmbh, Leutkirch.
89.25 : Günter Pfeifer, Antje Liebers, Holger Reiners : *Der neue Holzbau*, Callwey Verlag. Munich 1998, p. 26.
90.26 : Chaire du professeur Deplazes. Dessin : Maud Châtelet.
90.27 : Finnforest Merk Dickholz GmbH, catalogue : *LenoTec-Massivbau*. Aichach 2001, p. 15.
91.28 : Pius Schuler AG, Rothenturm : *Holzindustrie Katalog*, Titel 159.
91.29-30 : Tschopp Holzbau : *BRESTA-Katalog*. Hochdorf.
92.31 : Chaire du professeur Deplazes. Dessin : Maud Châtelet.
92.32 : Ligu, Das Holzbauelement, Kirchlinteln.
93.33-34 : Lignatur AG, Waldstatt.
94.35 : STEKO Holzbausysteme AG, Uttwil, catalogue : *STEKO – Systembeschrieb, Planung, Konstruktion*. Kesswil.
95.36 : Finnforest Merk Dickholz GmbH, catalogue : *LenoTec-Bausystem*. Aichbach 2001, p. 12.
95.37 : Woodwelding SA, Zurich.
96.38 : Chaire du professeur Deplazes. Dessin : Daniel Gut.
96.39 : Source inconnue.
96.40 : Matej Draslar et Andreas Lochmatter, archives de la Chaire du professeur Deplazes, 2007.
97.41-98.43 : Josef Kolb : *Systembau mit Holz*, Baufachverlag. Zurich 1992, p. 15.
98.44 : Chaire du professeur Deplazes. Dessin : Daniel Gut.
99.45-46 : Josef Kolb : op. cit., p. 15.
100.47 : Bearth + Deplazes.
100.48 : Josef Kolb : op. cit., p. 80.
100.49 : Bearth + Deplazes.
101.50 : Holzforum, Berne.
101.51-102.52 : Chaire du professeur Deplazes. Dessin : Daniel Gut.
103.53 : Bearth + Deplazes.
104.54 : Chaire du professeur Deplazes.
105.55-106.60 : Christoph Henrichsen : « Die Werkstätten am Grossschrein von Ise », in : *Detail*, n° 10. Munich 2002, p. 1285 et p. 1288.
107.61 : Reyner Banham, Hiroyuki Suzuki : *Modernes Bauen in Japan*, Deutsche Verlagsanstalt. Stuttgart 1987, p. 109.
107.62 : Photo : site Internet. Plus disponible.
108.63 : Reyner Banham, Hiroyuki Suzuki : *Modernes Bauen in Japan*, Deutsche Verlagsanstalt. Stuttgart 1987, p. 109.
108.64 en haut et en bas : Arthur Drexler : *The Architecture of Japan*, The Museum of Modern Art. New York 1944, p. 18.
109.65 : Urs Meister : « Die Fäden des Netzes », in : *tec21*, n° 21. Zurich 2001, p. 19. Photo : Urs Meister.
109.66-67 : Wolfram Graubner : *Holzverbindungen – Gegenüberstellungen japanischer und europäischer Lösungen*, Deutsche Verlagsanstalt. Stuttgart 1984, p. 71, 43.
110.68 : Urs Meister : « Die Fäden des Netzes », in : *tec21*, n° 21. Zurich 2001, p. 24. Photo : Urs Meister.
110.69 : Arthur Drexler : *The Architecture of Japan*, The Museum of Modern Art. New York 1944, p. 84.
110.70 : Klaus Zwerger : *Das Holz und seine Verbindungen*, Birkhäuser Verlag. Bâle 1997, p. 146. Photo : Bunhazai Kenzo, Butsu Hozon Gi, Jiutsu Kyshai.
111.71 : Reyner Banham, Hiroyuki Suzuki : *Modernes Bauen in Japan*, Deutsche Verlagsanstalt. Stuttgart 1987, p. 108.
111.72 : Arthur Drexler : *The Architecture of Japan*, The Museum of Modern Art. New York 1944, p. 67.
111.73 : Urs Meister : « Die Fäden des Netzes », in : *tec21*, n° 21. Zurich 2001, p. 25.
112.74 : ibid., p. 23. Photo : Urs Meister.
112.75 : Arthur Drexler : *The Architecture of Japan*, The Museum of Modern Art. New York 1944, p. 149.
112.76 : *Faltblatt der Hallen für neue Kunst Schaffhausen*, Raussmüller Collection. Bâle. Installation : Carl Andre :

« Shiloh », 1980, 91 x 563 x 563 cm, avec l'aimable autorisation de Raussmüller Collection.
113.77-78 : Photo : Urs Meister.

Acier

114.1 : *tec21*, n° 23. Zurich 2003, p. 14. Photo : Georg Aerni.
114.2 : *Archithese,* n° 6, Niggli Verlag. Sulgen 1994, p. 70. Photo : Hans Ruedi Disch.
115.3 : Helmut C. Schulitz, Werner Sobek, Karl J. Habermann : *Stahlbau Atlas,* Birkhäuser Verlag. Bâle 2001, p. 47. Photo : Deutsches Museum, Munich.
115.4 : ibid., p. 27. Photo : Bibliothèque d'État de Bavière, Munich.
115.5 : Roland Rohn, Schweizer Stahlbauverband (dir.) : *Bauen in Stahl,* Schweizer Stahlbauverband. Zurich 1956, p. 200.
116.6 : Hans Frei : *Louis Henry Sullivan,* Artemis Verlag. Zurich 1992, p. 127.
116.7 : Cocoon Vision AG, Bâle.
116.8 : Manfred Sack : *Richard Neutra,* Artemis Studio Paperback. Zurich 1994, p. 38.
117.9 : Johann Christoph Bürkle : *Wohnhäuser der klassischen Moderne,* Deutsche Verlagsanstalt. Stuttgart 1994, p. 100.
117.10 : ibid., p. 101.
117.11 : Anatxu Zabalbeascoa : *Houses of the Century,* Editorial Gustavo Gili. Barcelone 1998, p. 100. Photo : Scot Frances.
117.12 : Maurice Besset : *Le Corbusier,* Skira Verlag. Genf 1987, p. 155.
118.13 : Schweizer Stahlbauverband (dir.) : *Bauen in Stahl,* Centre suisse de la construction métallique. Zurich 1956, p. 291.
118.14-15 : Laurence Allégret, V. Vaudou : *Jean Prouvé et Paris,* Éditions du Pavillon de l'Arsenal. Paris 2001, p. 282, 283.
118.16 : Helmut C. Schulitz, Werner Sobek, Karl Habermann : *Stahlbau Atlas,* Birkhäuser Verlag. Bâle 2001, p. 269. (Original tiré de : Kunstverein Solothurn [dir.] : *Fritz Haller – Bauen und Forschen.* Soleure 1988). Photo : Christian Moser.
119.17-18 : Coosje van Bruggen, Frank O. Gehry : *Frank O. Gehry, Guggenheim Museum Bilbao,* Guggenheim Museum Publications. New York 2000, couverture et p. 159.
120.19-20 : Photo : Christian Richters.
121.21 : Bell-Pottinger, Londres. Photo : Nigel Young.
122.22 : Friedrich Grimm : *Konstruieren mit Walzprofilen,* Ernst & Sohn Verlag. Berlin 2003, p. 9.
123.23-124.30 : Chaire du professeur Deplazes. Dessin : Alois Diethelm.
125.31 : Centre suisse de la construction métallique, *Steeldoc* 03/2006.
126.32 : Chaire du professeur Deplazes. Dessin : Alois Diethelm.
127.33-34 : Centre suisse de la construction métallique : *Steeldoc* 01/06. Zurich 2006.
128.35-36 : Chaire du professeur Deplazes. Dessin : Alois Diethelm.
129.37 : Tuchschmid Engineering AG, Nüssli Special Events AG, JAKEM AG (dir.), Prospekt : *Monolith – Augenblick und Ewigkeit.* 2002.
129.38 : Franz Hart, Walter Henn, Hansjürgen Sontag : *Stahlbau Atlas : Geschossbauten.* Institut für internationale Architektur-Dokumentation. Munich 1982, p. 274, 276.
130.39-40 : Chaire du professeur Deplazes. Dessin : Alois Diethelm.
131.41-44 : Friedrich Grimm : *Konstruieren mit Walzprofilen.* Ernst und Sohn Verlag. Berlin 2003, p. 55, 86.
132.45-46 : Chaire du professeur Deplazes. Dessin : Alois Diethelm.
133.47 : Friedrich Grimm : *Konstruieren mit Walzprofilen.* Ernst und Sohn Verlag. Berlin 2003, p. 84.
133.48-49 : ibid., p. 81.
133.50 : ibid., p. 80.
134.51 : Chaire du professeur Deplazes.
135.52 : *Detail,* n° 4. Munich 1999, p. 626.
135.53-55 : Laurence Allégret, V. Vaudou : *Jean Prouvé et Paris,* Éditions du Pavillon de l'Arsenal. Paris 2001, p. 195 et p. 262. Photo : Centre Pompidou.
135.56 : ibid., p. 153.
136.57-58 : *Werk, Bauen & Wohnen,* n° 11. Zurich 2000, p. 32.
136.59 : *Architektur Aktuell,* 230/231. Springer Verlag. Vienne 1999, p. 124. Photo : Georg Marterer.
136.60 : ibid., p. 56. Photo : Philippe Ruault.
137.61 : Esther McCoy, Peter J. Blake : *Craig Ellwood,* Hennessey & Ingalls. Santa Monica 1997, p. 99, 101.
137.62 : Gerhard Mack : *Herzog & de Meuron 1989-1991, Das Gesamtwerk,* vol. 2, Birkhäuser Verlag. Bâle 1991, p. 25.
137.63 : Richard Levene, Fernando Márquez Cecilia : *El Croquis* 86, El Croquis Editorial. Madrid 1998, p. 87.
137.64 : Esther McCoy, Peter J. Blake : *Craig Ellwood,* Hennessey & Ingalls. Santa Monica 1997, p. 99, 101.
137.65 : Gerhard Mack : *Herzog & de Meuron 1989-1991, Das Gesamtwerk,* vol. 2, Birkhäuser Verlag. Bâle 1991, p. 16.
137.66 : Richard Levene, Fernando Márquez Cecilia : *El Croquis* 86, El Croquis Editorial. Madrid 1998, p. 75. Photo : Hisao Suzuki.
138.67 : Helmut C. Schulitz, Werner Sobek, Karl J. Habermann : *Stahlbau Atlas,* Birkhäuser Verlag. Bâle 2001, p. 129.
138.68-69 : Deyan Sudjic : *Norman Foster, Richard Rogers, James Stirling,* Thames and Hudson. Londres 1986, p. 100, 101. Photo : Richard Bryant.
138.70 : Heinz W. Krewinkel : *Glasarchitektur – Material, Konstruktion und Detail,* Birkhäuser Verlag. Bâle 1998, p. 27.
138.71 : Oskar Büttner, Erhard Hampe : *Bauwerk Tragwerk Tragstruktur,* Ernst & Sohn Verlag. Berlin 1985, p. 263.
139.72 a et b : *Detail,* n° 7. Munich 2001, p. 1267, 1277.
139.73 : Internet : Source inconnue.
139.74 : Norman Foster : *Foster Catalogue 2001,* Prestel Verlag. Munich 2001, p. 96.
139.75 : Rainer Graefe (dir.) : *Vladimir G. Šuchov 1853– 1939. Die Kunst der sparsamen Konstruktion,* Deutsche Verlagsanstalt. Stuttgart 1990, p. 97.
140.76 a : « Pier Luigi Nervi » in : *Process Architecture,* n° 23. Tokyo 1981, p. 100.
140.76 b : ibid., p. 103.
140.77 : Helmut C. Schulitz, Werner Sobek, Karl Habermann : *Stahlbau Atlas,* Birkhäuser Verlag. Bâle 2001, p. 326. Photo : Richard Bryant.
140.78 : *A&V Monografias de Arquitectura y Vivienda,* n° 36. Madrid 1992, p. 44.
140.79 : Kenneth Powell : *Stansted – Norman Foster & the Architecture of Flight,* A Blueprint Monograph, Published

by fourth Estate. Londres 1992, p. 76 et p. 77. Photo : Richard Bryant, Philip Sayer.

140.80 : *A&V Monografias de Arquitectura y Vivienda*, n° 36. Madrid 1992, p. 48.

Isolation

141.1 : Chaire du professeur Deplazes.

141.2 en haut et en bas : Architekturgalerie Lucerne ; Toni Haefliger, Heinz Huesler, Heinz Wirz : *Herzog & de Meuron – Das neue Suva-Haus in Basel 1988-1993*, Edition Architekturgalerie. Lucerne 1994, p. 32, 33, 47. Photo : Toni Haefliger. Courtesy 2004 Architekturgalerie Lucerne.

142.3 : Chaire du professeur Deplazes. Dessin : Eva Geering.

143.4 : Jeffrey Kipnis : *Philip Johnson – recent work*, Academy Editions. Londres 1996, p. 30.

144.5 : Atelier Werner Schmidt, Areal Fabrica, Trun.

144.6 : Herbert et Astrid Gruber : *Bauen mit Stroh*, Oekobuch. Staufen i. Brsg. 2000, p. 11.

145.7 : Photo : Dietrich Schwarz.

145.8 : Chaire du professeur Deplazes. Dessin : Maud Châtelet.

145.9 : Ernst Schweizer AG, Hedingen.

145.10-11 : Chaire du professeur Deplazes.

145.12 : Chaire du professeur Deplazes. Dessin : Maud Châtelet.

146.13 : Saint-Gobain Isover Austria AG, Stockerau.

146.14 : Deutsche Foamglas GmbH, Haan.

146.15 : Styrofoam, Berlin.

146.16 : pavatex Gmbh, Leutkirch.

146.17 : Deutsche Rockwool, Gladbeck.

146.18 : Styropor (BASF), Ludwigshafen.

146.19 : swisspoor AG, Steinhausen.

146.20 : Isofloc AG, Bütschwil.

146-147.21 : Eckhard Reyer, Kai Schild, Stefan Völkner : *Kompendium der Dämmstoffe*, Fraunhofer IRB Verlag, Stuttgart 2002.

148.22-23 : Chaire du professeur Deplazes.

Verre

149.1-2 : Sigmar Spauszus, Jürgen D. Schnapp : *Glas allgemeinverständlich – eine Einführung in Theorie und Praxis*, VEB Fachbuchverlag. Leipzig 1977.

150.3 : Kunsthaus Bregenz (dir.) : *Nachtwallfahrts kapelle Locherboden*, Hatje Cantz Verlag. Stuttgart 1997, p. 67.

150.4 : Michael Wigginton : *Glas in der Architektur*, Deutsche Verlagsanstalt. Stuttgart 1996, p. 53.

150.5 : Rolf Toman (dir.) : *Die Kunst der Gotik*, Könemann Verlag. Cologne 1998, p. 85. Photo : Achim Bednorz.

151.6 : Ulrich Knaack : *Konstruktiver Glasbau*, Rudolf Müller Verlag. Cologne 1998, p. 51.

151.7 : Jeannine Fiedler, Peter Feierabend : *Bauhaus*, Könemann Verlag. Cologne 1999, p. 222. Photo : Markus Hawlik / Bauhaus Archiv Berlin.

152.8 : Thomas L. Schumacher : *Il Danteum di Terragni*, Officina Edizioni. Rome 1980.

152.9 : Ulrich Knaack : *Konstruktiver Glasbau*, Rudolf Müller Verlag. Cologne 1998, p. 20.

153 : Roland Barthes : « Le plastique », in : *Mythologies*. Éditions du Seuil, Paris 1957, p. 171-173.

154.10 : Christoph Elsener, Chaire du professeur Deplazes.

154.11 : Louis K. Meisel : Richard Estes, *The Complete Paintings 1966-1985*, Harry N. Abrams Verlag. New York 1986, p. 79. Tableau : Private Collection, New Orleans. Avec l'aimable autorisation de Louis K. Meisel Gallery, © Richard Estes.

155.12 : Photo : © 2008. Digital image, The Museum of Modern Art, New York / Scala, Florence.

155.13 : Fritz Neumeyer (dir.) : *Ludwig Mies van der Rohe, Hochhaus am Bahnhof Friedrichstrasse*, Ernst Wasmuth Verlag. Tübingen, Berlin, 1993, p. 43.

155.14 : Terence Riley, Barry Bergdoll (dir.) : *Mies in Berlin. Ludwig Mies van der Rohe, die Berliner Jahre, 1907-1938*, Prestel Verlag. Munich 2002, p. 189. Photo : © 2008. Digital image, The Museum of Modern Art, New York / Scala, Florence.

155.15 : Photo : Ezra Stoller © Esto.

156.16 : Walter Müller-Wulckow : *Architektur der Zwanziger Jahre in Deutschland*, Vol. : Bauten der Gemeinschaft, réédition 1975, Karl Robert Langewiesche Nachfolger, Hans Köster Königstein im Taunus, p. 86. Photo : © 2008, ProLitteris, Zurich.

156.17 : Ulrich Pfammatter : *In die Zukunft gebaut*, Prestel Verlag. Munich 2005, p. 187.

156.18 : Martin Pawley : *Norman Foster, A Global Architecture*, Thames & Hudson Verlag. Londres 1999, p. 52. Photo : Tim Street-Porter.

156.19 : Christian Schittich, Gerald Staib, Dieter Balkow, Matthias Schuler, Werner Sobek : *Glasbau Atlas*, Birkhäuser Verlag. Bâle 1998, p. 50. Photo : Ken Kirkwood.

157.20 : Tiré du film : « Lost in Translation », Focus Features, 2003.

157.21 : Christoph Elsener, Chaire du professeur Deplazes.

158.22 : Christoph Elsener, Chaire du professeur Deplazes.

158.23 : Félix Solaguren-Beascoa (dir.) : *Arne Jacobsen, Edificios Públicos, Public Buildings*, GG Editorial Gustavo Gili S.A. Barcelone 2005, p. 53. Photo : © Strüwing.

159.24 : Michael Wigginton : *Glas in der Architektur*, DVA. Stuttgart 1996, p. 136.

159.25 : *Architektur Aktuell* 7/8, Springer Verlag. Vienne 2007, p. 57. Photo : Christian Richters.

159.26 : ibid., p. 65. Photo : Christian Richters.

160.27 : Tiré du film : « Philadelphia », Clinica Estetico, Tristar Pictures, 1993.

161.28 : El Croquis 32/33, El Croquis Editorial. Madrid 1988, p. 92.

161.29 : ibid., p. 96. Photo : Hisao Suzuki.

161.30 : ibid., p. 97. Photo : Hisao Suzuki.

Plastique

162.31 : Lloyd Kahn : *Shelter II*, Shelter Publications. Bolinas, CA 1978, p. 203. Photo : Doug Lehman.

162.32 : Elke Genzel, Pamela Voigt : *Kunststoffbauten Teil 1, Die Pioniere*, Bauhaus-Universität Weimar, Universitätsverlag. Weimar 2005, p. 41. Photo : © Monsanto Chemical Company.

162.33 : James Ward (dir.) : *The Artifacts of R. Buckminster Fuller, A Comprehensive Collection of His Designs and Drawings in Four Volumes*, Garland. New York / Londres 1985, p. 217. Photo : avec l'aimable autorisation de The Estate of R. Buckminster Fuller.

162.34 : Elke Genzel, Pamela Voigt : *Kunststoffbauten Teil 1, Die Pioniere*, Bauhaus-Universität Weimar, Universitätsverlag. Weimar 2005, p. 111, ill. 7. Photo : Paul Kramer.

163.35 : *db 4* « Kunststoff-Konstrukte », Konradin Medien GmbH. Leinfelden-Echterdingen 2006, couverture. Photo : © Stefan Pangritz.

163.36 : Faserplast AG, Rickenbach-Wil. Photo : Katharina Stehrenberger.

163.37 : *Pausendach Innenhof der Daniel-Staub Realschule von Heinz Isler*, Studentenarbeit im Pflichtwahlmodul FVK

06/07 an der ZHW, Winterthur 2006, couverture. Photo : Daniel Wyss, Alex Zeller.
164.38 : Elke Genzel, Pamela Voigt : *Kunststoffbauten Teil 1, Die Pioniere*, Bauhaus-Universität Weimar, Universitätsverlag. Weimar 2005, p. 240. Photo : © Studio Piano, Architects. Contractor : Impresa E. Piano.
164.39 : Elke Genzel, Pamela Voigt : *Kunststoffbauten Teil 1, Die Pioniere*, Bauhaus-Universität Weimar, Universitätsverlag. Weimar 2005, p. V sq. Photo : © Heinz Isler.
165.40 : ibid. Photo : Heinz Hossdorf.
165.41 : ibid. Photo : Heinz Hossdorf.
165.42 : ibid. Photo : © Heinz Isler.
166.43 : ibid. Photo : © Heinz Isler.
166.44 : Schweizerische Zentralstelle für Stahlbau : *Bauen in Stahl 11*. Zurich 1979, p. 63. Photo : © Centre suisse de la construction métallique.
166.45 : Dieter Bogner, Kunsthaus Graz AG (dir.) : *A Friendly Alien – Ein Kunsthaus für Graz*, Hatje Cantz Verlag. Ostfildern-Ruit 2004, p. 90. © ARGE Kunsthaus, Graz.
166.46 : ibid., p. 153. Photo : Paul Ott.
167.47 : Frei Otto, Winfried Nerdinger : *Frei Otto, Das Gesamtwerk*, Birkhäuser Verlag. Bâle 2005, p. 266. Photo : Eberhard Möller, Munich.
167.48 : Ulrich Pfammatter : *In die Zukunft gebaut*, Prestel Verlag. Munich 2005, p. 86. Photo : Ulrich Pfammatter.
167.49 : Horst Berger : *Light Structures*, Birkhäuser Verlag. Bâle 1996, p. 15.
168.50 : © R+R Fuchs Ingenieurbüro für Fassadentechnik GmbH, Munich et Herzog & de Meuron, Bâle.
168.51 : *Detail*, n° 9 « Stadien », Institut für internationale Architektur-Dokumentation GmbH & Co. KG. Munich 2005, p. 975. Photo : Allianz Arena / B. Ducke.
168.52 : *Detail*, n° 9 « Stadien », Institut für internationale Architektur-Dokumentation GmbH & Co. KG, Munich 2005, p. 975. Photo : Hubertus Hamm.
169.53 : Gyorgy Kepes : *Struktur in Kunst und Wissenschaft*, La Connaissance. Bruxelles 1967, p. 32.
169.54 : *INOUTIC, Magalog für Architekten*, n° 1, « Kunststoffwelten », Inoutic / Deceuninck. Munich 2007, p. 23.

ÉLÉMENTS DE CONSTRUCTION

Fondations – Soubassement
173.1 : Tiré du film : *James Bond 007* : « You only live twice », Eon Productions, Pinewood Studios, Buckinghamshire 1967.
173.2 : Werner Cords-Parchim : *Das Handbuch des Landbaumeisters*, Neumann Verlag. Radebeul 1969, p. 148.
173.3-4 : Chaire du professeur Deplazes. Dessin : Alois Diethelm.
174.5 : *GA architect*, n° 16, « Tadao Ando, vol. 3. 1994–2000 », Tokyo 2000, p. 27.
174.6 : Chaire du professeur Deplazes. Dessin : Alois Diethelm.
174.7 : Pierre Zoelly : *Terratektur – Einstieg in die unterirdische Architektur*, Birkhäuser Verlag. Bâle 1981, p. 123.
174.8 : *El Croquis*, « Tadao Ando 1983–2000 », El Croquis Editorial. Madrid 2000, p. 108. Photo : Hiroshi Ueda.
175.9 : Henri Stierlin (dir.) : *Architektur der Welt : Griechenland*, Taschen Verlag. Cologne 1980. p. 159. Photo : Henri Stierlin.
175.10 : *Der Architekt*, n° 11. Bonn 1991, p. 554.
175.11 : Peter Meili : *Unterlagen zur Vorlesung Untertagebau*, Institut für Strassen- und Untertagebau, EPFZ 1975, p. 92 et p. 93.
175.12 : Martin Hervé : *Guide de l'architecture moderne à Paris*, Éditions Alternatives. Paris 1990, p. 63.
176.13 : *Werk*, n° 1. Zurich 1962, p. 45. Photo : Alfred Hablützel.
176.14 : Birgit Abrecht : *Architekturführer Island*, Deutsche Verlagsanstalt. Munich 2000, p. 14.
176.15-16 : *Archithese*, n° 1, Niggli Verlag. Sulgen 2001, p. 12.
176.17 : Photo : Adrian Kramp.
177.18 : Oscar Riera Ojeda (dir.) : *Ten Houses – Eduardo Souto de Moura*, Rockport Publishers. Glouchester 1998, p. 84. Photo : Luis Ferreira Alves.
177.19 : *Werk, Bauen & Wohnen*, n° 10. Zurich 1975, p. 882. Photo : Henri Stierlin.
177.20 à gauche et à droite : Vincenzo Albertini, Antonio Baldi, Clemente Esposito : *Neaples, the rediscovered city*, Associazione Napoli Sotterranea. Naples 1996, p. 41, 133.
177.21 : Chaire du professeur Deplazes. Dessin : Alois Diethelm.
178.22-23 : Georg Gerster : *Kirchen im Fels*, Atlantis Verlag. Zurich, 1972, p. 13, 104. Dessin : Albert Gerster.
178.24 : John Carmody, Raymond Sterling : *Erdüberdeckte Grossbauten*, Beton-Verlag. Düsseldorf, 1989, p. 139.
178.25 : Jean-Paul Loubes : *Maisons creusées du fleuve Jaune,* Ed. Créaphis. Paris 1988, p. 108.
178.26 : John Carmody, Raymond Sterling : op. cit., p. 139.
179.27 : *Werk, Bauen & Wohnen*, n° 10. Zurich 1975, p. 888, remanié par le directeur de la publication.
179.28 : Pierre Zoelly : *Terratektur – Einstieg in die unterirdische Architektur*, Birkhäuser Verlag. Bâle 1989, p. 98.
179.29 : Chaire du professeur Deplazes. Dessin : Alois Diethelm.
179.30 : Photo et Dessin : Christian Kerez.
180.31 : Rolf H. Ruebener : *Grundbautechnik für Architekten*, Werner-Verlag. Düsseldorf 1985, p. 122.
180.32 en haut et en bas : *Daidalos*, Heft 48, « Sous Terrain », Bertelsmann. Berlin 1993, p. 63, 65.
181.33 : Chaire du professeur Deplazes. Photo : Janet Schacke.
181.34 : IPG Keller AG, Kreuzlingen. Dessin : Rainer Keller.
181.35-182.43 : Chaire du professeur Deplazes. Dessin / Photo : Thomas Melliger.
183.44 : Heinz Ronner : *Baukonstruktion im Kontext des architektonischen Entwerfens. Haus – Sockel*, Birkhäuser Verlag. Bâle 1991, p. 45. Dessin : Heinz Ronner.
183.45 : Chaire du professeur Deplazes.
183.46-47 : Dessin : Heinz Ronner.
183.48 : Heinz Ronner : *Baukonstruktion im Kontext des architektonischen Entwerfens. Haus – Sockel*, Birkhäuser Verlag. Bâle 1991, p. 46. Dessin : Heinz Ronner.
184.49-185.54 : Chaire du professeur Deplazes. Dessin : Thomas Wirz.
186.55 : Source inconnue.
186.56 : Chaire du professeur Deplazes. Dessin : Alois Diethelm.
186.57 : Peter Blake : *Philip Johnson,* Studio Paperback, Birkhäuser Verlag. Bâle 1996, p. 59.
186.58 : Jean-Marie Pérouse de Montclos : *Histoire de l'architecture française – De la Renaissance à la Révolution*, Édition Mengès. Paris 1995, p. 301. Photo : Caroline Rose.
186.59 : Diener & Diener, Bâle. Photo : Hans Ruedi Disch.
187.60-61 : Chaire du professeur Deplazes. Photo : Alois Diethelm.

187.62 : Werner Oechslin (dir.) : *Daniele Marques*, gta Verlag. Zurich 2003, p. 55. Photo : Christian Kerez.
187.63 : ibid., p. 54. Photo : Christian Kerez.
187.64 : Friedbert Kind-Barkauskas, Bruno Kauhsen, Stefan Polónyi, Jörg Brandt : *Beton Atlas*, Birkhäuser Verlag. Bâle 2002, p. 217. Photo : Heinrich Helfenstein.
188.65 : Photo : Gion A. Caminada.
188.66 : Dolf Schnebli, Tobias Amman, Flora Ruchat-Roncati : *Werkverzeichnis 1984–1990*. Zurich, Agno, Verscio 1991, p. 97. Photo : Heinrich Helfenstein.
188.67 : Chaire du professeur Deplazes. Photo : Alois Diethelm.
188.68 : Peter Zumthor : *Peter Zumthor Häuser 1979-1997*, Birkhäuser Verlag. Bâle 1999, p. 108. Photo : Hélène Binet.
188.69 : Chaire du professeur Deplazes. Dessin : Alois Diethelm.
189.70 : Chaire du professeur Deplazes.

Façade
190.1 : Biblioteca Nazionale Centrale, reproduit avec l'aimable autorisation du Ministero per i Beni e le Attività Culturali, Italie.
190.2 : Winfried Nerdinger : *Gottfried Semper, 1803–1879. Architektur und Wissenschaft*, Prestel Verlag / gta. Munich / Zurich 2003, p. 112.
191.3 : Musées d'État de Berlin, Cabinet des Estampes ; Karl Friedrich Schinkel, Sammlung architektonischer Entwürfe.
191.4 : Eugène Emmanuel Viollet le Duc : *Entretiens sur l'architecture*, Morel et Cie Editeurs. Paris 1864-1872, Atlas, PL. XXXVI.
191.5 : Robert Gargiani : *August Perret*, Verlag Gallimard / Electa. Milan 1993, p. 76. Photo : Robert Gargiani.
191.6 : ibid., p. 77. Photo : Robert Gargiani.
192.7 : ibid., p. 62. Photo : Robert Gargiani.
192.8 : Chup Friemert : *Die gläserne Arche. Kristallpalast London 1851 und 1854*, Prestel Verlag. Munich 1984, p. 134.
192.9 : Winfried Nerdinger : *Der Architekt Walter Gropius*, Gebr. Mann Verlag. Berlin 1996, p. 35. Photo : Albert Renger-Patzch ; © VG Bild-Kunst, Bonn.
193.10 : Theo van Doesburg : *Theo van Doesburg. Peintre et architecte*, Éditions Gallimard / Electa. Paris 1993, p. 119.
193.11 : Carsten-Peter Warncke : *De Stijl, 1917-1931*, Benedikt Taschen Verlag. Cologne 1990, p. 136. Photo : Frank van den Oudsten / Lenneke Büller, Amsterdam.
194.12 : Jonathan M. Woodham : *Twentieth-century ornament*, Rizzoli Verlag. New York 1990, p. 11.
194.13 : Alexander Koch : *Die deutsche Kunst und Dekoration*, vol. 10. Koch Verlag. Darmstadt 1902.
194.14 : Stanislaus von Moos : *Venturi, Rauch & Scott Brown*, Verlag Schirmer Mosel. Munich 1987, p. 203.
195.15 : Gordon Matta-Clark : *You Are the Measure*, The Whitney Museum of American Art. New York 2007, p. 117. © 2008, ProLitteris, Zurich.
198.16 : *Werk, Bauen + Wohnen*, n° 4, Verlag Werk AG. Zurich 1999, p. 21. Photo : Scagliola / Brakkee, Rotterdam.
198.17 : Peter Zumthor : *Peter Zumthor Works, Buildings and Projects 1979-1997*, Lars Müller Publishers. Baden 1998, p. 206. Photo : Hélène Binet.
199.18 : *Miguel Fisac, Medalla de Oro de la Arquitectura 1994*, Edicion al cuidado de Andres Canovas. 1994.
200.19 : Gerhard Mack : *Herzog & de Meuron, Das Gesamtwerk*, vol. 1 1978-1988, Birkhäuser Verlag. Bâle 1997, p. 160. Photo : Margherita Spiluttini.
200.20 : J. Christoph Bürkle (dir.) : *Gigon Guyer Architekten, Arbeiten 1989 bis 2000*, Verlag Niggli AG. Sulgen / Zurich 2000, p. 176.
201.21 : Peter Zumthor : *Peter Zumthor Works, Building and Projects 1979-1997*, Lars Müller Publishers. Baden 1998, p. 109. Photo : Hélène Binet.
202.22 : *Werk, Bauen + Wohnen*, n° 5, Verlag Werk AG. Zurich 2006, p. 35. Photo : Gerry Johansson.
202.23 : *Werk, Bauen + Wohnen*, n° 6, Verlag Werk AG. Zurich 2002, p. 29. Photo : Rob t'Hart.
203.24 : von Ballmoos Krucker Architekten : *Register Kommentare*, gta Verlag. Zurich 2007, p. 56.

Ouverture
204.1 : *Daidalos*, n° 13, Bertelsmann Fachzeitschriften. Berlin 1984, p. 64. Tableau : Franz Louis Catel : « Schinkel in Neapel » (1824).
205.2 : ibid., p. 66. Photo : Fondation Le Corbusier, Paris.
205.3 : ibid., p. 66.
206.4 : Le Corbusier : *Almanach d'architecture moderne*, Crés. Paris 1926, p. 92. Photo : Le Corbusier / Fondation Le Corbusier, Paris.
207.5 : *Daidalos*, n° 13, Bertelsmann Fachzeitschriften. Berlin 1984, p. 68. Illustration : Le Corbusier, collection Richter & Gut, Lausanne.
207.6 : ibid., p. 68. Esquisse : Le Corbusier.
207.7 : ibid., p. 68. Illustration : Fondation Le Corbusier, Paris.
208.8 : ibid., p. 69. Illustration : Fondation Le Corbusier, Paris.
209.9 : ibid., p. 71. Illustration : Fondation Le Corbusier, Paris. (Orig. : Le Corbusier : *Almanach d'architecture moderne*. Paris 1925, p. 95).
209.10-11 : ibid., p. 70. Esquisse : Le Corbusier. (Orig. : *Une Petite Maison – 1923*, Les Carnets de la recherche patiente, Édition Girsberger. Zurich 1954).
210.12 : ibid., p. 72. Photo : Fondation Le Corbusier, Paris. (Orig. : Le Corbusier : *Almanach d'architecture moderne*. Paris 1925, p. 94).
210.13-14 : ibid., p. 72, 78. Esquisse : Le Corbusier. (Orig. : *Une Petite Maison – 1923*, Les Carnets de la recherche patiente, Edition Girsberger. Zurich 1954).
211.15 : ibid., p. 73. Photo : Bruno Reichlin.
212.16 : ibid., p. 74. Tableau : Kaspar David Friedrich.
212.17 : ibid., p. 74. Tableau : Henri Matisse.
212.18 : ibid., p. 74. Tableau : Robert Delaunay.
212.19 : ibid., p. 77. Tableau : Max Beckmann.
213.20 : ibid., p. 75. Tableau : Paul Klee.
213.21 : ibid., p. 75. Tableau : Henri Matisse.
213.22 : ibid., p. 75. Tableau : Joseph Albers.
214.23-221.30 : Chaire du professeur Deplazes.
222.31-32 : Chaire du professeur Deplazes. Photo : Christoph Elsener.
222.33 : Thomas Boga : *Die Architektur von Rudolf Olgiati*, gta Verlag. Zurich 1977, p. 172.
222.34 : Alejandro de la Sota : *Alejandro de la Sota Architect*, Ediciones Pronaos. Madrid 1989, p. 85. Photo : Alejandro de la Sota.
222.35 : Thomas Boga : *Die Architektur von Rudolf Olgiati*, gta Verlag. Zurich 1977, p. 172.
223.36 : Francesco Catalá-Roca, Xavier Monteys : *La Arquitectura de los años cincuenta en Barcelona*, Secretaria

General Técnica, Centro de Publicationes. Madrid 1987, p. 78. Photo : Franceso Catalá-Roca.

223.37 : Source inconnue.

223.38 : Gerhard Mack : *Herzog & de Meuron 1978-1988, Das Gesamtwerk*, vol. 1, Birkhäuser Verlag. Bâle 1997, p. 67. Photo : Margherita Spiluttini.

223.39 : ibid., p. 62.

223.40 : Hans Helbling : *Otto Rudolf Salvisberg 1882-1940*, « Estratto dal fascicolo n° 17 della rivista Architetti ». Florence 1953, p. 12. Institut für Geschichte und Theorie der Architektur (gta) – EPFZ.

224.41 : *Process Architecture*, n° 11 : « Harry Weese », Process Architecture Publishing. Tokyo 1979, p. 107.

224.42-43 : *Werk, Bauen & Wohnen*, n° 1/2. Zurich 2001, p. 166. Photo : Hans Ruedi Disch.

224.44 : Centre Georges Pompidou (dir.) : *Louis I. Kahn – Le monde de l'architecte*, Éditions du Centre Georges Pompidou. Paris 1992, p. 129.

225.45-46 : Raul Rispa (dir.) : *Barragan – Das Gesamtwerk*, Birkhäuser Verlag. Bâle 1996, p. 142.

225.47-48 : Bo & Wohlert.

225.49 : Oscar Riera Ojeda (dir.) : *Ten Houses – Eduardo Souto de Moura*, Rockport Publishers. Gloucester 1998, p. 38. Photo : Luis Ferreira Alves.

226.50 : Arthur Rüegg : « Farbkonzepte und Farbskalen in der Moderne », in : *Daidalos*. Architektur – Kunst – Kultur : « In Farbe », n° 51, Bertelsmann. Berlin 1994, p. 74. Photo : Arthur Rüegg.

226.51 : Edoardo Gellner : *Alte Bauernhäuser in den Dolomiten. Die ländliche Architektur der venetianischen Alpen*, Callwey Verlag. Munich 1989 (première édition Edizioni Dolomiti 1988), p. 252. IUAV – Archivio Progetti, Fondo Edoardo Gellner.

226.52 : Catherine Donzel, Alexis Gregory, Marc Walter : *Grand American Hotels*, The Vendom Press. New York 1989, p. 176.

226.53 : Annegret Burg : *Kollhoff – Architekten Kollhoff und Timmermann*, Birkhäuser Verlag. Bâle 1998, p. 67. Photo : Heinrich Helfenstein.

227.54 : Chaire du professeur Deplazes. Dessin : Christine Enzmann.

227.55-60 : Chaire du professeur Deplazes. Dessin : Thomas Melliger.

228.61-70 : Chaire du professeur Deplazes. Dessin : Christine Enzmann.

229.71 : Hermann Forster Rohr- & Profiltechnik AG, Arbon.

229.72 : Opo Oeschger AG, Kloten. Hermann Forster Rohr- & Profiltechnik AG, Arbon.

230.73 : Chaire du professeur Deplazes.

231.74-75 : Chaire du professeur Deplazes. Dessin : Patric Allemann.

231.76 : Willy Boesiger, Hans Girsberger : *Le Corbusier 1910-65*, Artemis Verlag. Zurich 1967, p. 143.

232.77 : *El Croquis*, n° 102 : « Annette Gigon / Mike Guyer – 1989–2000 », El Croquis Editorial. Madrid 2000, p. 180.

232.78-82 : Chaire du professeur Deplazes. Dessin : Patric Allemann.

232.83 : Johann Christoph Bürkle, Ruggero Tropeano : *Ein Prototyp des neuen Bauens in Zürich – die Rotach-Häuser*, gta Verlag, catalogue de l'exposition. Zurich 1994, p. 75. Photo : M. Grasser, Ch. Eckert.

233.84 : *Werk, Bauen & Wohnen*, n° 10. Zurich 1997, p. 51.

233.85 : Lisbeth Waechter-Boehm : *Baumschlager & Eberle : Bauten und Projekte 1996-2002*, Springer Verlag. Vienne 2003, p. 135. Photo : Eduard Huber.

233.86 : Photo : Ernst Gisel.

234.87 : *Archithese*, n° 2, Niggli Verlag. Sulgen 2000, p. 15. Photo : Mechthild Heuser.

234.88 : Markku Lahti : *Alvar Aalto – elämälle herkempi rakenne*, Rakennustieto oy the Finish Building Center. Helsinki 1996, p. 71. Photo : Maija Holma.

Plancher

235.1 : Gesellschaft für Ingenieurbaukunst : *Robert Maillart : Betonvirtuose*, Vdf Verlag. Zurich 1996, p. 48. Photo : Robert Maillart.

236.2 : Pier Luigi Nervi : *Gestalten in Beton, Zum Werk von Pier Luigi Nervi*, Rudolf Müller Verlag. Cologne 1989.

236.3 : Jürgen Joedike : *Bürobauten*, Verlag Arthur Niggli, Teufen 1959, p. 58.

236.4 : Otto Frei, Bodo Rasch : *Gestalt finden*, Edition Axel Menges. Munich 1992, p. 209. Photo : Otto Frei, Bodo Rasch.

236.5-6 : Catalogue de l'exposition : *Alvar Aalto in seven buildings*, Musée d'architecture finlandaise. Helsinki 1998, p. 39, 28.

237.7 : Jürgen Joedike : *Bürobauten*, Verlag Arthur Niggli, Teufen 1959, p. 66. Photo : Aero Saarinen.

237.8-9 : Pier Luigi Nervi : *Neue Strukturen*, Hatje Verlag. Stuttgart 1963, p. 24, 25. Photo : Pier Luigi Nervi.

237.10 : Renzo Piano : *Carnet de travail*, Éditions du Seuil. Paris 1997, p. 41. Dessin : Renzo Piano, Richard Rogers.

238.11 : Michel Ragon : *Goldberg dans la ville*, Paris Art Center. Paris 1985, p. 31.

238.12 : Jürgen Joedike : *Bürobauten*, Verlag Arthur Niggli, Teufen 1959, p. 198. Photo : Hideo Kosaka.

238.13 : Rem Koolhaas : *Delirious New York*, 010 Publishers. Rotterdam 1994, p. 83.

239.14 : *El Croquis*, n° 111, El Croquis Editorial. Madrid 2002, p. 47.

239.15 : Doris Weigel : *Die Einraumwohnung als räumliches Manifest der Moderne*, Edition Argus. Schliengen 1996, p. 75, © Albertina Vienne. Photo : Adolf Loos.

240.16 : Claude Parent : *Entrelacs de l'oblique*, in collection : Collections Architecture « Les Hommes », Éditions du Moniteur. Paris 1981, p. 52. Dessin : Claude Parent, Paul Virilio.

240.17 : ibid., p. 146.

240.18 : Source inconnue.

240.19 : *a+u*, n° 342, Tokyo 1999/03, p.111, 113. Photo : Christian Richters.

240.20 : *2G – revista internacional de architectura*, n° 16, Editorial Gustavo Gili. Barcelone 2000, p. 51.

Toiture

244.1-3 : Chaire du professeur Deplazes. Dessin : Thomas Wirz.

245. 4-249.16 : Chaire du professeur Deplazes. Dessin : Daniel Gut.

250.17 : Gerda Wangerin, Gerhard Weiss : *Heinrich Tessenow, Ein Baumeister 1876-1950, Leben – Lehre – Werk*, Verlag Richard Bacht. Essen 1976, p. 212.

250.18 : Conradin Clavuot, Coire.

250.19 : Inge Beckel, Annemarie Bucher, Christoph Kübler : *Hans Leuzinger 1887-1971 – pragmatisch modern*, gta Verlag. Zurich 1993, p. 55.

250.20 : Conradin Clavuot, Coire.

251.21-22 : Chaire du professeur Deplazes. Photo : Christoph Elsener.
251.23 : Source inconnue.
251.24 : Source inconnue.
251.25 : Wilfried Wang : *Herzog & de Meuron*, Studio Paperback, Birkhäuser Verlag. Bâle 1998, p. 67.
251.26 : Terence Riley, Barry Bergdoll : *Mies in Berlin – Ludwig Mies van der Rohe. Die Berliner Jahre 1907-1938*, Prestel Verlag. Munich 2001, p. 359. Photo : David Hirsch.
252.27-29 : Johann Christoph Bürkle : *Gigon Guyer Architekten – Arbeiten 1989-2000*, Niggli Verlag. Sulgen / Zurich 2000, p. 90, 85, 186.
252.30-31 : Photo : Ralph Feiner.
253.32 : *Architecture*, n° 3 : « Twentieth-century Museums 1 », Kimbell Art Museum. Forth Worth 1999. Photo : Michael Badycomb.
253.33 : David Bruce Brownlee, Grant Mudford, David. G. De Long : *Louis I. Kahn – In the Realm of Architecture*, The Museum of Contemporary Art. Los Angeles 1991, p. 397.
253.34 : Philip Drew : « Sydney Opera House – Jørn Utzon », in : *Architecture in Detail*, Phaidon Press. Londres 1995, p. 22. Dessin : Lindy Atkin.
253.35 en haut : *Archithese*, n° 5, Niggli Verlag. Sulgen 2002, p. 33.
253.36 en bas : Allan Temko : *Eero Saarinen*, Georg Braziller Press. New York 1962, ill. 101. Photo : Ezra Stoller.
253.37 : Philip Drew : « Sydney Opera House-Jørn Utzon », in : *Architecture in Detail*, Phaidon Press. Londres 1995, p. 18. Photo : Anthony Browell.
254.38-43 : Chaire du professeur Deplazes. Dessin : Barbara Wiskemann.
254.44 : Chaire du professeur Deplazes.
255.45-46 : Chaire du professeur Deplazes. Dessin : Barbara Wiskemann.

Escaliers et ascenseurs
256.1 : John Wilton-Ely : *Giovanni Battista Piranesi – Vision und Werk*, Hirmer Verlag. Munich 1978, p. VIII.
256.2 : Heinrich Klotz (dir.) : *Haus-Rucker-Co 1967 bis 1983*, Vieweg & Sohn Verlag. Braunschweig / Wiesbaden 1984, p. 122.
256.3 : Cleo Baldon, Ib Melchior : *Steps & Stairways*, Rizzoli International Publications. New York 1989, p. 212. Photo : Eadweard Muybridge.
257.4 : Source inconnue.
257.5 : Chaire du professeur Deplazes. Photos : Christoph Elsener.
257.6 : Gerhard Mack : *Herzog & de Meuron 1992–1996, Das Gesamtwerk*, vol. 3, Birkhäuser Verlag. Bâle 1996, p. 202.
257.7 : Jacques Sbriglio : *Immeuble 24 N.C. et appartement Le Corbusier*, Birkhäuser Verlag. Bâle 1996, Titelseite. Photo : Le Corbusier Paris, Immeuble 24 rue Nungesser-et-Coli, appartement de Le Corbusier 1931, © FLC L2(10)33.
258.8 : John A. Templer : *The Staircase : Studies of Hazards, Falls, and Safer Design*, The MIT Press. Cambridge 1992, p. 87.
258.9 : *El Croquis*, n° 68/69, « Alvaro Siza 1958-1994 », El Croquis Editorial. Madrid 1997, p. 92. Photo : Roberto Collova.
258.10 : John A. Templer : *The Staircase : History and Theories*, The MIT Press. Cambridge 1992, p. 141.
258.11 : Frederick Gutheim : *Alvar Aalto*, George Braziller Press. New York 1960, p. 34.
259.12 : Fulvio Irace : *Gio Ponti – La casa all' italiana*, Electa. Milan 1988, p. 164.
259.13 : Richard Bösel, Christoph C. Frommel (dir.) : *Borromini e l'Universo Barocco Documenti di Architettura*, Electa. Milan 2000, p. 103.
259.14 : Kurt Lustenberger : *Adolf Loos*, Zanichelli Editore. Bologne 1998, p. 160.
259.15 : *El Croquis*, « OMA – Rem Koolhaas, 1987-1998 », El Croquis Editorial. Madrid 1998, p. 128.
260.16 : Source inconnue.
260.17 : Ivo Kranzfelder : *Edward Hopper 1882-1967 – Vision de la réalité*, Taschen Verlag. Cologne 1998, p. 129. Photo : VG Bild-Kunst, Bonn.
260.18 : Peter Testa : *Alvaro Siza*, Studio Paperback, Birkhäuser Verlag. Bâle 1996, p. 50.
260.19 : Henri Stierlin (dir.) : *Architektur der Welt : Griechenland*, Taschen Verlag. Cologne 1980, p. 150. Photo : Henri Stierlin.
261.20-262.21 : Ernst Neufert : « Escaliers – Principes et Règles », in : *Les Éléments des projets de construction*. 9e édition française. Dunod. Paris 2006, p. 145-146.
263.22 : Chaire du professeur Deplazes. Dessin : Daniel Gut.
264 : SIA-Norm 358. Édition 1996. Texte traduit de l'allemand et légèrement abrégé.
264.23-25 : SIA-Norm 358. Édition 1996.
265.26 : *2G* – revista internacional de architectura, n° 3 : « Sollerod City Hall », Editorial Gustavo Gili. Barcelone 1997, p. 41. Photo : Bernardo Jordi.
265.27-266.29 : AS Aufzüge AG, St. Gallen. Dessin : Nik Biedermann.
267.30-35 : Burkard Meyer Architekten, Baden.
268.36 : Luis Fernandez-Galiano (dir.) : *A&V Mono grafias de Architectura y Vivienda*, n° 77, « Herzog & de Meuron 1980-2000 ». Madrid 1992, p. 9.
268.37-39 : Source inconnue.
269.40-43 : Otto Rudolf Salvisberg : *Architekt Professor O. R. Salvisberg, Zürich : Krankenhäuser in St. Immer und Pruntrut, Fernheizkraftwerk und Maschinenlaboratorium der ETH*. Zurich, Hoffmann Verlag. Stuttgart 1936, vol. 1. Photos : Otto Rudolf Salvisberg.
269.44 : Claude Lichtenstein : *O. R. Salvisberg – Die andere Moderne*, gta Verlag. Zurich 1995, p. 86.
270.45-46 : *Archithese*, n° 6, Niggli Verlag. Sulgen 1998, p. 60.
270.47-49 : Conradin Clavuot, Coire.

STRUCTURES

Modes de construction
274.1 : Werner Blaser : *Elementare Bauformen*, Betonverlag. Düsseldorf 1982, p. 43.
274.2 : Uwe Albrecht : *Der Adelssitz im Mittelalter. Studien zum Verhältnis von Architektur und Lebensform in Nord und Westeuropa*, Deutscher Kunstverlag. Munich / Berlin 1995, p. 11.
275.3 : Bibliothèque de l'EPFZ, Section « Rara ».
275.4 : Source inconnue.
275.5 : Helmut C. Schulitz, Werner Sobek, Karl Habermann : *Stahlbau Atlas*, Birkhäuser Verlag. Bâle 2001, p. 72. Photo : Harry Callahan.
275.6 : Stefan Grundmann : *Architekturführer Rom*, Édition Axel Menges. Stuttgart 1997, p. 68.

276.7 : Peter Nabokov, Robert Easton : *Native American Architecture*, Oxford University Press. New York 1989, p. 194. © Richard Harrington / Library Archives Canada / PA-114724.

276.8 : William L. McDonald, John A. Pinto : *Hadrian's Villa and its Legacy*, Yale University Press. New Haven 1995, p. 90. Dessin : Michael Lawrence.

276.9 : Kenneth Frampton : *Grundlagen der Architektur*, Oktagon Verlag. Munich / Stuttgart 1993, p. 177.

276.10 : Vincent Ligtelijn : *Aldo van Eyck – Werke*, Birkhäuser Verlag. Bâle 1989, p. 91.

277.11 : Françoise Divorne : *Berne et les villes fondées par les ducs de Zähringen au XIIe siècle*, Archives d'architecture moderne. Bruxelles 1991, p. 117.

277.12 : Kenneth Frampton : *Grundlagen der Architektur*, Oktagon Verlag. Munich/Stuttgart 1993, p. 71.

277.13 : Chaire du professeur Deplazes. Photo : Christoph Wieser.

278.14 : *Andrea Palladio. La Rotonda*, Electa. Milan, 2e édition 1990, p. 48.

278.15 : Heinz Studer : *Baustilkunde. Entwicklung der Baustile vom alten ägyptischen Reich bis Ende 20. Jahrhundert*, Schweizer Baudokumentation. Blauen, 3e édition 1987, p. 92.

278.16 : Gideon S. Golany : *Chinese Earth-Sheltered Dwellings. Ingenious Lessons for Modern Urban Design*, University of Hawaii Press. Honolulu 1992, p. 103.

278.17 : Kenneth Frampton : *Grundlagen der Architektur*, Oktagon Verlag. Munich / Stuttgart 1993, p. 260.

278.18 : Paul Frankl : *Entwicklungsphasen der neueren Baukunst*, B.G. Teubner. Leipzig / Berlin 1914, p. 25.

279.19 : Chaire du professeur Deplazes. Photo : Christoph Wieser.

279.20 : Giuliani Hönger, Zurich. Photos : Dirk Hebel.

279.21 : *Scottish Towerhouses*, EPFZ. Zurich 2005, p. 30.

279.22 : Chaire du professeur Deplazes.

280.23 : Christopher Hobhouse : *1851 and the Crystal Palace*, John Murray. Londres 1950, p. 48.

280.24 : Werk, Bauen + Wohnen, « Fritz Haller », 7/8-1992, p. 14. © fritz haller bauen und forschen GmbH. Photo : Christian Moser, Berne.

280.25 : Kurt Lustenberger : *Adolf Loos*. Studio Paperback, Artemis Verlag. Zurich / Munich 1994, p. 119.

280.26 : ibid., p. 118. © Albertina, Vienne.

281.27 : Heinrich Kulka : *Adolf Loos – Bauen in der Welt*, Verlag Anton Schroll & Co. Vienne 1931, ill. 266.

281.28 : Kurt Lustenberger : *Adolf Loos*. Studio Paperback. Birkhäuser Verlag. Bâle 1994, p. 161.

281.29 : Colin Rowe : *Die Mathematik der idealen Villa*, Birkhäuser Verlag. Bâle 1996, p. 25.

282.30 : Jacques Lucan : *OMA – Rem Koolhaas*, Artemis Verlag. Zurich / Munich 1991, p. 129.

282.31 : Jennifer Sigler (dir.) : *S, M, L, XL. OMA Rem Koolhaas and Bruce Mau*, 010 Publishers. Rotterdam 1995, p. 1313.

282.32 : Uwe Albrecht : *Der Adelssitz im Mittelalter. Studien zum Verhältnis von Architektur und Lebensform in Nord und Westeuropa*, Deutscher Kunstverlag. Munich/Berlin 1995, p. 24.

282.33 : Staufer & Hasler Architekten, *Kantonsschule Wil – ein Holzbauwerk*, Niggli. Sulgen 2004, p. 18.

282.34 : © Staufer & Hasler Architekten, Frauenfeld. Photo : Heinrich Helfenstein, Zurich.

283.35 : Giuliani Hönger, Zurich. Photo : Dirk Hebel.

283.36 : Christian Kerez, Zurich. Photo : Walter Mair.

283.37 : Willy Boesiger (dir.) : *Le Corbusier*. Studio Paperback. Artemis Verlag. Zurich 1990, p. 192, 193. © FLC / 2008, ProLitteris, Zurich.

284.38-40 : Chaire du professeur Deplazes. Dessin : Alois Diethelm.

284.41 : Chaire du professeur Deplazes.

284.42 : Werner Meyer, Otto P. Clavadetscher : *Das Burgenbuch von Graubünden*, Orell Füssli Verlag, Zurich 1984, p. 136. © Orell Füssli Verlag AG, Zurich.

284.43 : dtv-Merian-Reiseführer : *Peking-Nordchina*, Deutscher Taschenbuch Verlag. Munich 1990, p. 229.

284.44 : Angelo Ambrosi, E. Degano, C. A. Zaccaria : *Architettura in pietra a secco*, Schena Editore. Fasano 1990, p. 235.

285.45 : Chaire du professeur Deplazes.

285.46 : Gert Chesi : *Architektur und Mythos – Lehmbauten in Afrika*, Haymon-Verlag. Innsbruck 1995, p. 202. Photo : Gert Chesi.

285.47 à gauche : Chaire du professeur Deplazes. Dessin : Alois Diethelm.

285.47 à droite : Rainer Graefe (dir.) : *Zur Geschichte des Konstruierens*, Fourier Verlag. Wiesbaden 2000, p. 38. Retravaillé par la Chaire du professeur Deplazes.

285.48 : Source inconnue.

285.49 : Martin Grassnick (dir.) : *Materialien zur Baugeschichte – Die Architektur des Mittelalters*, Vieweg Verlag. Braunschweig / Wiesbaden 1990, MA 161.

285.50 : Verein Schweizerischer Cement-, Kalk- und Gips-Fabrikant (dir.) : *Bauen in Beton – 1990/91*. Zurich 1991, p. 30. Photo : Atelier Kinold.

285.51 : Chaire du professeur Deplazes. Dessin : Alois Diethelm.

286.52 : Source inconnue.

286.53 : Chaire du professeur Deplazes. Dessin : Alois Diethelm.

286.54 : Centre Georges Pompidou (dir.) : *Louis I. Kahn – Le Monde de l'architecte*, Éditions du Centre Georges Pompidou. Paris 1992, p. 245. © Kathleen James.

286.55 : Willy Boesiger (dir.) : *Le Corbusier – Œuvre complète 1952-1957*, Artemis Verlag. Zurich 1991, p. 213.

286.56 : Chaire du professeur Deplazes. Dessin : Alois Diethelm.

287.57 : Architettura Viva : *Pier Luigi Nervi, una scienza per l'architettura*, Istituto Mides. Roma 1982, Projekt 13.

287.58 : Chaire du professeur Deplazes. Dessin : Alois Diethelm.

287.59-61 : Erwin Heinle, Jörg Schleich : *Kuppeln aller Zeiten – aller Kulturen*, Deutsche Verlags-Anstalt. Stuttgart 1996, p. 224, 181, 226.

288.62-63 : *Archithese*, n° 5, Niggli Verlag. Sulgen 1996, p. 6.

289.64 : Jakob Hunziker : *Das Schweizerhaus*, vol. 2 : « Das Tessin, Aarau », Verlag Sauerländer & Co. Aarau 1902, p. 25.

289.65 : Photo : Christian Kerez.

290.66 Ateliers Jean Nouvel, Paris. Illustration : Vincent Lafont.

290.67 Paul Virilio : *Bunker-Archäologie*, Carl Hanser Verlag. Munich 1992, p. 178.

290.68 : Katharina Bürgin : *Objekte 1992–1994*, Museum zu Allerheiligen. Schaffhausen 1995, Ausstellung. Photo : Rolf Wessendorf.

291.69 : Chaire du professeur Deplazes. Photo : L. Felder, M. Hauser, N. Di Iorio, M. Pausa.

291.70 : Internet : Source inconnue.
291.71 : Chaire du professeur Deplazes. Photo : L. Felder, M. Hauser, N. Di Iorio, M. Pausa.
291.72-73 : Chaire du professeur Deplazes. Photo : Urs Meister.
292.74-294.86 : Chaire du professeur Deplazes. Dessin / Photo : L. Felder, M. Hauser, N. Di Iorio, M. Pausa.
295.87 : Anne et Keith Mc Lachlan : *Tunisia Handbook.* Bath, Baufachverlag. Gütersloh 1997. Dessin : Bath. Footprint Handbooks 1997. Illustration : Bath : Footprint Handbooks.
296.88 : Chaire du professeur Deplazes. Photo : Nik Biedermann.
296.89 : Source inconnue.
296.90 : David MacGibbon, Thomas Ross : *The Castellated and Domestic Architecture of Scotland : from the Twelfth to the Eighteenth Century,* Davin Douglas Press. Édimbourg 1887, vol. 1, p. 344.
296.91 : Joachim Zeune : *Der schottische Burgenbau vom 15. bis 17. Jahrhundert,* Deutsches Burgeninstitut. Marksburg über Braubach 1989, ill. 116. Dessin : C. J. Tabraham.
297.92 : Sigrid Barten : *Eduardo Chillida. Skulpturen aus Ton,* Museum Bellerive, catalogue de l'exposition. Zurich 1996, p. 66. Photo : Marlen Perez.
297.93 : Rolf Toman (dir.) : *Die Kunst des Barock : Architektur, Skulptur, Malerei,* Könemann Verlagsgesellschaft. Cologne 1997, p. 23.
297.94 : Rolf Gerber : *Louis I. Kahn's Interesse an schottischen Burgen,* bourse de la fondation E. Degen / Rolf Gerber. EPFZ 2000, p. 51. Photo : Rolf Gerber.
297.95 à gauche : Richard Fawcett : *Scottish Architecture from the Accession of the Stewarts to the Reformation 1371–1560,* Edinburgh University Press. Édimbourg 1994, p.240. Dessin : Richard Fawcett.
298.96-99 : ibid., p. 240. Dessin : Richard Fawcett.
298.100 : Hermann Muthesius : *Das Englische Haus, Entwicklung, Bedingungen, Anlage, Aufbau, Einrichtung und Innenraum,* Ernst Wasmuth AG. Berlin 1908, p. 78.
299.101 : Rolf Gerber : *Louis I. Kahn's Interesse an schottischen Burgen,* bourse de la fondation E. Degen / Rolf Gerber. EPFZ 2000. p. 64, 65, 66. (orig. : Royal Commission on the Ancient and Historical Monuments of Scotland, Archive.)
299.102-104 : Chaire du professeur Deplazes. Dessin : Nik Biedermann.
300.105 : David MacGibbon, Thomas Ross : *The Castellated and Domestic Architecture of Scotland : from the Twelfth to the Eighteenth Century,* Davin Douglas Press. Édimbourg 1887, vol. 2, p. 116.
300.106 : ibid., vol. 1, p. 189.
300.107 en haut : Heinrich Kulka (dir.) : *Adolf Loos – Das Werk des Architekten,* Verlag Anton Schroll & Co. Vienne 1931, ill. 229.
300.107 en bas : ibid., ill. 225.
300.108 : Chaire du professeur Deplazes.
301.109 en haut : Joseph Rykwert : *Louis I. Kahn,* H. N. Abrams Inc. New York 2001, p. 118, 119. Photo : Roberto Schezen.
301.109 au milieu : David Bruce Brownlee, Grant Mudford, David. G. De Long : *Louis I. Kahn – In the Realm of Architecture,* The Museum of Contemporary Art. Los Angeles 1991, p. 260. Photo : Grant Mudford.
301.109 en bas : Joseph Rykwert : *Louis I. Kahn,* H. N. Abrams Inc. New York 2001, p. 116.

301.110 : ibid., p. 121
302.111-114 : Hannes Rössler (dir.) : *Minihäuser in Japan,* Verlag Anton Pustet. Salzburg 2000. Illustrations : Kei Sugino.
303.115-118 : Chaire du professeur Deplazes. Illustrations : Catherine Gay.
306.119 : Botond Bognar : *World Cities Tokyo,* Academy Editions. Tottenham 1996, p. 91. Dessin : Kisho Kurokawa.
306.120-121 : Dominique Deshoulières : *Rob Mallet-Stevens – Architecte,* Archives d'architecture moderne. Bruxelles 1980, p. 267, 268.
306.122 : Kisho Kurokawa : *Kisho Kurokawa,* CEP Édition. Paris 1982, p. 21. Photo : Kisho Kurokawa.
307.123 : Atelier 5, Berne.
307.124 : Henri Stierlin : *Islam – Frühe Bauwerke von Bagdad bis Córdoba,* Taschen Verlag 1996, p. 152. Photo : Berengo Gardin.
307.125 : Atelier 5, Berne. Photo : Leonardo Bezzola.
307.126 : Henri Stierlin : *Islam – Frühe Bauwerke von Bagdad bis Córdoba,* Taschen Verlag 1996, p. 155.
308.127 : Esther McCoy, Peter J. Blake : *Craig Ellwood,* Hennessey & Ingalls. Santa Monica 1997, p. 35.
308.128 : Patrik Gmür : *Artaria & Schmidt – Wohnhaus Schaeffer Riehen/Basel 1927/28,* gta Verlag. Zurich 1993, p. 16.
308.129 : Hans Wichmann : *System-Design Fritz Haller,* Birkhäuser Verlag. Bâle 1989, p. 49.
308.130 : Patrik Gmür : *Artaria & Schmidt – Wohnhaus Schaeffer Riehen/Basel 1927/28,* gta Verlag. Zurich 1993, p. 20.
309.131 : Colin Rowe : *Die Mathematik der idealen Villa,* Birkhäuser Verlag. Bâle 1996, p. 25.
309.132 : Laura Miotto, Savina Nicolino : *Lina Bo Bardi, aprirsi all'accadimento,* Testo & Immagine. Turin 1998, p. 7.
309.133 : Werner Blaser : *Mies van der Rohe – Die Kunst der Struktur,* Artemis Verlag. Zurich 1965, p. 155.
310.134 : Hans Wichmann : *System-Design Fritz Haller,* Birkhäuser Verlag. Bâle 1989, p. 96, 97. Photo : Therese Beyeler et al.
310.135 : ibid., p. 70.
310.136 : Source inconnue.
310.137 : Source inconnue.
311.138-139 : Chaire du professeur Deplazes. Dessin : Alois Diethelm.
311.140 : Franz Carl Weber AG, Spreitenbach.
312.141 : *Arch+,* n° 100/101, archplus Verlag. Aachen 1989, p. 56.
312.142 : *Detail,* n° 4, Munich 2001, p. 660.
313.143 à gauche : *Detail,* n° 4, Munich 2001, p. 665, 667.
313.143 à droite : *Detail,* n° 4, Munich 2001, p. 667.
313.144 en haut : Kathryn Smith : *Schindler House.* Harry N. Abrams. New York 2001, p. 31.
313.144 en bas : Source inconnue.
313.145 : A. Schwabe : « Der heutige Stand des Raumzellenbaues », in : *Der Architekt,* Bonn 1968, illustration 14. Photo : WerkPhoto Bayer.
314.146 : Chaire du professeur Deplazes. Dessin : Alois Diethelm.
314.147 : James Stirling : *James Stirling – Bauten und Projekte 1950–1974,* Verlag Gerd Hatje. Stuttgart 1975, p. 147. Photo : Brecht-Einzig, Londres.
314.148 : Blake Gopnick, Michael Sorkin : *Moshe Safdie – Habitat '67, Montreal,* Testo & Immagine. Turin 1998, p. 82.

314.149 : ibid., p. 10, 11.
314.150 : James Stirling : *James Stirling – Bauten und Projekte 1950–1974*, Verlag Gerd Hatje. Stuttgart 1975, p. 154.
314.151 : Blake Gopnick, Michael Sorkin : *Moshe Safdie – Habitat '67, Montreal,* Testo & Immagine. Turin 1998, p. 76.

Physique du bâtiment, énergie
315.1 : Hans Kollhoff : *Hans Kollhoff – Architektur,* Prestel Verlag. Munich 2002, p. 41. Photo : Ivan Nemec.
315.2 : Source inconnue.
315.3 : Gert Chesi : *Architektur und Mythos – Lehmbauten in Afrika,* Haymon-Verlag. Innsbruck 1995, p. 14. Photo : Gert Chesi.
315.4 : ibid., Photo : Gert Chesi.
316.5 : Source inconnue.
316.6 : Karl Fritz Stöhr : *Die amerikanischen Turmbauten, die Gründe ihrer Entstehung, ihre Finanzierung, Konstruktion und Rentabilität,* Verlag R. Oldenbourg. Munich/ Berlin 1921, ill. 17. Photo : Karl Fritz Stöhr.
316.7 : Source inconnue.
317.8 : Richard Fawcett : *Scottish Achitecture from the Accession of the Stewarts to the Reformation 1371-1560,* Edinburgh University Press. Édimbourg 1994, p. 240.
317.9 : Source inconnue. Retravaillé par la Chaire du professeur Deplazes.
318.10 : Bearth + Deplazes. Photo : Ralph Feiner.
318.11 : Bearth + Deplazes. Photo : Ralph Feiner.
320.12 : Chaire du professeur Deplazes.
321.13-322.14 : Chaire du professeur Deplazes. Dessin : Thomas Wirz.
322.15-16 : Chaire du professeur Deplazes.
323.17 : Chaire du professeur Deplazes. Dessin : Thomas Wirz.
323.18-19 : Chaire du professeur Deplazes.
325.20-21 : Bearth + Deplazes. Photo : Ralph Feiner.
326.22-23 : Bearth + Deplazes.

BÂTIMENTS

Sélection d'ouvrages
329.1 : *tec21*, n° 25. Zurich 2002, p. 21. Photo : Ruedi Weidmann / tec 21.
330.2 : Jürgen Joedicke : *Architekturgeschichte des 20. Jahrhunderts,* Karl Krämer Verlag. Stuttgart 1990, p. 151.
330.3 : Burkard Meyer Architekten, Baden.
330.4 : Burkard Meyer Architekten, Baden. Photo : Reinhard Zimmermann.
330.5 : François Wehrlin (dir.) : *Kenzo Tange : 40 ans d'urbanisme et d'architecture,* Process Architecture Publishing. Tokyo, p. 101. Photo : Osamu Murai.
331.6 : Bearth + Deplazes.
331.7-9 : Chaire du professeur Deplazes. Dessin : Alois Diethelm.
331.10 : Hans Wichmann : *System-Design Fritz Haller,* Birkhäuser Verlag. Bâle 1989, p. 132. Photo : Therese Beyeler.
331.11 : Romaldo Giurgola, Jaimini Mehta : *Louis I. Kahn,* Artemis Verlag. Zurich 1989, p. 61.
331.12 : *Architectural Record,* McGraw-Hill. New York, février 1947, p. 95.
331.13 : Verein Deutscher Ingenieure (dir.) : *Heizungsanlagen – Anleitung für Betrieb, Überwachung und Wartung,* VDI-Verlag. Düsseldorf 1974, p. 3. Reproduit avec l'aimable autorisation de la maison d'édition.
333.14-15 : Johann Christoph Bürkle : *Wohnhäuser der klassischen Moderne,* Deutsche Verlags-Anstalt. Stuttgart 1994, p. 100.
333.16 : ibid., p. 128.
333.17 : Paul Wijdeveld : *Ludwig Wittgenstein, Architekt,* Wiese Verlag. Bâle 1994, p. 124.
334.18-20 : *Architectural Record,* McGraw-Hill. New York, décembre 1960, p. 112 et p. 114.
334.21 : *Arch+*, n° 93, archplus Verlag. Aachen 1988, p. 79. Photo : Rayner Banham.
334.22 : Source inconnue.
334.23 : *Architectural Record,* McGraw-Hill. New York, février 1960, couverture.
335.24 : *The Progressive Architecture Library,* Reinold. New York, février 1966, p. 145, 148, 151.
335.25 : *Architectural Form.* Tokyo, mai 1963, p. 129.
335.26 : The Progressive Architecture Library, Reinold. New York, février 1966, p. 145, 148, 151.
335.27 : Abby Bussel : *SOM Evolutions,* Birkhäuser Verlag. Bâle 2000, p. 50, 51. Photo : Ezra Stoller.
335.28 : *Schweizerische Bauzeitung.* Zurich, 16 décembre 1965, p. 920.
336.29 : *Werk, Bauen & Wohnen*, n° 12. Zurich 1964, p. 425.
336.30-31 : *Schweizerische Bauzeitung.* Zurich, 16 décembre 1965, p. 914.
336.32 : *Archithese*, n° 1, Niggli Verlag. Sulgen 2001, p. 53.
336.33 : Istituto Lina Bo e P. M. Bardi (dir.) : *Lina Bo Bardi,* Edizioni Charta. Milan 1994, p. 104.
336.34 : Herdeg Klaus : *Formal Structure in Indian Achitecture,* Rizzoli Press. New York 1990, p. 19, retravaillé.
337.35 : Burkard Meyer Architekten, Baden. Photo : Reinhard Zimmermann.
337.36-338.40 : Burkard Meyer Architekten, Baden.
339.41-42 : Burkard Meyer Architekten, Baden. Photos : Reinhard Zimmermann.
339.43-44 : Burkard Meyer Architekten, Baden.
340.45 : Burkard Meyer Architekten, Baden. Photo : Reinhard Zimmermann.
340.46-47 : Burkard Meyer Architekten, Baden.
341.48-49 : Chaire du professeur Deplazes. Photos : Alois Diethelm.
342.50-343.54 : Chaire du professeur Deplazes. Photo / Dessin : Alois Diethelm.
343.55 : Burkard Meyer Architekten, Baden. Photo : Reinhard Zimmermann.
344. 56-345.60 : Chaire du professeur Deplazes. Dessin : Alois Diethelm.
345.61-62 : Burkard Meyer Architekten, Baden. Photos : Reinhard Zimmermann.
346.63-64 : Chaire du professeur Deplazes. Dessin : Alois Diethelm.
347.65 : Photo : Ralph Feiner.
347.66 : *Detail,* n° 1/2. Munich 2002, p. 63. Photo : Ralph Feiner.
347.67 : Chaire du professeur Deplazes.
347.68 : Photo : Ralph Feiner.
348.69-349.71 : Chaire du professeur Deplazes.
349.72 : Bearth + Deplazes.
350.73-74 : Chaire du professeur Deplazes.
351.75 : Photo : Ralph Feiner.
351.76 : Chaire du professeur Deplazes.
352.77 : Photo : Ralph Feiner.

352.78 : Chaire du professeur Deplazes.
352.79 : *Detail*, n° 1/2. Munich 2002, p. 67. Photo : Ralph Feiner.
352.80 : Chaire du professeur Deplazes.
353.81 : Photo : Ralph Feiner.
353.82 : Chaire du professeur Deplazes.
353.83 : Photo : Ralph Feiner.
354.84-85 : Photos : Bearth + Deplazes.
354.86 : Chaire du professeur Deplazes.
355.87 : Photo : Ralph Feiner.
355.88 : Chaire du professeur Deplazes.
355.89 : Gustav Fusch : *Über Hypokausten – Heizungen und mittelalterliche Heizungsanlagen*, Pfriemer Bauverlag Wiesbaden 1986, p. 13. Réimpression de l'édition originale, Hanovre, Jänecke Verlag, 1910.
355.90 : ibid., p. 21.
356.91-93 : Peter Märkli, Zurich.
357.94-96 : Chaire du professeur Deplazes.
358.97-100 : Peter Märkli, Zurich.
359.101 : Peter Märkli, Zurich. Retravaillé par la Chaire du professeur Deplazes.
359.102 : Chaire du professeur Deplazes.
360.103-361.105 : Peter Märkli, Zurich. Retravaillé par la Chaire du professeur Deplazes.
361.106 : Peter Märkli, Zurich.
361.107-362.109 : Peter Märkli, Zurich. Retravaillé par la Chaire du professeur Deplazes.
363.110-364.114 : Chaire du professeur Deplazes.
364.115 : Peter Märkli, Zurich. Retravaillé par la Chaire du professeur Deplazes.
364.116-365.119 : Chaire du professeur Deplazes.
365.120 : Peter Märkli, Zurich. Retravaillé par la Chaire du professeur Deplazes.
365.121-122 : Chaire du professeur Deplazes.
366.123 : Alberto Dell'Antonio : *Paspels, Valerio Olgiati*, Edition Dino Simonett. Zurich 1998, p. 45. Photos : Heinrich Helfenstein, Valerio Olgiati, Mira Blau Architekten.
366.124 : *Archithese*, n° 2, Niggli Verlag. Sulgen 1997, p. 36. Dessin : Valerio Olgiati.
367.125 : *Archithese*, n° 3, Niggli Verlag. Sulgen 1998, p. 66.
367.126 : Valerio Olgiati, Zurich.
367.127 : *Archithese*, n° 2, Niggli Verlag. Sulgen 1997, p. 37.
367.128-129 : *Archithese*, n° 3, Niggli Verlag. Sulgen 1998, p. 66, 67.
367.130-133 : Valerio Olgiati, Zurich. Retravaillé par la Chaire du professeur Deplazes.
368.134-136 : Gebhard Decasper, Ingenieur, Coire. Photos : Dickelmann.
369.137 : Alberto Dell'Antonio : *Paspels, Valerio Olgiati*, Edition Dino Simonett. Zurich 1998, p. 22, 23. Photos : Heinrich Helfenstein, Valerio Olgiati, Mira Blau Architekten.
369.138 : Valerio Olgiati, Zurich.
369.139 : Valerio Olgiati, Zurich. Retravaillé par la Chaire du professeur Deplazes.
370.140-141 : Valerio Olgiati, Zurich.
370.142-372.145 : Valerio Olgiati, Zurich. Retravaillé par la Chaire du professeur Deplazes.
372.146 : Valerio Olgiati, Zurich.
373.147 : Valerio Olgiati, Zurich. Retravaillé par la Chaire du professeur Deplazes.
373.148-149 : Valerio Olgiati, Zurich.

374.150 : Valerio Olgiati, Zurich. Retravaillé par la Chaire du professeur Deplazes.
374.151-152 : Valerio Olgiati, Zurich.
375.153 : *Archithese*, n° 1, Niggli Verlag. Sulgen 2001, p. 50.
375.154 : ibid., p. 53
376.155 : ibid., p. 52.
376.156 : ibid., p. 51.
377.157-160 : ibid., p. 53.
378.161-380.167 : Miller & Maranta, Bâle. Retravaillé par la Chaire du professeur Deplazes.
381.168-382.173 : *Werk, Bauen & Wohnen*, n° 9, Zurich 1997.
383.174-175 : *Werk, Bauen & Wohnen*, n° 9, Zurich 1997.
384.176 : Giuliani Hönger, Zurich. Photo : Walter Mair.
384.177 : Giuliani Hönger, Zurich.
385.178-389.192 : Giuliani Hönger, Zurich. Photos : Walter Mair.
390-391.193 : Giuliani Hönger, Zurich.
392.194 : Giuliani Hönger, Zurich.
392.195 : Giuliani Hönger, Zurich. Photo : Walter Mair.
393.196-394.197 : Giuliani Hönger, Zurich.
395.198 : Christoph Wieser : « Von Parks und Plätzen im Zentrum Zürich Nord », in : *Werk, Bauen & Wohnen*, n° 5, Zurich 2003, p. 18. Photo : Ueli Roth.
395.199 : Chaire du professeur Deplazes. Photo : Marius Hug.
396.200-398.209 : Peter Märkli, Zurich.
399.210 : Chaire du professeur Deplazes : Photo : Marius Hug.
399.211 : Peter Märkli, Zurich.
400.212-401.215 : Peter Märkli, Zurich.
401.216 : Chaire du professeur Deplazes. Photo : Marius Hug.
401.217-402.219 : Peter Märkli, Zurich.
402.220 : Chaire du professeur Deplazes. Photo : Marius Hug.
403.221 : Peter Märkli, Zurich.
403.222-404.223 : Chaire du professeur Deplazes. Photo : Marius Hug.
404.224-225 : Peter Märkli, Zurich.
405.226 : Chaire du professeur Deplazes. Photo : Marius Hug.
405.227-228 : Peter Märkli, Zurich.
405.229 : Chaire du professeur Deplazes. Photo : Marius Hug.
406.230-232 : Peter Märkli, Zurich.
407.233-235 : Chaire du professeur Deplazes. Photos : Marius Hug.
408.236 : Photo : Roger Frei, Zurich.
408.237 : Burkard Meyer Architekten, Baden.
408.238 : Photo : © Historisches Archiv ABB Schweiz.
409.239 : Photo : Roger Frei, Zurich.
409.240 : Photo : Burkard Meyer Architekten, Baden.
409.241-242 : Photo : Roger Frei, Zurich.
410.243-411.247 : Burkard Meyer Architekten, Baden.
411.248 : Photo : Roger Frei, Zurich.
412.249-255 : Burkard Meyer Architekten, Baden.
413.256-257 : Photo : Thomas Schwendener, Chaire du professeur Deplazes.
413.258 : Photo : Roger Frei, Zurich.
413.259 : Burkard Meyer Architekten, Baden.
414.260-261 : Mebatech AG, Baden.
414.262 : Photo : Roger Frei, Zurich.
414.263 : Mebatech AG, Baden.
414.264-265 : Photo : Roger Frei, Zurich.

415.266 : Burkard Meyer Architekten, Baden.
416.267 : Photo : Ralph Feiner.
416.268 : Chaire du professeur Deplazes.
417.269-270 : Chaire du professeur Deplazes.
418.271-272 : Photo : Ralph Feiner.
418.273 : Chaire du professeur Deplazes.
419.274 : Photo : Ralph Feiner.
419.275-420.276 : Chaire du professeur Deplazes.
420.277 : Photo : Ralph Feiner.
421.278 : Chaire du professeur Deplazes.
422.279 : Photo : Ralph Feiner.
422.280-281 : *Detail*, n° 3, Munich 2000, p. 384.
423.282 : Photo : Ralph Feiner.
423.283 : Chaire du professeur Deplazes.
423.284 : Photo : Ralph Feiner.
424.285 : *Glas und Praxis*, Glas Troesch AG Bützberg 2000.
424.286 : Chaire du professeur Deplazes.
425.287-288 : Meili & Peter, Zurich. Photos : Georg Aerni.
425.289 : Meili & Peter, Zurich. Retravaillé par la Chaire du professeur Deplazes.
426.290-427.296 : Meili & Peter, Zurich. Retravaillé par la Chaire du professeur Deplazes.
428.297-298 : Meili & Peter, Zurich.
428.299 : Jürg Conzett, Colre.
429.300-301 : Meili & Peter, Zurich. Photo : Georg Aerni.
429.302 : Meili & Peter, Zurich. Retravaillé par la Chaire du professeur Deplazes.
430-431.303 : Meili & Peter, Zurich. Retravaillé par la Chaire du professeur Deplazes.
430.304 : Meili & Peter, Zurich.
430.305 : Photo : Heinrich Helfenstein.
431.306 : Photo : Georg Aerni.
432.307-434.313 : Meili & Peter, Zurich.
435.314 : Meili & Peter, Zurich. Photo : Andreas Schmidt.
435.315 : Photo : Georg Aerni.
435.316 : Meili & Peter, Zurich.
436.317 : Photo : Ralph Feiner.
436.318 : Chaire du professeur Deplazes.
437.319 : Photo : Ralph Feiner.
437.320-325 : Bearth + Deplazes.
438.326-327 : Bearth + Deplazes. Dessin : Winterthur Holzbau.
438.328-330 : Bearth + Deplazes.
439.331-332 : Chaire du professeur Deplazes.
439.333 : Bearth + Deplazes. Photo : Ralph Feiner.
440.334-337 : Photo : Ralph Feiner.
441.338-339 : Christian Kerez, Zurich.
442.340 : Felix Ackerknecht.
442.341-444.350 : Christian Kerez, Zurich.
445.351-353 : Dr. Ing. Mario Monotti (dsp Ingenieure & Planer AG, Greifensee)
445.354 : Photo : Walter Mair.
445.355-448.361 Christian Kerez, Zurich.
449.362 : Photo : Fredy Küng / BGS Architekten.
449.363 : Felix Ackerknecht.
449.364 : Photo : Christian Kerez, Zurich.
450.365 en haut à gauche : Photo : Marc Lehndorf, huberlendorff Photografie.
450.365 au milieu à gauche : Photo : Dominique Marc Wehrli.
450.365 en bas à gauche : Photo : Fredy Küng / BGS Architekten.
450.366 en haut à droite : Photo : Christian Kerez, Zurich.
450.366 au milieu à droite : Photo : Dominique Marc Wehrli.
450.366 en bas à droite : Photo : Dr. Schwartz Consulting AG, Zoug.

ÉLÉMENTS

Illustrations non numérotées : Chaire du professeur Deplazes.

Dessin des plans
453-458 : Toutes les illustrations : Chaire du professeur Deplazes.

Fondations – Soubassement
471.1 : Bearth + Deplazes.
471.2 : Photo : Ralph Feiner.

Mur – Plancher
479.1 : Chaire du professeur Deplazes. Dessin : Maud Châtelet.

Ouverture
504.1 : Internet : *www.sky-frame.ch*. Photo : Peter Kunz.

Plancher
507.1 : Bricosol AG, Zurich.
508.2 : Poropor. Hagapart AG, Zoug. Catalogue de l'entreprise.
509.3 : Chaire du professeur Deplazes. Photo : Thomas Melliger.
510.4 : Photo : Ralph Feiner.
511.5 : Louis I. Kahn Collection.
512.6 : Elementwerk Brun AG, Emmen.
513.7 : Montana Bausysteme AG, Villmergen.
514.8 : Lignatur AG, Waldstatt.
515.9 : Valerio Olgiati, Zurich.
515.10 : Werner Oechslin (dir.) : *Daniele Marques*, gta Verlag. Zurich 2003, p. 57.
516.11 : Lignatur AG, Waldstatt.
517.12 : Source inconnue.

Toiture – Attique
518.1 : Photo : Ralph Feiner.
519.2 : *Archithese*, n° 3, « Niederlande heute », Niggli Verlag. Sulgen 1997, p. 65.
520.3 : Johann Christoph Bürkle (dir.) : *Gigon Guyer Architekten – Arbeiten 1989-2000*, Niggli Verlag, Sulgen 2000, p. 73.
521.4 : Morger & Degelo, Bâle.
522.5 : Photo : Heinrich Helfenstein.
523.6 : Morger & Degelo, Bâle. Photo : Ruedi Walti.
524.7 : Diener & Diener, Bâle. Photo : Hans Ruedi Disch.
525.8 : Photo : Ruedi Walti.
526.9 : Oliver Schwarz, Zurich.
527.10 : Johann Christoph Bürkle : *Morger & Degelo Architekten*, Niggli Verlag. Sulgen 2000, p. 19. Photo : Ruedi Walti.
528.11 : Photo : Ralph Feiner.
530.12 : Johann Christoph Bürkle (dir.) : *Gigon Guyer Architekten – Arbeiten 1989–2000*, Niggli Verlag, Sulgen 2000, p. 26, 27.
532.13 : *Detail*, n° 7/8. Munich 2002, p. 931.

Index

Accumulateur thermique 45, 318, 324
Acier chromé. 252, 323, 473-474, 521, 531
Acoustique. 91, 169,
176, 198, 227, 236, 280, 323, 326, 353, 366, 394, 403,
409, 411-413, 428, 446, 457, 505, 510-511, 513, 515
Adjuvant 62-63, 67, 189
Adobe 13, 97
Aération. 54, 186, 201, 230, 278,
331, 335, 343, 407, 412-413, 420-424, 439-440, 449, 520
Aggloméré à base de ciment 31, 457, 519
Agrafe 39, 129, 197, 345-346, 404, 473-474
Allège 43, 49-50, 52, 214, 221,
225, 264, 389, 392, 394, 405, 425, 428, 432-433, 459, 475
Ancrage. 17, 39, 70-72, 179, 187,
197, 256, 322-324, 351, 404, 468, 470, 475, 478-479, 524
Appareil (de maçonnerie) 32-37
Appui articulé. 310
Appui de baie. 214, 221, 230, 485, 488, 494, 498-500
Appui glissant 472-473, 477, 507
Arc 13, 16,
32, 43-44, 49, 55, 75, 77, 177, 275, 277, 286-288, 307, 310
Argile. 12, 19, 21, 31-32,
41, 56, 61, 146, 176, 189, 278, 285, 295, 313, 341, 529
Armature. 17, 29, 39, 43,
50, 52, 55, 59-60, 64-65, 67, 70-74, 76, 78, 85, 114-115,
129, 133, 136, 142-143, 189, 217, 230, 274, 276, 316, 323,
308, 378, 382, 401, 472-475, 478-479, 482, 507-509, 513
Artefact 10, 19, 59
Ascenseur 115,
136, 171, 224, 256-270, 305, 331, 350, 409, 428
Attache 28, 72, 256, 454, 468, 478
Attique. 255,
301, 322-323, 427-428, 435, 451, 518, 520-521, 523-533
Aubier 83-84

Baie. 24, 26, 28,
31, 43-44, 48, 50, 55, 80, 90, 92-93, 96-97, 99, 101, 115,
137, 156, 171, 201, 214, 220-224, 227, 229-233, 250,
318, 326, 340, 358, 399, 436, 440, 451, 459, 474, 482-506
Balcon. 222,
232-234, 238, 242, 322-324, 343, 345, 402, 442, 449, 529
Baldaquin 235-236
Balloon-frame 81, 100, 279
Balustrade 264, 269
Bardeaux 80-82,
109, 141, 198, 202, 230, 254-255, 351, 471, 481, 501
Barre 14, 64,
110, 119, 123, 136, 138-140, 167, 177, 228, 242, 422
Barrière anti-humidité 184-185, 189,
. . . . 461, 463, 465-466, 468, 470
Basse énergie 271, 318, 324
Battée 214-215,
219-220, 335, 343, 352, 363, 402, 483, 485, 487, 494-497
Béton apparent / Béton de parement 17, 55, 57-60,
64-67, 70, 196, 200, 268, 279, 322-323, 325, 375, 378-379,
389, 392, 394, 400-401, 403, 407, 446, 468, 474, 478, 493
Béton armé 16, 40, 47, 49,
56-60, 64, 73-75, 77-78, 93, 114-115, 128, 130-132, 184,
191, 193, 205, 224, 235, 237, 239, 244, 273-274, 276-277,
280-281, 283, 305, 315-317, 323, 331-332, 352, 355, 381,
389, 394, 411, 457, 471-472, 507-508, 513, 528-529, 533
Béton banché. 29, 51,
68, 71, 230, 251, 320, 343, 462-464, 466-469, 518
Béton brossé 467
Béton cellulaire 34, 196-197
Béton de pente 345, 524-525, 529, 533
Béton de propreté 403, 462-469, 471
Béton de remplissage. 131, 512
Béton dur. 360, 374, 503
Béton durci 58, 61, 63, 66-67
Béton frais 61-63, 65-67
Béton isolant 142, 148, 195-196
Béton lavé 68-69
Béton léger 24, 446, 457
Béton normal 61
Béton piqué 69
Béton précontraint 77, 132-133
Béton projeté 60, 63, 142
Béton renforcé de fibres de verre 494
Bitume. 89, 189, 245-248,
254-255, 345, 373, 380, 439, 451, 523, 525-528, 531
Blackbox 95-96, 100-102, 148
Bois de feuillu 83, 88
Bois de résineux. 83, 89-90, 92
Boutisse. 32-34, 36-38, 41, 44-45, 341, 457
Bricolage (do-it-yourself) 82, 119
Brique d'arase 31, 34, 472-474
Brique de complément. 34, 36
Brique de forme spéciale 52
Brique d'embrasure 343, 354
Brique de parement 31-32,
40, 195-196, 202, 230, 341, 345, 355, 464, 474, 487
Brique de terre cuite. 26, 31-32, 34,
36, 51, 83, 124, 322, 360, 400, 402, 457, 463-464, 466-467,
473-474, 476-477, 479, 485, 487, 491, 495, 519, 526, 528
Brique de verre 149, 152, 407
Brique isolante. 37, 196-197, 467
Brique Kelesto 341, 343
Brique Optitherm 340-341
Brique pleine 354
Brique recuite 31-32,
40, 42, 50, 52, 55, 195, 230, 341, 347, 349, 352-354, 486
Brique silico-calcaire 31, 36, 457
Brise-soleil 230-231, 413, 418, 423
Bruit. 20, 76, 82, 89, 96, 103, 115,
132, 147, 153, 176, 218, 221, 226, 230, 235, 245-246, 267,
345, 380, 392, 401, 403, 409, 414, 419, 432-433, 435, 446,
448, 461, 463, 465-466, 468-469, 471-481, 501, 507-517

Caniveau 503, 525
Caoutchouc 51-52, 64, 128, 158-159,
189, 219-221, 345, 471, 481, 501, 514-515, 519, 528
Carton bitumé . . . .
189, 244-245, 435, 439, 464, 469-470, 485, 527
Cave 81, 174, 262, 298, 321, 462
Caverne 60, 115, 149, 174-176, 178

Cellule 14, 28, 30, 49, 83, 157, 169, 224, 273-274, 276-279, 292, 295, 297, 303, 306, 309, 312-314
Chaise d'implantation. 182
Chape 82, 132, 345, 358, 360, 374, 380, 392, 403, 415, 419, 462-469, 471-479, 481, 507-513, 517
Charge de neige 255
Charge de vent 96, 230, 423
Charge utile 73, 104, 134, 183, 244, 249, 284
Châssis 80, 112, 116, 118, 158-160, 169, 171, 191, 214-216, 218-222, 230, 279, 343-344, 380, 407, 419-421, 423, 432-433, 440, 449, 460, 499, 504
Chauffage par le sol. 333, 360, 374, 380, 446, 460, 462, 465, 471-472, 475, 479, 481, 507-512
Chéneau 439
Chevauchement . . . . 32-33, 36-37, 92, 190-191, 200, 202, ... 434-435
Chevron 13, 47, 79, 104, 147, 244, 254, 262, 310, 521, 527, 531, 533
Ciment. 12, 31, 57-58, 61-68, 72, 85, 88, 95, 132, 146, 163, 230, 244-245, 311, 315, 341, 345, 355, 358, 360, 380, 401, 412, 414-415, 419, 430, 432-435, 457, 464, 466-467, 469, 476, 479-480, 497, 499, 502, 513-517, 519, 523, 525, 528, 531
Ciment Portland. 61-62, 457
Circulation 12, 165, 180, 226, 256, 258-259, 261, 265, 277, 320, 329, 331, 335
Cisaillement 33, 70, 77, 84, 86, 92-93, 129, 368
Climatisation 117, 157, 225, 333, 355, 423-424
Clinker 61-62
CNC 79
Coffrage 14, 50, 52, 55, 57-60, 64-69, 71, 74, 76-78, 87, 115, 119, 124, 129, 136, 142, 180, 183-185, 189, 195, 253, 268, 286, 315, 323, 342, 361, 372, 375, 379, 389, 401, 411, 446, 474, 478-479, 507-513, 517
Coffrage perdu 55, 58, 115, 129, 142, 184-185, 411
Collecteurs solaires 145, 325
Colonne 16, 24, 59, 151, 236, 277, 306-307, 331, 419, 437
Compartimentation. 16, 47, 283, 298-299, 306, 309, 442
Concept d'isolation. 81, 271, 318, 321-323
Conception 10-13, 15, 17, 19, 25, 33-34, 43, 45, 54, 56-57, 59, 73, 79, 90-95, 97, 99, 104, 114, 117, 119, 134, 164, 177, 190, 192-195, 197-200, 203-204, 209-210, 214, 226, 231-232, 235-236, 238-240, 253, 256, 259, 261, 263-264, 268-269, 275, 280, 288-289, 300-301, 303, 306, 311, 313, 315-318, 321, 324-326, 329, 333, 340, 356, 383-384, 404, 407, 409, 413
Condensation. . 197, 214, 230, 244, 246-247, 254, 320, 488
Console 39, 72, 197, 212, 308, 394, 404, 422, 479, 524
Construction à colombages / Construction à pans de bois. . 13, ... 97, 115, 190, 196
Construction à ossature bois 17, 78, 98, 100-102, 116, 148, 230, 311, 451, 459, 469, 479-480, 498, 514-516, 527
Construction à ossature continue 97-98, 100
Construction de forme instable. 167
Construction de forme stable 165
Construction de halles .271, 310, 312
Construction en acier / Construction métallique . . . . . . 59, 99, ... 118, 305, 316

Construction en aluminium. 135, 421, 434
Construction en béton . . . 58, 60, 74-75, 119, 168, 196, 268
Construction en bois 13, 17, 22, 58, 60, 78-82, 84, 90, 99, 105, 109-112, 115-116, 118, 148, 176, 185, 187-188, 190, 192, 196-197, 249, 270, 277, 305, 316, 318, 320, 425, 428, 432, 515, 521, 533
Construction en bois empilés 99, 110-111, 148, 196, 270, 515
Construction en bois japonaise. 17, 105
Construction en maçonnerie. 27, 46, 53-54
Construction en panneaux 51, 90, 95-96, 98, 100, 148, 196, 321, 451, 470-471, 481, 500
Construction filigrane 13-16, 58, 78, 115, 135, 176, 190, 193-194, 196, 273-274, 276-281, 315-318, 411
Construction massive. . 13-14,16, 42-43, 58-59, 78-80, 82, 90, 95-96, 99, 115, 186, 190, 193, 196-197, 255, 259, 270-271, 273-274, 276-281, 283-287, 303, 312, 315-318, 325, 378, 389
Construction préfabriquée 305
Construction sous compression 286-287
Contre-lattage 100, 103, 244-245, 373-374, 439, 471, 477, 481, 501, 518, 520
Contreplaqué 60, 65, 85, 87, 93, 446, 469, 479-480, 497, 502, 525, 527
Contreventement. 48, 75-76, 78, 80-81, 99-100, 110, 132, 139, 161, 166, 184-185, 259, 276-277, 282, 310, 378, 480
Copie unique 79
Coque 12, 40, 77, 79, 93, 96, 135, 142, 165-166, 178-179, 198, 253, 285, 287, 310, 313, 318, 349, 360
Cordeau. 105, 182
Corniche 49, 201, 204-205, 230, 241
Corrosion. 64, 118, 164, 197, 214, 216, 230, 264, 316
Cote. 265, 310, 407, 453-455, 459
Couche de protection. 96, 141, 145, 195-197, 200, 230, 245-249, 255, 472-474, 494, 498, 527-528
Couche de séparation 82, 128, 189, 244-248, 255, 352, 403, 415, 419, 461-469, 471-479, 481, 485, 490, 502, 507-513, 517, 529, 533
Couche isolante 45, 52, 56, 70, 81, 90-94, 96, 117, 145, 148, 196-197, 217, 230, 234, 245-246, 254-255, 318, 320-323, 404, 472, 474-475, 494, 498
Couche porteuse 96, 136, 142, 145, 148, 171, 184-185, 196-197, 230, 245-249, 255, 472, 474-475, 478, 480, 482, 486, 488, 492, 494, 498, 510-511
Couleur 19-20, 22, 31, 40-42, 52, 68-69, 81, 83-84, 120, 149, 153, 155, 158-159, 163, 166, 190-193, 198, 201, 205, 209, 211, 225-226, 228, 232, 234, 242, 244, 251, 268, 334, 354, 379, 407, 416, 435, 438
Coulisse. 123, 226, 232, 483, 488-491, 498-500
Coupole. 13-14, 16, 115, 177, 236, 273-276, 278, 287
Couverture. 13, 29, 87, 89, 109, 135, 165, 167, 181, 198-199, 236-237, 241-242, 244, 249-250, 254-255, 273-274, 276-279, 303, 305, 307, 332, 335-336, 373-374, 394, 403, 419, 435, 439, 451, 470-471, 519, 521, 529, 533
Couvre-joint. 68, 81, 360, 422-423, 487
Cristal 149-150, 154, 161, 250, 416
Culture. 10, 13-15, 19, 24-27, 40, 54, 56-60, 78, 107, 109, 113, 115, 141, 190, 204, 206-207, 226, 318, 326
Curtain wall 16, 160, 192, 196, 309, 316, 420
Cuvelage 184-185

Dalle à caissons 73, 76, 511
Dalle alvéolaire 132-133, 451, 512
Dalle-champignon 73, 76
Dalle de fondation 136, 182-185, 187, 189, 323, 419, 463-469
Dalle massive 16, 394, 510
Dalle nervurée 76, 129-132, 325-326, 412, 451, 510
Déblai 176, 182,
Dématérialisation 116-117, 152, 160
Déperdition de chaleur 141, 318
Déroulement des travaux 76
Dessin 41-42,
55, 87, 129, 179, 199-200, 202, 204-206, 209, 227,
231, 278, 290, 333, 354, 384, 400, 407, 451, 453-461
Dessin des plans 179, 384, 451, 453-461
Développement spatial / Développement de l'espace / Conception de l'espace 331, 437
Diagonale 17,
37, 97-99, 119-120, 137-139, 224, 239-240, 362, 441, 515
Diffusion de la vapeur d'eau . . . 183, 214, 230, 254-255, 481
Dimensionnement . . . 64, 101-102, 261, 284, 308, 311, 382
Dispositif pare-soleil 145, 230-234
Distribution 12, 26, 62,
85, 108, 235, 238, 265, 267, 269, 282, 299, 301, 303, 324,
330-333, 338, 358, 385, 389, 407, 411, 413, 425, 442, 449
Donjon 30, 296, 298, 317
Dormant 214-216,
218-221, 228-230, 459-460, 488-489, 502-503, 505
Drain 189, 470
Drainage 245, 380, 403, 466
Durabilité 142, 198, 315-319
Duramen 83-84
Durée de vie 17, 21, 64, 318, 329

Échelle 11, 23, 42-43, 80,
95, 108, 119-120, 135, 151, 202, 227, 252, 256, 261-262,
289-290, 304, 318, 359-360, 364-365, 369-376, 390,
392-393, 426, 430, 432-433, 435, 441, 453, 457, 459-460
Éclairage 156, 159, 166,
168-169, 173-175, 180, 186-187, 205, 207, 214, 217, 224,
234-235, 251-253, 260, 274, 277-278, 298, 303, 335-336,
339, 350, 352, 355, 363, 385, 403, 407, 409, 419, 437, 480
Efficacité énergétique 96
Égout 225, 518-519, 521
Embrasure 43-44, 144, 201, 210, 222,
224, 228, 299, 301-302, 323, 325, 340, 343-344, 354, 363
Enduit 21-22, 31, 44, 81, 87, 90, 98, 101,
106, 117, 124-125, 141, 144, 147-148, 159, 187, 189-190,
196-200, 202, 216, 218-220, 230, 237, 241, 244-245, 247,
292, 306, 308, 311, 313, 316, 322, 325, 341, 359-360, 394,
402, 451, 459, 462-470, 472-473, 475-477, 479, 482-485,
491, 495, 502, 507-512, 519-521, 523-526, 531, 533
Enduit bitumineux 189, 462, 464, 466-470
Enduit d'accrochage 466, 476, 495, 510-511
Enduit de finition 466, 476, 495, 510-511
Enduit de fond 341, 394, 466, 476, 495, 510-511
Enduit extérieur 230,
311, 463, 473, 476, 485, 507-509, 512, 520-522, 526

Enduit intérieur 98, 219,
292, 311, 462-463, 466-467, 472-473, 476-477,
483, 485, 491, 495, 507-512, 519-521, 524-526, 533
Enduit lisse 394, 523, 531
Énergie 10, 43,
63, 82, 84, 141, 145, 149, 159, 198, 217, 231, 234, 261,
271, 315-326, 332-333, 355, 409, 413-414, 424, 449
Énergie solaire 145, 231, 234, 318, 324-326, 355, 424
Enveloppe 11, 25, 29-30, 40, 44,
49, 52, 59, 99, 101, 108, 118, 120-121, 135, 138, 141, 145,
148, 151, 154-155, 157, 160, 163-166, 168-169, 171, 179,
189, 192, 195, 198, 201-203, 215, 230, 255, 273, 289, 324,
326, 336, 347, 349, 351, 354, 360, 367, 379, 414, 442, 449
Escalier 12, 30,
108, 115, 136, 139, 161, 171, 175-176, 187, 224, 235,
239, 251, 256-270, 282-283, 292, 296, 298-299, 301, 303,
306, 309, 313, 330-331, 334, 349-350, 358, 366, 368, 376,
385, 407, 409, 417-419, 424, 428, 437, 442, 453, 458-459
Étaiement 65, 507-509, 512-513, 517
Évacuation des eaux pluviales 255
Exhaussement 176
Expression (architecturale) . . . .
10-11, 27, 33, 40, 42, 184, 185, 216-217, 235-236, 321, 413

Façade 16-17,
22-26, 28-30, 32, 42-44, 46, 48, 50-52, 54, 56, 71-72,
78, 80-82, 87, 89-94, 96, 98-99, 101, 109-118, 120, 130,
136-137, 139-142, 145, 147-148, 150-151, 154-161, 163,
165-166, 168-169, 171, 176-177, 181, 186-188, 192-193,
195-205, 215, 222-224, 226, 230-231, 233, 238, 241-242,
250-252, 255, 257, 277-280, 283, 293, 295, 297-299,
301-302, 305, 307, 309-312, 316-318, 320-323, 325-326,
330-331, 334-336, 338, 340-345, 354, 359, 361-363,
366-368, 372, 375-376, 378-380, 384-385, 389, 392-394,
397, 400, 402, 404-405, 407-425, 432-433, 435, 437-441,
445, 448-449, 459, 462-469, 471-481, 483, 485, 487, 489,
491, 493, 495, 497, 499, 501, 507-521, 523-528, 531, 533
Façade-rideau 16, 192-193, 196, 201, 420
Faîtage 109, 242, 470, 518-521
Faux plafond 124, 129, 236-237, 331, 417-418
Fenêtre à la française 208
Fenêtre-bandeau . . 16, 51, 116, 223, 251, 309, 334, 358
Fenêtre coulissante 136, 345-346, 360, 380, 488
Fenêtre de toit 440
Fenêtre en acier 216
Fenêtre en aluminium 216, 404, 407
Fenêtre en bande 204-212
Fenêtre en bois-métal 492
Fenêtre verticale 205-208, 340, 342-343
Ferme . . . .
13, 16, 80, 138, 160, 174, 226, 229, 254, 274-275, 356-357
Feuillure 200-201, 214-215,
218-221, 228, 230, 248, 363, 420, 483, 502-503, 505
Feutre 21, 32, 146, 189, 245-246,
248, 394, 464, 467-468, 471, 481, 525-526, 529, 533
Fibrociment 64-65, 81, 244, 254, 451, 518-519

Film 66, 81, 151, 157-160, 164, 182, 193, 198, 217, 234, 244, 316, 320, 342, 352, 403, 415, 419, 462-468, 472-479, 492-493, 507-513, 517
Finition. 85, 90-94, 101, 119, 244, 308, 313, 335, 363, 407, 466, 476, 495, 505, 510-511
Fissuration. 84, 200
Fixation 71-72, 91, 126, 129, 133, 139, 147, 158, 196-197, 214, 244, 247, 254-255, 264, 322, 324, 344, 404, 421-422, 466, 476-477, 482, 489, 495, 511
Flexibilité 22, 48, 75, 98, 100, 169, 237, 257, 275-276, 281, 317-318, 329-331, 336
Flexion. 49, 64, 70, 74-77, 86, 96, 123, 127, 183, 310, 332, 382
Flux thermique. 271, 320
Fondation filante. 183-185, 187, 322-323
Fondation ponctuelle 138, 184-185
Fondation profonde 183
Fondations. 37, 74, 138, 171, 173-189, 287, 308, 321-323, 349, 382, 428, 441, 445, 451, 462-466, 468-471
Fondation superficielle 183
Fouille 23, 173, 176, 178-179, 182, 375, 441
Frein-vapeur 90-94, 101, 230, 255, 320, 434-435, 471, 479, 481, 497, 499, 501, 514-516

Gabarit. 51, 72, 89, 142-143, 181
Gaine technique. 50, 94, 331, 334-335, 407
Garde-corps. 123, 171, 251, 258, 263-264, 267-270, 323, 334-335, 343-344, 402, 420, 442, 524-525
Gel. 31, 63, 67, 173, 183-185, 230
Géomètre. 171, 181-182
Ghorfa 279, 292-295
Glaise 12, 14, 31-32, 60, 97, 285, 315
Gonflement 84-85, 91-92, 111
Gorge d'écoulement. 221
Goujon. 70-71, 129-131, 133, 229, 368, 479
Gouttière 255, 393
Granulats. 58, 61-62, 68-69, 146, 341, 401, 457, 528
Gravier. 12, 58, 61-62, 66-69, 189, 245-247, 249, 255, 315, 337, 351-352, 375, 393-394, 415, 419, 462, 464, 467-468, 524
Grille / Grillage 13-14, 16-17, 32, 49, 59-60, 64, 74, 104, 114, 116, 118-121, 123, 134, 137-139, 142, 150-152, 186, 202, 217, 224, 237, 242, 251, 269, 275, 280, 283, 303, 308, 310, 315-317, 343, 445, 449-450, 466-467, 476, 479, 495, 508, 517, 521, 527
Gros œuvre 12, 14, 49, 52, 96, 119, 144, 160, 214, 241, 244, 252, 305, 308, 318, 330-331, 352, 363, 401, 404, 407, 412, 417, 428, 449, 459

Hourdis 235, 273, 451, 508
Huisserie 228
Humidité 31, 43, 62, 64, 66-67, 83-84, 86-89, 111, 129, 138, 142, 176, 183-189, 197, 214, 216, 230, 244, 255, 320, 341, 354, 403, 461, 463, 465-466, 468, 470, 509, 523
Hybride 47, 55, 59, 78, 115, 167, 266, 273, 279-280
Infrastructures 22, 31, 56, 99, 173, 237-238, 265, 301, 305, 329, 334, 441

Installations techniques 78, 96, 100, 124, 138, 145, 157, 164, 235, 237, 282, 312, 318, 325, 333-336, 394, 413-415, 417, 424, 446, 449, 513, 517
Isolant . . 11, 17, 31, 70, 80, 83, 89, 92-94, 96, 98, 100-102, 117, 141-142, 145-146, 148, 152, 157, 164, 166, 194-198, 216-217, 219, 221, 230, 233, 245-246, 248, 254-255, 316, 322-323, 325, 333, 338, 342, 344, 355, 414-415, 419, 421-422, 424, 448, 457, 466, 476-477, 495, 511, 531
Isolation contre les bruits d'impact 82, 96, 103, 132, 245, 345, 380, 392, 401, 403, 419, 435, 448, 461, 463, 465-466, 468-469, 471-481, 507-515, 517
Isolation extérieure. 44, 148, 184, 196-197, 230, 322, 451, 466, 476, 494, 510-511, 526
Isolation intérieure 17, 70, 148, 185, 196, 323, 367, 451, 465, 475, 488, 523
Isolation phonique 31, 33, 96, 227-228, 230, 236, 321, 331, 392, 515
Isolation thermique transparente (ITT) 141, 145
Isolation (voir systèmes d'isolation thermique). . . . .

Joint d'assise. 24, 32-34, 39, 51, 53, 354, 473-474
Joint de dilatation 39, 44, 200, 341, 354, 379, 473-474
Joint de reprise 63, 66, 189, 200, 268, 463, 465, 467-469, 475, 478, 488
Joint montant / Joint vertical. 32-33, 36-38, 41, 55, 64, 72, 102, 200, 354, 422, 464, 478, 486, 519
Joint vif 34, 68-69, 101-102, 200, 247, 439, 515
Jouée 214, 218, 220-221

Lame d'air. 33, 81, 230, 342, 463, 473, 485, 509, 512, 519, 524
Lamellé-collé 79, 85-86, 92, 99, 104, 310, 425, 428, 457, 519
Lamelles en aluminium 326
Lames de bois 464, 471, 481, 501, 504, 514-515
Languette 82, 90, 92-93, 103, 373, 469, 471, 480-481, 501, 515
Larmier 230, 492
Lésène. 52, 400, 402, 404-405, 407
Limon 269-270, 315
Linoléum 21, 163, 392, 403, 407, 419, 512
Linteau 24, 31, 39, 43-44, 49-50, 55, 92-94, 96, 201, 214, 220, 225-226, 229-230, 232-233, 286, 323-324, 342, 344, 352, 389, 411-412, 428, 454, 459, 475, 482, 486, 490, 500, 502, 505
Losange. 17, 120-121, 139, 167-168
Low tech 271, 325

Maçonnerie 12-13, 17, 22-58, 72, 97, 115, 118, 142, 148, 187, 194-195, 197, 214, 230, 250, 273, 286-288, 292, 297-299, 303, 305, 308, 316, 321, 323, 329, 338, 340-345, 347, 349, 351-352, 354-355, 360, 404, 451, 457, 462-464, 466-467, 472-474, 476-477, 482-483, 485-487, 491, 495, 505, 507-508, 519-521, 526, 528
Maçonnerie apparente / Maçonnerie de parement 28, 31-32, 40-42, 44-46, 57, 323, 341, 347, 505
Maçonnerie monolithique. 43-44, 148, 230, 354, 462, 472, 482-483, 507-508, 520-521
Maçonnerie pleine 30

Maçonnerie simple. 33-34, 37, 44-45, 321
Madrier . . . 12, 79, 93, 95, 99, 103, 111, 116, 250, 352, 355
Main-courante. 262
Mastic 159, 200, 342, 404, 448, 457, 473-474, 478
Matériau composite. 33
Matériau, matière. 19-20,
22, 29-30, 41, 45, 197, 199, 209, 237, 290, 329, 407, 414
Matériaux dérivés du bois. . . . .
17, 64, 85-86, 88-89, 95-96, 100, 103, 199, 244
Matière synthétique . . . .
82, 131, 145, 152, 216, 245-248, 254, 445, 451, 511, 524
Membrane. . .22, 77, 81, 117, 139, 160, 167-169, 189, 198,
245, 316-317, 333, 374, 403, 419, 424, 432-433, 435, 446
Membrure supérieure. 137
Minergie 405
Monolithe. 20, 40, 43-44,
58-59, 74, 114, 141-142, 148, 178, 187, 195, 222, 230,
251, 253, 268, 289-290, 302, 311, 317, 326, 336, 352, 354,
375, 379, 381, 462, 472, 475, 482-483, 507-508, 520-521
Montage 39,
50, 64, 71-72, 79-80, 82, 95-97, 100, 102, 114, 118, 127,
129, 133, 135, 138, 159-160, 199, 218, 220-221, 237, 269,
308, 310, 313, 315, 331, 352, 360, 364-365, 471, 510, 512
Mortaise 97, 270
Mortier. . . . 14, 24, 32-34, 38-43, 50, 53-54, 63, 66, 69, 72,
147, 200, 202, 230, 284, 295, 341, 349, 351-352, 354-355,
457, 462, 465-466, 472, 475, 507-508, 510-512, 523, 525
Mur 12-14, 16-17, 22-34, 36-46,
48-50, 52-56, 58, 68, 70-73, 76, 78, 81-82, 88, 90-94, 96,
98-99, 101-102, 107, 109, 114, 138, 141-142, 144-145,
147-148, 150, 154, 160-161, 171, 176-179, 182-187,
189-191, 193-195, 197, 200, 205, 209, 211-212, 214-215,
218, 220, 222-223, 227-228, 230, 241-242, 250-252, 255,
257, 262, 264, 268-270, 273-281, 283-290, 292, 295-299,
301, 303, 307, 309, 311-318, 320-326, 330-331, 333,
337, 340-342, 345, 347, 349-352, 354-355, 358, 360,
363, 366, 368, 373-374, 378-382, 389, 392, 394, 399,
401-402, 404-405, 407, 415, 432-433, 435-436, 439-440,
449, 451, 459-460, 462-481, 483-485, 487, 489, 491, 493,
495, 497, 499, 501-502, 504, 507-521, 523-528, 531, 533
Mur double . . . .
33-34, 39, 44-45, 148, 451, 463, 484, 502, 509, 512
Nappe phréatique 183, 189
Nature. . . . .
14, 19, 22, 27, 29-31, 40, 42, 50, 57-59, 67, 79, 95-96, 114,
149-150, 153, 160, 173-174, 182, 191, 193, 208, 211-212,
216, 225, 239, 252, 255, 258, 303, 341, 366, 414, 416, 499

Non-tissé. 146, 245, 419

Opus caementitium 55, 287
Ornement . . . .
26-27, 42, 45, 49, 57, 119-120, 242, 292, 296, 300, 449
Ossature . . . .
12-17, 25, 29, 49, 51-52, 54, 59-60, 74-75, 78-81, 97-98,
100-103, 115-119, 121, 132, 136, 147-148, 165-168, 176,
191-192, 196, 223, 230, 235, 238-239, 252, 271, 274, 281,
285, 308, 310-312, 316, 318, 381, 425, 428, 433, 437-438,
440, 451, 459, 469, 479-480, 498-499, 514-516, 527
Ouverture. 14, 16, 29, 40, 43, 47-50,
54, 78, 82, 90-92, 94, 96-98, 116, 120, 142-144, 150, 165,
171, 174, 176, 186, 192-193, 201-202, 204-234, 266, 269,
274, 288, 292, 296, 298-302, 306-307, 309, 313, 317-318,
321-323, 325, 330, 335, 340, 342, 351-352, 358, 361-363,
375, 389, 405, 412, 424, 438, 440, 448, 459, 519, 527

Palier. 239, 258, 261-263, 269, 284, 288, 458
Panne 13, 104, 106, 134, 250, 254, 428, 435, 531
Panneau acoustique. 403, 407
Panneau à trois et cinq plis. 87
Panneau Blockholz. 82,
. . . . 85, 87, 91, 98, 451, 470-471, 481, 500-501
Panneau contrecollé-croisé 90, 95
Panneau contreplaqué 85, 87
Panneau contreplaqué latté 85, 87
Panneau de coffrage 59, 68, 375
Panneau de fibres 85, 89, 103, 187, 244-245, 432-433,
439, 469, 471, 479-480, 497, 499, 505, 514-516, 519, 525
Panneau de fibres tendre. . . . .
85, 89, 103, 245, 469, 471, 480, 499, 514-516, 519
Panneau de particules . . . .
79, 85, 88, 90, 430, 432-435, 479, 497, 502, 521, 525
Panneau de plâtre 435, 465, 475, 489, 523
Panneau en bois massif reconstitué 79-81, 87, 91, 96
Panneau en fibroplâtre 480
Panneau extrudé 88, 505
Panneau fort 85, 87
Panneau Intrallam 85, 88
Panneau isolant 70, 89, 100,
102, 197, 248, 322-323, 419, 448, 466, 476-477, 495, 511
Panneau MDF (panneau de fibres de moyenne densité) 89, 380
Panneau multiplex 85, 87, 432
Panneau OSB 85, 88, 499
Panneau pressé à plat 88
Panneresse 32-34, 36-38, 40-41, 44-45, 457
Pare-vapeur. 80, 82, 101-103, 194, 230,
244-249, 254-255, 320, 323, 352, 360, 373-374, 380, 403,
415, 419, 461, 469, 475, 480, 520, 523-524, 528, 531, 533
Pare-vent. 82, 103, 200, 230, 244, 249,
434-435, 461, 469, 471, 480-481, 501, 514-516, 518-519
Paroi 11-14, 16-17, 19, 21-22, 24-26, 29, 32-34,
39-40, 42-44, 47-48, 51, 55, 65, 77-78, 80-83, 109, 111,
117, 123, 135-136, 141-142, 145, 152, 160, 164, 166, 171,
173-174, 179-180, 190-203, 224-226, 235-237, 239-240,
259, 266, 268, 273-274, 276-278, 295, 303, 305, 313, 315,
322-323, 326, 338, 341, 345, 349, 354-355, 359-360, 368,
379, 381-382, 389, 392, 400, 405, 407, 414, 428, 437-438,
440, 442, 449, 451, 473-474, 479, 486, 496, 506, 519, 525
Parquet 21, 463, 467-468, 473-474, 477-479, 509, 516
Pathos. 17, 22, 26-27, 30, 42, 194
Peinture. 19, 21, 82, 123-125, 165, 194, 198, 208-210,
216, 230, 334, 380, 394, 435, 438, 445, 448, 476, 531
Pierre artificielle / Pierre reconstituée 21, 267,
. . . . 335, 384, 392, 457, 461, 524
Pierre brute / Pierre de carrière 176, 223, 284

ANNEXES
Index

Pierre naturelle 17, 21-23, 29, 31-32, 40, 58, 72, 186, 188, 198-199, 322, 457, 465, 475, 502, 510
Pilier 34, 49, 54-55, 107, 138-140, 161, 167, 177-178, 184-185, 191, 253, 275, 277, 287, 301, 303, 336, 384, 392, 402, 412-414
Piquetage 65, 181-182
Pisé 13, 58, 275, 315
Plafond 13, 92, 115, 124, 129, 132, 155, 174, 177-178, 190, 192, 209, 220, 224-225, 229, 235-237, 250, 267, 277, 279, 299, 303, 305, 307, 312-314, 325-326, 331-332, 335, 338, 396, 405, 412-413, 417-418, 421, 428, 430, 434, 436, 440, 447, 449, 463, 465-466, 472-473, 475-476, 479, 504, 507-508, 512, 531
Plafond acoustique 413
Plafond suspendu 236, 331, 417-418
Plancher 11-13, 16, 39, 47-49, 65, 70, 73, 75-76, 78, 81-82, 88-94, 96, 99, 101-102, 107, 115, 125, 128-134, 136-137, 144-145, 147, 171, 185, 187, 195, 205, 235-240, 269-270, 273, 279-281, 283-284, 307, 313-314, 321, 323, 329, 331-333, 336, 349, 351, 353, 355, 389, 419, 425, 428, 432, 436, 438, 448, 451, 459-460, 462-469, 471-481, 501, 507-517, 521
Plancher à bac acier 129
Plancher à entrevous 451, 508
Plancher cellulaire 129
Plancher collaborant 115, 129-133
Plancher, composition 462-469, 471, 481, 521
Plancher-dalle . 16, 73, 76, 78, 115, 235, 280, 331, 451, 509
Plancher mixte 91, 125, 128-129, 451, 513
Plan libre 235, 404, 435
Plaque drainante 189, 462-465, 467, 469-470
Plastique renforcé de fibres 39, 162, 164-166
Plâtre 85, 196, 244, 281, 290, 338, 358, 360, 394, 403, 407, 434-435, 457, 465, 475, 489, 511, 523, 531
Pluie 87, 174, 198, 214, 221, 230, 242, 244-245, 250, 254-255, 341, 343, 363, 420
Point de rosée 320
Pont thermique . . . 70-71, 197, 322-324, 445, 449-450, 475
Porte 11, 19, 21, 24, 34, 43, 47, 76, 78, 82, 94, 111, 118, 123, 137, 142, 171, 173, 191, 193-195, 197, 204, 207, 209, 213, 223, 225-229, 242, 251, 257, 261-262, 265-266, 268, 274, 276, 283, 286, 288-289, 292, 295, 305, 309, 316, 321-324, 334, 345, 352, 355, 357-359, 362-363, 366, 378, 381, 384, 389, 394, 404, 411-412, 415, 424, 428, 437, 442, 445, 449, 451, 470, 502-508
Porte à tambour 226-227
Porte battante 227, 229, 451, 502-503, 505
Porte coulissante . . . . .225-227 . . . . .229, 266, 345, 437, 451, 504, 506
Portée 13, 16, 43, 47-49, 52, 59, 73-77, 82, 90-93, 95-96, 99, 104, 114-116, 130, 132, 134, 137-139, 162, 165, 177, 205, 235, 237, 251, 253, 267, 270, 274-276, 278, 281, 286, 309-310, 312, 315, 329-330, 332, 335-336, 340, 368, 382-383, 389, 401, 425, 428, 471, 480-481, 501, 508-511, 513-517
Porte-fenêtre 209, 213, 334, 504
Porte pivotante 227
Porte pliante 227
Porte va-et-vient 227

Poteau 16, 48, 51-52, 56, 59, 73-79, 86, 97, 99, 106-109, 114-119, 123-127, 132-133, 135-136, 139-140, 165, 173, 178, 184-185, 192, 196, 223, 228, 235, 242, 251, 253-254, 271, 276-279, 281-283, 287-288, 308-311, 317, 330-332, 334-335, 358, 381, 400-401, 404-405, 407, 411-415, 417, 428, 432, 435, 445, 450, 479, 509, 513, 517, 519, 531
Poussée 32, 49, 66, 173, 178-180, 182-183, 186, 188-189, 230, 275, 285-287, 519
Poussée des terres 173, 180, 183, 186, 188-189
Poutre . . 12-13, 16-17, 43, 51, 54, 74-76, 79, 85-87, 92-93, 99, 104, 106, 109, 111, 113-116, 118, 123-126, 128-138, 140, 165, 171, 198, 201, 228, 237, 251, 262, 267, 269-270, 273, 276, 280, 283, 292, 303, 307-308, 310, 313, 332, 335, 349, 351-353, 355, 381-382, 389, 425, 428, 432-433, 435, 445-446, 448-451, 509-510, 513, 516-517, 519, 531
Poutre à âme pleine 104, 251
Poutre ajourée 389
Poutre alvéolaire 131, 134
Poutre à treillis 104, 134, 137-138, 237, 251, 280, 283, 310, 449-450, 517
Poutre-caisson 86, 382
Poutre continue 74, 126
Poutre-dalle 74
Poutre en I 86, 93
Poutre simple 74
Poutre sous-tendue 74, 137
Précontrainte 43, 73-74, 76, 165, 235, 359, 378-380, 428, 457, 508
Prédimensionnement 17, 73, 104, 134
Préfabrication 17, 50-51, 53-55, 74, 78-79, 90, 95, 97-98, 100-102, 118, 159, 271, 310-312, 314, 318, 342, 404, 438, 510, 512, 514, 516-517
Préfabrication lourde 51, 90, 314
Préparation du chantier 181-182
Processus 10-12, 19, 26-27, 30, 41-42, 45, 51, 53-54, 56, 58-62, 66, 79, 83, 85, 88-96, 112, 114, 142, 149, 154, 158-159, 163-164, 175, 181-183, 199-200, 203, 209, 235, 237-238, 270, 273-275, 278, 280, 282, 284, 300, 304-305, 310-311, 315-317, 319, 325, 331, 356, 392, 400, 449
Production numérique / Production informatisée 53, 199
Profilé 17, 51, 76, 81, 89, 102, 116-117, 122-125, 130-132, 134, 136-137, 139-140, 158-160, 198, 200, 216-217, 219, 221, 229, 251, 311, 315-316, 334, 351-353, 382, 404, 414-415, 420-423, 448-449, 480, 488, 504, 513, 517-518, 521, 531, 533
Projet 10, 12, 19, 26, 40, 45, 47-48, 50, 56, 78-79, 82, 90-92, 95-96, 101-102, 113-114, 117, 124, 148, 151-152, 155, 157, 159-160, 162, 164, 166-167, 169, 171, 173, 176, 179-180, 191, 194, 203, 212, 222, 235-237, 240, 253, 256-259, 261-262, 276, 280-283, 288, 290, 300-301, 304, 309, 311, 316-319, 321-322, 325, 329, 332, 337, 341-342, 347, 354, 356, 367, 375, 383-384, 395, 408, 416, 425-426, 428, 441, 453, 459
Protection contre l'éblouissement 230, 234
Protection incendie 125, 198, 425

Quincaillerie 171, 218-219, 229, 505

Rainure 51, 82, 86, 90, 93, 103, 200, 373, 469, 471, 480-481, 489, 501, 515
Rampe. . . . 12, 240, 257, 261-262, 408-409, 414, 453, 458
Rationalisation 29, 50, 98, 116, 136, 235, 305, 342
Raumplan 239, 259, 281, 300
Refend 16, 32, 36, 47-49, 81, 94, 137, 251, 271, 277-278, 280, 307, 376, 378-379, 381-383, 389, 401, 479
Rejaillissement 183, 189
Rejet d'eau 221, 230, 404, 486, 488, 494, 496, 498
Remplissage 16, 26, 38, 40, 55, 83, 89, 97, 117, 131, 136, 157, 190-192, 200, 217, 223, 253, 264, 269, 274, 277, 280, 284, 308, 316, 402, 404-405, 424, 432-433, 459, 512
Résistance à la compression . . . . 26, 37, ... 41, 59, 63, 83, 245-246, 349, 401
Retrait 33, 39, 62, 66, 84-85, 91-92, 99, 111, 128, 160, 200, 215, 223, 230, 251, 270, 302, 309, 322-323, 342, 392, 396, 435, 445, 476, 521
Revêtement 17, 21, 23-24, 26-29, 42, 51-52, 71-72, 78, 80-82, 87-89, 91-92, 95-103, 115-117, 119, 124-125, 128-129, 135, 137-138, 141, 147-148, 158, 163-164, 175, 186-188, 190-192, 194, 197, 200, 216-217, 221, 225, 228, 230, 236-237, 244-247, 251-252, 255-257, 268, 278, 300, 305, 311, 320, 335, 345, 352, 360, 380, 384, 392, 396, 403, 407, 412, 414-415, 419, 432-435, 439, 442, 451, 466-468, 470, 476-478, 490-492, 502-504, 507-513, 516-518, 520, 523-524, 526, 533
Revêtement de sol 82, 96, 128, 228, 236-237, 256, 345, 396, 419, 442, 466, 476, 507-513, 516-517
Rideaux 16, 157, 160, 179, 192-193, 196, 201, 211-212, 230, 234, 302-303, 311, 316, 363, 376, 399, 405, 407, 420, 443-444, 490, 496
Rive 32, 39, 70, 74, 76, 90, 109, 250, 254-255, 323, 351, 402, 439, 459, 518-521, 527-528

Sable 12, 31, 58, 61-62, 67-68, 96, 149, 177, 189, 245, 255, 278, 290, 315, 432-433, 435, 467
Sandwich 78, 80, 95-96, 100, 118, 135, 148, 164-166, 197, 311, 320, 353
Seuil 17, 61, 84, 162, 207, 226, 228-230, 289, 324, 389, 454, 502
Socle 253
Solivage 16, 47, 99, 128, 130, 235, 280, 349, 446, 451, 515
Solive 32, 47, 78, 81, 90, 104, 106, 108, 111, 128, 140, 235, 279, 284, 335, 351, 353, 378, 428, 434-435, 515, 527
Sommier 16, 73, 75-76, 78, 115, 151, 235, 267, 275, 281, 287, 308, 310, 335, 351, 383, 400, 417-418
Soubassement 11, 32, 45, 52, 70, 148, 171, 173-189, 230, 253, 257-258, 288, 301, 322-323, 337, 404-409, 415, 432, 451, 459, 462-471, 519, 526
Sous-sol . . 22, 34, 49, 173-175, 177-179, 183-184, 186-189, 261, 325, 333-335, 337, 349-350, 352-353, 358, 376, 401, 404, 411, 419, 422, 428, 436-437, 446, 449-450, 462-469
Sous-toiture 244, 254-255, 471, 518-521
Stabilité 12, 14, 31, 33-34, 40-41, 43, 45, 49, 55, 62, 75, 78, 90, 110-111, 115, 118, 135, 178, 184-185, 197, 216, 274-276, 284-286, 288-289, 315, 318, 354
Standardisation 28, 30
Stéréotomie 12-14, 22, 26, 78, 190, 315-316

Store 21, 116, 120-121, 157, 211, 230, 232-234, 326, 380, 394, 404-405, 420-424, 433, 439-440, 448-449, 482-483, 488, 490, 492, 501, 531
Store à lamelles 230, 232-234, 326, 394, 404-405, 482, 488, 492, 531
Store à projection 232
Store banne 232-234, 421, 423-424
Store en toile 232-233, 380, 433, 501
Structure bâtie 12, 329, 407, 417
Structure en acier / métallique 114-115, 119, 124, 137, 150, 308, 360, 445, 449-450
Structure en béton 78, 112, 160, 235, 336
Structure en profondeur 195, 197-198
Structure en treillis 137, 308
Structure plissée 16, 77, 171, 252, 273
Structure porteuse 12, 14, 16, 26, 43, 47-49, 51-52, 55, 59, 72, 75, 80-81, 92, 98-99, 109, 115-120, 128, 130, 135-136, 139-141, 164-169, 175, 178-180, 191, 196, 201, 223, 230, 235, 237, 239, 244-245, 254-255, 257, 259, 271, 275, 279, 281-288, 299, 303, 307-314, 318, 320, 323, 329-331, 334-335, 338, 340, 349, 351, 378, 381, 389, 400, 409, 411, 414, 417-419, 440, 445, 449, 479
Structure poteaux-poutres 99, 132, 228
Structure réticulaire 139
Structure spatiale / Structure de l'espace / Structure des espaces / Structure tridemensionelle 12, 140, 180, 257, 273, 329-331, 336, 340, 349, 358, 376-379, 385, 399, 409, 411, 417-419, 437-438
Structures surfaciques tridimensionnelles 77
Surface 14, 17, 19-24, 26-28, 31-32, 34, 40-43, 45-46, 48-49, 52-54, 57-62, 64-69, 74, 76-79, 81, 86-88, 90-91, 96, 102, 105, 109, 112, 115, 120, 123, 130, 140, 142, 145, 150-151, 154-156, 158, 160-161, 163, 167, 173-176, 178-179, 181, 183, 186-190, 192-195, 197-202, 204-205, 208, 214, 216-218, 220, 230, 232-237, 239-240, 246-247, 249, 255-257, 259, 261-262, 264, 268, 273-274, 278, 280, 286, 290, 298-300, 302-303, 305, 309-310, 313-315, 318, 324-326, 332-333, 335-336, 341-343, 347, 349, 352-355, 361, 373-374, 389, 393, 401-403, 407, 423-424, 430, 432, 435-436, 438, 442, 446, 453, 456-457, 459, 466, 470, 476, 495, 510-511, 525
Systèmes complémentaires 80, 96, 148, 164, 178, 195-197, 314, 316, 321-323
Systèmes d'isolation thermique 148
Systèmes synthétiques 80, 148, 195-197, 314, 316, 321

TAB 413-415
Tableau 73, 104, 134, 146, 208, 210, 214, 218-219, 221-222, 225, 230, 233, 241, 325, 407, 440
Tablette de fenêtre 221, 460, 490
Talus 181-182, 189, 462-464, 467-468, 470
Technique 10-14, 19, 22-23, 27, 40, 42-43, 48-51, 53-56, 58-60, 63, 68, 74, 78-82, 94-97, 100, 109-111, 113, 117, 119, 124, 128-129, 135, 138, 141, 145, 149-150, 157, 159-160, 162-164, 169, 174, 178-179, 186-188, 191-192, 194-195, 197-206, 224, 228, 235-237, 242, 265-266, 270, 273-275, 282, 286-288, 298, 310-312, 315-316, 318, 320, 325-326, 330-336,

349, 355, 363, 394, 407, 413-415, 417, 420, 424-435, 441, 446, 449, 453, 480, 498-499, 510, 513, 517, 520
Technologie 13, 19, 22, 26, 29, 53-56, 58, 60, 62, 78, 82, 95, 100, 115, 149, 151-152, 159, 237, 259, 265, 314-317, 319, 329, 333, 336, 417, 425
Tectonique 10, 12-15, 19-20, 22, 52-53, 57-60, 78-82, 96, 98-99, 116, 120, 150-151, 190-191, 283, 288-289, 312-313, 315-316, 318, 325, 363, 411, 416
Tenon 97, 270
Terrain 10, 48, 174-181, 183, 186-189, 225, 230, 238-240, 252, 261, 282, 289, 302, 305, 323, 347, 357, 366, 396, 409, 428, 436, 441, 444, 450, 459, 470
Terrasse 22, 26-27, 48, 233, 241, 251, 306, 314, 321-323, 338-339, 389, 392-394, 425, 504, 525, 528-529
Terrassement 171, 181-182, 305
Terre végétale 189, 245, 529
Textile 12, 14-15, 21, 23-25, 45, 58, 96, 160, 169, 190-191, 202, 234, 237, 242, 303, 352
Tissu 24, 42-43, 45, 77, 80, 160, 175, 192, 194, 198, 237, 245, 250, 303, 316-317, 354, 366, 375, 408, 421
Toit à sheds 252
Toit à un versant 519
Toit en bâtière 250
Toit-jardin 251
Toiture chaude 171, 245-248, 254-255, 528-529
Toiture compacte 247
Toiture, composition 246, 471, 518-528, 531, 533
Toiture froide 171, 244-245, 249, 254-255, 533
Toiture inclinée 171, 244, 250, 254-255, 451, 518-521
Toiture inversée 171, 245, 248, 255, 533
Toiture nue 247, 255
Toiture plate 137-138, 142, 171, 245-249, 251, 254-255, 273-274, 276, 451, 523-528, 530, 532
Toiture plissée 77, 252
Toiture praticable / Toiture accessible 245-246
Tôle 64-65, 81, 115-116, 118, 128-129, 133, 135-137, 141, 187, 198-202, 244, 249, 255, 280, 312, 320, 335, 351-353, 407, 421-422, 439, 470-471, 477, 490-492, 496-497, 513, 517, 519, 521, 526-528, 533
Tour 10, 15, 50-52, 60, 81, 115-117, 124, 136, 139, 151, 155-156, 160, 164, 191, 208, 214, 222, 224, 229, 232-233, 236, 238, 259, 268, 271, 278-280, 285, 296-301, 303, 306, 315-317, 325, 335, 378, 407, 414, 417, 419, 428, 436
Treillis 13-14, 16-17, 32, 59-60, 64, 74, 104, 114, 116, 118-120, 123, 134, 137-139, 142, 151, 217, 237, 242, 251, 275, 280, 283, 303, 308, 310, 315-317, 343, 445, 449-450, 466, 476, 479, 495, 508, 517
Treillis tridimensionnel 17, 138, 275
Triangulation 181
Tuile 176, 241-242, 244, 255, 451, 520
Typologie 10, 22, 56, 190, 301-302, 325, 395, 399, 409, 411

Valeur g 217, 231, 424
Valeur U 217, 248, 341, 424
Ventilation 21, 51, 54, 72, 101, 103, 111, 141, 157, 173-174, 194, 230, 235, 244-245, 249, 254-255, 305, 319-320, 324-325, 334-335, 341, 351, 394, 405, 408, 412-413, 420, 424, 432-435, 439, 446, 449, 464, 467-471, 474, 477-481, 486-487, 491, 493, 497, 499, 501, 509, 513-520, 525, 527-528, 530-531, 533
Vérité du matériau 23, 26-27
Verre 11, 17, 63-64, 75, 81, 116-118, 137-138, 141, 145-147, 149-169, 192-193, 198, 201-202, 210-211, 217, 222, 230, 245, 247, 249, 251, 254-255, 264, 280, 288, 316-317, 320, 333-334, 336, 344, 353, 355, 392, 394, 400, 407, 414, 416-417, 419-424, 442, 448-449, 451, 457, 465-466, 475-476, 489, 494-495, 503-504, 525, 531, 533
Verre acrylique 138, 163, 167
Verre armé 217
Verre à vitres 217
Verre cellulaire 146, 149, 152, 166, 198, 230, 245, 247, 320, 355, 465, 475, 489, 525
Verre coulé 217
Verre extérieur collé 344
Verre feuilleté 157, 217, 420, 422
Verre flotté 150, 158, 217, 422
Verre isolant 141, 217, 424
Verre pare-soleil 217
Verre thermo-isolant 217
Verre trempé 217
Vide de ventilation 72, 103, 141, 194, 230, 244-245, 249, 254-255, 341, 394, 432-435, 439, 464, 467-471, 474, 477-481, 487, 491, 493, 497, 499, 501, 513-520, 525, 527-528, 531, 533
Vitrage 116, 118, 120, 136, 139, 149, 156, 158-160, 171, 192, 211, 214-225, 230-231, 233, 309, 313, 316, 325, 333, 335, 338, 340, 344, 392, 394, 402, 405, 409, 414-415, 420-424, 433, 440, 449, 492, 504, 531
Voile 12-13, 48-49, 56, 75-77, 79-80, 85, 87-88, 96-100, 116-117, 119, 137, 139, 167, 193, 235, 245, 251, 259, 270, 282-283, 301-302, 309, 316, 332, 334-336, 359, 378-379, 381-383, 389, 394, 400
Volet . 21, 230, 232-233, 324, 343, 358, 413, 420, 497-498
Volet battant 230, 233
Volet coulissant 358
Volet pliant 233
Volet roulant 21, 232-233, 324, 498
Voûte 12-14, 16, 29, 32, 49, 55, 59, 173, 177-178, 191, 253, 274, 277-279, 285-288, 292, 295, 300
Voûte en berceau 274, 277-278, 287, 292

Avec l'aimable soutien de :

Glas Trösch Holding SA
Industriestrasse 29
CH-4922 Bützberg
www.glastroesch.ch

FOAMGLAS®
L'isolant performant.

PITTSBURGH CORNING (SUISSE) SA
Schöngrund 26
CH-6343 Rotkreuz
Tél. 041 798 07 07
Fax 041 798 07 97
www.foamglas.ch

L'isolation thermique pour toute l'enveloppe du bâtiment

Dans la construction, le développement durable s'avère plus que jamais payant – tant du point de vue écologique qu'économique. C'est pourquoi concepteurs et maîtres d'ouvrage exigent, à juste titre, des matériaux de construction durables et respectueux de l'environnement. Et ce, notamment pour l'isolation thermique. En effet, une isolation adéquate est non seulement synonyme d'économie de coûts du fait de l'efficience énergétique, mais aussi de protection à long terme pour la substance du bâtiment.

FOAMGLAS® peut être qualifié d'archétype de l'isolant thermique, car il est nettement supérieur aux isolants classiques. Cette supériorité émane de ses propriétés uniques. FOAMGLAS® est composé de pure mousse de verre, avec une part de recyclage élevé. De par la structure même du matériau, avec ses millions de cellules de verre hermétiquement closes, le pare-vapeur est en fait déjà « incorporé ». Les avantages spécifiques de la matière première qu'est le verre font que FOAMGLAS®, outre le fait qu'il est absolument étanche à l'eau et à la vapeur et qu'il est pourvu d'un coefficient d'isolation thermique élevé, est également incombustible et imputrescible, tout en étant extrêmement résistant à la compression et indéformable.

Et l'écologie ? Là aussi FOAMGLAS® pose de nouveaux critères. La pensée environnementale est largement inhérente au produit. En commençant par le matériau lui-même. L'isolant de sécurité en verre cellulaire est exempt de toxiques de l'habitat et neutre du point de vue de la biologie de la construction. Il ne représente aucune nuisance pour l'environnement. Au contraire : la part importante de verre recyclé, qui atteint aujourd'hui 66 % déjà, permet de réutiliser de grandes quantités de vitres de voitures, etc. L'électricité utilisée pour la fabrication provient de sources d'énergie renouvelables. En outre, FOAMGLAS® est d'une longévité extrême et s'il faut, le cas échéant, l'éliminer, il peut à son tour être recyclé, par exemple comme matériau de remblayage.

À propos de longévité : FOAMGLAS® conserve une capacité fonctionnelle constante pendant toute la durée d'utilisation (coefficient d'isolation thermique élevé). La longévité exceptionnelle du verre cellulaire le rend également extrêmement intéressant, également du point de vue économique. Ainsi, FOAMGLAS® conjugue écologie et économie de manière très convaincante, ce qui fait du verre cellulaire l'isolant parfait : des fondations à la toiture, en passant par la façade.